国別 藩と城下町の事典

二木謙一 監修
工藤寛正 編

東京堂出版

はじめに

一般的に、江戸時代の大名の領土とその支配体系を「藩」と総称し、また大名の居城および家臣団の居住区域に隣接する町人すなわち商人・職人等の居住地域を「城下町」とよんでいる。近年の日本では、地域開発や市町村合併等により、都市の様相も大きく変わりつつあるが、それでも全国的にみると、十万以上の人口をもつ地方都市の約半数は、江戸時代における旧藩の城下町に起源しているという。

よく「徳川三百藩」という言葉が用いられる。これはある一定の時期における一万石以上のいわゆる大名の概数を表したものである。しかし幕府による大名の新規取立てや分家・分封による新藩の成立のほか、反対に大名の改易や取り潰し、それに転封・所替は、江戸時代を通して断続的に行われていた。

本書は慶長八年（一六〇三）の江戸開幕から、明治四年（一八七一）の廃藩置県に至る期間に存在した五四六藩を取り上げ、諸藩の由来・成立・展開および幕府との関係や、藩政の特色などについて記述している。

諸藩は、藩主たる大名家の徳川氏との親疎関係により、三家・家門・譜代・外様といった区別があり、また官位・石高・城郭の有無等によって家格を定め、屋敷構えや供揃え、乗物その他にもさまざまな規制が加えられた。さらに江戸城出仕に際しても、大名の身分により衣服や将軍拝謁の作法を異にし、詰所とされた大廊下・溜間・大広間・柳間・帝鑑間・雁間・菊間等の座席によって、上下の区別がなされていた。そしてこうした大名の身分格式が藩の歴史的な展開や藩政にも大きな影響を及ぼしていたのである。

幕府は寛永十一年（一六三四）八月に、大名妻子の江戸居住を制度化し、翌十二年六月の武家諸法度改定により、大名は毎年四月交代で江戸に参勤することが義務づけられた。これにより大名のほとんどは隔年に江戸と国元とを往復し、経済的にも苦しい二重生活を強いられた。それゆえにこそ国元の藩政と城下町の経営は、大名にとって重要な課題であった。

大坂の陣後、幕府が大名の居城は一つに限るという一国一城の制を定めたため、諸大名の領国では予備的な城郭が破却され、藩主の居城を中心とする城下町建設が進められた。城下町の規模は大名の石高・藩の規模や、国持・国持並（准国主）・城持（城主）・城持並（城主格）・無城といった大名の家格によっても異なるが、無城の大名の小藩でも、領主の居館である陣屋を中心とする町づくりがなされていた。

近世日本の社会構造を表象して幕藩体制という。これは中央政府としての幕府と、半独立国のような諸藩というこの時代固有の国家体制のあり方に対する呼称である。江戸時代は、藩主である大名によってさまざまな地方文化が育成され、また士農工商という身分秩序も、地方分権的なそれぞれの藩と城下町を中心に発達したのであった。

近年、自治体史の編纂や地方史研究の隆盛とともに、幕藩体制の研究もより高度で充実したものとなっている。本書はそうした諸研究の成果をふまえ、藩と城下町の歴史を網羅的かつ簡潔に整理し、理解しやすい構成に工夫をしている。『藩と城下町の事典』と題した所以である。

二〇〇四年八月

二木　謙一

藩と城下町の事典 目次

北海道・東北　11

北関東　85

凡　例

一、本書は、関東地方の諸藩については天正十八年（一五九〇）、徳川家康の関東入部、その他の諸藩については慶長五年（一六〇〇）、関ヶ原の役以降に立藩したもので、いずれも明治四年（一八七一）七月、廃藩置県に至る間に存在した藩を完全に網羅した。

一、藩の名称は、江戸時代の地名を主とし、別称および改称（藩領内の藩主の居所移動を含む）は（　）内で示した。

一、一万石以下の石高でも大名格の処遇を受けている場合は藩として扱った。

一、藩の所在地は、現行の市区町村名で表示した。

一、家格・居城（陣屋）については、廃藩時点によって示した。

一、各藩の藩主名を網羅し、藩主名は確定できるものにはフリガナを付した。なお、藩主名の呼称は諱《いみな》を使用した。

一、同一藩主で転入封の年月に異同があるのは、幕命と実際に異動した期日の違いによるものである。

一、藩の配列は北から南に、旧国名ごとにまとめた。各地方別の扉には居城・陣屋の所在地を図示し、これらによって三家・家門・譜代・外様大名の配置状況、改易状況を見ることができる。

一、主要な城下町には、藩政時代の城郭・神社仏閣等の遺跡の案内を付した。

一、巻末に藩名・家名索引を付し、藩名索引では別称からも引くことができ、家名索引ではすべての藩主家の移封状況を一覧することができる。

北海道・東北の諸藩・城下町

蝦夷地（北海道）
陸奥国（青森県・岩手県・秋田県・宮城県・福島県）
出羽国（秋田県・山形県）

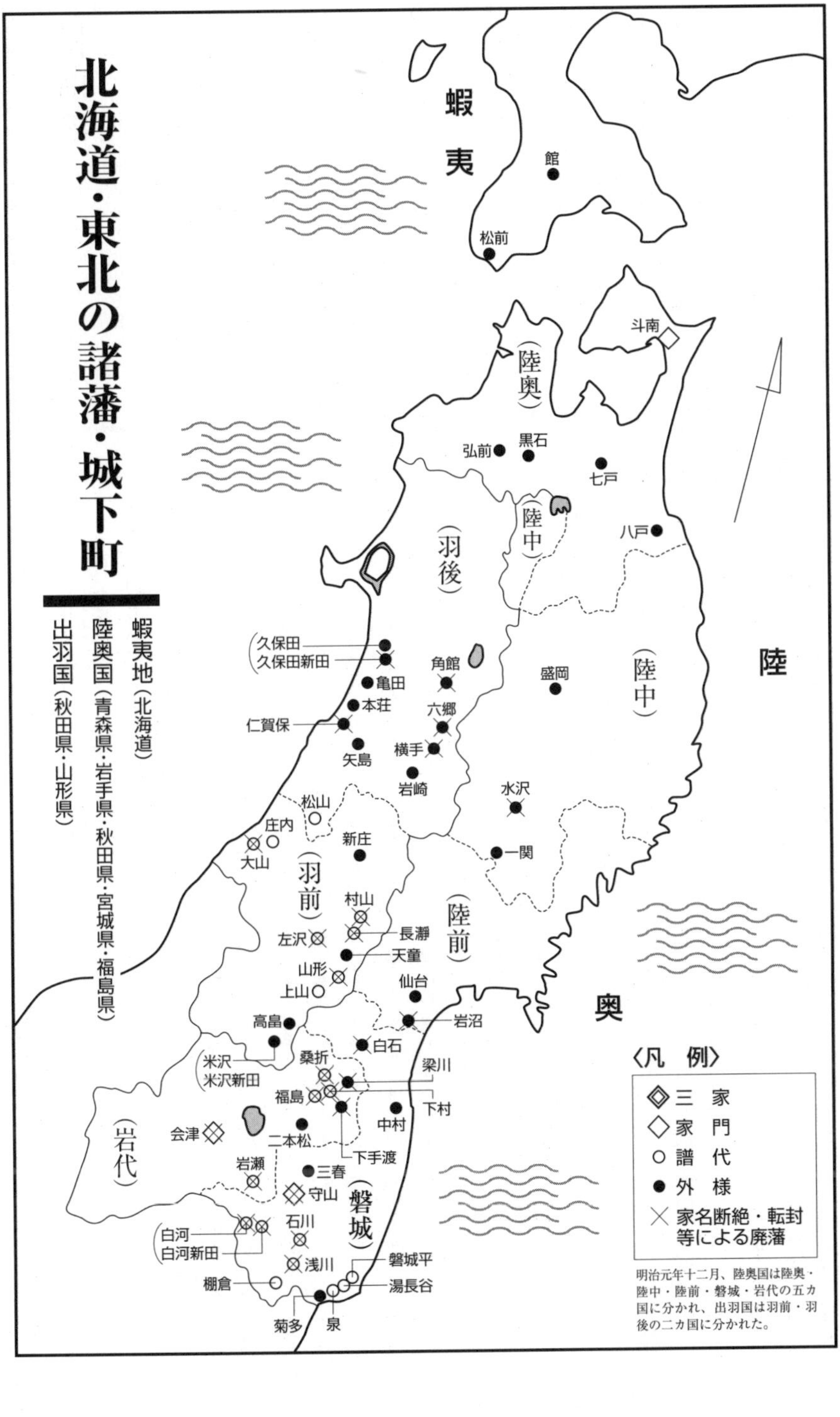

明治元年十二月、陸奥国は陸奥・陸中・陸前・磐城・岩代の五カ国に分かれ、出羽国は羽前・羽後の二カ国に分かれた。

蝦夷地

松前《まつまえ》藩（福山《ふくやま》藩）〈外様〉

居城＝北海道松前郡松前町松城

異域に立藩

蝦夷《えぞ》島（北海道）の歴史の始まりは正確には分からないが、蝦夷島に最初に定住した和人（日本人）は、源頼朝に滅ぼされた奥州藤原氏の残党が逃げ込んだ時からといわれている。その後、津軽の豪族安東《あんどう》氏（安倍貞任《あべのさだとう》の後裔）が鎌倉幕府の執権北条氏の代官として十三湊《とさみなと》を拠点に蝦夷島を管領していた。そして、安東氏の勢力は次第に渡島《おしま》半島におよび、安東氏の代官蠣崎《かきざき》氏が支配していた。

和人の蝦夷島流入の増加は、やがて先住民族のアイヌの生活を脅かし、その上和人の経済的優越感や詐欺的行為のため、長禄元年（一四五七）、族長コシャマインとの戦いとなった。この時、コシャマイン父子を射殺して、和人の全滅の危機を救ったのは、上《かみ》ノ国《くに》花沢《はなざわ》館主蠣崎季繁《すえしげ》の客将武田信広《のぶひろ》（若狭国瀬山城主武田信賢《のぶかた》の長子）であった。この功によって、信広は季繁の婿養子となって蠣崎信広と名乗り、洲崎館に住んだ。

その五代裔慶広《よしひろ》は文禄二年（一五九三）、豊臣秀吉から蝦夷島主と認められ、安東氏から独立した。のち徳川家康が政権を掌握すると、慶長四年（一五九九）、慶広は家康に家譜と蝦夷島図を献上し、姓を松前氏と改称した。翌五年、福山（松前）に陣屋を構え、同九年に家康から蝦夷地の支配権を保証され、福山に居城を構えて立藩した。松前藩は他藩と違って農業生産がなく、無高大名で、初めは賓客待遇、そして交代寄合、万石格に列せられた。もう一つの特色は、松前藩の藩域に居住する先住民族アイヌの存在であった。

商場を設置

日本最北の松前藩は米作ができず、したがって石高もなかった。このため松前藩の経済基盤は、アイヌ＝蝦夷交易独占権にあった。松前地（和人地）以遠は、東・西蝦夷地と称したが、藩はそこにいくつかの商《あきない》場《ば》（場所）を設置し、それを藩直轄か上級家臣の知行地とし、中・下級藩士は他藩同様蔵米取りであった。そのため知行主は船を仕立ててアイヌの生活必需品を積んで商場へ行き、そこでアイヌの生産物（海産物）と交換して松前に戻り、諸国の商人に売って利益を得た。これらの海産物をもとめて、全国各地から商人が渡来した。松前藩と諸国の商業経済とを結ぶ唯一の手段は航路であり、従来の北国航路の他に西廻・東廻航路が開かれ、福山城下、のちには箱館・江差が商港として発展した。

慶広のあとを継いだ孫公広《きんひろ》の頃には商人に課した運上税のみならず、砂金の採集などで、藩財政は収入を増した。だが、つぎの氏広《うじひろ》の頃からは砂金の収入も減少し、その上アイヌに対する和人の搾取は苛酷となった。

氏広の子高広《たかひろ》のあとを継いだ矩広《のりひろ》の時の寛文九年（一六六九）、シャクシャインの大蜂起があり、幕府は弘前・盛岡・久保田の三藩に出兵を命じた。

松前氏は最初蝦夷島主として幕府から賓客の待遇を受けていたが、矩広は五代将軍綱吉の頃に交代寄合となり、禄高一万石未満であるが大名に準ずる資格を得、さらに享保四年（一七一九）に一万石格となり、交代寄合のまま大名同様に処遇された。だが、藩財政が次第に窮乏し、そのつぎの邦広《くにひろ》は倹約を励行した。以後、資広《すけひろ》―道広《みちひろ》もそれを励行する政策を継承した。

転封と復領

一八世紀後半になると、ロシアの南下政策により、千島・樺太《からふと》をはじめ蝦夷島の沿岸は緊張状態が続くようになった。豪放な性格をもっていた道広は幕府の忌諱に触れて隠居し、つぎの章広《あきひろ》の寛政十一年（一七九九）、幕府は異国船警備を理由に浦河から知床岬までの藩領を七ヵ年間に限って借り上げ、さらに文化四年（一八〇七）には全島の上知を命ぜられた。このため松前藩は陸奥国伊達郡梁川《やながわ》、上野国甘楽《かんら》・群馬郡、常陸国信太《しだ》・鹿島郡内で九千石を与えられて、梁川の地へ移された。蝦夷島には幕府から松前奉行が派遣された。

文政四年（一八二一）、章広は復帰運動が奏功し、松前に帰封を許されて、天保二年（一八三一）には一万石格に復した。ついで良広《よしひろ》―昌広《まさひろ》と続き、つぎの崇広《たかひろ》の嘉永二年（一八四九）、幕府は辺防に備えるため松前陣屋を改めて築城することを命じ、安政元年（一八五四）に日本における最後の旧式城郭として松前城が竣工した。

安政二年に箱館が開港になると、幕府は東は木古内《きこない》以北、西は乙部《おとべ》以北の蝦夷地を箱館奉行支配の直轄地として、松前藩領は松前地方に限られた。そのため代替地として梁川と出羽国村山郡東根に三万石を与えられ、他に村山郡尾花沢一万四千石の幕府領を預けられて、三万石格の城持大名となった。さらに元治元年（一八六四）、乙部から熊石までの地は松前藩に返還された。

崇広は文久三年（一八六三）、寺社奉行・老中格に任ぜられ、外様大名ながらも幕閣に列したが、慶応元年（一八六五）、老中筆頭阿部正外《まさとう》とともに兵庫開港を主張したため、朝廷の忌諱に触れて謹慎処分となった。

館藩を立藩

翌慶応二年、崇広は失意のうちに没し、そのあとを継いだ徳広《のりひろ》は病弱だったために、執政松前勘解由《かげゆ》が藩政を執り仕切り、また徳広の従兄弟で藩主代理の隆広《たかひろ》が慶応四年（一八六八）三月、京都において新政府側に忠誠を誓ったが、一方では奥羽越列藩同盟会議にも重臣下国弾正《しもくにだんじょう》を送って、二股戦略をとった。

同年三月、箱館奉行に代わって新政府の箱館府が設置されると、藩内の勤王派の正義隊が決起し、藩主に迫って勘解由を謹慎、自刃させた。また、十月には松前城から檜山郡厚沢部村館《たて》に新城を築いて移った。だが、榎本武揚《たけあき》を将とする幕府脱走軍が蝦夷島に上陸すると、松前城・館城は相ついで落城し、徳広は弘前に逃れて、その地で客死した。翌明治二年四月、新政府軍の反撃によって松前城を奪還し、さらに五月には五稜郭を拠点とする榎本ら脱走軍は降伏、これにより戊辰戦争は終結した。

徳広のあとを継いだ修広《ながひろ》は戊辰戦争の戦功によって、賞典禄二万石を与えられ、館城（檜山郡厚沢部町城丘）に本拠を移し、館藩が立藩した。だが、藩財政は窮乏し、その上内訌の始末や藩士の救済もできないままに、同四年に廃藩置県を迎えた。

小江戸紀行 日本最北の城下町松前城下を歩く

最後に築城された松前城

松前町は、現在小さな漁業の町だが、かつては蝦夷島（北海道）から南千島・樺太の一部をも含んだ広大な領地を持つ、松前藩の城下町として栄えた。ここは他の城下町のように城郭を中心とした町並でなく、海岸に沿って東西にのびる細長い町である。海岸沿いの町並が往時の町人町で、北側の高台は武家屋敷のあった所である。

JR函館駅からバス松前行きで松城停で下車すると、海岸に沿って東西に走る道路がある。この道は中世以来、東は函館、西は江差に通ずる幹線道路であった。この道の傍らに藩政時代の名残を示す沖ノ口役所跡の石碑が立ち、このあたりの松前の玄関口であった。沖ノ口役所とは、港の取締りや出入国する交易船の課税を管理した松前藩の役所で、現在の税関のようなものだ。

沖ノ口役所跡碑横から坂道を上ると、すぐ左手高台に松前城天守閣が見える。天守閣北側にある松城小学校に、往時の本丸表御殿玄関の遺構が残されている。松前家の家格が城持大名でなかったため、松前城は正式には福山館と呼ばれた。

嘉永二年（一八四九）、幕府は北方防備を目的に十七代崇広に築城を命じた。崇広は高崎藩の兵学者市川一学《いちがく》を招いて設計を命じ、翌年に着工して安政元年（一八五四）に落成した。この城にはヨーロッパ風の技術を採り入れた石造りの堡塁などが構築され、初めて三重櫓の天守閣を造り、三の丸前面に七座の砲台、城外に九砲台門の大砲を備えた防備的機能を整えていた。この城は国内で築城された最後の和式城郭である。

明治元年（一八六八）の箱館戦争の時、土方歳三を隊長とする旧幕府脱走軍の攻撃で落城した。だが、天守閣は昭和二十四年まで現存したが、火災で焼失し、現在の天守閣は昭和三十六年に復興された。これに続く本丸御門（国重要文化財）や石垣は、往時の遺構である。今、城跡は公園と小学校の一部となっていて、桜の名所である。

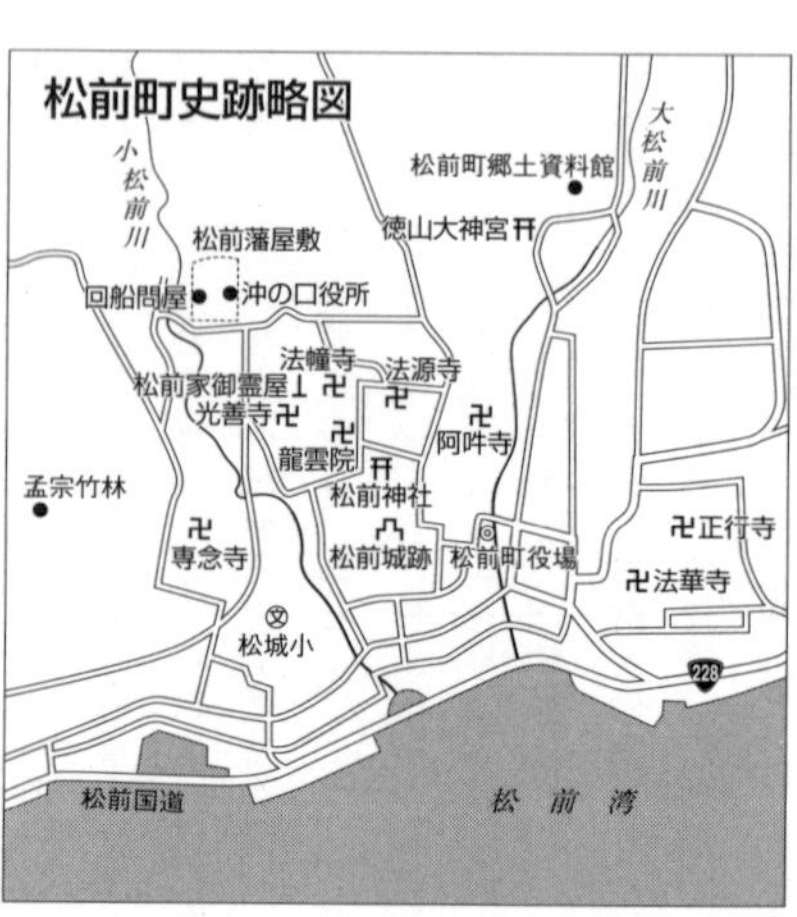

松前家と関係深い寺々

城跡の北側には、明治十四年に創建された松前神社があり、祭神は松前家始祖の武田信広である。神社のすぐ左手に、七代公広が寛永二年（一六二五）に夫人の菩提を弔うために建てた龍雲院《りゅううんいん》がある。この寺だけは箱館戦争の戦禍を免れ、天保元年（一八三〇）修復の山門・本堂・庫裡は往時のままである。龍雲院の西隣の光善寺《こうぜんじ》は天正三年（一五七五）の創建で、墓地には十代矩広の側室の墓を初め、藩主夫人の墓碑が立っている。

　松前神社の裏手には、松前家当初の菩提寺法源寺《ほうげんじ》がある。当時の伽藍などは箱館戦争の戦災で焼失し、室町時代の建築である山門（北海道最古）と経堂とを残すのみである。だが、境内には文禄二年（一五九三）、五代慶広が豊臣秀吉から拝領し、福山館の櫓に備えつけられていたという陣鐘があり、墓地に〝松前応挙《おうきょ》〟と呼ばれた蠣崎波響《かきざきはきょう》の墓がある。

松前（福山）城の三重櫓と本丸御門

　法源寺前の坂道を上ると、途中左手に松前家の菩提寺法幢寺《ほうどうじ》がある。小さな門を入ると、杉の木が欝蒼と茂り、やがて山門である。山門をくぐると左手に松前家霊屋、正面に本堂があり、庭園右手の急な石段を上ると、松前藩主歴代墓所がある。ここには武田信広から十九代にわたる歴代藩主および一門の墓碑五十五基が並ぶ。墓域にある二十三棟の石室と十二基の五輪塔は珍しいものである。

　法源寺の東側に、松前家の祈願所だった阿吽寺《あうんじ》がある。風格ある山門は、松前城の寺町御門を移築したもので、松前城遺構として貴重なものである。

　創建の絶対年代は不明だが、津軽安東氏の菩提寺であったものを、大永七年（一五二七）、三代蠣崎義広の弟高広が再興し、代々松前家の祈願所となった。江戸時代の建物は土蔵造りの奥殿だけで、内部には弘法大師作と伝えられる本尊の不動明王像や慶広木像が安置されている。

蠣崎氏の本拠地・大館跡

　松前城の北側一帯は、防備のために寺町が形成され、数ヵ寺が建ち並んでいる。阿吽寺から北方へしばらく歩くと、町内最古の徳山大神宮がある。承応元年（一六五二）、九代高広が現在地に遷宮して徳山大神宮と改めた。この神宮の西側の高台に大館《おおだて》（徳山館）跡がある。大館館主は初め下国《しものくに》氏、のち相原氏となったがアイヌの攻撃により陥落した。そこで永正十一年（一五一四）、蠣崎光広が上ノ国から移り、館名も徳山と改め、安東氏の代官として再度蝦夷島支配の拠点とした。のち慶広は蝦夷島に覇を唱えると、この大館は近世大名の藩庁としても交易地としても不便だったので、慶長五年（一六〇〇）、現在の松前城地に新しく築城を開始し、慶長十一年に完成して移った。

　大館は蠣崎氏政権の本拠地で、天然の要害を巧みに生かした大規模な山城であっただろうと推察される。大神宮の北側の町民総合センター内には松前町郷土資料館がある。町内を詳細に歩くと、藩政時代の数多くの史跡に出合うことができる。

弘前藩《ひろさき》（津軽藩《つがる》）〈外様〉

居城＝青森県弘前市下白銀町

戦国武将から藩主へ

津軽郡域は戦国期まで南部氏の支配下にあったが、郡代を補佐していた大浦城主大浦為信《ためのぶ》が南部氏の内紛に乗じて天正十六年（一五八八）までに統一を果たし、姓を津軽と改めた。天正十三年以来、為信はたびたび上洛を試み、さまざまのつてを使って、豊臣秀吉に鷹や馬、津軽の特産品を献上するなどして南部氏に先んじて津軽領支配の承認を得ようと努め、天正十八年（一五九〇）、秀吉の小田原の陣の際、参戦して所領を安堵された。文禄元年（一五九二）、巡見使前田利家・同慶次・片桐且元・小野縫殿助などの検地により、所領は三万石と確定され、津軽一万五千石の太閤蔵入地代官に登用された。津軽地方の一有力土豪であった為信は、南部氏の被官から南部氏と肩を並べる大名となって独立を果たしたのである。

文禄三年（一五九四）、為信は居城を大浦から堀越に移した。慶長五年（一六〇〇）の関ヶ原の役においては二千余の兵を率いて徳川方に属し、戦後の論功行賞により家康から本領三万石に加えて旧太閤蔵入地一万五千石、合わせて四万五千石を安堵された。さらに翌六年には上野国勢多郡大館領六ヵ村二千石を加増されて、百三十三ヵ村四万七千石を領有する大名となった。

同四年、外ケ浜狩場沢をめぐって盛岡藩との間に境界争いが生じ同地は弘前藩領と決したが、弘前藩独立の経緯が尾を引いて、両藩の間にこののちも確執が長くつづくことになる。

慶長八年、為信は津軽平野の中心に位置する高岡の地に町割りを開始した。しかし同十二年、為信は京都で客死し、後嗣をめぐって大熊騒動が勃発したが、幕府の裁定により、三男信枚《のぶひら》が二代藩主となった。この御家騒動をめぐる過程で信枚の権力基盤が固まり、同十四年の幕府年寄衆連署奉書をもって信枚系統の子孫が藩主家を相続することが定められた。

信枚は高岡の地に居城築造の工を起こし、一年三ヵ月を要して五層の天守閣を持つ新城を完成した。同時に父為信に始まる町割りを発展させて城下町を建設し家臣団や商工業者を集住させる一方、寺社を外郭に配して城下の軍事要塞としての機能を持たせた。城下からは西浜街道、碇ヶ関街道などが通じ、城下町は寛永五年（一六二八）、弘前と改称された。信枚は寛永二年、領内総検地を実施して新田開発につとめるとともに、青森に開港して東廻り航路による領内米の江戸廻漕の先鞭をつけた。さらに福島正則の国替えによって引き起こされた信濃国川中島への国替えの阻止やキリシタンの扱いをめぐる幕政との軋轢解消などに心血を注ぎ、藩政の舵取りに守成《しゅせい》の実をあげた。

藩政の確立

信枚の子の三代信義《のぶよし》は藩体制を確固としたものに整えるため新参の船橋半左衛門を登用、しかし老臣たちの反発を招き、藩内は二派に分かれての御家騒動に発展したが、寛永十三年（一六三六）、幕府の裁定によって両派の首脳は他藩お預けとなった。これが船橋騒動である。

慶安元年（一六四八）、藩内はふたたび不穏な空気につつまれ信義排斥の動きが生じたが、信義の断固とした姿勢によって譜代の有力家臣が追われ、藩主の独裁体制が確立した。信義は岩木川の治水、十三湖の水口掘り替え、尾太《おっぷ》金山の経営などに見るべき成果をあげ、その施策は子の信政《のぶまさ》に引き継がれた。

四代信政は山鹿素行の高弟吉川惟足《きっかわこれたる》から吉川神道の奥義を授けられ、学問に造詣が深かった。四五一五巻にもおよぶ『藩庁日記』の創始者であり、学者や技術者を招いて藩内の文化向上に大きな役割を果たした信政は、前代から引き継いだ岩木川下流域の改修を積極的に行い、また津軽平野の日本海側四〇キロにおよぶ屏風山と名づけた防風林を植栽して治山治水につとめた。

また信政は津軽平野北半に派立《はだち》と呼ばれる新田開発を進めた。それまでは少禄の藩士に開発させてその一部を与える小知行《こちぎょう》派立《はだち》であったが、信政治世の寛文から元禄年間にかけては藩の直営による御蔵派立《おくらはだち》によって新田開発が進められた。

正保二年（一六四五）には十万二千石余であった新田高は、貞享元年（一六八四）から四年がかりで行われた領内六百三十四ヵ村の統一検地によって二十六万一千三百余石となり、元禄七年（一六九四）には二十九万六千石余と、表高の六倍を越えていた。

信政の治世は五十五年におよぶ。産業の発展、文武の興隆にいちじるしいものがあり、まさに中興の英主と呼ばれるにふさわしい業績があった。しかし元禄八年に津軽地方を襲った大凶作では餓死者三万、翌年には八万を数え、新田開発も頭打ちとなって、信政の治世末期には藩財政は窮乏の一途をたどり、元禄十年には家臣一千人余に暇を出すまでに追いこまれた。

財政破綻と行財政改革

信政のあとを継いだ五代信寿《のぶひさ》の時、『津軽一統志』の編纂が行われている。

藩財政は改善せず、六代信著《のぶあき》の治世には借米の令や倹約令が出され、七代信寧《のぶやす》の宝暦三年（一七五三）、乳井貢《にゅういみつぎ》を登用して藩政改革に乗り出した。

乳井は行政の一元化により権力を集中させて家中の役知・役料・勤料など一切の俸禄を調査し、領内の田畑収納高を提出させて財政の状況を明確に把握したうえで、各方面の役所を統廃合した。さらに国産の奨励に取り組み、それまで禁止されていた馬の藩外移出を認め、丹土・硫黄・兼平石の採掘による換金、移出入税の増徴をはかる施策を講じた。

これら財政再建策のほかに豪農や豪商の経済力を利用しようとしたことは当然であったろう。豪商の足羽次郎三郎、竹内半左衛門に調方御用取扱を命じ、用達商人や運送方に扶持を与えたり、代官―手代―庄屋という従来の行政機構を手直しして、用達町人を大庄屋に任命して士分に取り立てるといった思い切った改革も行った。加えて藩内の沈滞ムードを払拭するために、士風の振興、風俗の粛正、倹約の奨励など藩士の規律を高め改善を促す教育にも力を注いだ。改革は一応の成果をおさめ、宝暦五年の大凶作には一人の餓死者も出さなかったという。

しかし、この大凶作により藩内の貯穀を

使い果たしたため、宝暦六年（一七五六）、元司職に任命された乳井はさらに徹底した財政改革に乗り出した。

藩士の知行を貞享三年（一六八六）時点の旧に戻して差額を蔵入りとし、郡奉行支配下にあった代官や大庄屋を元司がただちに支配できるよう機構をあらため、領内の米穀をすべて運送方・大庄屋に預けることにした。このような元司支配による豪農や豪商の利用はやがて領内の貸借関係の帳消しを招くこととなり、商人は藩内取引を嫌って他国との取引に走るようになったため、藩内物資は不足し、経済の混乱、庶民の怨嗟が蔓延して、幕府老中への直訴にまで事態は発展した。このため乳井は失脚し、改革は失敗に終わった。

このあとに生じた天明三年（一七八三）の凶作による大飢饉には藩内は大混乱に陥り、弘前藩領だけで三分の二の田畑が荒廃し、八万三千人の餓死者を出して領内各地で打ち毀しが起こった。

このような状況の中で襲封した八代信《のぶ》明《あきら》は凶作に備えて備荒貯穀制度を整備し、藩校稽古館を創設して士風の振興をはかったが、中でも特異な施策は毛内宜応の献策による藩士の帰農土着奨励だった。

元来、藩士は城下に集住すべきものとされていたが、その原則を為政者自らが廃棄して、希望者を募って藩士の身分のまま帰農させようとしたのである。

ところがこの施策が緒に付いたばかりの時に信明は三十歳の若さで世を去り、九代寧《やす》親《ちか》が支藩の黒石藩から入って信明の遺領を継いだ。寧親は藩士帰農土着の施策を継承し、より強力に徹底させようとした。寛政四年（一七九二）、側近や要職にあるものを除いて、二百石以下の藩士すべてのものに土着することを勧告したのである。藩士は在宅のまま勤番として自分の給地に帰郷して農耕に従事するという他に類例を見ない兵農一致政策であったが、武士と農民は所詮水と油のように溶け合うということが困難であった。土着した武士の中には仕事を押しつけて農民を酷使するものもあり、年貢の先納を命じるものもあった。武家社会の奢侈な風俗が村方に弊害をもたらす事態も生じた。

このような武士と農民の間のいざこざが目に余るようになったため、寛政十年（一七九八）、藩は土着武士の弘前居住を命じ、藩士の引き揚げが完了したのは享和元年（一八〇一）のことであった。改革の中心ともいうべき施策はおよそ十年の実験的な試みののちに失敗に終わった。

海防問題と幕末勤王

本州北端に位置する弘前藩は、早くから盛岡藩とともに海峡をはさんで向かい合う松前藩を援助して蝦夷地を守る役目を負っていたが、それは主にアイヌ対策の意味合いが大きかった。ところが一八世紀末になるとロシアの南下によって北辺の緊張が高まってきた。寛政四年（一七九二）、ロシア使節ラックスマンが漂流民大黒屋光太夫を送って根室に来航した。福山での応対のため、幕府は松前藩主の帰藩命令と弘前・盛岡両藩に松前警固を命じた。このため藩財政の支出はかさみ、その後も国籍不明の外国船が津軽領三厩沖に出没するなどしたため、沿岸警備の兵を増強したり台場を築造したりして、藩財政をいちじるしく圧迫した。

こうした中で蝦夷地警衛の功によって、藩の石高は文化二年（一八〇五）、高直しの七万石、同五年には十万石へと家格は昇格したが、それにともなう支出も増大した。同時期に盛岡藩も二十万石への高直しを受けた。このことが両藩のライバル意識をかきたてて藩独立以来の悪感情を蒸し返し、文政四年（一八二一）、相馬大作を名乗る盛岡藩の浪人下斗米《しもどまい》秀之進による寧親暗殺未遂事件を引き起こして、世を驚かせた。

寧親のあとを継いだ十代信順《のぶゆき》の代になると財政状況は逼迫をきわめ、藩士の知行を歩引きしたり、富豪に調達金を命じたりしているが、江戸藩邸の失火や岩木川の大洪水など財政圧迫がますます窮状を招いたため勘定奉行奈良荘司が大坂まで赴いて八万両余を調達している。さらに御用商人宮崎八十吉が預手形という一種の藩札を発行して領内の米を買い占めるなどしたが、結局この預手形は流通することなく廃止された。信順が早く隠居したあと、十一代順承《ゆきつぐ》の代になると、三十ヵ条の触れを出して向こう五年間の節約を令し、鶴ケ坂御牧《つるがさかみまき》を廃止するなど数々の積極的な緊縮政策を行い、新田開発による生産力増強、信明時代以来の備荒貯穀制度の整備を推し進めて財政を大幅に好転させた。

安政六年（一八五九）、家督を継いだ最後の藩主十二代承昭《つぐあきら》は、幕末動乱の政局の流れの中で主体となって動くことはなく、近衛家を通して情報を入手しながら状況の把握につとめていた。

慶応四年（一八六八）、鳥羽伏見戦争から戊辰戦争へと事態が大きく展開する中で、藩庁は京へ、あるいは江戸へと数十人規模の兵を送っていたが、軽挙妄動を戒める消極的な関わり方で変革に対処していた。仙台・米沢藩を盟主とする奥羽越列藩同盟が成立すると、上級士族を城中に集め八十ヵ条にわたる論議の末、いったんは同盟への加盟に藩論が固まりかけた。

これをくつがえしたのが京都詰め用人として政局の動向に通じていた西館平馬であった。西館は持ち帰った朝廷の令書と近衛家の教書を示して状況を説き、その結果、藩主承昭の決断によって、藩論は列藩同盟離脱と勤王恭順に固まった。戊辰戦争においては勤王方として庄内藩攻撃の軍勢を久保田藩に送っている。

また、同年九月二十二日、弘前藩は同盟に加盟している盛岡藩との境界の野辺地《のへじ》を百八十名の藩兵が夜襲をしかけ、馬門村に放火したことから戦いが勃発した。野辺地戦争と呼ばれるこの戦いは、盛岡藩から依頼されていた八戸藩兵らの反撃によって、弘前藩は四十四名の死傷者を出して退却し盛岡藩の勝利に終わった。だが、戊辰の戦局には、ほとんど影響を与えることのない局地戦であった。このあとの箱館戦争では農兵隊を組織して新政府軍に加わり、旧幕府軍攻撃に参加し、多くの犠牲を払って戦功を樹て、戦後は賞典禄一万石を二度にわたって下賜された。

明治二年（一八六九）六月、版籍奉還し、承昭は知藩事に任ぜられ、同年七月、廃藩置県によって、藩領は弘前県となり、さらに青森県となった。

小江戸紀行 みちのくの城下町弘前城下を歩く

津軽藩の政庁弘前城跡

天正十九年（一五九一）、大浦為信は津軽氏を名乗り南部氏からの独立を果たした。

居城を大浦から堀越に移した津軽為信は弘前藩初代藩主として慶長八年（一六〇三）、岩木川の水運の便のある高岡の地に築城の工を起こした。同十二年、為信は京都に客死し、二代藩主となった子の信枚に引き継がれた工事は同十六年に完成した。高岡は寛永五年（一六二八）、弘前と改称し、居城弘前城は津軽氏十二代が支配する弘前藩の政庁として明治廃藩まで二百六十年つづく。

城域は東西六一五メートル、南北九五〇メートルの平山城で三重の濠をめぐらし、本丸・二の丸・三の丸・四の郭（北の郭）・西の郭・内北の郭の六郭からなり、城下の長勝寺構え・最勝院構えとともに、昭和二十七年国史跡に指定されている。

創建時、本丸南西隅にあった五層の天守閣は、寛永四年（一六二七）九月、落雷のため焼失し、現在本丸南東隅にある三層の天守閣は、文化七年（一八一〇）、九代藩主津軽寧親のとき北方蝦夷地警備の功による十万石高直しを機に、幕府の許可を得て本丸辰巳櫓を改築したものである。小造りではあるが鉄砲や矢を放つ矢狭間、石垣をよじ登る敵を追い落とすための石落としなど、戦時に備えた実用本意のしつらえが今も残り、内部は史料館として公開されている。

二の丸には丑寅櫓・辰巳櫓・未申櫓が現存し、二の丸の南中門・東中門、三の丸の南門（追手門）・東門、四の郭の北門（亀甲門）と五つの城門があり、一天守・三櫓・五門はすべて重文指定を受けている。

弘前城跡は弘前市街地の中央部に今は弘前公園と名を変えて旧城域をとどめ、五千本の桜、三千本の松、一千本の紅葉が植栽され、とくに春の桜は百三十万人の花見客を集めて、観光弘前の目玉となっている。

長勝寺と最勝院

弘前市街略図

弘前城跡南部の高台に禅林街と呼ばれる曹洞宗寺院三十三ヵ寺が建ち並ぶ寺町があり、その最奥に藩主の菩提寺である長勝寺がある。広い境内には大浦城の台所を移築したという庫裡、弘前城評定の間を模したという慶長十六年建造の本堂があり、御影堂には津軽為信の等身大の木像や歴代藩主の位牌が祀られ、為信夫人や信枚と満天姫、三代信義の廟所がゆったりと並ぶ。

建ち並ぶ寺々は二代藩主津軽信枚のとき弘前築城にともなって集められたもので、先祖崇拝の場を一画に固める宗教上の中央集権を意図すると同時に、軍事施設としての寺院の利用が図られたものであった。隣接する町屋との間を土塁と空堀で隔てる独特の構造は長勝寺構えと呼ばれ、国史跡の弘前城跡に付随する指定を受けている。

　禅林街の東に新寺町寺院街がある。二十三ヵ寺からなる寺町の端にある最勝院は藩政時代、弘前八幡宮の別当寺院であったが、明治三年の神仏分離により現在の大円寺移転跡地に移った。高さ三一メートルの五重塔と本堂は大円寺時代のものを引き継いだものである。京都や鎌倉の五山にならって真言五山の制が定められたとき、その筆頭が最勝院だった。四代藩主津軽信政が津軽創業以来の戦死者の供養のために建立したものである。

弘前城天守閣

弘前八幡宮と革秀寺

　弘前八幡宮は藩祖津軽為信が南部氏に離反して周辺の豪族を討ち果たした戦国時代の居城大浦城の鬼門守護神を、慶長十七年（一六一二）、二代藩主津軽信枚が弘前築城に際して、東北鬼門の守りとして勧請した弘前総鎮守の社である。別当最勝院は明治の神仏分離で新しい寺町に移ったが、支坊の大善院のみはこの地に残された。

　本殿と唐門は慶長十七年創祀当時のもので、江戸初期の桃山風建築の様式を伝える優作で、国重文に指定されている。

　市内を北流する岩木川左岸に所在する革秀寺は京都に客死した藩祖津軽為信の遺骨を埋葬したところで、二代藩主津軽信枚が父為信の位牌所として創建した。境内にある霊屋は国重要文化財指定を受けている。

仲町伝統的建造物群保存地区

　弘前城跡北門（亀甲門）の北側一帯は往時の武家屋敷街で、その遺構をよくとどめていて「仲町伝統的建造物群保存地区」に指定され、三軒が公開されている。

　石場家住宅は重文指定の商家建築で、現在は酒類を商うが、江戸時代は荒物雑貨を扱って藩の御用達をしていた。二百五十年以上の歴史をもつ建物である。

　旧伊東家住宅は百石の御典医の家で、武家屋敷には珍しい一部二階建てである。藩主掛かりつけの医者なので殿様の訪問があった場合の配慮から、刀を振り回せぬよう二階をつけて天井を低くしたという。

　旧岩田家住宅は七十石取りの武家屋敷で昭和五十六年まで子孫が住んでいたが、改築部分を原形に復して公開している。茅葺きの屋根、雨戸は上下に開閉する蔀戸《しとみど》、短冊形の敷地の母屋の裏手には菜園があり、クルミ、柿、梅、栗、カリン、山椒、クコ、カラタチなど、食用や薬用になる飢饉に備えた植栽がきびしい生活を物語っている。

七戸藩《しちのへ》（盛岡新田藩）〈外様〉

居地＝青森県上北郡七戸町

盛岡藩三代藩主南部重信《しげのぶ》の次男政信《まさのぶ》は、元禄七年（一六九四）に兄の宗家四代藩主行信《ゆきのぶ》から五千石を分知され、旗本となって江戸麹町に屋敷を構えた。のち信彌―信伝―信喜と続き、文政二年（一八一九）、五代信隣《のぶちか》の時、宗家十代藩主利敬《としのり》から七戸領六千石を分与され、一挙に一万一千石となって、七戸藩を立藩させた。

信隣は定府の無城主大名であったが、幼少の宗家藩主を後見するために盛岡に下っていた。つぎの信誉《のぶのり》は安政五年（一八五八）に北方警備の功績によって城主格となったが築城には至らずに、陣屋を営築した。慶応四年（一八六八）の戊辰戦争の時、七代信民《のぶたみ》（宗家十二代利済《としただ》の五男）は奥羽越列藩同盟に加わったため、一千石を減封され、家督を信方《のぶかた》（宗家十四代利剛《としひさ》の三男）に譲って隠居した。信方は明治二年に七戸藩知事に任ぜられ、同四年に廃藩となり、七戸県・弘前県を経て、青森県に編入された。

八戸藩《はちのへ》〈外様〉

居城＝青森県八戸市内丸

盛岡藩二代藩主南部重直《しげなお》は寛文四年（一六六四）、後嗣を定めないままに没したために、幕府は所領を二分して、重直の弟重信《しげのぶ》に宗家盛岡藩八万石を継がせ、同じく三男直房《なおふさ》に二万石を与えて八戸藩を立藩させた。この立藩は重直が嗣子なく没したので、御家断絶のところ、幕府は遺領十万石を八万石は盛岡藩に、二万石を八戸藩に分轄して実現したのである。このため直房は宗家から二万石を分与されたのではなく、幕府から新規に取り立てられたのであるから、八戸藩は厳密にいえば宗家の支藩ではない。

直房のあとを継いだ直政《なおまさ》は文筆に優れ、元禄元年（一六八八）に外様大名ながら五代将軍綱吉の側用人を勤めた。その後、通信《みちのぶ》（宗家三代重信の四男）―広信《ひろのぶ》―信興《のぶおき》―信依《のぶより》―信房《のぶふさ》と続き、つぎの信真《のぶまき》（信房の弟）の天保九年（一八三八）には城主格となった。明治四年（一八七一）、九代信順《のぶゆき》（薩摩藩主島津重豪の八男）の時に廃藩となった。

斗南藩《となみ》〈家門〉

居城＝青森県むつ市大字新町

会津藩主松平容保《かたもり》は文久二年（一八六二）、京都守護職となり幕末政局に佐幕派の重鎮として活躍したが、慶応四年（一八六八）九月に会津戦争で敗れたため、新政府に敵対した罪によって禁錮（鳥取藩預かり）となり、会津二十万石を収公された。翌二年、容保の子容大《かたはる》に家名相続を許され、陸奥国北郡（七戸・南部藩領を除く）、三戸郡（八戸・南部藩領を除く）、二戸郡（金田一村以北）に三万石を与えられて立藩した。

藩庁は五戸から明治四年に田名部（むつ市）の円通寺に移し、藩士らはこの周辺に居住した。当時、三歳にもならない継嗣容大は、隣接の徳玄寺境内で無邪気に遊ぶ姿が見られたという。むつ市田名部の田名部川流域の段丘上が、旧会津藩士帰農のために割り当てられた地域で、開拓は気候的な厳しい条件を克服できずに離脱する者が多く、結局、耕地は地元農民によって耕作されて、開墾は失敗に終わった。

黒石《くろいし》藩〈外様〉
陣屋＝青森県黒石市内町

黒石津軽家は明暦二年（一六五六）二月、宗家弘前藩四代藩主津軽信政《のぶまさ》の叔父で後見人の信英《のぶふさ》が平内（東津軽郡）三千石と上野国勢多郡二千石の計五千石を分知されて黒石に居住、旗本となり江戸城書院番を勤めた。信英は儒者・兵学者の山鹿素行と親交があり、津軽家で素行を召し抱えるべく努力したが、素行の辞意が固く断念したといわれる。寛文二年（一六六二）に信英が没して二代当主は嫡子信敏が相続、同時に弟の信純に一千石を分知した。のち政兕《まさとら》－寿世《としよ》－著《あき》高《たか》と続き、六代寧親《やすちか》が寛政三年（一七九一）に宗家八代藩主を相続し、七代典暁《つねとし》のあと、文化六年（一八〇九）に八代親足《ちかたる》は蔵米六千石を分与され、一万石となって黒石藩を立藩した。

親足のあと、順徳《ゆきのり》－承保《つぐやす》－承叙《つぐみち》と四代にわたり在封し、明治四年（一八七一）、承叙の時に廃藩となり、藩領は黒石県・弘前県を経て、青森県に編入された。

水沢《みずさわ》藩〈外様〉
陣屋＝岩手県水沢市大手町

仙台藩主伊達綱宗《つなむね》の次男村和《むらより》は、父の逼塞中の寛文元年（一六六一）に生まれ、のち家臣で陸奥国胆沢郡水沢を知行する一門の伊達（留守《るす》）宗景《むねかげ》の養子となったが、元禄八年（一六九五）七月、兄の仙台藩主綱村《つなむら》から陸奥国内に三万石を分知され、水沢藩が立藩した。

元禄十二年九月、江戸において藩邸へ帰る村和の行列と旗本村岡八郎兵衛孝常とが衝突し、村和の家臣が孝常の刀を奪うなど狼藉におよんだが、村和がこれを制止しなかった。大いに怒った孝常は槍をもって村和邸に突入しようとしたため、家臣が目付に急報したので、目付らが村和邸に急行して孝常を宥めた。このことが幕府に知られ、孝常は旗本を免ぜられて逼塞となり、また村和の三人の家臣は斬罪に処せられた。このため兄綱村は村和に蟄居を命じて所領を没収したので廃藩となり、以後立藩することはなかった。

一関《いちのせき》藩〈外様〉
居城＝岩手県一関市城内

伊達政宗の末子兵部宗勝《むねかつ》は万治三年（一六六〇）、甥の綱村がわずか二歳で仙台藩主となると、後見人として三万石を分与され、一関藩を立藩した。宗勝は子の宗興《むねおき》に大老酒井雅楽頭忠清の娘を娶り、仙台藩内に権勢を張ったが、「伊達騒動」を引き起こし、寛文十一年（一六七一）に土佐に流されて一関藩は廃藩となった。

その後、天和二年（一六八二）、仙台藩主伊達綱宗の庶兄田村宗良の子建顕《たてあき》が陸奥国岩沼藩から一関へ移り、三万石を領して立藩した。建顕は五代将軍綱吉に重用され奏者番を勤め、元禄十四年（一七〇一）、江戸城内松之廊下で刃傷事件を起こした浅野内匠頭長矩を預かり、邸内で切腹させている。のち藩主は誠顕《のぶあき》－村顕《むらあき》－村隆《むらたか》－村資《むらすけ》－宗顕《むねあき》－邦顕《くにあき》－邦行《くにゆき》－通顕《みちあき》－邦栄《くによし》－崇顕《たかあき》と十一代にわたり在封した。邦栄が慶応四年（一八六八）に奥羽越列藩同盟に加わり、三千石を減封され、崇顕の時に廃藩となった。

盛岡《もりおか》藩（南部《なんぶ》藩）〈外様〉

居城＝岩手県盛岡市内丸

初代信直の立藩と専制君主重直

南部氏の歴史は古く、その所伝によれば、八幡太郎義家の弟新羅三郎義光の五世加賀美遠光《とおみつ》の三男光行《みつゆき》が甲斐国巨摩郡南部郷に住して、南部を姓とした。光行は文治五年（一一八九）、源頼朝に従って奥州平泉の藤原泰衡討伐に軍功を樹て、糠部郡を下賜され、建久六年（一一九五）、三戸に移住してから代々ここに土着したといわれている。以来、勢力を伸ばして、南北朝期には南朝方の北畠氏に従って一族繁栄し、津軽地方の豪族らを滅ぼして、北方に蟠踞して一大勢力を張った。

戦国末期、南部氏の一族高信《たかのぶ》（石川氏、陸奥国三戸城主）の子信直《のぶなお》は、宗家二十四代晴政《はるまさ》の養子となり、その世嗣晴継《はるつぐ》の没後に重臣らに推挙されて、南部氏二十六代目となった。信直は前田利家を介して豊臣秀吉と誼《よしみ》を通じ、勢力の拡大を図った。だが、実父高信没後、弟政信《まさのぶ》を津軽郡代として大浦（津軽）為信《ためのぶ》らを付属させたが、政信の没後に為信が離反したので、九戸政実《まさざね》もまた為信に与《くみ》した。為信は津軽地方を秀吉から安堵されたので、これを討伐することはできなかった。信直は天正十八年（一五九〇）、秀吉の小田原の陣に参戦し、陸奥国の所領を安堵されて、盛岡藩の基礎を築いた。翌年、大崎・葛西氏の一揆に乗じて再び反抗した九戸政実を、羽柴秀次らとともに討ち、和賀《わか》・稗貫《ひえぬき》・紫波《しわ》を加えられ、十万石余を与えられて、盛岡藩は成立した。

信直は慶長三年（一五九八）、岩手郡不来方《こずかた》に築城を開始したが、翌四年十月五日没し、その子利直《としなお》は遺領（北・三戸《さんのへ》・二戸《にのへ》・九戸《くのへ》・鹿角《かづの》・閉伊《へい》・岩手・紫波・稗貫・和賀）を継ぎ、翌五年の関ヶ原の役の時に徳川家康方に参陣し、上杉景勝に抗戦して本領を安堵された。利直は寛永九年（一六三二）に没し、そのあとを継いだ重直《しげなお》の代に城は完成した。この城は盛岡城と名づけられ、城下町が建設されて家臣団や商工業者が集まった。

重直は気性が激しく、重臣の意見を無視して旧家臣を解雇し、気に入った新規の家臣を召し抱えた。万治三年（一六六〇）には何の落度もない家臣を解雇する時に目を閉じて筆を採り、五百石以下の家臣四十二人の名前に墨を引き、その者を解雇するという暴挙におよび、石高にして六千三百六十石を浮かせた。世にこれを「墨引き人数」といわれた。藩政大名には非人間的な者が多いが、重直のような専制君主も少ない。

そのため名臣や賢臣も主君に背き浪人するようになり、人材を失うに至ったのもやむ得ないことであった。しかし、重直はそんなことは意に介しないばかりか、幕府の法令を無視したため、幕府から十三ヵ条を糾弾され、処罰を受けた。重臣らはしきりに諫言したが、かえってそのために禄を失う者も多く、ついに「皆口を閉じて一言も申上げ候者」もなくなってしまった。

また、重直は自分の好まない者に家督を譲るよりは、藩をつぶした方がよいと考えたのか、故意に相続人を定めなかった。重直には兄弟が多かったが、兄弟仲が悪く、それらに相続させる意思がまったくなかったのである。それを証明するように、重直は重臣らにも相談せずに万治二年（一六五九）、幕閣の重臣堀田正信の弟を養子に迎えて相続人とした。このため重臣らは狼狽したが、幸か不幸かその養子も急逝したので、ついに重直は嗣子を定めないまま、寛文四年（一六六四）に没した。

八戸藩独立による分裂

当時、幕府の方針として嗣子なくして没した時は、御家断絶があたりまえであったから、普通ならば南部家は断絶である。しかし、南部家は古い歴史を持つ家柄でもあり、前藩主利直の徳川家に対する忠勤があったために断絶を免れた。幕府は支族七戸家を継いでいた重信《しげのぶ》に宗家盛岡藩八万石を相続させ、また中里家を継いでいた直房《なおふさ》に三戸・九戸・紫波三郡内において二万石を分与し、新たに八戸藩を立藩させ、ここに盛岡藩は二つに分裂した。この処置は、直房が盛岡藩から二万石を分与されたのではなく、幕府から新たに下賜されたので、厳密にいえば八戸藩は盛岡藩の支藩ではなかった。

これを知らなかったのか、盛岡藩士の中には八戸藩の独立を憎む者が多く、直房さえいなければこのように分裂は起こらなかったと考えたのか、刺客を放って直房を暗殺してしまった。この事件について『柏崎記』によれば、直房は糠塚に臨済宗の古刹を復興して父利直の法号から月渓山南宗寺と称し、利直の霊を安置した。これに参拝したところが、直房はいつまでたっても廟所から出てこないので、近侍が中を覗いて見ると、直房はすでに息絶えていた。中に潜んでいた家臣梶川某は会津浪人で新規召し抱えの者であったが、実は盛岡藩の刺客であった。家臣山崎某はただちにこれを槍で突き刺し、とにかく直房は急病で没したことにし、家臣団には厳重な口止めをして、その場を糊塗《こと》したが、八戸藩士には代々言い伝えられた秘密であった。

このような危機を乗り越えた重信は寛文六年（一六六六）から延宝八年（一六八〇）までの十数年間にわたる領内総検地後、領内十郡は三十三通《とおり》の区域に分けられ、各通に代官を派遣して地方《じかた》行政制度が確立した。また寛文十二年、盛岡城下の北上川掘割船入場を修築し、商品の移出入の便宜を図って経済を発展させ、さらに天和三年（一六八三）の総検地の実施により、新田二万石が加増され、再び十万石に復し、重信の治政下において藩体制は確立した。だが、南部領特産の産馬・産金によって、初期には裕福だった藩財政も金山の不振、貞享三年（一六八六）の岩手山の噴火やたび重なる凶作により、元禄年間（一六八八～一七〇三）から次第に窮乏していった。

大飢饉と高直し

元禄五年（一六九二）、重信が隠居して、その子行信《ゆきのぶ》が家督を継ぎ、同七年に新田分の内から弟政信《まさのぶ》に五千石、同勝信《かつのぶ》に三千石を分与した。翌八年、餓死者四万人を越える大飢饉が起こり、行信は参勤交代を免除されるほどであった。このような凶作が続く中で家督を継いだ信恩《のぶおき》は三十歳の若さで没し、その弟利幹《としもと》が相続した。

利幹は逼迫した藩財政を再興しようと、享保八年（一七二三）、勘定方に沖弥市右衛門を登用し、職制改革・人員整理・節倹財政を行い、一応の成果を収めたが、同十年に利幹が没したので、沖は重臣らによって罷免され、財政難は慢性化した。

そのあとを継いだ利視《としみ》は寸志金と坪役銭を賦課するとともに藩政改革を断行したが、元文元年（一七三六）には大井川普請手伝いを命ぜられて、家臣から俸禄を借り上げるなど、財政難に悩まされた。その後、利雄《としかつ》が継いだが、凶作と財政難が続き、宝暦五年（一七五五）の大飢饉には餓死者五万を超え、藩は救貧小屋を設置したが、施米は水に近い粥であり、収容者の多くは餓死したという。

安永三年（一七七四）、利雄の子利謹《としのり》は突然廃嫡されて、盛岡へ送られて謹慎を命ぜられた。その理由は、利謹がたんに一大名になるだけでは満足できず、藩領を幕府に返上して譜代に列し、幕政に参与しようと画策したからだといわれている。帰藩した利謹は、自暴自棄に陥って乱行の振舞いが多く、城下にあった油屋の妻が江戸で寵愛した女性に似ているとして妾にした。この女性は油御前と呼ばれ、のち藩主になった利済《としただ》を生んだ。

安永九年、利雄のあとを継いだ利正《としまさ》は天明四年（一七八四）、大飢饉の最中に没し、その子利敬《としのり》が家督を継いだ。寛政四年（一七九二）、幕府は蝦夷地警備のために東北諸藩に出兵を命じた。文化元年（一八〇四）、藩は領内沿岸に異国船警備の藩兵を配備し、同四年には藩兵一千二百を蝦夷地に派遣したので、藩財政はさらに悪化した。その上、翌文化五年に盛岡藩は一挙に二十万石に高直ししたため、藩は従来の二倍の負担を課せられることになった。

利敬は、かつての家臣筋にあたる弘前藩主津軽氏との対抗上、当時国防上の要地として幕府が所領を希望していた田名部地方と交換に、官位昇進を幕閣と約束した。しかし、重臣らがこれに強力に反対したため、両者とも希望は達成できなかった。そのため幕府は、しっぺ返しとして高直しを行ったともいう。まさに幕府の巧妙な政策であった。利敬は負担支出だけが二倍に増加され、不満が鬱して文政三年（一八二〇）、三十九歳で没した。

相馬大作事件と大規模一揆

利敬のあとを継いだ利用《としもち》は、まだ十四歳で無位無官であったが、これに対してかつて家臣筋であった弘前藩主津軽寧親《やすちか》が従四位下侍従に叙任されていた。このことに憤慨した盛岡藩の浪人下斗米《しもどまい》秀之進（相馬大作）は、文政四年、帰藩する寧親の行列の襲撃を企図したが、未遂に終わり、秀之進は江戸で処刑された。世に相馬大作事件という。

この利用が二人いた。利用は文政八年、十七歳で急逝したので、南部家断絶を心配した重臣らによって従兄駒五郎（一門の信渉の子）を利用の替え玉としたからである。

次の利済《としただ》は先述した油御前の子であるが、育ちが悪く、名君ぶって家臣と議論を好み、自らの議論に服する者は登用し、屈しなかった者を排斥する悪癖があった。このため佞臣《ねいしん》のみが集まって人材は去り、家臣団に利済派と反利済派の派閥を生み、これが幕末維新まで長く尾を引き、維新失政の原因となった。

利済の時代は、外敵の脅威が北辺におよんで北方警備が緊要の度を加え、藩財政は逼迫して農民への容赦ない苛斂誅求《かれんちゅうきゅう》を行った。天保年間（一八三〇～四四）、打ち続く飢饉によって、過重な負担に耐えかねた農民は、しばしば大規模な強訴・打ち毀しを起こした。こんな状況の中で、利済は天保十一年（一八四〇）、藩校明義堂を創設し、のちこの藩校はその後、規模を拡大して作人館と改称された。

嘉永元年（一八四八）、利済は重税反対の一揆が頻発する中で、その責任を問われて、家督を嫡男利義《としよし》（信侯《のぶとも》）に譲った。利義は領民にも人望厚く、英才として常陸国水戸藩主斉昭らも将来を期待するほどだったが、名目的に隠退したものの権力に固執する父利済との不和により、翌年、隠居を強要され、弟利剛《としひさ》が家督を継いだ。利義は隠居後は粗暴の行為が多く、安政二年（一八五五）六月、老中阿部正弘の命により監禁された。

利剛の代の嘉永六年、九戸郡の農民が苛政に耐えかねて起こした一揆はたちまち閉《へ》伊《い》郡の宮古から釜石へ広がり、一揆に加わった農民は二万五千に達したという。さらに一揆勢は隣藩仙台領まで雪崩れ込み、隠居していた利義が藩主に復帰し、三閉伊地方を幕府領か仙台領へ編入することを願い出た。これに共鳴するかのように、領内各地で一揆が勃発し、ついに藩は農民側からの五十数ヵ条におよぶ要求を受け容れることを条件にやっと一揆を鎮めた。幕府はこの不祥事に対し、実権を握っていた前藩主利済に謹慎を命じた。

主戦派楢山佐渡による悲劇

三閉伊一揆鎮定後、利剛は家老楢山《ならやま》佐渡と東中務を登用し、藩政改革を行った。佐渡らは人材登用の道を拓き、国産会所を設置して産業を振興し、新田開発や検地に着手し、藩学を充実させた。

慶応四年（一八六八）、戊辰の戦火が奥羽地方に迫りつつある頃、藩内では勤王・佐幕に二分して論争が続き、ここで佐渡は藩論を奥羽越列藩同盟に加盟と決定した。同年六月、不穏を察して仙台藩から逃れた奥羽鎮撫総督九条道孝以下一千五百人の新政府軍が盛岡入りを求めたが、佐渡はこれを拒絶したので、九条らは久保田藩に移動した。七月になると久保田藩の同盟離反の風聞が伝えられ、藩内では久保田藩討伐を主張する佐幕派と勤王恭順派とが激論を交わしたが、この時も佐渡が主戦派の意見を容れ、七月二十七日、佐渡自ら総大将となって久保田藩攻撃に出兵した。だが、久保田藩にはぞくぞく新政府の援軍が参集し、ついに孤軍奮闘の盛岡藩は降伏した。

九月二十四日、列藩が瓦解すると、盛岡藩は家老を謝罪使として久保田に派遣して降伏文書を提出したが、総督府は藩主自らの陳謝を要求したため、病気の利剛に代わって嫡男利恭《としゆき》が出頭し、利剛は領地没収の上、隠居謹慎を命ぜられた。利剛のあとを継いだ利恭は、十三万石に減封されて陸奥国白石へ転封となったが、のち七十万両の献金を条件に、明治二年（一八六九）、盛岡へ帰封し、六月に版籍奉還をして盛岡藩知事に任ぜられ、翌三年に廃藩となった。なお、佐渡は戦犯の責任を一身に負って、明治二年六月二十二日、盛岡郊外の報恩寺において刎首刑となった。

小江戸紀行　岩手山を望む城下町　盛岡城下を歩く

盛岡城周辺を歩く

岩手山を北西に望み、東西が丘陵に囲まれた盆地の盛岡は、美しい自然と歴史をもった街である。盛岡駅から北上川に架かる開運橋をわたり、大通り商店街を歩けば二十分ほどで盛岡城跡につく。城跡一帯の土の肌はやや白味を帯びた赤土だ。このあたりの岩盤はみな花崗岩《かこうがん》だという。しかし森は黒い。針葉樹であるためであり、土の明るすぎる色をひきしめている。

城は慶長二年（一五九七）に着工、同八年には一応の形がととのい、不来方《こずかた》の古名も〝盛りさかえる岡〟と改められた。その後、しばしば水害のため破損し、盛岡が居城と確定するまでには、信直より利直《としなお》・重直《しげなお》の三代、四十数年の長い年月を要した。

大通りに面して、藩祖光行《みつゆき》以下信直・利直・利敬《としのり》の四侯を祀る桜山神社がある。その右脇が城の大手口にあたる瓦御門《かわらごもん》跡で、のぼると三の丸広場にでる。車御門跡の向こうは二の丸広場で、ここには金田一京助の揮毫になる望郷の詩人・石川啄木《たくぼく》の「不来方のお城の草に寝ころびて　空に吸はれし　十五の心」の歌碑が立って、市街を見おろしている。

城跡を取り巻く亀ヶ池、鶴ヶ池は内堀の跡で、産業会館前の十字路にある御田屋清水《おたやしみず》は、今は水が涸れてしまっているが、そこに湧くきれいな水は大奥の水として用いられた。桜山神社の参道入口の鶴ヶ池のほとりにある鐘楼は、明治になって移されたものだが、城下に昼夜時刻を報せていた。

また、県庁のあるあたりは、広小路御殿と呼ばれていた藩主の別邸のあったところ。盛岡の春をつげる石割桜は、裁判所前の庭にあり、ここは家老北監物《きたけんもつ》の屋敷跡だった。

盛岡城の築城にあたって南部利直は、中津川に上・中・下の三橋を架設したが、上の橋と下の橋には、現在も「慶長十四酉年十月吉日　中津川上之橋　源朝臣利直」「慶長十六辛亥年八月吉日　中津川中之橋　源朝臣利直」の銘がある擬宝珠《ぎぼし》が取りつけられている。これは、そのころ京都の警護にあたっていた南部政行（三戸南部十二世）が、時の天皇に所領内の橋に加茂川の橋のように擬宝珠をつけて、京の趣《おもむき》を移すことをゆるされてのことという。

上の橋と中の橋の間は、川と緑の美しい自然と、古い建物が調和する街でもある。本町通りから上の橋をわたると、左側に明治・大正に栄えた呉服問屋・旧井弥商店の豪壮な黒漆喰の土蔵造りの家がある。ここ

から中の橋へと向かえば、右手に昔懐かしい望楼のある紺屋町番屋、白壁と貼り瓦、そして格子戸の低い軒がつづく〝ござ丸〟が今も商売を営んでいる。とくにこの建物は、江戸後期から明治にかけての灯明用の灯心売や藁工品などを取扱った豪商の面影を今に伝える貴重な商家だ。

盛岡城跡の石垣

寺院地区と著名人の墓

南部氏は城下町を造るにあたって、城下の北辺と南端にわけて寺院地区を設けた。城山の北は北山寺院地区だ。本町通りから県道盛岡岩泉《いわいずみ》線（旧小本街道）を進むと、道の両側は杉木立ちにつつまれた寺院が甍を並べている。

「三ツ石の手形」で知られる三ツ石神社は、東顕寺の奥にある。決して広いといえない境内にそそり立つ三つの巨石は、その巨大さに似合わず、ごく細い注連縄《しめなわ》で頭部の近くを飾られているのがユーモラスだ。

そして東顕寺。大きな自然石が目にとまる。「四百十男女餓死亡霊等」と刻まれた供養塚である。「天明三卯従十一月二十日・天明四辰三月初八日迄」とあり、建立が「文政七年四月吉日」だから、四十年後に施餓鬼を行って建てたことになる。

南部藩では慶長五年（一六〇〇）から明治元年（一八六八）までの二百六十八年の間に、八十五回の大凶作に見舞われている。なかでも天明三、四年の飢饉は疫病も発生し、悲惨を極めた。死者六万四千九十八名、他領逃亡者三千三百三十名を記録している。東顕寺に近い報恩寺には「お救い小屋」が建ったという。ここの五百羅漢は有名だ。

同じ北山に、盛岡バイパスを挟んで東禅寺・聖寿寺《しょうじゅじ》があって、ともに南部家の菩提寺である。

旧城下の南端の寺院地区へ向かう。大慈町に入り、最初に寺域の東の出はずれにある十六羅漢を拝する。羅漢の座所は、いま公園になっているが、往時は寺の境内だった。この石像群も、たびかさなる飢饉で亡くなった人びとを供養するために建てられたものだ。子どもたちの遊び場になっている十六羅漢から、寺院地区の大慈町へもどる。永泉寺には鉱山学者・大島高任《たかとう》の墓があり、京都の黄檗《おうばく》宗万福寺を模した中国式の大慈寺には山門の左手に原敬《たかし》の墓がある。墓碑は西園寺公望《きんもち》の筆になる「原敬墓」の三字だけが刻まれている。また、海軍大臣として終戦処理に尽力した米内光政は円光寺に眠っている。

このあたり、そこかしこに見通しのきかない鉤《かぎ》型の道路、低い軒、京風の格子窓、白壁造りの土蔵など、昔ながらの城下町の名ごりが見られる。

仙台藩《せんだい》〈外様〉

居城＝宮城県仙台市青葉区青葉山

独眼竜政宗の登場

奥州随一の大大名伊達氏の歴史は古く、その始祖は藤原（中臣）鎌足《かまたり》であるという。鎌足の曽孫河辺左大臣魚名《うおな》の裔従三位中納言山蔭より出で、六世の裔常陸介実宗《さねむね》は常陸国真壁郡伊佐荘中村に住して伊佐あるいは中村と称し、その玄孫朝宗《ともむね》は文治五年（一一八九）、源頼朝が奥州平泉の藤原泰衡《やすひら》討伐の際に軍功を樹て、陸奥国伊達郡を下賜され、その地に住して伊達氏を称したという。その後、近隣に勢力を伸ばし、伊達政宗《まさむね》の曽祖父稙宗《たねむね》は陸奥国守護職に任命、祖父晴宗《はるむね》は奥州探題に就任した。政宗の父輝宗《てるむね》は朝宗から数えて十六代目で、天正十二年（一五八四）十月、四十一歳で隠居し、十八歳の政宗が家督を相続した。

天正十七年六月五日、政宗は磐梯山と猪苗代湖の間に広がる摺上ケ原《すりあげはら》で蘆名義光《あしなよしあき》を破り、黒川（会津若松）城に入城、白河・石川・岩瀬・安積・安達・田村・信夫の、いわゆる仙道七郡（福島県）を掌中に収めた。翌年、豊臣秀吉の小田原の陣の時、小田原落城一ヵ月前にやっと参陣した政宗は秀吉に呼び出され、髪を水引きで束ね白装束姿で平伏する政宗の首を杖で指し、「今少し遅かったら、ここが危なかった」といった。政宗は命を助かったものの会津・安積・岩瀬の所領は没収され、七十二万石に減封された。

同天正十八年、秀吉に改易された葛西・大崎両氏の遺臣が蜂起すると、政宗は翌年、これを鎮定し、両氏の旧領陸奥国二十郡内において五十二万石を与えられ、父祖伝来の米沢城から岩出山城へ移された。慶長五年（一六〇〇）、関ヶ原の役の際、政宗は上杉景勝の支城白石城を攻略し、また山形城主最上氏に援軍を送るなど、徳川方として戦い、戦後、陸奥国刈田郡二万石、近江国蒲生郡五千石を与えられ、その後、慶長十一年、常陸国一万石、寛永十一年（一六三四）に近江国蒲生・野洲郡内に五千石を与えられ、合わせて六十二万石を領有した。

関ヶ原の役後、政宗は岩出山城が狭小になったので、千葉氏の居館があったという青葉山を新しく城地として選び、大規模な築城工事を起こした。慶長八年に完成すると、岩出山から城下町を移して、名も仙台と改めた。同十三年、家臣の知行割が実施され、上級家臣は知行地に城館を構え、家人や組下を住まわせ、典型的な地方《じかた》知行制が確立した。だが、一門庶子家や伊達氏の勢力拡大にともなって臣従した諸豪族ら、戦国の争乱の中で伊達氏を支えていた家臣の強大な勢力を温存させたため、のち伊達騒動の原因の一つともなった。

政宗は松平姓を賜り、代々陸奥守に任ぜられて徳川家との関係も深まったが、幕府から過重な軍役を賦課され、出費が増大して次第に藩財政は窮乏していった。このため、政宗は領内の鉱山からの産金と海外貿易によって事態の打開を図り、慶長十八年、イスパニアとの通商交渉のために藩士支倉《はせくら》常長《つねなが》をメキシコ経由でイスパニアおよびローマに派遣した。しかし、通商交渉は成功せず、支倉は元和六年（一六二〇）に帰国した。こののち藩財政の窮乏打開策は、米の増産と農民の余剰米を買上げて、江戸へ廻漕する買米仕法を中心とする政策に転換した。

貴公子綱宗の隠居と伊達騒動

寛永十三年（一六三六）五月二十四日、政宗は七十歳で没すると、嫡男忠宗《ただむね》が家督を相続し、奉行職（家老）の月番制や評定役・目付役などを設けて組織の整備を行った。さらに同十七年から三年がかりで領内総検地を実施し、反別を三百六十歩から三百歩に直し、従来使用していた貫高を一貫十石に換算して、大幅な打ち出しを行った。

忠宗は万治元年（一六五八）に没し、三男巳之助（綱宗《つなむね》）が継いだ。巳之助の生母は貝《かい》姫といい、櫛笥《くしげ》中納言隆致の次女で、姉の御匣局《みくしげのつぼね》は後水尾天皇の皇妃であり、のち後西天皇となる良仁親王の生母である。貝姫は寛永十九年二月に没したので、忠宗の正室振姫（家康の外孫で播磨国姫路藩主池田輝政の娘）が巳之助を養子にしたいと願い出、幕府に対して寛永十八年生まれの嫡出子、すなわち振姫の三男と届けた。承応三年（一六五四）十二月、巳之助は元服し、四代将軍家綱に謁見して、綱の一字を賜って綱宗《つなむね》と名乗った。

貴公子綱宗は「幼ニシテ敏慧、学ヲ好ミ孜々《しし》業ヲ勤」めるが、酒を飲むと酒乱になるので、綱宗の姉の夫立花左近将監忠茂や忠宗の弟兵部宗勝《むねかつ》が諫めた。忠宗は危篤状態の中で、茂庭定元《もにわさだもと》にせき立てられて、綱宗に家督を譲ることを認め、万治元年七月に没した。

綱宗は万治三年、江戸小石川堀普請を命ぜられ、綱宗自ら普請現場を見廻ったが、帰途、新吉原の遊女屋に登楼して豪遊した。綱宗の悪所通いの噂が囁《ささや》かれ、六月十日には老中（のち大老）酒井雅楽頭忠清の知るところとなり、厳重に注意されたが、七月十八日、幕府から不謹慎を理由に逼塞の命が下った。綱宗は二十一歳であった。

だが、綱宗の子亀千代（綱村《つなむら》、生母は三沢初子）はわずか二歳で、後継藩主を継ぐには幼なすぎた。この相続問題に介入してきたのが、酒井忠清である。忠清は六十万石を分割し、三十万石を兵部宗勝に、十五万石ずつを立花台八（筑後国柳川藩主立花忠茂の子大助、生母は忠宗の娘）と田村右京（綱宗の庶兄、のち宗良《むねよし》）に分与する思惑があったという。だが、仙台藩家老らは亀千代を推挙して幕政を動かし、ようやく亀千代が藩主の座に着くことになり、六十二万石は安泰かと思われた。

幼君亀千代には兵部宗勝と田村宗良との二人が後見役を勤めた。宗勝は宗良の叔父にあたる。宗勝は老中酒井の権勢をかさにきて（忠清の娘は宗勝の子宗興に嫁す）、藩政を恣《ほしいまま》にし、六十二万石を乗っ取ろうとした。宗勝は国家老の一人原田甲斐宗輔《むねすけ》を派閥に抱き込み、宗良らの反対派に圧力をかけた。抗争は熾烈化したが、宗勝派が強く、宗勝の専横を批判した国家老伊藤七十郎は斬刑に処せられ、その他の肉親は切腹・死罪・流刑などの処分を受けた。

宗勝の専横に反対して立ち上がったのは伊達一門の伊達安芸宗重《むねしげ》で、藩政刷新を唱え、寛文十一年（一六七一）二月、幕府に宗勝弾劾の訴訟のために江戸へ上った。三月二十七日、大老酒井忠清邸において、宗重の他に柴田外記朝意・古内志摩義如・原田甲斐宗輔らが呼び出されて、大老から最後の取り調べが行われた。その直後、控の間にいた原田が突如抜刀して、宗重と外記に斬りつけ、酒井邸は大混乱に陥った。原田はその場で斬殺され、宗重も落命した。四月三日、幕府の断が下され、騒動の元凶ともいえる宗勝は土佐藩へ、子宗興は豊前国小倉藩へお預けの身となった。藩主伊達家に累はおよばず、六十二万石は安泰であった。刃傷におよんだ甲斐の家は断絶し、四人の子は切腹、母慶月院は自害した。

なお、伊達騒動の主役の一人原田甲斐は、宗家乗っ取りを企む伊達兵部宗勝に加担した稀代の悪人といわれたが、山本周五郎作の『樅ノ木は残った』では、甲斐は忠節の士として描かれている。

窮乏する藩財政

この伊達騒動の結果、藩権力は成長した綱村の手に集中され、藩体制は確立された。綱村は新田開発を推進し、城下への運河開削を行って商品流通の増大を図り、製塩業の保護、産馬の奨励、鉱山の開発に力を注いで、産業振興につとめた。

その一方、綱村は学問を好み自ら儒学を学び、多くの学者を招聘して藩史編纂事業などを行ったが、こうした文教政策は、藩財政を逼迫させた。綱村は元和三年（一六八三）、藩札を発行したが、物価高騰を招き、元禄十六年（一七〇三）、一門らの強要によって隠居させられた。

次を継いだ吉村《よしむら》は藩政再建のために極端な節倹政策をとる一方、役人の職務精勤と民生の振興を図った。享保十二年（一七二七）、幕府の許可を得て「寛永通宝」の鋳銭事業を興し、その利潤で買米仕法を再編成して農民から余剰米を供出させ、江戸に廻漕して利益を増大させた。さらに享保十八～十九年に西国での大凶作（浮塵子《うんか》の被害）により米価が急騰したので、仙台藩は買米商売で一挙に五十万両の巨利を得た。この吉村による享保の改革の結果、藩財政は潤って備蓄金が蓄積されるようになった。吉村は中興の英主といわれた。

藩財政の建て直しに成功した吉村は寛保三年（一七四三）に隠居し、その子宗村《むねむら》が家督を継ぎ、吉村の政策を継承したが、宝暦五年（一七五五）、大凶作が日本全土を襲い、その対策のために吉村の蓄えた備蓄金も使い果たしてしまった。宗村は飢饉の最中の翌六年に病没し、あとを継いだ子重村《しげむら》は従来の買米仕法に依存した藩財政を、大坂商人からの借財に頼る財政に転換させた。こうして商人と癒着した藩は天明二年（一七八二）、国産物会所を設置し、海産物・紅花・生糸などの産業を掌握していた特権商人を再編成し、利益の吸い上げを図った。だが、翌年の大飢饉の中で、「安倍清《あべせい》さわぎ」と呼ばれる打ち毀しが起こった。これは献金で士分に取り立てられた木綿商人安倍清右衛門が、藩財政を担当して不正を行ったことが原因であった。

なお、安永元年（一七七二）、藩では学問所養賢堂を設立したが、ここからは工藤平助・林子平・大槻玄沢・高野長英ら、開国へ向けて最も先進的な人物を輩出している。

次の斉村《なりむら》を経てその子周宗《ちかむね》が継いだが、寛政九年（一七九七）、地方役人の苛政をきっかけに領内北部で発生した大一揆は、知行地に築かれた上級家臣の城館によって遮られ、個別的な一揆は解散した。だが、一揆側からの地方役人の削減、諸役の減免、年貢先納制の改定の要求は認められた。文化四年（一八〇七）には幕府から蝦夷地警備を命ぜられ、翌年、大坂商人の蔵元升屋の手形を藩札とするなど、商人に依存する藩政は続けられた。

奥羽越列藩同盟の盟主としての悲劇

その後、斉宗《なりむね》ー斉義《なりよし》と続き、次の斉邦《なりくに》の時に天保の大飢饉によって藩財政が窮乏の極に達すると、升屋は藩財政への介入をやめてしまった。天保十二年（一八四一）、斉義の次男慶邦《よしくに》が家督を継ぎ、たびたび倹約令を発し、藩経営を十万石の格式で行うなど、天保の飢饉に苦しむ藩財政の再建に取り組んだ。文久三年（一八六三）一月、勤王恭順派が失脚し、首席家老但木土佐《ただきとさ》が佐幕論で統一した。翌元治元年、慶邦は幕命で江戸警衛をしたが、一方領内の軍事改革に率先努力し、慶応三年（一八六七）十月、大政奉還後に徳川家への寛大な処置を建白した。

慶応四年三月、奥羽鎮撫総督九条道孝《みちたか》および参謀大山綱良・世良修蔵は仙台藩に対して会津征討命令の不履行を激しく糾弾したので、慶邦は四月十一日、六千の藩兵を率いて会津征伐のために出陣したが、これはあくまでも偽装出陣であった。そして、慶邦はかえって陸奥国白石城で会津降伏の受け容れを嘆願するため奥羽列藩会議を主宰し、嘆願書を総督府に提出した。

一方、閏四月十九日深夜、仙台藩士三人が福島の女郎屋「金沢屋」に宿泊中の世良修蔵を襲い、薪で世良の頭部を強打して取り押え、翌朝、須賀川河原で斬刑に処された。世良斬首の報が白石城で会合中の奥州諸藩の重臣らに届くと、「悪逆天誅遁《のが》ルベカラズ」といって万才を叫んだという。世良の懐中には大山綱良に宛てた「奥羽全域討伐」の具申書があったので、これに激怒した奥州諸藩は二十日の内に、会津救済・新政府軍迎撃を決定し、五月三日には奥羽越三十一藩の同盟が成立、仙台藩はその盟主となった。

五月に入ると、越後・白河・出羽の各方面で新政府軍との間に戦闘が開始され、仙台藩は会津・棚倉藩とともに白河城を守備したが、新政府軍の猛攻を受けて落城した。七月七日夜、久保田藩の背盟（裏切り）確認のために派遣した仙台藩の使者が斬殺され、新庄・亀田・矢島各藩が久保田藩とともに同盟を離脱した。このため九月十日、仙台藩重臣らが会合を開き、主戦派は領内を焦土にして戦うことを主張したが、米沢藩の降伏を知った慶邦は、主戦論者を押さえて降伏恭順を決断、城下の亀岡に退いた。

慶邦は十月下旬、東京に移送され、芝増上寺内良源院にて謹慎、仙台藩は特別の処置をもって伊達家は存続を許されたが、六十二万石は二十八万石に減封された。慶邦のあとを次男宗基《むねもと》が家督を継いだ。慶邦は明治二年（一八六九）九月に謹慎を解かれたが、抗戦の責任者とされた家老但木土佐と元江戸詰奉行坂英力《えいりき》は東京に護送され、明治二年五月十九日、斬刑に処せられた。

宗基は明治二年六月、版籍奉還して知藩事に任ぜられ、翌三年には慶邦の養子宗敦《むねあつ》（伊予国宇和島藩主伊達宗城の三男）が家督を相続し、同四年七月に廃藩置県を迎えた。

小江戸紀行 独眼竜の城下町 仙台城下を歩く

青葉城への道

慶長五年（一六〇〇）から伊達六十二万石の城下町として栄えた仙台は、駅前を中心に近代的な街並を見せながらも「杜《もり》の都」として、いまなお美しい自然があちこちに残っている。そして仙台藩祖政宗は、いまも仙台の象徴的存在で、馬に乗った政宗の雄姿像が青葉城跡に立っている。

駅前からまっすぐ伸びる欅《けやき》並木のメインストリートが青葉城跡へつづく道である。一番町通りの賑わいをすぎるとやがて国分町通り。通りに面した安田生命ビルの一角に、「芭蕉の辻」の石碑が佇む。制札がかかげられたため、札の辻ともいわれた。

ここは大手筋と奥州街道の交差点にあたるため、幕末には四隅に大商家の二階建て・入母屋造り瓦葺き・白漆喰《しろしっくい》の城櫓風建築で人目をひいたが、明治時代の火災と今次大戦の空襲に遭い、かつての面影はまったく失われた。

晩翠《ばんすい》通りの少し手前の欅並木沿いに板塀をめぐらした晩翠草堂がある。「荒城の月」で知られる詩人・土井晩翠が晩年をすごした家で、晩翠が実際に使用した机やベッドが当時のままに置かれていて、なかなか興味深い。

青葉通りをさらに西に進めば広瀬川に架かる石造りの大橋に出る。近くの仙台市博物館は青葉城三の丸跡に建つものという。館の南側には中国の文豪、『阿Q正伝』で知られる魯迅《ろじん》の記念碑がある。ブロンズのレリーフはタバコを手にした思索顔の魯迅。魯迅は医学の勉強のため、明治三十七年（一九〇四）に仙台医学専門学校（現東北大学医学部）に入学した。魯迅の最初の下宿は、今も東北大学本部正門前の米ケ袋に残っている。江戸時代の地図でみると、このあたりは武家地ながら、鷹匠《たかじょう》のような小身な人びとの住む界隈だった。それにひきかえ、道路を挟んで向かい合った大学の構内は、大身の屋敷が土塀を連ねていた。

振り返ると、広瀬川を隔てて政宗の廟所・瑞鳳殿《ずいほうでん》や二代忠宗《ただむね》の感仙殿《かんせんでん》、三代綱宗《つなむね》の善応殿《ぜんのうでん》のある経《きょう》ケ峰《みね》の森が指呼の間である。廟所に至る老杉に囲まれた石段も見える。ホトトギスの初音を聞きに訪れた政宗が、自ら墓所と決めたところという。廟は豪華絢爛たる桃山様式で、扉上部には細かな彫刻を見ることができる。

仙台桃山風建築の代表など

博物館から左につづら折りの急な坂道がつづく。青葉城本丸の城壁を見ながら坂を

青葉（仙台）城大手門隅櫓

上りつめると天守台に出る。

樹木のすき間から見えてくる政宗の騎馬像は思ったよりも大きく、見上げてしまうほどである。睨みつけるような鋭い眼光が印象的だ。

政宗像周辺は標高一三二メートルの展望台になっている。見下ろすと、眼下には広瀬川の流れと仙台市街の全景が目に映る。さらに、左手の遥か彼方には蔵王《ざおう》の山々、右手には太平洋の大海原が広がり、一幅の絵のような眺めである。

本丸跡には政宗像のほか、晩翠の「荒城の月」の詩碑と胸像、島崎藤村《とうそん》の「草枕」の詩碑などがある。「荒城の月」が世に出たのは、藤村を介して知った滝廉太郎の名曲によってである。晩翠と廉太郎の間をとりもった藤村が、東北学院の教師として仙台にきたのは二十五歳のときだった。

青葉城跡をあとに曲がりくねった山道を下っていく。途中、政宗が欧州に派遣した使節支倉常長《はせくらつねなが》像などを過ぎる。政宗が常長を派遣した理由は、イスパニア国王に提出させた条約案に示されている。要約すれば、伊達の領内でキリスト教の布教を認めるかわりに、貴国との貿易を許可していただきたい、というのが骨子である。だが、交渉は不成立に終わった。

帰国後の常長の消息については、知られるところが少ない。常長の墓所は大槻文彦博士の考証した光明寺説が通説で、光明寺の常長の墓のそばに、常長紀功碑とソテロ記念碑が建てられている。光明寺の西隣には政宗を祀った青葉神社がある。

青葉城を中心におくと、大崎八幡神社はその西側に位置するが、東照宮は東側にあたる。東照宮は大崎八幡神社や瑞巌寺《ずいがんじ》（宮城郡松島町）にややおくれて二代藩主忠宗が幕府の意をむかえるため、日光東照宮の家康の霊を分祀したもので、一七世紀中ごろに創建された。典型的な江戸初期の建造物だ。

なお、もとここにあった天神社は、このとき榴ケ岡《つつじがおか》（榴岡天満宮として現存）に移された。小高い丘陵の先端にある社殿まではゆるやかな石段がつづく。両側には伊達家重臣たちの寄進した石灯籠が立ち並び、なかでも拝殿の登り口にある田村右京寄進の石灯籠が人目をひく。

そして青葉山台地の北辺の住宅地域のなかにある大崎八幡神社は、仙台桃山風建築の代表作である。政宗が建立したもので、江戸時代を通し、伊達家はこの神社を尊崇した。拝殿は入母屋造りで、中央の華麗な千鳥破風が重心になって、華やかさと重味をもたせている。

岩沼《いわぬま》藩〈外様〉
陣屋＝宮城県岩沼市館下

田村氏は坂上田村麻呂の四男清野の後裔で、清野の曽孫古哲の時に陸奥国田村郡に居住して、田村氏を名乗った。その二十九代裔の三春城主宗顕《むねあき》の時に所領を失い、また嗣子がなかったため、承応元年（一六五二）、仙台藩二代藩主伊達忠宗《ただむね》の三男宗良《むねよし》に三万石を分与し、田村家を継がせた。

万治三年（一六六〇）、忠宗の子で宗藩三代藩主綱宗《つなむね》が所業紊乱の故をもって二十一歳の若さで隠居を命ぜられ、二歳の綱村《つなむら》が四代藩主となると、宗良は伊達兵部宗勝《むねかつ》と伊達氏の分知大名となり、綱村の後見に当たった。寛文二年（一六六二）、岩沼に居所を構えたのが子右京大夫建顕《たけあき》であったが、天和二年（一六八二）に一関に移り、岩沼藩は廃藩となった。

田村家上屋敷跡（東京都港区新橋四丁目・都史跡）は、元禄十四年（一七〇一）三月十四日、江戸城松之廊下で刃傷事件を起こした赤穂藩浅野長矩が切腹した所である。

白石《しろいし》藩〈外様〉
居城＝宮城県白石市益岡町

白石の地は、後三年の役（一〇八三〜八七）後に刈田経元《かりたつねもと》がここに居城したことに始まるといわれている。その後、南北朝動乱期に伊達氏の支配となり、刈田氏の末裔という白石氏が天文十四年（一五四五）まで白石城主となった。伊達氏の支配下にあったこのあたり一帯は、小田原北条氏征伐後の天正十九年（一五九一）、豊臣秀吉の「奥羽仕置」によって没収されて蒲生氏郷《がもううじさと》に与えられ、その家臣蒲生郷成が居城して益岡城と改名、近世城郭として整備された。慶長三年（一五九八）、上杉景勝の所領となって甘粕景継が入城したが、慶長五年の関ヶ原の役で、東軍に与《くみ》した伊達政宗が城を攻略、戦後、政宗の重臣片倉小十郎景綱《かげつな》が拝領して、以後、明治維新まで十代約二百六十年間、片倉氏一万八千石の居城となった。白石城は、仙台本城以外に城として扱いを受けた唯一のものである。

白石城は慶長五年の政宗による攻略、慶応四年（一八六八）の戊辰戦争における奥羽越列藩同盟公議所、戦後における両羽三陸磐城按察使の設置など、時代の転換期における重要な役割を果たしてきた所である。

盛岡藩二十万石の十五代藩主南部利剛《としひさ》は慶応四年の戊辰戦争の時、奥羽越列藩同盟に加わって新政府に敵対したため、朝敵の責任を問われて領地を収公され、蟄居謹慎を命ぜられた。その子利恭《としゆき》は、父利剛に代わって謝罪のため出羽国横手城に赴き、奥羽鎮撫総督九条道孝《みちたか》に謁見し、明治元年十二月十七日、十三万石に減封されて家名相続が許され、白石へ移封を命ぜられて白石藩が成立した。

白石はもと仙台藩領であり、伊達氏の重臣片倉小十郎の城下町であったため、移封に際して双方大混乱を招いた。翌年七月、利恭は盛岡復帰を条件に新政府に七十万両を献金し、同二年十月に白石を去った。知行を離れた片倉家臣らが北海道開拓の移住費用とするために白石城は売却され、明治七年には城郭は解体された。平成七年、三層櫓が復元された。

会津藩《あいづ》〈家門〉

居城＝福島県会津若松市追手町

蒲生氏郷の入封

鎌倉時代以来、陸奥国会津を領していた蘆名《あしな》氏は、十七代盛隆《もりたか》の子亀王丸が天正十四年（一五八六）に夭逝したため、蘆名氏の血統が断絶に際し、常陸国の佐竹義重《よししげ》の子義広《よしひろ》（盛重《もりしげ》）が蘆名氏の家督を継いだ。盛重は伊達政宗と対抗したが、天正十七年六月五日、磨上原《すりあげはら》の戦いで敗れ、佐竹義宣《よしのぶ》をたよって敗走し、会津は政宗が占領した。だが翌年、豊臣秀吉の小田原の陣の時、政宗は秀吉に屈服して会津を没収されて、出羽国米沢へ移されると、伊勢国松ヶ島十二万石から蒲生氏郷《がもううじさと》が四十二万石で封ぜられ、黒川城に入城して立藩した。そして天正十九年には九十一万石に加増された。

氏郷は会津に入封すると、ただちに黒川城の大修築に着手し、文禄二年（一五九三）に七層の大天守を持つ新城を完成し、鶴ヶ城と命名した。そして城下町を若松と名づけたのは、蒲生氏の故郷である近江国日野に若松の森という名所があるのに因んだものだという。

氏郷は文禄三年には領内に検地を実施するなど、諸政策を矢継ぎ早に実行したが、翌四年二月七日、京都で病没した。氏郷のあとは嫡男秀行《ひでゆき》が相続したが、若年のために家臣間に対立が起こり、家中不行届きのために、慶長三年（一五九八）、下野国宇都宮へ転封となった。一説によると、氏郷の未亡人冬姫（織田信長の娘）が美人だったので、秀吉が食指を動かしたが、冬姫は応じなかった。家臣らは蒲生家の将来を案じて秀吉の意に従うように勧めたが、冬姫はあくまでも拒んで自害した。心中面白くない秀吉は、蒲生家中に騒動が起こったのを幸いとばかり転封させたのだという。

百二十万石の太守上杉景勝の転封

秀行が宇都宮へ転封になったあと、慶長三年一月、越後国春日山から上杉景勝が百二十万石の太守として鶴ヶ城に入城した。景勝は戦国の英雄上杉謙信の養子である。同年八月十八日、秀吉は家康・景勝・前田利家・宇喜多秀家・毛利輝元ら五大老に後事を託して没した。するとたちまち家康の天下取りの野望が露骨になり、石田三成や景勝と対立を深めていった。

慶長四年、景勝は会津に帰国したが、その時に石田三成との間に密約があったという。つまり三成は上方《かみがた》で、景勝は会津で打倒家康の兵を挙げ、東西から家康を挟撃しようというものである。帰国した景勝は、やがて起こるであろう家康との決戦に備えて領内の防備を固め、神指《こうざし》城を築城し、領内の道路や橋を普請し、浪人らを召し抱えた。こうした景勝に対し、神経を尖らせた家康は翌慶長五年、景勝の家老直江兼続《かねつぐ》に詰問状を送り付けた。それに対する兼続の返事は、世に「直江状」として名高い。それは堂々と家康の言い分に反論し、武器を集めていることについては「上方武士は茶道具などを集めている由だが、田舎武士は槍、鉄砲、弓矢の道具を揃えている。それぞれの国の風俗と考え、不審に思わないでいただきたい」などとからかっている。

我慢ならなくなった家康は会津討伐の軍

を起こし、下野国小山まで出陣した時、上方で石田三成ら西軍が挙兵したとの報せが入った。家康は三成と対戦のため上方へ取って返すと、上杉勢は北方の米沢の最上《もがみ》領に侵入した。景勝は家康が三成方との戦いに手間どっている間に、奥州地方に勢力圏を広げておこうと図ったが、その企図は外れ、九月十五日の関ヶ原の決戦はわずか一日で家康方の勝利に終わった。

　戦後、景勝は会津百二十万石を取り上げられ、出羽国米沢三十万石へ移された。そのあとに宇都宮から蒲生秀行が六十万石で再度入封した。慶長十七年、秀行が没し、そのあとわずか十歳の忠郷《たださと》が家督を継いだが、寛永三年（一六二六）、嗣子のないままに没したため、蒲生氏は断絶した。

加藤明成の除封処分

　代わって伊予国松山から賤ヶ嶽七本槍の一人、加藤嘉明《よしあき》が四十万石で入封したが、四年後の寛永八年に没し、その子明成《あきなり》が襲封した。明成は寛永十六年に鶴ヶ城の大改修を行った。その時、蒲生秀行が城主時代に地震で傾いた七層の天守閣を五層に改築した。現在の天守閣は昭和四十年の建築だが、明成の築いた当時のものを復元した。

　明成は寛永二十年、つまらぬ意地を張って除封となった。事の起こりは、父嘉明の代からの重臣堀主水《もんど》との確執だった。明成に理不尽な仕打ちがあったため、主水は鶴ヶ城に鉄砲を撃ち込み、一族を率いて悠々と会津から退去するという事件があった。主水は妻子を鎌倉の東慶寺に預け、自身は捕吏の踏み込めない聖地である高野山に身を潜めた。だが、激怒した明成は「たとえ会津四十万石に替えても」と幕府に掛け合い、ついに主水を捕らえて殺害した。そして縁切り寺とも呼ばれて治外法権的な扱いを受けていた東慶寺にいた主水の妻子をも捕らえて処刑した。この騒動の決着後、幕府は「会津四十万石に替えても」という明成の言葉を逆手に取って、ついに除封処分としたのである。

将軍家光の庶弟保科正之の抜擢

　寛永二十年（一六四三）、三代将軍家光の庶弟保科正之《ほしなまさゆき》が出羽国山形から会津二十三万石へ入封した。正之は実は二代将軍秀忠の隠し子（三男）で、家光の異母弟にあたる。秀忠が侍女（お静の方）に生ませた子だが、正室於江《おごう》の方の目をはばかって、七歳の時に信濃国高遠藩主保科正光《まさみつ》の養子となった。しかし、兄家光に愛されて寛永十三年、山形二十万石の藩主に封ぜられ、さらに会津二十三万石に移封されたのである。家光が奥羽諸藩の目付役である会津藩主に抜擢したのは、それだけ正之を信頼していたということだろう。正之は家光の補佐役として、御三家につぐ家門に列し、南会津地方五万石余を南山御蔵入りと称して預けられ、実際には二十八万石を領有した。

　正之は入封と同時に、家臣の知行を俸禄制に移行させ、農村を直接把握して、郷村仕置の法令を発布し、領内生産物の他領への流出防止、市場の再興、特産物の漆・蠟の納入および買上げ方を決定した。ついで慶安元年（一六四八）に領内の総検地を実施し、明暦元年（一六五五）には農民へ低利で米穀を貸与する社倉法を制定し、万治元年（一六五八）には定免制によって藩財政の収入を安定させて、藩体制を確立した。その一方、民間に伝わる因習を糺《ただ》し、迷信・淫祠などの禁止、人身売買の厳禁、孝子節婦の表彰、高齢者の養老扶持の支給などを実施した。

正之は幼時に高遠城下の建福寺の僧鉄舟のもとで修行して儒学を学び、幕藩体制下の儒教道徳と合致した文治主義を政策に生かしたものであった。

慶安四年（一六五一）、重病の床についた家光は大老酒井忠清を呼び寄せ、正之を家綱の補佐役にするように遺言した。家綱が四代将軍に就任すると、正之は以後、隠居するまで幕閣の重鎮として帷幕に参画した。正之の将軍家への忠誠ぶりは寛文八年（一六六八）、自らが起草し、儒者の山崎闇斎が加筆した「家訓」十五ヵ条に明らかである。特に注目されるのは、第一条で「大君（将軍）の義、一心大切に忠勤に存ずべく、列国（他藩）の例をもって自ら処すべからず」とある。将軍に忠勤を尽くすことは、他藩と同じではならないとし、さらにもし藩主が将軍に二心を抱くようなことがあれば、それは我が子孫ではない、家臣はそれに従ってはならない、とまで述べている。これがのちの保科松平家の幕末における悲劇を醸成したといえる。

徳川一門に列する

正之は寛文十二年に没し、あとを相続した正経《まさつね》は父の遺志を継いで学問の奨励に力を注いだが、病弱のために弟正容《まさたか》に家督を譲った。正容は領内の農村を一層整備し、新田開発と農業生産を高め、さらに会津城下の商工業の地位を確定して、酒造業と漆器業が主要産業として興隆した。他方、元禄元年（一六八八）、藩の学問所である講所を創設し、同九年、将軍家から松平姓と葵紋とを下賜されて、徳川一門に列した。

だが、元禄期以後、藩財政は困窮し、享保二年（一七一七）、正容は従来の定免制を改め、毎年の収穫高に応じて農民から余剰分を吸収する「反畝取り」で年貢を上納させ、財政の再建を図ったが、農民を疲弊させたにすぎなかった。このため同十三年、反畝取りを廃止し、再び定免制を採用する改革を行い、財政はどうにか小康を保った。

享保十六年、会津城下の大火によって、藩財政は再び悪化するなかで正容が没し、わずか八歳の容貞《かたさだ》が家督を継いだが、藩政は幕府の国目付の監督下におかれ、派閥対立した老臣らの合議制で運営された。このような藩政の乱れによって農村は荒廃し、領民も減少した。寛延二年（一七四九）、福島地方の一揆と同時に、一万五千の農民が会津城下に押し寄せ、領内各地にも打ち毀しが勃発した。藩は一揆に対処することができず、農民側は苛政を行った藩政責任者の解任と、年貢減免などを勝ち取った。この大一揆によって藩財政は困窮し、宝暦年間（一七五一〜六四）には四十万両にもおよぶ借財を抱え込んだ。

さらに追打ちをかけるように、天明二〜三年（一七八二〜三）に大凶作が襲い、同三年に容頌《かたのぶ》が家督を継いだ。容頌は経済の活性化のため家老田中玄宰《はるなか》の建議を容れて藩政改革に着手し、藩営の専売制の強化や新たな事業の創設、漆器の改良、養蚕業の育成、酒造の改善などを推進した。同時に文武振興を図って、天明四年に講所の整備と増設を行い、寛政十一年（一七九九）には藩校日新館を創設した。

藩政改革を推進した容頌は文化二年（一八〇五）に没し、あとを継いだ容住《かたおき》も同年に病没し、わずか三歳の容衆《かたひろ》が襲封した。文化四年、藩は蝦夷地や樺太の警備を命ぜられ、同七年には江戸湾警備を命ぜられた。藩財政は不意の出費に再び窮迫し、節倹の強化と家臣の俸禄の削減を行った。

文政五年（一八二二）、容衆が没し、あとを継いだ弟容敬《かたたか》は産業の奨励、市場の統制、藩士の人材登用などを積極的に実施して、同十二年には年間五千両の黒字を得た。このため、全国を襲った天保の大飢饉もどうにか乗り切ることができた。

会津戦争の惨劇

嘉永五年（一八五二）、容敬は嗣子のないまま没したので、美濃国高須藩主松平義建の六男 之允が養嗣子となった。これが幕末の藩主容保《かたもり》であり、あたかも黒船騒ぎの中で、最も困難な時に登場したことになる。容保は房州沿岸警備などに力を注ぎ、さらに将軍継嗣問題が起こると、南紀派と一橋派の間に立って調停につとめた。そのため、十四代将軍に就任した家茂の信任篤く、攘夷騒動で加熱する京都守護職に任ぜられた。容保は家臣らと相談して辞退したが、他に適任者がいなかったため、ついに文久二年（一八六二）、職を引き受けて京都に赴いた。

容保は過激な勤王攘夷派を弾圧するため、市中見廻りなどを厳重にし、孝明天皇の信任を得たが、大勢に抗しがたく朝敵とされ、慶応四年（一八六八）一月、鳥羽伏見の戦いに幕府軍は、薩摩・長州藩兵を中心とする新政府軍に敗れた。容保は十五代将軍慶喜とともに江戸へ逃れた。新政府軍の怨念の標的が会津藩に集まったため、二月に容保は帰国して謹慎し、数十回にわたって朝廷に嘆願書を提出したが、ついに容れられずに戊辰戦争に突入した。会津藩は軍備を強化し、総兵力五千三百が戦闘態勢についた。十万の新政府軍は越後・奥州へ進撃し、五月から七月にかけて長岡・白河・三春・二本松などの諸藩を降伏させた。

新政府軍は白河口から進軍し、八月二十一日に会津軍守備の保成峠を破り、さらに最後の防衛線の日橋川《にっぱしがわ》に架かる十六橋も突破して会津城下に迫った。この時、十五歳から十七歳までの少年で編成された白虎隊は、戸ノ口原の戦いに参戦し、敗れた少年たち二十人は八月二十三日、城下北東の飯盛山に陣を布いたが、城下に上る煙を城炎上と見誤って自刃して果てた。うち一人の隊士は命を長らえた。

籠城一ヵ月後の九月二十二日巳ノ刻（午前十時）、鶴ヶ城追手門に「降参」と大書した白旗が掲げられた。容保・喜徳《よしのり》（常陸国水戸藩主徳川斉昭の十六男）父子は麻裃《かみしも》に身を正し、新政府軍軍監中村半次郎（桐野利秋）の前に進み、家臣一統の赦免を願う謝罪状を呈上した。そして、容保父子は城内三千余人の家臣に訣別し、城下滝沢村の妙国寺で謹慎し、のち「罪一等ヲ減ジ永禁錮」の処罰が下された。

そして、明治二年（一八六九）十一月四日、この年六月に生まれたばかりの容保の嫡男容大《かたはる》に家名再興を許され、容大は斗南《となみ》藩三万石の知藩事となって斗南に移り、政庁所在地の田名部（現・青森県むつ市）に赴任した。

小江戸紀行　白虎隊の城下町会津城下を歩く

奥羽の名城を訪ねて

会津若松市のシンボルといえば鶴ヶ城だ。この城の天守閣は明治になって破却されたが、昭和四十年に再建された。城内への入口は何ヵ所かあるが、北側の追手口から入ってみよう。堀沿いにぐるりと回ったところが北出丸で、入口に追手門の柱の跡が残っている。左右の石垣は二重に築かれていて、いかにも堅固な構えだ。

北出丸は堀に囲まれて独立した一画で、南は椿坂で本丸に通じている。もし敵が追手門を突破して北出丸に侵入したときには、周囲から集中砲火を浴びせることができる。そこで一名「皆殺しの丸」とも呼ばれている。椿坂を上がると本丸を囲む帯郭《おびくるわ》で、頭上に天守閣がのしかかるように聳えている。天守台の石垣の裾を通って鉄門《くろがねもん》に向かう。帯郭は桜の木が多く、花季は見事である。茶店なども出ている。鉄鋲を打った重厚な鉄門をくぐると左側に本丸の芝生が広がっている。ここにはかつて藩主の住居である御殿があった。その外側の土居に沿って干飯《ほしい》櫓、月見櫓、茶壺櫓、三階櫓などがあった。しかし明治七年に破却されて、現在は跡形もない。ただし三階櫓だけは市内の阿弥陀寺に移築されて現存している。

月見櫓のあたりに土井晩翠《ばんすい》の「荒城の月」の詩碑がある。晩翠が仙台二高に在学中、鶴ヶ城跡を訪れたときの感慨がのちに名作「荒城の月」を生んだといわれる。本丸から廊下橋で二の丸に行ける。非常の場合にはこの橋を切って落とす仕組みになっていたという。

天守閣は本丸の西側に、鉄門、走り長屋と連結して建てられている。内部は郷土資料館になり、会津地方の歴史を物語る資料や文化財などが陳列されている。

それを見学しながら最上階に上ると周囲を山に囲まれた会津盆地が一望のうちに展《ひら》ける。

蒲生氏郷が造った城下町

鶴ヶ城の西追手門から堀端に出た道路が会津西街道（日光街道とも＝国道一二一号線）だ。その北側の交差点に会津の生んだ儒者・軍学者山鹿素行《やまがそこう》の屋敷跡がある。素行は『甲陽軍鑑』の著者として名高い小幡《おばた》景憲《かげのり》の高弟北条氏長に軍学を学んで山鹿流兵法の一派を開いた。

屋敷跡の南側が会津藩校の日新館《にっしんかん》跡だ。藩士の教育の場としては、すでに延宝二年（一六七四）に講所が設けられていたが、五代容頌《かたのぶ》のとき家老田中玄宰《はるなか》の建議によって、

鶴ヶ城天守閣

享和元年（一八〇一）に東西百二十間、南北六十間の大講所が完成し、日新館と命名された。近年、若松市郊外の高塚山に日新館が復元されて、大勢の観光客を集めている。

　山鹿町の交差点から追手門前を過ぎて東山方面に行くと、左側が花春《はなはる》町だ。「会津のよさは酒のよさ」のキャッチフレーズで知られる花春酒造がここにある。会津は酒どころとしても知られ、いまも市内には酒蔵が多く、二十軒以上もある。

　この花春酒蔵の脇を北側に抜けると御薬《おやく》園《えん》がある。三代正容《まさたか》が湯川の水を引いて臨泉廻遊式の庭園を造り、別邸とした。蓮の葉を浮かべた心字池に面して建つ藁葺きの茶室は簡素な趣がある。正容がこの庭に朝鮮人参を試植したところ、会津の風土にこれがよく合うことがわかり、以後、会津の特産となった。

　御薬園から東へ行くと、道は自然に東山街道に入る。まっすぐ行けば会津の奥座敷といわれる東山温泉郷だが、途中に復元された会津武家屋敷がある。石垣の上に白壁をめぐらした堂々たる構えの建物だ。家老西郷頼母《たのも》の屋敷の図面にもとづいて復元されたという。

　ここからさらに東山方面に向かった左手の山中に松平家代々の廟所がある。麓から頂上まで深閑とした森の中に石段がつづく。歴代藩主の墓前には、それぞれ大きな墓碑が建てられている。

　会津の城下町は鶴ヶ城の北側に広がっている。この街の基礎は蒲生氏郷が造った。氏郷は城に近い郭内を武家屋敷に、郭外に町人町や神社仏閣を移して新しい町割りを行った。だが、戊辰《ぼしん》の会津戦争でほとんどが焼失してしまった。

　この会津戦争のときの本陣が滝沢村に遺っている。参勤交替のときに藩主が旅装を整える場所だ。書院造りの茅葺きの建物で、御座之間《ござのま》（藩主の間）、御次之間《おつぎのま》、三之間、式台などが往時のままに残されている。中庭は小ぶりながらも遠州流の造りだ。いまも本陣の建物の各所に会津戦争のときの弾痕がなまなましく残っている。

　この戦争で、日橋《にっぱし》川の西側一帯の戸ノ口原から落ちのびた白虎隊は、間道を伝って滝沢白糸神社の脇に出た。そこから飯盛山の麓まで洞門が通じている。一行はそこを潜って飯盛山に出た。この洞門はいまも厳島神社の境内にあって、「白虎隊引き揚げの洞門」と呼ばれている。

　ようやく山頂にたどりついた隊士らは、互いに刺し違え、あるいは割腹して次々と倒れ伏していった。白虎隊の墓がある飯盛山頂の広場の奥に十九基の墓が整然と並んで、いつ行っても香華《こうげ》の絶えることがない。

中村《なかむら》藩（相馬《そうま》藩）〈外様〉

居城＝福島県相馬市中村北町

戦国以来の遺風

平将門の末裔と伝えられる相馬氏は、鎌倉時代、源頼朝の奥州征伐に従軍して樹てた功により下総国相馬郡から陸奥国行方郡太田に移住、のち小高《おだか》に移り奥州の豪族として名を馳せた。一時、領地没収の憂き目を見たものの江戸時代を通して、一氏相伝して明治四年の廃藩まで存続した数少ない大名の一つである。

天正十八年（一五九〇）、相馬義胤《よしたね》は豊臣秀吉の小田原の陣に参戦して陸奥国宇多《うた》・行《なめ》方《かた》・標葉《しねは》三郡四万八千七百石を安堵されたが、慶長五年（一六〇〇）、関ヶ原の役には参陣しなかったため、徳川家康から石田三成方と目されて、慶長七年に改易となった。

しかし伊達政宗の仲介によって、家康・秀忠に家名再興を嘆願、同年義胤は隠居し、子利胤《としたね》に本領三郡が安堵された。

慶長八年、初代藩主利胤は牛越城から相馬氏の本城であった小高城に戻ったが、同十六年、領国北端の中村に新たに居城を築き、城下の町割りを行った。

五百年にわたって陸奥国南部三郡を治めてきた相馬氏は、戦国以来の遺風を温存する氏族であったため、家臣は村落に割拠して館を構え散在していたが、城下町建設と同時に二百十二名の上級藩士を城下に集住させた。これを府本給人《ふもときゅうにん》といい、知行二十八石以下の下級藩士八百八十名は従来どおり村々に住まわせた。これを在郷給人と呼んだ。このような給人支配は本藩を特色づける支配形態であった。

小藩とはいえ、一千名余の家臣をかかえる本藩は当初から財政の窮状に苦しみ家臣には役金を賦課していたため、元和三年（一六一七）、負担に耐えかねた在郷給人五百八十三名が藩当局に役金免除の要求をつきつけて強訴におよぶという事態が起こった。これに対して、利胤は知行を返上させて、家臣団の約半分を解雇した。

藩体制の確立

利胤のあと、祖父と同名の義胤が七歳で封を継ぎ祖父が後見したが、祖父没後の元和八年（一六二二）、総検地を実施して、行方郡九十四ヵ村三万一千八百七十六石、標葉郡五十一ヵ村一万三千六百九十三石、宇多郡三十六ヵ村一万四千四百三十一石、合わせて六万石と決定し、寛永六年（一六二九）、幕府の認可を得て、これを表高（公称高）とした。

さらに寛永十六年（一六三九）、再度領内の検地を行い、百六十一ヵ村九万三千石余の内高（実高）を計上した。

義胤が慶安四年（一六五一）に没したあと、上総国久留里藩主土屋利直の次男忠胤《ただたね》が家督を継いだ。忠胤は明暦元年（一六五五）から三年がかりで三郡の大規模な検地を実施して二百八ヵ村十万二千石の内高を計上し、万治元年（一六五八）には府本給人の知行地を収公して蔵入地に組み込み、禄高に応じて蔵米を支給する方法により、毎年の収入の安定をはかった。

また役金の廃止を訴えて在郷給人が強訴した元和の事件に参加しなかった三百一名に対しては槍を与えて名誉とし、知行宛行《あてがい》状を与えて給人の制度化を図った。

明暦年間（一六五五～五八）からの忠胤《ただたね》の施策により藩庁の機構が整えられ、領内を七郷に分けた行政機構が整えられて、藩体制が確立したのはこの時代であった。

戦国期から世に知られた相馬の馬は江戸期に入っても産馬は増加して関東地方にも移出されていった。とりわけ七百年の伝統をもつ「野馬追い神事」は、隣藩伊達氏を意識した軍備のため寛文のころに武田流軍学を加味した講武的な色彩を強めて整備され、他には見られない勇壮な絵巻を繰り広げる行事として、今日にいたるまで相馬の名を広く伝えている。

忠胤は「十善第一之名君」として後世に名声が伝えられたが、寛文八年（一六六八）の凶作によって農民一揆が起こり、同十年には落雷のため天守閣を焼失して、その後再建を許されず、藩政に暗い影を投げかけることになった。

延宝元年（一六七三）、忠胤が病没、家督を継いだ貞胤《さだたね》も同七年に病没し、あとを襲封した弟の昌胤《まさたね》は元禄九年（一六九六）、本藩四度目の総検地を実施して、内高十三万六千石を計上した。

昌胤の農業振興策により藩財政は余裕を見せるようになった。昌胤は中院道茂《なかのいんみちしげ》に歌道を学び、「松川十二景和歌」を作成して大名歌人としても知られた。

財政状況の悪化

昌胤が元禄十四年に隠居したあと、久保田藩主佐竹義処《よしずみ》の次男叙胤《のぶたね》が養嗣子として入り家督を継いだ。藩政は安定し、叙胤は正徳元年（一七一一）、昌胤の子尊胤《たかたね》に家督を譲って、相馬氏は翌年には譜代大名の格式を与えられている。

尊胤の治世になると、幕命により利根川の護岸工事や日光山の修復、江戸小石川・護国寺観音院の造営にあたるなど、土木や建築の負担が重なり、財政の窮乏に悩まされるようになる。

加えて宝暦の凶作により飢饉に襲われ、領内の人口は激減した。耕地は荒廃し、藩の収納米は四万六千石も減少した。そのため家臣の知行を一部借り上げるなどして財政難に対処した。

明和二年（一七六五）、叙胤の孫恕胤《もろたね》が家督を継いだが、同六年には城下に疫病が流行し、また幕命による公役が多く、家臣の減知はきびしさを増した。

つぎの祥胤《よしたね》は天明三年（一七八三）に家督を継いだが、翌年の大飢饉には餓死者は八千五百名、失踪者を合わせれば一万六千名が領内から姿を消した。年貢米は七万六千石の減収となった。領内の荒廃に対して、幕府から借りた五千両と手持ち金が投入され、間引きを禁じて出生児への養育料支給によって人口増加を図ろうとしたが、事態は好転しなかった。祥胤は家臣の系譜集『衆臣家譜』を編纂し、「北山八景和歌詩絵巻」をまとめさせるなど文人大名としても知られた。

あとを継いだ樹胤《むらたね》は財政再建の方策として、文化六年（一八〇九）、農家一軒につき一石ずつ、藩士には知行高に応じた無年貢地を与えて田畑の開墾を促したが、思うような成果はあがらなかった。

藩政改革と二宮仕法

文化十年（一八一三）、樹胤のあとを継いだ弟益胤《ますたね》は領内にきびしい倹約を課して借財の減少に努める一方、文化十四年（一八一七）には六万石の格式を一万石に切り下げることで藩政を縮小化し、すべてにわたる出費の節約を図った。いわゆる「文化の御厳法」と呼ばれる藩政改革である。この改革では文政元年（一八一八）、備荒策として社倉を設置し、各郷には非常米囲蔵を常備させており、翌年には相馬家重代の宝物を売却し、同五年には赤子養育料を増額、その翌年には新百姓の取り立てを奨励し、開墾地の貢租免除を実施している。改革は期間五年の予定をさらに延長してつづけられたので、天保の大飢饉にも餓死者をひとりも出さなかったといわれる。

　こうした中で人材を育成するために、文政五年、海東駲斎《かいとうけいさい》を教頭として藩校育英館が設立された。藩士の子弟のための寄宿舎も設けられ、およそ三百余名がここで学んだ。益胤はこうした一連の改革を断行して藩政の危機を免れたことにより、中村藩中興の祖と呼ばれている。

　天保六年（一八三五）、封を継いだ充胤《みちたね》は弘化二年（一八四五）、二宮尊徳《そんとく》の教えを受けた藩士富田高慶《こうけい》の指導のもとに、二宮仕法による農村復興策に乗り出した。二宮仕法とは人の和を基本とし、日掛け縄ない、無利息金の貸与、善行者表彰などを内容とするもので、高慶は無位無禄の立場を貫き通して指導にあたり、開墾田畑千三百町歩、租税増加米十万俵、人口増加二万名、戸数増加千百戸という成果をあげている。二宮仕法は中村藩二百二十六ヵ村のうち百一ヵ村に実施され、五十五ヵ村で成功をおさめ、明治二年（一八六九）まで継続された。

戊辰の風雲

　最後の十三代藩主季胤《としたね》（のち誠胤《ともたね》）が家督を継いだのは幕末多端の慶応元年（一八六五）であった。

　慶応三年、十五代将軍慶喜が政権を朝廷に奉還すると、季胤は朝命を奉ずることに決したが、奥羽越列藩同盟が成立すると仙台藩からの圧力を受けて、本藩は同盟に加盟を余儀なくされた。

　慶応四年、戊辰戦争が勃発すると、新政府軍の蒸気船三艘が常陸国平潟に上陸した。このとき二宮仕法の指導者であった富田高慶は、列藩同盟を主導する仙台・米沢に抵抗して敗れようとも、のちに必ず再興はなるであろうが、官軍に抗して大敗を取れば千歳ののちまで御家は永く絶えるであろうと説得して、藩論を謝罪降伏の方向に取りまとめ、一方では仙台藩の圧力を巧妙にかわしつつ新政府軍に帰順を申し入れた。

　新政府軍が中村城に迫ると、同年八月三日、季胤は小高の洞雲寺に入り謝罪降伏を表明、新政府軍は中村に入城して季胤に謹慎を命じた。

　季胤の謝罪が叶い、謹慎が解かれると本藩の兵は新政府軍に属して仙台藩と戦い大勝を果たした。この年、会津落城による戊辰戦争終結後の十月十三日、本藩の本領は安堵された。

　明治二年六月、版籍奉還した季胤は中村藩知事となり、明治四年七月、廃藩置県によって中村藩は廃され、中村県となった。同年十一月、改置府県により棚倉県、三春県などと合して平県、さらに磐前《いわさき》県となり、福島県に合併した。

磐城平藩《いわきたいら》（平《たいら》藩・磐城《いわき》藩）〈譜代〉
居城＝福島県いわき市平字旧城跡

岩城氏と岩城藩の時代

陸奥国東南端のいわき地方は、一五世紀の中ごろから岩城氏の支配下に置かれていた。戦国時代の永禄年間（一五五八〜七〇）になると、常陸国佐竹氏の勢力に押され、友好を保ちながらも従属的な立場に立たされていたが、徳川家康が関東に入部した天正十八年（一五九〇）、岩城常隆《いわきつねたか》が豊臣秀吉から所領を安堵され、あとを継いだ養嗣子貞隆《さだたか》が実兄の常陸国水戸城主佐竹義宣《よしのぶ》の援助により文禄四年（一五九五）、領内の総検地を行い、十一万三千石の石高を計上した。この貞隆の所領支配体制を岩城藩ともいう。

慶長五年（一六〇〇）、徳川家康の上杉景勝討伐戦に、岩城貞隆は兄佐竹義宣とともに参陣しなかった咎を受けて、同七年、所領を没収された。岩城氏は元和年間（一六一五〜二四）に再興されて貞隆の子吉隆《よしたか》が信濃国川中島一万石を領し、領地を移されて出羽国亀田二万石の大名として明治に至った。

譜代大名三氏の時代

慶長七年、岩城氏改易ののち、下総国矢作《やはぎ》から鳥居忠政《ただまさ》が六万石を加増され、十万石で入封して磐城平藩が成立した。鳥居氏は三河以来の譜代で、父元忠は関ヶ原の役に伏見城を死守して討死を遂げている。

慶長十年（一六〇五）、二万石加増。父の伏見城戦功によるものといわれる。忠政は入封とともに新城と城下町の建設に着手、領内の総検地を行って支配体制の整備に力を注いだが、元和八年（一六二二）、出羽国山形二十四万石へ移封となった。磐城平藩は以後いずれも譜代の大名がこの地に封ぜられている。

鳥居氏のあと、上総国佐貫から内藤政長《まさなが》が入封して七万石を領した。藩領は菊多《きくた》・磐前《いわさき》・楢葉《ならは》・磐城《いわき》の四郡内二百二十八ヵ村で内藤氏は六代百二十五年間在封した。

政長は寛永元年（一六二四）、領内の検地に着手し、同十年には小川江《おがわえ》用水の開削に乗り出した。また植林にも力を注ぎ、領主の普請用材のための林を育成して、それは今も政長の戒名である名を冠した「道三林」として保護されている。

同十一年（一六三四）、忠興が襲封し、菊多領を弟政晴《まさはる》に分知して、泉藩二万石が成立した。忠興は同十二年から慶安二年（一六四九）にかけて領内総検地を実施し、この間小川江用水の開削を再開して三〇キロにわたる大用水路を完成させた。明暦三年（一六五七）からは家臣の知行制を廃止して俸禄制を実施し、武士の城郭内居住と村三役支配を強化して、藩体制の確立に努めた。寛文五年（一六六五）、表高七万石に対して、実高九万石をあげ、藩財政は豊かであった。

寛文十年（一六七〇）、忠興のあとを継いだ義概《よしむね》は文人大名としても知られるが、藩政一切を家老松賀族之助にまかせたため、延宝八年（一六八〇）、藩主の側近同士が争う「小姓騒動」が起こっている。義概は弟政亮《まさすけ》に新田分一万石を分知して湯長谷《ゆながや》藩が成立し、内藤氏支配の時代、本藩は二つの支藩を誕生させている。

義概のあと、義孝《よしたか》—義稠《よししげ》とつづいた内藤氏の支配はたびかさなる日光祭礼奉行、鬼怒川・渡良瀬川改修などの公役により財政は逼迫し、次の政樹《まさき》のとき「磐城騒動」と呼ばれる御家騒動が起こった。家老松賀正元・伊織父子による御家乗っ取りの策謀といわれるが、若年の政樹に代わって泉・湯長谷両支藩の藩主が事態の処理にあたった。

財政悪化のなかで課された苛酷な増税のため、元文三年（一七三八）、藩内全域にわたる大一揆が起こり、その責を負って内藤氏は延享四年（一七四七）、日向国延岡七万石へ転封となった。

代わって井上正経《まさつね》が常陸国笠間から入封した。所領は城付五十七ヵ村二万三千石、陸奥国伊達郡梁川で三万石、常陸国多賀郡のうち七千石、合わせて六万石であった。井上氏の支配は正経一代かぎりで、九年後の宝暦六年（一七五六）、寺社奉行から大坂城代に昇進し、封地を摂津・河内・播磨・近江国内に移された。

幕閣安藤氏と幕末多端

井上氏のあと、安藤信成《のぶなり》が美濃国加納から入封、城付二万三千石、伊達郡のうち二万七千石、合わせて五万石を領した。このち安藤氏は七代百十五年間在封して明治廃藩を迎えている。

信成は入封と同時に藩校施政堂を創設、藩士伊藤修助を教頭に任じて藩士子弟の教育にあたらせた。

安永七年（一七七八）、本藩の藩領は、伊達郡の領地が磐城・磐前《いわさき》・田村三郡のうち二万七千石と交換され、寛政二年（一七九〇）には再度伊達郡に復している。

安藤氏は早くから幕政に密接に関わり、信成は寺社奉行・若年寄を歴任して、寛政の改革に際しては松平定信を補佐し、寛政五年（一七九三）、老中に任ぜられた。信成ののち、その子信馨《のぶきよ》が襲封し、間引きの禁止を令して領内人口の増加を図ったが在封二年で没し、信義《のぶよし》、つづいて信由《のぶより》へと家督が受け継がれた。

折しも時代は文化文政の学芸爛熟期で、藩内においても中老の鍋田晶山《なべたしょうざん》が『磐城四郡地図』や『磐城志』などを著して領内の地誌への関心を喚起し、神林復所《かんばやしふくしょ》や原坦《はらたん》山《ざん》らの朱子学者が藩士の教育を推し進めた。

弘化四年（一八四七）、襲封した信正《のぶまさ》は寺社奉行・若年寄を歴任して、万延元年（一八六〇）、老中に就任し、外国事務取扱を命ぜられて一万石の加増を受けた。

同年三月、大老井伊直弼が桜田門外で水戸浪士らの襲撃を受けて殺害されると、老中筆頭として幕閣の牽引役となり、諸外国との交渉や和宮降嫁など公武合体策の推進者として活躍した。

文久元年（一八六一）、菊多・磐前郡内一万三千石が上知され、引き換えに美濃・三河・遠江国内に一万七千石が与えられた。同二年、信正は坂下門外で水戸浪士らの襲撃を受けて負傷し老中を罷免され、二万石減知のうえ隠居・永蟄居の処分を受けた。次の信民《のぶたみ》が翌年五歳で没したあと、信濃国岩村田藩主内藤正誠の弟信勇《のぶたけ》が最後の藩主として襲封した。戊辰戦争に際して奥羽越列藩同盟に加わった本藩は、信勇が病のため美濃におり、隠居の信正が磐城平にいたが新政府軍の攻撃を受けて落城降伏し、信勇は謹慎を命ぜられた。明治四年、廃藩となり、磐城平県、平県、磐前県と統合改称を経て、明治九年福島県に合併された。

白河《しらかわ》藩〈譜代〉

居城＝福島県白河市字郭内

奥羽を押さえる関門の地

天正十八年（一五九〇）、豊臣秀吉の奥州仕置により、小田原の陣に参戦しなかった結城氏の一族白川義親の所領が没収されたのち、白河の地は会津藩主となった蒲生氏郷が支配し、慶長三年（一五九八）、上杉景勝の会津入封、同六年の蒲生秀行会津入封により、いずれも会津藩主の支配を受けて白河には城代が置かれた。

寛永四年（一六二七）、蒲生氏が無嗣断絶すると、外様な丹羽長重《にわながしげ》が陸奥国棚倉から入封して十万石を領し、白河藩が成立した。藩領は白河・石川・田村・岩瀬の城付四郡の内であった。

長重は独立丘に築かれた小峰城を修築、城域を拡張して居城白河城を築き、町割りを行い、阿武隈川の付け替え工事を施して、近世的な城下町を造成した。

寛永二十年（一六四三）、子の光重《みつしげ》のとき陸奥国二本松へ転封となり、代わって上野国館林から譜代の榊原忠次《ただつぐ》が入封して十四万石を領した。忠次は「武家百人一首」など多くの歌集を著す文人大名であり、為政者としても村々の取締りや切支丹対策など近世的な支配を確立した。

松平忠次入封以来、白河は奥羽の喉頸を押さえる関門の地として重視され、歴代の藩主は譜代大名によって占められた。

非道大名と引っ越し大名

慶安二年（一六四九）、忠次が在封六年で播磨国姫路へ転封となり、そのあとへ越後国村上から本多忠義《ただよし》が十二万石で入封した。

徳川四天王の一人本多忠勝の孫であった忠義は、「文武を知らず、利欲ありて算勘をよくし、家人を召仕うこと無理非道」と評された人物で、入封の翌年から行った領内総検地では、わずかな畑にもきびしく縄入れをしたため、新たに三万七千石も打ち出された。さらに一石につき二升の別俵と称する付加税を課したり、年貢収納のための枡を大きくして入れ目を多くしたり、城内の蔵番の給与を農民から徴集しながら農民に蔵番の義務を課したり、二重三重にも農民に過重な負担を強いたため潰れ百姓が続出して、農村は年々荒廃地が増加した。寛文二年（一六六二）、子の忠平《ただひら》が襲封すると、弟忠利《ただとし》に陸奥国石川一万石、同じく忠以《ただもち》に陸奥国浅川一万石を分知して、支藩の石川藩と浅川藩を創出した。

天和元年（一六八一）、忠平は下野国宇都宮へ転封となり、入れ替わりに宇都宮から松平（奥平）忠弘《ただひろ》が十五万石で入封した。転封に際して忠平は未熟な青稲まで刈り取って上納させたため、新たに入封した忠弘に上納する年貢を納められない農民は結集して愁訴したといい、本多氏の苛政は後世まで語り継がれた。

元禄元年（一六八八）、忠弘は養子忠尚《ただなお》に白河郡のうち二万石を分知して、支藩の白河新田藩を創出した。

忠弘は前代にのっとって年貢を取り立てたため大規模な越訴が起こり、やむなく免率を引き下げる結果となった。同五年には家老間の対立から藩内を二分しての御家騒動が生じ、五代将軍綱吉の裁断で忠弘は五万石減知のうえ出羽国山形へ移された。
入れ替わりに、松平（越前家）直矩《なおのり》が山形から移封となり、十五万石を領した。

直矩は家康の次男結城秀康の孫であったが、白河にいたるまでに一代で六度におよぶ転封を繰り返したため、引っ越し大名の異名を取る。直矩は前任地に借財を残して白河に入封したほど苦しい財政事情を抱えていたため本多氏以来の苛酷な年貢取り立てを行い、家臣の俸禄を借り上げ、町人からも借財をした。そのため困窮した藩士が武士としての面目を保てず、今でいう自己破産を願い出るものが続出した。

直矩の子基知《もとちか》のときの元禄十四年（一七〇一）、藩札を発行して急場をしのいだが事態は改善せず、早川茂左衛門を登用して藩政改革に乗り出したものの享保五年（一七二〇）には一万五千人の農民が蜂起する大一揆が起こった。その子義知《よしちか》のときの享保十五年（一七三〇）、ふたたび藩札を発行したが、インフレを助長しただけだった。このように一揆と藩内抗争を繰り返した松平（越前家）氏の支配は三代五十年におよんだ。

松平定信と戊辰の混乱

寛保元年（一七四一）、松平（越前家）氏は義知のとき旧領の播磨国姫路へ移され、越後国高田から松平（久松）定賢《さだよし》が十一万石で入封した。

定賢のあとを継いだ定邦《さだくに》には嗣子がなく、天明三年（一七八三）、田安宗武《たやすむねたけ》（八代将軍吉宗の次男）の七男定信《さだのぶ》を養子に迎えた。

松平（久松）氏も財政窮乏と著しい農村の荒廃に悩まされていたが、天明大飢饉のさなか襲封した定信は、農民に対しては稲作専心、貯穀自給を奨励し、家臣には質素倹約と忠孝遵守を命じて危機を乗りきり、一人の餓死者も出さなかったといわれる。

手腕を認められた定信は田沼意次のあとを受け、老中首座として寛政の改革を断行した。寛政五年（一七九三）、老中を辞したあと白河に帰った定信は殖産興業、藩校立教館創設、士民共楽のための南湖公園造成と積極的な藩政改革を推し進め、『宇下の人言』『花月草紙』などの著述、『白河風土記』『白河古事考』などの地誌編纂を行い、房総の沿岸警備にも尽力した。

文化九年（一八一二）、定信は隠居して楽翁と号し、子の定永《さだなが》が家督を継いだが、文政六年（一八二三）、白河・桑名・忍《おし》の三方所替えにより松平（久松）氏は在封四代八十一年で伊勢国桑名に転封、代わって武蔵国忍から阿部正権《まさのり》が十一万石で入封した。

阿部氏はそのあと正篤《まさあつ》―正瞭《まさあきら》―正備《まさかた》―正定《まささだ》―正耆《まさひさ》―正外《まさとう》とつづいたが、いずれも養子であった。正外は元治元年（一八六四）、奏者番兼寺社奉行、さらに老中加判となったが、慶応元年（一八六五）、日米修好通商条約の条項に従い兵庫開港の勅許を仰いだことが孝明天皇の逆鱗に触れ、十五代将軍慶喜から蟄居処分を受け、翌年子の正静《まさきよ》が家督を継ぐと陸奥国棚倉十万石へ移った。

白河は幕領となり、城は二本松藩丹羽家の預かりとなった。慶応四年、阿部氏はふたたび白河移封を命ぜられたが、戊辰戦争勃発のため事実上沙汰やみとなり、白河城は戦火を浴びて廃墟と化した。戦後、下野国佐久山の福原家預かりとなり、守山藩に移管されたのち、明治四年、廃藩置県を迎えた。

福島《ふくしま》藩〈譜代〉

居城＝福島県福島市杉妻町・舟場町

米沢領・幕領を経て本多氏入封

上杉景勝は関ヶ原の役で西軍に与《くみ》して、慶長六年（一六〇一）、会津百二十万石から米沢三十万石に大減封となったが、福島を中心とした信夫・伊達地方は引きつづき上杉氏の領地として米沢藩領に加えられた。上杉氏は景勝のあと、定勝《さだかつ》―綱勝《つなかつ》とつづき、信夫・伊達地方を治める福島城は水原親憲《すいばらちかのり》、つづいて本庄氏が繁長《しげなが》以下四代にわたって城代をつとめた。

寛文四年（一六六四）、上杉氏は綱勝が嗣子なく没したため吉良氏から養子に入った綱《つな》憲《のり》が家督を相続したが、米沢藩は十五万石に減封、信夫・伊達郡地方は収公されて幕領となった。

延宝七年（一六七九）、大和国郡山藩主本多政長《まさなが》の遺領を継いだ忠国《ただくに》が三万石を加増されて陸奥国福島へ入封、十五万石を領して福島藩がはじめて成立することとなった。

本多忠国は徳川四天王の一人、本多忠勝の嫡流という譜代の名門であり、二万両の借金を背負って就封したにもかかわらず十五万石にふさわしい居城を築くことを計画したが、天和二年（一六八二）、在封三年で播磨国姫路へ転封となり、新城建設は沙汰やみとなった。その後、信夫・伊達郡をふくむ福島地方はふたたび幕領となった。

堀田氏二代

貞享三年（一六八六）、出羽国山形から堀田正仲《まさなか》が入封、百六ヵ村十万石を領した。

正仲は江戸城で若年寄稲葉正休《まさやす》に刺殺された大老堀田正俊《まさとし》の遺子で父の死去により貞享二年、下総国古河から出羽国山形に移されたが、一年余で福島へ転封になったのである。

堀田氏は前封地の山形でも十万石であったが、福島に移封となってからの収入は半分に減ったといわれ、もっぱら緊縮財政により藩政を執り行い、家臣の俸禄は歩引法《ぶびきほう》により削減を強化し、農民には質地や田畑の売買を禁じ節約を強いた。また特産の絹織物には絹改役により印判制を設けて統制し、領内の飯坂・土湯・高湯などの温泉には温泉役により課税して収奪の強化を図った。

正仲は父正俊の刃傷事件の影を背負って幕府の意向を恐れ、極力幕府に追随する政策を取った。その最たるものが生類憐みの令を徹底させることで、犬ばかりでなく牛馬から魚や虫にいたるまで、幕府の通達と処置について神経をとがらせていた。

元禄七年（一六九四）、正仲が没すると正俊刺殺にともなって下野国大宮二万石に分知されていた弟の正虎《まさとら》が家督を継いだ。正虎もまた史跡や伝説碑を建立したり神社仏閣を寄進したりして、幕府の文治政策に迎合することに意を用いたが、元禄十三年、堀田氏はふたたび山形へ転封となり、福島は三たび幕領となった。

名門板倉氏入封

元禄十五年、信濃国坂城《さかき》から板倉重寛《しげひろ》が三万石で入封し、板倉氏は明治二年（一八六九）まで十二代百六十七年つづいた。

板倉氏は島原の乱で幕府から派遣された征討軍の大将として出陣し総攻撃最中に壮

絶な討死を遂げた重昌《しげまさ》を家祖としている。

　藩領は信夫郡内二十二ヵ村、伊達郡内八ヵ村の城付地に、上総国山辺郡内三ヵ村、三河国幡豆郡内一ヵ村であった。

　重昌の父勝重が江戸町奉行・京都所司代の要職を歴任した名門でありながら、重昌の不名誉ゆえに坂城では陣屋支配に甘んじたため、城付支配の福島に転封したことを喜んだ板倉氏は、重寛の時代から重泰《しげやす》—勝《かつ》里《さと》の時代にかけての四十年あまりの間に居城の築城や城下町の整備につとめた。

　城下町福島は七町となり、各町には検断が置かれた。このころには阿武隈川の水運が盛んになり、福島河岸には会津藩・米沢藩などの廻米蔵が建ち並び、城下では養蚕や紅花の取引が活況を呈してきた。このため上方や近江商人も進出するようになり、福島は奥州街道の宿場町としても繁栄するようになった。

　しかし一方、商品の生産流通は農民層の分解を促して、一部の上層農民に土地が集中し、潰れ百姓が続出した。このため享保のころから困窮した農民の一揆が頻発するようになり、勝里の子勝承《かつつぐ》の時代の延享二年（一七四五）、領内全域に年貢減免を要求して農民一揆が蜂起し、城下の御用商人が打ち毀しに遇うという「福島三万石一揆」が起こった。

幕末動乱と藩の消滅

　四代勝承が明和二年（一七六五）まで二十二年つづいたあと、五代勝任《かつとう》が一年、六代勝行《かつゆき》が七年、七代勝矩《かつのり》が安永四年（一七七五）まで二年とめまぐるしく藩主が代替わりし、八代勝長《かつなが》の天明三年（一七八三）には大飢饉のため領内に餓死者が数多く出た上に大坂加番を命ぜられたため、藩財政は逼迫を極めた。

　このため板倉氏は幕府に領地替えを嘆願しつづけ、寛政三年（一七九一）、老中松平定信のとき、福島藩は信夫・伊達両郡のうち十二ヵ村一万石と三河国刈谷藩のうち一万三千石の村替えを認められたが、財政難の解消には至らなかった。

　勝長のあと勝俊《かつとし》、つづいて天保飢饉の最中に勝顕《かつあき》が家督を継ぎ、領内に厳しい倹約令を布《し》く中で幕命によって大砲鋳造、洋式訓練を行い、藩校講学所を整備した。

　安政六年（一八五九）の横浜開港により生糸の輸出需要が高まり、福島城下の商業は急激に発展したが、諸物価の高騰を招いて庶民の困窮に拍車をかけた。次の勝尚《かつひさ》のときの慶応二年（一八六六）、信夫・伊達両郡に大規模な世直し一揆が勃発したのも、こうした世相の延長上の出来事であった。

　幕末動乱に向かう時代の流れの中で、元治元年（一八六四）、分領の上総国東金で起こった真忠組事件の鎮圧や水戸天狗党騒動鎮圧のために藩は出兵した。戊辰戦争が始まると、慶応四年（一八六八）閏四月十九日、西軍参謀世良《せら》修蔵《しゅうぞう》が福島城下の金沢屋に投宿中、仙台藩兵に暗殺されるという事件が起こった。五月、奥羽越列藩同盟の結成に加わった福島藩は白河方面の戦いに出兵したが、九月、勝尚は新政府軍に降伏し、隠居を命ぜられた。十二月、勝達《かつさと》の家督相続が認められ、いったんは二千石減封の上、旧会津領大沼郡内に移封を命ぜられたが、翌明治二年（一八六九）、三河国重原二万八千石に移されて福島藩は消滅した。

二本松藩《にほんまつはん》〈外様〉

居城＝福島県二本松市郭内

二本松藩の成立

中世の二本松領を支配した畠山氏は天正十三年（一五八五）、義継《よしつぐ》による伊達輝宗《てるむね》拉致事件を引き起こし、子の政宗に追われた義継が輝宗と刺し違えて死んだあと、翌十四年、政宗による二本松城攻撃を受けて滅ぼされた。

伊達氏は二本松城に城代を置いたが、天正十八年（一五九〇）、豊臣秀吉の奥州仕置によって二本松は会津領に組み入れられ、蒲生氏郷・秀行・上杉景勝・再度秀行・忠郷の支配を受けて城代が置かれた。

寛永四年（一六二七）、加藤嘉明《よしあきら》が会津四十万石を与えられると、女婿の松下重綱《しげつな》が下野国烏山から五万石で封じられた。会津領主との密着した関係はあるものの、このとき二本松藩が成立したと考えられる。入封後半年足らずで重綱が没したため、その子長綱《ながつな》が家督を継いだが、翌五年、幼少のため二万石減知されて陸奥国三春へ移封となり、同地より加藤嘉明の三男明利《あきとし》が入封して三万石を領した。

寛永十八年（一六四一）、明利が没すると、その子明勝《あきかつ》が家督を継いだが、同二十年、宗家の会津藩主加藤明成《あきなり》が出奔して改易となったのにともない明勝も除封となり、三千石の旗本に降された。

丹羽氏の入封

寛永二十年（一六四三）、加藤氏除封のあとを受けて、陸奥国白河から丹羽光重《みつしげ》が入封して十万七百石を領した。丹羽氏は以後十一代二百三十年にわたって在封し、明治四年（一八七一）の廃藩置県までつづいた。

丹羽氏は長秀《ながひで》のとき織田信長の重臣として戦国の世に台頭し、豊臣秀吉に従って柴田勝家攻めに功績をあげて越前国百二十三万石を領した。その子長重《ながしげ》は家中取締不行届を咎められて十二万三千石に減知され、慶長五年（一六〇〇）、関ヶ原の役には西軍に与《くみ》して加賀国金沢城主前田利長と戦い、戦後改易となった。

慶長八年、家康は織田・豊臣取り立て大名を帰服させるために名門丹羽氏の家名再興を許し、常陸国古渡一万石の大名に取り立てた。ついで元和八年（一六二二）、陸奥国棚倉五万石、寛永十年（一六三三）、陸奥国白河十万石に移され、寛永十四年、長重没後、その子光重《みつしげ》が二本松に就封したのである。

関ヶ原の役後、いったんは取り潰しに遭った丹羽氏は、外様ながら近世大名として復活することができたことで徳川将軍家に対する忠誠が藩風となるほど強かった。他藩同様、財政窮乏に悩まされつづけてはいたものの、徳川秀忠・家光の廟所を城下に造営し、幕府から命ぜられた江戸城の修復、日光廟などの寺社修復、遠国の河川改修など、大きなものだけで十七回にもおよんだ手伝い普請、国役、献上金や要地への警衛出動には藩をあげての協力を惜しまなかった。戊辰戦争に際して、多くの奥羽越列藩同盟加盟藩が脱落していく中で会津藩とともに最後まで新政府軍に抵抗しつづけたことにも丹羽氏の徳川将軍家に忠誠を尽くす姿勢が見て取れるのである。

藩領は安達郡一円六十九ヵ村六万九千七

百八十一石、安積《あさか》郡の内四十一ヵ村三万一千百七十三石、合わせて十万九百五十四石（うち二百五十四石は込高《こみだか》）であった。

領国経営と藩政改革

二本松藩の本格的な領国経営は丹羽氏の入封に始まるといっていい。

初代光重は正保元年（一六四四）より城下町造営に着手し、承応三年（一六五四）までに藩領の城下六町と領内百十ヵ村を十一組に分けて、各組に七十石から百五十石取りの代官二名（のち一名）を配属する支配機構を整えた。安達郡は、城下・渋川組・杉田組・玉井組・本宮組・小浜組・針道組・糠沢組、安積郡は、郡山組・片平組・大槻組であった。同時に藩士を番・組に付属させ、番頭・組頭に支配させる家臣団統制を行った。

十年を要した町割りによって寺社は城の南にある丘陵に帯状に配置され、郭内の藩士の屋敷と郭外の商工業者の居住区域が分離された。

領内には奥州街道の郡山・本宮、相馬街道の針道、磐城街道の小浜などの宿駅があり、それぞれが商業の中心地となって経済活動を担い、郡山・本宮・針道には自屋敷とは別に設けられた遠代官所や年貢保管の貢納蔵が設けられて、各地区の政治の中心地となった。

二代長次《ながつぐ》は文武を奨励したが、元禄年間（一六八八～一七〇四）に儒学者古宮《こみや》山林庵を招聘して家塾を開かせた。のち家塾は増加して、おのおの師範宅でも家塾を開かせている。建物は藩費で建て、書物や備品は生徒の負担であったというが、のちの藩校の前身となる教育施設であった。

つづく三代長之《ながゆき》－四代秀延《ひでのぶ》の時代にかけて阿武隈川の治水事業、水田耕作のための溜池の築造が行われ、盛んな新田開発によって三万石にものぼる新田が開かれた。

しかし秀延在封の享保期以降、しだいに生産力が停滞し、七、八年ごとに襲う凶作のため農村の疲弊ははなはだしく、領内人口は減少の一途をたどった。

秀延は嗣子なく、一族から入って襲封した五代高寛《たかひろ》のとき、家老丹羽忠亮《ただすけ》の発意により林家門人の儒学者岩井田昨非《さくひ》と勘定奉行諸田兵四郎を登用して、家臣の半知借り上げと諸税増徴、酒運上の増納策を柱とする藩政改革を推し進めた。

岩井田が藩庁前に建てさせた戒石銘「爾俸爾禄　民膏民脂　下民易虐　上天難欺」は家中の侍に向けて、「お前たちの給金は農民たちの血と汗の結晶なのだ。大切な農民を粗末に扱えば、天はお見通しぞ」と戒めたものとして有名である。

高寛につづいて、その子六代高庸《たかつね》が襲封した。延享二年（一七四五）には出生児に養育料を与えて領内人口の増加策を図った。しかし改革はうまくいかず、藩士や農民の反感を買うばかりであった。

寛延二年（一七四九）には凶作をきっかけにして年貢の延納、半減を要求して寛延積達騒動と呼ばれる大規模な一揆が発生した。藩は対処のすべを知らず、年貢半免と上納の延期を約束するほかなかった。

岩井田の改革は続行し、藩士の中にも反対者が現れたが、藩当局に弾圧された。天明の大飢饉が起こると、元禄年間には八万以上いた領民が六万三千人にも減り、耕地は荒廃した。

寛政年間（一七八九〜一八〇二）、七代長貴《ながよし》—八代長祥《ながあきら》は父子二代にわたり、老臣成田頼綏《よりやす》に藩政改革を行わせた。頼綏は革新的な方法で稲作の指導をし、特産物の生産を奨励した。二本松の万古焼、川崎の紙、平石の畳表、大平の吊し柿のほか養蚕や産馬の奨励によって、糸市や馬市が開かれた。

頼綏はさらに文武を奨励するために学者たちを招聘し、これを受けて九代長富《ながとみ》は文化十四年（一八一七）、藩校敬学館を建てた。二代長次が開かせた家塾は文学・兵学・武術などのいわば専科の教育施設であったが、これらを統合して、各家塾に学んでいた藩士の子弟を藩校で学ばせるようにしたものであった。天保の大飢饉に、長富は老臣丹羽貴明を登用して越後米三千俵を買い入れるなど民政に尽力したが、藩財政の好転には至らなかった。

戊辰の落城

藩財政が破綻に瀕する中で、奥州街道の宿駅として栄えた郡山・本宮は二本松城下をしのぐ商業経済の中心となり、藩役人と結びついた富裕商人の献金が藩財政の多くの部分を支えるようになった。献金の額によって、商人にも与力格家臣相当、郷士、苗字帯刀御免といった褒賞が与えられ、経済の主導権を握った郡山や本宮は、文政七年（一八二四）には「村」から「町」に格上げされた。

重い年貢課役に加えて、富農やこうした富裕商人の存在がしだいに農民の不満をつのらせ、嘉永二年（一八四九）の鈴石《すずいし》一揆や慶応二年（一八六六）の郡山宿における馬方一揆など、幕末には大規模な一揆があいついだ。

ペリー来航によって鎖国の夢を破られた幕府はしだいに諸藩への影響力を失っていく。そうした中で家督を継いだ十代長国《ながくに》は祖法にのっとって忠実に幕命を奉じ、安政五年（一八五八）から慶応三年（一八六七）まで上総国富津砲台警備、文久三年（一八六三）、江戸と京都警衛、元治元年（一八六四）、水戸天狗党討伐、慶応元年（一八六五）、京都再警衛、同三年の江戸湾第二砲台守備、白河城番守備などを遂行した。

戊辰戦争では、慶応四年（一八六八）閏四月、奥羽越列藩同盟に加盟すると、藩士は須賀川や白河口をはじめ各地に転戦した。三春・守山を降伏させた新政府軍は二本松攻撃をめざして、まず本宮を突き、さらに小浜を占拠した。新政府軍が同盟を破って降伏した三春藩の案内で本宮・小浜の二方面から二本松城に攻め寄せたとき、藩兵精鋭の大半が須賀川方面に出陣していて、城内には老人と少年と町人・農兵しかいなかった。

急遽二本松城の南、大壇口に十二歳から十七歳までの少年兵総勢六十名が防御線を張ったが、激しい銃撃を受けてつぎつぎに倒され、二十歳の隊長木村銃太郎も戦死した。長国は米沢に逃れ、家老丹羽一学らは火を放ち落城に殉じた。

長国は朝命により謹慎し、そのあとを米沢藩主上杉茂憲の弟頼丸が養子として家督を継ぎ、五万石減知の上、十一代長裕《ながひろ》となった。長裕は明治二年（一八六九）、版籍奉還により二本松藩知事となり、同四年、廃藩置県を迎えた。

三春《みはる》藩〈外様〉

居城＝福島県田村郡三春町

戦国時代の三春地方は、守山城（郡山市）を本拠とする田村氏の所領であった。永正元年（一五〇四）、義顕《よしあき》が三春の大志多山に三春城を築き、その後隆顕《たかあき》－清顕《きよあき》（娘の愛姫《めごひめ》は伊達政宗の正室）と続き、田村氏三代が近隣に覇を唱えた所である。田村氏は伊達氏と連携して常陸の佐竹氏、会津の芦名氏、須賀川の二階堂氏などに対抗するが、天正十四年（一五八六）に清顕が没すると家臣は政宗の配下になり、天正十八年に豊臣秀吉の奥州仕置によって改易されたため、家臣の多くは仙台に移った。

近世初頭には、三春の地は会津藩領に含まれていたが、寛永四年（一六二七）、伊予国松山藩主加藤嘉明《よしあきら》が会津藩四十万石へ入封すると、その三男明利《あきとし》が新たに三万石を与えられ、三春藩主に任ぜられて立藩した。翌五年、二本松藩主松下重綱《しげつな》が急逝すると藩主の入れ替えが命ぜられ、重綱の子長綱《ながつな》が入封したが、正保元年（一六四四）に長綱が発狂したことで断絶し、三春の地は幕領となった。

正保二年、常陸国宍戸《しど》藩主秋田俊季《としすえ》が五万五千石で入封した。秋田氏は古代末期奥羽に覇を唱えた安東氏の末裔である。慶安二年（一六四九）、俊季が没すると家督を相続した盛季《もりすえ》は弟季久《すえひさ》に五千石を分知して旗本に列せしめた。さらに、つぎの輝季《てるすえ》は貞享三年（一六八六）、外様大名であったが、譜代大名としての格式を賜わった。輝季のあと、頼季《よりすえ》－延季《のぶすえ》－定季《さだすえ》－倩季《よしすえ》－謐季《やすすえ》－孝季《のりすえ》－熹《ひろ》季《すえ》と続き、映季《あきすえ》の時に明治維新を迎え、十一代約二百三十年間にわたって在封した。維新の際、三春藩は奥羽越列藩同盟に参加しながらも消極的態度をとっていたが、河野広中《ひろなか》らが藩論を動かして新政府軍に降って、戦禍を免れた。

三春は「東北の小鎌倉」と呼ばれる城下町で、三春城は戦国期に田村義顕が築いたものである。町内には田村氏の菩提寺・福《ふく》聚寺《じゅうじ》（御免町）、松下氏の菩提寺・州伝《しゅうでん》寺《じ》（新町）、秋田氏の菩提寺・高乾院《こうけんいん》や龍《りゅう》穏院《おんいん》（荒町）などの古刹が点在している。

泉《いずみ》藩〈譜代〉

居城＝福島県いわき市泉町四丁目

上総国佐貫藩主内藤政長《まさなが》が元和八年（一六二二）、磐城平藩に移封されたのにともない、佐貫領内に一万石を領していた嫡男忠《ただ》興《おき》も一万石を加増されて二万石を領有したことで立藩となった。寛永十一年（一六三四）、忠興が磐城平藩主に転出し、忠興が領していた泉藩二万石は弟政晴《まさはる》に与えられた。そのあと政親《まさちか》が継ぎ、その子政森《まさもり》は元禄十五年（一七〇二）、上野国安中へ転封となり、代わりに安中から板倉重同《しげあつ》が一万五千石で入封した。重同の子勝清《かつきよ》は延享三年（一七四六）、遠江国相良《さがら》へ移封し、交代に相良から本多忠如《ただゆき》が入封した。その子忠籌《ただかず》は、老中松平定信に抜擢され、若年寄・側用人を経て老中格となり寛政の改革を援け、五千石を加増された。

ついで忠誠《ただしげ》－忠知《ただとも》－忠徳《ただのり》と続き、つぎの忠紀《ただとし》は奥羽越列藩同盟に加わったため、奥羽征討軍の攻撃を受けて落城し、二千石の減封、最後の忠伸《ただのぶ》の時に廃藩となった。

湯長谷藩《ゆながや》〈譜代〉
陣屋＝福島県いわき市常磐

磐城平藩主内藤忠興《ただおき》は寛文十年（一六七〇）、三男遠山政亮《まさすけ》に平藩領の磐前《いわさき》・菊多二郡のうち新田一万石を分与し、湯本に陣屋を構えて立藩した。のち延宝四年（一六七六）、陣屋を湯長谷へ移築した。政亮は天和元年（一六八一）、大番頭に就任して丹波国内に二千石、さらに貞享四年（一六八七）、大坂定番に昇進した時、河内国内に三千石を加増されて、一万五千石を領有した。宗家は延享四年（一七四七）に日向国延岡へ転封したが、湯長谷藩は幕末まで存続した。

政亮のあと、政徳《まさのり》の子政貞《まささだ》は姓を内藤氏に復し、以後、政醇《まさあつ》―政業《まさのぶ》―貞幹《さだよし》―政広《まさひろ》―政偏《まさゆき》―政環《まさあきら》―政民《まさたみ》―政恒《まさつね》と続き、つぎの政敏《まさとし》の時に領内白水村から石炭が産出し、文久三年（一八六三）には二万六千俵を採掘した。ついで政養《まさやす》は慶応四年（一八六八）五月、奥羽越列藩同盟に参加したために一千石を減封され、その子政憲《まさのり》の時に廃藩置県となった。

菊多藩《きくた》（窪田藩《くぼた》）〈外様〉
陣屋＝福島県いわき市山田町

加賀国野々市藩一万五千石の藩主土方雄《かつ》重《しげ》は元和八年（一六二二）、五千石を加増されて、陸奥国菊多郡窪田に陣屋を構えて立藩した。雄重のあと、雄次《かつつぐ》―雄隆《かつたか》と続き、延宝七年（一六七九）、雄隆が家督を相続した時に弟雄賀《かつよし》に二千石を分与したので、一万八千石となった。

天和三年（一六八三）、雄隆に嗣子がなかったために、弟林助之進貞辰《さだたつ》を仮養子としたところ、家臣の河合図書・安倍長蔵らが反対したので、あらためて兄刑部の子内匠《たくみ》を養子とすることにした。このため、家臣が二派に分かれて抗争となり、貞辰は不平のあまりに大目付高木筑後守や秋山修理亮らに愁訴したことから、家督後継者をめぐる御家騒動として、幕府評定所に取りあげられた。そして、貞享元年（一六八四）七月、雄隆は藩政不行届の責任をとらされて除封が決定、越後国村上藩主榊原政邦家の預かりとなって、廃藩となった。

石川藩《いしかわ》〈譜代〉
陣屋＝福島県石川郡石川町

石川の地は前九年の役後、この地に土着した源有光《ありみつ》を祖とする石川氏が支配した。鎌倉期にはその子孫が武士団を形成し、やがて石川荘が執権北条氏領になると、一族は北条氏の御内人《みうちびと》になったが、鎌倉末期には一族が分立していった。石川氏の一族が結合するのは明応年間（一四九二～一五〇〇）頃で、石川宗家は田村・芦名氏の脅威を受けて佐竹氏に属し、戦国末期には伊達晴宗《はるむね》の子を石川家二十四代昭光《あきみつ》としたが、天正十八年（一五九〇）に豊臣秀吉の奥州仕置で領地を没収された。

白河藩主本多忠義《ただよし》の子忠平《ただひら》が寛文二年（一六六二）に襲封すると、弟忠利《ただとし》に陸奥国石川郡内で一万石を分与されて立藩した。忠利は寛文十年に奏者番、翌年には寺社奉行を兼務し、延宝四年（一六七六）に両職を辞するまで幕政に関与した。天和元年（一六八一）、忠利は三河国挙母一万石へ移封され、石川藩はわずか十九年間で廃藩となった。

浅川藩《あさかわ》〈譜代〉
陣屋＝福島県石川郡浅川町

白河藩主本多忠義《ただよし》の子忠平《ただひら》が寛文二年（一六六二）に襲封すると、弟忠以《ただもち》に陸奥国石川・白川二郡のうちに一万石を分与し、石川郡浅川に陣屋を構えて立藩させた。だが、二年後の寛文四年、忠以が病没すると、弟忠晴《ただはる》が養子となって遺領を相続した。天和元年（一六八一）、忠晴は三河国伊保《いほ》へ移封され、浅川藩は治政わずか十九年間にして廃藩となった。

忠以が建立した浅川陣屋は、現在の浅川町本町東裏にあったが、文化元年（一八〇四）に焼失し、翌年に本町西裏に再築された。のちこの陣屋は浅川代官所として使用され、越後国高田藩主榊原氏の直接支配を離れた五万石が幕府領榊原氏預地となったので、ここで管理した。文政三年（一八二〇）からは幕府直轄領となったため、浅川代官は浅川領約五万三千石、梁川領約二万五千石を統治した。陣屋跡は、現在の浅川小学校で、一角に跡碑が立っている。

守山藩《もりやま》〈家門〉
陣屋＝福島県郡山市田村町

水戸徳川家初代頼房《よりふさ》の四男松平頼元《よりもと》は常陸国額田《ぬかた》藩二万石の藩主であったが、元禄六年（一六九三）に没したため、嫡男頼貞《よりさだ》（家門―連枝）が元禄十三年九月、あらためて陸奥国田村郡守山、常陸国行方・鹿島・茨城の三郡にて二万石を与えられ、守山に陣屋を構えて立藩した。この時、水戸藩から分与された領地二万石を宗家に返還した。

松平氏は参勤交代を行わない定府大名であり、頼貞のあと、頼寛《よりひろ》―頼亮《よりあきら》―頼慎《よりよし》―頼《より》誠《のぶ》―頼升《よりのり》―頼之《よりゆき》と続いた。当初、陣屋地は常陸国鹿島郡松川村に置かれたが、宝暦六年（一七五六）に陸奥国田村郡守山村の谷田川の東岸の地に移設された。藩主の下向はなく郡奉行が統治にあたっていた。明治維新の時、頼之は奥羽越列藩同盟に参加したが、奥羽征討軍が迫ると、戦わずして陣屋を明け渡した。明治三年（一八七〇）、頼之は旧領の常陸国松川の地に藩庁を移したので、廃藩となった。

棚倉藩《たなくら》〈譜代〉
居城＝福島県東白川郡棚倉町

筑後国柳河城主立花宗茂《むねしげ》は関ヶ原の役で西軍に属したため十三万余石を収公されたが、慶長八年（一六〇三）、棚倉において一万石を与えられて立藩した。慶長十五年、宗茂は二万石を加増されて旧領柳河に復し、元和八年（一六二二）、常陸国古渡から丹羽長《なが》重《しげ》が五万石で入封して、城を築き城下町を建設した。寛永四年（一六二七）、長重は陸奥国白河へ移封し、摂津国内から内藤信照《のぶてる》が五万石で入封した。信照のあと、信良《のぶよし》―弌《かず》信《のぶ》と在封し、宝永二年（一七〇五）、弌信が駿河国田中に移封すると、同地から代わって太田資晴《すけはる》が五万石で入封した。

享保十三年（一七二八）、資晴は寺社奉行から若年寄に昇進した後、上野国館林へ移封となり、代わって家門の松平（越智）武元《たけちか》が五万四千石で入封した。延享三年（一七四六）、武元は西の丸老中に昇進した後、旧領館林に転じ、代わって遠江国掛川から小笠原長恭《ながゆき》が六万石で入封し、長恭のあと、長《なが》堯《たか》ー長昌《ながまさ》と三代続き、文化十四年（一八一七）、肥前国唐津へ移封され、遠江国浜松から井上正甫《まさもと》が六万石で入封した。その子正春《まさはる》は寺社奉行に就任した後、天保七年（一八三六）、上野国館林へ転じ、石見国浜田から松平（松井）康爵《やすたか》が六万石で入封した。

康爵のあと、康圭《やすかど》ー康恭《やすひさ》ー康英《やすてる》と続き、康英は慶応元年（一八六五）、老中となって二万石を加増された。翌年、康英は武蔵国川越へ移封されると、代わって陸奥国白河から阿部正静《まさきよ》が十万石で入封した。慶応四年（一八六八）二月、正静は旧領白河へ復帰することになったが沙汰止みになった。同年五月、奥羽越列藩同盟に加わって、白河口において奥羽征討軍と戦火を交えたため、征討軍の攻撃を受けて棚倉城は陥落した。戦後、正静は領地収公、謹慎を命ぜられ、その子正功《まさこと》に棚倉藩六万石が与えられたが、明治二年に版籍奉還で知藩事に任ぜられて、同四年に廃藩置県を迎えた。

なお、棚倉藩は譜代大名の左遷の地といわれ、めまぐるしい藩主の交替があり、八家十六代を数えた。

白河新田藩《しらかわしんでん》〈譜代〉
陣屋＝福島県白河市

白河藩主松平忠弘《ただひろ》は天和元年（一六八一）、嫡子清照《きよてる》が病弱のために廃嫡し、肥前唐津藩主松平乗久《のりひさ》の嫡子で忠弘の娘婿の忠尚《ただなお》を養子に迎え、白河藩主の座を約束していた。だが、天和三年、清照に嫡子忠雅《ただまさ》が生まれたために、元禄元年（一六八八）に忠雅が忠弘の嗣子と決定したので、忠尚は白河藩領内の新田二万石を分与され、別家となって当藩が創設されたのである。

元禄十三年、忠雅が備後国福山へ移封されるのにともない、忠尚も伊達郡桑折周辺に領地を移されたので、桑折《こおり》藩を立藩した。このため、一時廃藩となったが、正徳二年（一七一二）、松平（越前家）知清《ちかきよ》が兄の白河藩主基知《もとちか》から白河藩領内の新田一万石を分与されて、再度立藩した。越前松平家は家筋からは家門であるが、知清が譜代に列せられ、譜代大名となった。知清のあとの義《よし》知《ちか》は享保十三年（一七二八）、叔父基知の養子となり、廃藩となった。

桑折藩《こおり》〈譜代〉
陣屋＝福島県伊達郡桑折町

白河藩主松平忠弘《ただひろ》は、唐津藩主松平乗久《のりひさ》の嫡男で忠弘の娘婿であった忠尚《ただなお》に白河領内の新田分二万石を分知して白河新田藩主としたが、元禄十三年（一七〇〇）に領地を伊達郡のうち桑折地方二十ヵ村二万石に移し、桑折に陣屋を営んで立藩させた。その後、忠暁《ただあきら》（寺社奉行）を経て、忠恒《ただつね》（奏者番）の時、領内の半田に銀山が発見されると、幕府は延享四年（一七四七）、忠恒を上野国篠塚へ転封させた。

その後、桑折地方は幕府直轄地として佐渡奉行配下に置いたが、寛延二年（一七四九）、桑折代官所が置かれた。この半田銀山は、石見国大森、但馬国生野と並ぶ全国有数の銀山であった。明治以降、政商五代友厚の弘成館、さらに日本鉱業に引き継がれたが、昭和二十六年に閉山となった。

町内には桑折藩陣屋跡、旧伊達郡役所跡の他、伊達氏の始祖伊達朝宗の墓、伊達氏の本拠地となった西山城跡などがある。

梁川藩《やながわ》〈外様〉

陣屋＝福島県伊達郡梁川町

尾張徳川家二代光友《みつとも》の三男松平義昌《よしまさ》が新知三万石を与えられ、陸奥国梁川に封ぜられて立藩した。義昌のあと、義方《よしかた》―義真《よしざね》と継いだが、享保十四年（一七二九）に義真が嗣子なく病没し、無嗣絶家となったため、尾張徳川家三代綱誠《つななり》の七男松平通春《みちはる》が襲封したが。通春は翌年、徳川家四代継友《つぐとも》の遺領を継ぎ、徳川家五代宗春《むねはる》となったので、梁川藩は廃されて幕領となった。

その後、梁川の地は頻繁な支配替えになったが、文化四年（一八〇七）、蝦夷松前藩主松前章広《あきひろ》が封ぜられた。だが、十四年後の文政四年（一八二一）、章広は福山の地に戻り、また幕領となったが、安政二年（一八五五）に福山藩は箱館開港のため領地の一部を幕府から上知され、替え地として梁川および出羽国村山郡のうちから三万石を与えられ、以後、梁川は松前藩の飛び地として続いた。明治四年（一八七一）の廃藩置県の際、蝦夷の館藩の飛び地となった。

下手渡藩《しもてど》〈外様〉

陣屋＝福島県伊達郡月舘町

立花宗茂《むねしげ》の弟高橋直次《なおつぐ》は、関ヶ原の役の時に西軍に与《くみ》して本領を没収され、慶長十九年（一六一四）、常陸国柿岡に五千石を与えられ、立花氏を称した。その子種次《たねつぐ》は元和七年（一六二一）、筑後国三池藩一万石の藩主となった。七代藩主種周《たねちか》は寛政五年（一七九三）、若年寄に補せられたが、文化二年（一八〇五）に情報漏洩の罪で蟄居を命ぜられ、嗣子種善《たねよし》は翌年、陸奥国伊達郡下手渡一万石へ転封を命ぜられて立藩した。種善は広瀬川東岸の朗坊《ろうぼう》山中腹に陣屋地を定め、文化七年に居屋敷を完成させた。

種善のあと、種温《たねはる》―種恭《たねゆき》と続き、種恭は慶応四年（一八六八）一月十日から二月五日まで老中格を勤めた。明治維新の時、種恭は奥羽越列藩同盟に加わったが、本藩柳川藩に従って勤王方に転じたために仙台藩に攻撃されて、同年八月六日に陣屋は焼失した。このため、九月三日に旧領三池藩一万石に復した。

下村藩《しもむら》〈譜代〉

陣屋＝福島県福島市

田沼意次《おきつぐ》は九代将軍家重、十代将軍家治に仕え、小姓・御側・側用人と異例の累進をとげ、特に家治の信任篤く、安永元年（一七七二）には老中に進み幕閣の実権を握り、世にいう「田沼時代」を出現させた。この間、六百石の小身から加増に加増を重ね遠江国相良藩五万七千石の大名となった。だが、経済政策の破綻、さらに嫡男で若年寄の意知《おきとも》が刃傷事件に遭ってから勢いを失い、天明七年（一七八七）に隠居謹慎を命ぜられ、領地の大部分を収公された。

翌天明八年、家督を継いだ嫡孫意明《おきあき》（意知の長男）は、陸奥国信夫郡・越後国頸城郡内に一万石を与えられて、翌年、下村に陣屋を構えて立藩した。田沼氏は参勤交代のない定府大名で、意明のあと、意壱《おきかず》（意知の次男）―意信《おきのぶ》（意知の四男）―意定《おきさだ》（旗本田沼意致《おきむね》の子）―意正《おきまさ》（意次の四男）と続き、意正の文政六年（一八二三）、旧領相良に移封となり、廃藩となった。

岩瀬藩《いわせ》（大久保藩《おおくぼ》）〈譜代〉
陣屋＝福島県岩瀬郡岩瀬村

陸奥国岩瀬郡の地は、中世を通じて二階堂氏の知行地であったが、天正十七年（一五八九）、同氏が滅亡した後は蒲生氏郷《がもううじさと》・上杉景勝らの支配下の会津領となり、独立した藩治はなされていなかった。

播磨国明石六万石の藩主本多政利《まさとし》（本多忠勝の次男忠朝の孫）は、不行跡・藩政不行届き、その上巡見使に対する不都合があって、天和二年（一六八二）に所領を収公され、新たに陸奥国岩瀬郡内十一ヵ村から一万石を与えられ、大久保に陣屋を構えて立藩した。

だが、政利は減封されたあとも所行を改めず、女色にふけって酒宴に興じたり、ささいなことで罪もない侍女を殺害したかどで、元禄六年（一六九三）、その子の政定とともに改易されて庄内藩預けとなった。このためふたたび岩瀬藩は成立ならず、岩瀬藩は治政わずか十二年間をもって廃藩となり、藩領は白河藩の兼領となった。

出羽国

角館藩《かくのだて》〈外様〉
居城＝秋田県仙北郡角館町

戦国期に陸奥国岩手郡滴石《しずくいし》（雫石）荘戸沢の地に居住していた戸沢氏は、のち出羽国仙北郡門屋《かどや》城を経て、その裔道盛《みちもり》の時に北浦荘の角館城に移ったのに始まる。道盛の子盛安《もりやす》は近隣の小野寺景道《かげみち》や秋田実季《さねすえ》らと戦いつつ領地を保持した。盛安の子政《まさ》盛《もり》は天正十八年（一五九〇）、豊臣秀吉の小田原の陣に参戦し、本領四万四千余石を安堵された。慶長五年（一六〇〇）の関ヶ原の役の時、徳川家康が上杉景勝の会津攻めの際、政盛は二千余の手兵を率いて参陣し、ついで酒田城を攻略して軍功を樹てた。慶長七年、政盛は常陸国松岡四万石へ転封し、以後、角館は久保田藩佐竹氏領となった。

その後、天正十七年（一五八九）六月五日、摺上《すりあげ》ガ原の戦いで伊達政宗に敗れて佐竹家に身を寄せていた芦名氏二十代盛重《もりしげ》（義広《よしひろ》）が慶長八年、一万五千石で角館城主となって居城したが、元和六年（一六二〇）、一国一城令によって破却された。芦名家は三代で断絶した後、佐竹四家（湯沢の南家・久保田の東家・大館の西家・角館の北家）の一つ、北家の義隣《よしちか》が明暦二年（一六五六）、角館所預《ところあずかり》となった。義隣は京都の公卿高倉大納言永慶《ながよし》の次男で、佐竹義宣《よしのぶ》の甥である。その子義明《よしあき》の正室は三条西実名《さねな》の娘であり、二代にわたる京都との交流が、角館に京風の雅《みやび》をもたらした。

角館の町は芦名氏によって形成されたもので、江戸時代の面影を強く残した武家屋敷群がある。武家屋敷通りのすぐ右側の小田野家は、秋田蘭画の創始者小田野直武《なおたけ》の分家で、京風の庭園が美しい。この北隣の岩橋家は七百坪の広大な邸で、会津芦名氏時代からの古い家柄を示し、ここから桝形の角を右折した表町には青柳家がある。門前には馬乗りの踏み石・つなぎ石、墨塗り彫子塀《ほりこべい》にのぞき窓付き薬医門があり、角館城下の住生活を垣間見ることができる。これらの武家屋敷街を彩る枝垂桜《しだれざくら》は、京を偲んで佐竹北家が京から取り寄せて植えられたもので、みちのくの小京都といわれる所以である。

六郷《ろくごう》藩〈外様〉

居城＝秋田県仙北郡六郷町

戦国時代、出羽国横手地方の北部に広がる仙北平野には戸沢・小野寺・前田・六郷氏などの領主が分割支配していた。横手城主小野寺義道《よしみち》の家臣であった六郷城主六郷政乗《まさのり》は天正十六年（一五八八）、角館城主戸沢盛安《もりやす》とともに白滝長峰に陣し、檜山城主秋田実季《さねすえ》と戦った。のち政乗は秋田氏と和議を結び、天正十八年、豊臣秀吉の許に馳せ参じ、翌年、四千五百余石の知行を与えられた。文禄の役（一五九二年）の際には、政乗は肥前国名護屋へ出陣した。

慶長五年（一六〇〇）、関ヶ原の役の際、仙北の諸将は西軍の上杉景勝に与《くみ》したが、政乗は東軍の徳川家康に属し、主家の小野寺義道と戦って軍功を樹て、一万石を与えられて立藩した。慶長七年、政乗は常陸国府中（石岡）に移されて一万石を領したため六郷藩は廃藩となり、領地は久保田藩に吸収された。のち元和九年（一六二三）、政乗は出羽国本荘二万石へ移った。

横手《よこて》藩〈外様〉

居城＝秋田県横手市城山町

戦国時代、出羽国横手地方を領していた小野寺氏は天正十四年（一五八六）、最後の横手城主義道《よしみち》が最上義光《もがみよしみつ》と覇権を争って敗れたが、天正十八年の豊臣秀吉の奥州仕置において領主権を認められた。だが、大谷吉継が領地の検地を行った時、家臣らが豊臣政権の施政に対抗して一揆を起こしたため、責任を問われた義道は二十万石から三万石の小領主に没落した。

慶長五年（一六〇〇）、関ヶ原の役の際、西軍に与《くみ》する上杉景勝に属した義道は、東軍の最上義光に攻められ辛じて和睦した。戦後、徳川家康は敵対行為を許さず、義道は改易されて石見国津和野に配流の身となって滅亡した。慶長七年、常陸国水戸藩主佐竹義宣《よしのぶ》の出羽国久保田転封によってその所領に吸収され、城代として伊達盛重《もりしげ》、ついで須田盛秀《もりひで》が在城した。そして寛文十二年（一六七二）から戸村義連《よしつら》が城代となり、以後八代世襲して明治維新を迎えた。

仁賀保《にかほ》藩〈外様〉

陣屋＝秋田県由利郡仁賀保町

中世以来、出羽国由利郡内の山根城に居城していた仁賀保氏は、挙誠《たかのぶ》の時の慶長五年（一六〇〇）、関ヶ原の役の際に東軍の最上義光を援けて西軍の上杉景勝の属城菅野城などを攻撃する軍功を樹て、徳川家康から五千石を安堵され、慶長七年には常陸国武田五千石に転封された。

元和八年（一六二二）、庄内藩主最上氏の改易にともなって、翌年、挙誠は五千石が加増され、合わせて一万石で旧領仁賀保に移封されて立藩した。挙誠は寛永二年（一六二五）、塩越城（象潟《きさかた》町）で病没したため、遺志により領地は三分割されることになった。嫡男良俊《よしとし》に七千石、次男誠政《のぶまさ》に二千石、三男誠次《のぶつぐ》に一千石としたが、良俊は寛永八年、嗣子なく没したために没収され、領地は庄内藩酒井家のものとなった。以後、誠政家と誠次家は旗本として江戸に住み、平沢に陣屋を置いて領地を治め、明治維新を迎えた。

久保田《くぼた》藩（秋田《あきた》藩）〈外様〉

居城＝秋田県秋田市千秋公園

名族佐竹氏の入封

　常陸国水戸五十四万石を領有していた名族佐竹義宣《よしのぶ》は慶長五年（一六〇〇）、関ヶ原の役が起こると、親交のある石田三成への義理立てによって中立的な態度をとり、徳川家康の出陣要請にも従わず、戦後懲罰的に所領を没収され、慶長七年七月、出羽国秋田へ移されて秋田実季《さねすえ》の居城であった土崎湊城へ入城して立藩した。この処遇は関東の要衝を親藩・譜代で固めるという家康の政策上の理由からで、減封のうえ転封をしたのである。

　義宣は入封後、城が狭小なために幕府の許可を得て、新しく久保田（現・秋田千秋公園、一名矢留山）に城地を選び、慶長七年に着工、同九年に完成し、城下町建設に着手した。一方、同十年頃に第一次総検地（前竿）を実施し、郷村を把握、年貢を確定、家臣に知行を与えた。義宣は自らを頂点とする藩屏にふさわしい一門・譜代・外様の家臣を再編成し、さらに新参の梅津憲忠・政景兄弟を登用して藩主独裁体制を確立した。慶長十八年に実施した第二次総検地（中竿）と同時に家臣の知行割りも進め、義宣は藩支配体制を一層固めた。

　一方、領内には東北最大の産出量を有する院内《いんない》銀山・阿仁《あに》金山（のち銅山として再開発）などの諸鉱山を開発、山林（秋田杉）で藩財政は潤った。だが、このことは米作地帯にもかかわらず米年貢を基礎としない藩財政を構築することとなり、商品経済による財政は、鉱山の衰退とともに窮乏が始まるのである。

　義宣は寛永十年（一六三三）に没し、陸奥国亀田藩主岩城吉隆が宗家二代を継ぎ、名を義隆《よしたか》と改めた。義隆は正保三年（一六四六）から三年がかりで第三次総検地（後竿）を実施し、新田開発でできた新村や旧村の村切りを行い、小農を自立させ、藩の郷村支配を強固にした。こうして、寛文四年（一六六四）、幕府は久保田藩の石高を二十万五千八百石と決定した。

　義隆のあと義処《よしずみ》が家督を継いだが、この頃から藩財政の窮乏は次第に深刻となり、家老梅津忠宴《ただよし》は家臣の知行借り上げや職制の簡略化など、さまざまな手段を講じたが、効果を上げることはできなかった。財政難にもかかわらず、義処は元禄十年（一六九七）、秋田史館を創設して藩史編纂事業に着手し、同十四年には弟義長《よしなが》に二万石（岩崎藩）、甥義都《よしくに》に一万石（久保田新田藩）を分与し、それぞれ支藩として独立させた。

継嗣問題の争い

　義処の子義格《よしただ》のあとを継いだ義峰《よしみね》は分家壱岐守家（岩崎藩）から宗家に入った。だが、義峰には嗣子がなかったため、岩崎藩主義道《よしみち》は子義明《よしはる》を義峰の養嗣子に望んだ。しかし享保十七年（一七三二）、義峰は分家式部少輔家（新田藩）の義堅《よしかた》を後嗣に定めた。義堅は寛保二年（一七四二）に早逝し、義堅の子義真《よしざね》を養嗣子とした。だが、宝暦三年（一七五三）、義真が急死したので、ここでやっと義明が家督を相続した。財政窮乏の中で藩主になった義明は宝暦四年、幕府の許可を得て銀札と呼ばれる藩札を発行したが、かえって物価が暴騰した。このため重臣は藩主一門を巻き込みながら銀札支持派と反対派とに分かれ、同七年、義明は銀札発行の失敗の責任を支持派に負わせて罰した。

蘭画の画壇を興す

銀札発行による経済的混乱がその後も続いている中で、宝暦八年に義明の嫡男義敦《よしあつ》が家督を継いだ。こんな情勢の時、義敦は曙山《しょざん》と号して絵筆を執り、安永二年（一七七三）、鉱山技術指導のために招聘した平賀源内に師事する出羽国角館藩士小田野直武とともに「秋田蘭画」と称する蘭画の画壇を興した。義敦はオランダ語の印章を用い、また『画法綱領』『画図理解』の画論書を著すなど、殿さま芸を越えた仕事を残した。

天明三年（一七八三）の大飢饉によって領内の人口は約五万人も減少し、耕地は荒廃して、藩財政の窮乏はその極に達した。義敦は同五年に没し、嫡男義和《よしまさ》が十一歳で家督を継いだ。初め義敦の弟左近義方と家老疋田斎とが後見役となり、積極的な藩政改革に着手し、農業の振興に重点をおいた。さらに鉱山・林業など藩独自の産業を初め、桑・楮・藍・漆・菜種・紅花・綿などの商品作物を奨励し、その上養蚕・製紙・醸造・製陶など殖産興業政策を行った。さらに義和は、藩政機構整備とともに人材の登用による藩政の刷新を図り、寛政二年（一七九〇）、藩校明道館（のち明徳館）を創設し、領内の七ヵ所に郷校を設けた。

義和の〝久保田藩の寛政改革〟は文化十二年（一八一五）の死により十分な成果を上げられなかったが、あとを継いだ義厚《よしひろ》に改革は継承された。その後、義睦《よしちか》を経て養子義堯《よしたか》（陸奥国中村藩主相馬益胤《ますたね》の三男、初名義核《よしざね》）が家督を相続した。

奥羽越列藩同盟の攻撃を受ける

義堯は初め支藩岩崎藩主佐竹義純《よしずみ》の養子となり、安政四年（一八五七）に義睦が没したので宗家を継いだ。文久三年（一八六三）に上洛して皇居を守護し、孝明天皇の賀茂神社へ攘夷祈願の行幸に随従した。慶応三年（一八六七）十二月、王政復古によって帰国すると、藩内は勤王派の急激な台頭により、政争が激化していた。翌四年一月、鳥羽伏見の戦いが起こると勅を受け、新政府軍に反抗する奥羽諸藩の説得にあたった。

久保田藩は閏四月、奥羽鎮撫総督府参謀大山綱良《つなよし》から庄内藩征討を命ぜられたが、義堯は躊躇していた。庄内藩を援護する奥羽諸藩は奥羽越列藩同盟を締結したが、その直前に久保田藩は鎮撫副総督沢為量《ためかず》を迎え入れたので、同盟には参加しなかった。さらに七月一日に総督九条道孝一行が城下に入ると、義堯自ら新政府軍に従った。このため勤王派の吉川忠安の門人らが、七月七日夜、当時久保田にいた奥羽列藩同盟派の仙台藩の使者六人を殺害、捕らえた五人も斬刑に処したため、激怒した仙台・盛岡・庄内藩の攻撃を受け、藩領の大半が戦場と化した。

久保田藩の要請で、新政府の援軍八千が到着すると、戦況は逆転した。この軍功によって明治二年（一八六九）、賞典禄二万石を下賜され、六月に版籍奉還して義堯は知藩事に任ぜられ、同四年一月に藩名を秋田藩と改称したが、わずか半年後の七月に廃藩置県を迎えた。

小江戸紀行　佐竹氏歴代の城下町秋田城下を歩く

久保田城跡

　常陸国水戸の城主佐竹義宣《よしのぶ》が国替えとなって入封し、今の千秋《せんしゅう》公園に久保田城を築き、その城下町が秋田市へと発展した。

　本丸跡には、かつて藩主の居館であった本丸御殿があったというが、いまはない。中央に最後の藩主義堯《よしたか》の銅像、その左側に秋田八幡神社が鎮座する。神社は、義宣が秋田移封のさいに城内に移した八幡神社に明治四十年（一九〇七）、義宣・義和《よしまさ》・義堯《よしたか》を祀る秋田神社を合祀したものである。

千秋公園にある久保田（秋田）城

　本丸から裏門を通って二の丸にくだる。北東部には秋田が生んだ国学者平田篤胤《あつたね》と農学者佐藤信淵《のぶひろ》を合祀した弥高《いやたか》神社が祀られている。社名は藩校明徳館にあった義和書の題額「仰之弥高」によるという。

市内の史跡

　JR秋田駅を背にして、中央通りを旭《あさひ》川に向かうと、久保田城大手門から南下する道と交差する。その四ッ角の赤十字病院の敷地がかつての藩校明徳館跡で、一段高い植え込みの中に石碑が立っている。寛政元年（一七八九）、藩主義和が「学問の力これ無く候ては時務に達し兼ね候儀もこれある可」と、人材教育を目的として創設した。

　赤十字病院の反対側の児童公園は、平田篤胤の誕生地といわれているが、いまはそれを示すものはない。彼もまた明徳館で学んだ一人であった。南通亀の町が終焉の地で、民家の角に石碑が残っている。

　市内の川反《かわばた》はかつては外町といって、その町割は職業別に分けられ、大工町、米町、肴町、船大工町、鍛冶町、鉄砲町、茶町などがあった。中央通りが川反通りとT字型に突きあたった左の角は旧町奉行所跡だ。

　久保田城の北東部の手形《てがた》地区は、城の外曲輪として侍、仲間、足軽屋敷が配置されていた。その北方を画する五庵山《ごあんざん》の麓に佐竹氏の菩提寺天徳寺がたたずむ。五庵山の南麓には藩主の鷹狩りの休息所・如斯亭《じょしてい》、近くの手形山の南山腹には、四周を樹林に囲まれて平田篤胤の墓がひっそりと立つ。

久保田新田《くぼたしんでん》藩（秋田新田《あきたしんでん》藩）〈外様〉
陣屋＝秋田県秋田市

久保田藩二代藩主佐竹義隆《よしたか》は、もと信濃国川中島藩主から亀田藩二万石藩主となった岩城吉隆で、久保田藩初代藩主佐竹義宣《よしのぶ》（伯父）の養子となり、義隆と改名して二代藩主を継いだ。このため亀田藩二代藩主は義宣の弟宣隆《のぶたか》が継いだ。岩城氏は、その名が示すように陸奥国磐城地方を本貫地とした戦国武将で、佐竹氏とは姻戚関係にあった。

本藩二代藩主佐竹義隆の長男義寘《よしおき》は、側妾腹のため家督を相続することはできなかったが、その子義都《よしくに》は元禄十四年（一七〇一）、叔父の三代藩主義処《よしずみ》から一万石を分知され新田藩が立藩した。義都は江戸に定住したが、領地はなく本藩から一万石分の蔵米を渡され、家臣も本藩からの付人であった。つぎの二代義堅《よしかた》は享保十七年（一七三二）、本藩の五代義峯《よしみね》の養嗣子となったため、新田藩は廃されて、蔵米一万石分は本藩に返還された。

本荘《ほんじょう》藩〈外様〉
陣屋＝秋田県本荘市出戸町

戦国期の覇者最上義光《よしみつ》は慶長五年（一六〇〇）の関ヶ原の役後、出羽国全域と出羽国由利郡（秋田県）におよぶ広大な領土を支配し、家親《いえちか》―義俊《よしとし》と三代にわたって五十七万石を領有した。由利郡地方四万石の支配責任者には、義光の家臣楯岡豊前守満茂《みつしげ》が任命された。だが、義俊の代には家臣の抗争から国政不取締のため、元和八年（一六二二）、所領を収公され、近江国大森一万石へ転封となった。

最上氏が改易されると、その旧領には諸大名が分立し、翌九年、出羽国六郷から常陸国府中（石岡）一万石へ移された六郷政《まさ》乗《のり》が二万石を領有して本荘の地に移封して立藩した。政乗のあと、その子政勝《まさかつ》は甥政《まさ》慶《よし》に新田四百石を分知し、つぎの政信《まさのぶ》の子政晴《まさはる》は元禄年間（一六八八～一七〇三）の治政の時、五千七百余石の新田を開墾して藩体制を確立した。この後次第に藩政が停滞し、出羽国酒田の豪商本間家からの借り入れが多額になり藩財政が逼迫した。

その後、政長《まさなが》―政林《まさしげ》―政秦《まさちか》―政純《まさずみ》―政恒《まさつね》―政殷《まさただ》と続き、つぎの十一代政鑑《まさあきら》は慶応四年（一八六八）の戊辰戦争の時、久保田藩とともに新政府側についたため、庄内藩の攻撃を受けたので、政鑑は城に火を放ち久保田藩へ逃れた。翌年、軍功によって賞典禄一万石を与えられ、領地を回復して廃藩置県を迎えた。

本荘市街地は、江戸時代の六郷氏の典型的な城下町として発展し、現在もその面影は各所に残されている。JR羽後本線羽後本荘駅の西方、市役所に隣接して本荘公園があり、この一帯が本荘城跡である。この地は、慶長七年（一六〇二）に最上義光に与えられ、その家臣楯岡豊前守満茂が支配し、慶長十八年に尾崎山に城と城下町を築いた。楯岡氏の本姓から本城城と呼ばれたが、六郷氏が入城して本荘城と改称した。公園の一角には六郷氏を祀る本荘神社がある。公園北方に常陸国府中から移った六郷家の菩提寺永泉寺があり、山門には最後の藩主政鑑筆の扁額が掲げられている。

岩崎藩《いわさき》〈外様〉
陣屋＝秋田県湯沢市岩崎町

久保田藩三代藩主佐竹義処《よしずみ》は元禄十四年（一七〇一）、弟義長《よしなが》に藩領内の新田二万石を分与して立藩させた。佐竹氏は参勤交代を行わない定府大名であり、義長のあと、義道《よしみち》（久保田藩士佐竹義本の子）―義忠《よしただ》―義祇《よしもと》（義忠の甥）―義知《よしちか》―義純《よしずみ》（一門義恭《よしゆき》の長男）―義核《よしざね》（中村藩主相馬益胤《ますたね》の三男）と続いて江戸に定住していたが、つぎの義諶《よしつま》（益胤の四男）は椿台陣屋を築き、明治維新の混乱の中で初めて秋田へ下向した。

急拵《ごしら》えの陣屋で戊辰戦争を戦い抜き、庄内藩勢を撃退して、久保田藩の前衛として任務を遂行した義諶は、岩崎藩発足の直後の明治三年（一八七〇）四月に急逝し、義理《よしただ》（相馬充胤《みつたね》の次男）が継承した。義理が本藩から二万石を与えられて、雄勝郡岩崎に陣屋を設け、岩崎陣屋に入ったのは廃藩置県を迎える三ヵ月前の四月二十九日であった。幕末の岩崎藩は親類筋の相馬家からの入嗣が多かった。

亀田藩《かめだ》〈外様〉
陣屋＝秋田県由利郡岩城町

山形藩主最上義俊が元和八年（一六二二）に改易され、一時本多正純《まさずみ》の所領となったが、翌年、佐竹氏の一族である信濃国川中島藩主岩城吉隆《よしたか》（川中島と由利郡内に各一万石）が入封、亀田に陣屋を構えて立藩した。寛永三年（一六二六）、吉隆は久保田藩主佐竹義宣《よしのぶ》の養子となり、義隆と改名して本藩二代藩主を継ぎ、義宣の弟宣隆《のぶたか》が岩城家を相続、亀田藩二代藩主となった。

その後、岩城家は宗家佐竹家との間にさまざまな紛争があり、両家は疎遠となったが、宣隆のあと、重隆《しげたか》―秀隆《ひでたか》―隆韶《たかつぐ》―隆恭《たかよし》―隆恕《たかのり》―隆喜《たかよし》―隆永《たかなが》―隆信《たかのぶ》―隆政《たかまさ》と続き、つぎの隆邦《たかくに》は城主格大名に昇格したので、亀田陣屋は正式に亀田城と称されるようになった。慶応四年（一八六八）、戊辰戦争の際、隆邦は本藩久保田藩に従って新政府側についたが、仙台藩や庄内藩の攻撃をみて、奥羽越列藩同盟に転じたため、本藩からの攻撃を受けた。隆彰《たかあき》の代に廃藩となった。

矢島藩《やしま》〈外様〉
陣屋＝秋田県由利郡矢島町

山形藩主最上義俊が元和八年（一六二二）に改易された後、この地には由利郡十二頭の一人・打越氏が三千石を領していたが無嗣断絶して幕府領になった。寛永十七年（一六四〇）、讃岐国高松十七万一千余石の藩主生駒高俊《いこまたかとし》が、いわゆる「生駒騒動」によって領地を収公され、出羽国由利郡矢島に配流され、一万石を与えられて立藩したのが起こりである。

高俊の嫡男高清《たかきよ》も父とともに配流されていたが、万治元年（一六五八）に赦免された。翌年父が没したので、遺命により高清に八千石、弟俊明《としあき》に二千石を分知したため当藩は消滅した。のち生駒氏は旗本交代寄合として江戸に定住し、矢島に陣屋を置いて家臣が管理した。明治維新に際して、十代親敬《ちかゆき》が一万五千石となり、改めて立藩した。戊辰戦争の時、親敬は新政府側についたので、庄内藩に攻撃を受けて陣屋は陥落したが、翌年、賞典禄一千石が与えられた。

山形藩《やまがた》〈譜代〉

居城＝山形県山形市霞城町

最上家の内紛

　室町時代、足利泰氏《やすうじ》の子家氏《いえうじ》が陸奥国斯《し》波《ば》郡に下り、高水寺城に拠って斯波氏と称した。その曾孫高経《たかつね》の弟家兼《いえかね》は奥州探題、家兼の次子兼頼《かねより》は羽州探題となって、延文元年（一三五六）に奥州大崎から最上山形の地に移って館を築き、歴代この地に住んで、十一代義光《よしあき》の時から最上氏を名乗った。義光は天正十八年（一五九〇）、豊臣秀吉の小田原の陣に参戦し、徳川家康の麾下となった。翌年、九戸政実《まさざね》の乱の鎮圧に従い、義光の三男太郎四郎とともに家康の近侍となった。その後、文禄三年（一五九四）、太郎四郎が元服すると、家康から一字を賜わって家親《いえちか》と称した。慶長五年（一六〇〇）、関ヶ原の役が起こると、義光は会津の上杉景勝を牽制する任務を命ぜられ、役後、上杉氏の旧領出羽国庄内を加増されて、五十七万石を領有した。

　義光は慶長十九年に没し、家親が家督を継いだ。最上氏の領国体制は確定されておらず、義光という英傑によって辛うじて統一されていたので、義光の死とともに最上氏は早くも動揺し出した。家親の異母兄義《よし》親《ちか》を中心とする反家親派との内訌が起こり、家親はその渦中の元和三年（一六一七）に変死した。死因は極秘とされ、諸説が流布した。『徳川実紀』には「猿楽を見ながら頓死す、人みなこれをあやしむ」と記されている。最上家の内訌は隠《いん》にこもっていたらしい。

　家督は家親の嫡男義俊《よしとし》が継いだが、わずか十三歳であったため、幕府は内紛を収めて藩政に専心すべきことを家中に厳命した。この命は七ヵ条からなり、幕府が山形藩を直接監督するという異例の処置であった。だが、義俊を擁護する家老松根光広《みつひろ》（義光の甥）派と叔父山野辺義忠《よしただ》（義光の三男）を藩主の座につけようとする一派とに分裂し、内紛は激化した。

　そこで松根は幕府に訴訟したので、両者は老中酒井忠世《ただよ》邸で対決することになった。両者の主張を聞いた忠世は、義俊の所領をいったん没収し、新たに六万石を与えた。そして、今度家臣が一致団結して義俊を補佐すれば、義俊が成人に達した時、本領復帰を認めるという裁定を下した。これは義光の功績を重んじた、極めて寛大な処置であった。ところが、義忠らは「いつまた、松根同様の讒訴人が出るかわからない。いま幕命をお受けして和解しても、将来また不法な訴えをおこされては、拙者どもの無《ぶ》調法《ちょうほう》となるので、むしろお暇をくだされたい」と和解を拒否した。このため、幕府は国政不取締の廉で、元和八年（一六二二）、出羽国五十七万石を収公し、義俊は近江国大森一万石へ転封となった。

譜代大名の入転封

　このあと山形は、頻繁に譜代大名が入転封を繰り返した。最上氏のあと、慶長五年（一六〇〇）、関ヶ原の役の緒戦で石田三成方の攻撃を受けた伏見城を死守して戦死した鳥居元忠《もとただ》の次男忠政が陸奥国磐城平から二十万石で入封した。翌元和九年、忠政の検地は近世検地の最初で、その検地の実態についてはまだ解明されていないが、年貢率は最上氏より高く、また最上氏の検見法に対して鳥居氏は定免法を実施したので、農民の評判は悪かった。寛永三年（一六二六）、出羽国寒河江《さがえ》に二万石の加増があり、合わせて二十二万石を領有したが、同五年九月五日、忠政は没した。

　その子忠恒《ただつね》が家督を継いだが、病弱のため見るべき施策がないままに寛永十三年、三十三歳で没した。臨終に際して、忠恒は嗣子がなかったので、弟忠春《ただはる》（忠政の三男）に相続させることを幕府に願い出たが、末期養子の禁令に触れるので改易となった。だが、忠政の功績によって、忠春は信濃国高遠三万二百石へ転封となり、交代に高遠三万石から保科正之《ほしなまさゆき》が二十万石で栄転入封した。

　正之は二代将軍秀忠の三男（庶子）で、生母はお静の方である。三代将軍家光の異母弟で、秀忠は正室於江《おごう》の方の目をはばかって、正之を元和四年（一六一八）に高遠藩主保科正光《まさみつ》の養子とした。正之は寛永十五年から翌年にかけて領内の検地を行い、年貢の引下げ、川欠や砂引地の定引を施し、在封七年にして同二十年、二十三万石で陸奥国会津へ転封となった。

　その後、正保元年（一六四四）、同じく家門の松平（越前家）直基《なおもと》が越前国大野から十五万石で入封し、山辺領・長崎領・蔵増領・楯岡領・大石田領・延沢領の五万石が収公されて幕府領となった。直基は在封五年で、慶安元年（一六四八）、播磨国姫路十五万石へ転封となった。

　代わって同地から家門の松平（奥平）忠《ただ》弘《ひろ》が十五万石で入封した。在封二十年にして寛文八年（一六六八）、下野国宇都宮十五万石へ移り、交代に譜代奥平昌能《まさよし》が宇都宮十一万石から二万石を減封されて九万石で入封した。この減封は父忠昌《ただまさ》の死に際し、家臣が殉死の禁を犯したことや国政不取締による左遷であった。昌能は寛文十二年に没し、嗣子がなかったので、妹の子五嶋昌章《まさあきら》を娘婿として迎えて家督を継がせた。昌章は貞享二年（一六八五）、旧領宇都宮十万石へ転封となった。

　奥平氏のあとに、下総国古河から譜代堀田正仲《まさなか》が十万石で入封した。この転封は父の大老正俊《まさとし》が貞享元年八月二十八日、若年寄稲葉正休《まさやす》の私怨によって江戸城中で刺殺された翌年で、左遷によるものだったが、一年も経たずに貞享三年、陸奥国福島十万石へ転封となった。代わって豊後国日田《ひた》から家門の松平（越前家）直矩《なおのり》（直基の嫡男）が入封し、在封六年後の元禄五年（一六九二）、陸奥国白河へ転じた。直矩と交代に同地から家門の松平（奥平）忠弘が再び十万石で入封した。この転封は家臣らの藩内を二分しての抗争に対して、五代将軍綱吉が藩政不行届の裁断を下し、五万石減封の左遷であった。在封八年後の元禄十三年、忠弘の孫忠雅《ただまさ》が備後国福山へ転封となった。

秋元氏から水野氏へ

　山形藩は幕閣の首脳にいた譜代大名が左遷されると、封地として与えられることが多くなり、そのため次第に領地が縮小されていった。松平氏のあとに、陸奥国福島十万石から堀田正虎《まさとら》が入った。これは先に入封した正仲の弟であるが、享保十四年（一七二九）、大坂城代に赴任の途中、伊勢国亀山の地で急逝した。このため孫正春《まさはる》が家督を継ぐが、同十六年に十七歳で没したため、末期養子となった叔父正亮《まさすけ》（正俊の四男正武の子）がそのあとを相続した。正亮は奏者番・寺社奉行・大坂城代を経て、延享二年（一七四五）に老中に就任し、翌年、下総国佐倉十万石へ転封となった。

堀田氏と入れ替わりに、同地から松平（大給）乗佑《のりすけ》が六万石で入封したが、山形領は三万七千石、山形城下二万石と周囲の二十二ヵ村、他に常陸・下野国に飛地領が与えられた。乗佑は宝暦十年（一七六〇）、奏者番兼寺社奉行となり、明和元年（一七六四）六月、大坂城代に任ぜられるとともに領地を三河国西尾へ移された。

乗佑が西尾へ移ったあと、明和四年まで幕府領となり、城番として会津藩主松平容《かた》頌《のぶ》の管理下にあった。同年、譜代の秋元凉《すけ》朝《とも》が武蔵国川越から入封し、領地は六万石の内、川越に五千石、河内国に二万石、山形に三万五千石というように分散していた。凉朝のあと、永朝《つねとも》ー志朝《ゆきとも》と続き、志朝は領地が分散しているため、独自の藩政改革を行うことは難しかった。天保十三年（一八四二）五月、幕府が諸物価引下げ令を出すと、山形藩も紅花売買は荷主の自由とする触れを出し、物価引下げについては諸商人・諸職人から自発的な値下げ案を出させ、藩は再値引きを命じている。志朝は弘化二年（一八四五）、上野国館林へ移ったが、秋元氏は四代七十八年と、歴代藩主のうち最も長い在封であった。

代わって入封した水野忠精《ただきよ》は、老中首座として天保の改革を実施した忠邦《ただくに》の嫡男で、忠邦失脚後に家督を譲られ、遠江国浜松七万石から二万石減封の五万石によって、左遷された。忠精は入封後の弘化三年二月、家臣に藩財政窮乏の実態を伝えた。浜松藩時代の御用達《ごようたし》（御用商人）八人に、臨時の御用達（城下の商人）四十一人を加えて、藩財政再建への協力を求めたが、結局は思い通りにならなかった。御用達の多くは山形特産の紅花の商人だった。この他、特産に青苧《あおそ》（麻の粗皮で繊維の原料）・蠟・漆・荏油《えあぶら》・煙草・真綿などがあった。

忠精は奏者番・寺社奉行・若年寄などを経て、文久二年（一八六二）三月、老中に昇り、外国御用取扱・勝手掛に任ぜられたが、慶応二年（一八六六）、病気がちであった忠精は嫡男忠弘に家督を譲って隠居した。忠弘はわずか十一歳で、二十六歳の家老水野三郎右衛門元宣《もとのぶ》（藩主家の分家）がその補佐にあたった。

慶応四年（一八六八）三月、奥羽鎮撫副総督沢為量《ためかず》が山形に入り、庄内藩討伐を命ぜられ、元宣が藩兵を率いて庄内藩兵と交戦したが、これは事前の密約に基づく偽装戦であった。のち五月、山形藩は奥羽越列藩同盟に加盟して、庄内や久保田で新政府軍に抵抗して敗れ、九月十一日、白河口総督府に降伏したのち、謝罪のために新政府軍に従軍し、庄内藩攻撃に参戦した。

翌明治二年、忠弘は謹慎を命ぜられ、一切の責任を負った元宣は五月二十日、城下の長源寺境内において斬首刑に処せられた。間もなくして忠弘は許され、六月に版籍奉還によって知藩事に任ぜられたが、翌年五月、近江国朝日山五万石へ移され、山形藩は廃藩置県をまたずに廃藩となった。

小江戸紀行 サクランボの城下町山形城下を歩く

平成の城、山形城東大手門

山形といえば誰もがサクランボを連想し、紅花を思い浮かべる。夏の花笠音頭もそうかもしれない。実り豊かな山形を思い描いて、人は旅情をくすぐられるのだ。

まず訪ねたいのは、山形城跡である。JR山形駅から北へ約五分の地にあるこの城は、平成三年に二の丸東大手門が復元された。門を入れば、広場には見あげるほどに大きな、馬上姿も勇ましい最上義光《よしあき》像が、兜の金の前立に光を浴びて立っている。県都山形を象徴する武人としてのモニュメントだ。城の建物は明治の初めに取り壊され、跡地に山形連隊が入り、霞城《かじょう》公園と名称が変わった今は、県立博物館や体育館、各種の運動施設がゆったりと並ぶ。その中でもひときわ目を引くのが旧市立病院済生館《さいせいかん》本館で、明治十一年（一八七八）に建てられた洋風三層楼の東北最初の医学教育施設だったといわれる。

山形駅から東にのびる通りに林立するビルの谷間にある歌懸《うたかけ》稲荷神社の神域は、山形城の三の丸跡である。神殿の裏の緑濃い窪地はかつての堀というから、五十七万石の太守にふさわしい城域だった。

斯波《しば》氏が出羽国最上郡山形郷という地名から「最上」を名乗り、兼頼から約二百年経て登場するのが、十一代義光だ。

義光像の近くの木陰には、兼頼のレリーフがたっている。兼頼といえば、駅に近い商店街の歩道にも、一メートル程の小さな像がある。この初代は、晩年は一遍上人の時宗に帰依、その墓は七日町の光明寺にある。

最上家の面影と寺院街

東大手門を出て、一方通行が多い市街を東に向かい、繁栄と喧騒の通りを抜けると十五ヵ寺が集まった寺院街に出る。

ずり落ちそうなほどに急カーブをつけた大屋根を聳えさせるのは、かつて寺町の中心だった専称寺である。辺りを圧するような大伽藍。義光が娘駒姫の菩提を弔うために、天童の高楯《たかだま》から移した寺という。

駒姫は、豊臣秀吉の甥で関白秀次の側室。秀次が秀吉によって謀叛の疑いをかけられ自害をしたとき、その妻妾や子三十数人が京市中を引き回された後、三条河原で打ち首になったが、駒姫もその犠牲のひとりである。境内に枝を広げる銀杏《いちょう》の大樹は、駒姫の痛ましい死から四百年の樹齢を重ね、市の天然記念物に指定されている。

義光は、慶長十九年（一六一四）一月、六

山形市街略図

十九歳で死んだ。その墓は、専称寺より南の鉄砲町の光禅寺にある。五十七万石の太守として死んだ義光には四人の殉死者がいて、本堂の裏にある義光の五輪塔の前には、彼らの墓が並ぶ。そして、義光の墓の並びには、三男家親とその子の義俊の墓がより添うように立つ。

光禅寺の西方に宝光院がある。この寺の本堂は、義俊が元和八年（一六二二）、近江一万石に改易になったときに山形城の書院を移築したものだ。昭和五十六年から三年間、解体復元工事がなされ、今は銅板葺きとなっているが、もとは茅葺きだった。

山形城二の丸東大手門

義光時代の面影といえば、市街を東から望む緑濃い千歳山《ちとせやま》の麓の万松寺にもある。ここは昔でいう城下の東の外れで、道は仙台へ通じている。城門がこの寺に山門として移されたのは、その要衝のせいである。ごてごてとした飾りを省いた山門は、簡素でいかにも武人の時代にふさわしい。

最上氏の旧領は山形、鶴岡、新庄、上山《かみのやま》と四分割され、山形藩には鳥居忠政が二十万石で入った。

ところが、その後藩主はめまぐるしく入れ替わり、鳥居氏の後、明治維新まで実に十一家の藩主交代があった。いずれも譜代大名だが、そのつど石高が減って天領が増し、幕末の藩主水野忠精《ただきよ》入封時には五万石に減っていた。

こうした歴代藩主が信奉したのは、宝光寺の隣の六椹《むつくぬぎ》八幡宮だ。神域というよりも公園と化したような広い境内には、クヌギの大木が何本も聳えている。むかし、源頼義が奥州の安倍氏討伐のための戦勝祈願として、六本のクヌギを植えて社《やしろ》を建てたのが神社の起こりといい、御神木になっている。

神社といえば、最後の藩主水野氏ゆかりの社が城に近い豊烈《ほうれつ》神社である。境内には幕末の青年家老水野三郎右衛門元宣の像が立つ。藩主水野家は天保の改革を行った忠邦の家である。その家の舵取りの任にあった三郎右衛門は、反政府軍の庄内藩を攻撃するとみせかけて、攻撃せず、反政府寄りの立場をとったため、後にその責任を問われた。

七日町の繁華街のなかにひっそりと門を構えるのは長源寺である。かつては藩主鳥居家の菩提寺として、広い寺域を構えていたが、市街の中心とあって、長年月の間に境内は縮小されてしまった。この寺の庭前で、明治二年（一八六九）五月二十日、水野三郎右衛門は自刃したのである。その墓は、寺と道路を挟んだ反対側の建物奥に、ひっそりと立っている。

庄内藩《しょうない》（鶴岡藩《つるおか》・大泉藩《おおいずみ》）〈譜代〉

居城＝山形県鶴岡市馬場町

徳川四天王の筆頭、酒井家入封

酒井家には左衛門尉家と雅楽頭家との二つの系統があり、庄内藩主は左衛門尉家系統の宗家で、譜代中の譜代である。徳川四天王といわれる酒井忠次《ただつぐ》・本多忠勝・榊原康政・井伊直弼の四家のうち、酒井家はその筆頭といわれている。

忠次の子家次《いえつぐ》は天正十八年（一五九〇）、徳川家康の関東入部に従い、下総国臼井、上野国高崎、越後国高田と転封加増され、その子忠勝《ただかつ》は信濃国松代十万石の藩主であったが、元和八年（一六二二）、最上氏が改易されると、十三万八千石で出羽国鶴岡に移封された。この時、忠勝はこの移封に不満であったが、二代将軍秀忠から鶴ヶ丘・亀ヶ崎（酒田市）の二城をもって北方の外様藩への監視にあたり、永く天下の藩屏となってほしいという内意を受け、その重責を感じて入封したという。

忠勝は入封と同時に、領内総検地・藩制整備などをすすめたが、あまりに急進・武断的な傾向が強かったため、寛永十一年（一六三四）に前大肝煎《おおきもいり》高橋太郎左衛門の上訴事件や村山郡白岩一揆が起こった。また寛永九年、改易された加藤忠広《ただひろ》（肥後国熊本藩主）に領内丸岡一万石が与えられたので、幕府はその見返りとして左沢《あてらざわ》一万二千石を庄内藩に与えた。

窮乏の藩財政と改革

忠勝が正保四年（一六四七）に没し、嫡男忠当《ただまさ》が家督を継いだが、この襲封の時に家臣内に動揺が見られたので、忠勝の次男忠《ただ》恒《つね》に出羽国松山（松嶺）二万石、七男忠解《ただとき》に大山一万石（寛文九年＝一六六九＝に収公）を分知した。万治三年（一六六〇）に忠当が没し、家督は嫡子忠義《ただよし》が継いだが、十七歳の若輩であったため、祖父で知恵伊豆と呼ばれた老中松平信綱が寛文二年（一六六二）に没するまで後見役として藩政に助言した。忠義は困窮した藩財政を建て直すため、忠勝の政策を踏襲した新田開発により、一万六千余石の増収があった。だが、性急な新田開発のために水不足や採草地の減少、労働力不足といった弊害が起こった。

忠義は天和元年（一六八一）に没し、翌年二月に嫡子忠真《ただざね》が家督を継いだ。忠真は五代将軍綱吉の側用人から奥詰めとなり、享保十年（一七二五）、八代将軍吉宗の世子家重の元服の時には上使として京都に上り、侍従に任ぜられた。だが、藩財政も困難の度を加えてきたので、元禄三年（一六九〇）に家中百石当たり、二十俵の上米《あげまい》を実施し、以後、これを増加して継続した。忠真の在任中は藩財政が疲弊するばかりで、政策は倹約令や上米・年貢の増徴に終始した。

忠真のあとは、支藩松山藩主酒井忠予《ただやす》の次男忠寄《ただより》に宗家を継がせた。忠寄は九代将軍家重の世子家治元服の時に上使として上洛し、侍従に任ぜられた。そして寛延二年（一七四九）には、庄内藩主として初めて老中に就任した。当時、老中になると領地を幕府に返上するのが慣例だったので、忠寄も慣例に従おうとすると、領民らは酒井家の支配を望んで公訴した。まさに酒井家の善政美談といわれた。忠寄は諸事にわたって贅沢だったこともあり、宝暦十三年（一七六三）の大凶作の時には、幕府から一万両の借金をし、農民一揆も起こった。

忠寄は明和三年（一七六六）に没し、その子忠温《ただあつ》が継いだが、わずか八ヵ月後に病没したため忠徳《ただのり》が家督を継いだ。だが、藩主の借財だけでも二十万両といわれた赤字を負わされた忠徳は、江戸から国許へ下った時、福島までの旅費しか調達できなかったといわれている。このため酒田の豪商本間光丘《みつおか》を小姓格として迎え、四千両の資金を融通させて、藩財政の再建をゆだねた。そこで忠徳は農政の大改革を断行するとともに、士風の刷新のために文化二年（一八〇五）八月、藩校致道館を開校した。学風は徂徠学を基本としたが、次第に独自の「庄内学」を構築して、多くの俊才を輩出した。

忠徳は若くして家督を継ぎ、三十八年間在位したが、文化二年に家督を次男忠器《ただかた》に譲って隠居した。忠器は文化四年、幕府から蝦夷地警備を命ぜられて藩兵三百を派遣し、さらに庄内浜沿岸警備を命ぜられたため、藩財政は再び困窮した。そこで豪商本間家四代光道に援助を要請、光道は先代光丘にも増して藩のために援助の手を差しのべたため、天保四年（一八三三）からの大飢饉にも庄内地方は備荒貯蓄の放出で大過なくすごすことができた。

三方所替えと激動の幕末

庄内藩は天保十一年（一八四〇）十一月、突如幕府から越後国長岡へ転封を命じられた。庄内藩は長岡七万石へ、長岡は武蔵国川越十万石へ、川越十五石の松平斉典《なりつね》が庄内に移封するという三方所替えの大命であった。長岡・川越はよいとしても庄内は所領が半減、実質三分の一に減じられるとすれば、藩主にとっても家臣にとっても大変なことであった。また、酒井家の善政で過ごしてきた領民にとっても寝耳に水で、突然の移封に対する幕府への不平不満が、やがて激しい阻止運動に発展し、ついに翌十二年七月、この大命は撤回された。

老中水野忠邦は庄内藩の転封に失敗すると、その報復ともいえる印旛沼《いんばぬま》疎水工事手伝いの国役が庄内藩に課され、多くの領民が徴用されて現地で病死する者を多く出した。水野に睨まれた庄内藩は、何とか危機を乗り越えたが、国替え事件と印旛沼工事で、実に五十万両の無駄金を費やした。

忠器は天保十三年、病のため隠居し、嫡男忠発《ただあき》が家督を継いでまもなく、弘化元年（一八四四）、預かり支配を忌避した御料農民の一揆（大山騒動）が起こったが、まもなく鎮圧された。忠発が藩主になっても家臣間の派閥抗争が続き、忠発は文久元年（一八六一）、家督を弟の忠寛《ただとも》に譲ったが、翌二年には忠寛は麻疹《はしか》のため二十四歳で没し、忠寛に嗣子がなかったので兄忠発の子忠篤《ただずみ》があとを継ぎ、幕末の動乱期を迎えた。

忠篤は慶応三年（一八六七）十二月、江戸市中取締りの際に三田の薩摩屋敷を焼き打ちした罪を問われて、会津藩とともに新政府軍による奥羽討伐の矢面に立たされた。庄内藩は奥羽越列藩同盟の一員として戦ったが、慶応四年（一八六八）九月二十六日に降伏した。だが、西郷隆盛の取り計いで、賠償金七十万両の献金で事なきを得た。のち忠宝《ただみち》が相続し、翌二年に大泉藩と改称し、同四年に廃藩置県を迎えた。

小江戸紀行　異国情緒漂う城下町 鶴岡城下を歩く

日枝神社と芭蕉滞在の長山邸跡

庄内平野の南西部に位置する鶴岡は、外様大名の多い奥羽地方を牽制する譜代大名酒井氏の城下町であり、また「奥の細道」ゆかりの地として知られている。

ＪＲ羽後本線鶴岡駅前からメイン通りを進むと、日枝神社がある。慶長十六年（一六一一）、最上義光が社殿を造営したのが始まりといい、のち藩主になった酒井忠勝以後、歴代藩主の尊崇が厚かった。社殿の傍らには末社厳島神社が祀られ、ここに松尾芭蕉が鶴岡で詠んだ「めづらしや山のいで羽の初茄子」の句碑がある。

池畔の復慎霊社《ふくちんれいしゃ》は、徳川家康の嫡男岡崎三郎信康が天正七年（一五七九）九月十五日、織田信長より十二ヵ条の罪状を示され、父家康の命によって生母築山殿とともに非業の死を遂げたことに由来している。この事件に酒井忠次が徳川の重臣として関わりをもっていたため、庄内藩では貞享二年（一六八五）に一社を建て、その霊を弔った。

日枝神社を出て内川沿いに歩くと大泉橋があり、橋畔に「奥の細道内川乗船地跡」の碑が立つ。橋のそばの〝長山小跡〟という裏道の一角に、芭蕉が泊まった長山重行《しげゆき》邸跡があり、傍らに「芭蕉滞留の地長山重行宅跡」の石碑がある。

鶴岡での芭蕉の様子は同行の曽良《そら》の「日記」で見ると、元禄二年（一六八九）六月十日（太陽暦では七月二十六日）、芭蕉らは出羽三山登拝を終えて鶴岡へ向かった。だが、疲れて体調不良の芭蕉は長山邸に着くと、とりあえず粥を食べさせてもらい、そのまま横になって眠った。以後、雨模様のため長山邸に閉じこもり、三日間を過ごした芭蕉は、十三日にこの舟着場から川舟で酒田へ向かった。

鶴岡城跡と大宝館

大泉橋から内川沿いに上流へと向かうと、川畔に明治期の閨秀作家の田沢稲舟《いなふね》の胸像と文学碑がある。そのすぐ上流に、慶長十三年に鶴岡城主最上義光《もがみよしあき》によって、初めて架けられた三雪橋《みゆき》がある。のち酒井忠義が藩主になってから二百五十年間、城の大手橋として偉容を誇った。

橋を渡って西へ向かえば、鶴岡城跡である。現在、鶴岡公園となっており、石垣と内濠の一部が残っている。この城は古くは大梵寺城、大宝寺城と呼ばれ、武藤・上杉・最上氏についで、酒井氏がここを本城として幕末まで居城した。戊辰戦争では新政府軍に降伏、城を明け渡したため、明治八年

に破却され、本丸・二の丸は公園となった。園内中央の本丸跡には荘内神社が建ち、祭神は酒井家初代忠次・二代家次・三代忠勝・九代忠徳である。

　城跡の松林の中に大宝館が建っている。この建物は大正四年、大正天皇の即位式を記念して竣工され、現在は図書館になっている。エキゾチックな西洋建築が、周囲の純日本風の古建築と調和して美しい。この一角に、鶴岡が生んだ明治期の文豪高山樗牛《ちょぎゅう》の胸像と文学碑がある。

鶴岡城跡に建つ大宝館

藩校致道館と寺町

　鶴岡公園の東南端、羽黒街道を渡った所に藩校致道館《ちどうかん》がある。これは東北地方に残る唯一の藩校遺構で、羽黒街道に沿って長い塀をめぐらして、その上から聖廟・講堂の屋根をのぞかせている。この旧致道館は九代忠徳が士風刷新して藩政の振興を図ろうと、文化二年（一八〇五）に創設された。初めは現在の日吉町にあったが、十代忠器によって現在地に移された。今でも聖廟・講堂・御入間・表御門・西御門・裏御門などの建物が残っている。

　羽黒街道を西へ進み、大宝館前を過ぎて内濠に沿って歩くと、真白な二棟の洋風建築の致道博物館がある。ここはもと庄内藩主酒井家の御用屋敷で、昭和二十五年に郷土文化向上のために旧藩校致道館資料と土地建物が酒井家から寄贈され、致道博物館として設立された。

　敷地入口の正面には、旧鶴岡警察署や旧西田川郡役所などの明治建築が移築されている。当時の新しい西洋風の手法の中に日本独自の様式を巧みに採り入れた貴重な建物だ。この敷地中央には大名屋敷の面影が偲ばれる藩主御隠殿《ごいんでん》があり、隣に旧渋谷家住宅がある。江戸の大名屋敷や雪国の生活様式を伝える古建築とエキゾチックな西洋建築が調和して、伝統と異国情緒が見事に融合した佇まいとなっている。

　致道館の東側一帯は、かつては武家屋敷街であったが、今は閑静な住宅街だ。この町並の一角に酒井家の菩提寺大督寺《だいとくじ》があり、見事な屋敷門風の山門がある。ここから十分ほど南に総穏寺《そうおんじ》があり、堂々たる仁王門をくぐって境内に入ると、「総穏寺の仇討」で知られる土屋虎松・丑蔵両士の像がある。この事件は文化八年（一八一一）に起きた伯父・甥間の仇討に因んだものだ。

　総穏寺から西へ一キロほどの所に本住寺《ほんじゅうじ》があり、庄内藩酒井家預けとなった熊本藩主加藤忠広と母正応院（加藤清正夫人）の墓がある。

　ここ鶴岡は日本的情緒と異国情緒とが融合する美しい城下町だ。

米沢藩《よねざわ》〈外様〉

居城＝山形県米沢市丸ノ内

会津百二十万石から転封

　米沢の地は、源頼朝の重臣大江広元《ひろもと》の次男時広《ときひろ》が、奥州征伐の軍功により文治五年（一一八九）、長井庄地頭職に任ぜられて長井氏を名乗り、以後、長井氏の治世は百四十三年続いた。天授六年（一三八〇）、伊達氏八代宗遠《むねとう》が、長井氏八代広房《ひろふさ》を滅ぼして長井庄を領した。その後、十五代晴宗《はるむね》は天文十七年（一五四八）に米沢城に移り、輝宗《てるむね》―政宗《まさむね》が支配した。十七代政宗は天正十九年（一五九一）、豊臣秀吉により岩出山城に移され、米沢における伊達氏の治世二百十余年は終わった。同年、蒲生氏郷《がもううじさと》の一族郷安《さとやす》が入城したが、わずか七年間で国替えとなり、慶長三年（一五九八）、会津百二十万石に封じられた上杉景勝《かげかつ》の執政直江兼続《なおえかねつぐ》が、三十万石で米沢に入城した。

　直江は陪臣の身をもって「天下執柄の器量」とうたわれ、文人として一流の名があった。石田三成と深く結び、慶長五年の関ヶ原の役は天下の才をもって任ぜられた石田と直江が示し合わせて起こしたとまでいわれた。景勝は石田方に与《くみ》して敗れ、戦後、景勝は会津百二十万石の大半が削られ、米沢三十万石へ転封を命じられ、六千余の家臣とともに移った。以後、上杉氏十二代は廃藩置県まで一度も米沢の地を離れることはなかった。

　景勝は米沢移封後、執政直江兼続に命じて城下町の造成に取りかかったが、幕府への遠慮から城郭を造らなかったともいわれ、城は粗末なものであった。そのため、天守閣はなく、わずかに北東と北西の隅に三階物見櫓が建てられた程度であった。

減封と吉良義央の影響

　景勝は元和九年（一六二三）に没した。景勝の正室は武田信玄の娘であったが子宝に恵まれず、景勝のあとを継いだ定勝《さだかつ》は側室の子であった。定勝は正保二年（一六四五）に没し、その子綱勝《つなかつ》が家督を相続した。綱勝の正室は会津藩主保科正之《ほしなまさゆき》の娘で、輿入れ後わずか三年後の寛文四年（一六六四）に綱勝は嗣子なく没したため、掟により遠家断絶の処分を受けるところであった。このため正之が奔走し、吉良義央《きらよしなか》の長子三郎を養子として届け出た。これが綱憲《つなのり》である。綱憲は末期《まつご》養子でなかったため、領地の半分を召し上げられ、十五万石で存続が許された。知行は半減されたが、家臣六千余であったため、こののち藩財政を困窮させる最大の要因となった。

　養子綱憲はわずか三歳で四代藩主を相続したが、実父義央は藩政に大きな影響を与えた。その上、義央は幕府高家衆で四千二百石に過ぎないが、小大名クラスの生活を送ったので借財が多額である。このため米沢藩が吉良家の借財の肩代わりや屋敷の新築、生活費として毎年六千石を支給して、多額の出費を強いられた。

　元禄十五年（一七〇二）十二月十四日夜、義央が江戸・本所松坂町の邸内で、赤穂藩主であった浅野長矩《ながのり》の遺臣大石内蔵助ら赤穂浪士の襲撃を受けて殺害された。義央の養子であった綱憲の次男義周《よしちか》は、信濃国高島藩預けの処分となり、義周は同地で病没して、吉良家は断絶した。

綱憲は翌元禄十六年に隠居し、嫡男吉憲《よしのり》に家督を譲った。吉憲は漆の植樹を奨励したが、藩財政は好転せず、参勤交代の時には家臣の俸禄を借り上げる状態であった。吉憲は享保四年(一七一九)、弟勝周《かつちか》に一万石を分知したので、米沢新田藩が成立した。吉憲は享保七年に没し、宗憲《むねのり》が家督を相続したが、二十一歳で宗憲が没して、弟宗房《むねふさ》があとを継いだ。宗房は延享三年(一七四六)に没し、その弟重定《しげさだ》が相続するが、この頃から藩財政は困窮を極めた。

重定は藩財政再建に対する積極的な政策より謡曲や能楽に傾倒した。その上、宝暦三年(一七五三)、幕府から東叡山中堂修理を命ぜられ、同五年には大凶作のため、飢渇に苦しむ領民が城下の富商を襲うという事件が起きた。このため、重定は万策尽きて領土返上を決意するほどであったが、尾張藩主徳川宗勝《むねかつ》の勧告を受けて、わずかに翻意した。この事態を乗り切るため、重定は近習頭兼郡代の森平右衛門を登用したが、あまりに専制的であり、江戸家老や国家老ら家臣団上層部との対立を深めることになった。宝暦十三年、森は暗殺され、重定自身も明和四年(一七六七)、改革派により藩主隠退を余儀なくされた。

名君上杉鷹山の改革

重定は明和四年に隠居し、日向国高鍋藩主秋月種美《たねみ》の次男勝興《かつおき》(元服後、十代将軍家治から諱《いみな》を与えられて治憲《はるのり》と改称、鷹山《ようざん》と号す)を養子に迎えて家督を譲った。襲封すると、鷹山はただちに「大倹」による「中興」政治を開始した。鷹山の改革の事績は、藩主時代と隠退後の後見役としての時代に分けられる。藩主時代の改革は明和―安永年間(一七六四~八一)に実施し、竹俣《たけまた》当綱《まさつな》を奉行として、農村支配機構整備(代官制改革)、農村復興、産業の開発および藩校興譲館の設立を進めた。さらに鷹山自身も食事は一汁一菜、衣は木綿着用とし、御殿費は年間千五百両から二百九両に減らし、奥女中五十人を九人とするという倹約ぶりで、徹底した質素倹約を実行した。藩政でも「厳正」と「寛大」を旨とし、安永二年(一七七三)に改革に反対する重臣による七家騒動に対しては、果断な処置を行った。また、天明元年(一七八一)、安永改革の最大の功労者竹俣当綱の不行跡を理由に蟄居を命じるなど、厳正な処分を行った。

鷹山は当綱の処分後、自らも藩主を隠退し、天明五年(一七八五)に家督を重定の三男治広《はるひろ》に譲った。この時、治広に対して有名な「伝国之辞」を贈った。それは三ヵ条からなり、「国家は先祖より子孫へ伝候国家にして、我私すべき物には之なく候」「人民は国に属したる人民にして、我私すべき物には之なく候」「国家人民の為に立たる君にて、君の為に立たる国家人民には之なく候」という、君主専制を戒めたものである。

その後も鷹山は、治広の後見人として、文政五年(一八二二)三月十二日、七十二歳で没するまで、隠殿餐《いんでんさん》霞館《かかん》において治広とともに政務を執った。この時、執政は中老として登用された莅戸《のぞき》善政《よしまさ》(太華)であった。治広は鷹山の政策を踏襲し、これを発展充実させることに専念したが、五子褒賞による人口増加、老幼窮民の撫育、養蚕業の奨励、織物の技術指導などに顕著な業績を見ることができる。特に藩費半減策による無用な役職や役人を廃止し、そして不要な建物を一切取り壊したところに倹約を旨とした鷹山の強力な姿勢を見ることができる。

鷹山は学問を通して自己啓発することに熱心で、青年時代から読書を好んだ。江戸の折衷学者細井平洲《ほそいへいしゅう》を師とする鷹山は、三度平洲を米沢に招聘したり、藩医を江戸や長崎に遊学させるなど、実学としての学問の導入を奨励した。鷹山は十七歳で家督を継いでから五十六年間、あまねく仁政を施して米沢藩を中興し、江戸時代三百諸侯中随一の名君と讃えられた。

名君の踏襲と新政府軍に降伏

治広は文化九年（一八一二）、病のため隠居し、そのあとは治広の兄勝《かつひろ》の嫡子斉定《なりさだ》が継いだ。斉定は少年時代から養祖父鷹山の薫育を受け、家督を継いでから二十七年間の在職期間のうち、初めの十年間は鷹山の政務指導下にあったが、のちの十七年間は斉定独自の施政期間であった。文政年間（一八一八～三〇）は領内の村々の巡覧により農民に親しまれ、天保年間（一八三〇～四四）には、大凶作への措置として、危難御用掛や大倹約令を施行するなど適切な対策が功を奏した。特に天保四年（一八三三）の冷害による大凶作の時、鷹山が天明四年（一七八四）の凶作の教訓から備籾《そなえもみ》十五万俵を貯えるために建設した備倉を開いて救恤にあてたため、この大飢饉にも米沢藩では一人の餓死者も出さなかったといわれ、このため幕府から恩賞を受けている。

斉定は天保十年（一八三九）に没し、嫡男斉憲《なりのり》が二十歳の若さで家督を継いだ。斉憲は藩政においては、洋式製錬法による大砲の鋳造や洋式小銃を採用するなど、軍制改革に勤め、文久三年（一八六三）一月、十四代将軍家茂に供奉して上洛する際、観兵式で西洋操練を見せた。同年、攘夷親征の猶予を奏請する一方、八・一八の政変後の長州藩を弁護した。

翌元治元年（一八六四）、政事総裁職に命ぜられたがこれを固辞した。慶応元年（一八六五）一月、病のために致仕を申し出たが、幕府は領地屋代郷の年貢を斉憲一代に限って与えることを約束し、致仕を思いとどまらせようとした。同年十二月、斉憲は京警固の命には足疾のため嫡男茂憲《もちのり》を代わりに上洛させた。翌慶応二年五月、幕府から斉憲に江戸警固、茂憲に京都警固を命ぜられ、その費用が多額なため藩財政を圧迫した。この時、幕府より三万石を正式に与えられ、米沢藩は十八万石となった。

慶応四年（一八六八）一月、戊辰戦争が勃発すると、秋田・盛岡・仙台諸藩とともに会津藩征討を命ぜられたが、斉憲は仙台藩主伊達慶邦《よしくに》らと奥羽十四藩を白石城に集め、協議して会津藩主松平容保《かたもり》に対する赦免を奥羽鎮撫総督に嘆願した。だが、それが却下されたため、奥羽越列藩同盟結成の時には指導的役割を果たしたが、同年九月、斉憲はいち早く新政府軍の軍門に降り、その子茂憲が会津征討に参戦したために寛典に処せられた。

斉憲は十二月に隠居を命ぜられて四万石を没収されたが、そのあとは嫡男茂憲が家督を相続し、明治二年に版籍奉還し、同四年、廃藩置県を迎えた。

小江戸紀行

名将と名君の城下町米沢城下を歩く

米沢城跡と上杉神社

山形県南部に位置する米沢は、近代的な町並の中に今も上杉時代の面影を残す落ち着いた城下町である。JR奥羽本線米沢駅からメイン通りを西へ、松川を渡った市街地の中央に米沢城跡がある。苔むす石垣もなく、四囲の堀と土塁がかろうじて、かつての城であることを示している。

米沢城は天文十七年（一五四八）、十七代伊達晴宗《はるむね》が城と城下町を築き、十八代輝宗《てるむね》の時、子の独眼竜政宗が誕生した。政宗はこの地で幼少期を過ごし、この城で病によって片眼を失った。青春の波乱期を過ごした政宗は、やがて岩出山城に移った。その後、蒲生郷安《さとやす》が入城、改築して松ヶ岬城と命名し、七年後に上杉景勝の執政直江兼続が入ったが、関ヶ原の役に敗れた景勝が会津から米沢三十万石に減封されて入城した。上杉時代には舞鶴城と称した。

城は周りを堀と土塁に囲まれ、土塁上に矢狭間《やはざま》・鉄砲狭間などを持つ門などが設けられていたらしい。東方の太鼓門を正面とし、南は菱門、北には御北御門がある。天守閣はなく、それに代わる御三階と呼ばれる櫓が東南隅にあった。明治六年、米沢城は取り壊され、現在は松岬公園である。

東正門の舞鶴橋前北東部に上杉鷹山らを祀った松岬神社がある。堀に架かる舞鶴橋を渡ると正面奥に上杉謙信を祀った上杉神社が鎮座している。参道のすぐ右側に謙信像、左側に上杉鷹山の銅像が立ち、傍らに鷹山が詠んだ「なせば成るなさねば成らぬ何事も　成らぬは人のなさぬなりけり」の歌碑がある。そばに政宗誕生碑もある。上杉神社本殿の右手に稽照殿《けいしょうでん》があり、上杉氏関係の遺品遺墨などが展示されている。その他、城跡内には春日神社、福徳稲荷神社と、東南隅には謙信の霊骸を安置した祠堂跡などがある。

堀の南側の二の丸跡に、上杉茂憲《もちのり》邸の鶴《かく》鳴館《めいかん》があり、入母屋造り銅板葺き総檜の和風建築が、日本風庭園と調和して美しい。現在、上杉記念館として一般に公開されている。

記念館の南西の住宅街にある小さな広場が、三十五歳で隠居した鷹山の住居である餐霞館《さんかかん》跡だ。庭内には鷹山の画像をレリーフした石碑がある。

上杉家墓所と林泉寺

城跡の北口から国道一二一号線を西へ一キロ程歩くと、樹齢四、五百年の老杉が鬱蒼と茂る広大な墓域の中に米沢藩主上杉家墓所（国史跡）がある。静寂さが広がる木立の中の正面には謙信の廟屋があり、これ

米沢城跡（松岬公園）

を中央にして左側には景勝・綱勝・吉憲・宗房・治憲・斉定の偶数代数の藩主、右側には定勝・綱憲・宗憲・重定・治広の奇数代数の藩主の廟屋が交互に並んでいる。鷹山の廟屋は左側の外から三番目である。

藩主夫人らの墓所は、市内南方の山形大学工学部横を流れる堀立川西岸の林泉寺《りんせんじ》境内にある。風雪を刻んだ茅葺きの山門は、上杉鷹山の改革ブレーンの一人である竹俣《たけまた》当綱《まさつな》邸の門である。墓地は山門をくぐった境内左側に広がり、中央は藩主の夫人らの墓所である。武田信玄の娘で景勝夫人の菊姫、ひときわ大きな墓は保科正之の娘で綱勝夫人の媛《えん》姫、さらに鷹山の側室で賢夫人の豊姫らの墓がある。

本堂横の石柵に囲まれた墓域には、直江兼続《かねつぐ》夫妻の万年塔の墓がある。この兼続の墓もそうだが、市内の寺々をめぐると、不思議な墓が目につく。墓は格子状の穴があき、内は空洞となって五輪塔が納まる「万年塔」といわれている。この墓は兼続の考案といわれ、いざ戦さという時、これを積み重ねて防壁とし、穴は銃口となるといい、米沢にしか見られない独特なものである。

著名人の眠る寺々

林泉寺の東隣、堀立川横の山形大学工学部のキャンパス内に旧米沢高等工業学校の本館がある。明治四十三年に建てられたもので、ルネサンス様式の美しい木造校舎である。中央舎は屋根が一段高く、その左右に胴舎翼舎がのびる雄大な建物で、正面には車寄せ、その上にバルコニーがある。

この瀟洒な建物の先を右折すると、関東管領だった上杉憲政《のりまさ》の墓がある照陽寺《しょうようじ》がある。憲政は小田原の北条氏康《うじやす》に圧迫され、永禄元年（一五五八）、越後の長尾景虎《かげとら》（上杉謙信）に庇護を求めて、鎌倉鶴岡八幡宮で関東管領職と上杉姓を譲った。照陽寺に隣接する茅葺きの寺は長泉寺《ちょうせんじ》で、鷹山の改革のブレーンの一人である莅戸善政《のぞきよしまさ》の菩提寺だ。その南隣は、維新の志士雲井龍雄《くもいたつお》の墓がある常安寺《じょうあんじ》である。雲井は明治初年、薩長閥の新政府に反対して、「帰順部曲点検所」を設けたため、不平士族を集めて政府転覆を図ったとの嫌疑により逮捕され、斬首された。雲井は二十七歳であった。

常安寺の南方、JR米坂線の踏切を渡ると、民芸品の笹野一刀彫の里・笹野だ。農家の副業として古くから伝わっているが、この「お鷹ぽっぽ」も鷹山の奨励によるものだ。道を左へ進むと、同じく鷹山のブレーンで改革途中で脱落してしまう竹俣当《たけまたまさ》綱《つな》の眠る常慶寺《じょうけいじ》がある。

古色蒼然とした米沢は、今も上杉氏の城下町といわれる。

米沢新田藩《よねざわしんでん》〈外様〉

陣屋＝山形県米沢市

米沢藩五代藩主上杉吉憲《よしのり》は享保四年（一七一九）、弟勝周《かっちか》に新田一万石を与えて立藩させた。この分知はまったく形式的なもので、藩領内の特定の地を分知していないのは、相続にことのほか苦慮した米沢藩の対策として行われたものであろう。このため勝周は宗家と同じ米沢城二の丸に居住していたが、米沢藩の江戸麻布中屋敷一万二千八百坪の内、二千八百坪を新田藩地として分与して、屋敷を構えさせている。

勝周のあと、勝承《かつよし》―勝定《かつさだ》（宗家八代藩主重定《しげさだ》の五男）―勝義《かつよし》（上杉家一門勝熙《かつひろ》の四男）―勝道《かつみち》（宗家十一代藩主斉定《なりさだ》の四男）と続いた。勝承以後はすべて宗家から養子を迎えており、宗家へ養子を送っていないことからも、形式的な分知であったことを証明している。勝道は慶応四年（一八六八）、戊辰戦争の際には参加しなかったが、宗家十二代斉憲《なりのり》の謝罪に奔走して、宗家の難を救った。

新庄藩《しんじょう》〈外様〉

居城＝山形県新庄市堀端町

山形藩主最上氏が元和八年（一六二二）に改易されると、最上氏の旧領は鳥居忠政《ただまさ》ら譜代大名に分割され、新庄の地には常陸国松岡四万石から戸沢政盛《まさもり》が二万石加増で六万石を領有して立藩した。初め新庄の北方真室城に入城したが、寛永三年（一六二六）に新庄城が完成して移り、政盛は城下町整備に尽し、また藩政の確立につとめた。

政盛はかねて山形藩主鳥居忠政の子定盛《さだもり》を養嗣子としていたが、定盛が早世したため実子の正誠《まさのぶ》に二代を継がせた。正誠は複雑な御家騒動を乗り切り、専制的藩主の座を確立して藩政の基礎を固めた。のち正庸《まさつね》（藩士楢岡友清の子）―正勝《まさかつ》―正諶《まさのぶ》（正庸の五男）―正産《まさただ》と続き、つぎの正良《まさすけ》は天明期の凶作・飢饉に遭ったが、江戸昌平黌で学んだ三浦竜山に藩校明倫堂を創設させた。正良のあと、正親《まさちか》―正胤《まさたね》を経て正令《まさのり》が家督を継いだが、治政わずか四年で没した。あとを継いだ十一代正実《まさざね》はわずか十二歳であったため、致仕していた正胤が後見とし治政を執った。正胤の治世は四十四ヵ年の長期におよんだ。

戸沢氏は外様大名であったが、譜代の格式を与えられていた。慶応三年（一八六七）、正実は上洛の命を受けて新庄藩が決断を迫られた時、新政府側についたので、総督府から庄内藩の征討を命ぜられたが、逆に庄内藩の猛攻を受けて城下は焦土と化し、新庄城は陥落した。明治二年（一八六九）、正実は戊辰戦争の軍功によって、賞典禄一万五千石を与えられた。版籍奉還で新庄藩知事となり、同四年、廃藩置県を迎えた。

新庄城は藩祖戸沢政盛が寛永二年（一六二五）に築城したもので、戊辰戦争の際に焼失した。本丸跡は現在、最上公園といわれ、南西隅には戸沢家歴代の氏神として尊崇された天満神社、また藩祖政盛を祀る戸沢神社がある。城跡から北方二キロ程の所に瑞《ずい》雲《うん》寺があり、境内に藩主戸沢家の墓所（国史跡）がある。六棟の霊廟は御霊屋《みたまや》と呼ばれ、いずれも総欅造りで、屋根は茅葺きである。

松山《まつやま》藩（松嶺《まつみね》藩）〈譜代〉
居城＝山形県飽海郡松山町

庄内藩初代藩主酒井忠勝《ただかつ》は正保四年（一六四七）に没し、嫡男忠当《ただまさ》が家督を相続すると、三男忠恒《ただつね》に領内の村山・飽海《あくみ》・田川三郡の内から二万石を分与され、飽海郡中山村に陣屋を構えて立藩した。寛文四年（一六六四）に地名を松山と改称し、松山陣屋を居所とした。忠恒のあとに忠予《ただやす》が続き、三代忠休《ただよし》（庄内藩士酒井直隆の子）は長年にわたって若年寄を勤めた功績によって、安永八年（一七七九）、五千石の加増と築城の許可が下されて城主大名に昇進した。

その後、忠崇《ただたか》―忠礼《ただのり》―忠方《ただみち》―忠良《ただよし》―忠匡《ただまさ》と八代、約二百二十年にわたり在封した。七代忠良は慶応三年（一八六七）、江戸薩摩藩邸焼き討ちでは先陣をつとめた。また翌年、奥羽越列藩同盟に参加し、宗家庄内藩とともに各地を転戦したが、戦後二千五百石を減封され、二万二千五百石となった。明治二年、忠匡の時に松嶺《まつみね》藩と改称、同四年に廃藩置県となった。

長瀞《ながとろ》藩〈譜代〉
陣屋＝山形県東根市長瀞字楯の内

山形藩主最上氏が元和八年（一六二二）に改易されると、この地は山形藩主になった鳥居忠政《ただまさ》の領地に属したが、寛永二十年（一六四三）から幕府領となった。寛政十年（一七九八）、武蔵国久喜一万一千石の藩主米津《よねきつ》通政《みちまさ》が、領地六千四百余石を村山郡内に移され、長瀞に陣屋を構えて長瀞藩は立藩した。

米津氏は定府大名であるから国入りすることはなかったが、通政のあと、政懿《まさよし》―政《まさ》易《やす》（庄内藩八代藩主酒井忠器《ただかた》の五男）―政《まさ》明《あきら》（忠器の七男）と続き、政明は慶応元年（一八六五）十二月、家督を嫡男政敏《まさとし》に譲って隠居、長瀞陣屋に入った。政明は庄内藩主酒井忠器の七男という父子関係から奥羽越列藩同盟に参加したため、慶応四年（一八六八）の戊辰戦争の際、天童藩の攻撃を受けて陣屋は陥落、政明・政敏父子は実家の庄内藩へ逃れた。翌年、政敏の時、上総国大網一万一千石へ転封、廃藩となった。

大山《おおやま》藩〈譜代〉
陣屋＝山形県鶴岡市大山

酒井氏は徳川四天王の一人であった忠次《ただつぐ》の嫡流という譜代の名門であり、忠次の孫忠勝《ただかつ》は庄内藩十四万石の初代藩主となった。忠勝は正保四年（一六四七）に没したので、遺領を嫡男忠当《ただまさ》が相続したが、忠当の襲封に際して家臣間で抗争が生じた。だが、忠当は松平信綱《のぶつな》の娘婿であったので、信綱は忠当を強く支持したため御家騒動にまでは発展しなかった。このため、不満派の緩和を図るために、忠勝の三男忠恒に二万石、七男忠解《ただとき》に一万石を分知した。

わずか五歳の忠解は領内田川郡二十一ヵ村の新墾田一万石が分知され、大山（鶴岡市内）の地に居所を構えて立藩した。だが忠解は江戸に居住して、万治三年（一六六〇）に従五位下備中守に叙任され、寛文六年（一六六六）に初めて封地へ入封した。だが、寛文八年に忠解は二十六歳の若さで没したため、大山藩は嗣子なく断絶し、廃藩となった。

天童《てんどう》藩〈外様〉

陣屋＝山形県天童市田鶴町

上野国小幡藩主織田氏は、織田信長の次男信雄《のぶかつ》の嫡流という名門の家柄であったため、わずか二万石という小大名であったが准国主の格式を与えられていた。藩主信邦《のぶくに》の時、家臣吉田玄蕃が明和事件（明和四年＝一七六七）の山県大弐《だいに》と関係があったことを幕府に報告しなかったことを咎められて、信邦は蟄居を命ぜられた。同時に信邦の子信浮《のぶちか》が家督を相続したが、陸奥国信夫《しのぶ》郡、出羽国置賜《おきたま》・村山両郡に二万石で移封され、置賜郡高畠に陣屋を構えて立藩した。高畠と村山郡天童とは遠隔の地であるため支配に支障をきたすので、寛政十二年（一八〇〇）に天童に代官所を置いた。文政元年（一八一八）に信浮が没し、家督を継いだ信美《のぶかず》は天保二年（一八三一）、本拠を高畠から天童へ移したので、名実ともに天童藩が成立した。その後嘉永元年（一八四八）、幕府は置賜郡の四千六百余石を村山郡の幕府領と交換して与えたので、天童藩領二万石は、すべて天童周辺に集中することになった。

信美の跡を継いだ信学《のぶみち》は安政二年（一八五五）、天保の凶作で悪化した藩財政の建て直しのため紅花の専売制を敷き、町方商人のうちから紅花御用掛を選び、売り上げ増進を図った。また、天童の名産として知られる将棋の駒の生産は、藩士の内職から始まったもので、その困窮ぶりがうかがえる。

幕末動乱期を迎えた天童藩は慶応四年（一八六八）一月、十五代将軍慶喜追討令が下ると、三月には信学に奥羽鎮撫使先導役を命ぜられたが、信学が病気であったので、嗣子信敏《のぶとし》が家督を継ぐと、改めて信敏に下された。信敏が若年であったことから老中吉田大八が代理役を勤めたが、村山郡の旧幕領七万四千石をめぐって庄内藩と武力衝突し、天童藩内は焦土と化した。このため責任をとった吉田大八は切腹した。のち奥羽越列藩同盟に参加して新政府軍と戦ったが、信敏は九月十五日、他藩とともに降伏して二千石を減封されて蟄居、寿重丸《すえまる》が家督を継いだが、幼少のため信敏は再勤を命ぜられた。

左沢《あてらざわ》藩〈譜代〉

陣屋＝山形県西村山郡大江町

山形藩主最上氏が元和八年（一六二二）に改易になると、信濃国松代十万石の藩主酒井忠勝《ただかつ》が十三万八千石で山形藩に入封し、忠勝の弟直次《なおつぐ》は村山郡内に一万二千石を分与されて、左沢に陣屋を構えて立藩した。だが、寛永七年（一六三〇）、直次は嗣子なく没したため、絶家となり廃藩、所領は庄内藩預かりとなった。正保四年（一六四七）に忠勝が没し、遺領の内から三男忠恒《ただつね》が二万石を分知された。忠恒が松山藩を立藩するにあたり、左沢の地を分与されたので、その後は松山藩領となった。

左沢は江戸時代、青苧《あおそ》・生糸などの集散地として栄えた市場町で、最上川の重要河港の一つであった。左沢の町並や最上川が大きく曲流するのを眼下に見る楯山城跡は、南北朝期にこの地を支配した大江元時《もととき》が築いた城である。町西郊に酒井直次の菩提寺・巨海《こかい》院があり、境内には直次夫妻の墓碑が立っている。

上山藩《かみのやま》〈譜代〉

居城＝山形県上山市元城内

山形藩主最上氏が元和八年（一六二二）に改易されると、遠江国横須賀から松平（能《の》見《み》）重忠《しげただ》が四万石で入封、上山城を構えて立藩した。重忠のあとを継いだ子重直《しげなお》は摂津国三田《さんだ》へ転じ、会津藩主蒲生忠郷《たださと》の弟忠《ただ》知《とも》が四万石で入封したが、寛永四年（一六二七）、兄忠郷が没すると、宗家を継いで伊予国松山へ転封した。その後、下総国相馬から土岐頼行《よりゆき》が入封、その子頼殷《よりたか》は元禄四年（一六九一）、大坂城代に昇進して転封すると、上山城は破却されて幕領となった。その後、飛驒国高山から金森頼旹《よりとき》が入封、わずか五年で美濃国郡上八幡へ転封した。そのあとに備中国庭瀬から松平（藤井）氏が三万石で入封、ここに藩主家が定着した。

松平氏は信通《のぶみち》―長恒《ながつね》―信将《のぶまさ》―信亨《のぶつら》―信古《のぶふる》―信愛《のぶざね》―信行《のぶゆき》―信宝《のぶたか》―信庸《のぶつね》―信安《のぶやす》と十代にわたって在封した。慶応四年（一八六八）、信庸が奥羽越列藩同盟に参加し、三千五百石が減封され、信安《のぶやす》の時に廃藩となった。

村山藩《むらやま》〈譜代〉

陣屋＝山形県村山市

遠江国横須賀藩五万石の藩主本多利長《としなが》（岡崎藩主本多忠利《ただとし》の嫡男）は、農民に対する情け容赦のない搾取を行ったり、酒色に耽溺し、常に妓楼に出入りして治政を顧みなかった。そして妓楼で酒宴を開いていたために四代将軍家綱が薨去したことを知らなかったことが、幕府の忌諱に触れた。そのため重罪に処せられるところであったが、三河以来の譜代功臣の子孫としての恩顧にあずかり、領地没収の上で、天和二年（一六八二）、出羽国村山一万石へ配流されて立藩した。

だが、利長は出仕差し止めの身となり、間もなく許されたが、元禄五年（一六九二）に五十八歳で嗣子なく没したので、庶兄の彦八郎助久の次男で利長の甥本多若狭守助《すけ》芳《よし》（利久）が養嗣子となって家督を相続した。元禄十二年、助芳は越後国糸魚川一万石に移封され、村山藩はわずか十七年間で廃藩となった。

高畠藩《たかはた》〈外様〉

陣屋＝山形県東置賜郡高畠町

置賜《おきたま》郡高畠の地は、もともと米沢藩の所領であったが、寛文四年（一六六四）に天領となり、米沢藩領地・代官支配を経て再び米沢藩領地となった。明和四年（一七六七）、上野国小幡二万石の藩主織田信浮《のぶちか》（信長の次男信雄《のぶかつ》の裔）が高畠へ転封、二万石を領有することになり、陣屋は高畠城跡に置いた。この城は平安末期に奥州に君臨した平泉藤原氏の一族樋川五郎秀衡が築いた古城である。

だが、所領は分散的で支配にはなはだ不便であったので、寛政十二年（一八〇〇）、陸奥国信夫郡と交換して村山郡内にまとめて一万五千石を領有することになり、同時に陣屋を村山郡の天童に移した。信浮は文政元年（一八一八）に没し、遺領を信美《のぶかず》が継ぐと、天保二年（一八三一）八月、藩の中枢を高畠から天童へ移し、高畠には代官陣屋を設置して役人を派遣して支配するようになった。

北関東の諸藩・城下町

常陸国（茨城県）
下野国（栃木県）
上野国（群馬県）

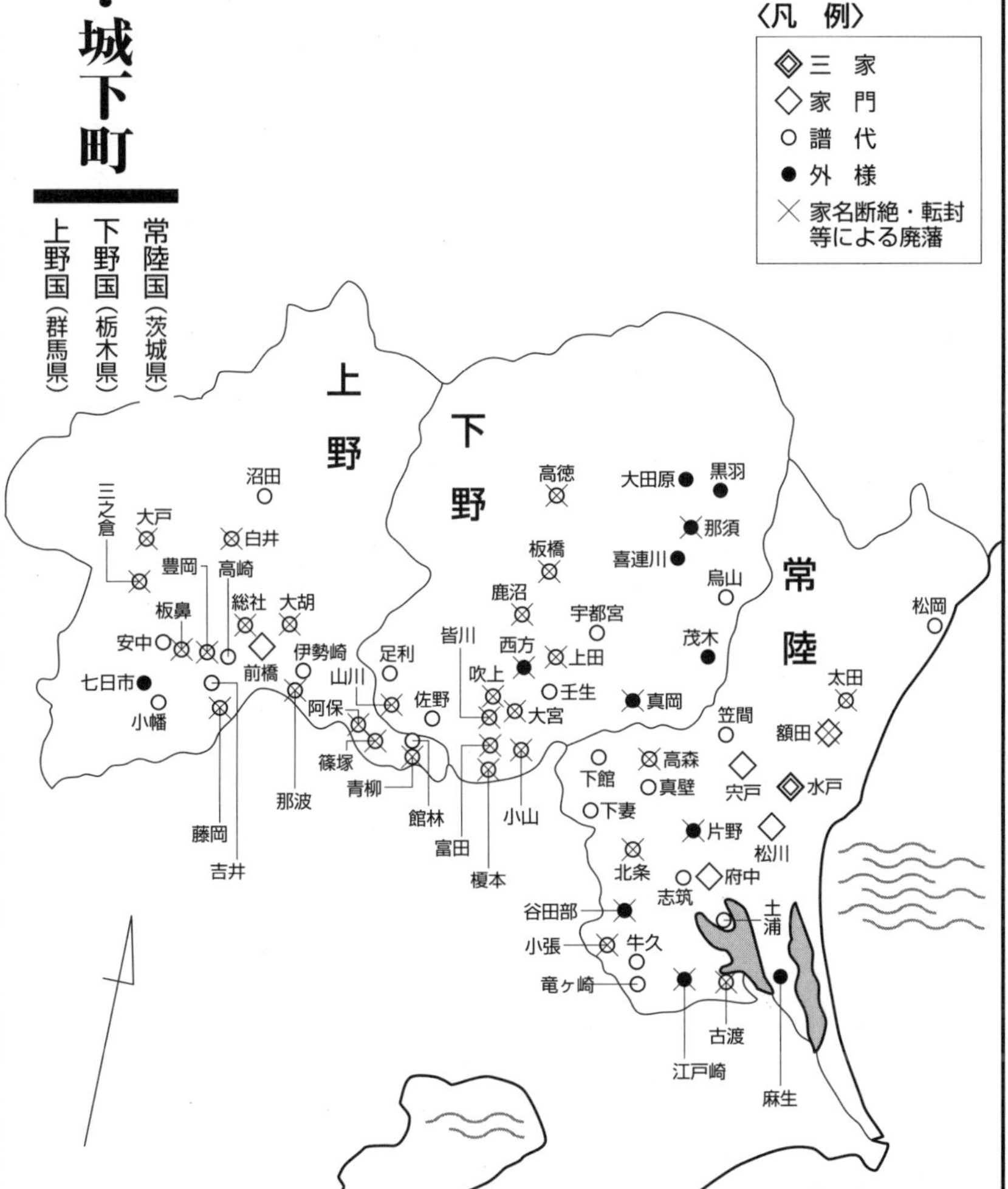

常陸国

水戸《みと》藩〈三家〉

居城＝茨城県水戸市三の丸

佐竹義宣の時代

戦国時代、水戸城主として近隣に勢力を扶植してきた江戸氏は、天正十八年（一五九〇）、重通《しげみち》のとき豊臣秀吉の小田原の陣に参戦しなかったため、常陸太田城主佐竹義宣《よしのぶ》の攻略を受けて没落した。翌十九年、義宣は水戸城に入り、家督を息子に譲っていた父義重《よししげ》が太田城主としてとどまった。

この年、義宣は豊臣政権下の大名として、小田原参陣に応じなかった常陸国南部の諸将を太田城に招集して殺害、参陣はしたものの反抗の気構えを見せる額田城の小野寺照通《てるみち》を攻め滅ぼし、領国統一に乗り出した。

文禄元年（一五九二）、朝鮮出兵にあたって、義宣は三千の兵を率いて肥前国名護屋に遠征し、家臣一千四百名余を渡海させた。

同三年、佐竹領の総検地が行われ、常陸国十郡と陸奥・下野国内、江戸崎領合わせて五十四万五千七百石が打ち出された。

義宣は水戸城に十年在城し、居城の建設と城下町の町割りが進められたが、慶長五年（一六〇〇）の関ヶ原の役に際しては徳川家康の催促に応じず、会津の上杉景勝に通じながらも出兵はしなかった。

同七年、関東の要衝は徳川氏の親藩と譜代で固めるという政治的理由から水戸と太田の佐竹領は没収となったが、義宣は新たに出羽国秋田・仙北郡などで二十万五千八百石余を与えられて移った。

御三家と定府制

佐竹義宣の移封後、同じ慶長七年（一六〇二）、下総国佐倉四万石を領していた徳川家康の五男武田信吉《のぶよし》が十五万石で入封したが翌八年、二十一歳の若さで病没した。同年、そのあとに家康の十男で誕生間もない頼将《よりまさ》（のちの紀伊国和歌山藩主徳川頼宣《よりのぶ》）が二十万石で入封し、翌九年、常陸国久慈郡保内《やすうち》と下野国那須郡武茂で五万石を加増されて二十五万石を領した。

頼将は家康在城の駿府にあって水戸に在城することはなく、幕府の奉行伊奈忠次や彦坂元正が領内の支配にたずさわっていたが、駿府在城のまま慶長十四年（一六〇九）、駿河・遠江・三河国内五十万石に移された。同年、頼将のあとに常陸国下妻から家康の十一男頼房《よりふさ》が七歳で入封、水戸二十五万石を領することとなり、以後、明治廃藩まで頼房の系統が水戸藩主としてつづく。

頼房もまた頼将同様、家康が元和二年（一六一六）に没するまで駿府に在城し、家康没後は江戸へ移った。

頼房は九男の尾張国名古屋藩主義直《よしなお》、十男の和歌山藩主頼宣とともに徳川姓を許され、家康在世中から別格の扱いを受けていたが、いわゆる御三家の格式が定まったのは寛永年間（一六二四～四四）と見られる。元和八年（一六二二）、多賀郡松岡の戸沢政盛《まさもり》が出羽国新庄に移され、松岡領三万石が加増されて水戸藩は二十八万石となったが、名古屋や和歌山から比べれば半分程度の所領であり、官位も両家が従二位権大納言であるのに、水戸は従三位権中納言にとどまった。しかしながら、水戸徳川家は将軍家の選任に関わる特殊な立場に置かれ、「天下の副将軍」と称されることもあった。

寛永十二年（一六三五）に武家諸法度の改正により諸藩大名への参勤交代制度が確立したのちも、水戸藩主だけは幕府の許可を得て不定期に短期間国入りするほかは、つねに江戸藩邸にあって藩政の指揮を執る定《じょう》府《ふ》制《せい》が認められた。

領地は常陸国のうち茨城郡・那珂郡・久慈郡・多賀郡を中心に、行方郡・新治郡・鹿島郡の一部と下野国のうち那須郡の一部を占めた。寛永十八年（一六四一）、藩領全域の総検地が行われ、内高は三十六万九千四百石余であったが、元禄十四年（一七〇一）、新田高などを加えた三十五万石が幕府から公認された。

慶長十二年（一六〇七）、下妻時代の頼房の付家老《つけがろう》となった中山信吉《のぶよし》は、頼房が水戸藩主になったのちも一万五千石で譜代大名格の付家老となった。寛永十九年（一六四二）、信吉のあとをその子信正《のぶまさ》が継ぎ、中山氏はその後も歴代にわたって水戸藩主家の付家老をつとめ、常陸国松岡を居所とした。維新の明治元年（一八六八）、中山氏は藩屏に列し、松岡藩の大名となっている。

頼房時代の江戸藩邸は千代田城内松原小路、駒込、小石川などにあったが、のち宝永四年（一七〇七）、目白にも屋敷を与えられ、小石川邸が上屋敷、駒込邸と目白邸が中屋敷、本所小梅邸が下屋敷となった。

頼房は寛文元年（一六六一）、五十九歳で没するまで五十二年間藩主の座にあり、御三家の一翼として秀忠・家光・家綱の歴代将軍を補佐した。

大日本史編纂と藩政改革

寛文元年、頼房の四男頼元《よりもと》が那珂郡額田《ぬかた》に新田二万石、五男頼隆《よりたか》が久慈郡保内《やすうち》などに新田二万石を与えられて分家したが、元禄十三年（一七〇〇）、ともに同じ石高で新領地を与えられ、頼元は陸奥国守山藩、頼隆は常陸国府中藩を立藩して、旧領は本家へ返納された。また天和二年（一六八二）、六男頼雄《よりお》が茨城郡二十七ヵ村一万石を与えられて常陸国宍戸藩を立藩した。

頼房が藩政の基礎を固めたあとを継いで、その安定と強化を図ったのが二代光圀《みつくに》（義公）であった。光圀は側室腹の三男であり、懐妊したとき父頼房は「水になし申す様に」と堕胎を命じたが、寛永五年（一六二八）、家臣三木之次《ゆきつぐ》の家でひそかに誕生、同十年、嗣子とされた。寛文元年、藩主となったのは三十四歳のときだった。

光圀は後継者時代の明暦三年（一六五七）、駒込に史局を設けて『大日本史』の編纂に着手し、藩主となったのちの寛文十二年（一六七二）に史局を小石川の上屋敷に移して彰考館と名づけた。

光圀による『大日本史』の編纂事業を通して朱子学・国学・神道によって歴史の流れに大義名分を求めようとしたのが水戸学であった。

本紀七十三巻、列伝百七十巻からなる『大日本史』が完成したのは正徳五年（一七一五）のことで、すでに光圀は世に亡く、兄讃岐高松藩主松平頼重の子綱条《つなえだ》（粛公）の治世であった。光圀は二十九年間在封し、元禄三年（一六九〇）、致仕して綱条に家督を譲ったあと、同十三年に没するまで領国の西山荘《せいざんそう》に隠棲して綱条を後見した。

このころから藩財政の困窮が表面化するようになり、綱条は領内の富農や町人に御用金の上納を命じ、藩札の発行を行っているが、宝永三年（一七〇六）には浪人松波勘十郎を登用して「宝永の新法」と呼ばれる藩政改革に乗り出した。松波は年貢の増徴、御用金の取り立て、紙の専売強化などを断行し、さらに涸沼《ひぬま》と北浦を結ぶ紅葉運河や大貫海岸と涸沼川を結ぶ大貫運河などの開削に乗り出した。このため大きな負担に堪えきれなくなった農民の不満が爆発して一揆が起こり、同六年、松波は追放処分となった。

綱条のあと讃岐高松藩主松平頼豊の子宗《むね》堯《たか》（成公）が継ぐと享保の藩政改革が企てられ、つづく宗翰《むねもと》（良公）のときには、寛延・宝暦と藩政改革が企てられるがいずれも失敗に終わった。家臣の俸禄は削減され、農村では人口が減少し荒廃が進んだ。

水戸学と尊王攘夷

一方治保《はるもり》（文公）治世の寛政年間（一七八九〜一八〇一）になると新たな改革の機運が高まって水戸学が復興し、彰考館総裁立原翠軒やその薫陶を受けてのちに彰考館総裁となる藤田幽谷、農政家小宮山楓軒などによって農政論や勧農策の提唱がなされ、修史事業が再興し、攘夷論が勃興した。

治紀《はるとし》（武公）―斉脩《なりのぶ》（哀公）を経て、文政十二年（一八二九）、斉脩のあとを継いだのが弟斉昭《なりあき》（烈公）であった。

斉昭は藤田幽谷の子東湖・会沢正志斎《あいざわせいしさい》・山野辺義観《よしみ》・戸田忠敞《ただあきら》ら軽輩武士を登用して天保の改革を推し進め、質素倹約の励行、軍制の改革と武備の充実、郷校や藩校弘道館の建設、寺社の改革、国産掛を新設しての殖産興業策などを断行した。

藩校弘道館の建設に際して、斉昭は藤田東湖に建学の趣旨を明らかにした「弘道館記」を執筆させているが、そこには水戸学の精髄ともいうべき神儒一致、忠孝一致、文武一致、学問事業一致、治教一致の教育方針が書かれている。

正志斎・東湖ら弘道館の改革派が推し進めた水戸学による尊神排仏の精神が寺社改革へと赴き、尊王攘夷論を発展させて吉田松陰ら幕末の思想家を先導した。

弘化四年（一八四七）、熱烈な展開をみせる尊王攘夷論が幕府に嫌われて斉昭は謹慎処分を命ぜられ、改革は中断した。そのあとを継いだ慶篤《よしあつ》（順公）のもとで、結城寅寿・鈴木重矩ら門閥派が藩政の実権をにぎったが、嘉永六年（一八五三）、ペリー来航後、斉昭は幕府の海防参与に任じられ復権を果たした。斉昭は藩主慶篤のもとで安政元年（一八五四）から同四年まで軍制強化を中心にした政治改革を行った。

同五年、斉昭は将軍継嗣問題や日米修好通商条約調印の可否をめぐって大老井伊直弼と激しく対立して、ふたたび謹慎処分を受けた。このため藩内の尊攘派と門閥派の確執が激化し、安政の大獄による尊攘派への弾圧は万延元年（一八六〇）の桜田門外の変、文久二年（一八六二）の坂下門外の変に水戸浪士の激発を招いた。さらに元治元年（一八六四）の藤田小四郎（東湖の四男）らによる天狗党の乱の敗北は三百五十二人の斬罪者を生み、熾烈な藩内抗争の混乱の中で、薩長が主導する新政府から取り残されて明治維新を迎えた。慶篤のあと、明治元年（一八六八）、弟の昭武（節公）が家督を継ぎ、明治四年の廃藩となった。

小江戸紀行　御三家の城下町水戸城下を歩く

御三家徳川氏の居城水戸城跡

水戸藩徳川氏の居城であった水戸城は北を那珂川、南を千波湖にはさまれた洪積台地の突端部に所在し、三方が台地の浸食崖で遮られた天然の城壁であった。天正十八年（一五九〇）以来、佐竹氏による近世城郭の基盤が築かれたが、関ヶ原の役に参戦しなかった佐竹氏は慶長七年（一六〇二）、秋田に国替えを命ぜられ、徳川家康は北方の脅威に備えて第十一子徳川頼宣を水戸に封じ、頼宣を初代とする御三家水戸徳川家の居城となった。

頼宣の寛永二年（一六二五）に始められた城郭修築は二の丸を本丸に改め、本丸多聞櫓、二の丸帯曲輪、田町水門などを造作して同十五年（一六三八）に完成し、城郭の改造は明治廃藩までほとんど行われなかった。天守閣は設けられず、塁壁は掘りあげた土を盛りあげて築いた土塁であった。現在遺構としては大手橋のそばの桝形と土塁と空濠が残るだけである。

水戸藩校弘道館

水戸城三の丸跡の公園にある弘道館《こうどうかん》は、士風の刷新を図るべく徳川斉昭《なりあき》が天保十二年（一八四一）に開設した藩校である。

文政十二年（一八二九）、三十歳で藩主の座についた斉昭は藤田東湖や会沢正志斎などの人材を登用し、主従一体の藩政改革を推し進めていったが、弘道館開設は守旧派との対立抗争を経て実現した水戸学の尊王攘夷思想鼓吹と西洋医学などの実学思想普及をはかる教育施設として、尊攘志士の来校を促す原動力となった。

弘道館は正庁・至善堂・武館・文館・医学館などが、江戸期の藩校としては最大規模の五万七千坪の広大な敷地に建設され、十五歳から四十歳までの藩士とその子弟が教育の対象とされた。

会津戦争終結直後の明治元年（一八六八）十月、敗れた佐幕の一派が弘道館に立て籠って水戸藩士同士が戦い、文館・武館・医学館などが焼失した。このときの弾痕が今日でも弘道館正門の柱に残っている。現存する正門と本館は昭和二十七年、国の特別史跡に指定された。

偕楽園と彰考館

偕楽園は弘道館開設の翌年、天保十三年（一八四二）に藩主徳川斉昭によって開かれた。弘道館が文武修行の場であるのに対し、偕楽園は藩士らが余暇に浩然の気を養う場として設けられた。園内には瀟洒な木造三階建ての好文亭が建ち、常磐神社がある。

水戸藩の藩校弘道館の玄関

千波湖を見下ろす高台に位置し、三千株の梅樹が園内を覆って、開花期には関東一円から観光客が押しかけてにぎわう。偕楽園と桜山・丸山を含めた一帯は、大正十一年、国の史跡・名勝に指定された。偕楽園の南西五〇〇メートルのところにある彰考館は二代藩主徳川光圀が開設した『大日本史』の編纂局である。光圀がはじめ江戸駒込の別邸内に設け、のち小石川の上屋敷に移して彰考館と命名した。光圀没後は江戸と水戸の両館で事業を分担したが、文政十二年（一八二九）、江戸を廃止して水戸だけに残した。水戸城二の丸跡に「大日本史編纂之地」と陰刻した碑の立つ地が往時彰考館があったところである。

廃藩とともに館は数度の移転ののち現在地に移った。戦災で蔵書の多くを焼失したが、現在戦災を免れた蔵書と徳川家旧蔵書など二万二千冊の蔵書を財団法人水府明徳会彰考館が管理している。

回天神社と常磐共有墓地

明治百年を記念して昭和四十四年に造営された回天神社は維新回天の礎となった水戸藩士一千七百八十五名を合祀する聖域である。ここには万延元年（一八六〇）、江戸桜田門外に大老井伊直弼を襲殺した水戸脱藩浪士の霊も桜田烈士として祀っている。神社の前後二ヵ所に整然と並ぶ三百七十四基の墓石は元治元年（一八六四）、筑波山に挙兵した天狗党志士たちのものである。

回天神社と境を接する常磐共有墓地は寛文六年（一六六六）、徳川光圀によって設けられた水戸藩士の墓地である。この墓地には藤田幽谷・東湖父子をはじめとする彰考館総裁や桜田烈士、安政大獄殉難者らの質素な造りの墓石が並んで立つ。

水戸黄門徳川光圀の遺跡

水戸でいちばんの歴史的有名人は水戸黄門である。生誕時、初代藩主の父頼房から「水になし申す様に」と命ぜられたが側室久子をかくまって、ひそかに誕生させた三木之次の屋敷跡は「義公生誕之地　水戸黄門神社」としてJR水戸駅の近くにある。

恩人三木之次夫妻の墓所は水戸市見川二丁目の妙雲寺に二基並んで立っている。

水戸黄門として今日も親しまれている徳川光圀は元禄三年（一六九〇）、藩主の座を三代綱条に譲ると、翌年、藩領北方の現在の常陸太田市に西山荘を建てて隠棲し、同十三年に没するまでの九年間を送った。

西山荘は今日も光圀在世時のままに保存されている。山荘は茅葺きの平屋で部屋数九つ、壁は粗壁、柱は丸太で組まれた簡素な造りである。市の北方国見山の麓に水戸徳川家歴代の墓所がある。

笠間《かさま》藩〈譜代〉

居城＝茨城県笠間市佐白山

松平・永井氏の譜代藩

鎌倉時代のはじめ笠間時朝《ときとも》が佐白山《さしろやま》に居城を築いて以来、宇都宮氏を宗家として十八代つづいた笠間氏は、天正十八年（一五九〇）、宇都宮国綱《くにつな》が豊臣秀吉の小田原の陣に参戦したのに対し、時の城主綱家《つないえ》がこれを拒んで滅ぼされた。

そのあと宇都宮氏の被官玉生高宗が七年間城を守ったが、慶長二年（一五九七）、宇都宮氏除封のあとを受けて浅野長政《ながまさ》が五ヵ月間城代として入り、翌三年、宇都宮城に蒲生秀行《ひでゆき》が入ると、笠間城はその支城として秀行の家老蒲生郷成が守った。

関ヶ原の役の翌年慶長六年（一六〇一）、蒲生秀行が会津に移ると、武蔵国騎西《きさい》二万石から譜代の松平（松井）康重《やすしげ》が新恩一万石を加増されて三万石で入封し、同十三年、丹波国篠山五万石に移封となった。そのあとへ下総国佐倉から尾張国清洲藩主松平忠《ただ》吉《よし》の付家老小笠原吉次《よしつぐ》が三万石で入封したが、佐倉在藩中の罪を咎められて翌年改易となった。そのあと笠間領は同十五年まで下館藩主水谷勝隆《かつたか》の預かり地となり、さらに同十七年までは本堂茂親《しげちか》の管理下に置かれた。

慶長十七年（一六一二）、下総国古河から松平（戸田）康長《やすなが》が三万石で入封、金鉱の採掘や城下町荒町を創設し、元和二年（一六一六）、上野国高崎へ移った。

同三年、永井直勝《なおかつ》が上野国小幡一万七千石から加増されて三万二千石で入封した。直勝は家康配下の戦国武将として長久手の戦いに池田恒興の首を取ったことで知られるが、笠間入封とともに亡き夫人の菩提を弔うために盛岸院を建立した。

直勝は同五年、二万石を加増されて五万二千石を領し、同八年、さらに二万石の加増を受けて下総国古河に移った。

刃傷の縁と桂昌院の縁と

永井氏転封のあと、外様の浅野長重《ながしげ》が常陸国真壁から入封して五万三千石を領した。長重は秀吉麾下の武将として甲斐国二十二万五千石を領し一時笠間城を守ったこともある長政《ながまさ》の三男で、長兄に紀伊国和歌山藩主幸長《ゆきなが》、次兄に安芸国広島藩主長晟《ながあきら》がいる。

長重のあとを子の長直《ながなお》が継いだ。長直は要害堅固の佐白山から山麓に藩庁を移したが、これが新城建設と疑われたといわれ、正保二年（一六四五）、播磨国赤穂へ転封となった。長直の孫が江戸城松之廊下で刃傷事件を起こして御家断絶を招いた内匠頭長《たくみのかみなが》矩《のり》である。

浅野氏転封ののち、遠江国横須賀から譜代の井上正利《まさとし》が二千五百石を加増されて、常陸国那珂・茨城・真壁郡、下野国芳賀郡の内五万石を領した。

正利の父正就《まさなり》は旗本豊島刑部少輔明重に江戸城中で斬殺された江戸城最初の刃傷事件の被害者であったが、その理由は長子正利の縁談が春日局の指図で破談となったことを承諾したため、仲人役の豊島明重が面目を失い逆上しての事件であった。

正利は奏者番に列し、子の正任《まさとう》が襲封すると父と同じく奏者番に列したが、申次ぎの過失により辞職している。

　元禄五年（一六九二）、正任のとき井上氏は美濃国八幡《はちまん》へ転封となり、そのあとに本庄（のち松平）宗資《むねすけ》が新封で入封して、常陸国茨城・那珂・真壁郡内で四万石を領した。宗資は五代将軍綱吉の生母桂昌院の弟である。宗資は同七年、一万石を加増され、そのあとを資俊《すけとし》が襲封すると、同十五年、二万石を加増されて合わせて七万石を領し、遠江国浜松へ移された。

　そのあと井上正任の子正岑《まさみね》が常陸国下館から五万石で入封した。井上氏は十年間に美濃国八幡・丹波国亀山・常陸国下館と頻繁に転封を繰り返しての再度の笠間入封であった。

　正岑は奏者番兼寺社奉行をつとめ老中となり、享保三年（一七一八）、常陸国茨城・真壁、下野国芳賀郡の内で一万石を加増された。同七年、養子正之《まさゆき》が家督を継ぎ、奏者番兼寺社奉行をつとめた。元文二年（一七三七）、正経《まさつね》が家督を継いだが、延享四年（一七四七）、陸奥国磐城平へ移封された。

側用人牧野成貞に始まる大名

　井上氏転封後、日向国延岡から牧野貞通《さだみち》が入封し、常陸国茨城・真壁郡の内で五万石、河内国茨田《まんた》、近江国蒲生《がもう》・野洲《やす》・栗《くり》太《た》・甲賀《こうか》、丹波国桑田《くわだ》・船井《ふない》・天田《あまた》・何鹿《いかるか》、美濃国不破《ふわ》の十郡の内で三万石、合わせて八万石を領し、以後明治廃藩まで牧野氏の支配が百二十五年つづいた。牧野氏は五代将軍綱吉の側用人として二千石から七万三千石の大名に出世した牧野成貞《なりさだ》を家祖とする新規取り立ての譜代大名であり、貞通は京都所司代をつとめた。

　寛延二年（一七四九）、茨城郡山外郷で年貢減免要求の一揆が起こり、貞通の子貞長《さだなが》が家督を継ぐと、河内・近江・丹波・美濃四国内の三万石の領地を陸奥国磐前《いわさき》・田村・磐城三郡の内に移され、奏者番兼寺社奉行から大坂城代、京都所司代、老中と幕閣の要職を歴任し、陸奥の領地をふたたび河内・播磨国などに移された。

　貞長の治世、藩財政の窮乏はいちじるしく、表高八万石に対して、実質の収納高は六万石以下まで落ちこんでいた。藩領の人口は天明八年（一七八八）には四十年前の延享年間より四割も減少していた。

　寛政四年（一七九二）、家督を継いだ貞喜《さだはる》は農村人口を確保するため入百姓策や手余地再興などの農民保護につとめた。また笠間城のある佐白山麓に良質の粘土があったことから窯業を奨励し、これが笠間焼として知られるようになった。貞喜はまた藩士子弟への文教奨励のため文化十四年（一八一七）、城下桜町に藩校時習館を創設し、同年、封を継いだ貞幹《さだもと》は藩校の規模を拡張した。

　文政十一年（一八二八）、貞一《さだかず》が襲封、天保十一年（一八四〇）、貞一の弟貞勝《さだのり》が襲封、同十二年、貞久《さだひさ》が襲封したが、貞久襲封のとき藩内の門閥派と改革派の間に生じた軋轢が同十三年、「寅年の騒動」と呼ばれる御家騒動に発展し、家老牧野光保《みつやす》が騒動の責任を取って切腹した。嘉永四年（一八五一）、貞《さだ》直《なお》が襲封。安政六年（一八五九）、貞直は藩校時習館を城下大和田に移し、他の教育施設を統合した。元治元年（一八六四）、貞直は大坂城代となったが、幕末多端の最後の大坂城代として苦難の職責を負った。

　明治元年（一八六八）、貞寧《さだやす》（のち貞邦）が襲封し、明治廃藩を迎えた。

小江戸紀行　三大稲荷の城下町笠間城下を歩く

佐白山の笠間城跡

鎌倉時代、笠間時朝が佐白山《さしろやま》の頂上に城を築いて以来、笠間氏は十八代にわたりこの地を支配し、天正十八年（一五九〇）、宗家の宇都宮国綱に滅ぼされた。

慶長三年（一五九八）、宇都宮城主となった蒲生秀行の家臣蒲生郷成が笠間城代として入り、天守櫓を築いた。

浅野氏在封の時代に城下町が完成し、山麓の玄勝院を移築して藩庁とするために下屋敷を建てたことが公儀の許可なしに新城を築いたと疑われたが、土塀を粗朶垣に作り変えて事なきを得たという。井上氏在封の時代に天守櫓を大修理し、井上氏再封時には城郭の大修理を行っている。

天守櫓は二層の白壁造りで、現在山頂にある佐志能神社の拝殿に一部が残っている。

笠間城主下屋敷跡の碑

笠間稲荷神社

日本三大稲荷のひとつに数えられる笠間稲荷神社は白雉年間に胡桃《くるみ》の下に小祠を建てたのが始まりといい、胡桃下稲荷とも呼ばれて、境内に胡桃の木がある。

寛保三年（一七四三）、藩主井上正賢が社地を寄進、社殿を拡張して藩主の祈願所とした。牧野氏が入封すると、藩主貞長は正一位胡桃下稲荷大明神の賜号を朝廷に上申し、勅許された。

境内には幕末の商人が奉納した鉄製水鉢や町人が奉納した多くの額があり、藩主ばかりでなく近郷の商人の信仰も篤かった。

明治以降いっそう信仰が広まり、年間を通して参詣客が多いが、とくに秋の菊まつりは盛大なにぎわいとなる。

佐白山観世音寺

坂東三十三観音霊場巡りの二十三番札所に数えられる古刹である。平安のころ三白《さじろ》山《さん》勝福寺として威勢を誇ったが、貞享年中佐白山正福寺と改め、江戸時代には笠間城内にありながら、旅籠屋の印証と案内があれば巡礼が認められた。

明治三年、廃仏毀釈の焼き討ちで焼失、昭和五年、仮本堂が建てられ、今もなお数奇な運命のなごりをとどめて鎮座している。正福寺が観世音寺と寺号を改めたのは昭和五十九年のことである。

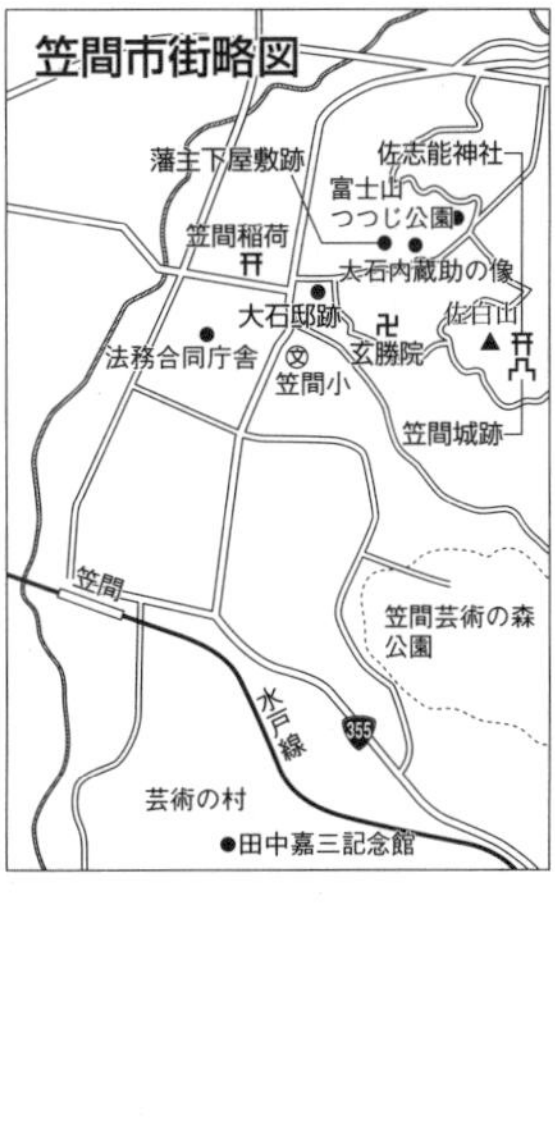

土浦藩《つちうら》〈譜代〉

居城＝茨城県土浦市中央一丁目

たびたびの藩主交代

戦国期は小田氏の家臣菅谷勝貞《すげのやかつさだ》が土浦城主となり、その子政貞《まささだ》―孫範政《のりまさ》が主家小田氏治《うじはる》を援けて、しばしば佐竹氏と戦った。戦国末期に氏治は土浦城に拠って、小田原北条氏と結んでいたため、天正十八年（一五九〇）、豊臣秀吉の命を受けた徳川家康や佐竹氏の軍勢に攻撃されて落城、小田氏は滅亡した。

菅谷氏の去った後、一時家康の次男で名門結城晴朝《ゆうきはるとも》の養子となり十万石余を領していた結城秀康《ひでやす》が土浦を兼領したが、慶長五年（一六〇〇）の関ヶ原の役の軍功で越前国北ノ庄に移封された。ついで下総国布川五千石の松平（藤井）信一《のぶかず》が三万五千石を与えられて慶長六年に入封し、のち養子信吉《のぶよし》が四万石を継いだ。信吉は水戸街道を城下に通し、城下町の区画割を行った功績は大きいが、元和三年（一六一七）、一万石を加増された上野国高崎に移った。翌四年に上野国白井から西尾忠永《ただなが》が二万石で入封したが、その子忠昭《ただあきら》は慶安二年（一六四九）、二万五千石で駿河国田中に移封され、そのあとへ下野国鹿沼三万石の朽木稙綱《くつきたねつな》が入封した。

土浦城に残る太鼓櫓は明暦二年（一六五七）に稙綱が改築したもので、入母屋造り本瓦葺きは江戸前期の城郭建造物として貴重なものである。万治三年（一六六〇）、その子稙昌《たねまさ》が家督を相続した時、弟則綱《のりつな》に三千石を分知し、二万七千石の遺領を継いだが、寛文九年（一六六九）、丹波国福知山三万二千石へ転封となった。

朽木氏のあと老中土屋数直《かずなお》が四万五千石で入封し、延宝七年（一六七九）、その子政直《まさなお》が相続したが、天和元年（一六八一）、駿河国田中藩主酒井忠能《ただよし》が不行跡を理由に領地没収の時、政直が城の受取り役を命ぜられ、任務終了後、そのまま田中に封じられることになった。そのあとに知恵伊豆と呼ばれた松平（大河内）信綱《のぶつな》の五男で若年寄の信《のぶ》興《おき》が二万二千石で入封し、貞享四年（一六八七）、大坂城代に就任して摂津・河内・下野国内で一万石を加増されて土浦を去った。

土屋氏十二代の治政

松平信興のあと、大坂城代・京都所司代を経て老中に昇進した土屋政直《まさなお》が常陸国新治・筑波・信太・茨城、和泉国大鳥・和泉・日根、近江国伊香、下総国相馬郡内六万五千石で、再び土浦藩主に返り咲いた。政直は綱吉・家宣・家継・吉宗と四代の将軍に老中として仕え、この間の元禄七年（一六九四）、和泉国内で一万石、正徳二年（一七一二）、老中としての功労により常陸・和泉両国内で一万石、さらに享保三年（一七一八）、老中を免ぜられた時に常陸・下野国内で一万石をそれぞれ加増され、合わせて九万五千石を領する大名となった。

また、政直は善政を布き、特に醤油の醸造を奨励し、醤油業者の大国屋は亀甲《きっこう》印の商標を用いて、江戸城御用達となった。政直のあとを継いだ陳直《のぶなお》（奏者番）は、土浦城の整備に着手し、同時に城下町を開いた。さらに交通路を改良し、霞ヶ浦の水路両面の交通も盛んになり、城下町は繁栄した。陳直以後、篤直《あつなお》（寺社奉行）―寿直《ひさなお》―泰《やす》直《なお》（奏者番）―英直《ひでなお》（奏者番）と続くが、代々病弱で、つぎの寛直《ひろなお》は十一代将軍家斉に謁見の時、登城途中に急死するという思いがけない不幸に見舞われた。幼少のため嗣子なく、土屋家は領地返上を願い出たが、家康に取り立てられた先祖をもつ譜代の臣であったので、特に養子が認められた。

この時、土屋家の流れを汲む土屋均之《きんの》丞《じょう》を推す一派と水戸徳川家六代藩主治保《はるもり》の三男洽《こう》三郎を養子にと策する一派とが激しく争ったが、文化八年（一八一一）、洽三郎を寛直の妹充子《みつこ》の婿養子として迎えることで決着し、土屋家九代目の彦直《よしなお》と名乗り、あやうく土屋家は断絶を免れた。

彦直の治世は天変地異の相次いだ文政―天保年間（一八一八〜四四）で、文政四年（一八二一）の旱魃、天保七年（一八三六）の冷害と大洪水によって、領民は飢えに苦しんだ。彦直は幕府や水戸藩に拝借金を願い出て、領民の救済につとめ、飢饉に備えて備蓄を義務づけることにした。

彦直のあとを継いだ寅直《とらなお》は天保十年に奏者番に任ぜられ、以後、寺社奉行加役、大坂城代に昇進した。この間、藩政を預かった大久保要《かなめ》・藤森弘庵《こうあん》・長島尉信《やすのぶ》らは改革を進め、藩校郁文館《いくぶんかん》の再興などを行ったが、安政の大獄で大久保らが処罰されて改革は中断された。

寅直は水戸徳川家九代藩主斉昭《なりあき》と従兄弟であったので、幕末の政局における土浦藩の動向に影響し、元治元年（一八六四）、水戸天狗党の乱が藩内に波及した時も明快な態度を取れなかった。慶応三年（一八六七）十月十四日の大政奉還の時にも尊王派と佐幕派とに藩論が二分して争ったが、結局は尊王派一本に収まった。この優柔不断な態度は、譜代大名でありながら水戸家との関係をそうさせたのであろう。

最後の藩主になった挙直《しげなお》は、水戸藩主徳川斉昭の十七男で明治元年（一八六八）に家督を継ぎ、同二年の版籍奉還により知藩事となり、同四年に廃藩となった。

土浦城跡と史跡

ＪＲ常磐線土浦駅の北西、市街の中心部に土浦城跡があり、現在は亀城公園になっている。往時は桜川や霞ヶ浦の水を引いた五重の濠をめぐらしていたため、その姿が水に浮かぶ亀のようだといわれ、〝亀城〟の別称がある。城は天慶年間（九三八〜四七）、平将門《たいらのまさかど》がこの地に砦を築いたのが始めといわれ、その後、永享年間（一四二九〜四一）、小田氏の家臣今泉三郎が城構えを整えて居城し、戦国時代には小田氏の武将菅谷氏が主家を援けて佐竹氏と戦火を交えた。

公園のシンボルである太鼓櫓は明暦三年（一六五七）に藩主朽木稙綱が建てたもので、かつて二階の屋根裏に時刻を告げる大太鼓が置かれてあったことから〝太鼓櫓〟と呼ばれた。園内には東櫓・西櫓が復元され、江戸期の地理学者山村才助の碑、土浦の生んだ劇作家高田保の「ぶらりひょうたん」碑がある。公園東口にはもと城内前川の門であった高麗門が移築され、西隣には土浦市立博物館がある。

市内には藩主松平氏の菩提寺浄真寺《じょうしんじ》や土屋氏の菩提寺神龍寺《じんりゅうじ》などが建ち、また現在の土浦第一中学校の通用門は、藩校郁文館正門だったものである。市内には藩政時代の史跡が他にも数多く点在している。

太田《おおた》藩〈譜代〉
居城＝茨城県常陸太田市中城町

常陸国久慈郡佐竹郷一帯に君臨していた佐竹義重《よししげ》は、天正十四年（一五八六）、三十九歳の若さで義宣《よしのぶ》に家督を譲った。天正十八年、義宣は豊臣秀吉の小田原の陣に参戦し、義重に二十一万六千余貫文の領地を安堵され太田城に居城した。のち義宣は江戸重通《しげみち》の拠る水戸城を攻略、水戸城に移った。

義宣は慶長五年（一六〇〇）の関ヶ原の役の際、徳川家康の要請に応じなかったため、同七年に出羽国久保田へ移封された。その後、常陸太田の地は水戸徳川家の領地となり、水戸藩付家老中山信敏《のぶとし》が一万五千石を分与され、宝永四年（一七〇七）に太田に居所を構えた。翌五年に五千石を加増され、信敏のあとは信順《のぶより》（養子）－信昌《のぶまさ》－政信《まさのぶ》－信敬《のぶたか》（養子）と続き、享和三年（一八〇三）に新田高を加増されて二万五千石を領し、明治元年（一八六八）に立藩した。その後、常陸国松岡に陣屋を移したので、太田には水戸藩の別邸が置かれた。

松岡《まつおか》藩（手綱《たづな》藩）〈譜代〉
居城＝茨城県高萩市下手綱町

出羽国角館藩主戸沢政盛《まさもり》は慶長七年（一六〇二）、水戸城主佐竹義宣《よしのぶ》の出羽国久保田への移封にともなって、新たに常陸国多賀・茨城両郡内の領地に移されて四万石を領し、多賀郡松岡の地に陣屋を構えて立藩した。政盛は慶長十九年の大坂冬の陣の時、相模国小田原城を守備し、さらに元和元年（一六一五）の夏の陣の際には、鳥居忠政《ただまさ》とともに江戸城を守ったが、元和八年に二万石を加増されて出羽国新庄へ移封された。その後、松岡の地は水戸藩領となった。

水戸藩初代藩主徳川頼房《よりふさ》の付家老となった中山氏は、武蔵国丹党の加治《かじ》氏秀の長子家勝《いえかつ》が、武蔵国高麗郡中山に居住して中山氏を称したのに始まる。家勝の孫照守《てるもり》・信《のぶ》吉《よし》兄弟は徳川家康に仕え、のち弟信吉は慶長十二年（一六〇七）、頼房の付家老となった。信吉のあと、信正《のぶまさ》－信治《のぶはる》－信行《のぶゆき》－信成《のぶなり》と家老職を歴任したが、つぎの信敏《のぶとし》は一万五千石を分与され、宝永四年（一七〇七）に常陸国太田に居所を構えた。そのあと信順《のぶのり》（養子）－信昌《のぶまさ》－政信《まさのぶ》－信敬《のぶたか》（養子）と続き、享和三年（一八〇三）に新田高五千石を加増されて二万五千石を領した。

文政二年（一八一九）、信敬が致仕し、その子信情《のぶもと》が継いだが、同六年には領内の磯原沖に外国船が出没し、翌七年には大津村に上陸するという事件が起こった。その後、信守《のぶもり》（養子）－信宝《のぶとみ》－信徴《のぶあき》（養子）と続き、信徴は明治元年（一八六八）に水戸藩付家老から太田藩を立藩した。その後、常陸国松岡に陣屋を移して松岡藩二万五千石の藩主となって藩屏に列し、同年、手綱藩と改称した。

この年、信徴は新政府側からは水戸藩の取締りを命ぜられ、水戸藩主からは従前通り付家老職を命ぜられた。また、信徴は新政府側からの奥羽討伐に出兵するように要請されたが、出兵できないことを理由に、軍艦用の石炭三万俵を、年六千俵ずつ五ヵ年に分割して新政府に上納することを願い出た。そのため藩は存続を認められたが、四年後には廃藩置県を迎えた。

額田藩《ぬかた》〈家門〉

陣屋＝茨城県那珂郡那珂町

徳川水戸藩初代藩主徳川頼房《よりふさ》が寛文元年（一六六一）に没すると、二代藩主を継いだ光《みつ》圀《くに》（義公）は四代将軍家綱の命により、弟頼元《よりもと》に遺領のうちから那珂郡内の新田二万石を分与して、那珂郡額田に陣屋を構えて立藩させた。頼元は中納言頼房の四男として生まれ、寛永二年（一六二五）五月、三代将軍家光に謁見し、正保三年（一六四六）十二月、従四位下侍従に任ぜられて刑部大輔を兼務した。

頼元は元禄六年（一六九三）四月に没すると、その子頼貞《よりさだ》が家督を継いだ。元禄十三年九月、陸奥国田村郡守山、常陸国茨城・行方・鹿島三郡内に二万石を与えられ、先に宗家から分知されていた所領を返還したので、額田藩は廃藩となった。この新封地二万石は陸奥国田村郡内にあり、守山藩と称した。なお、頼貞は元文四年（一七三九）一月、尾張中納言宗春が蟄居を命ぜられた時、その使者としてその旨を伝達した。

松川藩《まつかわ》〈家門〉

陣屋＝茨城県東茨城郡茨城町

水戸徳川家の連枝である陸奥国守山藩は二万石の領地の大半が常陸国の涸沼《ひぬま》・北浦・鹿島灘周辺に分散されていた。また、家臣の多くは宗家水戸徳川家の出身であり、幕末には宗家から派遣された重臣が守山藩の家老や用人と同列にされたため、宗家の影響が強かった。そのため元治元年（一八六四）の天狗党をめぐる騒動時には、天狗党と行動をともにして処罰された家臣も少なくなかった。

六代藩主松平頼升《よりのり》は慶応四年（一八六八）の戊辰戦争の際、奥羽越列藩同盟に参加したが、攻撃を受ける前に降伏した。翌二年、頼升は守山藩知事となるが、守山陣屋が住居に不適であるという理由で、常陸国松川の地に陣屋を構えて、同時に養子頼之《よりゆき》に家督を譲った。明治三年、頼之は藩庁を設けて松川藩が立藩した。翌四年一月、藩庁は出火によって焼失、仮藩庁を建てる予定だったが、七月に廃藩となった。

宍戸藩《ししど》〈家門〉

陣屋＝茨城県西茨城郡友部町

関ヶ原の役後、西軍に与《くみ》した佐竹義宣《よしのぶ》が出羽国久保田へ転封され、慶長七年（一六〇二）、久保田から秋田実季《さねすえ》が五万石で宍戸城に入城して立藩した。実季は寛永七年（一六三〇）、苛斂誅求《かれんちゅうきゅう》の失政で蟄居を命ぜられ、嫡男俊季《としすえ》が家督を継いだが、正保二年（一六四五）に陸奥国三春《みはる》へ転封し、宍戸城は廃城となり、水戸藩領となった。

天和二年（一六八二）、水戸藩初代藩主徳川頼房《よりふさ》の七男頼雄《よりお》がこの地に分与され、一万石を領して陣屋を構えて立藩した。頼雄のあと、頼道《よりみち》—頼慶《よりのり》—頼多《よりかず》と続き、頼多に嗣子がなく、宗家徳川宗翰《むねもと》の六男頼救《よりすけ》が継いだ。ついで頼敬《よりゆき》が継いだが、やはり嗣子がなく、宗家徳川治紀《はるとし》の四男頼筠《よりかた》が入った。さらに頼筠にも嗣子がなく、養家の叔父頼《より》位《たか》が継いだが、弘化三年（一八四六）に致仕し、頼徳《よりのり》が継いだ。元治元年（一八六四）、頼徳は武田耕雲斎一件に連座して除封され、父頼位に旧封が給されて明治廃藩を迎えた。

下館《しもだて》藩〈譜代〉

居城＝茨城県下館市仲館

名門水谷氏の城下

　下館の歴史は古く、その地名も藤原秀郷《ひでさと》が平将門《たいらのまさかど》の乱（平安中期）にあたり、この地に上館・中館・下館の三館を備えたことに始まる。上館は現在の久下田城跡で、天文－永禄年間（一五三二～六九）、豪勇の将として武名を関八州にとどろかせた水谷蟠《みずのやばん》竜斎《りゅうさい》（正村）の築城になる。中館は伊佐城跡で、現在中館観音がある。ここは常陸大掾《だいじょう》氏より出自の為宗《ためむね》が伊佐太郎と称し、代々中館を居城としていたが、南北朝期に足利方の結城・佐竹の軍勢と戦って落城した。伊佐氏の滅亡後、結城氏七代直光《なおみつ》の家臣水谷勝氏《かつうじ》が文明十年（一四七八）、下館に居館を築いた。その七代裔の勝俊《かつとし》は天正十八年（一五九〇）、豊臣秀吉の小田原の陣や、慶長五年（一六〇〇）の関ヶ原の役で戦功を樹て、下館三万一千石を安堵された。その子勝隆《かつたか》は慶長十一年に父の遺領を継いだ時に三万二千石、寛永七年（一六三〇）の高直しで四万七千石を領有した。だが、寛永十六年、勝隆は備中国成羽《なりわ》五万石へ転封となり、八代にわたった水谷氏の支配は終わった。

　勝隆の転封後、水戸徳川家初代頼房《よりふさ》の長男松平頼重《よりしげ》（家門）が五万石で入封したが、わずか三年後に讃岐国高松十二万石へ移封したので、一時廃藩となり、城番が置かれた。寛文三年（一六六三）、三河国西尾から増山正弥《まさみつ》が二万石で入封し、再び立藩した。正弥はこの時、入封前に焼失した下館城の修築費五千両が与えられた。正弥は元禄十五年（一七〇二）、伊勢国長島へ転封となり、丹波国亀山の井上正岑《まさみね》が五万石で入封したが、下館の城地が狭く不便であったので、わずか一ヵ月で常陸国笠間へ転出となった。

　翌元禄十六年、五代将軍綱吉に寵愛されて武蔵国足立・入間・比企三郡内で一万石を領していた黒田直邦《なおくに》が一万五千石で下館城に入った。のち宝永四年（一七〇七）に武蔵国高麗、播磨国美嚢《みなき》両郡内で五千石を加えられ、享保八年（一七二三）に奏者番兼寺社奉行となり、同十七年に五千石を加増されて、上野国沼田に移封した。

石川氏二万石の支配

　黒田直邦のあとを受けて、伊勢国神戸《かんべ》から石川総茂《ふさしげ》（西の丸側用人）が常陸国真壁、河内国石川二郡内で二万石を領して入封し、以後、下館の地は石川氏の領有するところとなった。総茂のあと、総陽《ふさはる》－総候《ふさとき》－総弾《ふさただ》と続き、総弾は寛政四年（一七九二）、江戸藩邸で北条玄養《げんよう》から石門心学を学び、家老や側用人らにも習得させた。これは天明の飢饉以降藩内の荒廃と間引きの流行などと関連して、領民教化のためであった。

　そのあと総般《ふさつら》－総親《ふさちか》－総承《ふさつぐ》－総貨《ふさとみ》と続いたが、総貨は二宮尊徳を招いて、天保九年（一八三八）から尊徳仕法を導入し、藩財政建て直しに尽力した。この頃から藩の奨励もあって盛んに木綿が作られるようになった。ここで生産された綿布は真岡に集められ、真岡木綿の名で全国に移出された。

　最後の藩主総管《ふさかね》（若年寄・陸軍奉行）は慶応四年（一八六八）に旧幕府軍に城下を占拠されたが、新政府軍の勝利で下館に帰藩、明治四年に廃藩となった。

真壁藩《まかべ》〈譜代〉
陣屋＝茨城県真壁郡真壁町

十世紀初め、平国香《くにか》は常陸大掾《だいじょう》氏となって常陸地方に勢力を確立した。国香の子平貞盛《さだもり》は承平・天慶の乱（平安中期）が終息すると、甥の維幹《これもと》を養子に迎え、常陸全領を与えた。維幹の五代裔長幹《ながもと》は真壁氏を名乗り、真壁一帯を統治する真壁城を築城した。以後、真壁氏の十九代房幹《ふさもと》は慶長七年（一六〇二）、主家の佐竹義宣《よしのぶ》に従って出羽国久保田へ移った。

豊臣秀吉の五奉行の一人であった浅野長《なが》政《まさ》は、秀吉没後に石田三成と不和を生じたので、次第に徳川家康に心を寄せるようになり、慶長五年（一六〇〇）、家康が上杉景勝征伐の際、長子幸長《よしなが》とともに従軍した。そして長政は三成挙兵の時、徳川秀忠軍に従って中山道を進み上田城の真田勢との戦闘のために、関ヶ原には遅参してしまった。だが、幸長が家康軍の先鋒として関ヶ原で戦功を樹て、以後、徳川氏の信頼厚く、慶長十一年二月、長政は隠居料として常陸国真壁・筑波二郡内で五万石を与えられた。

だが、長政は慶長十六年四月七日に没したため、長政の三男長重《ながしげ》がその隠居料五万石を継いだので、長重が藩主を勤めていた常陸国真岡二万石は収公され、真壁藩が立藩した。のち元和八年（一六二二）、長重は常陸国笠間を与えられ、新墾田を合わせて五万三千五百余石を領有した。この時、長重は領地を他国に移して加増されるか、または笠間に住して真壁も領し加増されないか、どちらをとるか問われた時に、真壁には父の墓所があることを理由に後者を望んだという。このため真壁藩領は笠間藩領に吸収され、真壁藩は消滅した。

町の中心地にある真壁城跡から東へ進むと、曹洞禅刹の伝正寺がある。長政が没してこの寺に葬られ、その法号を「伝正院殿功山道忠大居士」といったことから寺名となった。本堂の左手に長政と夫人の廟、長重の墓所がある。また、伝正寺の南方約一・五キロの山尾地区に真壁氏累代の墓所があり、旧態をよく保った三十数基の五輪石塔が立ち並び、真壁氏の盛時を偲ばせる。

高森藩《たかもり》〈譜代〉
陣屋＝茨城県真壁郡大和村

内藤上野介正勝《まさかつ》は元禄六年（一六九三）十一月、武蔵・常陸・上総・下総・摂津・河内の七ヵ国内で一万石を加増され一万六千石を領し、武蔵国赤沼（埼玉県比企郡鳩山町大字赤沼）に陣屋を構えて諸侯に列した。正勝は寛永二十年（一六四三）に生まれ、慶安四年（一六五一）九月二日、内藤政次《まさつぐ》の養嗣子となった。この時、正勝はまだ九歳で、この日はじめて四代将軍家綱に謁見、中奥小姓や本丸小姓を勤め、のち小姓組番頭、書院番番頭、留守居を経て、大坂定番となった。

だが、正勝は翌元禄七年八月に大坂で没し、遺領は嫡男正友《まさとも》が相続して間もなく、所領は常陸国真壁・信太・那珂・下総国香取、上総国長柄、武蔵国大里・入間・比企、上野国山田の五ヵ国九郡内に移されて、高森に陣屋を構えて立藩した。元禄十六年八月、正友は信濃国岩村田一万六千石へ転封となり、わずか九年余で廃藩となった。

下妻《しもつま》藩〈譜代〉
居城＝茨城県下妻市本城町

徳川一門揺籃の地

室町中期以来、下妻城主としてこの地方を支配してきた多賀谷《たがや》氏は、天正十八年（一五九〇）、重経《しげつね》のとき、豊臣秀吉の小田原の陣に参戦して下妻六万石を安堵されたが、関ヶ原の役には佐竹義重《よししげ》の四男宣隆《のぶたか》を養子として兄の佐竹義宣《よしのぶ》とともに西軍に与《くみ》したため改易となり、宣隆は佐竹氏の出羽国移封に従って、その家臣として転出した。

一時代官支配のあと、慶長十一年（一六〇六）、徳川家康の十一男頼房《よりふさ》が下妻に入封して十万石を領したが、同十四年、加増されて二十五万石で水戸に移された。頼房は御三家水戸徳川家の始祖となる人物である。元和元年（一六一五）に至り、徳川家康の次男結城秀康の子松平忠昌《ただまさ》が上総国姉崎《あねがさき》一万石から加増されて入封し三万石を領したが、翌年、信濃国松代十二万石に移され、川中島領を併せ領した。忠昌はさらに越後国高田二十四万石、越前国福井五十万石を領し、越前松平家の祖となる。忠昌の移封後、松平（久松）定綱《さだつな》が下総国山川から入封し三万石を領したが、元和五年（一六一九）、遠江国掛川に移された。定綱の後裔には、八代将軍吉宗の子で御三卿田安宗武の七男から陸奥国白河藩主に入り老中首座として寛政の改革を行った定信がおり、家門桑名藩で廃藩を迎えている。

将軍お声がかりで成立の極小藩

松平氏移封後、下妻領はおよそ百年間幕領となったが、正徳二年（一七一二）、井上正《まさ》長《なが》が一万石を領して下妻の地に陣屋を構え下妻藩が成立、井上氏は十四代百五十九年支配して明治廃藩までつづいた。

正長は常陸国笠間から美濃国八幡に移って五万石を領した井上正任《まさとう》の三男で、兄正《まさ》岑《みね》が美濃国八幡を継承するにあたり、美濃国内で三千石を分知されて旗本となり寄合に列したのち、甲府徳川家の家老となった。宝永元年（一七〇四）、甲府藩主綱重の長男綱豊が将軍世子として家宣と改名されると、家宣に従って西の丸に移り、翌年美濃・信濃・甲斐・武蔵・相模の五ヵ国内で八千石を領する旗本最高の側衆となった。同六年、六代将軍となった家宣はわずか三年の在職で正徳二年（一七一二）、世を去り、その遺命により正長は二千石を加増されて所領を常陸国真壁、武蔵国埼玉、下野国都賀の三郡の内に改め大名に列した。まさに将軍のお声がかりが生んだ大名であった。

正長は正徳五年（一七一五）、奏者番兼寺社奉行となったが、翌享保元年（一七一六）、両職を辞し、同五年に没した。そのあとを継いだ正敦《まさあつ》は大番頭・奏者番をつとめたが、宝暦三年（一七五三）に没し、美濃国八幡藩主金森頼錦《よりかね》の次男正辰《まさとき》が養子として正敦のあとを継いだ。

宝暦九年（一七五九）、正辰の家臣大塚領左衛門の圧政にたまりかねた所領地下野国都賀郡渋井村の農民が出府して愁訴の挙に出たため領左衛門は不正の咎を受けて処罰され、正辰も政務不行届の廉《かど》で、一時将軍拝謁を停止された。正辰の実父金森頼錦は郡上一揆への対応不手際により前年改易され、陸奥国盛岡藩お預けの処分を受けた人物であり、親子ともども一揆に苦しめられた。

　同十年、正辰のあとを正意《まさむね》が継いだが、同十三年には武蔵国埼玉郡の所領の一部を同国大里郡の内に移された。天明三年（一七八三）、下妻近在の農民が徒党を組んで富裕農民への打ち毀しを行うという一揆が起こり、翌年実子のない正意のあとを宗家井上正経《まさつね》の四男正棠《まさき》が養子となって継いだ。

　正棠のあとはすべて養子が継承し、つづく正広《まさひろ》のときの寛政元年（一七八九）、それまでは定府大名であったが、半年ごとに参勤交代を行うようになった。正広のあと正建《まさのり》―正盧《まさとも》―正民《まさたみ》―正健《まさたけ》―正誠《まささね》―正信《まさのぶ》とつづいて正兼《まさかね》のときの元治元年（一八六四）、水戸天狗党による筑波山挙兵があり、その追討軍の本営が下妻に置かれたため天狗党の襲撃を受けて陣屋が焼失した。

　正兼につづく最後の藩主正乙《まさおと》のときの慶応三年（一八六七）には農民が酒造高を巡って酒蔵を襲う世直し一揆が起こり、翌年の戊辰戦争では旧幕府軍に援兵を差し出したため存亡の危機に陥り、井上宗家を頼って難を逃れ、明治廃藩を迎えた。

下妻市内の史跡

南北朝期、関宗祐が守備した関城とともに、下妻政泰の守備した大宝《だいほう》城が南朝最後の拠点となった。興国四年（一三四三）、北朝の高師冬軍による総攻撃を受けて、関・大宝両城は陥落した。大宝城跡は下妻市唯一の国指定史跡として保存されている。

　小山氏の流れを汲む下妻氏が滅亡したあと、戦国初期に多賀谷氏家が進出して下妻台地南端の大宝城跡に多賀谷城を築き、慶長初年まで百四十年間にわたり多賀谷氏歴代が居城とした。

　多賀谷城は下妻城とも呼ばれ、四周は大宝沼や砂沼・鬼怒川旧河道で囲まれ、台地を島状に分断した掘割を七つの橋でつなぐ多賀谷七構えの中に本丸・二の丸・三の丸・姫曲輪などがあった。

　慶長六年（一六〇一）、多賀谷重経除封のあと城は破却された。正徳二年（一七一二）、井上正任が入部、明治廃藩まで在封し、城内館沼《たてぬま》西岸に陣屋を構えた。現在本丸跡が多賀谷城跡公園になっている。

　江戸中期以降、年貢増徴のために大宝沼や砂沼・江村沼などの干拓が進められ、沼からの引水のため用水が開かれた。

　下妻城の要害として重視されたのが多宝院である。多宝院は多賀谷氏の菩提寺として歴代の墓所となり現在も残る。同氏除封のあとも存続し、江戸幕府から朱印地百石を与えられていた。元治元年（一八六四）、水戸天狗党の来襲により堂舎を焼き払われたが、のち再建された。

　光明寺もまた下妻城の要害として重視された寺院である。鎌倉時代、和田合戦に敗れて奥州へ逃れる途中の三浦義忠が、小島草庵（下妻市小島）に滞在していた親鸞に帰依して出家し、明空と改めて当寺を建立したと伝えられている。境内には親鸞手植えと伝承される菩提樹がある。

　大宝八幡神社は大宝元年（七〇一）、宇佐八幡宮を勧請して創建された古社であり、源頼義・頼朝らによって祭祀が行われている。戦国期には多賀谷氏の尊崇あつく、常陸国内有数の八幡社として信仰を集め、江戸期には社領百石余が与えられた。本殿は国の重要文化財に指定されている。

北条藩《ほうじょう》〈譜代〉
陣屋＝茨城県つくば市筑波

武将佐久間勝之《かつゆき》は盛政《まさもり》の弟で、初め佐々成政《なりまさ》に養われて佐々の姓を名乗っていた。天正十年（一五八二）、十五歳の勝之は織田信忠の信濃国高遠城攻撃の時、これに従軍して戦功を樹てた。同十三年、成政が豊臣秀吉に降ったため、勝之は小田原に奔って北条氏政《うじまさ》に仕えた。天正十八年、小田原落城後は秀吉に属し、名を佐久間氏にもどした。奥州征伐に戦功を樹て、ついで信濃国長沼城を与えられた。秀吉没後、近江国佐和山・山路に移封し、慶長五年（一六〇〇）、徳川家康に従って上杉景勝征伐に出陣し、ついで関ヶ原の役の時に織田有楽斎父子とともに参陣した。慶長十五年、軍功により常陸国北条に三千石を与えられ、さらに大坂冬・夏の陣に活躍し、元和元年（一六一五）に加増されて一万八千石を領し、陣屋を構えて立藩した。

だが、同年に信濃国長沼へ移ったために北条藩は廃藩となった。

片野藩《かたの》〈外様〉
陣屋＝茨城県新治郡八郷町

初め僧侶であった滝川雄利《かつとし》は伊勢国司北畠氏の勢力が衰えると、兄具康《ともやす》とともに国司に叛き織田信長に誼《よしみ》を通じ、永禄十二年（一五六九）、信長軍を伊勢に招き入れ、還俗して滝川氏を称した。天正年間（一五七三〜九二）、織田信雄と豊臣秀吉との間に不和を生じるや、信雄のために伊勢国松ヶ島城を守備した。その後、両者が和睦すると、雄利は秀吉より伊勢国神戸城を与えられ、のち秀吉に召されて相伴衆に列し三万石を与えられた。慶長五年（一六〇〇）、関ヶ原の役の際、西軍に属したため戦後神戸城は没収された。のち徳川氏に近侍し御咄衆に列し、慶長十五年、常陸国片野に二万石を与えられ、陣屋を構えて立藩した。

だが、そのあとを継いだ正利《まさとし》は寛永二年（一六二五）、病弱の上に嗣子がなかったために領地返上を願い、一万八千石を収公され、二千石を知行し、以後、子孫は旗本として存続した。

志筑藩《しづく》〈譜代〉
陣屋＝茨城県新治郡千代田村中志筑

本堂氏は源頼朝の庶長子忠頼が出羽国仙北中郡本堂に居住し、孫忠政《ただまさ》の時に本堂氏を称した。忠政の十二代後裔の忠親《ただちか》は天正十八年（一五九〇）の小田原の陣に参戦し、豊臣秀吉から本領を安堵された。その子茂親《しげちか》は慶長六年（一六〇一）、佐竹義宣《よしのぶ》の久保田移封にともない、佐竹氏の旧領志筑へ転封となり陣屋を構えた。所領八千五百石であり大名ではなかったが、交代寄合として参勤交代をする旗本であった。茂親のあと、栄《よし》親《ちか》ー玄親ー伊親ー苗親ー豊親ー親房ー親庸ー親道と続き、明治元年（一八六八）七月、親《ちか》久《ひさ》の時に加増されて、一万百十石となり大名に列した。翌明治二年三月には志筑藩知事、同四年七月、廃藩となった。

陣屋は中世志筑城本丸に構築されていたが、茂親の築いた陣屋は天明八年（一七八八）に焼失し、その後再建された。現在、陣屋跡には志筑小学校が建てられているが、周囲には土塁が現存している。

府《ふ》中《ちゅう》藩（石岡《いしおか》藩）〈家門〉

陣屋＝茨城県石岡市総社

六郷氏・皆川氏の支配

大掾氏の本拠常陸国府中城は、天正十八年（一五九〇）、常陸国太田から水戸に本拠を移した佐竹氏の有に帰したが、関ヶ原の役後の慶長七年（一六〇二）、西軍に与《くみ》した佐竹義宣は出羽国久保田へ移された。同年、出羽国六郷から移された六郷政乗《ろくごうまさのり》が常陸国府中で一万石を領し、元和九年（一六二三）、一万石を加増され出羽国本荘へ移封された。そのあとへ信濃国飯山から移された皆川広照《ひろてる》が常陸国府中で一万石を領した。

広照は越後国高田七十五万石の太守松平忠輝《ただてる》（徳川家康の六男）の傅役《もりやく》として信濃国飯山七万五千石を領したが、忠輝が将軍秀忠の怒りを買って改易されると広照も所領を没収され、のち一万石の大名として返り咲いた。広照が寛永二年（一六二五）、致仕すると子の隆庸《たかつね》が襲封し、府中のほか常陸国行方、近江国浅井郡内で都合一万八千石を領した。正保二年（一六四五）、封を継いだ子の成郷《なりさと》は弟秀隆《ひでたか》に五千石を分知して一万三千石を領したが、家督相続後ほどなく没し、嗣子なく断絶して除封となった。

家門松平氏の支配

元禄十三年（一七〇〇）、水戸藩より分与された新田二万石を領知していた松平頼隆《よりたか》（水戸初代藩主徳川頼房の五男）に常陸・陸奥国内において二万石が与えられ、府中に陣屋を構えて再度立藩し、新田二万石は宗家に返された。

頼隆のあと、藩主は子の頼如《よりゆき》、本藩からの養子頼明《よりあき》、その子頼永《よりなが》、弟頼幸《よりとみ》、弟頼済《よりずみ》、その子頼前《よりさき》、養子頼説《よりひさ》、子の頼縄《よりつぐ》、子の頼《より》策《ふみ》とつづいて明治廃藩にいたった。

常陸国府中は讃岐国高松・陸奥国守山・常陸国宍戸とともに水戸徳川家四分家のひとつで、家門に列し、御連枝《ごれんし》と呼ばれた。

藩政の実権は宗家の水戸徳川家から派遣される重臣が握り、宗家とともに定府制を取って藩主は参勤交代を行わず、独立した藩としての形態は希薄だった。

藩政当時、府中は平村と呼ばれていたが、明治二年（一八六九）、石岡藩と改称された。

石岡市内の史跡

石岡市域は早くから大和朝廷の勢力圏となって常陸国府が置かれ、常陸国分寺・国分尼寺が建立された。石岡市府中五丁目にある常陸国分僧寺跡、若松三丁目にある常陸国分尼寺跡は現在国の特別史跡に指定されている。

平安中期、常陸・下野・上野・下総を舞台に平将門の乱が起こり、天慶二年（九三九）、将門は常陸国府を襲撃して、国印と正倉の鍵を奪った。

石岡の市名は鎌倉期、常陸府中の地頭職を与えられた大掾資幹《だいじょうすけもと》が建保四年（一二一六）、石岡城を築いたことに由来する。

南北朝動乱期には大掾氏は南朝方から北朝方へ降ったが、このため南朝方の小田氏の攻撃を受け正平七年（一三五二）、大掾詮国は石岡城から新たに築いた府中城に移った。

石岡市総社二丁目にある府中城跡は室町・戦国期の大掾氏の居城となり、第八代浄幹の天正十八年（一五九〇）、佐竹義宣との戦いに落城した。

慶長七年（一六〇二）、佐竹氏の秋田移封後、六郷・皆川氏を経て、元禄十三年（一七〇〇）、松平頼隆が入封して府中城三の丸地域に府中藩陣屋を構え、明治廃藩まで藩庁とした。遺構の陣屋門は県指定文化財。古城土塁、空堀、武家屋敷の一部が残る。

　石岡市府中二丁目にある照光寺は南北朝期の応安七年（一三七四）、大掾高幹によって創建された府中五大寺の一つであるが、元禄十三年（一七〇〇）に入封した府中藩主松平家の菩提寺となった。天狗党の乱では田丸稲之衛門一派の陣営となった。現在も鴨居・柱に当時の刀傷が残る。

　鈴宮稲荷神社は元治元年（一八六四）、三月水戸藩尊攘激派の藤田小四郎・田丸稲之衛門の六十余名が集結して天狗党を名乗った地である。このの ち天狗党は攘夷延期を不満とする心事を一橋慶喜に訴えるべく、筑波山で挙兵して大挙上洛の軍勢を繰り出したが、金沢藩に降伏して斬罪に処せられた。九月には府中杉並木一里塚で天狗党と府中藩兵の戦いがあり、府中城下町の各所が天狗党の焼き討ちに遭った。

小張《おばり》藩〈譜代〉
陣屋＝茨城県筑波郡伊奈町

　父松下吉綱の遺領駿河国久能一万六千石を継いだ重綱《しげつな》は、慶長七年（一六〇二）に常陸国筑波郡内に領地を移され、小張に陣屋を構えて立藩した。重綱は慶長十九年十月の大坂冬の陣の時、本多忠朝とともに天王寺の戦いで戦功を樹て、さらに翌元和元年（一六一五）四月の夏の陣の際にも首級十七をあげた。元和二年三月、戦功によって四千八百石を加増され、二万八百石を領し、同九年に下野国烏山に転封となり、小張藩は廃された。

　延宝七年（一六七九）に上野国館林藩主松平（大給）乗久《のりひさ》の弟石川（故あって石川姓を称す）乗政《のりまさ》がふたたび小張に入封したが、天和二年（一六八二）、信濃国小諸に転封となり、小張藩は再び廃藩となり、以後立藩されなかった。

　小張藩主でのち小諸藩主の石川乗政の墓所は東京都台東区・谷中霊園（乙14号1側の奥）にある。

谷田部《やたべ》藩〈外様〉
陣屋＝茨城県つくば市谷田部

　下野国茂木《もてぎ》一万石の藩主細川興元《おきもと》（細川幽斎の次男）は元和二年（一六一六）、大坂の陣の戦功によって筑波・河内二郡内に六千二百石を加増され、のち陣屋を谷田部に移築して立藩した。興元のあと、興昌《おきまさ》―興《おき》隆《たか》―興栄《おきなが》と続き、興栄の元禄四年（一六九一）に筑波郡の領地の一部を新治郡内に移され、新田を加えて一万六千三百石となった。のち興栄の嫡孫興虎《おきとら》―興晴《おきはる》―興徳《おきのり》と続き、興徳は天保五年（一八三四）から領内の復興と藩財政再建を目指し、二宮尊徳の仕法を採用したが、つぎの興建《おきたつ》の時に家臣内部と尊徳との対立から仕法を断念、宗家熊本藩細川家からの援助で借財は減ったが、根本的な解決にはならなかった。

　興建のあとの興貫《おきつら》は慶応四年（一八六八）、早くから新政府側につき、翌明治二年に谷田部藩知事となる。明治三年、ふたたび茂木に藩庁を移し、翌四年二月、茂木藩と改称したが、七月に廃藩となった。

牛久藩《うしく》〈譜代〉

陣屋＝茨城県牛久市城中

山口氏十二代の譜代小藩

牛久沼を望む丘陵上に織田氏麾下の岡見《おかみ》弾正《だんじょう》が築いた牛久城跡がある。岡見氏は源満季《みつすえ》（一説に小田氏）の出自で、常陸国信太・筑波南部地方に武威を誇ったが、天正年間（一五七三～九二）に下妻の多賀谷氏に滅ぼされた。その後、新田義貞の後裔で上野国金山城主由良国繁《ゆらくにしげ》は天正十八年（一五九〇）の豊臣秀吉の小田原の陣の戦功で常陸国牛久五千四百石を与えられ、慶長五年（一六〇〇）の関ヶ原の役後に下総国相馬郡内で加増されて七千石となったが、嫡男貞繁《さだしげ》が相続した時に五千石を収公されて廃城となった。

大内義弘《よしひろ》の次男持盛《もちもり》の四代後裔盛幸《もりゆき》は、周防国から尾張国愛知郡に移住し、山口氏を称した。その曽孫山口重政《しげまさ》は関ヶ原の役の戦功により、上総国五千石に常陸国五千石を加増され、さらに慶長十六年に下野国五千石を加えられて、合計一万五千石の大名となった。

ところが、重政は慶長十八年に勘気を蒙って蟄居を命ぜられ、領地も収公された。理由は嫡男重信《しげのぶ》と大久保忠隣《ただちか》の養女との婚姻を幕府に届けなかったためというが、直接の原因は忠隣が金山奉行大久保長安《ながやす》の不正に連座したことにあった。重政は再興の機会を窺い、元和元年（一六一五）の大坂夏の陣に重信とともに参戦して功をあげた。だが、再興は寛永六年（一六二九）のことで、遠江・常陸両国で一万五千石を与えられて、再度立藩した。

重政のあと、弘隆《ひろたか》が家督を継いだ時、領地が常陸・下総両国に集められ、寛文九年（一六六九）に陣屋を牛久に構えた。この時、弟重恒《しげつね》に五千石を分与し、以後、山口家の石高は幕末まで一万石であった。その後、重定《しげさだ》―弘豊《ひろとよ》―弘長《ひろなが》―弘道《ひろみち》―弘務《ひろちか》と続いた。

牛久助郷一揆

牛久は水戸街道の宿場町で、江戸時代には本陣・旅籠十五軒を含む百二十四軒の家並が建ち、常備の継人足《つぎにんそく》五十人、宿継馬《しゅくつぎば》五十疋と整っていた。だが、街道の通行量も次第に増加し、近隣の村々の助郷負担も増していった。八代藩主弘致《ひろむね》の時、助郷課役の増加に反対して、文化元年（一八〇四）、六千人が女化原《おなばけばら》に集まる大規模な牛久助郷一揆（女化一揆）が起こった。一揆側は問屋あさや治左衛門、久野村の和藤治《わとうじ》、阿見村の権左衛門宅などをつぎつぎに襲って打ち毀した。幕府はただちに土浦藩・佐倉藩などに出兵を命じて鎮圧した。一揆側の首謀者三人は捕えられ、江戸に送られて取調べ中に獄死した。

弘致のあと、弘封《ひろくに》―弘毅《ひろたけ》―弘敞《ひろあきら》と続き、最後の藩主弘達《ひろたつ》は藩校正心館《しょうしんかん》を設立した。

牛久城跡の西隣が陣屋跡で、わずかに土塁や堀跡が残っている。牛久沼を一望する高台にカッパの碑があり、昭和初期に活躍した日本画家小川芋銭《うせん》を記念して、昭和二十六年に建てられた。碑には芋銭の絵をもとにしたカッパのうずくまった姿が彫られ、その右に「誰識《だれかしる》古人画竜《がりゅう》の心」という文字が刻まれている。近くには、芋銭の旧宅草汁庵《そうじゅうあん》もある。

竜ヶ崎藩《りゅうがさき》〈譜代〉
陣屋＝茨城県竜ヶ崎市古城下

源頼朝の家臣下河辺《しもこうべ》政義《まさよし》は養和元年（一一八一）閏二月、兄行平《ゆきひら》と小山朝政《ともまさ》・宗政《むねまさ》兄弟とともに頼朝の叔父志太義広《しだよしひろ》を討って常陸国竜ヶ崎の地を与えられ、その子孫が竜ヶ崎氏を名乗り、竜ヶ崎城（白旗城）を築いて支配していた。竜ヶ崎氏は結城《ゆうき》合戦（一四四〇年）で滅亡すると、この地に江戸崎の土岐《とき》氏が勢力を張ったが、天正十八年（一五九〇）、豊臣秀吉の関東攻略の際に佐竹義《よし》宣《のぶ》に攻められて滅び、江戸時代には仙台藩伊達氏の飛地になっていた。

出羽国長瀞《ながとろ》一万一千石の藩主米津政敏《よねきつまさとし》は慶応四年（一八六八）の戊辰戦争の際に陣屋と城下町が焼失し、混乱の中で版籍奉還を迎え、明治二年六月、政敏は長瀞藩知事となった。同年八月、長瀞藩の藩領が常陸・上総・下総・出羽国内に分散していたので支配地の集約を願い出て、藩庁を上総国大網村に移し、同四年二月に竜ヶ崎に入封して立藩したが、三ヵ月後に廃藩となった。

江戸崎藩《えどさき》〈外様〉
陣屋＝茨城県稲敷郡江戸崎町荒宿

江戸崎城は弘安年間（一二七八～八八）に信《し》太《だ》荘の地頭となって、この地方に勢力を張っていた土岐景秀《ときかげひで》が築城した。以来、土岐氏は常陸国南部の雄として近隣に勢力を誇ったが、後裔治綱《はるつな》の代に豊臣秀吉の関東攻略の時、佐竹義宣《よしのぶ》と戦って敗れ滅亡した。常陸国を統一した義宣は、弟で芦名盛隆《あしなもりたか》の養子となった盛重《もりしげ》に四万八千石を与えて江戸崎に封じた。関ヶ原の役後の慶長七年（一六〇二）、徳川家康により佐竹・芦名両氏とも出羽国久保田へ転封され、江戸崎地方は徳川氏の直轄地となり、のち土浦藩主松平信一《のぶかず》が城代をつとめた。

その後、『徳川実紀』によれば、内藤清《きよ》成《なり》や青山忠成《ただなり》の領地の一部になったことがあるが、元和五年（一六一九）に古渡藩主丹羽長重《ながしげ》が一万石を加増され、二万石で江戸崎藩が立藩した。だが、三年後の元和八年、長重は陸奥国棚倉五万石へ移封されて廃藩となり、以後は立藩されなかった。

古渡藩《ふっと》〈譜代〉
陣屋＝茨城県稲敷郡桜川村

越前・若狭と加賀半国を加えて越前国北ノ庄城主であった丹羽長秀《ながひで》が自刃したため、嫡男長重《ながしげ》は遺領七十万石を継いで豊臣秀吉に仕えていたが、佐々成政征伐の時に家臣の軍律違反を咎められ、父の遺領の越前・加賀の所領を奪われた。さらに天正十五年（一五八七）、秀吉の九州征伐の時にも軍法に反して秀吉の怒りに触れ、若狭の所領も没収され、加賀国松任四万石に移封、のち小松十二万五千石に加封された。

だが、長重は慶長五年（一六〇〇）の関ヶ原の役の際、隣国の前田利長との不和のため西軍の石田三成に与《くみ》したので所領を没収されて、江戸品川に幽居していたが、慶長八年、常陸国古渡に一万石を与えられ、諸侯に取り立てられた。

長重は元和五年（一六一九）、一万石を加増されて江戸崎に転封したため、古渡藩はわずか十六年間で廃藩となり、以後、立藩されることはなかった。

麻生《あそう》藩〈外様〉

居城＝茨城県行方郡麻生町麻生

新庄氏十五代、二百六十五年の在封

新庄下野守直頼《なおより》は豊臣秀吉に仕え、文禄四年（一五九五）、摂津国高槻三万石を領していたが、慶長五年（一六〇〇）の関ヶ原の役の時、西軍の石田三成に与《くみ》し伊賀上野城の筒井定次を攻め落としたが、戦後、会津に流されて蒲生秀行に預けられた。慶長九年一月、駿府にて徳川家康、さらに江戸城に赴き秀忠に謁見して罪を許され、常陸国行方・新治・真壁・那珂、下野国芳賀《はが》・都賀《つが》・河内《かわち》など八郡内で三万三百石を領し、行方郡麻生に陣屋を構えて立藩した。

直頼の子直定《なおさだ》は慶長十八年に遺領二万七千三百石を継ぎ、弟直房《なおふさ》に三千石を分知した。直定のあとは直好《なおよし》が継ぎ、元和八年（一六二二）には下野国の領地一万石を常陸国新治郡内に移された。直好のあとは直房《なおふさ》の次男直時《なおとき》を養子として相続させたが、養子縁組のあとで直好の実子直矩《なおのり》が誕生したので、直時は延宝二年（一六七四）、特に願い出て、直矩に家督を譲り、直時は鹿島郡内に七千石を分知された。

直矩は二万三百石を領したが、延宝四年に十七歳の若さで没したために末期養子が認められず、領地は没収された。だが、特に直時は三千石を加増され、行方・新治郡内で一万石を領して別家を興し、家名と藩は存続された。その後、直詮《なおのり》―直祐《なおすけ》―直隆《なおたか》と続き、直隆のあとは弟直侯《なおよし》が養子となって襲封し、そのあとは直隆の次男直規《なおのり》が継いだ。直規は、天明の大飢饉後の農村の建て直しに尽し、目安箱を設置したり、人口増加を計るために妊婦の届出と出生養育米の支給を制度化して成果をあげた。

直規のあと、直計《なおかつ》―直彪《なおとら》―直頴《なおはつ》と続き、直頴が三歳で夭逝したために、本家の系統は再度断絶したが、支族の新庄直孝《なおたか》の長子直敬《なおたか》が家督を継いだ。直敬は明治二年（一八六九）に麻生陣屋内に藩校精義館《せいぎかん》を開設したが、同四年に廃藩となった。

麻生城下の史跡

麻生町の北西部、霞ヶ浦を一望できる羽黒山と呼ばれる高台に麻生城跡があり、現在は羽黒山都市公園となっている。この城は鎌倉時代に常陸大掾《だいじょう》氏の一族である行《なめ》方景幹《かたかげもと》の第三子家幹《いえもと》が築城して麻生氏を名乗り、以後、その子孫が代々居城した。麻生氏はこの一帯に武威を張り、「行方四頭」と呼ばれたが、天正十二年（一五八四）、同族の島崎城主の島崎儀幹に攻められて滅亡した。だが、儀幹も天正十九年に佐竹義宣に攻められて滅び、そのあとに佐竹氏の部将河辺某が一時居城したが、慶長七年（一六〇二）、佐竹氏の出羽国久保田へ転封後、廃城となった。

往時の土塁や空堀を残す城跡からの眺望は素晴らしく、城跡の麓には城主行方三郎常安が創建した常安寺がある。城跡の東南に麻生小学校があり、この一帯は麻生藩の陣屋跡で、周辺には藩家老邸や藩士の屋敷などが遺存し、往時を偲ばせてくれる。ここから北東に一キロ程のところに、新庄氏の菩提寺である海了寺があり、本堂には歴代藩主の位牌が安置され、墓地には五代藩主直矩をはじめ家臣の墓碑が並んでいる。

宇都宮《うつのみや》藩〈譜代〉

居城＝栃木県宇都宮市本丸町

奥州押さえの要地

平安時代の藤原宗円に始まる宇都宮氏は鎌倉・室町期に下野国の名族として名を馳せたが、慶長二年（一五九七）、二十二代国綱《くにつな》のとき豊臣秀吉により改易され、慶長十二年（一六〇七）、国綱の死により滅亡した。宇都宮氏改易後、浅野長政が城代として入封したが領民の反感を買って一年足らずで宇都宮を去った。翌慶長三年、家臣間の紛争によって蒲生秀行が陸奥国会津九十一万石から十八万石で入封、関ヶ原の役後の同六年上杉景勝の進出を押さえた功により、ふたたび会津若松へ六十万石で移された。

同年、上野国小幡藩主奥平信昌の子で徳川家康の外孫となる奥平家昌《いえまさ》が新封十万石で入封した。家昌の母は家康の娘亀姫（加納殿）で秀忠の姉にあたる。

家康は宇都宮を関東喉頸の要地として重視し、宇都宮藩は奥州を押さえて江戸を防衛する最重要地と位置づけられた。また東照宮建立後は聖地としての日光山警衛が重要な任務として課せられ、宇都宮藩は下野国最大の藩として有力譜代大名が入れ替わり就封することになる。

俗説宇都宮釣天井事件

慶長十九年（一六一四）、家昌が没し、その子忠昌《ただまさ》が襲封する。元和二年（一六一六）、家康が死去し東照大権現として日光山に祀られると、宇都宮城は将軍の日光社参の際の御成り御殿が置かれる宿泊地となった。

元和五年、忠昌は一万石加増されて下総国古河十一万石に移封された。そのあとへ家康の駿河大御所時代に近習出頭人として聞こえ、二代将軍秀忠の年寄衆のひとりであった本多正純《まさずみ》が下野国小山《おやま》から十五万五千石で入封した。正純はただちに領内総検地を行って藩財政と領民支配の基礎を固めるとともに、居城の大改修と城下の町割り、日光道中と奥州道中の付け替えを行い積極的な領国経営に乗り出した。

同八年（一六二二）、家康の七回忌にあたり将軍秀忠の日光社参が行われることになった。ところが秀忠は宿泊所に決まっていた宇都宮城に寄ることなく、近道である壬生・岩槻経由の日光御成道を通って急ぎ江戸城に帰ってしまった。

このあと、正純は最上義俊の領地没収のため赴いた出羽国山形で、突然出羽国由利への配流を命ぜられる。

将軍を迎えるために行った城郭修理の無届け部分が武家諸法度に抵触するというのが配流の理由であったが、敏腕の正純に対する不可解な除封処分から、有名な宇都宮城釣天井の俗説が生まれた。

正純には台所領として五万五千石が与えられることになったが、これを固辞したため翌年出羽国大沢で食邑千石を与えられ、さらに寛永元年（一六二四）、佐竹義宣にお預けとなり、のち出羽国横手へ移された。

頻繁な大名入れ替わり

正純除封のあと、下総国古河から奥平忠昌が十一万石でふたたび宇都宮に入封した。忠昌は四十五年間在封したが、忠昌在任中、日光社参のための将軍の宇都宮城宿泊は十三回にもおよんでいる。

寛文八年(一六六八)、忠昌が没すると家臣杉浦右衛門兵衛が殉死したため、これが寛文三年に発令された殉死禁令に触れるとして、また忠昌の二十七忌法要の際、家老同士が刃傷沙汰を起こした咎を受けて、あとを継いだ昌能《まさよし》は二万石削封のうえ出羽国山形へ移された。同十二年、刃傷沙汰が原因の仇討事件が発生、浄瑠璃坂の仇討として世上に流布した。

昌能移封のあと、入れ替わりに山形から松平(奥平)忠弘《ただひろ》が十五万石で入封した。忠弘は奥平信昌の四男忠明《ただあき》の流れを汲み、松平姓を受けて家門に列していた。

天和元年(一六八一)、忠弘は陸奥国白河に移り、入れ替わりに陸奥白河から本多忠平《ただひら》が十一万石で入封した。

貞享二年(一六八五)、忠平は大和国郡山へ移され、出羽国山形から奥平昌章《まさあきら》(昌能の養子)が九万石で入封して、奥平氏としては三度目の宇都宮入封となった。この第三次奥平氏時代の元禄年間(一六八八〜一七〇四)の藩領は河内郡五万六千石余、塩谷郡二万三千石余、芳賀郡一万石余で、第二次奥平氏時代の寛文四年(一六六四)には存在した都賀郡の所領がなくなっている。

昌章病没のあと、子の昌成《まさしげ》が襲封したが、元禄十年(一六九七)、丹後国宮津へ転封となり、入れ替わりに宮津から阿部正邦《まさくに》が十万石で入封した。正邦の祖父重次《しげつぐ》は老中をつとめたが、三代将軍家光に殉死している。

宝永七年(一七一〇)、正邦は備後国福山へ移され、越後国高田から戸田忠真《ただざね》が六万七千石余で入封した。忠真は正徳四年(一七一四)、老中となり、享保三年(一七一八)、河内郡において一万石を加増されて七万七千石余を領することとなり、同十三年には八代将軍吉宗の日光社参の際、宿城役をつとめた。

同十四年、忠真が嗣子なく没したため、弟忠章の子忠余《ただみ》が襲封、翌年奏者番となり、日光山諸堂社の修復を行っている。

延享三年(一七四六)、忠盈《ただみつ》が遺領を継いだが、寛延二年(一七四九)、肥前国島原へ転封となり、入れ替わりに島原から松平(深溝《ふこうず》)忠祇《ただまさ》が入封、下野国河内・塩谷郡のほか出羽国村山、陸奥国信夫、常陸国多賀郡の内で六万五千九百石余を領した。

忠祇は入封当初逼迫する藩財政を緩和するための増収策として、上納米は籾《もみ》一升を六合摺りの割で納めるよう命じた。従来五合摺りであったものを、籾一升につき一合増やすということは、実質二割の増税となり、農民にとってはたいへんな負担増であった。このため宝暦三年(一七五三)、領内の農民が蜂起して籾摺《もみず》り騒動と呼ばれる大規模な一揆が発生した。結局、この騒動は首謀者十八名が打首を含む処罰をうけたが、領主側も従来の五合摺りを認めて譲歩せざるをえなかった。

安永三年(一七七四)、忠恕《ただひろ》が襲封したが、同年、旧領島原へ転封となり、戸田忠盈の弟忠寛《ただとう》が島原から入れ替わりに旧領宇都宮に復帰した。

戸田氏の藩政

戸田忠寛にはじまる第二次戸田氏の宇都宮藩政は、以後明治廃藩までつづく。藩領は下野国河内・都賀・芳賀・塩谷四郡二百二十一ヵ村、七万七千八百五十石であった。

忠寛は安永五年(一七七六)、寺社奉行、天

明二年（一七八二）、大坂城代、同四年、京都所司代と幕府の要職を歴任して、同七年職を辞した。

寛政十年（一七九八）、忠寛は隠居し、子の忠翰《ただなか》が襲封した。文化八年（一八一一）、忠翰は致仕して子の忠延《ただのぶ》があとを継いだ。文政六年（一八二三）、忠延が没すると、弟忠温《ただはる》が襲封した。忠温は天保四年（一八三三）、奏者番、同十一年、寺社奉行兼帯、同十四年、西の丸老中、弘化二年（一八四五）、本丸老中と累進出世し、嘉永四年（一八五一）に没した。子の忠明《ただあき》が継いだが、安政三年（一八五六）に没し、弟忠恕《ただゆき》が襲封した。

文久二年（一八六二）、水戸浪士らによる坂下門外事件が起こり、宇都宮藩士の中からも大橋訥庵《とつあん》や義弟菊池教中《きょうちゅう》らの容疑者を出した。同年、藩家老間瀬忠至《ただよし》の諮問に応えて藩士県六石《あがたりくせき》が提案した勤王の大義のための天皇陵修復事業の建白書が藩主忠恕の名で幕府に提出され、ただちに許可された。寛政三奇人として知られる宇都宮生まれの蒲生君平が半世紀前に独力で探査して著した『山陵志』の気概が幕末に至って同藩の修復事業として生かされたのである。

藩主忠恕は山陵御取締向御普請御用を命ぜられ、間瀬忠至が本姓戸田に復して事業の頭取となり、朝廷から山陵奉行を拝命して文久二年から四年がかり、経費総額二十二万両を費やして百十二陵の修理を行った。

慶応元年（一八六五）、水戸浪士による天狗党事件の側杖を食った形で宇都宮藩は内通の嫌疑を受けて二万七千八百五十石を減封されて五万石となり、忠恕は隠居謹慎の身となった。あとを継いだ養子忠友《ただとも》は陸奥国棚倉への転封を命ぜられたが、山陵修復の功績により転封と減封処分は撤回され、旧高の七万七千八百五十石に復した。

翌二年、忠友は下野・河内両国の藩領の内一万石を戸田忠至に分与して、下野国高徳藩を創設させた。

戊辰戦争の惨禍

慶応四年（一八六八）、戊辰戦争が起こると、宇都宮藩は勤王か佐幕かで藩論が揺れに揺れたが、藩の中老職にあった県六石は勤王方に属すべきであると力説し、藩主忠友もこれに同調した。県六石の要請を受けて大軍監香川敬三率いる官軍二百人余が宇都宮城に入り北関東の要衝を固めると、歩兵奉行大鳥圭介や新選組残党を率いる土方歳三ら総勢二千人余の旧幕軍は宇都宮城に猛攻を仕掛けた。

城は炎上し、前藩主忠恕ら一族は館林城の秋元氏を頼って逃れ、宇都宮城は大鳥軍ら旧幕軍に占拠された。藩主忠友は江戸在府中のことであった。

宇都宮の危急に接して駆けつける官軍の増援部隊と大鳥軍が安塚に戦い、大鳥軍は敗れて宇都宮城に集結するが、官軍は薩摩・大垣藩兵が増援に加わり、宇都宮城外における激しい白兵戦が繰り広げられた。大鳥軍が力つきて会津に逃れたあとには二度の戦闘で戦火に焼き尽くされた宇都宮市街の廃墟が残された。宇都宮の戦闘は関東における戊辰戦争最大の激戦であった。

このの宇都宮藩は官軍に属して三斗小屋・会津若松での激戦を戦った。

前藩主忠恕は戦後の混乱の中で急逝し、宇都宮藩は戊辰戦争の傷跡を随所にとどめつつ明治廃藩を迎えることとなった。

小江戸紀行 関東八名城の城下町宇都宮城下を歩く

宇都宮城跡

平安時代の康平六年（一〇六三）、宇都宮氏の祖藤原宗円が前九年の役に祈禱僧として下野国まで同行し、陸奥平定祈願成就の功によって宇都宮社務職に任命された。同時に論功行賞により下野国守護となって居館を築いたのが宇都宮城の始まりとされるが、当初は二町四方の、近世宇都宮城の三の丸の範囲の規模だったとみられる。南北朝期宇都宮氏の勢力伸展にともなって堅固な土塁や空堀が構築され、やがて戦国城郭に発展し、関東八名城の一つと謳われた。

慶長二年（一五九七）、宇都宮氏二十二代の国綱が豊臣秀吉の命により改易となり、城代浅野長政ののち、幕藩体制のもと外様蒲生秀行、城代大河内秀綱を経て、以後譜代大名の奥平（三封）・本多・松平（奥平・深溝）・阿部・戸田（再封）の各氏が入れ替わり封じられ、安永三年（一七七四）、以後戸田氏が明治廃藩までつづいた。

元和五年（一六一九）に入封した本多正純は居城の大改修を行い、三の丸までであった城域を二倍以上に拡張、奥州街道をつけかえて新たに日光街道を開いたが、宇都宮釣天井事件により改易となった。

慶応四年（一八六八）四月、戊辰戦争の戦火で炎上、破却されて廃城となり、遺構は幕末の藩主戸田忠恕《ただゆき》の顕彰碑が立つ本丸付近の小公園にわずかに残る。

二荒山神社

宇都宮《うつのみや》の地名の起こりは二荒山《ふたあらさん》神社が下野国の一宮であったところから、「いちのみや」の転訛したものとされる。

宇都宮市街中心部の高台に建つ二荒山神社は崇神天皇の時代に東国の蝦夷を平定した豊城入彦命を祀る千六百年の由緒をもつ古社である。古くから宇都宮大明神とも呼ばれ、初代宇都宮宗円が神職となって以来宇都宮氏歴代の氏神として尊崇された。扇の的を射る那須与一の祈念のことばに「我の国の神明、日光権現宇都宮・那須の大明神」とあり、奥州藤原氏征討に赴く源頼朝は「宇津宮」に奉幣を捧げ、勝利しての帰途、祈願成就のお礼参りに奉幣を捧げている。

江戸時代にはもっぱら宇都宮大明神と呼び親しまれ下野庶民の篤い信仰を集めた。戊辰戦争の戦火で全焼したが、明治十年社殿が復興し、国幣中社に列した。

清巌寺と興禅寺

清巌寺は宇都宮市大通り五丁目の田川右岸沿いにある古刹で、鎌倉初期の建保三年

宇都宮城跡（建物は市民の憩いの施設清明館）

（一二一五）、宇都宮氏五代頼綱の創建。境内墓地に宇都宮頼綱・芳賀高照・同高継の墓という宝篋印塔、幕末の志士児島強介の墓、八代宇都宮貞綱が亡母十三回忌供養に建立した日本最古という鉄塔婆がある。

興禅寺は鎌倉末期の正和三年（一三一四）、宇都宮氏八代貞綱により創建、同氏改易とともに廃れたが、慶長八年（一六〇三）、奥平家昌により再建された。境内に宇都宮貞綱と公綱の墓碑といわれる大きな五輪塔二基、宇都宮藩家老奥平内蔵允夫妻の墓がある。内蔵允は奥平隼人と口論のすえ自害したが、寛文十二年（一六七二）、内蔵允の子源八郎が隼人を討ち取った「浄瑠璃坂の仇討」と呼ばれる事件に発展した。

生福寺と蒲生君平遺跡

生福寺は宇都宮市仲町にある真言宗智山派の古刹。宇都宮氏十四代等綱により創建された。江戸時代は朱印五石を賜り、宇都宮大明神の供僧をつとめて寺運は隆盛した。文化十一年（一八一四）の火災、戊辰戦争の戦火、昭和二十年の空襲に焼失したが戦後再建、鉄筋コンクリート造りに建て直された。境内墓地に勤王家で坂下門外の変の黒幕といわれた菊池教中の墓がある。

高山彦九郎、林子平とともに寛政の三奇人と呼ばれた蒲生君平ゆかりの地が宇都宮市街地西部の旧日光街道沿いに点在する。

旧日光街道と馬場通りの交わる北側に生誕地碑があり、その北にある延命院の住職に六歳の君平は学問を習った。その北にある桂林寺に君平の墓がある。江戸で没して谷中・臨江寺に埋葬されたが、遺髪が蒲生家菩提寺の桂林寺に改葬された。明治二年最後の藩主戸田忠友が君平の遺徳をしのんで建てた覆屋つきの「蒲生君平勅旌碑」が旧日光街道と東武鉄道の交差する道端にある。栃木県庁の北方の八幡山公園に連なる木立ちの中に、大正十四年に君平を祀って建てられた蒲生神社がある。

報恩寺と六道口

旧日光街道の西方、かつての佐野道口の南にあり、戊辰戦争で戦死した数多くの新政府軍兵士の墓がある。本堂に向かって右に「薩藩戦死者之墓」、左に薩摩・長州・大垣藩兵二十名を合葬した「戦死烈士之墓」が立つ。宇都宮藩戸田家臣の墓も多い。

報恩寺の西の辻は閻魔堂南に六方より道が合わさることから冥界への入口をなぞって六道と呼ばれた。慶応四年（一八六八）四月二十三日、宇都宮城内の旧幕軍と城を奪還しようとする新政府軍が六道口で戦い、旧幕軍の戦死者は遺棄されたままだったため付近の住民が道路脇に埋葬したが、明治七年になって新政府は墓碑を建立する許可を出した。

大田原藩《おおたわら》〈外様〉

居城＝栃木県大田原市城山

那須七党の一つに数えられる勢力を誇った大田原城八代城主大田原晴清《はるきよ》は天正十八年（一五九〇）の豊臣秀吉の小田原の陣の時、主家那須氏に先んじて参陣し、本領七千余石を安堵され、那須氏からの独立を果たした。その後、徳川家康に仕え、慶長五年（一六〇〇）の関ヶ原の役には上杉景勝の押さえとしての役割を果たし、下野国那須郡森田郷八百石を加増され、さらに同七年に下野国那須・芳賀郡、陸奥国磐城郡内で四千五百石余を加えられ、旧領とともに一万二千四百石となって諸侯に列した。以後、大田原氏は十四代大田原藩主を勤めた。一万石クラスの大名は、無城（陣屋）主が普通だが、大田原氏は城主として認められた。

晴清のあとは政清《まさきよ》―高清《たかきよ》と続き、高清は寛文元年（一六六一）に襲封の時、弟為清《ためきよ》に一千石を分知したので、以後、藩の所領高は幕末まで一万一千四百石であった。高清のあとは典清《のりきよ》―純清《すみきよ》―清信《きよのぶ》―扶清《すけきよ》―友清《ともきよ》―庸清《つねきよ》―光清《みつきよ》―愛清《よしきよ》と続き、愛清が藩主時の文政八年（一八二五）、城の大半を焼失する大火があった。愛清のつぎの広清《ひろきよ》は嘉永三年（一八五〇）に藩校時習館を開設して、家臣金枝柳村を学頭に任じ、藩士の子弟の教育に尽力した。

つぎの富清《とみきよ》は安政三年（一八五六）、異国船来航に対する警備のため、領内上大貫原で甲冑《かっちゅう》訓練を行った。最後の藩主である一《かず》清《きよ》は慶応四年（一八六八）、戊辰戦争の時には新政府側についたため、会津藩兵の攻撃を受けて城下の被害は甚大であった。明治四年の廃藩置県により大田原県となり宇都宮県を経て、同六年に栃木県となった。

市街東端にある丘陵は、現在龍城公園となっているが、天文十四年（一五四五）に大田原氏七代資清《すけきよ》が築いた大田原城跡で、土塁がよく残っている。ここからは市街や那須連山の眺望が素晴らしい。また公園の北方中腹には、大田原氏の祈願社である大田原神社、菩提寺の光真寺があり、境内には八代晴清《はるきよ》を初め、代々の藩主の墓碑が現存している。

那須藩《なす》〈外様〉

陣屋＝栃木県大田原市福原

烏山城主那須資晴《すけはる》は天正十八年（一五九〇）、豊臣秀吉の小田原の陣の際、参陣を拒んだので城地八万石を没収されたが、家臣に分割されて那須郡福原に五千石を与えられた。資晴は慶長五年（一六〇〇）、徳川家康の上杉景勝征伐の時に宇都宮で謁見し、同七年に五千石を加増された。同十四年に父資晴の遺領を継いだ資景《すけかげ》は一門の知行を合わせて、一万四千石を領有して諸侯に列し、佐良土《さらど》に陣屋を構えた。

寛永元年（一六二四）、資景は隠居して嫡男資重《すけしげ》が家督を継いだが、嗣子なく没したために除封されるところ、資景に五千石が与えられた。資景は再勤を命ぜられたが、万石以下のため、一時廃藩となった。承応元年（一六五二）、増山正利の弟資弥《すけみつ》を養子に迎え、新恩を合わせて一万二千石を領し、再び立藩した。さらに元和元年（一六八一）、資弥は八千石を加増されて、下野国烏山に移封となり、以後廃藩となった。

黒羽藩《くろばね》〈外様〉

居城＝栃木県那須郡黒羽町前田

稀有な一氏支配

中世、下野国北部を支配した那須氏の傘下で大田原氏と並ぶ重鎮であった大関氏は戦国末期には那珂川東岸に黒羽城を築き、天正六年（一五七八）、隠居した高増《たかます》のあとを継いだ次男清増《きよます》が同十五年没すると、結城義親《よしちか》の婿養子となっていた長男晴増《はるます》が帰参して家督を継いだ。豊臣秀吉の小田原の陣には高増と晴増が参陣し、那須郡内一万三千石の本領を安堵された。

慶長五年（一六〇〇）の関ヶ原の役に際しては、晴増の家督を継いでいた弟資増《すけます》が徳川家康に加担し、上杉景勝の攻撃を防ぐために奥州との境界を守った功により、同五年、同七年と二度にわたり加増されて、下野国那須・芳賀郡、陸奥国石川郡の内で二万石を領有した。同七年の加増分五千四百石のうちには浄法寺氏ら大関氏とともに家康へ人質を差し出した五人の重臣への公儀からの給与地分として二千二百石が含まれており、この五人の重臣は公知衆と呼ばれたが、その存在が藩政の確立にあたって錯綜した問題となった。大関氏は大田原氏同様、中世以来の地に土着したまま近世大名に転進し、明治廃藩まで一氏支配をつづけており、ほとんどの大名が数度にわたり転封をしている中で黒羽藩と大田原藩は稀有な例であった。

大関氏の藩政

慶長十年（一六〇五）、資増のあとを晴増の長男政増《まさます》が継ぎ、元和二年（一六一六）、政増の没後、高増《たかます》（土佐守）が継いだ。

正保三年（一六四六）、高増の遺領を増親《ますちか》が継ぐと、弟増栄《ますなが》・増君《ますなお》にそれぞれ一千石を分与し、以後一万八千石が藩の表高となった。

増親のあとを増栄《ますなが》が継ぎ、増恒《ますつね》―増興《ますおき》と引き継がれた。寛文から元禄を経て享保・宝暦にいたるこの時代、藩財政の危機にともなう上級家臣の整理、家中借り上げ、倹約令が繰り返された。

増興のあとを継いだ増備《ますとも》は宝暦十二年（一七六二）、『政事改正考』を著して藩政改革の方向を説き、次の増輔《ますすけ》のときの明和五年（一七六八）から寛政十年（一七九八）まで農政家鈴木武助の指導による復興仕法が行われ、その著『農喩』とともに広く知られた。

つづく増陽《ますはる》のあと養子に入った増業《ますなり》は文化年間大関家の藩政資料を蒐集した『創垂可継』を編纂したが、改革は思うにまかせず、家臣により強制隠居させられた。

つづく増儀《ますのり》―増昭《ますあき》のあと増徳《ますよし》が養子に入ったが、文久元年（一八六一）、家臣から強制押し込めにより隠居させられた。

つづく増裕《ますひろ》も養子であったが、陸海軍奉行・若年寄を歴任し、勝海舟と並ぶほどその名を謳われたが、家臣の強要により幕府の要職を辞した。その後藩政改革に着手、人材を登用して兵制改革を行うと同時に、領内総検地や新田開発を積極的に行ったが、慶応三年（一八六七）、謎の死をとげた。

つづいて常陸国府中藩主松平頼縄《よりつぐ》の甥増《ます》勤《とし》が養子として襲封し、戊辰戦争では黒羽藩軍は官軍の先兵となり、明治二年、賞典禄一万五千石が賜与された。

烏山藩《からすやま》〈譜代〉

居城＝栃木県那須郡烏山町中央

めまぐるしい藩主交替

戦国時代の天正年間、烏山城に拠って八万石の所領を支配した那須資晴《すけはる》は同十八年の豊臣秀吉による小田原の陣に参戦しなかったため改易となり、そのあとへ織田信長の次男信雄《のぶかつ》が配流されたが、同十九年秋田へ移され、同年成田氏長《うじなが》が武蔵国忍《おし》から三万七千石で入封した。氏長は文禄四年（一五九五）没し、弟長忠《ながただ》があとを継いで関ヶ原の役後も安堵された。元和二年（一六一六）、長忠が没すると次男の氏宗《うじむね》が継いだが、幼少で一万石のみを与えられて遺領を継いだものの、同八年に没して除封となった。

一方、長忠没後空城となった烏山城には、同二年、常陸国小張《おばり》から松下重綱《しげつな》が入封し、那須郡の内で二万八百石を領した。

重綱は寛永四年（一六二七）、陸奥国二本松へ移封となり、そのあとへ下野国真岡《もおか》から堀親良《ちかよし》が二万五千石で入封した。その子親昌《ちかまさ》のときの寛永十四年（一六三七）、弟親智《ちかとも》へ三千石、親宣《ちかのぶ》へ二千石を分与して二万石となり、寛文十二年（一六七二）、親昌は信濃国飯田へ転封となった。

同年、三河国中島の老中板倉重矩《しげのり》が下野国那須のほか山城国久世・相楽・綴喜、摂津国住吉・西成・河辺・豊島、三河国額田・幡豆・磐海、上総国山辺・埴生各郡の内で五万石を領して居城を烏山に移した。重矩は島原の陣において壮烈な戦死を遂げた父重昌の忠功と自らの戦功、大坂定番、京都所司代在勤中の功労により、中島領主から烏山城主に昇格したのである。重矩没後、三男重種《しげたね》が襲封、奏者番兼寺社奉行・老中を歴任し、天和元年（一六八一）、武蔵国岩槻六万石へ移された。

同年、那須郡の内で一万二千石を領する那須資弥《すけみつ》が二万石で入封した。資弥は天正十八年に改易となった資晴の三代目である。

貞享四年（一六八七）、資弥の実子資寛《すけひろ》が病身のため養子資徳《すけのり》（津軽信政の三男主殿）が遺領を継いだが、実子がありながら養子襲封は不届きであるとして除封となった。

那須氏除封のあと、同年奏者番永井直敬《なおひろ》が河内・山城・摂津国の内三万石から入封、三万石を領し寺社奉行を兼ねたが、元禄十五年（一七〇二）、播磨国赤穂へ移された。

同年、上総国大多喜から若年寄稲垣重富《しげとみ》が二万五千石で入封、宝永元年（一七〇四）、河内の内で五千石を加増されて三万石となり、同七年、嫡男昭賢《あきかた》が遺領を継いだが、享保十年（一七二五）、志摩国鳥羽へ移された。

大久保氏の時代

稲垣氏のあとを受けて、同年近江国六郡で一万五千石を領していた若年寄大久保常春《つねはる》が所領を下野国那須・芳賀郡の内に移して二万石で入封した。享保十三年（一七二八）、常春は老中となり、相模国四郡の内で一万石を加増されて三万石を領した。

大久保氏はこののち忠胤《ただたね》—忠卿《ただあき》—忠喜《ただよし》—忠成《ただしげ》—忠保《ただやす》—忠美《ただよし》—忠順《ただとし》と明治廃藩まで八代、およそ百五十年間在封した。

天保七年（一八三六）、忠保のとき、二宮尊徳のいわゆる尊徳仕法による財政再建の方策が講じられ、戊辰戦争では新政府側について宇都宮城攻撃に出兵した。

喜連川藩《きつれがわ》〈外様〉
陣屋＝栃木県塩谷郡喜連川町

豊臣秀吉は天正十八年（一五九〇）、小田原の陣の時、古河公方《こがくぼう》足利義氏《よしうじ》が嗣子なく没し、名家が断絶の憂目にさらされていたので、足利国朝《くにとも》をその嗣子として喜連川三千五百石を与えた。国朝は喜連川に居住し、喜連川氏を称した。

国朝は文禄二年（一五九三）、秀吉に謁見のため肥前国名護屋へ赴く途次、安芸国において没したので、翌年に弟の頼氏《よりうじ》が家督を継いだ。頼氏は慶長六年（一六〇一）、徳川家康から下野国芳賀郡内で一千石を与えられ、頼氏が寛永七年（一六三〇）に没し、以後、尊《たか》信《のぶ》－昭氏《あきうじ》－氏春《うじはる》－茂氏《しげうじ》－氏連《うじつら》－恵氏《やすうじ》－彭氏《ちかうじ》－熙氏《ひろうじ》－宣氏《よしうじ》－縄氏《つなうじ》－聡氏《としうじ》と十三代にわたり、喜連川・芳賀郡内において五千石を知行し、万石以下であったが、十万石の格式を与えられている。慶応四年（一八六八）、縄氏の時に喜連川を改めて本姓足利氏に復し、最後の藩主聡氏は同三年、領地を奉還したので、廃藩となった。

茂木藩《もてぎ》〈外様〉
陣屋＝栃木県芳賀郡茂木町

細川幽斎《ゆうさい》の次男興元《おきもと》は慶長五年（一六〇〇）、関ヶ原の役の時に兄忠興《ただおき》とともに徳川家康に従って、岐阜城攻撃や関ヶ原の戦闘で戦功を樹てた。その後、興元は兄忠興と不和になり、忠興の領地豊前国小倉を去って京都に居住していたが、同十三年に家康の仲裁で和睦し、翌十四年に二代将軍秀忠に仕え、下野国芳賀郡内において一万石を与えられ、茂木に陣屋を構えて立藩した。

興元は大坂の両陣とも酒井忠世に属して戦功を樹て、特に元治元年（一六一五）五月七日、家康・秀忠軍が阿倍野に軍を進めた時、忠世の子忠行《ただゆき》とともに大いに力戦し、翌二年に常陸国筑波・河内二郡内において六千二百石を加増され、のち陣屋を常陸国谷田部に移したので、廃藩となった。

明治四年（一八七一）春、谷田部一万六千二百石の知藩事細川興貫《おきつら》は藩庁を茂木に移し、再度立藩した。居所だけの移動で移封ではなかったが、同年七月に廃藩となった。

真岡藩《もおか》〈外様〉
陣屋＝栃木県真岡市台町

浅野長政《ながまさ》の三男長重《ながしげ》は慶長六年（一六〇一）、真岡周辺において二万石を与えられて、陣屋を構えて立藩した。同十六年に父長政に隠栖料として与えられた常陸国真壁郡内に五万石を加えられ、陣屋を真壁に移したので真岡は収公された。同年、越後国蔵王堂より堀親良《ちかよし》が一万二千石で入封し、元和四年（一六一八）、美濃国山県郡内において五千石を加増されて、寛永四年（一六二七）に下野国烏山一万七千石へ転封となった。

そのあとに譜代の稲葉正成《まさなり》が二万石で入封した。正成は松平（越前家）忠昌《ただまさ》の付家老として越後国糸魚川で二万石を領していたが、元和九年（一六二三）に忠昌が越前国北ノ庄に移封の時、これに従わずに嫡男正《まさ》勝《かつ》の知行地の常陸国柿岡に蟄居したが、寛永四年に召し返され、真岡二万石を与えられた。翌年に正成が没し、正勝が遺領を継いで入封したが、同年に相模国小田原に転封となり、廃藩となった。

高徳藩《たかとく》〈譜代〉

陣屋＝栃木県塩谷郡藤原町高徳

山陵奉行として功績のあった宇都宮藩主戸田家の家老戸田忠至《ただゆき》は慶応二年（一八六六）、主家から一万石を分知されて、宇都宮藩の支藩として立藩した。忠至は宇都宮藩主戸田忠寛《ただひろ》の孫で、初め旗本木村家の養子となったが離縁し、のち家老間瀬家の養子となり、通称間瀬和三郎と名乗った。忠至は幼君の続く戸田家の執政となったが、文久二年（一八六二）、坂下門外の変で家中から逮捕者を出し、窮地にあった戸田家はその打開策として、歴代天皇陵の修復を建議し、幕府から許可された。忠至は藩士五十余名を率いて山陵修補の任にあたり、三年余をかけて百二十基余の陵墓の調査と補修を行い、その功績によって分知を受けたものである。

忠至は明治二年（一八六九）に隠居して、その子忠綱《ただつな》に家督を譲ったが、翌三年、忠綱は下総国曽我野《そがの》一万石へ転封となり、高徳藩は廃藩となった。

板橋藩《いたばし》〈譜代〉

陣屋＝栃木県今市市板橋

松平（大給）一生《かずなり》は慶長五年（一六〇〇）、関ヶ原の役の緒戦であった伏見城攻防戦で戦死した父近正《ちかまさ》の遺領（上野国三之倉《さんのくら》五千五百石）を継ぎ、ほどなく知行地を都賀《つが》郡板橋周辺に移され、加増により領有して、陣屋を構えて立藩した。一生は慶長七年、佐竹義宣《よしのぶ》の出羽国久保田への移封に際して、松平康親とともに水戸城を守備した。この時、佐竹氏の家臣らによる水戸城奪還計画を知り、警備を厳重にしたが、ある夜に反乱軍が城を奇襲し、これと戦って鎮圧した。

一生は慶長九年に没し、その子成重《なりしげ》が家督を相続し、右近将監と称した。慶長十九年（一六一四）、里見忠義《ただよし》が改易により伯耆国倉吉三万石へ移される際、館山城受取りの任に当たった。さらに大坂の両陣に参戦して戦功を樹て、元和三年（一六一七）に一万石を加増されて、三河国西尾二万石に転封され、板橋藩は廃藩となり、以後、立藩されることはなかった。

鹿沼藩《かぬま》〈譜代〉

陣屋＝栃木県鹿沼市

武蔵国鳩谷《はとがや》一万石の阿部正次《まさつぐ》は鹿沼領内に一万二千石を領有していたが、元和三年（一六一七）に上総国大多喜に移り、一時鹿沼は幕領となった。寛永十一年（一六三四）、正次の嫡男重次《しげつぐ》が鹿沼領内において一万石を加増され、一万三千石を領有して、鹿沼に陣屋を構えて立藩した。寛永十五年、重次は武蔵国岩槻に転封となり、ふたたび鹿沼は幕領となった。正保四年（一六四七）、二万石を領知する朽木稙綱《たねつな》が鹿沼において五千石を加増されて入封したが、慶安二年（一六四九）、常陸国土浦に移封された。

朽木氏のあと内田正信《まさのぶ》が一万石で入封し、再度立藩した。正信は三代将軍家光が没した時に殉死したので、そのあとは正衆《まさもろ》―正偏《まさゆき》（叔父正長《まさなが》に一千五百石、正広《まさひろ》に五百石を分与）と続いたが、享保九年（一七二四）、正偏が狂気により三千石を削減されて蟄居となり、嫡男政親《まさちか》が家督相続を許され、下総国小見川に転封となり、廃藩となった。

西方《にしかた》藩〈外様〉

陣屋＝栃木県上都賀郡西方町

名門結城氏十六代後裔で結城城主晴朝《はるとも》は西方の地を所領していたが、のち壬生城主日根野吉明《よしあきら》の支配地となった。慶長五年（一六〇〇）、小田原北条氏や武田氏から上杉景勝に仕えた藤田重信《しげのぶ》（信吉《のぶよし》）が、景勝の寵臣直江兼続《なおえかねつぐ》と対立したので、景勝に叛旗を翻して徳川家康の麾下に属し、西方において一万五千石を与えられ、陣屋を構えて立藩した。

重信は元和元年（一六一五）の大坂夏の陣の時、榊原康勝《やすかつ》が若年であったので、康勝の軍監を命ぜられた。五月七日の天王寺の戦いで、康勝は敵首七十八級を斬って戦功を樹てたが、この時に康勝は刃傷を負って五月二十七日に陣没した。重信は戦闘の失敗を咎められ、元和二年に除封されて、信濃国に配流となったので、西方藩は廃藩となった。重信は配流地で自刃したとか、また一説には刃創のため諏訪温泉で没したともいわれている。

壬生《みぶ》藩〈譜代〉

居城＝栃木県下都賀郡壬生町本丸一丁目

壬生の地は寛正三年（一四六二）、古河公方《くぼう》足利成氏《しげうじ》をたよって東下して来た公卿小槻胤業が壬生氏を名乗り、壬生城を築いたのが始まりである。のち壬生氏は綱重—綱房—綱雄—義雄と五代にわたって、この地を支配したが、天正十八年（一五九〇）、豊臣秀吉の小田原の陣の時、義雄が北条氏に与《くみ》して自刃したために壬生氏は滅亡した。

壬生氏のあと、一時結城直朝《なおとも》が十万石で入封したが、慶長七年（一六〇二）、日根野吉《よし》明《あきら》が信濃国高島二万七千石から所領削減され、一万九百石で下野国壬生に入封して、立藩した。吉明は寛永十一年（一六三四）、二万石で豊後国府内に転封となり、翌年、三代将軍家光の六人衆の一人阿部忠秋《ただあき》が武蔵国埼玉郡の内に二万五千石で入封したが、忠秋が同年老中に昇進すると、武蔵国忍五万石へ転封となった。

寛永十六年、同じく六人衆の一人三浦正《まさ》次《つぐ》が下総国矢作から二万五千石で入封したが、同十八年に正次が没し、その子安次《やすつぐ》が遺領を継ぎ、弟共次《ともつぐ》に五千石を分知した。安次が天和二年（一六八二）に没し、その子明敬《あきひろ》が家督を継ぎ、同五年に日向国延岡二万三千石へ転封となった。代わって、常陸国土浦の松平（大河内）輝貞《てるさだ》が三万二千石で入封したが、わずか三年後の天和八年に上野国高崎へ転封となり、同年若年寄加藤明英《あきひで》が近江国水口《みなくち》から二万五千石で入封した。明英は正徳二年（一七一二）に没すると、その子嘉矩《よしのり》が遺領を継ぎ、再び水口へ帰藩した。

入封転封を繰り返した壬生の地には正徳二年、若年寄鳥居忠英《ただてる》が水口三万石から入封し、以後、八代百六十年間にわたって在封した。鳥居氏初代の元忠《もとただ》は慶長五年（一六〇〇）、関ヶ原の役の緒戦において徳川家康の命を受け、わずか二千の兵で伏見城に立て籠り、石田三成軍四万を迎撃して、遂に自刃した猛将である。忠英はその五代裔である。忠英のあとは忠瞭《ただあきら》—忠意《ただおき》—忠燾《ただてる》—忠威《ただたけ》—忠挙《ただひら》—忠宝《ただとみ》と続き、最後の藩主忠《ただ》文《ふみ》の明治四年（一八七一）に廃藩となった。

上田《うえだ》藩〈譜代〉

陣屋＝栃木県下都賀郡壬生町

安房国東条藩二代藩主西郷延員《のぶかず》が元禄元年（一六八八）七月、肥前国大村藩四代藩主大村純長《すみなが》の五男寿員《ひさかず》を養嗣子に迎えた。寿員は同年九月、五代将軍綱吉に謁見し、翌二年五月に小姓を勤め、十二月に従五位下越中守に叙任された。元禄三年十二月に襲封したが、在藩一年半後の同五年二月に安房国の領地を下野国都賀・河内・芳賀三郡内に移されて、上田に陣屋を構えて立藩した。

寿員は元禄六年十一月、勤務不良によって小姓から中奥小姓に移されたが、十二月に中奥に移されても、なお勤務状態が改まらず、ついに五千石に減封されて寄合旗本に貶降《へんこう》され、廃藩となった。『徳川実紀』によれば、「年頃小姓をつとめけるが、奉職のさまよからねばとて、さきに昵近をゆるされ、中奥に伺公すべき旨命ぜられしに、其後も猶心を改めずとて封地を収公せられ、五千石給はり寄合」と記されている。

吹上《ふきあげ》藩〈譜代〉

陣屋＝栃木県栃木市吹上町

筑後国久留米藩祖有馬豊氏《ありまとようじ》の次男頼次《よりつぎ》（頼泰）は、駿河大納言忠長《ただなが》に仕えていたが、忠長が蟄居中に頼次が嗣子なく没したため、豊氏の外孫吉政《よしまさ》が継いで紀伊大納言頼宣《よりのぶ》の家人となった。吉政の養子氏倫が八代将軍吉宗に伴われて側衆となり、累進して一万石を領有して、諸侯に列した。のち氏久—氏恒—氏房と続き、つぎの氏恕《うじよし》の時、初めて上総国五井に陣屋を構えて立藩した。氏恕のあとは、氏保《うじやす》—久保《ひさやす》—氏貞《うじさだ》—氏郁《うじしげ》と続いた。

天保十一年（一八四〇）、上総国五井一万石の藩主有馬氏郁《うじしげ》は、上総国市原郡内の四千四百余石を、下野・伊勢国内に領知替えされたあと、同十三年に吹上に陣屋を移築して、吹上藩を立藩させた。氏郁は文久二年（一八六二）に没し、その遺領は子氏弘《うじひろ》が継いだ。明治四年（一八七一）に廃藩となったが、吹上藩は久留米藩主有馬氏の支藩的な関係にあった。

大宮《おおみや》藩〈譜代〉

陣屋＝栃木県栃木市大宮町

下総国古河《こが》藩十三万石藩主堀田正俊《まさとし》は、貞享元年（一六八四）八月二十八日、殿中において若年寄稲葉正休《まさやす》のために刺殺された。正休は稲葉正吉《まさよし》の嫡子で、春日局の夫正成《まさなり》の孫であるが、春日局の孫ではない。正休はその場で殺害され、稲葉家は断絶した。この事件の起因は、正休が正俊の剛直な性格に反感を持ち、恨みを晴らしたというが、直接の原因は摂津国の川の浚渫事業を正休が四万両の費用で引き受けようとしたのを、正俊が二万両で河村瑞軒《ずいけん》にさせたためであると伝えられている。

正俊の不慮の死後、次男正虎《まさとら》がその遺領の内から下野国都賀郡大宮において二万石を分与され、大宮の地に陣屋を構えて立藩した。だが、元禄七年（一六九四）、兄で陸奥国福島十万石の藩主正仲《まさなか》が没したため、正虎はその遺領を継ぐことになって、福島へ転封となったために大宮藩は廃藩となり、以後、立藩されなかった。

皆川藩《みながわはん》〈譜代〉

居城＝栃木県栃木市皆川城内町

鎌倉初期に長沼宗員《むねかず》が皆川庄に居住して皆川氏を称し、その六代裔の宗常《むねつね》は元弘三年（一三三三）、鎌倉幕府の最後の執権北条高時《たかとき》に叛いたため、領地を没収されて断絶した。一方、長沼氏を継いだ宗員の弟宗泰《むねやす》は、秀行《ひでゆき》－宗秀《むねひで》と二代続いた後、陸奥国岩瀬郡へ移り、宗行《むねゆき》－秀直《ひでなお》－義秀《よしひで》－満秀《みつひで》と続き、永享年間（一四二九～四一）に満秀の子秀宗《ひでむね》が皆川の地に復帰した。その五代裔の広照《ひろてる》は天正十八年（一五九〇）、豊臣秀吉の小田原の陣の時、北条氏に属していたが、のち徳川家康に臣従して、本領一万三千石を与えられて立藩した。

広照はのち三万五千石を領有したが、慶長八年（一六〇三）、家康の六男松平忠輝《ただてる》が信濃国川中島十四万石へ封ぜられた時、広照は忠輝の傅《ふ》役として信濃国飯山四万石を与えられ、皆川領を合わせて七万五千石となった。だが、同十四年に忠輝の不行跡の責任を負った広照は領地を没収され、京都の知積院に入って老圃斎と号した。だが、元和九年（一六二三）、二代将軍秀忠に許されて皆川家を再興し、常陸国府中（石岡）一万石で大名に復帰した。

寛永十七年（一六四〇）、上総国百首一万五千石の松平（能見《のみ》）重則《しげのり》が入封し、同十九年に子の重正《しげまさ》が遺領を継いだ。寛文二年（一六六二）に重正が没し、その子重利《しげとし》が家督を継いだが、わずか三年後に嗣子のないままに没したために除封となったので、皆川は一時廃藩となった。

若年寄で上野・武蔵・相模国内において一万石を領していた米倉昌尹《まさただ》は元禄十二年（一六九九）、下野国内において五千石を加増されて、再度陣屋を構えて立藩した。米倉氏は参勤交代を行わない定府大名であり、昌尹が没したあとは昌明《まさあき》が遺領を継ぎ、弟昌仲《まさなか》に三千石を分知して一万二千石を領した。昌明のあとは昌照《まさてる》－柳沢忠仰《ただすけ》（松平吉保の六男）が継いだが、享保七年（一七二二）に忠仰は武蔵国六浦に陣屋移転を願い出て、翌八年に許可されたので、皆川藩は廃藩となり、以後、立藩されなかった。

小山藩《おやまはん》〈譜代〉

居城＝栃木県小山市城山町一丁目

小山の地は平安末期、藤原秀郷《ひでさと》の後裔四郎政光《まさみつ》が都賀郡太田から移って、居城を構えて小山氏を称した。小山氏は南北朝期、十代義政《よしまさ》が永徳元年（一三八一）、宇都宮基綱《もとつな》と戦ったために、関東管領足利氏満《うじみつ》の軍勢に攻められて落城し、自刃した。その子若犬丸は再々にわたり鎌倉御所方と戦闘を繰り返したが、ついに敗れて会津若松に逃れ、応永四年（一三九七）にその地で自刃し、ここに小山氏の正統は絶えた。のち支族の結城泰朝《やすとも》が小山家を継いで再興し、戦国期には小田原北条氏に属し、天正十八年（一五九〇）、豊臣秀吉の小田原の陣の時、小山政種《まさたね》が北条氏に与《くみ》して籠城戦に参加したため、北条氏の滅亡と運命をともにした。

謀臣といわれた本多正信《まさのぶ》の嫡男正純《まさずみ》は慶長五年（一六〇〇）、関ヶ原の役の軍功によって、下野国小山三万二千石を与えられて立藩した。だが、元和五年（一六一九）、下野国宇都宮に転封となり、廃藩となった。

富田《とんだ》藩〈譜代〉
陣屋＝栃木県下都賀郡大平町

相模国小田原の北条氏四代氏政《うじまさ》に仕えていた一族の北条氏勝《うじかつ》は天正十八年（一五九〇）、小田原の陣後に徳川四天王の一人本多忠勝《ただかつ》の仲介によって徳川家康に仕え、家康の関東入部とともに下総国岩富《いわとみ》一万石を与えられて、諸侯に列した。氏勝は慶長十六年（一六一一）に没し、保科正直《ほしなまさなお》の四男氏重《うじしげ》が養嗣子となった。氏重の母は久松俊勝《としかつ》の娘で、家康の異父妹であったため、家康から氏勝の養子になるように命ぜられたからであろう。

慶長十八年八月、氏重は牧野康成《やすなり》に代わって小田原城番を勤め、従五位下出羽守に叙任された。そして同年、下野国富田一万石へ転封し、ここで富田藩は立藩した。氏重は慶長十九年の大坂冬の陣の時、岡崎城を守備し、やがて和泉国岸和田城番に移った。のち日光山普請役、伏見城番などを歴任し、元和五年（一六一九）、遠江国久野一万石へ転封し、富田藩は廃藩となった。

榎本《えのもと》藩〈譜代〉
陣屋＝栃木県下都賀郡大平町

徳川家康の近侍として仕え、さらに二代将軍秀忠からも信任を受け、執政として辣腕をふるった本多正信《まさのぶ》の三男忠純《ただずみ》は慶長十年（一六〇五）、都賀郡榎本領で一万石を与えられ、陣屋を構えて立藩した。元和元年（一六一五）の大坂冬の陣で軍功を樹てた忠純は、戦後、論功行賞によって、家康・秀忠との不和の原因となった皆川藩主松平忠輝《ただてる》の不行跡のかどで、所領七万五千石を没収されていた皆川領内から一万八千石を分与され、あわせて二万八千石を領有することになった。

忠純は寛永八年（一六三一）に没し、その遺領を越前国加賀藩の家臣本多政重《まさしげ》の子政《まさ》遂《もち》が襲封した。だが、政遂が同十五年に没したため、その遺領はふたたび忠純の孫本多犬千代が三歳で継いだが、わずか二年後の同十七年五月、五歳で夭折した。このため領地は没収となり、以後、榎本藩は廃藩となった。

佐野《さの》藩〈譜代〉
陣屋＝栃木県佐野市若松町

戦国大名佐野氏は唐沢山城に居城していたが、天正十八年（一五九〇）、城主佐野房綱《ふさつな》は豊臣秀吉から本領を安堵された。慶長七年（一六〇二）、その養子信吉《のぶよし》（富田知信《とものぶ》の五男）が家督を継ぎ、三万九千石を与えられて、春日岡に陣屋を構えて立藩した。慶長十九年、信吉は兄の伊予国宇和島十二万石富田信高《のぶたか》が妹婿の石見国津和野の坂崎直《なお》盛《もり》と争って改易となると、信吉も連座して領地没収され、彦根の井伊家と古河の堀田家に分割された。

貞享元年（一六八四）、堀田正俊《まさとし》の三男正高《まさたか》が一万石を分与されて、再度立藩した。正高は元禄十一年（一六九八）、近江国堅田に転封したので、またも廃藩となった。文政九年（一八二六）、伊達宗村《むねむら》の八男で堀田正富《まさとみ》の養子となった正敦《まさあつ》が近江国堅田から一万六千石で再度入封して立藩した。正敦のあとは正衡《まさひら》（若年寄）－正頌《まさつぐ》と続き、明治四年（一八七一）に廃藩となった。

山川藩《やまかわ》〈譜代〉
居城＝栃木県足利市山川

山川朝信《とものぶ》が下野国山川の地において二万石を領有して入封した時期は不明であるが、結城（松平）秀康に仕え、天正十八年（一五九〇）、豊臣秀吉の小田原の陣後に、この地に配置されたのだろう。朝信は慶長六年（一六〇一）、秀康が越前国北ノ庄に転封の際、秀康に従ってこの地を去ったとか、関ヶ原の役の時、西軍に与《くみ》したために除封されたとかいわれている。

寛永十年（一六三三）三月、松平信綱・阿部忠秋・堀田正盛・三浦正次・阿部重次らとともに六人衆に任ぜられた太田資宗《すけむね》は上総・下総・下野・相模・遠江国内において五千六百石を領有していたが、寛永十二年に山川において一万石を加増され、一万五千六百石を領有して、陣屋を構えて立藩した。しかし、わずか三年後の寛永十五年、資宗は二万石を加増されて三河国西尾三万五千六百石へ転封され、山川藩は廃藩となり、以後、立藩されなかった。

足利藩〈譜代〉
陣屋＝栃木県足利市雪輪町

足利の地は天喜年間（一〇五三～五八）に藤原秀郷《ひでさと》の子孫足利成行《しげゆき》が両崖山《りょうがいさん》城を築き、足利太夫と称したが、のち平家とともに滅んだ。鎌倉時代には源義家を祖とする源姓足利氏の領地となり、足利氏の祖義康《よしやす》の子義兼《よしかね》が足利氏宅（現・鑁阿寺《ばんなじ》）を構えて本拠とした。義兼の七代裔が、室町幕府を開いた足利尊氏《たかうじ》である。室町期には足利の地は鎌倉権五郎景正《かげまさ》の後裔足利長尾氏が支配したが、初代景人《かげひと》は文正元年（一四六六）、相模国長尾郷から移った。三代景長《かげなが》の時、足利古城（両崖山城）を再興し、四代憲長《のりなが》―五代政長《まさなが》と続いた後、六代顕長《あきなが》の天正十八年（一五九〇）、豊臣秀吉の小田原の陣の時、北条氏に与《くみ》して滅亡した。

足利の領地は天領となり代官支配となったが、寛永十年（一六三三）、下総国古河の土井利勝《としかつ》の所領となった。その後、天和二年（一六八二）にも再び天領となったが、元禄元年（一六八八）、五代将軍綱吉の生母桂昌院《けいしょういん》の弟で常陸国内において五千石を領有していた本庄宗資《むねすけ》が五千石を加増されて大名に列し、陣屋を構えた。宗資は翌年、さらに一万石を加増されて、同五年に常陸国笠間へ転封となった。

元禄十二年、下野国館林藩主秋元喬知《たかとも》が領有するところとなったが、宝永元年（一七〇四）、喬知が武蔵国川越に移封になったので、再び天領となった。翌年、甲府領内に八千石を領していた西の丸側衆戸田忠時《ただとき》（忠利）が三千石を加増され、改めて下野国足利・河内・都賀三郡内において一万一千石を与えられて、宗家宇都宮藩戸田家から分かれ、足利に陣屋を構えて立藩した。

忠時は甲府宰相綱豊《つなとよ》（のち六代将軍家宣）の付家老として、甲府以来家宣に従い、家宣が西の丸に入った時に側衆を勤めた。のち忠時は高齢をもって致仕し、足利藩主となった。忠時のあと、忠囿《ただその》（大坂定番）―忠位《ただたか》―忠言《ただとき》（奏者番）―忠喬《ただたか》―忠禄《ただとみ》―忠文《ただあき》―忠行《ただゆき》と八代、約百六十年間にわたって在封し、明治四年（一八七一）に廃藩置県を迎えた。

上野国

前橋藩《まえばし》（厩橋藩《まやばし》）〈家門〉

居城＝群馬県前橋市大手町

譜代筆頭格酒井氏の入封

　古称〝厩橋《まやばし》〟と呼ばれたこの地は文明年間（一四六九～八七）、関東管領上杉氏に仕える長尾氏が厩橋城を築き、その後戦国期を通じて、関東平野の要衝として上杉・武田・北条氏など群雄の攻防が展開された。天正十年（一五八二）、織田信長の臣滝川一益が入城したが、この年六月二日、本能寺の変が起こり、一益が尾張国に去って、北条氏に属していた。だが、天正十八年に北条氏が滅亡し、徳川家康の関東入部にともない、北関東の要地前橋城には家康の側近の重臣平岩親吉《ちかよし》が三万三千石で入封して立藩した。平岩氏の在封は十一年にわたるが、関ヶ原の役後の慶長六年（一六〇一）、親吉が甲斐国府中へ転封となると、代わって武蔵国川越から譜代筆頭格の酒井重忠《しげただ》が三万三千石で入封した。

　重忠は元和三年（一六一七）七月に没し、その子忠世《ただよ》が家督を相続して、以前知行していた五万二千石と重忠の遺領三万三千石を合わせて八万五千石を領有した。忠世は二代将軍秀忠の老臣として、土井利勝や大久保忠隣とともに幕政の中枢として活躍し、のちしばしば加増を受け、元和八年には上野・武蔵・近江の三国内において加増され、十二万二千五百石に達した。忠世は家康から雅楽頭《うたのかみ》に任ぜられ、以後代々雅楽頭を称した。

　つぎの忠行《ただゆき》は寛永十三年（一六三六）に襲封し、部屋住料三万石を加えて十五万二千五百石を領有したが、同年に急逝し、翌年にその子忠清《ただきよ》が家督を継いだ。この時、弟忠能《ただよし》に二万二千五百石を分与する一方、三万石を幕府に返上し、自らは十万石を領有した。

　忠清は承応二年（一六五三）、二十九歳で老中に任ぜられ、ついで老中首席となった。寛文三年（一六六三）、相模国内などで三万石を加増され、同六年大老に昇進し、ついで上総国久留里領内で二万石を加えられ、合わせて十五万石を領有した。忠清は老中保科正之や阿部忠秋が辞職すると、その権勢の強大化が目立ち、忠清の屋敷が江戸城大手門下馬札前にあったことから「下馬将軍」と呼ばれ、御家騒動で有名な仙台騒動・越後騒動を処断した。四代将軍家綱の後嗣問題が起こると、京都から有栖川宮幸仁親王を迎えようとしたが、徳川氏の血統を重んずる徳川光圀や老中堀田正俊の反対にあい、正俊が推挙した綱吉が五代将軍の座に着いた。敗れた忠清は天和元年（一六八一）二月、大老を退き、同年五月十六日、五十八歳で没した。自害ともいわれる。

　忠清の失脚後、嫡男忠挙《ただたか》が家督を継ぎ、弟忠寛《ただひろ》に二万石を分与し、十三万石を領有した。忠挙は幕閣から遠ざけられたので、藩政に力を注ぎ、儒学中心の政治を行い、天和二年に家中諸法度の公布・領奉行・町奉行を設け、城下町市日の制定などの他、元禄二年（一六八九）には総検地を実施した。同五年には藩校好古堂・求知堂を創設し、また『前橋風土記』を編纂して、名君と称された。

　しかし一方、元禄十二年の大暴風雨で領

内の家屋五千三百余軒が流失し、田畑惨害を蒙ると財政が破綻したので、以後、家臣から俸禄を借り上げ、諸支出を削減する政策を採った。なお、宝永四年（一七〇七）、領内の新田高二万石を加えられて十五万石に復したが、領域は変わらなかった。

忠挙のあと、忠相《ただみ》ー親愛《ちかよし》ー親本《ちかもと》ー忠恭《ただずみ》と続き、忠恭の寛保二年（一七四二）、関東一帯を大洪水が襲い、利根川沿岸の領内は大きな被害を受けた。前橋城は利根川増水による破壊の危険が迫ったので、寛延元年（一七四八）に三の丸に移り、忠恭が老中首座となった翌年、播磨国姫路へ移った。

家門松平氏の前橋城再築

代わって寛延二年、姫路から家門の松平（越前家）朝矩《とものり》が十五万石で入封した。だが、前橋に入封するまでに転封十回におよんで、莫大な費用を散財し、姫路在藩時代には多大な借財を抱え、大坂商人から借財の返済を幕府に訴えられるほどであった。その上、朝矩は前橋城本丸が崩壊寸前だったので、十九年後の明和四年（一七六七）、居城を武蔵国川越へ移した。このため前橋は名目上廃藩となり、前橋領約八万石はその分領として、約百年間陣屋支配となった。

川越移城後、直恒《なおつね》ー直温《なおのぶ》ー斉典《なりつね》と続いた。この間、天明三年（一七八三）、浅間山の大噴火、翌年の飢饉などで農民の減少や離村があり、耕地が荒廃した。このため直恒は寛政二年（一七九〇）、領内に社倉制度を設けて飢饉に備えた。その後、斉典の代の文政二年（一八一九）には前橋分領の農業改革が始まり、勧農掛役所が設けられ、領内有志と藩庫から三千数百両を集め、貧民への手当と出産金、赤子養育金は無償で下付し、他は無利息年賦返済とした。そして、飢饉に備えて貯蔵庫制度が発足した。

つぎの典則《つねのり》を経て、直侯《なおよし》の代には領内で養蚕が盛んになり、横浜開港以降になると、生糸貿易により前橋は生糸の集荷地として急激に活況を呈した。一方、藩は生糸の領内流通機構を掌握して窮乏した藩財政の再建をはかった。

直侯の養嗣子となった直克《なおかつ》（筑後国久留米藩主有馬頼徳の五男）は前橋への帰城を決意して、文久二年（一八六二）十二月、老中へ「前橋城再築内願書」を提出、翌年十二月、移城が許可された。前橋城再築は元治元年（一八六四）に着工し、以来三年三ヵ月を費やし、慶応三年（一八六七）一月に一応完成、翌明治元年末、百年ぶりに前橋へ帰城した。

なお、直克は文久三年十月、幕府の政事総裁職に任ぜられたが、横浜鎖港を献策し、常陸国水戸藩主徳川慶篤と意見対立して、罷免された。慶応三年十月、十五代将軍慶喜が大政奉還後は去就に苦慮し、翌年二月慶喜の免罪および徳川家継嗣に関して奏上するため上京した。だが、事態はすでに遅く、途中新政府軍と遭遇し、その去就を問われ、謝罪書を提出して入京したが、朝幕間の調停を果たすことはできなかった。のち関東地方における徳川氏脱藩者の策動を鎮圧するため帰国し、以後、大総督宮に属して各地の警備にあたった。明治二年（一八六九）、直克は版籍奉還して知藩事になったが、越中国富山藩知事前田利同《としあつ》の弟直方《なおかた》を養子に迎えて致仕し、同四年、直方の時に廃藩置県を迎えた。

小江戸紀行 下馬将軍の城下町前橋城下を歩く

城跡、菩提寺、藩日記のこと

群馬県庁敷地は前橋城本丸跡だ。北側に残る土塁が、緑にはえる老松とともに往昔を偲ばせる。江戸初期の本丸の位置はすでに利根川になってしまい、現在の城構えは江戸時代後期に松平氏が改修したものだ。北は前橋公園につづき、東照宮があり、中央大橋通りを隔てて乾堀《からぼり》跡がある。その北から東にかけて、城内の水路とした風呂《ふろ》川が流れている。前橋郵便局付近が大手門で、県庁とのほぼ中央北側に東橋御門跡がある。櫓門跡で左右とも方形に切石を積み上げて、幅六間（一〇・九メートル）の道路を挟んでいた。

室町時代に長野氏が築城し、長尾氏・上杉氏家臣の北条《きたじょう》氏などの居城であり、江戸時代には平岩氏から酒井氏となって九代、寛延二年（一七四九）に姫路藩の松平氏と交替、松平氏八代で明治に至った。

酒井氏の菩提寺は曹洞宗龍海院《りゅうかいいん》で、境内西南一区画の墓地に墓石が並んでいる。前橋藩主初代重忠から、姫路へ転封になったのちも代々ここを菩提寺として埋葬された。江戸幕府の大老として権勢をふるった酒井忠清の墓もあり、大名墓地の典型をなしている。

市内大手町三丁目の曹洞宗源英寺は、元和年間（一七世紀）酒井重忠の開基になり、竜海院の末寺で、酒井重忠画像を所蔵している。また、市内朝日町の孝顕寺《こうけんじ》は松平氏初代の直基《なおもと》によって創建され、その所領にしたがって各地を移転し、慶応三年（一八六七）に松平氏が川越から前橋へ移ったのにしたがってこの地に建立された。その関係から松平直基以下八代の画幅を所蔵している。

松平氏の藩日記は前橋市立図書館で所蔵している。現在、御用日記類二百七十三冊、その他百二十九冊の合計四百二冊に製本されている。藩の用務家老が毎日の政務のなかから重要とおもわれる記事・事件を書きついだもの。松平氏は川越を本城とした時期が長かったので、その地域の記事が比較的多いが、前橋藩領でも貴重な資料となっている。

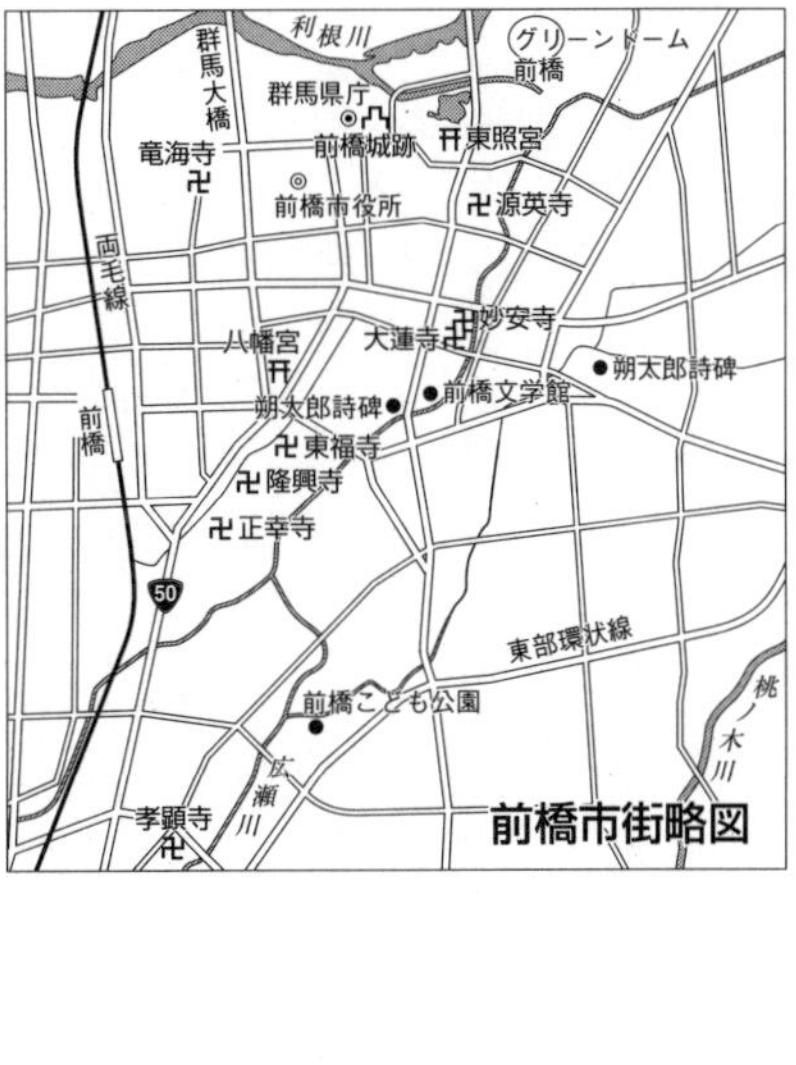

前橋市街略図

寺町、糸のまち、詩のまち

前橋城下町も、やはり職人と商人のまち。武士たちも城下町で生活必需品を買い、製作させる必要があり、近村のものたちも市日に集まった。

今日でもその由緒をもつ一月九日の初市は盛んなものだ。連雀《れんじゃく》町は商人たちが荷をおろすところで、背なかに荷物を背負う

前橋城跡の土塁

しょいこを連尺といったところから商人のことをいう。前橋八幡宮前の通りにあたる。ここに町人頭木島助右衛門が住み、連雀商人を取り締っていた。

　ところで前橋八幡宮は前橋総鎮守とあがめられてきた。社殿のあるところは古墳である。社殿のまわりの石垣に天保六年（一八三五）に村田屋喜兵衛ら三人が世話人となり、神宮寺住職恵満《けいまん》とともに石垣を造ったことを刻んでいる。神と仏一体でおがんだ神仏習合のころをしめしたもので、境内北側に神宮寺があった。所蔵する八幡宮古文書は、北条《きたじょう》高広の戦国時代から江戸初期の平岩氏・酒井氏におよぶ寄進状九通だ。

　本町を東に進むと寺院が集まっている。東福寺は門前に幕末の書家巻菱湖《まきりょうこ》筆の馬頭観世音の碑があり、寺宝のひとつに応永十三年（一四〇六）の銘文をもつ赤城山小沼《こぬま》の鰐口《わにぐち》がある。

　隆興寺の石造宝篋印塔には江戸後期の前橋町人の名を残している。明治時代の産婆《さんば》（助産婦）界の指導者津久井磯子《つくいいそこ》の頌徳碑や俳人三日月素輪《みかづきそりん》の墓がある。ずっと東に正幸寺があり、平岩氏崇敬の勝軍地蔵を安置している。また素輪の「三日月や広い空にも曲げて置《おく》」の句碑がある。墓地には町人頭木島家、前橋藩家老高須隼人《たかすはやと》などの墓碑がある。

　町の中央部にある妙安寺は真宗大谷派。酒井氏の信仰あつく移封とともに移ってきた。親鸞《しんらん》が弟子成然《じょうねん》に自作の木像を与え、この寺を建立した。東本願寺創建にさいして親鸞自作の木造を懇願され、徳川家康・酒井忠清らの奔走により京都へ移された。そのための妙安寺は〝御里御坊《おさとごぼう》〟と呼ばれ、後柏原天皇・後陽成天皇・後西天皇をはじめ、豊臣秀吉・徳川家康の真筆、什器を多く所蔵している。

　隣接する大蓮寺には赤穂義士矢頭右衛門《えも》七《しち》の母の墓がある。もと前橋藩主松平大和守家臣中根氏の娘だった縁による。

　また、前橋といえば〝糸のまち〟といわれる。江戸時代には農閑期につくられた糸は、横浜貿易が開始されると本格的な産業となり工場が建てられるようになった。そうしたなかで前橋藩営製糸場が建てられた。国道一七号線の廐橋をわたった左側に記念碑が建てられている。明治三年（一八七〇）に前橋藩士速見堅曹《はやみけんぞう》がスイス人ミューラーと契約し、広瀬川をつかった水車動力の機械製糸として日本最初の工場を建設したのだった。

　前橋は、詩のまちでもある。近代詩の最高峰をしめる詩人・萩原朔太郎の故郷でもある。

高崎《たかさき》藩〈譜代〉

居城＝群馬県高崎市高崎町

譜代一代交替と安藤氏三代

上野国高崎の旧地は鎌倉街道の和田駅が置かれ、中世になると和田氏が支配した。

天正十八年（一五九〇）、徳川家康の関東入部にともなって、関東北辺の防備を固めるために徳川四天王のひとり井伊直政《なおまさ》が群馬郡箕輪《みのわ》十二万石に封じられたが、慶長三年（一五九八）、中山道と三国街道の分岐点にあたる同郡内の要衝和田にあった和田氏の旧城を修築して居城とし、和田の地名を高崎と改めた。譜代藩としての高崎藩の始まりである。

関ヶ原の役の翌年の慶長六年（一六〇一）、直政はこの戦いに敗れた西軍総帥石田三成の旧城地近江国佐和山十八万石に移され、その後、上野国総社一万二千石に封ぜられていた諏訪頼水《よりみず》が在番したが、慶長九年、酒井家次《いえつぐ》が下総国臼井三万石より入封して五万石を領した。

元和二年（一六一六）、家次は越後国高田へ移され、松平（戸田）康長《やすなが》が常陸国笠間三万石から入封して五万石を領した。

康長は在封九ヵ月で翌三年二万石を加増されて信濃国松本へ移封となり、同年、松平（藤井）信吉《のぶよし》が常陸国土浦から移され、同じ石高の五万石を領した。

元和五年、信吉は丹波国篠山へ移され、下総国小見川から安藤重信《しげのぶ》が入封して、上野国群馬・片岡郡、近江国高島・神崎郡のうちで五万六千六百石を領した。

重信は早くから二代将軍秀忠に仕え、高崎在封二年を含む十年間老中職にあったが、同七年に没すると養子の重長《しげなが》が襲封した。

重長も秀忠・家光の二代に仕えて篤い信任を得ており、寛永九年（一六三二）から同十一年までの間、家光の意向によって改易となった駿河大納言徳川忠長《ただなが》を預かり、自決を命ぜられるまで幽閉生活の面倒を見た。重長は書院番頭・寺社奉行・奏者番を歴任して、同十年群馬郡総社領一万石を加増されて六万六千六百石を領し、同十二年領内総検地を行った。

その子の重之《しげゆき》が早世したため、明暦三年（一六五七）、孫の重博《しげひろ》が襲封することとなったが、このとき叔父重好に五千石、同重常に一千六百石を分知し、自らは六万石を領知することとした。

重博もまた奏者番となって幕政に参画し、しばしば大名改易のさいの収城使をつとめている。寛文四年（一六六四）ごろには高崎城が完成、同六年には前代につづき領内総検地を行って過重な年貢の制度を定めたため、その後の藩政が領民との間に不穏な空気を醸す一因となった。

元禄八年（一六九五）、重博は備中国松山へ移され、七十六年間にわたる安藤氏三代の高崎支配が終わった。

側用人松平輝貞・間部詮房

安藤氏三代のあと下野国壬生から松平（大河内）輝貞《てるさだ》が入封し、五万二千石を領した。輝貞の父信興《のぶおき》は「知恵伊豆」と呼ばれた松平信綱《のぶつな》の五男で、四代将軍家綱の小姓から出世して若年寄・大坂城代・京都所司代をつとめた。

輝貞は五代将軍綱吉の側用人《そばようにん》として権勢

をふるった柳沢吉保《よしやす》の養女を妻として吉保の補佐をし、元禄十四年（一七〇一）には河内国のうちに一万石、宝永元年（一七〇四）には武蔵・摂津両国のうちに一万石を加増されて所領は七万二千石となった。輝貞自身も側用人に取り立てられて吉保とともに綱吉の側近として幕政に参画したが、綱吉の没後、吉保が失脚すると輝貞も権勢を失って、宝永七年（一七一〇）、越後国村上へ移された。

　同年そのあとに六代将軍家宣の側用人間《まな》部《べ》詮房《あきふさ》が相模国のうち三万石に上野国三郡のうち二万石を加増され、五万石の城持大名として入封した。

　詮房は猿楽師喜多七太夫の弟子で、甲府宰相徳川綱豊《つなとよ》に仕えて寵を得たが、宝永六年、綱豊が家宣と改めて六代将軍に就任すると、側用人として新井白石とともに幕政運営にあたり、幼将軍七代家継の代まで側用人をつとめた。しかし、八代将軍吉宗の就任とともに失脚し、享保二年（一七一七）、越後国村上へ移封となった。

　入れ替わって村上から松平輝貞が再入封し、上野国片岡・群馬・碓氷郡、越後国蒲原郡、下総国海上《うなかみ》郡のうち七万二千石を領することとなり、以後、明治廃藩まで松平氏が十代百七十年間支配した。

幕府の要職長期在任

　享保十五年（一七三〇）、松平輝貞は老中に準ずる老中格に出世し、延享二年（一七四五）まで十五年五ヵ月間その職にあって将軍吉宗の享保改革の推進に参画した。輝貞の治世は前後四十五年におよび、大河内松平藩政の基盤を固めた。

　当時、高崎は中山道の宿場としてにぎわい、藩領の倉賀野から分岐する日光例幣使街道は京都から旅してきた公家の一団の日光社参のための交通路にあたっていたため、藩としてもそれなりに礼をつくさねばならなかった。

　利根川の支流烏川の倉賀野河岸は水運を利用した領内の産業を発展させ、領内の養蚕が盛んになるにつれ、高崎はその集散地として商業活動が活発化した。

　延享二年（一七四五）、輝貞のあとを養子輝《てる》規《のり》が継ぎ、寛延二年（一七四九）、そのあとを子の輝高《てるたか》が継いだ。

　宝暦元年（一七五一）、輝高は寺社奉行に就任し、大坂城代・京都所司代・若年寄と要職を歴任し、同八年、老中となり一年七ヵ月在任したが、同十年、九代将軍家重が多病により家治に将軍職を譲るにあたり解任された。しかし翌十一年にはふたたび老中に返り咲き、その後、二十二年二ヵ月の長きにわたりその職にあった。同十三年、輝高は播磨国宍粟《しそう》・加西、河内国茨田《まんた》三郡のうちで一万石を加増され、安永八年（一七七九）には上野国群馬・碓氷・緑野《みどの》三郡のうちで一万石を加増されて、合わせて八万二千石を領することとなった。

　輝高の再任老中時代は田沼意次が十代将軍家治の権力を笠に着て権勢の階段を急上昇していく時代であり、その片腕として意次を支えたことが安永八年の加増につながったのであった。

　明和元年（一七六四）、武蔵国内で日光例幣使下向時の助郷重課に反対して二十万人が蜂起する伝馬騒動と呼ばれる大一揆が起こり、江戸に押し寄せる形勢を示したため幕府は課税を撤回せざるをえなくなった。この騒動には高崎藩の領民も加わっていたため、藩主が老中の要職にいた高崎藩は大きな衝撃を受けた。

天明元年（一七八一）、幕府は絹の貫目改所設置と運上金の徴集を武蔵・上野国内の村々に通達したが、老中輝高はその黒幕と目されて二万人の農民が高崎城下に乱入して打ち毀しを行ったため、幕府はこの布達を中止せざるをえなくなった。

田沼政権下の高崎藩は藩主の出世と引き換えに意次への政治的反発を自ら引き受けねばならなかったのである。

関東譜代重鎮の幕末多端

天明元年（一七八一）、輝高のあとを継いで輝和《てるやす》が襲封した。同三年には浅間山が噴火し、つづいて大飢饉が起こった。同四年寺社奉行に就任した輝和は、十四年間在任したのち大坂城代に移ったが、在任一年で没した。このころ、上野一帯には侠客や博徒が横行し、領内は不安定な状態になった。

一方、宝暦十年（一七六〇）、輝高が藩校遊芸館を創設して文武を奨励したのをはじめ、寛政三年（一七九一）、郡奉行大石久敬に農政の基本となる『地方凡例録《じかたはんれいろく》』を編纂させ、『郡方式』『町方式』によって家臣服務規定を制定して藩政改善への努力が払われた。

こうしたことが刺激になり、藩儒川野辺寛が地誌『高崎志』を著し、藩医嶺春泰が『解体新書』の翻訳に協力するなど多彩な人物が輩出し、領内には文化的意欲が向上して和算や俳句が流行した。

輝和のあと弟の輝延《てるのぶ》が襲封し、寺社奉行十三年、大坂城代七年をつとめたあと、文政六年（一八二三）、老中となり一年八ヵ月在任した。輝延のあと、輝承《てるよし》は天保九年（一八三八）、奏者番となり、輝徳《てるのり》—輝充《てるみち》とつづいて、つぎの輝聴《てるとし》は嘉永五年（一八五二）、奏者番兼寺社奉行となった。最後の藩主輝声《てるな》は幕末多端の万延元年（一八六〇）、十三歳で襲封した。

ペリー来航に始まる諸外国との交渉・交易によって多数の外国船が日本列島の沿岸に近づくようになったことは幕府にとって軍事的脅威となり、高崎藩でも銚子分領の沿岸警備に加えて、文久三年（一八六三）には幕命に従って江戸湾第三台場の警備を預かることとなり、それにともなって藩内の兵制改革、銃砲訓練、農兵強心隊の結成など対応は多事をきわめた。

元治元年（一八六四）、筑波山に挙兵した水戸天狗党への鎮圧出動につづいて、武田耕雲斎率いる水戸浪士の西上を阻止するため上信国境の下仁田《しもにた》に戦い、高崎藩兵は三十四人の死者を出して敗走した。

輝声は甲府城代・奏者番を歴任したのち慶応三年（一八六七）、陸軍奉行並になり、関東譜代の重鎮として末期症状にあった幕府を支えた。しかし慶応四年三月、維新政府に恭順し、その命により旧幕府陸軍奉行兼勘定奉行小栗忠順の討伐に出兵してこれを処刑、さらに高崎藩は長岡・会津両藩への追討戦にも出兵した。

明治二年の版籍奉還により輝声は高崎藩知事となったが、同年から同四年まで高崎藩城付領四十五ヵ村による五万石騒動と呼ばれる年貢減免一揆がつづいた。高崎藩は混乱のなかで明治四年、廃藩置県により高崎県となり、のち群馬県に編入された。

小江戸紀行 関東と信州を結ぶ城下町高崎城下を歩く

江戸北辺の守り、高崎城跡

鎌倉時代の和田合戦で滅亡した和田氏の一族和田義信が正長元年（一四二八）、赤坂庄と呼ばれた地に築城し、天正十八年（一五九〇）、信業のとき北条氏に従って滅亡した和田氏の居城和田城が高崎城の前身である。慶長三年（一五九八）、井伊直政が箕輪から移って、廃城となっていた和田城の跡に新城建設の工を起こした。

井伊氏は在城三年で近江国佐和山に移り、元和五年（一六一九）に封ぜられた安藤氏三代七十七年の間に高崎城は完成し、城下町も整備された。

高崎城は南東を流れる烏川と碓氷川の合流点を自然の要害として、その左岸崖上に位置する平城で、崖上の平坦地に深い堀と高い土居をめぐらして本丸とし、四隅に二層の隅櫓を配し、西土居の上に三層の櫓を建てて天守閣の代用とした。本丸を取り巻くように二の丸、その外に三の丸をめぐらして上級・中級の武家屋敷を配し、追手門・東門・南門・子《ね》ノ門・赤坂門の五門が城を取り巻く武家屋敷と通じていた。赤坂門外には角馬出しがあり、東門の南には枡形の土居があった。現在は三ノ丸の堀と土居、乾櫓（県指定重要文化財）と東門が残る。

徳川忠長の墓所、大信寺

高崎市通町北端にある大信寺は井伊直政が箕輪から居城を高崎に移したとき、西明《にしあき》屋《や》（群馬県箕郷町）から現在地に移転した。寛永十年（一六三三）、譜代の重鎮であった安藤氏二代目の重長が藩主のとき、改易されて蟄居を命ぜられた三代将軍家光の弟駿河大納言徳川忠長を預かり、自刃後の遺骸を大信寺に埋葬した。忠長の書翰や所持品が同寺に保存されている。寛文三年（一六六三）、供養料として朱印地百石が与えられたことが『高崎志』などに見えている。

高崎地名の起こり、龍広寺と光明寺

天正十八年（一五九〇）、上野国箕輪に封ぜられた井伊直政は、僧白庵を開山として同地の東明屋に龍門寺を建立した。慶長三年（一五九八）、箕輪から和田に居所を移した直政はふたたび白庵を開山として龍広寺を建立し、白庵の進言に従って和田の地名を高崎と改め、山号を高崎山と号したことが『高崎志』にある。

高崎市若松町にある曹洞宗龍広寺は藩主が開基ということから武士の墓が多く、高崎藩主大河内松平氏息女の墓もある。境内には江戸に生まれ生涯を高崎で過ごした俳人村上鬼城、羽前出身の学者市川左近、日

露戦争で捕虜になったロシア兵の墓三基があり、文学僧として知られた当寺十八世三の橋供養塔、鬼城句碑がある。

龍広寺の北にある高野山真言宗光明寺は慶長九年（一六〇四）、入封した酒井家次が堂宇を創建して祈願所とした寺院である。隣接して鎌倉街道馬上《ばじょう》宿にちなむ馬上石《ばけいし》があって奇異を伝えたところから光明寺と馬上石の一字ずつを取って、旧明石町の町名ができたという。

高崎城三の丸跡の土塁

街道分岐の倉賀野宿跡

倉賀野は平安のころ郡倉が置かれたことから生まれた地名という。鎌倉末期の『宴曲抄』には鎌倉から信濃善光寺に向かう鎌倉街道の宿として「倉賀野」が見え、江戸時代には烏川左岸にあって中山道と日光例《れい》幣使《へいし》街道が分岐する宿駅としてにぎわった。

中山道分間延絵図などによると、宿の東入口で北東に向かう日光例幣使街道が分岐し、追分の三角地に弥陀堂が建ち、右江戸道、左日光道と記された道標と大常夜灯があった。現在弥陀堂は閻魔堂となり、道標と文化十一年（一八一四）、建立の日光例幣使街道の常夜灯が残っている。

天領支配の岩鼻代官所跡

寛政五年（一七九三）、荒廃した農村の復興を図るため中山道と利根川・烏川筋を扼する岩鼻《いわはな》村に置かれた幕府の代官所。支配領域は上野八郡にまたがって存在する五万八千七百石の幕府・旗本領の村々で、文化二年（一八〇五）、関東取締出役が創設されると岩鼻代官所を拠点に上州の取締りを行い、農業の奨励の他、当時、上州に数多く横行した博徒の取締りには強力な権限をもって立ち向かったため、宿場に巣食う無頼の徒には「八州さま」として恐れられた。

幕末の天狗党追討、武州世直し一揆、薩摩浪士隊の下野出流山《いずるさん》蜂起などに出動して騒動を鎮圧したが、幕府崩壊によって機能を失い、新政府軍の東山道総督府が高崎城に入ると、高崎藩兵が代官所をおさえて治安維持にあたった。

慶応四年（一八六八）六月、岩鼻県が設置され、代官所跡に県庁が置かれた。

名物高崎達磨の少林山達磨寺

黄檗宗達磨寺《だるまじ》は高崎市鼻高町所在ながら江戸時代は前橋藩領、のち安中藩領にあった。延宝五年（一六七七）、中国からの渡来僧心越が水戸光圀の帰依を得て開創し、享保七年（一七二二）、前橋藩主酒井親本が修築した。文化年間同寺の達磨の配り札から張子達磨を作ったのが現在も高崎名物として知られる高崎達磨の始まりとされ、大観音像とともに七草の縁日に開かれる関東一の達磨市が多くの人を集めている。

館林《たてばやし》藩〈譜代〉

居城＝群馬県館林市城町

譜代重臣榊原氏の入封

天正十八年（一五九〇）、徳川家康の関東入部にともない、徳川四天王の一人といわれた榊原康政《やすまさ》は上野国邑楽郡内七十三ヵ村・勢多郡内十一ヵ村、下野国梁田郡内二十五ヵ村において十万石を領有し、館林城に入城して立藩した。康政は永禄三年（一五六〇）、初めて家康に仕え、同六年の三河一向一揆の戦いで功を挙げ、家康の偏諱を賜わって康政と改名した。天正十二年の小牧・長久手の戦いでは豊臣秀吉軍を破り、その武略と驍勇から井伊直政・酒井忠次・本多忠勝らとともに、世に徳川四天王と称された。

康政は入封すると、ただちに土木水利事業の拡大に着手、城郭の拡張、城下町の整備、利根・渡良瀬両河川の築堤など都市基盤整備の基礎を築いた。また、康政は天正十九年、陸奥国の九戸《くのへ》政実《まさざね》の乱の鎮定に従軍、慶長八年（一六〇三）十一月、徳川秀忠の上洛に際して供奉し、在京料として近江国野洲・栗太《くりた》・蒲生三郡内において五千石を加増された。

康政は慶長十一年五月十九日、五十九歳で没し、その三男康勝《やすかつ》が家督を継いだが、元和元年（一六一五）の大坂夏の陣の時、徳川秀忠軍の先鋒を勤めて活躍した。だが、大坂落城後の五月二十七日、戦闘の時の傷が原因で、京都において二十六歳の若さで急死した。同年十二月、康政の嫡男忠政《ただまさ》の子で、大須賀家を継いでいた忠次《ただつぐ》を養子に迎えて家督を相続させた。忠次は日光山東照宮の造営や江戸城西の丸の堀普請などたびたび幕府御用を勤め、寛永二年（一六二五）、上野国邑楽郡内四ヵ村の新田一万石を加増され、合わせて十一万五千石を領有したが、寛永二十年（一六四三）七月、陸奥国白河十四万石に加増されて転封となった。このため、館林藩は一時幕府領となった。

徳川綱吉の入封

正保元年（一六四四）二月、遠江国浜松から松平（大給）乗寿《のりなが》が六万石で入封して、再度立藩した。乗寿は慶安三年（一六五〇）九月から西の丸に勤め、翌年には本丸老中に昇進し、さらに四代将軍家綱の侍従に任ぜられた。承応三年（一六五四）一月、乗寿が五十五歳で没し、嫡男乗久《のりひさ》が遺領を継ぎ、この時弟乗政《のりまさ》に五千石を分与し、五万五千石を領有したが、寛文元年（一六六一）、下総国佐倉へ転封となった。

松平（大給）氏が佐倉へ移った後、三代将軍家光の第四子綱吉が十万石の領地と厨《みくりや》領十五万石、合わせて二十五万石を領有して入封した。綱吉は参議に任ぜられたため〝館林宰相〟と呼ばれた。綱吉は幕府から二万両を下賜されて、その地位と格式に相応させるため、寛文三年から二年間の歳月を費やして館林城の大修築を行った。

また、水防事業に尽くし、利根川沿岸の村々に組合を組織させ防水にあたらせた。一方、延宝四年（一六七六）から領内の総検地を実施し、農民に重税を課したため、小沼庄左衛門らを代表とする百姓一揆が起こった。

延宝八年、綱吉が五代将軍に就任すると、

その子徳松が二歳で藩主を継いだが、天和三年（一六八三）、わずか五歳で没したため、館林城は取り壊され、領地は幕府領に編入された。なお、綱吉・徳松ともに江戸定住であったため、この間の館林は四人の城代が交代で管理した。記録によれば、綱吉の在城は日光社参の帰途三日間に過ぎなかったという。

松平（越智）氏と太田氏

館林廃城から二十四年後の宝永四年（一七〇七）、松平（越智）清武《きよたけ》が上野国邑楽郡内三十七ヵ村の他、相模国高座・鎌倉・愛甲、武蔵国埼玉、常陸国真壁、下総国相馬・豊田の七郡内において二万四千石を領有して入封した。清武は甲府宰相徳川綱重の第二子で、一時家臣である越智与右衛門のあとを継いだことから「越智松平」と称するようになった。清武の実兄は六代将軍家宣である。

清武は宝永五年六月、館林築城のため幕府から五千両を下賜され、同七年に総工費三万一千両で三層の天守閣を完成させた。同時に上野国邑楽、下野国安蘇・都賀、武蔵国埼玉、播磨国美嚢《みなぎ》の四郡内において一万石が加増され、さらに正徳二年（一七一二）十月十四日、六代将軍家宣が病没すると、その遺言によって越後国蒲原・岩船両郡内に二万石を加増されて、合わせて五万四千石を領有した。

享保九年（一七二四）九月、清武が没すると、養子武雅《たけまさ》が家督を相続するが、わずか四年後の享保十三年に没した。このため九月二十二日、武雅の急養子となった武元《たけちか》が遺領を継ぎ、同時に陸奥国棚倉へ転封となった。

代わって棚倉から若年寄太田資晴《すけはる》が上野国邑楽郡内四十二ヵ村において五万石を領有して入封したが、六年間の在封後の享保十九年に大坂城代に任ぜられ、館林には城番が置かれた。元文五年（一七四〇）、資晴の子資俊《すけとし》が遺領五万石を継ぎ、館林藩主に復するよう指示され、幕府から城の営繕料三千両が貸与された。翌年二月、資俊は藩主就任以来、はじめて入城した。寛保二年（一七四二）、大洪水で領内が被害を受けたため、幕府から五千両を借用して災害復旧工事などにつとめた。延享二年（一七四五）、資俊は奏者番となり、遠江国掛川へ転封となった。

松平（越智）氏の再度入封

延享二年十一月、徳川家重が九代将軍に就任すると、翌三年九月に陸奥国棚倉から松平（越智）武元が旧領の館林五万四千石へ入封した。延享四年に本丸老中に就き、寛延元年（一七四八）の琉球使節、明和元年（一七六四）の朝鮮使節来朝には、よくその職務を担当した。武元は積年の政務担当に尽力したことを賞せられ、明和六年（一七六九）一月、伊豆国君沢・田方両郡内において七千石の加増を受け、六万一千石を領有した。また九代将軍家重、十代将軍家治二代、約三十二年間にわたり老中としての重職を果たした。武元は謹厳忠誠、学問好きで、毎朝、儒臣に「論語」を一章ずつ進講させてから登城したという。

武元は安永八年（一七七九）七月二十五日、六十四歳で没すると、その子武寛《たけひろ》が家督を継ぎ、翌年八月、奏者番となったが、天明四年（一七八四）に没し、斉厚《なりあつ》が遺領を継ぎ、伊豆国の領地を上野国邑楽・勢多・山田・

新田、下野国安蘇の五郡内に替えた。天明六年七月、関東大洪水の時、家老と相談して領民の困窮を救い、のち老中松平定信から賞詞され、奏者番・寺社奉行を兼任した。文政五年（一八二二）、十一代将軍家斉の子徳之進を養子に迎え、以後将軍家との関係が深まった。斉厚は、初め武厚と称していたが、家斉から一字を授けられて斉厚と改称した。天明七年三月、斉厚は石見国浜田へ転じた。

代わって同月、陸奥国棚倉から井上正春《まさはる》が六万石で入封し、天明十一年には老中に任ぜられた。だが、天明八年六月、藩の浪人生田万《よろず》（江戸後期の国学者）が門弟らと越後国柏崎の大久保陣屋を襲撃するという騒乱を起こしたり、重税徴収による一揆が起こって、弘化二年（一八四五）十一月、遠江国浜松へ転封となった。

幕末混乱期の秋元氏二代

弘化二年十一月、出羽国山形から秋元志《ゆき》朝《とも》が上野国邑楽・山田・新田・勢多四郡内、出羽国村山郡内、河内国八上・丹南・丹北三郡内において六万石を領有して入封した。だが、この国替えにともない藩士間に軋轢が生じて、藩政・財政面でさまざまな意見の対立が起こり、志朝は安政二年（一八五五）十一月四日に起きた安政の大地震を機に藩政改革を断行した。翌年四月、主法改正掛を設置し、広く藩士からの建言を求め、同年十二月には〝定府制〟を廃して〝在番制〟とし、国元と江戸との財政を統一する旨の改革令を発布した。また、文武の制度を改変するため、水戸藩の弘道館を模範とした藩校造士書院を開校し、学問所を求道館と称した。

文久三年（一八六三）六月、幕命により日光山東照宮を警備したが、藩内では早くから水戸藩の尊王論の影響を受けて勤王論が高まった。また、同年から元治元年（一八六四）にかけて宇都宮藩戸田家とともに、河内国の雄略天皇陵の修復を行った。

志朝（周防国徳山藩主毛利広鎮《ひろしげ》の次男）は長門国萩藩の世子毛利元徳《もとのり》（広鎮の十男）と兄弟の関係から尊王の志厚く、水戸・宇都宮藩と交わり、関東の尊攘藩として重きをなした。文久三年五月、長州藩の下関海峡通航外国船砲撃事件を機とする長幕間の確執を憂えた志朝は十二月に上洛し、内勅により両者間の斡旋に奔走したが果たせなかった。元治元年（一八六四）七月十九日、禁門の変が起こると、志朝は幕府の嫌疑を受け、十月に致仕、江戸に幽居した。このため、遠江国掛川藩主太田資始《すけとも》の五男礼朝《ひろとも》を養子に迎えて襲封させた。礼朝は奏者番となり、慶応三年（一八六七）十一月、紀伊国で行われた幕府の官軍対策会議に家臣を出席させた。慶応四年一月、鳥羽伏見の戦いが起こると、藩論が定まらないまま新政府軍に従ったが、先の対策会議出席を疑われ、軍資金二万両、大砲二門、砲手十五名を提出して、改めて帰順を許された。

三月に養父志朝が幽居を解かれると、礼朝は父とともに江戸上野の彰義隊を平定、下野国真岡、常陸国結城などで転戦し、さらに越後から仙台方面まで藩兵を送り、新政府軍として戦功をあげた。六月には、戦功として賞典禄一万石を下賜された。明治二年、版籍奉還により礼朝は知藩事に任ぜられたが、同四年七月、廃藩置県を迎えた。

小江戸紀行　ツツジの咲く城下町館林城下を歩く

館林城土橋門と歴史の森

群馬県の東南部に位置する館林市は、江戸中期に五代将軍になった徳川綱吉が、一時二十五万石を領して封ぜられた城下町である。市内東郊にある城沼《じょうぬま》周辺には、樹齢三百年を超えるツツジ一万株が植えられ、まさにツツジの街である。東武伊勢崎線館林駅の東口駅前には、以前善導寺があったが、市内東郊に移転し、今は近代的な商店街に変わっている。

　駅前から東へ延びる停車場通りを進むと、道の両側には古社寺が点在し、日光脇往還を越え、さらに佐野—行田線との交差点を渡った左手に、館林城三の丸跡の土塁があり、現在は図書館・文化会館が建っている。土塁に沿っていくと、昭和五十八年に復元された館林城土橋門がある。特に鉤手《かぎのて》状に残る土塁は、開門時にあっても郭内を見すかすことのできないように工夫された蔀土《しとみど》居《い》といわれ、県内に残る唯一の遺構である。

　三の丸跡に建つ図書館に館林市第一資料館があり、館林城関係の諸史料が閲覧できる。ここからさらに東へ進むと、右側が歴史の森で、ここが館林城本丸跡である。現在、ここには女性宇宙飛行士向井千秋記念子ども科学館、田山花袋《かたい》記念館などが建ち、周囲には館林城本丸土塁が残されている。

　歴史の森の北側、道を隔てて館林市第二資料館がある。レンガ造りの門柱を入った左手には、明治四十一年に建てられた旧上毛モスリン株式会社の本館事務所で、木造二階建ての擬洋風の建物である。その右手には自然主義文学を確立した作家田山花袋の胸像が立ち、その後ろに茅葺き屋根の花袋旧居が移築されている。この建物は花袋が七歳から十四歳までのおよそ八年間を過ごした家である。

　第二資料館を出た右手に旧秋元家別邸があり、ツツジや花菖蒲が美しい。その先の鶴生田《つるうだ》川に架かる尾曳《おしき》橋を渡ると、城沼畔一帯が県立つつじが岡公園である。慶長十年（一六〇五）、藩主榊原康政《やすまさ》の愛妾お辻の方は寵愛を一身に集めていたが、それを妬む妻妾らの仕打ちに堪えかねて、侍女お松とともに城沼に身を投じたという悲しい伝説がある。このため康政はその死を哀れみ、一株のツツジを植えたのがはじまりと伝えられ、以後、歴代藩主により大名庭園として保護されてきた。

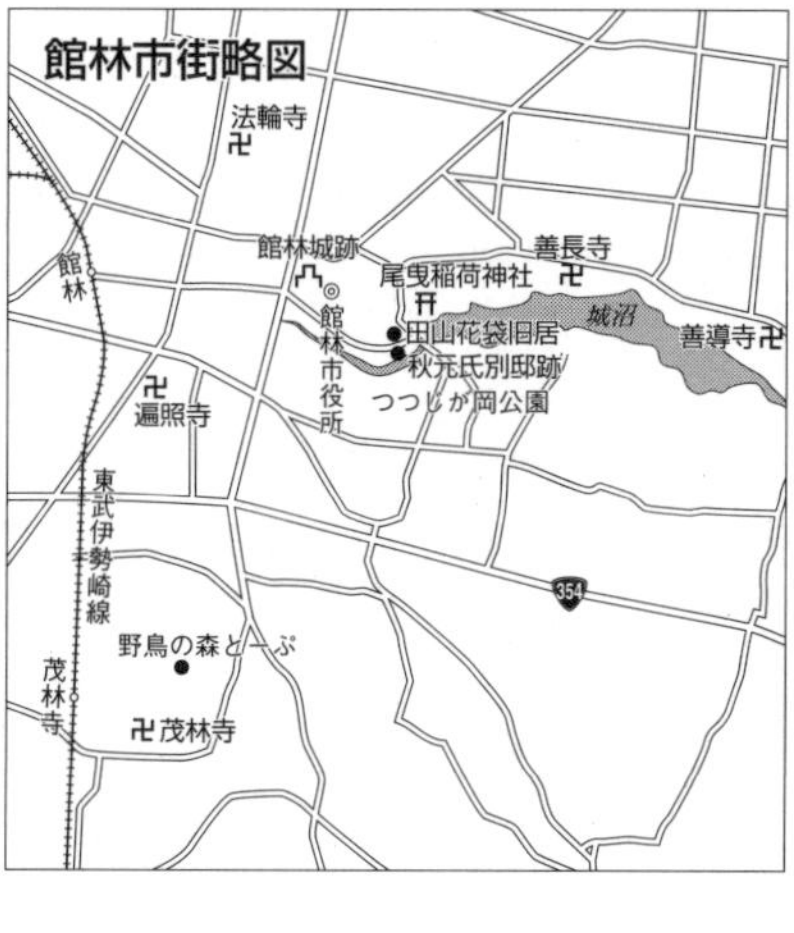

牧野氏の菩提寺善導寺

　第二資料館の東側に尾曳稲荷神社がある。この神社は天文元年（一五三二）、大袋城主赤井照光の創祀といい、照光が館林に築城の際、狐の先導によって堅固な城が完成したという由緒により、その霊狐を城の守護神としたと伝えられている。神社の建つあたりは館林城の外郭で〝稲荷郭〟といわれ、当時は城沼の入江を隔てて南の本丸・二の丸に対していた。

　社前から細い路地を東へ進むと、途中右手の畑の中に田山花袋生誕地跡の碑が立つ。

館林城の土橋門

この先に大永三年（一五二三）、赤井家範《いえのり》が兄の菩提を弔うために建立した善長寺があり、山門は城沼に面している。墓地には榊原忠《ただ》次《つぐ》の母祥室院の墓、本堂前の覆堂の中にお辻の方と侍女お松の供養塔がある。
　善長寺から道をさらに東へ進むと、大きな朱塗りの山門のある善導寺がある。以前は館林駅前にあったが、駅前広場整備事業のために現在地に移した。正式には終南山見松院と号する浄土宗の寺で、和銅元年（七〇八）に僧行基の草創といわれ、その後天正十八年（一五九〇）、藩主康政が七堂伽藍を建立した。のち康政は菩提所と定め、江戸駿河台の幡随院の住職幡随院白道を招いて中興開山として、真言宗から浄土宗に改宗し、元和元年（一六一五）には関東十八檀林の一つになり、徳川家から朱印百石を賜わった。広大な境内で、墓地には榊原康政、遠江国横須賀藩主大須賀忠政、二代榊原康勝、康政の側室周光院らの墓がある。

童話『ぶんぶく茶釜』で知れる茂林寺

　館林城下には由緒ある古社寺が多いが、なかでも有名なのは〝分福茶釜〟で知られる茂林寺である。茂林寺は城沼南方三キロ程であるが、東武伊勢崎線茂林寺前駅で下車すればすぐだ。総門から茅葺きの山門までの参道の両側には、伝説に因んで二十数体のタヌキ像が愛嬌よく並んでいる。

　茂林寺は応仁二年（一四六八）、青柳城主赤井正光《まさみつ》の開基、正通和尚の開山で、本尊は釈迦牟尼仏である。分福茶釜の伝説は、正通和尚の高徳を慕ってきた守鶴が、長生きして代々の住職に仕え、七世月舟和尚の時のある日、一千人余の僧侶に茶を振舞うことになったが、湯を沸かす大釜がなく困っていると、守鶴がどこからか大釜を持ってきて、「この釜は福を分け与え、開運出世・不老長寿の他、八つの功徳を与える分福茶釜である」といって、姿を消した。この守鶴は大ダヌキの化身であることがわかり、守鶴を一山の鎮守として祀ったのが、現存の守鶴堂である。

　江戸時代に平戸藩主松浦静山の『甲子夜話』に記されて知られ、現代では童話作家巌谷小波《さざなみ》の名作『ぶんぶく茶釜』によって有名になった。境内に小波の童謡碑がある。

沼田《ぬまた》藩〈譜代〉

居城＝群馬県沼田市倉内

真田氏の藩政

信濃国上田城主真田昌幸《まさゆき》は天正十八年（一五九〇）、豊臣秀吉から安堵された所領のうち、上野国利根・吾妻両郡内二万七千石を嫡子信幸《のぶゆき》に与えて当藩が立藩した。

慶長五年（一六〇〇）の関ヶ原の役に際し、親子敵味方に分かれて父昌幸・弟幸村は西軍に与《くみ》し、信幸は東軍に属した。翌年、信幸改め信之は沼田領に加え、父昌幸の信濃国上田三万八千石と加増分三万石、合わせて九万五千石を領有することになった。

沼田城主としての信之は城下町造りや宿駅の整備に意を注ぎ、新田畑の開発を行って戦乱で荒廃した領内農村の復興につとめるとともに、年貢の減免や藩士の論功行賞を行い、領国経営を積極的に進めた。

信之は二十六年間、沼田城の城主として居城し、うち十五年間は沼田領と上田領を合わせ領有したが、大坂の陣ののち元和二年（一六一六）に上田へ移り、同八年さらに信濃国松代へ転封となって、沼田領は子の信吉《のぶよし》が領有した。信吉は在封十八年、寛永十一年（一六三四）、四十三歳で没し、あとを継いだ子の熊之助が同十五年七歳で没した。そのあとを信吉の弟信政《のぶまさ》が襲封して十八年在封したが、この間信政は領内の用水路・道路・堤などの土木開発や新田開発を積極的に行い、寛永二十年（一六四三）には領内総検地を行った。明暦二年（一六五六）、父信之が九十三歳で隠居したのにともない、信政は本藩松代十万石を襲封し、翌年信吉の庶子信利《のぶとし》が利根郡内で知行していた五千石を合わせて沼田三万石へ入封した。

信利は寛文二年（一六六二）から同四年までと延宝三年（一六七五）から同六年まで、「拡大検地」と呼ばれる総検地を行って表高の四・八倍にものぼる十四万四千石余を打ち出した。このため、農民は過酷な増税に苦しみ、同八年の大飢饉が窮乏に拍車をかけた。さらに大洪水により流された江戸両国橋の架橋用材切り出しを請け負いながら納期に間に合わなかった不手際の責任を問われ、信利は天和元年（一六八一）、改易となり、城は破却された。

このとき起こった有名な磔茂左衛門の越訴事件は改易の引き金になったと語り伝えられて人口に膾炙している。

老中輩出の譜代小藩

真田氏改易後、沼田は幕領となり、貞享元年（一六八四）、再検地が行われて五万六千石余に減石されたため、農民の間で「お助け検地」と呼ばれた。

代官支配二十二年を経て、元禄十六年（一七〇三）、下総国から新封二万石で若年寄本多正永《まさなが》が入封して、以後沼田は譜代藩となる。正永は翌宝永元年、老中となり、上野国一郡・河内国五郡で一万石加増、さらに同二年、上野国二郡・河内国四郡で一万石を加増され、合わせて四万石を領して居城が再建された。正永のあと正武《まさたけ》が襲封し、つぎの正矩《まさのり》は九年在封ののち、享保十五年（一七三〇）、駿河国田中に移され、沼田は再度幕領となった。同十七年、常陸国下館から黒田直邦《なおくに》が二万五千石で入封し、同年、直邦は老中となり上野国一郡と武蔵国三郡で五千石加増されて三万石を領した。

寛保二年（一七四二）、子の直純《なおずみ》は上総国久留里へ転封となり、大坂城代として摂津・播磨国の内を領していた土岐頼稔《よりとし》が老中となって三万五千石で入封し、以後、土岐氏は明治廃藩まで十二代百十九年在封する。

頼稔が延享元年（一七四四）、没したあと頼《より》熙《おき》が襲封して奏者番となった。つづいて頼稔の五男定経《さだつね》が襲封し、奏者番・寺社奉行・大坂城代の要職を歴任したが、天明元年（一七八一）、見取り田畑の低い税を高くしようとして領民の強訴により検地を中止するという見取騒動が起こった。

翌年、定経は没し、頼寛《よりひろ》―定吉《さだよし》―定富《さだとみ》―頼布《よりのぶ》―頼潤《よりみつ》―頼功《よりかつ》―頼寧《よりやす》とつづいた。つぎの頼之《よりゆき》は最後まで官軍に抗した桑名藩主松平定永の六男であったため戊辰戦争では去就が注目されたが、慶応三年（一八六七）に襲封した最後の藩主頼知《よりおき》は藩論をまとめて東征軍に従い、三国《みくに》戦争では上野諸藩とともに会津藩兵と戦った。明治二年（一八六九）、版籍奉還により知藩事となり、同四年、廃藩置県を迎えた。

沼田市内の史跡

戦国争奪と藩政の名残りをわずかにとどめる沼田城跡は、西に利根川を臨む沼田盆地中央部、比高七〇メートルの急崖台地上に立地する平山城である。戦国時代初期の享禄三年（一五三〇）、国人領主沼田顕泰が築いたとされ、沼田氏滅亡後は上杉氏・武田氏・北条氏の支配下に置かれ、北条氏滅亡後は武田氏の部将であった真田昌幸の有に帰した。

昌幸の嫡子信幸（のち信之）が城主となって、豊臣から徳川への政権交替期を乗り切り、慶長年間に二ノ丸・三ノ丸をはじめ五層の天守閣をもつ近世城郭を完成させたが、天和元年（一六八一）、真田氏改易とともにそれまでの建築物は破却された。

現在、沼田公園には真田氏時代のものを本多氏・土岐氏時代に補修し、明治六年に取り壊されたあとの石塁など、遺構がわずかに名残りをとどめ、旧本丸跡に再築された鐘楼に往時の城鐘（県指定重要文化財）が保存されている。

沼田市鍛冶町の正覚寺には、小松姫の名で知られる真田信之夫人の墓がある。

慶長五年（一六〇〇）、会津上杉攻めに際して、石田三成挙兵の報に接した真田父子は敵味方に分かれることに決し、石田方につくべく昌幸と幸村が上田へ向かう途中、沼田に立ち寄ると、留守を預かっていた信之の夫人は入城を拒んで城を守り、戦国女性の鑑とされた。遺骨は沼田市の正覚寺ほか上田・鴻巣の三ヵ寺に分骨され、それぞれ大きな宝篋印塔が残る。

天正十七年（一五八九）、北条方の沼田城代猪俣邦憲によって真田方の名胡桃城が乗っ取られ、これが小田原の陣の発端となったが、このとき正覚寺で自刃した城代鈴木主水のものと伝える墓が同寺に残る。

沼田市材木町にある天桂寺は藩主真田信吉の開基といい、境内に六文銭のついた大宝篋印塔が信吉の墓である。

沼田市坊新田町にある妙光寺は寛文七年（一六六七）、真田氏最後の藩主信利の生母小野通が伽藍を再建している。境内に小野通の墓のほか、沼田藩に預けられた加藤清正の孫正良の墓がある。

大戸《おおと》藩 〈譜代〉

陣屋＝群馬県吾妻郡吾妻町大戸

天正十八年（一五九〇）、徳川家康の関東入部にともない、岡成之《しげゆき》は上野国吾妻郡大戸で一万石を知行し、陣屋を構えて立藩した。しかし、岡氏の事績は不詳である。その子家俊《いえとし》は元和元年（一六一五）四月、大坂夏の陣の際、大坂城内と牒を通じたとの理由によって除封され、父子ともに京都・妙願寺に幽閉され、ついで自刃したので廃藩となったという。

その後、この地は天領となり、信州街道の要所にあたる大戸宿には寛永八年（一六三一）、大戸関所が設置された。大戸関所跡は大戸宿の北端で、温川《ぬるかわ》の断崖上にある。関所を避けて間道を行く関所破りは多く死罪に処せられた。大戸関所破りで処刑された者は八件十一人である。特に有名なのは侠客国定忠治が嘉永三年（一八五〇）十二月二十一日、数々ある罪状の中で、関所破りがもっとも重罪と処断されて、この大戸関所前で磔刑に処せられた。

白井《しろい》藩 〈譜代〉

居城＝群馬県北群馬郡子持村吹屋

天正十八年（一五九〇）、徳川家康の関東入部にともない、その家臣本多康重《やすしげ》は上野国白井において二万石を領有し、白井城に入城して立藩した。康重は文禄元年（一五九二）、文禄の役の際、家康が肥前国名護屋に出陣した時、関東の留守を守った。慶長五年（一六〇〇）、関ヶ原の役の時に徳川秀忠軍に従って、上田城攻めに参加し、翌年、三河国岡崎五万石へ転封となった。同年十一月、松平（戸田）康長《やすなが》が武蔵国深谷から二万石で入封したが、居城の白井城が火災で焼失したために、翌七年一万石を加増されて、下総国古河《こが》へ転封となった。

その後、一時廃藩となったが、元和二年（一六一六）に武蔵国原市から西尾忠永《ただなが》が二万石で入封し再度立藩した。元和四年八月、忠永が常陸国土浦へ転封され、代わって康重の次男紀貞《のりさだ》が入封した。紀貞は元和六年に大番頭に任ぜられたが、同九年に病没し、嗣子なきによって除封、廃藩となった。

三之倉《さんのくら》藩 〈譜代〉

陣屋＝群馬県群馬郡倉渕村三ノ倉

天正十八年（一五九〇）、徳川家康の関東入部にともない、その家臣松平（大給《おぎゅう》）近正《ちかまさ》は五千五百石を知行し、上野国三之倉に陣屋を構えた。慶長五年（一六〇〇）八月、近正は関ヶ原の役の前哨戦となった伏見城攻防戦で戦死し、その嫡男一生《かずなり》が翌年七月、父近正の功績によって一万石を加増され、合わせて一万五千五百石を領有し、諸侯に列した。

一生は従五位下右近将監に叙任されて、慶長七年五月、水戸城主の佐竹義宣《よしのぶ》が出羽国久保田二十万五千石へ転封の際、松平康《やす》親《ちか》とともに水戸城を守ったが、慶長九年四月に三十七歳で没した。その子成重《なるしげ》が家督を継いだが、慶長十一年五月、罪あって所領を収公されたため、廃藩となった。だが、『寛政重修諸家譜』によれば、成重は程なく許されて、下野国都賀《つが》郡板橋一万石へ転封となり、廃藩となったと記されている。以後、藩は置かれなかった。

安中《あんなか》藩〈譜代〉

居城＝群馬県安中市安中

分家井伊氏の藩政

天正十八年（一五九〇）、徳川家康の関東入部にともなって井伊直政《なおまさ》が上野国箕輪十二万石に封じられた際、安中周辺はその支配下に置かれた。直政は慶長三年（一五九八）、居城を高崎に移したが、関ヶ原の役の翌年の同六年、安中領三万石と近江国佐和山十五万石を合わせた十八万石をもって居城を佐和山に移した。直政は同七年、関ヶ原の役の戦傷がもとで没し、嫡子直勝《なおかつ》が襲封すると、家康の命により同九年、近江国彦根に築城して佐和山から移ったが、生来の病弱のため大坂の陣には弟の直孝《なおたか》が出陣した。

元和元年（一六一五）、直孝が彦根藩井伊氏の家督を継ぎ、兄直勝に安中領三万石を分与して、安中藩が立藩した。

直勝は生母東梅院をともなって安中へ入封すると、碓氷・杢（渋川市）・西牧・大戸の各関所を固め、以後江戸北辺の守りに備えるこれらの関所の守衛は安中藩の任務となった。直勝は、さらに武田氏や上杉氏の蹂躙によって荒廃した居城の修築や城下町の整備を行うとともに、寛永三年（一六二六）には領内の総検地を行った。

同九年、直勝が没し、その子の直好《なおよし》が襲封した。井伊氏は二代三十年にわたり在封したが、家臣団は彦根から随従した藩士八十人、足軽六十五人の合わせて百四十五人が中核となって藩政にあたった。

除封と移封の小藩譜代大名

直好は正保二年（一六四五）、五千石を加増されて三河国西尾へ転封となり、三河国新《しん》城《しろ》から水野元綱《もとつな》が六千石加増され、碓氷郡三十四ヵ村、群馬郡五ヵ村を領して二万石で入封し、のち奏者番となった。

寛文三年（一六六三）から四年にかけて領内の総検地を行い、年貢取り立ての基盤が整ったが、同四年襲封した子の元知《もととも》が同七年、狂気を発して妻を斬りつけ自らも自殺未遂という事件を起こしたことを理由に除封された。

寛文七年、奏者番堀田正俊《まさとし》が相模・下総・常陸の三ヵ国内一万三千石から二万石に加増されて入封した。正俊は同十年若年寄、延宝七年（一六七九）、老中に就任し、昇進とともに同六年上野国吾妻《あがつま》郡・武蔵国埼玉《さきたま》郡の内で五千石加増、同七年上野国吾妻・多《た》胡《こ》・甘楽《かんら》・緑野《みどの》・群馬・碓氷・勢多七郡の内で一万五千石を加増されて合わせて四万石となり、天和元年（一六八一）二月、五万石の大加増により下総国古河九万石へ転封となり、同年十二月大老に就任した。

同年、下野・摂津国の内に一万石を領する板倉重形《しげかた》が碓氷郡内三十三ヵ村で一万五千石をもって入封した。重形は京都所司代としてならした板倉勝重《かつしげ》の孫であり、そのあとを受けて京都所司代をつとめた板倉重《しげ》宗《むね》の次男であった。

貞享二年（一六八五）、重形が没すると養子の重同《しげあつ》が襲封し、ただちに「定書十九カ条」を領内に発令、また「生類憐みの令」による禁令を領内に発令した。

板倉氏は二代二十一年在封して、元禄十五年（一七〇二）、重同のとき陸奥国泉へ転封となり、同地から入れ替わりに内藤政森《まさもり》が二万石で入封、碓氷郡内と美作国久米・北条両郡内を領した。

宝永二年（一七〇五）、政森は城主格を許されて安中城の改修に着手、享保四年（一七一九）、奏者番となった。同十八年に襲封した子の政里《まささと》も城郭の整備につとめたが三十四歳の若さで没し、延享三年（一七四六）、襲封した子の政苗《まさみつ》のとき、在封四十七年にして、寛延二年（一七四九）、三河国挙母《ころも》へ転封となった。

板倉氏再封と藩政

内藤氏転封のあとを受けて、遠江国相良から板倉重同の子勝清《かつきよ》が二万石で入封した。板倉氏は安中から陸奥国泉を経て相良へ転封となり、四十七年後ふたたび安中に封じられたのである。以後、明治廃藩まで、板倉氏は六代百二十二年間にわたり安中を支配することになる。

勝清は再封の翌年、父の家憲発布にならって八十八ヵ条からなる「御定書」を発令して、領民の心得と治世の基本を示し、宝暦二年（一七五二）には「条々十九条」を発令して藩士の心得を説いた。

同十年四月、勝清は九代将軍家重の側用人となったが、翌月、家重は没した。勝清は明和六年（一七六九）、老中となって十年余在任し、下総国香取《かとり》・匝瑳《そうさ》・海上《うなかみ》三郡の内で一万石を加増されて三万石となった。

勝清のあと安永九年（一七八〇）、勝暁《かつあき》が襲封したが、天明三年（一七八三）、浅間山の大噴火により領内の農地が荒廃し農民一揆が発生、人口の減少を招いた。

寛政四年（一七九二）に勝意《かつおき》が襲封、文化二年（一八〇五）に勝尚《かつひさ》が襲封し、同五年、勝尚の代に藩校造士館《ぞうしかん》が創設され、文武両道の教育施設が整備された。

文政三年（一八二〇）、十二歳で襲封した勝明《かつあきら》は好学の明君とされ、みずから『西征紀行』『東還紀行』を著し、また太山融斎や山田三川などの儒者を招聘して造士館の充実をはかったほか、弘化三年（一八四六）、慶長以来の学者の未刊論文を集めて『甘雨亭《かんうてい》叢書《そうしょ》』四十八巻を編纂した。

勝明はまた安政二年（一八五五）、領内の庶民教育の場として郷学校桃渓書院を開いて文武の振興をはかるとともに、藩士数人を高島秋帆に弟子入りさせて他に先駆けた西洋砲術の採用を実現し、国防に備えた。

同年、勝明は家臣の心身鍛練のため六十歳以下の藩士を碓氷峠の熊野権現まで二九キロ走らせる「遠足《とおあし》」を実施した。これは日本最古のマラソンと呼ばれ、「安政遠足、侍マラソン」として復活し、今日では安中の名物となっている。また安政三年、上野国内の他藩に先駆け種痘を実施して多くの児童を疱瘡から救った先見性が今日でも高く評価されている。

安政四年、最後の藩主となる勝殷《かつたか》が襲封し、文久元年（一八六一）、和宮降嫁の中山道下向警備、元治元年（一八六四）の下仁田戦争、慶応四年（一八六八）の世直し一揆の城下乱入への対処、同年坂本宿滞留の偽官軍赤報隊討伐、東山道鎮撫総督府の城下通行の警護、旧幕府首脳小栗忠順の追討、三国峠や戸倉における会津兵との交戦など、多難の幕末維新を徳川譜代藩から新政府方への追従に乗り換えて混乱を乗り切った。

明治二年、碓氷関所の破却、版籍奉還を経て、同四年、廃藩置県を迎えた。

総社藩《そうじゃ》〈譜代〉
居城＝群馬県前橋市総社町

武蔵国奈良梨《ならなし》藩主諏訪頼水《よりみず》は武蔵国奈良梨・羽生・蛭川《ひるかわ》などにおいて一万二千石を領有していたが、文禄元年（一五九二）に転封されて、惣社周辺で一万二千石を領して立藩した。頼水は慶長五年（一六〇〇）、関ヶ原の役の時、徳川秀忠軍に従って上田城攻めに参戦し、戦後、高崎・上田城を守衛した。翌六年、頼水は本領の信濃国高島二万七千石へ転封した。

頼水のあと、関ヶ原の役の際に上杉景勝《かげかつ》の進出を押えた功によって六千石を加増された秋元長朝《ながとも》は、上野国群馬郡内において一万石を領有し、総社に築城した。長朝は領内の天狗岩用水の開発に治績をあげたが、元和八年（一六二二）、その子泰朝《やすとも》が遺領を継ぎ、一万五千石を領した。寛永元年（一六二四）、泰朝は日光東照宮造営を担当し、同十年二月には甲斐国都留《つる》郡内の城代となり、三千石を加増されて谷村《やむら》へ転封されたので、総社藩は廃藩となった。

板鼻藩《いたはな》〈譜代〉
陣屋＝群馬県安中市板鼻

天正十八年（一五九〇）、徳川家康の関東入部にともない、外様の里見義成《よしなり》は上野国碓氷郡板鼻において一万石を与えられて立藩したが、その嫡男義高《よしたか》は慶長十八年（一六一三）十月、勤務怠慢を理由として除封され、一時藩は中断した。

その後、寛永二年（一六二五）、老中酒井忠《ただ》世《よ》の嫡男忠行《ただゆき》（西の丸奏者番）は上野国緑《みと》野《の》・多胡・片岡・甘楽《かんら》・勢多・碓氷・群馬七郡内において二万石を知行し、碓氷郡板鼻に陣屋を構えて、再度立藩した。寛永十年四月、三代将軍家光が西の丸渡御の際、上野国吾妻郡大戸・三之倉、勢多郡赤堀に新たに一万石を加増された。翌年閏七月、西の丸の父忠世邸からの失火によって出仕を止められたが、翌十二年に奏者番として再出仕を果たした。寛永十三年五月、忠行は父の遺領を継ぎ、自領の三万石を合わせて前橋藩十五万石の大身になったので、板鼻藩は廃藩となった。

豊岡藩《とよおか》〈譜代〉
陣屋＝群馬県高崎市下豊岡町

東信濃地方の名門滋野氏の一族である海《うん》野《の》重道《しげみち》の末裔の禰津《ねづ》信政《のぶまさ》（一説信成）は五千石を領有し、一時武田氏に仕えていた。だが、慶長五年（一六〇〇）の関ヶ原の役の前に徳川家康に帰属して譜代の家臣に取り立てられ、慶長七年に一万石を与えられて、上野国碓氷郡豊岡に陣屋を構えて立藩した。その子吉直《よしなお》は家督を継いだ時期が不明であるが、寛永三年（一六二六）四月、嗣子なく没したために除封されて、以後、廃藩となって、藩は置かれなかった。

高崎市西郊である豊岡町は有名なダルマが特産で、福を呼ぶ縁起物の張子だが、これは十九世紀前半に少林山達磨寺の九世東《とう》嶽《がく》和尚のダルマ絵や彫刻にヒントを得た周辺の住民の紙ダルマが原点といわれている。現在、福ダルマ（高崎ダルマ）として眉を鶴、髭を亀に形どり、大願成就すると感謝を込めて目を入れることから各地の縁日で買い求められて人気を呼んでいる。

藤岡藩《ふじおか》〈譜代〉

陣屋＝群馬県藤岡市

武田氏滅亡後、徳川氏に属した小諸城主依田《よだ》康国《やすくに》は天正十四年（一五八六）、弟新六郎とともに家康から名字と松平姓を与えられ、康国は松平修理大夫、新六郎康勝は松平右衛門大夫と名乗った。天正十八年、小田原の陣に際し、康国は前田利家軍に属して上野国松枝城や西牧城を攻め落とし、石倉城を諭降させた。ところが城主金井淡路守秀《ひで》景《かげ》が出城して康国の陣営に来会した時、康国は秀景に殺害された。その場にいた弟康勝は仇の秀景を討ち取り、兄の遺領の小諸城主となった。

同年八月、家康が関東入部にともない、康勝は上野国緑野《みとの》、武蔵国榛沢《はんざわ》両郡内において三万石を与えられて、緑野郡藤岡に居城して立藩した。慶長五年（一六〇〇）一月、康勝は大坂で囲碁を打っていた時、小栗三介と争論となって三介を殺害し、越前国に出奔したため所領は没収されて、廃藩となった。

吉井藩《よしい》（矢田《やだ》藩）〈譜代〉

陣屋＝群馬県多野郡吉井町矢田

三河国田峯《だみね》城主菅沼定利《さだとし》は元亀二年（一五七一）、父定吉《さだよし》とともに徳川家康に仕え、天正十八年（一五九〇）に家康の関東入部にともなって、上野国多胡《たこ》郡吉井周辺において二万石を与えられて立藩した。定利は慶長七年（一六〇二）十月二十二日に没し、養子忠政《ただまさ》（奥平信昌の子）が家督を継いだが、同年に美濃国加納十万石へ転封となり、吉井藩は廃藩となった。以後、この地は諸大名の飛地、旗本領・天領など錯綜した支配を受けた。

天和二年（一六八二）、蔵米一万俵を給されていた大番頭堀田正休《まさやす》は、蔵米を改めて上野国多胡・緑野《みとの》・甘楽《かんら》、武蔵国埼玉四郡内において一万石を与えられて、吉井において再度立藩した。だが、元禄十一年（一六九八）、正休は近江国宮川一万石へ転封となり、吉井はふたたび旗本領・天領などになった。

宝永六年（一七〇九）、上野・上総両国において七千石を知行する家門松平（鷹司《たかつかさ》）信清《のぶきよ》は、新たに上野国内において三千石を加増されて諸侯に列し、矢田に陣屋を構えて、三たび立藩した。関白左大臣鷹司信房《のぶふさ》の娘孝子が三代将軍家光の正室になった縁で、従弟信平《のぶひら》は延宝二年（一六七四）に旗本になった。その子が信清である。松平氏は参勤交代を行わない定府大名である。信清のあと、嫡男信友《のぶとも》が継ぎ、この時に吉井に陣屋を移すが、名称は矢田陣屋のままに残した。そのあと紀州家からの養子信有《のぶあり》が継ぎ、以後、信明《のぶあきら》－信成《のぶしげ》－信充《のぶみつ》－信敬《のぶよし》－信任《のぶただ》－信発《のぶおき》と続いた。信発の代の元治元年（一八六四）、改めて吉井陣屋と称するようになり、明治元年（一八六八）には松平の姓を廃し、居所の地名を採って吉井氏と改称した。明治二年三月、最後の藩主信謹《のぶのり》は上野国の諸藩に先駆けて版籍奉還し、同年十二月には廃藩となった。

上信電鉄吉井駅の南方五分程の所に吉井町郷土資料館があり、吉井藩関係の資料を初め、町内出土の埋蔵文化財が展示されている。この資料館に近接して、吉井藩陣屋の表門が移築されている。

小幡藩《おばた》〈譜代〉

陣屋＝群馬県甘楽郡甘楽町小幡

名門織田氏末裔の小藩と明和事件

　天正十八年（一五九〇）、徳川家康の関東入部に際して奥平信昌《のぶまさ》が上野国小幡三万石へ封じられ、小幡陣屋を居所として立藩した。関ヶ原の役の翌年慶長六年（一六〇一）、信昌は美濃国加納十万石へ移封となり、そのあとへ奏者番水野忠清《ただきよ》が一万石で入封した。忠清は元和二年（一六一六）、一万石を加増されて父忠重《ただしげ》の旧領三河国刈谷二万石へ移封となった。そのあとへ上総・相模・近江国内で七千石を領していた与力同心頭永井直勝《なおかつ》が一万石を加増されて新封一万七千石で入封したが、翌三年、常陸国笠間三万二千石へ移封した。

　そのあとへ織田信良《のぶよし》が上野国甘楽・多胡・碓氷三郡の内へ二万石で入封した。信良は織田信長の次男信雄《のぶかつ》の四男で、元和元年に信雄が封じられた大和国松山五万石のうち大和国宇陀領三万石を除いて分封されたものである。ただし水野氏・永井氏が小幡に居所を置いた事実はなく、元和二年以前に信良が小幡に入封したという『寛政重修諸家譜』の記事から類推して、奥平三万石の領地に織田二万石と水野一万石、のち永井一万石が併存したことも考えられ、とすれば水野氏と永井氏の在封は疑問である。

　藩主織田氏は戦国の雄織田信長直系の孫という名門の血筋によって、小大名ながら国持・城持大名格に遇せられた。

　信良の没したあと、寛永三年（一六二六）、信昌《のぶまさ》が襲封し、慶安三年（一六五〇）、あとを継いだ信久《のぶひさ》は寛文四年（一六六四）、領内総検地を行った。

　つづいて信就《のぶなり》—信右《のぶすけ》—信富《のぶとみ》—信邦《のぶくに》と織田氏は七代つづくが、明和四年（一七六七）、尊王思想を鼓吹する山県大弐らを謀反人として処刑した明和事件に家臣吉田玄蕃が関わったことから藩主信邦は蟄居処分、あとを継いだ信浮《のぶちか》は出羽国高畠へ移された。

松平（奥平）氏四代

　織田氏移封のあと、同じ明和四年奥平氏の庶流で若年寄の松平（奥平）忠恒《ただつね》が上野国上里見《かみさとみ》から甘楽・多胡・碓氷三郡の内へ二万石を領して入封し、松平氏は四代百四年つづいて明治廃藩にいたった。

　同五年、忠恒の没したあと忠福《ただよし》が襲封し、安永三年（一七七四）、奏者番、天明五年（一七八五）、西の丸若年寄となった。忠福は寛政三年（一七九一）、藩校小幡学校を江戸藩邸内に建造している。

　同十一年、忠福の没したあと忠恵《ただしげ》が遺領を継ぎ、天保九年（一八三八）、若年寄となった。これまで松平氏の居所は陣屋であったが、嘉永元年（一八四八）、城主格となった。

　安政三年（一八五六）、忠恕《ただゆき》が襲封し、文久三年（一八六三）、奏者番兼寺社奉行となった。元治元年（一八六四）、武田耕雲斎の率いる水戸浪士西上阻止の戦いには敗れたが、慶応二年（一八六八）の武州一揆には藩兵を出動させて鎮圧した。慶応四年の上野国西部に起こった世直し一揆には翻弄されたが、戊辰戦争に際しては東山道鎮撫総督府に従って新政府軍のもとで戦った。

　明治四年（一八七一）、廃藩。小幡県、岩鼻県、前橋県と合併して群馬県となった。

小江戸紀行 名門織田氏の城下町 小幡城下を歩く

小幡藩陣屋跡と復元城下町

稲含山《いなふくみやま》の中腹に源を発して北流する雄《お》川《がわ》の右岸にある。寛永六年（一六二九）、福島村から南接する小幡村に移転が計画され、同十九年に移居した。織田氏転封ののち入封した松平氏も陣屋として用いた。

小幡城下の中小路に復元された武家屋敷

陣屋屋敷の南に大名庭園の楽山園が造営された。雄川堰から分流した小堰の水が流れこんだ池は連石山や熊倉山を借景として小島や茶屋が設けられ、いろは四十八石と呼ばれる銘石を配していた。

明治六年（一八七三）、陣屋地は払い下げられ畑地化したが、陣屋内の武家屋敷はよくその跡をとどめ、現在は城下町小幡の伝統的建造物群保存のために、雄川堰と桜並木を挟む特徴的な町並と武家屋敷・藩邸跡・楽山園などの復元保存が図られている。

織田氏歴代墓所、崇福寺

甘楽町小幡にあって臨済宗妙心寺派、足利尊氏の開基と伝わり、朱印高二十石を有し、織田信雄はじめ小幡藩織田氏七代の歴代墓所がある。

甘楽町小幡に所在した旧小幡村は小幡藩の陣屋が置かれて町場を形成していたが、赤城神社・小幡八幡宮・諏訪神社などの神社、宝泉寺・松慶寺・龍門寺などの寺院もあり、長厳寺は朱印高二十二石を有する名刹であった。

小幡藩主祈願所、宝勝寺

戦国時代、管川《くだがわ》右岸に位置する標高四三五メートルの城山《じょうやま》山頂を本丸とする国峰城に拠って西上州に君臨した小幡氏が地蔵尊を祀って祈願所としていた。

藩政時代となって小幡藩主となった織田氏・松平氏もこの寺を祈願寺とした。織田氏の重臣らは菩提所として墓塔も残る。

慶安二年（一六四九）、朱印地六石を受けたが、延宝七年（一六七九）、諸堂・寺宝を焼失し、寛政四年（一七九二）、藩主松平忠福が山号を歓喜山と改めたという。

伊《い》勢《せ》崎《ざき》藩〈譜代〉

陣屋＝群馬県伊勢崎市曲輪町

稲垣氏から酒井氏へ

下野国足利、上野国山田・勢多三郡内において三千石を知行する稲垣長茂《ながしげ》は慶長六年（一六〇一）六月、上野国佐位郡内に一万石を領有して、伊勢崎の赤石城に入城して立藩した。長茂は入封と同時に、同郡上・下植木の新田開発を行い、慶長十二年に伏見城を守衛したが、同十七年十月二十二日に七十四歳で没し、嫡男重綱《しげつな》が遺領を相続した。重綱は大坂の両陣で戦功を樹て、元和二年（一六一六）に一万石を加増され、越後国藤井へ転封となった。

同年八月、上野国那波二万石の酒井忠世《ただよ》は伊勢崎・勢多郡大胡において三万二千石を加増され、五万二千石を領有した。だがこの時、忠世はまだ家督を継いでいない部屋住みの身であったので、この五万二千石は部屋住料であった。翌三年七月、父の前橋藩主重忠《しげただ》が没したために遺領を継ぎ、前橋藩主に転ずると、伊勢崎藩領五万二千石は前橋藩領に編入され、一時廃藩となった。

再度入封の酒井氏九代

そして六十年後の天和元年（一六八一）二月、酒井忠寛《ただひろ》が父忠清《ただきよ》（前橋藩主）の領地の内、上野国佐位・那波両郡において二万石を分与されて、伊勢崎藩が再度立藩した。この時、忠寛は赤石城の南側に新たに陣屋を築いた。

忠寛は元禄十六年（一七〇三）十一月八日に二十八歳の若さで没し、遠江国横須賀藩主西尾忠成《ただなり》の五男忠告《ただつぐ》が襲封し、延享四年（一七四七）六月に大坂定番、宝暦元年（一七五一）八月、奏者番となった。一方、領内では享保年間（一七一六～三六）から農村の副業として、現在でも〝伊勢崎銘仙〟として知られている太織絹生産が開始され、宝暦九年の九ヵ月間に約一万疋《びき》の取り引きがあったといわれている。また、宝永三年（一七〇六）には水利に苦しむ農民の姿を見た忠告は、利根川の支流から水を引く工事に着手し、三年後に「八坂堰」を完成させた。寛保二年（一七四二）の大洪水の時には田畑の流失がおびただしく、一面の荒地となった。

忠告のあとを継いだ忠温《ただはる》は安永四年（一七七五）に藩校「学習堂」を創設し、天明三年（一七八三）の浅間山大噴火による閉塞された水路の開削を幕府に願い出て許可され、広瀬・桃井堰を完成させ、佐波郡内一千四百町歩の灌漑に成功した。天明六年、忠温は「訓令数条」を起草して、自ら藩士に講義し、享和二年（一八〇二）には領民に堕胎を禁じている。

忠温のあと、忠哲《ただあきら》―忠寧《ただよし》―忠良《ただかた》―忠恒《ただつね》―忠強《ただつよ》と続き、忠強は安政四年（一八五七）に藩政改革に乗り出し、「勧農役所」を設置した。勧農役所は荒廃が進む領内の農村の建て直しと、借財の整理によって藩財政の再建に取り組んだが、翌々年には廃止となり、失敗に帰した。慶応四年（一八六八）、上野国に入った東山道総督府の命によって、藩は木崎から大間々までの地域に治安のために出兵し、さらに沼田地方にも出兵して会津藩の攻撃に備えた。酒井氏は九代、百九十年にわたって在封したが、明治四年に忠彰《ただあきら》の時、廃藩置県を迎えた。

七日市藩《なのかいち》〈外様〉

陣屋＝群馬県富岡市七日市

加賀藩主前田利家《としいえ》の五男利孝《としたか》は元和元年(一六一五)四月、大坂夏の陣の戦功によって、上野国甘楽《かんら》郡内において一万余石を与えられて、七日市に陣屋を構えて立藩した。利孝は寛永十四年(一六三七)六月四日に没し、その嫡男利意《としもと》が遺領を継ぎ、同二十年七月、館林城を守衛した。利意のあと、利広《としひろ》—利《とし》慶《よし》と続き、利慶は元禄六年(一六九三)に下総国古河を一時守衛した。

その後、利英《としふさ》—利理《としただ》—利尚《としひさ》—利見《としあきら》—利《とし》以《もち》—利和《としよし》—利豁《としあきら》と続き、利豁は天保十三年(一八四二)、家老保坂庄兵衛・大里半右衛門に命じて藩校成器館《せいきかん》を創設し、元治元年(一八六四)十一月、水戸天狗党の領内通行の際、高崎藩兵とともに戦ったが、惨敗した。明治二年(一八六九)に襲封した最後の藩主利《とし》昭《あき》は版籍奉還し、同四年に廃藩となった。

上信電鉄上州七日市駅から国道二五四号線を西へ進むと県立富岡高校があり、ここが七日市藩陣屋跡である。

大胡藩《おおご》〈譜代〉

居城＝群馬県勢多郡大胡町河原浜

天正十八年(一五九〇)、徳川家康の関東入部にともなって、三河国牛久保城主牧野康《やす》成《なり》は上野国大胡周辺で二万石を知行し、大胡城主となり立藩。慶長五年(一六〇〇)、関ヶ原の役の際、徳川秀忠軍に従って上田城攻めに参戦したが、軍令を犯した廉で処罰され、同九年、康成は多病のため嫡男忠《ただ》成《なり》に諸事をまかせ大胡の地に閑居した。

康成は慶長十四年十二月十二日に没し、忠成が遺領を継いだ。忠成は慶長十九年の大坂冬の陣や、翌年の夏の陣で戦功を樹て、元和二年(一六一六)七月、越後国長峯五万石へ転封、大胡藩は廃藩となった。

上毛電鉄大胡駅から商店街を通り抜けると荒砥川に出る。北方に赤城山を望みながら川沿いを歩くと、まもなく大胡城本丸入口になる。現在、大胡城跡には町役場、大胡神社、町立幼稚園、社会福祉センターなどが建ち並び、度重なる風水害で堀切りの崩壊がはなはだしくなっている。

那波藩《なわ》〈譜代〉

陣屋＝群馬県伊勢崎市堀口町

天正十八年(一五九〇)、徳川家康の関東入部にともない、三河国大給城主松平(大給)家乗《いえのり》は上野国那波郡内において一万石を与えられて立藩した。家乗は慶長六年(一六〇一)一月、美濃国恵那・土岐両郡内において二万石を領有し、美濃国岩村に移封した。

代わって川越領において五千石を領有する酒井忠世《ただよ》が加増の上に知行地を移され、那波郡内において一万石を領有した。慶長十年四月、新たに五千石を加増され、さらに同十四年二月、上野国善養寺領五千石を加増された。これは徳川秀忠の将軍宣下に従って上京した際、その在京料として近江国栗太《くりた》・蒲生・野洲三郡内に加増されたのである。忠世は元和二年(一六一六)に三万二千石で上野国伊勢崎へ転封し、寛永十四年(一六三七)、酒井忠能《ただよし》が父忠行《ただゆき》の遺領を分与されて、二万二千余石で入封したが、寛文二年(一六六二)に信濃国小諸へ転封し、那波藩は廃藩となった。

篠塚《しのづか》藩（上里見《かみさとみ》藩）〈譜代〉

陣屋＝群馬県邑楽郡邑楽町

陸奥国桑折《こおり》二万石の藩主松平（奥平）忠《ただ》恒《つね》は延享四年（一七四七）四月、陸奥国伊達郡半田銀山およびその周辺一万二千石余を上野国邑楽《おうら》・吾妻・碓氷・緑野、伊豆国田方郡の五郡内に移されて、邑楽郡篠塚に陣屋を構えて立藩した。忠恒は参勤交代を行わない定府大名で、同年に奏者番から寺社奉行に昇進した。

忠恒は寛延元年（一七四八）閏十月に若年寄に昇進し、また陸奥国の藩領を上野国碓氷・群馬両郡内に領知替えとなり、陣屋を碓氷郡上里見に移したので、篠塚藩は廃藩となった。明和元年（一七六四）三月、朝鮮通信使来聘の際の職務を行い、翌年四月には日光東照宮百五十年忌の法会に参加し、明和三年四月には徳川家基《いえもと》の元服の儀式を指示した。忠恒は明和四年閏九月、上野国甘楽・多胡・碓氷三郡内に新たに二万石を得て、上野国小幡へ転封となり、上里見藩は廃藩となった。

阿保《あぼ》藩〈譜代〉

陣屋＝群馬県新田郡阿布

天正十八年（一五九〇）、徳川家康の関東入部にともない、三河国野田城主菅沼定盈《さだみつ》は上野国新田郡阿保において一万石を与えられ、陣屋を構えて立藩した。定盈は、はじめ今川氏の家臣であったが、永禄四年（一五六一）、家康が今川氏真《うじざね》から離反した時に家康の麾下となり、元亀三年（一五七二）十二月、三方ヶ原の戦いが終わると、武田信玄に野田城を包囲されて捕虜となったが、人質と交換によりふたたび野田城主となった。慶長五年（一六〇〇）、関ヶ原の役に際しては江戸城の留守居役を勤めた。定盈は致仕してからは阿保に居住したが、慶長九年七月十八日に六十三歳で没した。

慶長六年六月、嫡男定仍《さだより》は関ヶ原の役の功により、美濃国各務・池田・安八、尾張国海西の四郡内において新たに一万石が加増されて、伊勢国長島二万石へ転封となり、阿保藩は廃藩となった。以後、藩は置かれなかった。

青柳《あおやぎ》藩〈譜代〉

陣屋＝群馬県館林市青柳町

井伊氏の家臣で井伊谷《いいのや》三人衆の一人といわれた近藤秀用《ひでもち》は徳川家康の家臣となり、のち慶長七年（一六〇二）には徳川秀忠に仕え、上野国邑楽《おうら》郡青柳において五千石と鉄砲足軽五十人を預けられた。慶長十年、御槍奉行に任ぜられ、同十九年に相模国内において一万石を加増され、諸侯に列した。秀用は小田原城番を勤め、元和元年（一六一五）に次男用可《もちよし》に五千石と足軽五十人を分与した。

嫡男季用《すえもち》は天正十八年（一五九〇）、小田原の陣の時、父秀用とともに井伊直政に属して参戦し、六月二十二日には小田原城篠曲輪へ先登して、北条方の足軽大将小屋甚内を討ち取り、本陣の石垣山で豊臣秀吉から褒賞として、紅梅の胴服と鞍置きの馬を与えられた。季用は元和五年、父の遺領を相続し、本領の遠江国井伊谷一万石へ転封となり、青柳藩は廃藩となった。この地は以後、藩は置かれなかった。

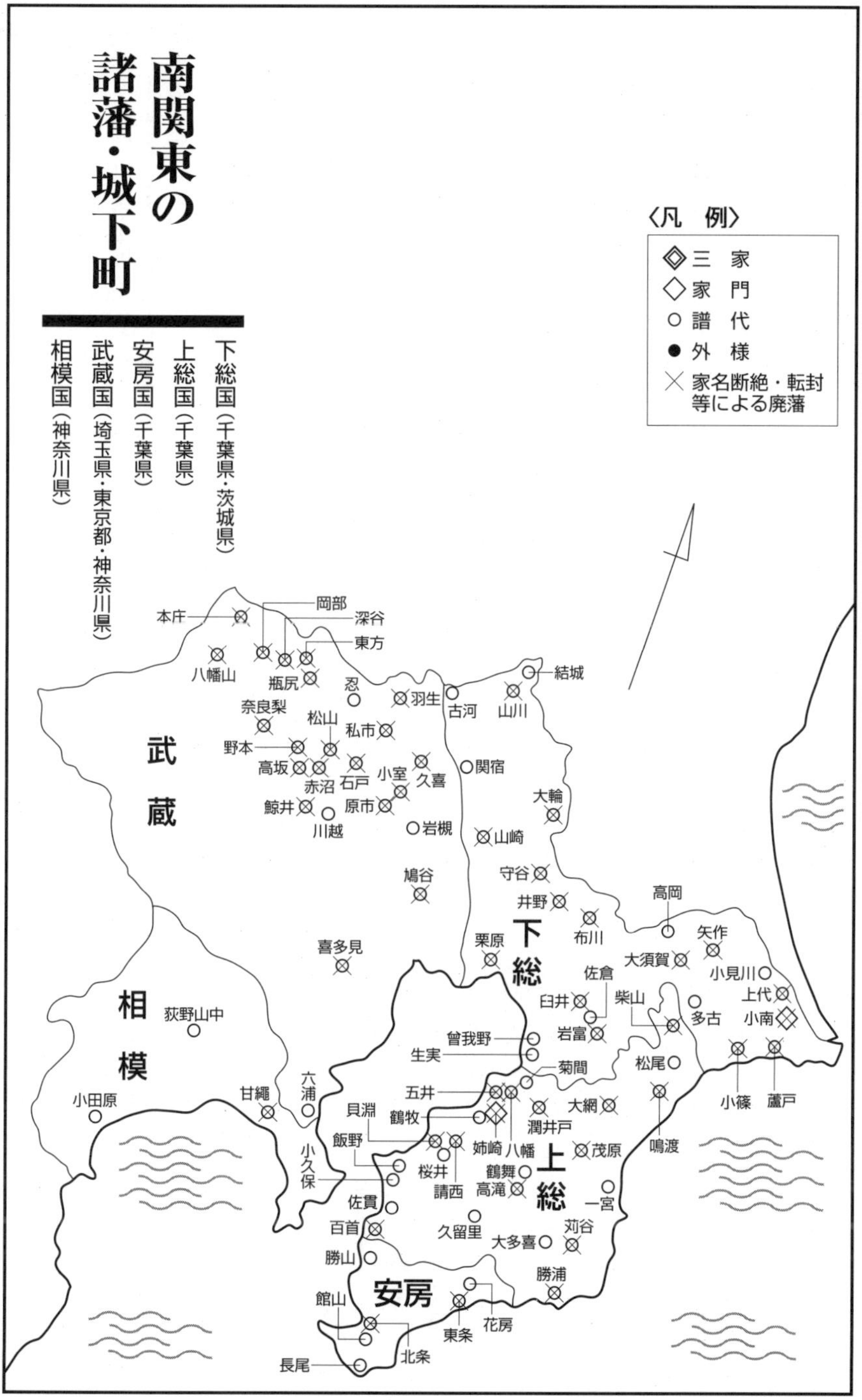
南関東の諸藩・城下町
下総国（千葉県・茨城県）
上総国（千葉県）
安房国（千葉県）
武蔵国（埼玉県・東京都・神奈川県）
相模国（神奈川県）
〈凡　例〉
三　家
家　門
譜　代
外　様
家名断絶・転封等による廃藩
武蔵
相模
下総
上総
安房
本庄
岡部
深谷
東方
八幡山
瓶尻
忍
羽生
古河
山川
結城
奈良梨
松山
私市
野本
高坂
赤沼
石戸
小室
久喜
関宿
鯨井
川越
原市
大輪
岩槻
山崎
鳩谷
守谷
井野
布川
高岡
矢作
喜多見
栗原
大須賀
小見川
佐倉
上代
臼井
柴山
多古
小南
荻野山中
曾我野
岩富
生実
菊間
松尾
六浦
五井
小篠
蘆戸
小田原
甘縄
貝淵
大網
鶴牧
潤井戸
飯野
姉崎
八幡
茂原
鳴渡
小久保
桜井
鶴舞
請西
高滝
一宮
佐貫
百首
久留里
苅谷
大多喜
勝山
勝浦
館山
東条
花房
長尾
北条

下総国

古《こ》河《が》藩 〈譜代〉

居城＝茨城県古河市桜町

頻繁な藩主交代

天正十八年（一五九〇）、徳川家康の関東入部にともない、この地の利を重んじた家康は信濃国松本城主小笠原秀政《ひでまさ》を三万石で入封させて立藩した。慶長六年（一六〇一）、秀政は信濃国飯田へ転封となり、翌年上野国白井から松平（戸田）康長《やすなが》が二万石で入封したが、慶長十七年に常陸国笠間へ転封となった。康長の治世は十一年間であったが、この間に古河城の骨格が造られたといわれる。

慶長十七年、武蔵国本庄から小笠原信之《のぶゆき》が二万石で入封し、その子政信《まさのぶ》は元和五年（一六一九）、下総国関宿へ転封となった。同年、下野国宇都宮から奥平忠昌《ただまさ》が十一万石で入封したが、わずか三年で前封地の宇都宮へ移封し、そのあとを受けて常陸国笠間から永井直勝《なおかつ》が七万二千石で入封した。直勝は寛永二年（一六二五）十二月二十九日に六十三歳で没し、翌年、その嫡男尚政《なおまさ》が遺領を継いだ時、弟三人に合わせて一万石を分与し、同十年に尚政は山城国淀へ転封となった。

土井・堀田氏の入封

寛永十年四月、下総国佐倉から老中土井利勝《としかつ》が下総国葛飾・猿島《さしま》・豊田・岡田・結城、武蔵国埼玉、常陸国河内、下野国都賀・安蘇《あそ》・寒川・足利・梁田、上野国邑楽《おうら》、近江国甲賀・蒲生・野洲・伊香郡内において十六万二千石を領有して入封した。利勝は天正元年（一五七三）、土井利昌《としまさ》の子として生まれたが、実父については家康であるという説と、家康の生母お大の方の兄水野信元《のぶもと》であるという説とがある。利勝は家康・秀忠父子に仕え、慶長七年（一六〇二）、下総国小見川一万石の藩主となり、同十三年には二万石に加増されて老中になった。慶長十五年、三万二千石で下総国佐倉へ移封し、次第に石高を増して十四万二千石となり、寛永十年（一六三三）に十六万二千石で古河へ入封した。

利勝は入封した翌年一月に古河城を改修し、寛永十二年十二月には天守閣に代わる御三階櫓や本丸御殿、二の丸殿舎などを築き、御三家の水戸城の規模を凌ぐ、江戸城を除いて関東一の規模を誇る城郭となった。利勝は同十五年に大老に就任したが、正保元年（一六四四）七月十日、七十二歳で没した。

明敏で智略に富んだ利勝のあとを継いだ利隆《としたか》は不行跡が多く、そのあとは利重《としげ》―利《とし》久《ひさ》と続いた。だが、延宝三年（一六七五）に利久が十歳で没し、嗣子なく絶家になるところ、実兄利益《とします》に七万石で家名相続が許可され、天和元年（一六八一）に志摩国鳥羽へ転封となった。

そのあとに上野国安中から老中堀田正俊《まさとし》が九万石で入封し、天和二年に大老に昇進して四万石が加増され十三万石を領有した。だが、貞享元年（一六八四）八月二十八日、正俊が江戸城中で若年寄稲葉正休《まさやす》に刺殺され、翌年六月、遺領を継いだ嫡男正仲《まさなか》は、次男正虎《まさとら》に二万石、三男正高《まさたか》に一万石を分与し、貞享三年に正仲は出羽国山形十万石へ転封となった。

譜代名門家の頻繁な入封

大和国郡山から老中松平（藤井）信之《のぶゆき》が九万石で入封し、その子忠之《ただゆき》が家督を継いだ時、弟信通《のぶみち》に一万石を分与して八万石を領有していたが、元禄六年（一六九三）に忠之が乱心を理由に除封された。だが、名門の家柄であったことから、弟信通が家名を相続して、三万石で備中国庭瀬へ転封となった。

元禄七年、〝知恵伊豆〟として知られた松平（大河内）伊豆守信綱《のぶつな》の孫信輝《のぶてる》が武蔵国川越から七万石で入封、その子信祝《のぶとき》は正徳二年（一七一二）、三河国吉田へ転封となった。同年、三河国刈谷から本多忠良《ただよし》（のち老中）が五万石で入封したが、その子忠敞《ただひさ》は宝暦九年（一七五七）に石見国浜田へ移った。

同年、同地から寺社奉行（のち大坂城代）の松平（松井）康福《やすよし》が五万余石で入封し、宝暦十二年に三河国岡崎へ移り、同年九月、肥前国唐津から七万石で土井利里《としさと》が入封した。土井氏は利益《とします》の代の天和元年（一六八一）に志摩国鳥羽へ移封し、さらに元禄四年（一六九一）、肥前国唐津へ転封となり、利実《としざね》—利延《としのぶ》—利里《としさと》と唐津の地を領したが、ふたたび古河の地へ配された。土井氏の入封によって、ここに藩主家が定着した。

土井氏の再入封で藩の確立

土井利里の古河藩再封によって、後期土井氏支配の時代が始まる。利里（京都所司代）は下総国葛飾・猿島、下野国都賀・寒川・安蘇、武蔵国埼玉、摂津国住吉・兎原・八部《やたべ》・島下《しまのしも》・西成、播磨国加東・美《み》嚢《なぎ》・多可、美作国久米郡内において合わせて七万石を領した。利里のあと、利見《としあきら》—利厚《としあつ》と続き、利厚は寛政の改革に倣《なら》って藩政改革に取り組み、領民に対しては数々の貧民救済策を採り入れた。家臣に対しては御救方を設置し、さらに弛緩した士風の矯正や人材育成に勤めた。利厚は享和二年（一八〇二）に老中に昇進し、文政五年（一八二二）に下野国都賀・安蘇・足利・梁田、武蔵国埼玉・横見・大里・入間・高麗の各郡内において一万石を加増され、土井家中興の名君といわれた。

つぎの利位《としつら》は歴代藩主中で特記すべき人物で、奏者番・寺社奉行・大坂城代・京都所司代・老中などを歴任し、大坂城代時代の天保八年（一八三七）には、大塩平八郎の乱鎮定に功績を残し、また水野忠邦が天保の改革の失敗によって失脚したあと、老中首座となって政局を担った。また、利位は学芸大名としても知られ、蘭学者で家老の鷹見泉石《たかみせんせき》の影響を受けて自然研究に深い関心を持ち、文政五年（一八二二）の冬から雪の観察を始め、百九十五種もの結晶を発見し、その成果をまとめて、天保三年（一八三二）に『雪華図説《せっかずせつ》』、さらに同十一年に『続雪華図説』と正続二編を刊行した。

利位のあとは利亨《としなお》—利則《としのり》—利與《としとも》と続き、最後の藩主となった利與は、佐幕か勤王恭順かと悩んだが、慶応四年（一八六八）三月、家老小杉監物《けんもつ》とともに上洛し、四月に恭順の誓約を行った。翌年六月、版籍奉還となり、利與は知藩事に任命され、同四年に廃藩置県を迎えた。

古河藩は天正十八年（一五九〇）に立藩してから、十七家、二十七人の藩主を送り迎えし、大老二人、老中九人を出して、幕閣の人材供給に大いに貢献した。

小江戸紀行　文化の香り漂う城下町古河城下を歩く

家老鷹見泉石の旧居

古河は歴史と文化に培われた風格のある町である。JR宇都宮線（東北本線）の古河駅西口から西へ進み、旧日光街道を左折して、古河第一小学校へ向かうと石畳の道になり、途中にある福法寺の山門は、古河城二の丸乾門の遺構である。欝蒼とした森に囲まれて古河歴史博物館がある。博物館は古河城出城跡に建ち、古河の古代から現代までの歴史を知る文化遺産を展示している。特に必見は古河藩家老鷹見《たかみ》泉石《せんせき》の遺した日記・蔵書・地図や各種資料、藩主土井利位《としつら》の遺品、幕末―明治期の浮世絵師河鍋《かわなべ》暁斎《ぎょうさい》の作品などである。また、古河文学館には、古河ゆかりの文学者の自筆原稿などが展示されている。

博物館の裏手、長屋門の奥の茅葺き屋根の建物が鷹見泉石旧居（記念館）で、庭には古代中国で宮殿に植えたという珍しい楓樹があり、この屋敷は楓所と呼ばれ、博学の泉石にふさわしい凛とした佇まいである。

泉石の姿は渡辺崋山《かざん》の筆になる「鷹見泉石肖像画」でよく知られている。泉石は古河藩士の家に生まれ、古河藩の蘭方医河口信任や大槻玄沢に蘭学を学び、のち家老になった。藩主利位の大坂城代時代、大塩平八郎の乱鎮定の功により、利位が老中に就任すると、その補佐として手腕をふるい、「土井の鷹見か、鷹見の土井か」と評されるほどであった。泉石は世界の動向を知るため海外の地理的研究を行ったので、蟄居を命ぜられてからも、地図の著作や軍制の近代化に力を注ぎ、『新訳和蘭国全図《おらんだこくぜんず》』などを刊行し、鎖国日本に海外事情を紹介した。また、泉石は主君利位に大いに影響を与え、泉石の指導によって、我が国最初の雪の研究書『雪華図説《せっかずせつ》』（正続二巻）を刊行した。なお、泉石の墓は市内の正麟寺にある。

泉石記念館の西方に、日本三大長谷の一つである長谷観音がある。明応二年（一四九三）、古河公方《くぼう》足利成氏《しげうじ》が古河城の鬼門《きもん》除けとして、鎌倉の長谷寺から勧請したもので、背丈二メートル余の十一面観世音菩薩立像が安置されている。

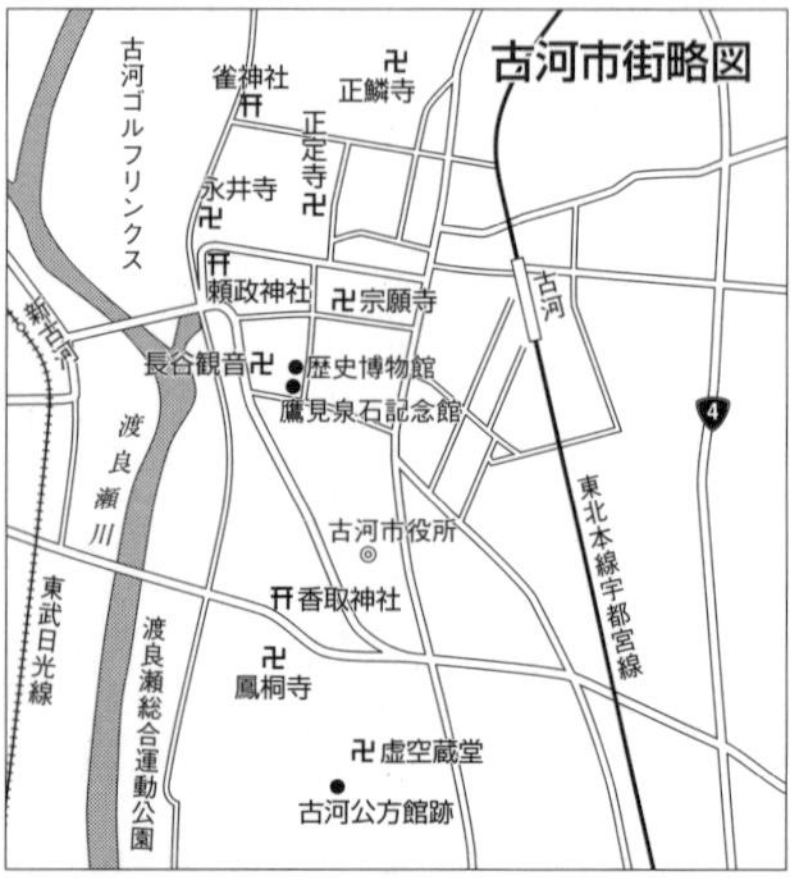

土井・永井両家の菩提寺

博物館から北へ石畳の道を進めば、途中小学校の北側の路傍に鷹見泉石生誕地跡の碑があり、そばの宗願寺には樋口一葉研究の第一者で作家の和田芳恵《よしえ》の墓がある。石畳の道を抜けると美術館通りになり、石造りの蔵を利用した日本で初めての篆刻《てんこく》美術館、街角美術館がある。この美術館通りを西に進むと、右側に正安寺がある。この寺は土井利勝が寛永十年（一六三三）に建立したもので、安永四年（一七七五）に造られた赤門、江戸巣鴨にあった土井家下屋敷の表門を移築した黒門が残っている。本堂裏の墓地には利勝夫妻の二基の宝篋印塔をはじめ、歴代藩主の墓が並んでいる。

正安寺前の三国橋通りを西へ歩くと、すぐ右手に藩校盈科《えいか》堂跡の碑が立ち、その先の渡良瀬川手前に古河藩主永井直勝《なおかつ》の菩提寺・永井寺《えいせい》がある。直勝は小牧・長久手の戦いや関ヶ原の役で戦功を樹て、常陸国笠間藩主を経て、元和八年（一六二二）に古河藩主となった。その後、直勝が没し、嫡男尚政《なおまさ》が藩主となり、寛永十年（一六三三）、山城国淀に移るまで、二代十一年間在封した。境内には直勝・尚政・尚征・尚庸の供養塔、また林羅山撰文の直勝顕彰碑がある。

土井利勝夫妻の墓（正定寺）

永井寺の南方に建つ頼政《よりまさ》神社は、元禄九年（一六九六）、藩主松平信輝《のぶてる》が先祖の源頼政の墳墓が城内立崎郭にあるのを知り、神社を建立してこれを祀ったという。信輝の弟で高崎藩主松平輝貞《てるさだ》が大灯籠一対、家臣らが手水鉢一基を寄進したが、大灯籠と寄進者不詳の狛犬一対は江戸前期の優れた作風を伝える石造遺品である。永井寺の北方にある雀宮《すずめのみや》神社は大己貴命・少彦名命・事代主命の三神を祀り、かつて猿島郡内唯一の郷社である。

鷹見泉石の旧宅

古河公方館跡の古河総合公園

市の西南部の渡良瀬川に近い鴻巣《こうのす》二丁目に、古河公方関係の史跡を中心に造成された古河総合公園がある。この公園には公方足利成氏が築いた鴻之巣御所である古河公方館跡が残っている。この館は古河城の別館として築城したものといわれている。北側にある徳源院跡は、足利氏が建立した三つの菩提寺「足利三箇院」の一つである。ここに二基の石塔があり、一基は寛永四年（一六二七）、鴻之巣御所で没した最後の古河公方義氏《よしうじ》の孫義親《よしちか》のもので、もう一基は義氏の墓といわれるが、不明である。近くの子安地蔵尊は、義氏の遺児氏姫《うじひめ》が鎌倉から勧請してきたものといわれ、寄木造りで鎌倉期の作と伝えられる金箔の座像である。

なお、古河公方とは関連がないが、公園内の古河公方館跡碑の側に、江戸時代に建てられた旧飛田家住宅、旧中山家住宅が移築復元されている。

佐倉《さくら》藩〈家門・譜代〉

居城＝千葉県佐倉市城内町

藩主交代と堀田家入封

天正十八年（一五九〇）、徳川家康の関東入部にともない、その家臣三浦義次《よしつぐ》は一万石を与えられ、本佐倉城（酒々井町）に入城して立藩したという。また『徳川実紀』には、遠江国久野城主久野（久能）宗能《むねよし》が一万三千石を与えられて立藩したと記されている。義次の在藩期間は明らかではないが、文禄元年（一五九二）三月、家康の五男武田（松平）信吉《のぶよし》が下総国小金井から四万石で入封し、本佐倉城を廃して大堀の地に陣屋を構えた。慶長七年（一六〇二）、信吉は常陸国水戸十万石へ転封し、武蔵国深谷から家康の六男松平忠輝《ただてる》が五万石で入封したが、翌年信濃国川中島十二万石へ移ったため、以後、四年間は関東総奉行青山忠成と内藤清文が支配する幕領となった。信吉と忠輝とが在封した十一年間は、親藩であった。

慶長十二年、尾張藩主松平忠吉《ただよし》の付家老（犬山城主）小笠原吉次《よしつぐ》が二万八千石で入封して、再度立藩した。以後、佐倉藩は譜代大名領となった。吉次はわずか一年半余りの在封後、慶長十三年十一月、二千石を加増されて、常陸国笠間へ転封となった。

慶長十五年一月、下総国小見川から土井利勝《としかつ》が三万二千石で入封した。利勝は老中として幕閣に重きをなし、たびたびの加増があり、寛永二年（一六二五）には下総国香取・埴生・印旛《いんば》・匝瑳《そうさ》・相馬・海上六郡内、上総国武射《むしゃ》郡内、常陸国鹿島・信太《しだ》・河内三郡内、近江国蒲生・甲賀両郡内の四ヵ国十二郡内において十四万二千石を領有し、佐倉歴代藩主の中で最高の石高であった。

利勝は、初め松平信吉が築いた大堀館を居所としたが、家康から新城を築くよう命ぜられ、入封の翌慶長十六年一月に着手し、六年の歳月を費やして、元和三年（一六一七）、鹿島山の台地に三重の天守閣、二重の銅櫓と隅櫓、御殿舎を完成させた。ここに佐倉城は、関東でも有数の譜代大名の居城として威容を整えた。完成とともに城地一帯を佐倉と称した。

寛永十年、利勝は下総国古河へ転封となり、同年豊後国日田の石川忠総《ただふさ》が七万石で入封したが、翌年近江国膳所《ぜぜ》へ転封となった。同十二年、摂津国高槻の松平（形原）家信《いえのぶ》が四万石で入封し、その子康信《やすのぶ》が家督を継いだが、康信は同十七年、旧領高槻へ戻った。寛永十九年、当時若年寄の六人衆の一人といわれた堀田正盛《まさもり》が信濃国松本から十一万石で入封した。

堀田氏支配と佐倉惣五郎事件

堀田正盛は母が稲葉正成の先妻で、正成の後妻となった春日局の縁で、元和六年（一六二〇）、三代将軍家光に近侍してめざましい昇進を遂げた。正盛は慶安四年（一六五一）四月二十日、家光に殉死し、その子正信《まさのぶ》が家督を継いだ。正信は父正盛とは異なり幕閣に登用されることはなかったが、正信治下の承応二年（一六五三）に有名な〝佐倉惣五郎〟事件が起こった。

『地蔵堂通夜《じぞうどうつや》物語』によれば、下総国埴生郡公津《こうづ》村の名主であった木内惣五郎は、藩主正信の苛酷な年貢収奪に苦しむ農民を救うために、江戸藩邸に直訴したが却下され、また老中松平和泉守乗寿へ訴えても却下されたため、四代将軍家綱の上野寛永寺参詣の行列に直訴状を差し出したといわれる。このため過重年貢は免除されたが、惣五郎は磔《はりつけ》、四人の子供は打ち首となった。この百姓一揆は、幕末に歌舞伎などに脚色されて、全国的に有名になったが、これはかなり伝説化されている。

この事件から七年後の万治三年（一六六〇）十月八日、正信は保科正之と阿部忠秋宛に一通の幕閣批判の意見書を提出して、無断で佐倉城に帰城してしまった。すぐさま幕閣首脳による対策会議が開かれて、正信の行動は狂気の振舞いということで、居城退去を命ぜられ、十一月に所領を没収された。正信は信濃国飯田へ配流され、さらに阿波国徳島に移されたが、延宝八年（一六八〇）五月八日、四代将軍家綱が死去したことを聞くと、五月二十日に殉死した。

老中職の在封地

正信が除封されたあと、寛文元年（一六六一）閏八月、上野国館林から松平（大給）乗久《のりひさ》が六万石で入封し、在封十六年余りの延宝六年（一六七八）一月、一万石を加増されて、肥前国唐津へ転封となった。乗久と入れ替わりに唐津から大久保忠朝が八万三千石で入封した。

大久保氏は譜代の名門であり、三代目の忠隣《ただちか》は慶長十九年（一六一四）一月、家康の謀将で吏僚派の代表といわれた本多正信・正純父子との政争に敗れ、相模国小田原六万五千石を改易された。忠隣の嫡孫忠職《ただもと》は幼少であったため連座を免れ、武蔵国騎西二万石、美濃国加納五万石、播磨国明石七万石、肥前国唐津八万三千石と転封のたびに加増されていった。忠朝は分家の大久保教隆《のりたか》の次男で、寛文十年（一六七〇）三月、忠職の養子となり、六月に遺領を継いだ。忠朝は延宝五年七月、老中に昇進し、在封八年後の貞享三年（一六八六）、一万石を加増されて旧領の小田原へ転封となり、忠隣が改易されてから七十三年目の再入封であった。

大久保氏に代わって、武蔵国岩槻から老中の戸田忠昌《ただまさ》が六万一千石で入封、のちに一万石を加増されて七万一千石を領有した。その子忠真《ただざね》は六万七千八百石を領有したが、元禄十四年（一七〇一）に越後国高田へ転封となった。同地から老中の稲葉正往《まさゆき》が十万二千石で入封、その子正知《まさとも》が在封して、享保八年（一七二三）に山城国淀へ転封となった。

稲葉正知と入れ替わりに、老中松平（大給）乗邑《のりさと》が淀から六万石で入封した。乗邑は乗久の孫で、佐倉藩主として再封であり、乗久時代と合わせて四十二年間在封したことになる。乗邑は延享二年（一七四五）、下総国内において一万石を加増されたが、同年九代将軍家重の勘気にふれて、加増分の没収と蟄居を命ぜられた。その次男乗佑《のりすけ》が家督を継いだが、翌三年一月に出羽国山形へ転封となった。これは明らかに父乗邑の罪科による左遷であった。

名家堀田氏六代の支配

山形からは入れ替わりに堀田正亮《まさすけ》が十万石で入封した。正亮は除封された前藩主正信の弟正俊《まさとし》の四男正武《まさたけ》の嫡男である。俗に正盛―正信時代を前期堀田、正亮以降を後期堀田と呼ぶ。正亮治世には領地の移動が頻繁に行われたが、宝暦十年（一七六〇）に一万石を加増された時の領地は、下総国印旛・千葉・埴生三郡内において六万石を初め、下総国海上・匝瑳、下野国塩谷・都賀、相模国高座・大住・愛甲、常陸国筑波・真壁、武蔵国埼玉・横見、出羽国村山の諸郡に散在していたが、実高で約十二万二千石であった。

つぎの正順《まさなり》は京都所司代まで昇進したが、天明三年（一七八三）の浅間山の大噴火や利根川の洪水などで、農民は大きな被害を蒙った。このため城付領で一揆が起こり、さらに同十年にも領地の千葉郡千葉・登戸《のぶと》・寒川村内で打ち毀しが起こった。正順の没後、弟の正時《まさとき》が襲封したが、正時は俳句などを愛する文化人で、幼少の正愛《まさちか》が成長するまでの番代という正順の遺言のため、藩政は重臣に任せて自適な生活を送った。

正時は文化八年（一八一一）に没し、正愛が家督を継いだが、窮乏した藩財政を打開するために、文政四年（一八二一）、年寄役兼勝手方役の向《むかい》藤左衛門を推進者に藩政改革を行ったが、必ずしも大きな成果を上げられなかった。

正愛の実子は早世したために、文政八年に正時の子正睦《まさよし》が襲封した。正睦は奏者番・寺社奉行・大坂城代などを歴任し、天保五年（一八三四）、老中水野忠邦の推挙により西の丸老中、さらに同十二年に老中となって、忠邦とともに天保の改革を推進したが、改革の失敗により、同十四年に老中を罷免されて幕閣から退いた。

この間、正睦は年寄役兼勝手方役の渡辺弥一兵衛《やいちべえ》を中心に財政・農政に加えて学制を含む藩政改革を実施させ、天保七年には藩校成徳書院を創設し、儒学・武芸の他に医学・蘭学を教授した。さらに老中を退いて帰藩した正睦は、いっそう藩政改革を推進し、蘭学を奨励、西洋兵学の研究を勧めたため、「西の長崎、東の佐倉」といわれるほどの学都となった。

だが、正睦は安政二年（一八五五）十月、再度老中首座に帰り咲いた。正睦は翌年十月、外国御用取扱いを命ぜられ、安政四年十月、米国総領事ハリスが登城し、十三代将軍家定に謁見した際、ハリスと会見した。十二月、幕府は米国との通商条約の締結すべき旨を朝廷に伝え、翌年二月、正睦は日米通商条約調印の勅許請求のために参内したが、勅許を得られなかった。だが、同年六月十九日、日米修好通商条約は勅許を得ないまま調印された。

また、将軍継嗣問題では紀州派と一橋派との間にあって、一橋派に与《くみ》して朝幕間の融和をはかったが、井伊直弼が大老に就任したため、老中を罷免され、のち蟄居を命ぜられた。

正睦蟄居後、その子正倫《まさとも》が家督を継いだが、八歳の幼少であったため正睦が後見役を勧めた。正倫は万延元年（一八六〇）三月、桜田門外の変後、水戸浪士の警戒のため領内の要所に見張番所などを設けて、水戸浪士の騒擾の鎮撫に努めた。慶応四年（一八六八）、戊辰戦争の際には藩論が勤王と佐幕に分かれ、正倫が十五代将軍慶喜の助命嘆願のために西上した時、新政府軍に捕えられたことから、藩論は勤王に決定した。正倫は幕末期の諸事変を無難に乗り切り、明治二年に版籍奉還を行い、同四年、廃藩置県を迎えた。

小江戸紀行　蘭癖大名の城下町佐倉城下を歩く

武家屋敷街と佐倉城跡

城下町佐倉へは、ＪＲ総武線佐倉駅か京成本線京成佐倉駅で下車し、徒歩十五分程で鹿島台に広がる城下町の中心部に行くことができる。佐倉は坂の町である。ＪＲ佐倉駅から北へ進み、高崎川に架かる城南橋を渡り、薬師坂を登ると左側の宮小路町には旧武居家住宅・旧河原家住宅・旧但家住宅の三棟の武家屋敷が建ち並ぶ。土塁上の生垣が美しく、鬱蒼とした竹林とともに静閑な城下の風情を漂わせ、大聖院の少し手前に佐倉藩政を担った西村茂樹旧宅を示す修静居跡の碑が立っている。

新町通りに面して、城下町の総鎮守麻賀《まか》多《た》神社があり、社前を西方へ進むと、藩校成徳書院の跡で、ついで佐倉城の大手門跡に出る。このあたりから土塁や空堀跡が見られ、さらに進むと左手に佐倉東高校グラウンドを隔てて、佐倉兵営跡の碑が立つ。この地は明治六年（一八七三）、第一軍管第二師営の営所が置かれ、明治四十二年から歩兵五十七連隊の兵舎が建てられた跡だ。

佐倉城本丸跡には夫妻モッコクがあり、周辺は堀・土塁などが整備されている。佐倉城は江戸城防備の要《かなめ》として重視され、鹿島台地の西端に築城された。北側は印旛《いんば》沼、西と南とは崖で、その下を鹿島川と支流の高崎川が外堀となって、要害堅固な城であった。慶長十五年（一六一〇）、佐倉藩主土井利勝は徳川家康の命を受けて、六年の歳月を費やして完成した。本丸西北端にあった銅櫓《どうやぐら》は、江戸城山里曲輪《くるわ》から移築したもので、三層四階の天守閣が聳えていたが、城の周囲は空堀と土塁で築かれて石垣が一切なかった。

現在、城跡は公園となっており、椎木曲輪跡には昭和五十八年三月、明治百年記念事業として建てられた我が国最大の国立歴史民俗博物館がある。本丸跡は芝生広場、二の丸・三の丸跡は疎林広場であり、春の桜にはじまり花菖蒲や紅葉が美しい。

寺町散策

佐倉市役所に隣接して時宗の海隣寺があり、千葉氏ゆかりの寺院である。千葉氏の本城が猪鼻《いのはな》城（千葉市）から本佐倉城（酒々井町）へ、さらに佐倉城へ移ると、海隣寺もともに移転した。墓地にある五輪塔や宝篋印塔は千葉氏歴代の供養塔である。海隣寺の裏側に建つ重願寺には佐倉藩の御用絵師黒沼槐山や近代洋画の先駆者浅井忠の墓がある。

麻賀多神社前の新町通りを東へ進むと、

堀田氏の別邸跡（さくら園）

右手に大正七年（一九一八）に建てられた旧川崎銀行佐倉支店があり、現在は佐倉市立美術館になっている。

　さらに東へ歩き、鉤手《かぎのて》状の曲がり角の手前を左へ入ると甚大寺《じんだいじ》がある。この寺は堀田家の菩提寺で、藩祖で大老をつとめた正《まさ》俊《とし》、幕末開国期の老中正睦《まさよし》、最後の藩主正《まさ》倫《とも》らの墓が並んでいる。この寺は延享三年（一七四六）、正俊の孫正亮《まさすけ》が山形から佐倉へ転封になった時、山形からこの地に移された。

　鉤手状の道に沿って進み、左折すると裁判所があり、その前に松林寺がある。この寺は土井利勝が建立したもので、道路際に並ぶ三基の宝篋印塔は、寛永七年（一六三〇）に利勝が建立した供養塔で、右から利勝の妻・母・養父のものという。また、墓地には蘭学者木村軍太郎の墓がある。

佐倉厚生園と佐倉順天堂

　松林寺から国道を東方の成田方面へ進み、すぐ右折すると佐倉厚生園がある。ここは最後の藩主正倫が明治二十三年（一八九〇）に建てた別邸で、眼下に高崎川の流れを望む西方高台上にある。約二万坪の広大な敷地にある庭園は、起伏に富んだ地形を利用した借景庭園である。

　また、隣接地には正倫が明治三十年に堀田家農事試験場を開設し、水稲や家畜の品種の改良を行った。

　国道を成田方面へ進むと、国道沿いに旧佐倉順天堂記念館がある。「西の長崎、東の佐倉」といわれた佐倉藩の蘭学は、寛政二年（一七九〇）、藩主正順《まさなり》が蘭方医樋口保貞《やすさだ》を長崎から招いたことにはじまったという。その後、藩医鏑木仙安《かぶらぎせんあん》が藩命により長崎に遊学、帰藩後に藩校医学所で蘭学を講義し、天保十四年（一八四三）には城外江原刑場で刑死者の解剖を行った。この時の藩主は蘭癖大名といわれた正睦で、正睦は医学や西洋兵学を導入したため、佐倉の蘭学熱が高まった。同年、長崎で蘭医学を修めた佐藤泰然《たいぜん》が佐倉に移住し、日本最初の民間病院順天堂を開設した。順天堂は蘭方外科医院・蘭学塾で、特に臨床に優れ、医術も実施に体得できる教育方針であった。順天堂を継承した佐藤尚中《しょうちゅう》は東京順天堂を開設し、佐倉順天堂はその養子舜海《しゅんかい》に受け継がれた。

　順天堂記念館前を左折して京成佐倉駅へ向かうと、県立佐倉高校がある。この高校は藩校成徳書院の後身で、校内には明治期の木造洋風建築の記念館があり、図書館には『ハルマ和解《わげ》』という日本最初の蘭和辞書が所蔵されている。ここから京成佐倉駅はすぐである。

結城藩《ゆうき》〈譜代〉

居城＝茨城県結城市本町

名門結城氏の移封

下総国の名門結城氏十七代晴朝《はるとも》は永禄三年（一五六〇）、結城城主となり、小田原の北条氏康《うじやす》とともに古河公方《こがくぼう》足利義氏《よしうじ》を援けて、越後の上杉謙信と戦った。晴朝は天正十八年（一五九〇）、豊臣秀吉の小田原の陣に参戦し、戦後、結城十万一千石を安堵された。だが、晴朝には嗣子がなかったので、徳川家康の次男秀康《ひでやす》に所領を譲った。慶長五年（一六〇〇）の関ヶ原の役後、秀康は越前国北ノ庄六十七万石へ移封され、この地に久しく大名は封じられなかった。

水野氏十一代

元禄十三年（一七〇〇）、能登国西谷一万石の藩主水野勝長《かつなが》が下総国結城、上総国山辺・武射三郡内に移されて立藩した。水野氏は鎮守府将軍源満政《みつまさ》五世の孫重遠《しげとう》が尾張国浦野郷に居住して浦野四郎と名乗り、その子重房《しげふさ》が尾張国知多郡小河村に移って小河氏を称し、その嫡男重時《しげとき》が尾張国春日井郡山田荘水野に移って地名を名字とした。その後、忠政《ただまさ》が三河国刈屋城を攻略して居城とし、小河城はその子信元《のぶもと》に守らせた。のち信元の弟忠重《ただしげ》が信元の刈屋城主となって徳川家康の麾下に属し、さらにのち豊臣秀吉に属した。忠重の子勝成《かつなり》は慶長五年（一六〇〇）、関ヶ原の役の時に家康に従い、戦功により本領を安堵された。勝成は元和五年（一六一九）、備後国福山十万石へ転封し、以後、勝俊《かつとし》―勝貞《かつさだ》―勝種《かつたね》と続き、つぎの勝《かつ》峯《みね》が元禄十一年（一六九八）、嗣子なく没したため水野家は断続したが、勝成の末子勝忠《かつただ》の次男勝直《かつなお》の嫡男勝長《かつなが》が一万石で、結城に封じられた。

勝長は入封の翌年、上総国武射、下野国芳賀、常陸国真壁・茨城四郡内において三千石、元禄十六年に結城・芳賀・真壁三郡内において五千石を加増され、合わせて一万八千石を領有し、幕命により結城城を築いた。この時、幕府から築城資金一千両が与えられ、別に二千両を恩貸されている。水野氏は勝長以後、勝政《かつまさ》―勝庸《かつのぶ》―勝前《かつちか》―勝《かつ》起《おき》―勝剛《かつかた》―勝愛《かつざね》―勝進《かつゆき》―勝任《かつとう》―勝知《かつとも》―勝寛《かつひろ》と十一代、百七十年にわたって在封した。

なお、文久二年（一八六二）十一月、陸奥国二本松藩主丹羽家から養子に入った十代勝知は家老水野甚四郎らとともに佐幕派として行動しようとしたが、国許では新政府方への恭順派が多数を占めており、両者の間で激しい対立が起こった。慶応四年（一八六八）、十五代将軍慶喜が江戸城を出て上野寛永寺で謹慎し、江戸城総攻撃の時が近づいている時、佐幕的な行動を起こそうとしている勝知に対して、恭順派は密かに勝進の子勝寛を藩主に迎えようと画策した。

慶応四年三月、勝知が彰義隊士を同行して結城城に入ろうとした時、恭順派は入城を拒否し、三月二十五日に両派間で戦闘が開始された。戦いは一日で終わり勝知が入城した。だが、新政府軍は四月五日、結城城攻撃を開始し、藩主勝知は鬼怒川《きぬがわ》の久保田河岸から船で上総方面に脱出したが、五月二十日に新政府軍に捕えられて蟄居謹慎、一千石減封の処分を受けた。代わって勝寛が藩主となったが、明治四年廃藩となった。

山川《やまかわ》藩〈譜代〉

陣屋＝茨城県結城市上山川

徳川家康の異父弟で伊勢国桑名藩主松平（久松）定勝《さだかつ》の三男定綱《さだつな》は慶長七年（一六〇二）、十一歳の時に関東に下って家康に謁見し、慶長九年に下総国山川に五千石を与えられて、この地に陣屋を構えた。翌十年、定綱は従五位下越中守に叙任され、慶長十四年に一万石を加増され、さらに元和元年（一六一五）四月、大坂夏の陣の戦功によって一万五千石を加えられて、合わせて三万石で常陸国下妻へ転封となった。

そのあとに、大坂夏の陣の時に二代将軍秀忠に従って戦功を樹てた譜代の水野忠元《ただもと》が、下総国山川・結城、下野国鹿沼・板橋、近江国内において三万五千石を領有して山川へ入封した。忠元は元和六年に没し、その遺領を嫡男忠善《ただよし》が継いだ。忠善は性剛毅、勇武を好み、自ら粗衣粗食を励行し、家中の礼儀を厳にし、士の気節を励ましたが、寛永十二年（一六三五）、駿河国田中へ移封となり、以後、立藩されることがなかった。

大輪《おおわ》藩〈譜代〉

陣屋＝茨城県水海道市大輪町

下総国古河藩十六万石の藩主土井利勝《としかつ》は正保元年（一六四四）に没し、嫡男利隆《としたか》がその遺領十三万五千石を相続して、弟利長《としなが》・利房《としふさ》に各一万石、利直《としなお》に五千石を分与した。その後、万治元年（一六五八）、利隆の子利重が宗家を継いだ時、利直は五千石を分与され、下総国岡田・葛飾、武蔵国埼玉、下野国足利、常陸国河内の四ヵ国五郡内で一万石を領して諸侯に列し、大輪に陣屋を構えた。利直は奥小姓から詰衆並を経て、延宝四年（一六七六）に奏者番となったが、翌年に没した。

利直は死に臨み実子一学が幼少の上に病弱であったために、兄土井利房の次男利良《としよし》を末期養子として、家督相続を願い出た。これに対して幕府は、一族にも相談せずに一存で願い出たことは粗忽であるとして、所領を没収した。だが、祖父利勝の業績から特別に領地半減として利直の相続を認め、子孫は旗本となり、廃藩となった。

守谷《もりや》藩〈譜代〉

陣屋＝茨城県北相馬郡守谷町

守谷の歴史は古く、平安中期頃に平将《たいらのまさ》門《かど》がこの地に館を構えたといわれ、現在も土塁の一部が残存して、「将門城跡」の碑が立てられている。その後、鎌倉草創期の有力御家人千葉常胤《つねたね》の次男師常《もろつね》が守谷城を築いて、下総国相馬郡を支配した。師常は源頼朝の奥州藤原征伐に従って軍功を樹て、恩賞として陸奥国相馬郡を与えられた。だが、千葉氏の勢力が衰えると、この地は古河公方や小田原北条氏の支配下に置かれた。

天正十八年（一五九〇）、家康の関東入部に際して、土岐定政《ときさだまさ》は下総国相馬郡に移され、守谷の地に陣屋を構えた。定政は十七歳の時、徳川家康に仕えて、三方ヶ原の合戦、小牧・長久手の合戦、小田原の陣など数々の戦いに戦功を樹てた軍巧者であった。定政が慶長二年（一五九七）に没すると、その子定義《さだよし》が遺領を継ぐが、元和三年（一六一七）に一万石を加増され、合わせて二万石で摂津国高槻へ転封となり、廃藩となった。

井野《いの》藩〈譜代〉
陣屋＝茨城県取手市井野

徳川家康の家臣で、三河三奉行の一人といわれた本多作左衛門重次《しげつぐ》（鬼作左）は、天正十八年（一五九〇）、豊臣秀吉の小田原の陣に際して、家康が関東へ出陣したあとの駿府城を守った。この時、秀吉は駿府城を本陣にしようとしたが、重次は主君の留守に城を貸すことはならぬと断わったため、秀吉の怒りをかい、上総国古井戸に閉居を命ぜられた。重次は知行三千石を与えられ、知行地を井野に移されて陣屋を構えた。

また重次は天正三年（一五七五）、長篠の合戦に従軍した時、陣中から留守宅の妻に宛てて書いた「一筆啓上火の用心お仙なかすな馬肥せ」が、歴史上もっとも簡明な手紙としてよく知られている。重次は慶長元年（一五九六）に没し、その子成重《なりしげ》（仙千代）の時、同七年に近江国蒲生郡内に二千石を加増され、さらに同十八年、井野に四万石を加恩されて、越前国丸岡四万三千石へ移封となり、以後、藩は置かれなかった。

布川《ふかわ》藩〈譜代〉
陣屋＝茨城県北相馬郡利根町布川

いわゆる「十八松平」の一氏である藤井松平氏の祖利長《としなが》の嫡子信一《のぶかず》は、永禄六年（一五六三）、徳川家康のために三河一向一揆勢と戦ったのを始め、永禄十一年、足利義昭を奉じて入洛しようとした織田信長に敵対した六角《ろっかく》（佐佐木）義賢《よしかた》の近江国栗太郡の観音寺山城を攻め落とし、さらに元亀元年（一五七〇）六月、浅井・朝倉連合軍との姉川の戦いなど諸戦に大きな軍功を樹てた。そして、天正十八年（一五九〇）、家康の関東入部にともなって、五千石の知行地を与えられ、この地に陣屋を構えた。

信一は慶長五年（一六〇〇）、上杉景勝征伐の際、徳川秀忠の命を受けて、常陸国水戸の佐竹義宣《よしのぶ》の防備のために常陸国江戸崎城を守った。翌六年二月、関ヶ原の役や常陸国江戸崎城の守備などの功績によって、布川に三万石を加恩された。のち常陸国土浦へ転封となり、布川藩は廃藩となって、以後、立藩されることはなかった。

山崎《やまざき》藩〈譜代〉
陣屋＝千葉県野田市山崎

為憲流の参議藤原乙麿の六代裔清綱が駿河国岡部郷に居住して岡部氏を称した。代々今川氏の被官となり、二十代正綱《まさつな》は義《よし》元《もと》に仕え、その嫡子氏真《うじざね》が武田信玄の侵攻を受けると、遠江国掛川城主朝比奈泰能のもとに逃れ、正綱は少勢ながら武田軍と戦って屈することなく、戦後、信玄から招致された。その後、正綱は徳川家康に仕え、その子長盛《ながもり》は家康に従ってたびたびの戦いで軍功を樹て、天正十八年（一五九〇）、家康の関東入部にともなって、下総・上総両国において一万二千石を与えられ、この地に陣屋を構えた。

長盛は在封二十年後の慶長十四年（一六〇九）八月、新恩二万石を与えられ、合わせて三万二千石をもって丹波国亀山に転封となり、以後、山崎藩は廃藩となった。長盛はその後、亀山から丹波国福知山、美濃国大垣へと移り、寛永九年（一六三二）に大垣で没した。

関宿《せきやど》藩〈譜代〉

居城＝千葉県野田市関宿町

譜代六氏入れ替わり入封

天正十八年（一五九〇）、徳川家康の関東入部にともない、江戸周辺に譜代家臣を配置する政策によって、異父弟である松平（久松）康元《やすもと》が下総国葛飾郡内に二万石を与えられて、関宿城を居城とした。翌十九年に陸奥国九戸《くのへ》政実《まさざね》一揆の鎮圧に出陣し、戦後下総国内に二万石を加増された。康元は慶長八年（一六〇三）八月に没し、嫡男忠良《ただよし》が家督を継いだが、元和元年（一六一五）の大坂夏の陣の戦功により一万石を加増されて、美濃国大垣へ転封となった。

代わって越後国三条から松平（能見）重《しげ》勝《かつ》が二万六千石で入封し、三年後の元和五年、遠江国横須賀へ移った。同年、下総国古河から二万二千七百石で小笠原政信《まさのぶ》が入封し、養子貞信《さだのぶ》（旗本高木貞勝の嫡男）と続くが、寛永十七年（一六四〇）、貞信が幼少のため美濃国高須へ転封した。ついで北条氏重《うじしげ》が遠江国久能から二万石で入ったが、わずか三年後の正保元年（一六四四）三月、駿河国田中へ転封となった。

北条氏が転封後、武蔵国石戸から牧野信《のぶ》成《しげ》が一万七千石で入封した。信成が慶安三年（一六五〇）に没し、嫡男親成《ちかしげ》が家督を継ぐが、承応三年（一六五四）、京都所司代へ昇進すると、河内国高安郡内に一万石を加増され、明暦二年（一六五六）、京都二条城に赴任した。親成が転封すると、入れ替わりに同役であった板倉重宗《しげむね》が下総国葛飾・猿島・相馬・豊田四郡内において五万石を与えられて入封した。重宗は同年十二月に没し、嫡男重郷《しげさと》が家督を継いだ。寛文元年（一六六一）、重郷が致仕した際、弟重形《しげかた》に五千石と新墾田四千石を分与し、嫡男重常《しげつね》が四万五千石を襲封したが、同九年に伊勢国亀山へ転封となった。

同年、上総・下総・武蔵・相模四国内において四万石を領有していた老中久世広之《くぜひろゆき》が一万石を加増されて五万石で入封した。久世氏は長宣《ながのぶ》の代に三河一向一揆に加わって家康に叛乱したが、その子広宣《ひろのぶ》の代に許され、天正九年（一五八一）、家康が武田勝頼の高天神城攻めの時に戦功を樹てた。広宣の三男広之は二代将軍秀忠の小姓から昇進し、正保三年（一六四六）、一万石を与えられ、若年寄から老中に進んだ。

広之は延宝七年（一六七九）七月に没し、嫡子（三男）重之《しげゆき》が家督を継ぐが、天和三年（一六八三）八月、備中国庭瀬へ転封となった。あとに常陸・下総・下野三国内において三万三千石を領有する五代将軍綱吉の側用人牧野成貞《なりさだ》が二万石を加増され、合わせて五万三千石で入封し、さらに元禄元年（一六八八）、二万石を加えられ、七万三千石を領有した。成貞は天和八年に致仕し、養嗣子成《なり》春《はる》（家臣大戸吉房の子）に家督を譲って隠居した。成春は宝永二年（一七〇五）、七千石を加増されて三河国吉田へ移ると、庭瀬から丹波国亀山、吉田へ転封になった久世重之が再度入封した。

老中久世家の入封

重之は正徳三年（一七一三）八月、老中に昇進して従四位下に進んだ。享保三年（一七一八）三月、老中としての功労によって、下総国猿島・相馬、下野国都賀の三郡内において一万石を加増され、合わせて六万石を領有した。重之が老中になった時、七代将軍家継の幕政は前将軍家宣時代からの側用人間部詮房《あきふさ》を中心に新井白石との側近政治が続いており、重之らは影が薄い老中であった。享保五年に重之が没し、四男暉之《てるゆき》が家督を継いだ時、弟広籌《ひろかず》に二千石と新墾田三千石、合わせて五千石を分与したので、五万八千石を領有することになった。

　暉之は寛延元年（一七四八）八月に致仕し、養嗣子広明《ひろあきら》（旗本久世広武の嫡男）に家督を譲った。宝暦七年（一七五七）の利根川大洪水に際しては、五千両の恩貸を受けた。広明は明和六年（一七六九）九月、大坂城代に昇進したため、領地および関宿城を収められて、河内・美作両国内に領地替えとなった。安永三年（一七七四）、美作国の領地を改めて旧領の下野国都賀、常陸国信太・筑波、下総国葛飾・猿島・相馬の六郡内に移され、三たび入封して五千両の恩貸を受けた。この五年余の間、旧藩領は幕領に編入され、関宿城も空城となっていた。

　広明は天明元年（一七八一）九月、老中になったが、利根川の大洪水に見舞われて五千両を拝借した。関宿城は利根川と江戸川とに挟まれているため、城付領内はしばしば洪水の被害を蒙った。宝暦七年、安永九年、天明元年、同三年の災害は最も甚大だったので、幕府から合計二万五千両の災害復旧費の貸与を受けた。

　広明は天明五年一月に没し、嫡男広誉《ひろやす》が家督を継ぎ、のち広運《ひろたか》（広誉の嫡孫）は藩校教倫館を創設した。広運は天保元年（一八三〇）八月に没し、養嗣子広周《ひろちか》（旗本大草高好の次男）があとを継いだ。

老中広周の活躍

　広周が家督を継いだ時は、わずか十一歳だったが、嘉永四年（一八五一）に本丸老中に昇進した。広周が老中在職中に直面した大きな問題は、日米修好通商条約の締結と将軍継嗣問題であった。安政五年（一八五八）六月、大老井伊直弼は勅許のないまま条約を締結させる一方、十三代将軍家定のあとの将軍継嗣問題では、直弼が推す紀伊国和歌山藩主徳川慶福（家定）の南紀派と、一橋家主慶喜を推す一橋派とが激しく対立した。広周は一橋派を支持したわけではなかったが、直弼の安政の大獄における厳罰方針に反対して、老中を罷免された。

　万延元年（一八六〇）、直弼の死後、老中安藤信正の推挙で、広周が再び一万石を加増されて老中となった。広周は公武合体を推進して、文久二年（一八六二）二月、皇女和宮の十四代将軍家茂への降嫁を実現させた。この降嫁に前後して、信正は浪士に襲われ（坂下門外の変）、老中を罷免され、広周は攘夷を主張する朝廷と開国を要求する外国との間に挟まれて苦悩し、長州藩士長井雅楽の開国遠略策による公武周旋が失敗すると、文久二年六月に罷免、加増分一万石を削減され、蟄居謹慎を命ぜられた。

　嫡子広文《ひろふみ》が家督を継ぐが、幼少で病弱の身であったため、藩内は動揺した。当時、藩内では勤王派と佐幕派とが分かれて争い、幼君の争奪をめぐる抗争が激化した。明治二年（一八六九）、広文は一万石を減封されて致仕し弟広業《ひろなり》が継いだが、同二年、版籍奉還し、同四年、廃藩置県を迎えた。

曽我野藩《そがの》〈譜代〉
陣屋＝千葉県千葉市中央区蘇我町

宇都宮藩主戸田家の家老忠至《ただゆき》は文久二年（一八六二）、坂下門外の変で家中から逮捕者を出したので、藩の苦境を打開するために、非政治的な天皇陵の修補を建議して、幕府から許可された。これは討幕・佐幕の二大勢力の谷間にあって、譜代小藩が存立していくための絶妙な政治的手段であったといえる。これによって宗家を安泰にするのみならず、忠至自身も山陵奉行として栄進し、慶応二年（一八六六）、宗家忠友《ただとも》から一万石を分与されて、高徳藩一万一千石が立藩した。その後、忠至は若年寄に昇進し、明治元年（一八六八）には参与兼会計事務掛などを歴任した。

忠至は明治二年五月に致仕し、その子忠《ただ》綱《つな》が家督を継ぎ、翌月に版籍奉還して高徳藩知事に任ぜられ、翌三年三月、下総国曽我野一万一千百三十九石へ転封となり、藩庁を構えて立藩した。だが、わずか一年四ヵ月後の明治四年七月、廃藩となった。

生実藩《おゆみ》〈譜代〉
陣屋＝千葉県千葉市中央区生実町

二代将軍秀忠に仕えていた森川重俊《しげとし》は慶長十四年（一六〇九）、下野国内において三千石を知行していたが、同十九年に大久保忠《ただ》隣《ちか》事件に連座して除封され、酒井家次《いえつぐ》家にお預けとなったが、翌元和元年（一六一五）の大坂夏の陣の時、家次に属して出陣して戦功を樹てた。重俊は寛永四年（一六二七）、赦免されて再度秀忠に仕え、のち上総・下総・相模三ヵ国内で一万石を加増されて諸侯に列し、生実に陣屋を構えた。重俊は寛永八年に奉行職となったが、翌九年に秀忠が没すると殉死した。

重俊の殉死後は重政《しげまさ》―重信《しげのぶ》―俊胤《としたね》（若年寄）―俊常《としつね》（大番頭）―俊令《としのり》（奏者番）―俊孝《としたか》（奏者番）―俊知《としとも》（西の丸若年寄）―俊民《としたみ》（若年寄）―俊位《としひら》―俊徳《としのり》―俊方《としかた》と十二代、約二百五十年間にわたって在封し、明治四年（一八七一）、俊方の時に廃藩となった。房総の諸藩は、頻繁に転封や除封されたが、生実藩は転封のなかった珍しい例である。

栗原藩《くりはら》〈譜代〉
陣屋＝千葉県船橋市西船

天正十八年（一五九〇）、徳川家康の関東入部にともない、成瀬正成《まさなり》は下総国葛飾郡栗原郷に四千石を下賜され、この地に陣屋を置いた。正成は慶長五年（一六〇〇）、関ヶ原の役の論功行賞により甲斐国において二万石、さらに同八年に三河国において一万石を加増されて、合わせて三万四千石を領有した。慶長十六年に二万石を尾張国内に移された正成は元和二年（一六一六）、家督を次男之成《ゆきなり》に譲り、自らは嫡男正虎《まさとら》とともに尾張国名古屋藩付家老となって徳川義直《よしなお》に仕え、犬山城と三千石を給された。

之成は三河・下総国内において一万四千石と武蔵国幡羅《はたら》郡に一千石を合わせて一万五千石を相続し、陣屋を構えて立藩した。元和九年、さらに一千石を加増されたが、之成は寛永十一年（一六三四）十月に没し、わずか一歳の之虎《ゆきとら》が相続したが、同十五年十二月に五歳で没し、嗣子がなかったため栗原藩成瀬家は断絶した。

臼井《うすい》藩〈譜代〉

陣屋＝千葉県佐倉市臼井

臼井城は永禄年間（一五五八～七〇）以降、千葉氏の一族原氏の居城であったが、天正十八年（一五九〇）、豊臣秀吉に攻められて滅亡した。徳川家康の関東入部にともない、徳川四天王の一人酒井忠次《ただつぐ》の嫡男家次《いえつぐ》が三万石で臼井城に封ぜられて立藩した。この時、本多忠勝《ただかつ》・榊原康政《やすまさ》・井伊直政《なおまさ》らは大封を与えられたのに対し、これらの家より格上の家柄と地位にあった家次の封禄が少なかったので、父忠次は家康に対して、家次の加増を請うたが、家康は忠次に向かって、汝も我が子がかわいいかといって、これを拒絶したという逸話が伝わっている。この話の裏には家康の嫡男岡崎三郎信康《のぶやす》が、信長の命によって自害を余儀なくされたのは、忠次の不行届による結果から起こったとする家康の嘆きが込められていたという。

家次は臼井城に十五年間在城の後、慶長九年に上野国高崎へ転封となり、臼井城は破却され、以後、立藩されなかった。

岩富《いわとみ》藩〈譜代〉

陣屋＝千葉県佐倉市岩富町

天正十八年（一五九〇）五月、小田原の陣の時、北条氏政《うじまさ》の家臣北条氏勝《うじかつ》は相模国甘《あま》縄《なわ》城に籠城し、最後まで死守する覚悟であったが、徳川家康の家臣本多忠勝・榊原康政らは再三にわたって降伏を勧告したので、ついに帰順の要請を受け入れて、家康の麾下となった。同年八月、家康の関東入部にともない、氏勝は関東攻略の先導役を勤め、千葉氏の支城として、一族の原氏が居城していた、戦略上重要な岩富城攻撃の先鋒となった。落城後、氏勝は恩賞としてこの地に一万石を与えられて、諸侯に列した。

その後、氏勝は慶長五年（一六〇〇）の関ヶ原の役にもたびたび軍功を樹てたが、同十六年に没すると、保科正直《ほしなまさなお》の四男氏重《うじしげ》が養子となって遺領を継いだ。氏重は在封二年後の慶長十八年、下野国富田一万石へ移り、岩富城は破却されて廃藩となって、以後、立藩されなかった。

上代《かじろ》藩〈譜代〉

陣屋＝千葉県香取郡東庄町東和田

三河譜代の松平（深溝）家忠《いえただ》は天正十八年（一五九〇）、徳川家康の関東入部にともなって、武蔵国忍一万石へ入封したが、文禄元年（一五九二）二月、下総国上代一万石へ転封となり、陣屋を構えて立藩した。深溝松平氏は、徳川氏三代信光《のぶみつ》の時に誕生した、いわゆる「十八松平」の一氏で、始祖忠定《たださだ》は信光の七男忠景《ただかげ》の次男である。忠定以後、好景《よしかげ》―伊忠《これただ》―家忠と続き、家忠は数多くの合戦で軍功を樹て、武蔵国忍を与えられた。

家忠は文禄元年二月、江戸城普請を命ぜられ、さらに七月にも再度江戸城普請に着手し、みごとに工事を完了した。同三年二月、豊臣秀吉は諸大名に伏見城の築城を命じたので、家忠は三月に上洛し、手持ち分担の普請が抜群であったことを賞され、秀吉から帷子と羽織を下賜された。在藩三年後の文禄三年、家忠は下総国小見川へ転封となり、上代藩は廃藩となった。

高岡《たかおか》藩〈譜代〉

陣屋＝千葉県香取郡下総町高岡

大目付井上政重《まさしげ》は寛永十五年（一六三八）、島原の乱の鎮圧に手腕を振い、その功績によって同十七年に六千石を加増され、合わせて一万石を領有して諸侯に列したが、この時点では陣屋は構築されず定府大名であった。寛永二十年には、三千石が加増された。政重には一子政次《まさつぐ》がいたが、「不才なる由を申して籠居」（『藩翰譜』）せしめられ、慶安三年（一六五〇）に没したので、嫡孫政清《まさきよ》が家督を相続し、この時に弟政則《まさのり》に一千石、同政明《まさあき》に五百石を分与した。政清の次男政蔽《まさあきら》が継いだ時、弟政式《まさのり》に一千五百石を分与し、もとの一万石となり、陣屋を構えて立藩した。

政蔽のあとは正鄰《まさちか》－正森《まさもり》－正国《まさくに》－正紀《まさのり》－正滝《まさたき》－正域《まさくに》－正和《まさかず》と続き、正和は文久二年（一八六二）に藩校学習館を創立し、江戸の藩邸内に設置された。最後の藩主となった正《まさ》順《なり》は明治二年（一八六九）、高岡藩知事に任ぜられ、同四年に廃藩置県を迎えた。

矢作《やはぎ》藩〈譜代〉

居城＝千葉県佐倉市佐原木

天正十八年（一五九〇）、徳川家康の関東入部にともない、三河以来の譜代の功臣鳥居元忠《もとただ》が四万石で矢作城に入城し立藩した。この元忠を封じたのは、外敵の常陸国水戸の佐竹義重《よししげ》・義宣《よしのぶ》に対峙させるための軍事的配置であった。慶長五年（一六〇〇）四月、家康が陸奥国会津城主上杉景勝征討を決意した時、伏見城の元忠を初め松平（深溝）家忠《いえただ》・内藤家長《いえなが》・松平近正《ちかまさ》らに、西軍の石田三成が謀叛を企てる様子があるので、伏見城を死守するよう命じた。七月二十五日、西軍四万が伏見城を包囲したが、元忠を総大将とする寡兵二千は、西軍の総攻撃を受けて落城し、元忠らは討死した。

遺領を継いだ次男忠政《ただまさ》は、同七年に元忠の軍功により六万石を加増され、合わせて十万石をもって陸奥国磐城平へ転封となった。その後、元和四年（一六一八）に三浦正《まさ》次《つぐ》が入封したが、寛永十六年（一六三九）に下野国壬生へ転封となり、廃藩となった。

小見川《おみがわ》藩〈譜代〉

陣屋＝千葉県香取郡小見川町小見川

松平（深溝《ふこうず》）家忠《いえただ》は文禄三年（一五九四）、下総国香取郡上代《かじろ》から一万石で入封し、陣屋を構えて立藩した。家忠は慶長五年（一六〇〇）七月、山城国伏見城で戦死し、その遺領を嫡男忠利《ただとし》が相続して、翌年に三河国深溝へ転封となった。代わって土井利勝《としかつ》が一万石で入封し、慶長十五年に加増があって三万二千石余で下総国佐倉へ転封した。続いて六千六百石を領する安藤重信《しげのぶ》が新封一万石を与えられて入封したが、元和元年（一六一五）に加増があり、合わせて五万六千石余で上野国高崎へ転封し、一時廃藩となった。

下野国鹿沼の内田正親《まさちか》は享保九年（一七二四）に一万石を与えられ、小見川に陣屋を構え、再度立藩した。正親のあとは正美《まさよし》－正《まさ》良《よし》－正純《まさずみ》－正肥《まさもと》－正容《まさかた》－正道《まさみち》－正徳《まさのり》－正縄《まさなわ》－正学《まさあきら》と十代、約百五十年にわたって在封し、正学の慶応四年（一八六八）には戊辰戦争の騒擾に巻き込まれたが、無難に経過して、同四年に廃藩置県を迎えた。

大須賀《おおすが》藩〈譜代〉

陣屋＝千葉県香取郡大栄町

大須賀の地は、戦国末期には小田原北条氏の家臣大須賀氏が支配していたが、天正十八年（一五九〇）五月、小田原の陣の時に北条氏とともに滅亡した。徳川家康の関東入部にともない、三河三奉行の一人といわれた天野三郎兵衛康景《やすかげ》が下総国香取郡大須賀に三千石を与えられ、陣屋を構えて立藩した。康景は天文十八年（一五四九）二月、家康が駿府城主今川義元の人質になった時、小姓として扈従した。永禄七年（一五六四）に家康が三河一国を掌握すると、翌年二月に三河三奉行を設け、譜代の高力清長《こうりききよなが》・本多重次《しげつぐ》（鬼作左）とともに任ぜられたのが、「仏高力、鬼作左、どちへんなしの天野三郎兵衛」といわれた康景だった。

慶長五年（一六〇〇）、康景は関ヶ原の役で軍功を樹て、翌六年二月に領地を駿河国富士・駿東二郡内に移され、七千石を加増されて合わせて一万石をもって駿河国興国寺へ転封となり、廃藩となった。

小南《こみなみ》藩〈家門〉

陣屋＝千葉県香取郡東庄町小南

松平（久松）定勝《さだかつ》は永禄三年（一五六〇）、久松俊勝《としかつ》と水野忠政《ただまさ》の娘お大の方（伝通院）の四男として生まれ、家康の異父弟に当たる。家康は永禄三年三月、桶狭間の戦いの時、尾張国の大高城救援のため智多郡阿古居に進軍の途次、俊勝の居住地に立ち寄り、生母お大の方と対面した。その時に家康は次男康元《やすもと》、三男勝俊《かつとし》、四男定勝を呼び、「我兄弟少しいまよりのち同姓の兄弟に准ずべし」（『寛政重修諸家譜』）といい、三人が松平姓を名乗る同姓兄弟であると盟約した。天正十八年（一五九〇）八月、家康の関東入部にともない、定勝は下総国香取郡小南郷に三千石を与えられて立藩した。

慶長五年（一六〇〇）五月、定勝は家康の上杉景勝の会津攻めに従軍し、さらに九月の関ヶ原の役の時には遠江国掛川城を守備して軍功を樹てた。翌六年二月、定勝は二万七千石を加増され、合わせて三万石を領し、掛川へ転封となり、廃藩となった。

多古《たこ》藩〈譜代・家門〉

陣屋＝千葉県香取郡多古町多古

天正十八年（一五九〇）、徳川家康の関東入部にともない、その家臣保科正光《ほしなまさみつ》が多古に一万石を与えられて入封したが、慶長五年（一六〇〇）、正光は旧領の信濃国高遠へ転封となり、以後しばらく藩は置かれなかった。その後、慶長九年に加賀国野々市一万石の土方雄久《ひじかたおひさ》が多古において五千石を加増され、一万五千石を領有して立藩した。つぎの雄《かつ》重《しげ》は元和八年（一六二二）に陸奥国窪田へ転封となり、再び廃藩となった。

旗本松平（久松）勝以《かつゆき》は下総・上総国内において九千石を領有していたが、正徳三年（一七一三）、大坂定番に昇進した際、摂津国内において三千石を加増され、合わせて一万二千石を領有し、従来より多古にあった陣屋で再度立藩した。勝以のあとは勝房《かつふさ》－勝尹《かつただ》（大番頭）－勝全《かつたけ》－勝弁《かつゆき》－勝権《かつのり》－勝《かつ》行《ゆき》－勝慈《かつなり》と八代にわたって在封し、最後の藩主勝慈の時の明治四年（一八七一）に廃藩となった。

小篠《こざさ》藩〈譜代〉
陣屋＝千葉県八日市場市東小笹

三河譜代の名門で徳川四天王の一人である酒井忠次《ただつぐ》の次男康俊《やすとし》は、天正八年（一五八〇）、本多忠次《ただつぐ》の養子となった。康俊と称したのは同十年の十三歳の時、家康の前で元服して、一字を賜わった時である。康俊は同十七年に家督を継いだが、翌年の豊臣秀吉の小田原の陣の時、秀吉は家康に対して忠誠のあかしとして人質を要求したので、家康は康俊を遣わした。小田原の陣後、家康が関東入部の時に、康俊は下総国匝瑳《そうさ》郡小篠郷に五千石を下賜され、父忠次の遺領五千石を合わせて一万石を領有し、陣屋を構えて立藩した。

康俊は慶長元年（一五九六）、従五位下縫殿助に任ぜられ、同五年に陸奥国会津藩主の上杉景勝征討や関ヶ原の役に参戦して軍功を樹てた。康俊は翌六年二月の論功行賞によって三河国幡豆《はず》郡内において二万石加増されて、三河国西尾へ転封となり、康俊一代で小篠藩は廃藩となった。

蘆戸《あじと》藩〈譜代〉
陣屋＝千葉県旭市イ

朝日将軍といわれた木曽義仲《よしなか》の十四代後裔である義昌《よしまさ》は天正十八年（一五九〇）、豊臣秀吉の小田原の陣後、徳川家康の関東入部にともない蘆戸の地に一万石を与えられて、千葉氏の家臣大橋康忠が築いた蘆戸城に入って立藩した。

義昌は慶長五年（一六〇〇）に没し、嫡男義利《よしとし》が家督を継いだが、粗暴な振舞が多かった。義仲の後裔で木曽谷の驍将であった名門木曽氏が、わずか一万石で移封されたことが不満であったのであろう。慶長五年の関ヶ原の役の時、義利は西軍に与《くみ》して領地を没収された。また一説には、叔父の義豊《よしとよ》との不和がもとで叔父を殺害したため、領地を没収されたとも伝えられる。その後、木曽氏の家臣は離散し、蘆戸の地を追放された義利は、剃髪して宗億と号し、蒲生氏に寄食したといわれる。このため名門木曽氏は完全に歴史の舞台から消え去ったのである。

上総国

五井《ごい》藩〈譜代〉
陣屋＝千葉県市原市五井

紀伊国和歌山藩主であった徳川吉宗に仕えていた有馬氏倫《うじのり》は享保元年（一七一六）、吉宗が八代将軍に就任すると、幕臣（側御用取次）となり、享保十四年に七千七百石を加増され、前領地と合わせて一万石を領有して、伊勢国河曲《かわの》郡西条村に陣屋を構えて諸侯に列した。氏倫は享保二十年十二月に六十八歳で没し、そのあとは氏久《うじひさ》（大番頭）―氏恒《うじつね》―氏房《うじふさ》―氏恕《うじよし》（信濃国飯田藩主堀親長の次男）と続き、氏恕は天明元年（一七八一）、陣屋を西条から五井に移し、初めて五井藩が立藩した。有馬氏は当初、参勤交代を行わない定府大名であったが、氏恕以後は半年ごとに参勤交代をする大名に昇格した。

氏恕は天明三年、二十三歳の若さで没し、そのあとは氏保《うじやす》―久保《ひさやす》―氏貞《うじさだ》―氏郁《うじしげ》と続き、天保十三年（一八四二）に氏郁が下野国吹上に転封となったので、五井藩は廃藩となり、以後立藩されなかった。

八幡《やわた》藩〈譜代〉

陣屋＝千葉県市原市八幡

上総国苅谷一万石を領していた堀直良《なおよし》（越後国三条藩主直政《なおまさ》の孫）は貞享四年（一六八七）頃、市原郡に陣屋を移し、八幡藩と称して立藩した。だが『寛政重修諸家譜』の記事から推察すると、寛文八年（一六六八）の立藩ではないかと思われる。直良はたびたび大坂加番を命ぜられたが、幕府の公職につくことがないままに元禄四年（一六九一）二月に没し、その嫡男直宥《なおさだ》が家督を相続したが、七年後の元禄十一年三月、領地を旧領の越後国蒲原・三島《さんとう》二郡内に移され、椎谷《しいや》に陣屋を移したため、八幡藩は廃藩となった。

一方、堀氏が八幡に陣屋を構えていた同時代、側衆の大久保忠高《ただたか》は貞享三年、知行七千石と廩米《りんまい》三千俵とを合わせて一万石となるが、八幡藩と公称されなかった。その後、忠高の次男常春《つねはる》は享保十年（一七二五）十月、下野国烏山二万石へ転封となったので、八幡藩は廃藩となった。

潤井戸《うるいど》藩〈譜代〉

陣屋＝千葉県市原市潤井戸

永井直勝《なおかつ》の嫡男尚政《なおまさ》は慶長五年（一六〇〇）、十四歳の時に初めて徳川家康に謁見し、同年七月に父とともに上杉景勝征討に従軍、九月には関ヶ原の役にも参陣した。同七年、徳川秀忠に近習し、常陸国貝原塚に一千石を与えられ、翌十年四月、秀忠の将軍宣下に際して従五位下信濃守に任ぜられた。その後、尚政は大坂の陣でも戦功を樹てて小姓組番頭となり、元和二年（一六一六）、武蔵国菖蒲領と近江国滋賀郡内で四千石を加増され、翌五年に上総国潤井戸で一万石を加増されて陣屋を構えて立藩した。尚政は元和八年に老中に昇進し、翌九年に遠江国山名郡内において五千石を加増され、新墾田を合わせて二万四千石を領有したが、この時尚政はまだ家督相続をしていなかった。

尚政は寛永三年（一六二六）に父直勝が没したため、常陸国古河八万九千石の遺領を継いだので、古河へ転封となり、潤井戸藩は廃藩となった。

菊間《きくま》藩〈譜代〉

陣屋＝千葉県市原市菊間

徳川慶喜《よしのぶ》は慶応三年（一八六七）十月、大政奉還により隠退すると、宗家を継いだ十六代家達《いえさと》は慶応四年（一八六八）五月、駿河国府中（静岡）藩七十万石を与えられて立藩した。このため駿河・遠江両国の諸大名の領地替えが行われ、駿河国沼津五万石を領有していた水野忠敬《ただのり》は、同年七月、知行五万石のうち二万三千七百石余を上総国市原郡に移され、翌二年一月に菊間村の千光院に仮陣屋を構えて立藩した。

忠敬は慶応四年（明治元年）一月の鳥羽伏見の戦い以後、戊辰戦争が始まると、尾張国名古屋藩主徳川慶勝《よしかつ》の勧告を受けて、翌二月には新政府に恭順の意を現わし、甲府城代を命ぜられた。甲府は無城地だったので、明治元年十二月、新政府より三年間、毎年一千石の米と金一万五千両を下賜されることになったが、翌二年六月に版籍奉還を上奏、菊間藩知事に任ぜられ、同四年七月、廃藩置県を迎えた。

姉崎藩《あねがさき》〈家門〉

陣屋＝千葉県市原市姉崎

徳川家康の次男で越前国北ノ庄藩主結城《ゆうき》秀康《ひでやす》の次男である松平（越前家）忠昌《ただまさ》は慶長十二年（一六〇七）、姉崎領内において新封一万石で入封し、陣屋を構えて立藩した。この時、忠昌はわずか十歳で名を虎松丸と称した。虎松丸は慶長十九年の大坂冬の陣で軍功を樹て、翌元和元年（一六一五）一月、摂津国岡山の陣所で元服し、従五位下侍従に任ぜられ、二代将軍秀忠から一字を賜わり忠昌と名乗った。忠昌は大坂夏の陣でも活躍し、三万石に加増され、同年十一月に常陸国下妻へ転封となり、姉崎藩は一時廃藩となった。

元和五年、越前国内において一万石を領有していた秀康の三男松平（越前家）直政《なおまさ》が姉崎において一万石を加増されて入封し、再度立藩した。直政は在封五年後の寛永元年（一六二四）、加増されて越前国大野五万石へ転封となり、姉崎藩は廃藩となって、以後、立藩されなかった。

鶴牧藩《つるまき》〈譜代〉

陣屋＝千葉県市原市椎津

安房国北条一万五千石を領していた水野忠韶《ただてる》は文政十年（一八二七）、陣屋を上総国椎津に移して、鶴牧藩と称して立藩した。忠韶は文化五年（一八〇八）十一月に奏者番から若年寄に昇進して幕閣の中枢で活躍したが、在封一年後の文政十一年五月に没し、酒井忠徳《ただのり》の次男忠実《ただみつ》が養嗣子となって遺領を継いだ。忠実は翌十二年に奏者番、さらに天保十年（一八三九）から西の丸若年寄として活躍したが、天保十二年三月に没し、その次男忠順《ただより》が家督を相続した。

忠順は慶応四年（一八六八）四月、江戸城無血開城が実現すると、東海道鎮撫総督府から旧幕府軍脱走兵の鎮撫を命ぜられたが、忠順はただ静観するだけだったので、行動不審の疑いがあるとし、閏四月四日に謹慎を命じられた。だが、間もなく謹慎は解かれ、戊辰戦争の時にはすでに恭順の態度を現わしていたので、翌二年六月に鶴牧藩知事に任ぜられ、同四年に廃藩置県となった。

鶴舞藩《つるまい》〈譜代〉

陣屋＝千葉県市原市石川

徳川慶喜《よしのぶ》が慶応三年（一八六七）十月の大政奉還によって隠退するにともない、宗家を継いだ十六代家達《いえさと》は慶応四年（一八六八）五月、駿河国府中（静岡）藩七十万石で立藩した。そのため駿河・遠江両国の諸大名の領地替えが行われ、遠江国浜松六万石を支配していた井上正直《まさなお》は、翌二年二月に上総国埴生《はぶ》郡矢貫村の浄徳寺に仮藩庁を構え、鶴舞藩として立藩した。

井上氏は二代将軍秀忠の「近侍三臣」と謳われた正就《まさなり》の時に諸侯に列し、老中・京都所司代・若年寄など幕府の要職を勤めたが、正直も幕末維新の激動期に二度老中に任ぜられ、また外国御用取扱を命ぜられ諸外国との折衝にあたった。その後、正直は明治二年（一八六九）六月に版籍奉還を上奏して鶴舞藩知事に任ぜられ、翌三年四月に原野桐木原に新藩庁が落成、同時に城下町としての町割も行われたが、在封二年十ヵ月の明治四年七月、廃藩置県を迎えた。

高滝藩《たかたき》〈譜代〉
陣屋＝千葉県市原市大和田

板倉重宣《しげのぶ》は天和三年（一六八三）、叔父で信濃国坂城藩主重種《しげたね》の領地五万石のうち、上総国市原郡、信濃国伊那・佐久三郡内において二万石を分与されて、高滝に陣屋を構えて立藩した。重宣の父重良《しげよし》は病身であったので、弟重種が家督を相続し、下野国烏山五万石の藩主となった。その後、重種は西の丸老中になり、天和元年に武蔵国岩槻六万石へ移った。しかし重種の嫡男重寛《しげひろ》と重宣との二派に分かれて家督相続争いが起こったため、重種は罷免された上に蟄居を命ぜられ、翌二年に一万石を減封された。重種は同三年に領地五万石の返上を願い出たがこれに対し嫡男重寛に三万石、重宣に二万石を分与することで結着した。

重宣は貞享元年（一六八四）、二十一歳の若さで没すると、その遺領は小出英知《ふさとも》の三男重高《しげたか》が養嗣子となって相続した。しかし、重高は元禄十二年（一六九九）、備中国庭瀬二万石へ転封となり、高滝藩は廃藩となった。

貝淵藩《かいぶち》〈譜代〉
陣屋＝千葉県木更津市貝淵

旗本林出羽守忠英《ただふさ》は文政八年（一八二五）、若年寄に昇進した時に三千石が加増され、合わせて一万石を領知して諸侯に列し、貝淵に陣屋を構えた。忠英は十一代将軍家斉の寵臣であり、御用取次・勝手方・大奥のことを兼務する若年寄として活躍し、天保五年（一八三四）に三千石、同十年に五千石を加増され、合わせて一万八千石を領有した。

しかし、天保十二年一月、家斉が没すると、四月十七日に老中水野忠邦の屋敷において、若年寄の忠英は側御用取次の水野忠《ただ》篤《あつ》、小納戸頭取の美濃部茂育とともに職を免ぜられ、同時に加増分の八千石も収公され、さらに七月には隠居を命ぜられた。だが、忠英は幸いにも大名の地位を保つことができ、そのあとを継いだ嫡男忠旭《ただあきら》は嘉永三年（一八五〇）十一月、陣屋を上総国望陀《もうだ》郡請西《じょうざい》村に移したため、貝淵藩は廃藩となった。

請西藩《じょうざい》〈譜代〉
陣屋＝千葉県木更津市請西

旗本林忠英《ただふさ》は上総国望陀《もうだ》・市原・周准《すす》、上野国山田、常陸国茨城・河内六郡内で七千石を領有していたが、文政八年（一八二五）に若年寄に昇進した際に三千石を加増され、一万石で諸侯に列し、貝淵に陣屋を構えた。忠英は十一代将軍家斉の寵臣で、御用取扱・勝手方・大奥のことを兼務する若年寄として活躍し、天保五年（一八三四）に三千石、同十年に五千石を加増されたが、同十二年に家斉が没すると、八千石減封の上に若年寄を罷免され、蟄居を命ぜられた。

忠英のあとを継いだ忠旭《ただあきら》は嘉永三年（一八五〇）、請西の地に新たに真武根《まぶね》陣屋を築いて立藩した。忠旭のあとは忠交《ただよし》―忠崇《ただたか》と続き、最後の藩主となった忠崇は戊辰戦争の時、藩士七十余人を率いて小田原・沼津・会津・米沢などと転戦し、慶応四年（一八六八）九月二十日、仙台で降伏し、藩領は没収された。請西藩は、明治維新に際して全国で唯一取り潰しとなった藩である。

桜井藩《さくらい》（金崎藩《かねさき》）〈譜代〉

陣屋＝千葉県木更津市桜井

徳川慶喜《よしのぶ》の大政奉還による隠退にともない宗家を継いだ十六代家達《いえさと》は慶応四年（一八六八）五月、駿河国府中（静岡）藩七十万石が立藩されると、駿河・遠江両国の諸大名の領地替えが行われ、駿河国小島一万石を支配していた松平（滝脇）信敏《のぶとし》は、同年七月に上総国周准《すす》郡南子安村金崎に陣屋を仮設して金崎藩として立藩した。だが、六ヵ月の在藩後、同地が諸事情に不便であったため、翌二年三月、望陀《もうだ》郡貝淵村に陣屋を移して、桜井藩と改称して立藩した。

信敏が入封する一ヵ月前の明治二年二月、藩庁や藩校時習館が建設され、また藩士らの家屋も、同四年までには完成した。信敏は新しい時代に対応すべく藩士らに学問を奨励し、時習館は本格的な教育の場となったが、二年余の活動の後、廃藩とともに廃校となった。信敏は明治二年四月、版籍奉還を上奏し、桜井藩知事に任ぜられ、明治四年七月に廃藩置県を迎えた。

小久保藩《こくぼ》〈譜代〉

陣屋＝千葉県富津市小久保

慶応四年（一八六八）五月、徳川宗家家達《いえさと》の駿河国府中藩七十万石が立藩すると、十代将軍家治の治世に側用人・老中として権勢を誇った田沼意次《おきつぐ》の七代後裔意尊《おきたか》は同年九月、遠江国相良《さがら》一万石から上総国へ転封を命ぜられ、天羽郡小久保村に陣屋を構えて立藩した。

意尊は明治二年六月、版籍奉還を上奏して小久保藩知事に命ぜられ、翌七月には藩校盈進館《えいしんかん》を創立するが、十二月に意尊が没し、その子意斎《おきなり》が家督を継いだ。意斎は翌三年二月に知藩事に任ぜられ、七月には藩庁を建設し、十月には藩庁内に五十八坪余の盈進館校舎が新築されたが、翌四年に廃藩置県を迎えた。現在、富津市中央公民館の地が小久保藩庁跡で、駐車場脇に国史跡の弁天山古墳がある。この北側に藩主の居館、西側に藩士の住居や米蔵などが建っていたと思われ、傍らに「小久保陣屋跡」の石碑が立っている。

佐貫藩《さぬき》〈譜代〉

居城＝千葉県富津市佐貫

天正十八年（一五九〇）、徳川家康の関東入部にともない、近臣内藤家長《いえなが》が二万石で佐貫城に封ぜられて立藩した。家長は慶長五年（一六〇〇）、関ヶ原の役の緒戦の伏見城攻防戦で戦死し、遺領は嫡男政長《まさなが》に与えられた。政長は累進加増され、元和八年（一六二二）、七万石で陸奥国磐城へ転封、代わって武蔵国深谷で八千石を知行する松平（桜井）忠重《ただしげ》が一万五千石で入封し、寛永十年（一六三三）に駿河国田中へ転封、一時幕領となった。寛永十六年、松平（能見《のみ》）勝隆《かつたか》が新封一万五千石で入封し、つぎの重治《しげはる》は奏者番兼寺社奉行に在職中の不正で貞享元年（一六八四）に除封され、一時廃藩となった。

宝永七年（一七一〇）、三河国刈谷から阿部正鎮《まさたね》が一万六千石で入封し、以後、正興《まさおき》―正賀《まさよし》―正実《まささね》―正簡《まさひろ》―正暠《まさたか》―正身《まさみ》と続き、つぎの正恒《まさつね》は戊辰戦争時、一時新政府軍に捕らわれ謹慎を命ぜられたが、明治二年、版籍奉還して、同四年、廃藩置県を迎えた。

飯野藩《いいの》〈譜代〉

陣屋＝千葉県富津市下飯野

三代将軍家光の異母弟で信濃国高遠藩主保科《ほしな》正之《まさゆき》の弟正貞《まささだ》は慶安元年（一六四八）、大坂定番となって、前領地と合わせて一万七千石を領有して、飯野に陣屋を構えて立藩した。正貞は寛文元年（一六六一）十一月に没し、その子正景《まさかげ》が遺領を継いだ時、弟正《まさ》英《ふさ》に二千石を分与したので、以後、一万五千石を領有した。

正景は延宝五年（一六七七）、大坂定番に任ぜられて五千石を加増され、合わせて二万石を領有した。正景のあとは正賢《まさかた》―正殷《まさたか》―正寿《まさひさ》（大坂定番・正賢の三男）―正富《まさとみ》―正《まさ》率《のり》（大坂定番）―正徳《まさのり》―正丕《まさもと》―正益《まさあり》と続いた。正益は慶応二年（一八六六）、若年寄となり第二次長州征討の時には、石州口の戦いを指揮した。慶応四年（一八六八）に戊辰戦争が勃発すると、同族の会津若松藩主松平容保が会津城で新政府軍と抗戦したため内外多事をきわめたが、無事難局を克服し、版籍奉還・廃藩置県にいたった。

百首藩《ひゃくしゅ》〈譜代〉

陣屋＝千葉県富津市竹岡

松平（能見《のみ》）重勝《しげかつ》は徳川家譜代の家臣で、越後国高田藩主であった家康の六男松平忠《ただ》輝《てる》の家老を勤めていたが、元和元年（一六一五）の大坂夏の陣の時、忠輝が不参の罪で改易になると、重勝は二代将軍秀忠に仕えて、同年に下総国関宿二万六千石を領し、同五年には遠江国横須賀に転封となった。この重勝の三男重則《しげのり》は慶長五年（一六〇〇）の関ヶ原の役や大坂両陣において功績があり、元和七年に大番頭、寛永七年（一六三〇）に留守居に転じ、奏者番も兼ねていたが、寛永十年に四千石を加増されて、合わせて一万五百石を領有し、百首に陣屋を構えて立藩した。

寛永十七年、重則が下野国皆川に移封されると、百首は廃藩となり、以後は立藩されなかった。なお、この百首の地は、かつての里見水軍の本拠地であり、文化七年（一八一〇）、異国船の出没に備えて、老中松平定信が幕命によって竹ヶ岡陣屋を築いた。

久留里藩《くるり》〈譜代〉

居城＝千葉県君津市久留里

天正十八年（一五九〇）、徳川家康の関東入部とともに松平（大須賀）忠政《ただまさ》が三万石で入封し、里見氏の根拠地の久留里城を居城とした。忠政は慶長五年（一六〇〇）、関ヶ原の役に軍功を樹て、翌年加増があって旧領遠江国横須賀五万五千石へ転封となった。代わって、二代将軍秀忠の近習土屋忠直《ただなお》が相模国内から二万石で入封し、立藩した。忠直のあとを継いだ利直《としなお》は善政を布《し》いたが、つぎの直樹《なおき》は延宝七年（一六七九）、御家騒動が原因で狂気を発したために除封され、居城も破却されて一時廃藩となった。

廃藩から六十余年後の寛保二年（一七四二）、上野国沼田から黒田直純《なおずみ》が三万石で入封し、再度立藩した。この時、直純は久留里城再築料として五千両を与えられた。直《なお》純は安永四年（一七七五）に没し、以後は直《なお》享《ゆき》―直英《なおひで》―直温《なおあつ》―直方《なおかた》―直侯《なおよし》―直静《なおちか》―直和《なおやす》―直養《なおなが》と九代、百三十年にわたり在封して、明治四年に廃藩となった。

勝浦藩《かつうら》〈譜代〉

陣屋＝千葉県勝浦市串浜

　植村泰忠《やすただ》の子泰勝《やすかつ》は慶長十二年（一六〇七）に泰忠の遺領を継ぎ、元和五年（一六一九）、大番頭、従五位下に任ぜられると、寛永十年（一六三三）、四千石を加増され、前領地五千石と合わせて九千石を領有した。その後は泰朝《やすとも》―忠朝《ただとも》と続き、忠朝は天和二年（一六八二）に二千石を加増され、合わせて一万一千石を領有して、勝浦に陣屋を構えて立藩した。その子正朝《まさとも》が家督を継いだ時、弟忠元《ただもと》に一千石を分与した。享保十四年（一七二九）に家督を相続した恒朝《つねとも》は宝暦元年（一七五一）、分家の植村千吉が殺害された時、親族と相談の上、病気で重態と偽りの届を提出したことが発覚して除封となった。

　植村氏に代わって、九代将軍家重の側御用取次の大岡忠光《ただみつ》が新封一万石を領有して勝浦に入封し、宝暦四年に若年寄に昇進した時に五千石の加増を受け、同六年に側用人に昇進とともに武蔵国岩槻へ転封となり、廃藩となった。

大多喜藩《おおたき》〈譜代〉

居城＝千葉県夷隅郡大多喜町

　徳川家康の関東入部にともない、徳川四天王随一の武功派功臣本多忠勝《ただかつ》が十万石で大多喜城に入城して立藩した。忠勝入封は外敵の安房国館山城主里見義康《よしやす》に対峙させるための軍事的な配置であった。忠勝は関ヶ原の役後の慶長六年（一六〇一）、伊勢国桑名十万石へ転封となり、旧領の内五万石は次男忠朝《ただとも》が継ぐが、元和元年（一六一五）の大坂夏の陣で戦死したため甥の政朝《まさとも》が相続し、翌年に播磨国龍野へ転封となった。

　代わって武蔵国鳩谷の阿部正次《まさつぐ》が三万石で入封したが、在封二年余で相模国小田原へ転じて、一時廃藩となった。元和九年、三代将軍家光の勘気に触れて老中を罷免された青山忠俊《ただとし》が武蔵国岩槻四万五千石から二万石に削減されて入封したが、忠俊は蟄居を命ぜられて再度廃藩となり、大多喜城も廃城となった。寛永十五年（一六三八）、阿部正令《まさよし》が祖父正次（岩槻藩主）から一万石を分与され、再び阿部氏が入封した。正令は慶安四年（一六五一）、叔父重次《しげつぐ》（正次の子）の遺領六千石を与えられ、一万六千石を領したが、翌承応元年（一六五二）、武蔵国忍藩主阿部忠秋《ただあき》の養子となったので、重次の次男正春《まさはる》が入封し、万治二年（一六五九）、宗家の岩槻藩主定高《さだたか》の遺領を相続して転封となり、三たび廃藩となった。だが、寛文十一年（一六七一）、正春が一万六千石で再度入封し、元禄十五年（一七〇二）、三河国苅谷へ転封となり、正春に代わって稲垣重富《しげとみ》が二万五千石で入封したが、在封わずか二十日間で下野国烏山へ転封となった。

　このように藩主の交替が相次いだが、元禄十六年、相模国甘縄《あまなわ》から松平（大河内）正久《まさひさ》が二万石で入封すると、以後、正貞《まささだ》―正温《まさはる》―正升《まさのり》―正路《まさみち》―正敬《まさよし》―正義《まさよし》―正和《まさかず》―正《まさ》質《たち》と九代、約百七十年にわたって在封した。最後の藩主正質は老中格として、慶応四年（一八六八）の鳥羽伏見の戦いで、鳥羽口の指揮官となったが大敗し、新政府から官位と領地の没収がきまって佐倉藩に幽閉された。だが、間なく許されて、明治四年に廃藩置県を迎えた。

小江戸紀行　房総丘陵上の城下町大多喜城下を歩く

本多忠勝築城の大多喜城

　いすみ鉄道大多喜駅の西側、夷隅川が大きく東へ曲流する台地上に大多喜城がある。この城は大永元年（一五二一）、甲斐の守護武田氏の流れをくむ真里谷《まりや》城主武田信興《のぶおき》の次男信清《のぶきよ》の築城といわれ、初め根古屋《ねごや》城と呼ばれた。武田氏は二代朝信《とものぶ》の時の天文十三年（一五四四）、里見氏の部将正木時茂《ときしげ》に滅ぼされ、その正木氏も三代時堯《ときたか》が天正十八年（一五九〇）、徳川四天王の一人、本多忠勝に攻略されて落城した。

　大多喜十万石を与えられた忠勝は、岡部台にある根古屋城が近世の戦闘にそぐわないと判断し、現在地に築城した。当時の城について、一七世紀初め御宿《おんじゅく》に漂着して江戸に送られる途中、大多喜を訪れたスペイン人のドン・ロドリゴは「第一門を入れば一つの濠あり。深さ身長五十を超え、釣橋ありて、之を引上ぐれば城の門に到ることは殆んど侵すべからざるもの」（『日本見聞録』）と、その堅固さが記されている。

　天守閣は昭和五十年、忠勝が築城した大多喜城の「天守絵図」をもとに再建され、最上層の展望台からは大多喜の町並や房総の山々が一望できる。二の丸跡は県立大多喜高校の敷地になっており、ここに日本一の大井戸といわれる「底知らずの井戸」や城内門の一つ薬医門などが残っている。

城下町の面影の中にある史跡

　城下町の面影を残す市街を南へ進むと、

新丁《しんまち》という所に本多氏の菩提寺良玄寺《りょうげんじ》がある。文禄四年（一五九五）、忠勝の開基といわれ、初め良心寺と称したが、忠勝の没後の諡《おくりな》から良玄寺と改めた。

　本堂の西一〇〇メートル程の墓地に、三本の杉に囲まれて三基の石塔がある。中央が忠勝の墓で、右が忠勝の妻、左が大坂夏の陣で戦死した忠朝の墓という。現在、寺は無住であるが、忠勝の画像や古文書類などを所蔵している。

　市街地には江戸期の藩の御用達をつとめた渡辺家住宅、武田氏の菩提寺東長寺、松平氏の菩提寺円照寺、六所神社や大山祇神社など旧跡や古社寺などがある。

夷隅川畔から望む大多喜城

苅谷藩《かりや》〈譜代〉

陣屋＝千葉県夷隅郡夷隅町苅谷

越後国三条五万石の藩主堀直政《なおまさ》の五男直《なお》之《ゆき》は元和二年（一六一六）七月、越後国沼垂《ぬたり》郡内において五千五百石を知行して、椎谷《しいや》に陣屋を構えた。直之は寛永八年（一六三一）に町奉行となり、同十年四月に上総国夷隅・市原・埴生・長柄四郡内において四千石を加増され、陣屋を椎谷から夷隅郡苅谷へ移したが、五百石不足で大名に列することはできなかった。その後、直之は寺社奉行に任ぜられたが、寛永十九年七月に没し、その嫡男直景《なおかげ》が遺領を継ぎ、この時、直景の二千石の知行の中から五百石の相続が認められ一万石を領有して諸侯に列し、ここに苅谷藩が立藩した。

直景は家督を相続した時に弟直氏《なおうじ》に一千五百石を分知し、寛文八年（一六六八）八月に致仕したので、嫡男直良《なおよし》が家督を継いだ。直良は相続と同時に陣屋を上総国市原郡八幡村に移したために苅谷藩は廃藩となって、以後、立藩されなかった。

一宮藩《いちのみや》〈譜代〉

陣屋＝千葉県長生郡一宮町一宮

伊勢国八田（別称、東《ひがし》阿《あ》倉川《ぐらがわ》）一万三千石の藩主加納久儔《ひさとも》は文政九年（一八二六）、父祖の地の一宮に陣屋を移して立藩した。加納氏は紀伊国和歌山藩士久通《ひさみち》が享保元年（一七一六）、吉宗の八代将軍宣下にともない、幕府旗本となって采地一千石が下賜された。久通は吉宗の側近として「享保の改革」を推進し、その功により一万石を与えられて、伊勢国八田で立藩した。そのあとは久堅《ひさかた》－久周《ひさのり》－久慎《ひさちか》－久儔と続いた。

久儔は天保十三年（一八四三）に致仕し、その嫡男久徴《ひさあきら》が家督を継ぎ、講武所総裁・奏者番・若年寄を勤め、幕末の混乱期に幕閣の中枢として活躍した。当時、老中安藤信正らによる公武合体が進められ、久儔は同年九月に和宮降嫁に従い、京都から江戸まで供奉総奉行として護衛を無事勤めた。そのあとは久恒《ひさつね》－久宜《ひさよし》と続き、久宜は明治二年（一八六九）、版籍奉還を上奏し、一宮藩知事に任ぜられ、同四年に廃藩置県を迎えた。

茂原藩《もばら》〈譜代〉

陣屋＝千葉県茂原市茂原

天正十八年（一五九〇）、徳川家康の関東入部にともない、徳川氏の譜代大久保忠佐《ただすけ》は上総国長柄郡茂原に五千石を与えられ、この地に陣屋を構えて立藩した。忠佐は兄忠《ただ》世《よ》とともにたびたび軍功を樹て、特に天正三年（一五七五）五月、長篠の合戦の時は忠世と先駆けして武田勝頼軍を討ち破ったが、織田信長は忠佐の武勇を賛嘆したという。『寛政重修諸家譜』には「このとき織田右府（信長）忠佐が進退衆にすぐれたるを見て、鬚多き武者は誰なるやととはしむ。三河の士大久保治右衛門忠佐といふものなりとこたふ。右府其勇武を歎美す。のち東照宮右府の軍に会したまふごとに、長篠の鬚はしたかひてたてまつるやいなやとゝはる」と記されている。

忠佐は慶長五年（一六〇〇）、陸奥国会津藩上杉景勝の征討、また徳川秀忠軍に従い信濃国上田城を攻撃し、戦後一万五千石を加増され、駿河国沼津へ転封、廃藩となった。

大網藩《おおあみ》〈譜代〉

陣屋＝千葉県山武郡大網白里町大網

三河以来の譜代大名であった米津《よねきづ》氏は、出羽国長瀞《ながとろ》一万一千石を領有していたが、後裔政敏《まさとし》は明治二年（一八六九）十一月に長瀞藩知事に任ぜられ、上総国山辺郡大網に藩庁を移して立藩した。政敏は慶応四年の戊辰戦争の時、閏四月四日に出羽国庄内藩兵と新政府軍との戦闘で、長瀞陣屋や町並が焼払われ、さらに領内には旧幕府脱走兵が屯集し、金策や食料の焚き出しを強要されるなど藩政は極度に混乱した。だが、この争乱を辛うじて乗り切った政敏は、明治二年六月、版籍奉還を上奏して長瀞藩知事に任ぜられ、領地は安堵された。

明治二年十月、政敏は藩庁の移転を弁官役所に願い出て許され、翌十一月に大網村の蓮照寺に仮藩庁を設置した。政敏が入封して間もない同四年二月、大網村など三ヵ村に代わり常陸国河内郡龍ケ崎に藩庁を移したので、大網藩はわずか一年三ヵ月で廃藩となった。

鳴渡藩《なると》〈譜代〉

陣屋＝千葉県山武郡成東町成東

三河以来、徳川氏に仕えた譜代直臣で遠江国掛川城主であった石川康通《やすみち》は天正十八年（一五九〇）、小田原北条氏滅亡後、徳川家康の関東入部にともない、上総国山武郡成東に二万石を与えられて大名に列し、陣屋を構えて立藩した。康通の父家成《いえなり》は家康の三河平定後、酒井忠次《ただつぐ》とともに侍大将となり、徳川軍団の最高指揮官を勤め、元亀二年（一五七一）、掛川城主となった。その後、家成は武田勝頼との戦いや、豊臣秀吉との小牧・長久手の戦いにも在城して留守を固めたが、天正八年（一五八〇）に家督を嫡男康通に譲って致仕した。

康通は慶長五年（一六〇〇）の関ヶ原の役の時、松平家清とともに福島正則の居城の清洲城を守備し、諸将とともに石田三成の居城の近江国佐和山城を攻略して守衛するなどの軍功を樹てた。戦後、論功行賞により三万石を加増され翌慶長六年二月、美濃国大垣五万石へ転封となり、廃藩となった。

松尾藩《まつお》（柴山藩《しばやま》）〈譜代〉

陣屋＝千葉県山武郡松尾町松尾

慶応四年（一八六八）五月、徳川家十六代家達《いえさと》により駿河国府中（静岡）七十万石が立藩すると、駿河・遠江両国の諸大名の領地替えが命ぜられ、遠江国掛川五万石の太田資美《すけよし》は同年七月、上総国武射《むしゃ》・山辺郡内五万三千余石に移り、武射郡柴山村の観音教寺に仮藩庁を置いて柴山藩が立藩した。この時、手当てとして三年間、年間現米一千石と一万五千両を新政府から下賜された。

資美は翌二年六月、版籍奉還を上奏し、柴山藩知事に任ぜられ、その後、武射郡八田・猿尾・大堤・田越・水深・五反田・小借毛・馬渡八ヵ村の入会地の山林原野を開墾して、新藩庁や知事邸地、藩士の宅地造成に着手し、翌三年末に新城下が竣工した。そして明治四年一月、旧領の掛川城の別称〝松尾城〟に因んで松尾藩と改称した。新藩庁造営時に病院「好生所」、藩校「教養館」なども建設したが、わずか六ヵ月後の同四年七月に廃藩置県を迎えた。

東条《とうじょう》藩〈譜代〉
陣屋＝千葉県鴨川市東町

天正十八年（一五九〇）、徳川家康の関東入部にともない、近臣の西郷家員《いえかず》は下総国千葉郡生実《おゆみ》において五千石を与えられた。その家員の四男正員《まさかず》は元和元年（一六一五）の大坂夏の陣で戦功を樹てたので、同六年九月、安房国朝夷《あさい》・長狭《ながさ》二郡内において五千石を加増され、合わせて一万石を領有して諸侯に列し、東条に陣屋を構えた。正員は同六年閏十二月、従五位下若狭守に叙任され、大坂城加番などをつとめ、寛永五年（一六二八）には江戸城の修築を命ぜられた。この西郷氏の一族からは、二代将軍となった秀忠の生母西郷局愛子を出している。

正員は寛永十五年十一月に没し、その子延員《のぶかず》が家督を継いだが、実子が早逝したため、肥前国大村藩主大村純長《すみなが》の五男寿員《ひさかず》を養子に迎えた。だが、元禄五年（一六九二）に寿員が下野国上田一万石へ転封となり、東条藩は廃藩となって、以後、立藩されなかった。

花房《はなぶさ》藩〈譜代〉
陣屋＝千葉県鴨川市横渚

徳川家十六代家達《いえさと》により慶応四年（一八六八）五月、駿河国府中（静岡）七十万石が立藩すると、駿河・遠江両国の諸大名の領地替えが命ぜられ、遠江国横須賀三万五千石の藩主西尾忠篤《ただあつ》は、同年七月に安房国長《なが》狭《さ》郡内六十ヵ村、上総国望陀《もうだ》郡内四十三ヵ村、周准《すす》郡内二十三ヵ村、天羽《あまは》郡内十三ヵ村、夷隅《いすみ》郡内二十四ヵ村、長柄《ながら》郡内二十二ヵ村の合わせて百八十五ヵ村に、三万五千石を領有し、長狭郡花房村で立藩した。

忠篤は転封にともない、明治元年十二月にその手当てとして向こう三年間、年間現米七百石と一万五千両を新政府から下賜され、翌二年三月、横須賀城を引き渡して、安房国花房村へ入封し、鏡忍寺（鴨川市）を仮居所とした。そして六月、忠篤は版籍奉還を上奏し、花房藩知事に任ぜられ、八月に武蔵国岩槻藩取締出張所（横渚村）内に仮藩庁を設置したが、同四年七月に廃藩置県を迎えた。

長尾《ながお》藩〈譜代〉
陣屋＝千葉県安房郡白浜町白浜

徳川慶喜が慶応三年（一八六七）十月、大政奉還による隠退にともない、宗家を継いだ十六代家達《いえさと》は慶応四年（一八六八）五月、駿河国府中（静岡）藩七十万石で立藩した。そのため駿河・遠江両国内の諸大名の領地替えが命ぜられて、駿河国田中四万石の藩主本多正訥《まさもり》は、領地を安房国安房・朝夷・平《へい》・長狭《ながさ》四郡、上総国天羽郡の内四万石余に移され、同年七月、長尾に陣屋を構えて立藩した。

正訥は江戸藩邸内にあった藩校日知館を領内に移し、本校を白浜村に建設し、分校を北条村に仮設して、藩士の子弟の入校を義務づけたが、領民の子どもでも希望があれば入学を許可し、優秀者には遊学させるなど進歩的な教育が行われた。正訥は明治二年（一八六九）六月に版籍奉還して、長尾藩知事に任ぜられ、翌三年十二月に致仕して、兄正貞の子正憲《まさのり》が養嗣子となったが、翌四年七月、廃藩置県を迎えた。

館山藩《たてやま》〈外様・譜代〉

居城・陣屋＝千葉県館山市館山

房総は古くから里見氏の領国であったが、九代義康《よしやす》は天正十八年（一五九〇）、豊臣秀吉の小田原の陣の時に遅参したため、秀吉の怒りに触れて上総国の領地を没収されて、安房一国九万二千石に削減された。戦後、徳川家康の関東入部にともない、上総国は家康に与えられ、ただちに大多喜・久留里・佐貫などに強力な家臣を配置した。このため里見氏は家康の包囲網の中にあり、それゆえ義康は家康に忠実に従い、慶長五年（一六〇〇）の関ヶ原の役に参陣した。戦後の論功行賞によって、義康は常陸国鹿島郡内において三万石を加増され、合わせて十二万二千石を領有して、館山城を本拠とした。

慶長八年、江戸幕府成立後は、里見氏は房総で唯一の外様大名となったが、同年十一月に義康は三十一歳で没し、遺領十二万二千石は十歳の梅鶴丸が相続した。梅鶴丸は三年後の慶長十一年に元服し、二代将軍秀忠から一字を賜わって忠義と名乗った。ところが、慶長十九年九月、重陽の賀儀を述べるため江戸城に登城した時、突然安房国の没収と鹿島領三万石の替え地として伯耆国倉吉へ転封を命ぜられた。これは里見氏が小田原藩主大久保忠隣《ただちか》改易事件に連座したためで、まさに外様大名取り潰し政策によるものである。館山城はただちに破却されて、以後、ながく藩は置かれなかった。

里見氏が館山の地を追われてから、およそ百七十年後の天明元年（一七八一）、山城国淀藩主稲葉正親《まさちか》の三男正明《まさあきら》が、分家の旗本正福《まさとみ》の養子となり、安房・上総両国内に一万石を与えられて再度諸侯に列した。正明のあとは正武《まさたけ》－正盛《まさもり》－正巳《まさみ》と続き、正巳は商人板倉屋治兵衛を勝手向賄方に任じて藩財政の建て直しを行い、若年寄・陸軍奉行・老中格・海軍総裁などの幕府要職を歴任した。慶応四年（一八六八）の戊辰戦争の時は、つぎの正善《まさよし》の代であったが、正巳が藩論をまとめて恭順の意を示し、最後の難局を乗り越えた。正善は翌二年六月に版籍奉還を上奏し、館山藩知事に任ぜられ、同四年に廃藩置県を迎えた。

北条藩《ほうじょう》〈譜代〉

陣屋＝千葉県館山市北条

駿河大納言忠長付衆であった屋代忠正《やしろただまさ》は寛永十五年（一六三八）、御先鉄砲頭に取り立てられて安房国朝夷《あさい》・安房二郡内において一万石を与えられて、北条に陣屋を構えて立藩した。忠正のあとは忠興《ただおき》－忠位《ただたか》と続き、忠位は正徳二年（一七一二）九月、窮乏した藩財政を建て直すために六千俵の増米を目的に領内総検見を実施したところ、安房郡内の農民の年貢軽減の農民一揆「万石騒動」が起こり、このため忠位は領地を没収され、北条藩は廃藩となった。

その後、しばらく藩は置かれなかったが、享保十年（一七二五）、信濃国内に一万二千石を領有する若年寄水野忠定《たださだ》が入封、再度陣屋を構えて立藩した。忠定のあとは忠見《ただちか》（若年寄）－忠韶《ただてる》（若年寄）と続き、忠韶は文政八年（一八二五）、若年寄の功労により城主格に列せられ、同十年に領地を上総国市原・望陀《もうだ》二郡内に移されて鶴牧に陣屋を移したため、北条藩は廃藩となった。

勝山《かつやま》藩 （加知山《かちやま》藩）〈譜代〉

陣屋＝千葉県安房郡鋸南町勝山

内藤氏二度の除封

三河以来、徳川家康の側近として仕えた内藤忠政の孫清政《きよまさ》が元和八年（一六二二）、四千石を加増され、常陸・上総・下総国内二万六千石より安房国平郡《へぐり》・長狭《ながさ》郡の内三万石に入封、勝山に陣屋を構えて立藩した。

翌年清政は嗣子なく没したため除封となったが、譜代累功の家柄であったため寛永三年（一六二六）、弟正勝《まさかつ》に遺領のうち二万石が与えられて再興した。

同六年、正勝が没し子の重頼《しげより》が家督を相続したが、幼少のため五千石に減封となりふたたび除封となった。勝山藩内藤氏は六十二年後の元禄四年（一六九一）、清枚《きよかず》のとき、信濃高遠三万三千石で再興されている。

小浜分家酒井氏九代と義民伝

寛文八年（一六六八）、若狭国小浜藩主酒井忠直《ただなお》の領地のうち安房国平郡七千石、越前国敦賀郡三千石、合わせて一万石が甥の忠《ただ》国《くに》に分封されて立藩、以後酒井氏は明治廃藩まで九代二百三年にわたり在封した。

天和元年（一六八一）、忠国は奏者番兼寺社奉行となり、翌年安房国平郡、上野国群馬両郡のうちで五千石を加増されて一万五千石となった。同三年忠国が没し忠胤《ただたね》が襲封したが弟忠成《ただなり》に三千石を分与したため、以後勝山藩は表高一万二千石の領有を保った。

正徳二年（一七一二）、忠胤のあとを忠篤《ただあつ》が継ぎ、元文二年（一七三七）、忠大《ただもと》が継いだ。忠大は大番頭となり、宝暦六年（一七五六）、忠隣《ただちか》がそのあとを継いだ。

忠隣の代の明和七年（一七七〇）、領内に農民一揆が起こった。折からの凶作に農民は年貢減免を要求したが、勝山陣屋で知行地支配にあたっていた国奉行稲葉重左衛門や代官藤田嘉内の苛斂誅求がはげしく、このため江戸藩邸に門訴を企てる農民を押しとどめた金尾谷《かなおや》村の名主善兵衛（忍足佐内《おしたりさない》）ら名主三人が自ら年貢減免を要求したため、翌八年善兵衛は一揆を扇動する頭目として斬罪に処せられ、家財を没収された。残された妻子や老母が江戸に出て老中に冤罪を訴え駕籠訴をしたため、安永二年（一七七三）、幕府が乗り出す事態となり、訴えが認められて国奉行や代官は追放、遺族は咎を受けることなく帰国することができ、善兵衛は義民として称えられた。この忍足佐内事件は安房国では北条藩の万石騒動につぐ大規模な農民一揆であった。

忠隣のあと、寛政五年（一七九三）、忠和《ただより》が襲封し、文化七年（一八一〇）、忠嗣《ただつぐ》が襲封し、大番頭・奏者番に列した。

そのあと嘉永四年（一八五一）に襲封した忠一《ただかず》の代、悪化した財政を再建するために安政四年（一八五七）、藩政改革に乗り出したが、抜本策を見出すことができず一時しのぎに終始した。

万延元年（一八六〇）、最後の藩主となる忠《ただ》美《よし》が襲封した。明治元年（一八六八）、勝山藩は藩名を加知山《かちやま》藩と改めた。同名の藩が越前国にあったためである。

同二年、藩校育英館を開き、藩士と町民がともに学ぶ儒学による教育を行った。同年、版籍奉還により藩主忠美は加知山藩知事となり、同四年、廃藩置県を迎えた。

武蔵国

川越《かわごえ》藩〈譜代〉

居城＝埼玉県川越市郭町

老中酒井忠勝・堀田正盛の治世

小田原北条氏支配下の戦国時代、川越城には城代大道寺政繁《だいどうじまさしげ》が居城していたが、天正十八年（一五九〇）、北条氏が滅亡して徳川家康が関東に入部すると、酒井重忠《しげただ》が相模国甘縄を経て一万石で入封し、川越藩が成立した。重忠は連雀町人衆の諸役を免除して商人を保護し城下の発展をはかった。重忠は文禄の役には江戸留守居をつとめ、関ヶ原の役の戦功により、慶長六年（一六〇一）、二万三千石を加増されて上野国厩橋《まやばし》（前橋）へ転封となった。

その後八年間は番城となったが、同十四年（一六〇九）、重忠の弟忠利《ただとし》が駿河国田中から二万石で入封した。忠利は大留守居となり、三代将軍家光を補佐するとともに同十七年川越喜多院を造営し、寛永元年（一六二四）には領内総検地を行って、加増により三万七千石を領し、三芳野天神社を建立した。

同四年、忠利が没すると、将軍家光を補佐して老中職にあった嫡男忠勝《ただかつ》が武蔵国深谷五万石から入封、遺領のうち三万石を合わせ八万石を領し、同九年には十万石に加増された。忠勝は謹厳・好学の風により諸大名の徳望を集めた。同五年、川越氷川神社を修復、同十年には仙波東照宮や多賀町の時の鐘を創建して、同十一年（一六三四）、若狭国小浜へ転封となった。

忠勝転封のあと相馬義胤《よしたね》が一時城代をつとめたが、同十二年老中堀田正盛《まさもり》が新封三万三千石で入封した。同十五年正月の川越大火により喜多院・東照宮が罹災し、同年、正盛は在封三年で信濃国松本へ移されたが、川越大火が転封の理由ともいわれる。

老中松平信綱の藩政

寛永十六年（一六三九）、武蔵国忍《おし》から老中松平信綱《のぶつな》が六万石で入封した。江戸城の北門をあずかって近接する川越は幕閣の重鎮が封じられることが多かったが、信綱の川越入封には、前年の島原の乱における戦功が大きな要因になったとされる。

信綱は代官大河内久綱の子であったが、松平正綱の養子となって将軍家光の小姓をつとめ、側近として手腕を発揮して「知恵伊豆」と謳われ、老中となった。

信綱は上杉・北条時代の本丸・二の丸・三の丸・蓮池口・清水口の城構えを修築して新曲輪・中曲輪・南大手・西大手の各口を設け、西大手を正門として道路を整備するとともに、城下町は藩士の侍屋敷、足軽中間の組屋敷、町人の町屋敷、社寺地ごとに地割を行い、十ヵ町四門前の制度が整えられた。

正保四年（一六四七）、七万五千石を領するまでになった信綱は、慶安元年（一六四八）、領内総検地を実施して租税の高を定めるとともに、膨張する江戸の水源を多摩川に求めた玉川上水からの分水を許され、家臣安松金右衛門らに担当させて野火止《のびどめ》用水を開き、この水を利用して武蔵野の新田開発を行った。

また生産物や商品の運輸のため、ゆるい流れが蛇行する新河岸川《しんがしがわ》を改修して河岸場を各所に設け、舟運による江戸と川越の交易の便をはかった。

寛文二年（一六六二）、信綱の没後、輝綱《てるつな》が遺領の七万五千石を継ぎ、武蔵野開発など藩政の充実につとめるとともに、菩提寺の平林寺《へいりんじ》を岩槻から野火止に移した。同十一年、信輝《のぶてる》が襲封し、弟輝貞《てるさだ》に五千石を分与して七万石を領したが、元禄七年（一六九四）、下総国古河へ転封となった。

側用人柳沢吉保の藩政

元禄七年、五代将軍綱吉の側用人《そばようにん》柳沢吉《よし》保《やす》が古河から七万二千三十石で入封した。吉保は綱吉の小姓から側用人となり、川越入封と同時に老中格となって元禄期の幕政を主導した。

吉保は荻生徂徠《おぎゅうそらい》の勧めによって、入封した元禄七年から川越南方の広大な原野を開拓にかかり、同九年には三富《さんとめ》新田と呼ばれる上富《かみとめ》・中富《なかとめ》・下富《しもとめ》の三ヵ村を拓き、開拓農家のための菩提寺多福寺を建立した。新田の開拓によって川越藩は三千四百石の増収となった。

吉保は元禄十年、二万石加増、同十四年には松平の称号と将軍綱吉の偏諱「吉」の字を拝領して、それまでの名乗り「保明」を「吉保」と改めた。同十五年さらに二万石が加増されて十一万二千三十石を領したが、宝永元年（一七〇四）、甲府藩主徳川綱豊《つなとよ》が家宣と名を改めて将軍世子とされたのにともなって、吉保は甲斐国甲府十五万石余に加増転封となり、同三年老中になっている。

老中秋元喬知の藩政

柳沢吉保転封のあとへ甲斐国谷村から老中秋元喬知《たかとも》が五万石で入封した。喬知は水田耕作不適地の多い関東ローム層の台地に広がる藩領の特性を補うため、甲斐から諸職人を招いて養蚕や絹織物・川越斜子《ななこ》・袴地となる川越平《ひら》の生産、柿の植樹や水産養魚、川越芋として知られるようになるさつま芋の栽培などを奨励した。ことに三富新田で作られるさつま芋は味がよく、文化十五年（一八一八）に書かれた『川越松山之記』には「富《とめ》のいも」の名で出てきて現在も地域ではその名が通用している。

江戸在府が多かった喬知は国家老高山伝右衛門繁文《しげふみ》と岩田彦助和衷《かずとき》の二臣に藩政を任せていた。喬知の勇に対して、高山は仁、岩田は智をもって語られ、智仁勇の主従名コンビと謳われた。

高山は俳諧をよくし、天和二年（一六八二）、江戸大火で類焼した松尾芭蕉は谷村時代の高山邸に逗留しており、高山の句が麋塒《びじ》の俳号で『虚栗《みなしぐり》集』に収録されている。岩田は好学で詩文をよくし、荒廃した史跡堀兼の井跡を整備して碑文を自ら撰した石碑を建立している。「秋元に過ぎたるものが二つあり　無の字の槍と岩田彦助」と関ヶ原の軍功で拝領した名槍と並ぶ名臣ぶりを巷間謳われてもいた。

喬知は正徳元年（一七一一）、加増されて六万石となったが同四年に没した。そのあとを喬房《たかふさ》が継ぎ、元文三年（一七三八）、養子喬《たか》求《もと》が継いだが寛保二年（一七四二）、二十九歳の若さで没したため養子凉朝《すけとも》が襲封した。

その寛保二年八月、関東一帯を襲った豪雨のため荒川・利根川・入間川などが氾濫して堤防は九十六ヵ所にわたり決潰し、川越藩領は二十八ヵ村にわたり甚大な被害に見舞われた。

慈善家として知られていた藩領久下戸村

の名主役奥貫友山は自ら舟を出して水難者の救助にあたり、資産を傾けて米麦を配給して罹災者の救援活動を行い、のちには牛馬の避難所たる水塚を造り、堤防や橋普請も行っている。

秋元氏による藩政時代に貢献した高山・岩田・奥貫氏の墓はいずれも現在埼玉県史跡に指定されている。

明和元年（一七六四）、凉朝は老中を退いたが、この年、中山道周辺で起こった伝馬騒動に川越藩もまきこまれ、多くの豪農が打ち毀しに遭った。

家門松平氏前橋兼領の藩政

明和四年（一七六七）、秋元凉朝は出羽国山形へ転封となり、そのあとに五家門のひとつに数えられる松平（越前・大和守）朝《とも》矩《のり》が利根川浸蝕による城地崩壊危機のため十五万石で上野国前橋より移った。

松平氏は前橋分領七万五千石に留守居役を置いて、以後幕末の慶応二年（一八六六）まで七代九十九年にわたって川越・前橋両藩を治めることになる。朝矩は川越へ移城した翌年、三十一歳で没し、直恒《なおつね》があとを継いだ。文化七年（一八一〇）、直恒のあとを直温《なおのぶ》が継嗣したが、同十三年、直温は二十二歳で没したため、弟斉典《なりつね》が襲封した。松平氏は旧領姫路時代からの財政難を引き継いで窮迫していた。斉典は財政再建のため御用達商人横田家を五百石取りの士分に取り立て、勘定奉行格に任じて藩財政を担当させた。農村復興のため藩主導による頼母子講をつくり、養蚕・絹織物・地縞織などを指導、荒廃した水田回復のため川島領鳥羽井堤を築造した。

文政三年（一八二〇）、川越藩領一万五千石を相模国三浦郡と替地され相州警護役が課されたため、藩財政は一層困窮した。このため天保十一年（一八四〇）、十一代将軍家斉の子斉省《なりさだ》を養子に受け入れたのを機に旧領播磨国姫路への転封を願った。しかし果たせず、ついで庄内への所替えを願って、庄内酒井氏の越後国長岡移封、長岡牧野氏の川越移封の三方領地替えが命ぜられたが、庄内領民の激しい転封反対闘争により国替えは撤回された。有名な三方領地替え事件であるが、斉省も没したため川越藩には、武蔵国で二万石が加増されて十七万石を領することで転封一件は沙汰止みになった。

斉典は英明を謳われ行動力に富んだ藩主として大和守家による川越藩政の頂点を築いた人物である。文政十年（一八二七）、藩校博喩堂を創設し、川越版『日本外史』を刊行して学問文化の普及にも尽くした。

嘉永二年（一八四九）、斉典が没し、典則《つねのり》が襲封した。同七年、直侯《なおよし》がそのあとを継ぎ、文久元年（一八六一）、直克《なおかつ》がそのあとを継いだ。

慶応二年（一八六六）、外秩父郡から起こった武州一揆が川越城下に押し寄せると藩兵を繰り出して洋式銃で鎮圧し、これを契機に洋式銃による農兵隊の組織化をはかったが、反対一揆が起こって実現しなかった。同年、直克は分領の前橋へ戻り、翌三年、そのあとへ陸奥国棚倉から老中松平（松井・周防守）康英《やすひで》が八万四百石で入封した。

同四年二月、康英は老中を辞し、新政府軍に帰順して奥羽派兵、武州振武軍を撃破した。明治二年（一八六九）致仕し、養子康《やす》載《とし》のとき廃藩置県を迎えた。

小江戸紀行 蔵造りの城下町川越城下を歩く

江戸城北門の守り川越城跡

室町時代の長禄元年(一四五七)、扇谷上杉持朝が古河公方足利成氏と対抗するために家臣の太田道真・道灌父子に命じて築いたのが川越城のはじまりである。

戦国時代、北条氏綱が上杉朝定を松山城(埼玉県吉見町)に追って川越城を簒奪、北条綱成を城代に置いたが、これを奪還しようと山内上杉憲政・扇谷上杉朝定・古河公方足利晴氏連合軍が包囲したため、北条氏康は夜陰に乗じて奇襲戦で包囲軍を壊滅させた。これが有名な川越夜戦である。北条氏は重臣大道寺氏を川越城代に置き、盛昌・周勝・政繁を経て、天正十八年(一五九〇)、豊臣秀吉の小田原の陣のさい、前田利家らに攻められて川越城は開城した。徳川家康の関東入国にともない、三河譜代の酒井重忠が川越城主となって以来、藩政時代の川越には幕閣の実権をにぎる譜代・家門の大名が封ぜられた。

現在の川越市役所前がかつての川越城大手門の跡で、十字路の傍らにその石碑が立っている。市役所前の植込みの中に立つのが狩衣姿の太田道灌である。

川越城跡は現在県史跡。現存する川越城唯一の遺構である本丸御殿と家老詰所は幕末の嘉永元年(一八四八)、松平大和守斉典《なりつね》のとき完成した。完成したとき十六棟、建坪三、三八三平方メートルの規模を有していたが、明治維新により大部分が解体され、わずかに玄関と大広間の一部が残された。川越城遺跡はほかに富士見櫓跡、堀の一部が残るだけである。

移築された家光誕生の間、喜多院

星野山《せいやさん》と号し、通称川越大師。慶長四年(一五九九)、徳川家康の信任篤い天海僧正が第二十七世の法灯を継いだことで寺勢が盛んとなり、同十七年(一六一二)、寺領三百石の寄進を受けた。

寛永十五年(一六三八)の川越大火で山門以外の堂塔を焼失。天海を慈父と仰ぐ将軍家光はただちに復興を命じ、江戸城紅葉山の別殿を移築して客殿や書院とさせた。喜多院の客殿に家光誕生の間が、書院に春日局化粧の間があるのはこうした事情による。

書院に面して遠州流庭園がある。枯山水書院式平庭で、曲水の庭と呼ばれている。境内に五百羅漢石像五百四十体が建ち並ぶ一角がある。江戸後期の文政六年(一八二三)まで四十年余の歳月を費やして造立された羅漢像は、語り合うもの、耳もとにささやくもの、笑うもの、悲しむものなど、

川越市街略図

豊かな表情が見る人の心をなごませる。
本堂慈恵堂の背後に立ち並ぶ石塔は川越藩主越前松平大和守家の廟所である。

連馨寺《れんけいじ》と蔵造りの町並

連馨寺は小田原北条氏の城代大道寺政繁が天文十八年（一五四九）、母の連馨尼を追福するために、感誉上人を開山として建立した浄土宗の寺院である。慶長七年（一六〇二）、関東十八檀林の制が設けられ、連馨寺もその一つに加えられて、葵の紋所使用が許された。

旧川越城本丸御殿唐風大玄関

連馨寺を北に向かうと蔵造りの家並で知られる一番街である。この中に一軒だけ江戸時代に建てられた寛政四年（一七九二）建築の大沢家住宅があって、国指定の重要文化財になっているが、これは蔵造りではない。蔵造りはすべて明治二十六年の川越大火のあと建てられたもので、十六棟が市指定の重要文化財になっている。当時東京では西洋から入ってきた煉瓦造りの耐火建築が盛んに造られていたが、川越は旧来の土蔵造りによる耐火建築を選び取って、今日では仲町・松江町・幸町・元町一帯に建つ蔵造りの建物は、小江戸と呼ばれてにぎわった城下町川越のもっとも川越らしい風情を見せてくれる。蔵造りの町並から脇道に入ったところに木造櫓の時の鐘が建っていて、城下町川越の名物となっている。明治二十六年の大火の直後の建造で、これだけは江戸時代以来の構造をそっくり模したものという。

新河岸川舟運と川越五河岸

新河岸川舟運は川越藩主松平信綱の川越入封に始まる。寛永十五年（一六三八）の川越大火で焼失した喜多院と仙波東照宮の再建資材輸送のために設けられた寺尾河岸《てらおがし》が最初の河岸場であった。信綱は正保四年（一六四七）、伊佐沼から流れ出る内川を改修して新たに河岸場を開設し、これを新河岸と呼んだ。

慶安四年（一六五一）、これを二つに分けて現在の旭橋のたもとが下新河岸《しもしんがし》、その上流が上新河岸《かみしんがし》となり、寛文四年（一六六四）、松平輝綱のとき対岸に牛子河岸《うしこがし》が設けられた。天和三年（一六八三）、松平信輝のとき新河岸より十五町上流に扇河岸《おうぎがし》が造られ、川越城に最も近いため繁栄をきわめた。江戸時代に設けられた寺尾河岸・下新河岸・上新河岸・牛子河岸・扇河岸が川越五河岸と呼ばれるものである。

天保のころから上新河岸より乗客用の早船を出すようになり、明治十二年になって仙波河岸ができると、乗客用の早船がふえた。午後三時に出た船は翌朝八時ごろ千住大橋に着き、浅草花川戸には昼ごろ着いたという。夜を徹して川を下るので川越夜船と呼ばれたが、大正三年、東武東上線の開通に伴って新河岸川舟運は衰退した。

岩槻《いわつき》藩〈譜代〉

居城＝埼玉県岩槻市太田

仏高力の入封

天正十八年（一五九〇）、豊臣秀吉の小田原の陣の時、小田原北条氏に属していた岩槻城は浅野長政・本多忠勝らを部将とする二万の豊臣・徳川連合軍による総攻撃を受け、城代伊達与兵衛率いる二千余の兵は猛攻によく耐えたが、ついに城内に火を放って落城した。家康の関東入部にともない、岩槻城は江戸北方の防衛にとって重要な地であったため、三河以来の譜代高力清長《こうりききよなが》が二万石を与えられて入封した。

清長は松平広忠・家康父子に仕えた忠勤の士で、温厚で慈悲深い性格から「仏高《ほとけこう》力《りき》」といわれた。清長は戦乱で荒廃した岩槻城下の復興に力を注ぎ、離散した領民の帰住をすすめ、慶長六年（一六〇一）に経済保護のため城下に市立《いちだ》て定書を発し、翌年には日光道中粕壁（春日部市）に新宿の宿駅を整備した。

清長は慶長十三年一月二十六日に没したが、嫡男正長《まさなが》が父に先立って慶長四年四月に没していたため、正長の嫡子忠房《ただふさ》が家督を相続した。忠房は岩槻城修築や領内整備に尽力する一方、大坂の両陣に参戦し、大和国の治安を鎮めるなどに功があり、戦後一万石を加増され、元和五年（一六一九）、遠江国浜松へ転封となった。

青山・阿部氏の入封

高力氏の浜松転封後、一時岩槻城には城番が置かれたが、翌元和六年、老中青山忠《ただ》俊《とし》が四万五千石で入封した。だが、同九年十月、忠俊は三代将軍に就任したばかりの家光の忌諱に触れ、所領を二万五千石に削減されて、上総国大多喜へ移された。

代わって相模国小田原から阿部正次《まさつぐ》が五万五千石で入封した。正次は寛永二年（一六二五）、武蔵国足立・埼玉、下総国葛飾、上総国夷隅の四郡と新墾田一千石を合わせて五万六千石の朱印状を得た。翌年、正次は大坂定番に転じ、この時、摂津国豊島《てしま》・川辺・有馬・能勢四郡内において三万石を加増され、合わせて八万六千石となった。

正次は寛永十四年十一月、島原の乱に出陣し、翌年四月に次男重次《しげつぐ》に四万六千石を譲り、一万石を孫正令（正次の嫡男政澄の子）に分与した。正次は正保四年（一六四七）十一月に大坂城で没し、重次が家督を相続した。重次は寛永十二年八月、下野国都賀郡において一万石を与えられ、一万三千石を領有していたが、同十五年に父正次の遺領の内四万六千石を譲られ、合わせて五万九千石を領有し、この年十一月に老中に昇進した。正保四年に一万石、翌慶安元年（一六四八）に父の遺領の摂津国三万石を与えられ、合わせて九万九千石を領有した。重次は慶安四年四月二十日、家光が四十八歳で没したのに従って殉死した。

ついで嫡男定高《さだたか》が家督を継ぐが万治二年（一六五九）一月、二十五歳で没し、嫡子正邦《まさくに》がわずか二歳であったため、弟正春《まさはる》が相続した。正春は自領と合わせて十一万六千石を領有したが、寛文十一年（一六七一）、十四歳になった正邦に家督を譲った。この時、正春は正邦に対し、譜代大名としての立場、藩政や家臣・領民などについての訓戒を残した。正春は再び別家として、上総国大多喜一万六千石へ移った。城下町の領民に親しまれた「時の鐘」は、正春が渡辺近江掾に鋳造させたものである。正邦は天和元年（一六八一）、丹後国宮津へ転封となった。

譜代家の入転封

阿部氏に代わって、下野国烏山から板倉重種《しげたね》が六万石で入封し、同年八月、五代将軍綱吉の長男徳松付きの西の丸老中になったが、三ヵ月後に突然老中を罷免され、翌二年二月、信濃国坂城へ移されて蟄居した。

代わって老中戸田忠昌《ただまさ》が五万一千石で入封したが、四年後の貞享三年（一六八六）一月、下総国佐倉へ転封となった。そのあとに松平（藤井）忠周《ただちか》が丹波国亀山から四万八千石で入封したが、元禄十年（一六九七）、但馬国出石へ転封となった。つづいて小笠原長重《ながしげ》が老中に昇進し、一万石を加増されて、三河国吉田から五万石で入封した。宝永二年（一七〇五）、長重が病気を理由に致仕し、嫡男長熙《ながひろ》が家督を継いだが、翌正徳元年（一七一一）、遠江国掛川へ転封となった。同年二月、永井直敬《なおひろ》が信濃国飯山から三万三千石で入封したが、わずか四ヵ月後に没し、そのあと尚平《なおひら》が継いだ。尚平は三年後に十八歳で没し、弟直陳《なおのぶ》が遺領を継ぎ、宝暦六年（一七五六）、美濃国加納へ移封となった。

大岡氏の入封

同年、九代将軍家重の側用人となった大岡忠光《ただみつ》が上総国勝浦から二万石で入封した。忠光は病弱で言語不明瞭な家重に仕え、謙虚な性格で寵愛に驕ることなく政治の表面に出なかった。また、忠光は藩政に力を注いで産業の振興にもつとめたが、幕政に忙殺されて、藩には宝暦七年四月の十日間しかいなかったという。同十年、忠光が没し、嫡男忠喜《ただよし》が家督を継ぐが、天明二年（一七八二）三月に致仕し、嫡男忠要《ただとし》に家督を譲った。忠要が病没後、弟忠烈《ただやす》が継いだ。忠要―忠烈の代には、領内は相次ぐ天災によって荒廃し、藩財政は危機に直面した。そこで儒者児玉南柯《なんか》を勝手向取締に登用し、財政再建を推進したが、あまり効果を上げることができなかった。

忠烈は寛政九年（一七九七）三月に致仕し、従兄弟の伊勢国八田藩主加納久周《ひさのり》の三男忠《ただ》正《まさ》が養嗣子となって家督を相続した。忠正は児玉南柯の私塾遷喬館《せんきょうかん》を藩校とし、藩学の振興や士風の刷新など、藩政の回復につとめた。忠正は文化十三年（一八一六）に没し、再び八田藩主加納家から忠正の弟忠《ただ》固《かた》が養嗣子となって入った。

忠固は十二代将軍家慶の日光社参警固、江戸城本丸普請奉行などの重責を果たした他、江戸湾防備の大砲や小銃の鋳造をすすめ、これらを上総国勝浦、安房国前原の沿岸へ配置した。嘉永五年（一八五二）、忠固の病没により、その子忠恕《ただのり》が継嗣したが、翌年六月、ペリー来航によって勝浦・前原の警護に多数の藩士や武器を送った。文久二年（一八六二）、皇女和宮の中山道下向にも、道中警固に藩士を派遣し、出費が激増した。

忠恕は病気のため隠居し、慶応二年（一八六六）、忠貫《ただつら》が家督を継ぎ、同四年三月、新政府軍の東征の際にはいち早く帰順し、東山道総督府の命により、幕府軍の脱走兵を追討した。忠貫は明治二年（一八六九）に版籍奉還し、同四年廃藩置県を迎えた。

小江戸紀行 〝岩槻人形〟の城下町岩槻城下を歩く

芳林寺と浄国寺

〝人形の町〟として知られる岩槻は、太田道灌によって築かれた岩槻城の城下町で、また江戸時代の日光御成《おなり》街道の宿場町でもある。岩槻で人形がつくられるようになった歴史は、江戸初期に日光東照宮造営の工匠が、仕事を終えた帰途、この地に住み着き人形づくりを始めたという説と、京の仏師が岩槻特産の桐細工のオガクズを利用し、人形の頭をつくったのが起源ともいう。

岩槻の時の鐘

東武野田線の岩槻駅前通りを旧一六号国道へ出る手前で右折すると、芳林寺の山門が見える。岩槻城を築いた太田資清・資長（道灌）父子の位牌をはじめ、五代城主氏資の供養塔、江戸時代になってからの初代藩主高力清長の嫡男正長の供養塔もあり、戦国時代から江戸初期の岩槻城主の動静を垣間見ることができる。

国道一二二号線へ出て、西へ七〇〇メートル程歩くと、浄土宗関東十八檀林（学問寺）の一つとなった浄国寺がある。広大な境内は閑静で、墓地には藩主阿部正次・重次・定高三代の墓碑がある。

藩校遷喬館と岩槻城跡

俗謡に〝岩槻に過ぎたるものが二つある児玉南柯《なんか》と時の鐘〟と歌われた児玉南柯が創設した私塾遷喬館《せんきょうかん》が、駅前から国道一二二号線を越えた住宅街にある。南柯は藩主大岡忠正の時、藩儒になるとともに遷喬館も藩校に昇格された。建物は茅葺き屋根で、内部は応接室や書斎、講義室、書庫などに分かれ、玄関には館名の由来を書いた額が掲げられている。

国道を東へ進むと、右手に時の鐘がある。藩主阿部正春が時刻を告げるために造らせたもので、今も毎朝夕六時に撞かれ、澄んだ音色を響かせている。

ここから南東へいった所に岩槻城跡がある。今は岩槻公園となっており、園内には岩槻城黒門・裏門が残っている。別名「お林公園」と呼ばれ、市民の憩の場として親しまれ、菖蒲池には朱塗りの八ツ橋が架かっていて美しい。

その他、岩槻城の鎮守社とされた久伊豆《ひさいず》神社、九代将軍家重の側用人をつとめた大岡忠光の墓がある竜門寺、南柯の墓がある浄安寺などが点在している。

岩槻市街略図

忍《おし》藩〈譜代〉

居城＝埼玉県行田市本丸

俗称〝知恵伊豆〟の入封

天正十八年（一五九〇）、徳川家康の関東入部にともない、三河以来の譜代松平（深溝《ふこうず》）家忠《いえただ》が一万石を与えられ、忍城を居城として立藩した。忍城は延徳三年（一四九一）、土豪成田親泰《ちかやす》が築城したと伝えられている。城は北を流れる忍川流域の低湿地に囲まれ、沼を自然の堀として、本丸・二の丸などの各郭は橋で結ばれ、〝忍の浮き城〟ともいわれ、上杉謙信の二度にわたる攻撃にも落城しなかった。天正十八年、豊臣秀吉の小田原の陣の時、城主成田氏長《うじなが》が北条氏に与《くみ》して小田原城に籠城し、忍城は氏長の妻ら三千足らずの士卒が守った。秀吉方の石田三成は二万三千の大軍を率いて城を包囲したが、容易に落ちず、攻めあぐねた三成は延長二八キロ余の堤防を築き、利根川や荒川の水を引き入れて水攻めにした。だが、それでも陥落せず、秀吉の関東攻略戦において、唯一落城しなかった城として、忍城の名は天下に広まった。

家忠は一年半後の文禄元年（一五九二）二月、下総国上代《かじろ》へ転封となり、代わって家康の四男松平忠吉《ただよし》が十万石で封ぜられた。忠吉が入封すると、付家老小笠原吉次《よしつぐ》らが所領管理にあたり、土豪を家臣に登用し、利根川の流路を変更して、積極的な開発を進めた。忠吉は慶長五年（一六〇〇）、関ヶ原の役で奮戦し、戦後尾張国清洲五十二万石へ転封となった。このため、以後忍領は天領および旗本領となり、忍城には城番が置かれた。

寛永十年（一六三三）五月、地方《じかた》巧者の代官大河内久綱《ひさつな》の子で、叔父松平正綱《まさつな》の養嗣子となった松平伊豆守信綱《のぶつな》が老中に昇進するとともに三万石で入封し、再び忍藩政が始まった。信綱は幕政に尽力して、俗称〝知恵伊豆〟といわれ、寛永十四年、島原の乱が起こると鎮定に窮した幕府は、信綱を戦陣に派遣し、ついに乱を鎮めた。同十六年一月、信綱は乱の鎮圧の功によって、武蔵国川越へ転封となり、代わって下野国壬生《みぶ》から阿部忠秋《ただあき》が五万石で入封した。

老中阿部氏の治世

忠秋は信綱とともに七歳の徳川家光の小姓として出仕し、家光が元和九年（一六二三）七月、三代将軍に就任すると、寛永十年に老中となり、家光の幕政を補佐した。忠秋は正保四年（一六四七）に一万石、寛文三年（一六六三）に二万石を加増され、合わせて八万石を領有した。寛文十一年、忠秋は致仕し、養子正能《まさよし》（上総国大多喜藩主阿部正澄《まさずみ》の子）に家督を譲った。

正能は実父正澄の遺領である上総国夷隅郡内で一万石を領有したまま、忠秋の遺領を継承したので、合わせて九万石となった。正能は延宝元年（一六七三）に老中に列し、次の正武《まさたけ》も天和元年（一六八一）に老中となった。正武は父の遺領の上総国の一万石を弟らに分与し、忠秋以来の八万石を領有したが、貞享三年（一六八六）と元禄七年（一六九四）の二度にわたり、摂津・桑名で各一万石を加増され、十万石となった。元禄十二年には相模・上野国内の所領を武蔵国に移され、忍領城付六万石と武蔵国秩父・鉢形・柿木領で二万石、摂津国で二万石を領有して、藩領の構成が整備された。

正武は元禄十三年、忍城の修築に着手し、本丸・二の丸の土塁には塀を築き、四ヵ所に三重櫓一つ、二重櫓二つ、多聞櫓一つを築造し、その中の三重櫓の屋根には鯱《しゃち》を乗せて偉容を誇った。また、城門や広い堀に架けた橋梁も造られ、水城にふさわしいものとなった。

正武は宝永元年（一七〇四）九月に没し、嫡男正喬《まさたか》が家督を継ぎ、正徳元年（一七一一）、老中に昇進し、幕政に功労があったが、紀伊国和歌山藩主徳川吉宗が八代将軍に就くと、致仕した。正喬の時代、領内の秩父領では秩父絹太織《きぬふとおり》の生産が盛んで、忍藩は秩父絹市を積極的に保護して武蔵国最大の取り引きを誇った。現在も続く豪壮華麗な秩父夜祭りは、こうした富裕さを象徴する祭りとなっている。また、行田《ぎょうだ》の主産業である足袋《たび》製造は、藩士の内職として奨励したものが始まりという。

正喬のあと、養子正允《まさちか》（正喬の弟正晴の嫡男）が家督を継ぎ、安永八年（一七七九）四月、老中に列した。正允の代の宝暦二年（一七五二）、秩父領において年貢増徴に対して農民一揆が起こったが、藩はただちに増徴策を撤回したので、全領内一揆にならずに終わった。正允のあと、正敏《まさとし》―正識《まさつね》―正《まさ》由《より》―正権と続き、文政六年（一八二三）、正権が陸奥国白河へ転封となった。

松平（奥平）氏の入封

代わって伊勢国桑名から松平（奥平）忠《ただ》堯《たか》が入封した。松平家の先祖は奥平信昌《のぶまさ》で、信昌は徳川家康が武田勝頼と長篠で戦った時、長篠城を死守し、徳川方に勝利をもたらした。信昌はのち家康の娘亀姫（加納御前）を娶り、その子忠明《ただあき》（四男）は家康の養子となった。以後、松平の姓を賜わり、忠堯はこの系譜に連なる。

忠堯は武蔵国で八万石、播磨国で二万石を領したが、忍藩は藩士総数（士卒を含む）一千二百五十五名余をかかえたため、財政の困窮が著しかった。入封の翌七年、忠堯は高百石に銀五十六匁の村別御用金を課し、さらに領内の豪農・豪商に対し、人撰御頼金と称して御用金を課している。

天保三年（一八三二）、忠堯は病気のために致仕し、養子忠彦《たださと》（忠堯の弟）が継いだが、同十二年四月に没し、家督は養子忠国《ただくに》（忠堯の弟）が相続した。翌年、忠国は欧米諸国船の来航にともない上総・安房国の沿岸防備を命ぜられ、安房国富津・竹岡に陣屋を建造するなど多難を極めた。また、嘉永六年（一八五三）十一月、品川台場の警備を命ぜられ、文久三年（一八六三）四月、忠国は隠居し、養子忠誠《ただざね》（下野国烏山藩主大久保忠保の甥）が家督を継いだ。

忠誠は慶応元年（一八六五）四月、幕府の第二次長州征伐の際、京都警護のため出兵を命ぜられ、藩士三百七十七名を派遣したが、この年六月、武州世直し一揆が起こり、秩父陣屋は破却された。同三年の大政奉還の時、忠誠は上京を命ぜられ、翌年一月鳥羽伏見の戦いののち海路帰国し、新政府に恭順の姿勢をとり、会津攻略に出兵した。忠誠は明治二年（一八六九）六月に病没し、養子忠敬《ただたか》（出羽国米沢藩主上杉斉憲《なりのり》の六男）が家督を継ぎ、版籍奉還して知藩事となり、同四年、廃藩置県を迎えた。

小江戸紀行 〝行田足袋〟の城下町忍城下を歩く

復元された忍城三階櫓

行田市は、かつては忍《おし》町といった。町中を歩くと、至る所で足袋《たび》の製造工場が目にとまる〝足袋の町〟である。江戸中期の道中案内書に「忍のさし足袋名産なり」とあり、忍の足袋は中山道熊谷宿を往来する旅人の旅装としての需要から興ったといわれる。それが忍藩の下級武士の家族や農家が内職として行うようになり、行田を中心にして次第に発展したという。現在も足袋産業は健在で、年間約九百万足を生産しているという。

復元された忍城三階櫓

秩父鉄道持田駅で下車し、国道一二五号線を東へ向かうと、間もなく長篠の合戦で名を馳せた鳥居強右衛門《すねえもん》の墓や、忍藩家臣の墓がある桃林寺があり、茅葺き屋根の寺と並んで、忍東照宮の広い境内が見えてくる。東照宮には徳川家康と藩主松平忠明を祀っている。

東照宮の道の向かい側は忍城本丸跡で、ここに昭和六十三年二月、三階櫓の天守閣が復元されて話題を呼んだ。往時を思わせる豪壮な天守閣はコンクリート造りだが、石垣にそそり立つ三層屋根は古絵図そっくりなら、鯱《しゃち》もまた古文書で伝えられている通り六尺二寸に造られている。

天守閣の展望から市街を眺望すると、眼下の郷土博物館の敷地に忍城の鐘楼が建つ。銅鐘は松平忠雅《ただまさ》が桑名入城を記念して「永保家国」の銘を刻み、享保二年（一七一七）に完成したもので、かつて広い忍沼に澄んだ音を響かせていた。

戦国時代、石田三成が忍城を囲み、大手門まで攻め入った時、十八歳の城主成田氏長の妻甲斐姫が長刀を振りまわして守り抜き、豊臣秀吉に認められたという史話がある。

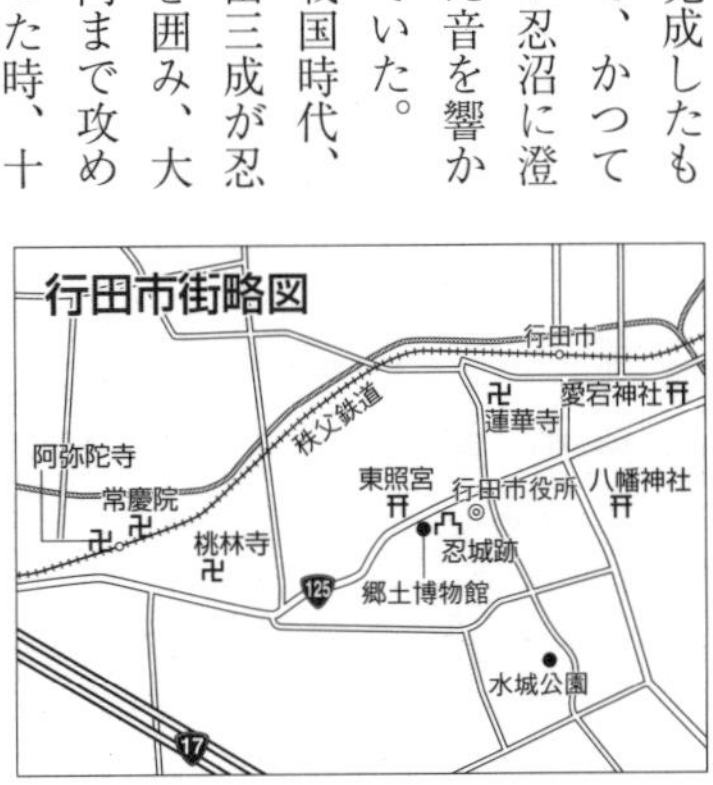

石碑が示す史跡

忍城下の史跡を示す碑が、行田市ライオンズクラブによって五十基が建てられており、その跡を訪ねると忍城の輪郭が浮かび上がってくる。国道沿いの田山花袋《かたい》の『田舎教師』に出てくる「料亭（魚七）」の記念碑を右折すれば、大手門跡だ。その他、本陣跡、高札場跡、江戸からの水運があったことを示す小沼橋近くの船着き場跡など、往時の旧跡を示す石碑が数多く立っている。

本庄《ほんじょう》藩〈譜代〉

陣屋＝埼玉県本庄市本庄

この地は戦国時代、関東管領上杉氏の家臣本庄実忠《さねただ》によって本庄城が構築され、上杉氏没落後は小田原の北条氏に属したが、実忠の子隼人正《はやとのしょう》の代の天正十八年（一五九〇）、豊臣秀吉の関東攻めで落城した。

天正十八年、徳川家康の関東入部にともない、小田原の陣の時に徳川軍の先鋒として活躍した信濃国松尾城主小笠原信嶺《のぶみね》が武蔵国児玉郡内において一万石を領有して本庄城主となって立藩した。信嶺が慶長三年（一五九八）に没し、遺領は養子信之《のぶゆき》（家康の四天王の一人、酒井忠次《ただつぐ》の三男）が継いだが、慶長十七年、下総国葛飾郡に二万石の加増を得て、下総国古河へ転封となり、廃藩となった。以後、城下町は中山道の宿駅として発展した。

なお、本庄市中央一丁目にある開善寺は小笠原信嶺を開基として、天正十九年に建立されたもので、墓地には信嶺夫妻の墓がある。

八幡山《はちまんやま》藩〈譜代〉

陣屋＝埼玉県児玉郡児玉町八幡山

室町初期、関東管領山内上杉顕定がこの地に雉《きじ》ヶ岡《おか》城（八幡山城）を築いたと伝えられるが、のち城が手狭になったために上野国平井城に移り、家臣夏目豊後守定基に守らせたという。永禄年間（一五五八～七〇）、鉢形《はちがた》城主北条氏邦に攻略されて属城となり、氏邦の家臣横地左近将監忠春が守備にあたったが、天正十八年（一五九〇）、豊臣秀吉の小田原の陣の時、前田利家・上杉景勝らの攻撃を受けて落城した。

戦後、徳川家康の関東入部にともない、松平（竹谷）清宗《きよむね》・家清《いえきよ》父子が一万石を領有して雉ヶ岡城に入城して、立藩した。藩政は父清宗が専任し、家清は天正十九年の九戸《くのへ》政実《まさざね》の乱や、慶長五年（一六〇〇）の関ヶ原の役の時には石川康通とともに、尾張国清洲城の城番を勤めた。戦後、その軍功により二万石が加増され、三河国吉田へ転封となり、八幡山藩は廃藩となって、以後、藩は置かれなかった。

岡部《おかべ》藩〈譜代〉

陣屋＝埼玉県大里郡岡部町岡部

天正十八年（一五九〇）、徳川家康の関東入部にともなって安部信勝《のぶかつ》が武蔵国榛沢《はんざわ》郡と下野国梁田《やなだ》郡において五千二百石余を知行し、その子の大番頭信盛《のぶもり》の代の寛永十三年（一六三六）、三河国八名郡で四千石、さらに大坂定番に昇進した慶安二年（一六四九）に摂津国内で一万石を加増され立藩した。

信盛のあと、信之《のぶゆき》は二万二百石余、信友《のぶとも》は二万二千二百石余と続き、信峯《のぶみね》の時に二千石を弟信方《のぶかた》に分知した。信峯は宝永二年（一七〇五）に陣屋を築いて居所とし、ついで信賢《のぶかた》―信平《のぶひら》と続き、そのあとを継いだ養子信允《のぶちか》は、江戸藩邸内に藩校就将館を設置したが振わず、信亨《のぶみち》を経て信操《のぶもち》が再興した。信任《のぶより》―信古《のぶひさ》を経て、信宝《のぶたか》の時に文武振興のため学聚館と偃武館とを江戸藩邸内に新設し、さらに岡部陣屋でも藩学を奨励した。最後の藩主になった十三代信発《のぶおき》は明治元年（一八六八）、三河国半原に陣屋を移したが、わずか四年にして廃藩置県を迎えた。

深谷《ふかや》藩〈譜代〉
陣屋＝埼玉県深谷市仲町

天正十八年（一五九〇）、徳川家康の関東入部にともない三河国長沢松平出身の松平源七郎康直《やすなお》が一万石を領有し、深谷城（木瓜《ぼけ》城）を居城として立藩した。康直は深谷城や中山道の宿駅でもある深谷宿などを整備したが、文禄二年（一五九三）十月二十九日、二十五歳の若さで病没した。

康直には嗣子がなかったため、家康の七男松千代を後嗣としたが、八歳で夭逝したので、慶長四年（一五九九）、兄の六男上総介忠輝《ただてる》が継いで再度立藩した。忠輝は慶長七年に下総国佐倉へ転封となり、同十五年に松平（桜井）忠重《ただしげ》が新封八千石を領有して入封、元和八年（一六二二）、上総国佐貫へ移封した。そのあとに酒井忠勝が七千石を加増されて一万石を領有して入封し、寛永元年（一六二四）、二万石を加増されて老中に就任、同三年に武蔵国忍《おし》領二万石を加増され、翌寛永四年に武蔵国川越へ移封し、深谷藩は廃藩となった。

東方《ひがしかた》藩〈譜代〉
陣屋＝埼玉県深谷市東方

天正十八年（一五九〇）、徳川家康の関東入部にともない三河国二連木城主戸田孫六郎康長《やすなが》は、武蔵国幡羅《はたら》郡深谷領内の東方村において一万石を領有して立藩した。康長は父戸田弾正忠重の嫡男で、父の勲功によって家康は幼少の康長が家督を相続した時に松平姓を与えた。天正八年、康長は遠江国の高天神城攻撃に参加したのが初陣で、家康の異父妹久松俊勝三女の松姫を妻に迎えた。

康長は東方古城跡を利用して陣屋を築き、民政に尽力し、領内に全久院を建立、あるいは弥勒院を再興した。慶長五年（一六〇〇）、関ヶ原の役の時、水野勝成《かつなり》とともに苦戦の末に美濃国大垣城を攻略して軍功を樹て、翌年一万石を加増され、二万石で上野国白井へ移った。だが、白井城が焼失したため、慶長七年に下総国古河へ移封となった。以後、東方藩は廃藩となって、藩は置かれなかった。

瓶尻《みかしり》藩〈譜代〉
陣屋＝埼玉県熊谷市三ヶ尻

三河国梅坪《うめつぼ》城（愛知県豊田市）主三宅藤左衛門政貞《まささだ》は、嫡男惣右衛門康貞《やすさだ》とともに永禄元年（一五五八）、徳川家康の麾下に属して諸戦で軍功を樹てた。父政貞は天正十五年（一五八七）に没したが、家康から諱の一字を賜わった康貞は天正十八年、豊臣秀吉の小田原の陣に参戦し、戦後、家康の関東入部にともない武蔵国瓶尻に五千石を与えられ、陣屋を構えて立藩した。

翌天正十九年、陸奥国の九戸《くのへ》政実《まさざね》の乱の時、康貞は乱の鎮圧のために岩手沢まで出陣した。また、慶長五年（一六〇〇）六月、上杉景勝征討の時、下野国小山で対陣し、さらに関ヶ原の役には嫡男惣兵衛康信《やすのぶ》とともに、遠江国横須賀城主有馬豊氏《とようじ》に代わって横須賀城を守備し、軍功を樹てた。慶長九年十一月、康貞は三河国挙母《ころも》へ移され、五千石を加増されて、挙母一万石となった。このため十四年間存在した瓶尻藩は廃藩となり、以後、藩は置かれなかった。

羽生藩《はにゅう》〈譜代〉

居城＝埼玉県羽生市東

この地は戦国時代、上杉氏・武田氏・北条氏らの抗争の場となった。武田信玄が武蔵国へ進出を始めると、永禄十二年（一五六九）に上杉謙信と北条氏康とが講和を結んで信玄に対抗した。だが、元亀二年（一五七一）に両者の同盟関係が決裂し、氏康の子氏政は信玄と講和を結んだ。その後、上杉氏支配下の羽生城は、しばしば北条氏の侵略を受け、ついに天正二年（一五七四）、謙信は羽生城の支配を断念して城を破却し、城主木戸忠朝《ただとも》は退却した。

のち羽生城は北条氏配下の忍《おし》城主成田氏《うじ》長《なが》が支配したが、天正十八年に豊臣秀吉の小田原の陣の時、小田原城とともに落城した。戦後、徳川家康の関東入部にともなって、大久保忠隣《ただちか》が羽生城二万石で入城して立藩した。文禄三年（一五九四）、忠隣は羽生城・小田原城を合わせ六万五千石を領有したが、慶長十九年（一六一四）、罪を得て領地没収となり、廃藩となった。

私市藩《きさい》（騎西藩《きさい》）〈譜代〉

居城＝埼玉県北埼玉郡騎西町根古屋

天正十八年（一五九〇）、徳川家康の関東入部にともない三河以来の譜代の臣松平（松井）周防守康重《やすしげ》が、小田原北条氏の部将小田助三郎の居城だった私市城（根古屋城）主となり、二万石を領有して立藩した。康重は慶長五年（一六〇〇）の関ヶ原の役の時、家康の命によって遠江国掛川城を守り、戦後は城番として美濃国大垣城に在城したのち、一万石を加増されて、翌年常陸国笠間へ転封となった。

代わって小田原藩主大久保忠隣《ただちか》の嫡男忠《ただ》常《つね》が二万石で入封したが、慶長十六年十月十日、父に先立って三十二歳で病没し、遺領はまだ八歳の忠職《ただもと》が継嗣した。慶長十九年、祖父忠隣が本多正信《まさのぶ》・正純《まさずみ》父子に計られて、小田原藩六万五千石を改易され、忠職は私市で蟄居していたが、寛永二年（一六二五）に赦免となった。忠職は寛永九年、三万石の加増を受けて五万石で、美濃国加納へ転封となり、私市藩は廃藩となった。

久喜藩《くき》〈譜代〉

陣屋＝埼玉県久喜市久喜本

大番頭米津《よねきづ》田盛《みちもり》は武蔵国都筑、下総国印旛・相馬・香取、上総国埴生五郡内に五千石を領有していたが、寛文六年（一六六六）に大坂定番に昇進し、摂津・河内両国内において一万石を加増されて一万五千石を領有して立藩した。貞享元年（一六八四）、田盛の遺領を継いだ政武《まさたけ》は、弟田賢《みちかた》に三千石を分与して一万二千石を領有し、のち領知替えにより武蔵国埼玉・多摩、上総国武射・長柄・山辺、下総国葛飾・印旛・千葉・結城・豊田、常陸国真壁十一郡内において一万二千石を与えられ、久喜に陣屋を構えた。

寺社奉行を歴任した政武のあと、政矩《まさのり》が襲封し、弟政容《まさよし》に一千石を分与し、以後代代一万一千石を領有した。政矩のあとを弟政容《まさよし》が継ぎ、その子政崇《まさたか》が元文四年（一七三九）に遺領を継いだ。ついで通政《みちまさ》が明和四年（一七六七）、襲封したが、寛政十年（一七九八）、所領を出羽国村山郡内に移され、陣屋を長瀞《ながとろ》に移築したので、廃藩となった。

石戸藩《いしど》〈譜代〉
陣屋＝埼玉県北本市石戸宿

天正十八年（一五九〇）、徳川家康の関東入部にともない三河以来の譜代の臣牧野半右衛門康成《やすしげ》は石戸城（天神山城）に入城し、武蔵国足立郡石戸領内において五千石を領有して陣屋を構えた。康成は慶長元年（一五九六）五月に従五位下讃岐守に任ぜられ、〝豊臣〟の姓を授けられたが、同四年三月八日に没した。

その子信成《のぶしげ》が遺領を継ぎ、寛永三年（一六二六）に御留守居に昇進し、二千石が加増され、さらに同十年に四千石の加増を得て一万一千石を領有して立藩した。正保元年（一六四四）、さらに加増を受け一万七千石で下総国関宿へ転封となり、旧知石戸領五千石は嫡男親成《ちかしげ》に与えられ、石戸藩は事実上、ここで廃藩となった。だが正保四年、信成が致仕すると石戸領五千石は信成の隠栖料となり、信成の没後は三男尹成《ただしげ》に二千石、六男永成《ながしげ》に千五百石、九男直成《なおしげ》に千五百石に分与されて旗本領となった。

松山藩《まつやま》〈譜代〉
居城＝埼玉県比企郡吉見町北吉見五ノ耕地

天正十八年（一五九〇）、豊臣秀吉の小田原の陣の時、松山城主上田朝広《ともひろ》が小田原に籠城し、城主不在の松山城は豊臣方の前田利家・上杉景勝らの大軍に攻撃され、激戦の末に落城した。戦後、徳川家康の関東入部にともない、わずか十四歳の松平（松井）家広《いえひろ》が一万石で入城し、立藩した。翌年、家広は陸奥国の九戸《くのへ》政実《まさざね》の乱の鎮圧に従軍し、中新田城の城番を勤めた。家広は在藩十年余ののち慶長六年（一六〇一）六月十四日、二十五歳の若さで病没したとされるが、『藩翰譜』によれば、家広の死は病死ではなく、内紛による自害とみられる。

家広は領内の民政に尽力したが、慶長五年頃、家督を弟忠頼に譲った。忠頼は上杉景勝征討に従軍し、関ヶ原の役の時は田中吉政《よしまさ》の居城、三河国岡崎城を守衛し、のち尾張国犬山城、美濃国金山城に在番し、翌六年二月、加恩五万石を得て遠江国浜松へ転封となり、松山藩は廃藩となった。

野本藩《のもと》〈譜代〉
陣屋＝埼玉県東松山市下野本

天正十八年（一五九〇）、徳川家康の関東入部にともない、〝槍の半蔵〟として知られる徳川家譜代の臣渡辺半蔵守綱《もりつな》は武蔵国比企郡野本郷で三千石を知行して、野本の地に陣屋を構えた。守綱は翌年、陸奥国の九戸《くのへ》政実《まさざね》の乱の鎮圧、文禄元年（一五九二）の肥前国名護屋への在陣に扈従した。慶長五年（一六〇〇）六月、上杉景勝征討に従軍、さらに九月の関ヶ原の役にも参陣し、翌六年に一千石を加増された。その後、慶長十八年、その子重綱《しげつな》とともに御三家の尾張国名古屋藩主徳川義直《よしなお》に付属され、野本領は忠綱《ただつな》（早世）―吉綱《よしつな》へ継嗣した。

寛文元年（一六六一）十一月、野本領を知行する側衆吉綱が大坂定番に昇進した時、河内・和泉国内において一万石を加増され一万三千余石を領有し、野本村に陣屋を構えて立藩した。以後、方綱《まさつな》―基綱《もとつな》と在封し、元禄十一年（一六九八）、基綱は和泉国大庭寺へ転封となり、野本藩は廃藩となった。

高坂《たかさか》藩〈譜代〉
陣屋＝埼玉県東松山市高坂

名門扇谷上杉氏一族の出といわれる加々《かが》爪《つめ》氏は、早くから徳川家康に仕え、文禄元年（一五九二）に政尚《まさなお》の代に武蔵国比企、相模国高座両郡において三千石を知行して高坂村に陣屋を構えた。政尚は慶長元年（一五九六）に三十五歳で没し、その子忠澄《ただすみ》は慶長五年、関ヶ原の役の時に徳川秀忠に従軍し、元和元年（一六一五）の大坂夏の陣では、大坂落城の時に豊島明重とともに豊臣秀頼の所在を捜索した。忠澄は慶長五年に目付、寛永二年（一六二五）七月、武蔵・下総両国内で四千五百石を領した。さらに寛永八年に町奉行に就任して、九千五百石を領有し、寛永十七年には大目付となった。

ついで直澄《なおすみ》が諸侯に列し、寺社奉行も勤め、寛文八年（一六六八）、一万三千石を領有した。その子直清《なおきよ》の時に所領相論を起こし領地没収されて、廃藩となった。なお、高済寺墓地には政尚・忠澄・直澄三代の墓があり、県旧跡に指定されている。

奈良梨《ならなし》藩〈譜代〉
陣屋＝埼玉県比企郡小川町奈良梨

天正十八年（一五九〇）、豊臣秀吉の小田原の陣の時、豊臣方として参陣していた諏訪頼忠《よりただ》は、戦時中の六月十日に家督を子の頼《より》水《みず》に譲った。戦後、徳川家康の関東入部にともない、頼水は武蔵国奈良梨・羽生・蛭《ひる》川《かわ》において一万二千石を領有し、奈良梨字吹付に陣屋を構えて立藩した。

頼水は父頼忠とともに領内の民政に尽力したが、二年後の文禄元年（一五九二）に上野国総社へ転封、奈良梨藩は廃藩となり幕府領になった。奈良梨の地は、上野国・信濃国へ通ずる要所で、松平家清《いえきよ》の居城雉ヶ《きじ》岡《おか》城（八幡山城）下への人馬の継場であった。この地は〝和紙の里〟として知られ、小川和紙生産は武蔵国に渡来した高句麗《こうくり》人から伝えられ、多くの寺院で写経用紙や経巻紙として重宝された。江戸時代、紙は藩の専売制で統制されていたが、天領・旗本領が錯綜するこの地域では、江戸十組問屋に属する紙問屋が生産地を支配していた。

鯨井《くじらい》藩〈譜代〉
陣屋＝埼玉県川越市鯨井

天正十八年（一五九〇）、豊臣秀吉の小田原の陣の時、徳川家康の譜代の臣戸田左門一《かず》西《あき》は小田原城の支城である山中城（静岡県三島市）を攻略して、青山虎之助定義とともに一番乗りの軍功を樹てた。一西は戦国末期のさまざまな戦いに、徳川軍団の先鋒を切って戦場を駆けめぐった。戦後、家康の関東入部にともない、一西は功績によって武蔵国高麗郡鯨井において五千石を知行し、鯨井村に陣屋を構えた。

慶長五年（一六〇〇）六月、一西は上杉景勝征討に従軍し、いよいよ関ヶ原の役の火蓋が切られた時、徳川秀忠軍に従って中山道を進んだが、信濃国上田城主真田昌幸の激しい反撃に遭って足踏み状態となり、九月十五日の決戦には間に合わなかった。だが、戦後の論功行賞により二万五千石の加増を受けて近江国大津城を下賜され、鯨井と合わせて三万石を領有し、大津城へ移ったために鯨井藩は廃藩となった。

赤沼《あかぬま》藩〈譜代〉

陣屋＝埼玉県比企郡鳩山町赤沼

御留守居の職にあった内藤正勝《まさかつ》は武蔵国比企郡内において二千五百石を中心に、大里郡内に五百石、上野国内に一千石、常陸国内五百石、下総国内に五百石、上総国内において六千石を知行していたが、元禄六年（一六九三）十一月、大坂定番に昇進して摂津国島下《しましも》・島上《しまかみ》・豊島《てしま》・川辺、河内国若《わか》江《え》・讃良《さら》・茨田《まんた》七郡内において一万石を加増され、一万六千石を領有して、比企郡赤沼村に陣屋を構えて立藩した。

正勝は大坂定番を勤めてわずか八ヵ月余の、元禄七年八月七日に五十二歳で没した。正勝没後、嫡男正友《まさとも》が遺領を相続したが、元禄七年十月に武蔵国大里・入間・比企、常陸国信太《しだ》・真壁・那珂《なか》、下総国香取、上総国長柄、上野国山田の九郡内に領地が移された。さらに元禄十六年八月、領地を信濃国佐久郡内に移されたために、信濃国岩村田一万石へ転封となり、赤沼藩は廃藩となった。

原市《はらいち》藩〈譜代〉

陣屋＝埼玉県上尾市原市

天正十八年（一五九〇）、徳川家康の関東入部にともない、家康の家臣西尾吉次《よしつぎ》は武蔵国足立郡原市周辺で五千石を知行し、慶長七年（一六〇二）に美濃国内において七千石を加増されて一万二千石を領有し、諸侯に列した。吉次は翌年、陸奥国の九戸《くのへ》政実《まさざね》の乱の鎮圧に従軍し、文禄元年（一五九二）の朝鮮出兵の時には、家康に扈従して肥前国名護屋へ赴いた。

また、吉次は天正十年夏、家康の伊賀越えの時、身命をかけて護衛したために家康の信任が篤く、常に傍らに勤仕して奏者番を勤めた。慶長五年（一六〇〇）の関ヶ原の役の時、吉次は家康と部将との間に立って、家康の意向を伝達した。

吉次は慶長十一年八月二十六日に七十七歳で没し、養子忠永《ただなが》（譜代の功臣酒井重忠の三男）は元和二年（一六一六）、上野国白井二万石へ転封となったため、原市藩は廃藩となり、以後、藩は置かれなかった。

小室《こむろ》藩〈譜代〉

陣屋＝埼玉県北足立郡伊奈町小室

天正十八年（一五九〇）、徳川家康の関東入部にともない、関東郡代に任ぜられた伊奈忠次《ただつぐ》は武蔵国足立郡小室・鴻巣《こうのす》で一万石を知行し、小室村に陣屋を構えて立藩した。忠次は文禄元年（一五九二）の朝鮮出兵には、家康に扈従して肥前国名護屋に出陣し、慶長五年（一六〇〇）の関ヶ原の役の際には大久保長安・彦坂元成・長谷川長綱らとともに小荷駄奉行として活躍した。特に忠次は水利・新田開発・殖産興業などの民政にも尽力し、徳川幕府創業期の財政の確立に多大な貢献をし、のち甲斐国代官を兼任した。

地方巧者《じかたこうしゃ》として活躍した忠次は、慶長十五年六月十三日に六十一歳で没し、その嫡男忠政《ただまさ》があとを継いだ。忠政も関東郡代として活躍し、特に鬼怒川治水に尽力した。その子忠勝《ただかつ》は元和五年（一六一九）、わずか九歳で没し、嗣子なく除封となり（弟忠隆《ただたか》に千八百石余で家名相続が許される）、廃藩となった。

鳩谷藩《はとがや》〈譜代〉
陣屋＝埼玉県鳩ヶ谷市本町

　天正十八年（一五九〇）、徳川家康の関東入部にともない、徳川氏譜代の直臣阿部正勝《まさかつ》は武蔵国足立郡鳩谷において五千石を知行した。正勝は家康より一歳年長で、家康の幼な友達として、今川氏の人質生活に伺候した。文禄元年（一五九二）の朝鮮出兵には、家康に扈従して肥前国名護屋へ従軍した。慶長四年（一五九九）三月、石田三成が藤堂高虎邸に宿泊している家康を襲撃しようとした時、馳せ参じて邸宅を守衛した。

　正勝が慶長五年に危篤状態が続くと、家康は見舞の使者を送ったが、四月七日に大坂城で没した。その子正次《まさつぐ》が家督を継ぐと、相模国高座郡内において五千石を加増され、一万石を領有して諸侯に列し、鳩谷に陣屋を構えて立藩した。正次は慶長十五年に下野国都賀郡鹿沼において五千石、元和二年（一六一六）、都賀郡内において七千石を加増され、二万二千石を領有したが、翌年、上総国大多喜へ転封となり、廃藩となった。

喜多見藩《きたみ》〈譜代〉
陣屋＝東京都世田谷区喜多見

　世田谷吉良《きら》氏の家臣喜多見勝忠《かつただ》は天正十八年（一五九〇）、徳川家康の関東入部にともない、本領の武蔵国多摩郡喜多見の地を安堵された。勝忠は堺奉行に任ぜられたが、寛永四年（一六二七）に堺で没したので、次男重恒《しげつね》が家督を相続し、寛文十二年（一六七二）に重恒のあとを養子重政《しげまさ》が千百二十石で継嗣した。重政は五代将軍綱吉に信任され、小姓から側用人に昇進し、天和元年（一六八一）に武蔵・上野両国において二千石を加増され、さらに天和三年に六千八百石余の加増によって、諸侯に列した。

　重政は貞享三年（一六八六）、武蔵・河内両国内で一万石を加増され、二万石を領有して、喜多見村慶元寺前に陣屋を構えた。重政は綱吉の〝生類憐みの令〟による犬大支配役になったが、元禄二年（一六八九）に恩寵を受けて抜擢されたにもかかわらず、綱吉の意に背き職務怠慢の咎により除封され、廃藩となった。

六浦藩《むつら》（金沢藩《かねざわ》）〈譜代〉
陣屋＝横浜市金沢区六浦町

　若年寄米倉昌尹《まさただ》は元禄十二年（一六九九）、武蔵国埼玉・久良岐《くらき》・多摩、相模国大住、上野国碓氷、下野国都賀・安蘇の各郡において一万五千石を領有して、下野国皆川に立藩した。同年に昌尹が没し、遺領は嫡男昌明《まさあきら》が継ぎ、弟昌仲に三千石を分与して一万二千石となった。昌明は元禄十五年（一七〇二）四月二十五日に三十歳で没し、次男昌照《まさてる》が遺領を継いだが、正徳二年（一七一二）に没し、柳沢吉保の六男忠仰《ただすけ》が継いだ。

　忠仰は享保七年（一七二二）、武蔵国久良岐郡金沢に陣屋移転を願い出て、翌年に許された。ついで里矩《さとのり》―昌晴《まさはる》が継ぎ、昌晴は明和六年（一七六九）に若年寄に任ぜられたが、天明四年（一七八四）に佐野善左衛門政言が江戸城中で起こした若年寄田沼意知刺殺事件の処置不行届により拝謁を止められた。以後、昌賢《まさかた》（大番頭）―昌由《まさよし》―昌俊《まさとし》―昌寿《まさひさ》（大坂定番）と続き、最後の藩主昌言《まさこと》（大番頭）の時、廃藩置県を迎えた。

相模国

荻野山中藩《おぎのやまなか》（松永藩《まつなが》）〈譜代〉

陣屋＝神奈川県厚木市中荻野

小田原藩主大久保加賀守忠朝《ただとも》の次男教寛《のりひろ》は元禄十一年（一六九八）、父忠朝が病のため老中職を辞した時、相模・駿河両国内において新田六千石を分与された。

さらに教寛は宝永三年（一七〇六）、御小姓組番頭から西の丸若年寄に昇進した時、駿河国駿東・富士両郡内において五千石を加増され、一万一千石を領有して、駿河国松永村（現・沼津市）に陣屋を構えて立藩した。

その後、教寛は西の丸兼任の本丸若年寄に任ぜられ、享保三年（一七一八）に相模国高座・大住・愛甲《あいこう》三郡内において五千石を加増されて、一万六千石を領有した。

教寛は元文二年（一七三七）十二月十七日に八十一歳で没し、嫡男教端《のりまさ》（弟教平《のりひら》に三千石を分知し、以後代々一万三千石を領有）―教起《のりおき》―教倫《のりみち》―教翅《のりのぶ》と続き、教翅は天明三年（一七八三）十月、松永村陣屋を愛甲郡中荻野村に移した。

大久保氏は、当初参勤交代を行わない定府大名であったが、教翅の代から半年ごとに参勤交代する大名に昇格した。つぎの教《のり》孝《たか》は享和二年（一八〇二）、家臣に対して石高の内一分の上米・上金を命じ、さらに弘化三年（一八四六）に「家中条目」、嘉永三年（一八五〇）に「質素倹約令」を命ずるなど財政引き締めをはかった。また、教孝は『養蚕要略』を刊行して、領内の養蚕の生産向上をはかった。

最後の藩主教義《のりよし》の時、大政奉還もすでに決定した慶応三年（一八六七）十二月、陣屋への襲撃事件が起きた。討幕運動の一環として関東の擾乱《じょうらん》をねらったもので、薩摩藩邸に集まった水戸浪士鯉淵《こいぶち》四郎を首領とする三十数名の浪士隊は、藩主の留守であった陣屋を襲撃し、警備の者を斬って金品を強奪し、放火をした。これは鳥羽伏見の戦いの導火線となったといわれる。

慶応四年（一八六八）、十六代徳川家達の駿府藩の成立にともない荻野山中藩の駿河国内における藩領は、相模国内に移されたが、わずか四年間で廃藩となった。

甘縄藩《たまなわ》〈譜代〉

陣屋＝神奈川県鎌倉市玉縄

天正十八年（一五九〇）、徳川家康の関東入部にともない、家康に仕えて軍事政務に手腕を発揮した本多正信《まさのぶ》は相模国鎌倉郡甘縄において一万石を知行して立藩した。正信はその後、二万二千石を領有したが、元和二年（一六一六）に没した。その嫡男正純《まさずみ》は家康に仕え、近侍の謀臣として信任を得て、慶長五年（一六〇〇）の関ヶ原の役の軍功によって、下野国小山三万三千石の藩主となっていたので、正信の遺領は収公され、甘縄藩は一時廃藩となった。

寛永二年（一六二五）、相模・三河・山城国内において四千六百石余を知行していた近習出頭人兼勘定奉行大河内正綱《まさつな》が鎌倉・淘綾《ゆるぎ》郡内、三河・武蔵・大和国内において二万二千石を加増されて、甘縄に陣屋を構えて再度立藩した。正綱のあと、正信《まさのぶ》（奏者番、弟正朝《まさとも》に三千石を分知）―正久《まさひさ》と三代にわたり在封し、元禄十六年（一七〇三）に上総国大多喜へ転封となり廃藩となった。

小田原《おだわら》藩〈譜代〉

居城＝神奈川県小田原市栄町城内

三河譜代大久保忠世入城と忠隣改易

天正十八年（一五九〇）、豊臣秀吉の小田原の陣によって後北条氏が滅亡し、徳川家康が関八州の統治者として入部すると、三河譜代の大久保忠世《ただよ》が相模国西郡（足柄上《あしがらかみ》・下郡）で所領四万石を与えられて小田原城主となった。忠世は北条氏に従属していた被官や農民の自立を援け、寺社の旧領を安堵するなど民政の安定に尽力した。

のち五千石を加増された忠世は文禄三年（一五九四）に没し、家督を継いだ子忠隣《ただちか》が武蔵国羽生《はにゅう》二万石から入封し、合わせて六万五千石を領した。忠隣は父忠世の施策を受け継いで酒匂川の大堰開鑿、新田開拓、土肥《とひ》金山の開発などを行った。

忠隣は羽生城主時代の文禄二年以来、秀忠付きの年寄（徳川幕府最初の老中）として重きをなし、謀臣本多正信とともに幕府創業の実力者として君臨したが正信と対立し、自らの名字を与えるまでに寵愛した金山奉行大久保長安《ながやす》の没後発覚した不正事件に連座したとされて、慶長十九年（一六一四）、キリシタン取締りのため上洛中、突然改易をいい渡され、近江国に配流となって寛永五年（一六二八）、配流地で没した。

稲葉氏三代の藩政

忠隣改易後、家康・秀忠の命により小田原城の石垣と外郭の一部が破却され五年間代官領となったが、元和五年（一六一九）、上総国大多喜から阿部正次《まさつぐ》が五万石で入封した。正次は元和九年（一六二三）、武蔵国岩槻へ転封となり、小田原領はふたたび代官支配となった。

九年後の寛永九年（一六三二）、老中稲葉正《まさ》勝《かつ》が下野国真岡《もおか》から四万五千石の大加増を受け八万五千石で入封した。正勝は三代将軍家光の乳母春日局の実子である。家光政権は将軍専制色を強めて主要城に幕閣大名を配置する一環として、東海道の整備とともに箱根関所の拡充と脇関所の守りを固めるために信任篤い稲葉正勝を封じたのである。同十年武蔵・相模国一帯を襲った大地震のため箱根山の巨石が崩れ、小田原の城下町が倒壊したが、正勝はただちに城下町の復興と小田原城の修築にかかった。しかし正勝は翌十一年に没し、幼年の正則《まさのり》が襲封した。

正則の治世は四十九年の長きにわたる。延宝年間までに幕府の費用によって小田原城の再建がなり、このときの規模が小田原城の基本的な縄張りとなった。同時に新たな城下町の町割りが行われ、十九町に編成された。正則は明暦三年（一六五七）、老中となったが、居城と城下町の建築造成には多額の費用を要したため万治二年（一六五九）、領内の総検地を行って年貢の増徴を図った。このため足柄上・下郡の農民による一揆が勃発しかけたが、足柄上郡関本村の割元名主下田隼人が自らの命を賭けて年貢軽減を要求して越訴した。しかし年貢増徴はやまず、農村の荒廃を招いた。

正則は寛文三年（一六六三）、加増されて九万五千石の石高となり、藩領は相模国足柄上・足柄下・淘綾《ゆるぎ》・大住《おおすみ》・三浦郡五郡百六十ヵ村（御厨《みくりや》領）四万九千九百七十石余、伊豆国加茂郡十ヵ村三千百三十五石余、駿河国駿東郡七十六ヵ村一万三千三百十四石余、下野国芳賀郡二十一カ村（真岡《もおか》領）二万一千五百三十三石余、常陸国新治郡七ヵ村（柿岡《かきおか》領）五千石、武蔵国豊島・新座二郡四ヵ村（野方《のがた》領）二千四十五石余であった。寛文六年（一六六六）、箱根湖尻峠に隧道七百三十間を掘削して芦ノ湖の水を駿河国駿東郡深良村など数ヵ村に導く箱根用水の工事にかかり、同十年に完成して、藩領七千石、幕府領一千石の新田が造成された。これは深良村の名主大庭源之丞が農民の熱望を受けて奔走し、江戸浅草の町人友野与右衛門を元締めとして民間の多くの出費と犠牲のもとに行われたものであった。

　正則は大規模な新田開発を行い、河村瑞《ずい》賢《けん》を登用して家綱政権の流通機構改革のきっかけを作り、新たに黄檗宗寺院紹太《しょうたい》寺《じ》を建立して文化興隆にも力を注いだ。

　延宝八年（一六八〇）、駿東郡・加茂郡で一万五千石が加増され十一万石となり、天和三年（一六八三）、正則は隠居した。そのあと、部屋住みのとき京都所司代となった子の正通《まさみち》が継嗣したが、弟四人に八千石を分知して石高は十万二千石となり、在封二年で貞享二年（一六八五）、越後国高田へ転封となった。稲葉氏三代五十三年の治世の大部分が正則によるものであった。

後期大久保氏の入封

　貞享三年（一六八六）正月、下総国佐倉から老中大久保忠朝《ただとも》が十万三千石で入封した。忠隣改易以来七十二年ぶりの大久保氏の小田原復帰であった。以後、明治廃藩まで大久保氏の支配がつづくが、忠隣までを前期大久保氏、忠朝以後を後期大久保氏と呼ぶ。

　忠朝は入封後、村々に明細帳を差し出させて領内の把握につとめたが、元禄三年（一六九〇）ごろの藩財政は窮乏して家臣の扶持を借りてしのぐほどであった。しかし領内の米の取れ高はよく、城付地は東海道の要衝にあって物資の流通もよく、さらに箱根・湯河原の温泉からは冥加金を取り立てることで苦しい財政の支えとした。

　幕閣の政務を担当する忠朝が藩政で重視したのは、江戸守備の最重要地箱根の嶮の管理であった。東海道箱根の関所をはじめ豆州往還根府川の関、甲州往還川村の関、谷ケ・仙石原の関、矢倉沢往還矢倉沢の関には小田原藩足軽が番人として常駐した。元禄七年（一六九四）、忠朝は一万石を加増され十一万三千百二十九石を領有した。同十一年、忠朝は老中を辞職して隠居し、忠増《ただます》があとを継いだ。忠増は部屋住み時代に若年寄となり、襲封後の宝永二年（一七〇五）、老中となった。

　忠増は弟教寛《のりひろ》に六千石を分知したが、教寛は宝永三年（一七〇六）、五千石を加増されて万石に列し、荻野山中藩を創設した。

大地震と富士山噴火

元禄十六年（一七〇三）、関東地方を大震災が襲い、小田原城は崩壊して藩内では九千五百四十軒の家が潰れた。寛永十年（一六三三）、慶安二年（一六四九）につづく大地震であった。

　さらに宝永四年（一七〇七）、富士山が噴火して領内は一ヵ月近く降灰がつづいたため酒匂川の氾濫、田畑の荒廃を招き、城付地の大半が壊滅状態になった。このため藩領五万六千六百八十四石を上地《じょうち》して美濃・三河・播磨・伊豆の四ヵ国に替地を得た。

　正徳三年（一七一三）、忠増の没後、忠方《ただまさ》が襲封し、地震と降砂によって荒廃した土地の復興に尽力した。酒匂川は流路が変わり降雨のたびに氾濫決潰を繰り返す状況になったため、幕府から地方巧者《じかたこうしゃ》田中丘隅《きゅうぐ》が派遣され、その指導によって文命堤《ぶんめいづつみ》が完成した。

　享保十七年（一七三二）、忠方のあとを忠興《ただおき》が襲封し、延享四年（一七四七）、一応の復旧を見た上地の村々が藩領に復帰したが、それもようやくもとの半分程度であった。宝暦十三年（一七六三）、忠興のあとを忠由《ただよし》が襲封し、明和六年（一七六九）、そのあとを忠顕《ただあき》が継いだが、天明二年（一七八二）、小田原地方はまたもや大地震に見舞われ、一千軒の家が破損した。

　同三年、上地した村々の大半が藩領に復帰したが、前年の大地震と天明の大飢饉によって藩財政は極度の窮乏に瀕し、大坂堂島の蔵宿から多額の借財をし、幕府から復興貸付金五千両を借り受けた。

　しかしこの年、駿東郡の御厨領の農民による年貢減免の一揆が起こり、同七年には小田原城下で打ち毀しが発生して、藩政は不安定にゆらいでいた。

二宮尊徳起用と幕末維新の混乱

　寛政八年（一七九六）、忠顕が隠居して忠真《ただざね》が襲封した。忠真は文化年間（一八〇四〜一八）、大坂城代、つづいて京都所司代を歴任したあと、文政元年（一八一八）、老中となり、その死まで十八年あまり幕閣にあって藩政再建に力を注いだ。忠真襲封前後から増加する異国船渡来の警備のため、幕府は海岸要地への諸藩の出兵を命じたが、小田原藩も文化十四年（一八一七）以来、浦賀や下田へたびたび海防派兵を行った。

　農村復興は小田原藩にとっても喫緊《きっきん》の要事であった。忠真は文政五年（一八二二）、大久保氏の支族宇津氏の支配する下野国桜町領の疲弊回復のため尊徳二宮金次郎を起用し、その二十年余にわたる辛苦のすえ、桜町仕法と呼ばれる独創的な手法によって桜町の復興がなしとげられ、近在の諸藩でもその仕法を採用するようになった。忠真は天保八年（一八三七）に没し、孫の忠愨《ただなお》が襲封した。

　天保の飢饉に苦しんだ藩は翌年、尊徳を起用して仕法方を設け、小田原領七十二ヵ村の仕法作成にとりかかり、藩政改革が始まった。同十三年には藩内に別用掛を設けて藩士の質素倹約を厳守させた。そしてこの年、老中水野忠邦は尊徳を幕臣に登用している。

　異国船の来航が頻繁になると、小田原藩の海防派兵と武備強化はいっそう要請され、嘉永三年（一八五〇）には小田原台場を築造し、大砲が設置された。

　安政六年（一八五九）、忠愨が三十一歳で病没し、讃岐国高松藩主松平由頼《よりひろ》の四男忠《ただ》礼《のり》が養子に入って継嗣した。

　慶応三年（一八六七）、忠礼は奏者番に就任すると、京都守衛や甲府城代に任じた。同四年、忠礼は新政府軍に帰順したが、遊撃隊伊庭八郎の到来で藩論は佐幕に傾き、箱根戦争により勤王に転じて忠礼は恭順の意を表して蟄居した。そのあと分家荻野山中藩主大久保教義《のりよし》の十二歳の子忠良《ただよし》が継いで、廃藩を迎えた。

小江戸紀行 譜代大藩の城下町小田原城下を歩く

北条氏の居城を引き継いだ小田原城跡

『北条五代記』によると、関八州を百年にわたって支配した北条氏の末期、小田原城は東西五十町、南北七十町、周囲五里におよぶ空堀と土塁の大外郭に囲まれていたといい、城下町までも郭内に取り込んだ城郭都市が形成されていた。

天正十八年（一五九〇）、天下統一をめざす豊臣秀吉が仕掛けた小田原の陣によって北条氏が滅ぼされ、秀吉の命に従って徳川家康が関東に入部すると、小田原城には三河譜代の重臣大久保忠世が入城した。

忠世は北条氏の居城を引き継いだが、嫡子忠隣が大久保長安事件に連座して失脚すると、二ノ丸・三ノ丸の城門や石垣・櫓などが破却され、大外郭は残された。

稲葉氏が入城すると、寛永九年（一六三二）から公儀普請によって石垣の築造、大手・馬屋曲輪・二ノ丸の櫓建築が行われ、延宝元年（一六七三）からは三重四層の天守閣修築をはじめ、二ノ丸・三ノ丸が整えられて近世小田原城が完成した。大久保氏再封後、元禄十六年（一七〇三）の大地震をはじめ、数々の災害を受けて修復工事がなされたが、縄張りに大きな変化はなかった。

明治三年（一八七〇）、小田原城は廃城となり、天守閣と櫓五棟が破却された。その後、陸軍省直轄、宮内省所管を経て、小田原町に払い下げられ、昭和十三年、二ノ丸の大部分、三ノ丸の残塁、大外郭土塁が国指定史跡となり、さらに同三十四年には本丸全域と二ノ丸、蓮上院裏の北条氏時代の総構えの一部が国指定の追加を受けた。

昭和三十五年旧状をほぼ忠実に模して鉄筋コンクリートの天守閣と本丸への常磐木門や二ノ丸隅櫓が復元された。

小田原宿の総鎮守松原神社

松原神社は小田原城の東南、小田原市本町二丁目の東海道に面してある。小田原衆所領役帳には小田原松原大明神領として三十三貫二百文の記述があり、北条氏の篤い崇敬を受けていた。小田原の陣に際して、城下町まで取り込んでいた小田原城内では合戦気分もなく、将士は囲碁や双六、酒宴や舞いに明け暮れ、松原大明神の前には毎日市が立ったという。江戸時代には小田原宿の総鎮守となり、盛大な祭礼が行われた。氏子は町々で踊り、屋台が出て、神輿の浜下りには町年寄や各町の名主や組頭は麻裃を着用して供をした。

西光院と蓮上院

松原神社の東隣り、宮小路に面して小田

原市本町二丁目にある西光院は北条氏綱が松原大明神の供僧寺として勧請し、この時代重きをなしていたが、江戸時代になると蓮上院末に属し、社務の実権は松原神社の別当寺であった玉滝坊に移った。

明治の神仏分離によって、宮前町に小堂を残して蓮上院の管理下に置かれるようになった。

小田原市浜町二丁目にある蓮上院は松原神社の本地仏であった十一面観音菩薩をもち、明暦三年（一六五七）に類焼後、翌年稲葉正則によって再建された。小田原藩主が祈願にしばしば訪れており、元禄九年（一六九六）と宝永元年（一七〇四）の大久保忠増の願文を所蔵している。

境内に北条氏時代の小田原城大外郭の土塁が残り、国史跡に指定されている。

小田原城天守閣

大久保氏ゆかりの大久寺

小田原市城山四丁目の旧城下町最西端にある大久寺《だいきゅうじ》は東海道本線沿いに位置する。初代藩主大久保忠世が三河より同行させた僧日英を開山として小田原入封の翌年、天正十九年（一五九一）に創建した。二代忠隣が改易後は衰退し、寛永十年（一六三三）、大久保氏の縁者石川忠総により江戸へ移転したが、風祭村妙覚寺の日春が買い取って了源寺と改めた。翌年大久保康任が再興して大久寺ともとに改め、日春は妙覚寺を捨てて大久寺の中興開山になった。境内に初期大久保氏一族の墓がある。

藩主稲葉正則創建の紹太寺

入生田《いりうだ》集落の東、旧東海道沿いにある黄檗宗の古刹である。山号は長興山。小田原藩主稲葉正則が寛永十二年（一六三五）、両親の追福のため小田原宿山角町《やまかく》に創建したが、寛文九年（一六六九）、現在地に移転した。『新編相模国風土記稿』には、総門を入ると清雲院・甘露院・幻寄庵・正定院などの塔頭があり、石段三百六十段を上って伽藍に至ることが記述され、寺域が広大であったことをしのばせる。

寺の奥に稲葉正則をはじめ父正勝と母、祖母春日局や正勝の家臣塚田木工助らの供養塔が建っている。元禄四年（一六九一）、江戸参府の途中、紹太寺《じょうたいじ》に立ち寄った長崎オランダ商館医ケンペルは総門のあたりに方形の石畳が敷かれ、噴水があり、石造りの門に金字の額がかけてあることなどを記している。

幕末の安政年間に総門以外すべて焼失し、焼け残った総門も大正四年に焼失した。その後紹太寺は再建されず、長い石段と八基の供養塔が現存する。境内の桜の老木を見物に訪れる人も多い。旧参道入口の清雲院跡に現在の紹太寺が建っている。

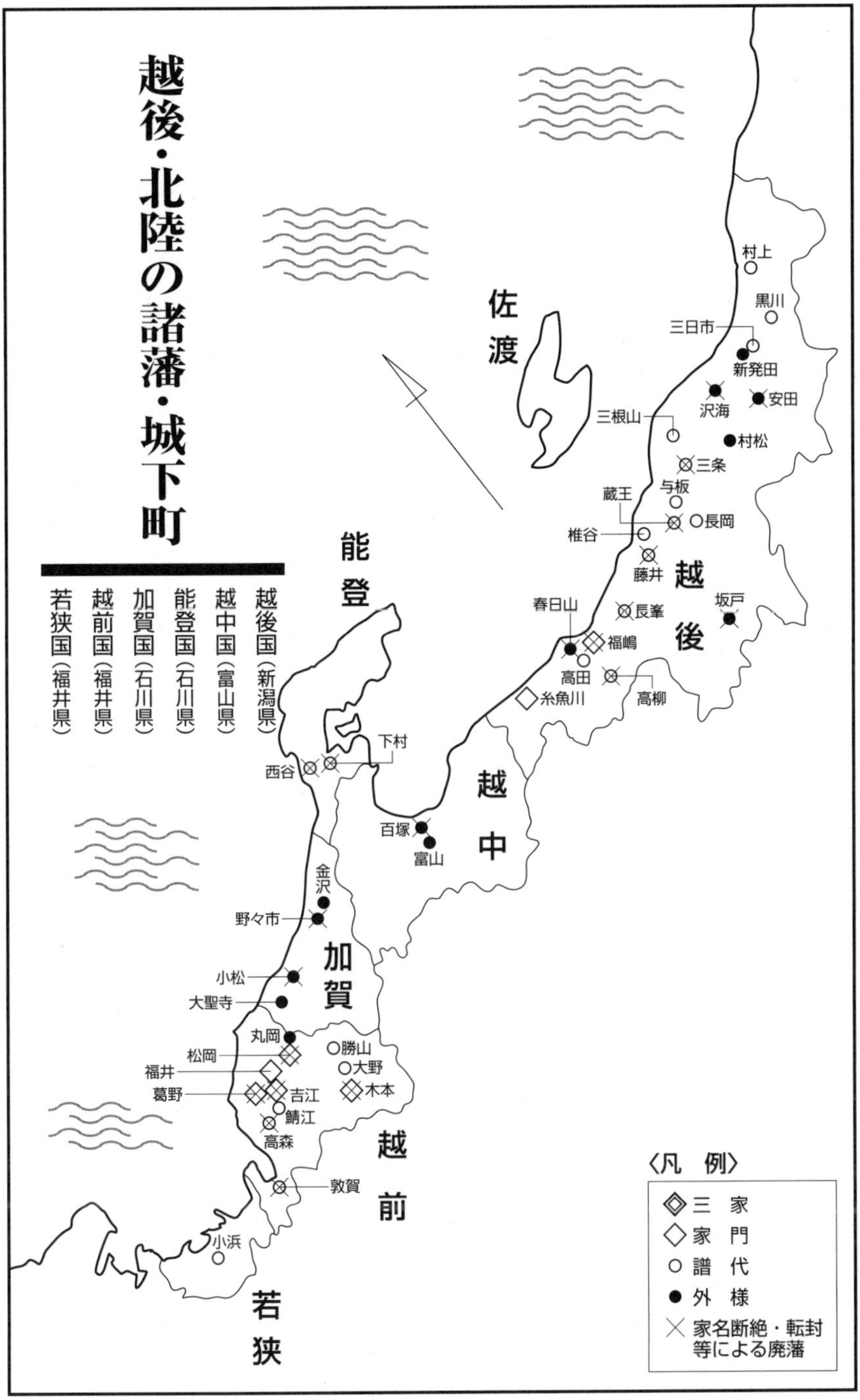
越後・北陸の諸藩・城下町
越後国（新潟県）
越中国（富山県）
能登国（石川県）
加賀国（石川県）
越前国（福井県）
若狭国（福井県）
佐渡
能登
越後
越中
加賀
越前
若狭
村上
黒川
三日市
新発田
沢海
安田
三根山
村松
三条
与板
蔵王
長岡
椎谷
藤井
春日山
長峯
坂戸
福嶋
高田
高柳
糸魚川
下村
西谷
百塚
富山
金沢
野々市
小松
大聖寺
丸岡
松岡
勝山
福井
大野
葛野
吉江
木本
鯖江
高森
敦賀
小浜
〈凡　例〉
三　家
家　門
譜　代
外　様
家名断絶・転封等による廃藩

越後国

村上《むらかみ》藩（本庄《ほんじょう》藩）〈譜代〉
居城＝新潟県村上市村上本町

堀氏から本多氏へ

越後国北部に位置する村上は、中世以来小泉荘の中心として本庄と称呼された所である。戦国時代、春日山城主上杉謙信の部将本庄繁長《しげなが》が臥牛山に本庄城を築き居城したが、慶長三年（一五九八）、謙信の養嗣子景勝が陸奥国会津に転封の際、繁長もこれに従った。同三年、越前国北ノ庄から堀秀治《ひではる》が越後国四十五万石へ入封した時、与力大名の村上義明《よしあき》が加賀国小松から九万石で入封して立藩した。秀治は豊臣秀吉の重臣であり、上杉氏を会津に転じた真意は秀吉が越後・佐渡で産する多量の金を直接把握するためだったといわれている。

義明は城を増築して村上城と改めたが、婚姻筋である越後国高田藩主松平忠輝《ただてる》家の内紛に関わったことや、家老同士による権力争いが発端となった家中騒動の不取締りなどの理由で、元和四年（一六一八）に除封となった。義明は丹波国篠山の松平（松井）氏にお預けの身となり、元和九年九月、配所で没した。

代わって同年、越後国長岡から堀直寄《なおより》が岩船郡全域・北蒲原郡東部・中蒲原郡東南部・南蒲原郡東部において十万石を領有して入封した。翌五年、直寄は幕命により、城の改築拡張を行い、臥牛山および山麓北西の平地を取り入れて、山頂本丸を修築して石垣で固め諸櫓門を築き、山麓西側に二の丸居館、北西に三の丸を配し、その外側は総曲輪をめぐらせて武家屋敷を囲み、城全体を塁濠をもってめぐらした。そして、金山開発に着手し、また農業を中心とした産業の奨励、領内検地の実施など、藩体制の整備を目をみはる早さで進展させた。

直寄は徳川家康の信任篤く、元和二年四月、家康が死に臨んだ時に直寄を病床に呼び、この後、天下に謀叛を企てる者があれば、一番合戦は藤堂高虎、二番は井伊直孝、そして直寄は両備するように命ぜられたという。直寄は寛永十六年（一六三九）六月二十九日、六十三歳で没したが、嫡男直次《なおつぐ》は病弱で父に先立って没したため、直次の子直定《なおさだ》がわずか三歳で家督を相続した。この時、十三万石は高直しされ、三万石を叔父直時《なおとき》（直寄の次男、越後国村松藩祖）に分与した。しかし、直定が同十九年に七歳で没し、無嗣絶家となって除封され、村上領は収公された。

一年間の幕府領ののち正保元年（一六四四）、遠江国掛川から譜代の本多忠義《ただよし》が十万石で入封し、以後、村上の地は譜代大名（家門の松平直矩《なおのり》を除く）の領地となった。忠義は播磨国姫路藩主本多忠政《ただまさ》の次男で、兄忠刻《ただとき》は二代将軍秀忠の長女千姫の婿である。忠義は元和元年（一六一五）、十三歳で大坂冬の陣に従軍し、従五位下能登守に叙任した。忠義は寛永四年、播磨国内において四万石を領有し、のち掛川七万石の藩主となった。

西国要地姫路から松平・榊原氏

在封五年にして慶安二年（一六四九）、本多忠義は陸奥国白河へ転封となり、代わって家門の松平直矩《なおのり》が播磨国姫路から十五万石で入封した。直矩は越前中納言結城秀康の五男松平直基の嫡男で、慶安元年八月、父の遺領姫路十五万石を継ぎ、伯父松平直政《なおまさ》が後見役となった。しかしこの時、直矩はわずか七歳であったため、姫路は西国の外様大名の押えとして「姫路は要害の地」といわれたので、幼君ではその大任を果たせないとの理由からの転封であった。

直矩の治世で最も重要なことは、明暦三年（一六五七）から万治二年（一六五九）にかけて実施された領内総検地で、この時に作製された台帳によって藩体制・農村体制が確立され、以後、年貢賦課はすべてこの時の打出高が基準とされた。

寛文七年（一六六七）、直矩は旧領姫路へ移封され、交代に同地から榊原政倫《まさとも》が十五万石で入封した。政倫は父政房《まさふさ》の遺領を継ぐと、ただちに転封となったが、それはわずか三歳では直矩の場合と同様で、「要害の地」姫路を任すわけにはいかなかったのである。政倫および養子政邦《まさくに》（一門の榊原伊織勝直の子）二代三十七年間の治世において、新田開発が盛んに進められ、村によっては十回にもおよぶ新田検地を受けた例もあった。蒲原平野は未開荒蕪地が所々に散在していたので、総検地後の生産増大と年貢増徴が主目的だったからである。堀氏時代が基礎造りで、松平・榊原氏時代は安定充実期といえる。

宝永元年（一七〇四）、政邦は旧領姫路へ移封し、代わって同地から本多忠孝《ただたか》が十五万石で入封した。本多氏は前藩主であった忠義とは同族である。この相対替えも忠孝が七歳だったからで、松平（越前家）・榊原・本多と三氏による姫路との交代転封が行われた。同六年、忠孝は十二歳で没し、無嗣絶家となるところだったが、勲功の家柄であったため、一門の忠良《ただよし》が五万石で家名相続を許された。だが、翌七年、忠良は三河国刈谷へ転封され、前年五代将軍綱吉の側用人を免職となった松平（大河内）輝貞《てるさだ》が、上野国高崎から七万二千石で入封した。領知高は七万二千石であったため、旧領は大部分が幕府領となった。この時、蒲原・三島両郡内八十五ヵ村四百十六人の農民が幕府領引き渡しを求める事件が起こった。これについては新井白石の著『折りたく柴の記』に記されており、大庄屋の不法行為に対する農民の抗議であった。これが契機となって、幕府は正徳三年（一七一三）、幕府領における大庄屋制をすべて廃止した。

享保二年（一七一七）、輝貞が旧領高崎へ転封となり、代わって前年老中格側用人を免職になった間部詮房《あきふさ》が、高崎から五万石で入封した。この時、蒲原郡の一部（三条市周辺）において高崎藩飛領が形成され、蒲原郡一ノ木戸村に陣屋が設置された。詮房は、常に六代将軍家宣の側に侍し、老中の上請も詮房の手を経て取次がれたという。正徳二年に家宣の死に際して後事を託され、七代将軍家継の側用人となった。享保元年五月、家継の死とともに職を解かれた。

老中内藤氏の治世

詮房は享保五年七月十六日に没し、嗣子がなかったために弟詮言《あきこと》が遺領を継ぐが、わずか一ヵ月後に越前国鯖江へ転封となった。代わって駿河国田中から内藤弌信《かずのぶ》が五万石で入封し、ここに藩主の定着をみるのである。弌信は宝永二年（一七〇五）六月、陸奥国棚倉五万石から田中へ転じ、正徳二年（一七一二）八月、大坂城代となって、河内・

摂津国へ移ったが、享保三年に大坂城代を免職されていた。以上のような転入封をみると、村上の地は慶安二年以降、左遷大名の藩地とされたことがわかる。

弌信のあと、信輝《のぶてる》―信興《のぶおき》―信旭《のぶあきら》―信凭《のぶより》と続き、次の信敦《のぶあつ》は安永十年（一七八一）三月、父の遺領を継ぎ、若年寄・京都所司代を歴任したが、文政八年（一八二五）四月に病のために三男信思《のぶこと》（信親《のぶちか》）に家督を譲った。信思は奏者番・寺社奉行・大坂城代・京都所司代を経て、嘉永四年（一八五一）、老中に昇進し、文久三年（一八六三）、譜代諸侯取締を命ぜられたが、翌元治元年四月、免職されて隠居、家督を養子信民《のぶたみ》（信濃国岩村田藩主内藤正縄《まさつな》の子）に譲った。

信思は天保年間（一八三〇～四四）、国産掛を設置し、国産品の村上茶の藩専売を実施し、塗物の堆朱《ついしゅ》・堆黒《ついこく》も国産として、主に下級藩士の内職で製造された。さらに藩校克従館を創設して文武を奨励し、西川暗閘の疎水工事を完成し、三面川の養鮭事業などに功績があった。

元治元年（一八六四）五月、家督を継いだ十五歳の信民は慶応四年（一八六八）一月、鳥羽伏見の戦いで幕府軍が敗退すると、北陸鎮撫総督高倉永祜《ながさち》に従い、新発田・村松・三根山・黒川など越後諸藩とともに会津藩攻撃への参加を命ぜられた。だが、藩内では主戦派と恭順派との意見が対立し、信民は隠居した養父信思から恭順の道をとるように教えられたが、主戦派の意見が強く、若い信民の器量では主戦派を説得することができなかった。このため家老鳥居三十郎の主導により、五月三日、奥羽越列藩同盟に加盟した。五月に入ると、会津・米沢・庄内などの諸藩とともに越後国長岡藩の救援に出兵して敗退したが、その後も主戦派は庄内藩とともに新政府軍に抵抗を続けている最中の七月十六日、信民は自害した。信民は養父信思の命に反して藩論を恭順に統一できなかったことに苦悩し、神仏の加護に頼ったが、ついに城内の厠で首を吊ったという。幕末の藩主の中で、藩主が抗戦か恭順かで悩んで自害したのは、信濃国須坂藩主堀直虎と村上藩主内藤信民だけである。

家老鳥居ら主戦派は、新政府軍が村上に入った八月十一日朝、城内に火を放って、二百人の家臣を率いて庄内方面に去った。その後、羽越国境付近で庄内藩兵とともにゲリラ戦を展開したが、九月二十六日、庄内藩が降伏したため、鳥居らも新政府軍に投降した。

信民のあと信美《のぶよし》が家督を相続したが、八月十一日に新政府軍が村上に入ると、恭順の意を表し、新政府軍に従軍して庄内藩討伐戦に加わった。戦後、新政府軍による責任追及の中で、鳥居は主戦首謀者として、一藩の全責任を負い、死を命ぜられた。鳥居は明治二年（一八六九）六月二十五日、城下の安泰寺境内において、

去歳の秋去にし君の跡追ひて
長く彼の世に仕ふまつらむ

と辞世を残して自刃した。まだ二十九歳であった。

信美は戊辰戦争での処罰を免がれ、同二年六月に版籍奉還により知藩事に任ぜられ、同四年七月、廃藩置県を迎え、藩領は村上県を経て、新潟県に編入された。

小江戸紀行

古い町並を残す城下町 村上城下を歩く

武家屋敷が建ち並ぶ城下

村上市の東のはずれに臥牛山《がぎゅうさん》がある。かつてこの山には歴代の村上藩主の居城、舞鶴城があった。しかし戊辰《ぼしん》戦争のとき村上藩は幕府方につき、官軍が村上に攻めこむ前に自ら城に火を放った。そして、村上の街を戦火から守るために、遠く羽越国境に戦場を求めた。そのためか村上市は県下でも城下町情緒を多く残す町となっている。

村上城跡の苔むす石垣

飯野町のＮＴＴの前にある茅葺きの清楚だが風格ある門の武家屋敷の山口邸。市役所通りの東側一帯は元の武家屋敷街だ。昭和五十二年に全国で三番目に国の重文指定を受けた若林邸、その近くには茅葺きの重厚な小薬邸、古風な武家屋敷に明治のモダンな建物が増加された藤井邸、生垣の美しい沢田邸、庭の樹木に埋もれそうな成田邸など、往時のままの姿を伝える茅葺きの屋敷が、今も健在である。市内にはこうした武家屋敷が十七軒残存する。

ところで、お城山の麓の武家町を西北に包むように広がるのが、かつての町人町だ。塩町、寺町、大工町、細工町……地名を聞いただけで往時を彷彿とさせるこれらの町もまた、鉤の手に曲がった道筋や格子戸の入った町屋が並び、城下町情緒を伝えている。ゆったりと緑濃く構える武家町に対して、こちらは商家が軒を連ねて賑やかな活気を呈している。

城下の古寺社

そして寺と神社である。内藤家の菩提所は、お城山の麓にある光徳寺である。内藤家歴代藩主の五輪塔、夫人や子女のそれがズラリと並ぶ。また、内藤家の氏神は藤基《ふじもと》神社で、光徳寺の東方に鎮座する。ここには戊辰戦争の犠牲者の「村上藩士殉難碑」が立っている。三面《みおもて》川に近い塩町の安泰寺は家老鳥居三十郎が切腹した寺で、浄念寺は間部氏の菩提寺である。肴町の観音寺は仏海上人が即身仏となっている。

新発田《しばた》藩〈外様〉

居城＝新潟県新発田市大手町

溝口秀勝の入封

上杉謙信が春日山城に拠って越後一帯を支配していた戦国時代、阿賀野川以北の下越地方は揚北衆《あがきたしゅう》と呼ばれる国人《こくじん》領主が治めていたが、新発田の地は揚北衆の有力な領主であった新発田重家《しばたしげいえ》が治め、謙信の麾下に属して勇名を馳せていた。

謙信急死ののち上杉景勝に反旗を翻した重家は、六年にわたる新発田合戦を通してはげしく抵抗したが、天正十五年（一五八七）、族滅した。新発田氏を滅ぼした景勝も慶長三年（一五九八）、豊臣秀吉の命により陸奥国会津に移され、越前国北ノ庄より堀秀治《ひではる》が四十五万石で越後に入国して春日山城に入った。秀治に従って与力大名の村上頼勝と溝口秀勝《ひでかつ》も越後に入ったが、加賀国小松から入った村上頼勝は岩船郡本庄（のち村上と改称）九万石に封ぜられ、加賀国大聖寺《だいしょうじ》から入った溝口秀勝は蒲原郡新発田六万石に封ぜられて、これが北越村上藩・新発田藩成立の発端となった。

溝口氏は美濃国大桑郷から尾張国中島郡溝口村（現在の愛知県稲沢市西溝口とされる）に移って地名を名字とした地侍を出自として、勝政《かつまさ》の子秀勝が織田信長の家臣丹羽長秀の家人に抱えられたことが近世大名へ出世する糸口となった。

天正九年（一五八一）、若狭国高浜城主となって信長に若狭支配を命ぜられた秀勝は、同十一年、賤ケ嶽の合戦に長秀とともに軍功をたてたことにより秀吉によって大聖寺四万四千石の大名として取り立てられた。つづいて堀秀治麾下の与力大名として新発田入封を果たすと、若狭高浜時代に召し抱えた多くの家臣が新発田藩家臣団の中核となった。

溝口氏の初政

秀勝は新発田に入ると、新発田重家とともに滅びた一族五十公野義風《いじみのよしかぜ》の旧城地に腰を落ちつけ、城地の選定を行った。候補地は五十公野・新発田・加茂・新津が挙げられたが、秀勝が選んだのは新発田重家の旧城菖蒲《あやめ》城の地であった。

秀勝は入封した慶長三年、検地を実施しているが、旧主丹羽長秀が天正十二年に新封地を検地したときの一反三百六十歩制を採用し、以後もこのやり方を踏襲している。秀勝は直轄領には配下部将を代官に任じ、信濃川の築堤を行い、家臣や農民に新田開発を奨励した。

秀勝は慶長五年（一六〇〇）、会津に移った上杉氏が扇動して引き起こされた上杉遺民一揆の抵抗に遭う。同年関ヶ原の合戦によって徳川家康が天下を取ると、堀秀治をはじめ多くの豊臣系大名が運命の変転にさらされる。しかし溝口氏は新発田から動かされることなく、外様ながらその後、明治廃藩まで十二代二百七十三年にわたり君臨しつづけた。

秀勝は新発田氏時代の城域を取りこんで旧来の三倍におよぶ近世城郭と城下町を築造した。城郭の櫓や築地塀には海鼠《なまこ》壁を多用したのが大きな特徴であった。

慶長十五年（一六一〇）、二代宣勝《のぶかつ》が襲封するとき、弟善勝《よしかつ》に一万石が分知され、支藩沢海《そうみ》藩を立藩させたため、新発田藩の知行高は五万石に減った。

寛永五年（一六二八）、三代宣直《のぶなお》が襲封すると、検地打ち出しの新田分から三弟へ分知が行われ、宣秋《のぶあき》へ六千石、宣俊《のぶとし》へ五千石、宣知《のぶとも》へ四千五百石があてがわれたが、新発田藩の知行高は変わらなかった。

同七年地方知行制を反映させた家臣団の統制、給地支配の制限を主な内容とする新発田藩最初の家中法度が制定された。

宣直の治世になると藩政機構や郷村支配体制の基盤づくりを積極的に行い、正保元年（一六四四）には幕命を受けて領内絵図を作成したり、大掛かりな国絵図の写本を作っている。

藩領は北は加治川、東は山地の山裾、南は阿賀野川をはさんで信濃川支流の中ノ口川を限る下越平野部を占め、信濃川流域の中島・大面《おおも》などに飛び地をもつ低湿地の大穀倉地帯の中にあった。寛文四年（一六六四）の時点で蒲原郡内の新発田町・荒町・割町・加茂町・大面町・沼垂町の六町を含む二百五十ヵ町村を領有し、知行高五万二百二十二石余、ほかに新田高二万五千石が打ち出された。

領内で産出した廻米や諸商品は信濃川河口の新潟港対岸にある沼垂《ぬったり》港から積み出されたが、港からあがる運上金は藩にとって重要な財源であった。新潟港は長岡藩の支配下にあって同様の性格を有し、長岡藩と新発田藩は向かい合う両港を通して、長いあいだ激しく対立していた。

好学と財政悪化

寛文十二年（一六七二）、四代重雄《しげかつ》が襲封した。重雄治世の延宝―貞享年間（一六七三～八七）に総検地が行われ、近世的な藩体制が固まった。これまでつづけられてきた治水や新田開発の推進事業は、とくに延宝六年（一六七八）の総検地で三万石近い新田打出しとなる成果をあげた。

重雄は五代将軍綱吉の好学の影響を受け、儒者佐々木元安を招いて月並講釈を行わせ藩士にも聴講を命じており、歴代この伝統が引き継がれるようになった。

重雄は藩法の整備にもつとめ、延宝四年（一六七六）には家中の生活や勤番上の心得を示す基本法が成立した。

前代宣直治世の承応三年（一六五四）ごろにはすでに築城は完成していたが、家中屋敷や町人町も重雄治世の元禄年間（一六八八～一七〇四）にはほぼ完成した。

馬廻役二百石の禄を食む新発田藩士中山弥次右衛門の長男として外ケ輪《とがわ》の家中屋敷で生まれた安兵衛が、絶家した中山家の家名再興を志して江戸に上ったのは十九歳の元禄初年であった。同七年安兵衛は高田馬場の仇討ちで名を挙げ、請われて赤穂藩浅野家の江戸留守居役堀部弥兵衛に婿入りして堀部姓を名乗るようになった安兵衛は同十四年の吉良家討入りに加わり、生涯二度の仇討ちによって後世に名を残した。

宝永三年（一七〇六）、五代重元《しげもと》が襲封した。元禄十二年（一六九九）、江戸麻布の新堀普請手伝いに端を発して、同年江戸城普請助役により藩財政は悪化し、順調であった財政に陰りが見えはじめたのはこのころからである。

重元は前代の影響を受けて儒者小浜玄篤や伊藤仁斎の門人緒方維純を招いて月並講

釈を行わせ、田畑質入れ・売却の自由、年貢米納入後の売却制限などを定めた領民法度を定めた。

享保三年（一七一八）、六代直治《なおはる》が襲封した。財政悪化に加え、同四年の大火（与茂七火事）によって城下一千余軒と城内の一部を焼失したことで財政は破綻状況に陥った。そのため家中からの借り上げ、御用米金の賦課、厳しい倹約令、豪商からの借金となりふり構わぬ策が取られた。一方新田開発による増収を図るため、享保十五年（一七三〇）、松ケ崎掘割工事によって阿賀野川流域、福島潟縁の干拓を推し進めた。

享保十七年（一七三二）、七代直温《なおあつ》が襲封した。大規模な治水工事や新田開発がつづけられたが、従来河口がひとつであった信濃川と阿賀野川の分流工事によって、水量の激減した新潟湊は浅くなり、長岡藩領の新潟町と激しい対立が生じた。

宝暦十一年（一七六一）、八代直養《なおやす》が襲封した。直養は学問を通しての藩政改革を図り、安永元年（一七七二）、城内西ノ丸に藩校道学堂（寛政九年命名）を建てて領民教化の道を開き、同五年医学館を設置した。藩学は崎門《きもん》学派以外を禁じ、新令・新律を発布して法による統治を目指した。同七年以後社倉を設けて備荒貯蓄を義務づけた。天明六年（一七八六）、九代直侯《なおよし》が襲封した。寛政元年（一七八九）、蒲原郡内二万石を陸奥国信夫・田村・楢葉《ならは》三郡の内に領地替えされたが、実収の少ない飛び地領支配は実質石高の大幅減少となり、これが家臣団・領民にしわよせされて農村人口の減少を招いた。

勤王の幕末維新

享和二年（一八〇二）、十代直諒《なおあき》が襲封した。このころになると異国船の来航がひんぱんになってきた。海辺防備の必要が盛んに唱えられるようになり、文化五年（一八〇八）、幕府は新発田藩に藩領の海岸警備と天領佐渡の沿岸警備を命じた。藩にとっては武具の調達や藩士の派遣など過大な出費を強いられることであった。

直諒は好学のひとであった。文政九年（一八二六）には句読師を置いて家臣の子弟教育に乗り出したり、翌年には江戸藩邸にも藩校に準ずる講堂を設けている。幕末直諒は尊王開国を説いて藩論を指導し、安政五年（一八五八）、家督を十一代直溥《なおひろ》に譲って隠居したのちも「報国説」や「先論説」などを著述して尊王報国論を主張した。

前代の影響を受けた直溥は海辺防備強化のために軍制改革を推し進めて西洋流砲術を導入し、農兵による銃隊を組織したりしたが、このことが藩財政を圧迫した。

万延元年（一八六〇）、願い出ていた高直しが認められ、十万石となったことで溝口家の家格は上昇したが、実質的な利益は薄く、慶応年間に入ってからの殖産興業策も効力は無に等しかった。

慶応三年（一八六七）、十六歳の十二代直正《なおまさ》が襲封して間もなく幕府は瓦解し、奥羽越列藩同盟の圧力で当初佐幕方についた新発田藩であったが、あくまで勤王の藩論を保ちつつ粘り腰で同盟軍への雷同を拒否しつづけ、戊辰戦争が始まり新政府軍が松ケ崎浜に上陸すると、その先導をつとめて会津に攻め入った。

明治二年、版籍奉還により直正は知藩事に任じられ、同四年、廃藩置県を迎えた。

小江戸紀行 溝口氏歴代の城下町新発田城下を歩く

新潟県内に唯一残る城郭建築新発田城跡

新発田城下の足軽長屋

慶長三年（一五九八）、堀秀治の与力大名として加賀大聖寺より新発田に入封した溝口秀勝は新発田氏の居城を取り込んで近世新発田城の縄張りを行い、徳川体制下にあっても溝口氏一氏の居城として明治廃藩までつづいた。

現在新発田城跡には堀と石垣、表門と本丸跡に二ノ丸から移築した隅櫓一棟が残る。戊辰戦争の戦火に蹂躙された新潟県内では唯一新発田城だけが遺構の建物を保存しており、国の重要文化財に指定されている。

大名庭園清水園と足軽長屋

新発田市大栄町七丁目の新発田川の細流に沿う清水園は四代重雄《しげかつ》の元禄六年（一六九三）に建てられた。新発田藩主溝口氏の下屋敷の跡で清水谷御殿と呼ばれた。廻遊式庭園と数寄屋建築の書院が現存する。

清水園の東側、新発田川を隔てた諏訪町三丁目にある旧新発田藩足軽長屋は寄棟造り茅葺平屋建ての八軒長屋。一軒が出入口土間と台所に畳敷きの二室からなる質素な住まいで、下級藩士の生活を垣間見ることのできる全国的にも現存類例の少ない遺構として国の重要文化財に指定されている。

寺町の遺跡

新発田市諏訪町二丁目、中央町一、二丁目の寺町には戦国・江戸時代の人物の墓所が多い。福勝寺は戦国時代新発田氏の菩提寺であり、新発田重家の祀堂と墓所がある。宝光寺は広大な寺地を占める新発田藩主溝口氏の菩提寺。

長徳寺は（現在大栄町二丁目）堀部安兵衛の実家中山家の菩提寺で、義士堂や安兵衛手植えと伝わる老松がある。新発田城内二ノ丸には堀部安兵衛の銅像が立ち、大手中ノ門と堀を隔てた外側、かつての外ケ輪《とわ》の家中屋敷があったあたり、現在の県立新発田病院のそばに堀部安兵衛誕生地の碑が立っている。

長岡《ながおか》藩〈譜代〉

居城＝新潟県長岡市城内町

外様大名堀直寄の入封

上杉氏時代長尾為重《ためしげ》の居城であった蔵王堂城へ外様大名で信濃国飯山藩主堀直寄《なおより》が元和二年（一六一六）、越後国古志・蒲原・三島など越後平野の中心部において八万石を領有して入封、長岡城を居城として立藩した。この年、越後国高田城主で家康の六男松平忠輝が改易され、越後国内は小藩が分立することになった。直寄は長岡築城、城下町造り、信濃川舟運の整備などを行い、長岡藩の基礎を整えた。だが、元和四年四月、直寄は越後国村上十万石へ転封となり、代わって越後国長峯藩主牧野忠成《ただなり》が六万二千石余を与えられて入封した。

牧野氏三代忠辰の功績

牧野氏は三河以来の徳川氏の重臣で、天正三年（一五七五）、長篠の合戦の時に牧野康《やす》成《なり》が、酒井忠次とともに鳶ケ巣山砦を攻略して、織田・徳川方の勝利の因をつくるなど戦功を樹てた。康成は家康の信任も厚く、徳川十七将の一人に数えられ、天正十八年、家康の関東入部にともない上野国大胡二万石に封じられたが、病気を理由に嫡男忠成に後事を託し、大胡で閑居した。

忠成は慶長十四年（一六三七）に家督を相続し、堀氏のあとの長岡築城を完成させ、城下町の区画整理をはじめ、制度法令の設定、領内行政の統一、荒蕪地開拓、人材の登用、文武の奨励など藩政に尽力した。忠成は寛永十一年（一六三四）、次男康成《やすなり》に一万石を分与し、与板藩を立藩させ、四男定成《さだなり》にも六千石を与え、これがのちの三根山藩祖となった。忠成は承応三年（一六五四）に没し、嫡男光成《みつなり》が二十四歳で没していたため、孫の忠盛《ただもり》が二代藩主となった。

忠盛は祖父忠成の功業にあやかって、名を忠成と改め、長岡藩領最初の「御中掟」などを定めた。若くして忠成のあとを継いだ忠辰《ただとき》は「諸士法制」を制定して藩士の規律を正し、さらに「町中掟」「郷中掟」などを定め、新田開発・殖産興業・社会事業などの施設策を行った。また、忠辰は国学者荷田春満《かだのあずままろ》に師事して古典祭祀を学び、五代将軍綱吉の御前で「易経」「論語」などの講義をするほどの学識を修めた。忠辰は治世四十八年間におよび、四代将軍家綱から綱吉・家宣・家継・吉宗の五代の将軍に仕え、また藩政もよく治めたので、長岡藩中興の英主と称され、のち忠精《ただきよ》によって蒼柴《あおしば》神社に祀られた。

九代忠精の事績

忠辰のあと、忠寿《ただかず》―忠周《ただちか》―忠敬《ただたか》―忠利《ただとし》―忠寛《ただひろ》と続き、歴代藩主は質素倹約の範を示し、さらに士風の刷新、学問の奨励などを積極的に行う一方、農業指導、用水路の整備など荒蕪地の開発につとめた。

つぎの忠精《ただきよ》は天明七年（一七八七）、寺社奉行・大坂城代・京都所司代を歴任し、享和元年（一八〇一）、老中に昇進した。忠精は松平定信に協力し、文化四年（一八〇七）から翌年にかけてロシア・イギリス艦船の蝦夷地来襲の対応と処置を行った。また藩政面においては、新川開鑿、西川底樋伏込《そこひふせこみ》の大工事を成功させ、三千九百石の新田開発を可能にして、藩庫を潤した。そして、学問を奨励して、藩校崇徳館を創設した。忠精の治世は六十六年の長きにわたり、天保二年（一八三一）に退隠した。

家老河井継之助の登場

つぎの十代忠雅《ただまさ》は幕閣に列し、多難な国事に精励を尽くした。天保十四年（一八四三）六月、新潟町六百石余が上知となり、また藩費が嵩《かさ》んだため、藩財政は破綻に瀕《ひん》した。そこで藩政改革がすすめられて、河井継之助が登場した。

継之助は譜代家臣代右衛門の長子で、嘉永六年（一八五三）、二十七歳の時に江戸に遊学し、古賀茶渓や佐久間象山に学んだ。安政三年（一八五六）に家督を相続した継之助は、外様吟味役となり、郷村の訴訟解決などに手腕を発揮した。翌年から万延元年（一八六〇）まで、備中国松山藩の藩政改革の立役者となった儒学者山田方谷《ほうこく》を訪ね、改革の要諦を学び、さらに長崎に遊学した。

文久三年（一八六三）、忠恭《ただゆき》が老中になると公用人に登用された。慶応元年（一八六五）、ふたたび外様吟味役に任ぜられた継之助は、郡奉行に抜擢され、郡制改法を手始めに藩政改革を推進し、その改革案の主眼は兵制改革であり、そのための多額の費用を「非常御用金」として領民から徴収、十二万両以上に達した。このうちの七万両余は武器購入に使われ、藩兵を近代装備にした。

激烈な北越戦争

慶応三年、継之助は藩執政となり、藩主は忠恭から二十四歳の忠訓《ただくに》が継ぎ、十月の大政奉還の時、幕府に忠誠を誓う長岡藩は、京都の新政府参与所に建言書を提出し、徳川氏の擁護を唱え、争乱の非を主張した。

慶応四年（一八六八）、戊辰戦争が勃発すると、旧幕軍として大坂にいた忠訓以下長岡藩兵は、東帰した十五代将軍慶喜を追って江戸に入った。そして継之助は、武器商人スネルからガトリング砲二門、多量の銃器・弾薬を購入し、三月三日、藩士五十人とともに品川を発し、海路帰藩した。

継之助は、あくまで武装中立ないしは新政府と恭順拒否派との仲立ちを模索していたが、高田藩領に集結した北陸道鎮撫総督高倉永祜《ながさち》は長岡藩に出兵を命じ、さもなくば金三万両の資金献納をと要求してきた。あえて長岡藩は黙殺すると、東山道軍先鋒隊の軍監岩村精一郎は、尾張・加賀諸藩兵を率いて小千谷に陣を構え、長岡城包囲網を縮め、まさに一触即発の状況となった。

かくて五月二日、小千谷の慈眼寺において継之助と岩村との最後の談判が行われたが決裂し、長岡藩は激烈な北越戦争に突入した。まず、五月十日に戦火が開かれ、十九日には長岡城が落城し、戦線は中越に広がった。戦いは一進一退を続けたが、長岡勢は七月二十四日夕方から翌払晩にかけて、乾坤一擲の勝負を試みて、長岡城を奪取した。だが、軍事総督の継之助は重傷を負って戦列を離れ、多数の戦死傷者を出して、再度落城した。

落城におよんで忠訓は一族とともに会津へ逃れた。重傷の継之助は八月十六日、南会津塩沢峠で没した。敗残兵は会津に奔って抗戦を続けたが、九月二十五日、新政府軍に降伏した。忠訓は謹慎し、領地は没収された。十二月に忠毅《ただかつ》が継ぎ、改めて二万四千石に減封されて、再興を許されたが、明治三年十月、廃藩となった。

小江戸紀行　戊辰修羅の城下町長岡城下を歩く

北越戦争で灰燼に帰した長岡城跡

長岡城下では雁木《がんぎ》が目につく。雁木とは町屋の軒から庇《ひさし》を長く張り出した通路で、雪が降っても通行ができるように工夫された雪国特有のものである。JR上越新幹線や信越本線長岡駅を下車すると、駅前の厚生会館脇に長岡城跡の碑が立っている。

長岡城は元和二年（一六一六）、蔵王堂城へ入城した堀直寄が信濃川の水難を避けて、現在の長岡駅の西側一帯にかけて築城を計画した。だが、直寄は完成をみないまま村上藩へ転封となり、代わって入府した牧野忠成が元和四年に完成させた。

長岡城は信濃川右岸の高台に築かれた平城で、本丸・二の丸・三の丸からなり、中央に本丸、その西に二の丸、東に三の丸を構え、土橋によって本丸と連絡している。これらが中心で水濠をめぐらし、その周囲には役所や侍屋敷が建ち並んでいた。天守閣はなく、本丸西北隅に建つ三層櫓を天守閣の代用とし、本丸と二の丸の隅々に二層隅櫓が建っていた。城は明治元年（一八六八）七月二十八日、北越戦争の際に落城し、灰燼に帰した。

河井継之助・山本五十六らの史跡

駅前から大手通りを進むと、その一角に長岡藩大参事で非戦論を唱えた小林虎三郎が設立した国漢学校跡があり、ここに米百俵の記念館が立っている。虎三郎は戊辰戦争敗戦後、焦土の中で、「国がおこるも、まちが栄えるも人にある。教育こそ……」と教育第一主義を唱え、支藩三根山藩からの救援米百俵を「分配せよ」と迫る藩士を退け、国漢学校の資にあてた。この事績は山本有三著『米百俵』で知られている。虎三郎の墓は市内千手の興国寺にある。

この学校の出身者に太平洋戦争の連合艦隊司令長官山本五十六《いそろく》大将がいて、市内の坂之上町にある山本記念公園には復元された生家、茨城県土浦市の霞ヶ浦航空隊基地から移された胸像がある。五十六は長岡藩士高野貞吉の六男で、戊辰戦争の時に長岡藩の大隊長であった山本帯刀《たてわき》の養子となった。太平洋戦争の開戦には反対だったが、皮肉にも開戦時の連合艦隊司令長官になって真珠湾攻撃を指揮した。だが、敗色濃くなった昭和十八年四月十八日、ソロモン上空で戦死した。

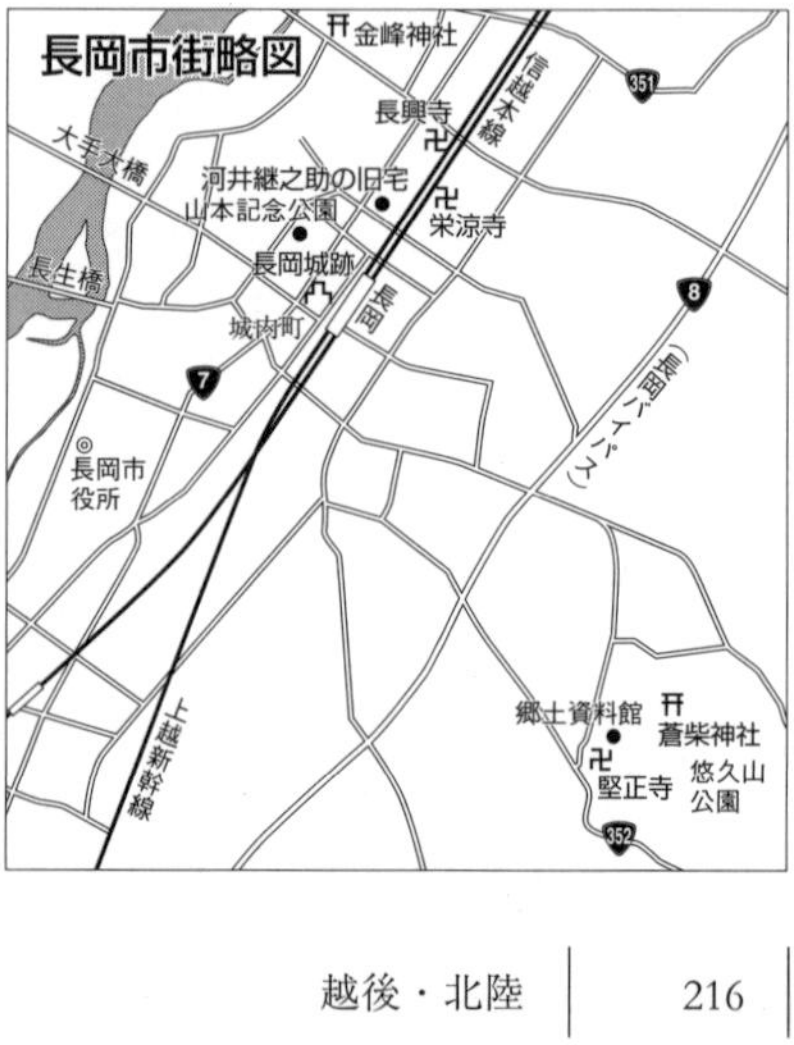

公園から新幹線の高架方面に進むと、長町一丁目の民家の庭に河井継之助邸跡を示す石碑が立っている。継之助は戊辰戦争の時に長岡藩軍事総督となり、武装中立主義

を唱え、新政府軍と会津藩との和睦を画策した。だが、新政府軍には理解されず、奥羽越列藩同盟に参加して戦い、足に銃弾を受け、戸板に乗せられて八十里越えをしたが、会津の只見で絶命した。

　民家横から新幹線の高架をくぐって、すぐ左折して細い道を進むと栄涼《えいりょう》寺があり、墓地には継之助の墓がある。この寺は戊辰戦争の時、新政府軍の野戦病院となり、長岡藩軍の病院は、長岡駅の東にある昌福寺があてられ、銃弾を受けた継之助はここに運び込まれた。

長岡城跡の碑

　先程の民家前を北へ進むと、稽古町の長興寺に山本家累代の墓所があり、墓地には山本五十六の墓がある。両親の墓より小さくという遺言通りの小さな墓で、墓碑正面には米内光政揮毫による「大義院殿誠忠長陵大居士」と法号が刻まれている。

河井継之助邸跡の碑

悠久山公園の蒼柴神社と郷土資料館

　長岡駅東口バスターミナルから悠久山《ゆうきゅうざん》行きのバスに乗り、終点の悠久山で降りるとすぐ脇に、蒼柴《あおしば》神社の一の鳥居がある。後方に広がる小高い丘一帯が悠久山公園である。江戸時代からの名勝地で、今は長岡市民の憩いの場となっている。桜並木の参道を上って行くと、左側に小林虎三郎の碑が立ち、正面に蒼柴神社がある。日光の東照宮を模した精巧細密を極めた社殿は、九代忠精が天明元年（一七八一）、牧野家中興英主といわれた三代忠辰を祀って創建したものである。

　神社の右脇奥に招魂社があり、社前には北越戦争や西南戦争の戦死者四十二基の墓が整然と並んでいる。この中に河井継之助や山本帯刀の供養墓もある。

　右手の広場から上って行くと、途中に河井継之助の碑が立ち、その先に長岡城を模した長岡市郷土史料館がある。館内には雪国の民俗資料にはじまって、藩政時代や戊辰戦争の資料、河井継之助や山本五十六ゆかりの遺品が展示されている。史料館の四階の展望台からは、長岡市街や信濃川の流れ、遠く弥彦山の雄姿が望まれる。

黒川《くろかわ》藩〈譜代〉

陣屋＝新潟県北蒲原郡黒川村

　五代将軍綱吉の大老格・側用人であった柳沢吉保《よしやす》の四男経隆《つねたか》は享保九年（一七二四）、父吉保の領地甲斐国八代・山梨両郡内において新田一万石を分与されていたが、宗家の甲府藩主吉里《よしさと》が大和国郡山へ転封するのにともない大和・河内・近江・伊勢国内に領地替えとなり、越後国蒲原郡内に封地をあてがわれ、蒲原郡黒川に陣屋を構えて立藩した。この時、経隆の弟時睦《ときちか》も一万石を同郡内にあてがわれ、三日市藩を立藩した。

　柳沢氏は参勤交代を行わない定府大名であり、経隆は享保十年八月二十六日に三十二歳で没し、嗣子がなかったので、宗家の家人柳沢保教《やすのり》の五男里済《さとすみ》が家督を継いだ。里済以降は里旭《さとあきら》－保卓《やすたか》－信有《のぶとう》－光被《みつひ》－光《みつ》昭《てる》－光邦《みつくに》と続いた。初代の経隆は父吉保の功績により、松平の称号を許されたが、二代の里済の時から柳沢に復した。明治四年（一八七一）、最後の藩主光邦の時に廃藩置県を迎えた。

三日市《みっかいち》藩〈譜代〉

陣屋＝新潟県新発田市三日市

　五代将軍綱吉の大老格・側用人であった柳沢吉保《よしやす》の五男時睦《ときちか》は享保九年（一七二四）、父吉保の封地甲斐国八代・山梨両郡内において新田一万石を分与されたが、宗家の甲府藩主吉里《よしさと》が大和国郡山へ転封するのにともない、大和・河内・近江・伊勢国内に領地替えになり、越後国蒲原郡内に封地をあてがわれ、蒲原郡三日市に陣屋を構えて立藩した。領地は黒川藩領に隣接する約三十ヵ村で、南側は加治川を隔てて新発田藩領に接し、陣屋は新発田城へわずか三キロ程の所にあった。

　柳沢氏は参勤交代を行わない定府大名であり、歴代藩主は従五位下に叙任され、式部少輔・弾正少弼・信濃守に交互に任ぜられた。時睦以降は保経《やすつね》－信著《のぶあき》－里之《さとゆき》－里世《さとよ》－里顕《さとあき》－泰孝《やすたか》－徳忠《のりただ》と続いた。明治二年（一八六九）六月、最後の藩主徳忠は版籍奉還して、知藩事に任ぜられ、同四年六月、廃藩置県を迎えた。

沢海《そうみ》藩〈外様〉

居城＝新潟県中蒲原郡横越町沢海

　新発田藩祖溝口秀勝《ひでかつ》の次男善勝《よしかつ》は、上野国甘楽郡内で二千石を領有していたが、慶長六年（一六〇一）、父秀勝の所領内から五千石を分与され、七千石を領有した。慶長十五年に父秀勝が没すると、二代藩主になった兄宣勝《のぶかつ》に五千石を還付する代わりに、若干の分知を宣勝に願い出た。これに対して、宣勝は幕府に願い出て一万二千石を善勝に分封したので、合わせて一万四千石を領し、蒲原郡沢海を居所として立藩した。

　善勝の没後は政勝《まさかつ》－政良《まさよし》と続き、政良の死により近江国水口藩主加藤明友《あきとも》の次男政《まさ》親《ちか》が家督を相続した。だが、政親は酒乱のため、貞享三年（一六八六）に家臣らは実兄の水口藩主加藤明英《あきひで》に藩主交替を訴えた。このため、明英は幕府に報告したところ、翌年、政親を江戸藩邸に逼塞させるべしとの厳命が下り、領地は没収されて沢海藩は廃藩となった。以後、幕府領となって、代官支配となった。

村松藩《むらまつ》（安田藩《やすだ》）〈外様〉

居城＝新潟県中蒲原郡村松町

分家の創立

越後国三条城主堀直政《なおまさ》の次男で越後国村上藩主直寄《なおより》は寛永十六年（一六三九）六月二十九日に六十三歳で没し、その遺言により次男直時《なおとき》が越後国蒲原郡内において三万石を分与され、安田に居所を構えて立藩した。従って、村松藩の前身は安田藩と称した。

この直寄の遺言による家督相続は、前年に嫡男直次《なおつぐ》が没し、そのあとを孫直定《なおさだ》が継いだが、わずか五歳であり、その上必ずしも安心して家名相続ができるとも思えなかったからであろう。この時、直時は二十四歳、分家を創立しておけば、もし宗家が無嗣断絶となっても、最も近い血縁が残るわけである。堀家も事実そうなってしまったのである。

寛永二十年、直時は二十八歳の若さで没した。嫡男直吉《なおよし》が家督を相続し、正保元年（一六四四）、安田と村松の領地替えがあり、村松城を築いて城下町を形成して村松藩が立藩した。直吉は領内の支配機構の整備、貢租の基礎確定を積極的に進めて藩体制を確立したが、幕府による頻繁な公役賦課のために、当初から藩財政は逼迫続きであった。つぎの直利《なおとし》は家格上昇を画策した結果、奏者番兼寺社奉行に任ぜられ、譜代並みの処遇を得た。

のち直為《なおゆき》―直堯《なおたか》―直教《なおのり》―直方《なおかた》と続き、つぎの直庸《なおやす》の時代には、凶作続きの中で強引に増徴政策を推し進めたことから、ついに文化十一年（一八一四）、領内に一揆が起こり、藩政に大打撃を与えた。

つぎの直央《なおひさ》は財政再建に取り組み、流通を統制、殖産興業を図り、専売制を導入するなど成果を上げ、さらに公役を果たしたので、嘉永三年（一八五〇）城主格に列せられた。この時、領内から三千人余の人足を動員して村松城の大改修が行われ、御殿は百十間四方、御外庭は八十間四方に拡張された。御殿には建物・門などが新築され、城の構えができあがった。直央は村松藩再興の英主といわれた。

賊軍の汚名

そのあとは直休《なおやす》が相続したが、安政六年（一八五九）には、二度も新潟港に異国船が入港したことから、藩兵に警備を命じている。万延元年（一八六〇）に直休が没し、直賀《なおよし》が継いだ頃は、尊王攘夷運動の激動期で、藩内でも勤王・佐幕と藩論が分かれていた。慶応四年（一八六八）の戊辰戦争の際、直賀は米沢藩の説得に従って、奥羽越列藩同盟に加入した。そのため八月四日、村松藩は新政府軍の攻撃を受け、直賀は城と城下に火を放って米沢へ逃亡した。

藩内の恭順派は、先代藩主直休の異母弟奥田貞次郎央澄《ひろずみ》（のち直弘《なおひろ》）を擁立し、勤王の志ある者を募り、新政府軍に属して転戦した。八月九日には会津若松城攻撃の先鋒をつとめて、賊軍の汚名を返上した。直賀は謹慎蟄居を命ぜられ、十二月に直弘が最後の藩主となった。明治二年、直弘は版籍奉還、同四年六月、廃藩置県を迎えた。

村松城跡は現在、城跡公園になっている。藩邸のあった所には村松町立郷土資料館・民具資料館が建っている。

与板藩《よいた》〈譜代〉

陣屋・居城＝新潟県三島郡与板町

彦根井伊家の分家

長岡藩初代藩主牧野忠成《ただなり》の次男康成《やすなり》は寛永十一年（一六三四）、越後国三島郡十三ヵ村・蒲原郡十ヵ村において一万石を分与されて立藩し、明暦三年（一六五七）に三島郡与板に陣屋を構えた。康成のあと、康道《やすみち》―康重《やすしげ》と続き、二代にわたって積極的な新田開発を行って内高は二万石に倍増したが、財政は常に窮乏していた。そのため康道は延宝八年（一六八〇）と翌天和元年に、家臣の知行を二割借り上げ、人員削減などの藩政改革を行ったが、成果はあがらなかった。康道没後、五代将軍綱吉の生母桂昌院の実弟本庄宗資《むねすけ》の四男康重が継ぎ、そのため優遇されて、元禄十五年（一七〇二）に五千石を加増され、信濃国小諸へ転封となった。

牧野氏転封後、三年間は幕府領となっていたが、宝永二年（一七〇五）、遠江国掛川から井伊直矩《なおのり》が越後国三島郡十七ヵ村・刈羽郡十八ヵ村・中頸城郡二十四ヵ村において二万石を領有して入封し、再度立藩した。与板井伊家は譜代筆頭彦根井伊家の分家（三万五千石）であったが、五代目の直朝《なおとも》は狂疾により、領地を収公された。だが、家柄もあって一万五千石を減知され、彦根藩四代直興《なおおき》の三男直矩《なおのり》を養子に迎えて、無城（陣屋）主として相続させた。

宝永七年、領地は中頸城郡の村々から刈羽・魚沼両郡に替え、また寛政十年（一七九八）に魚沼の所領を三島・刈羽に、さらに文化十二年（一八一五）の支配替えで、三島郡四十四ヵ村・刈羽郡二十二ヵ村・蒲原郡四十三ヵ所となった。直矩のあと、直陽《なおはる》―直員《なおかず》―直存《なおあり》・直郡《なおくに》が継いだが、いずれも短命の藩主が続いた。つぎの直朗《なおあきら》は、老中田沼意次の下で若年寄に昇進し、文化元年（一八〇四）に城主格となったので、参勤交代する大名にもどった。つぎの直暉《なおてる》は文政五年（一八二二）、与板に小規模な城を築いた。

直暉のあと、直経《なおつね》―直充《なおみつ》と続き、最後の藩主となった直安《なおやす》は、宗家彦根藩主井伊直《なお》弼《すけ》の四男で、万延元年（一八六〇）、藩校正徳館を創建し、学問振興と人材育成に尽力した。慶応二年（一八六六）六月、第二次長州征伐の時には、宗家とともに征長軍に従って安芸国まで出陣した。慶応四年、戊辰戦争では新政府側についたので、旧幕府軍の攻撃を受けて与板城は炎上した。翌年、版籍奉還して直安は知藩事に任ぜられ、明治四年に廃藩置県を迎えた。

与板城下の史跡

与板は城下町特有の町並が残り、良寛ゆかりの徳昌寺・養徳寺・蓮正寺などの寺院が甍を並べている。町中に井伊藩邸跡があり、戊辰戦争で藩邸は焼失したが、大手門は西本願寺与板別院の表門、切手門は恩行寺の山門として現存している。また与板は刃物の町であるが、上杉謙信の四天王の一人といわれた与板城主直江大和守実綱が天正六年（一五七八）、春日山から刀剣師をともなって入城した時から始まったといわれ、出雲・播磨両国から船で鉄材を運び、刃物や鉄砲を製造したという。宝永二年、井伊直矩の入封以来、「のみ」の製造に力を入れ、〝与板刃物〟の素地が形成された。

三根山藩《みねやま》（峰岡藩《みねおか》）〈譜代〉

陣屋＝新潟県西蒲原郡巻町峰岡

長岡藩初代藩主牧野忠成《ただなり》の四男定成《さだなり》は寛永十一年（一六三四）、越後国蒲原郡内において六千石を分与された。この時、次男康成《やすなり》は一万石で与板藩を立藩したが、定成は寄合旗本となった。そして、定成以降、忠清《ただきよ》―忠貴《ただたか》―忠列《ただつら》―忠知《ただとも》―忠義《ただよし》―忠救《ただひら》―忠衛《ただもり》―忠直《ただなお》―忠興《ただおき》―忠泰《ただひろ》と相続した。

文久三年（一八六三）二月、忠泰は一万一千石に高直しされ、蒲原郡三根山に陣屋を構えて立藩した。この高直しは込高五千石を表高（公称高）に加増されたのであり、この時に忠泰は参勤交代を行わない定府大名であった。だが、諸侯に列したものの、その頃は尊王攘夷の嵐が吹き荒れ、忠泰は幕命によって大坂・江戸を往来した。慶応四年（一八六八）一月の戊辰戦争の際は、領地に赴いて、領民らを戦禍から守った。明治三年、三根山の藩名は丹後国峰山藩《みねやま》と紛らわしいので、新政府から峰岡《みねおか》と改称させられたが、翌年、廃藩置県を迎えた。

三条藩《さんじょう》〈譜代〉

居城＝新潟県三条市本町

上杉謙信の養子景勝が慶長三年（一五九八）、陸奥国会津へ転封となったあと、越前国北ノ庄城主堀秀治が越後一国四十五万石（内十五万石は与力大名領）の太守になると、その家老堀直政が越後国蒲原郡内において五千石を与えられて、三条城代になった。直政は秀治の家老職を勤めたため、嫡男直《なお》清《きよ》を三条城に入城させ、五万石の所領支配を一任させた。慶長五年には、いわゆる上杉遺民による一揆が起こって、三条城が攻撃されたが、直清は籠城して防戦につとめ、ついに鎮圧した。

慶長十三年、直政の遺領を継いで、秀治の嫡男忠俊《ただとし》の家老となった直清は、翌年異母弟で越後国坂戸五万石の藩主直寄《なおより》との間に争いが起こり、直寄が駿府城の徳川家康に直訴したことを知った直清は、二代将軍秀忠に訴えた。

この争論は幕府にとって、堀家除封の口実となり、同十五年に直清が敗訴した。直清は三条領を収公されて出羽国山形藩主最上義光に預けられ、主君の忠俊も家中の不取締を理由に除封された。

堀氏が除封になると、慶長十六年に信濃国川中島藩主で家康の六男松平忠輝《ただてる》が越後国福嶋城七十五万石へ入封、翌年忠輝の付家老となった松平（能見）重勝《しげかつ》が二万石で三条城へ配された。元和二年（一六一六）、忠輝の除封により、重勝は召し替えられ、再び直臣となって、翌年下総国関宿二万六千石へ転封となった。

忠輝が除封されると、高田藩領は縮小されて、外様大名の市橋長勝《ながかつ》が伯耆国矢橋《やばせ》から四万一千石余で三条へ入封して立藩した。元和六年に長勝が没し、実子がなかったので、養子長政《ながまさ》に二万石で家名相続が許され、近江国仁正寺《にしょうじ》へ転封となった。

代わって越後国藤井から稲垣重綱《しげつな》が二万三千石で入封し、同九年に大坂定番となり、慶安元年（一六四八）には大坂城代に昇進し、翌年辞職したあと、同四年に三河国刈谷二万三千石へ転封となったため、三条藩は廃藩となり、領地は幕府領となった。

蔵王藩《ざおう》〈譜代〉
居城＝新潟県長岡市西蔵王

豊臣秀吉の重臣堀秀政《ひでまさ》の次男親良《ちかよし》は天正十八年（一五九〇）、父秀政が小田原の役の滞陣中に病没したので、戦後、越前国内において二万石を与えられたが、慶長三年（一五九八）、越後国蔵王堂城主となって、三万石を領して立藩した。慶長五年、関ヶ原の役の際には、上杉景勝と結ぶ一揆勢の蜂起に悩まされたが、鎮定した。慶長七年、病にかかり所領を鶴千代に一万八千石を譲り、一万二千石を隠栖料とした。親良は慶長十一年、二代将軍に仕え、廩米一万二千俵を与えられ、先の隠栖料を鶴千代に返却したが、鶴千代は夭逝し、嗣子がなかったので領地は収公され、蔵王藩は廃藩となった。

その後、親良は慶長十六年、下野国真岡一万二千石を与えられ、寛永四年（一六二七）、下野国烏山二万五千石の藩主となった。長岡市北西の工場地帯の中に金峰神社があり、境内に堀や土塁など蔵王堂城の遺跡がわずかに残っている。

椎谷藩《しいや》〈譜代〉
陣屋＝新潟県柏崎市椎谷

越後国三条城主堀直政《なおまさ》の五男直之《なおゆき》は元和元年（一六一五）四月、大坂夏の陣の時、大坂・道明寺の戦いで後藤又兵衛軍を追い散らして、猛将薄田兼相《すすきだかねすけ》を討ち取るという戦功を樹て、翌年七月、越後国刈羽郡内において五千五百石を与えられ、居所を椎谷に構えた。寛永十年（一六三三）、上総国内で四千石を加増され、居所を上総国夷隅郡苅谷へ移した。直之の嫡男直景《なおかげ》は遺領を加えて一万石を領有して苅谷藩を立藩、その嫡男直良《なおよし》は居所を上総国市原郡八幡に移して、八幡藩を立藩した。

直良の嫡男直宥《なおさだ》は元禄十一年（一六九八）、上総国夷隅・埴生・市原・長柄、下総国香取、武蔵国高麗の領地を越後国刈羽・三島《さんとう》・蒲原三郡内に移され、一万石を領して陣屋を椎谷に構え、ここに椎谷藩が立藩して、直宥が藩祖となった。

堀家は外様大名であったが、直之が書院番士・使番・町奉行・寺社奉行を歴任、さらに正室が春日局の姪ということから譜代大名扱いされた。堀家は江戸に定住する定府大名であった。

直宥のあと、直央《なおなか》―直恒《なおつね》―直旧《なおひさ》（西ノ丸若年寄）―直善《なおよし》―直著《なおあき》（大番頭）―直宣《なおのぶ》と継ぎ、つぎは直宣の弟著朝《あきとも》が就いた。著朝は天明六年（一七八六）、病気を理由に分家の堀直意《なおとも》が藩政を執り、飢饉による米価高騰のため蔵米を柏崎で競売したので、農民一揆が起こった。いわゆる天明義民事件で、寛政四年（一七九二）、幕府は藩主の隠居と他家からの嗣立、半地替えの処分を行った。

このため著朝のあとを継いだ直起《なおのり》は三河国西尾藩主松平（大給）乗佑《のりすけ》の三男、つぎの直温《なおはる》は備前国岡山藩主池田治政《はるまさ》の三男、そして直哉《なおちか》は肥前国唐津藩主水野忠光《ただあきら》の三男が養嗣子として三代続いた。直哉のつぎは之敏《ゆきとし》（若年寄）―之美《ゆきよし》（奏者番）と継承し、慶応四年（一八六八）、戊辰戦争の時には椎谷は新政府軍と旧幕府軍との激戦地となったが、翌年の版籍奉還により之美は知藩事に任ぜられ、明治四年に廃藩置県を迎えた。

藤井《ふじい》藩〈譜代〉

居城＝新潟県柏崎市藤井

徳川家康の家臣稲垣長茂《ながしげ》は慶長五年（一六〇〇）、関ヶ原の役の時に伏見城を守り、戦功によって上野国伊勢崎一万石に封ぜられたが、慶長十七年十月二十二日、七十四歳で没し、その嫡男重綱《しげつな》が遺領を継いだ。重綱は元和元年（一六一五）四月、大坂夏の陣で軍功を樹て、翌年、越後国刈羽郡内において一万石を加増され、越後国佐位郡内の一万石と合わせて二万石を領有し、刈羽郡藤井を居所地と定めて立藩した。

重綱は四年後の元和六年、三千石を加増され、領地を蒲原郡内に移され、三条城を与えられて三条へ転封となり、藤井藩は廃藩となった。三条藩主となった重綱はその後、元和九年に大坂定番となり、寛永三年（一六二六）、従五位下摂津守に叙任され、慶安元年（一六四八）、大坂城代に昇進し、同年に三河国刈谷三万三千石の藩主となった。

藤井藩は近世初頭に短期間立藩されたが、その実情は不明である。

坂戸《さかと》藩〈外様〉

居城＝新潟県南魚沼郡六日町

越前国北ノ庄城主堀秀治《ひではる》が慶長三年（一五九八）、春日山城主になると、家老堀直政《なおまさ》が三条において五万石を領知し、次男直寄《なおより》も越後国内において二万石を分与されて、坂戸城に入城して立藩した。慶長七年、直寄は蔵王堂城主堀親良《ちかよし》が越後国を去ったあと、その幼主鶴千代を補佐し、坂戸・蔵王堂両藩の政務を執ったが、同十年に鶴千代が没すると、その遺領三万石を加増され、合わせて五万石を領有した。

慶長十三年、父直政が没し、兄直清《なおきよ》が遺領の三条五万石を継いだが、翌年、直寄は宗家堀氏の家老職を争って兄と対立し、直寄は駿府の家康に訴えたので、直清も江戸の秀忠に訴訟した。この争論は、慶長十五年に直寄の勝訴となり、直清は領地を没収され、さらにこの争論に連座して主君忠俊《ただとし》（秀治の子）も除封となった。直寄は喧嘩両成敗により坂戸五万石を収公され、のち改めて信濃国飯山四万石へ転封となった。

福嶋《ふくしま》藩〈家門〉

陣屋＝新潟県上越市港町二丁目

越前国北ノ庄城主堀秀治《ひではる》は慶長三年（一五九八）、越後一国の太守として春日山城主となり四十五万石を領有し、与力大名の村上義明《よしあき》を村上藩九万石、溝口秀勝《ひでかつ》を新発田藩六万石へ配置して越後を統治した。秀治は慶長五年、会津・上杉氏の重臣直江兼続の策謀による越後一円の上杉遺民一揆を鎮圧し、関ヶ原の役に際しては上杉景勝の西上を阻止し、徳川方の勝利に陰の勲功を認められ、一代松平姓を許された。

だが、天下陪臣の三傑といわれた秀治の家老堀直政《なおまさ》は、元来堀家が豊臣秀吉取り立ての大名であったことから、徳川氏に対して主家の安泰を保つために、春日山城を廃して慶長十二年、直江津の東、関川と保倉川との間に広大な平城の福嶋城を築城した。しかし、主君秀治は、築城中の慶長十一年五月二十六日に三十一歳の若さで病没し、嫡男忠俊《ただとし》が十一歳で家督を相続した。

家老直政は慶長十三年二月二十六日に六

十二歳で没し、家督を継いだ嫡男で三条藩主直清《なおきよ》と次男で坂戸藩主直寄《なおより》とが父の家老職を望んで激しく争った。家康は堀氏の勢力を越後国から排除したかったが、知将直政の在世中は手を出せなかった。だが、慶長十五年三月、幼主忠俊を駿府城に呼び寄せ、直清と直寄とを対決させ、忠俊に対し「家臣の内訌を治めることもできず不埒なり」と改易を命じ、陸奥国磐城平藩主鳥居忠政に身柄を預けた。そして、直清を出羽国山形藩主最上義光に預け、直寄は信濃国飯山へ転封を命じた。

　その翌日、信濃国川中島から家康の六男松平忠輝《ただてる》に七十五万石を与えて福嶋城へ移封を命じ、越後一国を統治させた。直江津の地は交通の要衝にあたり、幕府は福嶋に親藩の忠輝を配し、西は加賀の前田家、東は米沢の上杉家に対する北方の備えとさせた。だが、慶長十九年、忠輝は福嶋城を挟む荒川・保倉川の水難を避けて、南方八キロ程の菩提ヶ原に新城、高田城を築いて移り、福嶋城を廃した。福嶋藩は一国一城の大藩ながら、わずか七年間で廃藩となった。

春日山《かすがやま》藩 〈外様〉
居城＝新潟県上越市中屋敷

　標高一八〇メートルの春日山頂に建つ巨大な春日山城は、戦国時代に上杉謙信の父長尾為景《ためかげ》・兄晴景《はるかげ》を経て、謙信・景勝による越後国支配の中枢として用いられた。慶長三年（一五九八）一月十日、豊臣秀吉の命によって、五大老の一人景勝は陸奥国会津百二十万石へ移封となり、代わって越前国北ノ庄城主堀秀治《ひではる》が四十五万石を領有して、越後一国の太守として入城、立藩した。秀治は慶長十一年五月二十六日に三十一歳の若さで没し、嗣子忠俊《ただとし》が家督を相続した。翌年、忠俊は春日山城を廃し、直江津の東、関川と保倉川との間に福嶋城を築いて移り、春日山藩は廃藩となった。

　慶長十五年閏二月二日、忠俊は家老で三条藩主堀直清《なおきよ》と弟で坂戸藩主直寄《なおより》との間で家老職継承事件を起こし、この争論に連座して除封となり、陸奥国磐城平藩主鳥居忠《ただ》政《まさ》預かりとなったが、元和七年（一六二一）十二月二十二日に二十六歳の若さで没した。

長峯《ながみね》藩 〈譜代〉
居城＝新潟県中頸城郡吉川町

　徳川家康の譜代重臣牧野康成《やすなり》は天正十八年（一五九〇）、小田原の陣に参戦して、戦功を樹て上野国大胡二万石を与えられた。慶長五年（一六〇〇）の関ヶ原の役の際、康成は嫡男忠成《ただなり》とともに徳川秀忠軍に従い、信濃国上田城を攻めた。この時、忠成が秀忠の命に服さなかったため、康成も罪を得たが、慶長九年に許されて本領は安堵された。忠成は父に従って大胡に移り、父の隠居のあとを受けて家督を相続し、秀忠より偏諱を受け、駿河守に任ぜられた。

　元和元年（一六一五）四月、忠成は大坂夏の陣に戦功によって、翌年七月、越後国長峯五万石を与えられ、長峯城に入城して立藩した。忠成の妹は家康の養女となって、福島正則に嫁している。忠成は在封三年、元和四年五月、越後国長岡六万四千石へ転封となり、長峯城は破却されて、長峯藩は廃藩となった。現在、城跡はわずかに面影を残している。

高柳藩《たかやなぎ》〈譜代〉
陣屋＝新潟県新井市高柳

美濃国岩村一万九千石の藩主丹羽《にわ》氏音《うじおと》は元禄十五年（一七〇二）七月、家中騒動を咎められて、領地没収された。だが、先祖の氏次《うじつぐ》が徳川家康の家臣として功績があったため、越後国頸城郡内において一万石を与えられて、高柳村に陣屋を構えて立藩した。丹羽氏はこの時、城主から無城（陣屋）主となり、その上参勤交代する大名から参勤交代を行わない定府大名に降格された。

氏音は宝永二年（一七〇五）閏四月七日、二十八歳の若さで没し、その遺領は嫡男薫氏《しげうじ》が相続した。薫氏は元文四年（一七三九）八月、奏者番から寺社奉行次席の大坂定番となり、領地を美作・河内両国内に移され、高柳藩領は越後国高田藩松平家の預かり地となって、高柳藩は廃藩となった。

なお、薫氏は延享三年（一七四六）、播磨国三草《みくさ》藩主となったが、宝暦七年（一七五七）五月二十二日に没し、その墓碑は東京都杉並区成田東四－一八の海雲寺にある。

糸魚川藩《いといがわ》（清崎藩《きよさき》）〈家門〉
陣屋＝新潟県糸魚川市横町

徳川家康の六男松平忠輝《ただてる》は慶長十五年（一六一〇）、福嶋藩主になると、重臣松平信《のぶ》直《なお》が城代として一万石を領して清崎城に入城、のち元和四年（一六一八）に高田藩主松平忠昌《ただまさ》の時に家臣稲葉正成《まさなり》、また寛永元年（一六二四）に高田城主松平光長《みつなが》の家臣荻田《おぎた》主馬《しゅめ》が、いずれも城代として清崎城に入城して統治した。天和元年（一六八一）、越後騒動によって、主馬は八丈島に配流となり、光長は除封となって伊予国松山へ流され、清崎城は破却された。

元禄四年（一六九一）十二月、有馬清純《きよすみ》が日向国延岡から五万石で入封し、糸魚川に居所を構えて立藩した。直純は領内に起こった農民一揆を咎められて糸魚川へ転封となったため、この時無城（陣屋）主となったが、同八年に越前国丸岡へ転封となり、再び糸魚川藩は城主の格式を与えられた。

有馬氏移封後、元禄十二年六月、出羽国村山から本多助芳が一万石で入封し、治世二十年後の享保二年（一七一七）二月、信濃国飯山三万五千石へ転封となった。同時に家禄一万俵の松平（越前家）直之《なおゆき》（家門）が、禄米を領地に改められ、糸魚川において一万石を与えられた。

直之のあと、直好《なおよし》－堅房《かたふさ》と続き、堅房以降の藩主はみな日向守を称したので、糸魚川藩は松平日向守家と呼ばれた。同家は幕府直参で、参勤交代を行わない定府大名であったから、清崎に陣屋を設け、郡代一～二人、士分の者二十～三十人を駐在させて支配した。そのため藩政は江戸から派遣された郡代と町年寄や割元に任せてあったため、無能や不正の郡代の時には、しばしば騒動が起こったという。

その後、直紹《なおつぐ》－直益《なおます》－直春《なおはる》－直廉《なおきよ》－直静《なおやす》と続き、最後の藩主となった直静は、慶応四年（一八六八）、戊辰戦争の時、北陸道鎮撫総督高倉永祜《ながさち》一行が糸魚川を通過する際に、多くの助郷人夫を領内から徴用して提供したが、戦場へは藩兵を送らなかった。明治二年、直静は版籍奉還して知藩事に任ぜられ、同四年に廃藩置県を迎えた。

高田藩《たかだ》〈譜代〉

居城＝新潟県上越市本城町

家門松平忠輝の除封

越後一国は、春日山城四十五万石の城主堀秀治《ひではる》（外様）の領有するところであったが、その嫡男忠俊《ただとし》は慶長十二年（一六〇七）、春日山城を廃して福嶋城を築いて移った。しかし、慶長十五年、忠俊は一族間の内訌も治められないとの理由で除封され、代わって信濃国川中島から徳川家康の六男松平忠輝《ただてる》（家門）が入封した。忠輝は越後一国と信濃国川中島とを合わせて七十五万石の太守で、与力大名溝口宣勝《のぶかつ》を新発田藩六万石、村上義明《よしあき》を村上藩九万石に配し、さらに幕府は大久保長安を付家老として、佐渡奉行を兼職させた。

忠輝は慶長十九年、福嶋城を菩提ヶ原に移して城下町高田を開府し、新城高田城を築いて、高田藩を立藩した。築城は関ヶ原の役の反徳川勢力に対する抑えのため、国《くに》役《やく》普請として仙台藩主伊達政宗、金沢藩主前田利常、米沢藩主上杉景勝ら十三外様大名による「越後御普請」であった。城郭は名古屋城に匹敵する大城で、本丸・二の丸は東西三百間、南北四百七十間、三の丸は東西六百十余間、南北七百六十余間と広大で、外郭には武家屋敷・町人町・寺町などが整然と区画整理されていた。だが、時あたかも大坂冬の陣直前であり、築城は完成しなかった。高田城がほぼ完成したのは約五十年後の松平光長《みつなが》時代という。

忠輝は、生来わがままな振舞いが多く、大坂冬・夏両陣には北陸方面の総大将であったが、なぜか怠慢を重ねたため、家康・秀忠の怒りをかい、元和二年（一六一六）七月五日に改易を命ぜられて、伊勢国朝熊《あさま》の金剛證寺に配流となった。

松平光長と越後騒動

忠輝除封後、幕府は越後国には小藩分立策を採り、まず上野国高崎から酒井家次《いえつぐ》が十万石で入封したが、在封一年六ヵ月の元和四年三月十五日に没した。嫡男忠勝《ただかつ》が遺領を相続したが、翌年三月、信濃国松代へ転封となった。

ついで松代から結城《ゆうき》秀康《ひでやす》の次男松平忠昌《ただまさ》が越後国頸城・魚沼・刈羽三郡内において二十五万石を領有して入封し、ふたたび親藩となった。石高が加増されたのは、兄の越前国福井藩主松平忠直《ただなお》や金沢藩主前田氏を牽制するためであった。忠昌は藩政機構や村の支配組織の整備・町座制などを手がけたが、わずか五年後の寛永元年（一六二四）三月、数々の乱行のため除封となった忠直のあとを継いで、福井へ転じた。

忠昌のあと、すぐに忠直の嫡男光長が越後国頸城全郡・刈羽・三島《さんとう》・魚沼、信濃国川中島において二十六万石を領有して入封した。光長は家康の曽孫で、母は二代将軍秀忠の娘勝子（高田姫）といい、慶安四年（一六五一）に従三位権中将に進み、越後守であったことから〝越後の中将〟と称され、家格は御三家に次ぐ四家に位置づけられた名門である。

光長は封地にいることが少なく、藩政は小栗正高・美作父子や荻田主馬の両家老に任せて、江戸に定住していた。この間、家老の執政によって高田藩は極盛期で、新田開発などで内高四十万石になった。その上、多くの殖産興業によって藩財政も豊富で、いわゆる越後様時代を呈し、「六千軒高田の城下」と謳われた。

だが、延宝二年（一六七四）、光長の嗣子綱《つな》賢《かた》が病死したため、跡目相続をめぐる御家騒動が起こった。藩政の実権を握っていた小栗美作は、光長の異母弟永見長頼の子万徳丸を後嗣に決めたが、これに反対する人々は美作失脚を企てた。延宝七年一月、反美作派が美作屋敷を襲撃して対立が激化したため、美作はこの責任をとって家老職を辞任した。

この騒動を幕府が知ることになると、家門松平家に傷を負わせるのを防ごうとした大老酒井忠清《ただきよ》の裁断によって、一件落着した。ところが、五代将軍に就任した綱吉はこの事件を蒸し返し、天和元年（一六八一）六月、自らの親裁により光長の所領を没収、小栗美作父子の切腹、反美作派の永見大蔵や荻田主馬の八丈島流罪という厳しい処分を行った。綱吉の高田藩政への介入は、かつて自分の将軍位就任に反対した光長への強烈な意趣返しであったという。

この騒動の中心人物であった小栗美作は極悪非道の人物と決めつけられたが、寛文五年（一六六五）の大地震で、城郭をはじめ町並が壊滅的な被害を受けると、美作は回復につとめ、現代に至る高田の町並はこの時に形成されたという。その後、凶作や大火などで藩の苦境が続いたが、美作は新田開発・交通の整備・用水の開削・青苧《あおそ》白布や蠟《ろう》の生産などの経済面の他、税制・軍政・封禄《ほうろく》制などの面で数々の善政を布いた。

稲葉・戸田・松平氏の入封

光長は在封五十七年にして、天和元年三月、改易を命ぜられ、伊予国松山へ配流された。高田藩は松平家の除封後、一時廃藩となって、幕府はその領地をすべて直轄領としたが、四年五ヵ月後の貞享二年（一六八五）三月、相模国小田原から稲葉正通《まさみち》が十万三千石で入封し、再度立藩した。正通は入封の時、幕府から一万両の借金を負ってきたため、極力緊縮政策をとったが、財政の建て直しはできなかった。だが、正通は元禄十四年（一七〇一）、留守居役から老中に昇進し、下総国佐倉へ転封となった。

入れ替わりにこの年八月、佐倉から戸田忠真《ただざね》が越後国頸城・刈羽両郡内と河内国内において六万七千石を領有して入封した。戸田氏は歴代藩主中で、石高が最も少なかった上、これまで数度の転封で財政は極端に苦しく、さらに大坂の商人河内屋の借財を支払うために、領民に対して増税・新税を課し、在封一代九年余で、宝永七年（一七一〇）、下野国宇都宮へ転封となった。

宝永七年、伊勢国桑名から松平（久松）定重《さだしげ》が越後国頸城・刈羽・三島・蒲原四郡内において十一万三千石で入封した。この松平氏は越中守を称し、初代俊勝《としかつ》は家康の異父弟にあたるので、松平姓を許された家柄である。

定重のあと、定逵《さだみち》－定輝《さだてる》と続き、定輝は享保七年（一七二二）、頸城郡内の幕府領百五十ヵ村にわたる質地《しっち》騒動を鎮圧した。騒動は頸城郡高岡村の百姓市兵衛らが、幕府が発した質地条目を曲解し、百姓を煽動して質田地を強奪し、百五十ヵ村数千人の暴徒が各地で蜂起した。このため代官の手に負えず、藩主定輝は幕府からの依頼を受け、暴徒を一網打尽に捕え、享保十年三月、百六十人を処刑した功績を認められた。松平氏は定儀《さだのり》－定賢《さだよし》と続いて、寛保元年（一七四一）、陸奥国白河へ転じた。

譜代大名榊原氏六代の在封

松平氏のあと、不行跡を理由に蟄居となった播磨国姫路藩主榊原政岑《まさみね》の家督を相続した政永《まさなが》が頸城郡内六万石と陸奥国四郡内九万石とを合わせて十五万石余を領有して入封した。政永治世の宝暦元年（一七五一）に大地震や諸災害があり、さらに飢饉などのために困難な時期が続いた。つぎの政《まさ》敦《あつ》の時は藩財政の逼迫に直面し、寛政十年（一七九八）、陸奥国内領の浅川（福島県）で農民一揆が起こったため、文化十年（一八一三）に陸奥国内領五万石を頸城郡内へ領地替えすることに成功した。

三代目を継いだ政令《まさのり》は、当時疲弊の極にあった藩政の改革につとめ、人材の登用と学問の奨励、倹約の徹底や藩士の内職奨励、殖産興業を図るなど諸政策に大いに治績をあげた。また赤倉温泉を開発して温泉奉行を置き、藩の直営にしたことは特筆できる。

政令は文政十年（一八二七）に致仕したが、隠居後も政養《まさきよ》－政愛《まさちか》の二代三十四年間にわたって藩政を後見した。その間、天保の飢饉に際しては米五千俵を献上する余裕を生じ、嘉永六年（一八五三）から上越・佐渡の沿岸防備にあたり、幕府に大砲を献じたほどで、このため政令は榊原家中興の英主と賛えられた。

最後の藩主となった政敬《まさたか》は、激動期の藩政に携わり、元治元年（一八六四）に十四代将軍家茂に供奉して上洛し、慶応二年（一八六六）六月、第二次長州征伐の先鋒をつとめた。慶応四年の戊辰戦争の時、政敬の補佐役をつとめる川上直木《なおもと》は勤王派と佐幕派に分かれた藩論を勤王にまとめた。

だが、江戸藩邸にいた酒井良佐《りょうすけ》・渡辺千之助ら八十六人の藩士は「徳川家への忠義とご奉公」を叫び、「神木《しんぼく》隊」を結成した。神木隊の名は、家名の「榊」の文字を二字に分けたものであり、藩主の政敬を大いに慌てさせた。

そして、藩首脳の制止を振り切った神木隊は、上野山に立て籠る彰義隊と合流し、五月十四日の上野戦争が開始されると穴稲荷門を守備して奮戦したが、大村益次郎率いる新政府軍に駆逐された。この戦いで、神木隊士十六人が戦死した。江戸を逃れた神木隊の残党は、八木操利《くりとし》を隊長とする二十人が会津若松城の籠城戦を戦い、別の一隊は榎本武揚軍に従軍、軍艦に乗って箱館へ脱走して箱館戦争に参戦した。

このため高田藩に対する疑惑が深まったが、政敬は進んで城を新政府軍に開放したため、城下は越後征討軍の基地の様相を呈した。

また、政敬は二万両の軍資金を提供し、ついで新政府軍に従軍、越後・会津方面の戦闘に一千八十五人の藩兵を派遣して、その内八十五人の戦死者を出した。この戦功で賞典禄永世一万石を下賜された。

明治二年六月、政敬は版籍奉還し、知藩事に任ぜられたが、この時の石高が四万八千五百石で、五万石に満たなかったので小藩に格付けされた。同四年七月、廃藩置県を迎えた。

小江戸紀行　江戸期の面影を残す城下町高田城下を歩く

高田城跡と榊神社

高田は随所に城下町の面影を残す町である。JR信越本線高田駅の南東一・五キロ程の所に高田城跡がある。高田平野の中央を流れる関川と矢代川との合流点に建つ高田城は、徳川家康の六男松平忠輝が慶長十九年（一六一四）、築城工事を起こしたので、家康はこれを援助して国役普請とし、仙台藩主伊達政宗、米沢藩主上杉景勝ら十三大名に助役を命じ、大坂冬の陣直前であったため、四ヵ月の突貫工事で完成した。城は名古屋城にならって築かれた大規模な平城で、石垣は築かれずにすべて土塁であり、天守の代わりに本丸西南隅に三層櫓が設けられた。だが、城郭がほぼ完成したのは、半世紀後の松平光長の時代である。

城跡は現在、本丸土塁や内濠・外濠の一部が残り、本丸南西隅の土塁上にシンボルの三層櫓が復元された。

城跡の西側、旧国道（十八号線）と大手通りと交差点近くに榊神社がある。藩祖榊原康政らを祀るために、明治九年に旧高田藩士らによって創建された神社である。境内には収蔵庫雙輪《そうりん》館があり、榊原氏関係の資料が収められ、一般にも公開されている。

散策楽しい寺町

高田駅西側には、信越本線に並行して南北に延びる寺町があり、浄土真宗の寺院をはじめ多くの寺々が南北二列に並び、表寺町・裏寺町を形成している。裏寺町のほぼ中央に、浄土真宗浄興寺派本山の浄興寺があり、山門を入ると左に鐘楼・経蔵、右に拝堂、親鸞上人の頂骨が納められた廟所などが建ち並ぶ大きな寺院である。

また表寺町の北側に、上杉氏や本願寺門主関係の古文書などを所蔵する本誓寺があり、その南方に善導寺がある。この寺は本堂が焼失し、往時の面影はないが、墓地には越後騒動の中心人物として知られる小栗美作の墓がある。寺町の南側、高田城の蹴《け》出《だし》門と同型の山門をもつ天崇寺があり、墓地には藩主松平光長の生母高田姫の墓がある。

浄興寺の親鸞廟所

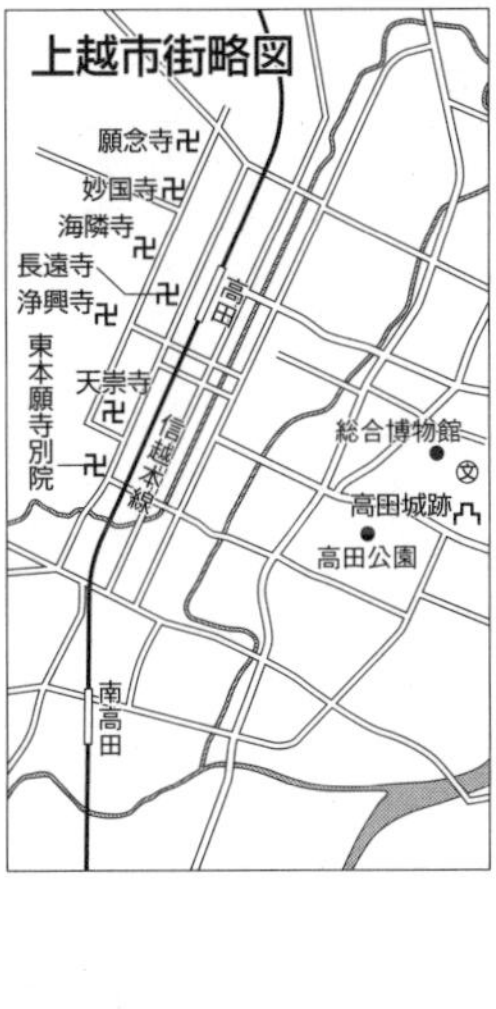

富山《とやま》藩〈外様〉

居城＝富山県富山市本丸

前田利長・利常の隠居地

織田信長の部将佐々成政《なりまさ》は天正九年（一五八一）二月、越中一国五十万石を与えられて富山城を居城とした。成政は翌十年六月二日、本能寺の変で主君信長が斃れると、柴田勝家に与《くみ》し、翌十一年の賤ヶ嶽の戦いには上杉氏に備えていたが、四月二十四日に勝家が滅亡すると、豊臣秀吉に降った。しかし天正十二年、小牧・長久手の戦いには信長の次男信雄《のぶかつ》に味方し、秀吉打倒を企て、徳川家康と結ぶため厳寒深雪のサラサラ越えをして三河国浜松城に到着したが、時機すでに遅く、信雄は秀吉と和睦したので、家康は交戦の名義を失い、のち仕方なく秀吉と和解した。天正十三年、成政は秀吉軍に攻められて降伏、新たに越中国新川郡を与えられ、礪波《となみ》・婦負《ねい》・射水《いずみ》三郡は秀吉に随順したが加賀国の前田利家《としいえ》の嫡男利《とし》長《なが》が領有した。

天正十五年、成政が肥後国の領主に任ぜられて移ると、文禄四年（一五九五）には新川郡も前田氏の領有するところとなった。慶長四年（一五九九）閏三月三日、利家が没して嫡男利長が家督を継ぎ、翌年、関ヶ原の役の時には徳川方に属し、戦後、その功により加賀・越中・能登三ヵ国百十九万石を領有した。利長は慶長十年、家督を利家の四男利常《としつね》（利長の養嗣子）に譲って富山に隠退し、同十四年、富山の大火により、関野（高岡市）に築城して移った。利長は慶長十九年五月二十日に没し、富山には金沢藩士が留守番役として入った。

寛永十六年（一六三九）六月、利常は幕府に願い出て、嫡男光高《みつたか》に宗家を相続させて八十万石を与え、次男利次《としつぐ》には越中国婦負郡六万石、新川郡浦山辺一万六千八百石、同郡富山辺三千百七十石、加賀国能美郡内二万石と合わせて十万石を、三男利治《としはる》には加賀国大聖寺七万石を分与し、利常自身は加賀国小松に養老料として二十二万石を領して隠居し、富山藩が立藩した。

利次は初め富山の旧城を避けて、婦負郡百塚《ひゃくづか》に新たに築城する予定で「百塚侍従」の称号を得ていたが、百塚に築城がならないまま翌年十月、富山に入城した。この時、利次に随従した家臣団は御馬廻り以上三百人、他に御馬廻り跡目衆や御鉄砲衆が二百四十九人、御番人・小者ら二百六十四人におよんだ。

慶安四年（一六五一）、利次は百塚に築城する予定だったが、建築費用が莫大なために断念し、万治三年（一六六〇）、越中国新川郡浦山辺一万六千八百石と加賀国能美郡内二万石の地を宗家金沢藩に返却し、富山城近郊の婦負・新川両郡で同じ石高の領地と交換した。この領地替えにより寛文四年（一六六四）、幕府から与えられた朱印状によると、婦負郡一円百八十ヵ村、新川郡内七十三ヵ村、合わせて十万石を領知することが認定された。

翌万治四年、利次は富山城改修の許可を得て、五層天守閣・櫓・二階門・冠木《かぶき》門などを建て、城下町を侍町・町人町・寺町と町割りを区分して整えるとともに、法制の整備・新田開発の奨励などを推進した。

藩の支配地域に関して、飛騨国との境界をめぐる紛争が起こった。寛文七年（一六六七）、「くぶす谷」で始まった狭い地域の対立は同十二年、飛騨側が奉行所に訴え出た結果、両藩の紛争にまで発展した。翌十三年には江戸評定所で対決することになり、初め富山方が有利とみられたが、のち幕府は全面的に飛騨側を支持する裁決をした。このため、長い間この地域で種々の紛争が続いた。

　この国境争いのため江戸に赴いた利次は延宝二年（一六七四）七月七日、幕府に参覲して江戸城を下城する際に没した。利次の柩は富山に送られ、その子正甫《まさとし》の手によって百塚に続く長岡の地に葬られた。ここはかつて利次が分藩に際して、築城を計画した地であり、念願を果たせずに他界した父のため、その近くに葬ろうと考えたのである。以後、歴代藩主はこの地に葬られるようになった。

富山売薬

　立藩当初から多数の家臣を抱え、藩財政は次第に窮迫し、家臣の整備が行われ、さらに凶作や洪水・大火に見舞われて、藩財政が圧迫された。利次の没した翌年には、早くも年間収入の四倍の借財を背負った。

　家督を継いだ正甫は病弱であったらしく、薬には深い関心を持ち、本草学を研究して薬草の蒐集、長崎からの医術の導入をはかった。天和年間（一六八一～八四）、富山城下に来遊した岡山の医師万代《もず》浄閑《じょうかん》から家伝の秘法「反魂丹《はんごんたん》」の調製を伝授された。元禄三年（一六九〇）、正甫が江戸城内で急病で苦しむある大名に反魂丹を服させたところ、たちまち癒えたので、なみいる諸侯はその効力に驚き、自国への行商を依頼した。正甫は薬種商松井屋源右衛門に調製を命じ、八重崎屋源六に諸国行商させた。これが富山売薬の嚆矢である。

　正甫が本草学や医術を奨励した政策が功を奏し、逼迫する藩財政に寄与したので、その後、反魂丹役所を設置して、特産となった富山売薬の保護と統制を徹底した。以後、反魂丹は越中第一の国産となり、売薬行商人の数は天保年間（一八三〇～四四）に一千七百人、売上高は五万両、文久年間（一八六一～六四）には二千五百人、売上高は二十万両と増加した。

文人藩主利保

　宝永三年（一七〇六）四月に正甫が没し、嫡男利興《としおき》が家督を継ぎ、江戸藩邸の再建や増上寺普請手伝いを命ぜられ、富山城の石垣の修復をするなど多額の費用を要した。そのため節倹につとめるとともに、奢侈禁止令を出した。利興は享保十八年（一七三三）五月に没し、嗣子がなかったため弟利隆《としたか》が家督を継いだ。その後、利幸《としゆき》を経て弟利与《としとも》が継ぎ、利与は日光廟の修繕や飛騨騒動の鎮圧を命ぜられるなど多端であったが、藩政はむしろ弛緩する傾向があった。そのため利与は学問を奨励し、安永二年（一七七三）、江戸の儒者三浦瓶山を招聘して藩校広徳館を創立、人材育成のため藩士の子弟の教育にあたった。

　次の利久《としひさ》の代には神通川や常願寺川の洪水に見舞われて、その復興につとめたため藩財政は一大危機に直面した。このため家臣から知行を借り上げたり、藩費の節倹につとめた。そのあとを継いだ利謙《としのり》を経て、利幹《としつね》（加賀国大聖寺藩主前田利道の八男）が相続した。利幹は文武に才があり、利与の創設した藩校広徳館で文武を奨励し、また凶作・悪疫・震災などの救済に備えるために恵民倉を設置、塩座・両替の制度を定めた。さらに殖産振興に力を注ぎ、大久保台地を開墾し、良田二千余石を得た。文化年間（一八〇四～一八）、蝦夷地警備を命ぜられ、藩兵を派遣した。

利幹は天保六年（一八三五）十月に致仕し、前藩主利謙の次男利保《としやす》が家督を継いだ。翌年、冷害による米の生産量が激減したため米価の暴騰により、多くの餓死者を出し、農民一揆や打ち毀しが起こった。このため利保は大飢饉で被害を受けた農民の救済をはかり、殖産振興のために産物方を設立し、さらに陶業・織物業・染物業を発展させ、その上造船・領外貿易・種痘などにも尽力した。特に富山郊外の東田地方に薬草園を開園し、富山の特産売薬業の発達をはかった。利保は本草学者としても知られ、岩崎灌園に指導を受け、花壇を設け、実地に草花を絵師に写生させて、『本草通串《つうかん》』（九十四巻）、その他に『万香亭花譜』『本草綱目贅言』などがある。本草学との関連から蘭学者宇田川榕庵、本草学者小野蘭山について学び、また生母芳心院の影響から和歌を嗜み、国学者海野幸典に修学し、ついに幸典四高弟の一人となった。藩主のこのような進歩的行動が、この地方の開明に資するところが大であった。

利保は弘化三年（一八四六）十月、病のため致仕し、その子利友《としとも》を経て嘉永六年（一八五三）に利声《としたか》が家督を継いだ。利声の代には大火や大地震が続発し、藩は疲弊した。そこで利声は藩財政の建て直しのために、江戸詰め家老富田兵部に命じ、富山藩を譜代とし、飛騨国高山五万石を預かり地とするように老中阿部正弘に働きかけた。しかし、この工作は宗藩金沢藩に知られ、安政四年（一八五七）四月、兵部は前藩主利保から帰国を命ぜられ、帰途の駕籠の中で、白装束に着替えて割腹した。藩は兵部に属する五十一人を入牢・追放・蟄居に処した。これは利保が宗藩の藩主前田斉泰《なりやす》と組んだクーデタ劇で、利声は隠居に追い込まれた。

安政六年十一月、家督を相続したのは斉泰の九男利同《としあつ》で、これ以降、宗藩から藩政監視役の家老が派遣されるようになった。同年、家老に登用された山田嘉膳《かぜん》は、宗藩にならって軍備拡充、特に海防対策と藩政改革を断行しようとしたので、藩士島田勝《かつ》摩《ま》に暗殺されるという事件が起きた。勝摩は宗藩の公事《くじ》場に送られて切腹した。宗藩による内政干渉によって、富山藩は独自の行動を抑制され、常に宗藩に追随さざるを得なかった。

最後に藩主になった利同は慶応四年（一八六八）の戊辰戦争の時、新政府の命により越後国長岡藩攻めに四小隊を出兵し、多くの死傷者を出したが、戦功によって賞典禄五千石を下賜された。利同は明治二年（一八六九）六月、版籍奉還により知藩事に任ぜられ、翌三年、富山藩は明治政府の出した神仏分離令のもとに合寺令《ごうじ》を出し、他藩に見られないような過激な廃寺廃仏を進めた。合寺令は藩内の寺院を一宗派に一寺に統合するものであった。同四年七月、廃藩置県を迎えた。

小江戸紀行　"反魂丹"の城下町富山城下を歩く

呉羽の丘と佐々成政

富山市の西端にある呉羽《くれは》山公園に立つと、眼下に越中の野が広がり、東には町並の彼方に立山がくっきりと空をくぎっている。越中人にとって立山は巨大な宝石のような存在で、晴れては喜び、朝夕の陽に赤く染まっては喜ぶ。そんな対象だ。

立山に降り置ける雪を常夏に
見れども飽かず神からならし

市立天文台前の大伴家持の句碑である。現代の富山人ばかりではなく、奈良時代の人々もまた"ああやはりあの山は神なのであろう"と、同じ思いで見ながら過ごしたであろう。

公園の東の登り口にお椀を伏せたような丸い山があって、名も円山《まるやま》と呼ぶ。麓には八幡社があり、木曽義仲の将、今井兼平が呉羽山に陣取ったとき、合戦の勝利を祈願したと伝える社である。境内を包む杉木立の北側には山田村から移築したという合掌館があり、釘を一本も使わない建物である。ここには日本各地の民衆の生活から生まれた工芸品が展示されている。その斜めうしろには板蔵の民芸館もある。

合掌館の谷を隔てた北側の山が道心《どうしん》山という。佐々成政が頭髪を剃《そ》り、紫衣《しえ》（紫色の僧の服装）の姿となって羽柴秀吉に投降した故事をとってつけられた名前だ。

その成政は肥後国へ転封されるが、秀吉の怒りを受けて天正十六年（一五八八）四月、摂州尼ヶ崎で切腹して果てた。このことを知った領民は菩提を弔うため、成政の遺髪をこの呉羽山に埋めたという。民芸館前の路傍には「佐々成政剃髪阯」の碑が立つ。

富山では根強く愛妾早百合に関する伝説が喧伝されている。成政の嫉妬心から小百合は神通川畔の磯部堤一本榎の下で、親族十余人とともに斬殺された。そして、立山に生成する黒百合が若い生涯を終えた早百合の変化したものだと、人々は信じてやまない。市内の円隆寺はその祈願所として創建された。

成政の剃髪阯碑をあとに民芸館から北へ進むと、山肌にしがみつくようにして建つ長慶寺の屋根が見えてくる。何よりも目を引くのは五百羅漢である。一基一基の石灯籠をはさみ、その高さは座像・立像と変化に富みながらも、ほとんど高低がない。

売薬のふる里

富山の名所といえば「越の舟橋」の名は藩政初期から全国に知られていた。富山城のほとりの神通川に舟橋が架けられ、城下

富山特産の「反魂丹」を売る店先

町の西の玄関になったのは慶長元年（一五九六）のことである。六十四艘の舟を太縄で繋ぎ、その上に板をタテに敷き並べたものである。

富山県庁から西に向かうと森林水産会館前に出るが、その南側に二・五メートルの常夜灯が立っている。ここが舟橋の左岸にあたる。また、延享三年（一七四六）に市内木町に造られた万霊塔、嘉永年間（一八四八～五四）に愛宕町に造られた供養塔は、神通川に落ちて溺死した人々の霊をなぐさめるためのものという。

県庁のある富山城跡公園。城は天文元年（一五三二）に同地方きっての豪族水越勝重が築城して以来、富山の中心として発展してきた。前田利常の次子利次が富山藩十万石を分与されてからというもの、この城と城下町の本格的な整備にのりだした。

百塚《ひゃくづか》山につづく長岡には富山藩主前田家十二代の墓所・長岡御廟がたたずむ。廟所の入口に光厳寺の下寺・真国寺を建て、寺領を与え廟守りにあたらせた。廟の門前には藩の重臣、諸頭役以上が奉納した苔むす花崗岩の灯籠六百余が並んで、壮観だ。

ここからは百塚の牛首神社が近い。牛首用水の守護社として勧請されたもので、広い境内に牛の姿をかたどった大きな記念碑がある。

現在、この用水は神通川上流の八尾町城生の地から引水され、呉羽山の沃野をうるおしている。

幼いころから「越中富山の万金丹」などといって、年に一回か二回薬箱を負ってまわってくる富山の売薬屋に親しみを持っている人も多いだろう。彼らは薬を配置先におき、一年後に薬を調べて使った分の代金を受けとるというやり方を採った。

なかでも広貫堂は、藩の反魂丹《はんごんたん》役所の流れをくむもので、明治八年（一八七五）、有力売薬業者らの合議によって総曲輪に設立し、以来、富山売薬のシンボル的存在として繁栄をつづけている。

城跡公園の一角に、この越中売薬の祖と崇められる二代藩主正甫の銅像が立っている。正甫は病弱であったらしく、薬には深い関心を寄せ、自分でいろいろな薬を調合している。また、岡山の医師万代浄閑《もずじょうかん》から反魂丹の製法が伝えられ、八重崎屋源六に広めさせたという。

市内梅沢町の妙国寺には浄閑の墓と売薬行商の祖源六の碑があり、毎年五月五日には浄閑祭が、四月八日には浄閑の守護仏薬王菩薩の法要が行われ、当日は藩からその都度一両の寄付があるほか、売薬業者が志を持参したという。

百塚《ひゃくづか》藩〈外様〉
陣屋＝富山県富山市百塚

金沢藩三代藩主前田利常《としつね》は寛永十六年（一六三九）に隠居し、嫡男光高《みつたか》に宗家八十万石を継がせ、次男利次《としつぐ》に十万石を分知して、百塚藩を立藩させた。そして、三男利治《としはる》は大聖寺七万石を分封しているが、これは当時、激しく行われた幕府の大名取り潰し政策に対処したものである。

利次は翌十七年十月に入国し、ただちに呉羽《くれは》丘陵の最北端の百塚山を城地と定め、築城することを計画して幕府の許可も得たが、膨大な費用がかかることから築城を断念し、万治三年（一六六〇）、富山城に入って、富山藩十万石の祖となったので、百塚藩は廃藩となった。百塚侍従と呼ばれた利次は延宝二年（一六七四）八月八日に没したので、家督を継いだ二代正甫《まさとし》は、百塚築城の夢を果たさずに亡くなった父を百塚に隣接する長岡御廟に葬ったと伝えられている。以後、この地には歴代の富山藩主が葬られるようになった。

能登国

西谷《にしたに》藩〈譜代〉
陣屋＝石川県羽咋郡

大和国郡山《こおりやま》六万石の藩主水野勝成《かつなり》は元和五年（一六一九）、安芸国広島藩主福島正則《まさのり》の改易にともなって、備後七郡十万石の大名として郡山から備後国福山藩に封ぜられ、中国地方で最初の譜代大名となった。勝成は寛永十六年（一六三九）に致仕し、そのあとは勝俊―勝貞《かつさだ》―勝種《かつたね》と続き、つぎの勝岑《かつみね》が元禄十一年（一六九八）五月、わずか二歳で夭折し、嗣子がなかったため領地を没収された。

そこで同月、勝成の末子勝忠の次男勝直《かつなお》の嫡男勝長《かつなが》（数馬）に名跡を継がせ、能登国鹿島・鳳至《ふげし》・羽咋《はくい》・珠洲《すず》四郡内において一万石を与えられ、西谷に陣屋を構えて立藩した。勝長は元禄十二年、小姓となり従五位下隠岐守に叙任され、翌十三年に領地を下総国結城に移封されたため、西谷藩は廃藩となった。

以後、水野家十代は明治廃藩まで結城に在封した。

下村《しもむら》藩〈譜代〉
陣屋＝石川県鹿島郡田鶴浜町

信濃国高遠三万二千石の藩主鳥居忠則《ただのり》は元禄二年（一六八九）六月、江戸城馬場先門の守衛を命ぜられた時、勤番中の家臣高坂某が勤務を怠り、旗本の屋敷内を覗くという罪を犯した。そのため忠則は五代将軍綱吉の勘気をこうむって閉門を命ぜられたが、同三年七月二十三日、舌を噛み切って自害した。

遺領はいったん収公されたが、慶長五年（一六〇〇）、関ヶ原の役の緒戦で、先祖の鳥居彦右衛門元忠《もとただ》が、わずか二千の寡兵で伏見城に籠城し、西軍石田三成の四万の軍勢を迎え撃って激戦を展開して、ついに自刃して果てたという勲功により、忠則の嫡男忠英《ただてる》に、あらためて能登国羽咋・鹿島・鳳至・珠洲四郡内において一万石が与えられて、新村に陣屋を構えて立藩した。その後、忠英は元禄八年に一万石を加増されて、近江国水口《みなぐち》二万石へ移封されたので、下村藩は廃藩となった。

加賀国

金沢《かなざわ》藩（加賀《かが》藩）〈外様〉

居城＝石川県金沢市丸ノ内

百万石の太守

前田氏の遠祖は平安時代の右大臣菅原道真といい、道真が配流地筑前国太宰府で亡くなると、子孫は美濃・尾張国を流浪し、のち尾張国愛知郡前田荘荒子に住し、前田氏を名乗ったという。

だが、利家《としいえ》の父利昌《としまさ》以前のことは詳らかでない。尾張国の小土豪であった利昌は織田氏に仕え荒子城主となり、のち利家が前田家を相続し、永禄十二年（一五六九）、信長に仕えて荒子城主となった。天正三年（一五七五）、長篠の戦いの軍功によって越前国府中三万三千石を与えられ、さらに天正九年、一向一揆平定後、能登一国を領して七尾城主となり、越前国北ノ庄城主柴田勝家の与力大名となった。この時、嫡男利長《としなが》は府中三万石を領した。天正十一年、勝家と豊臣秀吉とが雌雄を決した賤ヶ嶽の戦いで、利家は勝家を裏切って秀吉の戦勝の因をつくり、戦後、加賀国石川・河北二郡が加増されて尾山（金沢）城主、利長は同国松任城主となった。その後、越中国氷見郡、能登国鹿島郡を加えられ、利家は豊臣政権下屈指の大大名となった。

利家は慶長三年（一五九八）に隠居して利長が継ぎ、翌四年閏三月三日、利家が没した。利長は慶長五年の関ヶ原の役の時、徳川方に属従し、生母芳春院（お松）を徳川氏への人質に差し出したり、二代将軍秀忠の次女珠姫（天徳院）を養嗣子で弟利常《としつね》の正室に迎える約束をするなど、前田家安泰のため懸命の政治工作をし、戦後その功によって加賀・越中・能登三ヵ国百十九万二千石余を領有した。利長は慶長十年、家督を利常に譲って富山に隠居した。

利常は大藩の当主として幕府との関係に万全の注意を払ったが、寛永八年（一六三一）十一月、前将軍秀忠が病床にある時、前田家謀反の流言が出た。その理由は金沢城火災後に姫垣（低い垣根）を修築し、他国から船舶を購入し、さらに大坂両陣の功労者の子孫を優遇取り立てしたため、幕府の嫌疑を受けたのである。当時、豊臣氏恩顧の大名が些細な罪で改易されていたので、前田家は深刻な危機に立たされた。利常は世子光高《みつたか》をともなって江戸に赴いたが、三代将軍家光は容易に謁見を許さなかった。そこで藩では家老横山康玄《やすはる》を弁疏《べんそ》の使者として江戸に送り、老中土井利勝の訊問に答えて、ようやく疑いを解くことができた。

翌年、利常は光高のために家光の養女阿智姫（水戸藩主徳川頼房の娘）を正室に迎え、徳川家との関係の好転をはかった。寛永十六年六月、利長は幕府に願い出て、嫡男光高に宗家を相続させて八十万石を与え、次男利次《としつぐ》には越中国富山十万石（富山藩）、三男利治《としはる》には加賀国大聖寺七万石（大聖寺藩）を分与し、利常自身は加賀国小松城で二十二万石の養老料を領して隠退した。

文人大名と加賀騒動

正保二年（一六四五）、光高が三十一歳で急逝したため、わずか三歳の綱紀《つなのり》が家督を相続し、利常は後見として再び藩政を執った。特に慶安四年（一六五一）から明暦二年（一六五六）にかけ、画期的な農政改革「改作法《かいさく》」

が実施された。改作法は藩士の地方知行を廃して、全領地と農民とを藩の直接支配下に入れ、十村《とむら》（大庄屋）を任命して村落行政組織を整え、耕作農民を取り立て、租税制度を定め、勧農策を実施するなどの総合的政策である。この結果、藩政の基礎が確定した。利常は幕府の監視と嫌疑を避けるため、故意に鼻毛を伸ばして凡庸ぶりを示したと伝えられた。

　利常は改作法の成功を見、綱紀の正室に陸奥国会津藩主保科正之（将軍家光弟）の娘摩須姫を迎え、徳川家との関係を強め、万治元年（一六五八）十月に没した。その遺領の二十二万石は宗家に返却され、金沢藩の石高は合わせて百二万石余となった。綱紀の後見は舅保科正之がなった。前田家の一族重臣には大身者が多く、一万石以上の家臣が十二家あり、最高階級八家が藩の上層部を形成していた。このため綱紀は正之の助言によって重臣らの権限を定め、藩主の権威を高めた。また産業の振興、藩士困窮の救済、身分の低い者の授産、凶作対策などを実施し、藩政の安定をはかった。

　綱紀は文人大名として名声高く、幼少より学問を好み、木下順庵らに師事、大学頭林鳳岡と親交し、好学の五代将軍綱吉に親愛され、たびたび招かれて江戸城中で儒学を講じた。また蔵書家としても著名で、「加賀は天下の書府なり」とまでいわれた。綱紀自身が編纂著述した書籍は百二十二部にも達し、書画・陶器・象嵌・蒔絵など美術工芸にも造詣が深く、領内の陶芸（九谷焼・大樋焼）、漆器（輪島塗・山中塗）、塗色（加賀友禅）、象嵌・金箔などの標本を蒐集した。これが「百工比照《ひしょう》」と命名され、現在に伝わっている。

　なお、有名な兼六園は延宝四年（一六七六）、綱紀が瓢池《ひさごいけ》を掘り、江戸町御亭《おちん》を造ったのが始まりで、元禄八年（一六九五）には蓮池御亭などを増設、自らここに起居したこともある。宝暦九年（一七五九）の大火で焼失したが、安永三年（一七七四）、治脩《はるなが》が蓮池庭を改修、蓮池滝を滝見亭すなわち現在の翠《みどり》滝と夕顔亭を造った。

　綱紀は長い間在任ののち、享保八年（一七二三）に隠退し、四男吉徳《よしのり》が家督を継いだ。

吉徳は利常の改作法を続行し、綱紀の文化振興政策などを受け継いだが、藩財政は漸次窮乏に向かっていった。吉徳は世子時代から御居間坊主（足軽格）大槻朝元《とももと》（伝蔵）を寵愛し、ついに伝蔵は藩士最高位の人持組に昇進し、三千八百石の大身に出世した。伝蔵は奢侈驕慢、権勢を振るったので、反感を持った八家の前田直躬ら重臣と対立し、このため吉徳・伝蔵一派と直躬ら重臣派らの確執が続いた。

　延享二年（一七四五）、吉徳が急逝し、嫡男宗辰《むねとき》が襲封したが、病弱の上に藩財政困窮に加え、いわゆる加賀騒動の非常事態に直面し、翌年に没した。あとを弟重煕《しげひろ》が継いだが、吉徳の側室真如院はわが子利和を世子とするため、中老浅尾に命じて重煕を毒殺しようとしたという嫌疑を受け、かつ伝蔵と密通の事実があったとして幽閉された。延享三年、伝蔵は蟄居閉門を命ぜられ、越中国五箇山に配流され、寛延元年（一七四八）、その地で自刃、真如院と浅尾は密殺された。さらに重煕－重靖《しげのぶ》と相次いで若死し、伝蔵派の祟りではないかと噂されたが、宝暦四年（一七五四）、伝蔵の連累・内通者ら全員が断罪され、ようやく結着した。この騒動は前田直躬らの策謀であるといわれるが、正確な資料に欠け、史実より騒動に取材した読物・講談・浄瑠璃で有名になった。

ゆらぐ大藩

重靖のあと、重教《しげみち》（重靖の弟）が家督を継ぐが、その間わずか九年であった。重教の代には赤字が一年の収入に匹敵する銀六千七百貫余に達したため、翌宝暦五年に幕府の許可を得て藩札を発行したが、物価の高騰を招き、「銀札くずれ」といわれる打ち毀しが続いたので、十ヵ月間で停止した。

重教は後嗣を将軍家から迎えようとしたが、重臣らの猛反対に遭い、嫌気がさしたのか明和八年（一七七一）に隠居した。次の弟治脩《はるなが》は浄土真宗の古刹勝興寺（富山県高岡市）の住持をつとめていたが、無理矢理還俗させられて、十一代藩主となった。だが、重教は治脩に家督を譲ったが、天明年間（一七八一～八九）になると監国政治といわれる政治体制を採って実権を握り、側近の富田好礼《とだよしのり》・池田正信らが藩財政再建を行ったが、効果はなかった。

享和二年（一八〇二）、治脩は斉広《なりなが》（重教の次男）に家督を譲った。斉広は硬直化した老臣政治から脱却しようと年寄衆代表の奥村栄実《ひでざね》らを免職にし、中堅藩士を登用したため、門閥重臣らと対立した。四十歳で隠居した斉広は、二年後の文政五年（一八二二）に没した。

斉広の嫡男斉泰《なりやす》が家督を継ぐと、父によって免ぜられていた奥村栄実を重用して天保の改革を実施、産物方役所や株仲間を廃止して商品経済を抑える重農主義政策がとられた。しかし時代に逆行する改革は成果を上げられず、かえって私塾挹遊館の上田作之丞を指導者とする黒羽織党が政策を担当した。だが、特権商人や保守層の強い反対に遭い、安政元年（一八五四）、斉泰によって解職された。なお、斉泰治世中、奥村栄実に用いられた銭屋五兵衛は藩の御手船主付となり、大坂廻米・米相場によって巨富を築き、晩年河北潟干拓に失敗、栄実の政敵におとしいれられて獄死した。

前田家は将軍家との血縁関係が深く、歴代藩主の多くが将軍家から正室を迎えたが、斉泰の正室も十一代将軍家斉の溶姫で、このために江戸上屋敷に建てられたのが、現在の東京大学の赤門である。

このように将軍家と近い関係もあり、なによりも百万石の大藩として藩風は保守的であったが、斉泰の世子慶寧《よしやす》は密かに勤王論に共感し、千秋藤馬・大野木仲三郎ら長州系尊攘派の影響を受けた。元治元年（一八六四）七月、禁門の変が起こった際、御所警固をしていた慶寧は病と称して退京したため、帰藩後謹慎・幽居を命ぜられ、慶寧付きの家老松平大弐が責任を負って切腹、千秋ら勤王派の藩士は一網打尽に逮捕されて処刑された。

慶応二年（一八六六）、最後の藩主になった慶寧はなすところなく、佐幕派として終始したため、戦費として戊辰戦争には米七十万俵の七ヵ年分納を願い、延べ七千六百余人の藩兵を出陣させた。明治二年（一八六九）六月、版籍奉還により加賀藩を金沢藩と改称し、慶寧は知藩事に任ぜられ、同四年七月、廃藩置県を迎えた。

小江戸紀行 百万石の城下町金沢城下を歩く

息づく江戸時代

金沢の武家屋敷は、本多町や兼六元町にも一部残っているが、長町のものが最もよくまとまって保存されている。中には改造して中庭に臨む喫茶店にした屋敷もあるが、それとても表から見ると、周囲の長塀や門との調和を崩さぬ配慮がゆきとどいている。

また、金沢の町を歩いていると、いたる所で古い格子窓や土蔵づくりの商家や民家などを見かける。香林坊から北へ寄った尾山神社の門前の古い旅館、そのすぐ近くには戦国時代の天文四年（一五三五）創業という薬種問屋の中屋が「混元丹」の看板を掲げている。そのほか、浅野川の小橋近くにある天保三年（一八三二）創業という飴の俵屋、野町の落雁の諸江《もろえ》屋など、市内に点在するこうした百万石時代からの老舗は、史都金沢特有の佇まいを持っている。

尾山神社は慶長四年（一五九九）に卯辰八幡宮として金沢藩祖の前田利家を祀るために創建されたものだが、明治六年、旧藩士たちの手によって現在地に移され、尾山神社と改められた。和洋折衷の神門は、明治初年としては超モダンな建物だったに違いない。

この尾山神社の背後にある金沢城跡に沿って北へ三〇〇メートルばかり行くと尾崎神社がある。もと東照権現と称し、寛永十七年（一六四〇）に四代光高によって城内の北ノ丸に創建されたが、明治九年に現在地へ移され、尾崎神社と改められた。

中門、拝殿、最奥の本殿は精巧な彫刻がほどこされ、鮮やかな彩色とあいまって小型の日光東照宮を思わせる。東照権現はいうまでもなく徳川家康を祀る神社である。それを創建したということは、一見、徳川家へのおもねりとも見えようが、実際はちがう。金沢城の弱点は北ノ丸にあった。そこでその地点に東照宮を建てて聖域とし、この方角からの幕府軍の攻撃を防ごうとしたのである。

尾崎神社の右手の甚右衛門坂から金沢城内に入ることができる。図書館前に出ると、一段高くなった南側の本丸跡に三十間長屋がある。長さ四八メートル、二階建て、海鼠《なまこ》壁の兵糧庫だ。安政五年（一八五八）に建てられたもので、金沢城の数少ない遺構の一つだ。

三十間長屋の東側に天守台がある。ここには前田利家のとき築かれた天守閣があったのだが、慶長七年（一六〇二）に落雷で焼失すると、そのあと明治までついに天守閣は再建されなかった。

　石川門は金沢城の代表的な遺構だ。石川門につづく白壁の多聞櫓も、裏にまわって見れば銃眼が整然と並んでいる。これらの門・櫓・塀の屋根はすべて厚い鉛瓦で葺かれており、いざという場合にはただちに銃弾に改鋳できるようにしてあるという。

　石川門の前は百間堀で兼六園の台地とさえぎられている。現在は水が抜かれ、堀の底が道路となって車が行き交っている。

金沢城石川門

　百間堀をまたぐ石川橋を渡ると兼六園に入る。この庭は水戸偕楽園、岡山後楽園と並んで日本三名園の一つにかぞえられている。五代藩主綱紀が延宝年間（一六七三〜八一）に営んだ別邸がはじまりで、さらに十二代斉広と十三代斉泰が手を加えて、現在のような形となった。園内の黒い腰板の上に白壁、その上に屋根を置いた塀をめぐらす成巽閣《せいそんかく》は、斉泰が母真竜院の隠居所として建てたものである。

寺院群と野田山あたり

　犀川大橋に近い寺町寺院群。なかでも人が混み合っているのは妙立寺だ。忍者寺の異名で近年名高くなった。一見したところ変哲もない寺だが、庫裡に入ってみると四層七階になっていて、九ヵ所の階段と二十三の部屋が巧妙に組み合わされ、どんでん返しや隠し階段、隠し部屋などが設けてある。屋内の井戸には、いざという場合の抜け穴まで掘られてあるという。

　この寺は三代利常が寛永二十年に前田家の祈願所として建立したもので、隠し砦の役割を持っていたのだという。金沢の町は北の浅野川の対岸に東山寺院群を配し、南の犀川の対岸に寺町寺院群を設けている。城下町の常として、寺町は戦時における出城としての役割を担《にな》わされていたわけだから、妙立寺が隠し砦という話もうなずける。

　寺町通りを犀川の上流へ三キロほど行くと、右手に野田山墓地公園の丘陵がわだかまる。斜面をおおって深い森の底に沈む墓石群の間を登ってゆくと、山頂近く、利家をはじめ前田家歴代藩主の墓所の前に出る。

　一番奥まったところにある藩祖利家の墓所は、前面に石造の鳥居を立て、その奥に高さ二メートルほどの塚を盛り上げてある。いわば円墳である。利家ばかりでなく、形の大小はあっても他の墓もすべて同様で、草や灌木におおわれている。

　墓地を麓へ下ってゆくと、曹洞宗の古刹大乗寺が樹間に山門・仏殿・法堂などを連ねて静まり返っている。小立野《こだつの》には三代利常が徳川家から迎えた正室珠《たま》姫の死後、元和九年（一六二三）、その菩提寺として建てた曹洞宗の天徳院がたたずむ。

野々市《ののいち》藩〈外様〉

陣屋＝石川県石川郡野々市町

織田信雄《のぶかつ》に仕えて軍功があり、天正十二年（一五八四）、尾張国犬山四万五千石の城主になった土方雄久《ひじかたかつひさ》は、天正十八年、豊臣秀吉の小田原の陣でも戦功を樹てた。秀吉没後の慶長四年（一五九九）、雄久は大野治長《はるなが》とともに徳川家康殺害を計画したため、捕えられて常陸国の佐竹義宣に預けられた。翌年、関ヶ原の役が起こると、雄久は下野国小山の陣に召し出され、家康の命で前田利長《としなが》の許に赴き、丹羽長重《ながしげ》との抗争を調停したが、その功によって、加賀国野々市に一万石を与えられ、陣屋を構えて立藩した。

雄久は慶長九年、下総国多古において五千石を加増されたが、同十四年に没し、その子雄重《かつしげ》が遺領を継いだ。雄重は元和八年（一六二二）、下総国の領地を陸奥国菊多に移され、さらに野々市の領地も能登国羽咋《はくい》・鳳至《ふげし》・珠洲《すず》・能登四郡に移されて、陣屋を菊多に移転したために野々市藩は廃藩となり、以後、立藩されなかった。

小松《こまつ》藩〈外様〉

居城＝石川県小松市丸の内

丹羽《にわ》長重《ながしげ》は慶長二年（一五九七）、小松において十万石を領していたが、慶長五年、隣国の前田利長《としなが》との間に関ヶ原の前哨戦ともいうべき戦端を開いたため、上杉景勝《かげかつ》討伐の軍に遅れ、徳川秀忠の怒りを買って、常陸国古渡一万石へ転封された。

戦後、この地は金沢藩前田氏の所領となり、三代藩主利常《としつね》は寛永十六年（一六三九）に隠居し、二代将軍秀忠の娘お珠（天徳院）との間に生まれた嫡男光高《みつたか》に藩主の地位（八十万石）を譲り、この時、次男利次《としつぐ》に十万石（富山藩）、三男利治《としはる》に七万石（大聖寺藩）を分知した。そして、自ら隠居領として二十二万石を領して立藩した。利常は、小松城を隠居城とすることを幕府から許可されたが、当時、一国一城制のもとで、金沢城の他に小松城が認められたのはきわめて異例のことであった。利常は万治元年（一六五八）十月十二日に没し、小松藩は宗藩に吸収されて廃藩となった。

大聖寺《だいしょうじ》藩〈外様〉

居城＝石川県加賀市大聖寺八間道

金沢藩三代藩主前田利常《としつね》は寛永十六年（一六三九）に隠居し、三男利治《としはる》は七万石を分知されて、大聖寺が金沢藩の支藩として成立した。利治は旧城山麓に居館を構えて、藩政の基礎を築き、有名な九谷焼などの産業開発に尽力した。利治のあと、利明《としあき》―利直《としなお》と続き、利直は弟利昌《としまさ》に新田一万石を分知したが、宝永六年（一七〇九）、利昌は幕府の勅使接伴役の時、同役の大和国柳本藩主織田秀親を寛永寺書院で刺殺して切腹したため、封は利直に返上された。

つぎの利章《としあきら》の正徳二年（一七一二）の時には、凶作を予想する農民が免切《めんぎり》（租税減額）を嘆願する大規模な一揆を起こした。その後、利道《としみち》―利精《としあき》―利物《としたね》―利考《としやす》―利之《としこれ》―利極《としなか》―利平《としひら》―利義《としのり》―利行《としみち》―利鬯《としか》（利益《とします》）と続いたが、若死する藩主が相ついだので、宗藩からの相続者を迎えることが多く自主性を欠き、特に幕末維新には宗藩に歩調を合わせた。明治四年（一八七一）に廃藩となった。

越前国

福井《ふくい》藩（北庄《きたのしょう》藩）〈家門〉

居城＝福井県福井市大手三丁目

結城秀康と忠直卿行状記

織田信長の部将柴田勝家は天正三年（一五七五）九月、信長の越前平定後、越前国北ノ庄城を居城として北陸経営にあたった。だが、勝家は天正十年六月二日、主君信長が本能寺の変で斃れると、豊臣秀吉と対立し、翌十一年四月、賤ヶ嶽の戦いで敗れ、四月二十四日に北ノ庄城で自害した。この時、勝家に再嫁していたお市の方（信長の妹）は夫とともに自害した。その後、北ノ庄城には丹羽長秀・堀秀政・山口宗永《むねなが》・青木一矩《かずのり》らが入城したが、八万石を領有していた一矩は慶長五年（一六〇〇）、関ヶ原の役の時、石田三成の西軍に与《くみ》したのち病没したので、戦後所領は没収された。

翌六年、徳川家康の次男結城《ゆうき》秀康《ひでやす》が下総国結城から六十七万石で入封した。秀康は天正十二年、秀吉の養子となるが、同十八年、結城城主結城晴朝《はるとも》の養子となった。秀康は性勇武闊達で、慶長七年に江戸へ参勤のため中山道碓氷峠の関所に差しかかった際、禁制の鉄砲を携えて通行しようとして咎められると、「おのれを越前中納言と知らざるか」と大喝して通過した。のち家康がこの報告を聞いた時、「越前に殺されざるを幸せと思え」と言って苦笑したという。

慶長九年頃、秀康は結城姓を改め松平を名乗り、越前松平家は弟秀忠が二代将軍を継いだので、将軍の兄の家ということで、世に「制外の家」といわれた。

秀康は諸国から人材を集め、城下町の繁栄や民政にも尽力したが、慶長十二年四月八日、三十四歳で没し、嫡男忠直《ただなお》が十三歳で家督を継ぎ、同十六年、秀忠の三女勝子（高田姫）を正室に迎えた。

翌十七年、藩を分割するような騒動（久世騒動）が起こった。事の発端は農民同士の諍《いさかい》だったが、これが首席家老本多富正（府中三万九千石）と次席家老今村盛次（丸岡二万五千石）との派閥抗争にまで進展し、初め今村は主君忠直を味方に付けてクーデターを強行し、本多派の久世但馬（一万石）一族郎党百余名を誅殺したが、大御所家康の裁決によって、今村派全員の封禄を召し上げ配流との沙汰が下った。これに対し、本多派はお構いなしであった。この騒動の遠因は家臣の中に、万石以上の高禄者が十名以上もいて、大きな勢力を持っていたことにあった。

元和元年（一六一五）の大坂夏の陣の時、五月六日の八尾・若江の戦いで藤堂・井伊の両隊が苦戦を強いられていたが、忠直はこれを傍観して出撃しなかった。これを知った家康は激怒し、「越前（忠直）は卑怯者なり、最早《もはや》明朝の総攻撃に出陣におよばず」と宣告した。そこで忠直は七日未明に抜け駆けを決行、死を覚悟の奮戦で、大坂城大手口に一番乗りの殊勲を樹てた。家康は軍功評定の席で「天下一」と称賛したが、褒賞は初花《はつはな》の茶入れ一個であった。忠直は「我が父大御所の長子として天下をも譲られるべき身の、わづか国一つを領し、我又其嫡子にて家を継ぎ、かかる大功なくとも、个程《かほど》の官、加階せざらんや」（『藩翰譜』）と憤激していった。

忠直の後年の数々の乱行は、褒賞への不満と父以来の将軍になれなかった口惜しさが原因となっているという。天和九年、忠直は乱行の責を負って豊後国萩原へ配流の身となり、慶安三年（一六五〇）、五十六歳で配所において没した。

藩政組織と経済

忠直の配流で嫡子仙千代（光長《みつなが》、家康の曽孫）は越後国高田二十五万石へ移され、代わって忠直の弟忠昌《ただまさ》が高田から五十万五千石で入封した。この時、北ノ庄の地名を福井と改め、大野・勝山・木本《このもと》・丸岡の諸藩が独立した。正保二年（一六四五）に忠昌が没し、嫡男光通《みつみち》が家督を継ぐが、この時、庶兄昌勝《まさかつ》に松岡五万石、庶弟昌親《まさちか》に吉江二万五千石を分与し、松岡・吉江両藩が成立した。だが、これらの藩では藩主の交代がたびたび行われ、松岡・木本・吉江は廃藩となった。

光通の代になって藩政はようやく整備され、文教面にも力を注ぎ、京都から儒医伊藤坦庵を招いて藩学を興した。寛文元年（一六六一）にはわが国で最初の藩札を発行し、豪商荒木七郎右衛門（醸造業）、駒屋善右衛門（薬種業）を元締にし、三国・金津・粟田部・府中の四ヵ所に札所分所を置いた。

寛文九年四月十五日、福井城下で大火が起こり、猛烈な火勢となって町屋や侍屋敷三千五百余軒を灰にし、さらに城の天守閣・諸櫓を焼き尽くした。このため光通は幕府から復興金五万両を借用し、城下復興に尽力した。大火の二年後の寛文十一年三月、光通夫人国姫（高田藩主松平光長の娘）が自害し、三年後の延宝二年（一六七四）三月二十四日、光通自身も弟昌親を養子に迎える旨の遺書をしたためて自害した。この原因は光通が侍女に子（のち越後国糸魚川藩松平直堅）を生ませたためだという。

光通急逝後、幕府はこの遺言を認め、昌《まさ》親《ちか》が家督を相続したが、二年後の延宝四年に病を理由に綱昌《つなまさ》（昌勝の嫡男）に譲った。だが、貞享三年（一六八六）閏三月、綱昌は幕府から突然「綱昌乱心につき、越前国召し上げ」の命が下されて、改めて昌親に越前国内二十五万石を与えられた。この「御大法」によって、実質的に石高が半減し、多くの藩士が禄を離れ、家財を売り払って退散する者で、城下は喧騒を極めたという。

元禄十六年（一七〇三）に至って家格が旧に復し、昌親は江戸城拝賀式に紀州・水戸・尾張の御三家と列座して五代将軍綱吉に謁見、綱吉の諱が与えられて吉品《よしのり》と改名した。

吉品のあとを継いだ吉邦《よしくに》（綱昌の弟）は大々的な藩政改革を行い、簡略令を発布して、供廻り・衣服・饗応・贈物・婚礼・法事・奉賀まで細かく節約を指示した。吉邦には嗣子がなく、兄宗昌《むねまさ》が家督を継ぎ、この時松岡藩五万石を併合して、合わせて三十万石となった。

そのあとは宗矩《むねのり》（陸奥国白河藩主松平基知の子）―重昌《しげまさ》―重富《しげとみ》と続き、重富は特産の越前紙・藍玉・越前鎌などの専売政策にもかかわらず好転しないまま、強訴・一揆・打ち毀しが続いた。特に明和五年（一七六八）の越前大一揆は貢租軽減、作物の商品化、商品流通の自由など要求の多くが認められたにもかかわらず、藩はなんら強硬措置をとれなかった。

寛政十一年（一七九九）、重富の嫡男治好《はるよし》が家督を継いだが、藩財政逼迫の中にあっても奢侈を極めた。治好は遊興に明け暮れたが、幕府に陳情して二万石を加増され、合わせて三十二万石にしたことが唯一の功績である。そのあと弟斉承《なりつぐ》が家督を継ぎ、嗣子がなかったので、十一代将軍家斉の第四十九子斉善《なりさわ》が後嗣となった。

この時には全国的に天保の大飢饉が発生し、天保七年（一八三六）四月に雹《ひょう》が降るなど異常気象が続き、凶作で米価が高騰し餓死者が城下にあふれ、六万を越えたという。藩財政の窮乏は極に達し、借財累計は九十万両を越えてしまった。

名君慶永の登場

疲弊した藩を再建すべく期待を担って松平慶永《よしなが》（田安家三代徳川斉匡の六男）が家督を相続した。慶永は天保九年九月、十一歳の時に十二代将軍家慶の命によって斉善の養嗣子となり、まもなく三十二万石の藩主に就いた。慶永の襲封時は藩政の動揺が目立ち、藩財政も極度に窮乏していたので、まず人材登用を手始めとして藩士中曽根雪江を抜擢して藩政改革に着手し、倹約の奨励、借米、財政整理を進めた。また、天保十四年、慶永は常陸国水戸藩主徳川斉昭を訪ねており、藩主の心得について教えを請うという熱の入れようであった。

嘉永年間（一八四八〜五四）になると、外圧の加わる中で、海防態勢の強化、洋式鉄砲の製作、軍制改革など強兵策に力を注いだ。嘉永六年、ペリー来航による緊迫した情勢下で、慶永は幕府に建言書を提出し、アメリカの開国要求への強硬拒絶論を唱えたが、藩医橋本左内ら改革派の意見を容れ、藩論を開国貿易論へ転換した。一方、熊本藩士横井小楠の「学政一致」の教学により藩校明道館や洋書習学所の創設、洋学の振興をはかり、殖産興業策を実施した。

慶永は内憂外患の日本の危機的情勢に対して、薩摩藩主島津斉彬、宇和島藩主伊達宗城、土佐藩主山内豊信《とよしげ》（容堂）らと幕政の大改革をめざし、一橋慶喜を将軍継嗣とすることを唱えて一橋派を主導、紀伊国和歌山藩主徳川慶福《よしとみ》を推す紀州派と対抗した。安政五年（一八五八）四月、紀州派の巨頭井伊直弼が大老に就任すると、一橋派は敗退し、慶永は安政条約無断調印を糾弾するため不時登城した際、直弼と激論となって、隠居謹慎に処せられた。そこで慶永は家督を越後国糸魚川藩主松平直春の嫡男茂昭《もちあき》に譲り、江戸霊岸島別邸に閑居した。この時、春嶽と号した。

安政五年七月、家督を相続した茂昭は元治元年（一八六四）七月、禁門の変の際に藩兵を率いて上洛したが、途中病のため帰藩し、翌八月第一次長州征伐には副総督として参戦、翌慶応元年四月の第二次征長には病気を理由に出陣しなかった。慶応三年十月、十五代将軍慶喜の大政奉還後、茂昭はいち早く新政府に恭順の意を示し、翌年の戊辰戦争が起こると、二千の藩兵が長岡・村上・会津の戦いに出陣し、戦後、賞典禄一万石を下賜された。明治二年（一八六九）六月、茂昭は版籍奉還により知藩事に任ぜられ、同四年七月、廃藩置県を迎えた。

なお、政事総裁職・京都守護職など幕末期の要職をつとめた春嶽は、明治新政府では議定・民部卿・大蔵卿などを歴任した。

小江戸紀行　名門松平家の城下町福井城下を歩く

越前国の不運な領主

福井鉄道終点から元町商店街を通りぬけ、右方、北ノ庄通りをしばらくゆくと、左手に真っ赤な鳥居が目につく。柴田神社だ。境内北側に、かつての北ノ庄城城壁の一部が残っており、その石垣上に武装して右手に長槍をにぎる柴田勝家の彫像がある。

天正三年（一五七五）八月、越前平定ののち、織田信長に越前八郡を与えられた勝家は、朝倉氏のいた一乗谷から、足羽《あすわ》川のほとりの北ノ庄に城を移した。城は、いまの足羽川の右岸、福井市街一帯にあったという。柴田神社は本丸跡にあたる。天正十一年の秀吉の書簡に、「城中に矢倉高く築き、天主を九重に上せ候」とあるように、九層の天守閣が天高くそびえていたようだ。

また、宣教師ルイス・フロイスは、『イエズス会日本年報』に、「予が城内に進みながら見てもっとも喜んだのは、城および他の家の屋根がことごとくりっぱな石で葺いてあって、その色によりいっそう城の美観を増している」と書いている。

石というのは、もちろん笏谷石の瓦で、現在、勝家の菩提所西光寺にその一部が保存されている。

勝家は一向一揆の鎮圧策として民間私有の武器を集め、これを鋳潰して農具や鉄鎖を作ったが、この時に作った鉄鎖で舟をつなぎ、九頭竜川に舟橋を架けた。柴田神社に保存されている鉄鎖は、その一部である。

とにかく勝家は積極的に越前の戦後経営に専念したようだ。

しかし、この勝家も、京都本能寺に斃れた信長後の覇権をめぐって、北近江の賤ヶ嶽の山地で秀吉と戦い、敗退した。これを追った秀吉は軍を進め、福井市の南東にある足羽山に陣を布いた。足羽山は北ノ庄城の一部だったといわれるだけあって、小高い山は北ノ庄になくてはならない防禦陣地だった。

ところが、その足羽山を秀吉に攻め取られ、上から眺望されたのでは、平野の北ノ庄城は丸見えだ。

勝家は城を出て奮戦したが衆寡敵せず、天守に火を放って自刃した。天正十一年、勝家は齢五十八とも六十二ともいう。

かつて北ノ庄城のすぐ近くを流れていた足羽川。その上流には一乗谷城があった。だが朝倉義景の死によって一日で灰燼に帰し、そのあとへ勝家がやってきて、今度は秀吉との争いである。越前国の領主たちは、中央勢力に反抗しながら、いつも憂き目を

福井城跡の濠と石垣

みてきた。

福井城周辺

福井駅前の道を右へまがると、つきあたりに県庁の建物と左右に石垣と堀がみえてくる。福井城本丸跡だ。

関ヶ原の役での功績が認められて越前に封ぜられた徳川家康の実子結城秀康が、北ノ庄城の改築拡張工事を行ってできたものである。この時の工事は大規模なもので、本丸は勝家が築いた場所から北方へ約一キロほど移動し、二重三重に堀をめぐらすというものであった。

左内公園に立つ橋本左内像

天守台の跡は現在、福井県庁のある所で、内堀の西側の御廊下橋を渡って旧本丸内に入り、古びた石段をのぼったところにある。笏谷石で築かれた石垣は福井地震で一部がくずれてはいるが、かつてのおもかげを偲ぶよすがとなっている。

福井藩祖となった秀康が慶長十二年(一六〇七)、三十四歳の若さで生涯を終えると、その子忠直が城主となった。だが、元和元年(一六一五)、大坂夏の陣の恩賞に対する憤懣からか、狂乱状態になったため豊後に隠居させられた。その後に入った弟の忠昌は、城下名を天守のそばにあった福ノ井という井戸の名をとって福井と改称した。

俗説によると、北ノ庄の北は敗北に通じ、武門にとって不吉だからといわれる。たしかに、この地で柴田一族が悲涙をのみ、父秀康が若死にし、兄忠直は隠居という不幸な出来事があいついで起こっている。

福井城本丸跡の西北隅から堀をへだてたところに福井神社がある。昭和十八年に第十六代藩主松平慶永を祭神として建てられたもので、拝殿の前に和服姿の慶永像が立っている。彼は幕末の緊迫した政治情勢のなかで、それまであまりパッとしなかった福井藩を、代表的な公武合体派雄藩として全国に名をひびかせるまでの手腕を発揮した。

足羽川に架かる桜橋の南詰から東に折れて数分行った左内公園には、慶永の手足となって活躍した橋本左内の銅像が立ち、奥まったところに橋本家の墓所がある。なお、歴代藩主の廟所は大安寺にある。

丸岡藩《まるおか》〈外様〉

居城＝福井県坂井郡丸岡町霞町

一筆啓上火の用心のお仙入封

豊臣秀吉の部将青山忠元《ただもと》は丸岡で四万六千石を領していたが、慶長五年（一六〇〇）、関ヶ原の役の時、西軍に与《くみ》したために除封され、翌六年、越前国北ノ庄五十六万石の太守となった結城（松平）秀康《ひでやす》の次席家老今村盛次《もりつぐ》が丸岡二万五千石に封ぜられた。だが、慶長十七年、本藩（福井藩）を真二つに割る御家騒動（久世騒動）で盛次が流罪に処せられると、下総国井野三千石から本多成重《なりしげ》が本藩二代松平忠直《ただなお》の付家老となり、四万三千石を加増されて丸岡に入封した。

元和九年（一六二三）二月、忠直が乱行の責を負って豊後国萩原に配流されると、成重は新たに諸侯に取り立てられ、丸岡四万六千石の藩主となって、寛永三年（一六二六）、弟重看《しげみつ》に三千石を分与した。成重は本多作左衛門重次《しげつぐ》の嫡男で、重次は徳川家康初期の老臣で三奉行の一人、鬼作左との異名で呼ばれたが、天正三年（一五七五）、長篠の合戦に従軍した時、陣中から留守宅の妻宛に書いた「一筆啓上火の用心お仙なかすな馬肥やせ」のお仙とは、成重の幼名仙千代のことである。

成重は正保二年（一六四五）に致仕し、嫡男重能《しげよし》が家督を継いだ。その後、重昭《しげあき》—重《しげ》益《ます》と続いたが、重益は藩政を家臣にまかせ、「天性闇鈍にして、……昼夜酒女計り……」（『越丸本多騒動記』）の行状であったという。このため重臣間の争いに幕府が介入し、重益は元禄八年（一六九五）に除封され、因幡国東館新田藩にお預けとなった。

有馬氏の治世

本多氏除封後、有馬清純《きよすみ》が越後国糸魚川から五万石で入封した。有馬氏は肥前国のキリシタン大名として知られた有馬晴信《はるのぶ》の後裔である。有馬氏は入封当初から藩財政が窮乏し、家臣の数を減らしたり、家臣に対して減知を行ったり、藩札の発行を幕府に願い出たりしたが、元禄十五年に清純が没し、あとを継いだ一準《かずのり》の時代に譜代に准ぜられた。そのあと孝純《たかすみ》—允純《まさすみ》と続き、次の誉純《しげすみ》は安政元年（一八五四）頃から藩財政は逼迫の極に達し、年貢米や税の前納を課した。このため農民が一揆に踏み切り、同七年二月、一揆勢は城下の神社に集まって、「ひだるい（腹がへった）、ひだるい！」と叫び、豪農や庄屋などを襲い、打ち毀しを行った。誉純は文化二年（一八〇五）、江戸の儒者宮本応行らを丸岡に招聘し、藩校平《へい》章館《しょうかん》を創設、藩士の子弟の育成にあたる一方、藩史・地誌などの編纂を行い、名君の誉れ高かった。

その後、徳純《のりすみ》—温純《はるすみ》—道純《みちすみ》と続き、最後の藩主となった道純（本多忠鄰の次男）は文久三年（一八六三）七月、老中に任ぜられて多難な国事に奔走した。一方、領内に海防の砲台を築き、洋式砲術を導入した。元治元年（一八六四）四月、老中を辞職し慶応四年（一八六八）、戊辰戦争が始まると、道純はいち早く上洛して朝廷に帰順し、北陸道鎮撫使の指揮下に入って新政府軍に従った。翌明治二年六月、道純は版籍奉還して知藩事に任ぜられ、同四年廃藩置県を迎えた。

松岡《まつおか》藩〈家門〉

居城＝福井県吉田郡松岡町

越前国福井藩主松平忠昌《ただまさ》が正保二年（一六四五）八月一日に四十九歳で病没すると、嫡男光通《みつみち》は遺領四十五万石を相続したが、幕命により次男昌勝《まさかつ》には、越前国吉田郡松岡周辺において五万石を分与されたので、松岡城に入城して立藩した。昌勝は慶安元年（一六四八）十二月、従五位下・中務大輔に任ぜられ、ついで従四位下に叙任された。

松岡藩は、その後も宗家福井藩との関係が深く、昌勝の嫡男綱昌《つなまさ》は延宝五年（一六七七）、福井藩主松平昌親《まさちか》の養子となって、のち福井藩主を継いだ。さらに、昌勝の三男宗昌《むねまさ》（昌平）は元禄六年（一六九三）七月に奥詰衆となり、同年九月には遺領五万石を継ぎ、翌年近侍に任ぜられた。宝永四年（一七〇七）十二月、宗昌は従四位下・中務大輔に進み、享保六年（一七二一）十一月四日、宗家福井藩主松平吉邦《よしくに》が没したため、翌年、宗家を継いで福井藩主となった。このため松岡藩は廃藩となった。

勝山《かつやま》藩〈譜代〉

居城＝福井県勝山市本町

越前松平家の領地であったこの地に、結《ゆう》城《き》（松平）秀康《ひでやす》の五男松平直基《なおもと》が寛永元年（一六二四）、三万石を領有して入封したが、同十二年に越前国大野へ転じたので、ついで秀康の六男松平直良《なおよし》が越前国木本《このもと》二万五千石から一万石を加増されて入封した。だが、正保元年（一六四四）、直良が越前国大野へ五万石に加増されて転封したため、勝山は天領となって、代官が置かれた。

元禄四年（一六九一）、美濃国高須から小笠原貞信《さだのぶ》が二万二千七百石で入封、以後、勝山の地は小笠原氏の領有するところとなり、藩が確立された。貞信は高木貞勝の長子で、寛永十七年（一六四〇）に小笠原政信《まさのぶ》の養子となって、小笠原家を相続した。ところが、幼少の襲封だったために、下総国関宿藩主の任がつとまらないとの理由で、美濃国高須へ移されて、城主格を失った。

貞信のあとは孫信辰《のぶとき》が継ぎ、信辰は城主格の回復を願い出て、安永五年（一七七六）に、ふたたび城主格を与えられた。翌年、旧城再建を名目に、幕府から築城の許可を得て、軍学者山鹿素行が設計した。しかし、旧本丸・堀の他、二の丸・三の丸の普請に着手したままで、財政破綻のために中断してしまった。

信辰のあと、信成《のぶなり》―信胤《のぶたね》―信房《のぶふさ》―長教《ながみち》―長貴《ながたか》―長守《ながもり》と続いた。最後の藩主となった長守は天保十一年（一八四〇）、家老林毛川《もうせん》に命じて藩政改革に着手し、人材登用のため藩校成器堂を創設し、また講武台を築いて武備の強化を図った。さらに、次第に生産量が増した煙草を専売制として「煙草改会所」を設置、のち「産物改会所」と改め、煙草・生糸などの生産販売を促進し、それが近代勝山産業発展の基盤となった。

幕末維新期は京都の警備、新政府への恭順と大勢に順応し、明治四年（一八七一）七月、廃藩置県を迎えた。現在、勝山城跡には勝山市役所・市民会館などが建ち、本丸跡には最後の藩主小笠原長守揮毫の碑が立っている。城跡の北に建つ開善寺は小笠原家の菩提寺で、歴代藩主の墓がある。

大野《おおの》藩〈譜代〉

居城＝福井県大野市城町

めまぐるしい藩主交代

織田信長の部将金森長近《ながちか》は天正三年（一五七五）、信長の越前平定にともない、越前国大野郡内において三万三千石を与えられ、翌年居城を亀山に築き、さらに城下町を建設して大野の基礎を築いた。だが、天正十四年、長近は飛驒高山へ移り、青木秀以《ひでもち》・長谷川秀一《ひでかず》・織田秀雄《ひでかつ》らが相次いで入封したが、秀雄は慶長五年（一六〇〇）、関ヶ原の役の時に西軍に与《くみ》したため除封となった。

その後は越前国福井藩主結城（松平）秀《ひで》康《やす》の重臣土屋正明《まさあき》・忠次《ただつぐ》父子が在番したが、慶長十四年に忠次は父の殉死がもとで追われ、代わって高田藩家老小栗美作《みまさか》が在番した。ついで寛永元年（一六二四）、秀康の子松平直政《なおまさ》が上総国姉崎から五万石で入封し、同十二年に直政が信濃国松本へ転封となり、代わって直政の弟直基《なおもと》が越前国勝山から入封したが、正保元年（一六四四）に出羽国山形へ転じた。同年、勝山から松平直良《なおよし》が入封したが、延宝六年（一六七八）に没し、その子直明《なおあき》があとを継いで、天和二年（一六八二）に播磨国明石へ転封となった。

土井氏の治世

このように藩主のめまぐるしい変転の後、天和二年に常陸国下妻から大老土井利勝《としかつ》の四男利房《としふさ》が四万石で入封した。土井氏が大野へ入封すると城下町の整備を進め、「小京都」とまでいわれる街並を造り上げた。

利房のあと、利知《としとも》―利寛《としひろ》―利貞《としさだ》―利義《としのり》―利器《としかた》―利忠《としただ》と継承し、利忠は文政十二年（一八二九）、家督を継ぐと、深刻な財政難に対処するため、藩政改革に着手した。そこで天保十三年（一八四三）、内山七郎右衛門（良《りょう》休《きゅう》）・隆佐《りゅうすけ》兄弟を登用し、禄高削減・倹約だけでなく、産物所を設けて生糸・絹布・煙草・麻・茶など国産奨励に力を注ぎ、さらに藩直営販売店「大野屋」を大坂・箱館など全国十二ヵ所に設置した。

一方、弘化元年（一八四四）には藩校明倫《めいりん》館《かん》を創設し、さらに洋学の振興をはかり、安政二年（一八五五）十二月、大坂の適塾塾頭伊藤慎蔵を招いて指導にあたらせた。翌年五月、洋学館を開設すると、全国諸藩から入塾する者が多くなった。そして、利忠自ら力を入れて銃砲の鋳造を行い、画期的な砲術調練も行った。安政三年、内山隆佐らは蝦夷地西南部を踏査し、同五年に幕府から樺太西海岸中央部屯田《とんでん》の開拓許可を得た。万延元年（一八六〇）、その地が藩準領地として認められ、北辺の開拓・防衛の第一線に立って活躍した。

文久二年（一八六二）に利忠は隠退し、最後の藩主利恒《としつね》が継いだが、元治元年（一八六四）、藩所有の洋式帆船大野丸の座礁によって、明治元年（一八六八）に樺太の地を新政府に上地した。明治元年九月七日、利恒は旧幕海軍副総裁榎本武揚《たけあき》率いる反新政府軍の征討作戦に出兵するよう命ぜられ、家老中村雅之進を隊長に百五十人の大野藩兵を箱館へ送った。そして明治二年四月二十九日の矢不来《やふらい》の戦いで、多大な犠牲を払いつつ戦果をあげ、特に五稜郭の戦いでは重要な役目を果たした。明治二年六月、利恒は版籍奉還し、同四年に廃藩置県を迎えた。

小江戸紀行

山並に囲まれた奥越の城下町 越前大野城下を歩く

大清水と洞雲寺

小京都の代名詞のようにいわれる越前大野は、越美北線越前大野駅から西へ延びる六間通りを進めば、碁盤目状の旧市街へ向かう。この通りをしばらく歩くと、右手に日吉神社（通称山王さん）がある。この神社の境内は、中世の亥山《いやま》城（別名土橋城）があった所といわれ、今も堀の一部が残り、往時の面影をとどめている。この城には越前国守護斯波氏の重臣であった二宮将監や朝倉景鏡らが居城した。さらに西へ進むと、千本格子の家屋が並ぶ旧市街地で、街路は碁盤目状に区画されている。

　六間通りの突き当たりに有終西《ゆうしゅうにし》小学校があり、この地は藩校明倫館跡である。小学校の敷地西南にはお清（大清水）がある。この湧水は真名《まな》川の扇状地の地下水が湧き出ている所で、今なお生活用水として利用され、環境庁が選定した全国名水百選の一つとなっている。かつてこの大清水は「御清水」「殿様清水」とも呼ばれ、藩主が使う水を供する場所であった。水槽の中心に水が湧き出る直径一メートル程の石臼で、これは「殿様臼」といわれ、藩祖金森長近《ながちか》が設置したものと伝えられている。

　大清水のある泉町は、往時の武家屋敷街で、道幅の狭い路地は鉤型に曲がっている。その名残りの道をたどると細流があり、杉の巨木に囲まれた中に戦国大名朝倉義景の墓がある。義景の墓から歩いて赤根川の清流を渡ると、杉木立に囲まれた洞雲寺山門がある。洞雲寺は斯波氏の重臣二宮将監が元勅和尚を開山として創建した曹洞宗の寺院である。将監が朝倉敏景と戦い、敗れて自決した後は、朝倉氏の庇護を受け、この地に逃げのびた義景は、一時この寺に身を隠していたという。

　有終西小学校の西側、亀山南麓に柳《やなぎ》廼《の》社《やしろ》と呼ばれる柳神社があり、祭神は大野藩七代藩主土井利忠《としただ》である。利忠は名君の誉れ高く、藩政改革を行うとともに洋学を採り入れ、蝦夷地や樺太の開拓を行った。拝殿には、北海道との交易に活躍した岡不崩《ふほう》筆の藩船大野丸の扁額が掛けられている。境内にある大屋根の建物は大野市郷土歴史館で、明治二十一年（一八八八）に大野裁判所として建てられたものを移築した。

　この神社の南の県立大野高校のグラウンド横に、大きな自然石の洋学館跡の碑がある。また、亀山公園へ登る途中に、大野丸の碑があり、二本マストの大野丸のレリーフが嵌め込まれている。さらに曲がりくね

た小径を登って行くと、標高約七五メートルの山頂に亀山公園がある。公園の奥まった一角に、藩祖金森長近が築いた越前大野城が建っている。

大野城跡と寺町

越前大野城は亀山山頂に天守閣、中腹に武器蔵、煙硝蔵、麓に館などを設け、周囲が内堀、外堀に守られた山城で、四年の歳月を費やして完成した。長近は織田信長に仕えて、各地の合戦に従軍して見た城の長所を頭に描きながら築いたというから、規模はさほど大きくないが本格的な城である。この城を築くにあたって、長近は農民たちに無理な労働を強制せず、主に農閑期を利用したというエピソードを残している。

この城は安永四年（一七七五）、大野城下からの大火によって全焼してしまい、その後、約二百年、山上には石垣を残すだけだったが、寛延二年（一七四九）の古図を参考にして、昭和四十三年に天守閣と天狗櫓が復元された。現在では石垣に往時の面影を偲ぶほかない。

越前大野城天守閣

全国名水百選の一つ「お清水」

天守閣前に、いかにも人のよさそうなご隠居さんという恰好の金森長近の銅像、天狗櫓そばに上下《かみしも》姿の土井利忠の銅像がある。

金森長近の銅像前から百間坂を下って柳町通りに出ると、外堀の一部の百間堀跡が残っている。大野が小京都と呼ばれる所以は、その碁盤目状の街路にある。長近は戦国の風雲あわただしい中にあって、大野在城は十一年であった。それも戦場を疾駆する日々の多かった長近であったが、城下町造りには並々ならぬ力を注いだ。城のすぐ近くの現在の水落町・城町・泉町には武家屋敷を置き、その外側には碁盤目状に、東西・南北にそれぞれ六条の道を通した。

東西の街路は南から横町通り、六間通り、七間通り、八間通り、石灯籠小路、正膳町通りと呼ばれ、南北の街路は西側から一番通（本町通り）、二～五番通り、寺町通りと呼ばれている。特に五番通りの外側、城からもっとも離れた寺町通りには、一向宗の本拠の土地柄ということもあって、大半が浄土真宗といわれる二十余ヵ寺が整然と甍を連ね、城下町らしい雰囲気を醸し出している。

木本藩《このもと》〈家門〉
居城＝福井県大野市木本

徳川家康の次男で名門結城晴朝の養嗣子となった結城秀康は慶長五年（一六〇〇）、関ヶ原の役の戦功によって、越前国北ノ庄城（福井城）主となって六十七万石を領有した。秀康の六男松平直良《なおよし》は寛永元年（一六二四）、越前国大野郡木本周辺において二万五千石を分与され、春日山城を築いて福井藩の支藩として立藩した。

寛永十二年、直良は一万石を加増され、同時に合わせて三万五千石を領有したが、木本藩の越前国勝山二万石へ転封となり、木本藩の一万五千石は福井藩主松平忠昌《ただまさ》（秀康の次男）に編入された。木本藩はわずか十二年間で廃藩となり、以後立藩されなかった。

大野盆地の南部に位置して木本集落があり、集落内を流れる清滝川沿いに、松平直良が木本藩を立藩した時に築いた春日山城跡がある。現在は城跡の面影はまったくないが、わずかに荒子町・中村町・馬場などの地名に名残りをとどめている。

吉江藩《よしえ》〈家門〉
陣屋＝福井県鯖江市吉江町

結城秀康の次男で越後国高田二十五万石の藩主であった松平忠昌《ただまさ》は寛永元年（一六二四）三月、五十万五千石を領有して福井藩三代目藩主になったが、正保二年（一六四五）八月一日、四十九歳で病没した。その嫡男光通《みつみち》は遺領を相続したが、幕命によって次男昌勝《まさかつ》に松岡五万石を、三男昌親《まさちか》に吉江二万五千石を分与した。昌親は吉江の琵琶山下に陣屋を構えて立藩した。

福井藩主松平光通は晩年、家督相続に関して悩み、延宝二年（一六七四）に弟の吉江藩主昌親を養嗣子に迎えて、福井藩主を相続させる旨の遺書を残して自害した。この時、光通は三十四歳であった。幕府はこの遺言を認め、昌親の襲封が実現した。このため昌親は、福井藩五代目藩主の地位についたので、吉江藩は陣屋を破却して廃藩となった。なお、昌親は二年後に病を理由として、養嗣子綱昌に福井藩主の座を譲ったが、のち再封して吉品《よしのり》と名乗った。

葛野藩《くずの》〈家門〉
陣屋＝福井県丹生郡朝日村

和歌山藩主徳川光貞《みつさだ》の三男頼方《よりかた》は元禄十年（一六九七）、越前国丹生郡・坂井郡内四十五ヵ村において三万石を領有し、丹生郡下糸生村葛野に陣屋を構えて立藩した。その後、宝永二年（一七〇五）六月、兄の越前国高森藩主頼職《よりもと》（光貞の次男）が、宗家の和歌山藩主を継いだため、高森藩内から一万石を頼方が兼領した。だが、頼職が三ヵ月後の九月八日、二十八歳の若さで病没したため、頼方が宗家を継ぐこととなり、葛野藩の陣屋は破却されて廃藩となった。

頼方は和歌山藩主になると、名を吉宗《よしむね》と改めた。享保元年（一七一六）四月三十日、七代将軍家継がわずか八歳で没したため、五月一日、徳川宗家を継いで、八月に八代将軍に就任した。八代将軍の候補には吉宗の他に、尾張藩主徳川継友、水戸藩主徳川綱条、館林藩主松平清武らがいたが血統上から吉宗に決定したという。吉宗は徳川幕府中興の英主といわれた。

高森《たかもり》藩〈譜代〉

陣屋＝福井県武生市高森

五代将軍綱吉が元禄十年（一六九七）、和歌山藩主徳川光貞《みつさだ》邸を訪問した際、光貞の二男松平頼職《よりもと》へ越前国丹生《にう》郡内において三万石が分与され、丹生郡高森に陣屋を構えて立藩した。宝永二年（一七〇五）五月十四日、和歌山藩主徳川綱教《つなのり》が四十一歳で没したため、頼職が宗家を継承することになり、和歌山藩主に転出した。

この時、頼職の高森藩領三万石の内一万石が弟頼方《よりかた》（光貞の三男）の越前国葛野藩領に編入され、二万石は遠江国浜松藩主本庄（松平）資俊《すけとし》の三男宗長《むねなが》に与えられ、同年十月、高森に陣屋を構えて立藩した。宗長は元禄十三年（一七〇〇）十一月、中奥の小姓となり、従五位下兵庫頭に叙任され、松平姓を賜わった。宗長は宝永六年（一六七八）十一月二十日、二十三歳で没し、その遺領を嫡男宗胡《むねひさ》が相続したが、正徳元年（一七一一）、八歳で夭逝したため、無嗣絶家となって除封された。

敦賀《つるが》藩（鞠山《まりやま》藩）〈譜代〉

陣屋＝福井県敦賀市鞠山

豊臣秀吉の小姓・奉行として活躍した大谷吉継《よしつぐ》は天正十三年（一五八五）、越前国敦賀城主となって五万石を領有していたが、慶長五年（一六〇〇）、関ヶ原の役の時には石田三成の懇請によって西軍に与《くみ》し、関ヶ原西方の藤川の地で戦死した。

のち越前国小浜藩主酒井忠直《ただなお》が天和二年（一六八二）七月十日に病没すると、その嫡男忠隆《ただたか》が十万三千五百石を相続し、忠直の遺言によって次男忠稠《ただしげ》が越前国敦賀郡内において五千石、近江国高島郡内において五千石、合わせて一万石を分与され、立藩した。忠稠は貞享四年（一六八七）八月十一日に大番頭を命ぜられ、敦賀郡東浦村鞠山《まりやま》に陣屋を構えた。敦賀藩は参勤交代を行わない定府大名で、しかも領内支配は、本藩の若狭国小浜藩預かりであったため、陣屋のみが設置されていた。

忠稠のあと、忠菊《ただきく》（大番頭）―忠武《ただたけ》―忠《ただ》香《か》と続いた。忠香は奏者番兼寺社奉行、さらに明和二年（一七六五）八月、西の丸若年寄に昇進した。

忠香治世の宝暦九年（一七五九）に本藩から独立して直接支配が始まった。このため、陣屋には郡奉行二人、郷代官三～五人、手代二人が置かれ、近江国高島郡は大庄屋一人が支配した。

その後、忠言《ただのぶ》（大番頭）―忠藎《ただえ》（大坂定番）と続き、安政六年（一八五九）には財政難からふたたび本藩の支配に戻そうとしたが、領民の反対で中止となった。つぎの忠《ただ》毗《ます》は長年若年寄をつとめた功労を賞され、文久元年（一八六一）、一千八百石が加増され、翌年に城主格に昇格し、参勤交代の義務が生じた。このため、交通の便を考えて安房国内に陣屋を新設した。

最後の藩主になった忠経《ただつね》は、明治三年（一八七〇）三月十九日、藩名を鞠山藩と改め、さらに九月十七日には本藩の小浜藩に合併して、鞠山藩は廃藩となった。この時、忠経は小浜藩知事に任ぜられた。陣屋跡は敦賀東岸の鞠山にあり、そこには現在、企業の保養施設が建っている。

鯖江《さばえ》藩〈譜代〉

居城＝福井県鯖江市本町

一代の栄進を遂げた間部詮房

江戸中期の側用人間部《まなべ》詮房《あきふさ》は幼少の頃、猿楽師喜多七太夫に弟子入りしていたが、猿楽好きの甲府藩主徳川綱豊《つなとよ》（のちの六代将軍家宣）に召し出されて近侍となった。詮房は容姿端麗のため、綱豊の寵愛を一身に集め、宝永元年（一七〇四）、綱豊が五代将軍綱吉の養嗣子となって江戸城西の丸に入ると、禄高一千五百石を与えられて幕臣となった。のち西の丸奥の番頭となり、一千五百石を加増されて三千石を領した。宝永三年に若年寄に進み、七千石を加増され、合わせて一万石を領した。ついで老中格となって一万石を加増され、宝永六年、綱豊が六代将軍に就任すると、二万石を加増されて、上野国高崎五万石の藩主となった。

詮房は、常に家宣の側に近侍し、老中の上請も詮房の手を経て取り次いだといわれた。正徳二年（一七一二）、家宣の死に臨んで後事を託され、七代将軍家綱の側用人を勤めた。享保元年（一七一六）五月、家綱の死とともに八代将軍吉保の治世になると、側用人職を免ぜられ、越後国村上八万石の藩主となった。

実弟詮言

詮房は村上へ移って三年後の享保五年七月十六日、五十四歳で没し、実弟詮言《あきこと》が養子となって家督を相続すると、同時に越前国今立郡内百四ヵ村を中心に、丹生郡内十四ヵ村、大野郡内十一ヵ村において五万石を領有して、鯖江に入封して立藩した。詮言の入封した西鯖江村は北陸街道沿いの寒村で、小浜藩領・福井藩領・誠照寺の門前町が複雑に入り組んでいた。このため、翌年六月、家臣団の移住がはじまったが、陣屋建設用地も定まらず、近郷の農家に分宿する有様であった。

そこで、幕府に願い出て、藩領に接する小浜藩東鯖江領と村替えを行い、ようやく陣屋用地が決定した。詮言は支配の実効を上げるために、村方三役の他に藩領を地域ごとに六つの組に分割して、各組に大庄屋を置いて治めた。

詮言は陣屋や町並などの建設にとりかかったが、享保九年に没したので、詮方《あきみち》が家督を継ぎ、同十四年に藩主として初めて国元に入封し、あわただしく陣屋を築いた。ようやく整った陣屋町は宝暦五年（一七五五）、大火のために町中の大半を焼失、ふたたび新しい町造りの建設をすることとなった。詮方のあとを継いだ詮央《あきなか》は、鯖江大火につぐ江戸上屋敷の類焼などにより、藩財政が極端に窮乏し、倹約令が出された。

飢饉と凶作

詮央のあとを継いだ詮茂《あきとお》の治世には、明和年間（一七六四～七一）以降続いた凶作の惨状がひどく、さらに天明の飢饉の時は葛根《くずね》を掘って飢えを凌ぐ有様で、藩では御救米・作喰米・稗《ひえ》代の下付けが行われた。つぎの詮熈《あきひろ》の治世も凶作が続き、その上参勤交代の費用や公役負担などがかさみ、領民の負担は限界に達した。借財が一層増加して藩財政は行き詰まり、ふたたび倹約令を出した。

藩財政の逼迫の中でも文武の奨励は図ら

れ、詮　は天明八年（一七八八）、京都から儒者芥川元澄を招聘して、藩士の子弟の教育にあたった。つぎの詮允《あきざね》は先主詮　の遺志を継いで、文化十年（一八一三）、江戸藩邸内に惜陰堂、さらに翌年には藩校進徳堂を創設した。また、詮允は藩財政の一層の悪化にともない、藩士の家禄制を改め、通例の相続の際には減知、勤務ぶりに応じて加恩していたものを制限して、役料・役金を定める注目すべき改革を始めた。だが、詮允の治世はわずか二年の在職で終わった。

老中になった詮勝

詮允のあと、文化十一年（一八一四）に家督を継いだ詮勝《あきかつ》は詮熈の三男で、詮允の養子となった。詮勝は深い教養を持ち、天保八年（一八三七）、各大庄屋の組下に産物問屋を設け、領内の産物を集めて市を立てたり、さらに同十二年からは産物会所を設置、同時に鯖江藩札を発行して藩財政の建て直しを図った。

詮勝は幕閣となり、文政九年（一八二六）、二十二歳で奏者番、以後寺社奉行・大坂城代・京都所司代と累進し、天保十一年、江戸城西の丸老中となった。この時、十一代将軍家斉から鯖江築城を許可され、幕府から築城費五千両を拝領した。鯖江藩では年寄職間部司馬を築城御用掛に命じ、領内の村々へは普請材の調達を準備させ、さらに小浜藩士宮田源左衛門を招いて城地の調査をさせたが、実現には至らなかった。

だが、詮勝は老中水野忠邦と意見が合わないため老中職を辞任し、以後は文雅の道を嗜み、また蘭学者らと親交して外国の知識を得た。安政五年（一八五八）六月、井伊直弼が大老に就任すると、詮勝はふたたび老中に就いて勝手掛兼外国掛を命ぜられ、将軍継嗣問題、諸外国との条約締結などの難問題に取り組んだ。

一方、直弼の片腕となって安政の大獄を推進し、梅田雲浜・橋本左内・頼三樹三郎らの志士、鷹司政道・近衛忠熈・三条実万らの公卿を処罰した。

詮勝は翌安政六年十二月、大老井伊直弼と不和となって辞職し、さらに文久二年（一八六二）、幕府の政治方針の変更にともない在任中の不宜の責任を問われ、隠居・急度《きっと》慎みを命ぜられて、一万石の削封となった。詮勝は隠居中には詩文を嗜み、書画・馬術・剣技を極めたが、慶応元年（一八六五）に謹慎が解かれた。

最後の藩王

詮勝のあとは詮実《あきざね》が家督を相続するが、わずか一年余りのちに三十七歳の若さで没し、つぎの詮道《あきみち》が文久三年（一八六三）、急養子となって家督を継いだ。詮道が継いだ直後の元治元年（一八六四）三月、水戸天狗党の浪士が美濃路から領内に入ってきたため、藩兵二百名を出兵して昼夜にわたって警備に当たった。

また慶応三年（一八六七）の江戸三田・薩摩藩邸の焼き打ちの時には、庄内・上ノ山・岩槻各藩士らとともに警備に当たり、慶応四年の戊辰戦争にも参陣した。

詮道は維新期の政情激変の中にあって、藩士には文武を奨励、さらに安政の大獄における汚名を晴らすべく、藩士に諭した「書下」は有名である。明治二年に版籍奉還し、詮道は知藩事に任ぜられ、同四年に廃藩置県を迎えた。

小江戸紀行　真宗本山のある城下町鯖江城下を歩く

藩主間部家の菩提寺・万慶寺

鯖江の市街地は南北に細長く続く台地上にあり、市街の中心部は南端に位置している。市街の南端にあるJR北陸本線鯖江駅前通りを西へ進み、旧北陸街道との交差点を左折し、しばらく歩くと左手に老杉に囲まれた万慶寺《ばんけいじ》がある。寺伝によれば、享保六年（一七二一）、藩主間部詮房《まなべあきふさ》が越後国村上から入封する際、かの地から現在地に移し、間部氏の菩提寺にしたという。現在の堂宇は文化十一年（一八一四）に建立したもので、本堂天井には安政五年（一八五八）、七代詮勝《あきかつ》の筆による竜神・風神・雷神の墨絵が描かれている。境内には五代詮凞《あきひろ》・六代詮允《あきさね》・八代詮実《あきざね》の夫人の墓がある。

藩主間部家の菩提寺万慶寺山門

万慶寺の南側に上野別堂がある。この別堂は誠照寺《じょうしょうじ》の前身で、越前における専修念仏布教の草創地といわれる。旧仏教の攻撃により承元元年（一二〇七）、親鸞が越後配流の際、この地の豪族波多野右京景之の要請によって輿《こし》を止め、初めて念仏信仰を開いた所で、「車《くるま》の道場」といわれ、以後、この地は浄土真宗と関係の深い地となった。

鯖江御坊の名で親しまれる誠照寺

上野別堂から旧北陸街道をしばらく北上すると、寺町商店街に面して東向きの四脚門を構えた誠照寺がある。本願寺八世蓮如《れんにょ》が文明三年（一四七一）、越後に入る頃、すでに宗教活動を展開していたのが越前真宗三門徒派教団で、この教団は本願寺三世覚如《かくにょ》の頃、如道とその弟子道性《どうせい》、その子如覚の三人が開いたもので、長年、和讃勤行と消息文を活動の中心とした。誠照寺は如覚の開基で、南越地方宗教活動の中心的役割を果たした。蓮如の吉崎御坊に進出以降は衰退に向かったが、やがて中興上人といわれた十五世秀誠《しゅうかん》が布教に尽力し、福井藩主を初め多くの帰依を得、貞享四年（一六八七）に伽藍も再建された。鯖江御坊の名で親しまれ、門前町として賑わった。

若狭国

小浜《おばま》藩 〈譜代〉

居城＝福井県小浜市城内

京極高次の城下

若狭国は守護武田信賢《のぶかた》が初め青井山に城を築き、高成寺周辺に居館を置いていたが、四代後裔元光《もとみつ》は大永二年（一五二二）、後瀬山城を築いて移った。だが、三代裔の元明《もとあき》は織田信長の若狭攻めの際に殺害され、武田氏は約百三十年間の若狭領支配に終止符を打った。その後、後瀬山城には豊臣秀吉の家臣丹羽長秀《にわながひで》・浅野長政《ながまさ》・木下勝俊《かつとし》らが入城したが、慶長五年（一六〇〇）の関ヶ原の役の時、勝俊が西軍に与《くみ》したため除封となり、戦後、京極高次《きょうごくたかつぐ》が近江国大津から八万五千石で入封して立藩した。

翌年、高次は近江国高島郡内において七千石を加増され、中世以来の後瀬山城が不便のため、平野部の現在地を選んで築き、これが小浜城（雲浜城）と呼ばれた。慶長十四年、家督を継いだ忠高《ただたか》は、城の修築や城下の整備を続け、大坂の陣の際には生母常高院が淀君の妹であったこともあり、和議にも尽力した。寛永元年（一六二四）、大坂の陣の戦功により、越前国敦賀郡内において二万一千五百石を加増され、合わせて十一万三千五百石を領有した。忠高は寛永十一年、出雲国松江へ転封になるが、小浜城の天守閣は完成に至らなかった。

将軍家光の信任篤い酒井氏入封

京極忠高が出雲国松江へ転封になると、武蔵国川越十万石の藩主酒井忠勝《ただかつ》が京極氏時代と同じ十一万三千五百石で入封、その後、寛永十三年に下野国安蘇・都賀二郡内において一万石が加増され、合わせて十二万三千五百石を領有した。忠勝は寛永十五年に大老に就任したが、三代将軍家光の信任がきわめて篤く、幕政の中心人物として活躍した。忠勝はほとんど江戸牛込の藩邸に常駐し、幕府の許可を得て帰藩したのはわずか四度で、封地での滞在日数は一年にも満たなかった。

慶安四年（一六五一）に家光が没し、若い四代将軍家綱が就任すると、時勢に不満をもつ浪人が蜂起しようとした慶安事件が起こったが、事件は未然に顕れて首謀者の由比正雪・丸橋忠弥らは処断された。一方、入封当時、小浜城の天守閣は未完成であったが、江戸城富士見櫓を模して造営に着手し、その上城下町の整備も一段と進んだ。

明暦二年（一六五六）、忠勝が隠退後、忠直《ただなお》が家督を相続し、寛文元年（一六六一）に甥忠国《ただくに》に一万石（安房国勝山藩）を分与した。直政は寛文十二年、幕命により従弟の元上総国佐倉藩主堀田正信《まさのぶ》を信濃国飯田の配流地から迎え入れて、領内に幽閉した。

忠直は天和二年（一六八二）に没し、忠隆《ただたか》が遺領十一万三千五百石を継いだが、その時に弟忠稠《ただみち》に一万石（越前国敦賀藩）を分与し、残り石高は十万三千五百石となった。このあと忠囿《ただその》－忠音《ただおと》と家督を継いだが、この頃が藩政の絶頂期であり、忠音は寺社奉行・大坂城代・老中を歴任した。

そのあとの忠存《ただあきら》は享保三年（一七一八）、六代将軍家宣廟やその後の日光廟の普請で支出がかさみ、その後、忠用《ただもち》－忠與《ただよし》－忠貫《ただつら》と継承したが、財政難が続いた。忠貫の治世には、学問興隆の風潮があって、学問に熱心だった忠貫は安永三年（一七七四）、藩校順造館を創設し、文化―文政年間（一八〇四～三〇）になると、私塾や寺子屋も数多く開かれ、国学者伴信友《ばんのぶとも》、志士梅田雲浜《うんぴん》らが輩出した。また『ターヘルアナトミア』を購入し、藩医杉田玄白・中川淳庵らに翻訳をすすめ、『解体新書』を発刊した。忠貫の晩年にはロシアのラックスマンの来航などがあり、沿岸の巡検・防衛に力を入れるようになった。

つぎの忠進《ただゆき》は寺社奉行・京都所司代・老中など幕府の要職を歴任した。そのあとを継いだ忠順《ただより》の時代には藩財政が逼迫したため、十万石の格式をしばらく省略して財政建て直しをはかったが、天保四年（一八三三）には領内で打ち毀しが発生した。

忠貫―忠進に仕えた国学者伴信友は、十九歳頃から本居宣長の学風を慕い、村田春海を仲介として鈴屋の門に入ろうとしたが、宣長が没していたために叶えられず、没後の門弟に列することになった。信友の博覧強記は驚くべきで、群書を読み漁り、緻密な考証を重ね、多くの著書を著した。当時、平田篤胤・橘守部・小山田与清とともに天保の四大家と称された。

梅田雲浜の登用

忠順のあとを受けて家督を継いだ忠義《ただあき》は、天保十三年に奏者番兼寺社奉行、ついで翌年に京都所司代に任ぜられたが、嘉永三年（一八五〇）にいったん辞職し、さらに安政五年（一八五八）に京都所司代に再任され、大老井伊直弼の腹心として、条約勅許問題や将軍継嗣問題の処理に活躍した。このため一万石が加増され、合わせて十一万三千五百石となった。万延元年（一八六〇）三月三日の桜田門外の変後は、公武合体を実現すべく和宮降嫁に尽力した。だが、文久二年（一八六二）、坂下門外の変後、朝廷の権威が高まり、忠義は公武周旋の失態の罪で京都所司代を解職となって、蟄居を命ぜられた。また、先の加増分の一万石も没収された。

小浜藩士梅田雲浜は藩士矢部岩十郎義比《よしちか》の次男で、祖父の生家梅田家の嗣子となった。雲浜は藩校順造館で学んだ後、同藩儒者山口管山について山崎闇斎の学統崎門《きもん》学を修め、天保十二年に関西や九州諸国を遊歴し、のち近江国大津に湖南塾を開いた。雲浜は嘉永三年（一八五〇）、三十五歳の時、幕府方だった小浜藩の政策について意見を述べ、その後もたびたび進言したため、忠義の忌諱に触れて藩籍を剥奪され、浪人の身となった。その後、頼三樹三郎・吉田松陰らと尊王攘夷を唱えて奔走し、京都で梁川星巌らと画策中の安政五年（一八五八）九月、京都所司代であった忠義によって捕えられ、伏見奉行所に投獄された。翌年一月、江戸町奉行所へ檻送され、豊前国小倉藩邸に預けられたが、九月十四日に病死した。

蟄居を命ぜられた忠義に代わって忠氏《ただうじ》が家督を継ぐと、幕命によって若狭の沿岸防備などに従事し、水戸天狗党の鎮定などにあたった。

慶応四年（一八六八）一月、鳥羽伏見の戦いには幕府軍として出兵したが、のち降伏して北陸道鎮撫使先鋒を命ぜられ、奥羽地方に出兵した。忠氏は隠居を命ぜられたため、罪を許された忠義が忠禄《ただとみ》と改名して家督を再相続したが、明治二年六月、版籍奉還し、同四年に廃藩置県を迎えた。

小江戸紀行 古城と名刹の城下町小浜城下を歩く

若狭湾に面した若狭公園

小浜は若狭湾に面し、日本海に流れ込む北川と南川とに挟まれた三角洲の中にある。JR小浜線小浜駅前から北西に進んで小浜湾に突き当たり、海岸通りを南西に歩くとまもなく、乳白色の台座上に二体の人魚像がある。ここがマーメイドテラスで、人魚の肉を食べて、八百歳になっても若々しく美しいままであったという八百比丘尼の伝説にあやかって造られたものである。

海岸通りを西へ歩くと、小浜公園がある。公園へ行く途中、海辺からちょっと入った一画に、むかし廓町として栄えた三丁町があり、水上勉の小説『波影』には、この廓で生活した女主人公雛千代の暗く哀れな運命が描かれている。

岬となった小高い丘の公園一帯は、若狭国守護武田信賢が築いた青井城跡である。石段下には安政の大獄で獄死した梅田雲浜《うんぴん》の碑、考古学者上田三平の碑、石段を上ると明治期の『明星』派の女流歌人山川登美子の歌碑、明治の海軍軍人で潜水艇で殉死した佐久間勉艇長の銅像などがある。

名刹高成寺・常高寺・発心寺

公園の南側にある高成寺の前身は暦応二年（一三三九）、足利尊氏が創建した安国寺である。その後、安国寺は焼失したので守護大高重成が再建し、その姓名の各一字をとって安国高成寺と号した。信賢が青井城を築いた時、このあたりに居館を置いたという。境内には藩医中川淳庵の碑がある。淳庵は杉田玄白・前野良沢らと『解体新書』の翻訳に従事した。

高成寺から駅へ向かう途中に、小浜藩主酒井家の菩提寺空印寺《くういんじ》がある。この寺には八百比丘尼が入定したという洞穴があり、入口脇には比丘尼の石像がある。本堂裏手には酒井家の墓所がある。

JR小浜線の線路を越えると、山門が黒く焼けただれて後瀬山《のちせやま》の稜線を映す常高寺《じょうこうじ》がある。京極高次夫人の常高院が建立した寺である。常高院は近江国小谷城主浅井長政と織田信長の妹お市の方との間に生まれた三姉妹の次女で、姉は豊臣秀吉の側室淀殿で、大坂の陣では徳川方と豊臣方との和睦交渉に活躍した。庫裡から国道二七号線を渡って山道へ入ると、常高院の宝篋印塔の墓がある。

国道を東へ後瀬山麓に沿って進むと発心《ほっしん》寺《じ》がある。大永二年（一五二二）、後瀬山城主武田元光《もとみつ》が創建した寺で、寺内には学問所として柏亭《かしわてい》という館があったと伝えられて

いる。寺の背面に後瀬山のゆるやかな斜面を利用した墓地には国学者伴信友の墓、やや上った所に山川登美子一族の墓所がある。

発心寺の西側にある標高一六〇メートルの小丘を後瀬山といい、大伴家持《やかもち》と妻大《おお》嬢《いらつめ》によって歌われた、万葉相聞の山として知られている。大永二年、武田元光の築いた後瀬山城があった。麓に鎮座する愛宕神社から山道を登っていくと、山頂には本丸・二の丸跡の石塁が残っている。

小浜城跡の石垣

海辺に築かれた小浜城跡

小浜駅前から北方へ延びる国道一六二号線を進むと、まもなく右手の小浜病院前に杉田玄白像が立ち、国道の反対側の小公園内には梅田雲浜像がある。さらに国道を北上すると、右手に山川登美子生家跡・梅田雲浜生誕地跡があり、若狭高校の敷地は伴信友の生家跡である。

梅田雲浜の像

南側に架かる大手橋を渡ると、左手一帯は小浜城跡である。海辺に築かれた小浜城は、北・南ふたつの川の川口に挟まれ、あたかも水中に浮かぶ島のような要害の水城であった。海岸は雲の浜と呼ばれていたことから、城は別名雲浜城といわれた。かつては城壁近くまで波が寄せていたが、今は草むした本丸石塁と天守台だけが残り、昔の威容を偲ぶよすがもない。

慶長五年（一六〇〇）の関ヶ原の役後、近江国大津から入封した京極高次《たかつぐ》は後瀬山城に入城したが不便なために、現在地に城を築き、その子忠高《ただたか》も城の修築をした。忠高は寛永十一年（一六三四）、出雲国松江へ転封になるが、この時にも天守閣はなかった。代わって小浜城に入った大老酒井忠勝は城の大修築を加え、本丸に江戸城富士見櫓を模した三層の天守閣を完成させた。しかし残念ながら、明治四年（一八七一）十二月に火事で焼失してしまった。本丸跡には忠勝を祀る小浜神社がある。この境内には八助稲荷があり、その眷族である狐が忠勝の使者となって、若狭と江戸との間を往復したという伝説が残されている。

「海の見える奈良」というのが小浜の観光宣伝用のキャッチフレーズである。市街の東南、若狭街道に沿った遠敷《おにゅう》地域には国分寺・万徳寺・神宮寺・明通寺、若狭彦神社・若狭姫神社など古社寺が多く、平安から鎌倉時代の文化を伝える国宝や重要文化財がたくさん残されている。

甲信濃飛の諸藩・城下町

甲斐国（山梨県）
信濃国（長野県）
美濃国（岐阜県）
飛驒国（岐阜県）

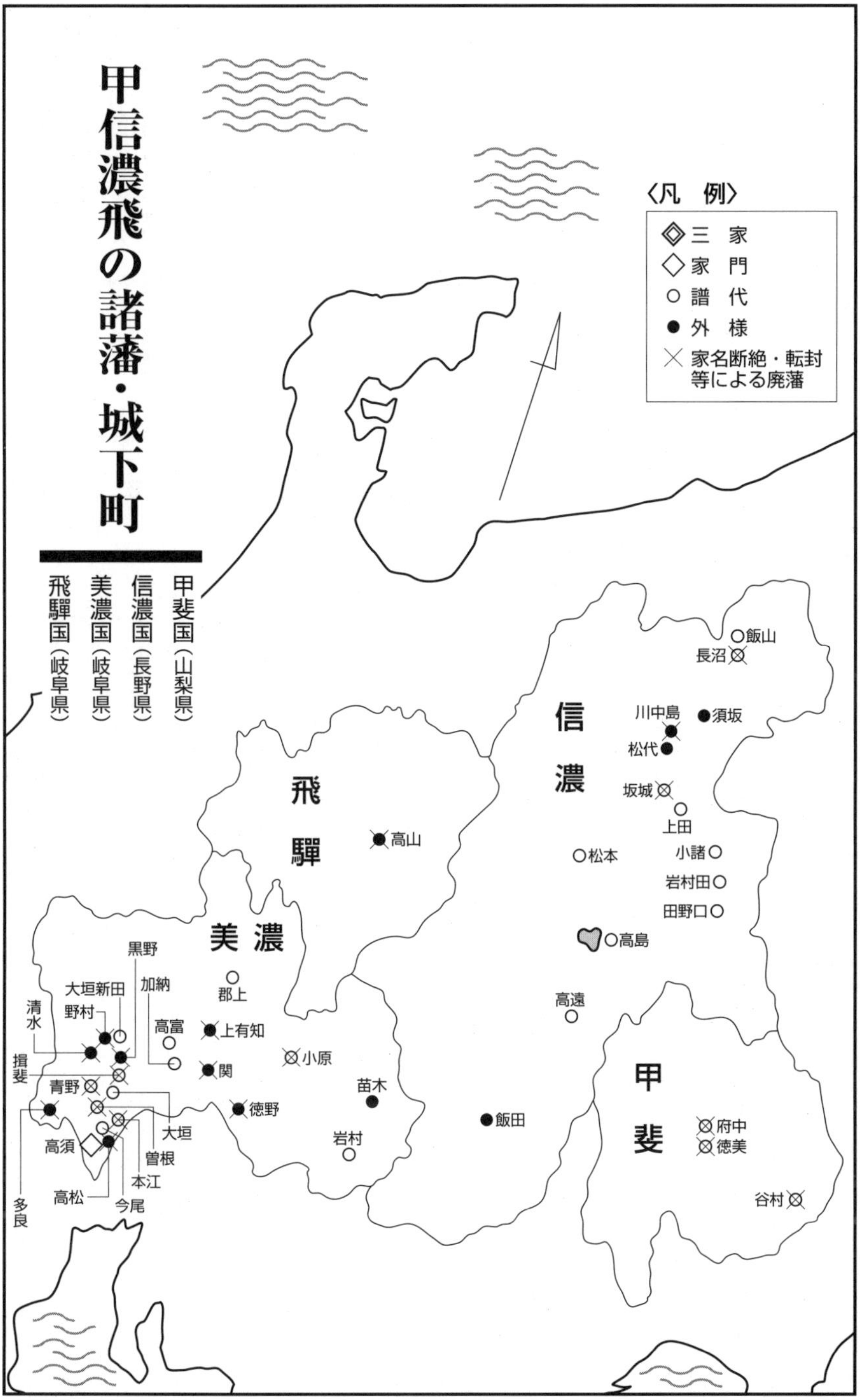

甲斐国

府中藩《ふちゅう》（甲府藩《こうふ》）〈譜代〉

居城＝山梨県甲府市丸の内

秀吉・家康の領有地

　甲斐国に君臨した名族武田氏は天正十年（一五八二）、織田信長に滅ぼされると、信長と同盟を結んだ徳川家康が甲斐国に入国し、その家臣平岩親吉《ちかよし》が郡代に任ぜられて、一万三千石を与えられた。天正十八年十一月、家康が関東移封後、豊臣秀吉の甥羽柴秀勝（関白秀次の弟）が封ぜられたが、翌十九年三月、美濃国岐阜へ転封となった。同年四月、近江国佐和山城主加藤光泰《みつやす》が甲斐一国二十四万石を領有して入封し、親吉によって着手されていた甲府築城の工事を受け継いだが、文禄元年（一五九二）、朝鮮の役に出陣中に釜山で陣没し、嫡男貞泰《さだやす》が遺領を継いだ。

　だが、貞泰は翌二年一月、美濃国黒野四万石へ転封となり、代わって若狭国小浜城主浅野長政《ながまさ》・幸長《ゆきなが》父子が封ぜられ、甲府城を完成し、城下町の建設が進められた。慶長元年（一五九六）には領内総検地が実施され、甲斐一国を二十二万五千石（郡内の一万八千石を含む）とするなど、領内支配に努力したが、強行検地のために多数の農民が逃散したという。なお、長政が秀吉から与えられた領知朱印状には、長政五万五千石、嫡男幸長十六万石を領有すべしとあった。

　慶長五年（一六〇〇）の関ヶ原の役後、幸長が紀伊国和歌山へ転封すると、甲斐国は家康の領有となり、翌年二月、上野国厩橋（前橋）城主平岩親吉が六万三千石で再び入封（甲府城代）した。慶長八年一月、家康の九男義直《よしなお》に甲斐一国二十五万石が与えられたが、義直が幼少であったため、親吉が傅役となって国政を担った。義直は慶長十二年閏四月、尾張国清洲六十二万石へ移封され、尾張徳川家の祖となった。この時、親吉も付家老として尾張国犬山九万三千石へ転封となり、甲府城には城番が置かれた。

甲斐宰相忠長と徳川綱重

　元和二年（一六一六）九月、二代将軍秀忠の三男徳川忠長《ただなが》（三代将軍家光の弟）が甲斐二十三万八千石を領して甲斐国主となり、付家老鳥居成次・朝倉宣政らが補佐した。忠長は同六年八月、従四位下参議右衛門中将となり、世に〝甲斐宰相〟といわれた。元和八年九月、信濃国小諸七万石が加増され、翌年七月、従三位権中納言、寛永元年（一六二四）、甲斐・信濃・遠江・駿河各国など合わせて五十五万石を領して駿河城へ転封となった。

　忠長は寛永九年六月、平素から兄家光と反りが合わなかったため、秀忠没後、罪を蒙って除封となり、甲府に蟄居を命ぜられた。忠長が蟄居になったのは、ある怪文書が原因である。それは将軍秀忠の没後、諸大名のもとへどこからともなく怪文書が回ってきた。それには将軍家光を亡きものにして駿河殿（忠長）の御代にしようではないかという謀叛の回状である。伊達政宗が真っ先にそのことを幕府に報告した。藤堂高虎がこれに続き、その他の大名も告げてきたが、加藤忠広（肥後国熊本藩主）父子は沈黙しており、また忠長もこれを知りながら報告しなかったので、罪を蒙ることになったというものである。

あるいはまた『駿河大納言卿事蹟』では、秀忠の死で人心が動揺しているのに乗じ、加藤忠広の子光正が、悪戯《いたずら》半分に土井利勝が謀叛を企て諸大名に呼びかける回状を偽造して世上に流布した。この回状の中に光正のほか忠長の判形《はんぎょう》があったため、その罪を蒙ったとしている。いずれも信ずるに足りるものではないが、『藩翰譜』でいう土井利勝の回状説は、この能吏にしてありそうな話である。忠長は寛永十年に上野国高崎城に預けられ、十二月六日、城下の長松寺で自刃した。

忠長の除封で甲府地方は幕府領に編入されていたが、慶安四年（一六五一）四月、家光の三男徳川綱重《つなしげ》が甲斐国山梨・八代両郡の一部と巨摩郡内で十四万四千石を領有して入封し、さらに寛文元年（一六六一）閏八月、甲斐・武蔵・信濃・近江国内において二十五万石を領することになった。寛文年間（一六六一～七三）には検地が実施されたが、貢租の重課に連年の凶作が重なって、農民一揆が起こった。

側用人柳沢氏の入封

幕閣内では綱重を五代将軍に推す動きがあったが、大老酒井忠清に阻止されて果たされなかった。綱重は延宝六年（一六七八）九月十四日に没し、一説に自害したといわれている。綱重の遺領を継いだ嫡子綱豊《つなとよ》は、五代将軍綱吉に嗣子がなかったので、宝永元年（一七〇四）十二月、綱吉の養嗣子となり、名を家宣と改めた。同六年一月に綱吉が没したので、六代将軍に就任した。

綱豊が綱吉の継嗣となったので、綱吉の側用人柳沢吉保《よしやす》が武蔵国川越から十五万一千二百石で入封した。吉保は幼少から綱吉の小姓となり、延宝八年に綱吉が五代将軍に就任後は小納戸役・側用人を歴任し、元禄十一年（一六九八）に大老格となった。甲斐十五万余石の大名となり得たのは、綱吉とその生母桂昌院の尽力によるものであった。

吉保は宝永三年、甲府城を改修増築し、城下町も拡張・整備したから甲府は柳沢時代に最も繁栄した。綱吉が宝永六年一月十日に病没すると、吉保は隠居し、薙髪して保山と号して、別荘六義園に隠棲した。

吉保のあとを相続した嫡男吉里《よしさと》は、弟安通と時睦とに各一万石の新墾田を分与した。吉里は享保元年（一七一六）、綱重時代に開削された穂坂堰の大改築を行い、難工事の末に竣工した。また検地も実施され、宝永七年から正徳五年（一七一五）の栗原筋（山梨郡）、正徳五年から享保三年の大石和筋《おおいさわ》（八代郡）、翌年の小石和筋（八代郡）において行われた。この結果、三郡内において二十三万八千七百余石、新田高五万四千二百余石、都留郡頂領二万八百余石で、合わせて三十万三千八百余石であった。

吉里の代には領内の特産品の生産や商品経済の進展が著しく、また三回にわたって実施した甲州金の改鋳（領内三郡に通用した独特の地方貨幣で、宝永四年・正徳四年・享保六年の改鋳）をした。吉里は甲府に在封した最後の藩主であったが、享保九年三月、大和国郡山へ転封し、府中藩は廃藩となった。その後、甲府地方は幕府領に編入され、甲府城は甲府勤番支配となり、のち甲府城代が設置された。

小江戸紀行 徳川氏一門の城下町甲府城下を歩く

名将武田信玄のふるさと

　戦国群雄が天下制覇をめざす時代の中で、要害《ようがい》山麓の積翠寺《せきすいじ》で生まれた甲斐の名将・武田信玄は、五十三歳で病死するまで生涯を戦に明け暮れる運命をたどった。甲斐路の中心、甲府へはJR中央本線特急で新宿から約一時間三十分。駅前広場では武具で身を固めた勇壮な姿の信玄像が目につく。

　領国統一を果たした信玄の父・信虎は永正十六年（一五一九）、居館を石和《いさわ》から躑躅《つつじ》ヶ崎《さき》（現在の武田神社）に移して新拠点とし、翌年には居館の北東約二キロの丸山に要害城を築いて敵に備えた。この館は信虎から嫡男信玄、そして信玄の四男勝頼が韮崎《にらさき》に新府城を築くまでの六十余年間、すなわち武田氏三代の支配拠点となった。

　JR甲府駅北口から北へ二キロに武田神社がある。武田通りを神社へ向かう道筋には、武田・大手・尾形など城下に由来する町名が残され、右手の古府中町、岩窪町には武田氏ゆかりの大泉寺、円光寺をはじめ、信玄が定めた「甲府五山」の古刹がかつての躑躅ヶ崎館を中心にして各所に点在する。

　躑躅ヶ崎館の主要部の規模は、一辺が約二〇〇メートルの正方形の主郭（現在、武田神社の本殿と拝殿、宝物殿が建つ）を中心に、その周りのいくつかの副郭とによって構成された平城形式のものであった。武田氏館跡は国指定史跡となっている。

　信玄生誕の地の積翠寺は武田氏館跡の北東に位置し、境内には信玄産湯の井戸、産湯天神が祀られている。

　武田神社から東方へ歩くとつつじが崎霊園が広がる。静かな霊園内の一角に建つ臨済宗円光寺は甲府五山の一つで、信玄の正室三条夫人の墓がある寺だ。三条夫人は大永元年（一五二一）、三条太政大臣公頼の二女として生まれ、天文五年（一五三六）、十六歳で同年の信玄の正室として、都から山国の武将に輿入れした。

　円光院の西南約五〇〇メートルで、県立青年の家のすぐ前には武田信玄火葬塚が木立に囲まれて立つ。

　信玄の死は遺言により三年喪を秘し、遺体は甲斐の岩窪の地に仮埋葬され、天正四年（一五七六）に火葬した。火葬塚に立つ石碑には「法性院大僧正機山信玄之墓」と刻まれ、その裏面に建碑の由来が記される。

　古府中町の曹洞宗大泉寺は、信玄の父信虎を開基として建立された。霊屋《たまや》の裏には天正二年、信濃の高遠城で没した信虎をはじめ、信玄、勝頼の三基の墓が並んでいる。

この寺では、信虎の第三子信廉が描いた信虎画像を所蔵する。

甲府五山と舞鶴城跡

大泉町の南、小高い愛宕山の南側には甲府五山の一つに数えられる長禅寺、能成寺、東光寺、少し東に善光寺が点在する。長禅寺は信玄の母大井夫人を開基とする。十六歳で元服した晴信は、永禄二年（一五五九）、この寺で得度して信玄という法名を授与され、号を機山とした。

甲府城跡の石垣

信玄、勝頼の帰依を受けた能成寺、この寺の北東約六〇〇メートルに東光寺がある。ここには父信玄と母三条夫人との間に誕生した長子義信の墓がある。義信は天文七年に生まれ、駿河の今川義元の娘を妻としたが、信玄の駿河攻略に強く反対したために永禄八年に幽閉され自害した。東光寺は鎌倉時代の創建で、薬師如来坐像を安置する仏殿は室町時代に再建されたもの。庭園は夢窓疎石の作といわれる。

ここから甲府北バイパス沿いに東へ行くと名刹善光寺に至る。甲斐善光寺は川中島合戦の折、信濃善光寺が戦火に遭うのを心配した信玄が、本尊の阿弥陀如来像をはじめ数々の寺宝を甲府に移し、永禄元年、現在地に大伽藍を造営したのにはじまる。本尊は、武田氏滅亡後、各地を転々としたのち、信濃善光寺に返されている。

武田神社の西方の和田町にある法泉寺も甲府五山の一つで、武田氏十代信武を開基とする。境内には信武の墓と、天正十年に山梨郡田野で敗死した勝頼の首塚がある。

舞鶴城公園として整備されたかつての甲府城跡は、JR甲府駅のすぐ東にあって復元された穴太《あのう》積みの石垣や白壁の塀が目につく。この地は一条小山と呼ばれた独立丘陵だったところで、鎌倉初期に甲斐源氏の一族の一条忠頼が居館を構えていたが、源頼朝によって忠頼は謀殺された。そのため夫人は尼になって館を寺にした。寺は武田氏滅亡後、甲府城を築城するため現在地の甲府市太田町に移された。

築城の計画は、甲斐国を領有した徳川家康の命により家臣の平岩親吉《ちかよし》が天正十一年から始めた。工事は一時中断されたりするが、慶長五年（一六〇〇）の関ヶ原の役で東軍の家康が勝利したあと、甲斐国は徳川氏の直轄領となり、再び平岩親吉が城代として入国した頃は、甲府城はほぼ完成していたといわれる。

徳川政権下では慶長八年に家康の第九子義直（のちの尾張徳川家祖）、元和二年（一六一六）には二代将軍秀忠の第三子忠長が城主となっている。柳沢吉保《よしやす》、その子吉里《よしさと》が城主になった時期が甲府城および城下の全盛期であったといわれる。

谷村藩《やむら》（郡内《ぐんない》藩）〈譜代〉

居城＝山梨県都留市市川棚

徳川氏譜代の功臣鳥居元忠《もとただ》は慶長五年（一六〇〇）、関ヶ原の役の前哨戦である伏見城の戦いで、西軍石田三成方の大軍を迎えて奮戦して戦死した。その元忠の三男成次《なりつぐ》は関ヶ原の役の軍功によって、甲斐国都留《つる》郡内に一万八千石を与えられ、勝山城（谷村城）に入城して立藩した。成次は慶長七年十月、七千石を加増され、元和二年（一六一六）に駿府藩五十五万石の藩主徳川忠長（家光の弟）の付家老を命ぜられ、陪臣となった後、寛永元年（一六二四）に一万石を加増され、合わせて三万五千石を領有した。寛永八年に襲封した嫡男成信《なりのぶ》（忠房）は翌年、主君忠長が乱行によって領国を収公されたため除封となり、谷村藩は廃藩となった。

寛永十年二月、上野国惣社《そうじゃ》一万五千石の秋元泰朝《やすとも》が郡内《ぐんない》城代を命ぜられ、三千石を加増されて領地を都留郡内に移された。泰朝は一万八千石を領有して谷村城主となり、再度立藩した。この地は耕地が狭小で農業生産力が低かったため、泰朝は郡内の絹紬生産に上野国の新技術を導入して、郡内絹の育成をはかるとともに、谷村の城下を貫く大堰《おおぜき》開削の事業を推進した。

寛永十九年十月、嫡男越中守富朝《ふさとみ》が襲封し、明暦三年（一六五七）六月、摂津守喬朝《たかとも》（喬知）が襲封して、三代七十二年続いた。喬朝は江戸定府であり、優れた才能が認められ、奏者番・寺社奉行を経て、天和二年（一六八二）に若年寄、元禄四年（一六九一）二月、下野国内に五千石を加増、同七年に河内国内に七千石の加増、元禄十二年には老中に昇進し、翌年三月、下野・河内国内に一万石を加増されて、合わせて四万石を領有した。秋元氏は、郡内の発展のために多くの事業を行ったが、延宝八年（一六八〇）以来の凶作と藩主の誅求・重課のため天和元年（一六八一）越訴が起き、七人の死罪を出した。宝永元年（一七〇四）十二月、柳沢吉保《よしやす》の甲府藩入封によって、喬朝は一万石を加増され、武蔵国川越へ転封となり、谷村藩は廃藩となって、谷村城も破却された。

徳美藩《とくみ》〈譜代〉

陣屋＝山梨県甲府市朝日・美咲

徳川初期の幕臣伊丹康勝《いたみやすかつ》は下総国相馬郡内において九千石を知行していたが、寛永十年（一六三三）に甲府城番を命ぜられた時、甲斐国山梨郡内において三千石を加増され、山梨郡徳美村に陣屋を構えて立藩した。康勝は徳川三代（家康・秀忠・家光）に仕え行政的手腕を発揮し、勘定頭兼帯となり、寛永十二年に佐渡支配および金山奉行に赴任し、甲府城番は長男勝長《かつなが》が担当した。

勝長はのち勘定頭に任ぜられ、承応二年（一六五三）閏六月に家督を相続した時、勝重《かつしげ》に二千六百石余を分知する一方、明暦三年（一六五七）に江戸城石垣を修復して恩賞を受けた。

寛文二年（一六六二）三月二十七日、自宅において同職岡田豊前守義政と訴訟を相談している時、越後蒲原代官一色《いっしき》直正に斬殺された。そのあとは勝政《かつまさ》―勝守《かつもり》と継いだが、元禄十一年（一六九八）、勝守は狂疾のため厠《かわや》で自害し、除封・廃藩となった。

信濃国

松本《まつもと》藩〈譜代〉

居城＝長野県松本市丸の内

石川・小笠原氏の入封

　松本は古くから府中・深志《ふかし》と呼ばれて信濃守護小笠原氏の領有地であったが、長時のとき武田信玄に逐われ、一時武田氏の城代が置かれた。武田氏の滅亡、本能寺の変により戦国の支配体制が大きく変わると、天正十年（一五八二）、徳川家康の後盾を得て長時の子貞慶《さだよし》が深志を回復し、同十三年ごろ深志城を松本城と改め、深志の地も松本と改称した。

　貞慶は松本城の拡充および城下の町割を行い、領国経営の数々の施策を実施した。天正十八年（一五九〇）、小田原の陣ののち徳川家康が豊臣秀吉の命により関東に入部すると、家康に従属していた貞慶は下総国古河へ移された。

　そのあと松本城には、豊臣秀吉の命を受けて石川数正《かずまさ》が和泉国の内から安曇・筑摩二郡八万石の領主として入城した。父祖の代から徳川家に仕える生粋の三河武士であった石川数正は、城代をつとめていた岡崎城を妻子郎党ともども出奔して豊臣秀吉に鞍替えしたという経歴の持ち主である。

　数正は小笠原貞慶のあとを受けて本格的な城郭の造営と城下町の整備を行い、所領を安堵して在地土豪の懐柔政策に意を用いるとともに、土地生産高の表示方式を貫高制から石高制に移行させていった。

　数正は文禄元年（一五九二）に没し、二代康長《やすなが》があとを継いだ。康長は五層六階の勇姿を今にとどめる松本城を完成し、領内を十組に分けて筋奉行や肝煎を置き、積極的に領内政治に取り組んだが、大久保長安と姻戚関係にあったことから、慶長十八年（一六一三）、長安の没後、生前の不正を咎められて一族が断罪されるとともに康長も改易となり、豊後国佐伯の毛利高政《たかまさ》に預かりの身となった。

　石川氏二代のあと、小笠原秀政《ひでまさ》が信濃国飯田から三万石を加増されて、父貞慶の故地松本へ八万石で復帰入封した。しかし入封後間もなく起こった大坂の陣に秀政・忠脩《ただなが》は参陣し、ともに戦死した。家康はその戦功をたたえて、元和元年（一六一五）、忠脩の弟忠真《ただざね》に家督を継がせた。忠真は郷村・貢租・町方制度の整備につとめたが、同三年、二万石を加増されて十万石で播磨国明石へ移封となった。

譜代・家門の要人入れ替わり入封

　小笠原氏移封のあとを受けて、同年、上野国高崎から戸田康長《やすなが》が七万石で入封した。小笠原氏時代の八万石から諏訪・高遠領に五千石ずつ分封されたのである。康長の正室は家康の妹松姫であったので松平の姓と三つ葉葵の紋を許された。康長は領内を十五組に分けて郷村の組み替えを行い、組ごとに代官と割元（のちの大庄屋）を置いた。寛永四年（一六二七）から同八年にかけて領内一円の総検地を行い、城下町を拡張した。

　寛永十年（一六三三）二月、康長のあとを康直《やすなお》が襲封したが、同年四月、播磨国明石へ移され、代わって越前国大野から松平直《なお》政《まさ》が入封した。結城秀康の系統を引く家門・越前家の大名である。直政は大天守と乾小天守が渡櫓で連結する松本城に月見櫓と辰巳付櫓を建設しており、連結・複合的天守という建築様式の名城として今日に伝わる。直政は幕命により同十三年銭座を設けて寛永通宝を鋳造している。

寛永十五年（一六三八）、松平直政は出雲国松江へ転封となり、そのあとへ武蔵国川越から堀田正盛《まさもり》が七万石で入封した。関東の領地三万石と合わせ、都合十万石となり、歴代松本藩主のうちでは最も石高の高い大名であった。正盛は三代将軍家光の側近から取り立てられた人物で、老中の要職にあって幕政に参画していたため、松本藩主としての治績に見るべきものはない。正盛の在藩中の同十八年領内に大凶作があり、安曇郡小谷《おたり》村では百四十七人の餓死者が出た。寛永十九年（一六四二）、堀田正盛は下総国佐倉へ転封となり、代わって水野忠清《ただきよ》が三河国吉田四万五千石を加増されて七万石で入封した。

水野氏六代と加助騒動・御家断絶

水野氏は松平姓を与えられた戸田氏と同じく三河の出身で、家康の生母を出した家系である。松本藩水野氏の治世は六代八十四年にわたる。

初代忠清は堀田氏より引き継いだ松本城絵図・領地絵図・郷帳を提出し、馬廻六番組の軍制を整え、松本城の改修、江戸城の手伝い普請などを行った。忠清のあと、正保二年（一六四五）、二代忠職《ただもと》が継いだ。忠職は承応元年（一六五二）九月から一年三ヵ月大坂城代をつとめ、万治元年（一六五八）九月から三ヵ月間ふたたび大坂城代をつとめている。慶安二年（一六四九）から四年にかけて領内の組ごとに総検地を実施して百姓株が決定され、年貢の率は五公五民で原則五合摺りの籾《もみ》納めであった。

寛文八年（一六六八）、三代忠直《ただなお》が襲封したが、藩財政の困窮が逼迫し、過酷な年貢取り立てを行ったため、ついに貞享三年（一六八六）、安曇郡中萱《なかがや》村の庄屋多田加助らを首謀とする強訴が行われ、千七百人にもおよぶ農民が松本城下に押し寄せた。

加助らの訴状の趣旨は、先年来、籾一俵につき米二斗五升の割合であったのに、それが三斗挽きになり、三斗四、五升挽きになってしまった、これを二斗五升挽きに戻してもらいたい、というものであった。

加助らは郡奉行に欺かれて囚われ、八人が磔刑、二十人が獄門、八人が所払いの刑に処せられた。加助の怨念が松本城の天守閣を傾けたという巷説がその後生まれたのだが、地震のために傾いた天守閣と加助の悲劇が結びついて、加助騒動と呼ばれる世に有名な義民伝説が流布することになった。

正徳三年（一七一三）、四代忠周《ただちか》が襲封した。父忠直は数奇者であったが忠周も同様で、数奇のために治世五年の間に御用金を再三徴集したため、悪評が絶えなかった。享保三年（一七一八）、五代忠幹《ただもと》が襲封した。忠幹は自ら勤倹節約を行い、家中に半知を断行して財政難克服につとめた。忠幹の代に編纂された『信府統記《しんぷとうき》』は松本領内の地誌・歴史を記録したものとして、今日でも利用価値が高い。

享保八年（一七二三）、六代忠恒《ただつね》が襲封した。忠恒は忠幹の弟であったが、前代と異なって政務を見ることなく酒色に耽り、同十年七月、大垣藩戸田家との婚礼祝いの御礼言上のため江戸城に登城した際、長府藩毛利家の世子毛利師就《もろなり》に斬りつけたため川越藩秋元氏に預けられて御家断絶・領地没収の処分を下された。赤穂事件から二十年あまりしか経っていない時期の藩主による刃傷事件であり御家断絶であったため、この事件は「松本大変」あるいは「水野家落去」などと呼ばれた。

松平（戸田）氏再封

水野氏改易から八ヵ月間松本領は幕領となり、筑摩郡の松本九郎左衛門と安曇郡の大草太郎左衛門の両代官によって統治されたのち、享保十一年（一七二六）三月、志摩国鳥羽から松平（戸田）光慈《みつちか》が六万石で入封した。藩政初期、松平を賜姓された戸田康長の子孫による再封であった。以後、松平氏は明治廃藩まで九代百四十六年間にわたって松本藩を支配することになる。

初代光慈入封間もなくの同十二年、松本城本丸御殿を火災で失ったが、光慈は治政安定のために朱子学の理念を領内政治に反映させて条目を令し、歴代の藩主にもこれが受け継がれた。享保十六年と天明三年の凶作に際しては御救米を下賜したため、領内に餓死者は一人も出なかったという。

享保十七年（一七三二）、二代光雄《みつお》が襲封した。寛保三年（一七四三）、幕領との入り組みによる不均衡是正のため幕府から五万三千石を預かって幕領の管理を行い、そのための預かり役所を領内各所に設置した。宝暦六年（一七五六）、三代光徳《みつやす》が襲封したが、在職三年で同九年、四代光和《みつまさ》が襲封した。安永三年（一七七四）、五代光悌《みつよし》が襲封し、佐久郡の領地を幕府に移管し、筑摩・伊那郡の幕府領を預かった。このことにより、商品経済の発展と相俟って松本城下は政治・経済・文化の中心として発展した。天明六年（一七八六）、六代光行《みつゆき》が襲封した。光行は寛政三年（一七九一）、享保期に令した条目を改正し、村役人・惣百姓・婦女などへ新条目を発令し、さまざまな産業の振興をはかった。

光行のときの同五年、藩校崇教館が設立された。三ノ丸柳町に置かれた崇教館は敷地四百坪、建坪百坪と規模は小さいながら、槍術・兵馬・砲術・遊泳などと漢学・筆道・習礼・数学などの文武を学ばせた。

寛政十二年（一八〇〇）、七代光年《みつつら》が襲封した。光年も民政に力を注ぎ、文政八年（一八二五）には光慈入封以来、ちょうど百年にあたるので治封百年を盛大に祝った。しかしながら、商品経済の発達は農民層の階級分化を生じ、同年、安曇郡大町組から起こった赤蓑騒動と呼ばれる農民一揆は領内三万人の農民が蜂起して打ち毀しに走る事態となった。

天保八年（一八三七）、八代光庸《みつつね》が襲封した。この時代、領内の商業や工業の発展を促す改革が試みられた。

弘化二年（一八四五）、最後の藩主九代光則《みつさだ》が襲封した。幕末期の松本藩は佐幕譜代藩として幕府の指示に従い、和宮下向には多額の御用金と人馬を差し出し、文久二年（一八六二）の東禅寺事件では光則の差控が命ぜられた。王政復古にあたっては藩論収拾に遅れ、光則は一時謹慎を命ぜられたが、戊辰戦争では勤王方として北信・越後・会津へ転戦した。明治二年、版籍奉還、同四年、廃藩となり、松本県・筑摩県を経て、同九年、長野県に編入された。

〰小江戸紀行〰 〝深志の里〟の城下町松本城下を歩く

戦国の武骨さを残す松本城跡

野面積みの石垣と黒漆塗りの下見板をめぐらした松本城は戦国の武骨さを今にとどめる名城中の名城である。その外観から俗に烏城《からすじょう》という。現在の松本市丸の内、旧市街地の中心部にあって、連立する大天守と乾《いぬい》小天守が堀の水に影を映し、北アルプス連峰を背景にそそりたつ姿は圧巻である。

天正十年(一五八二)、旧領に復帰した小笠原貞慶《さだよし》が深志《ふかし》城から松本城と改めた。同十八年小笠原氏は徳川家康の関東入部に従って下総国古河に移り、そのあと徳川家に仕える生粋の三河武士であった石川数正が豊臣秀吉に鞍替えして松本城に入城した。

渡櫓で連結された五層六階の大天守と三層の乾小天守、二層の辰巳付櫓は、数正のあとを継いだ子の康長が文禄三年(一五九四)頃から建築にかかり、慶長二年(一五九七)頃完成した。月見櫓は寛永年間松平直政のとき付設された。現存する天守・本丸の石垣は石川氏が築いたもので、直線的で反りが少なく低い。明治四年に破却されたが、遺構は国史跡に指定、天守は国宝に指定された。

旧国府推定地に建つ筑摩神社

松本市筑摩《つかま》の薄川沿いにある筑摩神社の地は桓武天皇の延暦年間上田平から松本平に国府が移されたときの国府跡と推定されている。筑摩神社の草創年代は不明だが、中世以来国府八幡と呼ばれ、小笠原氏の信仰が篤かった。重要文化財の本殿は永享十一年(一四三九)、小笠原政康が寄進したもの。江戸時代の歴代藩主も社殿の造営、社領の寄進、祭礼行事の奉仕をした。長野県宝の拝殿は慶長十五年(一六一〇)、石川康長の造営である。筑摩祭に行われるお船の神事は杉の葉を葺いた芝船をかついで境内を巡る江戸時代からつづくものである。

多田加助宅跡と貞享義民塚

貞享三年(一六八六)、藩主水野忠直の治世、過酷な年貢増徴に苦しむ安曇郡中萱《なかがや》村の庄屋多田加助ら千七百人の農民が松本城下に押しかけ、従来の籾一俵につき米二斗五升挽きの割合に戻すことを強く請願したが聞き届けられず、加助ら首謀者八人は磔刑に処せられた。

加助騒動と呼ばれるこの大規模な百姓一揆は、加助の怨念が天守閣を傾けたという巷説を生み、地震のため傾いた天守閣と加助の悲劇が結びついて、世に有名な義民伝説が語り伝えられた。

JR大糸線中萱駅の西方、長野県南安曇

松本市街略図

郡三郷村に多田加助宅跡が現在も保存されている。宅跡には義民神社が建ち、二斗五升の碑がある。松本市内城山《じょうやま》公園のふもとには一揆の犠牲者たちを葬った土饅頭の貞享義民塚がある。

林城跡と広沢寺

八代百五十年間にわたって守護大名として信濃支配をつづけた小笠原氏ははじめ井川城に拠ったが、戦国時代になって現在の松本市里山辺一帯の林城を本城とした。天文十七年（一五四八）、長時のとき、小笠原氏は武田信玄の攻撃を受けて守護大名としての命脈を絶たれ、林城は廃城となった。金華山頂の林城跡は三つの郭跡からなり、主郭には往時の石垣と土塁の跡が残る。金華山の山つづきの中腹に建つ広沢寺は江戸時代の寺観をそのまま伝える小笠原氏の菩提寺で、慶長十八年（一六一三）、松本に復帰した小笠原秀政と世子忠脩の墓が小笠原家廟所の横にある。秀政と忠脩はともに大坂の陣で戦死したのである。

松本城下にある旧開智学校校舎

廃仏毀釈の遺跡旧念来寺跡

明治初年に全国を吹き荒れた廃仏毀釈《はいぶつきしゃく》の運動によって多くの寺院と仏像が葬り去られたが、松本領内では寺院の九割方という百余ヵ寺が破却された。

松本城にほど近い女鳥羽川沿いにあった念来寺も明治三年破却され、いま大鐘楼のみが墓地の一角に建っており、廃仏毀釈の跡をしのばせる遺構として保存されている。

念来寺は廃寺となったが、仏像は末寺であった西善寺に移されて保存されている。本尊は善光寺仏銅造阿弥陀如来の三尊像で鎌倉中期の作。延命地蔵菩薩は像高三・五三メートルで松本地方最大。

近代教育の遺跡旧開智学校校舎

松本市開智二丁目にある旧開智学校校舎は、松本藩最後の藩主松平（戸田）光則《みつさだ》が率先して廃仏毀釈を行い、菩提寺の全久院を破却した跡に明治九年建てられた。

設計監督は南深志町の河野百寿、棟梁は松本町の大工立石清重で、東京大学の前身開成学校や東京医学校に範を取ったといわれる和洋混交の擬洋風建築。教室が二十人用であったのは、当時のアメリカの教室を模したものといわれる。開智学校は進取の気性に溢れた信州人らしい熱意によって松本全町民の寄付を集め、教育によって知識を開き、人材を育てるための小学校をめざしたものであった。

二階建て、桟瓦葺き、寄棟大壁造り、中央部に八角のシンボル塔を建てた当時としては斬新なデザインであった。昭和十年まで開智小学校本館として使われ、現在国の重要文化財に指定されている。

松代藩《まつしろはん》〈外様〉

居城＝長野県長野市松代町

川中島領と区別のない松代領

千曲川と犀川《さいがわ》の合流する松代地方は古くから川中島と呼ばれてきた。武田信玄が上杉謙信との戦いに備えて軍事基地として築城したのが海津《かいづ》城であり、川中島の合戦に際してはこの城が信玄の拠城となった。

天正十年（一五八二）、武田氏が織田信長によって滅ぼされると、その支配下にあった埴科《はにしな》・更級《さらしな》・水内《みのち》・高井《たかい》の奥信濃四郡は信長の部将森長可《ながよし》の支配下に属したが、本能寺の変後は越後の上杉景勝の支配するところとなった。

慶長三年（一五九八）、景勝は豊臣秀吉の命により会津移封となり、豊臣系の田丸直昌《なおまさ》が埴科郡の海津城に入った。しかし秀吉の死により同五年、直昌は美濃国に移され、代わって森長可の弟で徳川家康配下に属していた森忠政《ただまさ》が美濃国金山から十三万七千五百石で海津城に入った。忠政は四郡の検地により十九万五千石余を打ち出したが、同八年、美作国津山へ移封され、そのあとに下総国佐倉から家康の六男松平忠輝《ただてる》が十四万石で入封した。

忠輝は同十五年、越後国福嶋へ、さらに同十九年、越後国高田へ移り、奥信濃四郡と越後国を合わせて六十万石を領有したが、元和二年（一六一六）に改易となった。

同年、常陸国下妻から越前系の松平忠昌《ただまさ》が十二万石で入封し、川中島領を併せて海津城主となったが、同四年、忠昌は高田へ移された。入れ替わりに同地より酒井忠勝《ただかつ》が十万石で入封し、同八年（一六二二）、忠勝は出羽国鶴岡へ移封となった。松平忠昌までは川中島領と松代領の明確な区別がなく、便宜的に忠昌までを川中島藩とし、酒井忠勝以後を松代藩とするが、一般に松代藩というときは酒井氏転出後の真田松代藩を指すことが多い。

戦国真田氏と初代藩主信之

真田氏は清和源氏海野氏の流れをくみ、戦国時代海野棟綱の子幸隆《ゆきたか》が小県郡真田庄の松尾城に拠って真田氏を称したのに始まる。真田氏は武田信玄の信濃侵攻後、幸隆・信綱がその麾下に属して頭角をあらわし、天正三年（一五七五）の長篠の合戦で信綱と弟昌輝が戦死したあとは三男の昌幸《まさゆき》が継嗣した。武田氏滅亡・本能寺の変の天正十年（一五八二）には上田・小県地方を領有して上田城を築き、さらに上野国沼田城に進出して嫡子信之を配置し、北条・上杉・徳川氏による信濃・甲斐両国争奪の渦中をしたたかに生き抜いた。

関ヶ原戦に際して昌幸は次男幸村とともに豊臣方に呼応して、上田城に拠って徳川秀忠の進軍を妨げ高野山に逐われるが、信之は関ヶ原戦・大坂の陣に徳川氏に属して家名を保った。慶長六年（一六〇一）、信之は上野国沼田から九万五千石で信濃国上田へ入封した。信之自身は沼田に在城したが、元和二年（一六一六）、沼田から上田に移ると、長子信吉《のぶよし》が三万石を領して沼田の藩主となった。元和八年八月、酒井忠勝の鶴岡転封後、同年九月、真田信之《のぶゆき》が上田から入封した。居城は慶長年間の中ごろ海津城から松城と改称されていた。以後、明治廃藩に至るまで十代二百四十九年間、真田松代藩政がつづくのである。

初代信之の治世は三十四年におよぶ。信之の松代入封時の知行高は十三万石であったが、うち三万石は支藩沼田領分であった。寛永十一年（一六三四）、沼田藩主の信吉が没すると次子信政《のぶまさ》に一万五千石、三子信重《のぶしげ》に一万石、信吉の次子信利《のぶとし》に五千石が分知されたが、正保元年（一六四四）、信重が没し、信重の分知分を信政に与えて沼田は二万五千石となった。

在職年限の長い藩主と財政困窮

明暦二年（一六五六）、信之が隠居し、同年十月、二代信政が沼田から移って襲封したが、万治元年（一六五八）二月に病没した。在封一年半たらずであった。隠居した信之が没したのもこの年であった。信政の死により、沼田の信澄と松代の信政の二歳の嫡子幸道《ゆきみち》をめぐり相続争いが起こったが、同年六月、幕命により幸道が襲封した。

三代幸道の藩主在任は六十九年間におよぶ。幸道の治世の寛文四年（一六六四）、松代藩本藩は百八十五ヵ村・十万石を領有したが、内訳は水内郡内八十七ヵ村・三万九千八百六十九石余、更級郡内六十七ヵ村・三万五千百三十八石余、高井郡内十七ヵ村・一万六十一石余、埴科郡内十四ヵ村・一万四千九百三十石余で、内高は十一万六八八三石余であった。

天和元年（一六八一）、支藩沼田領の改易により、以後は本藩のみの十万石が松代藩の知行高となった。

藩財政は三代幸道の初めごろまでは、比較的裕福であった。しかし明暦大火で焼失した江戸城普請、越後国高田領の検地、日光山の普請、高遠領の検地、善光寺本堂再建普請、宝永四年の富士山爆発による東海道改修、朝鮮通信使饗応、松本城主水野忠恒刃傷事件による改易にともなう城地受け取りなど相次ぐ課役のため、二十七万両はあったとされる信之の遺金を使い果たし、財政状況は逼迫した。

正徳三年（一七一三）、松城を松代と改めた。享保二年（一七一七）、松代大火により町方の六割、松代城の建築物の大半と藩金や武具類を焼失したため、幕府から一万両の復興資金を借りねばならないほどの窮状をさらした。

享保十二年（一七二七）、養子の四代信弘《のぶひろ》が襲封した。藩財政は窮迫し、その建て直しは困難をきわめた。

元文元年（一七三六）、五代信安《のぶやす》が襲封したが、寛保二年（一七四二）八月の「戌の満水」と呼ばれる東国一帯を襲った大風水害のため千曲川が氾濫して松代城も被害を被り、その復興のため再度幕府から一万両を借りた。寛延四年（一七五一）四月には信越一帯を襲った大地震の被害のため、藩財政は一層窮迫して藩士の半知を実施せざるをえなくなり、そのため領内農民の蜂起と打ち毀し騒動が起こった。これは勝手掛に登用された田村半右衛門の年貢増徴策への反発から起こったので田村騒動と呼ばれ、責任を追及された田村は牢死した。

宝暦二年（一七五二）、六代幸弘《ゆきひろ》が襲封した。同七年（一七五七）、幸弘は恩田《おんだ》木工《もく》民親《たみちか》を家老兼勝手掛に起用し、財政改革にあたらせた。恩田木工は年貢の月割上納を制度化して増徴策を取り、加えて徹底した倹約令を施行したが、財政再建の効果はなかった。天恩田木工は著述『日暮硯《ひぐらしすずり》』によって後世に裨益《ひえき》することになる。

松代藩主は在職年限が長い人物が比較的多かったが、幸弘は三代幸道に次いで長く藩主の座にあり、寛政十年（一七九八）まで四十六年間在封した。

準譜代幸貫の老中就任と藩政

寛政十年（一七九八）、近江国彦根藩井伊直幸の四男幸専《ゆきたか》が養子となって七代藩主を襲封した。享和二年（一八〇二）、幕府から江戸本所筋の河川改修を命ぜられたが、工費一万六千両の調達に苦しみ、在職年限二十五年におよんだ治世は前代からの財政逼迫に悩まされた。

文政六年（一八二三）、陸奥国白河藩松平定信の次男幸貫《ゆきつら》が養子となって八代藩主を襲封した。外様藩の松代真田家は七代幸専を彦根藩から、八代幸貫を白河藩から、と有力譜代大名家から養子を迎えたことで準譜代として意識されるようになり、幸貫は天保十二年（一八四一）六月、老中職に迎えられた。この年五月、老中首座水野忠邦は十二代将軍家慶の上意を受ける形を取って天保の改革に乗り出したが、忠邦は松平定信の実子である幸貫が父にならって幕政参画に意欲をもつことを見込んで、外様の家格を譜代格に改めて特別に抜擢したのである。

幸貫は弘化元年（一八四四）五月まで、三年十一ヵ月間老中職にあったが、改革の推進者水野忠邦は前年九月失脚、この年六月老中首座へ返り咲き、翌弘化二年二月に辞職しているので微妙な立場にあったと思われるが、幸貫が天保改革の旗揚げから失敗までの渦中にあったことはたしかである。

老中在任中、幸貫は海防掛として羽田沖に砲台を築き、新潟港を直轄領とし、諸大名に大砲鋳造を命ずる一方、自藩でも大砲や小銃の鋳造を行い、佐久間象山を抜擢して江川坦庵に砲術を学ばせている。

象山は異才を発揮して、養豚生産・馬鈴薯栽培・硝石製造・鉱石採掘・硫黄採集・蠟石調査などを行い、嘉永三年（一八五〇）には江戸に出て、深川で砲術師範になったが、このとき勝海舟・吉田松陰・橋本左内・河井継之助らが入門している。

佐久間象山暗殺と幕末参戦

嘉永四年（一八五一）、幸貫は藩校文武学校建設に乗り出したが、同五年に没し、九代幸教《ゆきのり》が襲封した。安政元年（一八五四）、ペリー再来航にあたっては横浜の警備にあたり、象山は軍議役となった。

安政二年（一八五五）、文武学校は幸教によって開校され、象山も教官となった。

象山は吉田松陰の下田密航未遂事件に連座して蟄居となったが、文久二年（一八六二）、蟄居を解かれ幕命により京都へ上った象山は、元治元年（一八六四）、尊攘派によって暗殺された。

慶応二年（一八六六）、宇和島藩伊達宗城の次男幸民《ゆきたみ》が養子となって十代藩主に襲封した。幸民は信濃諸藩の中ではいちはやく勤王倒幕に踏み切り、戊辰戦争では新政府軍に加わって出兵し、信濃国飯山・越後国長岡・奥州へと転戦した。

幕末の洋式兵備強化と戊辰の参戦、北信・自領内の農民一揆への鎮圧出兵などによって藩債が百万両を超えるという壊滅的な財政逼迫状況の中で、明治廃藩を迎えた。

小江戸紀行 戦国の面影残す城下町松代城下を歩く

戦国の名残り松代城跡

永禄三年(一五六〇)、武田信玄が山本勘助に命じて八十日間で築城されたといい、翌年の川中島の合戦には信玄の本陣となった海津《かいづ》城が前身である。

武田氏滅亡後、城主は森長可・上杉景勝(城代)・田丸直昌・森忠政・松平忠輝・松平忠昌・酒井忠勝とめまぐるしく変わり、元和八年(一六二二)、信濃上田より真田信之が入封して、明治廃藩まで真田氏が十代にわたり居城した。慶長年間に松城と改称、正徳三年(一七一三)に松代城と改めた。

築城当初は土塁で囲まれていたが、慶長初年田丸直昌のとき石塁とし、森忠政のとき二の丸と三の丸を築造したという。本丸の石塁はほぼ一〇〇メートル四方、高さ五メートル、四隅に櫓があったが、北西の櫓は一〇メートルの石垣の上に二層造りの天守の役目を持たせたものであった。城郭の規模は十万石の大名としては簡素なものであったが、そこには幕府の監視を恐れる真田氏の深謀遠慮があったとされる。

明治四年の廃藩により櫓や門などの建築物はことごとく破却され、現在松代駅の西四〇〇メートルの長野市松代町殿町に本丸跡の石垣のみが残存し、海津城跡公園となって国史跡に指定されている。

藩主夫人隠居の旧真田邸と宝物館

松代城跡の南一五〇メートルのところに旧真田邸がある。江戸在住の藩主夫人や嫡子は幕末の文久二年(一八六二)、藩地に居住することを許された。そのため江戸の藩邸にいた藩主真田幸教の亡父幸良夫人貞子が松代に帰ることになり、その隠居所として建てたのが旧真田邸である。幸教が水心秋月亭と名づけた屋敷は当時新御殿と呼ばれた。二千百坪の敷地に、小堀遠州の流れを汲む庭園と建坪五百坪、部屋数二十室の建物があり、旧大名屋敷の姿をとどめる数少ない邸宅として、松代城跡とともに昭和五十六年国指定史跡になっている。

旧真田邸に隣接して真田宝物館がある。秀吉・信玄・三成・家康以下歴代将軍の書状など真田家に伝わった古文書三八一点はじめ昌幸の戦国甲冑、歴代藩主の武具や用度品などを所蔵し、一般に公開している。

藩士の教育施設文武学校跡

松代城跡の南二〇〇メートルのところに藩校文武《ぶんぶ》学校跡がある。嘉永五年(一八五二)、藩主真田幸貫は佐久間象山らの意見を入れて、藩士の子弟に文武奨励のための教育施設として文武学校建設を計画した。幸貫が間もなく没したため、その遺志をついで次の藩主幸教により翌六年に完成し、安政二年（一八五五）、開校した。

文武学校は敷地一千余坪、建坪五百坪、水戸の弘道館に範を取り、文学所・柔術所・剣術所・弓術所・槍術所が備わり、西洋砲術の訓練に力を注いだ。

禄を食む藩士の子弟はすべて学習を義務づけた。文学は十歳・十五歳・二十歳の課程に分け、武芸は春秋二回藩主の出座のもとに御前試合を行って、成績優秀のものには褒章を与えたり、抜群の能力を発揮したものには家禄の加増も行った。

真田氏の菩提寺長国寺本堂

昭和五十三年全面解体修理により開設当時の姿に復元した。国指定史跡。

真田家歴代の菩提寺、長国寺

長野市松代町田町にある曹洞宗真田山長国寺《ちょうこくじ》は真田氏歴代の菩提寺である。天文十六年（一五四七）、真田氏発祥の長野県小県郡真田町に建立された長谷寺が、真田氏の上田進出に伴って天正十二年（一五八四）、上田城下に移され、元和八年（一六二二）、真田信之の松代移封により松代城下に移され、寺号を長国寺と改めた。

屋根に金色の六文銭の寺紋が輝く本堂の背後に二棟の霊屋が建つ。北側にあるのが万治三年（一六六〇）に建立された藩祖真田信之の霊屋で国の重要文化財。右隣に並ぶのが元文三年（一七三八）に建立された四代真田信弘の霊屋で県宝指定。県宝指定の開山堂はもと三代幸道の霊屋であったものを、明治十九年の本堂再建にあたり、現在地に移築して開山堂とした。

霊屋の背後に真田氏歴代の墓所があり、一番奥の自然石の墓碑は真田幸村・大助父子の供養塔である。

墓地には困窮した藩財政の建て直しに努め、著述『日暮硯《ひぐらしすずり》』によって知られる恩《おん》田《だ》木工《もく》民親《たみちか》の墓もある。

佐久間象山を祀る象山神社

長野市松代町竹山町にある県史跡佐久間象山宅跡は現在礎石の一部と古井戸を残すだけであるが、隣接して建つのが昭和十三年に建立された象山神社である。

松代町に生まれた象山は洋学の知識を身につけて勝海舟らを指導し、吉田松陰の密航未遂事件に連座して松代に蟄居。元治元年（一八六四）、将軍徳川家茂の命により上洛、公武合体・開国佐幕を説いたが、三条木屋町で尊王攘夷派の志士に暗殺された。境内には象山が晩年暮らした京都鴨川の茶室煙雨亭や蟄居中に住んだ高義亭が移築されている。高義亭は長州の高杉晋作・久坂玄瑞、土佐の中岡慎太郎らが訪れ、象山と時流の赴くところを論じ合った建物で、長野市の文化財に指定されている。

上田《うえだ》藩〈譜代〉

居城＝長野県上田市二の丸

真田父子の活躍

信濃国小県《ちいさがた》地方発祥の豪族真田《さなだ》氏は、昌幸《まさゆき》の代の天正十年（一五八二）、甲斐国の名族武田氏滅亡後、織田信長に属したが、同年六月二日、本能寺の変で信長が斃れると、徳川家康に仕えて信濃国上田・小県地方を安堵された。天正十二年、昌幸は家康と敵対関係にあった豊臣秀吉に誼《よしみ》を通じている越後国の上杉景勝に対抗するために上田城を築いた。だが、翌十三年、家康が北条氏《うじ》直《なお》との和議に際して、真田領の上野国沼田を氏直に与えようとしたため、昌幸は家康と対立して秀吉に随身した。

家康はこの昌幸の反抗に激怒し、天正十三年八月、徳川方の大軍が上田城に来襲すると、昌幸は嫡男信幸《のぶゆき》（信之《のぶゆき》）とともにこれを撃退させた。真田氏の武名を天下に注目させるようになったのは、実にこの第一次上田合戦の結果によってである。翌年、昌幸は秀吉の仲介で家康と和睦し、信幸を家康のもとに出仕させた。

天正十八年、秀吉の小田原の陣の時、めざましい活躍をした昌幸は小県郡三万八千石と上野国沼田二万七千石を安堵・加増された。慶長五年（一六〇〇）、関ヶ原の役には昌幸・次男信繁《のぶしげ》（幸村）は西軍に与《くみ》し、嫡男信幸は徳川方に属した。中山道を西進する徳川秀忠率いる三万余の大軍は九月五日、昌幸父子の立て籠る上田城攻撃を開始したが、これに対する昌幸の軍勢はわずか二千数百の寡兵でよく奮戦し、徳川軍を釘づけにして、ついに関ヶ原の戦いに間に合わしめなかった（第二次上田合戦）。

戦後、昌幸父子は本来ならば処刑されるところであったが、東軍についた信幸の懸命な助命歎願のため、罪一等を許されて高野山麓九度山に幽閉され、上田城は破壊された。この時、信幸は信之と改名した。信之は恩賞として三万石を加増され、小県領六万八千石、沼田領二万七千石、合わせて九万五千石を領したが、信之自身は沼田に在城し、小県は父昌幸譜代の臣が支配した。

九度山に蟄居生活を送っていた昌幸は慶長十六年六月に没し、残された幸村は大坂の陣の時、乞われて豊臣秀頼に加担して大坂城に入った。

同十九年十月、大坂冬の陣では外堀の天王寺口に出城（真田丸）を築いて力戦し、翌元和元年（一六一五）四月、夏の陣では後藤基次（又兵衛）らとともに河内において伊達勢と戦い、五月七日、天王寺付近で松平忠直《ただなお》の軍勢と激戦の末、壮烈な最期を遂げたことはあまりにも有名である。

弟幸村の奮戦によって、信之は苦境に立たされたが、家康への恭順は固く、真田家は安泰であった。元和二年、信之は沼田から上田へ移り、沼田領は嫡男信吉《のぶよし》に譲った。上田に入封した信之は領内統治の仕組みを整備し、家臣の知行改め、同心の編成替え、貢租納入を担当する大代官や代官の設置、また領内を組分けして重臣を肝煎《きもいり》に命じて、知行給人の監視、田畑改めの特権を与えた「職方法度《しょくかたはっと》以下並田地指引《でんちさしひき》役」を担当させて、知行地からの貢納を実現するなど藩政に尽力した。

仙石氏から松平氏へ

元和八年八月、信之に対して突如信濃国松代十万石へ転封の幕命が下った。この移封命令は信之にとって全く予期しなかったことだが、隣藩小諸藩主仙石忠政《ただまさ》が上田移封を幕府に願い出て実現したもので、そのため信之は上田藩の検地帳を初め、地方《じかた》重要書類一切を提出させて焼き捨ててしまったという。

忠政は小県郡内八十六ヵ村五万石、川中島八ヵ村一万八十八石、合わせて六万八十八石を領して入封した。忠政は領内を八つの組に分け、各村に庄屋を任命して支配体制の整備につとめた。だが、真田氏時代からの中小土豪地主との摩擦を避けるのに精いっぱいで、旧来の貫高制を改め、検地実施によって石高制に直そうという意図は実現できなかった。また、忠政は寛永三年（一六二六）、幕府から銀二千貫を恩貸されて上田城修築を命ぜられたので、忠政が自ら計画し工事を進めたが、同五年に忠政は病没し、普請は中止となった。

忠政のあと嫡男政俊《まさとし》が家督を継ぎ、父忠政の治世を忠実に守りながら支配体制を確立した。仙石氏時代の藩政は、真田氏創業のあとを受けて新田開発、産業の振興につとめた。領内村々に庄屋・組頭・長百姓など村方三役を設置し、貫高帳（土地台帳）、五人組帳などを初めとする諸帳簿が整備され、上田地方に牢固とした封建制ができ上がった。特に厳重だったのは領民に対する施策で、寛文年間（一六六一～七三）の「定」によると、孝行・質素を第一に生活の根本とすることを命じ、藩士に対する無礼や分際を越えた振舞いなどを堅く禁じている。

政俊は四十七年間にわたって実権を握り、仙石氏治世のほとんどは政俊の代であったが、延宝二年（一六七四）に没し、あとは孫政明《まさあき》（忠俊の嫡男）が継いだ。この時、弟政勝《まさかつ》に二千石を分与し、五万八千石を領有した。政明はこれまでの藩政体制を維持することに徹したが、次第に藩財政の破綻が表面化し、ついに元禄十年（一六九七）、領内へ倹約令を発布、家臣への半知《はんち》借り上げ制を実施する一方で、領内の豪商農から借財するようになった。

忠愛の遊蕩三昧

仙石氏三代八十五年にわたる上田支配後、宝永三年（一七〇六）一月、政明は但馬《たじま》国出《いず》石《し》へ転封となり、代わって同地から松平（藤井）忠周《ただちか》が一万石を加増され、五万八千石で入封した。忠周は京都所司代・老中など幕府の重職を歴任する一方、藩政においては領内全村から差出張を提出させて、家臣全員を蔵米取り・扶持米取りに改めて、地方知行制を全廃した。そして貢租体系を単純化して籾納から米納へ切り替えて増徴策を打ち出した。さらに領内を八組に分けて、二人の割番（他領の大庄屋にあたる）を置いて、数ヵ村の庄屋を監督する上級村役人とした。

忠周は享保十三年（一七二八）六月に病没し、嫡男忠愛《ただざね》が家督を継いだ。忠周の遺言により弟忠容《ただかた》に川中島領の内五千石を分与し、以降、五万三千石となった。忠愛が藩主に就くと、災害が相次いだ。まず享保十五年十月、城下の大火で百二十戸を焼き、年末には藩主館も焼失した。また寛保二年（一七四二）八月、関東甲信地帯を襲った大豪雨のための洪水で、領内の冠水田畑二万七千石、流失家屋六百七十一戸、土砂入家屋五百七十四戸、死者約二百人におよぶ大惨事が起こり、幕府から五千両を借財した。

このような状況の中にあって忠愛は御部屋女中を五十余人召し抱え、城内に茶屋を建てて遊蕩三昧という常軌を逸する行動が多かった。このため藩財政は窮乏し、その打開策として、元文五年（一七四〇）、年貢収納法を検見《けみ》法から定免《じょうめん》法に切り替えて定額納入された。評判を落とした忠愛は寛延二年（一七四九）八月、隠居した。

「上田縞崩格子」の騒動

つづいて嫡男忠順《ただより》が襲封し、家臣へ施政方針十七ヵ条を発布して藩政を正すべく努力することを伝えた。だが、民政担当の役人の腐敗と利得追求が激しく、年貢増徴によって農民の負担を重くしたため、ついに農民の鬱積した不満は宝暦十一年（一七六一）十二月、領内最初の全藩総農民一揆となって爆発した。世に「上田縞崩格子《うえだじまくずれごうし》」といわれる宝暦騒動であった。この一揆は年貢減免、役人や庄屋の不正停止を要求したものであったが、藩側は全要求を認め、役人・庄屋の罷免や永牢が行われた。

天明三年（一七八三）四月、家督を継いだ忠済《ただまさ》は文化八年（一八一一）に藩校明倫堂を創設した。農民の階層分化が進み、経済構造に変化が顕れたので、藩では財政強化のために蚕種商からの冥加金、豪商農からの御用金によって財政の安定をはかった。

次の忠学《ただざと》を経て、天保元年（一八三〇）四月、播磨国姫路藩主酒井忠実《ただよし》の次男忠優《ただます》が家督を継いだ。忠優は奏者番・寺社奉行・大坂城代を歴任し、嘉永元年（一八四八）、老中に任ぜられたが、阿部正弘の開明策、とくに水戸藩主徳川斉昭の重用に反対したため、安政二年（一八五五）、罷免された。だが、同四年に阿部の死にともない老中に復職し、この時、忠優から忠固《ただかた》と改名した。忠固は井伊直弼の大老登用に尽力し、一橋慶喜擁立派を圧迫した。その後、安政五年六月十九日、ハリスからの調印要請に対する会議の席上、忠固は即時調印を主張し、閣老らはこれに賛成したので、神奈川において日米修好通商条約の調印にあたったが、六月二十三日、辞職した。そして、間部詮勝《あきかつ》が上京して外交事情を奏聞した時、忠固は違勅調印の責任者と断罪され、九月六日に謹慎を命ぜられた。

一方、忠固は領内経済の活性化に意欲を注ぎ、天保四年（一八三三）、産物改《あらため》所を設け、国産品の絹縞・紬《つむぎ》・糸を販売させた。さらに安政四年（一八五七）、藩財政を建て直そうと、産物会所を設置するなどにつとめたが、その効果を見ることなく安政六年九月十四日に急逝した。嫡男忠礼《ただなり》が家督を継ぎ、第一・二次長州征伐に参陣し、慶応四年（一八六八）一月十六日、忠礼は「徳川家と存亡をともにする」と家臣一同に宣言したが、北陸道鎮撫の新政府軍先鋒隊が上田に到着すると、同月二十八日に藩論を逆転させ契約書を提出した。戊辰戦争には北陸・東北へ転戦し、戦後、賞典禄三千石を下賜された。

明治二年（一八六九）、領内では年貢減免・御用金免除・割番制廃止などを要求する世直し大一揆が起こり、藩政は崩壊状態のままに、同四年に廃藩置県を迎えた。

小江戸紀行　六文銭の城下町上田城下を歩く

真田氏の発祥地

上田は真田氏の城下町である。この真田氏の発祥地は、〝日本のダボス〟として知られている菅平スキー場のある高原への途中にある。真田氏は清和天皇の皇子貞秀親王が、信濃の白根庄に下り、その孫の善淵王の時の延長五年（九二七）に滋野姓を名乗った。善淵王の子滋氏王は信濃守となって、上田地方を支配したが、真田氏はこの滋野氏の一族で、現在の真田町を中心に栄えたのである。

真田町の北側はずれに、菅平有料道路が交差した「信濃路自然歩道」の標識がある。ここから斜め前方に見える険しい山が松尾古城の跡だ。天正十一年（一五八三）に真田昌幸が上田城を築いて本拠にする以前の山城跡で、いわゆる真田家の発祥地として名高い所だ。

城跡はいまでも比較的よく旧態をとどめ、山腹にくっきりと城郭跡を残している。手前の山が本丸跡で、背後の一段と高い所が、詰め城跡である。

国道一四四号線沿いにある山家《やまが》神社は境内こそ狭いが、この地方の産土神《うぶすな》であり、真田氏や上田藩主の尊崇が篤かった。

この神社の横から畑の中のゆるやかな登り道をゆくと、ひっそり静まりかえった長《ちょう》谷寺《こくじ》につく。真田信之が松代に移住する時、この寺も移したので、以前は廃屋のような堂宇があるだけであったが、その後、本堂が再建された。本堂裏手の墓地に、真田幸隆夫妻と昌幸の墓が三基並んで、杉木立の中に苔むして立っている。

神川《かんがわ》を越えた横尾の山麓に、山門と本堂の屋根が望見できるのが信綱寺である。長篠の戦いで戦死した真田幸隆の嫡男信綱の菩提寺である。大きな本堂の屋根には、二つの六文銭の紋が鮮やかである。本堂の右手の墓地には信綱夫妻の墓がある。家臣の白川某なる者が、信綱の首級を鎧の胴内に納めて運び、この地に葬ったと伝えられる。

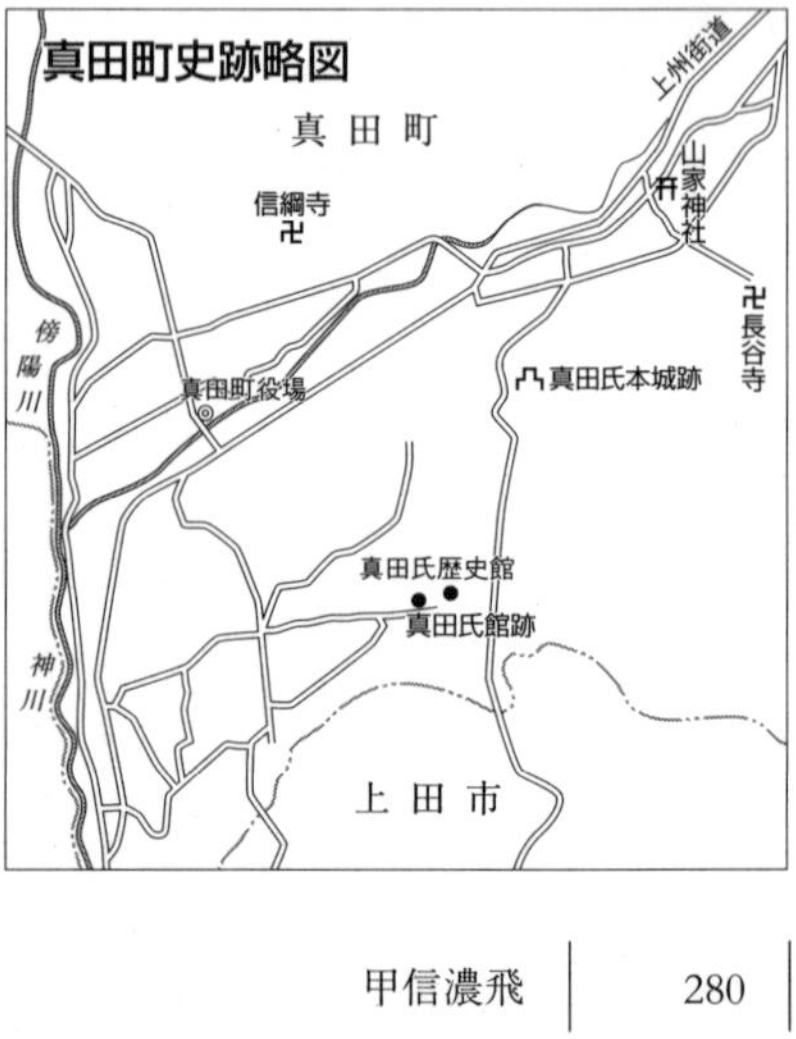

真田町本原に真田氏館跡がある。御屋敷跡と呼ばれ、昌幸が天正十一年に上田城を築く以前、幸隆およびその子の信綱・昌幸が住居した館跡である。四周に土居を、さらに河川と濠をめぐらしていたようである。老松の繁る館跡には、現在、小さな社がある。

上田城と旧北国街道

上田は真田昌幸以来の城下町である。低い家並や白壁造り、格子戸の家が多く、小路が迷路のように交差して古い歴史と伝統が息づいている。

　上田城の城門が近年復元され、堀なども整備された。二の丸濠跡に架けられた石橋を渡ると、城跡一帯は上田公園になり、児童遊園地や市立博物館がある。そこを抜けると内濠があり、石垣上に南櫓と北櫓がある。櫓を支える石垣のひとつに、高さ三メートル、横幅二・五メートルという巨石・真田石がある。上田城の要石という。

上田城の隅櫓

　西櫓に向かうと、杉木立の中に真田神社がある。明治十二年(一八七九)、松平忠周を祀って松平神社といったが、昭和二十八年(一九五三)、仙石・松平歴代の城主を祀って上田神社と改称した。現在は真田神社という。松平氏の子孫が絶えたことから、このように改称されたという。上田城に真田氏が在城したのは約四十年間、その後の仙石氏は八十五年間、松平氏は百六十年在城している。

　真田神社の傍に真田井戸がある。猿飛佐助が出入りしたという井戸で、深さ一七メートルという。途中、横穴があって、それは太郎山まで抜けているという伝説がある。

　一段高い石垣の上にあるのが西櫓。この櫓は、市立博物館ができるまでその代わりをしていた。ここからは眼下に上田盆地がひろがり、その中を千曲川が銀の帯のように輝いて流れるのが望まれる。

　本丸跡を出て、二の丸濠に沿って行くと上田高校に至る。ここは上田藩主の館跡で寛政二年(一七九〇)再建の切妻破風の表門が残っている。関ヶ原の役後、上田城は破却されて、真田氏最後の藩主信之は、松代に移るまでここに住居した。信之が松代に移ってからは、仙石氏や松平氏もここに居住した。

　旧北国街道を歩くと、塗籠造りの酒造業の家や古風な佇まいの家並が残っている。城跡の西北芳泉寺には、信之夫人の小松姫の墓がある。街の北郊の大輪寺には昌幸夫人寒松院の墓があり、静まり返った寺の周囲は堀割がつくられ、山門、回廊と格式の高さを物語っている。

飯山藩《いいやま》〈譜代〉

居城＝長野県飯山市飯山

陪臣皆川氏の入封

　戦国期の勇将上杉謙信の信濃国出陣の拠点となっていた飯山城は天正十年（一五八二）以降、養子景勝の居城となり、城代として岩井信能《のぶよし》が入城した。のち豊臣秀吉の家臣石川光吉《みつよし》が代官となり、千曲川両岸を支配していたが、慶長三年（一五九八）、関一政《かずまさ》が信濃国長沼から三万石で入城し、翌年二月、美濃国土岐へ転封となった。慶長八年、徳川家康の六男松平忠輝《ただてる》が信濃国川中島十八万石に封ぜられると、下野国皆川三万五千石の皆川広照《ひろてる》が忠輝の傅役《もりやく》として、信濃国内において四万石を加増され、合わせて七万五千石を領有して飯山城に入城し、飯山藩が成立した。だが、広照は陪臣という立場であり、正式な藩主ではない。

　慶長十四年、広照は主君忠輝の不行跡を家康に訴えたため、勘気を蒙って除封となり、翌年、堀直寄《なおより》が越後国坂戸から四万石で入封し、翌十六年、駿河の火災の消火に活躍して美濃国多芸郡内において一万石を加増され、合わせて五万石を領有した。直寄は大規模な土木工事を実施し、千曲川の治水に成功、用水治水材の確保を目的として御林設定の上に高井郡の冠水未開発地帯である延徳・木島両新田の開墾を行った。

めまぐるしい入転封

　直寄は元和二年（一六一六）、越後国長岡へ転封になると、近江国小河・常陸国小田郡内において三万石を領有する佐久間安政《やすまさ》が入封し、寛永五年（一六二八）、その子安長《やすなが》に家督を譲った。同九年八月、そのあとを安《やす》次《つぐ》が襲封したが、同十五年に九歳で没し、無嗣絶家によって除封となった。

　寛永十六年三月、松平忠倶《ただとも》が遠江国掛川から四万石で入封し、以後、飯山藩は譜代大名の封地となった。忠倶は同十八年以後、領内ではしばしば検地を実施し、特に慶安五年（一六五二）の検地は大規模なものであった。これらの検地により本百姓化が行われ、登録名請人に家並株《やなみかぶ》（一定の夫役、あるいは足役銀の負担）が設定されて本百姓身分の確定がなされた。

　元禄九年（一六九六）七月に忠倶が没し、嫡孫忠喬《ただたか》（忠倶の嫡男忠継の子）が家督を相続した。忠喬は領内検地を実施する一方、毎年千曲川の川浚いや、多くの用水堰の開削や復旧工事が行われて、新田地千町歩と荒地復興地九百町歩におよんだ。

　忠喬は宝永三年（一七〇六）一月、旧領掛川へ移され、同年、播磨国赤穂から若年寄の永井直敬《なおひろ》が三万三千石で入封したが、五年後の正徳元年（一七一一）、武蔵国岩槻へ転封となった。代わって摂津国尼崎から青山幸秀《よしひで》（幸侶《よしとも》）が四万八千石で入封した。入封と同時に、幸秀は罹災した飯山城の修復費二千両を幕府から恩貸されたが、六年後の享保二年（一七一七）、丹後国宮津へ転封となり、同年二月、越後国糸魚川から本多助《すけ》芳《よし》が二万石で入封し、藩主家が定着することになる。

本多氏の入封

　この本多氏は、本多一族の実質的な宗家と思われる広孝《ひろたか》系本多氏であり、助芳の養父利長《としなが》が遠江国横須賀藩主時代の治世不行届を理由に領地没収され、出羽国村山へ左遷された。利長に嗣子がなかったので、一族本多助久の次男助芳が家名を相続し、糸魚川藩主となった。

助芳は享保四年に一万石を加増されたが、領地の多くは千曲川沿岸にあったため、しばしば水害に悩まされ、実収入は糸魚川時代より減収となった。そのため、たびたび幕府へ替地を願い出て、享保九年八月、替地が許可され、水内・高井両郡三十ヵ村を上知《あげち》して、水内郡内八十九ヵ村に改められ、実質三万五千石を領有することができた。

そのあと、康明《やすあきら》―助有《すけもち》―助盈《すけみつ》と続き、助盈の代の安永二年（一七七三）には藩財政の危機打開のために、高百石について金七両、高一石について銀四匁五分の御用金を課した。そのため反対一揆（飯山総徒）が起こり、農民一万八千人が城下に押し寄せ、御用金の免除、飯山以北の外様三十三ヵ村の前納米二千俵の下渡し要求を認めさせ、藩に協力した庄屋に打ち毀しを行った。

助盈のあと安永三年三月、助受《すけつぐ》が家督を継ぐが、文化元年（一八〇四）には郷方役人の弾劾を要求して三千人の農民一揆が起こり、次の助賢《すけかた》の代の天保八年（一八三七）には藩御用達西原久兵衛が飢饉と藩の圧政に対抗して一揆（浅野騒動）を起こした。さらに弘化四年（一八四七）には善光寺平地震による大災害が起こり、被災者の救済金や復興費など莫大な支出により藩財政は窮乏の極に達した。

藩財政の逼迫の中にあって、助賢は安政四年（一八五七）、藩校長善館を創設し、藩士の子弟の文教面に力を注いだ。

助賢のあと、助実《すけざね》に続いて、助成《すけなり》が慶応三年（一八六七）四月に家督を継ぐが、翌年の戊辰戦争の時、幕府残党の旧歩兵頭古屋作左衛門が反乱を起こして飯山城下に進撃し、戦火にさらされた。助成は松代藩に援軍を請い、さらに新政府軍の来援により、反乱軍は鎮圧された。このため助成は謹慎を命ぜられ、同年七月に助寵《すけよし》が家督を継いだ。助寵は明治二年（一八六九）六月、版籍奉還して知藩事に任ぜられたが、九月に没したため、助実が再び藩主に就き、同四年七月、廃藩置県を迎えた。

長沼《ながぬま》藩〈譜代〉

居城＝長野県飯山市長沼

徳川初期の武将佐久間勝之《かつゆき》は近江国山路三千石と常陸国北条三千石、合わせて六千石を知行していたが、元和元年（一六一五）四月、大坂夏の陣の時に天王寺表の戦いで軍功を樹て、戦後、信濃国長沼郡、近江国高島郡内において一万二千石を加増され、一万八千石を領有して、長沼城に入城して立藩した。勝之は寛永十一年（一六三四）十一月十二日、駿府城勤番中に六十七歳で没し、翌年、次男勝友《かつとも》が遺領を継ぎ、甥勝盛《かつもり》に五千石を分知した。

勝友のあと、嫡男勝豊《かつとよ》が家督を相続した時、弟勝興《かつおき》に三千石を分与し、一万石を領有した。佐久間氏は、参勤交代を行わない定府大名であった。貞享二年（一六八五）十月、勝茲《かつちか》が遺領を継いだが、元禄元年（一六八八）五月十四日、御小姓役を命ぜられた。しかし、勝茲は病と偽って辞退したために、五代将軍綱吉の怒りを買って、同月十八日除封されたので、長沼藩は廃藩となった。

須坂藩《すざか》〈外様〉
陣屋＝長野県須坂市須坂

信濃国飯山藩主堀直寄《なおより》の弟直重《なおしげ》は信濃国高井郡内の六千石と下総国矢作《やはぎ》の二千石、合わせて八千石を領していたが、元和元年（一六一五）の大坂夏の陣の戦功で、高井郡内において四千五十余石を加増され、一万二千五十余石を領して諸侯に列し、須坂に陣屋を構えて立藩した。直重は翌二年に没し、嫡男直升《なおます》が家督を相続すると、遺領のうち弟直昭《なおあき》に矢作領二千石、同直久《なおひさ》・直房《なおふさ》に各五百石を分与した。

直升のあと、寛永十四年（一六三七）に直《なお》輝《てる》が家督を継ぎ、以降、直佑《なおすけ》―直英《なおひで》―直寛《なおひろ》―直堅《なおかた》―直郷《なおのり》―直皓《なおてる》―直興《なおおき》と継承し、文政四年（一八二一）に家督を継いだ直格《なおただ》は丸山巨宰司を登用して藩財政の建て直しに尽力し、大砲の鋳造、藩校立成館の創設をすすめた。つぎの直武《なおたけ》は御庭焼（吉向《きっこう》焼）を藩生産品に指定したり、石門心学を普及させた。だが、嘉永三年（一八五〇）の時、借財金は四万四千余両と六年分の歳入に相当するという莫大な金額となった。このため巨宰司の子舎人《とねり》が藩政改革を行ったが失敗に終わり、代わって筆頭家老野口源兵衛・亘《わた》理《り》や腹心の家臣が要職に付いて、藩の実権を握った。源兵衛は反対勢力に対して知行の減給、領民に新規の運上を課したため、家臣や領民の怨嗟の的となったので、つぎの直虎《なおとら》は文久元年（一八六一）、家督を継ぐと、野口ら一味四十余名を処罰して、須坂騒動といわれた事件も決着した。

直虎は軍制改革を行い、慶応三年（一八六七）十二月、若年寄外国総奉行に就任したが、慶応四年（一八六八）一月十七日、抗戦か恭順か徳川家の方針を決定する御前会議で、直虎は自分の意見が十五代将軍慶喜に採用されなかったため、江戸城中で切腹した。理由は明白ではないが、直虎は主戦論を主張したのではないか。最後の藩主となった直明《なおあき》は戊辰戦争の時、新政府軍に参陣し、飯山から北越・会津へ転戦、翌年戦功によって賞典禄五千石が与えられた。明治二年に版籍奉還し、同四年に廃藩置県を迎えた。

川中島藩《かわなかじま》〈外様〉
陣屋＝長野県長野市松代町

川中島領（更級《さらしな》・水内《みのち》・埴科《はにしな》・高井四郡内）は慶長三年（一五九八）、田丸直昌《なおまさ》が四万石で入封し、海津城（松代城）に居を構えた。以後、森忠政《ただまさ》が十三万七千五百石、徳川家康の六男松平忠輝《ただてる》が十四万石、結城（松平）秀康の次男松平忠昌《ただまさ》が十二万石でそれぞれ入封した。その後、陸奥国磐城平城主岩城貞隆《さだたか》が関ヶ原の役の際、西軍に与《くみ》したために改易され、浪人生活を送っていたが、元和二年（一六一六）、信濃国川中島一万石を与えられて立藩した。そして元和八年、貞隆の子吉隆《よしたか》の時、出羽国由利郡内において一万石を加増され、合わせて二万石を領して、翌年に出羽国亀田へ転封となり、川中島藩は廃藩となった。

なお、安芸国広島藩主福島正則が無断居城修築を理由に改易されて、当藩主としているが、『寛政重修諸家譜』によれば、正則は信濃国高井郡高井野に蟄居したとあり、正則を当藩主とすることは適切でない。

小諸《こもろ》藩〈譜代〉

居城＝長野県小諸市古城懐古園内

めまぐるしい藩主の交代

　甲斐武田氏の遺臣依田信蕃《のぶしげ》は徳川家康と誼《よしみ》を通じていたが、天正十一年（一五八三）二月、信濃国岩尾城攻めの時に討死し、嫡男康国《やすくに》が家督を相続した。康国は天正十八年の小田原の陣の際、上野国石倉城を攻め落としたが、城主金井秀景に誤って殺害されたので、弟康勝《やすかつ》が継いだ。そして同年八月、康勝は家康の関東入部にともない、上野国藤岡三万石へ転封となった。

　そのあとに小田原の陣の戦功により、仙石秀久《ひでひさ》が信濃国佐久郡内において五万石を与えられ、翌十九年に小諸城に入城して立藩した。秀久は慶長五年（一六〇〇）、関ヶ原の役の時、徳川秀忠に従って信濃国上田城攻めに功を樹て、その間、居城の改修や城下町の整備を行い、民政の安定につとめた。慶長十九年五月六日、秀久が没し、嫡男忠《ただ》政《まさ》が家督を継ぎ、元和元年（一六一五）にはそれまでの貫高制を石高制に改め、小諸藩の基礎を築いた。

　忠政は元和八年、上田六万石に転封となり、小諸は甲府宰相徳川忠長《ただなが》領となって城代が置かれた。寛永元年（一六二四）、忠長が駿河国府中五十万へ転封になると、代わって松平（久松）忠憲《ただのり》（憲良《のりよし》）が美濃国大垣から入封し、信濃国佐久・小県両郡内において五万石を領したが、正保四年（一六四七）に病没し、嗣子なく除封された。

　その後、一時信濃国松本藩主水野氏の預かり地となり、慶安元年（一六四八）、大番頭青山宗俊《むねとし》が新封三万石で入封したが、寛文二年（一六六二）三月、大坂城代になり一万石を加増されて摂津国へ転じ、同月、上野・武蔵両国内において二万五千石を領していた酒井忠能《ただあきら》が上野国伊勢崎から三万石で入封した。忠能は寛文十年（一六七〇）、寛永以来領内の各地で開墾されて拡張した耕地を一斉に検地し、この時の石高がその後の藩政に受け継がれた。だが、一方では苛政に堪えかねた千曲川の川西地方の農民は延宝六年（一六七八）、川西騒動と呼ばれる農民一揆を起こし、翌七年九月、忠能は駿河国田中へ転封となった。

　入れ替わりに西尾忠成《ただなり》が田中から二万五千石で入封した。天和二年（一六八二）三月、忠成は遠江国横須賀へ転封となり、そのあとへ常陸国小張《こばり》から松平（石川）乗政《のりまさ》が二万石で入封した。貞享元年（一六八四）十二月、家督を継いだ乗紀《のりただ》は元禄十五年（一七〇二）九月、美濃国岩村へ転封となった。

牧野氏十代の治世

　めまぐるしく交代した藩主も元禄十五年、越後国与板一万石から五千石を加増されて牧野康重《やすしげ》が入封して定着した。康重は享保七年（一七二二）十一月に没し、その嫡男康《やす》周《ちか》が家督を継ぎ、以降、康満《やすみつ》－康陛《やすより》－康儔《やすとも》－康長《やすなが》と続き、康長は文化二年（一八〇五）、東信地方で最初の藩校明倫堂を創設した。つぎに康明《やすあきら》－康命《やすのり》－康哉《やすとし》と継承した。

　天保三年（一八三二）五月、家督を相続した康哉は牧野家きっての名君といわれ、天保の飢饉に際しては領内に育児法を制定して、貧困者の子女養育のために養育米を給する法を定め、また養老法を設けて七十歳以上の老人に養老米を支給した。また、天然痘の流行を防ぐため、藩医三名を長崎に派遣して種痘法を習得させ、嘉永三年（一八五〇）十月、まず自分の娘二人に施し、ついで全国に先駆けて領民一般に施行して、天然痘の惨害を防いだ。安政五年（一八五八）六月、若年寄になった康哉は大老井伊直弼にもっとも信頼され、直弼から「親藩中に於て牧野公の如きものあらしめば、弊政を更革する易々たるのみ」といわしめた。康哉は文久三年（一八六三）六月十三日に病没し、次の康済《やすまさ》は最後の藩主となったが、幕末における牧野氏は譜代大名である上に本家の越後国長岡藩主牧野家との関係で藩論は二分して小諸藩騒動も起きたが、明治四年（一八七一）、無事廃藩置県を迎えた。

懐古の情を誘う小諸城跡

「小諸なる古城のほとり　雲白く遊子悲しむ……」と島崎藤村に詠まれた小諸城跡は、しなの鉄道小諸駅から徒歩三分程で、懐古園入口に三之門が建っている。小諸城の起源は長享元年（一四八七）、大井光忠が後の鍋蓋曲輪となる鍋蓋城を築いたのが始まりで、現在の二の丸跡である。天文二十三年（一五五四）、武田信玄の佐久攻めにより落城し、甥武田信豊を入城させた。武田氏滅亡後、滝川一益・北条氏直・徳川家康らの所有となり、天正十八年（一五九〇）、小田原の陣の功により仙石秀久が入城、二の丸・黒門・大手門などを建造した。

現在城跡は、主要部が懐古園となっており、城地は千曲川の急流の河岸段丘上にある。明和二年（一七六五）に再建された三之門を入ると、幾条かの深い空濠や本丸跡に野面《のづら》積みの石垣があって往古の情を誘う。見晴らし台からは浅間山や千曲川の眺めが素晴らしく、城跡内には藤村の「千曲川旅情の歌」の歌碑を初め、若山牧水や俳人臼田亜浪らの文学碑があり、藤村記念館や徴古館、小諸市立郷土博物館などが建つ。

小諸駅構内の一角に、明治二十六年に設立された私塾「小諸義塾跡」の記念柱が立ち、ここの教授陣には島崎藤村ら多彩な人材が集まった。また、駅の北方の民家の間に、仙石秀久が創建した小諸城大手門が往時の姿で残されている。

坂城《さかき》藩〈譜代〉
陣屋＝長野県埴科郡坂城町

武蔵国岩槻六万石の藩主板倉重種《しげたね》は天和二年（一六八二）、一万石減封のうえ領地を信濃・上総・三河国内に改められ、同年十一月、西の丸老中を罷免されて、坂城へ転封となった。

この転封の理由は、重種が家督後継者を決める際、分家重直《しげなお》の養子となっていた嫡男重寛《しげひろ》を養家から呼び戻して後継者にしようとしたところ、重種のもとには廃嫡となった兄重良《しげよし》の子重宣《しげのぶ》がいて、重宣の生母が備前国岡山藩主池田光政の姪だったため、岡山藩も圧力を加え、家臣が実子重寛、甥重宣を推す二派に分かれて争ったことに起因する。この紛争は一応、重寛が家督後継者と決まったが、結局、幕府に知られるところとなり、罷免された。

天和三年、この騒動の結果、重宣は二万石を分与され、重寛が三万石で家督を相続したが、元禄十五年（一七〇二）に陸奥国福島へ転封となって、廃藩となった。

岩村田《いわむらた》藩〈譜代〉

陣屋＝長野県佐久市岩村田

武蔵国赤沼一万六千石の藩主内藤正友《まさとも》は元禄十六年（一七〇三）八月、領地を信濃国佐久郡内に移され、岩村田に陣屋を構えて立藩した。同年十月、正友は大坂定番に任ぜられたため、領地を摂津・河内国内に替えられたが、正徳元年（一七一一）、正友の遺領を継いだ子正敬《まさゆき》が再度一万五千石で入封し、この時、弟正直《まさなお》に一千石を分与した。

正敬のあとは正弼《まさすけ》－正興《まさおき》－正国《まさくに》と継承し、享和三年（一八〇三）一月に家督を継いだ正縄《まさつな》は老中水野忠邦の実弟である。歴代藩主中随一の名君といわれ、日光奉行・大坂定番・大番頭・伏見奉行などを勤め、安政五年（一八五八）、伏見奉行としての精勤を賞されて、城主格に列せられ、京都御所取締兼帯となった。有名な佐久鯉は正縄の時代に始まった。佐久鯉は天明三年（一七八三）、桜井村（現・佐久市）の臼田丹右衛門が大坂から淀川の鯉を持ち帰ったのが始まりといい、天保年間（一八三〇～四四）には上野国下仁田から干蛹《ほしさなぎ》を飼料として得て、養鯉の隆盛をみたという。

万延元年（一八六〇）に家督を継いだ最後の藩主正誠《まさのぶ》は文久三年（一八六三）四月に日光祭礼奉行となり、さらに八月には奏者番に進んだ。慶応元年（一八六五）五月、第二次長州征伐の時には、十四代将軍家茂に従って大坂へ赴き、市中取締りに当たり、同年十月にも家茂に従って京都に上った。だが、家茂が慶応二年七月二十日、大坂城中で没すると、その遺骸の供を命ぜられて、九月に江戸に戻った。慶応三年十月、寺社奉行に任ぜられたが、翌年に戊辰戦争が勃発すると、正誠は新政府軍に参陣し、東山道軍に属して、北越から越後へ転戦した。

一方、正誠は幕府から築城許可が下り、岩村田上ノ城に城郭建設を計画し、陸奥国磐城平藩の軍学者室衡平を招いて、文久三年（一八六一）から築城を開始、元治元年（一八六四）に上棟式を行った。だが、完成しないうちに明治二年に版籍奉還し、正誠は知藩事に任ぜられ、同四年に廃藩置県を迎えた。

田野口《たのくち》藩（龍岡《たつおか》藩）〈譜代〉

陣屋＝長野県南佐久郡臼田町田口

三河国奥殿一万六千石の藩主松平（大給）乗謨《のりかた》は文久三年（一八六三）、領地の大半がある信濃国佐久郡田野口に居所を移して立藩した。このため、元治元年（一八六四）には、三河領民の国替え反対の一揆も起きた。

乗謨は二十五歳の時に大番頭に任ぜられ、若年寄を経て、慶応二年（一八六六）六月、老中格、十二月には陸軍総裁に就任した。また、乗謨は旧田口村にフランスの陸軍元帥ボーバンがリース市に築いた稜堡《りょうほ》式築城法にならって五稜郭龍岡城を建てた。これは箱館とともに日本に二つある五稜郭の一つで、城内には砲台一ヵ所があるだけで軍事上の実用性には乏しかった。慶応四年（一八六八）、乗謨は陸軍総裁を罷免、老中格を辞職して、名乗りを大給と改姓した。同年三月、謹慎を命ぜられたが五月に赦免され、藩名を龍岡藩と改称した。明治四年五月、藩財政窮乏を理由に廃藩辞職を提出、許可され廃藩置県前に龍岡藩は消滅した。

高島藩《たかしま》（諏訪藩《すわ》）〈譜代〉

居城＝長野県諏訪市高島

日根野氏入封と諏訪氏復帰

諏訪氏は累代諏訪神社上社の大祝《おおはふり》（神官）であったが、神官家と分立した惣領家が甲斐国の武田信玄と戦い、天文十一年（一五四二）、頼重《よりしげ》が切腹して断絶した。諏訪の地は武田信玄・河尻秀隆の支配に服し、本能寺の変後、頼重の従弟頼忠《よりただ》が旧臣千野《ちの》氏らに擁立されて、近世大名として自立した。

天正十八年（一五九〇）、徳川家康の関東入部に際して頼忠は致仕し、子の頼水《よりみず》が父とともに武蔵国奈良梨一万二千石に移封となり、さらに文禄元年（一五九二）、上野国総社一万二千石に移封した。

そののち諏訪には、豊臣秀吉麾下の日根野高吉《たかよし》が入封して諏訪湖畔に高島城を築き、城下町を建設したが、慶長五年（一六〇〇）、関ヶ原の役直前の会津征伐の途上に病没、子の吉明《よしあきら》が襲封して会津や上田に参陣した。

しかし慶長七年（一六〇二）、吉明は減封されて下野国壬生に移り、諏訪頼水が関ヶ原の役の時の戦功により、父頼忠をともなって初代藩主として旧領諏訪へ復帰し、二万七千石・七十二ヵ村を領有した。さらに大坂陣後の元和四年（一六一八）、頼水は戸田氏の松本入封による浮高分五千石・十二ヵ村を筑摩郡南部に与えられ（東五千石領）、合わせて三万二千石を領することとなった。

一氏支配の譜代小藩

寛永十七年（一六四〇）、頼水が致仕（翌年死去）して嫡子の二代忠恒《ただつね》が襲封した。

忠恒は父の遺志に従って新田開発に力を傾け、万治年間に領内総検地を行い、実収五万石といわれる藩政の基礎をつくった。

明暦三年（一六五七）襲封の三代忠晴《ただはる》は東五千石領より弟の頼蔭・頼久に一千石ずつを分知して、三万石で表高は固定した。

元禄八年（一六九五）、四代忠虎《ただとら》が襲封した。藩主就任と同時に、忠虎は家中法度・郡中法度を発布して藩内の支配体制を整えた。文武に秀でた忠虎は剣術や馬術に励んで士風の興隆を図る一方で、自ら闡幽《せんゆう》と号して、蕉門の其角や嵐雪に俳諧を学んだ。

享保十六年（一七三一）に襲封した五代忠《ただ》林《とき》、宝暦十三年（一七六三）に襲封した六代忠厚《ただあつ》はともに病弱であった。藩政は家老まかせという状況の中で二ノ丸家老諏訪家と三ノ丸家老千野家の両家老家の勢力争いが生じ、忠厚の継嗣をめぐって「二ノ丸騒動」が起こったが、結局天明元年（一七八一）、諏訪家が敗退し、千野家の推す忠粛《ただかた》が七代藩主を襲封した。忠粛は新田開発、郷村徴税事務の合理化、養蚕製糸の振興、御用金の賦課など財政再建に取り組んだ。

忠粛治世の享和三年（一八〇三）、家老千野兵庫貞亮は取り潰された二ノ丸家老諏訪氏の邸跡に藩校長善館を建てた。

文化十三年（一八一六）に襲封した八代忠《ただ》恕《みち》は凶作に備えて常盈倉《じょうえいそう》を造り、米穀を貯蔵させ、天保の飢饉に役立っている。

天保十一年（一八四〇）に襲封した九代忠《ただ》誠《まさ》は和宮降嫁応接・水戸天狗党応撃・赤報隊処刑など幕末多難な藩主であったが、若年寄・寺社奉行を経て元治元年（一八六四）、老中格に昇進した。明治元年、十代忠礼《ただあや》が襲封したが、同四年に廃藩となった。

高遠藩《たかとう》〈譜代〉

居城＝長野県上伊那郡高遠町東高遠

保科氏復帰加転、鳥居氏減転

高遠は武田信玄の家臣保科正直《ほしなまさなお》が治めていたが、天正十八年（一五九〇）、家康の関東入部に際し下総国多古に移された。秀吉により毛利秀頼《ひでより》が伊那に封じられ、文禄二年（一五九三）、京極高知《たかとも》がそのあとに封じられると、高遠には城代が置かれた。

慶長五年（一六〇〇）、保科正光《まさみつ》が多古から二万五千石で旧領高遠に復帰し、元和四年（一六一八）には二代将軍秀忠の庶子幸松の養育が命ぜられたのを機に筑摩郡洗馬《せば》郷に五千石が加増された。

寛永八年（一六三一）、幸松が正之《まさゆき》と名乗り、保科氏の家督を継いだ。同十三年正之が二十万石で出羽国山形に加転されると、そのあとへ山形から鳥居忠春《ただはる》が三万二百石で入封した。忠春の父忠政、兄忠恒は出羽国山形二十二万石を領し、嗣子なく断絶のところを忠政の功により忠春をもって高遠移封を認められたが、過剰な家臣団を擁しての藩財政は最初から苦しく、領民に重い年貢・課役を課したため、承応三年（一六五四）には領内農民三千人が尾張領に逃散した。

寛文三年（一六六三）、忠春は大坂加番役中に没し、嫡子忠則《ただのり》が襲封したが、元禄二年（一六八九）、江戸城馬場先門の警備不行届きを理由に蟄居を命ぜられた。忠則は謹慎中に病没して所領は没収となり、子の忠英《ただてる》が一万石で能登国下村へ転封となった。

内藤氏の治世

鳥居氏移封ののち高遠は一年余幕府預かりとなった。元禄三年、幕府は松代藩に命じて高遠領の総検地を行い、三万九千石が打ち出され、元禄四年、内藤清枚《きよかず》が入封した。内藤氏は三河以来の譜代であったが、寛永六年（一六二九）、安房国勝山で嗣子幼少のため五千石に減封されて旗本となっていたところを高遠で再封されたのであった。石高は三万三千石。打ち出しの残高六千石は幕府領に編入された。

清枚治世の正徳四年（一七一四）、江戸城大奥女中絵島が江戸山村座の役者山村新五郎との密通の罪で高遠に流刑となり、二十八年間幽閉の日々を送った。

絵島流刑の身柄が正徳四年四月一日に到着し、その六月には頼郷《よりのり》が襲封した。頼郷は享保十年（一七二五）から藩財政改革に乗り出し、町仕送りの設定や家中に借上げ米の制、軍役制度、持人の制を実施した。享保二十年（一七三五）襲封の頼由《よりゆき》も藩士の給与制度を改め、無尽政策を行った。

安永五年、襲封の頼尚《よりたか》の治世は八ヵ月の短命に終わり、同年、長好《ながよし》が襲封した。長好は幼年のため政治は家臣まかせ、郡代坂本天山の改革も藩内保守派の反対で効果なく、寛政二年（一七九〇）には領内農民による老中松平定信への駕籠訴事件も起こった。

同三年、頼以《よりもち》襲封、文政三年（一八二〇）、襲封の頼寧《よりやす》治世には「わらじ騒動」と呼ばれる全領一揆が起こった。安政六年（一八五九）、襲封の頼直《よりなお》は万延元年（一八六〇）、父の遺志を継いで藩校進徳館を設立、戊辰戦争には新政府軍に加わり、越後へ転戦した。明治二年には領内一揆が起こったが、同四年、廃藩置県を迎えた。

小江戸紀行　コヒガンザクラ咲く城下町高遠城下を歩く

高遠城跡

月蔵山《がつぞうさん》の西に突き出した台地上にあり、杖突峠から流れる藤沢川と南アルプスに水源を持つ三峰川《みぶがわ》の合流する深い谷が取り巻く天険の地である。

天正十年（一五八二）三月、武田勝頼の弟仁科五郎盛信がわずか三千の兵とともに守る高遠城は、織田信長の嫡子信忠が率いる五万の軍勢に攻められ落城し、江戸時代は高遠藩主の居城となった。

高遠城跡に建つ太鼓櫓

城は本丸を中心に北より東に二の丸、その外側に三の丸を配して、南に南曲輪、法幢院曲輪、一段低く笹曲輪があり、各曲輪は空堀に囲まれている。武田信玄の家臣で希代の戦略家といわれた山本勘介の縄張りという勘介曲輪は現在運動場となっている。

明治後に城の建物が競売に付されて丸裸になった城跡に植栽されたコヒガンザクラが四月の花どきには多くの観光客を呼ぶ。

絵島囲み屋敷

正徳四年（一七一四）、前将軍家宣の命日に月光院の代参として芝増上寺に詣でた絵島が、山村座の人気役者生島新五郎のもてなしを受けて江戸城の門限に遅れたことから、千五百人におよぶ処罰者を出す大疑獄事件に発展し、絵島は死一等を減じられて、内藤氏支配の高遠藩に配流された。

絵島は領内花畑の地に、板塀で目隠しをされた八畳一間に風呂場と便所がついただけの囲み屋敷をあてがわれ、世話するのは下女一人、昼夜警護の武士に見張られて、二十八年間の幽閉生活を送った。

かつては花畑の断崖の下は三峰川の急流であったが、現在は人造湖の高遠湖の湖畔に復元された囲み屋敷がある。

法華の寺に葬ってほしいとの願いが聞き入れられて、城跡の北、杖突街道沿いの日蓮宗蓮華寺の本堂裏山の中腹に、玉垣に囲まれた絵島の墓があり、同寺に絵島資料館も建っている。

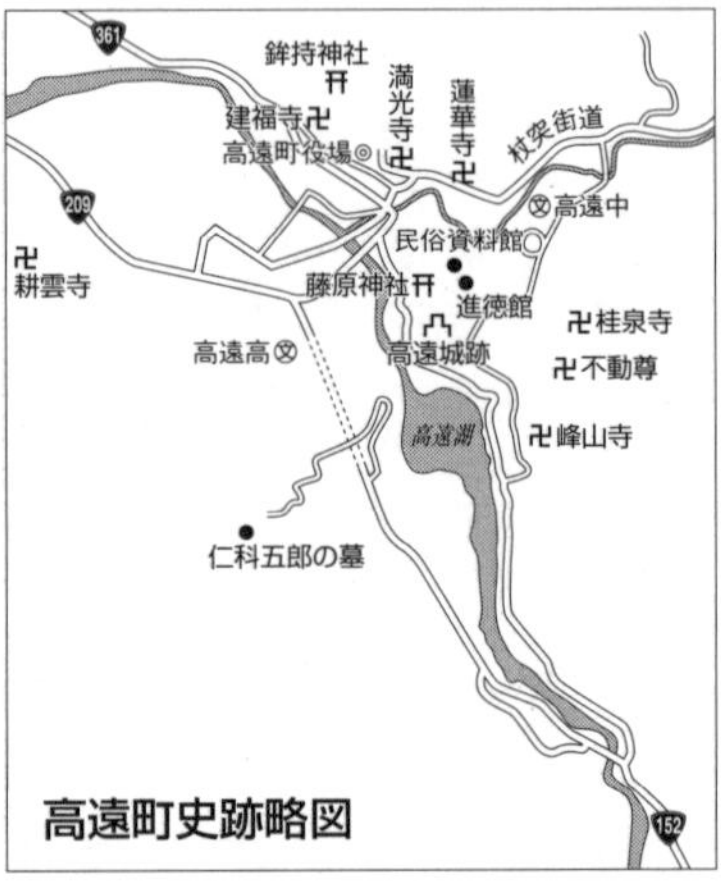

高遠町史跡略図

飯田藩《いいだ》〈外様〉

居城＝長野県飯田市追手町

頻繁な大名交替

武田氏滅亡後、織田信長により伊那全郡を与えられた斯波氏一族の毛利秀頼《ひでより》は本能寺の変後、京都へ戻り、そのあとに徳川家康麾下の菅沼定利《さだとし》が入ったが、天正十八年（一五九〇）、徳川氏の関東移封にともなって、菅沼氏は上野国吉井へ移り、豊臣秀吉配下の毛利秀頼が再度入封した。

翌年太閤検地が実施されて、伊那郡は十万石とされ、秀頼は飯田城を拡張し、城下町の町並を京都風に整備した。

文禄二年（一五九三）、秀頼が文禄の役の帰途病没すると女婿京極高知《たかとも》が継嗣し、城下町や伊那街道の整備を行った。

慶長六年（一六〇一）、関ヶ原の役の功によって高知は丹後国宮津へ転封となり、下総国古河から小笠原秀政《ひでまさ》が入封したが、旧飯田領十万石は上伊那に高遠藩領、下伊那に旗本・幕府領が錯綜して細分化されたため、小笠原氏の石高は五万石であった。同十八年、秀政は信濃国松本へ移封され、飯田領は幕領として松本藩の預かりとなった。

元和三年（一六一七）、伊予国大洲から脇坂安元《やすもと》が五万石で入封し、上総国一宮に五千石を併せて領有した。賤ケ嶽七本槍の武勲に輝く父安治《やすはる》をもつ安元は文武にすぐれ、林羅山ら中央文人との交流が当地の学問・文化を盛んにする素地を作った。

承応三年（一六五四）、子の安政《やすまさ》が家督を継いだが、寛文十二年（一六七二）、播磨国龍野へ転封となった。

堀氏二万石の治世

脇坂氏転封のあとを受けて、同年下野国烏山から堀親昌《ちかまさ》が入封した。藩領は下伊那の飯田町周辺の二万石に削られた。

親昌は地方知行制を廃して蔵米知行制を採用した。翌寛文十三年、親貞《ちかさだ》襲封、貞享二年（一六八五）、親常《ちかつね》襲封、元禄十年（一六九七）、親賢《ちかかた》襲封、正徳五年（一七一五）、親《ちか》庸《のぶ》襲封、享保十三年（一七二八）、親蔵《ちかただ》襲封とつづくが、藩内には退廃的な気分がみなぎり、親庸治世の享保年中からは城下の豪商が藩の必要経費を賄う御定借《おさだめがり》方式が採用され、藩財政は豪商の手に握られた。

延享三年（一七四六）に襲封した親長《ちかなが》治世の宝暦十三年（一七六三）には「千人講騒動」が起こり、明和元年（一七六四）には中《ちゅう》馬《ま》慣《かん》行《こう》の裁決が下された。

安永八年（一七七九）、親忠《ちかただ》襲封、天明四年（一七八四）、親民《ちかたみ》襲封とつづき、寛政八年（一七九六）に襲封した親寚《ちかしげ》は歴代堀家最高の明君とされる。夫人が松平定信の姪であったことから定信に範を取り、武芸の奨励、倹約令の発布、備荒貯蓄などに治績をあげた。親寚は幕政にも参画して累進し、天保の改革で老中水野忠邦に献策して七千石の加増を受け老中格まで昇進したが、忠邦の失脚に連座して、弘化二年（一八四五）、加増分と本知三千石の一万石を減知されて藩領は一万七千石となった。

同年、親義《ちかよし》が襲封、元治元年（一八六四）の天狗党領内通過に対して無策であったことを咎められ、二千石の減封を受けた。明治元年（一八六八）、最後の藩主親広《ちかひろ》が襲封し、同四年、廃藩となった。

美濃国

大垣《おおがき》藩〈譜代〉

居城＝岐阜県大垣市郭町

藩主の交替

関ヶ原の役で徳川家康の率いる東軍が勝利すると、西軍石田三成の女婿福原長堯《ながたか》が守っていた大垣城は明け渡され、東軍の松平康重《やすしげ》が城番として入城した。

慶長六年（一六〇一）、石川康通《やすみち》が上総国鳴《なる》渡《と》二万石から加増されて五万石で入封し、立藩した。同十二年、康通が没し、嫡男忠《ただ》義《よし》が幼少であったため隠居していた父家成《いえなり》があとを継いで二代藩主となり、同十四年、家成の外孫で大久保忠隣《ただちか》の次男忠総《ただふさ》が三代藩主となった。同十九年、忠総は実父忠隣の罪に連座して駿府に蟄居したが、大坂の陣に際して赦免され、冬・夏両陣の戦功により一万石の加増を受け、元和二年（一六一六）、豊後国日田六万石へ転封となった。

そのあとへ下総国関宿四万石から松平（久松）忠良《ただよし》が大坂両陣の功により一万石の加増を受けて、五万石で入封した。寛永元年（一六二四）、忠良の没後、憲良《のりなが》（のち忠憲《ただのり》）が家督を継いだが、幼少を理由に信濃国小諸四万五千石へ移封された。

そのあとへ丹波国福知山五万石から岡部長盛《ながもり》が五万石で入封した。同九年、長盛が没し、子の宣勝《のぶかつ》が家督を継いだが、翌十年、播磨国龍野五万石へ移封された。

そのあと山城国淀から松平（久松）定綱《さだつな》（忠良の従弟）が六万石で入封したが、同十二年、伊勢国桑名十一万石へ移封された。

戸田藩政草創の時代

松平定綱移封のあと、寛永十二年（一六三五）、摂津国尼崎五万石から戸田氏鉄《うじかね》が十万石で入封し、以後戸田氏が明治廃藩まで十一代にわたって大垣藩を領知した。藩領は美濃国安八《あんぱち》郡八十八ヵ村を中心に、石津郡十三ヵ村、多芸《たぎ》郡二十四ヵ村、不破《ふわ》郡十ヵ村、池田郡五十ヵ村、大野郡四十三ヵ村、本巣《もとす》郡三十一ヵ村より成っていた。

初代氏鉄が入封して二年後の同十四年、島原の乱が起こった。氏鉄は老中松平信綱とともに征討の上使として出陣し、総攻撃に加わって戦功をあげた。乱に手こずった幕府は、武功の家柄として美濃の要地を託した氏鉄に鎮圧の期待を懸けていた。氏鉄は乱の鎮圧を果たして面目を保ったことにより家臣団の統制に成功し、領民に対しても威光をおよぼすことができた。

氏鉄は入封当初から地方《じかた》知行制を廃して俸禄制を実施し、検地による農民の掌握、農業生産力の把握につとめ、新田開発の奨励により新田高一万三千石の増収をあげた。走り百姓を禁じる農民保護政策を取り、勧農政策として優良品種による増産をはかるとともに農耕法の改善を指導し、治山治水を積極的に行った。

儒学に親しんだ氏鉄は藤原惺窩《せいか》・林羅山らに学んで、『道八集』『志学文集』『戸田左門聞書』などを著わした。藩主の好学は自ずから藩の文教の振興にも役立った。

氏鉄の藩祖としての治世は十七年におよんだ。慶安四年（一六五一）、氏鉄は致仕して常閑と号し、明暦元年（一六五五）、藩政の基盤を築いた八十年の生涯を終えた。

父隠居のあとを受けて嫡男氏信《うじのぶ》が二代藩主となった。氏信は父の遺志により、新田高のうち弟氏経《うじつね》と氏照《うじてる》（氏好）にそれぞれ四千石、氏利《うじとし》（氏親）に五千石を分与した。

氏信は父氏鉄の慶長七年（一六〇二）、近江国膳所《ぜぜ》に封じられ摂津国尼崎を経て美濃国大垣に至るまでの五十年近くにおよぶ治政を成文化して、藩政の基本法典としての「定帳《さだめちょう》」を作成公布した。「定帳」は家中の部、江戸の部など十部門四百九十四ヵ条三十法度からなる大部なものであり、譜代藩の藩法としては最も整備されたものとされている。

家中改革と支藩創設

寛文十一年（一六七一）、氏信が致仕し、三代氏西《うじあき》が襲封した。「定帳」はこの翌年から延宝二年（一六七四）までの間に藩撰分類法規の形式で作成されたもので、いわば氏信のすぐれた隠居仕事であった。

延宝元年（一六七三）、氏西は領内を四分し、郡奉行四人に分管させ、同五年には幕命により美濃国の幕領と近江国の幕領六万石の検地を行っている。

氏西の時代になると藩財政は困難な状況となり、同八年には家中改革を断行して、家臣二百九十一人を削減した。これは「延宝の大暇」と呼ばれている。

貞享元年（一六八四）、氏西が没し、嫡男氏《うじ》定《さだ》が四代藩主を継いだ。元禄元年（一六八八）、氏定は弟氏成《うじしげ》に新田三千石を分知した。氏成は養父氏利の知行四千石に三河国渥美郡の新田を合わせて知行高が一万石に達したので諸侯に列せられた。これが支藩の大垣新田藩である。氏定治世の元禄十四年、従弟の播磨国赤穂藩主浅野内匠頭長矩《たくみのかみながのり》の殿中不祥事件に連座して一時出仕をとどめられた。家老の大石内蔵助良雄《くらのすけよしたか》は主家再興を計るため、たびたび大垣を訪れて支援を頼んだという。元禄十五年、家中仕置替えを行い、諸役人の大幅な新旧交替を図るなど、氏定は藩の行政改革に力を尽くした。

享保八年（一七二三）、氏定が致仕して嫡男氏長《うじなが》が五代藩主を継いだ。翌九年、氏長は荻生徂徠《おぎゅうそらい》門下の守屋煥明を招聘して文教の振興を図った。同十二年には藩の焔硝蔵を設けて火薬製造による軍事強化に乗り出すとともに、同十六年の大水害時には被災地の復興と罹災者の救助に力を尽くした。

享保二十年（一七三五）、氏長が没して、六代氏英《うじひで》が七歳で襲封した。歴代藩主の行政改革によっても藩財政の悪化はとどまらず、増大する家臣団を削減するために、延享四年（一七四七）、三代氏西以来の百七十七人の家臣を整理する家中改革を断行した。これが「延享の永御暇」である。

宝暦八年（一七五八）、氏英は奏者番となり、同十年からは諸大名や寺社の判物・朱印状の改め役をつとめた。

老中出世と財政悪化

明和五年（一七六八）、氏英が没し、七代氏《うじ》教《のり》が襲封した。氏教は同三年に氏英の婿養子となった上野国館林藩主松平（越智）武《たけ》元《ちか》の次男である。

安永二年（一七七三）、氏教は飛騨騒動が起こると藩士を出兵させ、これを鎮圧して賞せられた。

安永八年（一七七九）、藩の借財を減らすために、氏教は「定帳」を改め、家臣の俸禄を半分に削ってその四分の一を上納させ、倹約令を繰り返し公布して、領民に対して多額の調達金を命じた。

寛政元年（一七八九）、氏教は奏者番となり、寺社奉行兼帯、翌二年側用人に累進し、ついで老中まで昇進した。武功の家柄を誇る歴代のうちでも、氏教だけが老中として幕政に参画しえたのは、九代将軍家重と十代将軍家治の二代三十一年十ヵ月にわたって老中職をつとめた松平武元の実子であったからであろう。氏教は文化三年（一八〇六）に没するまで、十五年五ヵ月間老中に在職したが、この間寛政七年（一七九五）には藩政改革の体制づくりを推し進め、商業資本の発展を抑制しながら農民の支配を強化して、一応の財政建て直しを図ることができた。

　氏教のあとを子の氏庸《うじつね》が襲封し八代藩主となった。文化七年（一八一〇）、氏庸は大垣城の天守閣を修理し、天保八年（一八三七）には城下外側町に学問所を設けた。これが藩校致道館（のち敬教堂と改称）の起源となり、戸田藩政の要《かなめ》のひとつである文教政策を推進した。

幕末維新の動乱と藩政

天保十二年（一八四一）、氏庸が没し、九代氏正《うじただ》が襲封した。前々代同様、家臣の俸禄を削ってたびたび倹約令を発布し、農民からはひたすら収奪を図るばかりで、ますます財政は深刻化していった。

　嘉永三年（一八五〇）、改革派の小原鉄心を登用して藩政刷新・軍制改革を推し進め、強硬な財政整理を断行した。

　同六年、ペリー来航によって国内が騒然とすると、幕府は大垣藩に浦賀警固を命じ、小原鉄心らが派遣された。これを機に鉄心を中心にして西洋流砲術を学び、安政三年（一八五六）には軍制を改革、大垣藩に洋学が盛行することとなった。

　同年、氏正は致仕し、十代氏彬《うじあきら》が襲封した。同五年、伊尾川下流の羽根谷の改修工事が完成し、万延元年（一八六〇）には氏彬は幕府より藩政宜しきを得たことを賞せられ、時服・鞍鐙を下賜された。

　文久元年（一八六一）、和宮東下に伴い警備をつとめ、元治元年（一八六四）、禁門の変に際しては長州藩の福原越後を破り軍功を樹てた。同年、水戸天狗党の西上を河渡川に防いだため、武田耕雲斎らは根尾谷を経由して越前に向かい、加賀藩に下った。

　慶応元年（一八六五）、氏彬は十四代将軍家茂に従って長州再征中、大坂城で病没した。同年、氏彬の幼い弟氏共《うじたか》が十一歳で襲封し、十一代藩主となった。大垣藩は長州再征中のため周防国大島に戦い、安芸国大野村に戦って翌二年帰藩した。

　慶応四年一月、鳥羽伏見の戦いに幕軍として参戦した大垣藩は、その後鉄心の説得により議論四時間を経て藩論を勤王に統一した。

　藩主氏共は謝罪に上洛して東山道の先鋒を命じられ、千二百三十七名の藩兵が勤王討幕軍、すなわち新政府軍として参戦した。

　東山道鎮撫総督岩倉具定の旗のもとに先鋒軍として大垣を出発した藩兵は下野国梁《やな》田《だ》で砲火を開き、宇都宮城・白河口・白坂・小田川宿七曲り・長岡に戦い、会津若松城攻撃に功をあげて、翌明治二年（一八六九）、賞典禄三万石を下賜された。

　その後間もなく版籍奉還を経て、明治四年七月十四日、廃藩置県により大垣県となり、十一月二十二日には岐阜県となった。

小江戸紀行 清冽な水門川流れる城下町大垣城下を歩く

大垣城跡

畿内と東国を結ぶ交通の要衝であると同時に、近くに関ヶ原（古くは青野原）を控えて軍事上の要地に築かれた平山城であった。慶長元年（一五九六）、城主伊藤祐盛が天守閣を四層四階に修築した。三層や五層に造るのがふつうの城郭建築を、四が死に通じるとして忌み嫌われる四層四階にした珍しい形である。

寛永十二年（一六三五）、戸田氏鉄が十万石で入封して以来、明治廃藩まで戸田氏が十一代つづくが、四層四階総塗込様式の天守閣、自然石を用いた隙間の多い笑い積みの石垣は一貫して変わらなかった。

大垣市の市街中心部、牛屋川流域の平坦地に位置し、昭和二十年七月の戦災で焼失した天守閣が鉄筋コンクリート造りで復元されて、郷土博物館となっている。

本丸・二の丸跡・竹の丸跡の大垣公園に幕末の大垣藩家老小原鉄心や本草学者飯沼慾斎らの顕彰碑が建っている。

常葉《とこは》神社

大垣公園の北端、かつての大垣城竹の丸跡にある旧県社。嘉永五年（一八五二）、藩祖戸田一西《かずあき》の二百五十年忌に伊勢神宮祭主藤波致忠から常葉明神の神号を受け、城内竹の丸庭内に祠を建立したのが始まり。藩士ばかりでなく領民の参拝が許された。大正五年、初代藩主戸田氏鉄の霊を合祀し、翌年県社に指定された。十月十日の十万石祭りは当社の祭礼が発展したものである。

全昌寺《ぜんしょうじ》

水門川右岸の大垣市船町二丁目にある曹洞宗寺院。桃源山大仙院と号す。

元和三年（一六一七）、戸田氏鉄の室大誓院が叔父戸田甚五郎のために摂津尼崎に建立したのが始まり。寛永十二年（一六三五）、氏鉄の大垣移封にともなって、全昌寺住職照岩も大垣に移住し、慶安四年（一六五一）、氏鉄の寄進により現在地に伽藍を造営した。以来、戸田氏の庇護のもと藩主親族の法要が行われ、寺が窮乏したときには藩主から聴講白銀や米・薪などが支給されている。

朝鮮通信使が美濃路を通行するときには臨時の本陣ともなっている。

境内には幕末の藩論を勤王に統一した小原鉄心や幕末東征軍副総裁高岡夢堂、幕末当寺の傑僧 鴻雪爪《おおとりせっそう》の墓がある。

大垣市街略図

正覚寺《しょうかくじ》

大垣市船町七丁目にある曹洞宗寺院。寛文五年（一六六五）、北方の切石村から現在地に移った。

大垣藩の藩校敬教堂跡碑

門前に「史蹟芭蕉木因遺跡」と刻んだ石柱が立つように、松尾芭蕉と親交の厚かった大垣俳壇の重鎮谷木因を記念する俳諧遺跡として知られる。元禄八年（一六九五）、芭蕉の百日忌に近藤如行ら大垣俳人によって当寺に小墳が築かれ、門人路通の筆になる「芭蕉翁」と刻まれた自然石の芭蕉塚（尾花塚）が建てられた。これが日本最古の翁塚とされる。翁塚が建てられて以来、句碑を建てるものが相次ぎ、正覚寺発句塚として俳人に崇敬されている。句碑の建ち並ぶ左隅に、享保十年（一七二五）九月三十日に八十歳で没した木因の墓がある。

奥の細道むすびの地

大垣城の南、水量ゆたかな水門川《すいもんがわ》をはさんでしゃれた吊り橋と人口滝水を川に注ぐ趣向を凝らした景観が目を楽しませてくれる大垣市船町一、二丁目付近は、かつて大垣湊と呼ばれる河港であった。

左岸の船町一丁目には川船を繋留した船町湊跡や住吉灯台があり、右岸の船町二丁目には「奥の細道むすびの地」の碑や蛤塚の句碑が立つ。

元禄二年（一六八九）三月二十七日、江戸・千住宿から奥州街道に沿って長途の旅にのぼった芭蕉は、金沢・敦賀を経て美濃に入り、関ヶ原・垂井を経て、八月二十一日大垣に入った。「奥の細道」はこのときの俳諧紀行である。大垣がむすびとなっているので、船町二丁目には「奥の細道むすびの地記念館」が建っており、芭蕉と谷木因の風雅の交流を中心に展示されている。

藩校敬教堂跡

大垣市東外側町一丁目の市立図書館前に孔子の石像と並んで藩校跡の石碑が立つ。

天保九年（一八三八）、大垣藩士岡田主鈴の私塾を竜の口門外の現在地に移したのが藩校の基になった。はじめ漢学・文学・兵学を講じ、規模の拡大に伴って、経書・歴史・詩文・洋学も教えた。万延元年（一八六〇）、聖廟を建立し、慶応年間には諸規則を改めて藩外の子弟も入学が許され、職員七十五人、生徒は五百人が学んだ。

円通寺戸田家廟所

大垣市西外側町の大垣八幡宮の南、水門川右岸に位置する円通寺が戸田家の菩提寺である。戸田氏の移封にともなって、近江膳所・摂津尼崎と移り、寛永十二年（一六三五）の大垣入封とともに、大垣に移った。

戸田氏以前の藩主石川康通のときは宝珠院、松平忠良のときは光覚寺、松平定綱のときは専念寺と寺名は異なったが、同じ場所が菩提寺となっていた。明治六年、廃寺となり戦災で荒廃したが、その後戸田家歴代藩主の墓碑が整備された。

加納藩《かのう》〈譜代〉

居城＝岐阜県岐阜市加納丸の内

家康の信任厚い奥平信昌の入封

徳川家康は慶長五年（一六〇〇）十一月、関ヶ原の役に勝利した直後、早くも大坂方に備える要害の地を探していたが、中山道の要衝で、東海道の分岐点に近いという地理的条件などから美濃国加納の地に決定した。

この地は室町時代、美濃国守護代斎藤利永《としなが》の築いた沓井《くつい》城（旧加納城）のあった所で、傍らに当時美濃国守護土岐持益《もちます》の居城の革《かわ》（川）手《て》城があった。この沓井城は長井新九郎（のちの斎藤道三）が斎藤家の名跡を継ぎ、稲葉山城を築いた頃に廃城となった。

加納の地に築城を開始すると、稲葉山城を廃して、その楼閣や礎石などの用材を利用することにし、家康自ら指揮して本多忠勝を奉行として、東山・北陸の諸大名に城・濠の修築を命じた。こうして加納城が完成すると、家康は翌年三月に長女の亀姫の婿で、信任篤かった上野国小幡三万石の奥平信昌《のぶまさ》に十万石（領地は美濃国厚見・方県・本巣・大野・山県・席田・羽栗・各務八郡内百三十ヵ村）を与え、ここに加納藩が立藩した。

信昌は翌慶長七年に致仕し、菅沼家の養子となっていた三男忠政《ただまさ》（松平姓を賜う）があとを継いだが、忠政は病弱であったために信昌が補佐し、領内の治山治水事業に力を注ぎ、また城下町の整備を行い藩政の基礎を築いた。慶長十九年（一六一四）、忠政は大坂の陣の直前に没し、嫡男千松が七歳で家督を継いだが、翌元和元年には祖父信昌が没したので、藩政は祖母盛徳院（亀姫）の援けを受けた。

元和七年（一六二一）、千松は二代将軍秀忠から偏諱を与えられ忠隆《ただたか》と称したが、寛永九年（一六三二）、二十五歳の若さで没し、さらに嗣子右京も四歳で没したため、奥平氏（加納松平氏）は断絶した。

大坂の陣で大坂方の脅威が薄れるとともに、隣国尾張に名古屋城が完成してからは、加納城の戦略的意義もなくなったので、次第に石高も減少していった。

大久保・戸田・安藤氏らの入封

奥平家断絶後、寛永九年に武蔵国私市《きさい》二万石の藩主大久保忠職《ただもと》が三万石を加増されて入封したが、忠職は一代で七年後の同十六年に播磨国明石へ転封となった。代わって松平（戸田）光重《みつしげ》が明石から七万石で入封したが、その藩政のうち最も特徴的なものは五人組を整備して、年貢徴収の円滑化をはかったことである。

光重は寛文八年（一六六八）に没し、嫡男光永《みつなが》が家督を継いだ時、弟光澄《みつずみ》・光賢《みつかた》に各五千石を分与した。光永の治世は四十年近くにおよび、その主な内容は未進米の取り立てに主眼を置くなど、父光重の年貢徴収強化策を踏襲した。そのため天和二年（一六八二）一月、領内に発信者不詳の廻状が出され、三月に農民が幕府へ出訴するため、江戸へ向かう事件が起こった。しかし、東海道藤沢宿で追手の郡奉行に説諭されて、事件は未遂に終わった。これ以後、未進米は免除され、麦・稗の年貢金納化が実現した。

光永は宝永二年（一七〇五）に没し、光熙《みつひろ》が継いだ。光熙は和漢の学に通じ、元禄八年（一六九五）、二十八歳の時に五代将軍綱吉に論語を講ずるなど逸材ぶりを発揮し、正徳元年（一七一一）に山城国淀七万石へ転封となった。

松平（戸田）氏に代わって、備中国松山（高梁《たかはし》）から安藤信友《のぶとも》が六万五千石で入封、信友は寺社奉行・大坂城代・老中など幕閣で活躍した。信友は享保十七年（一七三二）に没し、家督を継いだ信尹《のぶただ》は奢侈を好み飲酒遊蕩に耽ったため家中騒動が起こり、宝暦五年（一七五五）に隠居を命ぜられ、一万五千石を没収、嫡男信成《のぶなり》が五万石を領して家督を継いだ。だが、信成は翌六年、陸奥国磐城平五万石へ転封となった。

永井氏六代の在封

加納藩は奥平氏が立藩したのが始まりで、以後、大久保氏・松平（戸田）氏・安藤氏と藩主の交代が続いたが、武蔵国岩槻から永井直陳《なおのぶ》が三万二千石を領して入封、以後藩主の定着をみた。加納藩は立藩当初十万石であったが、ここに至って三万二千石（領地は美濃国厚見郡内において二万三千石、河内国内において九千石）と、すこぶる小藩となった。

加納永井家は、徳川家康に仕えて小牧・長久手の戦いや関ヶ原の役で活躍した勇将永井直勝《なおかつ》の嫡男尚政《なおまさ》の三男尚庸《なおつね》を家祖としている。尚政の嫡男尚征《なおゆき》が本家で、大和国櫛羅藩につながり、直勝の次男直清《なおきよ》は摂津国高槻藩主となった。尚庸は父尚政の所領から二万石を分与され、寛文十年（一六七〇）、京都所司代となり、さらに加増により三万石となった。その嫡男尚富《なおとみ》（のち直敬《なおひろ》）は河内国内などの父の遺領三万石を与えられ、貞享四年（一六八七）に下野国烏山藩主となった。そして寺社奉行に任ぜられ、播磨国赤穂藩、信濃国飯山藩を経て武蔵国岩槻藩に移り、尚平《なおひら》―直陳と継承し、直陳の時に加納藩に移封となった。

直陳は幕政に参画して奏者番・若年寄を歴任したが、宝暦十二年（一七六二）秋に致仕し、十一月二十六日に六十三歳で没した。直陳のあとは従弟尚備《なおみつ》が家督を継ぎ、以後、尚旧《なおひさ》―尚佐《なおすけ》（尚旧の甥、初め直弼《なおただ》と称す）と継承し、尚佐は奏者番を経て、文政十年（一八二七）に西ノ丸若年寄に任ぜられ、天保三年（一八三二）、本丸若年寄に昇進した。そのあと尚典《なおのり》が家督を相続すると、天保十年に「家中諸法度」を公布したが、これは前年幕府が出した「武家諸法度」の意を汲んだものである。

文久二年（一八六二）に家督を相続した最後の藩主尚服《なおこと》は慶応元年（一八六五）に講武所奉行、寺社奉行兼奏者番を経て、慶応三年に若年寄兼会計奉行に任ぜられた。永井氏は六代、約百十余年にわたり在封し、明治二年（一八六九）六月に版籍奉還、尚服は知藩事に任ぜられ、同四年七月、廃藩置県を迎えた。

なお、東京都荒川区西日暮里三―一―三の本行寺には、美濃国加納藩主永井尚典・尚服の墓碑がある。尚典の墓石正面には「正明院殿正五位尚典日厳大居士」、尚服の墓石には「正厳院殿正五位子爵尚服日皓大居士」と刻まれ、傍らに二十四霊合祀の「永井家合葬之墓」がある。

小江戸紀行　伝統芸能の〝鵜飼〟で知られる城下町岐阜城下を歩く

室町・江戸の城下町加納

岐阜市南部の加納の地は、かつては城下町であると同時に宿場町であった。旧中山道が東西に貫き、加納天満宮の南の加納本町が宿場の中心地で、本陣・脇本陣を初め三十軒ほどの旅籠屋が建ち並んでいたが、戦災によって往時の面影は失われた。

JR東海道本線岐阜駅南口から加納栄町通りを南下、加納城南通りとの交差点を左折して進むと、北側に赤茶けた石垣が見えるのが加納城跡である。加納城（沓井《くつい》城）は文安二年（一四四五）、美濃国守護代斎藤利《とし》永《なが》が築き、斎藤氏がその家老長井氏に実権を奪われると、その持城となった。

現在残る加納城跡は、徳川家康が関ヶ原の役後、本多忠勝を奉行に築かせた城である。慶長六年（一六〇一）三月六日、家康は長女亀姫の婿奥平信昌に十万石を与えて封じた。以来、加納藩主には奥平・大久保・戸田・安藤・永井氏六代を経て明治維新を迎え、明治二年に城は破却された。本丸跡は現在、加納公園になっているが、埋門・筋金門・鉄門などが見られ、石垣は往時のまま残されている。

加納城跡から加納城南通りを西へ戻り、加納奥平町の住宅街の中に盛徳寺がある。建物は寺院らしくないが、境内奥の崩れかけた白壁の中に二つの土饅頭型の墓があり、左が奥平信昌、右が亀姫のものだ。亀姫は二代将軍秀忠、尾張藩主徳川義直《よしなお》の姉で、加納大夫人・加納御前と呼ばれた。

加納城跡から加納城南通りを東へ進み、新荒田川に架かる城南橋を渡って左折し、南下すると私立済美女子高校のグラウンドの一角に、美濃国守護土岐氏の拠点だった川（革）手城跡がある。ここから南西に見える大樹の下に、地元では「お薬師さま」と呼んでいる薬師堂がある。傍らに「正法寺跡」の碑が立ち、土岐一族の氏寺の跡である。応仁文明の乱（一四六七〜七七年）により、一条兼良《かねら》・雪舟等楊《とうよう》ら当代一流の文化人や有力者が乱を避けてこの地に来訪し、文化の華を咲かせた。加納築城の際、正法寺内の土石が採取されたといわれ、このように正法寺は土岐氏の衰亡とともに衰微、現在は薬師堂が往古を偲ばせるだけだ。

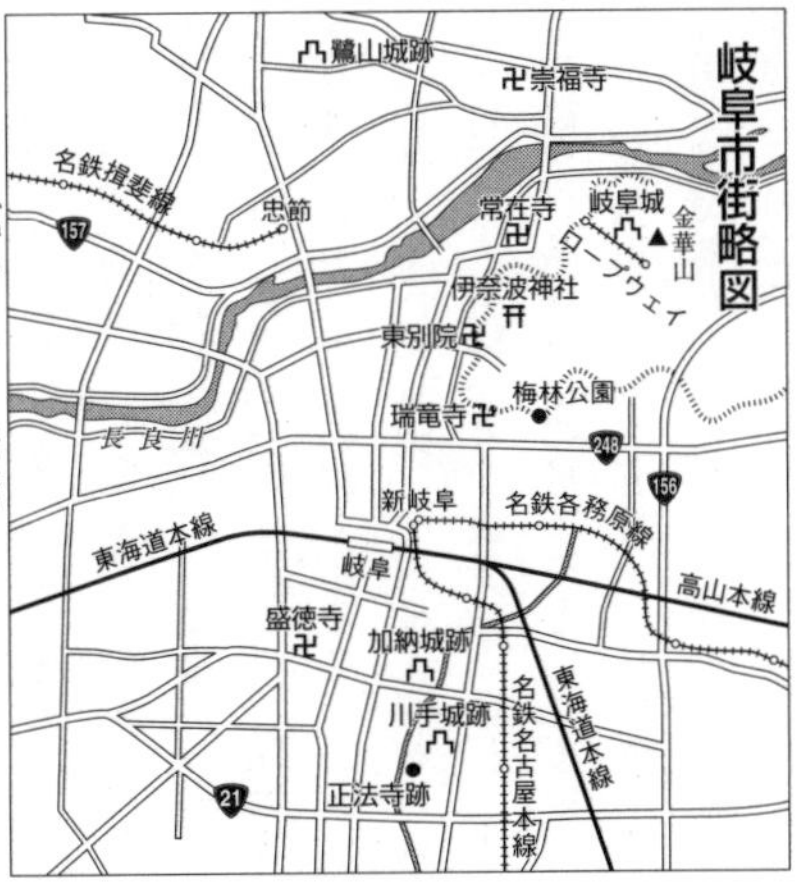

戦国英雄の城下町岐阜

美濃国岐阜は往昔、井ノ口の里と呼ばれ、シンボルである金華山（稲葉山）を中心に長良川の清流が貫く美しい町である。岐阜は「美濃を制する者は天下を制す」といわれたほどの濃尾平野の要地で、鎌倉時代の

加納城跡の石垣

建仁元年（一二〇一）に幕府政所《まんどころ》の執事二階堂山城守行政《ゆきまさ》によって金華山頂に城が築かれたことに始まる。応永十九年（一四一二）、守護土岐氏の執事斎藤利永《としなが》が山頂の古城を修築して在城し、文安二年（一四四五）、川手城の支えとして沓井城を築いて移ったため、以後、天文八年（一五三九）に斎藤道三が修築して居城するまで百余年間、稲葉山城は廃城になっていた。

道三は天文二十三年に鷺山《さぎやま》城に移り、その子義龍《よしたつ》が稲葉山城に入城するが、永禄四年（一五六一）五月に没し、そのあとを子龍《たつ》興《おき》が継いだ。永禄十年、道三の娘婿織田信長に攻められて開城すると、信長は居城を小牧山城から稲葉山城に移し、町名の井ノ口を岐阜と改め、城も岐阜城とした。

岐阜城にはその後、織田信忠・信孝、池田輝政、豊臣秀勝らが入城し、最後の城主は信長の孫秀信（三法師）であったが、慶長五年（一六〇〇）の関ヶ原の役の時、秀信が西軍に与《くみ》したため、加藤清正らに攻め落とされた。

徳川家康が関ヶ原の役後、加納築城の時に岐阜城の用材を利用したので、岐阜城は廃城となった。明治四十三年に模擬天守閣が築かれたが、昭和十八年二月に焼失、現在の天守閣は昭和三十一年七月、鉄筋コンクリート造り、三層四階構造で復興された。

岐阜城下の山麓一帯は岐阜公園で、園内にはさまざまな施設が建つが、岐阜城へ登るロープウェー発着所南には、道三や信長が居館を構えた跡地があり、千畳敷と呼ばれている。園内のほぼ中央に、自由党板垣退助の銅像がある。明治十五年四月六日、美濃地方遊説中の板垣は、刺客相原尚褧《なおぶみ》に左胸を刺された時、「板垣死すとも自由は死なず」の名文句を残したことで有名だ。像の立つ場所が板垣遭難の地である。

金華山西麓の激しく車の通る道路に面して常在寺がある。あまり訪れる人もなく、ブロック塀に囲まれた狭い境内は閑散としている。この寺こそ油売りの山崎屋庄五郎（一説には庄九郎）こと、のちの道三が永正末年（一五二〇年頃）に美濃国への第一歩を記した所だ。この寺は宝徳二年（一四五〇）、土岐家守護代斎藤妙椿《みょうちん》が京都の妙覚寺から世尊院日範《にちはん》を招いて創建し、斎藤家の菩提寺となった。庄五郎が頼ったのは、四世住職日護《にちご》（日運）上人の時である。

この他、市内には道三や信長に関わる城跡・古寺社・史跡などが数多く点在し、まさに岐阜は戦国英雄の城下町といっていい。また、長良川では毎年五月十一日から十月十五日まで鵜飼《うかい》が行われ、一幅の古典絵巻を見るようである。

郡上《ぐじょう》藩（八幡《はちまん》藩）〈譜代〉

居城＝岐阜県郡上郡八幡町一の平

遠藤氏の藩政と金森氏の宝暦騒動

連歌師宗祇《そうぎ》への古今伝授で知られる東常《とうのつね》縁《より》を出した東《とう》氏を滅ぼして美濃国郡上二万石を領した一族の遠藤盛数《もりかず》は、天正十六年（一五八八）、秀吉によって美濃国小原一万三千石に移され、稲葉貞通《さだみち》が四万石で八幡城に入ったが、関ヶ原の役後、貞通は豊後国臼杵五万石に転じ、盛数の嫡男慶隆《よしたか》が旧領郡上に復帰して二万七千石を領した。

遠藤氏は貢租増徴によって支配体制を強化し、慶隆のあと寛永九年（一六三二）、慶利《よしとし》が襲封、正保三年（一六四六）、常友《つねとも》が襲封して、弟常照《つねてる》に二千石を分知（旗本西乙原遠藤）、常紀《つねただ》に一千石を分知（旗本乙原遠藤）して二万四千石となった。延宝四年（一六七六）、常春《つねはる》が襲封したが、このとき貢租増徴派と反対派に家中分裂して抗争となり、天和三年（一六八三）、常春が両派を処分して決着した。元禄三年（一六九〇）、四歳の常久《つねひさ》が襲封、同五年、嗣子なく没して藩領は収公されたが、遠藤氏は先祖の忠功により弟胤《たね》親《ちか》が常陸・下野国内に新たに一万石を与えられて移った。

同じ元禄五年、そのあとへ常陸国笠間から井上正任《まさとう》が入封し五万石を領したが、翌六年、正岑《まさみね》が襲封、弟正長《まさなが》に三千石を分知し、同十年、丹波国亀山に移封された。

同じ元禄十年、出羽国上山から金森頼旹《よりとき》が入封し、三万九千石を領した。頼旹は農民の願いを入れ、年貢の検見《けみ》法を定免《じょうめん》法に改めるなど領民の負担を少なくする方策を取った。しかし元文元年（一七三六）に襲封した孫の頼錦《よりかね》は先人の遺跡碑を建立したり、八代将軍吉宗の命による天文観測を行うなど、風雅な生活と奏者番としての社交の増大が財政窮乏を招き、宝暦四年（一七五四）、年貢の定免法を検見法に変えようとした。このため郡上藩預かり地での石徹白《いとしろ》騒動も含め、四年間にわたる領民の激しい抵抗による宝暦騒動をひきおこした。事態は農民の大きな犠牲の上に幕閣の責任問題にも発展して頼錦は失政を問われ、領地没収・御家断絶という前代未聞の結末となった。

青山氏の藩政

宝暦八年、丹後国宮津から譜代の名門青山幸道《よしみち》が入封、郡上郡と越前国大野・南条・丹《に》生《う》三郡で四万八千石を領して、青山氏は明治廃藩まで七代百十年間支配した。

幸道は入封のとき出迎えた人びとに三百文ずつを与えたとも伝えられ、宝暦騒動後の領民支配に腐心して藩政建て直しをはかったが、徒党強訴の取締り、検見取の継続など内実はきびしいものがあった。

幸道のあと、安永四年（一七七五）、幸完《よしさだ》が襲封して若年寄となり、文化五年（一八〇八）、幸孝《よしたか》が襲封して寺社奉行となった。同十二年、幸寛《ゆきひろ》襲封、天保三年（一八三二）、幸礼《ゆきのり》襲封、同九年、幸哉《ゆきしげ》が襲封して寺社奉行となり、文久二年（一八六二）、幸宣《ゆきのぶ》が襲封して廃藩を迎えた。

慶応三年（一八六七）、藩主は勤王方につくことを表明したが、ひそかな藩の支援のもとに組織された凌霜隊《りょうそうたい》は、戊辰戦争を佐幕方として会津城に入城して戦い、戦後は捨て石となって冷たい仕打ちを受けた。

小江戸紀行 郡上踊りの城下町郡上八幡城下を歩く

八幡城跡

城跡のある八幡山は南に吉田川、西に小《こ》駄《だ》良《ら》川・長良川が流れ、上之保《かみのほ》・明方《みょうがた》・和《わ》良《ら》・下川《しもかわ》の郡上郡の四本の主要道の合流地を見下ろす軍事・交通の要衝の地にあり、南および西麓に城下町が発達した。

永禄二年（一五五九）、東殿山《とうどやま》城の東常慶・常堯父子との戦いに際して、東氏の支流遠藤盛数は向かい合う八幡山に布陣し勝利をおさめた。戦後八幡宮を南麓に遷坐し、山腹に城を築いた。江戸時代を通して、八幡城が郡上藩主の居城となった。

創建以来八幡城に天守閣が築かれたことはなかったが、昭和八年、現在見るような優美なたたずまいの模擬天守閣と隅櫓が建てられた。近代になって再建、模擬建築された城は全国に数多いが、八幡城はそれに先鞭をつけた初の木造建築の城である。

城域内には、城修築の人柱伝説を語り伝えられるおよし慰霊碑や、赤髭と呼ばれた強力の作兵衛が運び上げて絶命したという力石、宝暦金森騒動のあと郡上藩を治めた青山氏の顕彰碑などがある。

八幡城山麓の本丸跡には、宝暦一揆の特徴を物語る傘《からかさ》連判状をかたどった「郡上義民顕彰碑」がある。郡上にとって宝暦騒動は最大の歴史事件であったので、一揆を顕彰する碑は、八幡町の愛宕公園や農民たちが集結した南宮神社、阿千葉城跡など郡上郡の各所に建てられている。

宗祇水

八幡町本町の石畳を下って小駄良川にかかる橋のたもと東岸にある湧水が宗祇水《そうぎすい》で、岐阜県指定史跡になっている。

文明三年（一四七一）から数度にわたって山田庄の篠脇《しのわき》城を訪れた連歌師の宗祇は東常縁から古今伝授を授けられた。すべての伝授を終えた七十一歳の常縁に見送られる五十歳近い宗祇が、再会を期しがたい思いで別れを惜しんだ場所がここだという。

いよいよ別れのとき、常縁は宗祇に一首の歌を送った。

もみじ葉の流るる竜田しら雲
花のみ芳野おもひわするな

常縁に代表される東氏の文化的雰囲気は、のちの郡上藩主の学芸好みに伝播した。

和歌にちなんで「白雲水」と名づけたのは江戸初期の藩主遠藤常友で、かれは「白雲の水」と刻んだ細長い石碑を泉の中に建てた。泉の右手の高みに建つ偏平の黒みがかった「白雲水」の碑は、宝暦一揆で改易となる金森頼錦が建てたもの。いずれも東

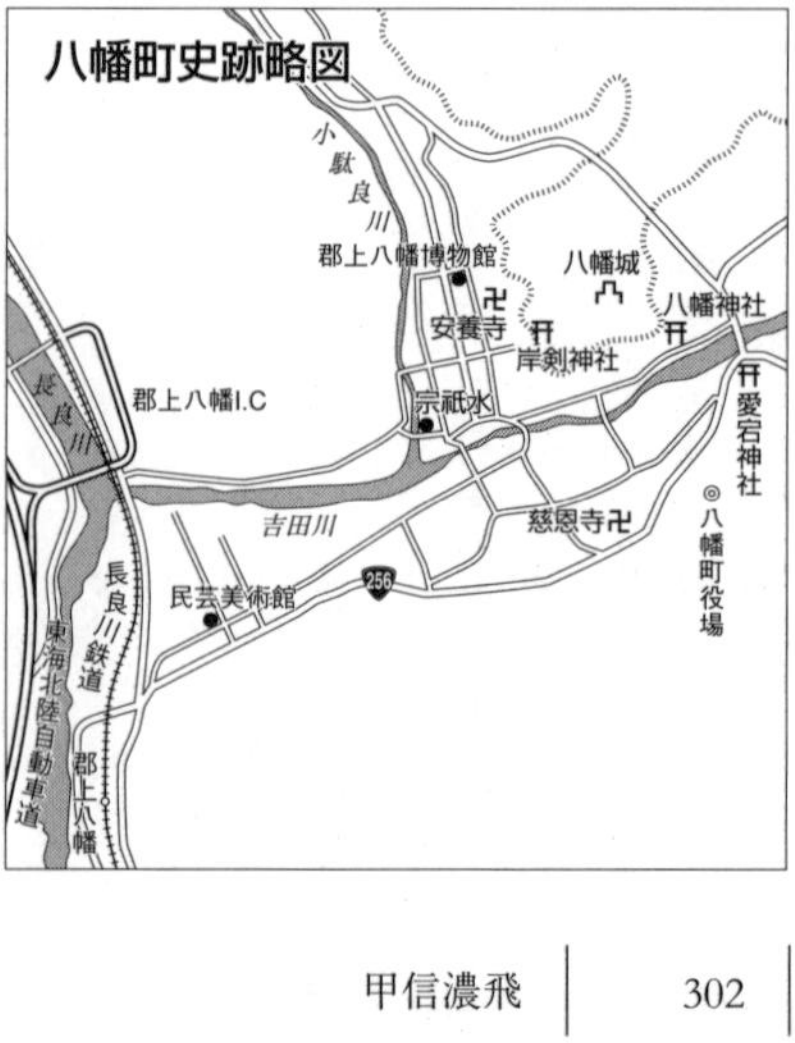

常縁の故事を慕って建てたものであった。

東殿山城跡

赤谷山の東山頂にある古城跡。東常縁から二代のちの常慶は天文十年（一五四一）、赤谷山城から古書に犬啼《いんなき》城とも記す東殿山城に移った。ところが常慶の子常堯が一族の遠藤胤頼の娘に懸想して拒まれ、これを恨んで胤頼を鉄砲で撃ち殺してしまったため胤頼の兄盛数が八幡山の砦に拠って弔合戦を挑み、東殿山城を攻めて東氏を滅ぼしてしまった。承久二年以来三百四十年にわたって風雅の道で名をあげた東氏は色恋の道で滅亡した。

八幡城天守閣

遠藤盛数に始まる八幡山城主がやがて郡上藩主への道をたどるのである。

慈恩寺

東殿山の北麓、乙姫川の東に位置する慈《じ》恩寺《おんじ》は慶長六年（一六〇一）、郡上藩主に返り咲いた遠藤慶隆が創建した。遠藤氏・金森氏との関係が深く、遠藤慶隆はたびたび当寺を訪ね、金森頼錦も『白雲集』『鐘山十鏡』など自撰他撰の歌集を寄進している。宝暦九年（一七五九）、金森氏の改易に際して八幡城の在番を命ぜられた岩村藩は当寺を本陣としたという。

境内の墓所に宝暦騒動により改易となった金森頼錦の墓がある。明治維新に際して組織され、会津へと戊辰戦争を行軍した十七歳の凌霜隊隊長朝比奈茂吉や副隊長速見行道の先祖代々の墓所もあるが、維新後罪人として牢に入れられた茂吉や行道は郡上にいられず、他所の土となったのである。

岸剣神社

城山の西麓に鎮座する岸剣《がんけん》神社は古くは気良《けら》村（現明方村）にあったが、雨乞いのため洗っていた神体の剣が流され、これを見つけて自宅に持ち帰った本町の清水彦右衛門のことを聞いた藩主遠藤慶隆が慶長十九年（一六一四）、本町で社殿を建立し、彦右衛門を神職に取り立てて祀らせたという。

神社の境内は郡上藩士鍛練の場であったとされ、凌霜隊発祥の地と位置づけられていて、凌霜隊の碑が建っている。

天守閣の北側の松の丸跡は「凌霜の森」と名づけられ、「道ハ一筋ナリ」という速見行道の著書名から取った石碑が建つ。

郡上踊り

毎年夏の二ヵ月間、八幡のまちのあちこちで繰り広げられるのが郡上踊りである。「郡上のナー　八幡出てゆくときは　雨も降らぬに袖しぼる」で始まる「かわさま」は、宝暦金森騒動のとき、生きて帰れぬ覚悟で出てゆく農民たちを送るさまを歌っているという。余韻嫋々とした音調を求めて山峡のまちの夏は人でいっぱいになる。

苗木《なえぎ》藩〈外様〉

居城＝岐阜県中津川市苗木字櫓下

旧美濃国苗木城主遠山友政《ともまさ》は父友忠《ともただ》とともに織田信長に仕えていたが、天正十一年（一五八三）、豊臣秀吉の命に背き、森長可《ながよし》の攻撃を受けたので、城を棄てて徳川家康のもとに奔った。その後、苗木城は川尻直次《なおつぐ》が領していたが、慶長五年（一六〇〇）の関ヶ原の役の際、友政は家康に願い出て、西軍に与《くみ》していた直次の苗木城を攻め落とし、戦後、軍功によって苗木城を回復、美濃国恵那・加茂二郡内において一万五百石を与えられて立藩した。一万石クラスの大名の居所は陣屋が普通であったが、遠山氏は城持ち大名であった。

友政は慶長七年、代官・庄屋勤務定書を公布し、農民の逃散や年貢滞納の防止につとめ、新田開発を奨励するなど藩政の基礎を築いた。元和二年（一六一六）、嫡男秀友《ひでとも》が家督を継ぎ、寛永十九年（一六四二）にはわずか二歳の友貞《ともさだ》が遺領を相続した。友貞は、それまでの新田開発の結果、四千二百八十石の新田高を生み、これが藩財政を大きく支えた。

友貞以降は友春《ともはる》―友由《ともよし》―友将《ともまさ》―友央《ともなか》―友《とも》明《あき》―友清《ともきよ》―友随《ともより》―友寿《ともひさ》と継承し、天保十年（一八三九）に家督を継いだ友禄《ともよし》は、藩財政の窮乏にともない自らや家族の衣食住費の節減につとめる一方、家臣の禄米の一部借上げを断行、人員整理を行ったり、財政改革に取り組んだ。友禄は万延元年（一八六〇）に奏者番に任ぜられ、翌文久元年（一八六一）に若年寄に昇進し、以後慶応三年（一八六七）まで在封した。

友禄は平田派国学（熱烈な神道思想により仏教・儒教を強く排斥）の強烈な心酔者で、家臣の青山景通に学び、維新の職制改革には守旧派を処断し、景通の子直通に国学を学んだ者を重用させた。つづく直道の藩政では廃仏毀釈・神葬改宗の断行などが行われた。友禄は明治二年（一八六九）、版籍奉還をしたが、藩大参事（家老に相当する要職）の青山直通が家禄奉還・帰農を出願断行したため、秩禄公債を受けられずに困窮する旧藩士らの救済に奔走した。

小原《おばら》藩〈譜代〉

居城＝岐阜県加茂市白川町

美濃国八幡城主遠藤慶隆《よしたか》は天正十二年（一五八四）、小牧・長久手の戦いの時、徳川家康と結んだ織田信雄《のぶかつ》に誼《よしみ》を通じたため、天正十五年冬、豊臣秀吉から郡上の地を追われ、代わって美濃国加茂郡内において一万三千石を与えられ、慶隆は美濃国小原七千五百石、一族の遠藤胤基《たねもと》は美濃国各務郡犬地五千五百石に分領された。

慶隆は天正十八年二月、小田原の陣の時、胤基（この二家は当時、両遠藤と呼ばれた）とともに従軍、文禄二年（一五九三）の文禄の役の時に胤基がかの地で客死した。慶長五年（一六〇〇）の関ヶ原の役の際、慶隆は徳川家康方に属し、稲葉貞通《さだみち》の八幡城を攻撃して戦功を樹てたが、胤基の子胤直《たねなお》は西軍に与《くみ》して織田秀信《ひでのぶ》軍に属し、慶隆と交戦して敗れ逃亡した。戦後、慶隆は旧領八幡城二万七千石を与えられて復帰したので、小原藩は廃藩となり、以後、藩は置かれなかった。

岩村藩《いわむら》〈譜代〉

居城＝岐阜県恵那郡岩村町城山

松平（大給）氏から丹羽氏へ

岩村城主として四万石を領した田丸直昌《なおまさ》は慶長五年（一六〇〇）の関ヶ原の役の時、西軍に与《くみ》して除封となり、代わって上野国那波藩主松平（大給）家乗《いえのり》が美濃国恵那・土岐郡内において二万石を与えられて、岩村城を居所として立藩した。家乗は天正十年（一五八二）に家督を継ぎ、同十八年の小田原の陣の戦功により、上野国内において一万石を与えられ、関ヶ原の役の時、三河国吉田城を守衛した。家乗は慶長十九年に没し、嫡男乗寿《のりなが》が家督を継ぐと、寛永十五年（一六三八）、遠江国浜松へ転封となった。

松平氏のあとには、三河国伊保から丹羽氏信《うじのぶ》が二万石で入封し、その子氏定《うじさだ》が家督を継ぐ際、弟氏春《うじはる》に一千石を分与して、一万九千石を領有した。以降、氏純《うじずみ》―氏明《うじあきら》と続き、つぎは氏春の次男氏音《うじおと》が襲封した。

氏音は藩財政の逼迫を打開するために、元禄十五年（一七〇二）、山村瀬兵衛を側用人に命じて、藩政改革にあたらせた。瀬兵衛は藩財政の回復を推進したが、家臣らの間から不満が起こり、瀬兵衛の対抗者であった妻木郷左衛門らは徒党を組んで、瀬兵衛の排斥運動をすすめた。このため家中が騒然となったので、氏音は瀬兵衛にしばらく身を退くように言い渡したので、瀬兵衛は江戸へ退去した。だが、家中の鬱憤はおさまらず、ついに幕府に訴えた。この結果、瀬兵衛は無罪となったが、騒動を起こした浅井新右衛門ら四人は斬首、妻木郷左衛門は遠島、その他二十五人は追放された。氏音は、政務過怠の理由で、所領半減されて、一万石で越後国高柳へ移された。

松平（大給）氏の再入封

丹羽氏転封後の元禄十五年九月、代わって前藩主であった松平氏の分家・信濃国小諸藩主松平（大給・石川のち松平に復す）乗紀《のりただ》が二万石で入封した。乗紀は延宝七年（一六七九）に若年寄をつとめ、そのあとを継いだ乗賢《のりかた》は享保二十年（一七三五）、八代将軍吉宗によって西の丸老中に抜擢され、美濃・駿河両国内で一万石の加増を受け、延享二年（一七四五）に吉宗が退隠すると、九代将軍家重の近侍として本丸老中になった。

乗賢のあと、本家松平乗邑《のりさと》の次男乗薀《のりもり》が継ぎ、乗薀のあとは朽木《くつき》玄綱《とうつな》の九男乗保《のりやす》が相続した。文政九年（一八二六）、つぎの乗美《のりよし》が家督を継ぐと、家老丹羽瀬清左衛門を登用して、藩政改革にあたらせた。清左衛門は翌年、家臣らの禄米借り上げを敢行し、また領民には仕事への精励、倹約の励行、三味線使用の禁止を申し渡した。領内では人形浄瑠璃や歌舞伎が盛行していたので、三味線の禁止により領内に重い空気が漂った。このため天保七年（一八三六）五月、領民は清左衛門弾劾の嘆願書を郡奉行所に差し出したため、清左衛門は蟄居を命ぜられて改革は中止された。

乗美は隠居し、家督を次男乗喬《のりたか》に譲り、乗喬のあとを継いだ最後の藩主乗命《のりとし》は慶応三年（一八六七）に陸軍奉行に任ぜられたが、慶応四年の戊辰戦争の時、新政府軍に帰順して東山道鎮撫使に属し、翌年、版籍奉還して、同四年に廃藩置県を迎えた。

徳野藩《とくの》〈外様〉

陣屋＝岐阜県可児市徳野南

浪人平岡頼勝《よりかつ》は諸国流浪の末、小早川秀秋に仕えて家老となった。慶長五年(一六〇〇)の関ヶ原の役の際、頼勝は黒田長政と謀り、初め西軍に属した秀秋を、九月十五日の決戦の時に東軍に寝返りさせ、東軍を勝利に導いた。戦後、秀秋は備前・美作・備中三ヵ国に二十一万九千石を与えられたので、秀秋は頼勝に備中国児島二万石を分与した。その後、頼勝は讒言に遭って再度流浪したが、慶長九年に先の軍功が認められ、新たに美濃国可児郡徳野二万石を与えられて立藩した。

頼勝は慶長十二年に没し、その子頼資《よりすけ》がわずか三歳で家督を継いだが、承応二年(一六五三)に没した。この時、家督相続をめぐって遺子兄弟双方の側から評定所に訴訟を起こした。頼資側の訴訟内容は嫡子を廃し庶子に家督相続というものであったことから、評定所はこれを頼勝以来の不行跡であるとして、所領没収されて廃藩となった。

関藩《せき》〈外様〉

陣屋＝岐阜県関市

豊臣秀吉の家臣で弓大将大島光義《みつよし》は慶長三年(一五九八)二月、摂津国豊島《てしま》・兵庫、美濃国席田《むしろだ》、尾張国愛知・中島五郡内において一万一千二百石を与えられていた。慶長五年、関ヶ原の役の際、光義は徳川家康方に属したが、次男光政《みつまさ》・三男光俊《みつとし》が西軍に与《くみ》して伏見城攻撃に参戦したので、光義は自らの軍功で子の罪を償《つぐな》った。戦後、光義は軍功によって、美濃国加茂・武儀《むぎ》・各務・席田・池田・大野、摂津国兵庫・豊島八郡内において六千八百石を加増され、合わせて一万八千石を領し、関に陣屋を構えて立藩した。

光義は慶長九年八月、九十七歳の高齢で没し、嫡男光成《みつなり》が家督を相続するが、この時、光成は七千五百石を領有することになり、残りは次男光政に四千七百十石、三男光俊に三千二百五十石、四男光朝《みつとも》に二千五百五十石と分与したため、万石以下となって旗本になり、廃藩となった。

上有知藩《こうずち》〈外様〉

居城＝岐阜県美濃市小倉山

戦国末期、この地は鉈尾山《なたおやま》城主佐藤秀方《ひでかた》が二万五千石を領していたが、その子方政《かたまさ》は慶長五年(一六〇〇)の関ヶ原の役の際、織田秀信に属して西軍に与《くみ》し、徳川家康軍と岐阜城で戦って惨敗し除封された。

戦後、飛騨国高山藩主金森長近《ながちか》は戦功によって、美濃国上有知・関および河内国金田において二万三千石を加増され、合わせて六万一千石を領有し、美濃国武儀《むぎ》郡上有知の小倉山城を居所として立藩した。長近は入封と同時に小倉山に城館を築き、城下町を整備し、長良川に上有知湊を築いた。城下町は、今も往時の面影を残している。

長近は慶長十二年八月十二日に八十四歳で没し、養子可重《よししげ》が家督を相続して飛騨国高山三万八千七百石の藩主となると、上有知二万石(三千石は生母と家臣に分与)は三男長光《ながみつ》に分与した。だが、長光は慶長十六年、わずか六歳で没したため、嗣子なく断絶、廃藩となった。

高富藩《たかとみ》〈譜代〉

陣屋＝岐阜県山県郡高富町

　五代将軍綱吉の奥小姓を勤めていた本庄道章《みちあきら》は元禄十一年（一六九八）、下野国梁田・足利両郡内において三千石、美濃国各務郡岩滝村周辺において一千石を与えられ、さらに宝永二年（一七〇五）に美濃国山県・方県両郡内の高富村付近において六千石を加増され、合わせて一万石を領して諸侯に列し、陣屋を岩滝村に構えて立藩した。その後、宝永六年に陣屋を山県郡高富村に移して高富藩を発足させたので、岩滝藩は廃藩となった。本庄氏は参勤交代を行わない定府大名であった。

　道章の祖父道芳《みちよし》は綱吉の生母桂昌院の異母兄にあたる関係から、道章は綱吉の小姓となり、のち大名に取り立てられた。道章は享保十年（一七二五）に没し、そのあとは道矩《みちのり》―道倫《みちとも》―道堅《みちかた》―道信《みちのぶ》―道揚《みちあき》―道利《みちとし》―道《みち》昌《まさ》と継承したが、早くから藩財政が逼迫し、道利・道昌の治世に各一度五ヵ年の倹約令を公布して財政建て直しを図ったが、好転のきざしもないままに終わった。それは当藩が一万石の小藩で、しかも所領が遠く下野国に三千石を領していたことが大きな原因であったためだろう。

　道昌のあとを継いだ道貫《みちつら》は、ただちに藩政改革を断行し、農民に植林をすすめると同時に、家臣には厳しい倹約を命じた。また、道貫は天保十二年（一八四一）から病没する安政五年（一八五八）までの十七年間、西の丸若年寄を勤めた。

　安政五年、家督を継いで最後の藩主となった道美《みちよし》は明治元年（一八六八）、京都へ上るための御備米代金を徴収しようとしたことを切っ掛けに、大庄屋宅の打ち毀しや陣屋役人の追放などを要求して美濃国内の藩領において激しい農民一揆が起こったが、この一揆は陣屋役人の罷免などによって沈静化した。

　この時の藩債元金二十万七千余両の借財は、一万石クラスの大名にとって、到底返済できるような額ではなかった。道美は明治二年六月、版籍奉還して知藩事に任ぜられ、同四年七月、廃藩置県を迎えた。

本江藩《もとえ》〈譜代〉

陣屋＝岐阜県羽島市

　もと小早川秀秋《ひであき》の家老として四万石を領していた稲葉正成《まさなり》は慶長五年（一六〇〇）、関ヶ原の役の時、初め西軍に属していた秀秋を、九月十五日の決戦の日に東軍に寝返りさせ、東軍の勝利の因をつくった。正成は慶長十二年、二代将軍秀忠に召し出され、旧功によって美濃国羽栗郡内において九千石、旧領本巣郡にて一千石、合わせて一万石を領して諸侯に列した。正成の室は三代将軍家光の乳母春日局で、正勝・正定・正利の三子を生んだ。

　正成は元和四年（一六一八）、松平忠昌（結城秀康の次男）が松平忠輝（家康の六男）のあとを受けて越後国高田二十五万石で入封すると、忠昌の家老となり、所領を越後国糸魚川において一万石を加増されて同地に移ったため、本江藩は廃藩となったという。だが、正成自身は辞して従わず、江戸に閑居したと伝えられる。正成は寛永五年（一六二八）九月十七日に没した。

今尾《いまお》藩〈譜代〉

陣屋＝岐阜県海津郡平田町

豊臣秀吉の家臣市橋長勝《ながかつ》は天正十五年（一五八七）、美濃国安八郡内において一万一千三百石を与えられ、今尾城を居所とした。慶長五年（一六〇〇）、関ヶ原の役の時、長勝は徳川家康方に属して、八月十七日に丸毛兼利の居城福束城（美濃国）を攻め落とす戦功を樹て、一万石を加増されたが、慶長十三年に伯耆国矢橋《やばせ》へ転封となったので、今尾藩は一時廃藩となった。

元和五年（一六一九）、尾張国内に二万石を領有していた尾張藩付家老竹腰正信《まさのぶ》は、藩主徳川義直《よしなお》から美濃国内で一万石を加増され、合わせて三万石を領有して、今尾城を居城とした。正信のあと、正晴《まさはる》―友正《ともまさ》―正《まさ》映《あきら》―正武《まさたけ》―勝起《かつおき》（藩主宗勝の五男）―睦《ちか》群《むら》―正定《まさやす》―正富《まさとみ》と九代にわたり、犬山城主成瀬氏とともに尾張藩の付家老をつとめた。陪臣のため立藩できなかったが、明治元年（一八六八）、正旧《まさひさ》の代に藩屏に列して藩主となったが、同四年に廃藩となった。

高松《たかまつ》藩（松ノ木《まつのき》藩）〈外様〉

居城＝岐阜県海津郡海津町

豊臣秀吉の家臣徳永寿昌《ひさまさ》は天正十一年（一五八三）、賤ヶ嶽の合戦の時、旧主柴田勝家を破り、戦後、尾張国丹羽郡、美濃国松木島内において二万石を与えられ、美濃国高松城（松ノ木城）を居城とし、その後、美濃国内において一万石を加増された。秀吉没後、井伊直政の招きによって徳川家康に仕え、慶長五年（一六〇〇）、関ヶ原の役が起こると、福島正則に属して今尾城主市橋長勝《ながかつ》とともに高須城主高木盛兼、福束城主丸毛兼利らの石田三成軍と対峙した。寿昌と長勝とは福束城を攻め落とし、さらに高須城を攻め、城主高木盛兼と一時和議を約したが、寿昌らの兵が攻撃を仕掛けたので、盛兼は城を棄てて逃亡した。

戦後、寿昌は戦功によって二万石を加増され、尾張国の領地を美濃国多芸《たぎ》・不破《ふわ》・石津、尾張国海西《かいさい》四郡に移されて五万六百余石を領して立藩した。だが、居城を高松から高須へ移したので、廃藩となった。

多良《たら》藩〈外様〉

居城＝岐阜県養老郡上石津町

織田信長の家臣で伊勢国亀山城主関盛信《もりのぶ》の子一政《かずまさ》は豊臣秀吉に仕え、慶長三年（一五九八）、信濃国飯山城主（三万石）となり、翌年一月には秀吉直領信濃国川中島の代官として三万石を領した。のち美濃国土岐・多羅両郡内において三万石を領有し、美濃国石津郡の多良城主となった。

一政は慶長五年の関ヶ原の役の時、初め西軍に与《くみ》して加藤貞泰・竹中重門・稲葉貞通父子とともに石田三成方に参陣、犬山城を防衛した。だが、貞泰は以前から三成に恨み事があったので、一政らと相談して徳川家康方に内通し、間もなく東軍に寝返り、井伊直政配下となって戦功を樹てた。戦後、一政は父盛信の旧領伊勢国亀山三万石へ転封となったため、多良藩は廃藩となった。

なお、一政は亀山藩主となった後、慶長十五年七月、二万石を加増されて、合わせて五万石を領し、伯耆国黒坂へ転封となり、鏡山城を居城とした。

高須《たかす》藩〈家門〉

陣屋＝岐阜県海津郡海津町

徳永氏から小笠原氏へ

　美濃国高須城主高木盛兼《もりかね》は文禄元年（一五九二）から一万石を領して居城していたが、慶長五年（一六〇〇）、関ヶ原の役が起こると、福束城主丸毛兼利とともに石田三成軍に与《くみ》したので、福島正則に属した高松城主徳永寿昌《ひさまさ》・今尾城主市橋長勝《ながかつ》の攻撃を受け、西軍原勝胤の援助を得て防戦したが、ついに八月十九日、落城して出雲国堀尾吉晴のもとへ逃亡したので、除封となった。戦功によって徳永寿昌が二万石を加増され、美濃国多芸・不破・石津、尾張国海西四郡内において五万六百石を領して入封、立藩した。寿昌は城郭を改築し堀や石垣を修理し、家臣の屋敷や町屋を整備した。

　慶長十六年、寿昌が没して、嫡男昌重《まさしげ》が家督を相続し、大坂の陣の戦功によって五万三千余石となったが、寛永四年（一六二七）、大坂城石垣築城工事に懈怠《けたい》があったため、翌五年二月、領地没収の上、出羽国新庄藩主戸沢政盛に預けられ、徳永家の高須藩治世は二十九年間で終わった。

　その後、高須藩領はしばらく幕府直轄となっていたが、寛永十七年（一六四〇）、下総国関宿藩主小笠原貞信《さだのぶ》が二万二千七百余石で入封して再度立藩した。貞信は藩内経営につとめ、現在の高須城下町は、この時代に基礎が築かれたという。だが、領内は木曽・長良・揖斐の三川に囲まれ、毎年のように水害に悩まされたため、貞信は元禄四年（一六九一）、所替えを願い出て越前国勝山へ転封となり、高須はふたたび幕府直轄となった。

松平氏の入封とともに尾張藩の支藩へ

　尾張藩二代藩主徳川光友《みつとも》の次男松平義行《よしゆき》は信濃国伊那・高井・水内三郡内において三万石を領していたが、元禄十三年（一七〇〇）、高井・水内両郡と美濃国石津・海西両郡内の一万五千石を交換し、信濃国伊那郡はそのままで、合わせて三万石を領して三度目の立藩となった。義行が高須藩に入封すると、尾張藩の支藩となり、高須藩は尾張国西辺警衛の拠点として、今尾藩主竹腰氏とともに、重要な役割を果たした。

　義行は正徳五年（一七一五）に没し、家督は義孝《よしたか》が継ぎ、つぎの義淳《よしあつ》は尾張藩主宗春のあとを継いで八代藩主となった。その後は義敏《よしとし》―義柄《よしえ》―義裕《よしひろ》―勝当《かつまさ》―義居《よしすえ》―義和《よしより》―義建《よしたつ》と継承し、義建の在封中の嘉永三年（一八五〇）に次男義恕《よしくみ》が尾張藩十四代藩主慶勝（慶恕）となった。三男武成《たけしげ》は石見国浜田藩主に、五男義比《よしちか》は高須藩主を継いだが、尾張藩主慶勝が安政五年（一八五八）に条約勅許問題や将軍継承問題に干渉したことを理由に隠居を命ぜられたので、尾張藩十五代藩主に茂徳《もちなが》が就任、さらに将軍となった慶喜のあと一橋家（茂栄《もちはる》）を相続した。このため高須藩主には義比の子義端《よしまさ》が継いだ。さらに義建の七男容保《かたもり》は会津若松藩主に、九男定敬《さだあき》は桑名藩主となった。

　義端のあとは、義比の十男義勇《よしたけ》が継ぎ、明治二年（一八六九）に版籍奉還し、知藩事に任ぜられたが、同年病のため致仕して、最後の藩主となった義生《よしなり》が継いだが、まもなく同四年に廃藩置県を迎えた。

青野《あおの》藩〈譜代〉
陣屋＝岐阜県大垣市青野町

美濃国不破郡青野周辺に五千石を知行していた寄合稲葉正休《まさやす》は小姓組番頭・書院番頭・近習に進み、天和元年（一六八一）に二千石が加増され、さらに翌年八月に若年寄に昇進し、五千石を加増され、合わせて一万二千石を領有して、諸侯に列した。だが、二年後の貞享元年（一六八四）八月二十八日、江戸城中において従兄弟である大老堀田正《まさ》俊《とし》を脇差にて刺殺し、自らもその場で老中大久保忠朝《ただとも》ら三人に殺害され、絶家・廃藩となった。

正休がなぜ正俊を殺害したのか、その理由は今もはっきりしない。通説では正俊が権勢に傲り、不遜な考えを持つようになったから誅殺したという。正俊は五代将軍綱吉の将軍就任の功労者であったが、この頃は綱吉と正俊との間は疎遠になっており、正休は綱吉の命を受けて正俊を殺害したという説もあり、正休の刺殺によって、事の真相を隠滅したのだという。

曽根《そね》藩〈譜代〉
居城＝岐阜県大垣市曽根

美濃国安八郡の曽根城主西尾信光《のぶみつ》の子光《みつ》教《のり》は、初め斎藤道三に仕え、斎藤氏滅亡後は織田信長・豊臣秀吉の家臣となり、曽根城を居城に二万石を領有していた。

その後、徳川家康の恩顧を受け、慶長五年（一六〇〇）、家康の会津征伐の時、光教が大坂から曽根城に帰った際に大谷吉継から西軍に参陣するように誘われたが、従わずに関東に下向した。関ヶ原の役が起こると、光教は岐阜城攻撃には地理に詳しかったので、福島正則とともに先鋒をつとめて攻め落とした。

そして九月十五日、松平康長・水野勝成らと大垣城を攻撃し、本丸守将の福原長堯《ながたか》を説得して和議をすすめ、ついに城明け渡しに成功した。

戦後、光教は戦功により一万石を加増され、美濃国大野・本巣・加茂・安八四郡内において三万石を領し、美濃国揖斐三万石へ転封となり、曽根藩は廃藩となった。

黒野《くろの》藩〈外様〉
居城＝岐阜県揖斐郡大野町

甲斐国府中城主加藤光泰《みつやす》は文禄二年（一五九三）、文禄の役の時に活躍し、八月二十九日に帰国途次に急死した。嫡男貞泰《さだやす》が家督を相続したが、同四年に封地甲斐国二十四万石は収公され、新たに美濃国黒野四万石を与えられて立藩した。

貞泰は慶長五年（一六〇〇）、関ヶ原の役が起こると、竹中重門・関一政・稲葉貞通父子とともに石田三成方に参陣し、犬山城を防衛していた。だが、貞泰は以前から三成に恨み事があったので、重門らと相談して徳川家康方に内通し、間もなく東軍に寝返り、井伊直政配下となった。九月十五日の決戦の日には宇喜多秀家陣を攻撃して戦功を樹てた。

関ヶ原の役後、貞泰は黒野四万石を安堵され、慶長十五年に二万石を加増されて、伯耆国米子六万石へ転封になったので、黒野藩は廃藩となり、以後、藩は置かれなかった。

野村藩《のむら》〈外様〉

居城＝岐阜県揖斐郡大野町

織田信長の弟長益《ながます》（有楽斎）の子長孝《ながたか》は、初め美濃国多芸郡大野村において五百石を領していた。慶長五年（一六〇〇）に関ヶ原の役が起こると、長孝は父長益とともに徳川家康方に属して戦功を樹てた。長孝は九月十五日の関ヶ原決戦の日、西軍の将戸田勝成《かつなり》を討ったが、三年前の慶長二年四月二十二日に、勝成は家康邸で有楽斎・津田信成らと一座をともにしたことがあり、勝成の戦死を聞いて皆泣いたという。長孝は戦功によって、翌年美濃国大野郡野村において一万石を与えられて立藩した。だが、嫡男長則《ながのり》は寛永八年（一六三一）に没し、嗣子なく断絶となって、野村藩は二代で廃藩となった。

明治二年（一八六九）、美濃国大垣新田一万石の藩主戸田氏良《うじよし》が宗家大垣藩主戸田氏共《うじとも》から同藩領の美濃国六郡の新田の内、三千石を分与されたので、陣屋を野村に移して再度立藩したが、同四年に廃藩となった。

大垣新田藩《おおがきしんでん》（野村藩《のむら》）〈譜代〉

陣屋＝岐阜県揖斐郡大野町

大垣藩主戸田氏鉄《うじかね》の次男氏経《うじつね》は明暦元年（一六五五）、新田四千石を分与され、旧領の三河国渥美郡畑村と合わせて六千二百石を領した。だが、氏経は小身のための新田四千石の治水工事が困難だったので、願い出により寛文四年（一六六四）、旧領四千石と換地し、氏経は美濃国大野郡内十ヵ村を得た。寛文十二年、氏経は致仕し、氏利《うじよし》が継ぎ、元禄元年（一六八八）に氏成《うじしげ》が家督を相続した時、新田三千石を分与され、さらに三河国渥美郡内の新田を合わせて一万石となり、諸侯に列した。

氏成のあと、氏房《うじふさ》―氏之《うじゆき》―氏養《うじきよ》―氏興《うじおき》―氏宥《うじのり》―氏綏《うじやす》と継承し、つぎの氏良《うじよし》は明治元年（一八六八）、宗家大垣藩から美濃国大野郡野村において三千石を分与され、合わせて一万三千石になった。そして、翌二年二月に版籍奉還し、五月には野村の地に陣屋を移して野村藩を立藩させたが、同四年に廃藩置県を迎えた。

揖斐藩《いび》〈譜代〉

居城＝岐阜県揖斐郡大野町

美濃国安八郡の曽根城二万石の城主西尾光教《みつのり》は慶長五年（一六〇〇）、関ヶ原の役が起こると、織田秀信が居城する岐阜城攻撃に際しては、福島正則とともに先鋒をつとめて攻め落とし、さらに九月十五日、松平康長・水野勝成らと大垣城を攻撃した時、本丸守将の福原長堯《ながたか》を説得して和議をすすめ、城明け渡しに成功した。

戦後、光教は戦功により一万石を加増されて、美濃国大野・本巣・加茂・安八四郡内において三万石を領し、美濃国大野郡の揖斐城を居城として立藩した。光教はのち外孫氏教《うじのり》に五千石を分与し、以後二万五千石を領したが、元和元年（一六一五）十一月十九日に七十三歳で没し、実子がなかったので養子嘉教《よしのり》を迎えて家督を相続させた。だが、元和九年に嘉教が三十四歳で狂死し、嗣子なく絶家となり、揖斐藩は廃藩となった。以後、この地は幕府領となり、美濃代官が管理した。

清水藩《きよみず》〈外様〉
居城＝岐阜県揖斐郡揖斐川町

豊臣秀吉のお咄衆稲葉重通《しげみち》は美濃国清水城主として一万二千石を領していたが、慶長三年（一五九八）十月三日に没し、その嫡男通重《みちしげ》が遺領を継いで清水城主となった。通重は慶長五年の関ヶ原の役の際、叔父の美濃国曽根城主稲葉貞通《さだみち》、その子典通《のりみち》（のち豊後国臼杵藩主）とともに西軍に与《くみ》して美濃口を守備し、七月に犬山城の応援に出動、九月に八幡城危急の報せを受けて駆けつけ、徳川家康方の遠藤慶隆《よしたか》・金森可重《よししげ》の軍勢を撃退した。九月十五日の関ヶ原決戦の直前に東軍に降伏し、戦後、井伊直政の尽力によって本領を安堵された。

通重は慶長十二年十二月、山城国三牧藩主津田信成《のぶなり》らと京都祇園に遊び、その折に酒乱による狼藉事件を起こしたため、除封のうえ常陸国筑波に配流された。これにより清水藩は廃藩となり、以後、藩は置かれなかった。なお、通重は元和四年（一六一八）六月、配所の筑波で没した。

飛騨国

高山藩《たかやま》〈外様〉
居城＝岐阜県高山市城山

織田信長・豊臣秀吉に仕えた武将金森長《なが》近《ちか》は天正十四年（一五八六）八月、飛騨平定の功により飛騨一国三万八千七百石を与えられ、高山へ入封して立藩した。慶長五年（一六〇〇）に関ヶ原の役が起こると、長近は養子可重《よししげ》とともに徳川家康方に従軍し、その戦功によって家康から飛騨一国を安堵され、さらに美濃国上有知《こうずち》・関二万石、河内国金田三千石を加増され、合わせて六万一千七百石を領有した。そして、長近は上有知二万三千石を領して小倉城を築いて移住し、飛騨一国三万八千七百石を可重に譲って治めさせた。

なお、長近は千利休の門人で、茶の湯などをよくする風流人でもあり、晩年は素玄《そげん》（金森法印）と号した。この気風は歴代藩主に引き継がれている。

可重は元和元年（一六一五）に没し、三男重頼《しげより》が家督を継ぐ時、弟可次《よしつぐ》・重勝《しげかつ》に各三千石、元和八年には重義《しげよし》に二千石を分与し、三万七百石を領有した。重頼は山林経営・新田開発・鉱山開発に力を注ぎ、特に鉱山においては金山師茂住《もずみ》宗貞を登用し、神岡・茂住の鉱山を初め、新鉱山十余ヵ所を開掘して採鉱に乗り出し、鉱業が著しく発展した。また、領内には豊富な山林資源があり、当時、高山藩の財政は比較的恵まれていた。

重頼のあとを継いだ頼直《よりなお》の代の明暦三年（一六五七）一月十八日、江戸大火（通称振袖火事）の際、幕府へ檜の角材一千本を献上した。頼直のあと、頼業《よりなり》―頼旹《よりとき》と継承し、頼旹は元禄二年（一六八九）、五代将軍綱吉の時、外様大名でありながら側用人に抜擢されたが、翌年には免職となって、同五年七月に出羽国上山藩へ転封となり、ここに飛騨国における金森氏六代、約百年の支配は終わった。

金森氏の転封後、飛騨一国は幕府直轄領となり、関東郡代伊奈半十郎忠篤《ただあつ》が飛騨代を兼務した。元禄八年には破却された高山城に代官所が築かれて、高山陣屋が創設された。

小江戸紀行 絢爛豪華な屋台練る城下町高山城下を歩く

国分寺から高山別院へ

飛驒路の山奥にある城下町が高山で、小京都とも呼ばれている。金森長近は天正十四年（一五八六）、飛驒一国三万八千七百石の領主になると、天神山に高山城を築いたが、京都の文化に憧れをもっていた長近は、町の中央を流れる宮川を賀茂川になぞらえ、東方の山地に寺社を集めて東山と呼び、整然とした碁盤目状の京風の町並を造った。これが現在も美しい自然と雅な風俗や素朴な人情として残り、毎年春四月と秋十月の〝高山まつり〟は、飛驒の歴史と洗練された文化が花開く絢爛豪華な祭礼として、全国的に知られている。

ＪＲ高山線高山駅の北東に、樹高三七メートルの大銀杏とともに聳えているのが国分寺である。国分寺といっても、天平時代に聖徳天皇勅願により全国の国ごとに建てた建造物ではない。本堂床下には金堂跡を思わせる礎石群が残っているが、境内東北隅の巨石が、かつての飛驒国分寺塔跡である。

現在の国分寺は金森長近が千光寺の僧玄海に命じて再建させたもので、堂々たる風格をもつ本堂には、国内屈指の優れた霊像といわれる本尊の薬師如来坐像、旧飛驒国分尼寺の本尊と伝えられる聖観世音菩薩立像が安置されている。また、境内にある飛驒地方唯一の三重塔は文政四年（一八二一）の再建で、鐘楼門は高山城の城門の一部が移築されたものという。

国分寺通りを東へ進むと、宮川に架かる鍛冶橋を渡り、安川通りを東へ二〇〇メートル程の所に高山別院がある。飛驒地方は浄土真宗の信徒が多く、天正十六年（一五八八）、金森長近が城下町建設に際して建立した照蓮寺が当院の始まりで、元禄十六年（一七〇三）、東本願寺の御坊となった。

東山一帯に甍を並べる寺院群

高山別院前から安川通りを東へ一五〇メートル程の東山一帯は小さな橋の多い江名子川に沿って、多くの寺院や神社が建ち並んでいる。立派な山門のある大雄寺は、美しい庭園のある知恩院造りで、鐘楼は元禄二年（一六八九）の建立である。高山城の櫓を鐘楼にした雲龍寺は、本能寺の変で討死した金森長近の嫡男長則《ながのり》の菩提寺である。素玄寺には長近の廟所の他、飛驒地方最大の一揆となった大原騒動の張本人、郡代大原彦四郎の墓があり、郡代に虐げられた農民らによってたびたび倒されたという。天照寺は徳川家康の六男松平忠輝《ただてる》や加藤清正

高山陣屋跡

の嫡孫光正《みつまさ》が配流の身を置いた所である。

法華寺の本堂は、高山城二の丸にあったものを移築したと伝えられている。東山の南端にある宗猷寺《そうゆうじ》には幕末の剣客山岡鉄舟の両親（父は第二十一代飛騨郡代）の墓があり、鉄舟の碑も立っている。

それぞれ由緒ある寺が甍を並べ、それらの寺院にまじって、円空仏の白山神社、古い拝殿の神明神社、錦山神社などがあり、細い通りや横丁などには、昔ながらの面影が色濃く残っている。

高山城跡と高山陣屋跡

市街東南の丘陵地（城山）に初めて城を築いたのは永正年間（一五〇四～二一）、飛騨守護であった京極氏の家臣多賀氏の一族高山外記であった。外記は永禄元年（一五五八）、桜洞城主三木自綱と高堂城主広瀬宗城に謀殺され、城は一族の三木久綱が入城した。自綱は松倉城を築いて飛騨一円を領有したが、豊臣秀吉は越前大野城主金森長近に命じて三木氏討伐を行い、天正四年（一五七六）に飛騨三万八千七百石を与えられて高山へ入封した。長近は高山へ移ると、天正十六年から慶長十一年（一六〇六）まで費やして高山城を完成させた。

その後、金森氏六代、百七年間の居城だった高山城は元禄五年（一六九二）、六代頼《より》旨《とき》が出羽国上山藩へ移封され、飛騨の地が幕府の直轄地となると、元禄八年に幕命により取り壊された。現在、天守閣跡、二の丸石垣、三の丸堀など昔の面影をとどめている。

城山の中腹、高山城二の丸跡に照蓮寺がある。この寺は白川郷中野にあったが、御《み》母衣《ほろ》ダムの建設のために現在地に移ったもので、永正年間（一五〇四～二一）に建立されたという本堂は、真宗本堂では最古の建築といわれ、ゆるやかな勾配の屋根をもつ書院造りの形を残している。

宮川に架かる中橋を渡ると、高山陣屋跡である。陣屋は元禄五年、頼旨が出羽国へ転封となると、この地は幕府直轄領となり、飛騨に置いた御役所（江戸勘定奉行直属）の跡である。もと金森氏の下屋敷であった所を陣屋と定め、以来、約百七十年間、この屋敷は政庁となり、江戸から派遣された代官（のち郡代）を中心に、手付・手代・地役人などが政務をとった。表門・玄関・庭園・郷倉などが昔のままに保存されている。

安永二年（一七七三）の大原騒動や維新になってからの梅村騒動は高山陣屋を中心に展開されたが、現在、陣屋前広場では毎朝名物の朝市が立ち、また高山まつりの時は屋台が勢揃いする。

東海の諸藩・城下町

駿河国（静岡県）
伊豆国（静岡県）
遠江国（静岡県）
三河国（愛知県）
尾張国（愛知県）
伊勢国（三重県）
伊賀国（三重県）
志摩国（三重県）

〈凡　例〉
◈三　家
◇家　門
○譜　代
●外　様
×家名断絶・転封等による廃藩

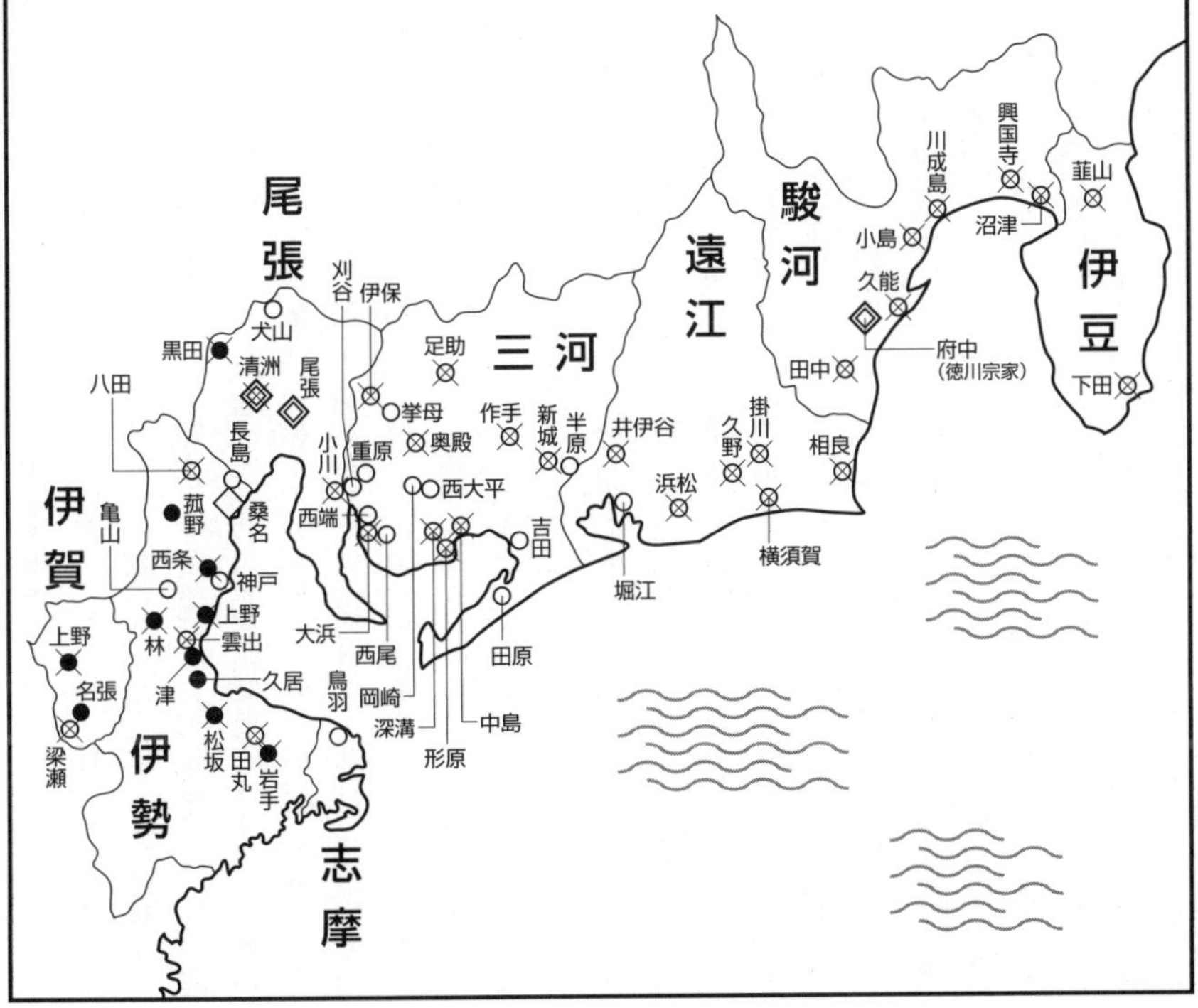

駿河国

府中藩《ふちゅう》（駿府藩《すんぷ》・静岡藩《しずおか》）〈徳川宗家〉

居城＝静岡県静岡市駿府町

大御所家康と十男頼宣

天正十年（一五八二）、甲斐国の名族武田氏が滅亡すると、駿河国は徳川家康の領国となり、同十三年に家臣松平家忠《いえただ》に駿府城の築城を命じ、翌年浜松城から移った。駿府城は家康が今川氏の人質として、天文十八年（一五四九）以来、十一年間過ごした所である。天正十八年、家康の関東移封後、豊臣秀吉の部将中村一氏《かずうじ》が十四万五千石で駿河城に封ぜられた。

慶長五年（一六〇〇）、関ヶ原の役の時、家康方に属した一氏は、戦功によって嫡男忠一、一氏の弟一栄らと伯耆国米子へ転封となり、翌年二月、伊豆国韮山から内藤信成《のぶなり》が駿河国安倍・有渡《うど》・庵原《いはら》三郡内において四万石を領有して駿府城へ入城し、駿府（府中）藩が成立した。

慶長十一年四月、信成が近江国長浜へ転封となり、翌年四月、将軍職を三男秀忠に譲った家康は、大御所と呼ばれ駿府城を隠居地とした。家康は駿府城の大改築を行ったが炎上し、翌十三年に再建された。慶長十四年十二月、家康の十男で常陸国水戸藩主徳川頼宣《よりのぶ》が駿河・遠江両国において五十万石を与えられて大藩となったが、当時駿府城は大御所家康の居城であったので、頼宣が名実ともに城主となったのは、家康が元和二年（一六一六）四月十四日に没してからである。

元和五年、頼宣は紀伊国和歌山へ転封となり、一時廃藩となったが、寛永元年（一六二四）、二代将軍秀忠の三男忠長（駿河大納言）が甲斐国主から駿河・遠江・甲斐国五十万石を与えられて、三たび立藩した。忠長は兄家光（三代将軍）との将軍継嗣争いに敗れ、甲斐国甲府に移封後、駿河国府中へ転封となった。忠長は鳥居成次《なりつぐ》・朝倉宣政《のぶまさ》らの補佐によって領国経営にあたったが、寛永八年、忠長は粗暴の行為を理由に除封され、甲府において幽閉された。駿府の地は寛永九年以後、幕府領となり、駿府城には城代が置かれた。

徳川宗家七十万石

慶応四年（一八六八）一月、十五代将軍慶喜は鳥羽伏見の戦いに敗れて江戸に帰り、上野寛永寺久慈院に入って謹慎し、静寛院宮（十四代将軍徳川家茂夫人和宮）や徳川慶頼《よしより》（田安家五代）らの尽力で、死一等を減ぜられた。閏四月二十九日、徳川宗家の相続人となった田安亀之助（慶頼の三男、のち徳川家達）は五月二十四日、駿河・遠江・三河国において七十万石を与えられて、四たび立藩した。なお、家達はこの時、わずか六歳であった。家達の入封によって、浜松・相良・横須賀・掛川・田中・小島の各藩は、上知《あげち》となって新封地に移った。

明治二年（一八六九）、幕府の面目維持に奔走し、のち藩学問所頭取となった向山黄村《むかやまこうそん》らの建議によって、静岡藩に改称した。また、富国強兵策に採り組み、渋沢栄一を登用し、商法会所（のちの常平倉会所《じょうへいそう》）を設立、士族授産のために産業会所の設置、牧ノ原や三方原の開拓・茶樹の栽培などの殖産興業策を行った。家達は同年六月、版籍奉還して、同四年七月、廃藩置県を迎えた。

小江戸紀行 徳川宗家の城下町静岡城下を歩く

名門今川氏の足跡

平成八年、駿府城二ノ丸東御門が落成した。櫓門・多聞櫓・高麗門からなる重厚な造作である。紺青の深い空の色を映して静まりかえる掘割、東御門と連結した風格ある巽櫓《たつみ》がおりなすたたずまいは、徳川家康が営んだ城下町の面影をしのぶよすがになる。本丸跡に立つ家康の像は穏やかな表情をたたえている。

城下町としての静岡の基礎は、今川氏が手掛け、それを家康が引き継いだ。

安倍川を土手伝いに北上し、慈悲尾《しいのお》の里の鄙《ひな》びた道をたどると増善寺がある。文亀元年（一五〇一）に今川氏親が創建した禅刹で、氏親はここに眠っている。本堂脇を抜けて墓域に足を踏み入れると、奥まった一角に小さな廟がある。その中の中央のやや傾いた五輪塔が氏親の墓だという。

戦国大名として今川の家運を大きく飛躍させた氏親だが、その氏親を支えたのが連歌師宗長と正室の寿桂尼である。その宗長が隠栖の地として余生をおくったのが丸子《まりこ》の吐月峰柴屋寺《とげつぽうさいおくじ》である。国道一号線をはずれ谷間《たにあい》の道を分け入ると、柴屋寺の小ぶりの門が鬱蒼と茂る木立の陰から顔をのぞかせる。寺の背後の竹林のなかに連歌師宗祇と宗長の墓がぽつねんと立っている。

丸子のあたりには、国道一号線に並行して旧東海道の道筋が今も残っている。吐月峰入口のバス停から丸子川の流れに沿って旧道を東にたどると、丸子橋畔に丁子屋《ちょうじや》がある。丁子屋は安藤広重筆「東海道五十三次」の画題になった茶店を復元したもので、名物は「麦とろ」。

ここから、氏親の生母北川殿の菩提寺・徳願寺に向かうと、寺は小高い山の中腹にある。遠くには静岡市街が一望でき、眼下には安倍川が蛇行しながら流れている。

安倍川橋近くの弥勒公園内に「由井正雪公之墓址」の石碑がある。慶安四年（一六五一）に丸橋忠弥らと謀った幕府転覆計画が事前に発覚し、正雪は駿府の旅籠で自刃した。その首は安倍川の河原に晒されたが、のち縁につながる女性によって丁重に葬られたという。沓谷《くつのや》の菩提樹院にある首塚がそれである。

静岡市における今川氏時代はおよそ百六十年つづいただけに、その記憶は今もこの町にしっかりと刻印されている。前述した安倍川以西の禅刹もそうだが、市街地にもゆかりの史跡は多い。寿桂尼の菩提所龍雲寺、氏輝の遺命により創建された清水寺《きよみずでら》、

駿府城二の丸跡の巽櫓と東御門

氏輝・義元が眠る臨済寺、今川・徳川両氏の篤い庇護を受けた浅間《せんげん》神社などがそうだ。

今川・徳川氏ゆかりの古刹

静岡鉄道の古庄駅から歩いて十五分ほどの沓谷には寺院が密集している。戦後に移ってきたためか新しい寺が多い。由井正雪の首塚がある菩提樹院から北街道のバイパスを抜けて龍雲寺に至る。

同じ沓谷の蓮永寺にあるお万の方の供養塔に詣でる。お万の方は家康の側室で、十男頼宣（和歌山藩祖）と十一男頼房（水戸藩祖）の生母。その宝篋印塔は、ほの暗い墓地のなかでひときわ偉容を誇っている。すぐ近くには勝海舟の母信子と、佐久間象山の妻となった妹じゅんの墓もある。ちなみに、市内にはほかにも家康の側室で二代将軍秀忠の生母西郷局の眠る宝台院と、二人目の正室で豊臣秀吉の異父妹である旭姫が眠る瑞龍寺がある。

静岡鉄道音羽駅近くにある氏輝ゆかりの音羽山清水寺は、宗旨こそ真言、法相と異なるものの、京都東山の清水寺とは山号も寺号も同じなのである。やはり京都清水寺を模して懸崖《けんがい》に架した舞台造りの眺望台がしつらえられている。

家康もしばしば清水寺を訪れて厚遇し、慶長七年（一六〇二）には寺領と今も残る観音堂を寄進している。懸崖上から眺望する駿府城下の景観は、京都清水寺からのそれとよく似ていたという。

賤機山《しずはたやま》南麓にある臨済寺は、氏親が出家したわが子梅岳承芳（義元）のために創建したもので、当初は善得院と号していた。天文五年（一五三六）、氏輝をここに葬るとその法号をとって臨済寺と改名、家督を継いだ義元が京都妙心寺の大休《だいきゅう》禅師を招いて開山とし、今川家の執権役ともいうべき太原雪斎が二世住持となった。

雪斎が今川家に尽くした功労は大きいが、家康に与えた影響はそれ以上に大きかった。臨済寺には、家康が雪斎のもとで史書や兵書を学んだという部屋が今も残されている。また当寺には氏輝のほか義元・雪斎の墓もある。

家康が人質として駿府に送られてきたのは天文十八年、八歳のときである。それから義元が桶狭間で敗死する永禄三年（一五六〇）までの十二年間、家康は苦難の日々を耐えた。祖母の源応尼は陰になり日向になり、いたいけな孫を庇《かば》いつづけた。

しかし、心の支えであったこの祖母も家康が十八歳のときにこの世を去ってしまう。源応尼は静岡鉄道の日吉駅にほど近い華陽《けよう》院《いん》で、家康の五女市姫とともに静かな眠りについている。

沼津藩《ぬまづ》〈譜代〉

居城＝静岡県沼津市大手町

中村氏から大久保氏へ

天正十年（一五八二）、武田氏が滅亡すると、駿河国は徳川家康の領国となり、甲斐国武田氏の所領であった駿河国沼津は松平家忠に与えられ、三枚橋（沼津）城には松平（松井）康親・康重父子が在城した。天正十八年、家康が関東移封後、豊臣秀吉の部将中村一氏《かずうじ》（駿府城主）の領地に編入され、弟一栄《かずひで》が沼津三万石を領有した。一氏は秀吉三中老の一人であったが、慶長五年（一六〇〇）、関ヶ原の役の際には徳川方に属し、戦後、一氏の子忠一が伯耆国米子へ移封となると、一栄も米子へ移った。

翌六年、上総国茂原で五千石を領する大久保忠佐《ただすけ》が二万石で入封し、ここに沼津藩は立藩した。慶長十八年に忠佐が没し、嫡男忠兼《ただかね》が父に先立って没していたため、弟忠教《ただたか》を後嗣に迎えようとしたが、忠教が辞退したので、無嗣絶家となって廃藩となった。

その後、沼津は駿河藩主徳川頼宣《よりのぶ》（のち和歌山藩祖）や徳川忠長《ただなが》（三代将軍家光の弟）の領地に編入され、以後、安永六年（一七七七）まで幕府領となった。

老中水野氏の治世

安永六年十一月、側用人水野忠友《ただとも》が三河国大浜から二万石で入封し、かつての三枚橋城の地に沼津城を築城して、再び立藩した。忠友は天明元年（一七八一）、駿河・三河・伊豆国内に五千石を加増され、側用人兼老中格に進み、同五年老中に昇進し、五千石を加増されて三万石となった。忠友の昇進の背後には、時の老中田沼意次の四男忠徳《ただのり》の養子を迎えるなど、閨閥関係がある。

松平定信の登場で、忠友は老中を罷免されたが、定信引退後の寛政八年（一七九六）には、再び西の丸老中となった。忠友のあとを継いだ忠成《ただあきら》は十代将軍家治の世子家斉の小姓となり、家斉が十一代将軍となると、奏者番・若年寄・西の丸側用人を歴任、文化十四年（一八一七）、老中格に昇進、さらに文政元年（一八一八）に老中首座となった。同四年に一万石を加増、さらに元文小判の貨幣改鋳による六十万両の利益を得た功績により、同十年一万石を加増され、合わせて五万石を領した。

忠成のあと、忠義《ただよし》―忠武《ただたけ》―忠良《ただなが》と続き、次の養子忠寛《ただひろ》（水野忠紹《ただつぐ》の子）は安政五年（一八五八）、家督を相続し、奏者番・側用人を歴任したが、病気を理由に隠退、養子忠誠《ただのぶ》（三河国岡崎藩主本多忠孝の四男）に家督を譲った。

忠誠は奏者番兼寺社奉行をつとめ、慶応元年（一八六五）の第二次長州征伐に出陣、同時に老中に就いたが、その帰路に病没、それを秘して同二年、分家の海軍奉行忠敬《ただのり》（水野忠明の次男）が襲封した。

忠敬は尊王を標榜する尾張藩主徳川慶勝《よしかつ》の指揮下に従い、東征先鋒総督柳原前光の警衛をつとめた。総督の命により甲府城代となったが、不行跡で罷免され、祖父忠寛の努力で藩存続の危機を免れた。明治元年（一八六八）、徳川家達の府中藩創設によって、沼津藩領は上知《あげち》となり、忠敬は上総国菊間へ転封となり、沼津藩は廃藩となった。

興国寺藩《こうこくじ》〈譜代〉

居城＝静岡県沼津市東根古屋

今川氏から北条早雲《そううん》に与えられた興国寺城は、篠山という愛鷹山の尾根を利用して築かれたもので、もと興国寺という寺があったので城名につけられ、伊豆・駿河・甲斐を結ぶ重要な拠点であった。早雲が韮山城に拠点を移すと、再び今川氏に属し、義元が天文年間（一五三二〜五五）に本格的な城郭に改修した。その後、北条・武田・徳川各氏の支城となり、慶長六年（一六〇一）、三河三奉行の一人で徳川創業期の功臣天野三郎兵衛康景《やすかげ》が一万石を与えられて、興国寺城に入城して立藩した。

康景は、初め下総国大須賀三千石を知行し、のち駿東郡興国寺領七千石、富士郡内三千石を領有していたが、興国寺藩の足軽が天領農民を殺害したことから、天領農民の殺害を禁じた「諸国郷村掟」に抵触することを恐れた康景は自領農民保護のために、慶長十二年三月九日、子康宗《やすむね》とともに逐電し除封となった。

川成島藩《かわなりじま》〈譜代〉

陣屋＝静岡県富士市成島

十一代将軍家斉の側衆であった本郷泰固《やすかた》は武蔵・上総両国内で二千石を知行していたが、天保十三年（一八四二）に一千石、弘化二年（一八四五）に二千石、嘉永四年（一八五一）に二千石と三度にわたって加増されて、合わせて七千石を領有していた。安政四年（一八五七）、泰固は一橋家相続問題では徳川慶喜の相続実現に奔走し、若年寄に昇進して三千石を加増され、やっと一万石を領有して諸侯に列し、川成島に陣屋を構えて立藩した。

だが、安政五年七月、一橋党と目されて差控《さしひかえ》を命ぜられ、さらに翌六年十月、五千石を削減され、隠居・謹慎を命ぜられた。このため、万石以下になったために、川成島藩はわずか二年で廃藩となり、以後、立藩されることはなかった。なお、泰固は大老井伊直弼が万延元年（一八六〇）三月、桜田門外で暗殺された後の同年九月、謹慎を許された。

小島藩《おじま》（滝脇藩《たきわき》）〈譜代〉

陣屋＝静岡県静岡市清水小島本町構内

側衆の松平（滝脇《たきわき》）信孝《のぶなり》は元禄二年（一六八九）、駿河国内に六千石を領し、のち武蔵・上野国内において四千石を加増されて、一万石を領有して立藩した。だが、実質的な成立は宝永元年（一七〇四）、信孝のあとを継いだ信治《のぶはる》の時、有渡《うど》・安倍・庵原《いはら》三郡内に領地を集め、小島に陣屋を構えて正式に立藩した。

信治のあと信嵩《のぶたか》が継いだが、立藩直後から財政的危機に直面し、享保年間（一七一六〜三六）には「譜代足軽制・足軽仲間制」を採用して財政負担の軽減を図ったり、つぎの昌信《しげのぶ》は宝暦九年（一七五九）に藩財政改革を実施し、「生籾《なまもみ》五分ずり」方式による増徴政策を行った。昌信以後は信義《のぶのり》—信圭《のぶかど》—信友《のぶとも》—信賢《のぶます》—信進《のぶゆき》—信書《のぶふみ》—信敏《のぶとし》と十一代にわたり在封し、信敏の明治元年（一八六八）の時に滝脇藩と改称したが、駿河国府中藩の成立によって、上総国桜井一万石へ転封となり、廃藩となった。

田中《たなか》藩〈譜代〉

居城＝静岡県藤枝市田中

十家におよぶ藩主交代

戦国期、田中城は今川氏の家臣一色信成《いっしきのぶしげ》によって築かれたのに始まり、天正十八年（一五九〇）以降は豊臣秀吉の支配する所となった。同地を預かった中村一氏《かずうじ》は家臣横田村詮《むらあき》を在城させたが、慶長五年（一六〇〇）、関ヶ原の役後、天下の実権を握った徳川家康は江戸へ通ずる東海道の守りを固めるため、武蔵国川越三千石を知行する譜代酒井忠利《ただとし》が一万石を加増されて入封することによって立藩した。忠利が城主となると大増築を行い、侍屋敷や城下町などを整えた。忠利は慶長十四年、川越へ移封となり、一時藩領は駿府藩領に編入されたが、徳川忠《ただ》長《なが》の駿府入封の時、田中には三枝守昌《さえぐさもりまさ》が一万石で在番した。だが、忠長失脚後の寛永十年（一六三三）、上総国佐貫から松平（桜井）忠重《ただしげ》が三万石で入封し、再び立藩した。二年後の寛永十二年、忠重は遠江国掛川へ転封となり、水野忠善《ただよし》が下総国山川から四万五千石で入封した。忠善が同十九年に三河国吉田へ移封となると、松平（藤井）忠晴《ただはる》が二万五千石で入封し、正保元年（一六四四）に掛川へ転封、下総国関宿から北条氏《うじ》重《しげ》が二万五千石で入封し、慶安元年（一六四八）に掛川へ転封となった。

翌慶安二年、常陸国土浦から西尾忠照《ただあきら》が二万五千石で入封、その子忠成《ただなり》と二代在封して、延宝七年（一六七九）に信濃国小諸へ移封した。代わって酒井忠能《ただよし》が四万石で入封したが、兄で大老の忠清《ただきよ》失脚の影響を受けて、天和元年（一六八一）に除封された。翌年城の受け取りにきた常陸国土浦の土屋政《まさ》直《なお》が四万五千石でそのまま在封し、貞享元年（一六八四）、大坂城代になると、大坂周辺に二万石を加増されて領地を移された。同年、入れ替わりに大坂城代だった太田資次《すけつぐ》の嫡男資直《すけなお》が五万石で入封した。

宝永二年（一七〇五）、資直の嗣子資晴《すけはる》が家督を継ぐと、同年に陸奥国棚倉へ転封となり、代わって同地から内藤弌信《かずのぶ》が五万石で入封し、正徳二年（一七一二）に大坂城代だった土岐頼殷《よりたか》が三万五千石で入封、その子頼《より》稔《とし》が享保十五年（一七三〇）に大坂城代となり大坂周辺に領地が移された。最初に入封した酒井氏から数えて十家の藩主が小刻みに交代した。

本多家七代の治世

土岐氏の転封後、あとを受けて入封した本多家は、徳川家康の謀臣といわれた正信《まさのぶ》の弟正重《まさしげ》を祖とする家系で、明治維新まで七代在封した。本多正矩《まさのり》は上野国沼田から四万石で入封し、その子正珍《まさよし》は老中を勤めたが、宝暦八年（一七五八）の郡上一揆で引責辞任、そのあと正供《まさとも》―正温《まさはる》と続き、つぎの正意《まさおき》は再び幕閣に参与し、寺社奉行・若年寄を歴任した。

六代正寛《まさひろ》は天保八年（一八三七）に藩校日《にっ》知《ち》館《かん》を設立し、藩士の中から昌平黌《しょうへいこう》教授になった芳野金陵《よしのきんりょう》ら優れた学者を輩出した。最後の藩主正訥《まさもり》は聖堂学問所奉行や駿府城代を勤めたが、慶応四年（一八六八）、尾張藩と同様に新政府軍に忠誠を誓い、駿河国府中藩の立藩にともない安房国長尾へ転封となり、廃藩となった。

久能《くのう》藩〈譜代〉
居城＝静岡県静岡市根古屋

平安初期、有渡山《うとさん》の南峰・久能山頂に久能寺が建立されていたが、武田信玄が駿河に侵攻した時、この寺院を移転（静岡市清水村松・鉄舟寺）させて久能山城を築いた。だが、天正十年（一五八二）、武田氏が滅亡すると、久能山城は徳川氏のものとなった。

豊臣秀吉の家臣松下吉綱《よしつな》は天正十八年（一五九〇）九月、一万六千石を与えられて久能山城に入城、慶長三年（一五九八）に吉綱が没し、その子重綱《しげつな》が継いだ。重綱は徳川家康に仕え、同八年に常陸国小張一万六千石へ転封となった。

慶長十二年、家康が駿府城に居住すると、家臣榊原清政《きよまさ》が久能山城を与えられて、久能藩が立藩した。だが、元和二年（一六一六）、家康が駿府城で没すると、遺言によって久能山城を廃して、廟堂（東照宮）が建てられた。榊原氏は久能山下の根古屋《ねごや》に居住し、一千八百石の禄が給され、以後、久能総門番として、明治維新まで続いた。

伊豆国

下田《しもだ》藩〈譜代〉
居城＝静岡県下田市三丁目

下田港を見下ろす鵜島《うしま》城は小田原北条氏の出城であったが、天正十八年（一五九〇）三月上旬、小田原の陣の時、豊臣秀吉方の水軍一万余の兵をもって海上を封鎖して城を包囲した。

これに対して、北条方の城主清水上野介康秀《やすひで》は南伊豆の兵数百をもって籠城したが、翌四月に開城となった。

戦後、この地には戦功によって、徳川家康の近臣内藤家長《いえなが》が二万石で下田へ一時入封したが、天正十八年八月、上総国佐貫二万石へ移封したので、家康の老臣戸田忠次《ただつぐ》が伊豆国賀茂郡内に五千石を与えられて入封し、陣屋を構えて立藩した。

慶長二年（一五九七）六月、忠次が没し、次男尊次《たかつぐ》が遺領を継いだが、四年後の同六年に一万一千石に加増されて三河国田原へ転封となり、廃藩となった。以後、下田領には藩は置かれず、幕末まで幕府直轄地となった。

韮山《にらやま》藩〈譜代〉
陣屋＝静岡県田方郡韮山町

北条早雲《そううん》は延徳三年（一四九一）、伊豆堀越公方家の内紛に乗じて、伊豆を攻め足利茶々丸を殺害して韮山城を築き、伊豆国を支配した。この城は戦略上の要地で、天正十八年（一五九〇）、豊臣秀吉の小田原の陣に際しては、北条氏規が守将として豊臣麾下の織田信雄《おだのぶかつ》・福島正則《まさのり》・細川忠興《ただおき》らの大軍の攻撃に陥落することなく、降伏勧告を受け入れて開城するまで持ちこたえた。

その後、徳川家康の家臣内藤信成が新封一万石を与えられて立藩した。だが、信成は慶長六年（一六〇一）、四万石で駿河国府中へ移封となり、以後、廃藩となった。これ以後は、江川家が世襲の幕府代官を勤めた。韮山代官は幕末には伊豆・相模・武蔵・甲斐・駿河国内の天領約八万石を支配した。幕末の代官を勤めた江川太郎左衛門英龍（坦庵）は西洋兵学者で銃砲の製作にとりくみ、韮山に反射炉を構築した。今も江川家住宅や反射炉は残っている。

遠江国

浜松藩《はままつ》〈譜代〉

居城＝静岡県浜松市元城町

譜代大名の入転封

徳川家康は元亀元年（一五七〇）、岡崎から浜松に移り、古城引馬城の城地に新たに浜松城を築いて入城した。家康の在城は天正十四年（一五八六）、駿府城へ移るまでの十六年間であったが、この間姉川・長篠・小牧長久手の合戦があり、特に元亀三年、三方ヶ原の戦いでは武田信玄四万の軍に敗れて浜松城に逃げ込んだが、信玄もそれ以上攻撃しなかったので難を逃れた。

天正十四年、家康は居城を浜松から駿府城へ移し、代わって菅沼定政が浜松城を預かり、同十八年、家康が関東移封後、豊臣秀吉の部将堀尾吉晴《よしはる》が近江国佐和山から十二万石で入封した。吉晴は関白豊臣秀次に属し、秀次自刃後は秀吉の麾下になり、慶長三年（一五九八）、秀吉が没すると、浜松を嫡男忠氏《ただうじ》に譲って、越前国府中十七万石へ移った。慶長五年、関ヶ原の役の時、吉晴は徳川方に属し、戦後、軍功によって出雲・隠岐国二十四万石を与えられて、吉晴・忠氏父子は松江城へ移った。

翌六年、松平（桜井）忠頼《ただより》が武蔵国松山から五万石で入封し、浜松藩が成立したが、同十四年、忠頼は水野忠胤の茶会に招かれた時、争論に巻き込まれて殺害され、除封となった。忠頼除封後、家康の十男徳川頼《より》宣《のぶ》の駿河・遠江両国内五十万石への転封にともなって、その付家老水野重仲《しげなか》の城地二万五千石となり、大坂の両陣の功によって、元和三年（一六一七）に一万石を加増され、合わせて三万五千石を領有した。同五年、頼宣が紀伊国和歌山藩主となると、重仲も紀伊国新宮へ移った。

代わって武蔵国岩槻から高力忠房《ただふさ》が遠江国長上・敷智《ふち》・豊田・麁玉《ありたま》四郡内において三万石を領有して入封し、寛永十一年（一六三四）に五千石を加増された。忠房は二十年間の在封中に、藩としての基礎を築き、城下町および東海道の宿場としての町造りを軌道にのせ、伝馬制の維持経営を行った。

寛永十五年、忠房は島原の乱後の後始末の命を受けて、肥前国島原四万石へ転封となり、新たに美濃国岩村から松平（大給）乗寿《のりなが》が三万五千石で入封した。乗寿は寛永十九年、浜松藩主としての最初の老中となったが、正保元年（一六四四）、上野国館林へ転封となった。

代わって三河国西尾から太田資宗《すけむね》が三万五千石で入封した。この資宗は江戸城の築城で知られる太田道灌の曽孫重正《しげまさ》の次男である。寛文四年（一六六四）、資宗は四代将軍家綱から知行地の朱印状を賜わり、ここに浜松藩領が確定した。その内訳は、遠江国敷知郡内五十三ヵ村一万三千六百六十二石、長上郡内六十六ヵ村一万五千八百三石、豊田郡内二十七ヵ村三千四百七十九石、麁玉郡内三ヵ村百九石、引佐《いなさ》郡内三ヵ村一千九百八十二石、合わせて百五十二ヵ村三万五千三十七石であった。

寛文十一年、資宗が隠居して嫡男資次《すけつぐ》が襲封したが、延宝六年（一六七八）、二万石を加増されて大坂城代に任ぜられ、領地を大坂周辺に移された。それに代わって老齢によって大坂城代を辞した青山宗俊《むねとし》が五万石で入封した。翌年宗俊が没し、あとを継いだ忠雄は家中に対して、衣服は木綿にすることを初め、贈答・婚礼などについて節約を旨とする法度を発令した。忠雄はわずか六年で没し、貞享二年（一六八五）、弟忠重《ただしげ》が家督を継いだが、元禄十五年（一七〇二）、丹波国亀山へ転封となった。

青山氏転封後、本庄（松平）資俊《すけとし》が常陸国笠間から七万石で入封した。資俊は五代将軍綱吉の生母桂昌院の甥にあたり、宝永二年（一七〇五）、桂昌院の願いによって松平の称号を許された。享保八年（一七二三）、資俊が没し、養子資訓《すけのり》（佐野勝由の次男）が遺領を継ぎ、同十四年に三河国吉田へ転封となり、入れ替わりに同地から松平（大河内）信祝《のぶとき》が七万石で入封した。信祝は在封中、大坂城代・侍従・老中を歴任し、八代将軍吉宗の信任が厚く、享保二十年には吉宗に倣って浜松城大手前に目安箱を設置し、藩政の刷新をはかった。

信祝の没後、その子信復《のぶなお》が家督を継ぐが、寛延二年（一七四九）、吉田へ転封となり、同地から再び本庄（松平）資訓が七万石で入封した。資訓は京都所司代などを歴任したが、在任中の宝暦二年（一七五二）に没し、三男資昌《すけまさ》が遺領を継いで、同八年に丹波国宮津へ移った。

新たに井上正経《まさつね》が大坂城代から京都所司代に昇進し、摂津・河内・播磨・近江国内において六万石を領有して入封した。正経は宝暦十年、老中に就任したが、同十三年に病のため辞職した。あとを継いだ次男正定《まささだ》は奏者番兼寺社奉行になったが、天明六年（一七八六）に三十三歳で没し、嫡男正甫《まさもと》が家督を相続した。正甫は奏者番に任ぜられたが、文化十三年（一八一六）、泥酔し農家に押入って狼藉を働くという失態を演じ、翌年陸奥国棚倉へ左遷された。

上昇志向の水野忠邦と天保の改革

文化十四年に井上氏転封後、肥前国唐津六万石の水野忠邦《ただくに》が入封した。出世欲に燃える忠邦は、唐津の内高（実収）二十万石という富裕な藩だったが、あえて実収の少ない浜松五万石へ転封を希望した。

浜松藩主は幕閣での出世コースといわれ、事実奏者番忠邦は以後、寺社奉行兼任から大坂城代・京都所司代に任ぜられて侍従となり、文政十一年（一八二八）、西の丸老中へと昇進した。

この間、忠邦の浜松藩における藩政改革は、旱魃や風水害による災害時のために非常時御手当積立、義倉・社倉の設置、勤倹と節約を積極的に行い、また農学者大蔵永常を興産方として招聘し、殖産興業の振興、藩校経誼館の創設による藩士子弟の教育に力を注ぐとともに、長沼流兵学による軍事改革も行い、領民に対する収奪も激しかった。

天保五年（一八三四）、老中水野忠成《ただあきら》（駿河国沼津藩主）が病没し、代わって忠邦が宿望の本丸老中に任ぜられ、二万石を加増され、合わせて七万石となった。天保八年、御勝手御用掛を兼任し、幕府財政の中枢を握ったが、十一代将軍家斉と意見が合わず、才腕を発揮できなかった。

だが、家斉が天保十二年一月三十日に病没し、家慶が十二代将軍に就任すると、忠邦は政治的手腕を発揮して天保の改革を断行した。

そして、忠邦は西の丸一派の御側御用取次水野忠篤、若年寄林忠英、新番頭格美濃部茂育《もちなる》らを罷免し、それに代わって目付鳥居耀蔵、天文方見習兼書物奉行渋川六蔵、御金改役後藤三右衛門（いわゆる水野の三羽烏）らを登用して、改革政治を推進した。綱紀粛正と冗費節約、農村復興、都市民の生活統制および低物価改策には見るべきものがあったが、天保十四年九月、上知令を発するや反対が起こり、ついに老中を罷免された。

忠邦は翌弘化元年（一八四四）、一時再任したが、在任中に登用した鳥居耀蔵らの不正により、翌年辞職し、加増地一万石と本高の内一万石を没収され、隠居・謹慎を命ぜられた。

老中井上氏の入封

弘化二年、忠邦の失脚後、嫡男忠精《ただきよ》が家督を相続したが、同年十月に出羽国山形へ左遷となった。この時、領民からの借上げ金を返済せずに移封しようとしたので、農民一揆が起こった。だが、水野家は一揆を鎮圧することができず、代わって上野国館林六万石から再入封した井上正春《まさはる》が調停に入って、やっと結着した。浜松の領民は山形に左遷される水野家に対し、「辺鄙へ追込ラルルハ、因果応報扨々《さてさて》小気味好事ト、世上一統悦ビ勇ミ」といって、道行く人々に酒を振舞ったという。

正春は棚倉へ左遷された正甫《まさもと》の嫡男で、文政三年（一八二〇）四月、父正甫が致仕し、棚倉六万石を継ぎ、天保七年（一八三六）三月、上野国館林へ転封となった。正春は弘化二年に浜松へ移ったが、同四年二月に没し、嫡男正直《まさなお》が家督を継いだ。最後の藩主となった正直は安政年間（一八五四〜六〇）、藩政建て直しを行い、海防のために台場を築造、藩校克明館の創設、勤倹の徹底と貢租の増徴を行った。特に古くから伝わっていた遠州木綿を基盤に上州の機織技術を導入して、のちの遠州機業の基礎を開いた。

正直は安政五年（一八五八）十月に奏者番、さらに寺社奉行を兼ね、文久二年（一八六二）十月より元治元年（一八六四）七月まで老中に任ぜられ、在任中に横浜鎖港談判や生麦事件の解決に活躍した。ついで慶応元年（一八六五）十一月、老中に再任され、翌年六月、第二次長州征伐に十四代将軍家茂に供奉して大坂に赴き、同三年六月、老中を免ぜられた。

正直が幕府の重職にあって不在の間、藩内では勤王か佐幕かと藩論は大いに分かれたが、浜松藩御用達池田庄三郎らは遠州国学の人々と関係が深かったことから、これらに主導権を握られ、尾張藩勤王勧誘使に対して、この地方で最も早い慶応四年一月三十日には勤王証書を提出した。

戊辰戦争の時、折から東海道を進軍する東征大総督軍が浜松を通過する際に、神職や富農の青年らで組織された遠州報国隊が警固にあたり、のち東北地方に従軍した。この時、好色家として知られる正直は東征軍の浜松通過に際しては不在で、家老が正直に扮してその場を過ごしたという挿話は有名である。

慶応四年九月、徳川家達の府中藩創設によって、浜松藩領は上知《あげち》となり、正直は上総国舞鶴へ転封となって、浜松藩は廃藩となった。

小江戸紀行 家康出世の城下町浜松城下を歩く

浜松は出世城

徳川家康が現在の基礎を築き、そして家康を天下人へと大きく育《はぐく》んだ浜松。元亀元年(一五七〇)、家康はそれまでいた三河国岡崎城を嫡男の岡崎三郎信康に譲り、浜松に移って来た。当時、浜松には中世に築かれた引馬《ひくま》城(曳馬城)があった。家康は、やがてこの空き城同然の引馬城を一郭にとりこんで浜松城を築城する。再三の修築工事を経て堅城が完成したのは天正五年(一五七七)の秋であった。

その浜松城の跡には現在、昭和三十三年に再建された三層三階の復興天守閣がそそり立っている。鉄筋コンクリート造りで、いささか興はそがれるものの、しかし天守台や曲輪に残る荒々しい野面《のづら》積みの石垣は家康築城当時をそのままにとどめており、戦国の遺風を十分に偲ぶことができる。

本丸跡には、兜の前立を右手に捧げた若き日の家康の銅像が立っている。

国道二五七号線の大きな通りを挟んで東方に位置するのが、かつての引馬城跡である。今では住宅街の中に埋もれて、初めて訪れる者には探し出すのも容易でない。ここには小ぶりな社殿の東照宮が鎮座している。狭い境内の片隅にポツンと立つ「曳馬城跡」の碑が、わずかに古城の朽ちた歴史を語りかけてくれるだけである。

家康は血気盛んな二十九歳から四十五歳までの壮年期を浜松城でおくったが、その十七年間は家康にとって試練の歳月でもあった。元亀元年の姉川、同三年の三方ヶ原、さらに天正十二年の小牧・長久手など、家康にとっては難戦がつづいたのである。

しかし、これらをひとつひとつ凌ぎ、着実に地歩を固めた家康は、三河の弱小な小領主から海道一の弓取り、そしてついには天下人へと雄飛する。浜松城が「出世城」と賛辞をもって俗称されるのは、このゆえなのである。

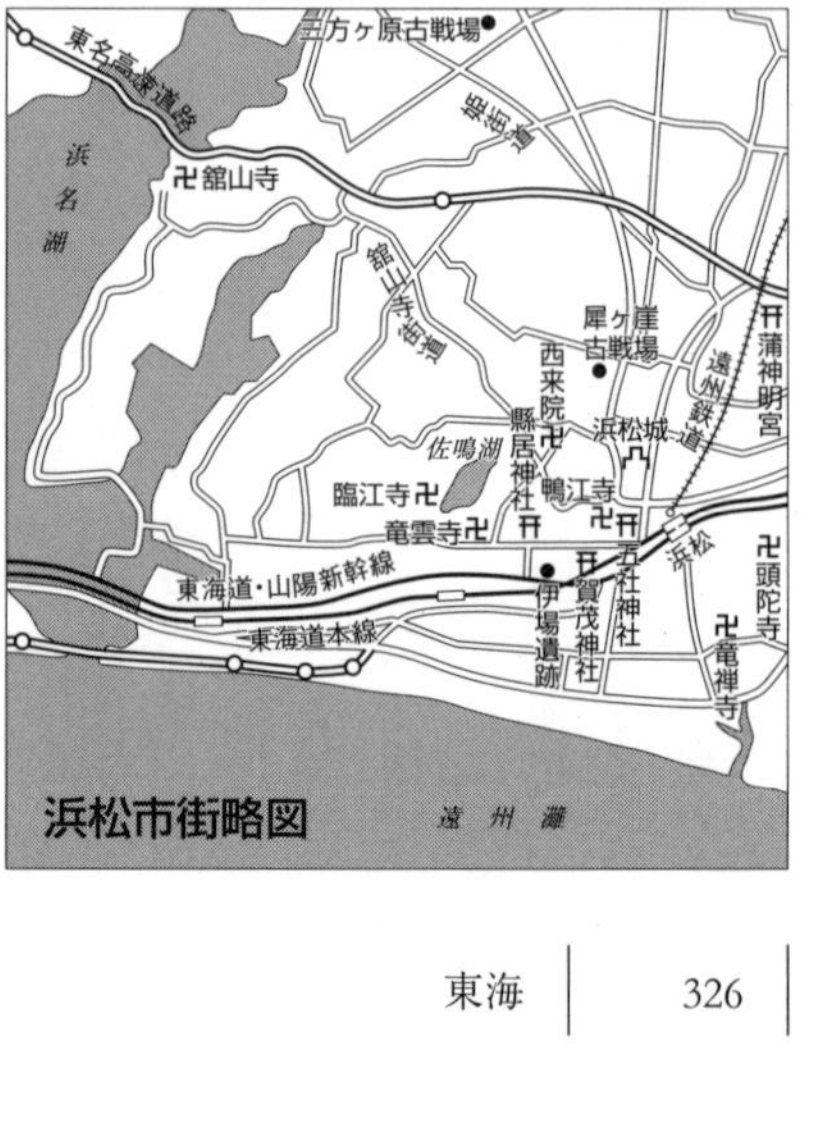

浜松市街略図

市内の隠れた古社・古寺

三方ヶ原での敗北は家康にとって、最大の危難だった。家康は後々まで自ら慢心しそうになると、この敗戦を思い起こして自戒していたという。その三方ヶ原の古戦場は、浜松駅からバスで国道二五七号線を北上することおよそ三、四十分。三方原墓園のバス停留所で降りれば、道路脇の木陰に「三方ヶ原古戦場」の文字を刻んだ自然石が目にとびこんでくる。

西上への道として遠州路をとった武田信玄の軍勢は、一言坂《ひとことざか》・二俣城で徳川勢を蹴散らし、天竜川を渡河して浜松へと押し出して来た。元亀三年二月二十二日のことである。

今来た道をまっすぐ南にとれば、浜松城跡にたどり着く。そして城の数キロ手前には、徳川軍が武田軍に対して一矢むくいた犀《さい》ヶ崖《がけ》古戦場がある。犀ヶ崖資料館は、もともとは三方ヶ原合戦での死者の霊を祀る宗円堂《そうえんどう》であったが、昭和五十七年に改修し、

浜松城天守閣

遠州大念仏のさまざまな諸道具を展示する資料館となった。

国道二五七号線をそのまま南にたどり、城跡の森を右手に見ながら進むと、朱に染めあげられた五社《ごしゃ》神社に突き当たる。社は当初、浜松城内に祭祀されていたが、家康の三男秀忠の産土《うぶすな》社とし、現在地に遷座した。

浜松市は今次大戦の戦火に遭って大打撃を受けたが、今日では近代都市として発展して、歴史の香りが希薄に思われがちだが、路地に分け入ると、思いもかけない由緒をもった古社や古寺に巡り合う。

神立町の蒲《かば》神明宮や竜泉寺もその例で、いずれも源範頼《のりより》に関わりの深い古社であり、古刹である。範頼は源頼朝の異母弟で、母は遠州池田宿（磐田市）の遊女だった。範頼は蒲神明宮で成人したが、当主源清倫《きよのり》の娘と契って生まれた女子藤姫が神司蒲家の祖であるという。蒲冠者《かばのかじゃ》とも呼ばれていた範頼は、のちに謀反の罪を着せられ、伊豆修善寺に流されて討たれた。ここ神立町から少し離れた飯田町の竜泉寺には範頼の五輪塔がある。なお、この寺は範頼の開基である。

鴨江《かもえ》寺・頭陀《ずだ》寺・竜禅寺は浜松を代表する真言宗の名刹だ。いずれも平安以前の開創になる。三寺院とも空襲で古い伽藍を失って戦後の建築であるため、古刹の風格にはいささか欠けるが、鴨江寺は行基の開山で文武天皇の勅願寺、竜禅寺は坂上田村麻呂が心願をかけた寺、そして頭陀寺は朝廷の保護下にあった定額寺——といったふうに、それぞれ寺歴は長い。

住宅街の迷路を右往左往しつつ行くと、縣居《あがたい》神社がある。祭神は国学を樹立した賀茂真淵大人命《かものまぶちうしのみこと》である。真淵はこの地（市内東伊場町）で元禄十年（一六九七）に生まれた。神社は天保十年（一八三九）に、当時の藩主であった水野忠邦などの力添えによって創建されたもので、もとは雄踏《ゆうと》街道に面した賀茂神社の境内に鎮座していた。

広沢町の西来院には徳川家康の妻で信康の生母築山殿の墓がある。築山殿月窟廟《がっくつびょう》が建立され、築山殿の冥福を祈るようすがとなっている。

掛川藩《かけがわ》〈譜代〉

居城＝静岡県掛川市掛川

山内一豊から松平定勝父子へ

永禄十一年（一五六八）十二月、武田信玄の駿河侵攻によって駿府城を追われた今川氏真《うじざね》（義元の嫡男）は、掛川城主朝比奈泰《やす》朝《とも》のもとに身を寄せたが、織田信長と同盟を結んで遠江へ侵入してきた徳川家康に攻められ、泰朝は奮戦したがついに落城し、氏真と泰朝とは小田原北条氏のもとへ逃れた。以後、家康の家臣石川家成・康通父子が入城し、天正十八年（一五九〇）、家康の関東移封の際、康通は家康に従って、上総国鳴渡二万石へ転封した。

代わって豊臣秀吉の部将山内一豊《かずとよ》が近江国長浜から遠江国相良・垣長・佐野郡内において五万石と同国一宮一万一千九百余石の豊臣直轄領の代官として入封した。一豊は入封と同時に、永禄の戦いで荒廃した城を〝東海の名城〟といわれるほどに修築し、十年かかって造成した城下町は現在の掛川の原形を造り出した。慶長五年（一六〇〇）、関ヶ原の役の時、一豊はいち早く徳川方に属し、戦後、軍功によって土佐国浦戸（高知）二十万二千石の大封を与えられて転封した。翌六年、家康の異父弟松平（久松）定勝《さだかつ》が下総国小南三千石から三万石で入封したのが、掛川藩の立藩であった。ついで慶長十二年、定勝は伏見城代に任ぜられると、伏見周辺に五万石を与えられたので、その嫡男定行《さだゆき》が掛川五万石を領有したが、元和三年（一六一七）、父とともに伊勢国桑名十四万石へ転封となった。

度重なる藩主交代

駿府藩主徳川頼宣《よりのぶ》の付家老安藤直次《なおつぐ》は掛川城主となって二万石を与えられたが、元和五年、頼宣が紀伊国和歌山への転封にともなって、直次も紀伊国田辺へ三万八千石で転封となった。ついで松平（久松）定勝の三男定綱《さだつな》が常陸国下妻から三万石で入封し、元和九年に山城国淀に移封した。寛永二年（一六二五）、駿府藩主徳川忠長《ただなが》の付家老朝倉宣政《のぶまさ》の城地として二万六千石を与えられたが、同九年一月、宣政は忠長の粗暴に対して諫言しなかったという理由で除封され、陸奥国郡山へ配流された。なお、付家老安藤・朝倉両氏は陪臣なので、正確にいうと藩主ではなかった。

寛永十年、老中青山幸成《ゆきなり》が常陸国内から二万六千石で入封し、翌年、三代将軍家光が江戸へ帰る途次に掛川城に立ち寄り七千石が加増され、合わせて三万三千石を領し、翌十二年、摂津国尼崎へ転封となった。駿河国田中から松平（桜井）忠重《ただしげ》が四万石で入封し、寛永十六年に家督を相続した嫡男忠倶《ただとも》が信濃国飯山へ移った。

寛永十六年、播磨国内で四万石を領有していた本多忠義《ただよし》が七万石に加増されて入封し、正保元年（一六四四）、越後国村上へ転封となり、同年、田中から松平（藤井）忠晴《ただはる》が三万石で入封、慶安元年（一六四八）、丹波国亀山へ移った。翌二年、再び田中から北条氏重《うじしげ》が三万石で入封したが、万治元年（一六五八）、嗣子なく没したため除封となった。氏重に嗣子がなかったため、北条家では幕府に対して精いっぱい媚を売ろうとして、掛川城内に三代将軍家光廟（竜華院）を建立したが、明暦の大火（明暦三年＝一六五七）後の混乱もあって、幕府は北条家の意を汲むところならず絶家となってしまった。

　翌万治二年、三河国西尾から井伊直好《なおよし》が三万五千石で入封し、以後直武《なおたけ》―直朝《なおとも》と続いたが、直朝は精神病のため参勤交代もできないほどであったが、宝永二年（一七〇五）、井伊宗家から直矩《なおのり》が入って家名を相続した。普通ならば絶家となるはずであったが、譜代大名筆頭の井伊家の縁者ということから除封を免れたのである。直矩は翌年、越後国与板二万石へ減封されて転封となった。井伊家に代わって、大坂城代松平（桜井）忠喬《ただたか》が信濃国飯山から四万石で入封し、正徳元年（一七一一）、摂津国尼崎へ移った。

　代わって武蔵国岩槻から小笠原長熈《ながひろ》が六万石で入封した。以後、長庸《ながつね》―長恭《ながゆき》と続き、長恭が幼少で襲封したので、遠州地方を荒らし回った大盗賊日本左衛門の捜索を怠ったため、延享三年（一七四六）、陸奥国棚倉へ左遷された。

　このように掛川は、藩主家の交代が頻繁であった。駿府城は関東と関西との中間に位置する東海道の重要地点で、徳川一門の居城あるいは幕府直轄の城であり、掛川城はその外部に位置し、東海道の門戸防衛の意味を持っていたので、譜代大名が封ぜられたのである。

太田氏の治世

　小笠原氏移封後、太田道灌の末裔という太田資俊《すけとし》が上野国館林から五万石で入封し、その次の資愛《すけよし》は享和二年（一八〇二）、藩校徳造書院を創設して、儒者松崎慊堂《こうどう》を招聘、儒学を講義させた。さらに地誌『掛川志稿』の編纂（資始《すけとも》の代に完成）を行うなど、文教政策に力を注いだ。そのあと資順《すけのぶ》―資吉《すけとき》―資始《すけもと》と続くが、資始（近江国宮川藩主堀田正穀《まさざね》の三男）は奏者番・寺社奉行・大坂城代・京都所司代・西の丸老中を歴任し、天保八年（一八三七）、本丸老中に昇進した。資始は水野忠邦の天保の改革に反対したため、同十二年に辞職し、家督を資功《すけかず》に譲って隠居した。だが、資始は安政五年（一八五八）、井伊直弼が大老に就くと、突然呼び出されて、老中に再任された。この時、越前国鯖江藩主間部詮勝《まなべあきかつ》、三河国西尾藩主松平乗全《のりやす》らと同時任命であった。この人事は直弼によるもので、日米通商条約を天皇の勅許なしに調印しようと、堀田正睦《まさよし》・松平忠《ただ》固《かた》を罷免し、後任に三人を老中にしたのである。直弼は言いなりになる人物が欲しかったためである。そして、資始は違勅調印を強硬に叫ぶ水戸藩の対応を受け持たされたが、直弼の弾圧に際し水戸の処置を寛大にするように進言し、直弼の怒りを買って、免職・謹慎を命ぜられた。直弼が万延元年（一八六〇）三月、桜田門の変で横死後、謹慎が解かれ、文久三年（一八六三）四月、三度老中に登用されたが、翌月辞職した。

　資始は幕府の要職に就く一方、藩政にも意を注ぎ、二宮尊徳の報徳仕法を基調とした村造りを勧める地方御用達の立場を支持し、民政の安定につとめた。次の資功《すけかつ》が文久二年に没し、最後の藩主になった資美《すけよし》は慶応四年（一八六八）、東征軍東下の折、いち早く勤王証書を提出した。同年九月、徳川家達が駿府藩を立藩すると、掛川の地は上《あげ》知《ち》となり、上総国芝山（松尾）へ転封となった。

小江戸紀行 名門今川氏の面影残す城下町掛川城下を歩く

〝東海の名城〟掛川城

江戸時代、掛川は東海道五十三次の宿場町として、東西に細長く家並がつづく町であった。人家の密度がいちばん濃いあたりに、こんもりした一隅が見える。掛川城跡である。城は、文明年間（一四六九〜八六）のはじめ、駿河の守護職であった今川義忠が、家老朝比奈泰凞《やすひろ》に命じて築かせたことに始まる。

城跡への道は、JR掛川駅からまっすぐ北にのびている。逆川に架かる小さな橋を渡れば、もう城跡公園の入口である。橋の上に立つと、木々の間から太鼓櫓が見える。小ぶりではあるが、白壁に黒瓦で葺かれたその建物は、端正典雅なもので美しい。

ゆるやかな坂道をのぼると、右手の市役所の玄関前に、大きな鯱が飾られている。大手門の鯱を移したものである。

太鼓櫓には、赤いペンキで塗られた鉄の橋が架けられていた。橋を渡ると、道は天守台跡を目指してさらにのぼりとなる。

天守台跡のすぐ手前に〝霧吹きの井戸〟と呼ばれる古井戸が残されている。築城のおりに掘られたもので、その深さは四四メートルあり、丸亀城、松山城についで日本の城で三番目に深い井戸である。

『掛川誌稿』は、この井戸について、「昔敵襲ひ来るものあれば、此井より霧生じて、人近くことなかりしと云」と記し、いかにも古城跡らしい伝説を伝えている。

永禄十一年（一五六八）に徳川家康は掛川城を攻めたが、この合戦で荒れた城を〝東海の名城〟といわれるほど立派に修築しなおし、城下を大々的に整備して、現在の掛川の原形を造り出したのは、山内一豊であった。

天守台跡の西面に、一豊の築いた石垣が残っている。高さ五メートルほどの石垣だが、野面《のづら》積みのこの石垣からは、いまも戦国の荒々しい息づかいが、聞こえてくるようだ。

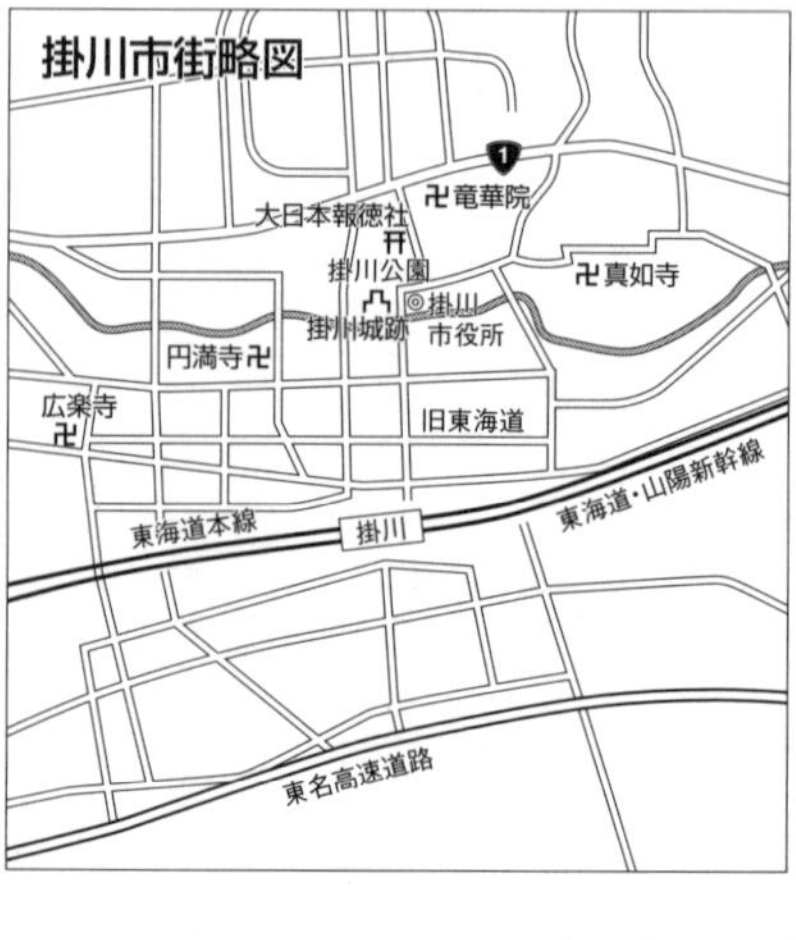

城の堀跡である算盤池をすぎると、掛川城本殿がある。太田氏の藩政時代のもので、藩主の居所、政庁諸役所をかねた壮大な建物であり、太鼓櫓とともに、城下町掛川のシンボルとなっている。

やはり堀跡である蓮池を抜けると、大日本報徳社という、日本建築に西洋建築の手法をくわえた、一種変わった偉観をもった建物が目にはいる。二宮尊徳の教えをひろめるため、明治三十六年（一九〇三）に建てられた公会堂である。

旧東海道筋を行く

城跡公園から三代将軍家光の霊を祀る大《だい》猷院殿霊廟《ゆういんでんれいびょう》へ向かう。ただしくは、長松山竜華院《りゅうげいん》といい、〝おたまや〟とも呼ばれている。せまい路次に古風な家並がつづく。小さな町工場の、すこし開かれた窓をのぞくと、それは葛布《かっぷ》工場であった。

「葛布」は掛川の伝統産業であり、七百年の歴史をもつ。江戸時代は武士の袴、裃などに用いられ、いまは敷物、壁掛、民芸品などに生かされ、掛川の特産品となっている。

掛川城天守閣

たどり着いた竜華院は静寂のなかにあった。「松杉樹老いて一点の俗塵なし。郭中第一の幽棲といふべし」とは、『掛川誌稿』の一節である。

永禄十一年の掛川城攻めのとき、家康はこの竜華院のある天王山を、最後の本陣としている。掛川城までは四〇〇メートルばかりであろうか、とにかく指呼の距離といっていい。

掛川の町を、東から西につらぬく旧東海道――。竜華院の参道の石畳をあとに、いまは町いちばんの賑やかな通りになっている旧東海道に往時の面影を求めて歩く。

しかし、高札場のあった仁藤町は商店街に、連尺町の本陣跡は静岡銀行にと、かつての宿場町は、ほとんど繁華街のなかにうずもれている。

そんな中、路傍にいかにも古風な門が、無造作に建てられている。掛川城の蕗の門である。富貴の門とも呼ばれ、蓮池の近くに建っていたのを、ここ西町の円満寺に移築したものという。城門は、その門柱の下部を切りとられ、両端を商店にはさまれている。いまはだれ一人振り返る者とてない。

十九首《じゅうくしょ》町あたりまでくると、すこしは古道のたたずまいが感じられる。それにしても、十九首とは異様な地名である。

この地名には、伝説があった。かの平将《まさ》門《かど》にまつわるものだ。将門以下叛乱にくわわった将士十九人の首を、この地に埋めたのだという。

この伝説は、掛川の町が古くから人馬の往来で賑わっていたことを物語っている。将門の話も、ゆきかう旅人によってもたらされたものであろう。

旅人といえば、東海道を旅する途次、この掛川で病に倒れた人も多かったであろう。市内中央町の広楽寺には、人気役者であった三代目尾上菊五郎の墓が、また仁藤町天然寺には、オランダ使節ヘンミイの墓がある。ヘンミイは将軍に謁見したのち、帰国のため長崎に向かう途中、掛川で病を得たものだという。

相良《さがら》藩 〈譜代〉

居城＝静岡県榛原郡相良町相良

本多氏から本多氏へ

戦国末期、遠江国の支配権を徳川家康と争った武田勝頼は天正四年（一五七六）、武田勢の最前線高天神城の支援のため、高坂弾正忠昌信《まさのぶ》に相良城を築かせた。だが、武田氏滅亡後は家康の鷹狩りの拠点となったが、家康没後は徳川氏の直轄地に編入され、荒廃した。

宝永七年（一七一〇）、三河国伊保《いほ》一万五千石の本多忠晴《ただはる》が、領地の大半を遠江国榛原・城東、三河国加茂・碧海四郡内に移されて、相良に居所を構えて立藩した。忠晴のあと、忠通《ただみち》―忠如《ただゆき》と在封し、延享三年（一七四六）、陸奥国泉一万五千石へ転封となった。代わって同地から若年寄板倉勝清《かつきよ》が遠江国榛原・周智《すち》両郡内において一万五千石を領して入封したが、わずか三年後の寛延二年（一七四九）、上野国安中へ転封となり、三河国挙母《ころも》から本多忠央《ただなか》が一万石で入封した。忠央は宝暦八年（一七五八）三月、西ノ丸若年寄に就任したが、十月に八幡藩主金森頼錦《よりかね》の事件の訴訟について、不正の取り計らいがあったという理由で除封となった。

異例の出世をした田沼意次入封

忠央の除封後、相模・下総両国内で五千石を領していた側衆田沼意次《おきつぐ》が、榛原郡内において五千石を加増され、宝暦八年十一月に諸侯に列し、相良に入封した。意次は九代将軍家重・十代将軍家治の信任を受けて、宝暦十二年に五千石を加増、明和四年（一七六七）に側用人に進んで五千石の加増があり、二万石を領して相良に城を築くことが許された。安永元年（一七七二）には老中に就任、二度の加増で三万石、のち安永六年に七千石、天明元年（一七八一）に三河国に一万石、さらに天明五年に三河・遠江・河内三国内で一万石と加増を重ねて、一代で五万七千石の大名にまで異例の出世を遂げた。意次は賄賂政治家あるいは聡明な進歩的政治家など毀誉褒貶の評価がある。

天明三年、嫡男意知《おきとも》が若年寄に進み、一族もみな要職につき「田沼時代」を築いた。天明四年三月二十四日に意知が江戸城内で佐野善左衛門に斬られる事件を切っ掛けに、次第に意次に対する悪評が起こり、天明六年、十一代将軍家斉が就任し、反意次派の松平定信が老中に起用されると、意次は免職となり、二万石を収公され、さらに翌年に二万七千石を収公、家督を継いだ意明《おきあき》は陸奥国下村一万石へ転封され、廃藩となって城も完全に破却された。

その後、相良の地は代官支配となったが、文政六年（一八二三）、意次の次男意正《おきまさ》が陸奥国下村から旧領に一万石で復帰し、陣屋を構えて再度立藩した。意正は若年寄から側用人に昇進したが、田沼氏は意次の時だけ城主であり、そのあとは無城（陣屋）主で、その上参勤交代を行わない定府大名であった。意正のあと、意留《おきとめ》―意尊《おきたか》と継承し、意尊は文久元年（一八六一）に若年寄に任ぜられ、元治元年（一八六四）に水戸天狗党の乱が起こると、鎮圧軍の総督として出陣した。明治元年（一八六八）九月、駿府藩の立藩によって、意尊は上総国小久保一万一千二百余石へ転封となり、相良藩は廃藩となった。

小江戸紀行

田沼氏の権勢を示す城下町相良城下を歩く

権勢誇った相良城跡

相良町は江戸中期の老中田沼意次が築いた相良城の城下町として発展したが、明治以降は東海道本線からはずれた関係で、今も変わらない落着いた町並に、かつての繁栄のあとを偲ぶことができる。東海道本線藤枝駅から御前崎行きバスを利用すると、途中車窓から一面の茶畑が見られるが、これは田沼意次が栽培を奨励したという相良茶で、大変おいしいという。

相良のバスターミナルで下車し、東方へ五分ほど歩くと、相良町役場がある。このあたりは〝田沼様にはおよびもないが、せめてなりたや公方様〟と謳われるほど、老中として権勢をほしいままにした相良藩五万七千石の藩主田沼意次が居城とした相良城本丸跡である。

仙台藩主伊達家が寄進した仙台河岸の石垣

築城にあたっては、意次の意を迎えるため、諸大名が分に応じて種々寄進し、十二年の歳月を費やして、安永七年（一七七八）に完成した。城の規模は権勢ある老中にふさわしく約七万坪におよぶ壮大さで、海上から望むと、まるで竜宮城のようであったという。

相良町史跡略図

町役場の裏手を流れる萩間川岸には、意次の権力を示すものとして、仙台藩主伊達氏から寄進された石材で築かれ、当時は千石船が横着けできたといわれる、通称仙台河岸の石垣の一部が残存している。二の丸跡には相良小学校が建ち、入口土手に今も若松の並木が残り、相良高校は三の丸跡にある。また、町役場隣の相良町史料館には田沼氏ゆかりの品々が展示されている。

だが、相良城は完成からわずか十年足ら

ずの天明八年（一七八八）、意次の没落によって、完全に破却され、現在は町役場横にわずかに城跡碑が立つのみである。

意次は「賄賂政治家」とか「聡明な進歩的政治家」など評価はまちまちであるが、地元相良では民政にも心を注いだ名君といわれ、意次が開いたとされる通称田沼街道は相良に住む領民に大きな貢献をしている。田沼街道は萩間川の湊橋から榛原・吉田町を通り抜けて富士見橋付近で大井川を舟で

相良城跡碑と相良町史料館

渡り、藤枝市前島で東海道と合流している。この街道は、まさに意次の権力を象徴するものである。

田沼氏ゆかりの寺々

相良城跡から萩間川を渡った北東へ一・五キロ程の所に平田寺《へいでんじ》がある。弘安六年（一二八三）、足利尊氏の叔父にあたる龍峰宏《りゅうほうこう》雲《うん》を開山として創建された臨済宗の名刹である。後醍醐天皇の勅願所となり、足利・今川氏の保護を受けて栄えたが、のち衰退したのを江戸初期に清庵宗徹《せいあんそうてつ》が徳川氏の保護を受けて中興した。

寺宝には国宝指定の「聖武天皇勅書」の他、伏見天皇や後醍醐天皇の綸旨《りんじ》など古文書類約四十七点を所蔵し、県の文化財指定を受けている。

広大な寺域は欝蒼と茂る松林が続き、荘厳な雰囲気を漂わせている。この寺は田沼家の菩提寺で、入母屋造り銅瓦葺きの本堂は天明六年（一七八六）、意次の寄進で再建されたものである。境内には意次の子意知の供養塔、「延慶三年（一三一〇）」の文字を刻む多宝塔（県指定文化財）や、オペラ「蝶々夫人」で国際的プリマードンナとして有名な三浦環《たまき》の墓もある。

相良のバスターミナルの北方、三〇〇メートル程の所を左折すると、般若寺《はんにゃじ》がある。本堂には田沼家の七曜紋入りの陣太鼓、狩野典信筆による相良城大書院の襖戸といわれる杉戸など、意次ゆかりの品々を見ることができる。また、非公開であるが、県下最古の写経である大般若波羅密多経（六十五巻）も所蔵されている。

交通の便が悪いが、萱ヶ谷へ向かう途中の北側に、西山寺《さいさんじ》がある。天長二年（八二五）に開創されたという古刹で、桃山期の建築様式を伝える本堂は、享保二十年（一七三五）に再建立されたものである。非公開ではあるが、薬師如来坐像（県指定文化財）が安置されている。

ここから小笠町方面へ十分程歩くと、明治五年（一八七二）に開坑された萱ヶ谷の相良油田がある。この油田は旗本村上正局によって発見され、石油採掘業の先駆者である石坂周造《しゅうぞう》が開坑した太平洋側唯一の油田である。だが、今は井戸は残っていない。

横須賀藩《よこすか》〈譜代〉

居城＝静岡県小笠郡大須賀町山崎

大須賀氏の入封

徳川家康は、武田勝頼方の高天神城攻略の前進基地として、馬伏塚《まむしづか》城主大須賀康高《やすたか》に命じ、天正六年（一五七八）に横須賀城を築かせたので、援軍を絶たれた高天神城は徳川軍の総攻撃により、天正九年に落城した。この功によって康高は三万石を与えられた。康高の治世には領民からも尊敬されたが、天正十七年六月に没し、養子忠政《ただまさ》（榊原康政の子）が家督を継ぎ、翌年五万石に加増されて、上総国久留里へ移封されると、大坂城から渡瀬繁詮《しげあき》が三万石で入封した。繁詮は領民に対して苛政を行い、さらに文禄四年（一五九五）七月、豊臣秀次事件に連座して改易となり、佐竹義宣に預けられて自害した。

代わって渡瀬繁詮の家臣有馬豊氏《とようじ》（のち筑後国久留米藩主）が三万石で入封したが、慶長五年（一六〇〇）の関ヶ原の役の戦功により、翌六年に丹波国福知山へ転封となった。新たに大須賀忠政が松平と改姓し、六万石に加増されて再度入封した。忠政は入封と同時に天守閣を建設し、近世的な城下町造りに着手したが、忠政は慶長十年九月に二十七歳の若さで没し、わずか三歳の忠次《ただつぐ》が家督を継いだ。元和元年（一六一五）、父忠政の生家である上野国館林十三万石の藩主榊原康勝に嗣子がなかったため、幕命によって忠次が榊原家を継いだので、大須賀家は絶家となり、一時廃藩となった。

西尾氏の治世

徳川家康の十男頼宣《よりのぶ》が駿河・遠江両国において五十万石を領した時、忠政の家臣を残らず召し抱え、元和五年、頼宣が紀伊国和歌山へ移ると、一時駿河国田中藩主六郷政利《まさとし》が城番をつとめた。同年、松平（能見）重勝《しげかつ》が二万六千石で入封、再度立藩した。その子重忠《しげただ》は元和七年に遺領を継ぐと、翌年四千石を加増されて出羽国上山へ転封となり、代わって井上正就《まさなり》が老中に就任し、武蔵・下野両国と遠江国横須賀において五万二千五百石を領有して入封した。正就は寛永三年（一六二六）八月十日、江戸城中で豊島刑部に刺殺され、嫡男正利《まさとし》が遺領を継ぎ、この時、弟正昭《まさあき》に七千石を分与し、四万七千五百石を領した。正利は正保二年（一六四五）、一万石を加増され、老中に就任して常陸国笠間へ転封となり、三河国岡崎から本多利長《としなが》が四万八千五百石で入封したが、天和二年（一六八二）、藩治の失政などを理由に出羽国村山一万石へ転封となった。

本多氏転封後、信濃国小諸から西尾忠成《ただなり》が二万五千石で入封し、以後、横須賀の地は西尾氏の支配となった。忠成のあとを相続した忠尚《ただなお》は名君の誉れ高く、寺社奉行を経て若年寄に任ぜられ、延享二年（一七四五）に西ノ丸老中になると五千石を加増されて三万石を領有し、さらに本丸老中に昇進したあとの寛延二年（一七四九）に五千石を加増、合わせて三万五千石を領有した。

忠尚のあと、忠需《ただみつ》—忠移《ただゆき》—忠善《ただよし》—忠固《ただかた》—忠受《ただざか》—忠篤《ただあつ》と八代、約百八十年間在封したが、最後の藩主忠篤は明治元年（一八六八）、駿府藩が立藩すると、安房国花房四万三千余石へ転封され、横須賀藩は廃藩となった。

久野《くの》藩〈譜代〉

居城＝静岡県袋井市久能

遠江国久野城主久能《くのう》（野）宗能《むねよし》は天正十八年（一五九〇）、徳川家康が関東入府にともない、下総国佐倉一万三千石を与えられて転封した。慶長元年（一五九六）、宗能の嫡男宗朝《むねとも》が罪あって所領収公されて除封になると、宗能は改めて家康から一千石を与えられ、同八年には旧功によって八千五百石に加増されて、久野城主に返り咲いた（『徳川実紀』）。

天正十八年十月、宗能が下総国佐倉へ移封されると、豊臣秀吉の家臣松下之綱《ゆきつな》が遠江国内に一万六千石を領して久野城主となり立藩した。之綱は慶長三年二月に没し、嫡男重綱《しげつな》が遺領を継ぎ、同八年に領地を常陸国筑波郡内に移され、一時廃藩となった。元和五年（一六一九）、家康の外甥北条氏重《うじしげ》は領地一万石を遠江国へ移され、下野国富田から入封、再度立藩した。だが、氏重は寛永十七年（一六四〇）、下総国関宿二万二千石へ転封となり、久野藩は廃藩となった。

堀江《ほりえ》藩〈譜代〉

陣屋＝静岡県浜松市舘山寺町堀江

大沢氏は徳川家康の家臣となり、基宿《もとたね》の代には一千五百五十石を与えられて、高家二十家中の筆頭であった。代々高家を世襲してきた大沢家は幕末期には遠江国敷知《ふち》・豊田・山名三郡内において五千四百八十五石を領有していたが、明治元年（一八六八）、大沢基寿《もとずみ》は新政府から采地を求められた時、浜名湖の湖面を「村々見込追々開墾地」（『藩制一覧』）と架空の四千五百二十一石を合わせ、一万六石を領有していると虚偽の報告書を提供し、九月に新政府から公認されて立藩した。

基寿は明治二年六月の版籍奉還にともない知藩事に任ぜられ、同四年七月の廃藩置県には堀江県令に任命された。だが、石高を一万石余に操作したことで領民らが蜂起し、「万石事件」が勃発したため、明治新政府に知られるところとなり、基寿は華族から除名されて士族に格下げされ、旧藩士五人とともに禁錮一年の刑に処せられた。

井伊谷《いいのや》藩〈譜代〉

陣屋＝静岡県引佐郡引佐町

徳川家康の十男頼宣《よりのぶ》が慶長十四年（一六〇九）十二月、駿河・遠江両国内において五十万石を領した時、井伊谷の地も支配下に属した。元和五年（一六一九）、頼宣が紀伊国和歌山へ転封すると、そのあとに上野国青柳藩主近藤季用《すえもち》が父秀用《ひでもち》の旧領の遠江国引佐・敷知《ふち》・豊田・麁玉《ありたま》・長上五郡内において一万石を領して、引佐郡引佐（井伊谷）に陣屋を構えて立藩した。

元和六年、季用は嫡男貞用《さだもち》に三千百四十石を分与したので、万石以下となって井伊谷藩は廃藩となった。さらに季用は翌年、相模国内において新墾田二千石を加増され、合わせて八千八百六十石になるが、元和九年に弟用可《もちよし》に三百石（気賀）、寛永八年（一六三一）には用尹《もちただ》に三百三十石（花平）を分与、また弟行之《もちゆき》に二千石を与えた。このように季用は一族につぎつぎに領地を分与したが、その後も近藤氏は旗本として幕末まで引佐郡内に居所を構えていた。

三河国

岡崎《おかざき》藩〈譜代〉

居城＝愛知県岡崎市康生町

前本多時代の藩政

岡崎は徳川家康《いえやす》の父祖の地である。大永年間（一五二一～二八）、家康の祖父松平清康《きよやす》が領し、広忠《ひろただ》・家康が戦国の世に雄飛した地である。天正十八年（一五九〇）、徳川家康の関東移封にともなって、豊臣秀吉麾下の田中吉政《よしまさ》が入城し、五万七千石余を領した。吉政は在城十一年の間に三河・尾張国内で十万石に加増され、近世岡崎城下町の基礎を築いたが、関ヶ原の役の功により翌慶長六年（一六〇一）、筑後国久留米三十二万五千石に移封された。

そのあとへ上野国白井から家康の腹心として信任篤い本多康重《やすしげ》が五万石で入封した。領地は三河国額田《ぬかた》・碧海《へきかい》・幡豆《はっ》・加茂《かも》四郡内であった。

慶長十六年（一六一一）、康紀《やすのり》が襲封、康紀が大坂の陣に出兵中は三河国田原藩主戸田尊次が在番した。元和九年（一六二三）、忠利《ただとし》が襲封し、寛永十一年（一六三四）、三代将軍家光が上洛の際、岡崎に寄って額田・碧海両郡の内で五千石を加増され、五万五千石となった。正保二年（一六四五）、忠利は遠江国横須賀転封を命ぜられるが、所替えの準備中に没し、そのあとを継いだ利長《としなが》が横須賀へ移って五万石を領した。襲封に際し、利長は庶兄助久《すけひさ》に四千五百六十石余、弟利《とし》明《あき》に二千石余を分知した。

康重に始まる本多豊後守家は四代四十四年岡崎に在封したが、のち平八郎忠勝に代表される本多中務大輔家が岡崎藩政後期に在封するので、区別する意味で、豊後守家の在封時を前本多時代と呼ぶ。この家系は横須賀・出羽国村山・越後国糸魚川を転封して、信濃国飯山で明治廃藩を迎えている。

名門水野氏の藩政

本多利長移封のあと、三河国吉田から水野忠善《ただよし》が五万石で入封した。水野家も戦国の徳川氏を支えた名門で、永禄年間（一五五八～七〇）に三河国刈谷城主水野忠政から五系の大名を出しており、家康の生母於大（伝通院）はその娘である。

忠善は剛毅の性格そのままに勇武を好み、武功者や不遇な名門の末裔を多く召し抱えたため財政が窮乏し、領民を苛斂誅求《かれんちゅうきゅう》で苦しめたが、新田の開発には力を注ぎ、慶安三年（一六五〇）までの領内総検地によって新田高一万石余を打ち出し、寛文四年（一六六四）、弟忠久《ただひさ》に新田高より五千石を分知した。

忠善のあと、延宝四年（一六七六）に忠春《ただはる》が襲封、天和元年（一六八一）、寺社奉行となり、貞享元年（一六八四）に大坂城代に就任している。文武兼備の忠春は父忠善時代の過酷な収奪をやめ、租税賦役や采地俸禄の軽減を図った。

つづいて元禄五年（一六九二）、忠盈《ただみつ》が襲封、同十二年には忠之《ただゆき》が襲封した。正保四年（一六四七）、大風雨による凶作に際しては年貢を大幅に軽減している。忠之は若年寄・京都所司代をつとめ、享保の改革では勝手掛老中となった功績により、碧海・額田・加茂・宝飯《ほい》・設楽《したら》の五郡の内で一万石加増され六万石となった。しかしたび重なる矢《や》作川《はぎがわ》の決潰による大洪水のため年貢収入は思うにまかせず、藩財政は窮迫の一途をたどった。

享保十五年（一七三〇）、忠輝《ただてる》が襲封、元文二年（一七三七）、忠辰《ただとき》が襲封、このころ岡崎藩も大飢饉に襲われたが、水野氏のすぐれた民政によって乗り切り、領内に餓死者が出なかったといわれる。しかし忠辰のころになると、藩財政の悪化は顕在化し、家中へ倹約令を出さねばならなくなった。忠辰は下士層からの人材登用を図り、藩政を刷新しようとしたが、家老たちのはげしい抵抗にあい、絶望した忠辰は道理にはずれた退廃的な行動に走るようになり、座敷牢に幽閉されて世を去った。岡崎藩の大名押し込め事件である。

宝暦二年（一七五二）、忠任《ただとう》が襲封した。同七年、矢作川右岸北野決潰により、四十三ヵ村が二ヵ月間湖水化状態となり、東海道も不通となった。

同十二年、忠任は肥前国唐津六万石に転封となった。このとき岡崎藩の村役人・町役人は水野氏の善政を慕って、幕府に所替え阻止の嘆願をしている。水野氏は七代百十八年つづいたが、歴代四家の岡崎藩大名のうちでは、もっとも長い在封期間であった。

後本多氏時代の藩政

水野氏移封のあとを受けて、下総国古河から松平（松井）康福《やすとみ》が五万四百石で入封した。松平氏も松井氏を称した三河譜代の名家である。康福は在封中、田沼時代の老中職にあったため、江戸に定府していた。

明和四年（一七六七）、矢作川本支流の堤防決潰により、右岸一帯は湖水化し、左岸も岡崎城内まで浸水、東海道も五十日以上不通となった。

八年あまりの在封ののち、康福は同六年（一七六九）、石見国浜田へ転封となり、入れ替わりに石見国浜田から本多忠粛《ただとし》が入封し、後本多氏の時代が始まる。この本多中務大輔家も徳川四天王のひとり本多平八郎忠勝の嫡流という武功の家柄で、五万石でありながら十万石の格式を許されて、岡崎で六代百二年つづいて明治廃藩を迎えた。

安永六年（一七七七）、忠典《ただつね》が襲封した。同八年の矢作川本支流の決潰もまた藩領に水損田畑四万石の大被害をもたらし、年貢収入の激減により、家臣の俸禄支給を削減せねばならなかった。忠粛の入封時、藩領は三河国額田・碧海・幡豆三郡の内で五万石であったが、天明二年（一七八二）、碧海・幡豆郡で幕府領との村替えによって六万五百石余に増えた。

寛政三年（一七九一）、忠顕《ただあき》が襲封し、財政改革が行われたが、門閥譜代層の根強い抵抗を受けて改革派は失脚した。

文政四年（一八二一）、忠考《ただなか》が襲封したが、同十一年、矢作川の右岸が決潰して大被害を出した。

天保六年（一八三五）、忠民《ただもと》が襲封すると、翌年三河最大の加茂一揆が起こり、藩は鎮圧のため出兵した。嘉永三年（一八五〇）、矢作川本支流の決潰では藩の年貢収入は三万八千俵で平均の半分強というありさまであった。幕末、忠民は京都所司代として活躍、老中となり首席老中安藤信正を援けて和宮降嫁に尽力した。

明治二年（一八六九）、忠直《ただなお》が襲封したが、同四年、廃藩置県により岡崎県となった。

小江戸紀行 徳川家康生誕の城下町岡崎城下を歩く

岡崎城跡

矢作川《やはぎがわ》と乙川《おとがわ》（通称菅生川《すごうがわ》）の合流する乙川北岸台地上に位置する平山城である。松平清康・広忠・徳川家康三代の本城として、また家康誕生の徳川将軍家祖廟の地として、江戸時代を通して三河譜代の武功大名が藩庁を置いた城である。

織田・今川方の人質として幼少年期を送った家康が桶狭間合戦を期に岡崎城に帰り、十年後浜松城に移ったが、関東移封後は豊臣秀吉の部将田中吉政の居城となり、関ヶ原の合戦後は康重系本多氏・水野氏・松平氏・忠勝系本多氏が居城とした。

明治に入って城郭の大部分は取り壊され、昭和三十四年三層五階の天守閣が復原された。再建された大手門を入ると、歴史資料館「三河武士の館家康館」があり、城域の本丸・二ノ丸・坂谷曲輪跡が岡崎公園として整備されている。晩年の鷹狩り姿の家康像は旧二ノ丸広場に立ち、徳川四天王のひとり本多忠勝像がかたわらに立つ。

天守の横に家康と忠勝を祀る龍城《たつき》神社が建ち、「人の一生は重荷を負うて遠き道を行くがごとし急ぐべからず」という家康の処世訓を記した東照公遺訓碑、駿府城で没するときの「わが命旦夕に迫るといへども」という家康公遺言碑、山岡荘八の大長編小説『徳川家康』文学碑が天守閣の入口に立っている。

天守閣の西の樹林の中には、家康誕生のとき臍の緒を埋めたという東照公胞塚、産湯の井戸がある。

大泉寺

岡崎市中町の丸根山南面中腹にある曹洞宗寺院。天文十二年（一五四三）に徳川家康の生母於大（伝通院）が創建した。於大は三河国刈谷城主水野忠政の娘。家康三歳のとき、忠政が織田方についたため、父広忠は於大を離縁し、家康は幼くして母と引き離された。この寺には伝通院夢想の霊薬という家伝の丸薬が伝えられ、参詣の庶民に分けられたという。戦災で建物・本尊・寺宝・文書などすべてを焼失した。境内の伝通院供養塔が往時の名残をとどめる。

大樹寺

岡崎市鴨田町西端の台地上に所在する。松平氏四代の親忠《ちかただ》が創建し、家康の祖父である七代清康《きよやす》が七堂伽藍を整備した。周囲を威圧する豪壮な三門、優雅な多宝塔、それにくらべて地味な結構の本堂などが、広大な寺域に点在する。本堂の左隣に初代親《ちか》氏《うじ》から家康の父広忠までの松平氏八代と家

岡崎城跡に立つ徳川家康の像

康の墓塔が並ぶ。

　桶狭間合戦で今川義元が戦死したあと、尾張の大高城にいた若き家康が三河に逃げ帰って最初に身を寄せたのが大樹寺であった。このとき住職が家康に与えた「厭離穢《おんりえ》土《ど》　欣求浄土《ごんぐじょうど》」は、乱世の汚れた世を浄土に作り替えよという、いわば天下平定を促したことばであった。家康はこれを旗印として戦陣に掲げ、ついに天下人になった。家康にとって大樹寺は再生の寺であった。

　江戸時代、徳川将軍家を唯一の檀家とする菩提所となったことで寺格は高かった。

西大平藩陣屋跡

岡崎市大平町の東海道北側の段丘上にある。寛延元年(一七四八)、寺社奉行兼奏者番の大岡忠相《ただすけ》は三河十ヵ村を新たに与えられて一万石の大名となり、東海道岡崎宿と藤川宿の間の大平村の西半分を割いて西大平村とし、西大平藩陣屋が置かれた。現在陣屋敷地が保存され、白壁黒塗門、忠相崇敬の稲荷社が残る。

奥殿藩陣屋跡

岡崎市奥殿町のゆるやかな山並みに囲まれた山里に所在。大給松平氏一万六千石の陣屋で、正徳二年(一七一二)、現豊田市の大給村より移転し、文久三年(一八六三)、信濃田野口に移るまで、七代百五十年間居所とした。信濃移転のさい、陣屋の建物は取り壊されたが、書院の建物は付近の龍渓院に移されていたため、現在書院と庭園が陣屋跡に復元されている。歴代藩主の墓は書院の奥の山の中腹にある。

法蔵寺

岡崎市本宿町の東海道筋南側に面した古刹。江戸時代、門前は下馬の扱いであった。家康が幼少のころ学問の手ほどきを受けたとの由緒を持ち、境内には家康が硯の水を汲んだという泉が現存する。多くの紀行文にこの寺のことが記され、ケンペルが立ち寄り、シーボルトが植物採集のため山地を歩き、腹ごしらえをしている。

　京の三条大橋に晒された新選組局長近藤勇の首級がひそかに運ばれて、この寺に埋葬されたという伝承があり、本堂前に墓があり、かたわらに胸像が立つ。

小豆坂古戦場

岡崎市羽根町東方丘陵地の松の木立ちに覆われた起伏の多い一帯が天文十一年(一五四二)、今川義元と織田信秀の軍勢が激しい戦闘を繰り広げた小豆坂古戦場である。

　今川義元は織田信秀支配下の安祥城を攻撃したあと、尾張侵攻をはかり、これに対して信秀は上和田に陣を敷いて今川の軍を迎え討ち、小豆坂で死闘を繰り返した。

　両者の戦いは同十七年三月にも行われ、戦況は一進一退雌雄を決するにいたらず、のちの桶狭間合戦に持ち越された。

吉田《よしだ》藩（豊橋《とよはし》藩）〈譜代〉

居城＝愛知県豊橋市今橋町

三河出身の譜代大名

天正十八年（一五九〇）、池田輝政《てるまさ》が十五万二千石で入封し、城下の整備などが行われたが、慶長五年（一六〇〇）、播磨国姫路へ転封し、翌年松平（竹谷《たけのや》）家清《いえきよ》が武蔵国八幡山から三万石で入封して立藩した。

家清のあと、同十五年、忠清《ただきよ》が襲封したが、同十七年（一六一二）、嗣子なく除封された。忠清は家康の異父同母妹の子であったので、弟清昌《きよまさ》に三河国宝飯郡西郷に五千石を与えられ、交代寄合衆に取り立てられた。代わって松平（深溝《ふこうず》）忠利《ただとし》が三河国深溝一万石から三万石で入封した。藩領は渥美《あつみ》郡十七ヵ村、八名《やな》郡二十三ヵ村、宝飯《ほい》郡二十一ヵ村で、忠利の時代に藩領全域で検地が実施された。忠利は大坂の陣に出陣し、その功により子の忠房《ただふさ》が襲封すると寛永九年（一六三二）、三河国刈谷へ移された。入れ替わりに刈谷から水野忠清《ただきよ》が四万石で入封、同十一年忠清は三代将軍家光の上洛に供奉して五千石を加増され、四万五千石となった。このときの藩領は宝飯郡四十六ヵ村一万九千八百二石、八名郡三十二ヵ村九千八百三十二石、渥美郡二十七ヵ村一万八千四百三石であった。

寛永十九年（一六四二）、忠清は二万五千石を加増されて七万石で信濃国松本へ転封し、そのあとへ駿河国田中から水野忠善《ただよし》が四万五千石で入封した。

頻繁な譜代大名交替

正保二年（一六四五）、水野忠善は五万石に加増されて三河国岡崎へ移り、そのあとへ豊後国杵築四万石から小笠原忠知《ただとも》が四万五千石で入封した。寛文三年（一六六三）、子の長矩《ながのり》が襲封し、弟長政《ながまさ》に三千石、長秋《ながあき》に二千石を分知し、藩領は四万石となった。このときの藩領は渥美郡二十八ヵ村、宝飯郡三十二ヵ村、八名郡二十七ヵ村の計八十七ヵ村であった。

延宝六年（一六七八）、長矩のあとを長祐《ながすけ》が襲封し、元禄三年（一六九〇）、嫡子早世のため弟長重《ながしげ》が襲封した。長重は京都所司代を経て、同十年、老中となり、一万石加増されて五万石で武蔵国岩槻へ転封となった。

そのあとへ丹波国亀山から久世重之《くぜしげゆき》が五万石で入封した。重之治世の元禄十五年（一七〇二）、箱根と並ぶ東海道のきびしい関門である新居《あらい》の関所が幕府から吉田藩の管轄に移され、関所守衛の管理運営が任された。それにともなって遠江国城東《じょうとう》郡の吉田藩領と関所周辺の幕府領九ヵ村三千六十三石余との領地替えが行われた。

重之は寺社奉行・若年寄を歴任し、宝永二年（一七〇五）、下総国関宿へ転封、入れ替わりに関宿から牧野成春が七千石の加増を受けて八万石で入封した。このときの藩領は三河国内の渥美・八名・宝飯・加茂・額田のほかに遠江国城東・敷知・榛原、近江国高島・浅井・伊香の十一郡に分散していた。成春は病弱のため藩主として登城することなく没し、同四年、子の成央《なりなか》が遺領を継いだが、正徳二年（一七一二）、日向国延岡へ転封となった。

同年、下総国古河から松平（大河内）信《のぶ》祝《とき》が七万石で入封した。同四年、信祝は奏者番に任命されたが、入封直後、大風雨による凶作のため年貢を大幅に減免した。近隣の岡崎藩や他の藩も同様の措置を取っている。吉田藩では享保四年(一七一九)、領内三組の札元に七百五十両の御用金の調達を命じて逼迫する藩財政の急場をしのいだ。

享保十四年(一七二九)、信祝は大坂城代に任命され、新居の関所との兼務を避けるために遠江国浜松へ転封となり、入れ替わりに遠江浜松から松平(本庄)資訓《すけのり》が七万石で入封した。資訓治世の寛延元年(一七四八)、農民数十名が道中を行く藩主に夫食米を願い出るという事態が起こった。

資訓は二十年在封ののち、寛延二年(一七四九)、ふたたび遠江国浜松に移され、同地に在封していた前藩主松平(大河内)信祝の子信復《のぶなお》が入れ替わりに七万石で再入封した。藩領は従来の吉田藩領と変わらず、三河国額田・加茂・宝飯・渥美・八名五郡と遠江・近江国内であった。

他の譜代藩同様、吉田藩でも頻繁な藩主家の交替が続いたが、信復の入封以後、明治廃藩まで藩主家の交替はなかった。

大河内松平氏の藩政

大河内松平氏は知恵伊豆で知られる信綱の後裔で、以後七代百二十二年間、吉田藩において藩政の舵取りを行うことになる。

松平氏は江戸城中においては溜間詰で、江戸の上屋敷は鍛冶橋内、中屋敷は柳原、下屋敷は谷中に置かれ、菩提寺は武蔵国野火止の平林寺であった。

浜松から旧領に復帰した信復治世の宝暦二年(一七五二)、吉田城下八丁小路沿いの武家屋敷地内に藩校時習館が設けられた。はじめ文武両道の奨励と師匠と生徒への注意事項を中心とした時習館定十一ヵ条が出されたが、教育内容はまだ不十分なものであった。

信復のあと、明和五年(一七六八)、信礼《のぶいや》が襲封、同七年、信明《のぶあきら》が襲封した。

信明は天明八年(一七八八)、二十六歳で老中となって、享和三年(一八〇三)まで十五年余りその要職をつとめた。その間、松平定信を援けて寛政の改革を行い、定信失脚後も文化三年(一八〇六)から同十四年まで老中首座として改革政治を引き継ぐとともに、文化三年(一八〇六)、藩校時習館規条を制定して教育の刷新を図った。

文化十四年(一八一七)、信順《のぶより》が襲封、信順治世の文政四年(一八二一)、藩営の富久縞新田を開拓したが、財政逼迫のため幕府から一万五千両を借りている。このころ藩士中山美石は『飢饉の時の食物の大略』を著わして出版している。

天保八年(一八三七)、信順も一年あまり老中の要職をつとめている。

天保十三年、信宝《のぶたか》が襲封、弘化元年(一八四四)、信璋《のぶあき》が襲封、嘉永二年(一八四九)、信古《のぶひさ》が襲封した。

嘉永元年から大規模な財政改革を断行した大河内松平氏は譜代藩でありながら幕末には開明派としての動きを見せている。

慶応三年(一八六七)の大政奉還後、明治元年、藩内に駿河・遠江・三河国内の旧幕府領を治める三河裁判所が置かれたがすぐに廃止され、同二年(一八六九)、藩名が伊予国吉田藩と同じであるため、明治新政府の命により豊橋藩と改称、同四年豊橋県、続いて額田県、愛知県となった。

田原藩《たわら》〈譜代〉

居城＝愛知県渥美郡田原町田原巴江

戸田氏三代から三宅氏へ

文明年間三河の国人戸田宗光《むねみつ》が築城した田原城は天正十八年（一五九〇）以来、吉田城主池田輝政の家臣伊木忠次《いぎただつぐ》が城代をつとめていたが、慶長五年（一六〇〇）、輝政が播磨国姫路へ転封になると、同六年伊豆国下田五千石の旗本戸田尊次《たかつぐ》が関ヶ原の軍功により一万石で入封した。戸田氏は父祖の地に大名として復帰したのである。

元和元年（一六一五）、忠能《ただよし》が襲封し、寛永七年（一六三〇）、渥美郡十八ヵ村の領内検地で一万七十二石を打ち出している。

正保四年（一六四七）、忠治《ただはる》（のち忠昌《ただまさ》）が襲封し、寛文四年（一六六四）、一万石を加増され肥後国富岡へ転封となった。

代わって三河国挙母《ころも》から三宅康勝《やすかつ》が渥美郡二十四ヵ村に一万二千石で入封、明治廃藩まで三宅氏は十二代二百六年間在封した。一万石クラスの大名はほとんどの居所が陣屋であったが、三宅氏は城持であった。

貞享四年（一六八七）、襲封の二代康雄《やすお》は五代将軍綱吉の奥詰小姓から始まり奏者番・寺社奉行を勤めたが、このころから収納米七千石の痩地のため藩財政は窮乏した。享保十一年（一七二六）、三代康徳《やすのり》が襲封し、荻生徂徠の弟子鷹見正長を登用して藩の財政改革を行った。

延享二年（一七四五）、四代康高《やすたか》が襲封し、江戸城内では格式が上がって帝鑑間《ていかんのま》詰となった。宝暦五年（一七五五）、五代康之《やすゆき》が襲封、安永九年（一七八〇）、六代康武《やすたけ》が襲封、天明五年（一七八五）、七代康邦《やすくに》が襲封、寛政五年（一七九三）、八代康友《やすとも》が襲封した。

渡辺崋山の登用と幕末の動向

文化六年（一八〇九）、九代康和《やすかず》が襲封、翌年藩医萱生玄淳《かやおげんじゅん》の献策で藩校成章館が創設された。文政六年（一八二三）、十代康明《やすてる》が襲封したが早世し、文政十年（一八二七）、姫路十五万石藩主酒井忠実《ただみつ》の六男を持参金つきで養子に迎え、十一代康直《やすなお》として襲封させた。深刻な財政窮乏の中、天保三年（一八三二）、康直は渡辺崋山《かざん》を家老に登用し、藩政の改革に取り組ませた。崋山は救荒備蓄のための義倉「報民倉《ほうみんそう》」を建てるとともに、農学者大蔵永常《ながつね》を招聘して藩の産物取立役として農政の革新に当たらせ、殖産興業の道を拓かせた。また藩校成章館での教育充実、人材登用のための格高制の実施も試みた。しかし崋山が蕃社の獄に連座して捕らわれ、のち自殺したため改革は頓挫した。

嘉永三年（一八五〇）、十二代康保《やすよし》が襲封した。崋山の藩政改革の意思はその薫陶を受けた砲術家村上範致《のりむね》や蘭学者鈴木春山《しゅんざん》に引き継がれた。藩領が太平洋沿岸に突き出した半島にあるため、康保はペリー来航には神経を尖らせて蘭学研究や防衛施設の建造には多額の藩費を投入している。

康保は軍制を西洋流に切り換え、安政四年（一八五七）にはスクーネル型の洋式帆船「順応丸」を田原海岸で建造し、江戸と田原間に就航させており、農兵隊を結成して軍事力の強化にもつとめた。

幕末田原藩は新田の増加などで渥美郡二十七ヵ村・一万六千七百石の草高となったが、廃藩時十万両余の借財を残していた。

作手藩《つくで》〈譜代〉

居城＝愛知県南設楽郡作手村

長篠城主奥平信昌《のぶまさ》の四男松平忠明《ただあきら》（徳川家康の外孫なので松平の称号を授けられる）は文禄元年（一五九二）、兄奥平家治《いえはる》の遺領である上野国長根《ながね》七千石を継ぎ、慶長五年（一六〇〇）の関ヶ原の役の戦功によって、同七年九月に三河・近江両国内に一万石を加増され、合わせて一万七千石を領し、奥平氏の累代相伝の地である三河国設楽郡作手村の亀山城を居城として立藩した。

忠明は慶長十五年、伊勢国鈴鹿・安芸《あんき》・一志《いっし》・河曲《かわの》、三河国設楽《したら》の六郡内において四万五千石を加増され、合わせて六万二千石を領して伊勢国亀山へ転封となり、わずか十年間で作手藩は廃藩となった。なお、忠明は慶長十九年十月の大坂冬の陣後、本多忠政らと大坂城の濠埋め立て工事の奉行となり、翌元和元年（一六一五）四月の夏の陣後に大坂城代となって、摂津・河内両国内において十万石を領したので、以後、作手には藩は置かれなかった。

新城藩《しんしろ》〈譜代〉

居城＝愛知県新城市西入船

徳川家康の生母於大《おだい》の方の弟の嫡男水野分長《わけなが》は尾張国小川において九千八百二十石を知行していたが、慶長十一年（一六〇六）新城の地に移され、三河国設楽・宝飯両郡内において一万石を領有し、新城城を居城として立藩した。

分長は元和二年（一六一六）、近江国内において二千石を加増され、同六年に常陸国水戸藩付家老に転出し、その子元綱《もとつな》が家督を継いだ時に二千石を減封され、一万石を領有した。寛永十年（一六三三）、近江・三河両国内において四千石を加増され、一万四千石を領したが、正保二年（一六四五）、元綱は上野国安中へ転封となり、新城藩は廃藩となった。

だが、慶安元年（一六四八）、丹波国亀山藩主菅沼定昭《さだあき》の弟定実《さだざね》（野田城主菅沼定盈《さだみつ》の孫）が七千石で入封し、以後、菅沼氏十一代が新城城を居城として幕末まで二百二十三年間支配した。

半原藩《はんばら》〈譜代〉

陣屋＝愛知県新城市富岡

安部氏は信盛《のぶもり》以来十二代、武蔵国岡部の地に二万石を領して陣屋を構えていたが、十三代信発《のぶおき》は明治元年（一八六八）四月、摂津国内に八千石、三河国八名《やな》・宝飯《ほい》両郡内において五千石、その他、武蔵・上野・丹波国内など、典型的な分散所領で二万二百五十石を領して、八名郡半原に陣屋を構えて立藩した。これは居所の移動であり、移封でないから実質的には岡部藩となんら変わらない名義上の新設藩である。

幕末維新期には、藩士らは天狗党に入党する者や、旧幕臣を中心に組織された彰義隊に参加する者が多く、藩主信発は明治元年三月十二日、東山道先鋒総督が上野国高崎に到着すると、急遽恭順の意を表わし、混乱した情況を払拭するため、米原へ移転した。信発は転封後、藩校学聚館を創設して、藩の基礎を固めようとするが、翌年六月に版籍奉還し、知藩事に任ぜられ、同四年に廃藩置県を迎えた。

中島藩《なかじまはん》〈譜代〉
陣屋＝愛知県蒲郡市

肥前国島原藩主板倉重昌《しげまさ》の嫡男重矩《しげのり》は寛永十五年（一六三八）の島原の乱の際、父重昌の戦死を弔うために戦功を樹てたが、軍律違反の科で一時蟄居を命ぜられた。翌年、父の遺領一万五千石の内一万石を継ぎ、居所を旧領の額田郡深溝から碧海郡中島に移して立藩した。

まもなく蟄居処分を許された重矩は万治三年（一六六〇）に大坂定番となり、摂津国内において一万石が加増された。寛文五年（一六六五）、老中に栄進し、翌年武蔵・上野・相模国内に二万石を加増、寛文八年に京都所司代、同十年に再度老中に任ぜられ、翌十一年には三河国足助、上総国東金、武蔵国神奈川三郡内に一万石を加増されて、合わせて五万石を領有した。そして、寛文十二年、重矩は島原の乱における勲功、大坂・京都の勤務を賞されて、下野国烏山五万石へ転封になったため、中島藩は廃藩となった。

形原藩《かたのはらはん》〈譜代〉
居城＝愛知県蒲郡市形原町

三河国形原城主松平（形原）家信《いえのぶ》は天正十年（一五八二）十月、徳川家康の甲斐攻めの時、父家忠《いえただ》とともに出陣し、家康の四天王の一人といわれた酒井忠次《ただつぐ》に属し、高島城の諏訪頼忠を破った。天正十二年の小牧・長久手の戦いにも従軍、豊臣秀吉方の森長可《ながよし》の部将野呂孫一郎を討ち取った。天正十八年、家康の関東入部にともない、上総国五井五千石を与えられて移ったが、慶長五年（一六〇〇）、関ヶ原の役で戦功を樹て、再び本領形原に戻った。

元和四年（一六一八）、家信は留守居に就任すると同時に、安房国長狭郡内において五千石を加増され、合わせて一万石を領有して諸侯に列し、形原城を居所として立藩した。だが、翌年九月、家信は摂津国高槻二万石に加増されて転封となり、以後、形原藩は廃藩となった。なお、家信は寛永十二年（一六三五）二月、下総国佐倉四万石の藩主となり、翌年一月十四日に没した。

深溝藩《ふこうずはん》〈譜代〉
陣屋＝愛知県額田郡幸田町

天正十八年（一五九〇）、徳川家康の関東入部にともない、家臣松平（深溝）家忠《いえただ》は武蔵国忍一万石を与えられ、のち下総国上代《じろ》・小見川と転じ、慶長五年（一六〇〇）、関ヶ原の役の前哨戦となった伏見城攻防戦の時に戦死した。翌年、家忠の嫡男忠利《ただとし》が遺領を継いだが、領地を三河国額田郡内に移されて一万石を領有し、本領深溝に陣屋を構えて立藩した。だが、忠利は慶長十七年、二万石を加増されて、三河国吉田へ転封となり、一時廃藩となった。

寛永元年（一六二四）、五千二百三十石余を領有する旗本板倉重昌《しげまさ》は父勝重《かつしげ》の遺領の三河国額田・幡豆《はず》・碧海三郡内において六千六百十石余を分与され、合わせて一万一千八百五十石余を領して諸侯に列し、再度立藩した。寛永十年、重昌は新田を合わせて一万五千石を領したが、島原の乱で戦死し、嫡男重矩《しげのり》が遺領を継ぎ、居所を三河国中島に移したので、廃藩となった。

西大平藩《にしおおひら》〈譜代〉
陣屋＝愛知県岡崎市大平西町

「大岡裁き」という言葉で知られ、名奉行の代名詞のようにいわれた寺社奉行大岡越前守忠相《ただすけ》は、三河国碧海郡内において五千九百二十石を領していたが、寛延元年（一七四八）、奏者番に任ぜられ、三河国宝飯・渥美・額田・加茂四郡内、相模・武蔵・上総・上野国内において四千八十石を加増され、合わせて一万石を領有して諸侯に列し、額田郡西大平に陣屋を構えて立藩した。

　忠相は延宝五年（一六七七）、二千七百石の旗本大岡忠高《ただたか》の四男として生まれ、十歳の時に同族の一千九百二十石の旗本大岡忠真《ただざね》の養子となった。元禄十三年（一七〇〇）、二十三歳の時に家督を継ぎ、書院番士になって、以後御徒頭・使番・目付を経て、正徳二年（一七一二）に伊勢山田奉行となり、在任中の公平無私な裁判に当時の紀伊国和歌山藩主徳川頼方（のちの八代将軍吉宗）が感服したといい、享保元年（一七一六）には普請奉行、翌年には吉宗によって江戸町奉行に抜擢された。忠相が四十歳という若さで町奉行に就任したのも、また十九年間という長きにわたって在職したのも、異例であった。元文元年（一七三六）、万石格の寺社奉行となり、寛延元年には奏者番を兼務して、藩主となった。忠相の業績としては、目安箱の設置、町火消の創設、出版統制などの他、札差仲間の限定、米価調節、新田開発などがあり、吉宗のもっとも有能な官僚だったのである。

　大岡氏は参勤交代を行わない定府大名で、忠相のあとは忠宜《ただよし》―忠恒《ただつね》―忠与《ただとも》―忠移《ただよし》―忠愛《ただよし》―忠敬《ただたか》と七代、約百八十年間相続した。最後の藩主忠敬は明治二年（一八六九）六月に版籍奉還し、知藩事に任ぜられ、同四年七月、廃藩置県を迎えた。

　なお、岡崎市大平西町の旧東海道に沿って西大平陣屋跡があり、現在は白塗りの壁と黒塗りの門構えを残すのみである。また、旧領の神奈川県茅ヶ崎市堤四三一七の大岡家の菩提寺浄見寺《じょうけんじ》に大岡忠相の墓、さらに東京都台東区谷中四―二―三の瑞輪寺《ずいりんじ》に忠相・忠宜・忠恒らの墓がある。

奥殿藩《おくどの》（大給《おぎゅう》藩）〈譜代〉
陣屋＝愛知県岡崎市奥殿町雑谷下

　奥殿の地は松平氏四代親忠《ちかただ》（徳川家康五代の祖）が北方の守りのため、次男乗元《のりもと》を分立した大給松平家ゆかりの地である。寛永四年（一六二七）、大坂の陣の戦功によって大給松平氏五代真乗《まさのり》の次男真次《さねつぐ》が三千石を与えられ、願い出てこの地の知行を認められ、奥殿の基礎を築いた。真次は寛永十二年、三河国足助で四千石を与えられ、合わせて七千石を領して、大給に陣屋を構えた。その子乗次《のりつぐ》は正保三年（一六四六）、父真次の遺領の内大給四千石を譲り受け、天和二年（一六八二）に丹波国内において二千石を加増され、さらに貞享元年（一六八四）、乗次が大坂定番に昇り、摂津・河内・丹波国九郡内において一万石を加増され、初めて諸侯に列し、陣屋を構えた。

　乗次のあとを継いだ乗成《のりしげ》も大坂定番となり、大坂城に在城したので、実質的な立藩はつぎの乗真《のりざね》の時である。宝永元年（一七〇四）、摂津・河内・丹波三ヵ国一万二千石が三河国加茂・額田郡内に四千石、信濃国佐久郡内一万二千石に移され、正徳元年、陣屋を奥殿に移した。

　乗真のあと、盈乗《みつのり》―乗穏《のりやす》―乗友《のりとも》―乗尹《のりただ》―乗羨《のりよし》―乗利《のりとし》―乗謨《のりかた》と十代、約百五十年間相続した。文久三年（一八六三）、乗謨は奥殿の領地がわずかであるので、居所を信濃国田野口（のち龍岡と改称）に移したので、奥殿藩は廃藩となった。これは居所のみの移動であり、移封ではないので、実質的には藩名を奥殿から田野口に改めたにすぎず、形式上の廃藩である。

　最後の藩主となった乗謨は嘉永五年（一八五二）に家督を継ぎ、若年寄から老中格・陸軍総裁となったが、明治元年（一八六八）二月に辞職し、五月に田野口藩を龍岡藩と改称。翌二年六月に版籍奉還し、乗謨は知藩事に任ぜられ、同四年廃藩置県を迎えた。維新後、乗謨は大給《おぎゅう》恒《わたる》と改名、民部省に出仕して式部寮賞牌取調御用掛となり、賞勲局設置により副長官、佐野常民と博愛社を創立し副社長となり日本赤十字社創設の基盤をつくった。

伊保《いほ》藩〈譜代〉
陣屋＝愛知県豊田市伊保町

　豊臣秀吉に仕えていた尾張国岩崎城主丹羽氏次《うじつぐ》は伊勢国内において七千石を知行していたが、慶長五年（一六〇〇）に関ヶ原の役が起こると、徳川家康方に属して戦功を樹て、三河国加茂郡伊保に一万石を与えられ、陣屋を構えて立藩した。だが、氏次は翌六年三月十五日、五十二歳で没し、その子氏信《うじのぶ》が遺領を相続し、氏信は大坂の両陣の戦功により、寛永十五年（一六三八）、一万石を加増されて、美濃国岩村へ転封となった。伊保藩は一時廃藩となり、代官鳥山牛之助が管理した。

　元和元年（一六一五）、陸奥国浅川一万石の藩主本多忠晴《ただはる》が、領地を三河国加茂・碧海両郡内に移され、伊保に陣屋を構えて再度立藩した。忠晴は宝永二年（一七〇五）、三河国碧海、遠江国榛原二郡内において五千石を加増され、合わせて一万五千石を領有し、宝永七年に遠江国相良へ転封となり、伊保藩は廃藩となった。

足助《あすけ》藩〈譜代〉
陣屋＝愛知県東加茂郡足助町

　陸奥国白河藩主本多忠義《ただよし》の子で大番頭忠《ただ》周《ちか》は寛文二年（一六六二）、二千五百石を分与され、さらに寛文四年に兄忠平《ただひら》が家督を継ぐ際、二千五百石を分与されて、合わせて五千石を領有して寄合旗本に列した。天和元年（一六八一）に領地を三河国足助に移され、陣屋を構えた。翌年、丹波国氷上郡内において二千石を加増、さらに翌三年に寺社奉行に昇進すると、三河国加茂郡、上総国内において三千石を加増され、合わせて一万石を領して立藩した。

　だが、忠周は貞享四年（一六八七）、勤務状態不良との咎を受けて、免職・蟄居を命ぜられ、元禄二年（一六八九）に蟄居を許されたが、その時に新恩三千石を収公され、一万石以下となって大名から除かれたので、わずか四年間で足助藩は廃藩となった。しかし、忠周は元禄十五年、寄合旗本に復し、以来、代々寄合旗本として、本多氏は足助の地に在所した。

挙母《ころも》藩〈譜代〉

居城＝愛知県豊田市小坂本町

三宅氏と本多氏の治世

　徳川家康が天正十八年（一五九〇）、関東入部にともない、家臣三宅康貞《やすさだ》が武蔵国瓶尻《みかしり》に五千石を与えられて入封したが、慶長五年（一六〇〇）六月の会津征伐の際、家康に従って下野国小山に参陣、さらに関ヶ原の役には嫡男康信《やすのぶ》とともに、遠江国横須賀城主有馬豊氏に代わって横須賀城を守衛し、のち伊勢国亀山城の城番をつとめた。慶長九年、康貞は先の戦功により三河国加茂郡内において五千石を加増され、合わせて一万石を領有し、加茂郡挙母に居所を構えて立藩した。康貞は慶長十九年、延慶年間（一三〇八～一一）に地頭中条景長《かげなが》が築城した金谷城を廃し、新城を築くと同時に城下町を整備した。この地には多数の桜を植えたので「桜城」と呼ばれた。

　康貞のあとを継いだ嫡男康信は元和五年（一六一九）、二千石を加増されて一万二千石で、伊勢国亀山へ転封となり、挙母藩は廃藩となって、のち十七年間は天領支配となった。だが、寛永十三年（一六三六）、三宅康信の子康盛《やすもり》は、再び亀山から挙母に移封され、三河国加茂郡と常陸国新治郡において一万二千石を領有して、先祖の陣屋を居所として立藩した。寛文四年（一六六四）、康盛が没すると、その子康勝《やすかつ》は三河国田原一万二千石へ転封となり、再度廃藩となって、代官鳥山牛之助が挙母の地を管理した。

　天和元年（一六八一）、本多忠勝の孫忠利《ただとし》が陸奥国石川から一万石をもって移封してきて、三たび立藩した。忠利以降は忠次《ただつぐ》－忠《ただ》央《なお》と在封し、寛延二年（一七四九）、忠央は遠江国相良へ転封となった。

内藤氏の治世

　本多氏の転封と同時に、上野国安中から内藤政苗《まさみつ》が三河国加茂郡、遠江国周知・榛原両郡、美作国久米・北条両郡内において二万石を領して入封した。内藤家は城持大名のため、政苗は幕府から四千両を拝領して、寛延三年に本格的な築城の許可を得たが、その後たび重なる矢作川の大洪水により工事を断念した。また、宝暦二年（一七五二）には凶作から年貢減免を要求する農民八兵衛ら十四人の総代と、江戸藩邸に窮乏を訴える領民一千二百余人が上京する「飯野八兵衛騒動」が起こっている。

　紀伊国和歌山藩主徳川宗将《むねのぶ》の四男学文《さとぶみ》が養子となって、明和三年（一七六六）に家督を継ぐと、水害に悩まされる桜城を嫌い、安永九年（一七八〇）に西方の高台である樹《じゅ》木台《もくだい》（童子山《どうじやま》）への移城を幕府に願い出て、天明二年（一七八二）に工事は完成した。これが「七州城《しちしゅう》」で、現在桜・七州の二城に隅櫓の石垣が残っていて、両城を合わせて挙母城と呼んでいる。

　ついで天明七年、学文は藩校崇化館を創設し、京都の儒者伊藤東所（東崖の末子）を招聘して、漢学・算術などを教授した。学文のあと、政峻《まさみち》－政成《まさなり》－政優《まさひろ》と続き、政優の治世の天保七年（一八三六）、大規模な農民一揆「鴨の騒立」が起こり、藩兵を出して鎮圧した。その後、政文《まさふみ》のあと、最後の藩主文成《ふみなり》は明治二年（一八六九）六月、版籍奉還して、同四年七月、廃藩置県を迎えた。

刈谷《かりや》藩〈譜代〉

居城＝愛知県刈谷市城町

入れ替る藩主

三河国刈谷城三万石の城主水野忠重《ただしげ》は慶長五年（一六〇〇）七月十九日、堀尾吉晴が越前国府中に赴くのを三河国池鯉鮒《ちりふ》に迎え、加賀井重望《かがのいしげもち》と三人で会飲中に口論となって重望に殺害された。このため子勝成《かつなり》が家督を継ぎ、関ヶ原の役の戦功によって本領を安堵されたが、元和元年（一六一五）四月、大坂夏の陣の戦功を樹て、大和国郡山六万石へ転封となった。翌年、勝成の弟忠清《ただきよ》が上野国小幡から二万石で入封し、寛永九年（一六三二）、三河国吉田四万石へ転封となった。

忠清の転封後、吉田から松平（深溝）忠《ただ》房《ふさ》が三万石で入封したが、慶安二年（一六四九）、丹波国福知山四万五千石へ転封となった。代わって伊勢国長島から松平（久松）定政《さだまさ》が二万石で入封したが、慶安四年四月二十日、三代将軍家光が没すると、多年の恩を謝すると称し、嫡子定知《さだとも》とともに出家して、所領を返還する旨の書付きを幕府元老井伊直孝に提出、定政父子は江戸市中を托鉢僧姿で行脚を行った。直孝は結局、定政の行動を狂気の沙汰とみなし、所領は没収された。

定政除封後、大坂城代であった稲垣重綱《しげつな》が越後国三条から二万三千石で入封した。そして承応三年（一六五四）、嫡孫重昭《しげあき》が家督を継ぐ際、弟昭文《あきふみ》に三千石を分与し、二万石を領有した。その子重富《しげとみ》は若年寄となり、元禄十五年（一七〇二）、五千石を加増され、上総国大多喜へ転封となった。

代わって大多喜から阿部正春《まさはる》が一万六千石で入封し、その子正鎮《まさたね》の代に上総国佐貫へ転封となった。そのあと、宝永七年（一七一〇）、側用人本多忠良《ただよし》が越後国村上から五万石で入封したが、二年後の正徳二年（一七一二）、下総国古河へ転封となった。

土井氏の入封

本多氏に代わって、日向国延岡から三浦明敬《あきひろ》が二万三千石で入封し、つぎの明喬《あきたか》を経て義理《よしさと》の代の元文三年（一七三八）、大規模な農民一揆が起こった。このため延享四年（一七四七）、義理が三河国西尾へ移されると、交替に西尾から土井利信《としのぶ》が二万三千石で入封し、以後、土井氏が定着した。

利信のあとを継いだ利徳《としのり》の治世の天明五年（一七八五）には、家臣の給与を半減する大改革を断行し、さらに農民に対し「高百石に付銀二十三匁」の貢租を命じた。農民らは十一月二十一日から始まった報恩講で一揆の決行を決め、松明《たいまつ》がわりの松の木を持ち、領内に喚声を響かせたので、城中から撃つ鉄砲の音が雷のようであった。次の利制《としのり》は寛政二年（一七九〇）十一月二十七日、新規に高掛金を課したことに端を発して、寛政の一揆が起こった。利制はこの一揆を咎められ、これまで碧海郡内の二万三千石の内一万三千石を、陸奥国福島藩領一万石と幕領三千石とに領知替えの処分を受けた。

利制のあと、利謙《としかた》―利以《としもち》―利行《としひら》―利祐《としすけ》―利善《としよし》―利教《としのり》と継承し、最後の藩主になった利教の代には勤王と佐幕の派閥がからみ合って激しい抗争が続き、慶応四年（一八六八）二月、勤王派の家臣によって三家老が殺害されて藩政は一新し、明治を迎えた。

西尾《にしお》藩〈譜代〉

居城＝愛知県西尾市錦城町

激しい入転封

天正十八年（一五九〇）、徳川家康の関東入部にともない、西尾の地は三河国岡崎城主田中吉政《よしまさ》の領地に編入されていたが、慶長五年（一六〇〇）、吉政が筑後国久留米へ転ずると、翌年に下総国小篠で五千石を知行していた本多康俊《やすとし》が二万石に加増され、西尾城を居城として立藩した。

康俊は大坂の陣の戦功により、元和三年（一六一七）、近江国膳所《ぜぜ》へ転封となり、下野国板橋から松平（大給）成重《なりしげ》が一万石を加増され、二万石で入封した。だが、同七年に丹波国亀山へ転ずると、膳所から本多康俊の嫡男俊次《としつぐ》が三河国幡豆郡内において三万五千石で再入封し、寛永十三年（一六三六）、一万五千石を加増されて伊勢国亀山へ転封となった。一時天領支配となり、代官鳥山牛之助らの管理下におかれた。

寛永十五年（一六三八）、下野国山川一万五千石の太田資宗《すけむね》が二万石を加増され、三河国幡豆・碧海・加茂三郡内において三万五千石を領して入封した。

資宗が正保元年（一六四四）、遠江国浜松へ転封になると、翌二年に上野国安中から井伊直好《なおよし》が五千石を加増されて三万五千石で入封し、万治二年（一六五九）には遠江国掛川へ移った。ついで相模国座間郡内において二万石を領していた増山正利《ましやままさとし》が入封し、その子正弥《まさみつ》の時の寛文三年（一六六三）、常陸国下館へ転封となった。そのあとへ下野国足利郡内において二万三千石を領していた土井利長《としなが》が封ぜられ、つづいて利意《としもと》―利庸《としつね》―利信《としのぶ》と四代にわたり在封し、延享四年（一七四七）、三河国刈谷へ移封になると、同地から三浦義理《よしさと》が二万三千石で入封し、その子明次《あきつぐ》が明和元年（一七六四）、美作国勝山へ転封となった。

松平（大給）氏の入封

このように西尾藩主の交替は激しかったが、明和元年に大坂城代に就任した松平（大給）乗佑《のりすけ》が出羽国山形から三河国幡豆郡、越前国南条・坂井・丹生《にふ》三郡、河内国石川・渋川・若江三郡内に六万石を領して入封、ここに藩主は定着することになる。

乗佑は明和六年九月に没し、家督を継いだ乗完《のりさだ》は寺社奉行・京都所司代・老中と幕府の要職をつとめ、寛政の改革では松平定信を補佐した。乗完は祖父乗邑《のりさと》の影響を受けて、和歌や俳句を嗜み、諸芸に精通していたが、寛政五年（一七九三）八月に没し、そのあとを乗寛《のりひろ》が継いだ。

乗寛のあと、乗全《のりやす》は天保十一年（一八四〇）一月に家督を継ぎ、奏者番・大坂城代を経て、弘化二年（一八四五）三月、西ノ丸老中となり、世嗣家定の傅役となった。嘉永六年（一八五三）十二月、阿部正弘・牧野忠雅とともに海岸防禦を命じられ、安政二年（一八五五）八月に老中を退職したが、同五年六月、再度老中に就き、安政の大獄で大老井伊直弼を補佐して、佐幕派政権の強化に一役かった。藩政では財政整理にあたり藩校修道館を創設し、医学校の済生館を建てた。乗全は慶応元年（一八六五）に隠居し、最後の藩主となった乗秩《のりつね》は明治二年（一八六九）に版籍奉還し、同四年に廃藩置県を迎えた。

重原藩《しげはら》〈譜代〉

陣屋＝愛知県刈谷市重原本町

板倉氏は島原の乱で壮烈な戦死をとげた重昌《しげまさ》を家祖としており、元禄十五年（一七〇二）に陸奥国福島三万石の藩主となった重寛《しげひろ》以来、十一代約百六十年間相続した。板倉氏は寛政四年（一七九二）、三河国内に一万石余の所領を得たが、飛地支配のため、碧海郡下重原村に陣屋を構えていた。

十二代板倉勝尚《かつひさ》は慶応四年（一八六八）、戊辰戦争の時に奥羽越列藩同盟に参加したため、新政府軍の攻撃によって降伏した。次の勝達《かつみち》が家督を継いだ時、福島の城付き領一万六千五百石を収公され、新たに旧会津藩領の内大沼郡一万七千石余を与えられたが、翌明治二年、二千石を減封されて、三河国碧海・加茂・設楽・幡豆郡内において二万八千石を領し、改めて先の陣屋を藩庁として、重原藩が立藩した。

勝達は明治二年六月に版籍奉還し、知藩事に任ぜられたが、同四年七月、廃藩置県を迎えた。

西端藩《にしばた》〈譜代〉

陣屋＝愛知県碧南市湖西町

近江国膳所《ぜぜ》藩主本多康俊《やすとし》の次男忠相《ただすけ》は元和二年（一六一六）、三河国碧海郡西端村周辺において一千石を分与されて陣屋を構え、以後、忠将《ただまさ》－忠能《ただよし》－忠敞《ただたか》－忠栄《ただな》－忠直《ただなお》－忠《ただ》盈《みつ》－忠和《ただかず》－忠興《ただおき》と、代々旗本として相継いだ。十代忠寛は嘉永五年（一八五二）に家督を継いだ時、知行は九千石であった。

時あたかも幕末で秩禄はまだ一万石に足りなかったが、大名と同様の任務を担当して万一の警備にあたることを願い出たので、元治元年（一八六四）、碧海郡を中心に下総・上総・安房・上野・下野五ヵ国七郡内で一万五百石に高直しされて諸侯に列した。本多氏は参勤交代を行わない定府大名であった。

忠寛のあと、慶応三年（一八六七）、その子忠鵬《ただゆき》が最後の藩主となり、明治二年（一八六九）六月に版籍奉還し、忠鵬は知藩事に任ぜられ、二年後の同四年七月に廃藩置県を迎えた。

大浜藩《おおはま》〈譜代〉

陣屋＝愛知県碧南市

信濃国松本藩主水野忠恒《ただつね》は享保十年（一七二五）八月二十七日、狂疾により所領没収されたが、忠直《ただなお》の九男忠穀《ただよし》が信濃国佐久郡内において七千石を与えられて家名存続を許された。その子忠友《ただとも》は寛保二年（一七四二）に家督を相続し、明和二年（一七六五）一月、上総国夷隅・長柄両郡内において一千石を加増され、同五年に若年寄に任ぜられ、この時上総国の封地を改めて、三河国碧海郡内に五千石が加増され、合わせて一万三千石を領して諸侯に列し、大浜の地に陣屋を構えた。

忠友は安永六年（一七七七）四月、側用人に転じ、七千石を加増され、信濃国内の領地を駿河国駿東郡内に移されて、合わせて二万石を領して駿河国沼津二万石へ転封となり、大浜藩はわずか九年で廃藩となった。だが、忠友が移封後も明治に至るまで、水野氏は三河に領地を持ち、大浜に陣屋を構えて支配していた。

尾張国

尾張《おわり》藩（名古屋《なごや》藩・尾州《びしゅう》藩）〈三家〉

居城＝愛知県名古屋市中区本丸

名古屋築城清洲越し

尾張一国を知行した尾張徳川家は紀伊徳川家・水戸徳川家とともに徳川御三家を構成する一員だった。尾張家は紀伊家とともにその地位は従二位大納言であったが、藩祖義直《よしなお》が三家のうち年長で知行高がもっとも多かったため、御三家筆頭と称されて大名の最高位にランクされていた。

慶長五年（一六〇〇）、関ヶ原の役ののち、徳川家康は大坂の豊臣氏、京都の朝廷に対する政治的軍事的防衛拠点を尾張国に置くため、四男松平忠吉《ただよし》を武蔵国忍《おし》から清洲（当時は清須）に移し、尾張一国五十二万石を与えた。これが尾張藩の始まりである。

しかし忠吉は同十二年に病没したため、九男義直を甲斐国府中（甲府）から移し、四十七万三千石余で尾張一国を支配させた。このとき義直は八歳であったため駿府の家康のもとで養育され、平岩親吉《ちかよし》に犬山城九万三千石を与えて、尾張支配にあたらせた。

同十四年、義直は清洲に入ったが、土地狭く水害を受けやすい地形のため、新たに名古屋に築城することになり、家康は加藤清正ら西国の有力大名に築城を命じた。

同十五年一月から着手された名古屋築城と城下の建設工事は同十七年一月ほぼ完成し、そのころから武家・町人・寺社などが逐次清洲より名古屋へ移住・移転をはじめた。名古屋市東区にある高岳院は慶長十六年に清洲から移された寺院のひとつで、山門は清洲城の黒門を下げ渡されたものというが戦災で焼失した。

城内と城下町を構成していたものがみな名古屋に移されたこの大規模な移転を後世「清洲越し」と呼んでいる。

藩祖義直の入城と儒学信奉

藩祖義直は慶長十六年（一六一一）一月、十二歳のとき、家康に従って駿府より朝廷への儀礼訪問の道すがら、建設中の名古屋城にはじめて入り、四月帰途にさいしても名古屋に一宿した。

同年十二月に平岩親吉が没し、同十七年には成瀬正成《まさなり》と竹腰正信《まさのぶ》が駿府と名古屋を交替往来する藩務を司ることとなった。

慶長十九年（一六一四）、大坂冬の陣に際して、義直は軍旅を整えて駿府より名古屋城に入り初陣に参戦、翌元和元年（一六一五）一月に凱旋して四月に名古屋城で婚儀を挙げ、間もなく夏の陣に参戦して、閏六月に凱旋した。翌二年四月、家康が没したため、七月、名古屋に移り、以後常住することになった。翌三年、藩政の諸機関を整備したため、尾張藩では元和三年を「御仕置始め」と称した。

元和三年、成瀬正成が尾張国犬山三万石、同五年、竹腰正信が美濃国今尾三万石と大名並みの石高を与えられて、この二家は幕臣としての地位を保ちながら、付家老《つけがろう》として幕末まで尾張藩の舵取りをになう実権を握っていた。

慶長十二年、新封の義直体制による尾張藩は、寛永十二年（一六三五）には総知行高六十三万三千石余に達したが、寛文十一年（一六七一）、幕府に上申した石高は元和元年に確定した六十一万九千五百石で、この石高が尾張藩の公称高となった。

義直は幼くして駿府において林羅山の薫陶を受け、また父家康の遺訓により儒学を信奉奨励した。寛永のはじめごろ、義直は名古屋城内に孔子堂を建て、同六年、羅山が名古屋を訪れたとき、これを拝したといい、諸藩が聖廟を建てる先駆けとなった。寛永九年（一六三二）には、義直は尊師である羅山が上野忍ヶ岡に与えられた別邸に先聖殿を建てた。これがのちの湯島聖廟大成殿の前身となるものであった。

正保三年（一六四六）二月、義直は『神祇宝典』を撰述した。四月には『東照宮年譜』を撰して幕府に献じ、十一月には『類聚日本紀』七十巻を撰述した。このほかにも未刊ながら義直撰述の書は多く、敬公と諡号されて尊崇された。

支藩創設と尾張出身将軍への期待

義直は慶安三年（一六五〇）に没し、世子光友《みつとも》が二代藩主を襲封した。父義直同様、光友の治世は長く、四十年にわたる在封の間に藩体制は確立した。

寛文元年（一六六一）、吉利支丹奉行を設置してすさまじいキリシタン弾圧を行い、同五年にはこれを廃して寺社奉行と町奉行に事務を分割したが、同七年までに七百人を越す処刑者を出した。

義直の時代に木曾谷の幕府代官山村氏を尾張藩に所属させて木曾山林の豊富な材木を得られるようになったが、光友の代になって木曾山林の支配にあたっていた山村氏からその権利を奪い、国奉行を巡見させて木曾谷支配を藩による直轄とし、山林収入による藩財政の強化を図った。

光友は継嗣のない場合に備えて弟義行《よしゆき》に信濃国伊那・高井・水内三郡で三万石、義《よし》昌《まさ》に陸奥国梁川で三万石を分封したが、義行領は元禄十三年（一七〇〇）、美濃国高須に移され、梁川藩は享保十四年（一七二九）、嗣子なく廃絶となった。光友創設の支藩高須藩からはのちに尾張藩主が三人出ている。

元禄六年（一六九三）に襲封した三代綱誠《つななり》は同十二年、父に一年先立って没し、四代吉通《よしみち》があとを継いだが、正徳三年（一七一三）に没し、三歳で父のあとを継いだ五代五郎《ごろう》太《た》も三ヵ月で世を去り、義直以来の直系の血筋は絶えた。

そのあとを吉通の弟継友《つぐとも》が六代藩主として襲封し、藩財政の建て直しを行った。継友襲封間もなく将軍継嗣問題が起こり、御三家筆頭の尾張藩から次期将軍が出るものと期待していた家中は、紀伊藩から八代将軍吉宗が出たことで失望し、吉宗への反感が高まった。

宗春と尾張のにぎわい

享保十五年（一七三〇）、継友が嗣子なく没し、その弟で前年支藩の梁川に所領を持ったばかりの宗春《むねはる》が七代藩主に迎えられた。将軍吉宗の一字をもらって宗春と改めたものの、宗春は同十六年に『温知政要』を著して、質素倹約を旨とする緊縮経済政策を取る将軍吉宗の享保の改革を痛烈に批判した。自ら真紅の衣装に唐人笠をかぶり、白牛に乗って領内を巡行する宗春は、あからさまに吉宗に抵抗して開放経済政策を推し進めた。名古屋城下には常設の芝居小屋がつぎつぎに建てられて各地から役者や芸人が集まり、三ヵ所の遊郭開設が許可されて七百人の遊女が集められたという。大丸をはじめ上方商人も出店を設け、名古屋の城下は当時どこにも見られない繁華なにぎわいを呈した。このため藩財政は悪化の一途をたどり、風俗は乱れて、やむなく宗春は自らの政策の変更を余儀なくされ、繁栄を誇った遊郭の全廃に追い込まれた。

元文四年（一七三九）、宗春は将軍吉宗に隠居を命じられ、藩主の座を追われた。二十五年後の明和元年（一七六四）、宗春は六十九歳で世を去ったが、墓石には罪人扱いの証しである金網がかぶせられた。金網がはずされ、幕府の譴責処分が解かれて従二位大納言に復したのは、その死から七十五年を経た天保十年（一八三九）のことであった。

財政再建と士風退廃

宗春のあとには支藩高須藩より宗勝《むねかつ》が入って八代藩主を襲封した。宗勝は七ヵ年倹約令を出して、自ら先頭に立って徹底した倹約による藩財政の再建にあたった。

宝暦十一年（一七六一）、子の宗睦《むねちか》が九代を襲封すると父の政策を引き継いで五ヵ年倹約令を出し、庄内川治水工事や新田開発に着手して農政の推進を積極的に行った。文教政策にも見るべきものがあり、宗勝の代の寛延元年（一七四八）、幅下埋門《はばしたうずみもん》外御作事屋敷内に学問所を開き、宗睦の代の天明三年（一七八三）には儒者細井平洲を総裁に迎えて藩校明倫堂を開校し、国学・儒学など各方面に人材を送り出した。

寛政十一年（一七九九）、宗睦のあと、嗣子夭折のため一橋家から迎えられた斉朝《なりとも》が十代を継ぎ、文政十年（一八二七）、十一代斉温《なりはる》襲封、天保十年（一八三九）、十二代斉荘《なりたか》襲封、弘化二年（一八四五）、十三代慶臧《よしつぐ》襲封といずれも十一代将軍家斉の男子が送りこまれたため、幕府の傀儡となるのを恐れる家中や領民の間に不満が高まり、士風の退廃、財政の窮乏はいちじるしかった。

幕末慶勝の勤王

嘉永元年（一八四八）、支藩高須藩より十四代慶勝《よしかつ》が入り、前四代から引き継ぐ退廃的な気分を一掃すべく藩政改革に着手し、幕閣と結託して藩の自主性を損なう一因となっていた江戸詰の佐枝種武を更迭して人材の抜擢登用を図った。

ペリー来航後に起こった将軍継嗣問題で慶勝は一橋派に与《くみ》し、条約違勅調印問題で大老井伊直弼を糾弾した。このため安政五年（一八五八）、大獄のあらしの中、隠居謹慎を命ぜられ、慶勝の異母弟茂徳《もちなが》が高須藩より入って十五代を襲封した。

文久二年（一八六二）、慶勝は大赦された。翌三年、子の義宜《よしのり》が六歳で十六代を襲封すると、慶勝は実質的な権力を握る。慶勝は元治元年（一八六四）、幕軍を率いて第一次長州征伐に出兵したが、翌慶応元年の長州再征には出兵を拒否した。

王政復古とともに慶応四年（一八六八）、慶勝は突然藩内佐幕派十四名を「王命によって催さるる事」という藩祖義直の著述『軍書合鑑』の尊王思想を掲げて処刑し、勤王の意思を表明した。青松葉《あおまつば》事件と呼ばれる、いまだ謎の多い事件である。

明治二年（一八六九）六月、版籍奉還によって義宜が名古屋藩の知藩事に任ぜられたが、三年十二月には代わって父慶勝が知藩事に任ぜられた。翌四年七月廃藩置県により犬山・名古屋二県が置かれ、十一月には犬山県を廃して名古屋県に合併された。

小江戸紀行 御三家筆頭の城下町名古屋城下を歩く

名古屋城跡

名古屋市中区の名古屋台地北限にある尾張藩主の居城。駿河の今川氏親が大永四年(一五二四)ごろはじめて築き、天文元年(一五三二)、織田信秀が奪取して、あとを継いだ信長が守護代となって清洲城に移るまで、現在の二ノ丸付近に存在した「那古野城」が前身。関ヶ原の合戦後、徳川家康が第九子義直を封じるために新たに「那古野城」の城地に新城造営の工を起こし、西国に大封をもって報いた豊臣恩顧の大名たちを中心に天下普請として建設が進められた。

当初清洲に置かれた尾張藩庁は名古屋城完成が近づくにつれて逐次新城に移され、城下町が整備されるに伴って、清洲より武士や町人・寺社が移住・移転した。五層五階の連立式大小天守、本丸御殿、二ノ丸御殿などが都合五次にわたる大工事によって完成したのは寛永十年(一六三三)であった。

藩主の尾張徳川家は江戸幕府より御三家筆頭の位置づけをされていたが、ついに名古屋から将軍を出すことはなく、幕政に批判的な立場を取って隠居謹慎を命ぜられたり、将軍家や御三卿の子息を藩主として押しつけられるという屈辱が重なった。

昭和二十年五月十四日の戦災により焼失し、同三十四年大小天守などが復元された。現存する重要文化財には東南隅櫓、南西隅櫓、深井丸西北隅櫓、表二の門、二ノ丸大手二の門、旧二ノ丸東二の門、本丸御殿障壁画があり、城地は特別史跡。

藩校明倫堂跡

中区丸ノ内二丁目の東照宮社域。九代藩主宗睦が天明二年(一七八二)、城南の御国方役所跡に工を起こして翌年竣工。細井平洲が総裁となり、明倫堂と命名された。廃藩置県により明治四年七月二十八日、開校以来、八十九年目に廃校となった。

明倫堂の前身幅下学問所跡は西区塩町一丁目。寛延元年(一七四八)、山崎闇斎の弟子蟹養斎が幅下埋門《はばしたうずみもん》外御作事屋敷内に独力で創設し、藩当局の後援を受け、八代藩主宗勝からも扁額を賜るほどであったが、三年あまりで閉鎖した。

建中寺

東区筒井町一丁目にある尾張徳川家の菩提寺。慶安四年(一六五一)、二代藩主光友により、父義直の菩提を弔い尾張藩人士の心のよりどころとするために建立された。その当時境内五万坪の広大な敷地に本堂諸堂数十棟が建ち並ぶ大伽藍であった。総門・山門は創建当時の建物で、巨大な偉容を誇

名古屋城天守閣

る。本堂は焼失後天明七年（一七八七）の再建で市内最大の寺院建築である。

境内に尾張徳川家の廟所があり、歴代を祀る霊廟四棟が明治まであった。現存するのは天明七年再建の一棟のみで、内外に極彩色の華麗な装飾を施した権現造りの本格的な手法で作られている。

性高院

天正十七年（一五八九）、松平忠吉が生母宝台院のために封地武蔵国忍に建立したものを、清洲移封に伴って移築し、慶長十二年（一六〇七）、忠吉が江戸で没すると当寺に葬られ、法名を寺名とした。同十五年（一六一〇）、徳川義直の名古屋移城により中区門前町一丁目の旧地に移転したが、昭和のはじめ千種区幸川町三丁目の現在地に移った。寛永十三年（一六三六）の朝鮮通信使来日以来、通信使名古屋通過のさいの宿館にあてることが恒例となり、堀杏庵・松平君山・千村廷美・磯谷滄洲ら多くの文人墨客が詩文唱和のため訪れている。境内に松平忠吉・天野信景・松平君山などの墓がある。

御土居下同心屋敷跡

藩政時代、名古屋城三ノ丸東北隅に御土居下御側組同心と呼ばれる人たちが他の藩士とは隔絶された生活を送り、一朝事があったときには、藩主が秘密の抜け道を通って木曾方面に脱出する任務を帯びていた。江戸城の御庭番に似た閉鎖社会が営まれていたのである。現在愛知県職員住宅の一角に市教委の立てた史跡標札のみがある。

蕉風発祥之地

中区大通り公園にあるテレビ塔の下に芭蕉の俳風確立を記念する碑がある。貞享元年（一六八四）、芭蕉は当地の傘屋久兵衛の借家に滞在し、名古屋の俳人荷兮・野水・杜国・重五・羽笠などと「冬の日」の歌仙興行をした。これは芭蕉七部集の第一集にあたるもので、芭蕉が独自の俳風を確立したという意味で蕉風発祥之地として顕彰されている。緑区鳴海町の誓願寺にある最も古い芭蕉記念碑といわれる「芭蕉翁」と刻んだ碑とともに、名古屋が芭蕉に払う関心の深さを伝えている。

七里渡船場跡（宮の渡し）

熱田神宮からほど近い宮《みや》は桑名への海上七里を渡る東海道随一の渡船場であった。寛永二年（一六二五）、犬山城主成瀬正虎が父正成の遺命を受けて建立した常夜灯や舟会所・番所が置かれ、藩主光友は市場町の蔵福寺に時鐘を設けた。藩政時代は交通の要衝として二百四十八軒の宿屋が営業する殷賑の港であり、荒海の日は渡船が運行できないため宿は大騒ぎしたという。

今は熱田区神戸町の水路に面した小公園に再建された常夜灯と宿屋の名残をとどめた家々が見られるだけである。

犬山《いぬやま》藩〈譜代〉

居城＝愛知県犬山市犬山北古券

尾張藩付家老の居城

文禄四年（一五九五）、石川貞清《さだきよ》が一万二千石で入封したが、その子光吉のときの慶長五年（一六〇〇）、関ヶ原の役に西軍石田方に与《くみ》したため除封となった。

同年、尾張国清洲藩主松平忠吉《ただよし》の付家老《つけがろう》となった小笠原吉次《よしつぐ》が二万七千石を与えられて犬山城に入った。同十二年、松平忠吉が没すると、小笠原吉次は下総国佐倉二万八千石へ転封となり、同年、尾張国名古屋藩初代藩主徳川義直の付家老となった平岩親吉《ちかよし》が十二万三千石で犬山城に入った。

同十六年、親吉が没したため平岩氏は無嗣絶家となり、元和三年（一六一七）、成瀬正成が尾張藩付家老として犬山城三万石を与えられた。このとき美濃国今尾の竹腰正信も同藩付家老となり、尾張藩制で最高の両家年寄と呼称された。

成瀬氏・竹腰氏とともに御三家の付家老である和歌山藩の安藤氏・水野氏、水戸藩の中山氏は「五家」と称された。

以後、成瀬氏は尾張藩付家老として尾張藩政を支え主君を輔導する任にあたり、正《まさ》虎《とら》を経て正親《まさちか》のとき五千石を加増されて、三万五千石となった。

成瀬氏は正親のあと、正幸《まさゆき》－正泰《まさもと》－正典《まさのり》－正寿《まさなが》－正住《まさずみ》とつづいて、正肥《まさみつ》のときの慶応四年（一八六八）一月、新政府より「五家」が藩屏に列せられて立藩し、はじめて犬山藩が誕生した。

悲願の維新立藩

大名並みの石高を得ながらも、付家老は主家に従属する陪臣である。「五家」は談合して主家よりの離脱、幕臣復帰、立藩を画策したが、藩政時代に実現することはなく、皮肉にも幕府の瓦解によって永年の悲願が達成された。

新生犬山藩は犬山城に藩庁を置き、成瀬正肥を藩主にいただいた。立藩時、犬山を中心とする尾張丹羽郡三十七ヵ村、春日井郡五ヵ村、中島郡四ヵ村、愛知郡四ヵ村、知多郡四ヵ村、海東郡二ヵ村、海西郡一ヵ村、葉栗郡一ヵ村の五十八ヵ村と美濃国中島郡三ヵ村、安八郡二ヵ村、多芸郡一ヵ村の六ヵ村で四万二千七百石余を領した。

藩校は天保十一年（一八四〇）、正住のとき名古屋城の敷地に学問所を建て、犬山に敬道館を建てた。名古屋の学問所はのち要道館と改称し、立藩とともに敬道館に合併した。入学資格は家中の手代格以上の家の子弟に限られたという。

犬山の藩政時代はきわめて短いものであった。立藩した翌年の明治二年（一八六九）二月、正肥は全国の大名に倣って版籍奉還を出願、六月に封土返上が勅許されて、あらためて知藩事を拝命した。大参事高田務、権大参事小池雅人・千葉猛・本多彦三郎・吉田秀らが補佐し、管地は犬山を中心とする尾張・美濃の成瀬家旧領であった。

明治四年（一八七一）七月に廃藩となり、犬山県が置かれた。成瀬氏は東京に居を移し、同年十一月には名古屋藩の後身名古屋県に併合され、のち愛知県となった。明治二十八年、愛知県は旧藩主正肥に犬山城を譲渡し、城は成瀬家が所有することとなった。

小江戸紀行 木曽川の清流を望む城下町犬山城下を歩く

犬山城跡

木曽川に北面する標高八〇メートルの丘陵上に建つ天守閣は別名白帝城とも呼ばれている。荻生徂徠が雨にけぶる木曽川の激流が岸壁を洗う風景を眺めて、揚子江の白帝城を詠った杜甫の詩になぞらえて命名したものである。

創建は文明元年（一四六九）のことで、管領斯波義郷の家臣織田広近が山名方の美濃斎藤氏への抑えとして築いた木ノ下城が始まり。広近から六代後の信康（信長の叔父）が現在地より三〇〇メートル西南の三狐尾《さんこお》寺《じ》山に移築し、慶長六年（一六〇一）、小笠原吉次が美濃金山城を現在地に移した。

元和三年（一六一七）、尾張藩付家老成瀬正成が城主となり、藩政時代を通して成瀬氏の居城であった。

昭和三十六年から四年にわたる解体修理のさいの調査で、それまで伝えられてきた金山城移築を裏づける証拠はなく、天守閣下層部は一六世紀前半の建築で上層部は一七世紀初期に増築されたものとされた。

外観三層、内部石蔵二階、石塁上四階の望楼様式の天守閣で、高さは二四メートルある。現存天守閣では最古を誇り、国宝に指定されている。

針綱神社

犬山城のある丘陵の中腹に鎮座する。犬山城移築のため丸山へ遷座し、慶長十一年（一六〇六）、名栗町の八幡宮の社地へ遷され、明治十五年（一八八二）、県社の指定を受けた年に現在地へ遷座した。

寛永十二年（一六三五）に始まった当社の祭礼は、はじめは馬の塔や練物であったが、同十八年下本町が最初の山車を出してから、中本町・熊野町・鵜飼町と順次山車の数がふえ、全町が参加してからくりの変化も見られるようになった。

現在犬山祭として四月第一または第二土曜・日曜の二日間盛大に行われ、十三ヵ町から山車を出して、囃子に合わせて奉納からくりを演ずる。十三台の山車は県指定民俗文化財。寛政七年（一七九五）、当社が寺社奉行に届け出るために描かせた「犬山祭行粧絵巻」がある。

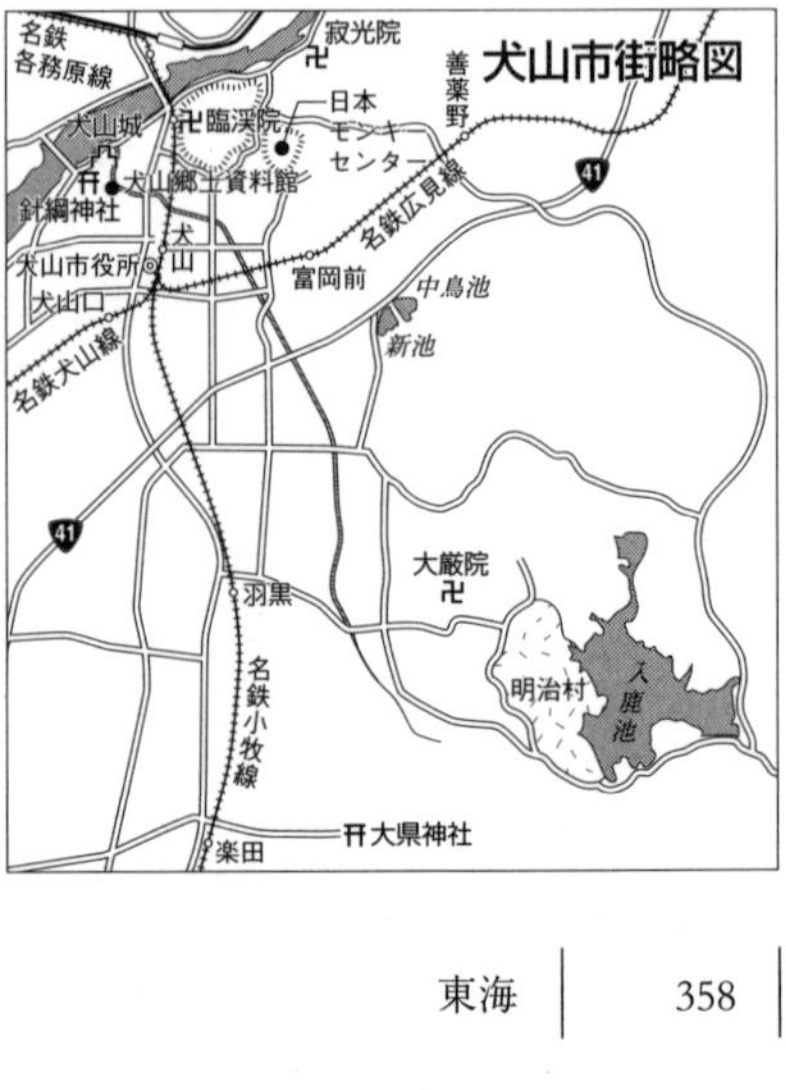

瑞泉寺

犬山城の東七〇〇メートル、丘陵の中腹に建つ。応永二十二年（一四一五）の創建。山門は美濃金山城の城門を移築したという。当寺に細川家伝来の「血達磨の図」があるが、火災であやうく焼けそうになったとき家臣の一人が腹を切ってこれを腹にかくし、焼失を防いだという伝説がある。そのときの血痕が残っているところから「血達磨」と呼ばれるようになったという。明治維新にあたって細川氏から山岡鉄舟に譲られたものが明治初年の当寺住職を経て所蔵されるようになった。

現在当寺内の塔頭は五寺で、そのひとつ臨渓寺には犬山城主成瀬家の墓所があり、正成・正虎・正親・正幸の四基の墓が犬山城と向かい合って並ぶ。

犬山城天守閣

大県《おおあがた》神社

本宮山の西山麓に鎮座する。尾張開拓の祖神大県大神を祀り、古くから尾張二の宮として尊崇されてきた。旧国幣中社。

万治三年（一六六〇）、尾張二代藩主光友により再建され、延宝二年（一六七四）、光友が六十三石余を加増して社領二百石の黒印地となった。

入鹿池《いるかいけ》と野外博物館明治村

犬山市の東南端にある周囲一二キロの入鹿池は寛永十年（一六三三）に造成された人工池である。入鹿村の肝煎、いわゆる入鹿六人衆の発案で灌漑池を造り台地を開発する計画が立てられ、犬山城主の尾張藩付家老成瀬正虎を通して藩祖義直に取り次がれ許可された。

新田開発にあたり、重罪人でも免罪にする旨呼びかけて開墾者を募集したという。開墾された新田高は六千八百三十石になり、同十七年、義直は入鹿六人衆の功績を賞して十石ずつの除地を与え、苗字帯刀を許して新田頭とした。

昭和四十年、入鹿池に面した丘陵地一〇〇万平方メートルの敷地に財団法人博物館明治村が建設され、日本の伝統的な建築様式と欧米の新しい技術を採用した明治建築のうち、価値あるものを選んで移築した。

国宝の明治十年代に建てられた優雅な外観の旧西郷従道邸、重要文化財では明治四十年京都河原町に建てられた旧日本聖公会京都聖ヨハネ教会堂、明治十八年に建てられた旧山梨県東山梨郡役所、明治三年に点灯された旧品川灯台、明治末年建築の三重県旧菅島灯台付属官舎、明治十二年建築の旧三重県庁舎、明治三十一年に竣工した旧札幌電話交換局舎、明治三十四年ごろ建てられた名古屋の油問屋旧東松家住宅、明治のはじめに池田市に建てられた芝居小屋旧呉服座などがあり、ハワイ移民集会所・シアトル日系福音教会・ブラジル移民住宅など海外から移築されたものもある。

これらの建物の間をSLや京都市電、人力車などが走り回って、古き良き時代の明治がここに濃厚に息づいている。

小川《おがわ》藩〈譜代〉

居城＝愛知県知多郡東浦町

三河国刈谷城主水野忠重《ただしげ》の甥分長《わけなが》（徳川家康の生母於大の方の弟の長男）は天正十二年（一五八四）三月、豊臣秀吉と徳川家康との間で行われた小牧・長久手の戦いの時、叔父忠重に従って戦功を樹て、さらに天正十八年の小田原の陣にも参戦し、慶長四年（一五九九）には家康に召し出された。分長は翌五年の関ヶ原の役にも戦功を樹て、翌六年四月、尾張国知多郡小川において一万石を与えられて立藩した。

分長は慶長十一年、三河国新城城へ転封となり、同時に小川藩は廃藩となった。新城城は長篠の合戦後、長篠城主奥平信昌《のぶまさ》が徳川家康の命で長篠城を廃し、天正四年に豊川右岸に築城した。家康の関東入部にともない信昌も上野国小幡三万石へ転封になると、慶長十一年に水野分長が新城城主となり、三十九年間在城した。城跡の北側、国道一五一号線を越えた所にある永住寺には、大名塔といわれる分長の墓がある。

清洲《きよす》藩〈三家〉

居城＝愛知県西春日郡清洲町

清洲城は応永年間（一三九四〜一四二八）、尾張国守護斯波義重《よししげ》によって築かれたと伝えられ、のち弘治元年（一五五五）、織田信長が一族を滅ぼして入城し、天下統一の拠点にしようとした。天正十年（一五八二）六月二日の本能寺の変後に信長の次男信雄が入城、大修理と拡張がなされ、大小の天守閣を構え、その威容を天下に誇ったという。

この後、文禄四年（一五九五）、福島正則《まさのり》が清洲城十八万石の城主となったが、慶長五年（一六〇〇）、関ヶ原の役直後、正則が安芸国広島へ転封となり、そのあとに徳川家康の四男松平忠吉《ただよし》が武蔵国忍から五十二万石の城主として入封、立藩した。慶長十五年三月五日、忠吉は二十八歳で没し、弟徳川義直《よしなお》があとを継いだが、同年に家康の命によって、いわゆる「清洲越し」が始まり、清洲城は解体されて、多くの木材・石材が名古屋へ運ばれ再利用された。このため、清洲藩は廃藩となった。

黒田《くろだ》藩〈外様〉

居城＝愛知県葉栗郡木曽川町

豊臣秀吉の家臣一柳直末《ひとつやなぎなおすえ》は天正十八年（一五九〇）三月二十九日、小田原の陣の際、伊豆国山中城攻撃の時に戦死したので、弟直盛《なおもり》が、尾張国黒田三万石を与えられ、黒田城に居城して立藩した。直盛は兄直末に従って、天正十年三月の備中国宿毛塚城攻撃の時、勇士真野十右衛門を捕虜として武勇を認められ、翌十一年の賤ヶ嶽の合戦にも従軍して戦功を樹て、兄直末の戦死後は、秀吉の直臣として活躍した。

さらに文禄元年（一五九二）一月には五千石を加増され、慶長五年（一六〇〇）、関ヶ原の役が起こると、直盛は徳川家康方に属し、上杉征伐に参陣、ひきつづき美濃国岐阜城攻略に従軍、九月十五日の決戦の日は美濃国長松に駐屯して、数々の戦功を樹てた。そして、翌六年に一万五千石を加増され、伊勢国神戸五万石へ転封され、黒田藩は廃藩となり、以後、この地には藩は置かれなかった。

伊勢国

桑名《くわな》藩〈家門〉

居城＝三重県桑名吉之丸

信長・秀吉時代の桑名

古くから十楽の津と呼ばれて海陸交通の要衝であった桑名は、永禄十年（一五六七）、織田信長の伊勢侵攻により、その支配下に入った。信長は滝川一益《かずます》に北勢地区を攻略させ、天正二年（一五七四）、長島の願証寺を中心とする一向一揆を討滅して、一益を北勢五郡の守護に任じた。

同四年、信長は服部一正《かずまさ》に桑名城の修復を命じたが、本能寺の変ののち、豊臣秀吉は天正十一年（一五八三）に一益を攻略して、信長の次男信雄《のぶかつ》に北勢の支配を命じ、天野景俊が桑名の地を預かった。

信雄の下野国烏山移封後、天正十八年（一五九〇）、秀吉の甥秀次の支配下に入り桑名は服部一正が治めたが、同十九年秀次の臣一柳直盛《ひとつやなぎなおもり》が入り桑名城を築いた。文禄四年（一五九五）、秀次が自害を命ぜられると、桑名城には氏家行広《ゆきひろ》が二万二千石で入ったが、慶長五年（一六〇〇）の関ヶ原の役に行広は西軍に与《くみ》して除封となった。

藩祖本多氏二代

慶長六年、戦国の世に武勇を謳われた徳川四天王のひとり本多忠勝《ただかつ》が上総国大多喜十万石より入封し、伊勢国桑名・員弁《いなべ》・朝《あさ》明《け》・三重四郡の内で十万石を領有した。移封にあたり五万石の加増を言い渡されたが忠勝が固辞したため、次男忠朝《ただとも》に大多喜で五万石を与えられることになった。

忠勝は木曽川・長良川・揖斐川のいわゆる木曾《きそ》三川《さんせん》が流入する湾の喉首に位置する伊勢の玄関港としての地の利を生かした水《みず》城《じろ》を築き、総曲輪の中に城下町を造営して、城を中心とした町割を整備した。

慶長六年一月、東海道宿駅制度が定められて桑名宿が設けられると、海上七里の先の宮《みや》宿（名古屋市熱田区）と河上三里の先の佐屋《さや》宿（愛知県海部郡佐屋町）への渡船場となり、江戸時代を通して宿場町として大いににぎわった。

慶長十四年（一六〇九）、忠勝は嫡子忠政《ただまさ》に家督を譲って、翌年没した。同十九年、忠政は大坂冬の陣に出陣し、和睦ののちの大坂城惣堀埋め戻しに従事し、城門警備にあたった。翌元和元年（一六一五）の夏の陣にも大和口の先鋒第二隊として戦った。

豊臣秀頼の室として大坂城にいた徳川家康の孫娘千姫が救出され、その望みで忠政の子忠刻《ただとき》が婿となり、化粧料一万石が加えられた。元和三年（一六一七）、忠政は大坂の陣の功により、五万石を加増されて播磨国姫路へ移封され、十五万石を領した。このとき忠刻と千姫も姫路へ移居した。本多氏は二代十六年の治世であった。

久松松平二家の藩政

本多忠政移封のあと、山城国伏見より家康の異父弟松平（久松）隠岐守定勝《さだかつ》が入封し、桑名・員弁・朝明・三重四郡の内で十一万石を領知した。以来、桑名藩主には明治廃藩まで徳川家の一族である家門の大名が任命されることになる。同四年、定勝は城を拡張し、揚手約八百間の石垣を水中に築造している。同七年には伊勢国長島城を与えられ、七千石を加増された。

寛永元年（一六二四）、定勝のあとを嫡子定《さだ》行《ゆき》が襲封し、弟の次男定房《さだふさ》に長島七千石を分知した。同三年、定行は町屋川より取水した町屋用水を完成させて町内に水道を設置し、三崎新田・船場町・今一色などが開発された。

寛永十二年（一六三五）、定行は伊予国松山十五万石へ移封された。松平隠岐守家二代十八年の治世であった。

定行移封のあと、美濃国大垣六万石から弟の松平（久松）越中守定綱《さだつな》（隠岐守定勝の三男）が十一万石で入封した。

定綱は植林・果樹栽培などの殖産興業や員弁郡笠田・平野・大泉、桑名郡上之輪・太一丸・八左衛門・赤須賀の新田開発に力を注ぎ、一方で城内朝日丸に学問所を設けて藩儒三宅澹庵に講学させた。これがのちの藩校立教館の淵源となる。定綱は文武両道に秀でるとともに道教・仏教・詩歌・軍学に造詣が深く、『老子鬳安抄』『政餘彫玉』『牧民後判』などの著書がある。

慶安三年（一六五〇）、桑名城下町は大洪水で浸水し、藩領の半分を越える田畑六万四千石余が被害を受けた。このとき定綱の子定良《さだよし》は旗竿を筏に組んで自らも乗り組み、溺れた人を助けるとともに、三崎という地の堤防を切って水を落としたので、溺死を免れた人が多かったという。

翌四年、定綱のあとを定良が継いだが、明暦三年（一六五七）に没し、養子定重《さだしげ》が襲封した。寛文四年（一六六四）の藩領は桑名郡五十三ヵ村二万九千百十五石、員弁郡六十三ヵ村四万一千二百十六石、朝明郡三十四ヵ村二万七千七百七十七石、三重郡十七ヵ村一万四千八百九十石、合わせて十一万二千九百九十八石、ほかに新田高一万一千六百九十石があった。

定重の治世に桑名藩では二大異変が起こった。一つは元禄十四年（一七〇一）二月の桑名大火で、一色町から出火して桑名城本丸・二ノ丸・三ノ丸を全焼して侍屋敷七十軒・寺社六ヵ所・町家千四百五十六軒を焼失した。さらに同年四月には内堀より出火して赤須賀・伊賀町に延焼し、侍屋敷六十軒と藩の武器諸道具・諸記録を失った。藩では幕府より一万両を借り入れて、復興に数年を費やした。

もう一つは宝永七年（一七一〇）、城の再建や城下の復興事業にあたった郡代野村増右衛門吉正が罪に問われ、一族四十四人が死刑、藩役人三百七十人が追放や罷免に処せられた疑獄事件で、手代から身を起こして手腕を発揮、数年で七百五十石取りの異例の栄達をした吉正を陥れるために、旧上層部から私腹を肥やした嫌疑をかけられて大事件に発展した。定重は郡代野村事件による失政によって、同年越後国高田へ移封となった。松平（久松）越中守家三代は七十五年の治世であった。

奥平松平氏の藩政

宝永七年（一七一〇）、定重の移封後、備後国福山より松平（奥平）忠雅《ただまさ》が藩領の一部を削られて十万石で入封した。木曾三川が漏斗状に流れ入る尾張南部や桑名一帯はしばしば洪水に見舞われ、忠雅の治世にも正徳三年（一七一三）をはじめ、享保年間・元文年間・延享年間に洪水の被害に遭っている。

延享三年（一七四六）、忠雅のあとを忠刻《ただとき》が襲封し、宝暦二年（一七五二）、幕府は木曾三川の治水工事を薩摩藩主島津重年《しげとし》に命じた。薩摩藩では家老平田靫負《ゆきえ》が惣奉行となり、一年有余をかけて難工事を完成させたが、予定をはるかに越える四十万両もの藩費を費やし、八十人もの病死・自害の犠牲者を出した責任を取って、工事終了後、平田も自害した。

宝暦治水工事によって、三川沿岸の水害は減り、忠刻の藩政に恩恵を与えたが、他の河川や沿海部の被害は減らなかった。

明和八年（一七七一）、忠刻致仕のあとを忠《ただ》啓《ひろ》が襲封した。天明二年（一七八二）、台風による洪水被害のため年貢減免を要求して農民一揆が起こり、員弁郡の大泉長宮に屯集した四百人の農民は通行人の所持品や運送の米穀を強奪する挙に出た。一揆は拡大して三万人が暴動を起こすにいたって農民の要求は入れられ、郷目付などの役人は罷免されたが、首謀者多数が入牢した。

天明七年（一七八七）、忠啓のあとを養子忠《ただ》功《かつ》が襲封、寛政五年（一七九三）に致仕し、弟の忠和《ただとも》が襲封した。忠和は和算家として知られ、関孝和の流れを汲む幕府勘定奉行の古川氏清に学んで至誠賛化流を興し、家臣から田中算翁などの大家が生まれた。

享和二年（一八〇二）、忠和のあとを忠翼《ただすけ》が襲封、文政四年（一八二一）、そのあとを忠堯《ただたか》が継いだが、同六年武蔵国忍へ移封となった。奥平松平氏の桑名における治世は七代百十三年におよんだ。

久松松平氏再封と幕末維新

文政六年（一八二三）、忠堯移封のあと、陸奥国白河より松平（久松）越中守定永《さだなが》が十一万石で入封した。定永の先祖の定綱・定良・定重はかつて七十六年にわたり桑名に在封し、越後国高田・白河を経ての桑名再封であった。定永の父定信は御三卿田安宗武の七男で白河藩主として老中首座となり、寛政改革を行った人物である。

定永は桑名移封とともに藩校立教館を桑名伊賀町に移し、藩儒も随伴して移った。

天保九年（一八三八）、定永のあとを定和《さだかず》が襲封し、同十二年、定和のあとを定猷《さだみち》が襲封した。定猷には実子がなく、安政六年（一八五九）、尾張徳川家の分家美濃高須藩主松平義建《よしたつ》の七男定敬《さだあき》が襲封。尾張藩主徳川慶《よし》勝《かつ》・会津藩主松平容保《かたもり》は定敬の実兄である。

定敬は元治元年（一八六四）、京都所司代となり、慶応三年（一八六七）十二月九日の大政奉還の日までその職にあった。幕末、松平容保は京都守護職となり、桑名藩は会津藩とともに京都の警備にあたった。

大政奉還とともに京都警備の任は解かれたが、鳥羽伏見の戦いには幕軍の中心部隊を率い、薩摩隊と激しい銃撃戦を交えた。幕軍敗戦により、定敬は徳川慶喜に説得され、兄容保とともども軍艦で江戸に逃れた。

戊辰戦争に際しては、桑名藩は分領の越後国柏崎で挙兵したのち転戦して、定敬は仙台よりわずかの部下とともに軍艦で箱館の五稜郭に入った。定敬の留守を守る桑名城では恭順派が主導権を握り、先代定猷の遺子万之助（のち定教《さだのり》）を擁して新政府軍に無血開城した。定敬も家臣に説得されて東京に戻り、恭順の意を表した。

明治二年（一八六九）、桑名藩は六万石で再興が許されたが、版籍奉還により定教が知藩事に任命され、同四年、廃藩置県により桑名県・安濃津県を経て三重県となった。

小江戸紀行　七里の渡しのある城下町桑名城下を歩く

桑名城跡

東と北側は揖斐川が流れ、その水流を要害の外壁として利用した水城であった。

文禄年間一柳直盛が伊勢国神戸《かんべ》城の天守閣を移して居城とし、慶長六年（一六〇一）、本多忠勝が入城すると町割を行い、本格的な築城を行って、三年後には本丸・二ノ丸・三ノ丸・新城・内堀などが完成した。

元和三年（一六一七）、松平（久松）隠岐守定勝が入城すると、吉ノ丸を築き、寛永十二年（一六三五）、同じ久松系ながら別家の松平越中守定綱が入城すると、外朝日丸・外堀・元赤須賀・伊賀町・八幡町・新屋敷などができた。天守閣は元禄十四年（一七〇一）二月六日の城下よりの火災に延焼して焼失し、その後再建されなかったが、天守台は現存している。

戊辰戦争に際して、幕軍の主力であった桑名藩は敗戦したため、官軍に無血開城したが、本丸東南角の辰巳櫓が官軍により占領の印として放火され焼失した。

明治八年（一八七五）、城郭は取り壊されて払い下げられた。同四十年、本丸跡に鎮国《ちんこく》守国《しゅこく》神社（祭神は鎮国公松平定綱と守国公松平定信）が建てられ、昭和三年（一九二八）、松平定信没後百年を記念して、本丸・二ノ丸一帯が九華《きゅうか》公園として整備された。

桑名七里の渡し

揖斐川河口西岸にあった江戸時代東海道の渡船場。宮《みや》宿へ海上七里、佐屋《さや》宿へ河上三里を結ぶ桑名宿の港で、伊勢参宮や熱田神宮詣での客が雑踏する東海道屈指の二つの宿駅を結ぶ渡船場であったので、船の往来は頻繁であった。宮宿への海上七里は六時間の船旅で、海上が荒れたときは佐屋回り、佐屋から神守・万場・岩塚の四宿九里の佐屋路を歩いて熱田の宮宿に向かうのがふつうだった。

天明年間に伊勢神宮の一の鳥居が建てられ、現在まで神宮の遷宮ごとに建て替えられている。昭和三十四年（一九五九）の伊勢湾台風で渡場が破壊され、防災工事によって防潮壁を高くめぐらしたため旧観はいちじるしく失われ、石垣をめぐらした一角に一の鳥居と常夜灯が立って、わずかに渡船場の跡をしのばせる。県指定史跡。

桑名市街略図

桑名宗社

桑名市本町西南端にあり、桑名城下の総鎮守として町民から信仰された。旧県社。「延喜式」神明帳に「桑名神社二座」とあり、式内桑名神社（三崎明神）と式内中臣神社（春日明神）を併祀する。桑名宗社の名称は江戸末期か明治初期よりのもので、春日神社と通称される。

室町幕府、織田信長より神領寄進、徳川家康より朱印地寄進を受け、藩主松平定重のとき寛文七年（一六六七）、青銅製の鳥居が建てられて、「勢州桑名に過ぎたるものは、銅《かね》の鳥居に二朱の女郎」と称された。

昭和三十四年の伊勢湾台風に際して、高潮により打ち上げられた荷物船が横ざまに激突した痕跡が窪みとして残り、その旨を鳥居に刻字してある。かたわらの「しるべいし」は江戸時代、行方不明の子供を知らせた迷子石である。古来の石取神事から宝暦年間に独立した石取祭は江戸・明治と盛んになり、桑名市街の七割が焼き払われた昭和二十年の戦災で山車を焼失したが、近年往時をしのぐほどに復興した。現在八月第一土曜・日曜に祭礼が行われる。

九華公園として整備された桑名城跡

浄土寺

桑名市清水町にある浄土宗西山派寺院。慶長六年（一六〇一）、桑名に入封した本多忠勝が菩提所とした。子忠政の姫路移封により封地に移されたが、寛永七年（一六三〇）、旧地に戻り、本多忠勝の霊廟が建てられた。昭和二十年の戦災までに受けたたびたびの火災により、寺宝は少ない。

照源寺

桑名市東方《ひがしかた》にある浄土宗寺院。寛永元年（一六二四）、松平（久松）隠岐守定勝が死去したため、子の定行が創建した。定行が伊予松山に移封すると、その弟越中守定綱が襲封、同じ久松系であることから、寺と定勝の霊廟は桑名に残り、塔頭二院が松山へ移った。

裏山の墓所に松平定綱及一統之墓所がある。藩主定勝・定綱・定和はじめ一族が葬られており、「楽翁源公之墓」と刻まれた松平定信の浄墓もある。定信は越中守定綱の家系が転封して陸奥白河時代の藩主で寛政の改革の推進者。その子定永より桑名に再封され、明治廃藩まで藩主であった。

海蔵寺

桑名市北寺町西北端にある曹洞宗寺院。寛永年間に巨厳和尚が中興したと『久波奈名所図会』にはあり、元禄十四年（一七〇一）、火災のため寺宝・旧記を焼失した。

境内に宝暦治水工事に従事して死亡した薩摩藩士二十四名の墓がある。薩摩藩家老平田靭負以下十名は堤原の安竜院に祀られていたが、明治四十二年当寺に移された。

大正八年（一九一九）、桑名義士顕彰会が設立されて昭和三年（一九二八）、境内に忠魂堂が建てられ、平田靭負の木像を祀った。昭和二十年の戦災で当寺は全焼したが、木像は疎開していたため無事であった。戦後再建された本堂に木像は安置されている。

津《つ》藩（安濃津《あのうつ》藩・藤堂《とうどう》藩）〈外様〉

居城＝三重県津市丸之内

城主織田信包、富田知信・信高

永禄十年（一五六七）、織田信長が伊勢侵攻を開始し、同十二年に平定すると、弟信包《のぶかね》は安濃城の長野具藤の養子となり、津城に拠って安濃郡を領した。信包は津城を拡張して五層の天守閣を築き、二十五年間城主として君臨した。

のち豊臣秀吉に仕えて小田原の陣にも参戦した信包は、文禄三年（一五九四）、近江国内二万五千石へ移され、ついで慶長三年（一五九八）、丹波国柏原《かいばら》へ移された。

文禄四年（一五九五）、信包移封のあと、近江国から富田知信《とものぶ》が津城へ入り、その子信《のぶ》高《たか》とともども安濃郡五万石を領した。

文禄の役に朝鮮へ渡海して戦功をあげた知信は慶長四年（一五九九）に致仕し、翌五年、徳川家康の会津上杉景勝攻めには信高が従軍した。このとき石田三成挙兵の報に信高は急ぎ帰国したが、毛利秀元・長束正家らの攻撃を受け津城は落城、信高は剃髪して高野山に隠れた。

関ヶ原の合戦後、信高は伊勢国内に二万石を加増されて七万石で津城主に復帰、慶長十三年（一六〇八）には五万石を加増されて伊予国宇和島十二万石へ移封された。

同年、二十万石を領する伊賀国上野城主筒井定次は、自身の乱行と家臣団乱闘の罪で改易となった。

藤堂高虎の伊勢津・伊賀上野領有

慶長十三年、富田信高の宇和島転封および筒井定次の改易後、大坂方に対する包囲網を固めるために伊予国今治二十万石から藤堂高虎が伊勢国津へ移封し、伊賀一国十万五百四十石、伊勢国安濃・一志郡の内で十万四百石余に今治の二万石を合わせ二十二万九百五十石余を領した。

高虎は近江国犬上郡藤堂村の地侍の家に生まれたが、はじめ浅井氏に仕え、のち豊臣秀吉の異母弟秀長に仕えて粉河二万石を領した。秀長没後は秀吉の直臣となって、文禄四年（一五九五）、伊予国板島（宇和島）七万石を領したが、早くから徳川家康に接近を図っていた高虎は秀吉没後、家康の篤い信頼を受けて関ヶ原の役の戦功により、慶長五年（一六〇〇）、今治二十万石に封じられた。

高虎は築城巧者として知られ、同六年には近江国膳所城の縄張りと普請、同七年、山城国伏見城の石垣構築、同十一年、江戸城縄張りと普請、同十三年、丹波国篠山城の縄張りと普請、同十五年、丹波国亀山城の普請など、重要な城普請を十七度も手掛けた。入封当初から政治的拠点として平時の津城、軍事的拠点として有事の上野城という構想を抱いていた高虎は、同十六年（一六一一）、両城の大修築を行い、城下の町割を整備した。

元和元年（一六一五）、大坂冬・夏の陣の功により、高虎は伊勢国鈴鹿・奄芸《あんき》・三重・一志郡の内で五万石加増、日光廟の建設など永年の功を賞されて伊勢国田丸領五万石を加増され、弟正高《まさたか》が慶長四年から知行していた下総国香取郡内三千石の領有も認められ、合わせて三十二万三千九百五十石の大大名となった。

同五年、徳川頼宣《よりのぶ》の紀伊国和歌山入封にともない、田丸五万石が和歌山領に移され、山城国相楽、大和国添上・山辺・十市四郡の内五万石が津領に移された。

津藩政は藩祖高虎のとき基礎が築かれたが、その特色の一つに平高制《ならしだかせい》があった。これは年貢の確保と増収のため村ごとに本高に対し何割かの延率を掛けて年貢の高を決める方法で、村々に差を設けて分裂支配することを意図していた。大和・山城領には平高制は施行されず、伊賀領は伊勢領に比べて延率が高かった。

津藩独特のものに無足人と忍び衆があった。土着郷士懐柔のため村落の有力者の中から士分に次ぐ無足人を設け、平時は郷方の治安維持を担当、有事には補助的な軍事力となった。天誅組鎮圧や戊辰戦争のときには無足人による農兵隊が参加している。服部半蔵が徳川家康に仕えたように、高虎も身辺警護や情報収集のために忍び衆を抱え、加判奉行の下に忍び衆が直属した。伊賀上野城下の忍町は忍び衆の集住地であった。忍び衆は伊賀者とも呼ばれ、その特殊技能を買われて他藩に召し抱えられたものも多かった。

支藩久居藩創設と藩政改革

寛永七年（一六三〇）、高虎は七十五歳で没し、二代高次《たかつぐ》が襲封した。高次は豪放華麗を好み、土橋であった城下の岩田橋を唐銅《からがね》擬宝珠《ぎぼし》の板橋に代えたり、八幡宮の祭礼を華々しく開始させるなどしたが、一方では藩営による新田開発を推し進め、雲出井《くもずい》・高野井の水利開発、長浜新田開墾を行った。しかし江戸城・日光霊廟の手伝い普請に加え、寛永の凶作・飢饉、貨幣経済の進展によって、藩財政は悪化した。

寛文四年（一六六四）の所領は伊賀国では阿拝《あえ》郡六十九ヵ村・山田郡二十五ヵ村・伊賀郡五十ヵ村・名張郡三十八ヵ村の四郡百八十二ヵ村で十万五百四十石、伊勢国では安濃郡八十五ヵ村・一志郡八十五ヵ村・奄芸郡三十五ヵ村・鈴鹿郡十ヵ村・河曲郡十ヵ村・三重郡二十三ヵ村・飯野郡二十九ヵ村・多気郡二十ヵ村の八郡二百九十七ヵ村で十七万四百十石余、山城国では相楽郡十六ヵ村で九千九百二十三石、大和国では添上郡二十九ヵ村・山辺郡四十四ヵ村・十市郡二十六ヵ村・式上郡十一ヵ村の四郡百十ヵ村で四万八十七石余、下総国内で香取郡十四ヵ村で三千石、合わせて三十二万三千九百五十石余であった。

寛文九年（一六六九）、高次が致仕して三代高久《たかひさ》が襲封すると、弟高通《たかみち》に五万石を分知して支藩久居藩が創設され、もう一人の弟高堅《たかかた》には三千石が分知された。

高久は藩政刷新を試み、地方《じかた》知行をすべて廃止して領地を藩の直接支配下に置き、新田開発を積極的に行うとともに郷中法度十七ヵ条を発布して農村改革を推し進めた。町方に対しては問屋株を設定して商工業の統制を行った。

天災・凶作と手伝い普請

高久には子がなく、元禄十六年（一七〇三）、弟高睦《たかちか》が四代藩主を襲封した。高睦の治世に大地震が起き、藩領に被害が出た。

宝永五年（一七〇八）、高睦のあとを、久居藩主藤堂高通《たかみち》の嫡子高敏《たかとし》が養子となって五代藩主を継いだが、翌六年、富士山爆発によって被害を受けた駿河・相模国内の災害復旧のため、遠江国浜松の本庄資俊《すけとし》とともに川筋普請の手伝いを命ぜられた。享保十三年（一七二八）、高敏のあとを、久居藩から入った六代高治《たかはる》が襲封し、凶作などによって疲弊した農村の建て直しに尽力した。

享保二十年（一七三五）、高治のあとを、前代同様、久居藩より高朗《たかあき》が宗家に入って七代藩主を継いだ。高朗は寛保二年（一七四二）、関東を襲った大洪水による決潰箇所の普請手伝いを命ぜられ、宝暦十三年（一七六三）に日光廟所造営の手伝いを命ぜられた。

高朗の嗣子高般《たかかず》早世により、高般の弟高《たか》悠《なか》が明和六年（一七六九）に襲封し八代藩主となり、仙洞御所の普請手伝いに従事したが、翌七年没した。

四代高睦から八代高悠までの元禄・享保・明和時代は天災・凶作にたびたび見舞われて、城下町の商業が繁栄する一方で度重なる手伝い普請に駆り出されて藩財政は窮迫し、農村は階層分化が進んで疲弊の一途をたどった。

寛政大一揆と中興明君

明和七年（一七七〇）、高悠のあとを、久居藩から入って九代高嶷《たかさと》が襲封した。高嶷の治世となって二十年を経た寛政四年（一七九二）、郡奉行茨木理兵衛ら下層藩士層が原動力になって藩政改革の機運が盛り上がると、高嶷は苗木役所を設置して植樹や耕地を妨げる樹木の伐採を行い、桐・楮・蜜柑・柿など有用苗木の配分、椎茸栽培や養蚕奨励などの殖産興業策を取った。

一方享保十七年（一七三二）の大凶作をきっかけに町民などから集めた金を無利息ないし低利で農民に貸し付けた切印金による金融の建て直しを図り、寛政八年（一七九六）、切印金の返済は百年賦、借金は延払いとした。さらに茨木は一志郡の山中地方三十八ヵ村に対して田畑山林を均分する地ならしを断行したため、金融政策と関連する急激な改革に抵抗して農民が蜂起し、三万人が津城下に押し寄せる大一揆に発展した。このため藩当局は新法を撤回し、茨木ら郡奉行・郷目付を罷免すると同時に、一揆の首謀者三人を死刑獄門とした。

文化三年（一八〇六）、久居藩から入った十代高兌《たかさわ》が襲封した。高兌は儒教精神に則った藩政刷新を嚮導し、窮民救済のための義倉を設置し、植林・養蚕を奨励、文政三年（一八二〇）には藩校有造館を開設して文武を奨励し、藩中興の明君とされた。

幕末維新幕軍敗北の一因

文政八年（一八二五）、十一代高猷《たかゆき》が襲封し、幕末維新期の藩政の舵取りを行ったが、天保から嘉永にかけての連年の凶作、安政の大地震に見舞われ、農村の窮乏、藩財政の悪化は極限にまで追い込まれた。

ペリー来航以来の海防や伊勢神宮警衛に奔命させられたが、藩政は保守的な上士層が主導権を握り、外様藩ながら家康以来の幕府の信頼を受けて、公武合体・尊王佐幕を唱えた。

文久三年（一八六三）、天誅組鎮圧のため出兵、禁門の変には形勢観望に終始したが、鳥羽伏見の戦いに一転して新政府方に味方して幕軍敗北の一因をつくり、戊辰戦争には多くの無足人が関東・東北に転戦した。

明治二年、版籍奉還により高猷が知藩事となり、明治四年、高潔《たかきよ》のとき廃藩置県により津県・安濃津県を経て三重県になった。

小江戸紀行　藤堂氏ゆかりの城下町津城下を歩く

津城跡

津藩藤堂氏は三十二万石余を領する大大名で、本城津城のほかに伊賀国領を管轄する上野城を持っていたが、津城そのものは五万石の大名程度の規模であった。

城跡は津市丸之内の塔世川と岩田川に挟まれた橋内地区中央部に本丸と西ノ丸がわずかに旧観をとどめている。

天正八年（一五八〇）、織田信包によって建てられた五層の天守閣は慶長五年（一六〇〇）の富田信高の籠城戦に焼失し、その後入封した藤堂高虎は徳川体制下で新たに天守閣を建造することをはばかり、西南隅の天守台、小天守台はそのまま残して、三重櫓二棟、二重櫓三棟、西ノ丸に玉櫓を建造した。高虎は本丸を拡張し、東丸と西丸を両翼に結び、広い内堀を隔てて周囲を二ノ丸（丸之内）が囲み、外堀を挟んで北・西・南の三方に武家屋敷を配する輪郭式の城郭を築造した。

明治五年（一八七二）、櫓と藩校を残して旧城内の建物は売却され、城地は陸軍省の所管となった。現在本丸跡は洋式庭園となり、西丸跡は和式庭園となって、いずれも市の所有となっている。和式庭園を抜けると、移築された藩校有造館の入徳門があり、公園の南側に藩祖高虎を祀る高山神社がある。城の東に寒松院があり、津藩歴代藩主、支藩久居藩主の墓がある。

観音寺

津市大門にある当寺は津観音と通称され、東京の浅草観音、名古屋の大須観音と並ぶ日本三大観音のひとつ。中世安濃津町以来、門前町は栄えていたが、天正八年の城下町形成のとき、現在地に移築した。津籠城戦のとき兵火にかかって灰燼に帰したが、藤堂高虎の入封により城下鎮護の目的で慶長十八年（一六一三）に再建された。

藩政時代、観音寺前の大門通りは城下町の中心となり、本陣・脇本陣・高札場・宿屋が並んでいた。伊勢詣での最盛期には広い境内は毎晩千人を越える旅人に占領されたという。

鬼押えの行事は「観音会式」と呼ばれ、鬼の扮装で斧と槌を持った二人を棒や刀を振りかざした多数の浜の若者が追いかけて乱打する勇壮な催しとして遠国にまで聞こえていたが、時に死傷者が出るほどであったので、明治四年（一八七一）に廃止された。

津市街略図

御山荘

津市広明町の丘陵東南端に造られた津藩主の庭園。はじめは藩主の鷹狩りの際の休

津城の櫓（復元）

息用の御殿が建てられ、御殿山と呼ばれていたが、眺望にすぐれていたため家臣の山荘が営まれた。十一代藩主高猷が幕末の安政三年（一八五六）ごろから家臣の山荘を買い上げ、江戸藩邸の染井吉野や紫つつじ、藤堂家発祥地の近江国犬上郡よりゆかりの藤を移植して庭園を造成した。

　園内の亭舎に尾張藩主の筆になる「偕楽園」の額を掲げて庭園名としたが、現在は偕楽公園として市民に開放されている。

高田専修寺

　津市一身田町はかつて真宗高田派本山の専修寺を中心として寺内町を形成していた。

　室町時代の文明年間、十世真慧が伊勢国奄芸郡一身田村に建立した無量寿院が専修寺の前身である。

　真慧の精力的な活動によって教線の拡大につとめたことで、かれは真宗高田派中興の祖と称えられる。弟子の時代の内紛をきっかけに伊勢一身田が教団の中心となり、下野高田（栃木県二宮町）にあった本山がこの地に移された。

　高田派は本願寺派と異なり、時の勢力とは協調的だった。津藩主となった藤堂高虎とも親密な関係を結んだことから、伏見城にあった千利休の長男道安設計の茶室安楽庵を高虎がもらいうけたが、高虎没後、専修寺に移建された。

　御影堂裏の老杉や竹林のうっそうと繁る庭園の一隅に安楽庵は現存している。

結城神社

　津市八幡町津の八幡神社の北東裏にあり、旧別格官幣社。祭神は南朝方の武将結城宗広である。

　延元三年（一三三八）、結城宗広は南朝方の形勢挽回のため北畠親房・顕信らと義良親王を奉じて伊勢から東国に向けて船出したが、暴風雨のため安濃津の阿漕浦に漂着し、そこで病を得て没した。

　宗広の墓とされる小塚八幡が建てられ、石の六地蔵が祀られて、結城塚あるいは入道塚と呼ばれていたが、江戸後期の文政六年（一八二三）、津藩校の督学であった津阪孝《こう》綽《しゃく》の建議により社殿を造営したのが結城神社の始まりである。

　この時代、朱子学隆盛の影響により南朝正統論が説かれたことが結城宗広顕彰の機運を盛り上げ、神社創建の原動力となったが、その後、藩の援助が途切れたため、荒廃するにまかせていた。

　明治維新により南朝方の武将を顕彰する趨勢となり、社殿が建立された。

　社前には高さ一メートル四十六センチの日本一大きいという狛犬が座している。宗広の墓は社殿の裏の森の中にある。

長島《ながしま》藩〈譜代〉

居城＝三重県桑名郡長島町西外面

福島正則《まさのり》の弟高晴《たかはる》は文禄三年（一五九四）、一万石を領有して長島城に封ぜられ、尾張国知多郡十万石の支配を命ぜられた。慶長五年（一六〇〇）、関ヶ原の役が起こると、高晴は兄正則とともに徳川家康方に属して戦功を樹てたので、戦後二万石を加増され大和国宇陀（松山）へ転封となった。代わって翌年、上野国阿保《あほ》から菅沼定仍《さだより》が二万石で入封して立藩した。定仍のあとを継いだ定芳《さだよし》は元和七年（一六二一）、近江国膳所《ぜぜ》へ転封となり、一時廃藩となった。

なお同年、桑名藩主松平（久松）定勝《さだかつ》が長島領内において七千石を加増され、寛永二年（一六二五）、その嫡男定行《さだゆき》が遺領を継ぐ際、弟定房《さだふさ》はこの加増分を譲られ、同十二年に伊予国今治三万石で転封されるまで在封した。この時、定房の弟定政《さだまさ》は二千石を加増されて七千石で長島に入封し、慶安二年（一六四九）に三河国刈谷二万石で移るまで在封したが、二人とも知行七千石と万石以下であった。

慶安二年、下野国那須から松平（久松）康尚《やすひさ》が一万石で入封し、再度立藩した。貞享二年（一六八五）、家督を継いだ康尚の次男忠充《ただみつ》は元禄十五年（一七〇二）、発狂して重臣三人を切腹させるという事件を起こして、除封された。

松平氏除封後、代わって常陸国下館から増山正弥《まさみつ》が二万石で入封した。正弥の養父である正利《まさとし》は、四代将軍家綱の生母宝樹院お楽の方の弟という縁で、大名に取り立てられた。正弥のあと、正任《まさとう》－正武《まさたけ》－正贇《まさよし》－正賢《まさかた》と継承し、正賢（雪斎）は治政上の業績は伝えられていないが、一流の文化人として知られている。享和元年（一八〇一）に隠居し、江戸巣鴨の下屋敷に住み、風流三昧の生活を送り、当時の奢侈禁止令に触れて、文化元年（一八〇四）七月、「不埒の事により」謹慎を命ぜられた。特に花鳥画を描いては一流で、博物図譜『虫類絵巻』は有名である。つぎの正寧《まさやす》－正修《まさなが》－正同《まさとも》と八代、約百七十年にわたり在封し、明治四年（一八七一）に廃藩置県を迎えた。

八田《やった》藩（東阿倉川《ひがしあくらがわ》藩）〈譜代〉

陣屋＝三重県四日市市東阿倉川

紀伊国和歌山藩主徳川氏に仕えていた加納久通《ひさみち》は享保元年（一七一六）、八代将軍になった吉宗に従って旗本に復し、側用人となって伊勢国三重郡内に一千石を与えられ、翌年、下総国相馬郡内において一千石を加増された。さらに享保十一年、伊勢国三重・多気、上総国長柄三郡内で八千石を加増されて、一万石を領有して諸侯に列し、三重郡東阿倉川に陣屋を構えて立藩した。

加納氏は参勤交代を行わない定府大名であり、延享二年（一七四五）、吉宗が将軍を退隠した際、久通は若年寄となって、吉宗に付属された。久通のあとを継いだ養子久堅《ひさかた》は奏者番を経て、明和四年（一七六七）、若年寄に任ぜられた。つぎの養子久周《ひさのり》も若年寄になり、寛政八年（一七九六）には上野国新田・佐位両郡内において三千石を加増された。そのあとは久慎《ひさちか》－久儔《ひさとも》と続き、久儔は文化九年（一八一二）、上総国一宮に陣屋を移したので、八田藩は廃藩となった。

神戸《かんべ》藩〈譜代〉

居城＝三重県鈴鹿市神戸

一柳・石川氏の入封

この地に最初に城を築いたのは神戸利盛《としもり》で、利盛のあとを継いだ弟友盛《とももり》は永禄十一年（一五六八）、伊勢に勢力を伸ばしつつあった織田信長と和議を結び、信長の三男信孝《のぶたか》を養子に迎えた。元亀二年（一五七一）、神戸城に入った信孝は舅友盛を近江国日野城主蒲生氏郷《がもううじさと》のもとへ追放し、領内から神戸氏の勢力を一掃して、天正八年（一五八〇）に城郭の大改修を行った。信孝は同十年、美濃国岐阜城へ移り、父信長が本能寺で斃れると、豊臣秀吉との間に不和を生じ、翌十一年に尾張国野間で自刃した。

信孝以後城主は小島兵部・林与五郎・生駒親正らとめまぐるしく変わり、天正十八年、織田信雄《のぶかつ》の重臣滝川雄利《かつとし》が二万石を領して神戸城に入った。慶長五年（一六〇〇）、関ヶ原の役の時、雄利は西軍に与《くみ》したため除封され、代わって翌年、尾張国黒田から一柳直盛《ひとつやなぎなおもり》が五万石で入封して立藩した。寛永十三年（一六三六）、直盛が伊予国西条へ転封になると、神戸城は破却されて一時廃藩となり、天領となった。

慶安四年（一六五一）、譜代石川総長《ふさなが》（近江国膳所藩主忠総《ただふさ》の次男）は父の遺領の内伊勢国河曲《かわの》・鈴鹿両郡内において一万石を分与されて、再度立藩した。万治三年（一六六〇）、総長が大坂定番になった時、河内国石川・古市両郡内において一万石を加増され、河曲郡神戸に居所を構えた。総長のあと、総良《ふさよし》―総茂《ふさしげ》と続き、総茂が家督を継いだ時、実弟の大久保忠明《ただあき》に三千石を分与し、一万七千石を領有した。享保十七年（一七三二）、常陸国下館二万石へ転封となった。

本多氏の治世

石川氏転封後、譜代本多忠統《ただむね》が河内国西《にし》代《だい》から一万石で入封した。忠統は五代将軍綱吉の小姓・奏者番・寺社奉行兼若年寄を歴任し、一万石の大名として最高の役職を勤め、享保十五年（一七三〇）、御勝手御用掛として財政難打開につとめた。八代将軍吉宗が隠退する直前に念願の神戸築城の許可と五千石の加増を受けた。だが、忠統は五千石の加増を辞退し、代わりに二重櫓に鴟《し》尾《び》を上げることを許可され、築城費として二千両を恩貸された。また、延享四年（一七四七）、江戸城中で熊本藩主細川宗孝《むねたか》が、旗本板倉勝該《かつかね》によって殺害された刃傷事件の時、忠統の処置よろしきを得て、細川家の断絶を免れたという。

忠統は荻生徂徠の高弟で、師の没後に『徂徠集』の序文を撰し、『猗蘭台集』『猗蘭子』を著わした。また、茶人としては宗範と号し、表千家の流れをくみ、文人大名としての忠統の好尚は、以後本多家の家風となり、代々の藩主へ受け継がれた。

忠統のあと、忠永《ただなが》―忠興《ただおき》―忠《ただひろ》　―忠升《ただたか》と継承した。忠升は古賀精里の門人であり、『精里集』に序文を寄せ、精里の墓碑文を撰している。また藩校を改革し、従来の古学から朱子学に改め、文化十年（一八一三）に「教倫堂」と名づけ、江戸屋敷にも「進徳堂」を創設した。つぎの忠都《ただよし》を経て、最後の藩主となった忠貫《ただつら》は明治二年（一八六九）に版籍奉還し、同四年に廃藩置県を迎えた。

亀山藩《かめやま》〈譜代〉

居城＝三重県亀山市本丸町

関氏以降、譜代大名の支配

伊勢国亀山城主関盛信《もりのぶ》は織田信長の伊勢攻めの時、抵抗むなしく降り、城地は一時織田信孝《のぶたか》（信長の三男）の所有となったが、のち盛信はこの地に復した。天正十八年（一五九〇）、盛信の子一政《かずまさ》は蒲生氏郷《がもううじさと》が豊臣秀吉の命によって会津若松城へ移封されたのに従って陸奥国白河へ移り、代わって信孝の老臣岡本宗憲《むねのり》（良勝）が二万二千石を領して、亀山城に入城した。宗憲は慶長五年（一六〇〇）の関ヶ原の役の時、西軍に与《くみ》して自害し、美濃国土岐多良《ときたら》から関一政が三万石で再度入封して立藩した。

一政は慶長十五年、伯耆国黒坂へ転封され、四百年におよぶ関氏と亀山との関係は切れ、代わって三河国作手《つくで》から家門の松平（奥平）忠明《ただあきら》が五万石で入封したが、わずか五年後の元和元年（一六一五）、摂津国大坂へ転じ、一時幕府領に編入された。元和五年、三河国挙母《ころも》から三宅康信《やすのぶ》が一万石で入封し、亀山の地は譜代大名の支配領地となった。

康信は翌六年、伊勢国内において二千石を加増され、合わせて一万二千石を領有したが、寛永九年（一六三二）に康信が没した。嫡男康盛《やすもり》が遺領を継いだが、寛永十三年、旧領の挙母に移封されると、三河国西尾から本多俊次《としつぐ》が伊勢国鈴鹿・三重・河曲《かわの》三郡内において五万石で入封した。俊次は寛永十五年から三ヵ年を費やして居城の大改修を行った。慶安四年（一六五一）、俊次が旧領の近江国膳所《ぜぜ》へ転封すると、同地から石川憲之《のりゆき》が五万石で入封し、寛文九年（一六六九）、山城国淀へ転封となった。

石川氏の入封

石川氏の転封後、下総国関宿から板倉重《しげ》常《つね》が五万石で入封し、重常のあと、重冬《しげふゆ》－重治《しげはる》と在封したが、宝永七年（一七一〇）に志摩国鳥羽へ転じた。代わって同地から松平（大給）乗邑《のりさと》が近江国などで加増され六万石で入封し、七年後の享保二年（一七一七）、山城国淀へ移封となった。松平氏のあとには、再度鳥羽から板倉重治《しげはる》が入封し、その子勝澄《かつずみ》と続いた。板倉氏はたび重なる移封で多大な負債をかかえ、延享元年（一七四四）に備中国松山へ転封になると、同地から再度石川総慶《ふさよし》が伊勢国鈴鹿・三重・河曲、備中国阿賀《あか》・上房《じょうぼう》の五郡内において六万石を領して入封し、以後藩主は定着した。

総慶のあと、明和元年（一七六四）に嫡男総堯《ふさたか》が家督を継いだが、わずか三ヵ月後に病没し、急遽総純《ふさずみ》が養嗣子となった。明和三年に甲斐国の川普請助役を命ぜられ、御用金を農民に課し、同五年に藩御用商人鮫屋源兵衛の画策による新検地と米の買占めに反対して、全藩挙げての一揆が起こった。

総純のあと、総博《ふさひろ》－総師《ふさのり》－総佐《ふさすけ》－総安《ふさやす》－総和《ふさとも》－総禄《ふさよし》と継承し、総禄は文久年間（一八六一～六三）に兵制改革により洋式操練を採用し、また山野の開拓を勧め茶の栽培を奨励した。つぎの総脩《ふさなが》－成之《なりゆき》と継ぎ、成之は十一歳で家督を継いだが、幕末多難な時期であり、藩内では勤王派と佐幕派との対立が激しかった。このため勤王派の家老近藤鐸山が成之を補佐して藩論をまとめ、難局を乗り越えて明治四年に廃藩置県を迎えた。

菰野藩《こもの》〈外様〉
陣屋＝三重県三重郡菰野町

尾張国犬山城主であった土方《ひじかた》雄久《おひさ》の嫡男雄氏《かつうじ》は慶長四年（一五九九）、徳川家康の嫌疑を受けて、父とともに常陸国水戸の佐竹義《よし》重《しげ》の許に蟄居となったが、翌年の関ヶ原の役後、徳川秀忠に仕えて、伊勢国三重、近江国栗太《くりもと》両郡内において一万二千石を与えられ、菰野に陣屋を構えて立藩した。

雄氏は京都に在住し、家臣も領内の各地に散在していたが、次の雄高《かつたか》が家督を継ぐと、菰野に居住して城下町を整備し、家臣を城下町に居住させ、藩政の整備を行った。雄高のあと、雄豊《かつとよ》―豊義《とよよし》と続き、豊義が家督を継いだ時、叔父久長《ひさなが》に一千石を分与し、以後一万一千石を領有した。そのあとは雄《かつ》房《ふさ》―雄端《かつまさ》―雄年《かつなが》―雄貞《かつさだ》―義苗《よしたね》と継承し、義苗は寛政十年（一七九八）、臨時準備積立法を実施し、年間二百五十俵の米を積立てたが、成果が上がらなかった。以後、雄興《かつおき》―雄嘉《かつよし》―雄永《かつなが》―雄志《かつゆき》と十三代にわたり在封し、明治四年（一八七一）に廃藩置県を迎えた。

西条藩《さいじょう》（南林崎藩《みなみはやしさき》）〈譜代〉
陣屋＝三重県鈴鹿市南林崎

紀伊国和歌山藩主徳川家に仕えていた有馬氏倫《うじのり》は享保元年（一七一六）、八代将軍に就任した吉宗に従って旗本に復して側用人を勤め、伊勢国三重、下野国芳賀両郡内において二千三百石を知行していたが、同十一年に伊勢国多気・河曲《かわの》・三重、下野国河内、上総国市原の五郡内において七千七百石を加増され、一万石を領有して諸侯に列し立藩した。

有馬氏は参勤交代を行わない定府大名で、氏倫のあとは養子氏久《うじひさ》が元文元年（一七三六）に家督を継ぎ、同五年に大番頭となり、宝暦九年（一七五九）に致仕し、ついで養子氏恒《うじつね》が家督を継いだが、翌年二十二歳の若さで没した。氏恒に実子がなく義弟氏房《うじふさ》が継いだが、三年後の安永二年（一七七三）に十七歳で没し、養子氏恕《うじよし》が相続した。氏恕は天明元年（一七八一）、上総国市原郡五井村に陣屋を移して、五井藩を立藩したので、西条藩は廃藩となった。

上野藩《うえの》〈外様〉
居城＝三重県安芸郡河芸町

伊勢国司北畠具教《とものり》は永禄十二年（一五六九）、伊勢へ侵攻してきた織田信長に屈服し、信長の次男信雄《のぶかつ》に伊勢国司を譲った。のち文禄元年（一五九二）、豊臣秀吉の赤母衣衆分《わけ》部《べ》光嘉《みつよし》が伊勢国飯野・度会・一志・安芸四郡内において一万石で封ぜられた。

光嘉は慶長五年（一六〇〇）、関ヶ原の役の時、徳川家康に属して会津征伐に従い、下野国小山の陣において石田三成挙兵の報を受けると、家康の命により伊勢に戻り、富田信高《のぶたか》とともに津城を守って、石田方の毛利秀元《ひでもと》率いる二万の大軍と戦った。身に数創の疵を負って防戦し、力尽きて高野山へ入ったが、戦後、家康に召喚されて所領を安堵され、さらに安芸郡内において一万石を加増されて、上野に居所を構えて立藩した。だが、光嘉は翌年十一月に没し、そのあとは養子光信《みつのぶ》が継いだが、天和五年（一六一九）に近江国大溝へ転封となり、上野藩は廃藩となった。

林《はやし》藩〈外様〉
居城＝三重県安芸郡芸濃町

丹波国柏原《かいばら》城三万六千石の城主で豊臣秀吉のお咄衆に列した織田信包《のぶかね》（織田信秀の四男で信長の弟）の嫡男信重《のぶしげ》は文禄三年（一五九四）春、伏見城工事の功により、伊勢国安芸郡林において一万六千石を与えられ、林城に封ぜられて立藩した。

慶長五年（一六〇〇）、関ヶ原の役が起こると、信重は徳川家康方に属したので、戦後所領は安堵された。信包は慶長十九年の大坂冬の陣が起こる前の七月十七日に七十二歳で没した（信包は集会席上で喀血して死んだので、奇怪な説がある）。父の遺言により三男信則《のぶのり》が遺領を継いだが、信重は弟が父の遺領を継いだことを不満として、元和元年（一六一五）閏六月、家康に訴えた。しかし、父の遺言で相続した以上、信則には別に問題ないのに、訴訟を起こしたのは不届であると、家康は逆に僻事《ひがごと》であるとして、信重は除封されてしまった。このため林藩は廃藩となった。

雲出《くもず》藩〈譜代〉
居城＝三重県津市雲出町

豊臣秀吉・秀頼父子に仕えていた蒔田《まいた》権之助広定《ひろさだ》は文禄三年（一五九四）春、伏見城工事の功により、伊勢・備中・河内三国内において一万三千石を与えられ、伊勢国一志郡雲出に封ぜられて立藩した。

慶長五年（一六〇〇）、関ヶ原の役が起こると、広定は西軍の石田三成の要請に呼応し、徳川家康方に属した安濃津城主富田信高《のぶたか》を攻め落として守衛していたが、西軍の敗戦によって高野山へ遁れて蟄居したので、除封された。戦後、浅野長政・幸長父子の執りなしで罪を許され、所領を安堵されたが、同年備中国賀陽・窪屋・浅口、河内国大県、山城国久世、摂津国豊島《てしま》・八部《やたべ》郡内において一万石余を与えられ、備中国浅尾に転封になったので、雲出藩は廃藩となった。

なお、蒔田広定の墓所は東京都豊島区駒込七―一四―一四の勝林寺にあり、墓石には「従五位下藤原朝臣蒔田左衛門権佐広定墓」と刻まれている。

久居《ひさい》藩〈外様〉
陣屋＝三重県久居市西鷹跡町

津藩祖藤堂高虎《たかとら》は寛永七年（一六三〇）十月五日に七十二歳で没し、次男高次《たかつぐ》が遺領を継ぐと、ただちに支藩設置を幕府に願い出たが、寛文九年（一六六九）、ようやく老中列座の席で許可された。同年、高次の嫡男高久《たかひさ》が家督を継ぐと、弟高通《たかみち》は伊勢国河《かわ》曲《の》・三重・一志・安濃《あのう》・安芸・鈴鹿、大和国十市・山辺・式上《しきのかみ》・添上、山城国相楽十一郡内において五万石を分与されて、一志郡久居に陣屋を構えて立藩した。

元禄十年（一六九七）、高通のあとを継いだ弟高堅《たかかた》は長兄高久から三千石を分与されていたので、合わせて五万三千石を領有した。以降、高陳《たかのぶ》―高治《たかはる》（のち宗家を相続し、津藩主となる）―高豊《たかとよ》（のち津藩主）―高雅《たかまさ》―高敦《たかあつ》（のち津藩主）―高朶《たかえだ》―高興《たかおき》―高衡《たかひら》―高矗《たかなお》―高兌《たかさわ》（のち津藩主）―高邁《たかとう》―高秭《たかかつ》―高聴《たかより》―高邦《たかくに》と十六代、約二百年にわたって相続し、明治四年（一八七一）に廃藩置県を迎えた。

岩手《いわで》藩〈外様〉

居城＝三重県度会郡玉城町

美濃国清水城主で豊臣秀吉のお咄衆に列した稲葉重通《しげみち》の嫡男利貞《としさだ》は、外祖父牧村正倫の遺領二万石を継いで、伊勢国度会郡の岩手城を居城としていた。だが、利貞は文禄二年（一五九三）、文禄の役の時に朝鮮へ出兵していたが、七月十日に病没したため、弟道通《みちとお》が秀吉の命を受けて遺領を継いだが、姓氏を改めず稲葉を称していた。道通は文禄三年春、伏見城工事の功により、五千七百石を加増され、合わせて二万五千七百石を領有した。

慶長五年（一六〇〇）、関ヶ原の役が起こると、道通は徳川家康方に属して、志摩国鳥羽城主九鬼嘉隆《くきよしたか》を攻め、さらに伊勢国安濃津城主富田信高《のぶたか》、伊勢上野城主分部光嘉《みつよし》らとともに西軍と戦った。戦後その功により伊勢国度会郡内において二万石を加増され、合わせて四万五千七百石を領し、旧領田丸城へ移ったので、岩手藩は廃藩となり、以後、藩は置かれなかった。

田丸《たまる》藩〈譜代〉

居城＝三重県度会郡玉城町田丸

伊勢国田丸城主稲葉道通《みちとお》は文禄二年（一五九三）九月十四日、豊臣秀吉の命により長兄牧村利貞《としさだ》の遺領二万石を継ぎ、岩手城を居城とした。さらに文禄三年春、伏見城の工事の功により、五千七百石を加増され、合わせて二万五千七百石を領有した。慶長五年（一六〇〇）、関ヶ原の役が起こると、徳川家康方に属して志摩国鳥羽城主九鬼嘉隆《くきよしたか》と戦って功があり、戦後伊勢国度会郡内において二万石を加増され、合わせて四万五千七百石を領し、旧領田丸城を居城として立藩した。慶長十二年に道通が没し、その子紀通《のりみち》が遺領を継いだが、元和二年（一六一六）、摂津国中島へ転封となり、田丸藩は廃藩となった。

元和五年、家康の十男頼宣《よりのぶ》が紀伊国和歌山藩五十五万五千石の藩主になると、田丸の地は和歌山藩領となり、その家老久野丹波守宗成《むねなり》が一万石を領有して城代をつとめ、のち久野氏が居城して明治維新を迎えた。

松坂《まつさか》藩〈外様〉

居城 ＝三重県松阪市殿町

松阪の地は、中世には伊勢国司北畠氏の支配下に置かれていたが、戦国末期には織田信雄《のぶかつ》が伊勢湾岸に近い松ヶ島に城を築いて、南伊勢支配の拠点とした。天正十二年（一五八四）、近江国日野から移った蒲生《がもう》氏郷《うじさと》が城主となったが、松ヶ島城が狭小であったため、天正十六年に新たに四五百《よいほ》の森に松阪城を築き、城下町を整備した。氏郷は天正十八年、会津若松城へ移されたので、文禄四年（一五九五）、古田重勝《しげかつ》が三万五千石を領して松阪城主となった。

慶長五年（一六〇〇）、関ヶ原の役が起こると、重勝は徳川家康方に属し、戦後二万石を加増されたが、同十一年に没した。その弟重治《しげはる》が家督を継ぐと、元和五年（一六一九）に石見国浜田五万四百余石へ転封となり、松坂藩は廃藩となった。家康の十男頼宣《よりのぶ》が紀伊国和歌山藩主になると、松阪の領地は和歌山藩領に合併され、以後、城下町は商人町として発展した。

小江戸紀行　豪商と文化人が息づく城下町松阪城下を歩く

松阪城二の丸跡に移築された本居宣長旧宅

松阪商人の面影

松阪を開いた蒲生氏郷が城下に楽市楽座を置いて以来、松阪は商人町として繁栄した。現在、本町界隈の旧伊勢参宮街道沿いには、豪商三井家の発祥地跡を初め、紙や木綿を手びろく商った豪商小津清左衛門邸宅（松阪商人の館）、木綿問屋「丹波屋」の家号をもつ長谷川邸宅などが建ち並び、往時の暮らしぶりを垣間見ることができる。

松阪城跡と本居宣長旧宅

本町から大手通りへ進むと、前方に見える丘が松阪城跡である。松阪城は蒲生氏郷が天正十六年（一五八八）、四五百《よいほ》の森と呼ばれたこの地に築いたものだが、氏郷が二年後に会津若松へ転封となり、関ヶ原の役後、古田重勝・重治父子が城主となった。

現在は高い石垣や大手門、搦手門、天守閣や二の丸などが残っている。城跡には明治四十四年に建てられた古建築の市立歴史民俗資料館を初め、本居宣長旧宅と宣長記念館などがある。旧宅は明治四十二年、魚町にあったものを保存公開のために、隠居丸跡に移築された。宣長十二歳の時から終世を過ごした家で、座敷に上がることはできない。邸前の高みから見ると、入口右手の二階が宣長五十三歳の時に書斎に改造し、医者として過ごした「鈴屋」と号する部屋である。鈴を好んだ宣長は、ここに幾つもの鈴を置いてその音を楽しんだという。

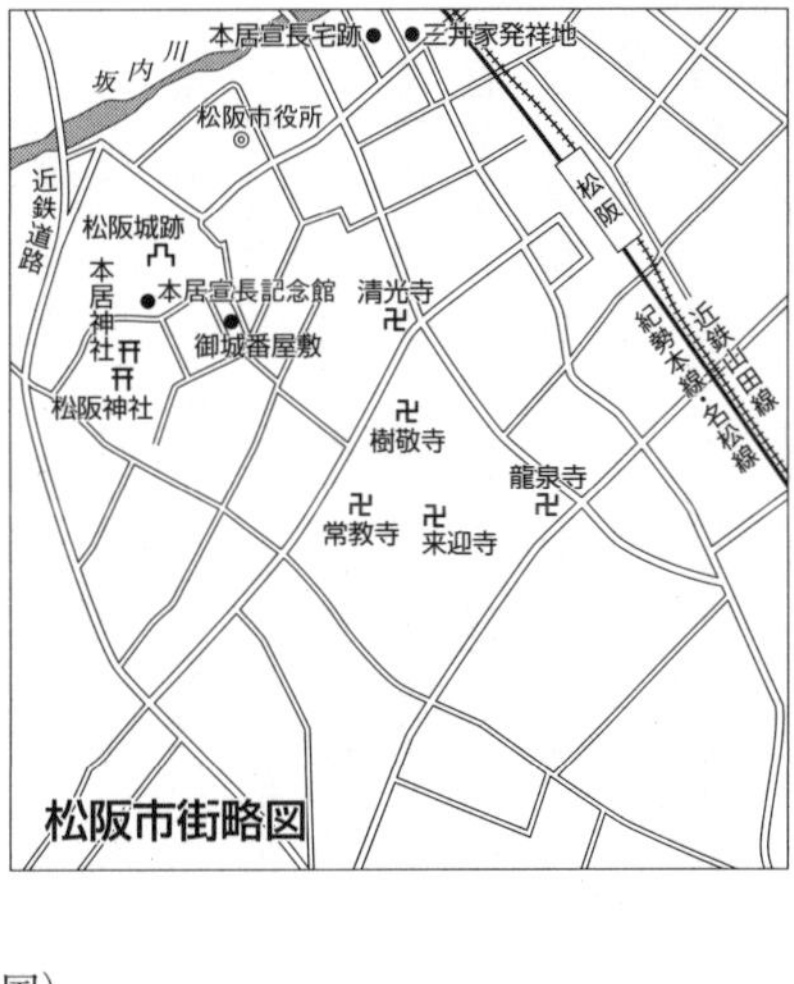

松阪市街略図

城跡裏の一ノ門を出た殿町に御城番屋敷がある。このあたりは槇垣と石畳を挟んで静かに息づく歴史空間で、江戸末期に旧和歌山藩士が松阪城警護のために移り住んだ武家屋敷である。このような組長屋は全国でも珍しく、今も人々の暮らしが営まれ、西棟北端の一棟は内部を公開している。

なお、駅前通りから旧参宮街道を越えた左手に樹敬寺があり、墓地には宣長・春庭の墓がある。

伊賀国

上野《うえの》藩〈外様〉

居城＝三重県上野市丸之内

筒井定次の除封

織田信長が天正十年（一五八二）六月二日、本能寺の変に斃れた後、豊臣秀吉が代わって天下の覇権を握ると、同十二年に伊賀上野城には脇坂安治が入城した。だが秀吉は大坂城を中心とした大名配置を断行し、異父弟秀長を大和・和泉・紀伊三ヵ国の押えとして大和国郡山城に封じたので、脇坂安治を摂津国に移し、代わって郡山城主筒井定次（筒井順慶の養子）が二十万石で伊賀上野城へ入城。定次は入城すると、ただちに城の改築にとりかかり、天守閣・二の丸・三の丸を配した近世的な城郭が完成したのは、文禄年間（一五九二〜九六）であった。

慶長五年（一六〇〇）、定次は徳川家康が上杉景勝征伐の時、下野国小山の陣まで従っていたが、この時、石田三成らが謀叛を起こした報せを受けた家康は、急遽諸将を上方へ発向させた。その西上の途次、定次は三成方の軍勢によって伊賀上野城がすでに陥落したことを知ったが、福島正則・細川忠興・加藤嘉明らの軍勢に属し、西軍の拠点である美濃国岐阜城攻撃に加わり、つづいて関ヶ原へと従軍した。

戦後、定次は本領を安堵されて、伊賀上野城に居城したが、徳川家康は豊臣恩顧の大名を懐柔する一方、大坂城の豊臣秀頼を包囲する大名配置を考えていた。このような時の慶長十三年、定次は関ヶ原の役では徳川方に属したが、その後も秀頼の寵臣大野治長一族と誼《よしみ》を通じていたため、家康の忌諱に触れ、さらに家臣間の抗争が家康に知られ、ついに同年六月、陸奥国磐城平藩主鳥居忠政に預けられた。

そして、元和元年（一六一五）三月五日、定次は嫡子順定とともに死を命ぜられ、家は断絶した。改易の真相は、定次が文禄元年（一五九二）、受洗してキリスト教徒になっており、キリシタン大名廃絶のための処断であったともいわれている。

藤堂高虎の支配

関ヶ原の役後、徳川家康はきたるべき大坂の豊臣氏との決戦に備え、近江国彦根城とともに伊賀の地を軍略上の要地とみなし、定次の改易後、家康の信任篤かった伊予国今治城主藤堂高虎が慶長十三年六月、伊賀国十万石、伊予国内二万石をもって、勢伊二州を治めた。「紀州諸郷の武族或は芳野十津川蜂起して東海道へ馳出凶徒等を当地において支える所の要枢《ようすう》なれば少分の軍将として抱がたき城街なり（中略）大坂表非利においては大御所公は上野の城へ引取……」（『高山公言行録』）とあり、大坂方に対する他に紀伊・大和両国を押えるためにも高虎を必要としたのである。

高虎は入封とともに、上野城と津城の大修築に着手し、特に上野城は大坂方に備えるため、日本一高いという壮大な高石垣を築いた。だが、完成間近い慶長十七年九月、大暴風雨に見舞われて倒壊し、慶長十九年十月の大坂冬の陣、元和元年四月の夏の陣によって豊臣氏が滅亡すると、上野城も必要なくなり、再建されなかった。その後、高虎は津藩を重視し、上野の地には代々藤堂釆女を城代家老として治めさせた。

小江戸紀行 俳聖芭蕉を生んだ城下町伊賀上野城下を歩く

上野城跡と俳聖堂・忍者屋敷

四方を山々に囲まれた伊賀盆地の中心に位置する伊賀上野は慶長十三年（一六〇八）、藤堂高虎が伊勢国津に転封となり、伊賀国を併せ領有した時、天正十三年（一五八五）に筒井定次が築いた上野城を大修築し、同時に城下町を整備したのが始まりで、以後、明治維新まで津藩藤堂氏の支配下に置かれた。今も上野の街は、紅殻格子《べんがらごうし》に白壁の情緒溢れる商家や武家屋敷、寺町の佇まいに城下町の面影を色濃く残している。また、俳聖芭蕉の生誕地として芭蕉ゆかりの遺跡も多く、忍者の里としても知られている。

近鉄伊賀線上野市駅北寄りの台地上一帯に老樹の茂る森が、上野城跡である。関ヶ原の役後、徳川家康はきたるべき大坂の豊臣方との決戦に備え、伊賀を軍略上の要地とし、高虎が自ら縄張りをして上野城を築いた。城は大坂方に備えるために、西側の防備に力を注ぎ、深い内濠・外濠を初め、日本一高いといわれる壮大な高石垣を築いた。五層の天守閣は完成間近い慶長十七年九月、大暴風雨に遭って倒壊し、以後再建されなかった。

現在、城跡は上野公園となり、堅固さを誇った高石垣や内濠がほとんど完形で残っている。天守閣跡には三層の復興天守閣が建つが、これは昭和十年に川崎克が上野文化産業城として再建したもので、三階の展望楼からの眺望が美しい。

園内には芭蕉翁記念館を初め、俳聖殿・忍者屋敷などがある。俳聖殿は芭蕉生誕三百年祭（昭和十七年）に建てられたもので、芭蕉の旅姿を型どったユニークな建物である。殿内には伊賀焼きの芭蕉等身大の座像がある。俳聖殿の東隣にある忍者屋敷は、一見普通の民家のように見えるが、内部は忍者屋敷独得のドンデン返しの壁や抜け道などのカラクリがある。伊賀流忍術の発祥地だけに、忍術に関する歴史・文献・道具などが展示されている。本丸跡南西下、大和街道に沿って、藤堂藩の藩校旧崇広堂《すうこうどう》があり、重厚な表門・講堂・書庫など、往時の姿を見ることができる。

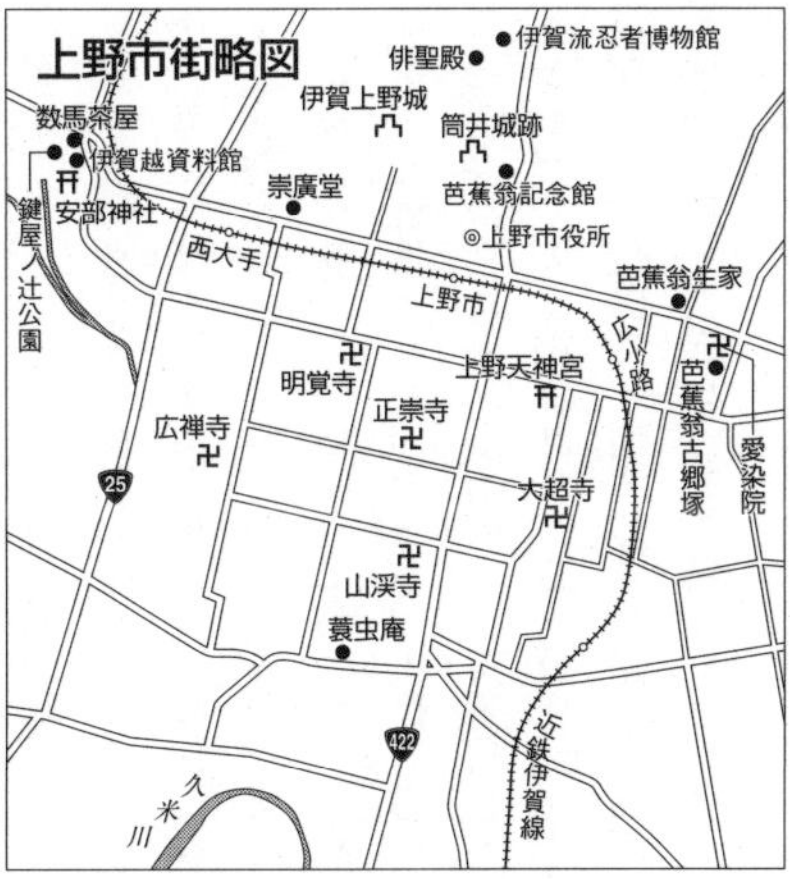

芭蕉生家と愛染院

上野天神宮秋祭りの様子を紹介するだんじり会館前から大和街道を東へ進むと、細い格子造りの町家で長屋風の質素な建物が、天保元年（一八三〇）に建てられた芭蕉の生家である。安政の大地震（一八五四年）に遭って、改築されたといわれるが、内部は当時の風情を偲ぶ構造になっており、裏庭には

芭蕉生家前に立つ芭蕉生誕の地碑

芭蕉が青年期を過ごした離れ屋敷の釣月軒《ちょうげつけん》があり、処女作『貝おほひ』を書いた所である。生家前の大和街道に面して、芭蕉誕生の地碑と、「旧里《ふるさと》の臍《へそ》の緒《お》に泣としの暮」の句碑が立っている。

　生家前の大和街道を渡って南下すると、松尾家の菩提寺愛染院《あいぜんいん》があり、門前に芭蕉翁故郷塚と刻まれた石碑が立っている。境内には傘形をした葦葺き屋根の中に、高さ一メートル程の自然石の故郷塚には「芭蕉翁桃青法師」と刻まれている。境内には三基の芭蕉句碑の他、多くの句碑が林立し、故郷塚の入口に芭蕉五庵の一つ瓢竹庵《ひょうちくあん》（門弟岡本苔蘇《たいそ》）が、再建されている。

　商店街を進み近鉄伊賀線の踏切を渡った左が、由緒ある七ヵ寺が甍を並べる寺町で、白壁の美しい土塀が連なる風情たっぷりな街路である。藩主藤堂家の菩提寺上行寺、城代家老藤堂玄蕃家の菩提寺大超寺、伊賀越仇討の河合又五郎の墓のある万福寺などがある。踏切の正面の森の中には、二十九歳の芭蕉が『貝おほひ』を奉納したことで有名な上野天神宮（菅原神社）があり、境内には芭蕉句碑もある。

蓑虫庵と鍵屋ノ辻

　天神宮前をまっすぐに西へ進む道が本町通りで、碁盤目状になっている城下町は、南北に三本の大通りがあり、中之立町通りがその真ん中である。通りには商店街が連なる他、武家屋敷や古い町屋が残され、その南はずれに芭蕉翁五庵の一つ蓑虫庵《みのむしあん》がある。この庵は門弟服部土芳《どほう》の住居で、貞享四年（一六八七）に建てられたが、その後火災に遭って文政七年（一八二七）に再建されたものという。庵名は芭蕉が庵開きに「みの虫の音を聞きにこよ草の庵」の句を贈ったことから名づけられた。江戸時代の典型的な茶室風の建物で、庭内には江戸深川にあった「古池や蛙飛びこむ水の音」の句碑、竹藪の中に土芳の墓がある。庭の西北隅の芭蕉堂には木像と位牌がある。

　本町通りの西端、津へ至る伊勢街道と奈良へ続く大和街道の分岐点が鍵屋ノ辻で、伊賀越仇討ちが行われた所である。寛永十一年（一六三四）十一月七日、岡山藩士渡辺数馬が義兄荒木又右衛門の援けを得て、弟の仇敵河合又五郎を討ち取った。喧伝では又右衛門三十六人斬りといわれるが、実際は数馬方が斬ったのは四人であった。曽我兄弟・赤穂浪士と並んで日本三大仇討ちの一つとされ、「伊賀の水月」として歌舞伎や映画などでよく知られている。現在、記念碑が立ち、仇討ちに関する資料館や又五郎を密かに待ったという数馬茶屋などが残っている。

梁瀬藩《やなせ》〈譜代〉

陣屋＝三重県名張市梁瀬

大和国一国を領した郡山城主筒井順慶《じゅんけい》の重臣松倉重信《しげのぶ》は大和国高取城主として二千五百石を領していたが、天正十三年（一五八五）閏八月、順慶の養子定次《さだつぐ》が大和国から伊賀国へ移った時、伊賀国内において八千三百石を領し、伊賀国名張に入った。その子重政《しげまさ》は定次に仕えて伊賀国梁瀬城主となり、文禄二年（一五九三）七月七日に父重信が没すると、家督を相続して八千三百石を領した。

慶長五年（一六〇〇）の関ヶ原の役の時、重政は主君定次とともに徳川家康に属して戦功を樹てて本領を安堵されたが、定次は同十三年六月、家臣中坊秀祐の提訴で改易された。重政も所領を返納したが、先の戦功によって、改めて大和国宇智郡・二見五条に一万石を与えられ、諸侯に列して二見五条へ転封となり、梁瀬藩は廃藩となった。その後、重政は肥前国島原へ移り、その子勝家の時、有名な島原の乱が起こった。

名張藩《なばり》〈外様〉

陣屋＝三重県名張市丸之内

名張藤堂家は本藩津藤堂家の陪臣《ばいしん》であり、正式には大名とはいえないが、便宜上、藩扱いとして掲出する。戦国末期の代表的な武将藤堂高虎《たかとら》には、初め実子がなかったので、丹羽長秀の三男高吉《たかよし》を養子に迎えた。高吉は慶長五年（一六〇〇）、関ヶ原の役の時、養父高虎とともに出陣して戦功を樹て、慶長十二年、高虎が伊予国今治から伊勢国津（安濃津）へ国替えになった時、高吉は今治二万石を領していた。高虎が伊賀国を領した時、名張城に家臣梅原勝右衛門を城代とし配したが、元和元年（一六一五）の一国一城令の際に廃城となった。

寛永十二年（一六三五）、伊予国今治城付き二万石を伊勢国名張郡内八ヵ村の二万石と所領替えが行われた時、今治城主高吉は名張二万石を与えられ、名張藤堂家が成立した。そして、高吉は翌年から名張城跡に居館を築き、居館を中心に家臣らの武家屋敷を置いた。

高吉は寛文十年（一六七〇）七月十六日に没し、そのあとは長正《ながまさ》が遺領一万五千石を継ぎ、以後、長守《ながもり》―長源《ながもと》―長熙《ながひろ》―長美《ながよし》―長《なが》旧《ふる》―長教《ながのり》―長徳《ながのり》―高美《たかよし》と継承し、十一代高《たか》節《もと》まで約二百三十余年続いたが、明治四年（一八七一）に廃藩置県を迎えた。

なお、名張は小規模ながらも城下町・宿場町の面影をとどめ、近鉄大阪線名張駅から西南へ五分程の高台に名張藤堂家邸跡（県史跡）があり、大名屋敷としては県下では珍しいものである。藤堂家邸は明治四年の廃藩置県の際、惜しくも大部分が取り壊され、現在は奥住居の一部だけが残されている。屋根は八棟《やつむね》造りと称される複雑なものであり、桃山式枯山水の庭園や茶室など、この邸宅にふさわしい遺構を残している。また、太鼓門と呼ばれた正門は、高吉を祀る寿栄《ひさか》神社に移築されている。

邸跡の東南、近鉄線の線路を越えた名張川そばの名張藤堂家の菩提寺徳蓮院には、歴代領主とその一族の墓がある。名張はまた、日本の探偵小説の基礎を築いた江戸川乱歩のふるさとでもある。

志摩国

鳥羽藩《とば》〈譜代〉

居城＝三重県鳥羽市鳥羽

水軍の将九鬼氏の転封

織田信長に属した水軍の将九鬼嘉隆《くきよしたか》は天正六年（一五七八）、信長が石山本願寺を攻撃する時、兵船二百余艘を率いて木津川口において毛利氏の糧船六百艘を撃破して、九鬼水軍の名を天下に轟かせた。のち豊臣秀吉に仕えた嘉隆は文禄三年（一五九四）、朝鮮の役に水軍の総司令官的な立場として出陣したが、連戦連敗という体たらくだった。嘉隆はその責任をとらされて、慶長二年（一五九七）に致仕し、隠居料として伊勢国内に五千石を与えられた。嘉隆のあとを継ぎ三万石を領した三男守隆《もりたか》は、徳川家康に仕え、慶長五年の上杉景勝征伐の時には下野国小山へ出陣、石田三成の謀叛で西上し、兄成隆を人質とした。一方、父嘉隆は三成の勧誘によって西軍に与《くみ》し、子守隆の鳥羽城を奪って立て籠った。このため父子は敵味方に分かれ、伊勢路の守備を命ぜられた守隆は不本意ながら父と戦った。

戦後、守隆は伊勢国内で二万石を加増され、父の隠居料五千石を合わせて五万五千石を領有した。この時、守隆は父の助命を願い出て、死罪は免れたが、これに先だって嘉隆は自害した。その後、守隆は大坂の両陣には軍船を率いて参戦し、のち功により伊勢国内において一千石を与えられ、合わせて五万六千石を領有した。

守隆は病に罹り、嫡男良隆《よしたか》と次男貞隆《さだたか》とが病弱だったので家督相続を辞したため、伊勢国金剛証寺で僧侶となっていた五男久《ひさ》隆《たか》を還俗させ封を継がせることになった。だが、三男隆季《たかすえ》から不満が起こり、嫡庶が跡目相続争いとなったため、幕府評定所へ仲裁を仰いだところ、久隆に四万六千石と鳥羽城、隆季に一万石分与の裁定が下り、一度はそれで鎮まった。ところが寛永九年（一六三二）九月に守隆が没すると、再び隆季から不満が起こり、幕府の決定によって翌年三月、久隆は三万六千石で摂津国三田へ、隆季は二万石で丹波国綾部へ移された。この結果、志摩の海に君臨し、九鬼水軍の名を天下に轟かせた九鬼氏は、海を離れて内地の山地へ移らねばならなくなった。

内藤氏から松平（戸田）氏へ

九鬼氏の移封後、常陸国真壁から内藤忠《ただ》重《しげ》が志摩国答志《とうし》郡内三十六ヵ村一万一千八百四十二石、英虞《あご》郡内二十ヵ村七千八百八十二石、伊勢国度会《わたらい》郡内五ヵ村四千八石、多気《たけ》郡内七ヵ村三千二百三十五石、飯野郡内六ヵ村三千三十石、常陸国信太《しだ》郡内十五ヵ村五千石、三河国渥美郡伊良子《いらご》村二百三十石、合わせて三万五千二百三十石で入封した。忠重は鳥羽城を近世城郭に改築したことから、多額の出資を要したので、八公二民という苛斂誅求《かれんちゅうきゅう》策をとった。

忠重のあと、忠政《ただまさ》―忠勝《ただかつ》と続き、忠勝は延宝八年（一六八〇）六月二十六日、芝増上寺における四代将軍家綱死去による大法会の席上、日頃から犬猿の仲だった丹後国宮津藩主永井尚長《なおなが》を斬殺したため切腹を命ぜられ、内藤家は断続、領地は収公された。なお、忠勝の実姉の子が城中で吉良上野介を斬った浅野内匠頭長矩である。

鳥羽の領地は幕府領となったが、八ヵ月

後の天和元年（一六八一）、下総国古河から土井利益《とします》が志摩国二郡内で二万石の他、伊勢国度会《わたらい》・多気《たけ》・飯野三郡、近江国蒲生郡内、三河国宝飯《ほい》、額田《ぬかた》・設楽《したら》郡内において五万石、合わせて七万石で入封した。土井氏は鳥羽藩主中、もっとも課税が低く、新田畑の開発が盛んに奨励され、減徴分はこの新田畑の貢租によって埋め合わせがついたからである。

利益は元禄四年（一六九一）、肥前国唐津へ転封となり、代わって同地から松平（大給《おぎゅう》）乗邑《のりさと》が志摩・伊勢・三河・近江四国内で六万石を領して入封し、宝永七年（一七一〇）一月、伊勢国亀山へ移った。入れ替って同地から板倉重治《しげはる》が五万石で入封した。重治は七年後の享保二年（一七一七）、旧領亀山へ移り、亀山の松平（大給）乗邑が山城国淀《よど》へ、同地の松平（戸田）光慈《みつちか》が七万石で入封するが、光慈はわずか六歳であった。在封八年後の享保十年十月、光慈は信濃国松本へ転封となるが、ちょうど収穫時期であったため、松平氏は年貢の先取りをしたことは有名である。

稲垣氏の治世

松平氏に代わって、下野国烏山から稲垣昭賢《てるかた》が志摩国答志《とうし》・英虞《あご》郡、伊勢国度会・多気・飯野郡内において三万石を領して入封した。交代の激しかった鳥羽は、ここでようやく藩主家が定着した。

藩領は、その立地条件から漁業生産が盛んであった。まず捕鯨は慶安二年（一六四九）、志摩各浦ごとに協議の結果、「鯨船他もやひ申定之事」が制定された。これは銛《もり》や網で捕らえた鯨の分け前をめぐって、争いが起こったからである。また建切網による鯔《ぼら》業が盛んに行われ、この地方の鯔は泥臭さがなく美味で世間にもてはやされた。さらに海女による貝類や海草などの採取も活発に行われ、特に国崎は熨斗鮑《のしあわび》の生産で有名である。これらの漁業生産は藩も保護し、藩財政建て直しの財源となった。

昭賢のあと、昭央《てるなか》－長以《ながもち》－長続《ながつぐ》－長剛《ながかた》と続き、長剛は文政七年（一八二四）、藩校 尚《しょう》志館《しかん》を創建、藩士の弟子だけでなく、領民の子女にも門戸を開いた。天保元年（一八三〇）、城米船の貢租米隠匿の波切《なぎり》騒動が起こり、また藩財政の建て直しをはかるべく、経世家竹川竹斎《ちくさい》（正胖《まさひろ》）は天保の飢饉の時、私財を投じて水利を開削して新田・廃田を開墾し茶桑を奨励し、領民授産のために射和万古の陶器を創製した。さらに射和文庫を創設し、図書一万巻を備え、領民に書を講じ、文教に尽くした。嘉永六年（一八五三）六月、ペリー艦隊来航の時には『海防護国論』『護国復論』を著して藩主に献本、また鋳砲のため銅樋と弾薬料を献じている。

長明《ながあき》を経て、次の長行は慶応二年（一八六六）、十六歳で家督を継ぎ、同四年一月、鳥羽伏見の戦いには幕府方に参陣し、幕軍惨敗後、朝敵の汚名をこうむった。長行は伊勢国四日市に宿営する新政府軍の東海道鎮撫総督橋本実梁《さねやな》に謝罪したが許されず、入京を禁じられた。のち御所参内を許され、一万五千両の戦費が課せられて、橋本実梁の護衛を命ぜられた。長行は慶応四年八月十四日、十八歳で没し、弟長敬《ながひろ》が家督を継ぎ、明治二年（一八六九）六月、版籍奉還して知藩事に任ぜられ、同四年七月、廃藩置県を迎えた。

小江戸紀行

九鬼水軍の城下町鳥羽城下を歩く

鳥羽城跡の朽ちた石垣

水軍の城跡

伊勢湾の入口に面して細長く広がる鳥羽は港町である。江戸時代には鳥羽港が熊野灘から遠州灘を経て下田港までの、長い海路の唯一の泊場《とまりば》であったため、檜垣廻船、檜廻船などがここに寄港し、日和山《ひよりやま》で日和を見定めては出港した。JR鳥羽駅前の高さ五〇メートルの日和山観光塔のそびえているのがそれで、確かに湾内の状況が一望の下に見渡せる。丘上には「文政五年二月石上平吉、摂州灘、檜回船中」と刻まれた、檜廻船の船頭たちの方位石がある。

自ら〝海賊大将軍〟と名乗った小浜氏は、天文年間（一五三二〜五五）から五代、この地を支配したが、永禄十二年（一五六九）、景隆の代に鳥羽の海賊九鬼嘉隆《よしたか》に追われた。

鳥羽駅から南一キロ、現鳥羽小学校の建つ地が九鬼氏の居城鳥羽城跡である。小学校に保管されている江戸末期稲垣氏時代の鳥羽城俯瞰図によると、天守閣は三階建て、内部に多くの部屋と廊下が入り組み、城の出入口も本丸大門のほか十数ヵ所、月見櫓、太鼓櫓などの建物があり、堂々たる構えだったようだ。

光岳寺と常安寺

小学校から市役所前を過ぎ、大通りを横切ると正面に横町の光岳寺がある。当寺には嘉隆が自ら設計したという日本丸の天守高楼内書院に使用していた杉襖障子四枚が伝わる。

また、鳥羽の街のうしろの樋《ひ》ノ山公園の山麓には巨刹常安寺がある。慶長二年（一五九七）嘉隆の造立といわれるが、一説では、子守隆が父の冥福を祈って造ったともいう。本堂の真裏には九鬼家の廟があり、嘉隆の五輪塔と並んで守隆のそれが、一族のものに囲まれて静かにたたずんでいる。一段高い所は稲垣家の墓所である。なお、答志島の和具には嘉隆の墓、町の南方二〇〇メートルの築上山《つかげさん》上には首塚がある。

鳥羽市街略図

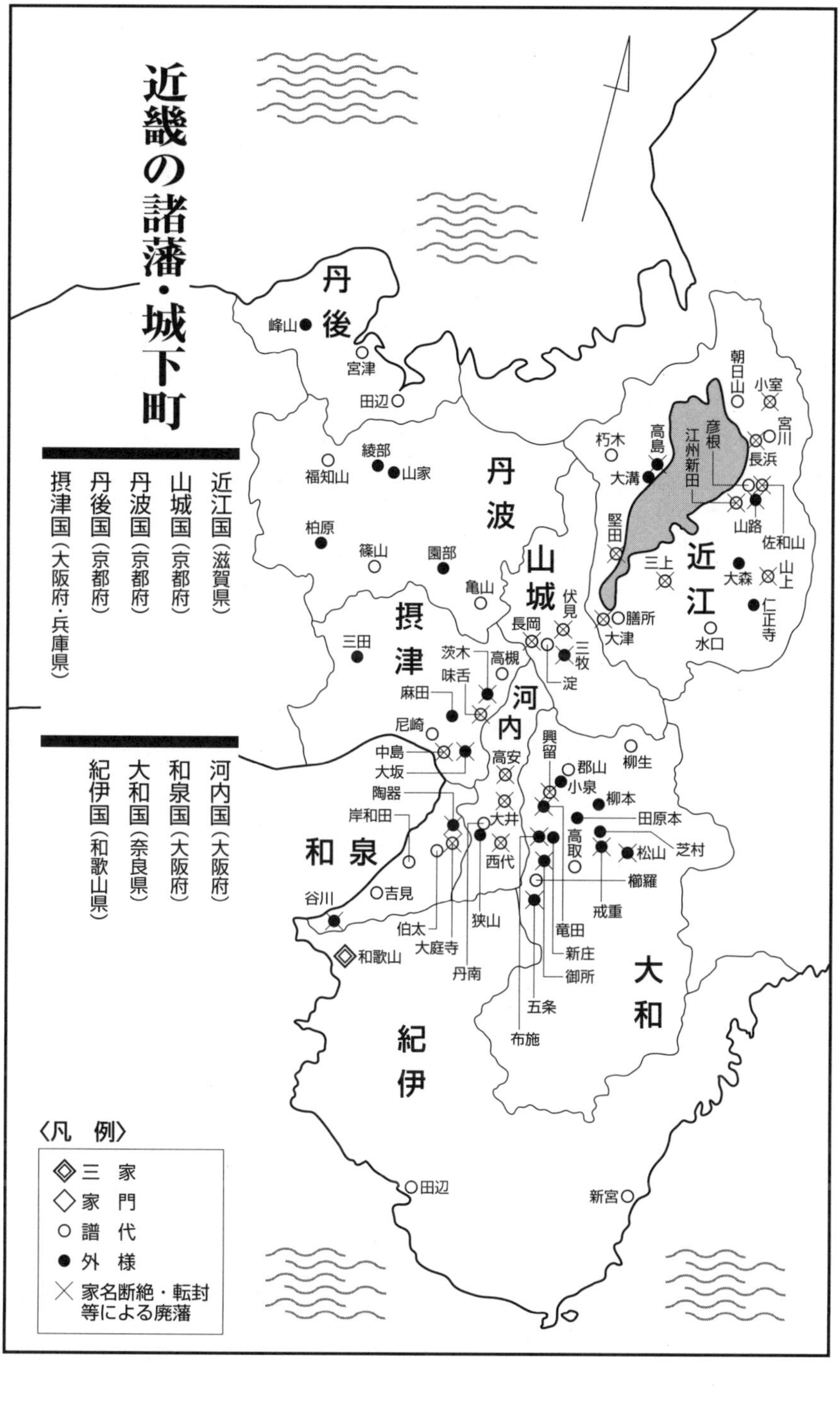

近畿の諸藩・城下町
近江国（滋賀県）
山城国（京都府）
丹波国（京都府）
丹後国（京都府）
摂津国（大阪府・兵庫県）
河内国（大阪府）
和泉国（大阪府）
大和国（奈良県）
紀伊国（和歌山県）
丹後
峰山
宮津
田辺
丹波
綾部
山家
福知山
柏原
篠山
園部
亀山
山城
伏見
長岡
三牧
淀
摂津
三田
茨木
高槻
味舌
麻田
尼崎
中島
大坂
近江
朝日山
小室
宮川
彦根
江州新田
長浜
高島
朽木
大溝
山路
佐和山
堅田
三上
大森
山上
仁正寺
膳所
大津
水口
河内
高安
大井
西代
狭山
丹南
和泉
陶器
岸和田
伯太
大庭寺
吉見
谷川
大和
興留
郡山
小泉
柳生
柳本
田原本
芝村
松山
高取
櫛羅
戒重
竜田
新庄
御所
五条
布施
紀伊
和歌山
田辺
新宮
〈凡　例〉
三　家
家　門
譜　代
外　様
家名断絶・転封等による廃藩

彦根藩《ひこね》〈譜代〉

居城＝滋賀県彦根市金亀町

井伊直政・直孝の入封

近江国佐和山城主石田三成は文禄四年（一五九五）、犬上・坂田・浅井・伊香四郡内において十九万四千石を領有していたが、西軍の首脳として徳川家康軍と戦い、敗れて斬首となった。戦後、軍功のあった井伊直政《なおまさ》は上野国箕輪十二万石から三成の遺領十八万石（うち上野国内三万石）を与えられ、佐和山城を居城として立藩した。

徳川四天王の一人として活躍した直政は遠江国井伊谷《いいのや》城主直親《なおちか》の子で、父直親が今川氏真《うじざね》から謀反の嫌疑を受けて殺害され、領地を没収された。わずか六歳の直政は徳川家康に取り立てられ、以後、数々の戦闘に出陣して活躍、また政務にも才能を発揮し、家康の信任がきわめて篤かった。関ヶ原の役の決戦日（九月十五日）、直政は敗走する島津義弘を追撃し、薩摩軍兵の狙撃を受けた鉄砲傷がもとで、慶長七年二月一日、四十二歳で没した。

あとを継いだ嫡男直継《なおつぐ》（のち直勝《なおかつ》）は、家康の命を受けて彦根山の地に築いたのが、現在の彦根城である。城は翌八年、十二大名の助役で着工し、三年の歳月を費やして完成、佐和山城から移転した。さらに元和二年（一六一六）から六年間で第二期工事を行った。しかし、直継は生来病弱で、慶長十九年の大坂夏の陣の時は病臥中のため、弟直孝《なおたか》が代理で出陣した。このような状態では職責を果たすことができないので、幕府は直継に上野国安中三万石を与えて別家とし、直孝を彦根藩主とした。このため直継は「二代」藩主の履歴を抹消された。

直孝は大坂の両陣で先鋒をつとめて活躍し、戦後、同三年に五万石、寛永十年（一六三三）に五万石の加増を受けて、合わせて三十万石となった。さらに幕府領の預米五万石を加えると、一般に称されているように三十五万石となり、これは譜代大名中随一の大封であった。しかも藩領は近江国犬上・愛知《えち》・神崎・蒲生・坂田・浅井・伊香の七郡にまとめられ、このように厚遇されたのは西国・中国地方の外様大名を押え、京都を守護するという任務を与えられていたからである。

直孝は藩政の諸制度の基礎を固める一方、秀忠・家光・家綱三代の将軍に仕えて、幕政を補佐した。朝鮮使節が残した記録によれば、将軍の側近に座る執政の最初に直孝の名が記され、そして保科正之（会津藩主）、酒井忠清（のち大老）、酒井忠勝（大老）が続いていた。直孝は万治二年（一六五九）六月二十八日に没したが、直孝が幕政を執っている間、嫡男直滋《なおしげ》が父に代わって藩政を司《つかさど》っていたが、父の没後に故あってか、突然蟄居を命ぜられて出家した。

井伊家歴代の治世

直孝のあとを継いだのは、五男直澄《なおずみ》である。直孝が死に臨み直澄に与えたといわれる「久昌院様御遺言」には、藩主としての心得を十三ヵ条にわたって記されていた。すなわち幕命必謹を第一に、武道・文道を奨励し、人材の登用、神仏の崇敬などが示されており、これが藩法の基本となった。

直澄は温厚な人柄であり、器量の人だっ

たから寛文八年（一六六八）には大老に就任したが、在職のまま延宝四年（一六七六）に没し、つぎは直孝の四男直時の嫡男直興《なおおき》が家督を継いだ。元禄元年（一六八八）、直興は日光東照宮修造の総奉行をつとめ、同八年には老中上座に列して政務に参与した。同年、大洞弁天堂を建立するため、領民のすべてから一文ずつの奉加を募り、直興は美術工芸の粋を集めて弁天堂を建てた他、槻《けやき》御殿（楽々園・玄宮園）を造営した。

直興は元禄十年、大老に就任したが、同十三年に病のため辞任し、わずか十三歳の八男直通《なおみち》に家督を譲った。直通は宝永七年七月二十五日に二十二歳の若さで没し、弟直恒《なおつね》が家督を継いだが、わずか七十日たらずの同年十月五日、十九歳で没した。

このあと一時、直興（当時は直治《なおはる》、のち直該《なおもり》を称した）が十三男直惟《なおのぶ》の成人するまで、再び藩主となり、大老に就任した。正徳四年（一七一四）、直惟が家督を継ぐと、十四男直定《なおさだ》に新田一万石を分与した。享保十九年（一七三四）、直定が直惟の世子と定まると、この一万石は返却され、翌年、直定が正式に家督を継いだ。

病弱だった直定は宝暦四年（一七五四）六月に致仕し、直惟の次男直禔《なおよし》に家督を譲ったが、同年八月二十九日に二十八歳で没し、歴代のなかで最も短命な藩主であった。直禔が没すると、直定が再び藩主となった。藩主再任は父直興に前例があるが、いずれも直政－直孝以来の血統を絶さないための方策であった。

直定は宝暦五年、直惟の三男直幸《なおひで》に家督を譲って致仕し、同十年二月に六十一歳で没した。直幸は天明四年（一七八四）、大老に就任したが、同六年の大飢饉の時には餓死者を出さないために、領内各所に施粥場を設置したので、一人の餓死者も出さなかったという。直幸は寛政元年（一七八九）二月、六十一歳で没し、七男直中《なおなか》が襲封した。なお、直幸が大老在任中は、三男直富《なおとみ》が藩政を担当していたが、早世したため藩主の座に就くことができなかった。

直中の代は老中松平定信が寛政の改革を断行した時期であり、藩もこの頃から藩財政が次第に苦しくなってきた。直中は自らも倹約につとめ、寛政十一年には国産方を設置し、浜縮緬、高宮布などを保護奨励するとともに、専売仕法を拡大し、積極的に経済利潤の追求に乗り出した。一方、寛政十一年には藩財政窮乏の中を藩校の創設に取り組み、熊本藩の時習館を模範にした本格的な藩校稽古館（のち弘道館、文武館と改称）を創設した。

また、直中は敬神の心が篤く、佐和山麓に遠祖共保《ともやす》を祀る井伊神社を建立したり、里根山に五百羅漢で有名な天寧寺を創建した。この直中の時代は彦根藩政史上、経済的にも文化的にも一時期を画する時であった。

直中は文化九年（一八一二）に致仕し、三男直亮《なおあき》が家督を継ぎ、天保六年（一八三五）から同十二年まで大老に就任した。この頃、異国船が日本近海にしばしば出没したので、弘化四年（一八四七）には相模国の海岸警備を命ぜられた。

埋木舎の主から大老へ

直亮は嘉永三年（一八五〇）十月に没し、世子の七男直元《なおもと》が早世したため、十四男直弼《なおすけ》が家督を継いだ。直弼は五歳で生母お富の方に死なれ、十七歳で父直中が没すると、兄直亮の命令で城外三郭の北の屋敷に移された。日当たりの悪い家臣並の家で、しかもあてがい扶持に三百俵を与えられたにすぎなかった。

家督を継ぐ世子以外の庶子は、他家へ養子に出されるか、家臣以下に扱われるのが、直孝以来の井伊家の家風であった。

世の中をよそに見つつも埋れ木の
　埋もれておらん心なき身は

の一首に我が心を託した直弼は、北の屋敷を埋木舎《うもれぎのや》と名づけた。こうして埋木舎に青春を過ごすこと十五年間で、文化諸芸を学んだ。特に茶道では石州流の奥義を極め、出雲国松江藩主松平不昧《ふまい》以来の達人と称され、『茶道一会集』を著し、さらに国学では歌道に打ち込み、国学者長野主膳《しゅぜん》（のちの直弼の懐刀となる）に師事した。

三年後の嘉永六年一月、米国水師提督ペリー率いる艦隊が浦賀に来航した時、幕府の諮問に応じて「別段存寄書」を建白して開国の至当を主張、元水戸藩主徳川斉昭と激しく対立した。

安政五年（一八五八）四月、直弼は大老に就任すると、勅許を待たずに（当時の法制では勅許を得る必要はなかった）、日米通商条約に調印し、英・仏・露・蘭と開港条約を結んで開国の運びとなった。

また、内政では和歌山藩主徳川慶福《よしとみ》（十四代将軍家茂）を将軍継嗣に決定したことから、一橋慶喜を推す薩摩藩主島津斉彬《なりあきら》らと対立した。こうした直弼のやり方に対し、外交政策にからめて攘夷討幕運動が起こり、一部の大名、公卿の家臣、および浪士らの不穏な動きが高まると、これを徹底的に弾圧した。これが有名な安政の大獄である。そのためこれに怒った水戸浪士らによって、万延元年（一八六〇）三月三日、江戸城桜田門外で暗殺された。

幕府は直弼負傷の届けを出させ、次男直《なお》憲《のり》に三十五万石の遺領を継がせ、三月二十八日、改めて直弼の死亡を公表した。二年後の文久二年（一八六二）、一橋慶喜が将軍後見職、前福井藩主松平慶永《よしなが》（春嶽）が政事総裁職につくと、虚偽の届出をしたという理由で、彦根藩は十万石を削減され、京都守護職の家格も奪われた。このため家老岡本黄石らがクーデターを敢行し、直弼の側近として安政の大獄を画策した長野主膳、直弼の用人宇津木六之丞を斬首に処した。

直憲は差控《さしひかえ》（謹慎）となったが、文久三年にこれを解かれて以来、横浜港や堺近海警備などに従事し、慶応元年（一八六五）、三万一千石の幕府直轄地が井伊家預けになり、事実上の加増となった。

同三年、王政復古の大号令が発せられると、直憲は藩の去就を家臣に問うたところ、家臣の多くは徳川恩顧の家として戦うべきだと主張したが、直憲はこれを退けて朝廷側につくことになった。

慶応四年一月の鳥羽伏見の戦いの時から新政府軍に従事、のち東征軍東山道鎮撫総督岩倉具定《ともさだ》の指揮下に入り、関東から東北地方へ転戦した。

明治二年（一八六九）、朝廷から二万石を下賜され、六月に版籍奉還により直憲は知藩事に任ぜられ、同四年七月、廃藩置県を迎えた。

小江戸紀行　花の生涯の城下町彦根城下を歩く

彦根城と埋木舎

JR東海道本線彦根駅を出ると、駅前広場で目に入るのが勇猛果敢な戦いぶりで恐れられた彦根藩祖井伊直政の乗馬姿の像だ。そして、彦根の象徴は、なだらかな丘陵の彦根山に築かれた彦根城天守（国宝）で気高い雄姿を誇っている。城は直政の嫡男直《なお》継《つぐ》（直勝）の時、天下普請として七ヵ国十二大名を動員して大掛かりに始められた。

駅前から道幅の広いお城通りを真っすぐ進むと、護国神社前の信号を左へ折れ、道なりに右へ曲がると前方に緑濃い松並木と彦根城の外濠が見えてくる。この外濠沿いに、井伊直弼《なおすけ》が青年期を過した埋木舎《うもれぎのや》と名付けた武家屋敷が残されている。直弼は三十五歳の時、思いがけなくも十三代藩主を継ぎ、その後、幕府大老職に就任し、幕政に参画したのである。

埋木舎は、建物を完全復元したのち一般に公開されている。

彦根城の遺構も見るべきものが多いが、天守の北東に位置する大名庭園玄宮園が素晴らしい。四代直興《なおおき》が槻《けやき》御殿の一部として完成したもの。これに隣接する楽々《らくらく》園は直興の下屋敷として造られ、槻御殿は別称である。書院前の枯山水庭園は玄宮園とともに国の名勝に指定されている。

彦根城内にある旧大名庭園の玄宮園

井伊家の菩提寺

彦根城の外濠に架かる京橋を渡って城下へ出ると、〝平成の城下町〟ともいえる「夢京橋キャッスルロード」が本町一丁目交差点方面に向かって一直線に南へ伸びる。

また、郊外へ足を伸ばすと歴代藩主ゆかりの古社寺が各所に点在する。十一代直中が五百羅漢を建立した天寧《てんねい》寺、二代直孝が父直政の菩提を弔うために創建した清涼《せいりょう》寺。ここは井伊家の菩提寺でもある。同じく直孝が興した龍潭《りょうたん》寺、その北には十二代直亮が井伊家の始祖共保《ともやす》を祀るために建てた井伊神社が鎮座する。

朝日山《あさひやま》藩〈譜代〉

陣屋＝滋賀県東浅井郡湖北町山本

出羽国山形五万石の知藩事水野忠弘《ただひろ》は明治三年（一八七〇）五月、山形藩の廃藩にともない、領地を近江国浅井郡内の七十ヵ村に移され、五万石を領有して朝日山に藩庁を構えて立藩した。この時、忠弘は謹慎中のため、旧藩主忠広《ただひろ》が知藩事を勤め、同四年七月、廃藩置県を迎えた。

忠広は慶応二年（一八六六）九月、父忠精《ただきよ》（老中水野忠邦の嫡男）の致仕により、十一歳で家督を継いだ。明治元年（一八六八）の戊辰戦争の際、山形藩は奥羽越列藩同盟に加盟し、庄内や久保田領内を転戦、九月十七日に新政府軍に降伏した。この間、忠弘は東京に居住していたため、首席家老の水野三郎右衛門が責任を負い、翌二年五月二十日に斬首刑に処せられた。忠弘は謹慎を命ぜられたが、間もなく許され、明治三年六月に山形藩知事となった。

なお、忠精・忠弘父子の墓は東京都世田谷区北烏山六―二三―一の妙高寺にある。

小室《こむろ》藩〈譜代〉

陣屋＝滋賀県東浅井郡浅井町小室

茶道や数寄屋・茶室・庭園造りなどで知られている小堀政一《まさかず》（遠州）は元和五年（一六一九）、備中・大和・和泉国内において一万二千四百六十石を領有していたが、備中国内の領地を近江国浅井郡内に移されたことによって立藩し、その嫡男正之《まさゆき》の時、浅井郡小室の地に陣屋を造営した。

正之が家督を継いだ時、弟政尹《まさただ》に一千石を分与し、一万一千四百六十石を領有した。正之は延宝二年（一六七四）に没し、このあと政恒《まさつね》を経て政房《まさふさ》が家督を継いだ際、弟松之丞に五百石、同じく政峯《まさみね》に三百石を分与し、のち代々一万六百六十石を領有した。

つぎの政峯は正徳三年（一七一三）に家督を継ぎ、伏見奉行・若年寄を歴任した。宝暦十年（一七六〇）、その子政方《まさみち》が家督を相続し、伏見奉行に任ぜられたが、天明五年（一七八五）、伏見奉行としての専横・不正によって免職となり、同八年に領地を没収されたので、廃藩となった。

長浜《ながはま》藩〈譜代〉

居城＝滋賀県長浜市公園町

羽柴（豊臣）秀吉は天正二年（一五七四）、長浜城を築城して城下は発展したが、同十年六月に起こった本能寺の変後、秀吉は長浜を去り、そのあとに柴田勝豊《かつとよ》が入城、翌年まで在城した。その後、山内一豊《かずとよ》が二万石で入封し、同十八年の小田原の陣後、一豊が遠江国掛川へ転封したので、佐和山城主石田三成の支配下に入った。

慶長五年（一六〇〇）の関ヶ原の役後、一時幕府領になったが、慶長十一年、駿河国府中四万石の藩主内藤信成《のぶなり》が近江国坂田・浅井・伊香三郡内において四万石を与えられ、長浜城に居住して立藩した。内藤氏が長浜に封ぜられたのは、大坂城の豊臣氏と北陸諸侯とが通ずることを警戒するためで、この時、信成は長浜城の修築費として白銀五千枚を下賜された。信成は同十七年に没し、その子信正《のぶまさ》は元和元年（一六一五）、大坂の陣後に摂津国高槻四万石へ転封となり、長浜藩は廃藩となった。

小江戸紀行 豊臣秀吉ゆかりの城下町長浜城下を歩く

長浜城天守閣

秀吉築城の長浜城

長浜は足軽から出世して、初めて城主となった豊臣秀吉ゆかりの地である。ＪＲ北陸本線長浜駅前には、秀吉に茶を献上する石田三成の三献の像が立ち、駅西側の湖岸道路を渡ると、豊公園内に長浜城がある。

天正元年（一五七三）、近江国の浅井氏が織田信長に滅ぼされると、その居城小谷城には秀吉が入城したが、山城で治世に不便なため、天正三年に今浜に新しく築城したのが長浜城である。この時、秀吉は今浜を長浜に改名した。だが、元和元年（一六一五）、豊臣氏が滅亡すると、長浜城は廃城となった。現在、城跡は豊公園となっていて、天守閣跡には昭和五十七年に三層の天守閣が復興され、天守閣内部は歴史博物館となっている。現在、城跡には秀吉ゆかりの太閤井の碑と、城の残石を積み直した石垣が往時の面影をわずかにとどめ、高台には秀吉の像が琵琶湖に向かって立っている。

秀吉ゆかりの遺跡

長浜駅北方に豊国神社がある。慶長五年（一六〇〇）、長浜の町を開いた秀吉を豊国大明神として祀ったもので、秀吉を偲ばせる神社である。この神社前を東西に走る道路は大手通りで、ここを東へ進むと大通寺の山門になる。この門は長浜城の遺構といわれている。大通寺は真宗大谷派の別院で、長浜御坊の名で親しまれている。壮大な総欅造りの山門を入ると、大本堂と大広間があり、いずれも伏見城の遺構といわれ、桃山風の雄大な建物である。

大通寺西方に建つ知善院は秀吉と関係の深い寺で、秀吉が長浜城を築くにあたり、鬼門の守護として小谷城下から移されたといわれている。現在の山門は長浜城の裏門という。長浜市内には、秀吉ゆかりの遺跡が数多く点在しているので、丹念に歩いてみたい城下町である。

宮川《みやがわ》藩〈譜代〉
陣屋＝滋賀県長浜市宮司町

下総国佐倉十一万石の藩主堀田正信《まさのぶ》は万治三年（一六六〇）、老中松平信綱の専横に憤慨して上書、無断帰国した罪によって除封となった。だが、その子正国《まさくに》（正休《まさやす》）は天和二年（一六八二）、新たに一万石を与えられ、上野国吉井に封ぜられたが、元禄十一年（一六九八）、領地を近江国甲賀・坂田・蒲生・愛知《えち》四郡内一万石へ移されて、坂田郡宮川に陣屋を構えて立藩した。堀田氏は参勤交代を行わない定府大名である。

正国は正徳五年（一七一五）、高齢のために致仕し、名を正休と号した。正国が隠居した時、その嫡男正朝《まさとも》が家督を継ぎ、享保四年（一七一九）に正陳《まさのぶ》が襲封した。正陳は大番頭を経て若年寄に昇進し、その功により寛延元年（一七四八）、近江国野洲・志賀両郡内において三千石を加増され、合わせて一万三千石を領有した。正陳は八代将軍吉宗に仕えて西の丸に伺候したが、宝暦元年（一七五一）六月二十日に吉宗が没すると、職を免ぜられた。

正陳が宝暦三年に没すると、嫡男正邦《まさくに》が家督を継いだが若くして没したために正穀《まさざね》があとを継いだ。正穀は大番頭から奏者番へ昇った頃、蒲生・愛知・野洲三郡内の三千六百石の代わりに、播磨国揖西《いっせい》郡内の領地を与えられたが、この土地は近江より生産性が高かったので、実質的な加増であった。正穀は寛政九年（一七九七）に隠居し、その嫡男正民《まさたみ》が家督を継いだ。正民は絵画を得意とし、『蜻蝶譜《せいちょうふ》』などの著作を残した。

正民は天保九年（一八三八）に没し、嗣子がなかったので、戸田氏庸の子正義《まさのり》を養子に迎え、正義にも実子がなく、本多助信の子正誠《まさすみ》があとを継いだ。さらに正誠にも嗣子がなく、出羽国亀田藩主岩城隆喜の八男正養《まさやす》が養子となり、最後の藩主となった。

宮川藩は徳川家との深い関係があったので、佐幕色の強い藩であったが、正養は近隣諸藩の動向を敏感に摑み、うまく明治維新を乗り切った。正養は明治二年（一八六九）に版籍奉還し、知藩事に任ぜられ、同四年に廃藩置県を迎えた。

江州新田《ごうしゅうしんでん》藩〈譜代〉
陣屋＝滋賀県彦根市

近江国彦根藩主で幕府大老職をつとめた井伊直興《なおおき》（直治《なおはる》）は正徳四年（一七一四）、直恒《なおつね》の弟直惟《なおのぶ》が十五歳になったのを機に家督を譲って引退した。直惟が家督を継ぐにあたって、その弟直定《なおさだ》に新田一万石を分与して立藩した。だが、享保十九年（一七三四）五月、直定は直惟の後嗣と定まるにおよんで、一万石を返却したために新田藩は廃藩となった。

直定は享保二十年五月、家督を継ぎ彦根藩九代藩主となった。元文五年（一七四〇）、左近衛中将と称し、宝暦四年（一七五四）六月、いったん直惟の次男直禔《なおよし》に家督を譲って主殿頭と称したが、直禔は六十日たらずで没したため、ふたたび藩主となった。藩主再任は父直興にあるが、いずれも直政・直孝以来の血統をたやさない方策であった。直定は宝暦五年七月、直惟の三男直幸《なおひで》に家督を譲って引退し、大監物と改称した。直定は宝暦十年二月八日に五十九歳で没した。

佐和山藩《さわやま》〈譜代〉
居城＝滋賀県彦根市古沢町

佐和山城は堀秀政・堀尾吉晴が城主となったが、天正十八年（一五九〇）の小田原の陣後、その戦功によって石田三成が近江国水口から十九万四千石で入城した。だが、慶長五年（一六〇〇）、関ヶ原の役に三成が敗れると、九月十六日、小早川秀秋を先鋒として井伊直政・田中吉政らが佐和山城攻撃に出陣した。この時、佐和山城には三成の父正継を主将として、兄正澄ら二千八百余が詰めていた。翌十七日、小早川隊は大手から、井伊・田中隊は搦手から攻撃をしたので落城、正継父子一族はことごとく自刃して果てた。

翌慶長六年二月、井伊直政が上野国高崎から佐和山城主となった。だが、直政は佐和山城主として一年を経た翌二年、関ヶ原の役で島津勢が放った鉄砲傷が悪化して、佐和山城内で没した。嫡男直継《なおつぐ》が、新しく彦根城を築き、佐和山城から移ったので、以後、彦根藩と称するようになった。

山路藩《やまじ》〈外様〉
陣屋＝滋賀県彦根市

勇名を馳せた佐久間玄蕃盛政《げんばもりまさ》の弟勝之《かつゆき》は柴田勝家・北条氏政・蒲生氏郷らに仕え、また豊臣秀吉の恩を受け、信濃国長沼城を与えられた。秀吉没後、勝之は徳川家康から近江国山路において三千石を与えられ、慶長五年（一六〇〇）の関ヶ原の役の際、徳川方に属して戦功を樹て、同十五年に常陸国北条において三千石を加増され、合わせて六千石を領した。この間、江戸へ移り、山路には居所を置かなかったようだ。

元和元年（一六一五）、勝之は大坂夏の陣の功により信濃国川中島と近江国高島において一万二千石を加増され、一万八千石を領した。寛永十一年（一六三四）、勝之が没し、次男勝友《かつとも》が遺領を相続する際、甥勝盛《かつもり》に五千石を分与、同十九年に勝豊《かつとよ》が遺領を継ぐにあたり、弟勝興《かつおき》に三千石を分与した。貞享二年（一六八五）に勝茲《かつちか》が家督を継いだが元禄元年（一六八八）に小姓を命ぜられた時、病と偽って辞退したため除封となった。

大森藩《おおもり》〈外様〉
陣屋＝滋賀県八日市市大森町

出羽国山形五十七万石の藩主最上義俊《もがみよしとし》は元和三年（一六一七）に家督を相続したが、まだ十一歳の幼少の上にわがままな性格で家老の諫言に耳をかそうともしなかったこともあって、家臣のうちには叔父義忠《よしただ》（義光《よしみつ》の三男）に家督を譲ることを望む者もいて、義俊を擁護する家老松根光広らと対立した（最上騒動）。そのため老中酒井忠世が義俊の所領をいったん没収し、新たに祖父義光の功績に免じて六万石を与え、今後は家臣が一致して義俊を補佐し、義俊が成人した際、再び本領を返還せよとの寛大な処置が下されたが、義忠らはこの処置を断わった。

このため元和八年、山形藩領は全部没収され、改めて近江国蒲生・愛知《えち》・甲賀三郡内と河内国内において一万石を与えられ、蒲生郡大森に陣屋を構えて立藩した。義俊は寛永八年（一六三一）に没し、嫡男義智《よしとも》はわずか一歳であったため、五千石を減封されて交代寄合となり、廃藩となった。

三上《みかみ》藩〈譜代〉

陣屋＝滋賀県野洲郡野洲町三上

遠藤氏は下総国の千葉氏の流れを汲む東《とうの》常縁《つねより》の末裔である。東氏は美濃国郡上を領しており、永禄二年（一五五九）頃、遠藤盛《もり》数《かず》が東常慶《つねよし》の養子となり、遠藤氏を名乗った。その後、慶長五年（一六〇〇）、関ヶ原の役後、美濃国内に二万四千石を領し、郡上郡八幡城を居城としたが、六代常久《つねひさ》はわずか七歳で早世し、遠藤氏は断絶した。

元禄五年（一六九二）、戸田氏成《うじしげ》の養子となっていた常久の伯父胤親《たねちか》に遠藤氏の名跡を相続させ、常陸・下野国内に一万石を与えた。その後、元禄十一年に近江国内に国替えとなり、野洲郡三上に陣屋を構えて立藩した。遠藤氏は参勤交代を行わない定府大名である。胤親のあと、胤将《たねのぶ》―胤忠《たねただ》―胤《たね》富《とみ》―胤統《たねのり》と継承し、胤統は天保十二年（一八四一）に若年寄に昇進し、万延元年（一八六〇）には若年寄在勤の功により城主格に列した。最後の藩主の胤城《たねき》は明治三年（一八七〇）四月、和泉国吉見に藩庁を移し廃藩となった。

山上《やまがみ》藩〈譜代〉

陣屋＝滋賀県神崎郡永源寺町山上

稲垣長茂《ながしげ》は慶長五年（一六〇〇）、関ヶ原の役で戦功を樹て、上野国伊勢崎一万石を与えられた。その三男重太《しげもと》が分家して六千石を領し、重太の子重定《しげさだ》が万治元年（一六五八）に家督を継ぎ、延宝七年（一六七九）に大番頭となり二千石を、さらに貞享二年（一六八五）に若年寄に昇進して五千石を加増され、合わせて一万三千石を領した。

元禄十一年（一六九八）十二月、常陸国内から近江国野洲・蒲生・甲賀・神崎・坂田・浅井の六郡内一万三千石に国替えとなって立藩した。稲垣氏は参勤交代を行わない定府大名である。重定のあと、重房《しげふさ》―定享《さだみち》―定計《さだかず》―定淳《さだあつ》と続き、定淳は寛政六年（一七九四）、経費節減のため、幕府に陣屋構築を願い出、山川村に陣屋を構えた。その後、定成《さだなり》―太篤《もとあつ》―太清《もときよ》と継承し、太清は大坂定番から海軍奉行に任ぜられ、明治二年（一八六九）に版籍奉還して知藩事となり、同四年に廃藩置県を迎えた。

仁正寺《にしょうじ》藩（西大路《にしおおじ》藩）〈外様〉

陣屋＝滋賀県蒲生郡日野町西大路

越後国三条四万一千余石の藩主市橋長勝《ながかつ》は元和六年（一六二〇）、嗣子なく没したため領地収公されたが、甥長政《ながまさ》が叔父長勝の名跡相続を許され、近江国蒲生・野洲・河内国交野三郡内において二万石を与えられて、蒲生氏郷の居城跡に陣屋を構えて立藩した。同八年、長政は一門の市橋長吉《ながよし》に二千石を分与し、一万八千石を領有した。

寛永十一年（一六三四）、三代将軍家光が病気の時、長政は春日局の代参として多賀大社へ病気平癒を祈願し、その報恩のため社殿造営の際に奉行をつとめた。その他、中国十四ヵ国巡見使や西国筋直轄領の郡奉行に任ぜられて活躍した。長政は慶安元年（一六四八）に没し、嫡男政信《まさのぶ》が家督を継ぐ際、弟政直《まさなお》に一千石を分与した。政信は日光山の警護にあたったり、元禄十一年（一六九八）には京都警護の任に就いた。政信には実子がなかったので、信直《のぶなお》を養子に迎え、信直にも実子がなく溝口重雄の三男直方《なおかた》を養子にし、また直方にも実子がなく立花種明の次男直挙《なおたか》を養子とし、代々養子の藩主が続いた。直挙のあと、長璉《ながてる》—長昭《ながあき》と続き、長昭は学問を好み、藩校日新館を創設し、また領民の西生懐忠に地誌『蒲生旧跡考』を編集させたり、武術、特に砲術の訓練を奨励した。

長昭のあと、長発《ながはる》—長富《ながとみ》と継承し、長富は風流を愛して藩邸内に臨江亭を建設した。天保十四年（一八四三）には砲術家高島秋帆が幕府の嫌疑を受けて仁正寺藩江戸藩邸内に蟄居を命ぜられた時、家臣らは砲術を学んだ。長発のあとは酒井忠和の弟長和《ながかつ》（長《なが》義《よし》）が最後の藩主となった。

嘉永六年（一八五三）、ペリー率いるアメリカ艦隊が浦賀に来航した時、仁王寺藩は警護にあたり、火薬の製造を始めた。文久二年（一八六二）、藩名を音通により西大路と改称した。慶応四年（一八六八）の戊辰戦争には東山道鎮撫軍の兵糧弾薬の輸送につとめ、総督府から酒肴料を下賜された。市橋家は十代、二百五十年間にわたり在封したが、明治四年に廃藩置県を迎えた。

水口《みなぐち》藩〈譜代〉

居城＝滋賀県甲賀郡水口町本丸

豊臣秀吉の五奉行の一人で水口城主であった長束正家《なつかまさいえ》は慶長五年（一六〇〇）、関ヶ原の役が起こると石田三成に与《くみ》して徳川家康に対抗し、池田輝政の攻撃を受けて降伏、近江国日野で自刃したため、除封となった。その後、水口城は家康や秀忠らが京に赴く際の宿泊所となり、寛永十一年（一六三四）、三代将軍家光の上洛に備え、小堀遠州・島光安を作事奉行に任じ、御茶屋として水口城を築城した。

天和二年（一六八二）、会津四十万石の藩主加藤明成《あきなり》の嫡男明友《あきとも》が石見国吉永から入封し、近江国甲賀郡内と大和国内に二万石を領して立藩。明友は水口城を碧水《へきすい》城と命名したが、翌三年に没すると嫡男明英《あきひで》が遺領を継ぎ、元禄二年（一六八九）に寺社奉行・奏者番となったが、元禄八年に下野国壬生へ転封となった。そのあと、能登国下村で一万石を領していた鳥居忠英《ただてる》（信濃国高遠藩主忠則《ただのり》の嫡男）が一万石を加増され、二万石で入封した。忠英は正徳元年（一七一一）、寺社奉行から若年寄に昇進、翌年下野国壬生へ転封となり、代わって同地から再度加藤嘉矩《よしのり》（明英の嗣子）が二万五千石で入封した。嘉矩は享保四年（一七一九）には近江八幡で朝鮮通信使の接待役をつとめた。

嘉矩のあと、明経《あきつね》—明熙《あきひろ》—明堯《あきたか》—明陳《あきのぶ》—明允《あきまさ》—明邦《あきくに》と継承し、明邦の治世の天保十三年（一八四二）、甲賀郡内で有名な天保三上山一揆が起こった。甲賀・野洲・栗太の三郡の農民が強訴によって、幕府の不当な検地を阻止しようとする抵抗運動で、明邦は物頭・郡奉行に命じて領民を説得したが聞き容れられず、野洲郡三上の幕府勘定役市野茂三郎が襲われたので、明邦は幕府の命により十余人を処罰した。

明邦のあとを明軌《あきのり》が継ぎ、幕末の世情騒然とした中で、文久元年（一八六一）に和宮内親王の降嫁に際して、守山駅を警護した。明軌が慶応二年（一八六六）二月に退隠し、弟明実《あきざね》が最後の藩主となり、明治二年（一八七二）に版籍奉還して知藩事に任ぜられ、同四年に廃藩置県を迎えた。

膳所藩《ぜぜ》〈譜代〉

居城＝滋賀県大津市本丸町地先

戸田・本多・石川氏の入封

武蔵国鯨井五千石を領有していた戸田一《かず》西《あき》は慶長六年（一六〇一）に関ヶ原の役の戦功により二万五千石を加増され、近江国大津へ入封した。だが大津城は関ヶ原の役の際に落城し、戦後、徳川家康が大津城の再築を考え、大明神社（現・膳所神社）の地に膳所城を築いた。膳所城は「瀬田の唐橋唐金《からかね》擬宝珠《ぎぼし》、水に映るは膳所の城」と謳われた美しい湖畔の城で、慶長七年に一西に与えられ、膳所藩三万石が立藩した。

一西は民政にも力を注ぎ、武蔵国から運んだ「しじみ」を瀬田川に放って、漁民の保護の一策とした。その瀬田しじみのことを戸田左門一西の名をとって「左門しじみ」とも称した。一西は慶長八年七月に没し、嫡男氏鉄《うじかね》が家督を継ぎ、慶長十年四月、徳川秀忠が参内した時、氏鉄は供奉をつとめ、この時に秀忠が膳所城に一泊した。氏鉄は元和二年（一六一六）、大坂夏の陣の戦功により摂津国尼崎へ転封となった。

氏鉄に代わって三河国西尾二万石の本多康俊《やすとし》が三万石で入封し、元和七年には康俊の嫡男俊次《としつぐ》が家督を継ぐと、五千石を加増され、旧領西尾へ転封となった。そのあとへ、伊勢国長島二万石の菅沼定芳《さだよし》（好）が一万一千石余の加増をもって入封したが、寛永十一年（一六三四）、一万石を加増されて丹波国亀山へ転封となった。ついで下総国佐倉から石川忠総《ただふさ》が七万石で入封し、忠総のあとを継いだ孫憲之《のりゆき》は叔父総長《ふさなが》に一万石、同貞当《さだまさ》に三千石を分与し、慶安四年（一六五一）に伊勢国亀山へ転封となった。

本多氏の再入封

これと入れ替わりに、以前膳所から西尾へ再封し、その後伊勢国亀山に転じた本多俊次が再度入封して、近江国栗太《くりもと》・滋賀・高島・甲賀・浅井・伊香の六郡内と河内国内に七万石を領した。以後、藩主の定着となった。俊次のあと、康将《やすまさ》―康慶《やすよし》と続き、康慶が家督を相続する際、忠恒《ただつね》に一万石を分与し、以後、幕末まで六万石であった。

康慶の以降は康命《やすのぶ》―康敏《やすとし》―康桓《やすたけ》―康政《やすまさ》―康伴《やすとも》と継承し、つぎの康匡《やすただ》の治世には藩政の動揺が表面化して、天明元年（一七八一）御用銀を賦課して藩政改革に乗り出したが、農民一揆が起こった。また、つぎの康完《やすさだ》の治世には累年の財政難はその極に達したため、寛政十二年（一八〇〇）、本多修理による一大改革が断行され、財政の建て直しがはかられた。これは「御為筋《おためすじ》一件」といわれる騒動で、二十四人が死罪・永牢・追放となって決着した。

康完のあとは康禎《やすつぐ》―康融《やすあき》を経て、康穣《やすしげ》の治世では膳所藩も他藩の例にもれず、勤王派と佐幕派の対立が激しくなり、尊王論者は長州藩士らと相通じていた。このため慶応元年（一八六五）にはこの不穏な動きを幕府に疑われ、十四代将軍家茂の膳所城宿泊が中止となった。そこで藩当局は勤王派十一人を断罪して異心のないことを示した。慶応四年（一八六八）、鳥羽伏見の戦いでは朝廷側につき、桑名藩攻めにも出兵した。翌二年に版籍奉還し、康穣は知藩事に任ぜられ、同四年に廃藩置県を迎えた。

大津藩《おおつ》〈譜代〉
居城＝滋賀県大津市浜大津

豊臣秀吉は天正十年（一五八二）、大津の地が北国からの物資の集散地として、大坂と結ぶ重要拠点になったので、坂本城を廃して浅野長政に命じて大津城を築いた。長政のあと、増田長盛・新庄直頼を経て、文禄四年（一五九五）、京極高次が近江八幡城から六万石で入城した。

慶長五年（一六〇〇）、関ヶ原の役が起こると、高次は最初西軍に与《くみ》して伊勢口の防衛に当たったが、のち徳川方に属して籠城したために、九月三日に西軍の立花宗茂らの猛攻撃を受け、関ヶ原主力決戦の九月十五日、降伏して開城、責任を感じて高野山へ登って謹慎した。

だが、家康は高次の抗戦を賞し、若狭国小浜九万二千石を与えた。戦後、代わって戸田一西が入封したが、家康は大津城を廃し、膳所城を築いたので、一西は膳所城に移ったため、以後、大津藩は廃されて膳所藩と称するようになった。

堅田藩《かただ》〈譜代〉
陣屋＝滋賀県大津市堅田

堅田広澄《ひろずみ》は琵琶湖の元締めとして湖上の支配権を握り、堅田の地で二万石を領有していた。だが、慶長五年（一六〇〇）、広澄は関ヶ原の役の時、西軍に与《くみ》したので除封されて、以後、幕府領となっていた。だが、元禄十一年（一六九八）、下野国佐野から堀田正高《まさたか》（堀田正俊の三男）が近江国滋賀・高島両郡内において一万石を領有して、入封し、本堅田に陣屋を構えて立藩した。

正高のあと、正峰《まさみね》—正永《まさなが》—正実《まさざね》—正富《まさとみ》と継承し、つぎの養子正敦《まさあつ》（伊達宗村の八男）は寛政二年（一七九〇）、若年寄に任ぜられ、同十年には江戸湯島の聖堂再建の副奉行、翌十一年には『寛政重修諸家譜』の編纂総裁などの要職を歴任した。この功績によって、文化三年（一八〇六）には三千石を加増され、合わせて一万三千石を領有した。文政九年（一八二六）、正敦は旧領である佐野へ再転封したため、堅田藩は廃藩となり、以後、ふたたび幕府領となった。

大溝藩《おおみぞ》〈外様〉
陣屋＝滋賀県高島郡高島町勝野

織田信長の甥信澄《のぶずみ》が天正六年（一五七八）、大溝城を築いたが、天正十年六月に本能寺の変の時、信澄の妻が明智光秀の娘であったために疑われ、織田信孝・丹羽長秀らに攻め滅ぼされ、以後、長秀・加藤光泰・生駒親正・京極高次らが相次いで入城した。その後、元和五年（一六一九）、伊賀国上野の分部光信《わけべみつのぶ》が近江国高島・野洲両郡内において二万余石を領して入封し、大溝に陣屋を構えて立藩した。光信は幕府普請奉行として駿府城、京都智恩院や比叡山延暦寺の造営などで活躍した。

光信は寛永二十年（一六四三）に没し、三男嘉治《よしはる》が遺領を継いだが、嘉治は万治元年（一六五八）、親戚の池田長重《ながしげ》と対談中に口論となって長重を斬殺し、自らも傷を負って没した。そこで嫡男嘉高《よしたか》があとを継いだが、嗣子がなかったので池田長信の三男信政《のぶまさ》が継いだ。信政は越前国丸岡藩主本多重益が御家騒動のため除封された時、丸岡城を守備したり、罪をつくった加藤助之進を預かった。

信政のあと、光忠《みつただ》—光命《みつなが》—光庸《みつつね》と継承し、つぎの光実《みつざね》は大溝藩きっての英主といわれ、天明五年（一七八五）には家臣の士風刷新をめざして藩校修身堂を創設し、また善政に尽力した。光実は文化五年（一八〇八）に没し、次男光邦《みつくに》が家督を継いだが早世したので、わずか二歳の光寧《みつやす》が相続した。文政九年（一八二六）、北方探検で知られる旗本近藤重蔵が息子富蔵の殺傷事件に連座して大溝藩にお預けの身となった。重蔵は寛政十年（一七九八）に松前蝦夷地御用となり、蝦夷地に渡ること四度、その間に択捉《エトロフ》島に「大日本恵土呂府」の標柱を立て、北辺の防備開拓に尽くした。藩では邸内に獄舎を建て、重蔵は四畳半の部屋で起居した。

光寧は天保二年（一八三一）三月に隠居し、養子光貞が家督を相続して明治維新を迎え、明治二年（一八七〇）に版籍奉還し、知藩事に任ぜられた。だが、光貞が翌三年四月に没し、光謙が最後の藩主となったが、翌四年六月、廃藩置県を迎えた。

高島《たかしま》藩〈外様〉

陣屋＝滋賀県高島郡高島町

勇名を馳せた佐久間玄蕃盛政《もりまさ》の弟安政《やすまさ》は天正十一年（一五八三）四月、柴田勝家の家臣として賤ヶ嶽の戦いで敗北して紀伊国に住していたが、のち豊臣秀吉や徳川家康の恩を受けて、慶長三年（一五九八）、近江国小《こ》河《がわ》において七千石を領した。

慶長五年、安政は関ヶ原の役の時、徳川方に属して戦功を樹て、改めて近江国高島郡内において一万五千石を与えられて、陣屋を構えて立藩した。安政は慶長十二年、常陸国小田において五千石を加増され、合わせて二万石を領したが、この時から安政は妻を伴って江戸に居住したため、高島の陣屋は廃されたようである。

その後、安政は大坂の両陣では徳川秀忠軍に属し、数々の謀略に従事して戦功をあげた。その恩賞として、元和二年（一六一六）、信濃国飯山三万石へ転封され、このため高島藩は廃藩となって、以後、藩は置かれなかった。

朽木《くつき》藩〈譜代〉

陣屋＝滋賀県高島郡朽木村野尻

朽木氏は代々朽木谷に居住し、十五代元《もと》綱《つな》は六角氏・朝倉氏に属し、のち織田信長や豊臣秀吉に仕えて二万石を領していた。慶長五年（一六〇〇）、関ヶ原の役の時、元綱は西軍の大谷吉継《よしつぐ》に属していたが、決戦半ばに小早川秀秋とともに東軍に寝返った。だが、事前に諒解がなかったため、戦後九千五百九十石に減封されたが、家名の存続は許された。元綱は寛永九年（一六三二）八月に没し、嫡男宣綱《のぶつな》が遺領の内六千四百九十石を継ぎ、弟友綱《ともつな》に二千百石、同じく稙《たね》綱《つな》に一千石を分与した。このように元綱の没後、所領が三分されたために朽木藩は廃藩となり、以後旗本として継承した。

宣綱は寛文二年（一六六二）五月に没し、嫡男智綱《ともつな》が遺領の内四千七百九十石を相続し、弟良綱《よしつな》に一千石、同じく元綱《もとつな》に七百石を分与した。以後、定綱《さだつな》—周綱《ちかつな》—衆綱《もろつな》—朝綱《ともつな》—道綱《みちつな》—綱泰《つなひろ》—大綱《おおつな》と継承し、元綱《もとつな》の時に明治維新を迎えた。

山城国

伏見《ふしみ》藩〈譜代〉

居城＝京都府京都市伏見区桃山町

豊臣秀吉が築城した伏見城は慶長三年（一五九八）八月十八日に秀吉が没すると、五大老の筆頭徳川家康が伏見城に入り、畿内経営の拠点とした。慶長五年、関ヶ原の役の前哨戦で石田三成の西軍の攻撃を受け、城将鳥居元忠らは討死し、二の丸・松の丸などが炎上して、大きな被害を受けた。戦後復興され、家康・秀忠の将軍宣下式が行われた。

慶長十二年、譜代の松平（久松）定勝《さだかつ》が遠江国掛川三万石から五万石に加増されて入城、掛川三万石は嫡男定行《さだゆき》に与えられた。元和三年（一六一七）、定勝が伊勢国桑名十一万石へ転封となり、わずか十年間で伏見藩は廃藩となった。

さらに元和九年、三代将軍家光の宣下式後、伏見城は破却され、その建物の一部は二条城・高台寺・御香宮神社などに移築された。現在の伏見城は昭和三十八年に再建されたものである。

三牧《みまき》藩〈外様〉

陣屋＝京都府久世郡久御山町

豊臣秀吉の家臣津田盛月《せいげつ》の次男信成《のぶなり》は天正十八年（一五九〇）の小田原の陣に従軍、さらに文禄元年（一五九二）、朝鮮の役には肥前国名護屋城に進駐し、慶長二年（一五九七）に一万三千石を与えられて、山城国三牧城主となった。慶長五年、関ヶ原の役が起こると、信成は徳川家康方に属し、九月十五日の決戦の時には敵方の戸田勝成（重政）と大格闘を演じてこれを斬殺、戦後、その戦功によって本領を安堵された。

慶長十二年十二月、信成は美濃国清水藩主稲葉通重《みちしげ》らとともに、京都祇園において後藤庄三郎の妻女に乱暴を働いたという理由に、関ヶ原の役の際、戸田を斬った織田長孝の功を奪おうとした件も罪状に加算されて、その所領を収公された。信成は正保二年（一六四五）八月二十日、下野国足利地において、八十五歳で没した。なお『老人雑話』によれば、信成は挟箱《はさみばこ》を考案したと伝えられている。

長岡《ながおか》藩〈譜代〉

陣屋＝京都府長岡京市

下総国古河七万二千石の藩主永井右近大夫直勝《なおかつ》の次男直清《なおきよ》は上総・下総両国内において八千石を知行し、書院番頭に任ぜられていたが、寛永十年（一六三三）、一万二千石を加増され、山城国紀伊・乙訓、摂津国芥川・太田の四郡内において二万石を領して諸侯に列し、乙訓郡長岡の勝竜寺に陣屋を構えて立藩した。

直清は寛永九年十一月、従五位下日向守に叙任し、書院番頭に任ぜられ、翌年、兄信濃守尚政《なおまさ》が山城国淀藩主となった時、直清も長岡藩主となり、ともに京都警備にあたった。のち陣屋を同所の神足寺に移したが、その地理的便宜から京坂間の要務にあずかった。また、直清は詩文に精通し、漢詩人石川丈山とも親交が厚かった。慶安二年（一六四九）七月、一万六千石の加増を受けて、摂津国高槻へ転封となり、わずか一代十六年間で長岡藩は廃藩となって、以後、この地には藩は置かれなかった。

淀《よど》藩〈譜代〉

居城＝京都府京都市伏見区淀本町

頻繁な藩主交代

淀の地は京―大坂間の要衝であったので、元和九年（一六二三）、二代将軍秀忠は譜代の遠江国掛川藩主松平（久松）定綱《さだつな》に新城構築を命じ、ほぼ竣工した寛永二年（一六二五）に定綱を初代藩主として、三万五千石を与えた。定綱は寛永十年、美濃国大垣へ転封となり、以後、淀藩主は頻繁に交代したが、常に譜代大名が配された。

松平氏の代わりに、秀忠の側近で下総国古河の永井尚政《のぶまさ》が十万石で入封した。尚政は京都所司代を中心とする上方《かみかた》行政を司る「八人衆」の一人で、寛永十四年に淀城を水難から守るため木津川の付替え工事を行って流路を変更し、旧流路に城下町を拡張した。尚政は万治元年（一六五八）に致仕し、嫡男尚征《なおゆき》に家督を譲ったが、その際に三弟尚《なお》庸《つね》に二万石、四弟直右《なおすけ》に七千石、五弟尚春《なおはる》に三千二百八十石、六弟尚申《なおのぶ》に三千石を分与し、尚征は残り新墾田を合わせて七万三千六百石を領有した。

尚征は寛文九年（一六六九）、丹波国宮津へ転封、代わって伊勢国亀山から石川憲之《のりゆき》が六万石で入封した。憲之は延宝七年（一六七九）に畿内幕府領の検地を実施し、また領内の整備につとめ、宝永三年（一七〇六）に致仕した。つぎの義孝《よしたか》を経て総慶《ふさよし》の時の正徳元年（一七一一）、備中国松山へ移った。同年、美濃国加納から戸田光煕《みつひろ》が六万石で入封したが、享保二年（一七一七）に光煕が没し、嫡男光滋《みつちか》が家督を継いだ時、志摩国鳥羽へ転封となった。そのあとに松平（大給）乗邑《のりさと》が伊勢国亀山から六万石で入封したが、享保八年、老中に就任し下総国佐倉へ移った。

稲葉氏の治世

ついで稲葉正知《まさとも》が佐倉から十万石で入封、ここで藩主が定着した。正知のあとは正任《まさとう》―正恒《まさつね》―正親《まさちか》―正益《まさよし》―正弘《まさひろ》―正諶《まさのぶ》と継承し、正　は寺社奉行・大坂城代・京都所司代と歴任し、この時の所領は新墾田を合わせて十万二千石で、山城・河内・摂津・和泉・近江・下総・常陸の七ヵ国に分散していた。

正　のあと、正備《まさちか》―正発《まさはる》―正守《まさもり》と続き、正守は天保九年（一八三八）に寺社奉行に任ぜられたが、嗣子がなく、越後国高田藩主榊原政令《まさよし》の子正誼《まさよし》が養子となり、つぎの正《まさ》邦《くに》も陸奥国二本松藩主丹羽長富《ながとみ》の子を養子とした。正邦は安政五年（一八五八）に江戸藩邸内に学校を創建、これを引き継いで万延元年（一八六〇）、松尾直在の補佐を得て、淀城下に藩校明親館を興し、儒学を中心に家臣の子弟の文武奨励につとめた。

正邦は文久三年（一八六三）六月、京都所司代に任ぜられ、京都守護職松平容保に協力し、相次ぐ政変に揺れる洛中の警備にあたった。ついで翌万治元年四月、老中となり、慶応二年（一八六六）には再度老中に登用され、十五代将軍慶喜の幕政改革に参画し、翌年には国内事務総裁を兼務した。

慶応四年（一八六八）、鳥羽伏見の戦いで幕府軍は淀城を抗戦の拠点にしようとしたが、稲葉氏は入城を拒否し、新政府軍に従軍して幕軍に打撃を与えた。維新後、正邦は一時謹慎となったが、明治二年に版籍奉還して、同四年に廃藩置県を迎えた。

丹波国

福知山《ふくちやま》藩〈譜代〉

居城＝京都府福知山市内記

一代かぎりの移封

天正七年（一五七九）、織田信長の命により明智光秀《みつひで》は丹波国天田郡中部を支配していた塩見氏を滅ぼして、丹波を平定した。

光秀は塩見氏の居城横山城を近世的な城郭に改修し、福智山城と名を改めた。

光秀は天正十年（一五八二）、本能寺の変を引き起こして羽柴秀吉に滅ぼされ、同十一年、杉原家次《いえつぐ》が入封した。家次は間もなく病没し、代官支配を経て同十三年、小野木重勝《しげかつ》が三万一千石で入封したが、慶長五年（一六〇〇）、関ヶ原の役に重勝は西軍に与《くみ》して自刃したため除封となった。

徳川氏の幕藩体制となり、遠江国横須賀から有馬豊氏《とようじ》が六万石で入封し、同七年、父則頼《のりより》の所領摂津国三田二万石を併せ領した。豊氏はいわゆる「有馬検地」と呼ばれる過酷な領内総検地を行って、石高を二倍の十二万石としたが、このことがのちのちまで怨嗟の的となった。

元和六年（一六二〇）、豊氏は一躍二十三万石一千石で筑後国久留米へ移封となり、同七年、丹波国亀山から岡部長盛《ながもり》が五万石で入封した。

寛永元年（一六二四）、長盛は美濃国大垣へ転封となり、そのあとへ摂津国中島から稲葉紀通《のりみち》が四万五千七百石で入封した。

紀通は苛政を布き、慶安元年（一六四八）には発狂して暴行のうえ家臣を殺害した。さらには他国の者に向かって銃撃におよんだため、隣国の大名が藩領の境界で警戒をして事件の拡大を防いだ。あげくに紀通は自刃して御家断絶となった。

同二年、三河国刈谷から松平（深溝）忠《ただ》房《ふさ》が四万五千九百石で入封した。忠房の治世は二十年におよび、寛文九年（一六六九）、肥前国島原へ移封となった。

徳川体制下になってからの藩主四氏はいずれも一代かぎりで他藩へ移っている。

名族の後裔朽木氏の初政

寛文九年（一六六九）、常陸国土浦から朽木《くつき》稙昌《たねまさ》が入封し、十三代二百年の治世を保って明治廃藩を迎えている。

承久の乱ののち近江国守護となった佐々木信綱より四代のちの義綱のとき朽木氏を名乗ったのが、同氏の始まりである。俗に朽木谷と呼ばれる高島郡朽木庄の在地領主として室町幕府に仕え、戦乱を逃れ避難してきた足利将軍をかくまうこともあった。

時代の変転を乗りきって秀吉・家康に仕えた朽木氏は、三代将軍家光の小姓となった稙綱《たねつな》が一代で土浦三万石の大名となり、その子稙昌《たねまさ》があとを継いだのである。

福知山初代稙昌の知行高は城付の丹波国天田郡六十二ヵ村・三万八百八十九石余、近江国高島郡四ヵ村・一千百十石余、合わせて三万二千石であった。

稙昌は入封後相次いだ災害のため窮迫した藩財政を克服して創業の実をあげたが、このときの百石高以上の半知借り上げが明治までつづいたため、藩内に質素倹約の風が定着した。

稙昌は土浦藩主襲封時に三千石を分知した弟則綱《のりつな》とともに武家茶道石州流の正統を継ぐ茶人としても聞こえ、代々の藩主も学術文化にすぐれた業績を残した人物が多い。

宝永五年（一七〇八）、二代稙元《たねもと》が襲封し、奏者番の筆頭となった。

享保六年（一七二一）、藩祖の祖父と同じ名の三代稙綱《たねつな》が襲封したが病弱のため早世した。同十一年、稙元の弟稙治《たねはる》が四代藩主となったが、六十四歳の高齢のため、同十三年、退隠して養子玄綱《とうつな》を五代藩主に迎えた。

四代稙治からのち、藩主は幕末の十二代まで実子以外が襲封することになる。

文人大名の流れ

福智山の智を知と改めたのは享保十三年（一七二八）であった。朽木氏の城下町福知山は「丹波の京」と呼ばれて発展した。

度重なる災害のため、享保のころには藩財政は逼迫していた。

五代玄綱は同十六年、きびしい倹約令と年貢増徴策によって藩政改革を行ったが、同十七、八年の大凶作のため、同十九年領内六十二ヵ村の庄屋・惣百姓が主導する一揆が起こった。

明和七年（一七七〇）、相続問題で紛糾のすえ、朽木家正統の綱貞《つなさだ》が六代を襲封し、このち玄綱系と綱貞系が交互に相続するという異例の事態がつづくことになる。

綱貞は狩野派の絵をよくし、石州流茶道に通じ、地誌『丹波志』の編纂を援助し、和漢の学に明るい文人大名として知られた。

安永九年（一七八〇）に襲封した七代舗綱《のぶつな》もまた太宰春台《だざいしゅんだい》の『独語』を真似た『擬独語』二巻を著し、儒学者佐藤一斎と親交を結ぶなど、文人大名として名を馳せる一方、藩政改革を積極的に推進した。

天明七年（一七八七）、八代昌綱《まさつな》が襲封した。昌綱は前野良沢に蘭学を学び、『西洋銭譜』『泰西輿地図説』を著わす一方、大槻玄沢を援助して大成させ、オランダ商館長チチングとも親交があり、蘭学の研究者とパトロンの両面を兼ね持った蘭学大名であった。

寛政十二年（一八〇〇）、九代倫綱《ともつな》が襲封したが、享和二年（一八〇二）に若くして没し、十代綱方《つなとも》のときの文化六年（一八〇九）、藩校惇明館《じゅんめいかん》が創設された。

文政三年（一八二〇）に襲封した十一代綱《つな》条《えだ》は若くして好学ぶりが聞こえた佐藤一斎晩年の愛弟子であった。一斎の代表作となる名著『言志録』の初版本刊行を援助し、藩校充実のために和漢の書籍数百部を集めて士庶の教育に力を尽したが、三十六歳で病没した。

天保七年（一八三六）、十二代綱張《つなはる》が襲封したが、このころ藩財政は困窮のどん底にあった。あいつぐ倹約令も効果はなく、嘉永五年（一八五二）、郡奉行市川儀右衛門に命じてきびしい物資統制令を出させた。

これに反発した領内の農民は、万延元年（一八六〇）、市川騒動と呼ばれる大規模な一揆を起こし、町会所や郡奉行屋敷を打ち毀して十三ヵ条の諸取締り廃止を要求したため、藩は大半の要求を呑まざるをえなかった。

幕末動乱のさなかの慶応三年（一八六七）に綱張が没し、十三代為綱《もりつな》が襲封した。

尊攘運動に挺身する飯田節《みさお》が横死して有能な指導者を失った藩は、譜代の立場と尊王攘夷の風潮の中で山陰道鎮撫使の屈辱的な仕打ちに耐えねばならなかったが、明治二年（一八六九）、版籍奉還により為綱は知藩事となり、同四年の廃藩置県を迎えた。

小江戸紀行 学芸大名朽木氏の城下町福知山城下を歩く

福知山城跡

戦国のころ塩見氏の居城があり横山城と呼ばれたが、天正七年（一五七九）、丹波に進撃した明智光秀により落城し、光秀は城代を置いて近世城郭として改築に取りかかった。光秀の支配は三年足らずで終わったが、福智山城と改称している。福知山と改めたのは享保十三年（一七二八）である。

福知山盆地の中央に西南から長く突き出した丘陵の先端が本丸で、その西端に天守閣を建てた平山城であった。石垣は野面《のづら》積みで、五輪塔や宝篋印塔などの台石を混用している。明治初年に廃城となったが、昭和六十一年に天守閣が再建された。

福知山城天守閣

御霊神社

福知山市字中ノの御霊公園に鎮座する。明智光秀を霊神として祀っている。光秀が丹波を平定したとき地子免除の特典を与えたことを謝して、その非運の霊を祀り火災水難封じを祈ったという。社蔵の「明智日向守光秀祠堂記」によれば、宝永二年（一七〇五）、それまでのたびたびの火災の原因を光秀の祟りとする気持が城下町民に深く浸透していたことから霊祠を祀ったという。はじめ寺町筋の常照寺境内に霊祠を祀り、のち稲荷神社境内に移され、大正七年、現在地に移されて御霊公園が造営された。

法鷲寺

福知山市字下紺屋の寺町筋東北の由良川堤防沿いにある。天正十三年（一五八五）の建立と伝え、はじめ城下南の室《むろ》にあったものを移築したものといい、江戸初期の稲葉紀通時代の福知山城下図には寺町に法鷲寺《ほうじゅうじ》の名が見えている。

のち福知山藩主となった朽木氏の帰依を受けて菩提寺となり、一族の位牌五基を安置し、境内には墓碑三基が現存する。『丹波志』には本堂・鎮守・鐘楼門・土蔵のほかに領主仏殿があったことを記す。

寺町筋東北の廃絶した西蓮寺をはさんで隣接する久昌寺も朽木氏の菩提寺のひとつで、一族の位牌および墓がある。『丹波志』には「福知山城主位牌所、仏殿有」と記す。

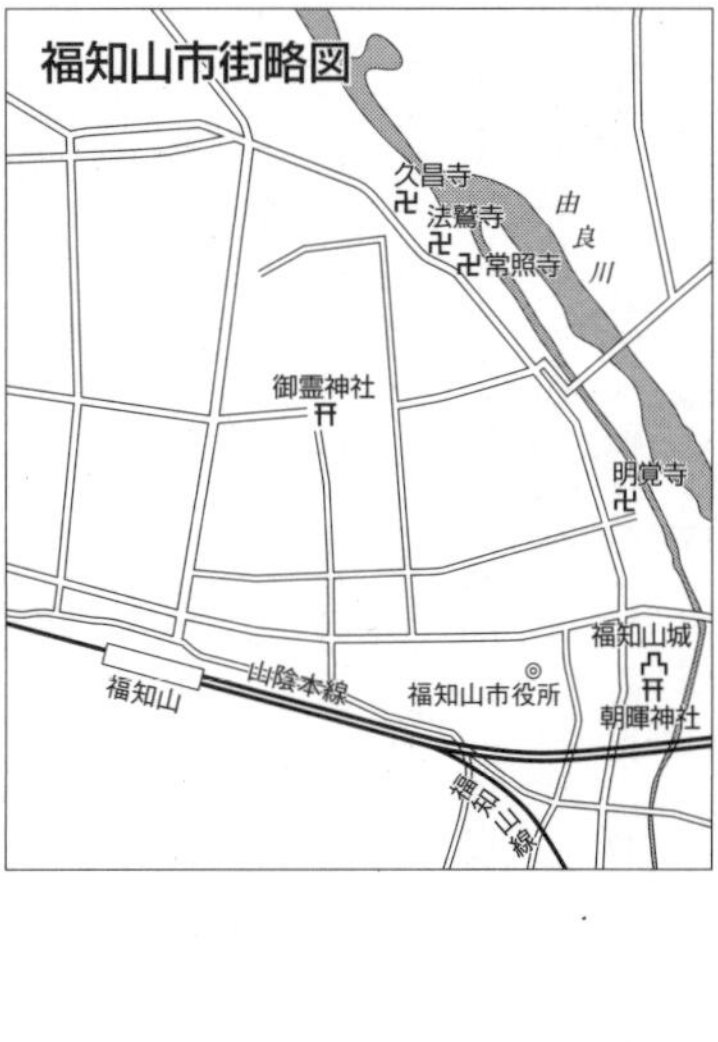

篠山藩《ささやま》〈譜代〉

居城＝兵庫県篠山市北新町・西新町

篠山藩前史八上藩

明智光秀の丹波攻略に最大の難関となった波多野秀治《ひではる》の居城八上《やかみ》城は、豊臣秀吉の晩年、五奉行のひとり前田玄以《げんい》が入城した。

徳川の世となり、慶長七年（一六〇二）、玄以の子茂勝《しげかつ》が丹波国多紀郡百九ヵ村・桑田郡三十五ヵ村、摂津国島下郡一ヵ村・兎原郡二ヵ村の内で五万石を領して八上城主となったが、同十三年、狂疾により隠岐へ配流され、除封となった。

同年、常陸国笠間から松平（松井）康重《やすしげ》が丹波国八上へ入封した。康重は家康の庶子である。翌慶長十四年（一六〇九）、山陽道・山陰道・南海道の十五ヵ国から二十藩の大名に手伝普請を命じて築造した篠山城に康重は移った。

前田茂勝・松平康重の八上在城の時代は、篠山藩の前史ともいうべき八上藩が存在したと考えるべきであろう。

松平三家の藩政

松平康重の篠山藩領は前田茂勝の八上領を受け継いだものであった。康重は大坂の両陣に出陣して軍功をあげ、城下町建設に努めた。

元和五年（一六一九）、康重は和泉国岸和田へ転封となり、そのあとへ上野国高崎から家康の異母妹多劫の子松平（藤井）信吉《のぶよし》が五万石で入封した。信吉は翌六年病没し、嗣子忠国《ただくに》が襲封した。忠国は城下町の整備に尽力する一方、丹波国福知山城の城番や城代をつとめ、三代将軍家光の上洛に備えた二条城修築に助役している。忠国は和歌や俳諧を嗜んで、これを奨励する文人大名でもあったが、藩政に厳格に対処するあまり農民による越訴事件も引き起こしている。

忠国は在封二十九年ののち、慶安二年（一六四七）に二万石を加増されて、播磨国明石七万石へ転封となった。

そのあとへ摂津国高槻から松平（形原）康信《やすのぶ》が一万四千石の加増を受けて五万石で入封した。康信は在封二十年におよび、信仰や文芸に意を尽くす一方、殖産を心掛け、旧土豪の勢力を一掃して藩体制を確立した。

寛文九年（一六六九）、康信は致仕し、嫡男典信《すけのぶ》が襲封するが、在封三年で同十二年病没した。そのあと典信の次男信利《のぶとし》が襲封したが、在封四年で延宝四年（一六七六）に病没し、短命な藩主が二代つづいた。

ついで典信の三男信庸《のぶつね》が襲封したが、いまだ幼少のため、致仕した康信が前二代の子と孫につづいてもうひとりの孫の後見をし、天和二年（一六八二）、世を去った。

信庸の治世は四十一年におよぶ。信庸は延宝七年（一六七九）祖父康信の後見のもとに検地を行い、元禄十年（一六九七）から正徳四年（一七一四）まで京都所司代をつとめ、つづいて老中に昇進したが、享保元年（一七一六）、吉宗の八代将軍襲職にともなって、職を辞した。

同二年、信岑《のぶみね》が襲封し、幕府の奏者番兼寺社奉行をつとめた。治世三十年におよび、相次ぐ天災による凶作と苛斂誅求のため農民一揆が頻発したが、寛延元年（一七四八）、信岑は丹波国亀山へ転封となり、百年にわたる形原松平氏の藩政は終わった。

青山氏六代の藩政

入れ替わって亀山から青山忠朝《ただとも》が五万石で入封し、明治廃藩まで六代百二十年つづいた。忠朝は入封直後、年貢増徴を行い、一揆が起こっている。領内多紀郡では前藩主時代の御用銀の返還を求める強訴や新藩主の増租反対の強訴が起こり、宝暦三年（一七五三）には二歩半銀納の高値を訴えて騒動が起きている。

忠朝は大坂の漢学者関世美《ときよし》を招聘して藩内教育への道を拓いたが、寛延元年（一七四八）から十年あまり寺社奉行となり、宝暦八年（一七五八）から一年九ヵ月つとめた大坂城代在勤中の同十年、病没した。

忠朝のあとを分家から入った忠高《ただたか》が襲封した。忠朝によって教育への道が拓かれたことを受けて、明和三年（一七六六）、藩校振徳堂が開設され、藩内の有志者に漢学を学ばせるとともに、弓・槍・剣など武術の諸科を設けて文武両道の教育を行った。

忠高は灌漑用の溜池を築造して農業振興につとめるが、天災による凶作もあって、国役金の増徴や出稼銀の賦課に領民の反発が尖鋭化し、一揆が多発した。

天明元年（一七八一）、忠高の次男忠講《ただつぐ》が襲封したが、同五年、病没した。

そのあとを弟忠裕《ただやす》が襲封し、歴代最長の五十一年間、藩主の座にあった。

忠裕は寛政四年（一七九二）、奏者番となり、翌五年から寺社奉行を兼任、同八年から西の丸若年寄、同十二年から大坂城代、享和二年（一八〇二）から京都所司代、文化元年（一八〇四）から老中になり、天保六年（一八三五）に致仕するまで三十一年四ヵ月にわたって老中職に在任していた。

忠裕の治世には大御所問題、相馬大作事件の裁決に関わったが、ほとんどが在府で藩政に直接関与することができなかったため、この時期に一揆や強訴が頻発している。寛政十二年（一八〇〇）、市原村の清兵衛越訴事件、文化二年（一八〇五）、本岡屋村騒動、同十一年、野間村の越訴、文政四年（一八二一）、藤田村や東古佐村騒動などである。

古くから立杭《たちくい》の穴窯で焼かれていた「丹波焼」は宝暦二年（一七五二）から藩領下・上立杭村の登り窯で焼かれるようになって、日本六古窯のひとつとして世に知られるようになったが、文政年間（一八一八～三〇）、忠裕は京都から青磁の名工欽古堂亀祐を招いて、篠山城の東にある丘陵王地山に藩窯を開いた。これが王地山焼で、藩の殖産に貢献した。忠裕が長年幕政に参画した功績で、文政十年（一八二七）、遠江国榛原郡十ヵ村と城東郡十四ヵ村で一万石を加増され、石高は六万石となった。

天保六年（一八三五）、忠裕は重病のため致仕し、子の忠良《ただなが》が襲封した。忠良も寺社奉行、大坂城代を経て老中となり、万延元年（一八六〇）のはげしい全藩一揆に対処したが、文久元年（一八六一）、病を得て致仕し、子の忠敏《ただゆき》が襲封した。

幕末の騒然とした世情のなか、譜代の立場と尊王攘夷の潮流に揺れたが、慶応四年（一八六八）、鳥羽伏見戦争ののち無血開城し、江戸詰めの忠敏は朝命を奉じて帰藩した。

明治二年、版籍奉還して忠敏は知藩事となった。未曾有の変革に農民は期待していた年貢軽減が実現しないために全藩一揆が起こったが、同四年の廃藩置県を迎えた。

小江戸紀行 西国大名押えの城下町篠山城下を歩く

篠山城跡

慶長十三年（一六〇八）、常陸笠間より松平（松井）康重が丹波八上城主として移封されたが、徳川家康はこの地に大坂城と豊臣恩顧の西国大名に対する押えの役割を持たせた大規模な天下普請の城を築くこととし、王地山・笹山・飛の山の三山の候補の中から笹山を選んだ。

同十四年三月に開始された築城には、山陽道・山陰道・南海道の十五ヵ国から二十藩の大名に手伝い普請を命じ、縄張りが藤堂高虎、普請総奉行が池田輝政で、本丸と二ノ丸は笹山を利用して石垣を積み上げた壮大な規模の平山城が築かれた。

天守閣は築かれなかったが、石垣と内堀の間に幅の広い犬走りが設けられ、北の大手と東・南に出陣のさいの馬揃えを想定して馬出しが設けられた。石垣には持場ごとに各大名の石工たちの符号が約五十種類、二千個の石垣の石に刻まれている。

同年十月には奉行衆や大名たちが帰国し、十二月には松平康重が八上城から篠山の新城に移ったが、のち二年にわたって城郭建築がつづけられた。

廃城によって櫓や門は取り払われ、唯一残っていた大書院は昭和十九年、寄り合いの失火で焼失したが、近年復元された。

城跡は昭和三十一年国史跡に指定された。

河原町妻入商家群

篠山市の河原町は明治五年、上河原町・下河原町が合併してできた。篠山城の南東に位置する。京都からの京街道の入口にあたり、慶長年間の普請とされる醤油屋西坂家住宅などの妻入商家の家並が道の両側に整然と並んでいる。

「妻」とは屋根の両端の三角壁の部分のことで、ふつうの家ならせいぜい小窓がある程度だが、河原町の商家群は妻側に入口がある。見渡すと、屋根が道沿いに波形に連なって一種異観を呈している。

篠山市街略図

見通しのきかない屈曲した道筋は敵の襲来を想定したもので、八上城下から移築した寺院に要塞としての機能を持たせた町造りの名残が見られる。江戸末期から篠山領内の商業の中心であったといわれている。

文政十一年（一八二八）、藩主青山忠裕が陶工欽古堂亀助を京から招いて開いた藩営王地山焼窯跡が稲荷神社の西側にある。

御徒士町武家屋敷群

篠山城西外堀西側の武家地は明治五年に西新町となり、現在も篠山市西新町と住居表示されるが、江戸時代にはその一部は御徒士町と呼ばれていた。

二ノ丸の裏門から南馬出しに出ると、西外堀に面して曲折入母屋造茅葺に武者窓をつけた白壁の家老屋敷長屋門があり、県指定文化財になっている。

さらに一筋西のかつて御徒士町と呼ばれた通りの両側には、土塀の中に大きな入母屋造茅葺の、いずれも似たような構えの武家屋敷がかたまって建つ一角がある。

この中には文化二年(一八〇五)、藩主青山忠裕が老女小木千衛のために改築した小林家の屋敷や藩士の屋敷を復元改築した安馬家武家屋敷史料館がある。明和三年(一七六六)、藩主青山忠高のとき建てられた篠山藩藩校振徳堂は南馬出しの西手にあった。

篠山城下の武家屋敷

八上城跡

丹波富士の異名を持つ高城山(標高四五九メートル、比高二三〇メートル)に置かれた戦国の武将波多野一族の居城である。たびたび激しい攻防戦に巻きこまれたが、波多野氏は秀治のときの天正七年(一五七九)織田信長の命を受けた明智光秀の猛攻を受けて落城した。

本丸・二ノ丸・三ノ丸跡や空堀跡・貯水池跡などが残り、光秀の母を磔刑に処したはりつけ松伝説地、血洗池などもある。

秀吉の五奉行のひとり前田玄以や関ヶ原の役後に入部した玄以の子前田茂勝や松平(松井)康重が政庁を構えたのは現在春日神社のある北西麓の館跡で、前田父子の官職名を冠した主膳屋敷の地名が残る。

八上城下の寺社や町家は篠山城に政庁が移転したとき、移ったといわれる。篠山街道沿いに参勤交代や旅人の休憩所になったという重兵衛茶屋がある。

丹波立杭窯

平安時代末期に開窯した丹波焼の流れを現在まで引き継ぐ日本六古窯のひとつ。

発祥地の立杭は、江戸時代に下立杭村と上立杭村に分かれ、のち今田町域に入り、現在は篠山市域に入っている。

丹波焼はすべて立杭の産である。現地では立杭焼と称するが、これは通称あるいは自称というべきもので、丹波焼というのがその歴史性をも包含した正称である。

穴窯の時代が長くつづいたが、宝暦二年(一七五二)に登り窯が発明されて、以来量産が可能になり、篠山藩の名産品として全国的に知られるようになった。

穴窯の時代に焼かれたものを古丹波といい、自然釉である灰被りの美しさが茶人に愛でられた。篠山・河原町通りの丹波古陶館や東京・駒場の日本民芸館には古丹波の名品が展示されている。

丹波立杭窯は国選択重要無形民俗文化財の指定を受け、明治二十八年構築の現存最古の登り窯は県有形民俗文化財指定、丹波焼古窯跡は県指定史跡となっている。

亀山藩《かめやま》（亀岡藩《かめおか》）〈譜代〉

居城＝京都府亀岡市荒塚町

明智光秀の築城

丹波国亀山は京への入口である老の坂を守り、山陰道を押さえる要衝の地であった。天正三年（一五七五）、明智光秀は織田信長から丹波平定を命じられた。光秀は丹波攻略の基地として、同五年ごろから亀山城築城を開始し、同七年二月に入城した。築城にあたっては近隣の寺社の建物や敷石を用いての突貫工事が行われたという。

光秀は同十年六月、居城としていた亀山城を出発して本能寺の変を引き起こしたが、敗死後同十一年より十八年まで亀山は羽柴秀勝《ひでかつ》の支配地となり、ついで文禄四年（一五九五）までは小早川秀秋が支配した。

その後、前田玄以が五万石で入封し、豊臣秀吉を支える五奉行の一人となったが、慶長五年（一六〇〇）、関ヶ原の役では玄以は大坂城にいて石田三成方の動静を家康に伝えたので、本領を安堵された。

同七年、玄以が没し、遺領を継いだ次男の茂勝は丹波国八上へ移封された。

頻繁な譜代大名入れ替わり

慶長七年（一六〇二）から同十四年まで亀山は天領となり、亀山城に代官を置いて支配した。

慶長十四年（一六〇九）、下総国山崎から岡部長盛《ながもり》が二万石を加増されて三万二千石で入封した。徳川体制になってはじめて亀山に封じられた大名であった。

長盛のとき、大堰川《おおいがわ》の治水用石堤（上内膳・下内膳）が築かれている。

長盛は入封後二千石を加増されて三万四千石となったが、元和七年（一六二一）、丹波国福知山へ転封となった。

亀山は京に隣接する重要な位置にあったため、こののち譜代大名が頻繁に入れ替わって配置されることになる。

岡部氏転封のあと、同年、三河国西尾から松平（大給《おぎゅう》）成重《なりしげ》が二万二千二百石で入封した。成重は寛永十年（一六三三）に没し、そのあと忠昭《ただあき》が襲封したが、翌十一年、豊後国亀川へ移封された。

そのあと同年、近江国膳所から菅沼定芳《さだよし》が四万一千百石で入封した。同二十年、子定昭《さだあきら》が襲封し、弟定実《さだざね》に二千石、同定賞《さだよし》に一千四百石を分与して、残り三万八千石を領したが、正保四年（一六四七）、無嗣断絶し除封となった。菅沼氏は翌慶安元年、定実に七千石の旗本として家名再興が許される。

慶安元年（一六四八）、遠江国掛川から松平（藤井）忠晴《ただはる》が三万八千石で入封した。領地は桑田郡五十五ヵ村・一万八千六百余石、氷上郡二十二ヵ村・九千六百余石、船井郡二十六ヵ村・八千四百余石、多紀郡五ヵ村・一千三百石で、四郡百八ヵ村が城付領として確定した。

忠晴は奏者番をつとめ、寛文七年（一六六七）に致仕し、忠昭《ただあき》が襲封した。天和三年（一六八三）、忠周《ただちか》が襲封し、貞享二年（一六八五）、若年寄に任ぜられたが、翌三年、武蔵国岩槻へ転封となった。

同年、備中国庭瀬から久世重之《しげゆき》が五万石で入封し、前代の城付領四郡に備中国都宇・窪屋・浅口三郡内の飛地を加えた。

重之は元禄十年（一六九七）に三河国吉田

へ転封となり、同年、美濃国郡上《ぐじょう》から井上正岑《まさみね》が四万七千石で入封し、城付領四郡に備中国都宇・窪屋郡内の飛地を加えた。同十二年、正岑は若年寄に任ぜられ、同十五年常陸国下館へ転封した。

同年、遠江国浜松から青山忠重《ただしげ》が五万石で入封した。忠重は享保七年（一七二二）に致仕して俊春《としはる》が襲封、同十五年、忠朝《ただとも》が襲封し、寛延元年（一七四八）に寺社奉行となり、丹波国篠山へ転封した。

形原松平氏の藩政

寛延元年、入れ替わって篠山から松平（形原《かたのはら》）信岑《のぶみね》が五万石で入封し、城付領四郡に備中国浅口郡内の飛地を加えた。形原松平氏は以後、明治廃藩まで八代百二十四年にわたり亀山の地を領することになる。

亀山藩はこれまでみてきたように、藩主交替があまりにも激しかったことに加えて領地の入り組みや飛地の複雑さのために、施政の一貫性を保つことが困難であった。

信岑は入封直後、藩札を発行した。頻繁な藩主交替に慣れた領民にはこうした突然の施策は信頼が置けず不評であったが、信岑は領内栽培の煙草は移出を禁じ、藩で買い上げて藩札を渡し、大坂・京で売りさばいて正金銀を藩の収入とした。

宝暦十三年（一七六三）、信岑が没し信直《のぶなお》が襲封、そのあとを天明元年（一七八一）、信《のぶ》道《みち》が継いだ。

信道の治世の天明七年（一七八七）、飢饉による米価高騰のため、領内の船井郡で一揆が起こっている。翌八年一月の京都大火では、信道は京都火消役として活躍した。

信道は幕府の奏者番兼寺社奉行見習であったが、翌八年には奏者番兼寺社奉行に昇った。

寛政元年（一七八九）、信道は藩臣に命じて入念に審議させたのち、藩政の基本法ともいうべき「領中刑律」を制定し、安定した藩政の指針を示した。この藩法の原本「亀山藩議定書」は関東大震災に焼失したが、複写されたものが現存する。

信道は寛政の改革を推進した松平定信派に属する一人であったが、寛政三年（一七九一）、三十歳の若さで没し、そのあとを信彰《のぶたか》が襲封した。

享和二年（一八〇二）、信彰のあとを養子の信志《のぶゆき》が襲封した。

信志のあと、文化十三年（一八一六）、信豪《のぶひで》が幼くして藩主となったため、外戚の松平定信が後見となり、家老奥平広胖《こうは》によって財政再建への手立てが講じられた。

信豪は好学であったので、教育には熱心であった。信岑の入封とともに篠山から郭内二ノ丸外馬場町に移築した学校を信豪は拡張し、文政七年（一八二四）、邁訓堂・広徳館・鉄門館で文事を、武芸諸稽古場で武事を学ばせた。

天保十四年（一八四三）、信義《のぶよし》が襲封、奏者番・寺社奉行・大坂城代と累進し、城代在職中に役料一万石を与えられ、老中にまで昇進した。

慶応二年（一八六六）、信正《のぶまさ》が襲封し、維新に際しては佐幕藩として新政府方に警戒されて山陰道鎮撫使に攻撃されたため、藩は帰順の誓書を提出した。

明治二年（一八六九）、版籍奉還により信正は知藩事となり、伊勢国亀山との混同を避けるため藩名を亀岡藩と改称した。

園部《その べ》藩〈外様〉

居城＝京都府船井郡園部町小桜町

外様小藩大名の幕閣入り

元和五年（一六一九）、但馬国出石から小出《こいで》吉親《よしちか》が入封して園部藩が成立し、小出氏が十代二百五十三年にわたり在封した。

藩領は丹波国船井郡の内百三十一ヵ村・二万七百十五石、同桑田郡の内五十二ヵ村・五千百十石余、同何鹿《いかるが》郡の内十ヵ村・千八百八十四石余の他、上野国甘楽郡四ヵ村・二千石、合わせて二万九千七百石余であった。

吉親は同七年、中世の園部城跡を拡張して園部城を築いたが天守閣は設けず、園部陣屋と呼ばれた。吉親の在封期間は長く、幕府の関東代官、西海道巡検使、上方郡奉行などを歴任して寛文七年（一六六七）に致仕した。このとき吉親は五千石の養老料を手元にとどめている。

二代英知《ふさとも》は新墾田あわせて二万五千石を領有したが、翌八年に吉親が没すると、養老料分五千石を弟吉直《よしなお》に三千石、養子吉忠《よしただ》に二千石を分与している。

延宝元年（一六七三）、三代英利《ふさとし》が襲封。宝永二年（一七〇五）、四代英貞《ふささだ》が襲封すると弟英治《ふさはる》に一千石を分与した。英貞は外様小藩の大名でありながら享保十年（一七二五）、奏者番兼寺社奉行となり、同十七年には西の丸若年寄に栄進した。延享元年（一七四四）に襲封した五代英持《ふさよし》も同三年奏者番に任ぜられ、寺社奉行を兼任し、若年寄に昇った。明和四年（一七六七）、父の遺領を継いだ六代英常《ふさつね》も同六年に奏者番となった。

幼主襲封と世相不穏

七代英筠《ふさたけ》は安永四年（一七七五）、わずか二歳で襲封し、天明六年（一七八六）、十一歳で桜田門火防御使に任命された。天明の大飢饉のため、同七年に大規模な農民一揆が発生、領内への流入を防ぐために篠山藩からの応援を得て鎮圧している。

英筠は寛政年間大成殿を建て、藩祖伝来の孔子像を奉祀して藩学創始の意気込みを示し、京の儒者馬杉暘谷を招いて藩主に侍講させるとともに藩士の子弟に講義させ、文化年間に藩校教先館を設立した。

文政四年（一八二一）、八代英発《ふさおき》が十二歳で父の遺領を継ぎ、同八年には朝廷使者の饗応役を命ぜられている。

天保元年（一八三〇）、船井郡で米の買い占めによる打ち毀し、同七年にも同郡で強訴が起こっている。

天保十四年（一八四三）、養子の英教《ふさのり》が九代藩主となった。嘉永六年（一八五三）、ペリーが来航したが、英教は開港を拒絶すべきであると持論を展開している。

早くから農家の副業として生産されていた煙草に目をつけた藩は、財政難の折から同七年、煙草の専売を通告し、藩の勝手方でまとめて取り扱い、指定の仲買商人に入札させている。

安政二年（一八五五）、十代英尚《ふさなお》が八歳で父の遺領を継いだ。万延元年（一八六〇）には米価騰貴による打ち毀しが相次いだ。

大政奉還後はいちはやく新政府に帰順し、山陰道鎮撫総督に従軍している。明治二年、版籍奉還により英尚は知藩事に任命され、同四年、廃藩となった。

綾部《あやべ》藩 〈外様〉

居城＝京都府綾部市上野町

陸に上がった水軍の将の後裔

信長・秀吉に仕えた志摩国鳥羽の水軍の将九鬼《くき》嘉隆《よしたか》は、嫡子守隆《もりたか》と関ヶ原の役に敵味方となり、嘉隆は自殺、守隆が鳥羽に封じられたが寛永九年（一六三二）に没した。守隆の遺領をめぐって三男隆季《たかすえ》と五男久隆《ひさたか》が争い、幕府の裁定により、久隆は摂津国三田《さんだ》三万六千石へ移封となり、隆季が寛永十一年（一六三四）に二万石で入封して当藩が成立した。綾部地方のそれ以前は福知山藩領、あるいは天領であった。

入封後まもなく藩祖隆季は弟隆重《たかしげ》に五百石を分与した。このときの藩領は丹波国何《いか》鹿《るが》郡八ヵ村・同天田《あまた》郡十九ヵ村、合わせて一万九千五百石であった。

隆季は下市場に陣屋を設けたが、慶安三年（一六五〇）に火災のため焼失し、翌年、上野本宮山麓に居城と城下町を建設した。

延宝二年（一六七四）、二代隆常《たかつね》が襲封したが、このころから藩財政が困窮し、同七年、元禄八年（一六九五）と二度にわたり年貢減免の一揆が発生した。

元禄十一年（一六九八）、三代隆直《たかなお》襲封、正徳三年（一七一三）、四代隆寛《たかのぶ》が襲封した。

隆寛の治世は五十四年におよび、文治政策として同五年、藩校進徳館を設立し、八歳から十五、六歳の藩士子弟に漢学・習字・習礼・諸武芸を講じたが、財政は危機的状況を呈し、宝暦二年（一七五二）、御用金賦課を契機に大規模な強訴が起こった。

田沼政権の余波と小藩の逸材

明和三年（一七六六）、五代隆貞《たかさだ》が襲封、天明元年（一七八一）に襲封した六代隆祺《たかよし》は老中田沼意次《おきつぐ》の七男である。その治世に三ヵ村の上地、六ヵ村の給付により領地替えが行われたが、意次の失脚後ふたたび替地が行われ、二ヵ村は天領となった。

天明七年（一七八七）、七代隆郷《たかさと》が襲封、文化五年（一八〇八）、八代隆度《たかのり》が襲封した。このころ天明の大飢饉や文化二年（一八〇五）の城下町の大火などの災害があり、それに対する藩の対応はにぶかった。

文政五年（一八二二）に襲封した九代隆都《たかひろ》は幕末までの四十年間藩主の座にあり、歴代のうちの逸材とされる。隆都は襲封すると、ただちに家老以下重臣の功罪を問うて藩政を改革する姿勢を示したが、災害や幕府公務の出費が重なって改革は容易ではなかった。

天保十一年（一八四〇）、隆都は農政家佐藤信淵《のぶひろ》を招聘して農村復興を策した。信淵は栽培から施肥にまでおよぶ農業改善、綿・煙草・茶・桑などの商品作物の増産、社倉講の設立、さらには由良川を利用して北前船の物資輸送も行った。

また隆都は幕府大番頭・二条城在番・大坂在番を経て、安政二年（一八五五）には講武所総裁に任ぜられた。

文久元年（一八六一）に襲封した十代隆備《たかとも》は藩儒近藤勝直の建策を容れて朝廷に接近し、幕末多端の政局をにらんで京都警備・丹波口守衛にあたり、大政奉還後はいちはやく山陰道鎮撫総督使に帰順した。

当藩は他の丹波・丹後諸藩のような分裂や抗争もなく廃藩置県を迎えた。

山家《やまが》藩〈外様〉

陣屋＝京都府綾部市広瀬町城山

豊臣秀吉に仕えていた谷衛友《もりとも》は天正十年(一五八二)、丹波国何鹿郡山家一万六千石を領した。慶長五年(一六〇〇)、関ヶ原の役が起こると、衛友は初め西軍に与《くみ》し、丹後国田辺城の攻撃に従軍したが、のち徳川家康方に寝返ったので、戦後本領を安堵され、山家に陣屋を構えて立藩した。

衛友は寛永四年(一六二七)に没し、遺命により孫衛政《もりまさ》が家督を継いだ際、弟衛冬《もりふゆ》に一千五百石、甥衛之《もりゆき》に二千五百石、同じく甥衛清《もりきよ》に二千石を分与し、残りの何鹿郡十三ヵ村内において一万八十二石は衛政が領した。

衛政のあと、衛広《もりひろ》ー照憑《てるより》ー衛衝《もりみち》ー衛将《もりまさ》ー衛秀《もりひで》ー衛量《もりかず》ー衛方《もりたね》ー衛弥《もりみつ》ー衛昉《もりやす》ー衛弼《もりのり》ー衛《もり》滋《しげ》と十三代、約二百七十年間にわたって在封した。最後の藩主となった衛滋はいち早く新政府軍に帰順し、明治二年(一八六九)六月に版籍奉還して、知藩事に任ぜられ、同四年七月、廃藩置県を迎えた。

柏原《かいばら》藩〈外様〉

陣屋＝兵庫県氷上郡柏原町柏原

伊勢国安濃津城主織田信包《のぶかね》(信長の弟)は慶長三年(一五九八)、豊臣秀吉から丹波国氷上郡柏原三万六千石を与えられて、陣屋を構えて立藩した。信包は、のち秀吉の遺命で秀頼を補佐し、慶長五年の関ヶ原の役の際、西軍に与《くみ》して田辺城攻めに従軍したが、戦後、幸運にも本領を安堵された。信包は慶長十九年十月、大坂冬の陣の起こる前の七月十七日に没し、三男信則《のぶのり》が家督を継いだ。だが、元和元年(一六一五)、兄信重《のぶしげ》は信則が遺領を継いだことを不満とし、幕府に訴えたが、かえって改易となった。信則のあとを継いだ信勝《のぶかつ》は慶安三年(一六五〇)、二十八歳で没し、無嗣絶家のため除封されたので、一時廃藩となった。

四十五年後の元禄八年(一六九五)、一族の織田信休《のぶやす》が大和国松山から二万石で入封し、再度立藩した。信休は遠祖信長の次男信雄《のぶかつ》の五男高長《たかなが》の系統で、信休の父信武《のぶたけ》は松山二万八千二百余石の藩主であったが、元禄七年に藩内で対立抗争があり、老臣生駒三左衛門・田中五郎兵衛を斬殺し、自らも自刃したため、信休は八千二百余石の減封で柏原へ移封した。織田家は松山時代に三万石未満の小大名で、そのうえ城主でもないのに、准国主の格式を与えられていたが、柏原入封後は並の大名に格下げとなった。

信休は入封直後、藩校崇高館を創設し、儒学を中心とした文教政策に尽力した。信休のあと、信朝《のぶとも》ー信旧《のぶひさ》ー信憑《のぶより》と続き、信憑の治世の時、氷上郡成松地方で農民暴動が起こった。そして信守《のぶもり》ー信古《のぶもと》の治世では藩札を乱発したため藩財政は混乱をきたし、天保四年(一八三三)、氷上郡柿柴村を周辺に一揆が起こった。つぎの信貞《のぶさだ》ー信敬《のぶのり》ー信民《のぶたみ》を経て、最後の藩主には信親《のぶちか》が就いた。

信親は信民の養嗣子となり、慶応元年(一八六五)十二月に家督を継ぎ、慶応四年一月の鳥羽伏見の戦いに朝廷側についた。のち山陰道鎮撫総督の行軍には、執政津田要に兵七人を付して従軍させた。翌明治二年に版籍奉還し、信親は知藩事に任ぜられ、同四年に廃藩置県を迎えた。

丹後国

宮津藩《みやづ》〈譜代〉

居城＝京都府宮津市鶴賀

細川・京極氏支配の時代

天正八年（一五八〇）、細川藤孝《ふじたか》（幽斎《ゆうさい》）・忠興《ただおき》が織田信長より丹後国十二万石余を与えられ、山城国長岡から宮津の八幡山城へ入城し、のちに宮津城を築いた。

信長の没後は秀吉に、秀吉の没後は家康に属した細川氏は、慶長五年（一六〇〇）六月、忠興が家康による会津征伐に参陣、その間に妻ガラシアは石田三成よりの大坂入城強要を拒んで自らの意思で死を選び、丹後国で留守を預かる藤孝は大坂方の兵に囲まれながら丹後国田辺城に五十日の籠城をつづけた。関ヶ原の戦いで徳川方に属した忠興は同年十一月、豊前一国と豊後半国を与えられ、豊前国中津へ移封した。

慶長六年、信濃国飯田から京極高知《たかとも》が丹後一国を与えられて十二万三千百七十五石で転封となった。高知は田辺城に入城したが、幕府の扱いは宮津居城であった。

同七年、高知は丹後一国の総検地を行って支配体制の強化を図っている。

元和八年（一六二二）、高知が没すると、その遺言により丹後国は三分されて、嫡子高《たか》広《ひろ》が七万八千二百石で宮津を領し、次男高《たか》三《みつ》に田辺三万五千石、養子高通《たかみち》に峰山一万石が与えられた。

高広は細川氏の築いた宮津城を拡張して寛永二年（一六二五）ころにはほぼ完成させ、同十三年にかけて城下町の建設を行った。宮津城は寛文年間に大修築を行うが、明治初年まで縄張をほとんど変えず、城下の規模も変化がなかったという。

承応三年（一六五四）、高広は致仕し、その子高国《たかくに》が襲封したが、寛文六年（一六六六）、高国は親不孝、一族との不和、藩治悪政を幕府より咎められて改易となった。

頻繁な譜代大名入れ替わり

京極氏除封後三年間は天領となり、生野代官所支配となった。

寛文九年（一六六九）、山城国淀から永井尚《なお》征《ゆき》が七万三千六百石で入封した。

宮津藩にはこれより歴代にわたって譜代大名が封じられることになる。延宝二年（一六七四）、尚長《なおなが》が襲封し奏者番となったが、同八年（一六八〇）六月、四代将軍家綱薨去を悼む増上寺初法会三日目の法場において志摩国鳥羽藩主内藤忠勝に刺殺され、嗣子なきをもって遺領を収公された。

同年、永井氏は弟直円《なおみつ》が大和国新庄一万石を与えられて再興している。

天和元年（一六八一）、前年からの丹後大飢饉の中を、武蔵国岩槻から阿部正邦《まさくに》が九万九千石で入封したが、元禄十年（一六九七）に下野国宇都宮へ移封され、入れ替わって宇都宮から奥平昌成《まさしげ》が九万石で入封した。

奥平氏治世の正徳四年（一七一四）、全藩農民一揆が起こり、これをきっかけに宮津町方の六つの本町にそれぞれ年寄（のち名主）を置いて支配する制度が始まった。

享保二年（一七一七）、昌成は豊前国中津へ移封となり、信濃国飯山から青山幸秀《よしひで》が四万八千石で入封した。同七年、加悦谷《かやだに》で西陣織の織り方による縮緬《ちりめん》がはじめて生産され、のちに丹後縮緬としてこの地方の特産品となった。

延享元年（一七四四）、嫡子幸道《よしみち》が襲封、宝暦八年（一七五八）、美濃国郡上へ移封となった。

本庄松平氏の藩政

宝暦八年（一七五八）、青山氏のあとへ遠江国浜松から松平（本庄）資昌《すけまさ》が七万石で入封して定着し、以後明治廃藩まで七代百十四年つづいた。

本庄氏は家祖宗資《むねすけ》が五代将軍綱吉の生母桂昌院の弟という縁で大名に取り立てられ、その子資俊《すけとし》から代々松平の家名を名乗ることを許された家である。松平を名乗る大名の大半が家康の縁辺につながる中にあって、綱吉の縁辺を出自とする本庄氏が松平を称する大名に出世したのは異例であった。

宮津に入封した本庄松平氏の藩領は、丹後国与謝郡八十一ヵ村・三万九千六百余石、加佐郡十ヵ村・二千三百余石、竹野郡二十二ヵ村・三千三百余石、中郡七ヵ村・五千四百石、計六万七百余石、ほかに近江国栗太・野洲・蒲生・甲賀四郡の内二十ヵ村・一万石、合わせて七万七百余石であった。

初代資昌は病弱であったため入封三年後の宝暦十一年（一七六一）に致仕した。あとを継いだ二代資尹《すけただ》も明和二年（一七六五）に没し、三代資承《すけつぐ》が襲封した。

資承は奏者番に任ぜられ、天明四年（一七八四）、寺社奉行となった。同年、弟村上常福（村上家へ養子）に新墾田三百五十五石を分知している。寛政八年（一七九六）、資承は致仕し、四代宗允《むねただ》が襲封した。

文化十三年（一八一六）、宗允のあとを五代宗発《むねあきら》が襲封したが、このころには藩は財政が困窮をきわめていた。

宗発は藩士沢辺北溟に学制取調を命じ、文政元年（一八一八）、城外馬場先口に藩校礼譲館を創設した。藩校の教科は四書五経のほか歴史・算術・武術を教え、次の宗秀の時代には学校を拡張している。明治初年の生徒数は三百人に達していた。

宗発は文政五年（一八二二）、万人講と称する人頭税を課した。これは病臥者・不具者以外のすべての領民に一日三文の貯蓄をさせ、毎月庄屋が取り立てて上納するというものであったが、抵抗が強いため日銭二文に減らした。しかしこれが契機となって領内各地で一揆打ち毀しが起こり、やむなく万人講を廃止せざるをえなくなった。

宗発は文政元年、寺社奉行に就任し、大坂城代・京都所司代を経て、天保六年（一八三五）には老中となったが、同十一年に没し、そのあとを六代宗秀《むねひで》が襲封した。

宗秀は安政元年（一八五四）、外国船の接近に備えて宮津湾岸七ヵ所に台場を築造し、同四年には大砲を鋳造し、城外洲崎台場に砲十五門を据えた。宗秀もまた安政五年、寺社奉行に就任、つづいて大坂城代・京都所司代を経て、元治元年（一八六四）には老中となり、多難な幕政の舵取りに苦慮した。

慶応二年（一八六六）、長州再征に総督差添として安芸国に出陣した宗秀は陣中で致仕し、そのあとを七代宗武《むねたけ》が継いだ。

宗武は慶応四年（一八六八）一月、鳥羽伏見の戦いに幕府軍に加勢したため山陰道鎮撫総督に朝敵の疑いをかけられたが、ひたすら恭順し、明治二年（一八六九）、版籍奉還により知藩事となった。同四年、廃藩置県によって宮津県となり、豊岡県に合併、つづいて京都府に編入された。

小江戸紀行　宮津祭で知られる城下町宮津城下を歩く

宮津城跡

北は宮津海岸に面し、西は大手川（宮津川）を外堀に利用した現在の宮津市鶴賀にあった近世城郭の跡である。

丹後に入国した細川氏は丹後守護一色氏の八幡山旧城に入城したのち、浜手に宮津新城を築いた。その後、丹後一国を与えられて田辺城に入城した京極高知の死にともない、元和八年（一六二二）に丹後は三分されて、高広が宮津を引き継ぎ、細川宮津城を改築拡張して居城とした。

宮津市外の古い家並

宮津城は内堀の中に本丸と二ノ丸があり、その外側が三ノ丸、外堀の外を武家屋敷が取り囲んでいた。天守は置かず、各郭の周囲は石垣の上に塀を設けていた。

明治五年ごろまでに城郭はほとんど破壊されたが、東側の外堀、大手川石垣が一部現存する。城郭建造物であった太鼓門が現在宮津小学校の裏門として残り、武家屋敷や町家の並びが一部残っている。

大頂寺《だいちょうじ》

宮津市金屋谷にある浄土宗寺院。宝徳山と号し、慶長十一年（一六〇六）、京極高知が犬の堂山に建立、高広のとき縁故のある徳川秀忠・家光の法楽と自らの菩提所とするため現在地に移築した。のちの藩主本庄松平家の荘厳な結構の霊殿があり、御霊屋《おたまや》と呼ばれている。

日吉神社

宮津市宮町の滝上山山麓ある宮津郷の惣産土神。歴代宮津藩主の崇敬を受けた。京極氏の時代に社殿を移して別荘を造り、永井尚長は嗽玉亭を営み、奥平昌春が社殿をもとの位置に移した。

四月中申日に藩をあげて行われる例祭は宮津祭・国祭と呼ばれて今郷近在より人出があり、波路《はじ》の御旅所へ御輿渡御のときには宮津城の大手・波路両門を開いて通行を許可したので、「宮津祭は将棋の駒よ、大手大手と詰めかける」と囃された。

現在は五月十五日が例祭になっている。

田辺《たなべ》藩（舞鶴《まいづる》藩）〈譜代〉

居城＝京都府舞鶴市南田辺

丹後国田辺は細川氏の領地であったが、慶長六年（一六〇一）に京極高知《たかとも》が信濃国飯田から十二万三千二百石で入封し、田辺城を居城として立藩した。高知は田辺城三の丸を拡張して家臣団を集住させた。高知は元和八年（一六二二）八月に没し、嫡男高広《たかひろ》は遺領のうち七万八千二百石を継ぎ、次男高三《たかみつ》は加佐郡内百二十一ヵ村において三万五千石を分与されて田辺城を居所とし、養子高通《たかみち》に一万石を分与した。高広は宮津城、高三は田辺城、高通は峰山陣屋を居所として領知したので、これより丹後国では三藩が並行することになった。

高三は寛永十三年（一六三六）九月に没し、高直《たかなお》が遺領を継ぎ、そのあと高盛《たかもり》が在封した。高盛は寛文三年（一六六三）、弟高門《たかかど》に一千石を分与したが、同八年には但馬国豊岡へ転封となった。

京極氏の転封後、京都所司代の要職を退任した牧野親成《ちかしげ》が河内国高安から三万五千石で入封した。親成は延宝元年（一六七三）に致仕したあと、富成《とみしげ》（奏者番）―英成《ひでなり》（奏者番・寺社奉行・京都所司代）―明成《とししげ》（奏者番）―惟成《これしげ》（奏者番・寺社奉行）と継承し、つぎの宣成《ふさしげ》は藩校明倫斎《めいりんさい》（のち明倫館）を創設し、漢学の他、のちには洋学・医学・算術・習字などが講ぜられた。

宣成のあとを継いだ以成《もちしげ》は文化五年（一八〇八）、ロシア船来航時の海辺防備を策し、文政八年（一八二五）、異国船打払いのための大筒仕掛場八ヵ所を定めた。つぎの節成《ときしげ》は繭《まゆ》・桐油《とうゆ》・櫨《はぜ》・楮《こうぞ》・漆《うるし》・藍《あい》を国産として奨励し、その専売により窮迫した藩財政再建を試みたが失敗に終わった。節成のあとを継いだ誠成《たかしげ》の治世は幕末の騒乱期であり、京都御所や長州征伐進発の将軍警護、禁門の変の残党狩りや天狗党潜入の防備などに忙殺されたが、慶応四年（一八六八）の戊辰戦争の際、山陰道鎮撫使に居城を無血開城した。最後の藩主となった弼成《すけしげ》は「舞鶴」と藩名を改称し、翌二年六月に版籍奉還して、知藩事に任ぜられ、同四年七月に廃藩置県を迎えた。

峰山《みねやま》藩〈外様〉

陣屋＝京都府中郡峰山町吉原

丹後国宮津藩主京極高知《たかとも》の養子高通《たかみち》（朽木宣綱《のぶつな》の次男）は武蔵・下総・近江三国内において三千石を知行していたが、元和八年（一六二二）に養父高知が没して遺領のうち一万石を分与され、合わせて一万三千石を領し、峰山に陣屋を構えて立藩した。

高通は寛文五年（一六六五）に没し、高供《たかとも》が遺領を継ぐ際、弟高昌《たかまさ》に一千石、同高成《たかしげ》に五百石を分与した。さらに高明《たかあき》を経て高之《たかゆき》が継ぐ時、弟高重《たかしげ》に六百石を分与した。

高之の治世の時の享保五年（一七二〇）頃から峰山を中心に丹後縮緬の生産が始まり、縮緬を「大切の御国産」として保護育成、藩の重要財源とした。つぎの高長《たかなが》以降は高久《たかひさ》―高備《たかよし》―高倍《たかます》―高鎮《たかしず》―高景《たかかげ》―高富《たかとみ》と継承した。高富は慶応二年（一八六六）に若年寄として多難な政局を担当し、慶応四年（一八六八）の戊辰戦争の時に山陰道鎮撫使に恭順した。最後の藩主となった高棟《たかのぶ》の時に廃藩置県を迎えた。

摂津国

高槻藩《たかつき》〈譜代〉

居城＝大阪府高槻市城内町

高山氏以降、頻繁な入転封

キリシタン大名として知られる高槻城主高山右近が天正十三年（一五八五）、播磨国明石城主になると、文禄四年（一五九五）、大和国宇陀から新庄直頼《なおより》が二万六千石を領有して高槻城主となったが、慶長五年（一六〇〇）、関ヶ原の役の時に西軍に与《くみ》したため除封となり、高槻は一時無主となった。その後、元和元年（一六一五）、大坂夏の陣後、近江国長浜の内藤信正《のぶまさ》が摂津国芥川・太田郡内において四万石を領して入封し、高槻城を居城として立藩した。

二年後の元和三年十二月、信正が伏見城代となって移った後、下総国守谷から土岐定義《さだよし》が二万石で入封した。定義は高槻城を修築、一国一城令によって隣接の茨木城廃城後は、高槻は城下町として賑わうようになった。定義が元和五年に没すると、その嫡子頼行《よりゆき》が遺領を継いだが、幼少のため減封され、旧領守谷へ戻った。

代わって元和五年九月、三河国形原から松平（形原）家信《いえのぶ》が二万石で入封し、この時、五千石を嫡男康信《やすのぶ》に分与した。寛永十二年（一六三五）、家信は下総国佐倉へ転封し、同年、播磨国龍野から岡部宣勝《のぶかつ》が五万一千二百石で入封し、寛永十七年に和泉国岸和田へ移った。ついで同年九月、下総国佐倉から松平（形原）康信が入封して三万六千石を領有したが、慶安二年（一六四九）七月、丹波国篠山へ転封となった。

永井氏の入封

これまで藩主の交代が激しかったが、慶安二年七月、永井直清《なおきよ》が山城国長岡の勝竜寺から山城国紀伊・乙訓両郡、摂津国芥川・太田・川辺・能勢・島下・住吉の六郡において三万六千石で入封した。直清は兄尚政《なおまさ》（山城国淀藩主）や京都所司代らとともに近世初頭の幕政を担い、畿内・西国の民政担当の「八人衆」の一人として活躍した。直清は慶安四年、低湿な城南の地の排水工事に着手し、排水用の鳥養井路・番田井路を開削し、地元で「六千石」と称される耕地を確保した。寛文二年（一六六二）には川辺・能勢両郡の領地を丹波国桑田郡に移されたが、以後永井氏は幕末まで続いた。

直清は寛文十一年一月に八十一歳の長寿で没し、直時《なおとき》が遺領を継ぎ、以後、直種《なおたね》―直達《なおたつ》―直英《なおひで》―直期《なおざね》と続き、直期は急速に悪化する藩財政を好転させるため、年貢先納銀、租税率の引き上げを図った。さらに直《なお》行《ゆき》―直珍《なおよし》を経て、つぎの直進《なおのぶ》は寛政年間（一七八九～一八〇一）、藩校菁莪堂《せいがどう》を創設し、家臣の子弟に漢学を修めさせた。ついで直与《なおとも》の時、京都の儒者三崎主礼を招いて菁莪堂を城内三の丸別館に設け、伊藤仁斎の堀川学派の影響を受けた。

直与のあとを継いだ直輝《なおてる》は安政元年（一八五四）、幕命により京都警備にあたり、さらに同年九月、ロシア艦ダイアナが突如来航したことから、丹波国篠山・淀藩主らとともに京都七口の警備を命ぜられた。ついで直矢《なおつら》を経て、最後の藩主直諒《なおまさ》は幕末の激動期にあって日和見主義的な態度で過ごし、明治二年（一八六九）に版籍奉還し、知藩事に任ぜられ、同四年に廃藩置県を迎える。

茨《いばら》木《き》藩〈外様〉
居城＝大阪府茨木市本町

豊臣秀吉に仕えていた片桐且元《かつもと》は文禄四年（一五九五）、摂津・伊勢両国内において一万石を領有していたが、慶長五年（一六〇〇）、関ヶ原の役によって徳川家康が覇権を握ると、茨木城へは且元・貞隆《さだたか》兄弟が入城した。且元は翌六年、大和国平群郡竜田で一万八千石を加増され、合わせて二万八千石で竜田に居所を構えて移封した。だが、茨木城は引き続き貞隆が一万石をもって支配していた。

慶長十九年、方広寺鐘銘事件に際して、且元は豊臣・徳川両者の板ばさみとなり、淀殿や重臣大野治長・木村重成らから疑いを受け、身に危険を感じて大坂城を退いて、茨木城に引き籠った。冬の陣が始まると、且元は子孝利《たかとし》とともに家康方に属し、翌元和元年（一六一五）、夏の陣で豊臣氏が滅亡し、四万石の加増を受けたが、直後の五月二十八日に没した。また、貞隆は大和国小泉藩主となったので、茨木城から移った。

味《ま》舌《した》藩〈譜代〉
陣屋＝大阪府摂津市三島

織田信長の弟長益《ながます》（有楽斎）は天正十年（一五八二）、摂津国島下郡味舌で二千石を与えられた。同年六月二日に本能寺の変の際、明智光秀軍が二条城を包囲した時、長益は城中にいたが、幸運にも脱出に成功した。その後、豊臣秀吉に近侍してお咄衆となり、秀吉没後、慶長四年（一五九九）十二月八日、徳川家康が摂津国茨木城に放鷹の時に随従し、一万五千石を与えられた。翌年、関ヶ原の役が起こると、徳川方に属して、戦後、大和国山辺郡内において一万五千石を加増されて移り、味舌藩は廃藩となった。

元和元年（一六一五）、長益は大和国式上・山辺両郡内、摂津国島下郡内のうちから一万石を四男長政《ながまさ》（戒重藩）に、また式上・山辺両郡内のうちから一万石を五男尚長《なおなが》（柳本藩）に分与し、残余の一万石は、自らの養老料として、茶道に親しみ、千利休の高弟七人の一人となり、有楽流の祖となった。

麻《あさ》田《だ》藩〈外様〉
陣屋＝大阪府豊中市蛍池中町

織田信長の家臣青木重直《しげなお》の嫡男一重《かずしげ》は豊臣秀吉に仕え、天正十三年（一五八五）に摂津国豊島《てしま》郡、伊予・備中両国内に一万石を領して、豊島郡麻田に居城していた。秀吉没後、一重は秀頼に仕え、大坂七手組の頭となり、元和元年（一六一五）一月、大坂冬の陣には豊臣方に属し、和議の使者として駿府城に下向したが、この間に大坂落城の報せを受けると、剃髪して宗佐と号して幽居を望んだ。だが、徳川家康に召し抱えられて、摂津国豊島・兎原の両郡、備中国後月・小田・浅口の三郡の他、伊予国内において一万二千石余を与えられ、麻田に陣屋を構えて立藩した。のち、一重は弟可直《よしなお》に二千石を分与したので、一万石余となった。

一重は元和五年に没し、養嗣子重兼《しげかね》が家督を相続し、寛永四年（一六二七）に伊予国内の領地を豊島・川辺郡内に移された。重兼は英明の誉れ高く、家臣に武芸・学問を奨励した他、領民に仁政を施した。また、源氏の宗廟である摂津国の多田院（現・兵庫県川西市）を復興し、隠元禅師が来日して山城国宇治に万福寺を建立する際、その建立奉行として壮麗な伽藍を完成させ、さらに青木家の菩提寺仏日寺（現・大阪府池田市）を再建した。

重兼のあと、重成《しげなり》―重矩《しげのり》―一典《かずつね》―一都《かずくに》―見典《ちかつね》―一新《かずよし》―一貫《かずつら》と継承した。つぎの一貞《かずさだ》は三十五年間にわたり在職し、その間に藩校直方堂を創設して、経学の普及につとめた。そのあとは重龍《しげたつ》、つぎは弟一興《かずおき》で、その養子一咸《かずひろ》があとを継ぎ、最後の藩主となったのは重義《しげよし》で、青木氏は十四代、約二百五十五年間にわたり在封した。重義は一興の甥にあたり、明治二年（一八六九）に家督を継ぐと、ただちに版籍奉還し、知藩事に任ぜられ、同四年に廃藩置県を迎えた。

なお、麻田藩陣屋跡は阪急宝塚線蛍池《ほたるいけ》駅西口前の商店街を抜けた現在の蛍池公民館付近にあたり、玄関前に麻田藩旧跡の石碑が立っている。屋敷の表玄関は報恩寺（春日町二丁目）、西の門は刀根山元町五丁目の上西家に移築されている。

中島《なかじま》藩〈譜代〉
陣屋＝大阪府大阪市西淀川区

伊勢国岩手二万七千四百石の城主稲葉道《みち》通《とお》は慶長三年（一五九八）八月、志摩国鳥羽城主九鬼嘉隆《よしたか》と木材海上運輸税について係争し、徳川家康の仲介で勝利を得たが、嘉隆の恨みをかった。慶長五年、関ヶ原の役が起こると、道通は徳川方に属し、西軍に与《くみ》した嘉隆と戦って破った。戦後、道通は伊勢国田丸四万五千七百石を与えられたが、慶長十二年十二月に三十八歳で没したので、その子紀通《のりみち》が遺領を継いだ。紀通は慶長十九年十月、大坂冬の陣には松平（奥平）忠明・西尾光教らとともに戦い、さらに翌元和元年（一六一五）五月の夏の陣には本多忠政に属して戦った。

元和二年、紀通は伊勢国田丸四万五千七百石から領地を摂津国中島へ移され、中島に陣屋を構えて立藩した。だが、寛永元年（一六二四）九月、丹波国福知山四万五千石へ転封、廃藩となった。なお紀通は慶安三年（一六五〇）、暴行事件を起こし、自害した。

大坂《おおさか》藩〈外様〉
居城＝大阪府大阪市中央区大坂城

徳川家康は慶長五年（一六〇〇）、関ヶ原の役後、天下の実権を掌握すると、豊臣秀吉の遺児秀頼に摂津・河内・和泉三国内において六十五万七千四百石を与え、徳川体制下の一大名として存続を許した。

そして元和元年（一六一五）四月、大坂夏の陣で豊臣家が滅亡すると、家康は安治・木津川による舟運の便のよいことから、軍事・経済上の要地であるこの地に、伊勢国亀山から松平（奥平）忠明《ただあきら》を十万石（摂津・河内国内）で入封させた。忠明は入封と同時に、大坂城の本丸・二の丸を城地とし、三の丸を市街地に開放して、伏見町の移住、寺院・墓地などの集中移転を行い、城下町の復興に尽力した。だが、わずか五年後の元和五年、関西に対する政策上から、忠明を大和国郡山十二万石へ転封させ、以後、幕府の直轄地となった。翌年から秀忠・家光は二代にわたり、西日本の外様大名を動員して、大坂城再建にあたらせた。

尼崎《あまがさき》藩〈譜代〉

居城＝兵庫県尼崎市北城内・南城内

戸田・青山氏の入封

豊臣秀吉に仕え摂津国尼崎郡代で七百石を領していた建部寿徳《じゅとく》（高光）の孫政長《まさなが》は元和元年（一六一五）、大坂夏の陣の戦功により摂津国川辺・闕《かけ》（西成）両郡内において一万石に加増され、立藩した。だが、政長は同三年に播磨国林田へ転封となった。

代わって近江国膳所《ぜぜ》三万石の戸田氏鉄《うじかね》は川辺・武庫《むこ》・菟原《うはら》・八部《やたべ》の四郡内において五万石で入封した。氏鉄は新尼崎城を築くとともに城下町を整備し、尼崎藩の基礎を固めたが、治世十八年、寛永十二年（一六三五）、美濃国大垣十万石へ移封した。

ついで、幕閣として重きをなす青山幸成《ゆきなり》が遠江国掛川三万三千石から五万石に加増されて入封した。幸成は儒者を招いて治政の基礎を固め、さらに武庫川沿いに新田を開発し、地方支配機構として、「郡右衛門の制（大庄屋制）」を設置した。寛永二十年に幸成が没すると、嫡男幸利《よしとし》が家督を継ぐ際、幕府に願い出て新墾田四千石を所領に組み入れ、合わせて五万四千石としたうえで、次男幸通《ゆきみち》に三千石、三男幸正《ゆきまさ》に二千石、四男幸高《ゆきたか》に一千石を分与し、青山家の所領は四万八千石となった。また、幸利は延宝五年（一六七七）から藩札（金・銀・銭札）を発行し、つぎの幸督《よしまさ》を経て幸秀《よしひで》の時の正徳元年（一七一一）に信濃国飯山へ移った。

松平（桜井）氏の治世

青山氏のあとへ掛川から松平（桜井）忠《ただ》喬《たか》が入封し、川辺・武庫・菟原・八部の四郡内で四万石を領した。忠喬のあと、忠《ただ》名《あきら》を経て、明和三年（一七六六）、忠告《ただつぐ》が家督を継いだ。この時、灘《なだ》の村々に大規模な江戸積みの酒造業・絞油業が繁栄し、尼崎藩の経済力の豊かさに注目した幕府は明和六年、西宮・兵庫港を含む灘の村々二十四ヵ村一万四千石を収公して、その替地として播磨国多可・宍粟・赤穂の三郡内と飛地を含めて一万九千石が与えられた。これによって、藩の所領の主要部分を失って、藩財政は決定的に悪化して窮乏に追い込まれた。財政は悪化したが、忠告は俳諧を嗜み、松尾芭蕉が住んだ深川芭蕉庵が江戸下屋敷内にあったことから、俳人谷素外の撰文によって、邸内に碑を建立した。

忠告のあと、忠宝《ただとみ》—忠誨《ただのり》と、藩財政の窮乏は進み、つぎの忠栄《ただなが》の天保五年（一八三四）には藩札への信用が失墜し、札元で藩札と正貨の引き換えを停止するという事態も発生した。藩は財政危機を打開するため大坂天満の商人大根屋小右衛門を銀主にして財政改革を目指したが、結果的には協力を得られなかった。このような事態打開のため忠栄は銀札を発行したり、鶏卵や名塩紙の専売制を目論んだが、失敗に終わった。

また、忠栄は天保十三年、村々の献金により大砲七門を鋳造し、文久元年（一八六一）に家督を継いだ最後の藩主忠興《ただおき》は農兵の銃砲術調練や砲台五ヵ所の建造を進めた。忠興は大政奉還後、旗幟を鮮明にしていなかったが、慶応四年（一八六八）の戊辰戦争で幕府軍が敗れると、新政府軍に恭順した。翌二年に版籍奉還し、知藩事に任ぜられ、同四年に廃藩置県を迎えた。

三田藩《さんだ》〈外様〉

居城＝兵庫県三田市屋敷町

有馬氏から松平（能見）氏へ

摂津国三田城二万三千石の城主山崎片《かた》（堅）家《いえ》は天正十九年（一五九一）三月に没し、嫡男家盛《いえもり》が家督を継いだが、慶長五年（一六〇〇）、関ヶ原の役が起こると、家盛は西軍に与《くみ》して丹後国田辺城攻めに従軍して、戦後、親戚の池田輝政《てるまさ》の尽力により、本領を安堵され、因幡国若桜へ転封となった。

翌慶長六年、播磨国三木から有馬則頼《のりより》が二万石で入封して立藩した。翌年、則頼が没したので、遺領は嫡男で丹波国福知山六万石の藩主豊氏《とようじ》に与えられたため、三田藩領は福知山藩領に合併され、三田城も破却されて廃藩となった。

その後、寛永三年（一六二六）、出羽国上山四万石の藩主松平（能見）重忠《しげただ》の遺領を継いだ養子重直《しげなお》が三万石で入封し、再度立藩した。だが、わずか六年後の同九年、重直は豊前国龍王へ転封となった。

水軍の将・九鬼氏の治世

代わって、志摩国鳥羽五万六千石の藩主九鬼守隆《もりたか》の遺領のうち摂津国有馬、丹波国氷上の両郡内の三万六千石を継いだ五男久《ひさ》隆《たか》が入封した。守隆没後、兄の三男隆季《たかすえ》（丹波国綾部藩一万九千石）と家督争いを起こし、幕府の裁定により三田へ移された。久隆は十五年の在位期間に藩政の基礎を固め、つづく隆昌《たかまさ》は町支配兼帯の奉行、寺社奉行兼帯の郡奉行など町方・在方の職制を整えた。また、隆昌は寛文二年（一六六二）、火消役を命ぜられた。

隆昌のあと、隆律《たかのり》—副隆《そえたか》—隆久《たかひさ》—隆抵《たかやす》—隆由《たかよし》—隆邑《たかむら》—隆張《たかはる》と継承し、つぎの隆国《たかくに》は天保十年（一八三九）、江戸城神田橋・常磐橋御門番をつとめた功績によって、城主格に列せられた。隆国は好学の名君で、文政元年（一八一八）、藩校造士館を創設し、朱子学者近藤顧一郎により漢学を中心に教授したが、のち洋学にも関心を示し、川本幸民を江戸へ遊学させて、化学者として成功する素養を積ませた。川本は安政三年（一八五六）、蕃書調所教授手伝となり出役した。

つぎの隆徳《たかのり》は、郡奉行兼寺社奉行の岩根寛三郎がフランス語による号令で西洋調練を行い、精隆《きよたか》の時にはさらにこれを進めて、安政四年（一八五七）、洋式砲術を修学させ、同七年には白洲退蔵（のち横浜正金銀行頭取）を抜擢し、兵制改革を実施した。

精隆の養子隆義《たかよし》（丹波国綾部藩主九鬼隆《たか》都《ひろ》の三男）が安政六年（一八五九）十一月、家督を継ぎ、一切の旧習を廃して人材を登用し、白洲退蔵に藩政を委ね、小寺泰次郎を抜擢して財政を委ねて、藩政改革を断行した。維新に際しては、諸藩に先駆け帰農を奏請し、時局に対応しようとした。明治二年（一八六九）六月、版籍奉還し、知藩事に任ぜられた。だが、明治二年十一月、有馬郡五十三ヵ村で農民一揆が起こり、年貢の五分引き、藩による寺田・宮田などの没収反対、白洲・小寺らの役職替えなどを要求し、隆義自身も領民から「どふ盗人め」と罵られて投石を受け、家老も駕籠から引きずり出され、領内の豪農商の屋敷は打ち毀された。混迷の続くうち、明治四年七月に廃藩置県を迎えた。

河内国

高安藩《たかやす》〈譜代〉
陣屋＝大阪府八尾市

下総国関宿藩主牧野親成《ちかしげ》は承応三年（一六五四）十一月、四代将軍家綱の近習頭から京都所司代に任ぜられ、河内国高安郡内において一万石を加増された。明暦元年（一六五五）二月に侍従に任じられ、京都二条城に赴任した。同二年八月、さらに摂津国島上・島下、河内国石川・古市の二ヵ国四郡内において二万二千六百石と、先の高安郡内の一万石を合わせて三万二千六百石を領有して、関宿から高安郡内に陣屋を移して立藩した。だが、これは正確には藩とはいえない。

これは京都所司代に昇進したための領地替えで、親成は無城主となったが、寛文八年（一六六八）五月、京都所司代を辞職した際、その功によって二千四百石が加増され、丹後国田辺三万五千石へ転封となって、高安藩は廃藩となった。以後、この地には藩は置かれない。

大井藩《おおい》〈譜代〉
陣屋＝大阪府藤井寺市大井

大井藩とは武蔵国野本藩（埼玉県東松山市）の一時的な仮称である。すなわち、武蔵国比企郡内において三千五百余石を領した渡辺吉綱《よしつな》（槍の半蔵といわれた守綱《もりつな》の後裔）は寛文元年（一六六一）十一月八日、大坂定番に昇進すると、河内国志紀・古市・丹北、和泉国大鳥・泉の二ヵ国五郡内において一万石を与えられ、合わせて一万三千五百余石を領して諸侯に列した。

吉綱は大坂定番に昇進した時、一時的に河内国志紀郡大井村に陣屋を構えて、大井藩が立藩したという。だが、翌寛文二年三月六日、吉綱が大坂定番として大坂へ赴任のため、幕府に暇言上した時には、すでにもとの野本村へ陣屋を移している。

何の目的で陣屋を移転したのかは不明であるが、大井藩の存在は、わずか二〜三ヵ月間置かれて、廃藩となったのではないかと思われる。武蔵国野本藩は吉綱《よしつな》—方綱《まさつな》—基綱《ともつな》と継承している。

西代藩《にしだい》〈譜代〉
陣屋＝大阪府河内長野市

近江国膳所《ぜぜ》藩主本多俊次《としつぐ》は延宝四年（一六七六）に没すると、嫡男康将《やすまさ》が近江国六郡と河内国三郡において七万石の遺領を継いだ。この時、弟の次男忠恒《ただつね》に近江国高島・甲賀、河内国錦部《にしきべ》の三郡内のうちにおいて一万石が分与されて立藩した。

宝永元年（一七〇四）十一月十日に忠恒が四十八歳で没し、その次男忠統《ただむね》が遺領を継ぎ、正徳三年（一七一三）に錦部郡西代村に陣屋を構えた。

忠統は五代将軍綱吉の小姓、奏者番兼寺社奉行を歴任し、享保十年（一七二五）には一万石の大名として最高役職の若年寄に昇進し、享保十五年、御勝手方御用掛となって財政難打開に尽力した。享保十七年四月、領地を伊勢国川曲《かわの》・河内国錦部両郡内に移され、伊勢国川曲郡神戸へ転封となり、西代藩は廃藩となった。以後、この地には藩は置かれなかった。

丹南《たんなん》藩〈譜代〉

陣屋＝大阪府松原市丹南三丁目

大番頭高木正次《まさつぐ》は相模・武蔵・上総・下総・近江の五ヵ国内において九千石を領有していたが、元和九年（一六二三）に大坂定番に昇進した時、一千石を加増され、改めて河内国丹南郡内において一万石を与えられ、丹南に陣屋を構えて立藩した。

正次のあと、正成《まさなり》－正弘《まさひろ》－正盛《まさもり》－正豊《まさとよ》－正陳《まさのぶ》と継承し、正陳の時代になって参勤交代を行わない定府大名となった。つぎに正《まさ》恒《つね》－正弼《まさのり》と続き、正弼治世の明和六年（一七六九）、領内の農民が拝借金や給米を要求する「郷中騒動」と呼ばれる農民騒動が起き、幕府は正弼の騒動処置がよくないとして出仕を停止した。さらに正直《まさなお》－正剛《まさかた》－正明《まさあき》を経て、正坦《まさひら》は明治元年（一八六八）に藩校丹南学校を創設し、漢文や武道など子弟の教育にあたらせた。正坦は明治二年六月、版籍奉還して知藩事に任ぜられたが、その後、正善《まさよし》が家督を継いで最後の藩主となり、同四年七月、廃藩置県を迎えた。

狭山《さやま》藩〈外様〉

居城＝大阪府大阪狭山市狭山三丁目

相模国小田原城に拠った後北条氏の流れをくむ北条氏盛《うじもり》は慶長五年（一六〇〇）、父氏《うじ》規《のり》の河内国狭山の遺領を受け継ぎ、さらに自らの領有分と合わせて一万一千石になって、南河内郡狭山で立藩した。氏盛は関ヶ原の役の際、徳川方の西尾吉次《よしつぐ》に属して戦功を樹て、慶長十三年に大坂久宝寺町の邸宅で没すると、その子氏信《うじのぶ》が家督を継ぎ、元和二年（一六一六）に丹南郡池尻村に陣屋を構え、藩政の基礎を固めた。

つぎに氏宗《うじむね》－氏治《うじはる》－氏朝《うじとも》と続き、氏朝は狭山藩中興の祖といわれた。文武に優れ、元禄五年（一六九二）、二十五歳の時に一刀流の免許皆伝を与えられ、また『新民三教抄』を著わして、神・儒・仏の道を説いている。藩政にも力を注ぎ、悪化する藩財政改善のために享保四年（一七一九）には家臣の上米、同九年には町人からの借金に対して、年賦返済を断ったりしている。

氏貞《うじさだ》を経て氏彦《うじひこ》治世の宝暦十年（一七六〇）、狭山騒動として知られる家中騒動が起こった。下級藩士による藩政改革要求の運動であったが、改革は失敗に終わった。このような家中の情勢、飢饉や災害による藩内不安に対処するため、氏昉《うじあきら》は安永三年（一七七四）に軍用方を設け、農民一揆の頻発に対処するため軍費を積み立てた。

つぎの氏喬《うじたか》は天保八年（一八三七）、大塩平八郎の乱の際、大坂城の守備に加わり、氏《うじ》久《ひさ》は嘉永二年（一八四九）、農民一揆鎮圧に農兵隊を組織したが、農兵は国内政争や外国船に対する警戒にも動員された。嘉永五年（一八五二）、家督を継いだ氏燕《うじよし》は、沈滞していた藩校簡修館を再興し、和学・漢学・兵学を教授した。安政元年（一八五四）、プチャーチン率いるロシア船が大坂湾に侵入した時、藩士や農兵を堺に派遣し、同五年には凍豆腐の専売制を採用した。最後の藩主となった氏恭は慶応四年（一八六八）の戊辰戦争の時に新政府軍として参戦したが、多大な軍事費で財政は悪化、翌年、版籍奉還して知藩事に任ぜられたが、間もなく辞任し、廃藩となった。

和泉国

岸和田藩《きしわだ》〈譜代〉

居城＝大阪府岸和田市岸城町

小出・松平氏の入封

岸和田城主中村一氏《かずうじ》は天正十三年（一五八五）四月、豊臣秀吉が根来《ねごろ》・雑賀《さいが》一揆を平定すると、一氏は近江国水口《みなくち》城へ移され、代わって小出秀政《ひでまさ》が岸和田城に封ぜられた。秀政は和泉国南部のうち岸和田一千四百石余の他、麻生郷二千五百石などを与えられたに過ぎなかったが、文禄三年（一五九四）に和泉国南・日根両郡において六千石を加増され、さらに翌年には大鳥・日根両郡において二万石を加えられて、合わせて三万石を領有して立藩した。

秀政は岸和田城の普請を進め、慶長三年（一五九八）には天守閣や矢倉などが完成したという。

慶長九年三月、秀政は六十五歳で病没し、嫡男で但馬国出石《いずし》三万石の藩主吉政《よしまさ》が遺領を相続した。吉政は慶長五年の関ヶ原の役の時、西軍に与《くみ》して丹後国田辺城の攻撃に参陣したが、弟秀家が徳川家康方に属して戦功を樹てたお陰で、戦後旧領を安堵された。

吉政は慶長十八年二月に没し、出石藩三万石を継いでいた嫡男吉英《よしひさ》が、但馬国養父・気多・美含《みくみ》三郡と和泉国大鳥・日根両郡において五万石を相続した。だが、吉英は元和五年（一六一九）、出石へ所領替えとなった。

代わって丹波国篠山五万石から松平（松井）康重《やすしげ》が入封した。康重の封地は五万四百石であったが、所領の良田を理由に一万石増の軍役を上申して認められ、表面上は六万石となり、そのため農民の負担は一層重くなった。

寛永十七年（一六四〇）、康重の遺領を継いだ嫡男康映《やすてる》は甥康明《やすあき》に五千石、弟康命《やすのぶ》に三千石、同康紀《やすのり》に二千石を分与し、同年に播磨国山崎へ転封となった。

岡部氏の善政

ついで康映の正室の父にあたる岡部宣勝《のぶかつ》が、摂津国高槻から岸和田六万石へ入封した。一説によれば、三代将軍家光が信任厚い宣勝をこの地に封じたのは、和歌山藩の押えにするためであったという。宣勝が入封に際して、百八ヵ村の農民が一万石の夫役増高取消しを強訴したので、宣勝は農民らの窮状を聞いて、総石高から三千石を減額して百八ヵ村均一に戻し、一揆を未然に防いだ。

明暦元年（一六五五）には機業地帯の日根郡能取村大庄屋の非違により、肝煎《きもいり》・農民が隣村へ逃散、さらに翌年、同郡作才村の庄屋以下全員が村を焼き、肥前国へ逃散するという事件が起こった。

寛文元年（一六六一）、宣勝のあとを継いだ嫡男行隆《ゆきたか》は家督相続と同時に、弟高成《たかなり》に五千石、同豊明《とよあきら》に二千石を分与し、以後、岸和田藩は五万三千石となった。行隆は翌二年、金・銀・銭札などの藩札を発行した。貞享三年（一六八六）九月、長泰《ながやす》が家督を継ぎ、この治世は岸和田藩は本領の他に新田開拓の運上課役などが二万三千石余もあり、藩財政も豊かであったが、父行隆の守政方針を固く守って華奢遊楽を戒めた。ついで翌四年には「長泰公享保之条目」を示し、奢修を戒め出精すべきを領内に発表した。

長泰のあとは次男長敬《ながたか》が相続し、長敬のあとは側室の子長著《ながあきら》が家督を継ぐが、この頃から藩財政もようやく翳りが見え始めた。このため、父祖伝来の家訓や藩規に則しながら、家中に文武奨励・倹約奨励など十七ヵ条の「長著公享保之条目」を発令した。長著のあとは次男長住《ながすみ》が継ぎ、明和八年（一七七二）十一月に弟長修《ながなお》が養嗣子となった。長修もまた「孝行と家族の親和」「農業出精」「倹約と家名の維持」を説き、これは「大慈公三ヵ条の御触書」と呼ばれて、その後の農村統治の範とされた。

危機打開の藩政改革

長修のあとは嫡男長備《ながとも》が相続するが、折から和泉国一帯は天災の続出によって凶作が続き、天明二年（一七八二）八月、大鳥・泉両郡内の一橋領五十四ヵ村の農民の強訴が起こり、幕府は鎮圧のために岸和田藩兵の出動を要請するほどであったが、藩領には強訴の影響はおよばなかった。つづいて長慎《ながちか》が継ぎ、積極的な藩政改革を行って危機打開につとめ、天明四年に隠居すると、嫡男長和《ながより》が家督を相続した。天保八年（一八三七）の大塩平八郎の乱の時、大坂城守備のため出兵した他、幕府の勤倹令に倣って領内に「天保改革」の趣旨徹底につとめた。

そのあとは、嘉永三年（一八五〇）九月、長和が嗣子なく没したので、末弟長発《ながゆき》が相続し、和泉沿岸の防備のために出兵して不虞に備えた。

長発は嘉永五年（一八五二）に教学所を大改築して講習館と名づけ、領民の就学を許可したが、さらに慶応二年には藩校修武館を開設し、武術を鍛錬させた。嘉永年間（一八四八～五四）、近畿各地に「ええじゃないか」が流行し、領内の村々にも伊勢神宮や熊野三社の神符が降り、領民は「ありゃぁえいじゃない」と連呼しながら乱舞した。

長発は安政二年（一八五五）二月、二十三歳の若さで病没し、長発のあとは長慎の次男で一族の岡部長貞《ながさだ》家を継いでいた長寛《ながひろ》が、世子幼少のために安政二年二月二十五日、宗家を相続した。

この世嗣相続問題で、藩内は二派に分かれて争いが起こった。時局は幕末の動乱期にあって、藩内でも勤王・佐幕問題で藩論は二分したが、そんな中にあって長寛が藩務を統括した。

慶応三年（一八六七）十二月、諸侯が京都に召集されると、家老岡部結城を上洛させて藩論を勤王方にまとめ、慶応四年（一八六八）一月、鳥羽伏見の戦いでは新政府側について藩の保全につとめた。

長寛は同年九月、先に家政紊乱により処せられた差控を許され、ついで十二月二十八日、在任十三年にして致仕し、長発の遺子長職《ながもと》に家督を譲った。十四歳で最後の藩主になって長職は明治二年、藩校講習館の分校として文学館を開設するなど時局に対応すべき努力を試行し、六月に版籍奉還して知藩事に任ぜられ、同四年七月に廃藩置県を迎えた。

長職は廃藩後、英・米国へ遊学し、のち外務次官・東京府知事・第二次桂太郎内閣の司法大臣などを歴任した。その子長景《ながかげ》も政治家となり、東条英機内閣の文部大臣に就任し、学徒動員・勤労動員を実施して、敗戦後は戦犯容疑で逮捕された。

大庭寺《おおばでら》藩〈譜代〉
陣屋＝大阪府堺市

渡辺氏の家祖半蔵守綱《もりつな》は〝槍の半蔵〟といわれる剛勇で知られる徳川家譜代の家臣で、その孫吉綱は武蔵国比企郡野本周辺で三千五百余石を領する旗本であった。吉綱は四代将軍家綱の小姓であったが、寛文元年（一六六一）十一月、大坂定番に昇進し、河内国志紀・古市・丹北、和泉国大鳥・泉の二ヵ国五郡内において一万石を加増されて諸侯に列し、野本藩が立藩した。

吉綱は寛文八年に没し、嫡男近綱《ちかつな》と次男利綱《としつな》が父に先立って没したため三男方綱《まさつな》が遺領を継いだが、在位十一年余で延宝八年（一六八〇）二月に没した。方綱には男子三人がいたが、いずれも早世し、尾張国徳川氏の家臣渡辺長綱の嫡男基綱《もとつな》が遺領を継いだが、元禄十一年（一六九八）、領地を近江国野洲・栗太・蒲生・高島四郡に移されて、一万三千五百余石を領し、陣屋を大鳥郡大庭寺村に構えて立藩。基綱は享保十二年（一七二七）、泉郡伯太《はかた》へ移り廃藩となった。

陶器《とうき》藩〈外様〉
陣屋＝大阪府堺市

和泉国岸和田城主小出秀政《ひでまさ》の三男三尹《みつまさ》は兄秀家《ひでいえ》から和泉・河内国内において二千石を与えられたが、慶長九年（一六〇四）、叔父吉政（秀政の長男）の子で岸和田藩主小出吉英《よしひで》から和泉国大鳥郡内の二千九百三十二石、河内国錦部《にしきべ》郡内の一千二十石、摂津国西成郡内の一千四十八石、但馬国気多郡内の一千三百八十四石、同国美含《みくみ》郡内の三千六百十六石、合わせて一万石を与えられて諸侯に列し、大鳥郡陶器に陣屋を構えて立藩した。この時、先に与えられた二千石は収公された。

三尹は慶長十九年十月、大坂冬の陣で戦功を樹て、寛永十九年（一六四二）四月に五十四歳で没し、その子有棟《ありむね》が家督を継いだ。以後、有重《ありしげ》―有興《ありおき》と四代にわたり在封したが、元禄九年（一六九六）、重興が死に臨み、弟重昌《しげまさ》を末期養子に願い出た。しかし許可のおりないうちに没したので、無嗣絶家として除封となった。

伯太《はかた》藩〈譜代〉
陣屋＝大阪府和泉市伯太町

和泉国大庭寺一万三千五百余石の藩主渡辺基綱《もとつな》は享保十二年（一七二七）四月、大鳥郡大庭寺の陣屋を同国泉郡伯太に移し、領地はひきつづき和泉国大鳥・泉、河内国志紀・古市・丹北、近江国野洲・栗太・蒲生・高島の三ヵ国九郡内において一万三千五百余石を領して立藩した。

基綱は利発温和で知られ、大坂定番在職は二十八年におよんだ。多年の功績を賞されて廩米三千俵が与えられたが、伯太藩主となった翌十三年七月二十一日、在職中に没した。この時、嫡男登綱《のりつな》は父の急病の報を受け、七月十五日に江戸から大坂へ向かったが、三河国赤坂の宿場で父がすでに死亡したことを聞かされると、ただちに江戸へ戻り九月十六日に父の遺領を相続した。

登綱は享保二十年六月、領地に赴き、駿河守から越中守に改め、明和四年（一七六七）九月に致仕した。嫡男充綱が早世したため に次男信綱《のぶつな》が延享元年（一七四四）に養嗣子となって、家督を継いだ。

信綱のあとは安永元年（一七七二）三月、次男伊綱《これつな》が継ぎ、翌年十二月、十代将軍家治に謁見して、従五位下丹後守に叙任した。伊綱には嗣子がなかったので、弟豪綱《ひでつな》が天明三年（一七八三）一月二十九日に伊綱の養子となり、四月十八日に伊綱が致仕して、豪綱が家督を継いだ。つぎの春綱《はるつな》は豪綱の嫡男で、父の死により寛政五年（一七九三）五月に遺領を継いだ。

春綱のあとは則綱《のりつな》―潔綱《きよつな》と続き、最後の藩主となった章綱《あきつな》の治世の慶応二年（一八六六）、世直し一揆の激発の一環として、領内の下条大津村で米価騰貴に対する打ち毀しが起こった。また、明治元年（一八六八）に藩校伯太仮学校を創設し、朱子学を中心とした漢学が教授された。明治二年六月、章綱は版籍奉還して知藩事に任ぜられた。渡辺家は九代、約百四十年にわたり在封したが、同四年七月に廃藩置県を迎えた。なお、陣屋建物はすべて取り壊されたが、長屋門だけが移築されて、現在は堺市豊田にある「小谷城郷土館」に残されている。

吉見《よしみ》藩〈譜代〉

陣屋＝大阪府泉南郡田尻町吉見

近江国三上藩主遠藤氏は元禄十一年（一六九八）から近江国滋賀・甲賀・野洲・栗太《くりもと》四郡内において一万石を領して野洲郡三上の地に陣屋を構えていたが、天保六年（一八三五）に和泉国吉見の地も三上藩領に加えられ、陣屋を置いた。明治三年（一八七〇）四月、知藩事遠藤胤城《たねき》は和泉国日根郡吉見に移り、一万二千石を領し陣屋を藩庁として立藩した。

吉見藩の領地は三上藩当時と同じで、三上周辺に四千石、吉見周辺に五千石余で、両方に陣屋が置かれ当初は三上の陣屋を藩庁としたが、地理的に不便なために吉見を藩庁とした。吉見領は大井関川（樫井川）の河口に位置して大阪湾に面し、漁業を中心とした地域だが、タマネギの栽培も盛んに行われた。移封後わずか一年三ヵ月後の明治四年七月に廃藩置県を迎えた。なお町内の春日神社隣が吉見藩陣屋跡で、境内に泉州玉葱《たまねぎ》栽培之祖碑の石碑がたっている。

谷川《たにかわ》藩〈外様〉

陣屋＝大阪府泉南郡岬町

但馬国竹田城一万石の城主で豊臣秀吉のお咄衆桑山重晴《しげはる》は天正十三年（一五八五）、二万石を加増されて紀伊国和歌山城主となった。慶長元年（一五九六）、重晴は家督を孫一《かず》晴《はる》（重晴の長男一重《かずしげ》の嫡子）に譲って隠居し、和泉国谷川に一万六千石の隠居料を与えられた。重晴は慶長十一年十月一日、八十三歳の長寿で没し、重晴の次男元晴《もとはる》（大和国御所《ごせ》藩主）の子清晴《きよはる》が遺領の谷川のうち一万石を分与され、日根郡谷川に陣屋を構えて立藩した。

清晴は慶長十四年、勘気を受けて領地召し上げとなり、父元晴の御所藩領に編入されたので、谷川藩は廃藩となって、以後、この地には藩は置かれなかった。なお、御所藩主桑山元晴は元和六年（一六二〇）に没し、その嫡男貞晴《さだはる》が家督を継いだが、寛永六年（一六二九）九月、二十六歳の若さで没し、嗣子がなかったので、桑山家は絶家となった。

大和国

郡山藩《こおりやま》〈譜代〉

居城＝奈良県大和郡山市北郡山町

筒井・豊臣・増田氏の城下

戦国末期、日和見《ひよりみ》大名といわれた筒井順慶《じゅんけい》は織田信長から大和一国の支配を認められて郡山城の築城にあたり、天正七年（一五七九）頃には一応完成したようで、翌年にここに移ったが、順慶は天正十二年八月十一日に三十六歳で没した。養嗣子定次《さだつぐ》が遺領を継いだが、翌十三年に豊臣秀吉の殊遇を受けて、伊賀国上野二十万石へ転封となった。代わって秀吉の異父弟羽柴（豊臣）秀長《ひでなが》が大和・和泉・紀伊三国内において百万石を領し、郡山城を居城とした。秀長は播磨・但馬両国を領して姫路城に居住し、賤ヶ嶽の戦い、小牧の戦い、紀州攻略に従軍した。さらに天正十三年、秀長は四国征討の時には秀吉の名代として出陣、長宗我部元親《もとちか》を降して、先述の三ヵ国を与えられて大坂城の守将となった。

秀長は郡山城の大増築や城下の整備につとめ、また豊臣政権下の重鎮となった。天正十五年の九州征討には一万五千の兵を率いて出陣し、この時中納言、ついで権大納言に進み、大和大納言と呼ばれたが、天正十九年一月二十二日、五十一歳で没し、養嗣子秀保《ひでやす》が継いだ。文禄四年（一五九五）四月十六日、秀保は吉野十津川で水死したため、増田長盛《ましたながもり》が二十万石を領して入封した。

長盛は郡山城の内外を整備するとともに、外濠をめぐらす大工事を断行し、ここに大坂城の備えとしての破格な城造りが完成した。また、長盛は秀吉の五奉行の一人で、秀吉の命により大和惣国検地を実施し、この検地は後々の基準となった。長盛は慶長五年（一六〇〇）、関ヶ原の役では西軍に与《くみ》し、戦後所領は没収されて、郡山城は一時、廃城となった。

大坂の陣活躍の三家

やがて元和元年（一六一五）、大坂夏の陣が終わった直後、三河国刈谷三万石の水野勝《かつ》成《なり》が添下《そうのしも》・平群《へぐり》・式下《しきのしも》・広瀬・添上《そうのかみ》五郡内において六万石を領して入封、立藩した。勝成は入封と同時に、郡山城の修築に着手したが、同五年に備後国福山へ転封となった。そのあとに大坂城十万石の松平（奥平）忠明《ただあきら》が大和国十一郡と河内国讃良《さら》郡において十二万石を領有して入封した。勝成も忠明も大坂夏の陣で、先鋒第一陣と第三陣を率いてめざましい活躍をし、戦後二条城における最高殊勲者詮議において、勝成と忠明とはその功を争い、忠明は功第一として大坂城、勝成は功第二として郡山城を与えられたものである。

寛永十六年（一六三九）、忠明が播磨国姫路へ転封すると、代わって郡山には本多政勝《まさかつ》が十五万石で封ぜられ、さらに実子勝行《かつゆき》（郡山城部屋住）の大和国六郡内四万石を加えて、合わせて十九万石となり、郡山藩最高の知行高となった。政勝は家康四天王の一人の本多忠勝《ただかつ》の孫で、伯父忠政《ただまさ》の家を相続したが、この忠政は大坂夏の陣には先鋒第二陣を率いて活躍した勇将であり、ここに奇しくも、大和口先鋒の三家が揃うこととなった。このことから、郡山城がいかに重要地点であったかが窺える。

政勝は藩制を完備し、地方《じかた》支配から近世

的な封禄へ移行した。さらに城下町は急速に発展し、近世郡山城下の最盛期が現出した。政勝は寛文十一年（一六七一）に没し、その家督をめぐって、先代の政朝《まさとも》の子政長《まさなが》と政勝の子政利《まさとし》との間に、嫡流・庶流の争いが表面化し、政長を擁立しようとする譜代衆と政利を担ぐ雲州衆との間で相続争いが激化した。結局、幕府の裁断によって藩領を二分し、嫡流の政長に九万石と部屋住料三万石を加えて十二万石、庶流の政利に六万石を分知した。いわゆる「九・六騒動」である。

　これでも藩内はおさまらず、延宝七年（一六七九）、政長の死（毒殺か）を機に、養子忠国《ただくに》が家督を継いで三万石を加増され、十五万石で陸奥国福島へ、また政利は播磨国明石へ転封となった。

　代わって明石から松平（藤井）信之《のぶゆき》が添下・平群・城下《しろした》・広瀬・葛下《かつげ》・十市《といち》六郡と河内国讃良郡内において八万石を領有して入封した。延宝八年、城下に大火が発生し、信之は罹災地の救済や再建に奔走したが、貞享二年（一六八五）に老中に昇進し、下総国古河九万石へ転封となった。

　その後、下野国宇都宮藩主本多忠平《ただひら》が入封し、郡上城付の大和国六郡内百三十五ヵ村、河内国讃良郡内四ヵ村、合わせて八万石の他、近江国三郡内四万石を加え、十二万石を領した。当時、藩財政は逼迫していたために、家臣の封禄を半減し、さらに藩財政建て直しに松浪勘十郎を登用したので、領民は重税にあえいだ。元禄八年（一六九五）、忠常《ただつね》が家督を継ぐが、またまた郡山城下は大火に見舞われ、藩財政はさらに悪化した。忠常のあと、忠直《ただなお》―忠村《ただむら》と続くが、忠村が若死したため、わずか五歳の弟忠烈《ただつら》があとを継ぎ、旧領のうち五万石を与えられた。だが、忠烈も享保八年（一七二三）に夭逝して、無嗣断絶となった。

　松平・本多氏の時代は、ほぼ元禄年間（一六八八～一七〇四）にあたり、藩勢は不振時代であったが、文運はいちじるしく興隆し、松平信之は談林派の総帥西山宗因《そういん》をしばしば招き、幕府からお預かりとなっていた陽明学者熊沢蕃山《ばんざん》を厚遇した。側用人柳沢吉《よし》保《やす》に山陵調査と修復を進言した儒学者細井平洲《へいしゅう》や、本格的な地誌『大名名所記』を編述した林宗甫《そうほ》は藩士である。

文芸大名柳沢氏の入封

　郡山藩の藩主はめまぐるしく交代したが、江戸時代も後半になると、郡山藩も安定期を迎えた。本多家廃絶後、享保九年に甲斐国府中（甲府）から柳沢吉保の子吉里《よしさと》が入封し、郡山城付の大和国六郡内百四十五ヵ村、河内国讃良郡内四ヵ村で八万石の他、近江国蒲生・神崎・浅井・高島・坂田五郡内百五ヵ村、伊勢国鈴鹿・三重郡内十五ヵ村を加えて、合わせて十五万一千二百余石を領有し、畿内の雄藩として禁裏守護と南都・京都の火消しの大役を命ぜられた。

　父吉保は好学の士としても有名であるが、吉里もそれを受け継ぎ、特に儒学に造詣深く、入封後間もなく藩校の総稽古所を創設し、これは明治維新後敬明館、つづいて造士館と改称されたが、郡山藩の教育に重要な役割を果たした。この気風は家臣にもおよび、吉里の家老柳沢淇園《きえん》（柳里恭《りゅうさとちか》）は多芸多才で、なかでも南画を得意とした。

　吉里は延享二年（一七四五）に没し、その

子信鴻《のぶとき》（俳号米翁）が家督を継ぐが、藩政においては見るべき業績はなく、江戸座の俳人では一方の頭領であった。俳諧は初め水間沾徳《せんとく》座の紫子春来に師事し、のち岡田米仲に学んだ。安永二年（一七七三）、嫡男保光《やすみつ》に家督を譲り、江戸駒込の別邸六義園に隠居し、俳諧に遊び、観劇に興じた一生であった。公用日記『幽蘭台年録』の他、『宴遊日記』『松鶴日記』など個人日記があり、句集に『染井山荘発句藻』がある。

保光は和歌を冷泉家に学び、茶道を嗜み、能筆家としても知られた。また、保光は最も陶業の奨励に力を注ぎ、廃窯の危機にあった赤膚焼《あかはだやき》を再興し、松江藩主松平不昧も参勤交代の際にわざわざ立ち寄ったという。保光は文化十四年（一八一七）に没し、保泰《やすひろ》―保興《やすおき》と継承した。

最後の藩主になった保申《やすのぶ》は嘉永元年（一八四八）十月、父保興の遺領を継いだ。安政元年（一八五四）五月、京都御所炎上の際、藩士を上京させて警備にあたり、九月にはロシア軍艦一隻が泉州海岸に碇泊すると、京都警衛を命ぜられて伏見街道に出兵した。文久元年（一八六一）一月十三日、攘夷派浪士の高輪東禅寺（英国公使館）襲撃にあたり、江戸詰め藩士らは浪士らと奮闘した。その後、和宮の江戸下向の警固や、文久三年八月、天誅組が五条代官所襲撃の時、吉野に出陣した。元治元年（一八六四）七月十九日、長州藩士らによる禁門の変の時には諸藩兵とともに防戦した。維新時、「関東特恩之家筋」として新政府側から疑いの目で見られたが、慶応四年（一八六八）、奥羽追討軍に従って白河口坂本越に兵を出し輜重《しちょう》役をつとめ、さらに越後出兵では近江国海津で軍事物資の輸送にあたった。明治二年六月、保申は版籍奉還して知藩事に任ぜられ、同四年に廃藩置県を迎えた。

郡山城下の史跡

郡山城下を歩くと、至る所に池があるが、これは柳沢氏時代の藩士横田又兵衛が地場産業として広めた金魚飼育の池である。

近鉄橿原線の近鉄郡山駅の北西に郡山城がある。右手に市役所の建物を見ながら歩き、大手の柳門跡を左折して踏切を渡ると城内で、城跡の南側は二の丸跡で、現在郡山高校である。本丸濠を隔てた北側には本丸・天守閣・毘沙門郭・法印郭などの跡があり、巨石を積んだ石垣が残る。本丸跡には藩主柳沢氏を祀る柳沢神社、さらに追手門並びに東隅櫓・多聞櫓が復元され、また城内には柳沢文庫がある。

城跡の南に永慶寺《えいけいじ》がある。この寺は藩主柳沢氏代々の菩提寺で、柳沢吉保が甲斐国岩窪に創建したが、享保九年（一七二四）、柳沢氏の転封とともに現在地に移された。本堂・開山堂など諸堂が残るが、山門は郡山城南門を移築したものだ。さらに南へ歩くと、キリシタン配流碑のある大和郡山カトリック教会があり、その南に大納言塚がある。この塚は豊臣秀長の墓所で、江戸時代に菩提寺である春岳院の住職栄隆の尽力により、安永六年（一七七七）に五輪塔の墓が整備されたのである。

近鉄郡山駅とJR関西本線の大和郡山駅とに挟まれた一帯が城下町で、魚町・豆腐町・塩町・雑穀町などの町名が残り、往時の繁栄が偲ばれる。城下には洞泉寺や薬園八幡神社など古社寺や遺跡が残っている。

柳生藩《やぎゅう》〈譜代〉

陣屋＝奈良県奈良市柳生町

剣道指南役家の治世

戦国末期の剣聖として知られた柳生石《せき》舟斎《しゅうさい》宗厳《むねよし》の五男で二代将軍秀忠および家光の剣道師範役であった宗矩《むねのり》は寛永十三年（一六三六）、大和国添上《そうのかみ》郡柳生村を中心に旧領六千石に四千石を加増され諸侯に列した。その後、二度の加増を受け一万二千石を領有し、柳生新陰流の創始大名となった。

石舟斎宗厳は永禄六年（一五六三）、奈良宝蔵院で回遊中の上泉信綱《こういずみのぶつな》と立ち会い、その神技に感動してただちに入門した。信綱から新陰流の印可状を与えられたのは、それからわずか二年後の永禄八年で、翌年には公案の「無刀取り」を師信綱に示し、門弟中唯一人「影目録三巻」を授けられた。文禄三年（一五九四）、宗厳は京都で宗矩とともに徳川家康に新陰流兵法を披露し、父の推挙によって宗矩は家康に勤仕した。

慶長五年（一六〇〇）、関ヶ原の役の時、宗矩は諜報活動に従軍して認められ、翌年から徳川秀忠の兵法師範に任ぜられて、慶長十九年に大坂冬の陣では旗本として活躍し、のち江戸詰めとなった。特に千姫事件では昵懇の坂崎出羽守成政《なりまさ》を説得して自刃させ、石見国津和野城受け取りの上使となった。寛永九年（一六三二）、幕府の初代惣目付（のちの大目付）として政治の舞台に躍り出た。寛永十四年に島原の乱が起こると、幕府は板倉重昌《しげまさ》を上使として現地に派遣したが、宗矩は三代将軍家光に「宗教一揆は根深く、ぜひ一門か老中から上使を選ばなければ、到底鎮圧はできない」と諫言したという。

宗矩は家光の信任厚く、病床にあった宗矩の藩邸に三度も来臨したが、正保三年（一六四六）三月二十六日に没し、遺領は嫡男十兵衛三厳《みつよし》に八千三百石、弟宗冬《むねふゆ》に四千石、菩提寺芳徳寺の僧義仙に二百石を分与した。だが、三厳が慶安三年（一六五〇）三月二十一日に急死し、その遺領を宗冬が継ぎ、先の四千石は収公された。宗冬は四代将軍家綱および綱吉の剣道指南役となり、寛文八年（一六六八）に一千七百石を加増され、大和国添上・山辺両郡、山城国相楽郡内で一万石を領有し、再度諸侯に列した。

柳生氏は参勤交代を行わない定府大名であり、宗冬が延宝三年（一六七五）に没し、宗《むね》在《あり》が家督を継ぐが、宗在に嗣子なく血統が絶え、以後養子相続を繰り返すこととなって、剣抜の相伝は明治維新まで門人の手によって続けられた。以後、俊方《としかた》―俊平《としひら》―俊《とし》峯《みね》―俊則《としのり》―俊豊《としとよ》―俊章《としあきら》―俊能《としよし》―俊順《としむね》と継承し、最後の藩主となった俊益《とします》の時の明治四年（一八七一）に廃藩置県を迎えた。

柳生の里の史跡

奈良市の東部大和高原の北部に柳生の里がある。正木坂を登った高台に旧柳生藩陣屋跡があり、この陣屋は宗矩が寛永十九年（一六四二）に建てたもので、宗冬の時に火災で焼失した。昭和五十二年に発掘調査が行われ、陣屋跡は石垣で築かれている。さらに進むと、宗矩が亡夫石舟斎宗厳の菩提を弔うため、沢庵《たくあん》禅師が開山として開いた芳徳寺がある。芳徳寺のそばに十兵衛三厳が門弟一万人を養成したという、正木坂道場を復興した剣道場がある。

興留藩《おきどめ》〈譜代〉
陣屋＝奈良県生駒郡斑鳩町興留

下総国古河九万石の藩主松平（藤井）信《のぶ》之《ゆき》は貞享三年（一六八六）七月二十二日、五十六歳で没し、その次男信通《のぶみち》が遺領のうち大和国平群《へぐり》郡内において一万石を分与され、平群郡興留に陣屋を構えて立藩した。信之は承応二年（一六五三）十二月、従五位下日向守に叙任され、万治二年（一六五九）四月、播磨国明石七万石の藩主である父忠国のあとを継ぎ、延宝七年（一六七九）六月、一万石を加増されて八万石を領有し、大和国郡山藩主となった。貞享二年（一六八五）六月には老中に就任し、さらに一万石を加増、下総国古河藩主となった。

元禄六年（一六九三）、兄の古河藩主忠之《ただゆき》は乱心を理由に領地を収公されたが、父祖の功績と家筋によって、信通は二万石を加増され、合わせて三万石で宗家の名跡相続を命ぜられた。その後、信通は備中国庭瀬へ移封されたので、興留藩は廃藩となり、以後、藩は置かれなかった。

竜田藩《たつた》〈外様〉
居城＝奈良県生駒郡斑鳩町

豊臣秀吉の老臣で天正十一年（一五八三）四月、賤ヶ嶽の合戦の時に七本槍の一人として活躍した片桐且元《かつもと》は、戦功によって三千石を与えられ、従五位下東市正に叙任、豊臣姓を授けられた。さらに文禄四年（一五九五）、賤ヶ嶽の軍功で五千八百石を加増され、本領四千二百石と合わせて一万石を領し、摂津国茨木城主となった。その後、且元は小牧・長久手の戦い、九州出兵、小田原の陣などに従軍し、京都方広寺の工事奉行を経て、慶長三年（一五九八）に秀吉が没すると、遺児秀頼の補佐役となった。慶長五年の関ヶ原の役の際、家康に証人を差し出したことから、戦後大和国平群郡内において一万八千余石を加増され、合わせて二万八千余石を領有し、平群郡竜田に居所を構えて立藩した。

慶長十九年、且元は方広寺鐘銘事件では豊臣・徳川両者の板挟みになり、大野治長《はるなが》・木村重成らに嫌疑をかけられたため、茨木城に帰城した。同年十月、大坂冬の陣が起こると、次男孝利《たかとし》が徳川家康方に参陣したため、且元も徳川方に属したので、戦後山城・大和・河内・和泉四ヵ国内において加増され、合わせて四万石を領有した。だが、且元は元和元年（一六一五）五月二十八日、六十歳で没した。

且元の遺領を継いだ孝利は寛永十年（一六三三）、高野山造営奉行を勤めたが、同十五年に三十八歳の若さで没した。嗣子がなかったため、絶家の危機にみまわれたが、弟為元《ためもと》が遺領の内一万石を継いで、家名相続を許された。だが、為元もまた承応三年（一六五四）、四十四歳で没し、嫡男為次《ためつぐ》が家督を相続したが、明暦元年（一六五五）に十五歳で没したので、無嗣絶家のため除封されて竜田藩は廃藩となった。

だが、幕府は先祖の功績を惜しんで、為元の次男且昭《かつてる》に三千石を与え、寄合旗本に取り立てたが、且昭にも嗣子なく没した。このため一族の片桐貞昌《さだまさ》の次男貞就《さだなり》を養子としたが、貞就も十七歳の若さで没したため、ここにおいて片桐家は完全に断絶した。

柳本《やなぎもと》藩〈外様〉

陣屋＝奈良県天理市柳本町

織田信長の弟長益《ながます》は豊臣秀吉に仕えて源吾侍従といわれ、剃髪して有楽斎と称し、摂津国島下《しましも》郡味舌《ました》に二千石を領有していたが、慶長五年（一六〇〇）の関ヶ原の役の際、徳川家康に属して本領を安堵され、さらに大和国山辺郡に新恩を与えられて、三万石を領した。元和元年（一六一五）八月、大坂夏の陣直後、有楽斎が五男尚長《なおなが》に大和国式上《しきのかみ》・山辺両郡において一万石を分与して立藩した。初め式上郡大泉村に居住したが、寛永年間（一六二四～四四）、同郡柳本村の中世土豪柳本氏の旧城跡を利用して陣屋を構築して移った。

尚長は藩政当初には地方知行制を採っていたが、つぎの長種《ながたね》を経て、秀一《ひでかず》の時に俸禄制に移行した。あとを継いだ秀親《ひでちか》は宝永六年（一七〇九）、五代将軍綱吉の葬儀の際、加賀国大聖寺新田藩主前田利昌《としまさ》とともに中宮使の饗応役を命ぜられたが、葬儀会場の寛永寺の宿坊において利昌によって殺害された。同藩は藩主病死ということにして弟成純《しげずみ》を末期養子にして、かろうじて改易を免れた。

成純のあと、秀行《ひでゆき》－信方《のぶかた》－秀賢《ひでかた》－長恒《ながつね》－秀綿《ひでつら》－信陽《のぶあきら》（秀陽《ひであきら》）と継承し、信陽は文化十二年（一八一五）に藩政改革を実施し、文武の奨励につとめて人材の登用の道を拓く一方、家臣の人員整理を断行、家臣知行高の大削減を行った。天保元年（一八三〇）には陣屋が焼失し、財政難から再建まで十三年間を要した。

織田氏は無城（陣屋）主であったが、信陽時代の嘉永六年（一八五三）に城主格に列せられた。

信陽のあと、信成《のぶしげ》－信及《のぶもと》と十三代二百五十五年にわたって在封したが、明治四年（一八七一）に廃藩置県を迎えた。

なお、橿原《かしわら》神宮（橿原市久米町）の参道両側に社務所・貴賓館・文華館などが建ち並んでいるが、文華館は旧柳本藩の藩邸の大書院と玄関の二棟を、昭和四十二年に移築したものである。江戸末期の建造で、中小藩の武家住宅の形式をよく伝えている。

田原本《たわらもと》藩〈外様〉

陣屋＝奈良県磯城郡田原本町

豊臣秀吉の家臣で天正十一年（一五八三）四月の賤ヶ嶽の合戦の時、七本槍の一人として活躍した平野長泰《ながやす》は文禄四年（一五九五）、大和国十市《といち》郡内七ヵ村において五千石を与えられた。また慶長二年（一五九七）には豊臣姓を授けられて従五位下に叙せられ、同五年の関ヶ原の役には徳川家康方に属して活躍、寛永五年（一六二八）五月七日、七十歳で没した。その遺領を継いだ嫡男長《なが》勝《かつ》は十市郡薬王寺村に仮陣屋を構えたが、寛永十二年に田原本に陣屋の築造に着手し、慶安元年（一六四八）に移った。

長勝のあと、長政《ながまさ》－長英《ながふさ》－長暁《ながあき》－長里《ながさと》－長純《ながずみ》－長興《ながおき》－長発と五千石の遺領を守って、代々交代寄合の旗本であったが、最後の領主長裕《ながひろ》は明治元年（一八六八）七月、十市郡内において五千石を加増され、万石の諸侯に列し、田原本藩が立藩した。だが、最後の藩主となって長裕は、わずか三年後の明治四年に廃藩置県を迎えた。

小泉藩《こいずみ》〈外様〉

陣屋＝奈良県大和郡山市小泉町

大和国竜田藩主片桐且元《かつもと》の弟貞隆《さだたか》は慶長五年（一六〇〇）の関ヶ原の役後、豊臣秀頼から大和国添下郡に加増され、一万石を領して諸侯に列した。さらに同十九年には秀頼から摂津・河内国内で加増を受けて、一万五千石余になったが、同年の大坂冬の陣の際、兄且元とともに大坂城を退去して摂津国茨木城に帰城した。豊臣氏滅亡後は幕府から所領を安堵され、元和九年（一六二三）、添下郡小泉にあった中世土豪小泉氏の旧居館に陣屋を構えて立藩した。

寛永四年（一六二七）、貞隆の遺領を継いだ貞昌《さだまさ》は、弟貞晴《さだはる》に三千石を分知、一万三千四百八十八石を領有した。貞昌は幕府の土木・建築事業に貢献し、京都東山知恩院の普請奉行・関東郡奉行を勤めた。

貞昌は石州流の茶道の祖である。貞昌は桑山宗仙に茶道を学び、四代将軍家綱の所領で点茶式を行い、寛文五年（一六六五）、小堀遠州の後継として将軍家茶道師範を勤め、将軍家の茶道規範を定めた。

貞昌のあとを継いだ貞房《さだふさ》は、庶兄信隆《のぶたか》に一千石を分与したので、一万二千四百八十八石になり、さらに貞享元年（一六八四）与力三人は貞房の支配を不満として幕府に訴えたが、かえって追放処分となって、三年後に丹波国船井・河内国八上両郡内の与力給与分一千三百五十九石を収公され、一万一千百二十九石を領有することになった。

貞房のあと、貞起《さだおき》—貞音《さだなり》—貞芳《さだよし》—貞彰《さだあき》—貞信《さだのぶ》（石州流中興の祖）—貞中《さだのぶ》—貞照《さだてる》—貞《さだ》篤《あつ》と十一代、約二百七十年にわたり在封したが、最後の藩主となった貞篤の時の明治四年（一八七一）に廃藩置県を迎えた。

なお、JR関西本線大和小泉駅の西、外堀や庭・池などが残っているのが小泉城跡で、中世大和の土豪小泉氏の本拠であった。江戸期の小泉藩主片桐氏が陣屋を構えた所である。ここから北へ城下町の面影を残す街並を進むと、慈光院がある。この寺は二代藩主貞昌が、父貞隆の菩提を弔うために建立したもので、境内には国重文に指定されている書院と茶室がある。

戒重藩《かいじゅう》（芝村藩《しばむら》）〈外様〉

陣屋＝奈良県桜井市芝

織田信長の弟長益《ながます》（有楽斎）は摂津国島《しま》下《しも》郡味舌《ました》に二千石を領有していたが、慶長五年（一六〇〇）の関ヶ原の役後、本領を安堵され、さらに大和国山辺郡内において新封を与えられて三万石を領した。元和元年（一六一五）八月、大坂夏の陣直後に有楽斎が四男長政《ながまさ》に大和国山辺・式上両郡と摂津国島下郡内において一万石を分与し、式上郡戒重《かいじゅう》に陣屋を構えて立藩した。

長政は寛永年間（一六二四〜四四）、地方知行制から俸禄制へ移行したため、陣屋周辺に居を移す家臣も増え、陣屋町の商工業も活発になった。このように藩政の基礎を築いた長政のあとは長定《ながさだ》—長明《ながあきら》—長清《ながすみ》と継承した。長清は好学の藩主で、元禄九年（一六九六）に大和国内でもっとも古い藩校遷《せん》喬《きょう》館を創建し、京都の鴻儒北村可昌を招聘して、家臣らとともに学問を修めた。また、長清は同郡芝村に陣屋替えを計画したが、財政事情もあって実現しなかった。

長清のあと、長弘《ながひろ》―長亮《ながあき》―輔宜《すけよし》と続き、輔宜は延享二年（一七四五）、幕府に申請して許可されていた芝村への陣屋移転を実現させ、以後、芝村藩と称された。輔宜治世の元文二年（一七三七）以降、大和国の幕府領九万三千四百余石を預かり支配するようになり、幕府の指示を受けて年貢増徴を推進したが、宝暦三年（一七五三）、年貢減免を要求して十市郡葛本村他、八ヵ村が京都奉行所へ訴えたので、各村で数十人が断罪されるという芝村騒動が起こった。また、この時期には藩政の危機が深まり、明和五年（一七六八）には領内でも二～三千人が年貢減免を要求して藩庁へ押しかけるという大規模な強訴も発生している。

つぎの長教《ながのり》治世の寛政六年（一七九四）、高市郡今井町（幕府預かり地）の商人からの収賄事件が発覚したため、関係者が処分されるとともに幕府預かり地は、すべて召し上げとなった。長教のあと、長宇《ながのき》―長恭《ながゆき》―長易《ながやす》と十一代、約二百五十年間にわたって在封したが、明治四年（一八七一）、廃藩置県を迎えた。

松山《まつやま》藩（宇陀《うだ》藩）〈外様〉

居城＝奈良県宇陀郡大宇陀町

伊勢国長島一万石の城主福島高晴《たかはる》は慶長五年（一六〇〇）の関ヶ原の役の時、兄正則《まさのり》とともに徳川家康に属して戦功を樹て、大和国宇陀郡の松山城主となって立藩した。高晴は戦国武将で有名な福島正則の弟で、生母は豊臣秀吉の伯母にあたり、早くから秀吉の信任厚く、文禄三年（一五九四）には万石の列に加わった。

高晴はわがままな行為が再三あったため、慶長十九年に家臣が二度にわたって幕府に訴えたが、幕府は兄正則の勲功により黙殺していた。だが、元和元年（一六一五）、高晴は訴えた家臣を幕府支配下にある駿府城下において、駿府奉行の許可なく捕えたため、伊勢国山田に蟄居を命ぜられ、所領没収となって居城も破却された。

福島氏の除封後、織田信長の次男信雄《のぶかつ》が大和国宇陀郡、上野国甘楽《かんら》・多胡・碓氷四郡内において五万石余を与えられたが、信雄は京都に居住し、松山城には重臣生駒範親が入城した。のち信雄は上野国小幡の領地二万石を四男信良《のぶよし》に分与し、松山周辺三万石余を領した。寛永七年（一六三〇）に信雄が没し、その遺領三万一千二百石は五男高長《たかなが》が相続した。織田氏は小大名のうえ城主でもなかったが、信長の血筋を継ぐ名門として准国主の格式を与えられていた。

高長のあと、万治二年（一六五九）に長頼《ながより》が家督を継ぎ、この時に弟長政《ながまさ》に三千石を分与し、二万八千二百石を領した。元禄二年（一六八九）に長頼のあと信武《のぶたけ》が遺領を継いだが、元禄七年に信武は生駒三左衛門・田中五郎兵衛の老臣を斬殺し、自害した。そのため翌年、その子信休《のぶやす》が八千二百石余を減封され、丹波国柏原二万石へ転封となって、廃藩となった。

大宇陀町は旧松山城下町の面影を色濃く残し、南北朝期の土豪秋山氏の菩提寺慶恩寺の南西方、町並の中に松山城の西口関門（黒門）がある。また、慶恩寺の西方に建つ徳源寺は織田氏の菩提寺で、境内に信雄・高長・長頼・信武四代の五輪塔の墓碑が立ち並んでいる。

高取《たかとり》藩〈譜代〉

居城＝奈良県高市郡高取町高取

秀長の家臣本多氏

高取町の南東に聳える高取山頂（標高五八四メートル）にある高取城は元弘二年（一三三二）、南朝方として活躍した豪族越智邦《おちくに》澄《すみ》が築城した。越智氏時代の高取城は「掻《かき》揚城《あげのしろ》」といわれ、平素は根小屋と呼ばれる山麓の館に居住した。戦国期に入ると、天正八年（一五八〇）には織田信長の破城令によって、郡山城を残して高取城は破却された。その後、大和国一国百万石を領して郡山城主となった羽柴（豊臣）秀長《ひでなが》は平城の郡山城の詰城として高取城を重視し、家臣の本多利久《としひさ》に二万五千石を与えて城主とした。のち家督を継いだ俊政《としまさ》は豊臣秀吉に仕えていたが、慶長五年（一六〇〇）の関ヶ原の役の時、徳川家康に属したので、大和国高市郡内において二万五千石を安堵され、高取藩を立藩した。

慶長十三年に俊政が没し、嫡男政武《まさたけ》が遺領を継ぎ、元和元年（一六一五）四月、大坂夏の陣の時、戦功を樹てた。だが、政武は寛永十四年（一六三七）に没し、嗣子なく絶家となり、除封されて一時廃藩となった。

植村氏十四代の治世

その後、大和国新庄藩主桑山一玄や丹波国園部藩主小出親吉らが城番となったが、寛永十七年、九千石を領有する幕府の大番頭植村家政《いえまさ》が一万石加増の上、本多時代の旧領二万五千石を与えられて、高取城主となって再度立藩した。

万治元年（一六五八）に家政が没し、そのあと家貞《いえさだ》が家督を継ぐ際、弟政春《まさはる》に三千石を分与、貞享四年（一六八七）、つぎの家言《いえのぶ》は弟政明《まさあきら》に一千石、正澄《まさずみ》に五百石を分与したので二万五百石を領有した。つぎの家敬《いえゆき》は元禄八年（一六九五）、大和国松山藩主織田信《のぶ》休《やす》が丹波国柏原へ転封となり、その旧領が収公され、幕命によって再検地を行った。その後、家包《いえかね》－家道《いえみち》－家久《いえひさ》と続き、元文三年（一七三八）に大和国内の幕府領を預かり、家利《いえとし》（奏者番）－家長《いえなが》の治世には預かり地六万七千石におよんだ。

家長は十一代将軍家斉の信任篤く、寛政十一年（一七九九）、寺社奉行から西の丸・本丸若年寄を経て、文政九年（一八二六）に老中に昇進し、大和国高市郡などで四千五百石を加増され、藩祖家政時代の二万五千石に復した。つぎの家教《いえのり》の時代は藩学が振興し、儒者谷三山《さんざん》を招聘して尊王論を説いた。

幕末－維新期の家貴《いえたか》－家興《いえおき》－家保《いえもり》の三代藩主は他家から迎えた養子で、家保は文久三年（一八六三）八月、天誅《てんちゅう》組那須信吾らに兵糧や武器の提供を約束したが、京都守護職の賊徒追討令によって約束を反古にしたため、天誅組の来襲を受けたのを撃退、のちしばらく五条代官支配地を預かった。家保は元治元年（一八六四）に大坂加番となり、慶応三年（一八六七）に京都市中の巡邏を命ぜられた。慶応四年一月、鳥羽伏見の戦いの時には禁裏唐門を警衛、翌月に芝村藩主織田長易《ながやす》とともに大和国内の代官支配地の取締りを新政府から命ぜられた。明治元年に家督を継いだ最後の藩主家壷《いえひろ》は、同四年に廃藩置県を迎えた。

布《ふ》施《せ》藩〈外様〉

居城＝奈良県北葛城郡新庄町

桑山重晴《しげはる》は豊臣秀吉や大和大納言と呼ばれた羽柴秀長に仕え、天正十一年（一五八三）四月、賤ヶ嶽の合戦の時、佐久間盛政《もりまさ》の猛襲を受けて、降服を装おう態度を示して在陣を続け、秀吉の来援で助けられた。この功によって但馬国竹田城主となり、天正十三年に四万石に加増されて、紀伊国和歌山城主となった。重晴は慶長元年（一五九六）、嫡孫一晴《かずはる》に和歌山城を譲って退隠し、和泉国谷川一万六千石へ入封した。

慶長五年、関ヶ原の役の時、重晴は一晴とともに徳川家康に属して和歌山城を守衛し、戦後、一晴は和歌山城から大和国葛下郡布施に一万六千石を与えられ、布施城に居城して立藩した。慶長九年、一晴は三十一歳の若さで没し、弟一直《かずなお》が遺領を継いだ。『寛政重修諸家譜』では「布施のうち新庄に住す」とあり、一直の時に葛下郡新庄に居所を移したため、布施藩は新庄藩と改名された。

新庄《しんじょう》藩〈外様〉

陣屋＝奈良県北葛城郡新庄町

紀伊国和歌山城主桑山重晴《しげはる》の嫡孫一晴《かずはる》は慶長五年（一六〇〇）の関ヶ原の役の時、徳川家康に属して祖父とともに和歌山城を守衛し、戦後大和国葛下郡布施に一万六千石を与えられ、布施城に居住して立藩した。慶長九年、一晴は三十一歳の若さで没し、弟一直《かずなお》が遺領を継ぎ、葛下郡新庄に居所を移したので、布施藩は廃藩となり、新庄藩が立藩した。

一直は寛永十三年（一六三六）八月に没すると、嫡男一玄《かずはる》が家督を継ぎ、さらに延宝五年（一六七七）八月、父一玄の致仕後、その嫡男一尹《かずただ》が家督を継いだ。この時、一尹は弟一慶《かずよし》に一千二百石、一英《かずふさ》に一千石を分与した。一尹は天和二年（一六八二）五月、上野寛永寺で行われた四代将軍家綱の法会の際、公家衆の饗応掛を勤めたが、勤役中不敬な振舞いがあったため、将軍家の忌諱に触れて除封され、新庄藩は廃藩となった。なお、一慶は家名相続を許された。

櫛羅《くしら》藩〈譜代〉

陣屋＝奈良県御所市櫛羅

丹後国宮津七万三千六百石の藩主永井尚《なお》長《なが》（奏者番）は延宝八年（一六八〇）六月二十六日、増上寺で行われた四代将軍家綱の葬儀の際、志摩国鳥羽藩主内藤忠勝《ただかつ》に殺害され、嗣子がなかったので領地収公されて除封となった。尚長二十六歳だった。だが、尚長の弟直円《なおみつ》に名跡相続が許され、大和国葛上《かつじょう》郡櫛羅において一万石を与えられて立藩した。

永井氏は、この時から参勤交代を行わない定府大名となり、直円の以降は直亮《なおすけ》（大坂定番）—直国《なおくに》—直温《なおあつ》（大坂定番）—直方《なおかた》（大番頭）—直養《なおのぶ》（大番頭）—直幹《なおとも》—直壮《なおたけ》と継承し、直壮時代の文久三年（一八六三）、初めて櫛羅に陣屋を築いた。これまでは新庄藩といわれていたが、この時から櫛羅藩と称された。明治四年（一八七一）、最後の藩主直哉《なおちか》の時、廃藩置県を迎えた。葛城山の中腹に建つ不動寺あたりが陣屋跡で、不動寺には永井氏歴代の位牌が安置されている。

御所《ごせ》藩〈外様〉
陣屋＝奈良県御所市

豊臣秀吉の武将桑山重晴《しげはる》は天正十三年（一五八五）、和歌山城二万石を与えられたが、慶長元年（一五九六）に孫一晴《かずはる》に譲り、重晴は和泉国谷川一万六千石を領有した。重晴の次男元晴《もとはる》は大和国御所八千石を領していたが、慶長五年の関ヶ原の役の際、徳川家康に属して戦功を樹て、大和国葛上郡内において二千石を加増され、諸侯に列して御所に陣屋を構えて立藩した。慶長十一年に父重晴が没し、遺領一万六千石を継ぎ、また同十四年に和泉国谷川内において一万石が加増され、合わせて二万六千石を領した。

元晴は慶長十九年、大坂冬の陣では水野勝成に属して活躍したが、元和六年（一六二〇）に没し、次男貞晴《さだはる》が家督を継いだ。だが、寛永六年（一六二九）九月、二十六歳で没し、嗣子なく貞晴は死に臨んで弟栄晴《よしはる》を養子として願い出たが、末期養子は許されず、領地は収公されて廃藩となった。なお、栄晴は家名再興を許された。

五条《ごじょう》藩（二見《ふたみ》五条《ごじょう》藩）〈外様〉
居城＝奈良県五條市二見町

大和国郡山城主筒井順慶の養子定次《さだつぐ》は天正十三年（一五八五）六月、四国征伐の戦功によって、伊賀国上野城二十万石を与えられ、慶長五年（一六〇〇）の関ヶ原の役の時、徳川家康に属して本領を安堵された。だが、慶長十三年六月、家臣との内訌により改易となり、陸奥国磐城平藩主鳥居忠政に預けられ、元和元年（一六一五）三月五日に自害した。

定次の重臣で伊賀国梁瀬城主松倉重政《しげまさ》は慶長五年九月十五日の関ヶ原主力戦で定次とともに奮戦して戦功を樹て、同十三年七月、大和国宇智郡二見五条に一万石を与えられ、二見五条の地に新城を築いて立藩した。重政は大坂冬・夏の陣に従って戦功を樹て、元和二年に肥前国島原四万三百石へ転封となり、五条藩は廃藩となった。

重政は寛永七年（一六三〇）十一月に没し、そのあとを継いだ勝家《かついえ》は苛酷な重税とキリシタン弾圧のため、島原の乱が勃発し、乱後所領没収のうえ死罪となった。

廃藩後、五条藩領は天領となり、寛政七年（一七九五）、当時の老中松平定信の寛政の改革の諸政策の一環として、五条に幕府代官所が設置された。五条代官は五条の天領の他に、宇陀郡・吉野郡の天領も支配し、合わせて三郡内で三百ヵ村、五万石余で五条代官所は文字通り南大和地方の政治的中心地となった。初代代官は河尻甚五郎で、以後十三人の代官が赴任した。

この五条代官所が歴史の表舞台に登場するのは、文久三年（一八六三）八月十七日、前侍従中山忠光《ただみつ》を総大将とする天誅《てんちゅう》組が五条代官所を襲撃し、代官鈴木源内ら五人を斬殺、代官所を焼き払った事件である。この時、五条の桜井寺を本陣に定めて「五条政府」の樹立を宣言、いわゆる「天誅組大和義挙」である。だが、翌十八日、政情は一変して、和歌山・彦根・津・郡山諸藩の追討軍より攻撃を受け、激戦を繰り返しながら転戦し、ついに九月二十四日に東吉野で壊滅した。この義挙は、のち武力討幕の導火線となった。

小江戸紀行　代官支配の城下町五条城下を歩く

天誅組本陣跡

五条は江戸期、大和国内で奈良に次ぐ都市であった。というのも、大和盆地が米の多収穫地であるばかりか京・大坂に近く、外様大名などを置いては危険だということで天領になり、代官所が置かれた。

だが、その後はあまり発展せず、どこか江戸時代の匂いを残す町になっている。清酒「松の友」醸造元や栗山邸のある狭い通りがそうで、通りに向かってのしかかっている本瓦葺きの軒などに江戸や明治期の雰囲気が感じられる。

栄山寺の八角円堂

そんな一角から国道二四号線に出て、五条の駅前本通り方向へ歩きかけてすぐ右手に桜井寺がある。ここは五条代官所を襲った天誅組《てんちゅうぐみ》が本陣にした所だ。

文久三年（一八六三）八月十七日午後四時ごろ、彼ら天誅組三十七名はいっせいに挙兵し、五条代官所を襲撃して代官鈴木源内、元締長谷川岱助、用人黒沢儀助、手代木村祐治郎、書役伊東敬吾らの首を取った。そして、桜井寺を本陣として五条仮政府と号し、倒幕の旗幟《きし》を明らかにし、代官らの首を道ばたに晒した。桜井寺本堂前には、源内の首を洗ったという水盤が今もある。

代官所跡と栄山寺

五条の地が天誅組の攻撃目標にされたのは、五条在住の学者森田節斎の感化による。現在の五條市役所のあるところが代官所跡で、天誅組の襲撃後、今の簡易裁判所のところに再建されるが、やがて明治維新となり五条県庁となった。再建された時の代官所の長屋門が、裁判所の隣の史跡公園に移築され、当時の面影を残している。

市街東方の吉野川河岸段丘上に栄山寺《えいざんじ》がある。寺は養老三年（七一九）、藤原南家の祖武智麻呂が創建し、以後、南家の菩提寺である。本堂右手には優美な八角円堂（国宝）があり、藤原仲麻呂が亡父武智麻呂のために建立したという。

紀伊国

和歌山《わかやま》藩（紀州《きしゅう》藩）〈三家〉

居城＝和歌山県和歌山市一番丁

徳川家康の十男頼宣の入封

　豊臣秀吉は天正十三年（一五八五）、紀州平定後に弟秀長《ひでなが》に紀伊・和泉両国を与え、自ら若山（和歌山）を城地に選び、普請奉行藤堂高虎らに命じて和歌山城を築いた。この時、秀長は桑山重晴《しげはる》に二万石を与えて城代とした。慶長五年（一六〇〇）、関ヶ原の役後、戦功によって浅野幸長《ゆきなが》が甲斐国府中から三十七万六千石余で入封し、ただちに領内検地を実施して、藩の基礎を固めた。幸長は慶長十八年に没し、嫡男長晟《ながあきら》が家督を継ぎ、大坂の両陣の功によって元和五年（一六一九）、安芸国広島四十二万六千石余へ移封となった。

　代わって徳川家康の十男頼宣《よりのぶ》が駿河国府中五十万石から五万五千石加増されて入封し、付家老安藤直次を田辺城、水野重央《しげなか》を新宮城に置いた。両者とも家康が付与した家臣で、これが御三家の一つとして将軍家の強力な藩屛となった。頼宣は入封二年後の元和七年、和歌山城と城下町とをその石高にふさわしいように拡張・整備を行った。この時、城があまりにも大規模なので、幕府が疑いの眼で見ていると聞くと、「獅子は百獣の王でもなおかつ自戒しているのに、天下国家の主たるもの備えなくしてどうする」と嘯《うそぶ》いた話は有名である。

　また、頼宣は土豪層も巧みに支配下に組み入れた地士《じし》の制度を採用して家臣団を補強し、藩体制の確立と御三家の一つとしての地位を築いた。ところが、産業の開発・土木工事の奨励、家臣団の増強による出費の増大、参勤交代の費用などで次第に藩財政は窮乏に向かった。そこで正保三年（一六四六）、藩財政再建のために「今高《いまだか》制」を採用し、家臣の俸禄を削減しようとした。

　慶安四年（一六五一）、由井正雪一党が天下を覆《くつがえ》そうとした慶安事件が発覚した時、頼宣は黒幕の疑いを受けて江戸城へ呼びつけられたが、その後十年間も和歌山へ帰るのを許されなかったことをみると、まったく潔白だったともいいきれない。

五代藩主から八代将軍へ

　頼宣は寛文七年（一六六七）五月に隠居し、嫡男光貞《みつさだ》が家督を継ぎ、弟頼純《よりずみ》は幕府から三万石を与えられて、伊予国西条藩主となった。光貞の代には、嫡男綱教《つなのり》と五代将軍綱吉の娘鶴姫との婚礼など出費が嵩《かさ》み、そのうえ江戸屋敷の火災、高野山騒動の出兵費など臨時の支出が多く、いよいよ藩財政は逼迫の度を加えた。このため銀札を発行したり、幕府や豪商農から借財を行い、収入源の拡大を図らなければならなかった。

　光貞は元禄十一年（一六九八）に致仕し、そのあとは綱教―頼職《よりもと》と続くが、綱教は宝永二年（一七〇五）五月に没し、同年九月に頼職も二十六歳の若さで没したため、弟頼方《よりかた》が二十二歳で五代藩主となり、将軍綱吉の諱をもらって吉宗《よしむね》と改称した。

　吉宗は藩財政の再建を決意し、倹約をもって範を示すため、初登城の際には小倉織の袴に木綿の羽織という装束姿であった。宝永四年から家臣に対して二十分の一の差出金を命じ、さらに町民や農民にも御用金や新税を課し、新田の開墾や殖産興業につとめた。このため同七年には差出金を免除できるようになり、幕府からの借財も返済できるようになった。享保七年（一七二二）頃には、和歌山城の金蔵に十四万八百八十七両と米一万六千四百石が蓄えられるようになった。また、吉宗は学問・武芸を尊び、特に実学を重んじ、武道の鍛錬を重視して藩風を尚武なものに導いていった。

　吉宗が享保元年八月、徳川宗家八代将軍に就任すると、六代藩主には支藩の西条藩主頼純の次男宗直《むねなお》が継ぎ、そのあとは宗将《むねのぶ》―重倫《しげのり》と続いたが、粗暴の風評があった重倫は三十歳で隠居を命ぜられ、代わって安永四年（一七七五）、西条藩主であった治貞《はるさだ》が宗家を継いだ。治貞は吉宗に倣って藩財政窮乏を打開するため、櫨《はぜ》や松の植林、綛糸《かせいと》の販路拡大などにつとめ、家臣に対しては厳しい倹約と半知の断行を命じた。

十四代将軍になった慶福

　寛政元年（一七八九）十月に治貞が没し、重倫の嫡男治宝《はるとみ》が家督を相続した。治宝は藩財政の窮乏に対処するため倹約を奨励し、文化三年（一八〇六）、家臣に対して「浮置《うけおき》歩増《ぶまし》の法」（禄米支給の時、除米して公用にする）の制度を布いた。

　また治宝は寛政三年、学問を奨励して八歳以上三十歳以下の家臣の子弟に就学を義務づけ、医学館を創設、江戸屋敷に明教館、松阪に松阪学校を設置した。

　ところが文政六年（一八二三）、藩内最大の農民一揆が勃発し、十数万の農民が鉦や太鼓を打ち鳴らしながら和歌山城下に押し寄せたので、藩は大筒を備え一千人の兵を動員した。結局、藩では農民側の年貢減免などの要求は認めたが、首謀者三十三人を処罰した。この一揆の責任をとって、治宝は隠居した。

　治宝の隠居後、斉順《なりより》（十一代将軍家斉の六男）―斉彊《なりかつ》（家斉の二十男）―慶福《よしとみ》（斉順の嫡男）と続くが、治宝は嘉永五年（一八五二）十二月に没するまで三代にわたって藩政の実権を握った。このため藩内では「江戸派」と呼ばれる藩主補佐派と「和歌山派」と呼ばれる隠居政権派とが藩政の主導権をめぐって対立した。治宝没後、ただちに江戸派の付家老水野忠央《ただなお》・安藤直裕《なおひろ》が藩権力を掌握し、和歌山派の伊達宗広・山中筑後守らを弾圧して、安政五年（一八五八）十月、慶福を十四代将軍（家茂）に擁立することに成功した。

　最後の藩主茂承《もちつぐ》（西条藩主松平頼学《よりさと》の七男）は慶応二年（一八六六）、家臣津田出を御用御取次、ついで執政に昇らせて、藩政改革を命じた。津田は藩札の紀伊・河内・和泉・摂津・播磨五ヵ国の通用を幕府に願い出、家臣の俸禄の五ヵ年間半知借り上げなどによる藩財政建て直しや洋式兵制改革を行ったが、藩内門閥派の反対で失脚した。慶応四年（一八六八）一月、鳥羽伏見の戦いの際、茂承は新政府への恭順を決め、江戸へ逃走する十五代将軍慶喜が和歌山藩に大坂城守衛を命じたが、和歌山一藩ではその責任を負うことはできないと辞退した。茂承は新政府軍に軍資金十五万両を献上し、東海道総督府の先鋒として藩兵一千五百を出兵させ、東北各地を転戦した。

　翌二年一月、茂承は再び津田を登用して藩政革新を命じ、六月に版籍奉還して知藩事に任ぜられ、同四年、廃藩置県を迎えた。

小江戸紀行　御三家の城下町和歌山城下を歩く

紀州の鎮の城

和歌山市の玄関口はＪＲ阪和線・紀勢本線和歌山駅で、駅前から西の和歌山城に向かって道幅の広い大通りが一直線に伸びている。駅を後にして、和歌山城まで歩く。

東堀と北堀との間に架かる太鼓橋（一の橋）を渡ると、すぐに優美な高麗門様式の大手門がどっしり構える。右手に続く堅固な石垣に沿って先へ進むと、目の前に急峻な虎伏山が頭上に覆いかぶさるように迫ってくる。

この険しい山の頂上に天守閣が築かれている。大小の自然石を巧みに積み重ねた石段を喘ぎながら上ると、大藩にふさわしい規模の大きい城郭の高台に白亜の天守閣が威風堂々と聳えている。

現在の和歌山城の規模は、駿河・遠江・東三河五十万石から五万五千石加増されて入封した徳川頼宣（紀伊家初代）が幕府から銀二千貫を支給されて、拡張工事を行った時のものである。現在の天守閣は戦災後の昭和三十三年（一九五八）に復元された鉄筋コンクリート造りで、三層の天守閣と隅櫓を廊下状の多門櫓で結んだ連立式となっている。

楠門（復元）をくぐり、天守閣の館内へ入ると玄関の左手に昔の天守閣の模型が展示され、右手の一階の資料室には出土品の巴瓦や桃瓦、葵紋鬼板、火縄銃、葵紋陣鼓など数々の遺品や歴史的資料が展示ケースに陳列されている。

最上階の展望室に立つと、すぐ足元には緑の樹木が生い茂り、北側には紅葉渓《もみじだに》庭園が見える。南側から眺めると、陽光を照り返して光る紀ノ川、その先には紀淡海峡を望むことができる。

天守閣を降りて、広大な城内を巡る。紅葉渓庭園は、初代藩主頼宣が造営した西ノ丸庭園の別名で、その名の通り、秋の紅葉が美しい。茶室「紅松庵」では抹茶がいただける。二ノ丸広場は藩主の御座所や藩政庁などがあった所だ。その前を通って岡口門へ行く。

櫓門形式の岡口門は元和七年（一六二一）の建造で、この門と北に続く白壁は国の重要文化財に指定されている。岡口門を出ると、すぐ前がゆるやかな三年坂《さんねんざか》通りで、和歌山県庁方面へ歩くと不明門《あかずのもん》跡の手前に高さ二三・四メートルの「高石垣」が聳える。坂道を挟んで左手の丘陵上には「岡山の時《じ》鐘堂《しょうどう》」が見える。

県庁前交差点の手前に県立の近代美術館

と博物館が建ち、すぐ前の路上で人目を引くのが、乗馬姿の「徳川吉宗公之像」である。県立博物館から南へ歩いた報恩寺のすぐ近くには「徳川吉宗公誕生地」碑が立っている。

和歌山城の岡口門と天守閣

二代藩主光貞《みつさだ》の第四子として貞享元年（一六八四）十月に和歌山城下吹上で生まれた吉宗は、幼名を源六《げんろく》、その後に新之助《しんのすけ》、元服して頼方《よりかた》と名乗った。

二十二歳の時、長兄の綱教《つなのり》（三代藩主）についで三兄の頼職《よりもと》（四代藩主）も没したため宝永二年（一七〇五）に五代藩主となり、頼方から吉宗に名を改めた。

その後、江戸に上り、享保元年（一七一六）、徳川家第八代将軍となる。幕政の改革を断行し、幕藩体制の建て直しという重責を担った強運の将軍だ。

紀三井寺から奥和歌浦へ

市内でいちばん有名な名所は、なんといっても西国巡礼第二番の札所・紀三井寺《きみいでら》だろう。南の一番の札所・青岸渡寺《せいがんとじ》からここを経て三番の粉河寺《こかわじ》へ行くわけだが、和歌山市の南郊に位置する地の利を得て、むかしからとりわけ参詣者が多かったのである。

この寺は東に名草山《なぐさやま》を負い、西は和歌浦に面した名勝の地にあり、すぐ前方の下には有名な片男《かたお》波《なみ》の砂嘴《さし》も見える。

若の浦に潮満ちくれば潟を無み
　芦辺をさして鶴鳴きわたる

とは、山部赤人の有名な歌である。和歌浦が有名になったのも、ひとつはこの片男波のおかげである。

片男波でかこまれた妹背山といわれる小島に建つ、藩祖頼宣が生母養珠院（お万の方）の菩提を弔うために建立した多宝塔を訪れたあと、北の奥和歌浦へ向かう。途中、和歌山東照宮、菅原道真を祀っている天満神社、藩主の別邸・養翠園に立ち寄る。

養翠園までくると、奥和歌浦は近い。海上に点在する小島、それらをめぐる遊覧船を眺めつつ奥和歌浦を歩くと、やがて浪早《なんば》崎と番所の鼻崎にいだかれた雑賀《さいが》崎漁港につく。近世初頭、このあたりは、勇猛をもって天下に鳴る雑賀孫市に率いられた雑賀鉄砲衆の本拠でもあった。その雑賀党の水軍基地であり海の見張所でもあったこの浦の男たちの技は、のちに〝サイカの一本釣り〟として知られた。男たちは小舟に身を託して海に乗り出し、絶妙の技術と呼吸で鯛を釣りあげてきたのである。

田辺藩《たなべ》〈譜代〉

居城＝和歌山県田辺市上屋敷町

和歌山藩付家老で田辺三万八千石余を領有する田辺城主安藤直裕《なおひろ(よし)》は慶応四年（一八六八）一月、藩屏に列して立藩した。安藤氏は直次《なおつぐ》の時の慶長十五年（一六一〇）に徳川家康の十男頼宣《よりのぶ》の付家老となり、元和三年（一六一七）、遠江国掛川藩主として二万石を領したが、同五年に頼宣が和歌山藩主になると、直次は紀伊国牟妻・日高・有田・名草四郡内において三万八千八百石余を与えられて田辺城主となった。

直次以降は、直治《なおはる》—義門《よしかど》—直清《なおきよ》—直名《なおな》—陳武《のぶたけ》—陳定《のぶさだ》—雄能《かつよし》—次由《つぐゆき》—寛長《ひろなが》—直時《なおとき》—道紀《みちのり》—直与《なおとも》—直則《なおのり》—直馨《なおか》—直裕と十六代にわたって和歌山藩付家老を勤めた。立藩した直裕は慶応二年（一八六六）六月、第二次長州征伐の時、前軍総督に任ぜられ一千八十人を率いて出陣、石州口の戦いで敗れたが、翌月十四代将軍家茂の死去による休戦で辛じて面目を保った。明治二年六月に版籍奉還し、同四年廃藩置県を迎えた。

新宮藩《しんぐう》〈譜代〉

居城＝和歌山県新宮市丹鶴町

和歌山藩付家老で新宮三万五千石を領有する新宮城主水野忠幹《ただもと》は慶応四年（一八六八）一月、藩屏に列して立藩した。水野氏は重仲《しげなか》（重央《しげなか》）が慶長十三年（一六〇八）に徳川家康の十男頼宣《よりのぶ》の付家老となり、常陸国水戸で一万石を領し、翌十四年に遠江国浜松城主として二万五千石となった。さらに元和三年（一六一七）、一万石を加増され、合わせて三万五千石を領有したが、同五年に頼宣が和歌山藩主になると、重仲は紀伊国東牟妻・海草両郡の一部と伊勢国南牟妻郡を含む百四十五ヵ村において三万五千石を領する新宮城主となった。

重仲以降は、重良《しげよし》—重上《しげたか》—重期《しげとき》—忠昭《ただあき》—忠興《ただおき》—忠実《ただざね》（忠寄《ただより》）—忠啓《ただあき》—忠央《ただなか》—忠幹と十代にわたって和歌山藩付家老を勤めた。幕末期の城主となった九代忠央は天保六年（一八三五）、父忠啓のあとを継ぎ、のち十一代和歌山藩主徳川慶福《よしとみ》の幼時からの補佐役を勤め、権力を手中におさめ専断の振舞いが目立った。嘉永六年（一八五三）、黒船来航の世相の中にあって文武奨励・藩体制維持を叫ぶが、領内から多くの非難を浴びた。安政四～五年（一八五七～五八）頃、十三代将軍家定が生来病弱でその上世子がなかったため、将軍継嗣問題が起こると、南紀派の中心人物として活躍し、大老井伊直弼と結び、藩主慶福（十四代将軍家茂）を擁立して、一橋（十五代将軍慶喜）派と対立した。だが、この南紀派と一橋派との対立には開国問題が複雑に絡み、以降の幕政や幕藩体制そのものに大きな禍根を残した。

そして万延元年（一八六〇）六月、父忠央のあとを継いだ十代忠幹は活発で度量があり、謹直で徳望が篤かった。慶応二年（一八六六）六月、第二次長州征伐の時、江戸隊を率いて先鋒となり、安芸国佐伯郡大野村に進撃し、芸州口の戦いで彦根藩井伊家や高田藩榊原家の大敗のあとを受けて孤軍奮戦し、〝鬼水野〟の勇名を轟かせた。

明治二年（一八六九）六月、忠幹は版籍奉還して新宮藩知事に任ぜられ、同四年に廃藩置県を迎えた。

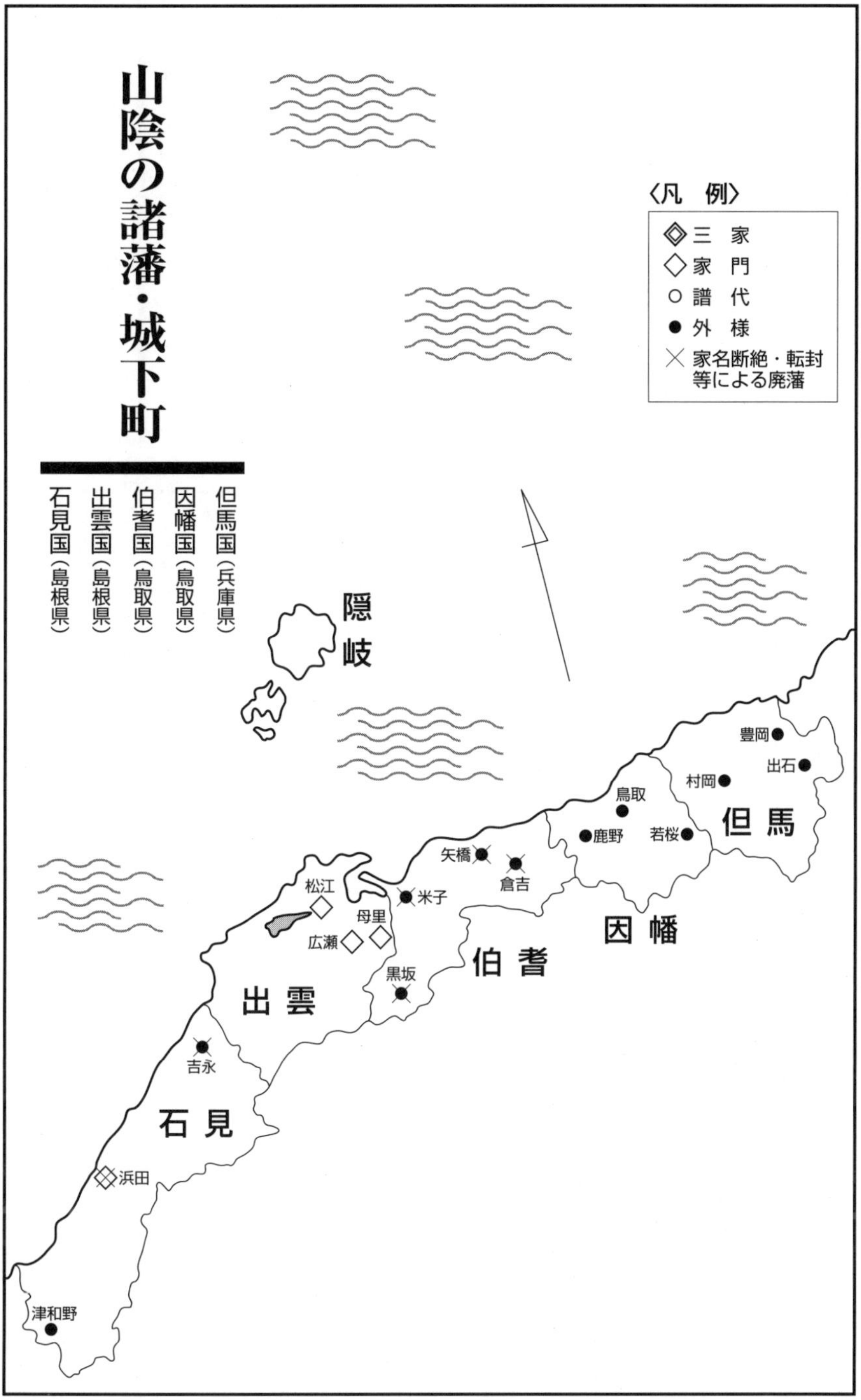
山陰の諸藩・城下町
但馬国（兵庫県）
因幡国（鳥取県）
伯耆国（鳥取県）
出雲国（島根県）
石見国（島根県）
〈凡　例〉
◈三　家
◇家　門
○譜　代
●外　様
╳家名断絶・転封等による廃藩
隠岐
但馬
豊岡
出石
村岡
因幡
鳥取
鹿野
若桜
伯耆
矢橋
倉吉
米子
黒坂
出雲
松江
母里
広瀬
石見
吉永
浜田
津和野

但馬国

出石《いずし》藩〈外様〉

居城＝兵庫県出石郡出石町内町

小出氏の入封と断絶

播磨国龍野城主小出吉政《よしまさ》は文禄四年（一五九五）、六万石を領して出石城へ入城した。慶長五年（一六〇〇）、関ヶ原の役が起こると、吉政は西軍に与《くみ》したが、弟秀家ら一族が徳川家康方に属して戦功を樹てたので、戦後、所領を安堵されて立藩した。

慶長九年、父の岸和田藩主秀政《ひでまさ》が没したため、吉政は岸和田藩へ転封となって父のあとを継ぎ、出石藩は嫡男吉英《よしひさ》に譲った。吉英は相続の際、叔父三尹《みつまさ》に一万石を分与し、慶長十八年に父吉政が没したため、吉英もまた岸和田藩を継ぎ、出石藩は弟吉親《よしちか》に継がせた。ところが、吉親は元和五年（一六一九）、丹波国園部へ転封となったので、吉英が岸和田から再度入封した。

寛文六年（一六六六）、吉英が致仕し、嫡男吉重《よししげ》が家督を相続する際、弟英本《ふさもと》に二千石（陣屋は出石郡倉見村）、同英信《ふさのぶ》に二千石（養父《やぶ》郡大藪村）、同英勝《ふさかつ》に一千石（気多郡山本村）を分与し、四万五千石となった。吉重の嫡男英安《ふさやす》は延宝元年（一六七三）に家督を継ぐ時、弟英直《ふさなお》に一千石と新墾田五百石を分与し、英直は陣屋を養父郡土田《はんだ》村に構えた。このあと英益《ふさえき》—英長《ふさなが》—英及《ふさつぐ》の三代は、わずか三年という短期間内での交代であり、元禄八年（一六九五）、二歳で家督を継いだ英及は翌年十月に夭逝したため、出石小出氏は無嗣断絶した。藩主の死が報じられると、翌十一月一日早朝、領民が藩札の引き替えを求め札場に殺到、それが拒絶されると領民は暴徒と化して札場を壊し、札元・新田地主宅が打ち毀しに遭った。

小出氏除封後、松平（藤井）忠周《ただちか》が武蔵国岩槻から四万八千石で入封したが、まもなく忠周は若年寄となり、宝永三年（一七〇六）、信濃国上田へ転封となった。

有名な仙石騒動

交代に上田から仙石政明《まさあきら》が但馬国出石・養父・気多・美含《みくみ》四郡の松平家旧領に、和泉国陶器《とうき》藩主小出重興《しげおき》の遺領気多・美含両郡内の五千石、さらに播磨国加東・加西両郡内の一万石を加えた五万八千石で入封した。この移封を指揮したのは筆頭家老の仙石政房《まさふさ》であった。

政房は宝永五年、政明の養嗣子となり、逼迫した藩財政再建に辣腕をふるった。その後、政辰《まさとき》—久行《ひさゆき》—久道《ひさみち》—政美《まさよし》と続き、政美が文政七年（一八二四）に急逝した。嗣子がないため、老臣の主流は政美の弟道之助（五歳・久利《ひさとし》）を継嗣にしたが、大老上席で主家の分家である仙石左京がその子小太郎を立てて両派が争う御家騒動が起こった。このことが幕府の知るところとなって、左京一味を召喚、取調べの結果、罪状明白となり、天保六年（一八三五）、左京一派は断罪、久利が家督を継いだが、石高は三万石に減封となった（仙石騒動）。

その後も藩内の内紛は絶えず、その結果、下級家臣は脱藩して勤王に奔る者も出て、多田弥太郎・高橋甲太郎らは文久三年（一八六三）、生野の変に参加したため、出石藩はこれを鎮圧するために出兵した。最後の藩主となった政固は明治四年（一八七一）七月、廃藩置県を迎えた。

小江戸紀行　辰鼓櫓がある城下町出石城下を歩く

出石城下のシンボル辰鼓櫓

　但馬国の小京都と呼ばれる出石は、出石川に沿った静かな山峡の城下町である。出石はJR山陰本線豊岡駅から全但バスの終点にある。出石城は天正二年（一五七四）、但馬国守護山名祐豊《すけとよ》が標高三二一メートルの山頂に有子山《ありこやま》城を築き、再起をかけた。だが、天正八年に豊臣秀吉の弟羽柴秀長に攻められ、但馬山名氏は城とともに滅亡した。のち播磨国龍野城から入城した小出吉政《よしまさ》は山麓部にあった城主館を出石城として整備し、慶長九年（一六〇四）、その子吉英《よしひで》が完成させた。現在、本丸跡には昭和四十三年に復元された隅櫓が建ち、仙石氏の祖秀政《ひでまさ》を祀る感応殿がある。

出石城下の辰鼓櫓

　大手門跡には太鼓櫓の名残りを伝える時計台の辰鼓櫓《しんころう》が、出石城のシンボルとなっている。三の丸跡には家老屋敷などが残り、城下町の面影をよく伝えている。

沢庵和尚ゆかりの宗鏡寺

　入佐山《いさやま》へ向かってなだらかな桜並木の坂道を登っていくと、臨済宗の宗鏡寺《すきょうじ》があり、別名沢庵寺《たくあんじ》と呼ばれている。この寺は明徳二年（一三九一）の明徳の乱後、守護山名時熙《ときひろ》が一族の菩提を弔うために建立したという。山名氏歴代の帰依を受けて栄えたが、山名氏の衰退とともに寺も荒廃した。元和二年（一六一六）、沢庵和尚が小出吉英に進言して再興し、以後、歴代藩主の加護を受けた。

　沢庵和尚は元和六年、故郷出石に帰り、宗鏡寺背後の入佐山に投淵軒《とうえんけん》を建て、八年間自炊しながら修行を積んだ。沢庵は寛永四年（一六二七）、紫衣事件で出羽国上山《かみのやま》に配流となったが、その後許され江戸の東海寺の開山となり、三代将軍家光の相談役をつとめた。宗鏡寺の庭園は沢庵手造りと伝えられ、復元された投淵軒とともに、沢庵のよすがを偲ばせてくれる。

　その他、但馬国を開いたと伝えられる天日槍《あめのひぼこ》と伊豆志八前大神《いずしやまえおおかみ》を祀る出石神社、山名氏ゆかりの総持寺、山名氏の居城子盗《こぬすみ》城跡などが点在している。

出石町史跡略図

豊岡《とよおか》藩〈外様〉

居城＝兵庫県豊岡市京町神武山

但馬国豊岡城二万石の城主杉原長房《ながふさ》は慶長五年（一六〇〇）、関ヶ原の役の時に西軍に与《くみ》したが、正室が浅野長政《ながまさ》の娘ということから、本領を安堵されて立藩した。慶長十六年、長房は長政の遺領のうち常陸国新治郡内において五千石を分与され、合わせて二万五千石を領有した。

長房は寛永六年（一六二九）二月に没し、その子重長《しげなが》が継いだが、正保元年（一六四四）、重長は死に臨んで、甥重玄《しげはる》を末期養子として遺領相続を願い出たところ、本来は許されなかったが、父祖の功績により、翌年重玄に一万石で遺領相続が許された。だが、重玄は承応二年（一六五三）、十七歳で没し、無嗣絶家のため除封となり、一時廃藩となって幕府領となった。

その後、寛文八年（一六六八）、丹後国田辺三万三千石の藩主京極高盛《たかもり》が領地を但馬国城崎《きのさき》・二方《ふたかた》・気多《けた》・養父《やぶ》・美含《みくみ》の五郡内において三万五千石を与えられて、再度立藩した。この時、高盛は居所の建設費として幕府から二千両を与えられた。

高盛のあと、高住《たかずみ》―高栄《たかよし》―高寛《たかのり》と続き、高寛が享保十一年（一七二六）、十歳で没したため無嗣除封の危機に見舞われたが、当時六歳の弟高永《たかなが》に旧領のうち一万五千石が改めて与えられ、家名相続が許された。高永は宝暦十年（一七六〇）に没し、嫡男高品《たかかず》が家督を継ぐが、藩内では路線をめぐる確執が続き、重臣の中で出奔する者が相次いだ。高品は寛政三年（一七九一）に致仕し、丹後国峰山藩主京極家から養子になった高有《たかあり》が後嗣となった。高有の治世には「郷改革」と称して杞柳《きりゅう》生産の保護・奨励などの殖産政策をとった。豊岡藩の杞柳生産は荒原《あわら》地域に自生するコウリヤナギを原料に作る行《こう》李《り》が主であった。文政六年（一八二三）に藩営産物会所を開設し、行李流通の独占をはかるなど、財政建て直しにつとめた。

つぎの高行《たかゆき》は天保四年（一八三三）、藩校稽古堂を創設し、最後の藩主となった高厚《たかあつ》は明治二年（一八六九）に版籍奉還し、同四年に廃藩置県を迎えた。

村岡《むらおか》藩〈外様〉

陣屋＝兵庫県美方郡村岡町

交代寄合の山名義済《よしずみ》は但馬国七味《しつみ》郡内において六千七百石を知行していたが、明治元年（一八六八）六月、一万一千石に高直しされ、藩屏に列して村岡にあった陣屋を藩庁として立藩した。

山名家は代々交代寄合で、義済（生母は出雲国広瀬藩主松平直寛《なおひろ》の娘）は安政六年（一八五九）に家督を継ぎ、藩儒池田威山の意見を容れて尊王海防論を上書し、のち威山を執政に登用して、藩政を改革した。義済は文久三年（一八六三）、生野の変の時には朝命を受けて生野に出兵し、薩摩藩を援助した。慶応二年（一八六六）、「軍夫役人用割」の命令を下したところ農民一揆が起こり、郡方役人の解職、米値段・酒代の制限などを要求し、藩庁は全面的に承認して騒動は解決した。義済は明治二年六月、版籍奉還して知藩事に任ぜられたが、同四年三月、病気のため致仕し、そのあと義路《よしみち》が知藩事となったが、四ヵ月で廃藩置県を迎えた。

因幡国

若桜《わかさ》藩（西館新田藩《にしだてしんでん》）〈外様〉

居城＝鳥取県八頭郡若桜町若桜

鳥取藩主池田氏の分家

豊臣秀吉の部将木下重賢《しげかた》（前名は荒木平太夫重賢）は天正九年（一五八一）、因幡国八頭郡若桜鬼ケ城主となり、因幡国智頭《ちづ》・八東《はっとう》両郡内において二万石を領有した。重賢は慶長五年（一六〇〇）、関ヶ原の役の時に西軍に与《くみ》し、伏見・大津両城の攻撃に従軍、敗戦後の十月十三日、摂津国の一心院で自害したので、除封となった。

翌六年、摂津国三田から山崎家盛《いえもり》が智頭・八東、但馬国二方《ふたかた》の二ヵ国三郡内において三万石で入封して立藩した。家盛は慶長十年、岸田川流域を除いた二方郡を弟頼《より》久《ひさ》（安西家宮城豊盛の養子）に分与し、鬼《おに》山《やま》の山頂部に石垣を築き、山麓には堀をめぐらし居館を構えて、城下町も整備した。

慶長十九年、家盛が没し、嫡男家治《いえはる》が家督を継いだが、元和三年（一六一七）、備中国成羽へ転封となり、この地は鳥取藩領として、伯耆・因幡両国三十二万石を領する池田氏の支配となった。

元禄十三年（一七〇〇）、鳥取藩主池田綱清《つなきよ》は弟で前藩主光仲《みつなか》の五男清定《きよさだ》に領地の因幡・伯耆両国内の新墾田一万五千石を分与し、分家独立させた。綱清は当初清定を後嗣とすべく、隠居していた父光仲の同意を得ていたが、光仲の没後に事態は一変し、綱清の弟仲澄《なかずみ》の嫡男吉泰《よしやす》を後嗣にすることになった。綱清は元禄十三年、隠居と同時に清定のために一家を立てさせて、厚遇した。清定を祖とする家は、鳥取城下の館の位置から「西館」と呼ばれた。

清定は享保三年（一七一八）に没するが、嗣子がなかったので、兄仲澄の四男定賢《さだまさ》が継ぎ、つづいて定就《さだより》―定得《さだのり》と継承した。定得は二十歳の若さで没したため、支族池田政《まさ》勝《かつ》の次男定常《さだつね》を養子に迎え、天明五年（一七八五）、十八歳で家督を継いだ。

文学三侯の一人、定常の業績

定常は若くして学問に励み、門弟三千人といわれた儒学者佐藤一斎について四十年余り研究を続け、古今和漢の書から地誌・仏典に至るまで多くの書に通じ、諸学に精通した。定常は池田家の詳細な系図の編纂を計画して『池田氏家譜集成』三十八巻をまとめ、林述斎が序文を寄せた。在位十七年後の享和元年（一八〇一）、病により隠居し、冠山道人と号して悠々と老後を送り、林述斎や佐藤一斎らの学者、画家では谷文晁や司馬江漢、書家市川米庵ら当時一流の文化人と親交を結んだ。豊後国佐伯藩主毛利高《たか》標《すえ》、近江国仁正寺藩主小橋長昭と並んで〝文学三侯〟といわれた。

定常の子定興《さだおき》は早世したので、弟定保《さだやす》が家督を継ぎ、定保の子も早世したので、鹿野藩主池田仲雅の八男清直《きよなお》、さらに仲雅の孫清緝《きよつぐ》と継嗣し、最後の藩主となったのは清緝の弟徳定《のりさだ》である。徳定は幕末の激動期には宗家の池田慶徳《よしのり》を援け、しばしば名代として京都に上った。慶応四年（一八六八）の戊辰戦争には新政府軍として参戦し、また若桜に陣屋を置いたので、西館新田藩を若桜藩と改称した。池田氏は十代、約百七十年にわたって在封したが、明治三年に鳥取藩に合併し、廃藩となった。

鳥取《とっとり》藩（因州《いんしゅう》藩）〈外様〉

居城＝鳥取県鳥取市東町

岡山との国替え

豊臣秀吉のお咄衆で鳥取城主であった宮部継潤《けいじゅん》は因幡国四郡内において八万石余を領していたが、慶長元年（一五九六）に隠居し、その子長熙《ながひろ》（元房《もとふさ》）が家督を相続し、因幡・伯耆両国と但馬国二方郡において十三万石を領した。だが、慶長五年に関ヶ原の役が起こると、長熙は西軍に与《くみ》したため、戦後所領を没収された。改易後、西国将軍「池田百万石」と呼ばれた播磨国姫路藩主池田輝政《てるまさ》（恒興《つねおき》の次男）の弟長吉《ながよし》が近江国内三万石から因幡国岩井・邑美《おうみ》・八上《やかみ》郡において六万石を領して立藩した。

長吉は入封すると、鳥取城を近世的城郭に大修築したが、六万石の経済力には過ぎた築城であったという。長吉は慶長十九年九月に没し、そのあとを継いだ嫡男長幸《ながよし》は元和三年（一六一七）、五千石を加増されて、備中国松山へ転封となった。これと同時に因幡・伯耆両国の諸藩はことごとく転除封され、代わって播磨国姫路藩四十二万石から幼少の池田光政《みつまさ》が因幡・伯耆両国において三十二万石で入封した。光政は元和五年から城下町の整備を行ってほぼ完成したが、その治世は十四年間続き、寛永九年（一六三二）、備前国岡山へ転封となった。入れ替わりに岡山から幼少の従兄弟池田光仲《みつなか》が国替えを命ぜられて、鳥取へ入封した。

光仲は徳川家康の外曽孫で、池田氏は外様大名ではあったが、徳川氏と親しく、家号松平を下賜されるなど準家門的な性格も強い。鳥取藩は鳥取池田家を称し、代々この池田光仲の子孫が襲封した。

光仲の親政

光仲はわずか三歳で藩主となったが、慶安元年（一六四八）、十九歳の時に初めて鳥取城へ入った。光仲はそれまで藩を支えてきた重臣を押え、藩主親政の体制をつくることが課題で、まず自らの血を引く徳川家康を祀る東照宮を勧請して、藩主の権威を高め、藩政の主導権を確立するための布石とした。当時、藩政の実権を首席家老荒尾成利が握っていたが、光仲は成利に専横の振舞が多いとして、何とか藩権力を奪い返そうとした。

承応元年（一六五二）六月、光仲は参勤交代から帰国すると、成利の越権行為に対して十余ヵ条の罪をあげて問責し、ついに辞職させた。その三年後に成利は没し、光仲の権力は一段と強化され、さらに寛文二年（一六六二）、次席家老荒尾嵩就《たかなり》も辞職に追い込んだ。光仲はここに藩政における主導権を確立、軍制・職制・禄制など諸制度を整備し、積極的な新田開発を奨励した。

光仲の治世は五十四年の長きにおよんだが、貞享二年（一六八五）六月に隠居し、その子綱清《つなきよ》が家督を相続する際、弟仲澄《なかずみ》に新田二万石（東館新田、のち鹿野藩）を分与した。綱清は嗣子に恵まれず、弟仲澄の子吉泰《よしやす》があとを継いだ。この家督相続について、綱清は弟清定《きよさだ》を後嗣とすることを望んでいたが、光仲が元禄六年（一六九三）七月に没したため一転し、吉泰が後継に決定したという。その背後には御家騒動ともいえる藩内抗争があったと思われる。吉泰は元禄十三年に相続する際、叔父清定に新田一万五千石（西館新田、のち若桜藩）、同十五年に実父仲澄へ五千石を分与している。

吉泰の治世の時は凶作が続き、食糧のなくなった農民が多数、鳥取城下を徘徊する有様で、元文四年（一七三九）二月、八上郡西御門村（郡家町）から起こった一揆勢は全領内に広がり、各地の富農屋敷を打ち毀しながら城下に迫った。藩はやむなく十二ヵ条の一揆勢の要求の半分を認める一方、一ヵ月後に武力で一揆を鎮圧し、二十人を死罪、四十一人を追放の刑に処した。

つぎの宗泰《むねやす》は和歌山藩から久姫（桂香院）を正室に迎えて重寛《しげのぶ》を産んだが、宗泰が三十一歳で没し、二歳の重寛が家督を継いだ。そのため、この頃の藩政の実権は桂香院が握っていたという。重寛は明和二年（一七六五）、殖産振興を目ざし、藩専売による国産物増産の第一歩として蠟座《ろうざ》を設け、領内最大の産業〝タタラ製鉄〟と呼ばれる鉄山経営にあたった。また、重寛は宝暦六年（一七五六）、藩校尚徳館を創設した。

重寛のあと、治道《はるみち》の治世には天明の飢饉のために領内は疲弊し、藩財政の窮乏は深刻となった。その後、斉邦《なりくに》―斉稷《なりとし》―斉訓《なりみち》―慶行《よしゆき》と継承し、慶行のあとは加賀国金沢藩前田家から慶栄《よしたか》を迎えたが、鳥取に入る旅の途次に急逝した。慶栄の死は、他家からの養嗣子を快く思わない鳥取藩による毒殺ではないかと噂された。

十五代将軍との関係

このため鳥取藩は嘉永三年（一八五〇）、幕命により水戸藩主徳川斉昭《なりあき》の五男慶徳《よしのり》を養嗣子に迎えた。慶徳は田村甚左衛門（のち貞彦）らの改革派を登用し、安政の改革が進められた。当時、斉昭は尊王攘夷のシンボルとみられていただけに、水戸から養子を迎えることは、鳥取藩が尊攘派としての旗印を明確にすることであった。慶徳は嘉永五年に入国し、ただちに藩校尚徳館を拡張、教授に尊攘派の理論的指導者堀庄次郎をあて、藩政改革に向けての理想的準備を始めるとともに、人材の育成をめざした。一方、嘉永六年六月、ペリー率いる黒船が浦賀に来航後は、強硬な攘夷論を主張、幕府に対して盛んに建言を行い、また一橋派の諸侯とともに国事周旋に動いた。

慶徳が登用した改革派は、次第に尊王攘夷の色彩を鮮明するようになり、藩の安泰をはかる守旧派との対立も激しくなった。このため、将軍後見役として幕府の中心にあった弟徳川慶喜との関係にひびが入り、苦境に立たされた。文久三年（一八六三）七月、京都伏見屋敷の留守居役河田左久馬を盟主とする尊攘過激派二十二名が、慶徳の宿所京都・本圀寺に守旧派の黒部権之介らを襲い暗殺する事件が起こった。

翌元治元年（一八六四）、禁門の変後の長州藩への対応をめぐって、藩内はふたたび混乱し、慶徳や堀庄次郎は長州藩への出兵をやむなしと決定したが、堀は憤激した尊攘派の二人によって暗殺された。事件後、藩の要職から尊攘派を一掃した慶徳は国政への意欲を失ったが、慶応四年（一八六八）一月、鳥羽伏見の戦いが起こると、家老荒尾成幸の決断によって新政府軍側につき、戦後、軍功により賞典禄三万石を与えられた。慶徳は同二年に版籍奉還し知藩事に任ぜられ、同四年に廃藩置県を迎えた。

小江戸紀行　因幡池田家の城下町鳥取城下を歩く

戦国争奪の舞台・鳥取城跡

戦国争奪の地となった鳥取市街の東北に位置する久松山上にある鳥取城跡は、天正九年（一五八一）に羽柴秀吉が兵糧攻めで、籠城する吉川経家以下三千余人の将兵を飢餓地獄に陥れた〝鳥取の渇殺〟の凄惨な舞台として知られている。関ヶ原の役後、姫路城主池田輝政の弟長吉が入城し、のち長吉に代わって姫路城から池田光政が入封、さらに岡山藩主池田光仲と交代し、以後、光仲流の池田氏が継承して二百数十年間の城下町として栄えた。

ＪＲ山陰本線鳥取駅前から若桜街道を進むと、正面に鳥取城のあった久松山が聳えている。手前の県庁前にある鳥取大学付属小学校敷地の一角に、禄高二千石の家柄であった箕浦家の表門がある。この武家屋敷のあたりに、宝暦六年（一七五六）、藩主池田重寛の時に創設された藩校尚徳館が建っていた。日本最初の蘭和辞典『ハルマ和解』をつくった蘭学者稲村三伯もここで学んだ。

山麓の鳥取西高校敷地が三の丸跡で、この南側が濠になっていたが、その内濠は埋められて、わずかに県庁横から県立博物館までの濠が残され、城跡らしい雰囲気がある。

博物館向かい側にある白い洋館の仁風閣は、明治四十年に最後の藩主慶徳が皇太子（のちの大正天皇）の山陰巡行の折の宿泊所として建てたものである。この建物の裏手には宝隆院庭園があり、藩主慶栄の未亡人宝隆院が住んでいた扇御殿の庭園で、のち復元したものである。

仁風閣の左手にある門は、江戸期の面影を伝える旧鳥取城城門である。門をくぐって石段を登ると、平坦な二の丸跡に達し、左手の高みは菱櫓跡、右手は三階櫓跡で、眼下に市街の眺めが広がっている。

現在残る城の遺構は石垣と濠のみであるが、中世山城的性格と近世的城郭が併存する数少ない城跡として、国史跡に指定されている。

鳥取市街略図

藩祖光仲ゆかりの古社寺

県庁横を北方へ入った所に興禅寺があり、元禄七年（一六九四）に初代藩主光仲の菩提寺として建立したもので、寺名は光仲の法号「興禅寺殿」に因んでいる。往時は壮大な伽藍で、黄檗宗の三叢林の一つといわれる程の威容と格式を誇ったこともあったが、三度の災禍に遭って、今は藩主のお霊屋と書院の一部を残すだけである。本堂左手の石段を上ると、伊賀上野の鍵屋ノ辻の仇討ちで知られる渡辺数馬の墓がある。

　興禅寺から観音院までの静かな山裾の小径には、光仲ゆかりの寺々が甍を並べている。まず、光仲の生母芳春院の菩提寺日香寺、その隣の大隣寺先に、光仲の正室芳心院の墓のある芳心寺がある。芳心寺前の道を山裾に沿って進むと、緑に包まれた樗谿《おうちだに》公園があり、常緑樹の参道の奥に樗谿神社が鎮まっている。

仁風閣と鳥取城本丸のあった久松山

　この神社は慶安三年（一六五〇）、光仲が東照大権現廟舎として建立したもので、拝殿・幣殿・平唐門の中門をもつ本殿など、いずれも国重要文化財に指定。一般には「因幡東照宮」と呼ばれている。

　樗谿公園の南には、天台宗の観音院がある。境内には、光仲の命を受けて作庭したと伝えられる武家書院風の蓬萊蓬莱式庭園がある。後方の竹藪や裏山を借景として採り入れた庭で、池中には亀島・鶴島、滝の石組みなどがあり、全体は狩野派の山水画から想を得て作庭されたものだろう。観音院の南東の雨滝街道に面して、大雲院がある。開基は光仲で、この寺は江戸時代鳥取藩の祈願所であり、因幡東照宮の別当寺院（旧淳光院）でもあった。

豪傑後藤又兵衛・荒木又右衛門の墓

　鳥取駅北西の新品治《しんほんじ》町に景福寺がある。この寺は鳥取藩家老荒尾家の菩提寺で、寛永十年（一六三三）、光仲が岡山から鳥取へ転封した時、当寺もこの地に移ってきた。門を入ると正面に本堂が建ち、墓地には元和元年（一六一五）、大坂夏の陣で討死した豪傑後藤又兵衛基次《もとつぐ》夫妻の供養墓がある。この墓は基次の子為勝が母の縁で光仲に仕え、その子正敏が祖父の武勇を顕彰するために建立したもの。

　景福寺からさらに進むと、右手に玄忠寺の山門がある。山門前には「荒木又右衛門之墓所」と彫られた石碑が立っている。又右衛門は「伊賀上野三十六番斬り」で知られる剣豪。寛永七年、岡山藩池田家の家臣河合又五郎が小姓の渡辺源太夫を殺害し、池田家と犬猿の仲にあった旗本安藤家に逃げ込んだことから、旗本と外様大名の争いとなり、幕府は池田家を鳥取に国替えとした。大和国郡山藩士であった荒木又右衛門は寛永十一年、義弟で源太夫の兄渡辺数馬を援け、伊賀上野鍵屋ノ辻で又五郎を討ち取った。事件後四年、又右衛門は藤堂家に身を預けられた後、鳥取の池田家に引き取られたが、到着後数日で病没した。鳥取到着からあまりに早い死のため、謀殺説もある。山門を入ったすぐ左に、又右衛門の墓がある。

鹿野藩《しかの》（東館新田藩《ひがしだてしんでん》）〈外様〉

陣屋＝鳥取県気高郡鹿野町

亀井氏の治世

戦国大名尼子氏の旧臣亀井茲矩《これのり》は天正十年（一五八二）、豊臣秀吉から因幡国気多郡内において一万三千五百石を与えられて、鹿野城に居城していた。慶長五年（一六〇〇）、関ヶ原の役の時、茲矩は徳川家康方に属して戦功を樹て、因幡国高草郡内において二万四千五百石を加増され、合わせて三万八千石を領有した。また、茲矩は貿易船の朱印状を受けて、慶長十二年から三回にわたって、マカオ・シャム方面に藩船を派遣して数々の貿易品を持ち帰った。茲矩は慶長十七年に没し、嫡男政矩《まさのり》は父の遺領を継ぐとともに、自らの伯耆国久米・河村両郡内の五千石を合わせて、四万三千石を領有したが、元和三年（一六一七）、石見国津和野へ転封となった。

鳥取藩の支藩として

亀井氏の転封後は鳥取藩領となったが、寛永十七年（一六四〇）、播磨国山崎六万三千石を除封された池田輝澄《てるずみ》（輝政の四男）が、甥の鳥取藩主池田光仲《みつなか》にお預けとなり、同藩領内において堪忍分として一万石を与えられて、鹿野に籠居した。輝澄は寛文二年（一六六二）に没し、嫡男政直《まさなお》が家督を継いだが、同年播磨国福本へ転封となり、鹿野一万石はふたたび鳥取藩領となった。

その後、貞享二年（一六八五）、鳥取藩主池田光仲の次男仲澄《なかずみ》は父の領地因幡・伯耆両国内の新墾田二万五千石を分与され、鳥取藩の支藩として鳥取城下に館を構えて、鳥取新田藩として立藩した。新田藩の館が鳥取城の東に位置することから「東館」と呼ばれた。新田藩は参勤交代を行う大名として待遇された。

仲澄の嫡男吉泰《よしやす》は、宗家鳥取藩主綱清《つなきよ》（仲澄の兄）に嗣子がなかったため本藩を継ぎ、元禄十五年（一七〇二）、吉泰から新墾田五千石を分与され、以後三万石を領有して、仲澄は翌十六年に致仕、次男仲央《なかてる》が家督を継いだ。仲央は医師箕浦文蔵（靖山《せいざん》）を儒学者として抜擢したが、宝暦六年（一七五六）九月、藩主文学師範役兼学館奉行として本藩に迎えられ藩校尚徳館の創建に尽力した。

仲央は宝暦三年に没し、嫡男仲庸《なかつね》が家督を継ぎ、以後、澄延《すみのぶ》—延俊《のぶとし》—澄時《すみとき》（重寛《しげひろ》の四男）と継いだが、いずれも若くして没したため、見るべき事績はない。その後、重寛の六男仲雅《なかまさ》が家督を継ぎ、そのつぎの仲律《なかなり》の嫡男慶行《よしゆき》が宗家を相続したので、三男仲建《なかたつ》が嘉永三年（一八五〇）五月、家督を継いだ。仲建は文久三年（一八六三）七月から十月まで本藩主池田慶徳《よしのり》に代わって京都の守衛にあたり、元治元年（一八六四）六月、第一次長州征伐のため家老鵜殿主水介長道が本藩の命により長州出兵を不可として、本藩主慶徳を諌める書を残して自害した。

慶応元年（一八六五）四月、仲雅の孫徳澄《のりずみ》が家督を継ぎ、慶応四年一月、鳥羽伏見の戦いで新政府軍に属して戦った。十二月に鹿奴《しかぬ》（鹿野）藩と改称し、明治二年（一八六九）六月に本藩に合併、鹿野藩は廃藩となった。慶徳は徳澄を養子に迎え、同年八月鳥取藩知事に任ぜられ、同四年に廃藩置県を迎えた。

伯耆国

倉吉藩《くらよし》〈外様〉

陣屋＝鳥取県倉吉市

戦国の驍将里見氏の断絶

　安房一国九万二千石を領する館山城主里見義康《よしやす》は慶長五年（一六〇〇）、関ヶ原の役の時、徳川家康方に属して戦功を樹て、戦後常陸国鹿島郡内において三万石を加増され、合わせて十二万二千石を領した。だが、義康は慶長八年十一月、三十一歳の若さで没し、嫡男梅鶴丸が十歳で家督を継ぎ、同十年に二代将軍秀忠から一字を賜わって忠義《ただよし》と称した。忠義は同十六年に相模国小田原藩主大久保忠隣《ただちか》の孫娘（嫡男忠常《ただつね》の娘）を正室に迎えたが、同十九年九月九日、重陽の賀儀を述べるため江戸城に参上した時、突然安房国九万二千石を没収され、鹿島領三万石の替地として伯耆国倉吉へ転封を命ぜられた。これは大久保忠隣事件に連座したものであるが、減封の上に転封といっても実質的な配流であった。

　忠義は慶長十九年十二月、倉吉に入封して神坂町に居所を構えて、倉吉藩が立藩した。領地は表向き三万石であったが、実際に忠義が支配したのはわずか四千石余であった。忠義が倉吉に移されて二年半後の元和三年（一六一七）六月、播磨国姫路藩主池田光政《みつまさ》が三十二万石で因幡国鳥取藩に入封したが、この時光政は因幡・伯耆両国を領有し、倉吉は重臣伊木長門守忠貞が治めた。光政の転封にともない、忠義は領地を没収され、百人扶持を与えられて久米郡田中村に移された。そして、忠義は元和五年、田中村から堀村に屋敷を移し、同八年六月十九日、二十九歳の若さで失意のうちにこの世を去った。安房・上総両国を領した戦国の驍将里見氏は、ここにおいて断絶した。

池田光政の治世

　光政が領有した倉吉は城下町から宿場町へと性格を変え、重臣伊木氏が十五年間にわたって治めたが、その間に最も意を注いだのは治水工事であった。旧市街地を流れる玉川右岸沿いの魚町から西の東仲町、西町にかけて白壁の土蔵が建ち並び、日本的な情緒をかもしだしている。江戸初期に酒屋・油屋・米屋などが西町から岩倉町に集中したことから、これらの商売に土蔵が必要としたために、土蔵群のある町並が形成される要因となった。現在、玉川には石橋が架けられ、玉川と石橋と土蔵群が倉吉の古い町並の景観をつくりだしている。

　また、倉吉の特産の一つに、江戸時代から明治末期まで製造された稲の千歯扱《せんばこき》がある。これが有名なのは日野産の印賀《いんが》鉄を用い、歯条間の寸法が正確で歯稜が磨滅せずに長年にわたって使用に耐えたからである。千歯扱は市内鍛冶町の鍛冶屋で造られたが、大正末期に回転式脱穀機が普及したために廃業となった。

　光政の治世は十四年間続いたが、寛永九年（一六三二）に備前国岡山へ転封となり、代わって岡山から従兄弟の池田光仲《みつなか》が入封すると、首席家老荒尾成利《なりとし》が治めることになり、以後、維新まで打吹《うつぶき》山麓に陣屋を構えていた。

　なお、市内東町にある大岳院には、里見忠義主従の墓といわれる宝篋印塔や五輪塔が並んでいる。

矢橋藩《やばせ》〈外様〉

居城＝鳥取県東伯郡東伯町八橋

豊臣秀吉の家臣で美濃国今尾城一万一千三百石の城主市橋長勝《ながかつ》は慶長五年（一六〇〇）、関ヶ原の役が起こると、徳川家康方に属し、八月十七日に西軍に与《くみ》した丸尾兼利の美濃国福束城を攻め落とす戦功を樹てて一万石を加増され、合わせて二万一千三百石を領し、慶長十三年に久米郡矢橋の八橋城へ移されて立藩した。八橋城は戦国末期に中国征覇をめざす安芸国の毛利氏の東伯者における戦略基地であった。長勝は八橋城に入城すると同時に、居城を近世的城郭に修築し、城下町を整備した。

長勝は元和二年（一六一六）、大坂の陣の戦功によって二万石を加増され、矢橋入封後、わずか八年で越後国三条四万一千三百石へ転封となり、矢橋藩は廃藩となった。翌年、八橋城も破却され、以後、この地に藩は置かれなかった。なお、長勝は三条へ移った四年後の元和六年三月十七日、六十四歳で没した。

黒坂藩《くろさか》〈外様〉

居城＝鳥取県日野郡日野町黒坂

伯耆国米子藩主中村一忠《かずただ》は伯耆一国十七万五千石を領していたが、慶長十四年（一六〇九）五月十一日、わずか二十歳で没し、無嗣絶家のため除封となり、翌年、伊勢国亀山三万石の藩主関一政《かずまさ》が二万石を加増され、旧領と合わせて五万石となって日野郡黒坂の生山《しょうやま》城を居城として立藩した。

一政は入封と同時に、生山城が不便であったため、黒坂鏡山に築城するとともに城下町も建設した。だが、池田光政《みつまさ》が鳥取藩主となって因伯を統治するようになると、元和四年（一六一八）、一政は家中不統一が原因で除封となり、廃藩となった。のち、この地は池田氏鳥取藩領となり、鳥取藩の重臣福田氏が三千五百石を領して黒坂陣屋を構え、幕末まで支配した。

現在、奥深い日野路の城下町黒坂には、関氏の造った黒坂七町と呼ばれる南北三筋、東西五筋の長方形の町割が往時のまま残っている。

米子藩《よなご》〈外様〉

居城＝鳥取県米子市湊山

戦国末期、米子は安芸国毛利氏の一族吉《きっ》川広家《かわひろいえ》が天正十九年（一五九一）、伯耆国西三郡、出雲国東三郡統治の拠点として、湊山に米子築城を計画し城下町の建設に着手した。だが、慶長五年（一六〇〇）、関ヶ原の役の時、広家は徳川家康に通じ、毛利本隊の参戦を防いで宗家を守った。同年、広家は毛利氏支藩の周防国岩国藩へ移った。

戦後、駿河国府中十四万五千石の藩主中村一氏《かずうじ》（この年の七月十七日に急死）の子一忠《かずただ》（忠一《ただかず》）は、関ヶ原の役の戦功によって三万石を加増され、十七万五千石を領有し、米子城に入城して立藩した。一忠はのち松平の家号を与えられたが、慶長十四年五月十一日、二十歳の若さで没し、無嗣絶家のため除封された。代わって翌年、美濃国黒野から加藤貞泰《さだやす》が六万石で入封したが、元和三年（一六一七）に伊予国大洲へ転封となり、米子は鳥取藩主池田氏領に編入されて廃藩となった。

小江戸紀行　商都の面影残す城下町米子城下を歩く

米子城下の古い家並

偉容を誇った米子城跡

〝さても見事な米子の城は、天守九つ櫓が七つ、裏は大海四つの海〟と謳われた米子城は、JR山陰本線米子駅の西方にある湊《みなと》山《やま》と飯山《いいやま》にある。ここに最初に築城したのは、山陰地方を押さえていた毛利氏の一族吉川《きっかわ》広家（毛利元就の孫）であり、関ヶ原の役後、岩国へ移封され、ついで伯耆十七万五千石を領した中村一忠《かずただ》が工事を続行し、慶長六年（一六〇一）に完成した。湊山山頂の本丸に建てられた四層五階の大天守閣、三層の小天守閣をもつ連立天守閣が偉容を誇り、その下に居館のある二の丸、東方飯山に築いた三の丸との間に海水を取り入れた堀を切り、櫓三十、城門二十を要所に構えた。城主はその後、加藤貞泰《さだやす》・池田由成と交代し、寛永九年（一六三二）に池田光仲の首席家老荒尾成利に替わり、以後、維新まで荒尾氏の居城だったが、明治七年に破却された。現在、苔むす石垣が往時を偲ばせている。

土蔵が建ち並ぶ城下

米子城下は十八町と呼ばれる町並であり、これを整備したのが藩主中村氏の家老横田内膳正村詮である。村詮は一氏《かずうじ》の妹聟であり、一氏没後は嫡男一忠《かずただ》の後見役として実権を握ったが、一忠は慶長八年、村詮を城内で暗殺した。事件を知った横田一族は邸内に立て籠り戦端が開かれたが、一忠軍だけでは解決できず、ついに松江藩主堀尾氏も出兵、横田一族は自刃して滅亡した。

今も残る町並の中を流れる加茂川は米子城の外堀の役割を果たし中海に注ぎ、中海に入ってくる船と商家とを結んでいた。川に架かる天神橋、中の棚橋、京橋と歩くと、白壁の美しい切妻屋根の重厚な建物がある。これが繁栄を極めた回船問屋の後藤家である。周辺には多くの土蔵が建ち並び、商都の面影を色濃く残している。

加茂川の北側、寺町通りには多くの寺院が甍を並べ、足利尊氏・直義が諸国に建立した伯耆安国寺、かつての守護山名氏の菩提寺瑞仙寺、横田村詮の墓のある妙興寺などがある。

出雲国

松江《まつえ》藩〈家門〉

居城＝島根県松江市殿町城山

堀尾・京極氏の治世

松江の地は毛利氏の支配するところであったが、慶長五年（一六〇〇）、毛利輝元が関ヶ原の役の時、西軍の総大将として出陣して敗れ、周防・長門二ヵ国に減封された。そのあと関ヶ原の戦功により遠江国浜松十二万石の藩主堀尾吉晴《よしはる》が、出雲・隠岐両国において二十四万石の太守として入封し、松江藩が立藩した。

吉晴は尼子氏の旧城である広瀬の富田城を居城と定め、翌六年に家督をその嫡男忠《ただ》氏《うじ》に譲ったが、忠氏が慶長九年八月四日、二十七歳の若さで没し、嫡孫忠晴《ただはる》が幼少であったため、吉晴が後見役としてふたたび藩政を執った。吉晴は領国統治上不便であったことから富田城を捨て、新たに宍道《しんじ》湖《こ》東岸の亀田山（標高二九メートル）に築城することにした。吉晴は「普請上手」といわれ、忠氏の急死にもめげず、慶長十二年に着工し、足かけ五年の歳月を費やして慶長十六年春、松江城を完成させた。

吉晴は慶長十六年六月十七日、六十八歳で没し、十三歳の忠晴が家督を継承した。忠晴は大坂の両陣に出陣したが、寛永十年（一六三三）九月二十日、三十五歳で没し、嗣子なく絶家となった。翌十一年、若狭国小浜十一万三千石の藩主京極忠高《ただたか》は出雲・隠岐二ヵ国二十四万石を領有、さらに石見銀山および邇摩《にま》・邑智《おうち》両郡四万石を預けられて入封した。忠高は二代将軍秀忠の次女初姫を娶り、徳川家の信任篤かった。

忠高は寛永十四年、江戸参勤中に病没し、一門高和《たかかず》（忠高の弟高政《たかまさ》の子）の末期養子が認められず、在封わずか四年で京極家は断絶した。だが、幕府は名家の断絶することを惜しんで、高和に播磨国龍野六万石が与えられた。

名君松平直政

京極氏除封後、寛永十五年四月、家門の松平（越前家）直政《なおまさ》が信濃国松本七万石から出雲一国十八万六千石余に移封され、さらに隠岐国一万四千石を預けられた。直政は徳川家康の次男結城秀康《ひでやす》の三男で、三代将軍家光の従兄弟である。直政が松江入封の頃は、家光の治世で幕藩体制が固まったとはいえ、西国筋には豊臣秀吉以来の外様大名が多かったため、幕府は西国大名への備えの意味からも、名門越前松平家の分家にあたる直政を配置したのだろう。

直政は若い頃には勇将の誉れ高く、藩主となってからは長兄忠直《ただなお》の悲運の末路や改易の惨《みじ》めさを身をもって体験したことから幕府に恭順し、時勢を見極めつつ大名社会を生きる姿勢に徹した。さらに地方《じかた》巧者といわれる岸崎左久治《さきゅうじ》時照《ときてる》ら有能な家臣を召し抱え、職制・政教を確立し、治水・殖産に尽力した。直政は時勢を的確に見極め、藩政の基礎を築いた名君といわれた。

直政は寛文四年（一六六四）、生母月照院を弔うために、松江城近くに菩提寺月照寺を建立したが、それから二年後の寛文六年二月、「月照寺に骨を埋めよ」と遺言して没した。直政のあとを継いだ嫡男綱隆《つなたか》は、弟近《ちか》栄《よし》に広瀬三万石（広瀬藩）、同じく弟隆政《たかまさ》に母里《もり》一万石（母里藩）を分与し、この三家が出雲国内で明治廃藩まで続いた。

綱隆の治世になると、藩財政の困窮が始まり、相次いで災害に見舞われ、特に延宝二年（一六七四）の大風水害は年貢収入の道を絶たれる被害であった。綱隆のあとを継いだ綱近《つなちか》の時、家臣の半知召し上げが行われ、借銀や藩札の発行をした。藩が藩札を発行したのは延宝三年が初めてであるが、その後は藩札の信用が乏しく「札騒動」を起こしている。

芳透《よしすぐ》を経てあとを継いだ宣維《のぶずみ》は、藩では早くから目をつけていた砂鉄精錬による〝タタラ製鉄〟を藩の統制下に置き、特に田部・桜井・糸原三氏が鉄山師の代表であった。藩では買上制をとっていたが、享保十一年（一七二六）から鑪《たたら》株（一種の同業組織）を設定し、鉄師（業者）仲間の独占を免許し、先納銀を収納した。田部家は二万四千町歩、桜井家は三千四百町歩、糸原家は三千町歩の大山林地主であった。大きな鉄山になると、大鍛冶屋が一～二軒付属し、家族合わせて三百人を越える人々が、一つの山内に暮らした。

また、国産品として、漆《うるし》・桑・楮《こうぞ》・茶・朝鮮人参・櫨《はぜ》などの栽培が行われ、特に櫨などからつくられる蠟燭を中心として、寛延三年（一七五〇）、木実方《このみかた》役所が設けられて専売制がとられた。

茶人大名の不昧

宣維は財政逼迫の中の享保十六年八月、三十四歳で没し、嫡男宗衍《むねのぶ》がわずか三歳で家督を相続した。翌年、大蝗害《こうがい》のために収穫は七割近い大減収となり、神門《かんど》郡の村々では一揆や強訴が起こり、元文三年（一七三八）の津波、翌年の江戸藩邸の火災、同四年の大洪水などの被害が続き、藩存亡の危機に見舞われた。こうして藩財政は窮迫し、延享元年（一七四四）から五ヵ年間、家臣の半知召し上げが行われた。同四年、宗衍は十九歳になると、家老政治をやめて藩主親政の「御直捌《おじきさばき》」を開始し、中老小田切備中を登用して積極的な財政振興策をとった。豪商や地主から出資を求めて「泉府方《せんぷかた》」で利殖をはかり、年貢の先納者には土地を分与する「義田方《ぎでんかた》」を採用し、櫨からつくられる蠟燭を中心とする「木実方」、鋳物などの「釜甑方《ふそうかた》」などの藩営事業を展開した。

この改革は積極的に商品経済に便乗しようとしたところにあるが、根本的な解決にはならなかった。このため、宗衍は宝暦二年（一七五二）には親政は停止し、小田切備中も辞職した。こうした時、江戸赤坂上屋敷の火災、松江城天守閣の修復、幕命による比叡山山門修復などの諸経費高騰の上に天災被害が加わり、以前にもまして財政窮乏の度を加えたのである。

宗衍は明和四年（一七六七）に隠居し、十七歳の治郷《はるさと》（不昧《ふまい》）に家督を譲り、後見役・仕置職を朝日丹波茂保《しげやす》に命じ、「丹波の存寄《ぞんじより》」に任せるとして全面委任をしたのである。丹波は「御立派《おたては》の改革」と称される藩政改革を断行した。改革の第一は綱紀の粛正、行政の整理、特に江戸藩邸の冗費冗員の廃止、第二は藩の負債を年賦償還としたこと、第三は地方制度の整備と下郡《しもごおり》（地方役人）の更迭、第四は闕年《けつねん》と称する借金棒引きの断行、その他、商業の抑制、鉄穴《かんな》の制限、年貢の増徴、藩札通行停止などである。一方、先代宗衍の藩営事業を継承し、

「廻船方」による藩営海運に乗り出した。

この改革はいろいろあるなかで、特に借金棄損・年貢増徴・倹約励行などでは徐々に効果があり、かなりの藩財政の好転をもたらした。だが、天明年間（一七八一～八九）には凶作に加えて改革による年貢の増徴によって、領民の生活は窮乏し、農民一揆も続発した。

藩政改革により藩庫が潤うと、不昧の茶人大名として後世まで伝えられる文化が可能になったのである。不昧は幼少の頃から茶道を好み、初め斎川流や三斎流を学び、明和五年（一七六八）には伊佐幸琢の石州流を学び、諸流を包容した大名茶を大成し、石州流不昧派を興した。さらに藩財政の好転を機に茶器の蒐集を行った。不昧の遺構としては、寛政二年（一七九〇）頃に完成した家老有沢家別荘菅田荘の菅田庵、安永八年（一七七九）頃の明々庵などが現存する他、寛政五年に焼失した大徳寺孤蓬庵を再建した。また、名器の研究で有名な『古今名物類聚』十八巻、『雲州御蔵帳』は収集した道具類の目録である。

一般的には財政再建を治郷の功績として、「松江藩中興の名君」と呼ばれているが、内外からの恨みを一身に受けて献身努力した朝日丹波の存在が極めて大きかった。丹波は改革五年目に仕置役と後見役の辞職を願い出たが許されず、天明元年（一七八一）に高齢のため、ようやく隠居を許された。

最後の藩主定安の苦悩

治郷は文化三年（一八〇六）、嫡男斉恒《なりつね》に家督を譲ったが、文政五年（一八二二）五月、三十二歳で没した。このため八歳の嫡男斉《なり》斎《とき》（斉貴《なりたか》）が襲封したが、幼少のため朝日重邦《しげくに》が後見役となった。この時期は内外の危機が著しく、内は凶作続きで財政乏しく、外は隠岐島周辺に英国艦が出没したが、斉貴はよく治世・防備につとめた。また、天保二年（一八三一）、懸案の斐伊川の治水のため新川を開鑿し、水流の調節と灌漑をはかった。その後、当時の頽廃的な風潮を受けて、江戸から遊芸人を招いて遊宴に耽り、隠居をさせられた。

最後の藩主となった定安《さだやす》は津山藩主松平斉孝《なりたか》の四男で、嘉永五年（一八五二）、十八歳で斉貴の養子となり、翌年九月、斉貴が隠居したため家督を継いだ。幕末多難な時局にあたり、定安は藩士に砲術の訓練、武技の習得につとめさせ、洋式操練を実施し、文久二年（一八六二）には長崎から英国製鉄艦・米国木造艦各一隻を購入し、それぞれ第一番八雲丸・第二番八雲丸と命名して海防に備えた。元治元年（一八六四）八月、第一次長州征伐の時、幕府の軍監を迎えて出陣、さらに慶応二年（一八六六）六月の長州再征にも出兵したが、浜田藩が長州藩に敗れ、松江藩は敗走した浜田藩主松平武聡《たけさと》を海上で救助した。

松江藩は佐幕派の右翼と目されていたが、明治元年（一八六八）二月、定安は藩論を尊王に統一し、山陰道鎮撫使西園寺公望《きんもち》の下向を受け、勤王誓約書を提出して帰順を許された。明治元年三月、隠岐では志士中沼了三《りょうぞう》率いる正義党や武装した農民三千人が隠岐郡代（幕府側）の陣屋に押しかけ、郡代らを退去させた(隠岐騒動)。明治二年六月、定安は版籍奉還により知藩事に任ぜられ、同四年に廃藩置県を迎えた。

小江戸紀行　掘割の美しい城下町松江城下を歩く

国史跡に指定された松江城

松江は水の都といわれ、美しい宍道湖《しんじこ》と中海をひかえ、幾筋もの堀川で分割された町並が美しい。JR山陰本線松江駅から大橋川に架かる宍道湖大橋へ向かうと、湖岸にある白潟公園の眼前に嫁ガ島が望まれ、あたりを茜色《あかね》に染めて沈む壮麗な宍道湖の落日は、まさしく〝神々の黄昏《たそがれ》〟と呼ぶにふさわしい絶景である。

大橋を渡った正面に、標高二九メートルの亀田山に松江城天守閣が聳えている。関ヶ原の役の直後、堀尾吉晴が軍事的政治的な理由から島根県広瀬町にあった富田城を捨て、この地に松江城を築いた。この城は実戦の経験豊富な吉晴が、実戦に役立つ城という理念が随所に生かされている。牛《ご》蒡《ぼう》積みといわれる石垣上に建つ天守閣は四層五階で、地階には籠城用の大井戸や兵糧蔵があり、最上階は望楼になっていて、四囲が一望のもとに眺められる。城郭の外部は一～二層が黒い羽目板で覆われた下見板張り形式で、姫路城のような白壁塗籠の華麗なものではなく、いたって簡素な姿である。小泉八雲は松江城を「悪魔の兜のようだ」と表現している。

本丸の下が二の丸跡で、東西二段に分かれ、西側は藩主松平綱隆の頃は藩主の居館だったが、のち藩庁となった。当時の建物はすべて失われているが、西側には御書院・御月見櫓、東側には御広間・御作事小屋・番所などがあり、今では御書院跡には松江神社、御月見櫓跡には洋館の興雲閣が建っている。松江神社には徳川家康を初め、松江開府の祖堀尾吉晴、松江藩松平家初代直政、松平治郷《はるさと》（不昧《ふまい》）らが祀られている。興雲閣は明治四十年五月、皇太子（のちの大正天皇）の山陰巡行の折の宿泊所として建てられたものである。

塩見縄手通りと武家屋敷

松江城の北側、掘割に架かる新橋を渡ると塩見縄手《しおみなわて》通りとなり、いちばん西側に小泉八雲旧居と記念館がある。『知られぬ日本の面影』『怪談』などを著わした小泉八雲（本名ラフカディオ＝ハーン）は明治二十三年（一八九〇）、松江尋常中学の教師として赴任し、わずか一年三ヵ月の滞在ののち熊本の第五高等学校の教師となり、この地を離れた。八雲は明治二十四年五月から十一月までの六ヵ月間、士族根岸家に居住し、この間に小泉セツと結婚、日本の伝統文化の研究に取り組んだ。

この塩見縄手通りは樹林が内濠に垂れ下

松江市街略図

武家屋敷の面影残す塩見縄手

がり、黒い板塀と白壁の武家屋敷が建ち並んでいて、松江市街でもっとも城下町らしい所である。

通り名は武家屋敷の中老塩見家千四百石の邸宅があったことから名づけられた。塩見家は一般公開されており、鎧・刀を初め、当時の珍しい家具調度が、それぞれの部屋に配置されて、すぐれた風俗博物館としての価値がある。

武家屋敷街の東端を左へ入った松江北高校校門前を過ぎ、すぐのところに茶屋明々《めいめい》庵《あん》がある。茶人大名松平不昧（治郷）が国家老有沢弌善《かずよし》のために、安永八年（一七七九）に有沢邸内に建てたものである。露地門をくぐると、右前方に飾雪隠の腰掛待合、その左前方に入母屋造りの明々庵が建っている。

菅田庵と月照寺

市街の北方、縄手通りから山道をまっすぐに歩くと、茅葺き門から御成道となる。池に沿った楓の馬場を上りきって左に折れ、石段を進むと山荘菅田庵に着く。ここには菅田庵・向月亭・御風呂屋の三棟の建物があり、雅趣に富んだ庭を配した奥深い静寂閑雅の地である。菅田庵と御風呂屋は寛政四年（一七九二）、有沢弌善が不昧好みに建てたものである。菅田庵は茅葺き入母屋造りで、破風には不昧筆の陶額「菅田庵」が掛けられている。

隣の向月亭は不昧の弟雪川《せっせん》（衍親《のぶちか》）が設計したもので、茅葺き寄棟造り、四畳半台目の席がある。「向月亭」の額は雪川筆である。御風呂屋は東と北に土廂《つちびさし》をまわし、蒸し風呂と流し台を持つ珍しいものである。不昧や雪川は山荘近くにある楽山《らくざん》あたりで鷹狩りの帰途しばしば立ち寄り、蒸し風呂で心地よい疲れを癒して、一服の茶を喫してくつろいだといわれている。

松江温泉の北五〇〇メートル程の所に、松江藩主松平家廟所のある月照寺がある。もとは洞雲寺という禅寺であったが、初代藩主直政が生母月照院の菩提を弔うため、浄土宗月照寺として寛文四年（一六六四）に再興し、つぎの二代綱隆が歴代藩主の菩提寺とした。

現在、本堂はなく、御霊屋・鐘楼・茶室大円庵・庫裡などを残すのみで、広大な境内には初代直政から九代斉貴《なりたか》までの墓が並んでいる。特に初代直政、六代宗衍《むねのぶ》、七代治郷の墓所が目を惹く。

城下は掘割めぐりをする和船が、十六の橋をくぐりながら、ゆったりと浮かんでいる。松江は、江戸時代さながらの城下町の面影をとどめる町といっていい。

広瀬藩《ひろせ》〈家門〉

陣屋＝島根県能義郡広瀬町広瀬

戦国時代、尼子氏が富田城を根拠として、山陰・山陽を制覇した頃、富田城下は全国屈指の町並を誇った。

だが、江戸初期の寛文六年（一六六六）、城下は大洪水に襲われて、かつての富田城下は壊滅してしまった。皮肉にも洪水の起こったそんな年に、松江藩の支藩として広瀬三万石が立藩した。

松江藩初代藩主松平（越前家）直政《なおまさ》の次男近栄《ちかよし》は寛文六年、三代藩主で兄綱隆《つなたか》から三万石を分与されて立藩した。分封当時は蔵米支給で、領地は与えられなかった。近栄は翌年、能義《のぎ》郡広瀬に陣屋を構えた。

近栄は延宝七年（一六七九）に起こった越後騒動（越後国高田藩主松平光長《みつなが》の継嗣問題から発した御家騒動）では、調停役としてその任にあったが不調に終わり、五代将軍綱吉から閉門処分を受け、天和二年（一六八二）に知行半分を召し上げられた。その後、貞享三年（一六八六）に五千石、元禄七年（一六九四）に一万石と二度にわたって加増され、元の三万石に戻った。貞享六年には能義・飯石両郡の領地を与えられた。

元禄十五年三月、近栄は致仕し、その嫡男近時《ちかとき》に家督を譲ったが、近時は同年八月に没したので、近時の弟近朝《ちかとも》が家督を継いだ。つづいて近朝の弟近明《ちかあきら》が襲封し、寛延二年（一七四九）八月致仕し、嫡男近輝《ちかてる》が継いだが、宝暦五年（一七五五）、奥飯石地方で農民一揆が起こり、さらに次の近明の次男近貞《ちかさだ》治世の宝暦九年にも強訴が起こった。

広瀬藩の藩政は本藩松江藩の方針に準じて行われ、独自の性格は顕著ではなかった。

近貞は安永二年（一七七三）十二月に致仕し、あとを津山藩主松平隆照《たかてる》の次男直義《なおただ》が継ぎ、そのあとを継いだ直寛《なおひろ》は嘉永三年（一八五〇）、多年の幕府公使（勅使御馳走役など）の精励を認められて城主格に列せられた。そのあと直諒《なおよし》を経て、最後の藩主となった直己《なおおき》は、幕末激動期には本藩に準じて行動し、明治二年（一八六九）六月、版籍奉還により知藩事に任ぜられ、同四年七月に廃藩置県を迎えた。

母里藩《もり》〈家門〉

陣屋＝島根県能義郡伯太町西母里

松江藩初代藩主松平（越前家）直政《なおまさ》の三男隆政《たかまさ》は寛文六年（一六六六）、二代藩主の兄綱隆《つなたか》から一万石を分与されて立藩した。分封当時は蔵米支給で、領地は分与されなかった。隆政は延宝元年（一六七三）、死に臨んで弟直丘《なおたか》を末期養子とすることを願い出たが許されず、蔵米は本藩に還付されたが、一ヵ月後に直丘にもと通り一万石を与えられて、家名相続が認められた。

直丘は貞享元年（一六八四）、能義《のぎ》郡母里周辺の領地を与えられた。直丘のあと、直員《なおかず》―直道《なおみち》と続き、直道に嗣子がなかったため、愛妾を妻にした家臣平山弾右衛門が妻の子を藩主のお胤《たね》と称し、御家乗っ取りを企む事件が発生したが、明和三年（一七六六）、本藩が介入し、平山は斬首に処せられ、一党は追放となった。その後、直行《なおゆき》―直　《なおきよ》―直《なお》方《かた》―直興《なおおき》―直温《なおより》―直哉《なおとし》と継承し、直哉は明治二年（一八六九）、版籍奉還により知藩事に任ぜられ、同四年に廃藩置県を迎えた。

石見国

津和野藩《つわの》 〈外様〉

居城＝島根県鹿足郡津和野町城山

坂崎出羽守の除封

備前国岡山の太守宇喜多秀家の一門であった坂崎出羽守直盛《なおもり》は慶長五年（一六〇〇）、関ヶ原の役の時、徳川家康方に属し、西軍の総大将となった毛利輝元が周防・長門二ヵ国へ減封になると、津和野二万四千石を与えられて津和野城主となり、立藩した。その後、直盛は元和元年（一六一五）、大坂夏の陣において、五月八日の大坂落城の際、家康の孫で豊臣秀頼夫人の千姫を救出した功で一万石を加増された。家康は千姫を直盛に嫁がせる約束をしたが、千姫はそれを嫌って、本多忠刻《ただとき》（伊勢国桑名藩主本多忠政の子）に嫁ぐことになった。このため直盛はこれを恨んで、千姫奪取を企てようとしたが、柳生宗矩の説得によって自刃し、津和野藩は廃絶した。

亀井氏歴代の治世

坂崎氏除封の翌年、因幡国鹿野から亀井政矩《まさのり》が四万三千石で入封したが、元和五年に急死し、三歳の茲政《これまさ》が家督を継いだ。亀井家の重臣は尼子氏の遺臣が多く、これが派閥をつくっていて、家臣団の抗争が絶えなかった。寛永十二年（一六三五）、藩政を牛耳っていた尼子旧臣の年寄多胡勘解由《たごかげゆ》派と新興の執政多胡真清《さねきよ》派との間に対立が起こり、幕府が介入して勘解由派が敗れ、ようやく藩政が確立した。

茲政から次の茲親《これちか》にかけては多胡真益《さねます》・真武《さねたけ》兄弟が藩政を補佐し、田畑の開発に尽力するとともに、山地を利用して楮《こうぞ》・櫨《はぜ》・漆・茶などの栽培を奨励して、小藩としては莫大な藩資金を蓄積した。

あとを継いだ茲満《これみつ》―茲延《これのぶ》（一門亀井茲長の子）―茲胤《これつぐ》（松平頼明の子）は、いずれも短命の藩主であった。次の矩貞《のりさだ》（菅沼貞好の子）を経て、天明三年（一七八三）に襲封した矩賢《のりかた》は朱子学者山口剛斎を招聘して、同六年に藩校養老館を創設した。次の茲尚《これなお》は矩貞の四男で、その次を継いだのは茲方《これかた》であったが、病弱のために致仕し、天保十年（一八三九）、筑後国久留米藩主有馬頼徳《よりのり》の次男茲監《これみ》が家督を相続した。

領内の飢饉による藩財政窮乏は危機的状態であったので、茲監は天保十三年から藩政改革を断行し、家老多胡丹波に隠居を命じ、有能な家臣を枢要の地位につけた。嘉永元年（一八四八）には砲術家下曽根金三郎の門に家臣を入門させて、洋式銃の操練を学ばせ、兵制革新調査掛を置き、カノン砲を備えるなど、経済・兵制に新しい方法を採り入れた。また、養老館では初め儒学を講じたが、次第に医学・兵学などの科目を増し、さらに国学科を設け、大国隆正や福羽美静ら優れた国学者が輩出した。この国学振興が幕末から明治初年に至る津和野藩の生き方を決定したともいえる。いわゆる天皇制神道への架け橋となった。

茲監は第一、二次の征長戦では、幕府から出兵を命ぜられたが長州藩兵とは戦わず、慶応四年（一八六八）一月の鳥羽伏見の戦いでは新政府軍につき、同年に神祇官副知事に任ぜられ、以来神祇関係を掌った。明治二年に版籍奉還し、茲監は知藩事に任ぜられ、同四年に廃藩置県を迎えた。

小江戸紀行 鯉が泳ぐ城下町津和野城下を歩く

城と坂崎出羽守のこと

津和野の町に降り立つと、ほとんどの家では鯉を飼っている。軒下に池があり、道の脇を流れる小川の水を導き入れているのである。土地の人が言う。

「少し前までは、これらの池にご飯釜を浸けたんです。それについたご飯粒を鯉が食べ、一石二鳥でした」

町の人たちは鯉と同じ釜の飯を食っていたというのである。

駅前の通りを南にたどると殿町、その最初に出合う白壁と格子窓の建物が養老館で、津和野の藩校である。その裾を流れる掘割にも無数の錦鯉がゆうゆうと泳いでいる。坂崎出羽守直盛が城下町を整備し、掘割を通して以来という。亀井氏時代にも禁漁区とされ、一朝有事に際して大切な食糧とするためだったという。

大藩に隣接した小さな山峡の城下町津和野は、何気ない中にもよく尚古《しょうこ》の気風を残している。

見上げれば山上に城跡の石垣が顔をのぞかせ、あるいは森鷗外の文学を愛する人々が訪れ、飽くことなく佇む町である。信心深い人たちは太鼓谷稲成《いなり》神社へ、乙女峠のマリア聖堂へと参詣する。

町から三七〇メートルの高みに聳える霊亀山（城山）の城跡を目ざして、養老館から津和野川沿いの弥栄《やさか》神社の境内を抜けると、すぐ太鼓谷稲成神社の参道口に出る。

神社は七代藩主矩貞《のりさだ》が、城の鎮護と領民の安泰を祈願して勧請したもので、ふつう稲荷と書くものを稲成にしているのは、五穀を司る神という意味である。

この神社に通じる自動車道の途中には城跡に向けて架かるリフト乗場がある。

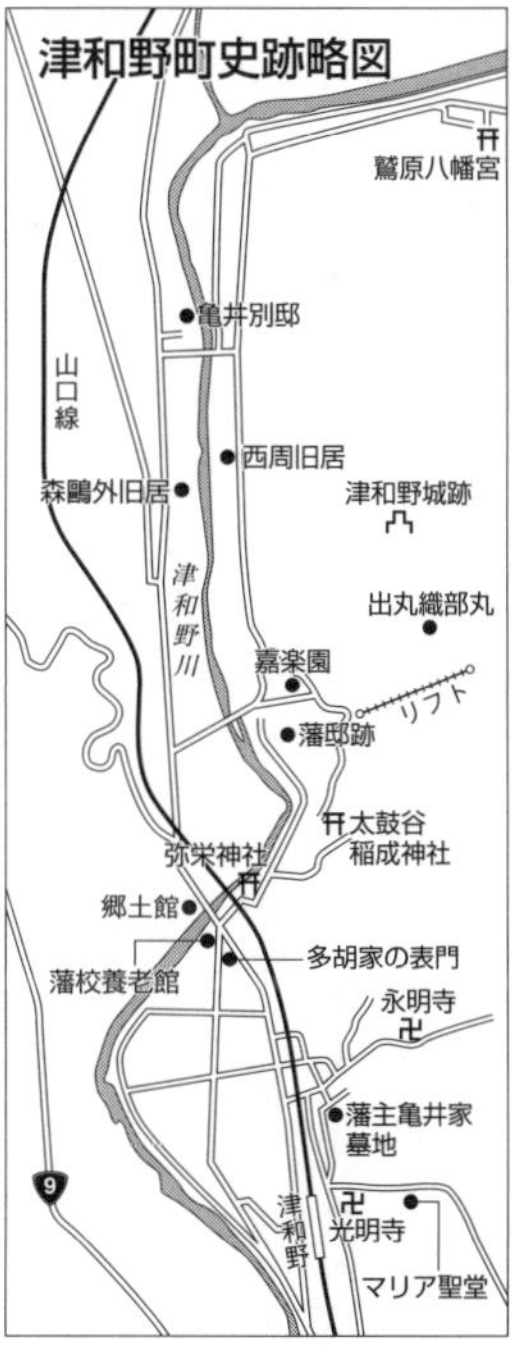

城は吉見頼直の代に完成したといわれるが、これに大改築を施したのは関ヶ原の役の戦功で入城した坂崎直盛である。

現在に遺されている本丸・二の丸・三の丸を石垣で強化し、新たに一族の老臣浮田織部《おりべ》をして増築させた中入丸（織部丸ともいう）、ここから鞍部に入り、ふたたび石段を上ると、いつしか苔むした石垣の間を通り、本丸に出る。

坂崎直盛といえば、津和野在城わずか十六年で「千姫事件」によって叛逆の罪に問われ、切腹して果てたことで有名である。家康は大坂落城に際して、孫娘千姫を救出した者に嫁がせると約束したが、その約束を破って直盛ではなく、本多忠刻に再嫁させることになった。

藩校養老館

元和二年（一六一六）九月、桑名に向かう千姫の輿を奪おうと江戸湯島台の屋敷に立籠った直盛だったが、柳生宗矩の説得に屈して同十一日、自尽して果てたという。津和野町の永明寺《ようめいじ》には直盛の墓がある。備前で宗家宇喜多氏に仕えていた時、備前法華と称する日蓮宗を信仰していたことによる。

亀井氏時代の遺跡

永明寺のすぐ近く、乙雄山《おとおやま》の中腹には亀井家の墓地がある。石段上の門を入り、右に折れると、因幡国鹿野《しかの》から移封されてきた初代藩主亀井政矩の墓、左に行くと三代茲親《これちか》、その他、七代矩貞、八代矩賢《のりかた》、そして最後の藩主である名君の誉れ高い茲監《これみ》らの墓が並んでいる。

亀井氏歴代のうちでも二代茲政《これまさ》は、堀平吉をして坂崎直盛の墓を営ませ、また津和野に京の鷺舞《さぎのまい》を導入した人物である。京の鷺舞を採り入れたのは、亀井家にまといつく、不遇のうちに没した坂崎直盛の怨霊を鎮めるためだという。

以来、雅やかな、いかにも都大路にふさわしい格調高い歌と舞は、毎年七月二十日と二十七日の二度行われている。

ところで津和野は、なんの変哲もないような所に、意外な歴史の背景を持った場所が多い。津和野高校のグラウンドは寛永年間（一六二四〜四四）に亀井氏により定められた藩邸跡である。すぐ隣の嘉楽園は、藩邸の庭にあたる。ほぼ中央に立つのが茲監の頌徳碑で、ドイツ留学中の彼の養子茲明《これあき》が、元の家臣らの計画に応じて送ってきた設計に基づいて造られた胸像である。碑の題字は維新の元勲三条実美《さねとみ》の筆、頌徳文は西《にし》周《あまね》の作である。

これに相対する杓子形の石碑は王政復古の思想的背景となった、養老館国学教師大国隆正の碑。左側奥には隆正の弟子で藩主の懐刀として活躍した福羽美静《ふくばびせい》の碑と、幕末津和野藩の英傑が勢ぞろいする。

津和野には藩士の子孫として生まれ、明治の文化人として名をなした哲学者西周の旧宅、文豪森鷗外の旧宅が現在している。こんもりと濃緑の松を背に負った丸い丘、丸山公園へ向かうと、擂鉢《すりばち》の底に当たる町並が北から南へとまばらになる。東に連なる山脈《やまなみ》の斜面には緑なす田畑が、美しい横縞を描いている。主水畑《もんどばた》である。

主水畑は、茲親の家老多胡真益・真武が農民を駆り出して開拓し、楮《こうぞ》・櫨《はぜ》などを栽培させ、石州半紙を生産させたところ。今では、近くの土産品店で民芸和紙として、かろうじて命脈を保っているだけだ。一帯には春三月ともなると、三椏《みつまた》の黄色い花が咲き、藩政時代の名残りを止める。

浜田藩《はまだ》〈家門〉

居城＝島根県浜田市殿町

古田氏から松平（松井）氏へ

石見国は毛利氏が領有していたが、慶長五年（一六〇〇）、関ヶ原の役後、敗れて周防・長門二ヵ国に減封されたので、石見国は一時天領となった。元和五年（一六一九）、伊勢国松坂から古田重治《しげはる》が石見国那賀・美濃・邑智《おうち》三郡内百三十ヵ村五万四百石を領して浜田城に入城して立藩した。

重治は入封後、ただちに幕府の許可を得て、浜田城の築城と城下町の建設に着手し、元和八年に竣工した。重治は翌年、兄重勝《しげかつ》の嫡男重恒《しげつね》に家督を譲った。その後、慶安元年（一六四八）、重恒の寵臣山田成高の奸謀による、古田騒動と呼ばれる御家騒動を起こして断絶となった。

翌二年、播磨国山崎から松平（松井）康《やす》映《てる》が五万石で入封した。康映は徳川家康の孫といわれ、権勢を持ち格式を誇ったという。康映のあと寛文三年（一六六三）、その子康官《やすのり》が家督を継ぎ、次の康員《やすかず》は病弱のため、治世わずか五年で隠居したが、この時、分家松平家との二派が対立した（浜田騒動）。宝永六年（一七〇九）、康豊《やすとよ》が家督を継いだが、康豊の代の享保元年（一七一六）五月から七月にかけて大旱魃となり、農民が一揆を起こして藩の正租課税法の「春定《はるぎめ》」（年貢上納額を春の内に割当てる）を停止させるという春定用捨事件が起こった。つづいて同九年には、江戸藩邸で奥女中沢野《さわの》を中老岡本道《みち》の侍女松田察《さつ》が殺害して主人の怨みを晴らした鏡山事件があり、歌舞伎「加賀見山旧錦絵《こきょうのにしきえ》」として、加賀騒動に付会されて江戸で評判となった。

康豊は元文元年（一七三六）、病気のために康福《やすよし》に家督を譲り、奏者番から寺社奉行に昇進した宝暦九年（一七五九）、下総国古河へ転封となった。

本多氏の密貿易

入れ替わりに同地から本多忠敞《ただひろ》が五万石で入封した。忠敞は徳川四天王の一人、本多忠勝の末孫にあたる本多家七代忠良《ただよし》の次男である。ところが、入封しわずか六ヵ月後の宝暦九年七月十日、三十三歳で没し、信濃国松代藩主真田信弘《のぶひろ》の六男忠盈《ただみつ》が娘婿となって家督を継いだ。だが、忠盈が明和四年（一七六七）に没し、次男忠粛《ただよし》が襲封したが、二年後の同六年十一月、三河国岡崎へ移った。

この転封には前藩主松平（松井）康福の浜田への帰藩志向が強かったといわれ、康福は古河から再入封した。康福は天明三年（一七八三）の大飢饉には米蔵を開いて領民を救済した。この頃、国東《くにさき》治兵衛が副業として領内に藺草《いぐさ》を植えて畳表の製造を普及させた。同五年、一万石を加増されたが、同八年に松平定信が老中に就任すると、老中を退任した。

康福は寛政元年（一七八九）に没し、前田房長の子康定《やすさだ》が家督を継いだ。康定は民情を視察し、藩財政の建て直しに着手して植林に力を注ぎ、石見半紙の改良につとめた。一方、康定は好学の人で、特に国学に学識が深く参勤交代の途次、伊勢国松坂の本居宣長を訪ねて教えを請い、『万葉集八重畳』を著した。家老岡田頼母《たのも》も宣長の門人で、家臣小篠御野《おざさみの》と藩校長善館の創設に尽力した。

康定が文化四年（一八〇七）に没し、分家松平康道の子康任《やすとう》が家督を継いだ。康任は国学を愛好し、大坂城代・京都所司代・侍従・老中を歴任したが、天保六年（一八三五）、竹島（欝陵島）へ渡航を企てて密貿易をしたことが発覚、老中を免職されて蟄居に処せられた。この事件は藩財政の窮乏を救おうと岡田頼母が藩主の了解を得ず、御用船をつとめた会津屋清助の子八右衛門を海外に密航させ、その運上によって藩庫を潤したが、幕府が派遣した密偵間宮林蔵によって露見したのである。この事件によって家督を継いだ康爵《やすたか》は天保七年、陸奥国棚倉へ左遷された。

家門松平（越智）氏の幕末多端

代わって天保七年、上野国館林から家門の松平（越智）斉厚《なりあつ》が六万一千石で入封したが、大飢饉の時であり、斉厚は救済事業に力を注ぎ、領内に永康倉と呼ばれる穀倉百三十三倉を設置し、さらに藩校道学館を創設して学問を奨励した。斉厚は在封四年後の天保十年に没し、讃岐国高松藩主松平頼恕《よりひろ》の子武揚《たけあき》が急養子となり家督を継いだが、同十三年に十六歳で没した。

その後、美濃国高須藩主松平義建《よしたけ》の子武成《たけなり》が襲封し、藩政の建て直しに尽力して、山林経営、鉱山開発、製紙、陶器、養蚕などを奨励したが、わずか五年後の弘化四年（一八四七）に没した。つづいて常陸国水戸藩主徳川斉昭の十男武聰《たけあきら》（十五代将軍慶喜の弟）が家督を継ぎ、河鰭《かわばた》監物を登用して藩財政の再建を命じた。

慶応二年（一八六六）六月十六日、浜田藩は第二次長州征伐に石州口益田に出陣したが敗れ、七月十三日、長州軍参謀大村益次郎率いる一千余が、浜田城に迫った。七月十七日夜、浜田城内での会議の結果、藩主夫人が世子熊若丸《くまわか》（のち武修《たけなが》）を連れて城を脱出して松原湾から日本海へ逃れ、ついで病身の武聰は用人に背負われて城内から脱し、海上の船に逃れた。武聰一行は、一時松江藩へ退避したが、慶応三年、浜田藩の飛地領美作国鶴田へ移り、鶴田藩を立藩した。

吉永《よしなが》藩〈外様〉
陣屋＝島根県大田市川合町吉永

陸奥国会津四十万石の藩主加藤明成《あきなり》は寛永二十年（一六四三）、家中不統一・失政を理由に改易を命ぜられた。その理由は明成が「明成財をむさぼり民を虐げ、好んで一歩金を玩弄す、人呼んで一歩殿という」といったように暗愚だったので、家老堀主水は明成を主君とするに足らずと言い放ち、家臣を引き連れて、城に鉄砲を撃ち込んで去った。怒った明成は高野山に身を隠していた主水を捕らえて斬罪に処し、さらに鎌倉東慶寺にいた妻子を押し入って捕らえた。怒った尼主が幕府に訴えたので、三代将軍家光の忌諱に触れて改易となったという。

祖父の嘉明《よしあき》の勲功に免じてその子明友《あきとも》に石見銀山の内、安濃郡内において一万石を与えられて立藩したのが本藩である。。明友は奏者番として江戸に在住し、領内では牛馬の改良、新田開発などに尽力したが、天和二年（一六八二）、近江国水口二万石へ転封となり、吉永藩は廃藩となった。

山陽の諸藩・城下町

播磨国（兵庫県）
淡路国（兵庫県）
美作国（岡山県）
備前国（岡山県）
備中国（岡山県）
備後国（広島県）
安芸国（広島県）
周防国（山口県）
長門国（山口県）

〈凡　例〉

- ◈三　家
- ◇家　門
- ○譜　代
- ●外　様
- ×家名断絶・転封等による廃藩

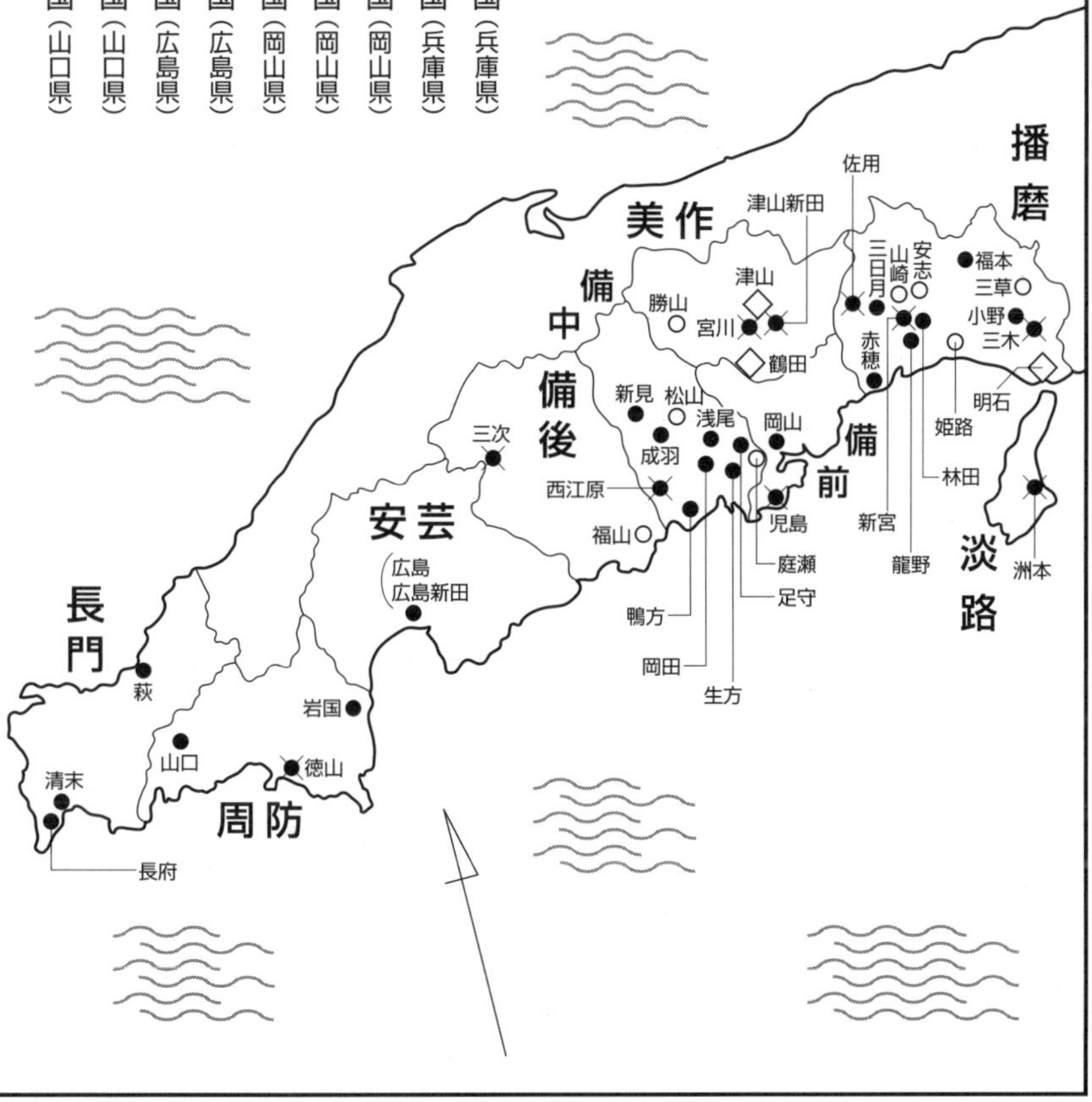

播磨国

明石《あかし》藩〈家門〉

居城＝兵庫県明石市大明石町

徳川家康の外孫小笠原忠真入封

戦国期には播磨守護赤松氏の一族別所氏が所領していたが、天正十三年（一五八五）、豊臣秀吉の全国統一によって明石の地に封ぜられたのは、キリシタン大名高山右近であった。右近は船上《ふなげ》城に入城したが、天正十五年に秀吉のキリシタン禁止令によって、所領を没収され、明石は秀吉の直轄領となった。慶長五年（一六〇〇）、池田輝政《てるまさ》が播磨一国五十二万石を領有すると、明石はその治下に入って家臣池田由之《よしゆき》が預かった。

元和三年（一六一七）、輝政の孫光政《みつまさ》が因幡国鳥取へ転封となると、西国街道を押さえ、瀬戸内海の関門を占める明石に、徳川家康の外孫小笠原忠真《ただざね》が信濃国松本から入封し、播磨国明石郡五万石、美嚢《みなぎ》郡三万七千石、加東郡一万石、加古郡三千石を合わせて十万石を領して立藩した。忠真は入封の翌年、幕命により岳父の姫路藩主本多忠政《ただまさ》の指導を得て、それまで明石地方の拠点であった船上城を廃して明石城を築いた。これと並行して城下町建設に着手し、城下の町割は本多忠刻《ただとき》の客分宮本武蔵玄信《げんしん》が行ったと伝えられ、さらに城下に掘割を造って、海水を引き舟運の便をはかり、当津《とうつ》港（明石港）を整備して、商業港として発展する基礎を築いた。こうして明石城下は領内の政治・経済の中心としての地位を確立したが、忠真は寛永九年（一六三二）、豊前国小倉へ転封となり、明石領は一時天領となって本多忠義・政勝が在番をつとめた。

めまぐるしい藩主の交代

翌寛永十年、信濃国松本五万石の松平（戸田）康直《やすなお》が二万石を加増されて七万石で入封したが、翌十一年に十八歳で急逝したため、兄の遺児光重《みつしげ》が家督を相続し、光重は鳥羽新田の開発を進めた。光重は寛永十六年、美濃国加納へ転封となり、入れ替わりに加納から大久保忠職《ただもと》（季任《すえとう》）が七万石で入封したが、忠職もまた慶安二年（一六四九）に肥前国唐津へ転封となった。

代わって、松平（藤井）忠国《ただくに》が丹波国篠山から七万石で入封した。忠国は明暦三年（一六五七）、領内林崎地方に灌漑用水を掘割し、この結果、新田開発が進展した。忠国は万治二年（一六五九）に没し、嫡男信之《のぶゆき》が家督を相続した際、弟信重《のぶしげ》に五千石を分与し、明石藩は六万五千石になった。

信之は好学の名君で、多くの新田開発を進め、明石の幹線用水溝である林崎掘割を初め、大久保掘割・伊川谷掘割の開鑿や、寛政池の築造など灌漑施設を整備し、鳥羽新田・鴻池新田・日向新田などの開発を行った。信之は在藩二十一年後の延宝七年（一六七九）、大和国郡山へ転封となり、のち老中に昇進した。

入れ替わりに郡山から本多政利《まさとし》が六万石で入封し、政利もまた小久保の新田開発を行ったが、天和二年（一六八二）、苛酷な支配をしたため領民から幕府巡検使に愁訴され、陸奥国岩瀬一万石へ左遷された。

家門松平氏の入封

ついで越前国大野から徳川家康の曽孫松平直明《なおあきら》（結城《ゆうき》秀康《ひでやす》の七男直良《なおよし》の子）が明石・美嚢両郡内において六万石を領有して入封

し、めまぐるしかった藩主の交代は終わりを告げた。

直明は松平信之のあとを受けて、印南野《いなみの》台地の神出《かんで》・岩岡などの新田開発を進めたが、商品経済の発達にしたがって、この頃から藩財政の窮乏が露呈されてきたため、元禄六年（一六九三）、領内の干害を機に家臣の俸禄を借り上げた。直明は元禄十四年に隠居したので、嫡男直常《なおつね》が家督を継ぎ、宝永元年（一七〇四）、幕府から大和川改修工事を命ぜられて、藩財政はますます悪化し、宝永七年以降、しばしば家臣に倹約令を発布した。さらに正徳元年（一七一一）には朝鮮通信使の饗応を幕府から命ぜられ、藩財政逼迫は一層激化した。

一方、直常は学問を愛し、新井白石・室《むろ》鳩巣《きゅうそう》・荻生徂徠らと交友があり、享保四年（一七一九）、有名な儒学者で詩人の梁田蛻巌《やなだぜいがん》を招聘し、明石に私塾景徳館を創設、文化の振興に尽力した。蛻巌は白石から「稀世の逸材」と折紙をつけられた人物である。また、享保十七～十九年の凶作の時には、貢租減免要求の越訴《おっそ》や強訴《ごうそ》が発生し、藩財政は困窮している。

寛保三年（一七四三）、直常は隠居して嫡男直純《なおずみ》が家督を相続するが、以後も藩財政難は慢性的に続き、延享元年（一七四四）、二百石以上の家臣の俸禄を五割減給にし、下級家臣に対しては禄高に応じて上米《あげまい》を命じた。そして寛延三年（一七五〇）には藩札を発行、領内に通用させて藩財政の好転をもくろんだが成功せず、直泰《なおひろ》—直之《なおゆき》の治世になっても事情は変わらなかった。

直之はわずか在任一年半後の天明六年（一七八六）に二十歳で没し、弟直周《なおちか》が家督を継いだ。直周は寛政三年（一七九一）、領内に倹約令を発布し、さらに同五年、藩財政再建のために豪商・豪農に献金と利息年八歩の借上金を割り当て、その代償として苗字帯刀・扶持を与えるという方法で借財の整理を計画した。だが、寛政八年に幕府から木曽川・長良川・揖斐川の濃尾三川の改修普請を命ぜられると、藩財政はふたたび悪化した。その上、寛政十一年には領内の灌漑用河池の改修のために、再度領民に一万両の献金を命じ、以後もしばしば献金・借上金を命じたが、藩財政を正常な形に築くことはできず、その政策は悪循環を繰り返すのみであった。

家門としての松平氏の立場

直周は文化十三年（一八一六）に隠居し、次男斉韶《なりつぐ》が家督を相続した。斉韶には嫡男慶《よし》憲《のり》がいるにもかかわらず、天保三年（一八三二）、十一代将軍家斉の二十五男周丸《ちかまる》を養子に押しつけられ、周丸は斉宜《なりこと》と改名して家督を継いだ。これにより二万石が加増されて八万石となり、十万石の格式になったが、将軍家から養子を迎えたことは、その準備などに莫大な費用を要し、藩財政窮乏に拍車をかけた。このため藩財政は依然と苦しく、財政難克服策としては倹約令や家臣からの借知、豪商からの借金などに頼る以外に、銀札を発行したり、木綿専売を行うなどの彌縫《びほう》措置を講じている。

斉宜は天保十五年に二十歳で没したため、ようやく慶憲が家督を継いだ。慶憲の在任は幕末の動乱期にあたり、嘉永六年（一八五三）、海岸防備のため領内三ヵ所に砲台を築き、洋式調練を採用し、ペリー率いる黒船の来航の時には品川・神奈川への警備に出兵した。さらに文久二年（一八六二）には九砲台を新設したが、このなかの一つ舞子砲台は勝海舟の設計という。

明石藩は家門としての立場から佐幕派に与《くみ》し、元治元年（一八六四）に京都御所の警備にあたり、幕命を受けて長州藩の翻意帰国を説得したが、失敗に終わった。慶応二年（一八六六）、第二次長州征伐戦に出兵し、慶応四年一月、鳥羽伏見の戦いが起こると、幕府側を援助するため出兵したが、到着寸前に幕府軍の拠点大坂城が落城した。このため山陽道鎮撫使の追討を招く事態となったが、宗家の越前国福井藩老侯松平慶永《よしなが》（春嶽《しゅんがく》）の取りなしで、危うく攻撃の手を免れたのだった。このため、いち早く新政府側に帰順し、戊辰戦争では新政府軍に従い、越後に出兵した。

慶憲は明治二年二月八日に隠居し、その子直致《なおむね》に家督を譲った。直致は藩政改革や藩校敬義館創設に尽力したが、在任わずか四ヵ月後の六月、版籍奉還により知藩事に任ぜられ、同四年に廃藩置県を迎えた。

明石城下の散策

ＪＲ山陰本線や山陽電鉄明石駅の北側に、緑の木々に囲まれたなかに二基の隅櫓が望まれるのが明石城跡で、現在は史跡公園になっている。駅から濠に沿って、西へ一〇〇メートル程の所が太鼓門（大手門）跡で、左手に太鼓櫓跡、右手に大洋漁業の創始者中部幾次郎の銅像が立っている。

大手門を入って左方に藩主の館である居屋敷廓跡があって、右方には三の丸跡があって、現在は回遊式庭園になっている。中央正面の石垣上が本丸跡で、東西に優雅な櫓が建っている。

西側の櫓は坤櫓《ひつじ》と呼ばれ、伏見城から移築したもので、東側の櫓は巽櫓《たつみ》といわれて船上城から移されたといわれ、ともに国の重要文化財に指定されている。本丸跡からは明石海峡を行き交う船が一望でき、白亜の櫓、深い木立の中に堀や池があり、散策には絶好の場所となっている。かつて大手門前には重臣らの屋敷が建ち並んでいたが、取り壊されたり戦災に遭ったりして、現在は家老織田氏の長屋門が残るのみである。

明石城下は剣豪宮本武蔵が町割を行ったといわれ、城跡から明石港へ向かう途中の左側に光明寺がある。墓地には幕末に脱藩して松石隊を組織し、上野戦争に参加した明石藩大目付津田柳雪の墓がある。

明石駅の東七〇〇メートル程の所に山陽電鉄の人丸前駅があり、その北側に天文科学館がある。日本標準時子午《しご》線通過地点に建てられたもので、明石市のシンボルである。この西側に明石藩主松平氏の菩提寺長寿院があり、直明－斉宜までの墓碑が並んでいる。

この北側には人丸神社（柿本神社）と人麻呂山月照寺があり、高台にあって春は桜の風情、夏には明石海峡から涼風が心地よい。人丸神社境内には柿本人麻呂に因んだ多くの句碑・歌碑・碑文などがある。亀の碑と俗称される「播州明石浦柿本太夫祠堂碑」は、藩主松平信之が建立したもので、碑文は大学頭林春斎が起草したものである。月照寺の山門は明石城切手門の遺構で、もとは伏見城の薬医門だったといわれ、堂々とした風格をもっている。

姫路《ひめじ》藩〈譜代〉

居城＝兵庫県姫路市本町

「西国将軍」の池田輝政

播磨国姫路の地は豪族赤松氏の支配したところであり、元弘三年（一三三三）、赤松則《のり》村《むら》（円心）が、建武の中興の時に護良親王の命によって兵を挙げ、京へ向かう途次、姫山に拠って陣を構え臨時の砦を築いた。その後、正平元年（一三四六）、則村の次男貞《さだ》範《のり》が初めて城を築いた。これが姫路城の前身である。

のち貞範は飾東郡の庄山城を築いて移り、姫路城は一族の小寺頼季《よりすえ》が入城した。嘉吉の乱（一四四一年）で赤松氏が敗れ、山名氏が代わって播磨国を領すると、この城も持《もち》豊《とよ》（宗全）の有に帰したが、応仁元年（一四六七）、ふたたび赤松氏の手に戻り、政則《まさのり》が改修し、面目を一新した。文明元年（一四六九）、姫路城は小寺豊職《とよもと》に与えられ、のちその臣八代・豊田氏が相次いで入城し、小寺職隆《もとたか》におよんだ。天正八年（一五八〇）四月、羽柴秀吉が毛利攻めの時、当時の城主黒田官兵衛孝高《よしたか》（職隆の子）から姫路城を譲られ、秀吉は中国地方経略の本拠として、三層の天守閣をもつ一大城郭を建設した。ついで秀吉の弟秀長、秀吉の正室弥々《ねね》の兄木下家定《いえさだ》が城主となったが、慶長五年（一六〇〇）、関ヶ原の役の戦功により、徳川家康の娘婿であった池田輝政《てるまさ》が播磨一国五十二万石をもって三河国吉田から入封し、これが姫路藩の始まりである。

慶長七年、備前国岡山藩主小早川秀秋が急死して、その封地が没収されると、その二十八万六千余石は輝政の次男忠継《ただつぐ》に、そして同十五年には三男忠雄《ただお》に淡路一国六万三千余石が与えられた。この二人の母は家康の次女督《とく》姫であるが、いずれも幼少であったため、父輝政の庇護のもと姫路城に居住していたので、池田家は督姫の化粧料十万石を含め、合わせて八十七万一千石余の大封となり、「西国将軍」と呼ばれた。

輝政は家康の信任が厚く、初期幕政に尽力したばかりでなく、姫路藩政の基礎を築いた。また、慶長六年から同十四年にかけて姫路城大天守を含む壮大な築城を行うとともに、城下町を整備した。輝政は慶長六年から播磨全域の総検地を行い、実高六十二万九千九百余石となり、拝領高を十万余石も越えた石高を打ち出したため、検地や苛酷な施政に対して領民の怨嗟《えんさ》の声が高まった。

輝政が慶長十八年一月二十五日、五十歳で急死すると嫡男利隆《としたか》が家督を相続するが、その石高は西播磨の宍粟《しそう》・佐用・赤穂三郡を除く四十二万石に減少し、忠継は備前一国と西播磨三郡を加えて三十八万石、忠雄は従前通り淡路一国六万三千余石を領することとなった。利隆は元和二年（一六一六）六月に没し、嫡男光政《みつまさ》が襲封したが、光政がわずか八歳であったため、翌三年、因幡国鳥取へ転封となった。

本多家の入封

池田氏転封後、伊勢国桑名から本多忠政《ただまさ》が五万石を加増され、加古・飾東《しきとう》・飾西《しきさい》・印南《いなみ》・多可・加東・揖東《いっとう》・揖西《いっさい》八郡内において十五万石で入封し、同時に嫡男忠刻《ただとき》の夫人天樹院（秀忠の娘千姫）に化粧料十万石が付され、合わせて二十五万石を領有した。忠政の父忠勝《ただかつ》は徳川四天王の一人として勇名高く、また忠刻は将軍の娘婿ということで西国探題職に補せられた。忠刻は寛永三年（一六二六）、父に先立って病没したので、実子がなかったため化粧料十万石は一時収公され、あらためて忠刻の弟忠義《ただよし》に四万石、甥小笠原長次《ながつぐ》が六万石と分与され、その忠義はのち遠江国掛川へ、長次は豊前国中津へ移され、姫路藩本多氏はもとの十五万石となった。

寛永八年に忠政が江戸で没し、播磨国龍野から宗家を継いでいた次男政朝《まさとも》も同十五年に没した。忠政の弟忠朝《ただとも》の次男政勝《まさかつ》が家督を相続したが、翌十六年に大和国郡山へ転封となった。

めまぐるしい藩主交代

その後、姫路藩主はめまぐるしく交代する。寛永十六年、交代で郡山から松平（奥平）忠明《ただあきら》が十八万石で入封した。忠明は家康の外孫で、元和元年（一六一五）から同五年まで大坂城主をつとめ、大坂両陣後の復興に尽力し、近世の大坂の基礎を築いた。

正保元年（一六四四）に忠明が没し、嫡男忠弘《ただひろ》が遺領を継ぐ際、弟清道《きよみち》に三万石を分与し、それ以後、姫路藩は十五万石となった。

忠弘は若年であったために、慶安元年（一六四八）、出羽国山形へ移され、山形から松平（越前家）直基《なおもと》が入れ替わりに入封したが、直基は国替えの途中に江戸で没し嫡男直矩《なおのり》が家督を継いだものの、翌二年、越後国村上へ転封となった。その後、徳川四天王の一人の榊原忠次《ただつぐ》が陸奥国白河から十五万石で入封、忠次―政房《まさふさ》と十九年間在封したが、政房の嫡男政倫《まさとも》が幼少のため、寛文七年（一六六七）には村上へ移った。

交代に村上からは松平（越前家）直矩《なおのり》が再封となったが、直矩は宗家（越後国高田藩二十五万石）の御家騒動に連座して閉門となり、天和二年（一六八二）には七万石に削封されて豊後国日田《ひた》へ転封となった。代わって陸奥国福島から本多忠国《ただくに》（元姫路藩主本多政勝《まさかつ》の孫）が入封したが、宝永元年（一七〇四）に忠国が没し、嫡男忠孝《ただたか》が七歳という幼少のため村上へ移封された。

代わって、村上からは榊原政倫《まさとも》の子政邦《まさくに》が十五万石で入封し、第二次榊原氏の時代となった。政邦のあと、政祐《まさすけ》―政岑《まさみね》と継承し、政岑は江戸吉原の三浦屋遊女高尾太夫を身代金二千五百両で落籍するなど不行跡多く、寛保元年（一七四一）、幕府から隠居謹慎を命ぜられ、嫡男政永《まさなが》が七歳のため、越後国高田へ移された。そのあとに、白河から松平直矩《なおのり》の孫明矩《あきのり》が十五万石で入封した。明矩は寛延元年（一七四八）、三十六歳の若さで急死し、嫡男朝矩《とものり》がまだ幼少であったので、翌二年、上野国前橋へ移封された。

酒井氏の治世

寛延二年、松平（越前家）氏に代わって前橋から老中首座をつとめた徳川四天王家の後裔酒井忠恭《ただずみ》が十五万石で入封し、以後、十代百二十年間にわたり、明治廃藩まで在封した。忠恭は和漢の学に通じ、文治的な藩政を指向したが、安永元年（一七七二）七月に没し、孫忠以《ただざね》（忠仰《ただもち》の長男）が家督を継いだ。忠以の弟忠因《ただなお》（忠仰の次男）は、抱一《ほういち》の雅号で沈南蘋流の宋紫石、狩野派の狩野高信、浮世絵の歌川豊春に絵画を学び、尾形光琳や尾形乾山を研究、光琳を慕ってその復興に努力した。また、狂歌を大田南畝に学んだが、三十七歳で出家し、西本願寺の権大僧都になった。

忠以のあと忠道《ただひろ》が家督を継ぐが、文化五年（一八〇八）には藩の借財が七十三万両にも達した。このため、急遽家老河合寸翁《すんおう》（隼之助）が江戸に呼び寄せられ、藩政改革を命ぜられた。寸翁は領内に布告文を発し、実情を領民に訴えて倹約の徹底をはかり、「固寧倉《こねいそう》」と呼ばれる領民厚生の制度を設け、庄屋や富農家から米麦の醵出《きょしゅつ》を求め、非常用に備蓄して領民に貸与し、また不時の災害に備えた。文化七年（一八一〇）には冥加《みょうが》銀講《ぎんこう》と呼ばれる藩財政救済のための貯蓄制度が創始され、同十年には御国用積金制度に発展した。二千人を一組とし、十組の会元を組織し、財政準備金を積み立てた。文政四年（一八二一）には国産会所を設置、姫路木綿の専売を実施した。姫路木綿は「玉川晒《さらし》」「姫玉」と呼ばれて好評を博した。

また、前任地の前橋から藩校好古堂を移した他に、寸翁は仁寿山黌という私学校を開設し、藩士の子弟の教育に尽力した。のち両校を合併し、頼山陽・斎藤拙堂・大国隆正ら著名な学者を招聘したので藩士からは好学の士が輩出した。

忠道のあと、弟忠実《ただみ》―同弟忠学《ただのり》と続いたが、忠学が三十七歳で急死したので、従兄弟で娘婿忠宝《ただとみ》が家督を相続した。だが、忠宝も嗣子なく没したので、従兄弟の忠顕《ただてる》が養嗣子となったが、治世七年、二十五歳で没した。つづいて忠顕の遺志で、万延元年（一八六〇）十二月、分家酒井忠誨《ただのり》（旗本家）の子忠績《ただしげ》が家督を継いだ。

忠績は文久二年（一八六二）、大砲を鋳造し、砲台を築いて沿岸警備を行い、翌年老中上座に就任して、十四代将軍家茂の補佐役をつとめた。この間、藩内では河内良翰《よしさと》（寸翁の養子）を首領とする尊攘派が台頭し、佐幕派の忠績とは必ずしも意見は一致せず、藩論も分裂した。このため、忠績に反対して脱藩する者もあって沸騰したが、結局尊王派は敗れて境野求馬《もとめ》が自刃し、元治元年（一八六四）、長州藩に走ろうとしたその子河合宗元ら志士七十名が検挙され、死罪・永牢・閉門・蟄居などの処罰を受けた（甲子《かっし》の獄）。

忠績は慶応元年（一八六五）二月、大老に補せられたが、翌二年七月に将軍家茂が病没したために致仕し、慶応三年二月に隠居して家督を弟忠惇《ただとう》に譲った。忠惇はまた老中に補せられ、慶応四年一月、徳川慶喜に随従して上洛、鳥羽伏見の戦いで幕府軍に属して大敗、慶喜とともに江戸に敗走した。このため朝敵の汚名を受けた姫路藩は、鎮撫総督四条隆謌《たかうた》の追討を受けたので、やむなく恭順の意を表わして無血開城し、忠惇は老中を辞して謹慎した。

忠惇は明治元年五月二十日に蟄居し、分家の上野国伊勢崎藩主酒井忠強《ただつよ》の弟忠邦《ただくに》（忠恒《ただつね》の八男）を養嗣子に迎え、軍資金十五万両の献金を条件に家名存続を許された。この時、新政府の命で旧佐幕派六十八人を検挙し、十一月二十五日、いわゆる「戊辰の獄」により処罰した。忠邦は河合良翰の意を容れて、早くも明治元年十一月、版籍奉還の建白書を新政府に提出、翌年六月にようやく認められ、知藩事に任ぜられて、同四年七月十四日、廃藩置県を迎えた。

✿小江戸紀行✿ 世界文化遺産指定の城下町姫路城下を歩く

姫路城跡

あたかも揚羽蝶が羽を広げて飛び立とうとしているかのような姫路市域の両羽のつけ根の中央部分に位置する姫路城は、標高五〇メートルに満たない姫山と鷺山の二つの独立丘陵を取り込んで建てられた典型的な平山城である。

姫山に五層六階の大天守と三つの小天守を渡り廊下でつないだ連立天守閣はほかに例を見ない規模を持ち、どの方角から眺めても破綻を感じさせない完璧な均衡美を白一色に託したたたずまいは、武人の到達した芸術的表現欲の最も高度なほとばしりを見る思いがする。

城郭中枢部の縄張は、自然を生かした複雑巧妙で徹底した要塞化を意図している。来襲した敵を錯覚させる坂道の配置、めざす城門を見せない配置、守る側からは死角のない構造、城内の各所に設けられた狭間の壁穴は言うに及ばず、道のかたわらに植えられた射干《しゃが》の葉は滑りやすく敵の侵入を妨害し、天守閣の北側に広がる姫山原始林の主要な樹木であるタラヨウは燃えにくいので延焼を防ぐ目的をになっていた。

関ヶ原の役ののち姫路に入封した徳川家康の女婿池田輝政が慶長六年（一六〇一）から八年がかりで築いた天下普請の木造建築が当時のままに残っている。大天守ほか小天守閣等七棟が国宝、城内の現存建造物七十四棟は国の重要文化財、内曲輪一帯と中曲輪の一部が国の特別史跡に指定され、平成五年（一九九三）には世界文化遺産に登録された。

書写山円教寺

平安時代のはじめ性空上人が開山し、西国三十三観音霊場の第二十七番札所として知られる。西の比叡山と呼ばれ、花山法皇の行幸をはじめ諸権門の帰依を受けた天台宗の名刹である。海抜三三一メートルの山上と山腹にはかつて書写千軒と俗称された諸堂が建ち並び盛観を誇っていたが、寿量院・常行堂・金剛堂・護法堂などの国の重要文化財ほか本坊・三十三所堂・摩尼殿・法華堂など三十数棟の諸堂が現存する。

慶長五年（一六〇〇）、播磨国姫路に入封した池田輝政により東坂本村のうちで五百石を安堵され、同十八年には姫路藩主池田利隆が同村八百三十三石を寺領として寄進している。以後寺領は幕末まで変化がない。

歴代藩主の尊崇を受けて、山内には榊原家霊廟・松平家霊廟があり、本多家廟屋は県指定文化財。大講堂脇の本多家墓所には

部屋住みのまま病没した本多忠刻と千姫を母として夭折した幸千代の墓があり、殉死した三人の家臣の墓石も背後に立ち並ぶ。

増位山随願寺

姫路城の東北部、古くから信仰を集める広峯神社のある広嶺山に隣り合う増位山はもと白国山といい、書写山円教寺と並び称される随願寺は奈良時代に創建された姫路市内現存最古の寺として名高い。

天正元年（一五七三）、三木の別所長治に攻められ焼失したが、同十三年秀吉により再興され、慶長十八年（一六一三）、姫路藩主池田利隆が餝西郡龍野町（姫路城下）の内で二百七十九石を寄進した。

姫路城天守閣

現在の本堂は寛文六年（一六六六）、姫路藩主榊原忠次により建立された。山内には榊原忠次や転封後再入封した曾孫政邦、政邦の側室実相院の「おひめさま」と呼ばれる墓がある。奥の院に藩祖池田輝政の五輪の供養塔があり、「慶長十八年正月二十四日」と没年月日が刻まれている。

男山八幡宮

姫路城天守閣から眼下に見下ろす市街地に小高く盛り上がる男山に祀られた八幡宮は南北朝時代、赤松貞範が創建し、江戸初期に池田輝政、中期に榊原政邦が再建した。この神社の石鳥居は、参道入口に延宝七年（一六七九）、松平直矩寄進のものと、社前に享保元年（一七一六）、榊原政邦寄進のものと二基が残っている。参道脇に千姫天満宮があるが、千姫は姫路城西ノ丸長局の廊下からこの天満宮を遥拝して化粧櫓で化粧するのが朝の日課になっていたという。

山上は市の配水池となっており、姫路城天守閣を眺めるポイントのひとつとなっている。男山の麓には、阿部知二・和辻哲郎・椎名麟三・司馬遼太郎ら、この地方出身の文人を顕彰する姫路文学館がある。

姫路城西御屋敷跡庭園「好古園」

姫路市市制百周年を記念して、造営に三年をかけ、平成四年に開園した総面積一万坪の池泉回遊式日本庭園である。

昭和六十年以来の発掘調査で確認された西御屋敷跡や武家屋敷跡・通路跡などの地割を生かして、特別史跡地にふさわしい歴史的景観の再現が図られている。

本多忠政時代に造営され、榊原正岑が新吉原から高尾太夫を落籍して住まわせたという西御屋敷跡に造られた御屋敷の庭、本格的数寄屋建築の茶室双樹庵のある茶の庭のほか、流れの平庭、夏木の庭、松の庭、築山池泉の庭、竹の庭、花の庭、苗の庭からなる姫路城を借景とした九つの特色ある庭園群と、江戸時代さながらの築地塀・屋敷門・長屋門、渡り廊下で結ばれた活水軒や潮音斎のたたずまいで構成される。

「好古園」の名称は、姫路藩主酒井氏によって、この庭園付近に移設された藩校好古堂に因んでいる。

赤穂《あこう》藩〈外様〉

居城＝兵庫県赤穂市上仮屋

浅野長直の入封

播磨一国を領有した姫路藩主池田輝政《てるまさ》のあとを相続した嫡男利隆《としたか》が元和元年（一六一五）六月、弟政綱《まさつな》（輝政の五男）に播磨国赤穂郡内において三万五千石を分与したことにより、赤穂藩は立藩した。政綱は検地の実施や貢租の確立など領内経営につとめたが、寛永八年（一六三一）七月、二十六歳で没し、嗣子がなかったため、一時除封されることになった。

しかし、播磨国佐用郡平福二万五千石を領有していた弟輝興《てるおき》（輝政の六男）は一万石を加増され、合わせて三万五千石で入封した。ところが、輝興は正保二年（一六四五）三月十五日、突如乱心して妻子や侍女らを斬殺したため、所領を没収されて宗家備前国岡山藩主池田光政《みつまさ》にお預けの身となった。

代わって常陸国笠間から浅野長直《ながなお》が赤穂・加西・加東・佐用四郡百七十九ヵ村において五万三千五百石を与えられて入封した。長直は旧城の南に新城を計画し、慶安元年（一六四八）、築城に着手し、赤穂城は十三年後の寛文元年（一六六一）に完成した。石高にしては大きい城であり、出費が嵩み、宗家の安芸国広島藩に借金を頼むほどであった。このため財政難に陥り、特産の赤穂塩で財政を整えようと、塩年貢を増徴し、塩田の開発を奨励して六千石近い塩田を開拓して、生産高を上げる一方、販売市場の拡大、販売組織の整備に尽力した。だが、塩業の発達にともなう商品経済の発展のあおりを受けて、藩財政はむしろ逼迫した。

長直は寛文十年（一六七〇）に致仕し、翌年に次男長友《ながとも》が家督を継ぎ、義兄長賢《ながかた》に加東郡家原三万五百石を、義弟長恒《ながつね》に赤穂郡若狭野の新墾田三千石を分与し、以後五万石となった。長友は寛文十二年、多数の家臣の召放ちを断行し、財政支出の減少を計った。長友は在位四年、延宝三年（一六七五）、三十三歳で没した。

長矩の刃傷事件

長友のあとはわずか九歳の嫡男長矩《ながのり》が家督を継ぎ、弟大学長広《ながひろ》に新田三千石を分与した。長矩は襲封後、ただちに塩田運上の増徴、家臣の俸禄借り上げを行い、翌年、家老大野九郎兵衛を責任者として藩札を発行させ、延宝八年には塩の専売制度を実施して塩業に対する統制を強化し、藩財政の増収をはかった。だが、このため塩業者の負担が増大したので、騒擾や一揆がしばしば起こった。

元禄十四年（一七〇一）三月、勅使下向に際し、伊達宗春とともに接待役を命ぜられた長矩は、典礼に詳しい高家吉良義央《きらよしなか》に指導を乞うたが、不心得を叱責され侮辱を受けた。三月十四日、怒った長矩は江戸城中松之廊下で脇差を振って義央に刃傷におよび、居合わせた梶川与惣兵衛に抱き留められた。

このため五代将軍綱吉によって、即日除封となり陸奥国一関藩主田村右京大夫賢顕《たけあき》邸に預けられ、切腹を命ぜられて浅野家は断絶となった。

国家老大石内蔵助良雄は浅野家存続を幕府に願い出たが許されなかったので、大石を中心に赤穂遺臣四十七士による復讐が計画され、翌十五年十二月十四日、江戸本所の吉良邸に討ち入って、義央の首級をあげて本懐をとげた。いわゆる「忠臣蔵」として、つとに著名である。

　長矩が義央に斬りつけた動機は一体何だったのか。この問題については、従来からさまざまな理由があげられているが、いまだに決定に至っていない。だが、比較的新しい説には塩をめぐる怨恨説がある。その怨恨説の内容をみると、

一、吉良家がつくる三河の饗庭塩と浅野家の赤穂塩が江戸の市場で競合して、饗庭塩が苦境に陥った。このため吉良家から販路の調整を申し入れたが、浅野家はこれに応じなかった。

一、吉良家が製塩技術の伝授を求めたが、浅野家がこれを拒絶した。

一、赤穂藩に潜入した吉良家の産業スパイが捕らえられて殺害された。

などである。ともあれ、経済的な圧迫を受けた義央の怨念が、長矩に対して意地悪くあたったと考えられている。

森蘭丸の末裔たち

浅野家断絶後、赤穂藩は一時幕府領となり、播磨国龍野藩主脇坂安照が赤穂城を警固したが、元禄十五年、下野国烏山から永井直敬《なおひろ》が三万三千石で入封した。だが、四年後の宝永三年（一七〇六）、直敬が信濃国飯山へ転封となり、代わって備中国西江原から森長直《ながなお》が二万石で入封した。森氏は先祖可成《よしなり》が織田信長に仕え、その子長定《ながさだ》（蘭丸）は本能寺の変に際し、主君信長に殉じた。蘭丸の末弟忠政《ただまさ》が家督を継ぎ、美作国津山十八万六千石を領し、五代衆利《あつとし》が発狂して除封となったが、三代長武《ながたけ》の弟長直が召し出され、森家が再興された。

　長直のあと、長孝《ながたか》（家臣森三隆の子）―長生《ながなり》（家臣森忠継の子）―政房《まさふさ》（家臣各務利直の子）と養子が継いだが、藩財政が窮乏したため、塩業に依存して年貢の増徴を行いながら、塩問屋仲間の承認、藩札の発行、問屋運上金の増徴など財政再建策をつぎつぎと打ち出した。

　次の忠洪《ただひろ》（家臣森正典の子）は延享四年（一七四七）、藩政改革を断行し、勤倹貯蓄を奨励しながら諸経費の削減、塩田開発、櫨《はぜ》の植林、国産塩の品質向上のため塩改め制度を強化したが、藩財政の建て直しはできなかった。

　忠洪は明和六年（一七六九）に致仕し、嫡男忠興《ただおき》が家督を継ぎ、以後忠賛《ただすけ》（忠洪の三男）―忠哲《ただあきら》―忠敬《ただたか》―忠徳《ただのり》と続き、忠徳の代には借財が約二十八万両にも達した。このため、江戸詰用人森続之丞《つぐのじょう》は安政四年（一八五七）、足軽鞍懸《くらがけ》寅二郎を抜擢して勘定奉行とし、財政改革を断行させたが、藩主の継嗣紛争で失脚、保守派の執政森主税や参政村上真輔《しんすけ》が藩政を主導した。このため足軽西川升吉ら革新派十三人が文久二年（一八六二）十二月、主税・真輔を暗殺して脱藩した。その後、西川ら脱藩者は明治三年（一八七〇）に帰藩するが、この間に七人が落命し、残る六人は高野山の藩主廟所守衛を命ぜられ、赴任の途次の同四年二月に真輔の遺児ら七人に討たれた。

　忠典《ただのり》を経て、最後の藩主忠儀《ただのり》は版籍奉還して知藩事に任ぜられ、同四年に廃藩置県を迎えた。

小江戸紀行　赤穂義士の城下町赤穂城下を歩く

四十七士のふるさと

ＪＲ播州赤穂駅の駅頭には、颯爽と采配をふりあげる大石内蔵助《くらのすけ》良雄の銅像が佇んでいて、いかにも、赤穂義士の里に足を踏み入れた思いを実感させる。駅から「お城通り」を徒歩十分で、「息継ぎ井戸」の前に出る。

義士の主君浅野内匠頭長矩《たくみのかみながのり》が、思いがけず、江戸城で吉良上野介に刃傷におよんだという凶報を持った早水藤左衛門・萱野三平が、江戸から約六四〇キロの道中を早駕籠に身を託し、四昼夜をかけて赤穂城下に到着すると、この井戸水で一息ついて、目と鼻の先の城内にある家老大石邸の長屋門をたたいたわけだ。

井戸から数分の商店街には、花岳寺の伽藍が佇む。年輪を重ねた山門は、赤穂城の塩屋門を移築したものという。境内には赤穂義士の遺品や、吉良上野介を討ち内匠頭の無念を晴らした大石内蔵助が、花岳寺にあてて最後の暇を告げた書状などを展示した宝物館には義士木像もある。

山門の前を直線状に南へのびる道は赤穂城跡の石垣に突きあたる。道沿いには古めかしい格子造りの家、また赤穂藩儒赤松滄州の旧宅があったりして、十分に城下町の雰囲気を漂わせている。

ところで、赤穂の領主はめまぐるしく変わった。赤穂城は享徳年間（一四五二〜五五）に赤松満祐の一族岡豊前守が、もともと現在の赤穂城の北約四キロの東有年《ひがしうね》谷にあった大鷹城を、赤穂に移したことに始まる。

関ヶ原の役後は池田輝政の所領となり、その後は次男の忠継がついだ。このころは、それまでの仮陣屋をあらため掻上城を築いていた。元和元年（一六一五）、大坂夏の陣の後、輝政の五男政綱が赤穂郡三万五千石を分与され、ここに赤穂藩の誕生をみた。

政綱が没したあと、弟の輝興が封ぜられたが、正保二年（一六四五）三月、乱心したため絶家となった。その年の六月、常陸国笠間城から浅野内匠頭長直《ながなお》が五万三千石で転封してくる。やがて、軍事上の要衝赤穂に築城してよいという幕府の許可を得た長直は、十三年の歳月を費やし、天守閣を除く赤穂城を竣工した。

以前の三倍の規模を誇る城だが、それに要した莫大な費用は、長直が入部早々に開発を行った入浜式塩田の収入でまかなわれた。赤穂塩は白く小粒で、しかも上質だったので、広範に販路はひらけていたのである。

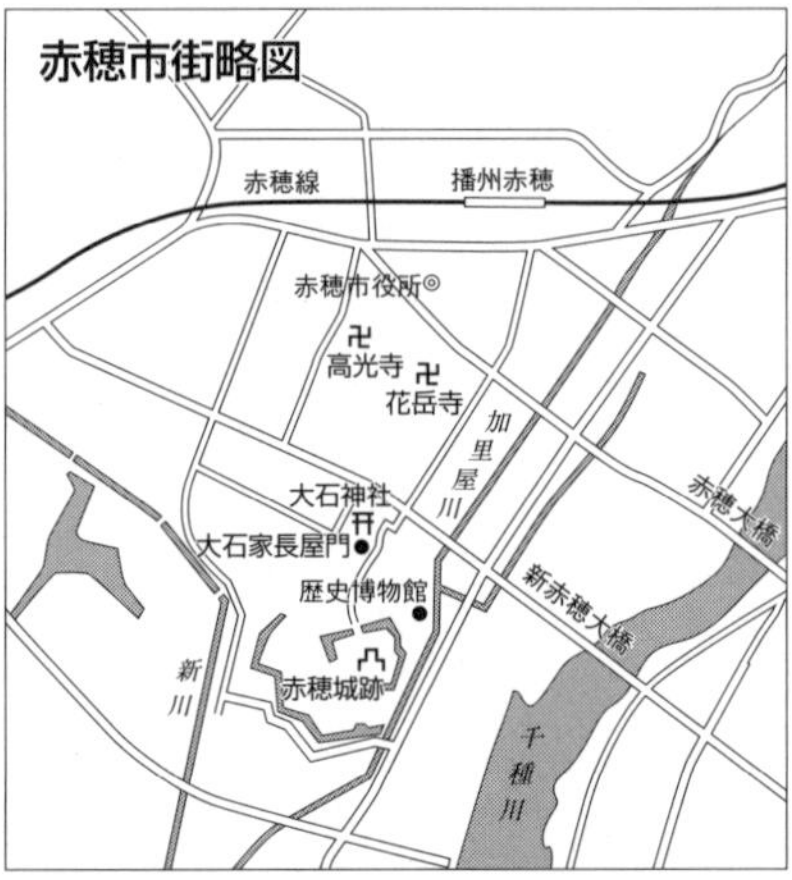

赤穂市街略図

大石邸周辺を歩く

城は千種川下流の三角州の中央部を占め、背後に海が迫るため、町造りは北側に行われた。つまり、三の丸の北西に侍屋敷（現上仮屋）を設け、その北に町屋が展開する仕組みである。いまも随所で道がT字形に交差しているのは、戦術的な意味によったものだろう。

浅野家は長直の子の長友《ながとも》、その嫡子長矩《ながのり》とつづくが、この長矩が刃傷事件を起こして改易の悲運を招いた。その後の赤穂城は永井家、森家と受け継がれたが、浅野家の血と汗の結晶になる城は明治になって解体されてしまった。

昭和復元の反《そ》り橋を渡り、大手門を入って左へすすむと、東郷平八郎元帥が雄渾に書いた「忠魂」「義膽」の石柱が両側に立っている。その近くに「源八長屋」がある。赤穂城を設計した近藤三郎左衛門正純の義子、源八正憲の門長屋の一部という。

ここからは、大石家の定紋三ツ巴の瓦をのせた史跡大石邸正門の長屋門が近い。前述の早水・萱野両名の早駕籠が慌ただしく入ったのはこの門で、元禄期の遺構でもある。

内蔵助の祖父良欽、父良助と三代五十七年間にわたって居住した大石邸だが、文字通り事件の荒波にもまれ、あっという間に主は追われることになった。黒ずんだ門の肌に、内蔵助・主税《ちから》父子の哀愁が刻まれているようだ。のちに本邸は焼失したが、武家屋敷らしい枯淡と力強さを表わす回廊式庭園はいまも保存され、観光客に親しまれている。

庭園に隣接する大石神社の祭神は、社伝によると、大石内蔵助良雄命をはじめとする四十七士命・萱野三平命という。宝物殿には、義士にかかわりを持つ史料が展示されている。

悲壮に城明け渡しの事務を終えた内蔵助が、二度と入ることのない城を出たのは清水門からである。

濠に沿って両翼に残る石垣は、断腸の思いを抱いて去る内蔵助の背後を見詰めていたに違いない。

その辺りには現在、赤穂市立歴史博物館が設けられていて、赤穂塩・旧赤穂水道・赤穂義士の史料が保存されている。上水道は池田家にはじまったもので、各戸の給水と農業用水に分かれていた。

城下町の赤穂では、毎年十二月十四日に「赤穂義士祭」を催しているが、歴史の思いにロマンを馳せる一日とあってか、各種の行事が市内各所で熱狂的に繰りひろげられている。

赤穂城大手門

龍野《たつの》藩〈外様〉

居城＝兵庫県龍野市霞城町

本多・岡部・京極氏の入封

播磨国姫路藩主池田氏が龍野を領していたが、池田光政《みつまさ》が家督を継いだ時、因幡国鳥取へ国替えとなり、本多政朝《まさとも》が上総国大多喜から五万石で入封し、龍野城を築いて立藩した。寛永三年（一六二六）、姫路藩主本多忠政が没し、弟政朝が宗家を相続して姫路へ移った。この時、忠政の孫小笠原長次《ながつぐ》が龍野六万石へ入封したが、同九年、長次は二万石を加増され、豊前国中津へ転封となり、龍野は一時天領となった。

ついで翌寛永十年、岡部宣勝《のぶかつ》が美濃国大垣から五万三千石で入封したが、わずか三年後の寛永十三年に摂津国高槻へ転封となった。その後、出雲国松江二十六万石を嗣子なく除封された京極忠高《ただたか》の甥高和《たかかず》が新封六万石で入封した。だが、万治元年（一六五八）、高和が讃岐国丸亀へ転封になると、龍野城は破却され、以後、天領となった。

脇坂氏の治世

十四年後の延宝元年（一六七三）、脇坂安政《やすまさ》が播磨国揖東・揖西・飾西三郡内において五万三千石を領して信濃国飯田から入封し、交代の激しかった藩主は定着した。脇坂氏は賤ヶ嶽七本槍の一人として活躍した安治《やすはる》を始祖とし、安政は下総国佐倉藩主堀田正《まさ》盛《もり》の次男から脇坂安元《やすもと》の養子となった。以後、脇坂氏は堀田氏との関係が深くなり、この縁で万治二年（一六五九）、譜代大名並の待遇を与えられた。

安政のあとを継いだ安照《やすてる》は元禄十四年（一七〇一）三月、赤穂藩主浅野長矩《ながのり》が江戸城中で高家吉良義央《よしなか》に刃傷におよび、切腹改易になった際、赤穂城請取正使をつとめた。安照の隠居後、嫡男安清《やすずみ》が家督を継ぐ際、弟安利《やすとし》に二千石を分与した。安清の嫡子が早世したため次男安興《やすおき》が継ぎ、以後安弘《やすひろ》−安実《やすざね》−安親《やすちか》と継承した。

安親の隠居後、天明四年（一七八四）、兄安《やす》教《のり》の病没によって安董《やすただ》が襲封し、安政三年（一八五六）、外様大名としては異例の寺社奉行に抜擢された。その在任中の享和三年（一八〇三）、谷中延命院住持日道の女犯の不行跡を糾弾して斬罪に処した。のち譴責を蒙って辞職したが、文政十二年（一八二九）、寺社奉行に復帰し、天保六年（一八三五）には但馬国出石藩で起きた仙石騒動で、家老仙石左京を獄門に処し、出石藩を五万八千石から三万石に減封するなどの辣腕を振るった。安董は藩政においても、寛政二年（一七九〇）、価定方役所を設置して物価の抑制をはかった他、文化二年には江戸藩邸内に藩校敬楽館を、天保五年に龍野城内に文武稽古所を創設して人材の育成につとめた。安董のあとを継いだ安宅は奏者番・寺社奉行・京都所司代・老中など要職を歴任し、天保十三年には江戸の藩校を廃して、龍野城内の文武稽古所を敬楽館に改めた。

最後の藩主となった安斐《やすあや》は元治元年（一八六四）の第一次長州征伐に従軍したが、慶応二年（一八六六）の第二次長州征伐では途中で脱落、慶応四年の戊辰戦争では新政府軍に属し、越後へ出兵した。翌明治二年、版籍奉還して知藩事に任ぜられ、同四年に廃藩置県を迎えた。

小江戸紀行　童謡「赤とんぼ」の城下町龍野城下を歩く

再建された龍野城と茶室聚遠亭

播磨国の小京都と呼ばれる龍野は、揖保《いぼ》川《がわ》の清流を前面に、鶏籠《けいろう》山や白鷺山の両山を背後にした山ふところの小さな城下町である。JR姫新《きしん》線本龍野駅から揖保川に架かる龍野橋を渡ると城下町となり、市街のあちこちに醤油工場が建ち並び、醤油では日本四大生産地の一つである。

藩主の別邸にある茶亭聚遠亭

家々が黒い瓦屋根をひしめかせる城下の北側に、再建された白亜の龍野城埋門、隅櫓、本丸御殿がある。城の西門を出て、坂を下った所には家老門が残っている。城の西方の山腹に藩主の別邸があった所で、脇坂氏が京都御所の再建に功があったので贈られたという茶室聚遠亭《しゅうえんてい》が、今も心字池の美しい姿を映している。園内には脇坂安《やす》治《はる》を祀る龍野神社、その西の山腹には野見宿禰《すくね》の墓といわれる宿禰塚がある。

文学の町と地場産業

家老門の南側、白壁の造りや屋根瓦の形などに城下町龍野の風趣を採り入れた文学館・霞城館《かじょうかん》がある。ここには龍野が生んだ童謡「赤とんぼ」の三木露風《ろふう》、旧制一高の寮歌「春爛漫《はるらんまん》」「嗚呼玉杯に」の矢野勘治、日露戦争で反戦詩を書いた内海信之らの詩人と、西田幾多郎門下の秀才といわれた哲学者三木清ら四人の文献・資料が収集・展示されている。

龍野公園に沿った文学の小径に「赤とんぼ」の詩碑があり、白鷺山麓の哲学の小径には矢野勘治「嗚呼玉杯に」の歌碑、三木清の哲学記念碑、内海信之「高嶺の花」の歌碑がある。

龍野市街略図

龍野は醤油とそうめんといった地場産業が有名である。龍野の醤油は寛文年間（一六六一～七三）に藩主脇坂氏の奨励によって始められた。揖保川の水質が鉄分の少ない軟水であったため、醤油製造に最適であり、独特の淡口《うすくち》醤油が製造された。また、寛政年間（一七八九～一八〇一）に始められたそうめん製造は、現在では〝揖保《いぼ》の糸〟の名で全国ブランドになっている。

三木《みき》藩〈外様〉

居城＝兵庫県三木市上の丸町

　播磨国三木城主有馬重則《しげのり》の嫡男則頼《のりより》は豊臣秀吉に仕え、文禄元年（一五九二）の朝鮮の役には肥前国名護屋城に駐屯し、文禄三年春、伏見城工事の功により摂津国有馬・島下《しましも》両郡内において一万石を与えられ、秀吉のお咄衆に列した。秀吉の没後、慶長四年（一五九九）十二月八日、則頼は徳川家康の摂津国茨木城での放鷹に随従し、翌五年の関ヶ原の役の時は徳川方に属して戦功を樹て、本領を安堵された。

　戦後、則頼は三木を改めて、有馬氏の旧領摂津国有馬郡内で二万石を与えられて、摂津国三田《さんだ》へ転封となり、以後、三木藩は廃藩となった。なお、則頼は三田へ移った翌七年七月二十八日、七十歳で没した。則頼の嫡男則氏《のりうじ》は天正十二年（一五八四）四月、小牧・長久手の戦いで戦死し、次男豊氏《とようじ》は関ヶ原の役の戦功で丹波国福知山藩主となったが、のちに筑後国久留米藩主として代々継承した。

小野《おの》藩〈外様〉

陣屋＝兵庫県小野市西本町

　伊予国西条六万八千石の藩主一柳直盛《ひとつやなぎなおもり》の次男直家《なおいえ》は寛永十三年（一六三六）、遺領のうち播磨国加東郡内で五千石を分与され、さらに同年伊予国宇摩《うま》・周布《しゅうふ》両郡内において二万三千六百石を与えられ、合わせて二万八千六百石を領して、加東郡小野に陣屋を構えて立藩した。直家は寛永十九年、嗣子なく没した時、丹波国園部藩主小出吉親《よしちか》の次男直次《なおつぐ》の養子として、遺領相続を幕府に願い出たが、まだ末期養子は認められていなかったので、一万八千六百石を減封された上で、相続は許された。

　直次は加東郡内の一万石の遺領を継ぎ、以降は末礼《すえひろ》－末昆《すえひで》－末栄《すえなか》－末英《すえふさ》－末昭《すえあきら》－末周《すえちか》－末延《すえのぶ》と続いた。末延は国学者大国隆正を招き、天保十二年（一八四一）に藩校帰正館を創設した。つぎは末彦《すえよし》、そして最後の藩主となった末徳《すえのり》と継承し、一柳氏は十一代、約二百三十年間継続したが、明治四年（一八七一）、廃藩置県を迎えた。

三草《みくさ》藩〈譜代〉

陣屋＝兵庫県加東郡社町上三草

　越後国高柳一万石の藩主丹羽薫氏《しげうじ》は元文四年（一七三九）、大坂定番に任ぜられると、所領を美作・河内両国内に移され、さらに寛保二年（一七四二）、所領を播磨国多可・加東・加西・美嚢《みなぎ》四郡内三十三ヵ村に移されて一万石を領し、加東郡上三草に陣屋を構えて立藩した。丹羽氏は参勤交代を行わない定府大名であった。

　薫氏は美濃国岩村藩主丹羽氏音《うじおと》の養子で、享保四年（一七一九）一月、奏者番となり、のち大坂定番に任ぜられ、宝暦七年（一七五七）一月に没し、嫡男氏栄《うじひで》が家督を継ぎ、明和元年（一七六四）に大坂定番になった。氏栄は同八年七月に没し、巨勢大和守利永の次男氏福《うじよし》が養子に迎えられて家督を継いだ。氏福は大番頭となり、代々幕府の役職につく典型的な譜代小大名であった。このあと氏昭《うじあき》（奏者番）－氏賢《うじまさ》－氏中《うじなか》（大番頭）と六代、約百四十年間継承し、明治四年（一八七一）に廃藩置県を迎えた。

福本藩《ふくもと》〈外様〉

陣屋＝兵庫県神崎郡神崎町

播磨国山崎藩主池田輝澄《てるずみ》は家臣団騒動の責任をとらされて除封となり、鳥取藩領内の因幡国鹿野において堪忍分一万石を与えられていたが、寛文二年（一六六二）四月に没した。池田（松平）政直《まさなお》が領地を改めて播磨国神崎・印南両郡内において与えられ、翌三年に神東《じんとう》郡福本に陣屋を構えて立藩した。

政直は寛文五年に没し、嗣子がなかったので、その領地は弟政武《まさたけ》に七千石、同政済《まさなり》に三千石を分与したため、万石以下となって廃藩となった。だが、政武は福本を居所とする交代寄合となり、その子政森《まさもり》の代から六千石を知行していた。以後、喜以－喜生－喜長と継承し、明治元年（一八六八）六月、つぎの喜通は一万五百七十三石に高直しされ、諸侯に列して福本にあった陣屋を藩庁と定め、再度立藩した。喜通のあとを継いだ徳潤《のりまさ》は、明治三年（一八七〇）に鳥取藩に合併し、廃藩となった。

林田藩《はやしだ》〈外様〉

陣屋＝兵庫県姫路市林田町

摂津国尼崎郡代の建部政長《まさなが》は元和元年（一六一五）、大坂冬の陣に際して尼崎城を守り抜いた功により、知行七百石から摂津国川辺・西成両郡内において一挙に一万石に加増され、やがて同三年に領地を播磨国揖東郡内二十五ヵ村に移され、揖東郡林田に陣屋を構えて立藩した。

政長のあと、政明《まさあき》－政宇《まさのき》と続き、政宇は伏見奉行を経て寺社奉行に就任した。つぎの政周《まさちか》は政宇の次男で、政民《まさたみ》のあとに長教《ながのり》が続くが、長教には嗣子がなかったので、弟政賢《まさかた》が養嗣子となった。政賢は学問を好み、寛政六年（一七九四）に藩校敬業館を創設し、家臣の子弟の教育につとめた。つぎの政醇《まさあつ》－政和《まさより》と続き、政和は嗣子がなく没したので、弟政世《まさよ》が最後の藩主となった。政世は慶応四年（一八六八）一月、新政府軍の姫路藩追討に出兵した。明治二年（一八六九）に版籍奉還により知藩事に任ぜられ、同四年に廃藩置県を迎えた。

新宮藩《しんぐう》〈外様〉

陣屋＝兵庫県揖保郡新宮町

下間《しもつま》氏は本願寺門跡の坊官で、平安末期の武将・歌人源三位頼政の曾孫宗重が親鸞に帰依し、蓮位《れんい》と称して近侍したのに始まり、常陸国下妻に住み、教化したので、姓とした。本願寺が門跡に列せられると坊官となり、東西分裂後も頼廉《よりかど》が西派、頼龍《よりたつ》が東派に従い、一家は全国末寺を支配した。東派の頼龍の子重利《しげとし》は、舅池田輝政《てるまさ》に属して池田氏を名乗った。重利は元和元年（一六一五）、大坂夏の陣の戦功により摂津国川辺・闕《かけ》（西成）両郡内において一万石を与えられ、同三年に領地を揖東《いっとう》郡内二十六ヵ村に移されて、揖東郡新宮に陣屋を構えて立藩した。

重利のあと、重政《しげまさ》－薫彰《てるあきら》－邦照《くにてる》と四代にわたって在封したが、寛文十年（一六七〇）に邦照が十三歳で没し、嗣子がなかったために領地没収となった。だが、弟重教《しげたか》が兄邦照の遺領の内三千石を与えられ、交代寄合として家名の存続を許された。

安志《あんし》藩〈譜代〉

陣屋＝兵庫県宍粟郡安富町

豊前国中津四万石の藩主小笠原長円《ながのぶ》のあとを継いだ嫡男長邕《ながさと》は享保元年（一七一六）、わずか六歳で没したため領地没収となったが、先祖の旧功によって特に長邕の弟長興《ながおき》（五歳）を取り立て、翌二年に改めて名跡を継がせ、播磨国宍粟《しそう》・佐用・赤穂三郡内において一万石を与えられ、宍粟郡安志に陣屋を構えて立藩した。

長興は病弱であったので所領返上を申し出たが、幕府は許さなかった。そのため享保十五年六月、長興は致仕し、宗家の豊前国小倉藩主小笠原忠基《ただもと》の子長逵《ながみち》に家督を譲った。長逵のあと長為《ながため》が明和七年（一七七〇）に家督を継ぎ、長為の弟忠苗《ただみつ》は安永元年（一七七二）、宗家小笠原忠総《ただふさ》の養子となり、寛政三年（一七九一）、小倉藩主となった。長為のあと長禎《ながよし》－長武《ながたけ》－棟幹《むねもと》（貞幹）と継承し、最後の藩主となった貞孚《さだちか》と七代、約百五十年間にわたり在封し、明治二年（一八六九）に版籍奉還、同四年に廃藩置県を迎えた。

山崎《やまさき》藩（宍粟《しそう》藩）〈譜代〉

陣屋＝兵庫県宍粟郡山崎町鹿沢

播磨国姫路藩主池田忠継《ただつぐ》（輝政の次男）は元和元年（一六一五）二月に没し、養子忠《ただ》雄《お》（輝政の三男）が家督を相続する際、弟輝澄《てるずみ》（輝政の四男）に播磨国宍粟郡三万八千石を分与され、鹿沢に陣屋を構えて立藩した。その後、輝澄は寛永八年（一六三一）、弟輝興《てるおき》が兄政綱《まさつな》のあとを継いで赤穂藩主となったので、輝興の旧領佐用郡二万五千石を加増され、合わせて六万三千石を領した。だが、輝澄は同十七年、家老伊木伊織らが脱藩した家臣団騒動の責任をとらされて除封となり、宗家因幡国鳥取藩主池田光仲《みつなか》にお預けとなって、因幡国鹿野で堪忍分一万石を与えられた。

池田氏除封後、和泉国岸和田から松平（松井）康映《やすてる》が五万四百石で入封したが、慶安二年（一六四九）に石見国浜田へ転封となり、山崎藩は一時天領となった。三ヵ月後、岡山藩主池田光政の弟恒元《つねもと》が備前国児島から三万石で入封した。恒元のあと政周《まさちか》－恒《つね》行《ゆき》と続いたが、延宝六年（一六七八）に恒行がわずか七歳で没し、無嗣絶家によって除封された。

代わって翌七年、大和国郡山郡内で一万石を領していた本多忠英《ただひで》が入封し、以降、山崎は本多氏の領有するところとなった。忠英の嫡男忠良《ただよし》が越後国村上藩主本多家を継いだので、次男忠方《ただみち》が家督を継ぎ、忠方も二十四歳で嗣子なく没したため、弟忠辰《ただとき》が継いだ。以後、忠堯《ただとお》－忠可《ただよし》－忠居《ただおき》－忠敬《ただたか》と継承したが、忠敬は病弱のため早世したので、弟忠鄰《ただちか》が家督を継いだ。

忠鄰は藩校思斎館を創設し、さらに藩財政の建て直しに尽力したが、文久三年（一八六三）、生野の変の鎮圧や、翌元治元年（一八六四）七月の第一次長州征伐に出兵して多額の軍費を強いられ、慶応元年（一八六五）五月に第二次長州征伐、慶応四年一月の鳥羽伏見の戦いには、軍費不足で出兵できなかった。忠鄰のあと、嫡男が夭折したため次男忠明《ただあきら》が家督を継いだが、わずか五ヵ月後の明治二年六月、版籍奉還により知藩事に任ぜられ、同四年に廃藩置県を迎えた。

三日月《みかづき》藩〈外様〉

陣屋＝兵庫県作用郡三日月町

　美作国津山藩森長武《ながたけ》は延宝四年（一六七六）、弟長俊《ながとし》に美作国勝山郡内において一万五千石を分与し、津山の宗家の許で暮らしていた。だが、元禄十年（一六九七）、宗家の津山藩主森家が除封となったので、改めて領地を播磨国佐用・揖西・宍粟三郡内に移され、乃井野《のいの》に陣屋を構えて立藩した。

　長俊（号は快翁）は風流を好み、和歌を嗜んだが、正徳五年（一七一五）七月に致仕し、嫡男長記《ながのり》が家督を継ぎ、つぎの俊春《としのぶ》は長記の五男であったが、兄たちが早世または病弱であったため嫡男として継いだ。

　俊春の治世の延享二年（一七四五）四月、播磨・美作両国の天領五万四千石を預けられた。つぎを継いだ俊韶《としつぐ》には男子二人がいたが、いずれも早世したので、妹曽代《そよ》を養女として安芸国広島藩主浅野重晟《しげあき》の次男快温《はやあつ》を婿養子に迎え、寛政五年（一七九三）に隠居した。

　快温が家督を相続すると、播磨・美作両国の天領の預かり地は返上された。快温は寛政九年、藩校広業館を創設したが、藩校は明治二年（一八六九）に「総教所」と改称された。

　快温にも嗣子がなかったので、一族の備中国新見藩主関長誠《ながのぶ》の次男長義《ながよし》を急養子とし、また長義にも同族の播磨国赤穂藩主森忠賛《ただすけ》の五男長篤《ながあつ》を養子に迎えた。だが、長篤は二十二歳で没し、嗣子がなかったので、長義の妾腹の義弟長国《ながくに》が七歳で家督を継いだ。ところが長国の嫡子も早世したため、さらに妾腹の俊滋《とししげ》が継いだ。

　俊滋は文久三年（一八六三）、財政難の打開のために藩札を発行し、慶応元年（一八六五）には陣屋町を臨む三方里山の中腹に演武場を造成して洋式調練を行い、農兵を組織して「捷兵隊」と名づけた。慶応四年の戊辰戦争の際には、新政府軍に属して藩兵六十八名を越後・出羽方面へ出兵させた。森氏は九代、約百七十年間にわたり在封したが、明治二年六月、俊滋が版籍奉還して知藩事に任ぜられ、同四年七月、廃藩置県を迎えた。

佐用《さよ》藩〈外様〉

陣屋＝兵庫県佐用郡佐用町

　播磨国姫路藩主池田輝政《てるまさ》は慶長十八年（一六一三）一月二十五日に急死すると、嫡男利隆《としたか》が家督を継ぐ際、播磨国佐用・宍粟・赤穂三郡内のうち十三万石を次男忠継《ただつぐ》に分与した。だが、元和元年（一六一五）二月、忠継が没し、養子忠雄（輝政の三男）は忠継の本領備前国岡山藩の封を継いだ。遺領のうち播磨国宍粟郡三万八千石は輝政の四男輝澄《てるずみ》が、赤穂郡三万五千石は五男政綱《まさつな》が、そして佐用郡二万五千石は六男輝興《てるおき》がそれぞれ相続した。輝興は佐用郡佐用に陣屋を構えて立藩した。

　だが、寛永八年（一六三一）、赤穂藩主政綱が嗣子なく没したため、輝興は赤穂三万五千石を相続したので、佐用藩は廃藩となった。なお、輝興は正保二年（一六四五）、突如発狂して妻や侍女数人を刺殺したため、除封となり、身柄は宗家の岡山藩主池田光政《みつまさ》にお預けとなった。このため、池田氏の赤穂支配は幕を閉じた。

淡路国

洲本藩《すもと》〈外様〉

居城＝兵庫県洲本市小路谷御熊山

徳島藩領淡路城代

洲本市街南方の三熊《みくま》山の山頂に洲本城跡があり、大永六年（一五二六）に安宅治興《あたぎはるおき》が築いたものである。安宅氏は阿波国の三好氏に属して由良を本拠としていたが、天正九年（一五八一）、織田信長の四国征討の際、豊臣秀吉に攻められて安宅氏は滅び、天正十三年に大和国高取城主脇坂安治《やすはる》が三万石で封ぜられた。これが洲本藩の前身となる。安治は二十四年間在城したが、慶長十四年（一六〇九）に伊予国大洲へ転封となり、翌年に姫路藩主池田輝政《てるまさ》の三男忠雄《ただお》に淡路一国六万石が与えられた。元和元年（一六一五）、忠雄は兄忠継《ただつぐ》の遺領を継ぎ、備前国岡山藩主に転出したので廃藩となり、一時収公されたが、同年に阿波国徳島藩主蜂須賀至鎮《よししげ》に与えられ、寛永七年（一六三〇）、徳島藩家老稲田氏（一万石）が淡路城代兼仕置職として居住することになった。

明治二年（一八六九）六月、徳島藩主蜂須賀茂韶《もちあき》が版籍奉還した際、それにともなう禄制改革において、藩士を士族と卒の二階級に分けることになった。この時、徳島藩家老で洲本城代稲田邦稙《くにたね》の家臣らは藩主蜂須賀家からみれば陪臣《ばいしん》になるので、すべて卒に編入された。怒った稲田氏の家臣らは「どうか士族に編入を」と訴えたが、聞き容れられず、ついに新政府に直接嘆願した。

稲田邦稙はもともと主家蜂須賀家と違って新政府側につき、明治元年二月、東征大総督有栖川宮熾仁《ありすがわのみやたるひと》親王を守り一大隊を率いて東上、各地に転戦して功あり、賞典禄二千両を下賜された。さらに稲田氏の家臣らは分藩運動に熱心であり、日頃から「浅葱《あさぎ》者《もの》（田舎ざむらい）」と差別されて、辛抱してきたが、ここにいたってついに爆発したのである。

稲田騒動と北海道開拓

だが、蜂須賀家の家臣らは許さなかった。明治三年五月十三日払暁、洲本にいた蜂須賀家の家臣らは農兵八百人を率いて稲田氏屋敷を初め、家臣の長屋、別荘である武山邸、学問所である益習館などをつぎつぎに襲撃した。この時、稲田氏の家臣らは無抵抗で、即死十五人、自決二人、重軽傷二十人の犠牲者を出した。騒動後、蜂須賀氏の家臣らに対する処分は厳しく、斬罪が十人、二十六人が終身流罪・禁固・謹慎などに処せられた（稲田騒動・庚午《こうご》事変）。

明治三年十月、稲田邦稙および家臣らは北海道日高国静内郡・新冠郡、根室国色丹島開拓に渡った。静内はコタンの村でアイヌが住み、あまりの荒涼とした風景に同行した女性たちは泣き伏したという。御用商人として同行した谷岡兼助も、密かに帰国してしまったという。しかも第二陣を乗せた薩摩の平運丸は和歌山県周参見沖で暴風雨のため岩礁に乗り上げて沈没し、入植者二百二十三人のうち八十三人が溺死した。このような痛ましい悲劇をくりひろげつつ、稲田氏の家臣らは厳寒の北海道で発奮開拓につとめた。洲本市内栄町三丁目の江国寺境内には稲田氏の家臣らの霊を慰める招魂碑、また本町八丁目の専称寺には蜂須賀家の家臣らの庚午志士碑がある。

美作国

津山藩《つやま》〈家門〉

居城＝岡山県津山市山下《さんげ》

勇将の後裔・森氏の入封

戦国末期、美作国は岡山城主宇喜多秀家《うきたひでいえ》の領地の一部であったが、慶長五年（一六〇〇）、関ヶ原の役の時に秀家が西軍に与《くみ》して除封され、ついで小早川秀秋《ひであき》の領有するところとなった。同七年、秀秋の病死により無嗣絶家となって改易され、翌八年、森忠政《ただまさ》が信濃国川中島十四万石から美作一国十八万六千五百石を与えられ、ここに津山藩は立藩した。

忠政は美濃国金山城主森可成《よしなり》の六男で、父可成は元亀元年（一五七〇）九月、姉川の戦いの際に近江国宇佐城を守っていたが、浅井・朝倉連合軍に攻められて戦死し、次男長定《ながさだ》（蘭丸）、三男長隆《ながたか》（坊丸）、四男長氏《ながうじ》（力丸）は天正十年（一五八二）六月、本能寺の変の時に織田信長とともに戦死し、さらに嫡男長可《ながよし》は天正十二年四月、小牧・長久手の戦いで戦死するなど、森家一族の勇猛ぶりが窺える。十五歳の忠政は豊臣秀吉から兄の遺領金山城七万石を与えられ、慶長五年の関ヶ原の役の時、徳川家康方に属して戦功を樹て、信濃国川中島十四万石を与えられたのである。

忠政は入封と同時に、鶴山《つるやま》の地に築城を開始し、十三年かかって元和二年（一六一六）に完成して、地名を鶴山から津山に改名した。同時に城下町を整備し、支配機構を整え、また国内総検地を実施するなど藩政の基礎を固めた。この検地は厳しい打出しで有名で、正保二年（一六四五）には拝領高も五万石を越えるようになった。

忠政には重政・忠広の二子があったが、すでに没していたため、嗣子に娘婿で甥の関成次《なりつぐ》の嫡男兵助《ひょうすけ》を定めたが、寛永十一年（一六三四）、忠政が京都で客死すると兵助が家督を継ぎ、長継《ながつぐ》と称した。長継は城下町の完成と耕地の拡大につとめ、延宝二年（一六七四）に致仕したが、その直前に嫡男忠継《ただつぐ》が没したので、次男長武《ながたけ》が忠継の遺子長成《ながなり》の成長までという条件で家督を継いだ。その後、隠居した長継と長武、あるいは長成と長武との間に対立が生じ、家中にも動揺があったが、結局、長武が貞享三年（一六八六）、十六歳になった長成に家督を譲り、長武は隠居料二万石を分知され別家した。

長成は叔父長武側の策謀に悩まされながら、幕命により武蔵国中野村に犬小屋を普請することになり、莫大な藩費を注ぎ込み、苦心の末に竣工した。だが、病に倒れて元禄十年（一六九七）に没し、長継の二十四男衆利《もろとし》を末期養子に願い出て許可されたが、衆利が出府の途次伊勢国桑名で発狂失心したため、津山藩は収公された。

しかし、長武の父長継は致仕後も健在で、宗家衆利の没後、ふたたび出仕し備中国西江原二万石を許され、やがて嗣子長直《ながなお》が相続して播磨国赤穂に移封され、辛うじて家名を伝え、さらに播磨国三日月藩（森長俊《ながとし》一万五千石）、備中国新見藩（関長治《ながはる》二万石）の支藩の存続が認められた。

家門松平氏の治世

森家改易後、一時幕府領になったが、翌元禄十一年一月、松平（越前家）宣富《のぶとみ》（長矩《ながのり》）が新封十万石で入封した。松平氏は徳川家康の次男結城秀康《ゆうきひでやす》の系譜を引く家であるが、宣富は天和二年（一六八二）、越後騒動で高田藩二十六万石を除封された光長《みつなが》の養子で、光長は貞享四年（一六八七）、赦免ののち三万俵を与えられ、その後家督を相続した宣富が元禄十一年に津山十万石を与えられた。

宣富は入封直後、年貢増徴を策したが、高倉村大庄屋を中心とする農民一揆の高倉騒動が起こり、このあと大庄屋に役料を与え、苗字帯刀を許すなど懐柔策を講じたが、農村は疲弊し各地で騒動が起こっている。宣富は享保六年（一七二一）に没し、その子浅五郎が家督を継いだが、同十一年に嗣子のないまま十一歳で急逝し、断絶の危機に直面した。このため松平知清《ともきよ》の三男長熙《ながひろ》の後嗣が認められたが、領地は五万石に減封となった。この時、領内では山中一揆が起こり、藩では一揆側の要求を大幅に容れて収拾した。

享保二十年に長熙が没し、松平宣維《のぶふさ》の次男長孝《ながたか》が家督を継ぎ、宝暦十二年（一七六二）、その子康哉《やすちか》が相続して、自ら藩政改革を断行、年貢負担者の確保のための農村復興、間引きの禁止、出稼ぎ奉公の禁止、農民間の小商《こあきない》や博奕の取締り、勧農所の設置などを行った。また、康哉は名君といわれた上杉鷹山《ようざん》・細川重賢《しげかた》・松平定信らと親交があり、学問所（藩校）を設立し、儒学や心学を重んじ、有能な学者を召し抱えて宝暦の改革を進めた。なかでも蘭学の振興は、藩医宇田川玄随《げんずい》が康哉に請うて桂川甫周《ほしゅう》に入門したことに始まり、玄随は日本最初の内科医書『西洋内科撰要』を訳し、康哉から賞された。以後の藩主も洋学を奨励した。

尊王討幕派の中で

康哉のあと、康乂《やすはる》―斉孝《なりたか》と続き、つぎは斉孝の養嗣子となった十一代将軍家斉の十四男斉民《なりたみ》が家督を継ぎ、この時五万石が加増され、当初の十万石に復した。斉民は学問・文雅・書画にも通じた教養人で、洋学においても宇田川榛斎《しんさい》・榕庵《ようあん》・興斎《こうさい》、箕作《みつくり》阮甫《げんぽ》・秋坪《しゅうへい》らが活躍し、特に嘉永六年（一八五三）、ペリー率いる黒船が来航した時には、阮甫と興斎は米国大統領親書の翻訳にあたった。榛斎は解剖学書を翻訳した『遠西医範』『ハルマ和解』を著し、蘭学中期の大立者といわれた。その養子榕庵は植物学の『西説菩多尼訶経』、化学の『舎密開宗』を著し、榛斎の門弟阮甫は蕃書調所の初代教授職となり、津山藩洋学を天下に高めた。

安政二年（一八五五）五月、斉民は致仕し、斉孝の次男で斉民の養嗣子となった慶倫《よしとも》が家督を継いだ。慶倫は文久三年（一八六三）一月、勅命により朝幕間を協調的に周旋することになり、薩摩・長州・土佐・鳥取・岡山の諸藩に伍して政局収拾の任にあたることになったが、これは同藩勤王派の黒田彦四郎・鞍懸寅次郎・井汲唯一らの尽力によるものである。だが、同年八・一八の政変で事態は一変して藩内では保守派が台頭し、二度の長州征伐に出兵した。

しかし、慶応四年（一八六八）一月、鳥羽伏見の戦いを契機に、近隣の尊王討幕派の諸藩に態度を迫られ、結局、新政府側に属し、戊辰戦争の時には伏見城を守った。慶倫は明治二年（一八六九）六月、版籍奉還して知藩事に任ぜられ、同四年七月、廃藩置県を迎えた。

小江戸紀行　洋学者発祥の城下町津山城下を歩く

津山城跡と衆楽園

津山城は慶長八年（一六〇三）、美作十八万六千五百石の国主として封じられた森忠政が院庄村、日上村などの候補地の中から津山盆地中央部の鶴山を城地に選定し、十三年後の元和二年（一六一六）に完成した平山城。石垣は穴生衆により野面積みと化粧積みの工法で築かれ、石塁の上に石塁を重ね、なおその上に石塁を巡らした壮大な景観は今も築城時そのままに残っている。

城郭は本丸・二ノ丸・三ノ丸（柳の壇）の三区域に分かれ、本丸の西に五層六階の天守閣が建てられ、表御殿・櫓など三十一棟、十五口の門、三ヵ所の井戸が設けられた。二ノ丸には十二棟の櫓、七口の門、井戸八ヵ所が設けられ、二層になった三ノ丸には十七棟の櫓、十一口の門、井戸八ヵ所が設けられた。

三ノ丸の外下が内山下《うちさんげ》と呼ばれた総曲輪で、藩の役宅をはじめ藩主一族、重臣たちの屋敷が配置された。

明治三年（一八七〇）に廃城となり、同八年、天守閣をはじめ建造物が取り壊された。同三十三年、城跡は鶴山《かくざん》公園となり、昭和三十八年、国の史跡に指定された。

衆楽園は津山市山北の南中央部にある。津山藩主森氏第二代の長継が他藩の使者を謁見する場として、明暦年間（一六五五〜五八）に京都から庭師を招いて造営した。仙洞御所を模したものといわれ、中国山地を借景にして、南北の長い池に四つの島を配した林泉回遊式の庭園である。

藩主松平氏の時代には御対面所と呼ばれ、藩主や家族の休息所、あるいは能や武芸の上覧の場に、狩猟・酒宴の場に使われた。版籍奉還によって、明治三年（一八七〇）衆楽園と命名して一般に公開され、何度かの廃園の危機を乗り越えて、大正十四年、津山町（現・津山市）に移管された。

園地はかつての三分の一の規模に縮小されているが、曲水をはじめ余芳閣・風月軒などの古くからの建物は現存する。

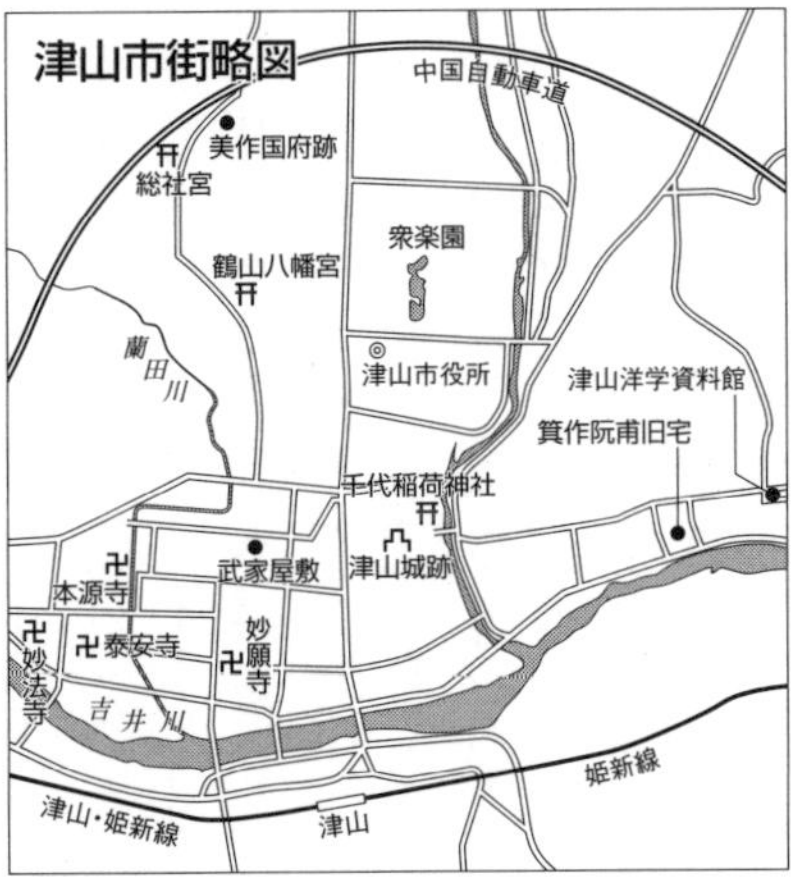

本源寺と泰安寺

本源寺は津山市小田中にある。津山藩主森氏および藩士の菩提寺である。慶長十二年（一六〇七）、津山藩主森氏初代忠政により安国寺を移築して龍雲寺と改称、さらに天和三年（一六八三）、忠政五十回忌にあたり、忠政の法名にちなみ、本源寺と改めた。

本堂裏手に忠政とその夫人をはじめ四代にわたる森氏の大小七基の五輪塔が建ち並び、江戸前期の大名墓の特徴をよく示す。

津山城跡の石垣

泰安寺は津山市西寺町にある。森氏に次いで津山に入封した藩主松平氏の菩提寺である。元文四年（一七三九）、泰安寺と改称、津山松平氏の祖忠直の法名にちなみ、山号を天崇山と改めた。

津山松平氏初代宣富および七代斉孝の巨大な大名墓があり、始祖徳川家康から津山藩最後の藩主松平慶倫にいたる歴代の豪華な位牌が保管されている。

津山市山北の「愛山松平家墓所」は、津山藩最後の藩主松平慶倫の墓所である。

津山藩士武家屋敷と勝間田町商家

津山城下町の形成は初代藩主森忠政の入封に始まり、二代長継によって完成を見るまでにおよそ五十年を要したと伝わる。

津山城跡西側の津山市田町・椿高下・城代町・南新座の市街地には、今も武家屋敷のたたずまいが残されている。田町・牧家の武家屋敷門の門前には大八車を置いて古色を引き立てる演出がなされている。

近世津山は吉井川水運や出雲街道をはじめとする交通網の集まる要衝であったが、とりわけ津山城下を東西に走る出雲街道は商人町として栄え、東の勝間田町、西の西今町あたりは繁栄を誇った。

今も津山市勝間田町一帯には海鼠壁《なまこ》や千本格子の町家が建ち並び、江戸時代の城下町のにぎわいを偲ばせる。

高瀬舟乗場跡と箕作阮甫旧宅

津山を起点とする高瀬舟による吉井川舟運が開かれたのは、宇喜多秀家が備前・美作を領していた戦国時代であった。慶長九年（一六〇四）、角倉了以は美作を訪れ、吉井川の高瀬舟を見て保津川や鴨川をはじめ各地に舟運を開いた。

津山藩にとっても備前湊まで水上十四里の吉井川舟運は物流運輸の大動脈であった。

現在吉井川城見橋の北橋詰に「高瀬舟乗場跡」の碑が立ち、橋の下に復元された高瀬舟が一隻繋留されている。

津山の誇りの一つは箕作・宇田川という二家の洋学家を出したことである。箕作阮《みつくりげん》甫《ぽ》・秋坪や宇田川玄随・榕庵などが著作・翻訳により西洋の学問を導入したことが、海外事情を知る必要に迫られた江戸後期の幕府にとって、また江戸から明治への大変革を乗り切るのに大きな原動力となった。

箕作阮甫はペリーやプチャーチン来航の際、外交文書の翻訳や外交交渉に携わり、日本の近代化に大きな足跡を残した。

町医であった旧宅は阮甫が十四歳まで住んだところで、出雲街道に沿う今も商店が軒を連ねる津山市西新町の一角にある。

国の史跡に指定されたのを機に、昭和五十一年に解体復元され、往時の町家の面影をよくとどめている。

津山新田藩《つやましんでん》〈外様〉

居城＝岡山県津山市・津山城内

森長俊《ながとし》は延宝四年（一六七六）四月、兄の津山藩三代藩主長武《ながたけ》から津山藩領の勝北郡北方三十二ヵ村の新墾田一万五千石を分与され、津山城内に居所を構えて立藩した。

長武は貞享三年（一六八六）、二代藩主長継《ながつぐ》の遺児長成《ながなり》が十六歳になったので、家督を譲って別家をたてた。長成は幕命により江戸中野村にお犬小屋御手伝普請に莫大な藩費を注ぎ込んで竣工したが、元禄十年（一六九七）六月、病に倒れた。長武が危篤の際に、衆利《もろとし》を養嗣子に迎えたが、衆利は江戸に向かう途次、伊勢国桑名において発狂したため、同年八月、津山藩は収公された。このため、長俊の津山新田藩領は、宗家の廃藩にともない、播磨国乃井野（三日月）へ転封を命ぜられ、ともに廃藩となった。なお、二代藩主長継《ながつぐ》（長武の父）は致仕後なお存生していたので、宗家衆利の没後、ふたたび備中国西江原で二万石を許され、西江原藩が立藩した。

宮川藩《みやがわ》〈外様〉

陣屋＝岡山県津山市

森美作守忠政《ただまさ》の家臣関民部少輔成次《なりつぐ》の次男長政《ながまさ》（生母は忠政の娘）は兄長継が津山藩二代藩主になると、家臣として仕えたが、万治二年（一六五九）から寛文五年（一六六五）頃（『徳川実紀』には寛永十一年＝一六三四、『恩栄録』では寛永十四年説）、津山藩領内において一万八千七百石余を分与されて立藩した。

長政は承応元年（一六五二）十二月、従五位下但馬守に叙任したが、のち備中守に改めた。元禄二年（一六八九）六月に致仕し、長継の六男長治《ながはる》を養嗣子に迎えたが、同十年、宗家津山藩の所領没収に関連して、領地を備中国阿賀《あか》・哲多《てった》・小田・浅口《あさくち》・後月《しつき》の五郡に移され、居所を備中国阿賀郡熊谷諏訪山に陣屋を構えたので、宮川藩は廃藩となった。長治は新見藩を立藩し、以後は長《なが》広《ひろ》－政富《まさとみ》－政辰《まさとき》－長誠《ながのぶ》－長輝《ながてる》－成煥《しげあきら》－長《なが》道《みち》－長克《ながかつ》と継承し、明治四年（一八七一）、廃藩置県を迎えている。

鶴田藩《たづた》〈家門〉

陣屋＝岡山県御津郡建部町

石見国浜田六万一千石の藩主松平武聡《たけさと》（水戸藩主徳川斉昭の子）は慶応二年（一八六六）六月、第二次長州征伐の際に萩藩兵の攻撃を受けたため、居城を放棄して出雲国杵築へ逃れ、その後松江、さらに因幡国鳥取に移り、この年の暮に幕府から浜田へ帰藩するまでの一時的に、蔵米二万石を給与された。翌三年、同藩の飛地領分の美作国鶴田（八千四百石）領の里公文中村に仮陣屋を構え、さらに同年八月に美作国内において二万石を与えられて立藩した。

慶応四年（一八六八）一月、鳥羽伏見の戦いに幕府側について存亡の危機に瀕した際、家老尾関隼人の赦罪賜死によって新政府の免責を取りつけた。同年五月には播磨国龍野藩領地をさらに編入して、合わせて三万六千石が安堵され、明治二年六月には版籍奉還にともなって蔵米二万五千石を授かり、浜田藩時代の六万一千石に復し、同四年七月に廃藩置県を迎えた。

勝山《かつやま》藩（真島《まじま》藩）〈譜代〉

居城＝岡山県真庭郡勝山町勝山

前期三浦氏時代

勝山の地は古くは高田郷といわれ、鎌倉時代の相模国の武将三浦氏の流れをくむという三浦貞宗《さだむね》が明徳年間（一三九〇〜九四）に高田城を築いて在城したと伝えられている。この地は要衝であったために興亡も激しく、貞宗の十代後裔の貞久《さだひさ》の時の天文十七年（一五四八）、尼子晴久《あまこはるひさ》（出雲・隠岐両国の守護経久《つねひさ》の孫）の部将宇山久信《うやまひさのぶ》によって攻め落とされた。永禄二年（一五五九）、貞久の子貞勝《さだかつ》は高田城を奪回したが、永禄七年、毛利方に属していた備中国松山城主三村家親《いえちか》に攻められて落城し、貞勝は自刃した。翌八年、家親が宇喜多直家《なおいえ》に謀殺されると、これに乗じて三浦貞広《さだひろ》が城を回復したが、天正四年（一五七六）、毛利・宇喜多連合軍が高田城を攻め、三浦氏は滅亡し、貞宗から貞広までの約二百年の三浦氏の時代は終わった。これを前期三浦氏時代という。

この地は戦国末期に宇喜多秀家、ついで小早川秀秋の領するところであったが、小早川氏の断絶後、慶長八年（一六〇三）、森忠政《ただまさ》が美作国津山へ入封すると、重臣各務四郎兵衛・大塚丹後が高田城の城番をつとめたが、元和元年（一六一五）の一国一城令により廃城となった。元禄十年（一六九七）、森家が断絶すると、美作国大庭・真島両郡は松平領を経て、享保十二年（一七二七）、幕府領となった。

後期三浦氏時代

明和元年（一七六四）、前期三浦氏と同祖の三浦明次《あきつぐ》が三河国西尾から美作国真島郡九十六ヵ村、大庭郡一ヵ村に入封して二万三千石を領したが、「物成読込高」には七千七百四十石余の物成があり、合わせて三万七百四十石余を領した。明次は入封すると、高田城二の丸跡に幕府から城地取立料（築城費）として四千両を拝領し、新城を築き勝山城と称した。だが、築城工事は計画通りには進まず、藩主居館・諸腰曲輪・土屋敷などの建設にとどまったようである。また、明次は同時に藩校明善館を創設し、家臣子弟の教授にあたった。

明次のあとを継いだ弟矩次《のりつぐ》は、藩財政安定のために新庄村の鉄山経営を奨励した。つづいて前次《ちかつぐ》が継ぎ、以後、矩次の弟毗次《てるつぐ》―毗次の弟誠次《のぶつぐ》と継ぎ、つぎの誠次の嫡男峻次《としつぐ》は天保三年（一八三二）、シーボルトの高弟の蘭医石井宗謙《そうけん》を藩医に招聘した。宗謙は上書して領内の痘傷の牝牛を調査し、天然痘予防に尽力した功績は大きい。のち宗謙は安政二年（一八五五）、幕命で江戸に出て、箱館奉行所通詞を命ぜられ、翌年、蕃所調所に出仕した。さらに神田お玉ヶ池に設立された種痘館創設に参画した。

義次《よしつぐ》―朗次《あきつぐ》を経て、つぎの弘次《ひろつぐ》は元治元年（一八六四）八月、第一次長州征伐に出陣したが、領内の東茅部村ほかの村々の農民は軍夫・人足出役に不満をもって逃散するという事件が起きた。弘次は病弱であったために、その子顕次《たかつぐ》が最後の藩主となって藩政を執り、明治二年（一八六九）六月、版籍奉還して知藩事に任ぜられ、翌月に藩名を真島《まじま》藩と改称し、同四年七月、廃藩置県を迎えた。

備前国

岡山藩《おかやま》（備前藩《びぜん》）〈外様〉

居城＝岡山県岡山市丸の内

宇喜多家から小早川家へ

　戦国梟雄として悪名高い宇喜多直家《なおいえ》は天正二年（一五七四）、金光宗高を滅ぼし、岡山城を奪って備前国の太守として君臨した。直家は天正九年二月十四日に岡山城で没し、翌十年二月に次男八郎が遺領を継ぎ、豊臣秀吉に臣従した。翌年、備中高松城水攻め後、秀吉は八郎を養子にして美作一国を与え、同十三年に元服させて秀家《ひでいえ》と名乗らせた。岡山城は宇喜多秀家が天正十八年から慶長二年（一五九七）まで、実に八年の歳月を費やして完成したものである。城の北から東にかけて旭川をめぐらせ、西から南にかけて三重の濠に囲まれた本丸には天守閣の他に櫓三十五棟、居館三十一棟が甍を連ねていたという。

　また、秀家は文禄三年（一五九四）から翌年にかけて備前・美作両国、備中半国、播磨国三郡の領内に太閤検地を施行し、五十七万四千石を領した。だが、家臣内は文治派と武断派に二分して対立、さらに家中にキリシタンと法華宗との対立があり、キリシタンは文治派、法華宗は武断派とそれぞれ結びつき、文治派に与《くみ》した秀家を武断派が大坂藩邸に襲撃する騒動にまで発展した。

　その結果、武断派はあいついで去り、宇喜多氏滅亡の遠因となった。慶長五年、関ヶ原の役の時、秀家は西軍の総大将として出陣して大敗、薩摩国に遁れて島津氏に頼り、剃髪して成元と号し、のち休復と改名した。戦後、秀家の所在は不明だったが、島津竜伯（義久）が上京して抗戦謝罪陳述によって明らかとなり、のち伏見へ護送され、慶長十一年四月、八丈島へ流された。

　関ヶ原の役後、岡山城には西軍を裏切って徳川家康方に寝返った筑前国名島三十三万六千石の城主小早川秀秋が備前・備中・美作三国内において七十二万石（四十九万石ともいう）の太守として入封した。だが、秀秋は二年後の慶長七年十月十八日、情緒不安定のままに岡山城内で病没し、嗣子がなく絶家となった。

好学の名君・光政

　小早川氏除封後の慶長八年、備前国二十八万余石は姫路藩主池田輝政の次男で家康の外孫忠継《ただつぐ》（家康の次女富子＝督姫の子）に与えられたが、この時忠継はわずか五歳であったので、長兄利隆《としたか》が後継となった。慶長十八年一月、輝政が没すると、遺領は利隆が継いだ。そのうち十万石は忠継に分与され、播磨国宍粟《しそう》・佐用・赤穂三郡内において三十八万石になるが、元和元年（一六一五）二月に急逝した。

　忠継の急逝については、生母良正院富子（督姫）が夫輝政の遺領のすべてを実子忠継・忠雄《ただかつ》に相続させせようと思い、二月五日、利隆に毒饅頭をすすめたところ、給仕の女中が掌《てのひら》に毒の文字を書いて知らせたので利隆は食べず、事情を察した忠継が奪って食して二十二日に死亡し、良正院も自ら毒饅頭を食してその日のうちに死去したという伝承がある。

　忠継の遺領は弟忠雄が相続するが、この際に播磨国三郡は輝澄《てるずみ》（輝政の四男）に宍粟三万八千石（山崎藩）、政綱《まさつな》（輝政の五男）

に赤穂三万五千石（赤穂藩）、輝興《てるおき》（輝政の六男）に佐用二万五千石（佐用藩）を分封し、忠雄は慶長十五年に与えられていた淡路国六万六千石を収公された。忠雄は寛永九年（一六三二）四月に没し、嫡男光仲《みつなか》が家督を継ぐが、光仲は三歳の幼少であったので、従兄弟の因幡国鳥取藩主池田光政《みつまさ》と国替えを命ぜられ、以後、岡山藩は光政系池田氏の領有するところとなった。

光政は利隆の嫡男で輝政の孫である。利隆は父の遺領姫路藩五十二万石のうち四十二万石を相続したが、元和二年（一六一六）六月十三日、三十三歳で没したので、八歳の光政が家督を継いだが、幼少を理由に因幡国鳥取藩三十二万石を与えられた。光政は寛永五年（一六二八）、姫路藩主本多忠刻の娘勝子（千姫の娘で三代将軍家光の姪）を娶り、同九年に忠雄が没したので、岡山藩へ国替えとなって、備前国二十八万石、備中国浅口・窪屋など五郡のうち三万五千石、合わせて三十一万石を領した。光政は家光の絶大な信頼を得て、家光との間に五十万石に復する密約があったという。

光政は明敏かつ剛毅な性格の持ち主で、藩政成立期の領内の動揺を押え、儒学を奨励して教化と啓蒙に努め、文治主義に基づいた藩政確立につとめた。天災や飢饉に備えて、新田開発や殖産興業をはかり、各種の軍法・軍役を制定、財政緊縮策による質素を本旨とした「備前風」の確立を企図して、江戸でも有名となった。

好学の名君といわれた光政は正保二年（一六四五）に著名な陽明学者熊沢蕃山《ばんざん》を登用し、花畠教場（花園学舎）や閑谷《しずたに》学校を創設したが、のち光政と蕃山との感情的対立が表面化し、万治元年（一六五八）、蕃山が辞職したため、二人の友好関係は終わった。

寛政の改革と治政

光政は寛文十二年（一六七二）六月、突如致仕してその子綱政《つなまさ》に家督を譲るが、致仕の事情は謎に包まれている。綱政はともすると幕閣と対立した光政の政策を転換した。綱政は土木巧者の郡代津田永忠《ながただ》を起用し、新田開発・治水（百間川の開鑿）などの土木事業を積極的に推進し、また後楽園の造営、菩提寺の曹源寺建立、閑谷学校の大改築などを行った。現在の閑谷学校の遺構は、この時のものである。

綱政は正徳四年（一七一四）に没し、その子継政《つぐまさ》が家督を継いだ。享保十四年（一七二九）の大洪水の時、藩の年貢収入が大減収となったが、その時領民が心配して献米を願い出たので、継政はそれを聞いて感激し、「愚かなるわが身をなどか慕ふらん　過ぎにし君の残す恵みぞ」と詠んだ。この「過ぎにし君」とは光政・綱政のことである。

継政のあと、宗政《むねまさ》を経て明和二年（一七六五）五月、その嫡男治政《はるまさ》が家督を継ぐが、打ち続く災害のため藩財政は窮迫し、領民の生活は貧窮に陥った。折りも折り、老中首座松平定信による寛政の改革が断行されたが、治政は故意にこの改革にさからったため、里謡に「越中（定信）がこされぬ山が二つある　京で中山備前岡山」と唱えられた。定信を悩ましたのは公卿中山愛親《なるちか》と治政だといわれたほど、治政は剛毅果断な性格であった。

治政は寛政六年（一七九四）に病気のために致仕し、そのあと嫡男斉政《なりまさ》が家督を継いで寛政の改革に倣って藩政改革を行い、大坂の蔵元鴻池家との関係を断った。

その他に藩政改革にはみるべきものはなかったが、その後しばらくは藩政も安穏な時代が続いた。

斉政のあと、嫡男斉敏《なりとし》が継いだが、凶作は続き、天保十三年（一八四二）五月、中津藩主奥平昌高《まさたか》の四男慶政《よしまさ》に家督を譲った。慶政の治世も凶作・飢饉に見舞われ、藩財政は行き詰まり、領民は飢餓に苦しんだ。

嘉永六年（一八五三）六月、ペリーも率いる黒船が浦賀に来航すると、岡山藩は房総の海岸防衛を命ぜられ、そのため藩財政は破綻し、再建のため簡略を主旨とする安政の改革に着手した。

その時、領民に衣服制限の差別化を行おうとしたので、安政三年（一八五六）、領内五十七ヵ村の領民が蜂起し、撤回させることに成功した（渋染一揆）。

さらに安政五年六月には、鳥取藩主池田慶徳《よしのり》や土佐藩主山内容堂との相役で大坂表警備を命ぜられて、摂津国西成郡川崎村に陣屋を設置した。

茂政と章政の岐路

慶政は文久二年（一八六二）、病気を理由に隠退の意志をあらわし、牧野権六郎・江見鋭馬らの画策で、翌年二月に水戸藩主徳川斉昭《なりあき》の九男九郎麿（茂政《もちまさ》）の婿養子が許されて家督を譲った。茂政は同年七月、鳥取藩主池田慶徳《よしのり》らとともに、長州藩の攘夷親征には自重すべき旨を建議した。

文久三年八月十八日の政変からの内憂外患をめぐって、茂政は一橋慶喜の実弟という微妙な立場にありながら、終始尊攘にして翼覇の基調を貫き、長州藩への友好から寛仁の処置を周旋懇請し、強力に藩論を主導した。

このため、茂政は幕府からしばしば嫌疑をかけられ、藩内の正義派から攘夷の不確定の因循さを非難された。元治元年（一八六四）八月、第一次長州征伐の時、茂政は備前国一ノ宮まで名目的の出陣をし、慶応二年（一八六六）六月の第二次征長の時にも一応出兵したが、翌月に広島藩主浅野長訓《ながみち》らと休戦解兵を朝廷と幕府とに建議した。

慶応二年十二月、慶喜の宗家相続と将軍宣下となり、骨肉の間柄にある茂政は尊攘と翼覇との板挟みとなった。翌年十月、慶喜の大政奉還後、岡山藩は長州藩から討幕出兵を求められ、一方尾張藩主徳川慶勝《よしかつ》からは、将軍の兄弟として幕府を援助するために上京するよう促がしてきた。進退に窮した茂政は慶応四年一月、備中国松山藩の攻撃命令を受け、ついに勤王に決定して、同十五日に「御国惣触《おくにそうぶれ》」をもって態度を表明した。

二月十五日、茂政は病気を理由に隠退願いと養子願いを朝廷に提出し、三月十五日、将軍家とは無縁の支藩である鴨方藩主政詮《まさあき》（章政《あきまさ》）に家督を譲った。

最後の藩主となった章政は、ここにおいて堂々と旗幟を鮮明にして勤王討幕側に加わり、東海道・関東・奥羽地方と転戦、さらに一部は箱館戦争にも参戦して、賞典禄二万石を下賜された。章政は明治元年九月、明治天皇の東下に供奉し、翌二年四月に刑法官知事に任ぜられた。同年六月、版籍奉還して知藩事に任ぜられて、同四年七月、廃藩置県を迎えた。

❀小江戸紀行❀ 名園後楽園のある城下町岡山城下を歩く

別名烏城の岡山城

岡山は、戦国時代の名残りをとどめて旭川に影を映す岡山城と日本三大名園の一つ岡山後楽園のある歴史の町である。JR新幹線・山陽本線岡山駅中央口を出ると、犬と猿を連れて、肩に雉を乗せた桃太郎の像が立つ。岡山は桃太郎伝説の地でもある。

駅前から延びる広々とした道は桃太郎大通りで、道の中央には市街電車が走る。直進すると、やがて電車は大きく右へカーブするが、直進して道幅が狭くなり、右手に建つ内山下小学校校庭の片隅に西の丸西手櫓がある。この櫓は池田忠継の兄利隆の頃に建てられたもので、二重二層の小櫓だが桃山期の城郭建築を代表するものである。

左手の森が後楽園、前方の旭川に架かる月見橋があり、右手の岡山城は姫路城など白壁の城から見れば異様とも思える黒塗りの城なのである。戦国時代の名残りで、外壁の下見板は黒漆で塗られ、カラスの濡れ羽色を思わせるところから、岡山城は別名を烏城《うじょう》と呼ばれている。重なる屋根の各所に金色の鯱を光らせ、わずかにのぞく白壁と窓格子の白が外壁の黒と鮮やかな調和を見せて美しい。昭和二十年六月、空襲による火災で国宝だった天守閣は焼け落ちた。現在の天守閣は昭和四十一年に再建された鉄筋コンクリート造りで、外観は忠実に再現されている。

月見橋畔から右へ進むと、巨石を積んだ石垣の中に重厚な廊下門があり、ここを抜けて石段を上がると、表書院と呼ばれるかつて政務を行う建物があった所である。さらに、藩政時代にはほとんど開かれたことのない不明門《あかずのもん》を通ると、天守閣が聳えている。

天守閣六階からは岡山市街を見渡し、眼下に旭川を挟んで日本三大名園の一つである後楽園も一望できる。天守閣の西に連なる白壁の月見櫓は戦災を免れたもので、池田忠雄によって元和～寛永年間（一六一五～一六四四）に建てられた。今に残る藩政時代の貴重な遺構である。

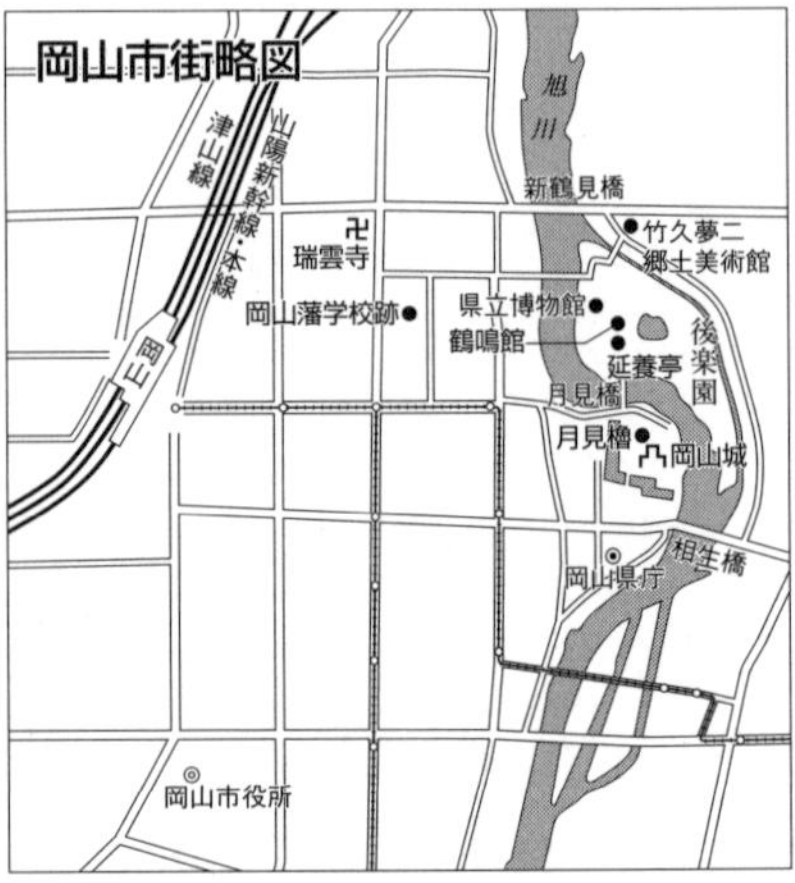

名園後楽園散策

旭川に架かる月見橋を渡ると、すぐに後楽園南門である。後楽園は江戸時代の代表的な林泉回遊式の大名庭園で、水戸の偕楽《かいらく》園《えん》、金沢の兼六園《けんろくえん》と並ぶ日本三名園の一つである。この庭園は貞享三年（一六八六）、池田綱政《つなまさ》の発案で、時の郡代であった土木巧者の津田永忠に命じ、十四年の歳月を費やして元禄十三年（一七〇〇）に完成した。庭園は藩主の学問や憩いの場、賓客の接待所、藩士の武芸競演の場所でもあり、岡山城の背後を守る緩衝《かんしょう》地《ち》の役割を果たしたともいわれている。

当初は城の背後にあるところから後園、あるいは菜園場、茶屋屋敷などと呼ばれたが、「先憂後楽」の精神に基づいて造られたことから、明治四年に後楽園と改称された。

旭川から望む岡山城天守閣

昭和二十七年には特別名勝に指定されている。

園内には縦横に玉砂利を敷いた歩道がめぐり、特に順路は設けられていない。広々とした芝生、その中程に中島を浮かべた池があり、樹林の緑が目に映る。園内には延養亭・簾池軒・観騎亭・観射亭・能舞台などの建物が配されているが、全体に広々とした空間を生かし、田園的風景が広がっている。園内全体の眺めは、中央に築かれた唯心山からの眺望が最高とされているが、延養亭から東方の眺望も素晴らしい。美人の眉を思わせる操山、その中腹の安住院多宝塔を借景とした庭園の眺めは、天下の名園の名に恥じない。

延養亭裏には能舞台があり、観能の場となる栄唱、墨流しの建物が並んでいる。亭の横には、夏は一面に蓮の花と葉で覆われる花葉の池があり、ここから正門までは間近である。

夢二郷土美術館と岡山藩学校跡

後楽園正門を出て、右手の旭川支流に架かる蓬莱橋を渡ると、大正ロマンの香りを満喫できる竹久夢二郷土美術館がある。もと西大寺軽便鉄道の起点に建てられた赤レンガ造りのエキゾチックな建物である。

館内には夢二の作品・著書・装丁した本などが展示され、入館者は中高年ファンのみならず、若い女性の姿も多く見受けられ、夢二の根強い人気を実感させられる。

旭川に架かる鶴見橋を渡ると、旭川をバックに竹久夢二の有名な「宵待草」の歌碑が立っている。ここから南西へ歩いた所に岡山県立美術館があり、その裏の旭中学校と岡山商高の併設された敷地の一角に、岡山藩学校跡（国史跡）の遺構が残っている。

この学校は寛永十八年（一六四一）、池田光政が創設し、熊沢蕃山《ばんざん》を招いて陽明学を教授した花畠教場である。広大な敷地内には南北に講堂・中堂・食堂、東西に学舎・学房・授読師・学校奉行の官舎が建ち並び、維新後は遺芳館・普通学校・岡山女学校・岡山女子師範学校などの校舎に使われていたが、惜しいことに戦災で焼失してしまった。

児島《こじま》藩〈外様〉

陣屋＝岡山県倉敷市児島

「西国将軍」と呼ばれた播磨国姫路藩主池田輝政《てるまさ》が慶長十八年（一六一三）一月に急死し、嫡男利隆《としたか》があとを継いだが、元和二年（一六一六）六月十三日、利隆も三十三歳で京都において客死したので、家督を継いだ嫡男光政《みつまさ》は幼少だったために、翌三年に因幡国鳥取へ転封となった。そして、寛永九年（一六三二）、岡山藩主池田忠雄《ただかつ》の遺領を継いだ光仲《みつなか》は幼少を理由に従兄弟の鳥取藩主光政と国替えを命ぜられ、以後、岡山藩は光政系池田氏の領有するところとなった。

　光政の弟恒元《つねもと》（利隆の次男、生母は二代将軍秀忠の養女）は慶安元年（一六四八）三月、備前国児島周辺において二万石を与えられ、陣屋を構えて立藩した。翌二年十月、恒元は播磨国宍粟郡内において一万石を加増され、合わせて三万石を領して、播磨国山崎へ転封となったので、児島藩はわずか一年で廃藩となった。以後、この地には藩は置かれなかった。

備中国

庭瀬《にわせ》藩〈譜代〉

居城＝岡山県岡山市庭瀬

備前国の太守宇喜多秀家《ひでいえ》の老臣戸川逵安《みちやす》は慶長四年（一五九九）、御家騒動のため宇喜多家を離れ、徳川家康のもとに寄食していたところ、翌年関ヶ原の役が起こると、逵安は徳川方に属して戦功を樹て、旧領の二万九千二百石を安堵され、備中国賀陽《かよう》郡庭瀬の庭瀬城を居城として立藩した。逵安は熱烈な法華宗徒であったので、領内一円の法華宗化をはかって領民に強制し、転宗すれば年貢未進を免じ、拒む者は一定地域に移して差別した。

　逵安は寛永四年（一六二七）十二月に没し、その子正安《まさやす》が遺領を継ぐ際、弟安尤《やすもと》に三千四百石、同安利《やすとし》に三千三百石を分与し、二万二千五百石を領した。寛文九年（一六六九）、正安が没して安宣《やすのぶ》が継ぎ、弟安成《やすなり》に一千五百石を分与し、二万一千石を領した。さらに延宝二年（一六七四）、安風《やすかぜ》が家督を継ぐ際、弟逵富《みちとみ》に一千石を分与して、二万石を領したが、同七年、安風が嗣子のないままに没し、除封となった。

　一時廃藩となって代官支配となったが、天和三年（一六八三）、下総国関宿藩主久世《くぜ》重《しげ》之《ゆき》が五万石で入封し、庭瀬城二の丸に陣屋を構え、再度立藩した。

　だが、四年後の貞享三年（一六八六）、丹波国亀山へ転封となり、代わって元禄六年（一六九三）、大和国興留一万石の松平（藤井）信通《のぶみち》が備中国三郡内において二万石を領して入封した。

　四年後の元禄十年、信通が出羽国上山へ転封となり、二年後に上総国高滝から板倉重高《しげたか》が二万石で入封した。板倉氏の所領の過半は備中国小田郡内にあり、同郡矢掛にも陣屋を設置した。重高のあと、昌信《まさのぶ》―勝《かつ》興《おき》―勝志《かつゆき》―勝喜《かつよし》と継承し、勝喜は勝興の四男で、勝志の末期養子であった。つぎの勝《かつ》氏《もと》を経て、勝資《かつすけ》は領内に義倉を設置し、また藩校誠意館を創設するなど、中興の英主といわれた。

　以後、勝貞《かつさだ》―勝成《かつしげ》―勝全《かつまた》と続き、最後の藩主となった勝弘《かつひろ》の時の明治四年（一八七一）七月、廃藩置県を迎えた。

足守藩《あしもり》〈外様〉

陣屋＝岡山県岡山市足守

木下氏から浅野氏へ

播磨国姫路二万五千石の城主木下家定《いえさだ》は慶長五年（一六〇〇）、関ヶ原の役が起こると、妹で豊臣秀吉の正室北政所ねね（高台院）の守衛にあたり、翌六年、備中国賀陽《かよう》・上《じょう》房《ぼう》両郡内において二万五千石を与えられ、賀陽郡足守に陣屋を構えて立藩した。

家定の嫡男勝俊《かつとし》は慶長三年、秀吉から若狭国小浜城六万二千石に封ぜられていたが、関ヶ原の役の時、伏見城の総大将となった。だが、西軍の攻撃前に逃亡し、戦後、伏見城を無責任に放棄した罪で領知を没収され、剃髪して長嘯子《ちょうしょうし》と号して京都に隠棲した。

慶長十三年に家定が没し、勝俊と利房《としふさ》の兄弟に遺領の相続を許されたが、北政所が甥勝俊にのみ与えたので、徳川家康の怒りに触れて再度没収された。勝俊（長嘯子）は隠棲後、風雅の道に入り、儒学者の藤原惺窩《せいか》・林羅山、俳諧の松永貞徳、茶人の小堀遠州、その他多くの公家らと親交を結んだ。特に和歌は古今伝授保持者細川幽斎に学んだが、長嘯子の歌風は革新的で、当時の歌人からの評価は毀誉褒貶が相半ばしていた。だが、のち下河辺長流《しもこうべながる》に認められ、歌壇での地位を確立した。

木下氏除封後の慶長十五年、浅野長政の三男長晟《ながあきら》が賀陽郡内において二万四千石を与えられて入封したが、同十八年に兄幸長《よしなが》が没し、遺領の紀伊国和歌山三十七万六千五百余石を相続したため、三年で転封となり、足守藩領は一時幕府領となった。

木下氏の再入封

元和元年（一六一五）、大坂夏の陣の功により、勝俊の弟利房が賀陽郡内において二万五千石を与えられ、再度足守に陣屋を構えて立藩した。利房は寛永十四年（一六三七）に没し、そのあと木下流槍術家として著名な利当《としまさ》が家督を継いだ。その後、利貞《としさだ》―公《きん》定《さだ》と続き、公定は能書家・歌人として知られ、近水《おみず》公園内に数寄屋を建て、『桑華蒙求』を著わして家臣の子弟の教育を督励した。また領内に果樹栽培を奨励した。

つぎは利潔《としきよ》―利忠《としただ》―利彪《としとら》と継承し、利彪は凶作により落ち込んだ藩財政の再建をはかり、さらに藩校追琢舎と郷校三余舎を創設し、自ら教材を編集して家臣や領民に講義した。のち利徽《としよし》―利徳《としのり》―利愛《としちか》と続き、最後の藩主となった利恭《としやす》は元治元年（一八六四）六月の第一次長州征伐や慶応四年（一八六八）の戊辰戦争の時に備中国松山藩征討などに出兵し、それに要した多大な出費は、領民などからの献金や借入金をもって充てられた。木下氏は十三代、約二百五十六年にわたり在封したが、明治二年六月、利恭が版籍奉還して知藩事に任ぜられ、同四年七月、廃藩置県を迎えた。

なお、幕末の蘭方医学の大家緒方洪庵《こうあん》は足守藩士佐伯瀬左衛門惟因の末子で、父は大坂蔵屋敷留守居だった。洪庵は大坂で蘭学塾適塾を開き、診療と研究の傍ら多くの俊才を育成した。のち足守藩侍医にとどまらず、江戸幕府奥医師に招かれ、西洋医学所頭取を兼ねた。また、大正期の白樺派歌人木下利玄《りげん（としはる）》は、利恭の弟利永《としなが》の次男で、五歳の時に叔父の養嗣子となった。

生坂《いくさか》藩（岡山新田《おかやましんでん》藩）〈外様〉

陣屋＝岡山県倉敷市生坂

備前国岡山藩主池田光政《みつまさ》の三男輝録《てるとし》は寛文十二年（一六七二）、父光政の致仕にともない備中国窪屋《くぼや》・下道《しもみち》両郡内において一万五千石を分与され、岡山城下に居所を構えて立藩した。だが、独立藩としての支配機構は持っていなかった。

輝録は正徳三年（一七一三）に没し、岡山藩二代藩主綱政《つなまさ》の孫政晴《まさはる》が家督を継ぎ、藩財政の悪化の中で三十余年間藩主の座にあった。輝録のあと、政員《まさかず》―政弼《まさすけ》と続き、つぎの政恭《まさゆき》は政弼の四男で、寛政十二年（一八〇〇）八月、院使梅小路前中納言の関東下向にあたり饗応役をつとめた。その後、政《まさ》範《のり》―政和《まさかず》と継承し、最後の藩主政礼《まさのり》は文久三年（一八六三）に京都御所の警衛にあたり、慶応三年（一八六七）十二月、岡山本藩とともに朝廷側として行動した。

明治二年（一八六九）六月、政礼は版籍奉還して知藩事に任ぜられ、翌三年一月、藩庁を生坂村に移し、生坂藩と改称した。

鴨方《かもがた》藩（岡山新田《おかやましんでん》藩）〈外様〉

陣屋＝岡山県浅口郡鴨方町

備前国岡山藩主池田光政《みつまさ》の次男政言《まさこと》は寛文十二年（一六七二）、父光政の致仕にともない備中国浅口・小田・窪屋の三郡内において二万五千石を分与され、岡山城下に陣屋を構えて立藩した。だが、独立藩としての支配機構はもっていなかった。

政言は和歌や書を嗜み、元禄十三年（一七〇〇）に没し、嫡男政倚《まさより》が家督を継ぎ、以降は政方《まさみち》―政香《まさか》と継承した。政香は温厚誠実、篤学の人で、宗家池田継政《つぐまさ》が「国宝というべき人」と激賞したが、二十八歳の若さで没し、政方の次男政直《まさなお》が継いだ。その後、政養《まさやす》―政共《まさとも》―政善《まさよし》―政詮《まさあき》と続いたが、政詮は肥後国人吉藩主相良長富《ながとみ》の次男で、政善の末期養子となった。慶応四年（一八六八）には姫路城追討に岡山藩主の名代として参加し、三月十五日に岡山藩主となった。最後の藩主となった政保《まさやす》は五歳で父政詮のあとを継ぎ、翌二年に版籍奉還して知藩事に任ぜられ、同四年に廃藩置県を迎えた。

西江原《にしえばら》藩〈外様〉

陣屋＝岡山県井原市西江原町

津山藩二代藩主森長継《ながつぐ》は延宝二年（一六七四）四月に致仕し、弟長武《ながたけ》が三代藩主となった。だが、長武は貞享三年（一六八六）、長継の遺児長成《ながなり》が十六歳になったので、家督を譲って別家をたてた。長成は元禄十年（一六九七）六月、病いで危篤の時、衆利《もろとし》を養嗣子に迎えたが、衆利は江戸へ向かう途次、伊勢国桑名において発狂したので、同年八月、津山藩は収公された。

だが、長継はまだ存命であったので、再出仕を命ぜられて、備中国後月《しげつ》・哲多《てった》・窪屋・浅口・小田の五郡内において二万石を与えられ、後月郡西江原に陣屋を構えて立藩した。翌十一年、長継は八十九歳の長寿で没し、八男長直《ながなお》が家督を継いだが、宝永三年（一七〇六）、長直が播磨国赤穂へ転封となり、西江原藩は廃藩となった。その後、文政十年（一八二七）、一橋斉礼（十万石）の飛地となり、同十二年から西江原藩の陣屋跡に江原代官所が置かれて支配した。

浅尾藩《あさお》〈外様〉

陣屋＝岡山県総社市浅尾

豊臣秀吉の家臣蒔田《まきた》広定《ひろさだ》は伊勢・備中・河内三国内で一万石を領していたが、慶長五年（一六〇〇）、関ヶ原の役の時に西軍に与《くみ》し、敗戦後高野山へ逃れて剃髪したが、浅野長政・幸長父子の尽力で許され、改めて備中国賀陽・窪屋・浅口、河内国大県《おおかた》、山城国久世、摂津国豊島《てしま》・八部《やたべ》郡内において一万一千三百石を与えられて立藩した。

広定は寛永十三年（一六三六）に没し、嫡男定正《さだまさ》が遺領を継ぐ際、弟長広《ながひろ》に三千石を分与したので、八千三百石の旗本となり、つぎの定行《さだゆき》は寛永十八年に相続する際、弟定則に一千三百石を分与した。天和二年（一六八二）、上野国に七百石を加増され、七千七百石となった。以降は定矩―定英―定安―定静―定祥《さだゆき》―定邦―定庸―広運―広孝《ひろたか》と相続するが、文久三年（一八六三）十一月、広孝が江戸市中警衛の功労により一万石に高直しされ、諸侯に列して再度立藩したが、明治四年（一八七一）に廃藩置県を迎えた。

岡田藩《おかだ》〈外様〉

陣屋＝岡山県吉備郡真備町岡田

豊臣秀吉の家臣で大坂七手組頭の一人であった伊東長実《ながざね》（長次《ながつぐ》）は、備中国川辺一万三百石を与えられていた。慶長五年（一六〇〇）、長実は関ヶ原の役の勃発前の六月十六日、徳川家康を訪ね石田三成の挙兵を密告した。だが、長実は元和元年（一六一五）四月、大坂夏の陣の時には大坂方に属し、豊臣秀頼滅亡後、嫡男長昌《ながまさ》と高野山へ逃れたが、先の関ヶ原の役の功によって許され、備中国下道、美濃国池田、摂津国豊島《てしま》、河内国高安の四郡内において一万三百石を与えられ、下道郡服部に陣屋を構えて立藩した。

寛永六年（一六二九）二月、長実が没し、長昌が家督を継ぎ、つぎの長治《ながはる》を経て長貞《ながさだ》の時の寛文六年（一六六六）に岡田村に陣屋を移したので、この時から岡田藩と称することになった（三代までは川辺藩という）。つぎの長救《ながひら》も元禄十四年（一七〇一）、新たに陣屋を構築し、以後、明治維新までこの陣屋で藩政が執られた。

長救の治世では、領内の新庄《しんじょう》・本庄《ほんじょう》（現在の総社市新本《しんぼん》）両村にわたる五百六町歩の入会山《いりあいやま》を取り上げ、薪の商品化を行おうとしたので、これに反対する農民闘争が起こった。享保三年（一七一八）二月十日、村民は両村を逃散し、混乱にまぎれて惣代四人は江戸藩邸への越訴を成功させたが、長救は老中水野忠之の指示により、六月七日に四人を磔刑に処し、入会山は返還した（新本義民騒動）。

つぎの長丘《ながおか》は、現在も使用されている灌漑用の岡田大池を築造し、あとを継いだ長《なが》詮《とし》は明和七年（一七七〇）の大旱魃の際、自ら降雨の祭祀を執り行い、救恤米を与えて窮民を救った。長寛《ながひろ》の治世は七十年を越える長期間にわたったが、この間に藩の借財は一万両におよび、このため家臣の免職や離藩も多かった。だが、寛政六年には演武場敬学館を創設した。長裕《ながやす》のあとを継いだ最後の藩主長酬《ながとし》は、明治二年（一八六九）六月、版籍奉還して知藩事に任ぜられ、同四年七月、廃藩置県を迎えた。

松山《まつやま》藩（高梁《たかはし》藩）〈譜代〉

居城＝岡山県高梁市内山下

水谷氏の治世

豊臣秀吉の家臣小堀正次《まさつぐ》は慶長五年（一六〇〇）、関ヶ原の役の時、徳川家康方に属し、戦後備中国内において一万石を加増され、旧領と合わせて一万四千余石を領して、松山城に在城し、備中一国の代官として政務を執った。その子政一《まさかず》（遠州）は慶長九年にそのあとを継いだが、元和元年（一六一五）、近江国浅井へ転封となった。

小堀氏転封後の元和三年、因幡国鳥取六万石の藩主池田長幸《ながよし》が六万五千石で入封し、松山城を居城として立藩した。長幸は寛永九年（一六三二）四月に没し、その子長常《ながつね》は寛永十八年に嗣子なく没したため、除封となった。翌十九年、備中国成羽から水谷勝隆《みずのやかつたか》が五万石で入封し、高梁川の高瀬舟水路の開発、玉島新田の開拓、千屋鉄山業の振興などを行い、大いに民政を刷新して藩政の確立につとめた。寛文四年（一六六四）、父勝隆のあとを継いだ勝宗《かつむね》は、弟勝能《かつよし》に二千石を分与した。勝宗は臥牛《がぎゅう》山上の松山城を修築するとともに、藩主の日常の居館兼政庁として、いわゆる御根小屋を築き、それとともに城下町の整備を行った。勝宗のあとを継いだ勝美《かつよし》は治世わずか五年に満たない元禄六年（一六九三）、末期養子となった勝晴《かつはる》が遺領を継ぐ前に没したので、嗣子なく除封された。のち勝美の弟勝時《かつとき》が三千石を与えられて、家督の相続が許された。

幕末の老中板倉勝静

水谷氏除封後の元禄八年、上野国高崎から安藤重博《しげひろ》が六万五千石で入封し、その子信友《のぶとも》は宝永六年（一七〇九）に寺社奉行に任ぜられたが、正徳元年（一七一一）に美濃国加納へ転封となった。代わって山城国淀から石川総慶《ふさよし》が六万石で入封したが、石川氏は一代三十三年間の在藩で、延享元年（一七四四）に伊勢国亀山へ移り、入れ替わりに亀山から板倉勝澄《かつずみ》が五万石で入封した。勝澄のあと、勝武《かつたけ》―勝従《かつより》―勝政《かつまさ》と続き、勝政は奏者番を経て寺社奉行に任ぜられ、寛政年間（一七八九～一八〇〇）に藩校有終館を創設した。つぎの勝晙《かつあき》を経てあとを継いだ勝職《かつつね》は奏者番となり、天保九年（一八三八）、焼失した江戸城西の丸再建にあたって七千五百両を献上した。勝職は奢侈淫乱のため藩政は弛緩し、極度の財政難から借金を重ね、後世に行われる藩政改革の遠因となった。勝職には嗣子がなかったため、伊勢国桑名藩主松平定永《さだなが》の八男勝静《かつきよ》を養嗣子とした。

勝静は寛政の改革で知られる老中松平定信の孫という血筋と才幹により、藩政では儒学者山田方谷《ほうこく》を元締役兼吟味役に登用し、借財整理・殖産興業などの藩政改革を成功させた。勝静は奏者番から寺社奉行となり、安政の大獄の時には大老井伊直弼と対立して罷免され、文久二年（一八六二）と慶応元年（一八六五）に老中に就任した。慶応四年の戊辰戦争では奥羽越列藩同盟の参謀となり、箱館まで転戦したが、翌年禁錮に処せられた。勝静の新政府敵対行動により松山藩は岡山藩の管理下に置かれたが、同年、勝弼《かつすけ》に三万石の減封で家名相続が許され、高梁藩と改称し、同四年に廃藩置県を迎えた。

小江戸紀行 朝霧に包まれる城下町 備中高梁城下を歩く

名庭のある頼久寺

備中高梁は北端に望まれる白亜の備中松山城天守閣の建つ臥牛山を初め、標高四五〇〇メートル程の山々が四方から城下町に迫り、町の西側を南北に流れる高梁川の清流に沿った半月状の町並は、江戸初期に備中国奉行となった小堀遠州（政一）によって造られた。

松山藩の藩校有終館跡

JR伯備《はくび》線備中高梁駅から松原通りを北へ進むと、途中に明治洋館を使用した高梁市郷土資料館があり、玄関前に藩校有終館学頭の山田方谷像が立っている。この郷土資料館裏に藩主板倉家の菩提寺安正寺があり、幕末の藩主板倉勝静《かつきよ》らの墓がある。

松原通りをさらに進むと、紺屋川手前に県内最古の高梁キリスト教会が建ち、川を渡った所が藩校有終館跡で、かつて学頭をつとめた方谷が植えた四本の黒松がある。伯備線の踏切を渡った左手に、小堀遠州作の名庭で知られる頼久寺《らいきゅうじ》があり、白壁の土塀と石積みの塀が城郭を思わせる。この庭園は江戸初期、当寺を仮館とした遠州の作庭によるもので、蓬萊式枯山水庭園だ。

武家屋敷街と備中松山城跡

頼久寺から北へ進むと石火矢《いしびや》町の武家屋敷通りで、穏やかな坂道の両側に、白壁や土塀の家々が連なっている。途中、ひときわ白壁の美しい長屋門が武家屋敷館で、天保年間（一八三〇～四四）に建てられた百六十石取りの物頭格武士の屋敷である。

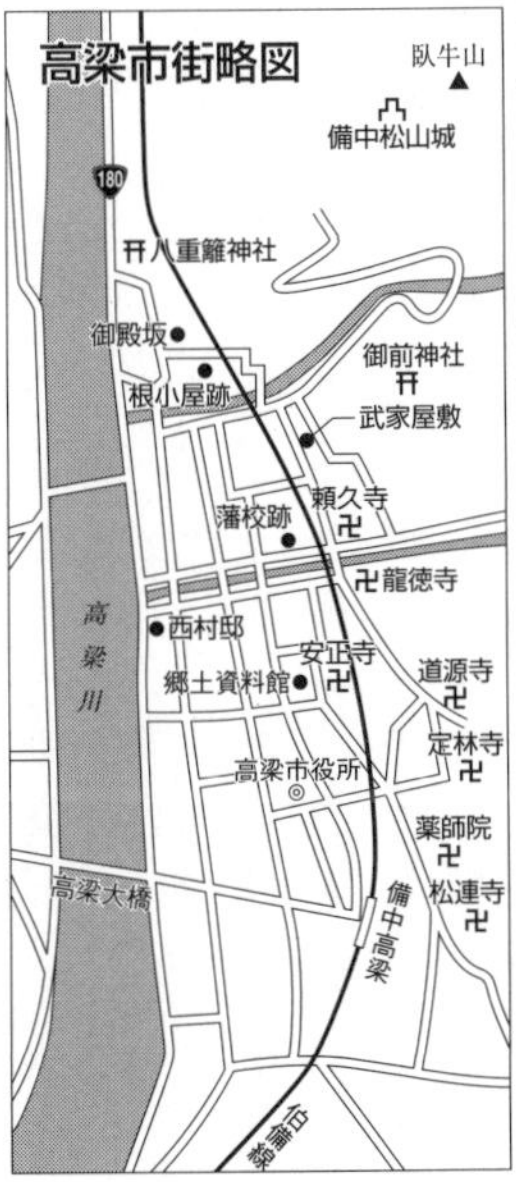

武家屋敷通りを抜けると、正面に日本三大山城の一つといわれる備中松山城が聳えている。徒歩では時間がかかるので、タクシーを利用するとよい。駐車場から急坂を登ると、まもなく正面に幾重にも石垣の折り重なる大手門跡が現われる。

平成六年から三年間かけて正面玄関ともいえる本丸南御門を初め、東御門・腕木御門・路地門・五の平櫓・六の平櫓・土塀などが往時のままに復元された。

そしてその奥に、一段と高く白亜二層の天守閣が聳えている。風雪に耐えた天守閣から眼下に望む朝霧に包まれた市街は、幻想的で美しい。

成羽《なりわ》藩〈外様〉
陣屋＝岡山県川上郡成羽町成羽

因幡国若桜《わかさ》三万石の藩主山崎家治《いえはる》は元和三年（一六一七）、備中国内において三万石を与えられて、成羽へ転封となったが、寛永十五年（一六三八）、肥後国富岡へ移された。代わって翌年、常陸国下館四万七千石の藩主水谷勝隆《みずのやかつたか》が三千石を加増されて入封し、備中国川上郡、播磨国美嚢郡において五万石を領有したが、三年後の同十九年、備中国松山へ転封となり、一時廃藩となった。

万治元年（一六五八）、旧藩主山崎家治の子豊治《とよはる》が五千石の交代寄合で再入封、鶴首《かくしゅ》に陣屋を構えた。これは家治の遺領を相続した俊家《としいえ》が明暦二年（一六五六）に没し、嗣子がなく改易されるところを、兄豊治に家名相続が許されたものである。

その後、義方－堯治－信盛－義俊－義苗《よしたね》－義徳－義高－義柄《よしつか》と継ぎ、明治元年（一八六八）、義厚《よしあつ》の時に一万二千七百余石に高直しされ、諸侯に列して再度立藩し、つぎの治祇《はるよし》の時に廃藩となった。

新見《にいみ》藩〈外様〉
陣屋＝岡山県新見市新見

美作国宮川一万八千七百余石の藩主関長《なが》治《はる》は元禄十年（一六九七）、本藩の美作国津山藩主森長成《ながなり》が没し、養子衆利も発狂失心したので改易となった時、備中国新見へ転封となり、備中国阿賀・哲多《てった》・後月《しげつ》・小田・浅口五郡内において一万八千石を与えられ、英賀郡上熊谷諏訪山に陣屋を構えて立藩した。長治は旧藩主水谷氏時代の陣屋町に各地から町人を招いて経済的な繁栄をはかった。特に新町には牛馬市場を開設し、夏秋の両季節に三十日間ずつの市を立てて保護した。

長治のあと、長広《ながひろ》－政富《まさとみ》と続き、政富の治世には実態と乖離《かいり》した打出高《うちだしだか》がなされた元禄検地での拝領高であったために、早くも藩財政が極度に逼迫した。このため政富は英断をもって藩政改革を行ったので、やや財政の建て直しができた。また、文教政策にも力を注ぎ、宝暦三年（一七五三）に藩校思誠館を創設し、領民の子弟に対しても学問を奨励、学資補助も講じ、自らも珍書三千五百冊余を収集した。

つぎの政辰《まさとき》を経て長誠《ながのぶ》が家督を継ぐと、寛政六年（一七九四）、藩校思誠館の督学教授に丸川松陰を招いた。そして、松陰を藩政参与に抜擢し、『型典』を著わして、大いに藩政改革を行い、以後、藩政は『型典』によって行われた。つぎの長輝《ながてる》のあとを受けた成煥《しげあきら》の治世は藩財政が一層窮乏し、天保七年（一八三六）には年貢収納高が立藩当初の四割以下にまで落ち込み、借銀高は銀二百四十八貫余に達した。

成煥のあとは養子長道《ながみち》が継ぎ、最後の藩主となった長克《ながかつ》は、文久三年（一八六三）、京都御所の宿衛を命ぜられ、翌年には領内の鉄の藩専売を実施した。明治元年（一八六八）には、長克は朝敵になった備中国松山藩征討のため、岡山藩に協力して出陣し、明治四年に廃藩となった。

なお、市内の船川八幡神社で、毎年十月十二日に行われる大名行列の土下座《どげざ》祭りは、藩主関長治がお国入した時を、そのまま再現したものである。

備後国

福山藩《ふくやま》〈譜代〉

居城＝広島県福山市丸之内

水野氏の入封

安芸・備後両国で四十九万八千石を領していた福島正則《まさのり》が元和五年（一六一九）に改易になると、大和国郡山六万石の水野勝成《かつなり》が四万石を加増され、合わせて十万石を領して立藩した。勝成は鬼日向《おにひゅうが》と呼ばれた歴戦の勇士で、福山を「西国の鎮衛」とする幕府の意向によって入封した。勝成は初め神辺城《かんなべ》に入城したが、野上村常興寺山の地に壮大な居城を築き、元和八年に竣工して久松城と命名、城下を福山と改称して移住した。勝成の入封頃から備後表と呼ばれた畳表の生産が進み、木綿の生産とともに藩による統制下に置かれ、城下の問屋が独占的に集荷して、運上金を課した。また、福山の外港ともいえる鞆《とも》港は、これら国産品の積出港としての他、西廻り航路の米穀中継市場として栄えた。

勝成は寛永十六年（一六三九）に致仕し、嫡男勝俊《かつとし》が襲封し、以後勝貞《かつさだ》－勝種《かつたね》と続き、次の勝岑《かつみね》が元禄十年（一六九七）に家督を継いだが、翌年わずか二歳で没し、嗣子なく断絶となった。

阿部氏の治世

水野家断絶後、一時幕府領となったが、元禄十三年に出羽国山形から松平（奥平）忠雅《ただまさ》が十万石で入封し、宝永七年（一七一〇）、伊勢国桑名へ転封となった。

代わって下野国宇都宮から阿部正邦《まさくに》が十万石で入封したが、五年後の正徳五年（一七一五）に没し、その子正富《まさとみ》が家督を継いだ。正富の代の享保二年（一七一七）には年貢減免を要求する全藩的な一揆が勃発した。正富は寛延元年（一七四八）に致仕し、嫡男正《まさ》右《すけ》が襲封して寺社奉行・京都所司代・老中を歴任した。明和六年（一七六九）、正倫《まさとも》が襲封すると、凶作に見舞われて領内全域で一揆が起こり、さらに天明五～六年（一七八五～八六）と凶作が続いたので、激しい打ち毀しをともなう一揆が続発した。一方、正倫は寺社奉行や老中など幕府の要職を歴任したが、天明六年には藩校弘道館を創設し、寛政八年（一七九六）には菅茶山《かんちゃざん》の廉塾《れんじゅく》を郷学とするなど学問にも尽くした。

次の正精《まさきよ》（老中）－正寧《まさやす》を経て、天保七年（一八三六）、英明の藩主と謳われた正弘《まさひろ》（正倫の七男）が家督を継いだ。正弘は天保改革の失敗のあとを受けて、天保十四年、老中に抜擢され、弘化二年（一八四五）以降、老中首座として内憂外患の政局を担当した。安政元年（一八五四）一月、ペリー艦隊が再来航すると開国を決意し、三月に日米和親条約締結に踏み切った。一方、正弘は嘉永五年（一八五二）、一万石を加増され、安政元年には弘道館を廃し、誠之館を創設して文武の修練につとめ、西洋兵法を修得させた。

正弘は安政四年六月十七日に没し、次の正経《まさのり》を経て正方《まさかた》は文久三年（一八六三）、借財整理につとめ、再度の長州征伐に出兵、長州軍に敗北した。正方は慶応三年（一八六七）に没し、次の正恒《まさつね》が最後の藩主となり、翌年一月の鳥羽伏見の戦いが起こると、ただちに新政府軍に勤王誓約書を提出、戦後、賞典禄六千石を下賜され、同四年七月に廃藩置県を迎えた。

小江戸紀行 伏見城遺構の城下町福山城下を歩く

西国の鎮衛

JR福山駅を出て左に約一〇〇メートル、右手の坂を上ると福山城の本丸に入る筋鉄《すじがね》門がある。左に渡櫓、右に多門を連接させた様式で、入母屋造本瓦葺、門扉と柱に鉄筋を張ったところから筋鉄門という。これは伏見城から移築したものだ。本丸内に入ると、整備された芝生の中に点々と礎石がつづいている。明治維新後に破壊された本丸の建物跡の一部である。右手には白壁にはさまれた木造単層の建物がある。かつて伏見城にあった時、淀君が住んでいて、御湯をつかった太閤遺愛の湯殿という。

筋鉄門正面に聳える三層楼は本丸西南の隅櫓で、伏見櫓と呼ばれている。これも伏見城の遺構ということから出た名称である。本丸内の正面に聳える天守閣は、第二次大戦末期に焼失し、その後、昭和四十一年に再建されたもので、ありし日の面影を伝えている。実に軒の逓減《ていげん》率が少ない天守閣だ。

この城を築いたのは徳川家譜代の水野勝《かつ》成《なり》である。勝成が選定したこの城の位置は、西側と東北側を芦田川、吉津川、薬師川の流れで隔てられ、南は瀬戸内海にのぞみ、山陽道に近く、神辺《かんなべ》の平野部を後背とし、外港として鞆《とも》も利用できるように、縄張りされた鎮衛のための天然の要害である。

城の築造とともに、城下町の建設もすすめられた。城の搦手《からめて》である北側のだらだら坂をおりると三蔵稲荷に出る。この神社は勝成の祖父忠政が、三河国刈屋城鎮護のために祀ったものを、福山移封のときにこの地に移し、城の鎮守としたものという。

神社の向かいの小丘は天神山だ。堀切《ほりきり》の深い谷川に架かる橋を渡ると、正面に石段がある。これを上りきると護国神社本殿の横に出る。城主家三代目の阿部家の祖先を祀ったものである。最初の水野家は五代勝《かつ》岑《みね》の夭折によって断絶し、一時、松平家が山形から入るが、その後は阿部家の時代が長くつづいた。

三蔵稲荷と護国神社の丘との間に谷川があるが、これは旧福山上水道の東町幹線の取り入れ口だ。芦田川の水はいったん池にためられ、ここから東町、西町、吉津方面に分水され、城下町に流れ下って飲料水を供給したものである。この水道は、江戸の神田上水についで古いものという。

護国神社の赤門を出ると松山町の通りが東西に走っている。かつてこの辺りは神社の丘がなだれ落ち、その山裾を垂直に切り取って敵が登れないようにした胸壁だった。

赤門の前の間の細い道を通ってさらに北に進むと、宮川筋の道路に出る。この辺りは、かつての城の外濠に転用した吉津川の名残りだ。宮川筋の西端に鎮座する福山八幡宮は、天和三年（一六八三）、時の領主四代水野勝種が完成させたという。

ここから福山駅にもどり、線路ぞいに東へ八〇〇メートルほど歩くと、南側のバス通りに面して水野氏歴代の菩提寺賢忠寺がある。勝成が福山に城下町を形成したとき、父忠重の菩提を弔い、その戒名「瑞源院殿勇心賢忠大居士」の賢忠をとって、元和八年（一六二二）に建立したもの。

福山城筋鉄御門

本堂裏から高架の線路をへだてて北側には水野家の墓所がある。墓域の北に南面した高さ五・一メートルの巨大な五輪石塔が勝成の墓で、地輪に「干時慶安四年辛卯歳三月十五日」と死亡の年が刻してある。

山陽道の宿駅・神辺

福山市の北に接し、山陽道の宿駅としてひらけた神辺《かんなべ》宿。町の中ほどの、かつて三日市とよばれたあたりに、江戸時代、参勤交代の大名や公家などが宿所として利用した菅波家、神辺本陣跡がある。屋敷全体が県史跡、建物は県重文に指定されている。

ここから東へ五分、「国の特別史跡廉塾《れんじゅく》ならびに菅茶山《かんさざん》旧宅」という標示柱がある。茶山は菅波家の一族菅波樗平の長男で、学を好み、家業を弟にゆずって京都に出、朱子学を学び、自宅に塾を設けた。彼の墓は町の東端にそびえる黄葉山《こうよう》麓の菅家の墓所にある。

三次《みよし》藩〈外様〉
陣屋＝広島県三次市

安芸国広島藩主浅野長晟《ながあきら》の庶子長治《ながはる》は寛永九年（一六三二）、父の遺領のうち備後国三次・恵蘇二郡内において五万石を分与され、三次に御館を構えて、広島藩の支藩として成立した。

長治は浜田城・宮津城などの城番を勤め、延宝三年（一六七五）に没し、その子長照《ながてる》―長澄《ながすみ》と継承したが、つぎの長経《ながつね》は享保四年（一七一九）四月、十三歳で没し、無嗣絶家となり、藩領はいったん宗家広島藩に還付された。だが、享保四年十月、改めて長経の弟長寔《ながざね》に、広島藩主浅野吉長《よしなが》から五万石を分与されたが、長寔も翌年十歳で没し、無嗣絶家のため、ふたたび藩領は本藩に還付されて、廃藩となった。

なお、長治の娘阿久里《あぐり》姫は「忠臣蔵」で知られる赤穂藩主浅野長矩《ながのり》の正室で、三次の浅野家の菩提寺鳳源寺《ほうげんじ》には輿入れの時、迎えにきた家老大石内蔵助良雄が手植えしたという桜が今も春には花を咲かせている。

安芸国

広島藩《ひろしま》〈外様〉

居城＝広島県広島市中区基町

福島正則の除封

中国地方九ヵ国において百十二万石を領有していた毛利輝元は慶長五年（一六〇〇）、関ヶ原の役で西軍の総大将となったが敗れ、周防・長門二ヵ国に減封されて移った。代わって徳川家康方に属して戦功を樹てた福島正則《まさのり》が尾張国清洲二十四万石から安芸・備後二ヵ国と備中国の一部を加えた四十九万八千二百余石を与えられ、広島城に入城して立藩した。

正則は入封直後、領内の総検地を実施して、拝領高よりも二万三千石の増石となった。さらに同九年には刀狩りを命じ、領内から地侍的な勢力を一掃し、近世的な貢租体制を確立した。だが、正則は豊臣恩顧の臣であり、幕府の警戒心は強く、元和三年（一六一七）、正則が広島城の石垣を修理したことが、これが幕府から無断修復の罪に問われ、同五年に信濃国高井野に蟄居を命じられた。

浅野氏の治世

福島氏改易後、紀伊国和歌山から浅野長《なが》晟《あきら》が安芸一国と備後半国四十二万六千五百余石を領有して広島城へ入城した。備後半国の七郡には福山藩が立藩した。長晟入封後、家臣の知行地への支配力を低減させるために入会知行制（支配関係を固定しないために一村を何人かの共有知行地とする制度）を採用した。また、領地支配の強化のため、各郡を五～六千石単位として代官制を布き、それぞれ二～三人の代官を配置した。しかし、この制度は間もなく廃止され、地方支配を統轄する郡代と、郡単位に代官を置くことにした。さらに各郡には大庄屋、村には庄屋組頭を定めた。そして、元和六年には地方支配の基本方針を示した「郡中法度」を布達し、郡奉行・代官らに農村支配の心得を申し渡して、農民を土地に縛りつけることを推進するとともに知行制度・税制・司法制度などを整備した。

長晟は寛永九年（一六三二）九月に没し、次男光晟《みつあきら》が十六歳で家督を継いだ。この時、庶兄長治《ながはる》に五万石を分与して備後国三次《みよし》に支藩を立て、光晟の後見を期待するとともに宗藩の継嗣の断絶に備えた。光晟は寛文十二年（一六七二）に致仕し、嫡男綱晟《つなあきら》が襲封したが、わずか十ヵ月後の延宝元年（一六七三）五月に没し、つづいて嫡男綱長《つなnext》が家督を継いだ。綱長は在任中、分家の赤穂藩主浅野長矩が高家吉良義央に刃傷におよび、即日切腹を命ぜられたので、家老大石内蔵助良雄ら赤穂浪士が復讐することを陰ながら援助したという。

綱長は宝永五年（一七〇八）二月に没し、嫡男吉長《よしなが》が家督を継いだ。吉長は正徳年間（一七一一～一六）に積極的な藩政改革を断行し、行き詰まった藩財政建て直しにあたった。まず、藩主による直裁政治を実現するために、家老の権限を弱め、代官制度を廃止し、大庄屋を所務役人に任じ、地方支配の効率化をはかった。その一方で、軍制改革を実施し、その中心に鉄砲隊を導入するなど進んだ兵制を採用した。

しかし、享保三年（一七一八）、吉長の軍制改革に反対する大一揆が、支藩三次領で発生し、またたく間に全藩に広がった。一揆側の要求は新格の廃止、所務役人の総退陣、年貢諸負担の減免、山林野の解放などであった。藩側は一揆鎮静のため農民の要求を受け入れたが、一揆側から首謀者の処罰などによる犠牲者が出た。これらの要求を容れたため、以後の農村政策を転換せざるを得なかった。

この後にも、宝暦五年（一七五五）と天明六年（一七八六）に、年貢減免や専売政策に反対する大規模な一揆が起こっている。また、吉長は文教の振興に意を注ぎ、元禄年間（一六八八〜一七〇四）に藩校修道館を創設し、享保一揆の後には講学所（のちの講学館）を設けた。さらに天明二年（一七八二）には城内に学問所を設置し、家臣のみならず、農町人の子弟にも入所を許した。

藩の特産品

藩の特産品としては「安芸木綿」の名で知られる木綿がある。藩政当初から生産されていたが、寛永三年（一六二六）、綿座が設けられ、特産品として奨励されたので隆盛した。だが、元禄十年（一六九七）、城下革屋町の商人らに綿政所を命じて、木綿商売の統制化をはかった。安永九年（一七八〇）の記録には他国売りしている綿製品は、繰綿《くりわた》四千八百貫、木綿類一万反《たん》と記されている。天保十四年（一八四三）には木綿改所を設置し、他国に渡る木綿は改所の検印が必要で、これは専売制に近い統制強化策であった。

瀬戸内海に面する遠浅の海岸は塩の生産に適していた。領内の竹原では慶安三年（一六五〇）から寛文二年（一六六二）にかけて、六十町歩の塩田が拓かれ、松永でも四十町歩の塩田が開発された。しかし、享保末年には生産過剰に陥り、十州塩田の申し合わせによって、生産制限を行った。

領内の河川上流には砂鉄が多く産出し、「鉄穴《かんな》流し」と呼ばれる集鉄法を用いて生産された。鉄も特産品であった。特に備北四郡は生産量が多く、知行高内訳に「鉄山役高一万三千石」とあるように、藩政初期から藩財政に大きく貢献し、元禄九年には広島城下に鉄座が設けられた。この他、領内の山間地域で冬場の農間副業として生産された紙も特産品の一つで、天保三年（一六四六）、紙方を設置した。

名君重晟と幕末多端

四十五年間にわたって在職した吉長は宝暦二年（一七五二）一月に没し、嫡男宗恒《むねつね》が継ぎ、藩財政の建て直しに銀札を発行し相場会所を開設し、さらに城下の大火に際して貯米を配って被害者を救済したが、宝暦十三年に致仕し、庶子重晟《しげあきら》が襲封した。

重晟は後世「浅野家累世中の名君」と称されるほどの藩主で、吉長の代に始まった救荒対策としての社倉を領内各村に設置した。また、厳しい倹約令を実施し、重晟自ら節倹につとめ、危機的状態の藩財政の建て直しに努力した。だが、三十六年間の在職中には風水害と虫害による凶作が頻発し、そのうえ幕府の公役負担による莫大な臨時支出も藩財政を苦しめた。特に重晟は学問の奨励に力を注ぎ、天明三年（一七八三）、藩校修道館を創設し、民間から儒者頼春水《らいしゅんすい》・杏平《きょうへい》兄弟、香川南浜《なんぴん》らを登用した。のち歴代藩主や藩政の事績を記録した『済美録』『事蹟緒鑑』などを編纂させた。

重晟は寛政十一年（一七九九）に致仕し、次男斉賢《なりかた》が襲封すると、藩の勘定所に諸品方（産物方）を設け、城下の豪商数名を御用聞（参与）として登用した。また春水・杏坪兄弟に命じて『芸備孝義伝』を刊行し幕府に献上するとともに、領内に配布して農民や町人の教化に役立てた。

次の斉粛《なりたか》は天保七年（一八三六）、濃尾の川普請を命ぜられ、十一代将軍家斉の二十四女末姫との婚儀に十五万両を要したため、家臣の禄を半知借り上げ、さらに大坂の豪商鴻池から四万両を借り入れた。嘉永五年（一八五二）には藩内通用の銀札の価値を五百分の一にする平価切り下げを断行したが、藩財政の困窮はやまず、翌年には藩の債米で三十四万石に達した。

斉粛は安政五年（一八五八）に致仕し、慶《よし》熾《てる》が家督を継ぐが、わずか五ヵ月後の九月十日に二十三歳で急逝し、嗣子がなかったため、広島新田藩主長訓《ながみち》（茂長《もちなが》）が家督を相続した。長訓はただちに藩政改革に着手し、年寄野村帯刀《たてわき》・辻将曹《しょうそう》を抜擢して、地方支配機構の改革、軍制の改革、殖産興業政策の推進をはかった。第一次・第二次長州征伐には、広島城は征夷軍の拠点となったが、長訓は幕府と長州藩との間に立って周旋に奔走し、慶応二年（一八六六）七月二十七日、征長総督徳川茂承《もちつぐ》（和歌山藩主）に対して、征長に名分のないことを主張、征長先鋒を辞退した。

慶応三年九月、薩長同盟が具体化すると、広島藩はこれに加わって薩長芸三藩同盟を締結した。だが、広島藩の提出した建白書には、幕府が進んで政権を朝廷に返還すべきであり、これを幕府が容れなければ倒幕もやむなしとするものであったため、あくまで挙兵倒幕を主張する薩長二藩はこれを背反行為と見なして激怒した。このため、倒幕の密勅が下った際、広島藩は政局の中枢から除外された。

慶応四年、戊辰戦争には藩兵二千二百余と、さらに正規軍とは別の農兵隊（神機隊）も出兵し、のち錦旗も授けられ、戦後、賞典禄一万五千石を下賜された。長訓は明治二年一月、病気のため致仕し、最後の藩主長勲《ながこと》（長訓の甥）が版籍奉還して知藩事に任ぜられ、同四年に廃藩置県を迎えた。

広島新田藩《ひろしましんでん》〈外様〉

陣屋＝広島県広島市

備後国三次《みよし》藩主浅野長寔《ながざね》は享保五年（一七二〇）、わずか十歳で夭逝し、無嗣絶家のため廃藩となったが、それから十年後の享保十五年、青山浅野家として復活し、広島藩主浅野吉長は弟長賢《ながかた》に収納米三万石を分与して、新田藩を立藩させた。

これは毎年、本藩が収納する廩米《りんまい》を受け取っていたので、特定の領地を所有していなかったが、幕府からは諸侯に列せられていた。

青山浅野家は参勤交代を行わない定府大名であり、長賢のあとは長喬《ながたか》―長員《ながかず》―長容《ながかた》―長訓《ながみち》（のち広島藩主茂長《もちなが》）―長興《ながおき》（のちの広島藩主長勲《ながこと》）と継承し、長興が文久二年（一八六二）十二月、本藩の世子となったので、従弟長厚《ながあつ》が青山家を継ぎ、最後の藩主となった。元治元年（一八六四）、安芸国吉田に陣屋を構えたといわれるが、明治二年（一八六九）に本藩広島藩と合併したために廃藩となった。

小江戸紀行 外様大藩の城下町広島城下を歩く

広島城跡と縮景園

JR広島駅から京橋川を渡って西へ歩けばほどなく広島城跡である。駐車場となった三の丸跡から二の丸、さらに本丸へと濠を隔てて橋でつながっている。方形に区切られた本丸は濠に浮き、その西南には護国神社が鎮座し、西北隅の樹林の中には、五層の大天守閣が、水面に影をおとして屹立している。

藩主浅野家の別邸縮景園

城跡の東方、京橋川のほとりにある縮景《しゅくけい》園は、藩主浅野長晟《ながあきら》が、家老で茶人の上田宗箇《そうこ》に命じて作庭した浅野家の別邸である。池を中心にして、山や川、滝を配し、茶室を設け、回遊できるようにしたもので、中国の西湖の景色を模したといわれる。

頼一族の墓

平和大通りの北に小さな社を構えるのは、白神《しらかみ》社である。四百年前の築城当時は、ここまで海が入り、岩礁に白い紙を立てて船の航行の目印として安全を祈ったことから白神社として祀られるようになった。隣には、昭和五十三年まで国泰寺があったが、現在は全日空ホテルが建っている。このホテルの裏のビルの谷間に、ひっそり建つのが、頼山陽旧宅である。山陽は儒者春水の長男。大坂で生まれ広島で育ち、幼いころから漢学を学んだ。

比治山の多聞院には、春水とその夫人梅《ばい》颸《し》、山陽の叔父杏坪《きょうへい》など頼一族の墓が並び、その隣には同じく藩の儒者植田艮背《こんぱい》の墓がある。

広島市街略図

市街地に城下町時代の名残りを探すのはむずかしいが、それでも広島駅の北方には、ゆかりの史跡が点在する。福島正則の家臣、可児《かに》才蔵の墓がある才蔵寺、徳川家康を祀った東照宮、浅野家初代長政、藩祖長晟、最後の藩主長勲を祀る饒津《にぎつ》神社、福島氏の祈祷寺・明星院、本堂の内陣の左右には赤穂四十七士の木造が並んでいる。安国寺恵瓊《えけい》が住職をつとめた安国寺もある。

岩国藩《いわくに》〈外様〉

陣屋＝山口県岩国市横山

大名になれなかった吉川家

中世安芸国の地頭であった吉川《きっかわ》氏は、戦国期に毛利元就《もとなり》の次男元春《もとはる》が吉川興経《おきつね》の養嗣子となり、中国地方に勇名を馳せたが、元春の嫡子元長《もとなが》が早世したため、三男広家《ひろいえ》は天正十九年（一五九一）、出雲国三郡・伯耆国三郡・安芸国一郡の七郡内において十一万石、および隠岐国を与えられて、出雲国富田月山《とだがっさん》城主となった。慶長五年（一六〇〇）の関ヶ原の役の際、広家は初め西軍に与《くみ》したが、徳川家康に内応していたので、西軍総大将の宗家毛利輝元《てるもと》は所領の八ヵ国を没収され、改めて防長二ヵ国に封じられた。この結果、広家も減封となり、周防国玖珂・大島二郡内において三万石を与えられ、慶長七年に居所を岩国に定めた。翌年、城を錦川右岸の横山に築いたが、元和元年（一六一五）の一国一城令によって城を破却、山麓に居館を築いた。

関ヶ原の役以来、宗家萩藩と疎遠の事情があり、幕府から諸侯の列に推挙されなかったが、家督相続・将軍の代替わり、その他の大礼の際には江戸に参勤し、また将軍から御内書を賜わり、諸侯と同様の賦役を勤め、幕府から特別の待遇を与えられた。

広家は寛永二年（一六二五）九月に没し、広《ひろ》正《まさ》が家督を継ぎ、寛永十七年には紙の藩専売制を実施した。つぎの広嘉《ひろよし》は延宝元年（一六七三）、有名な錦帯橋を架橋した。その後、広範《ひろのり》―広逵《ひろみち》―経永《つねなが》と継承し、経永の代の享保二年（一七一七）に年貢減免要求の大規模な農民一揆が起こった。この間、家格の昇格運動が続けられ、家老吉川外記《げき》が幕府大奥に金品を贈って働きかけたため、元文三年（一七三八）に一大汚職事件として摘発され、多額の負債を残した。延享四年（一七四七）、経永は家臣の半知上納を命じ、また櫨《はぜ》方役人を置いて櫨の栽培につとめたが、藩財政の建て直しにはほど遠かった。

宗家萩藩を援け大名へ

経永のあと、経倫《つねとも》―経忠《つねただ》―経賢《つねかた》―経礼《つねひろ》―経章《つねあき》と継承し、弘化四年（一八四七）、経幹《つねもと》が家督を継ぐと、藩校養老館を創設して、文武奨励をはかった。この頃、宗家萩藩は多難な政局に直面していたが、長年疎遠であった吉川家の協力を得たいとして和解し、安政三年（一八五六）、経幹や重臣らを萩に招待して宴を催した。経幹は宗家毛利敬親《たかちか》の衷情を理解し、以後、宗家を援助した。

攘夷運動の先頭にたつ萩藩はめまぐるしい情勢の変転の末、文久三年（一八六三）八月十八日の政変で形勢が逆転し、経幹は三条実美ら尊攘派の七卿を警固して帰藩した。翌元治元年（一八六四）七月、経幹の反対を押し切って上洛した藩兵が禁門の変を起こし、幕府は第一長州征討を命じたが、経幹は両者間の周旋につとめ、戦いを未然に防いだ。しかし、慶応元年（一八六五）四月、第二次長州征伐の際、経幹は長州藩と協力して幕府軍を撃退した。慶応四年の戊辰戦争の際、新政府軍に参陣して戦功を樹て、この時岩国藩ははじめて諸侯に列した。経幹のあとを継いだ最後の藩主経健《つねたけ》は翌年六月、版籍奉還して知藩事に任ぜられ、同四年に廃藩置県を迎えた。

小江戸紀行 錦帯橋のある城下町岩国城下を歩く

日本三大奇橋の一つ錦帯橋

城下町の面影を残す岩国は、清らかに流れる錦川《にしきがわ》に架かる日本三大奇橋の一つ錦帯《きんたい》橋《きょう》のある町として知られている。JR山陽本線岩国駅前から錦帯橋行きの終点で下車すれば、すぐに錦帯橋である。

この橋は美しい曲線を見せる五連の反《そ》り橋で、全長一九三・五メートルもあり、中央の三連は石造りの橋台の間隔が広いのに、橋を支える橋柱はまったくなく、急勾配のアーチ上を歩くと、しなるような感触が足元に伝わる。

錦帯橋は延宝元年（一六七三）十月、三代藩主吉川広嘉が築城技術と組木の工法を結集して、増水でも流されない橋を完成させた。組木は精巧かつ独創的な構造で、一本の釘も使わず、独得な技法を最大限に活用した匠の技が見られる。

だが、完成の翌年五月、早くも梅雨期の洪水で流失する。直後に再建され、以後、昭和二十五年九月の台風による濁流で崩壊するまで、実に二百七十六年間も雨風に耐えた。木造の橋の部分は三十数年ごとに架け替えられ、現在の橋は平成十五年に架け替えられたものである。

関ヶ原の役後、初代広家《ひろいえ》は周防国岩国三万石に移されると、横山山頂に城、山麓に居館、そして錦川の対岸に城下町を造成した。その結果、錦川が外堀の役目を果たして戦略的な堅固さを誇ったが、泰平の時代には藩主の居館と城下町が隔てられているのが不便であったので、橋の建設は歴代藩主の悲願が実現したものであった。

香川家長屋門と吉香神社

錦帯橋を渡った横山一帯は、藩主の居館を中心に上・中級家臣の屋敷があった所で、今も城下町の面影を色濃く残している。橋を渡った正面に吉川広嘉の銅像が立ち、それを左手に見て進むと、香川家長屋門がある。香川家は岩国藩家老職をつとめた家柄で、この門は香川正恒《まさつね》が元禄年間（一六八八～一七〇四）に建立したものである。

この門に続く土塀角の向かい側は、旧岩国高校横山校舎正門跡で、藩校養老館が建っていた所である。今は洋式庭園となっている。

桜並木道を歩いて堀端に出ると、堀の向こう側が七代藩主経倫《つねとも》の隠居所で、現在は吉川史料館として吉川家に伝わる貴重な資料が展示されている。堀に影を落とす錦雲《きんうん》閣《かく》（絵馬堂）があり、城山麓には歴代藩主が崇敬した白山神社がある。左手にはロー

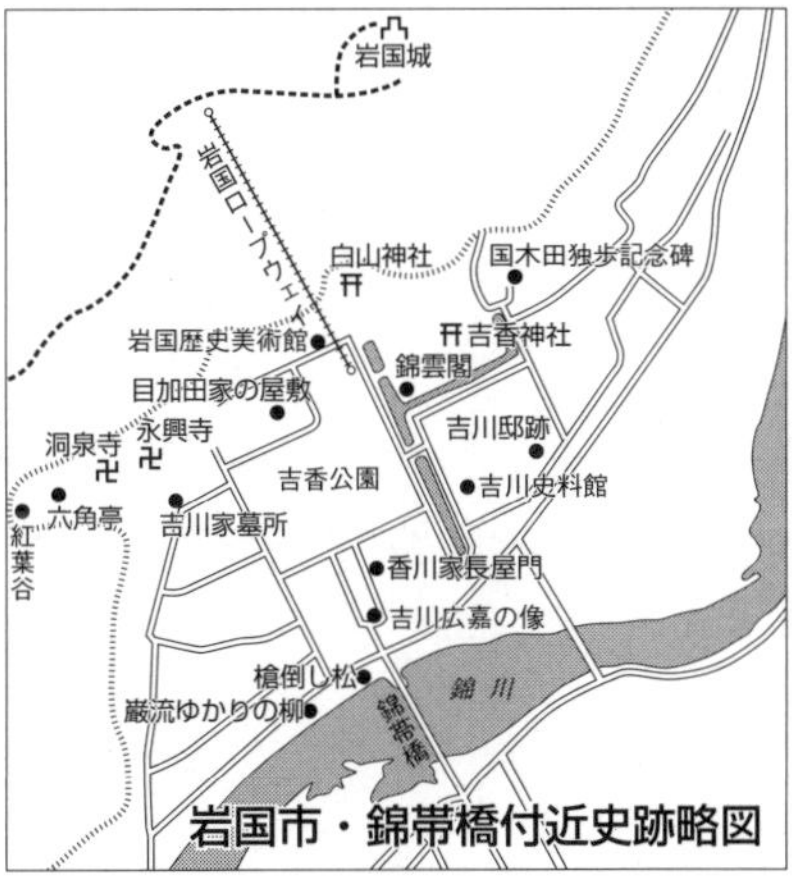

岩国市・錦帯橋付近史跡略図

錦川に架かる錦帯橋（山上に岩国城）

プウェー山麓駅がある。

白山神社手前の石橋を渡って堀の内側は藩主の居館跡で、今はこの一帯を吉香《きっこう》公園と呼んでいる。手入れの行き届いた庭園の中に、吉川家歴代の霊を祀る吉香神社がある。この神社は享保十三年（一七二八）、白山神社境内に建てられたもので、外観が美しい。神社奥の日本庭園には岩国ゆかりの作家国木田独歩の文学碑、「美しき天然」の作曲家として知られる田中穂積《ほずみ》の胸像などがある。

吉川家墓所と岩国城

香川家長屋門から左折して桜並木を歩くと、紅葉谷《もみじだに》公園に出る。この谷の入口に土塀に囲まれた岩国藩主吉川家墓所があり、初代広家から幕末の経幹までの藩主と夫人の墓碑が建ち並んでいる。広家の墓のそばにある木兎《みみづく》の手洗鉢《ちょうずばち》は茶人として知られた上田宗固《そうこ》から贈られたもので、美術品としても逸品である。

吉川家墓所に隣接して永興寺・洞泉寺が建っている。洞泉寺は吉川家の菩提寺で、室町時代に吉川氏の本拠だった安芸国新庄に創建されたものを、慶長八年（一六〇三）、この地に移建した。門前にある枝が垂れて地に付き、そこからまた根がついた樹齢三百年を越すという梅の名木〝臥竜の梅〟の風情が素晴らしい。

谷の奥へ歩くと、木立の中の池畔に六角亭や、郷土出身の作家宇野千代の名作『おはん』の文学碑がある。

先程のロープウェー山麓駅に戻ると、駐車場に接して岩国シロへビ観覧場があり、隣接して旧目加田家住宅がある。十八世紀中頃に建てられたもので、簡素で端正な意匠の本格的な武家住宅である。

ロープウェー山麓駅からわずか三分で、標高三〇〇メートルの横山頂上に着く。ここから五分程歩くと岩国城で、南蛮造りの三層の天守閣が聳えている。現在の天守閣は、昭和三十七年三月に完成した鉄筋コンクリート造りで、内部は武具・刀剣類の展示室になっている。

この岩国城は初代広家が七年の歳月を費やし、慶長十三年（一六〇八）に完成させたものである。だが、わずか七年の運命で、元和元年（一六一五）、一国一城令のため破却され、その後は石垣のみを残していた。天守閣は創建当時、本丸北隅にあったが、再建にあたっては錦帯橋からの景観を考え、本丸南隅に移された。

天守閣の最上階に登れば、その眺めは想像以上に迫力があり、錦川に架かる錦帯橋とその周辺がまるで箱庭のように見える。

徳山藩《とくやま》(下松藩《くだまつ》)〈外様〉

陣屋＝山口県徳山市徳山公園区

宗家と争って、一時廃藩

萩藩主毛利輝元《てるもと》は元和三年(一六一七)、次男就隆《なりたか》に周防国都濃《つの》・佐渡・熊毛三郡と長門国阿武郡において三万石を分与して独立させた。その後、元和七年に就隆の希望により領地替えが行われ、寛永二年(一六二五)の寛永検地によって四万余石となり、同八年に都濃郡下松《くだまつ》に陣屋を構えて立藩したのが下松藩で、同十一年に正式に諸侯に列した。その後、慶安三年(一六五〇)六月、幕府の許可を得て新居を都濃郡野上の地に移し、その地を徳山と改称したので、以後、徳山藩と呼ばれた。

延宝七年(一六七九)八月、就隆が没し、その子元賢《もとかた》が家督を相続したが、二十一歳の若さで没したので、養子元次《もとつぐ》が継いだ。元次は文武に秀で、藩内諸般の制度を確立したが、正徳五年(一七一五)に宗家萩藩との境界である久米村万役山《まんにゃくやま》の松木一本の伐採から境界争いが起こり、同じ支藩の清末藩主が調停に入ったが不調に終わった。翌享保元年(一七一六)四月、萩藩は紛争を幕府に訴えたので、幕府は「本家への非礼」を理由に元次を除封して出羽国新庄藩主戸沢家預けとなり、徳山藩領は萩藩に還付されて、一時廃藩となった。

再興が許可される

このため藩士らは再興運動を起こし、家老奈古屋里人《なごやりじん》の指導を得、享保元年六月、五千の藩内農民が藩再興の嘆願のため徳山を出発して萩へ向かったが、途中で慰撫されて解散した。これを切っ掛けに藩再興運動が起こった結果、四年後の享保四年に元次が隠居し次男元堯《もとたか》に家督を譲ったので、徳山藩は再興が許された。

元堯は襲封後わずか三年で没し、弟広豊《ひろとよ》が家督を継ぎ、在封三十七年間におよび、その間に藩政の建て直しに尽力した。その後、広寛《ひろとも》―就馴《なりよし》―広鎮《ひろしげ》と継承し、広鎮は在封四十一年間におよび、その間、民政に留意し領民救済のための御救恵料を設け、また各用料基金を創始し、「医学館」を創設するなどの業績を残した。こうした努力が認められ、天保七年(一八三六)四月、幕府の許可を得て、長年の望みであった城主格となった。元堯から就訓までの公称高は三万石であったが、この時から四万石に改められて、従来の「御館」と呼ばれていた藩主の居館は、以後、「御城」「御殿」と呼ばれるようになった。

最後の藩主元蕃《もとみつ》は天保八年十二月に家督を継いだ。元蕃は英邁な藩主として知られ、藩内を巡見して民情に精通した。幕末の激動期、元蕃は文久三年(一八六三)六月、下関海峡通航の外国船砲撃の応援のため奇兵隊とともに長府藩へ出兵、元治元年(一八六四)七月の禁門の変によって謹慎蟄居を命ぜられた。慶応二年(一八六六)六月、第二次征長戦には芸州口へ出陣し、翌三年十一月に謹慎を解かれた。明治元年(一八六八)九月、奥州秋田口へ出兵し、その軍功によって翌年六月、賞典禄八千石を下賜された。版籍奉還にともない徳山藩知事に任ぜられ、同四年六月、廃藩置県の一ヵ月前に萩藩に合併して廃藩となった。

山口《やまぐち》藩〈外様〉

居城＝山口県山口市滝町

幕末の国事多端に備えての移動

萩藩十三代藩主毛利敬親《たかちか》は文久三年（一八六三）四月、幕末の国事多端に備えて辺鄙な居城萩城から地の利のある山口に藩庁を移した。これは初め、「日帰り湯治」と称したが、実は保守派に取り囲まれた萩では、攘夷を実行できないため、のちに山口永住と布告し、諸役所も山口に移した。同年十二月、萩城は廃され、山口は大村益次郎らの都市計画によって新しい城下町として誕生した。

　山口に移った直後の五月十五日、敬親は朝命を奉じて下関海峡通航の外国船を砲撃し、高杉晋作らが奇兵隊を結成して参戦した。だが、敬親は八・一八の政変によって入京を禁じられ、元治元年（一八六四）七月、長州藩が禁門の変を引き起こしたため、第一次長州征伐の命が下り、官位と称号を剥奪され、三家老の切腹、四参謀を斬首して恭順を表わして謹慎した。第一次長州征伐敗戦後、萩藩の実権を握った保守派（俗論派）に対し、高杉晋作ら革新派（正義派）は慶応元年（一八六五）一月にクーデターを起こし、太田・絵堂の戦い（一月六～十九日）で保守派を破った。やがて萩藩は薩摩藩との薩長連合により、幕府崩壊と近代日本への変革の道を拓くことになった。

　慶応二年六月、第二次長州征伐が開戦となると長州軍は意気の上がらない幕府軍を破り、翌年十月に敬親は討幕の密勅を受け、十一月に藩兵を率いて東上、十二月に官位を復した。萩藩は維新の動乱期を通じて大きな役割を果たした。そして、新政府の中央集権の第一歩である明治二年（一八六九）一月の版籍奉還では、敬親はその必要性を説く木戸孝允の意見を容れて薩摩・土佐・肥前の三藩主に奉還を奏上させた。

　明治二年六月、敬親は権大納言に進み、世子元徳《もとのり》とともに賞典禄十万石を下賜され、同月に家督を元徳に譲って隠居した。元徳は山口藩知事に任ぜられ、同四年に廃藩置県を迎えた。

山口市内の幕末史跡

　JR山口線山口駅前から南北朝期の有力守護大名大内氏の栄華をきわめた「西の京」の街並を歩くと、二〇分程で山口県庁に着く。その正面に旧山口藩庁門があり、欅と松材の豪快な城門である。

　門の近くの堀は、一部は新しい工事で変えられているが、当時の面影を残している。現庁舎の東側に建つ山口県旧庁舎および旧県会議事堂は、後期ルネサンス風の建物で、大正時代を代表する洋風建築である。

　旧藩庁門横からゆるやかな坂を上りつめた所に洞春寺《とうしゅんじ》と香山園《こうざんえん》がある。香山園は大内義弘が、現在の瑠璃光寺《るりこうじ》の地に建立した香積寺《こうしゃくじ》跡に造られた公園である。園内の「うぐいす張りの石畳」の参道を通って石段を上がると毛利家墓所で、毛利敬親・元徳らの盛り土の墓がある。園内隅に茶室露山堂《ろざんどう》がある。この茶室は敬親が茶事にことよせて、志士らと密議したといわれ、傍らの枕流亭《ちんりゅうてい》は慶応三年（一八六七）、薩長連合の密約が取り交わされ、第二次長州征伐を戦勝に導いたといわれる建物である。

長門国

萩藩《はぎ》〈外様〉

居城＝山口県萩市堀内

毛利輝元の入封

中国一円八ヵ国百十二万石を領有した大大名で豊臣政権の五大老の一人であった毛利輝元《てるもと》（元就《もとなり》の孫）は慶長五年（一六〇〇）、関ヶ原の役の時、西軍の総大将に担がれて敗れ、周防・長門二ヵ国に減封となって長門国萩へ移り、同九年に指月山に城を築いて本拠と定め、萩藩が成立した。減封にともなって輝元は隠居し、嫡男秀就《ひでなり》に家督を譲ったが、実質的には輝元が藩政を掌握し、慶長五年十月には元就の四男元清《もときよ》の子秀元《ひでもと》に長門国長府の地三万六千石余を、元就の次男元春《もとはる》の子吉川広家《きっかわひろいえ》に周防国岩国の地三万石余を分与し、さらに元和三年（一六一七）、次男就隆《なりたか》に周防国徳山の地三万石を分与して、防長における宗家萩藩を中心とした毛利氏の体制を整えた。

萩藩は多数の家臣を抱えていた上、関ヶ原の役によって失った六ヵ国の既収租税米の返済などで、最初から藩財政が困窮していたため、輝元はまず慶長十三年から検地を実施し、同十五年に完了したが、「田畑一筆ごとに丈量して、柿や桑などの樹木にいたるまで石盛にする」という厳しい検地の結果、総石高は五十二万八千石余であった。幕府はこの検地高の約七割に当たる三十六万九千石余を萩藩の朱印高と確定した。

また、輝元は複雑であった家臣団を一門・寄組・大組・船手組などの階層に分け、これらを八組に編成した。この八組は軍事組織であったが、その後の藩政遂行上の行政組織ともなった。さらに寛永二年（一六二五）、拵《ならし》検地（実測をしない検地）が行われ、家臣の補正的な配置替えが実施された。

輝元は寛永二年四月に没し、秀就が実質的な初代藩主の座に就き、寛永二十年には「春定《はるさだめ》の法」を採用した。この春定は春に秋の年貢高を定めるもので、一種の定免制であり、この実施以後、農政に大きな影響を与えた。慶安三年（一六五〇）には領内を十八の宰判《さいばん》に分割した行政区画の整備を行った。

秀就は慶安四年一月に没し、嫡男綱広《つなひろ》が襲封した。万治三年（一六六〇）、綱広は「当家制法条々」を公布した。これは幕府法を参考とし、先祖元就以来の法令を集大成した藩法典「万治制法」を制定したもので、これにより藩体制を確立した。

歴代藩主の治世

次は吉就《よしなり》（綱広の嫡男）―吉広《よしひろ》（綱広の次男）と続くが、いずれも短命であり、吉広に嗣子がなかったため、長府藩主綱元《つなもと》の嫡男吉元《よしもと》が宗家の家督を相続した。吉元は資性鋭敏で学を好み、厳しい藩財政の中にあって文武を尊ぶ心が深く、享保四年（一七一九）に「人づくり」を唱えて藩校明倫館《めいりん》を創設した。当時、藩校の存在価値に対する諸大名の意識が低い頃で、出羽国米沢藩の興譲館などと並び、この明倫館はわが国学校教育史からいっても早い時期の創建であった。さらに吉元は家臣の精神を高揚させる目的で歴史復興をめざし、毛利氏が先祖と仰ぐ大江広元の事跡や毛利元就の覇業などの著述を史臣永田正純に命じ、『萩藩閥閲録《ばつえつろく》』『防長寺社由来』『地下上申《じげじょうしん》』などを編集させた。

なお、吉元の代の正徳五年（一七一五）、支藩徳山藩との境界である久米村万役山《まんにゃくやま》の松木一本の伐採から境界争いが生じ、同じ支藩の清末藩主が調停に入ったが不調に終わり、翌享保元年（一七一六）四月、幕府の介入によって徳山藩を改易（出羽国新庄藩主戸沢家預け）し、所領を宗藩に返還させた。毛利一族の結束を欠く不祥事であったが、同四年に家臣らの再興運動によって徳山藩は再興を許された。

次の宗広《むねひろ》を経て、宝暦元年（一七五一）に長府藩主匡広《まさひろ》の十男重就《しげなり》が宗家を相続した。重就が襲封した頃には凶作が続き、藩財政は悪化の一途をたどっていて、宝暦四年には負債が銀三万貫（米に換算すれば六十万石に相当）にも達していた。このため宝暦十一年に慶長検地以来の本格的検地を実施し、この検地によって防長二ヵ国の総石高は約七十一万石（支藩領を除く）となり、四万石余の増徴となった。

重就はこの増徴分を別途会計として、宝暦十三年に撫育方《ぶいくがた》の創設基金とした。この撫育方は、有能な家臣を登用したある種のプロジェクトチームであり、新田・塩田開発などの増産対策、港湾利用による増収策その他を建策した。撫育方の活動は一世紀以上にわたり続けられ、撫育方発足からちょうど百年目にあたる年が文久三年（一八六三）であった。関門海峡での攘夷戦が始まり、幕末動乱の渦中に突き進んでいく藩の膨大な戦費には、この撫育方が得た資金があてられたわけである。

重就のあと、治親《はるちか》―斉房《なりふさ》と続いたが、この時代には、世に「長州三白《さんぱく》」といわれる紙・塩・蠟など代表的な特産物があり、この三品とも藩の専売品であって、自由な売買は禁止されていた。

次の斉熙《なりひろ》（治親の子）―斉元《なりもと》（一門毛利親着の五男）と続くが、天保二年（一八三一）に領内ではこれまで例をみない大規模な一揆が起こった。これは「御内用反対一揆」と呼ばれ、藩では財政の窮乏から課税の対象となる商品などに目をつけ、御内用方を設置して、それらの商品を強制的に廉価で買い占め、大坂市場で販売して利潤を得ようとした。この政策が農民の反発を招いて一揆に発展し、全藩内に広がったのである。その結果、七百四十一軒の内用方商人や庄屋宅などが打ち毀された。藩ではただちに御内用方を廃止し、農民の怒りの鎮静化をはかった。

幕末国事に活躍した敬親

天保八年（一八三七）、斉広《なりひろ》（斉熙の次男）が襲封するが、在職わずか二十日間で没し、斉元の嫡男敬親《たかちか》が家督を相続した。この時、藩財政は負債銀九万貫に達し、さらに天保一揆後の農民対策が急務となっていた。このような状況に対処するため、藩内きっての財政家村田清風を仕組掛に抜擢し、藩政改革を命じた。清風の改革は徹底した殖産興業策で、農民に不評であった国産方会所専売の藍《あい》の統制を撤廃し、綿・木綿織の自由販売を認め、櫨《はぜ》の統制を緩めた。さらに家臣・農民に俸禄半減、馳走米（増税）などの新しい負担を課した。その一方、港々に越荷方《こしにかた》（倉庫金融業）の業務が拡大され、下関に物産総会所が設置されて、奥羽・北陸・山陰・九州・四国など他藩の廻船の積荷を担保に金融が行われた。このように清風は藩の天保の改革に手腕を振ったが、天保十五年、反対派の坪井九右衛門らと意見が合わず辞職した。

だが、清風の改革を継いだ周布政之助は対立する坪井九右衛門・椋梨藤太《むくなしとうた》らと政争を繰り広げながら、安政五年（一八五八）から安政の改革を断行し、有能な下級家臣を登用して、洋学の振興、洋式兵器の整備による軍事改革を始めた。同じ頃、萩城下では吉田松陰の松下村塾が青年らの心をとらえ、その草莽崛起《そうもうくっき》論は高杉晋作・久坂玄瑞ら維新激動期にはばたく人材を輩出した。

文久元年（一八六一）、直目付長井雅楽の献策した幕府と協調し開国貿易をめざす「航海遠略策」が幕府の支援を受けたが、同二年、尊王攘夷派の久坂らに反対され、雅楽が切腹した。敬親は同年七月、京都で世子や支藩藩主を含めた会議を開いて藩論を尊王攘夷に統一し、これ以後約一年間、長州系尊攘激派が京都政局を牛耳る端緒を開いた。

文久三年四月、敬親は本拠を山口の政事堂に移し、以後山口藩と称した。翌五月、下関海峡を通行する米国商船、仏・蘭軍艦を砲撃し、攘夷戦争を決行した（下関戦争）。六月、米・仏は報復を開始し、下関砲台を攻撃、上陸して諸砲台を占領され、外敵の攻撃に無力を痛感した藩は、高杉晋作に新たな軍隊（奇兵隊）の創設を命じた。これにより、遊撃隊・八幡隊・集義隊・義勇隊など農町民や脱藩浪士らが参加した混成精鋭部隊が編成された。

同年八月十八日、長州藩尊攘激派の京都における台頭を懸念した薩摩・会津両藩は朝廷を動かしてクーデターを敢行し、長州勢力は京都から放逐され、三条実美ら尊攘派七公卿は長州へ亡命した（七卿都落ち）。翌元治元年（一八六四）七月、京都での主導権奪還を狙って上京した久坂玄瑞らは御所蛤《はまぐり》御門付近の戦闘で敗退した（禁門の変）。

禁門の変で口実を得た幕府は、追討ちをかけるように、第一次長州征伐を命じ、尾張藩主徳川慶勝を征長総督として幕府の大軍が包囲して、長州藩は敗北した。存亡の危機を迎え、長州藩尊攘派が凋落し、佐幕派の俗論党が政権を握り、恭順の道を選んだ。その結果、禁門の変の責任者である福原越後ら三家老は切腹、敬親は官位と称号を奪われた。

万治元年十二月、高杉晋作率いる奇兵隊は俗論党打倒の兵を挙げ、翌年二年、尊攘派は再び藩内の主導権を握った。高杉らは藩政権を握ると、「武備恭順」を藩是としながら、急速に討幕へと向かった。慶応二年（一八六六）には坂本龍馬の斡旋により長州藩と薩摩藩とは薩長同盟を結び、そのため第二次征長では薩摩藩は派兵を拒んだので、軍備を強化してきた長州藩は、幕府軍を圧倒して敗退させた。

慶応三年十二月、敬親は王政復古大号令の直前に許されて旧官位を回復し、翌四年一月、鳥羽伏見の戦いにおいて薩摩藩と協同して幕府軍を破った。戦後、賞典禄十万石を下賜され、明治二年一月、薩摩・土佐藩とともに版籍奉還を上奏し、同月、世子元徳《もとのり》（徳山藩主広鎮《ひろしげ》の十男）に家督を譲った。最後の藩主となった元徳は山口藩知事に任ぜられ、同四年に廃藩置県を迎えた。

小江戸紀行　維新激動の城下町萩城下を歩く

松陰と松下村塾

萩の夏みかんの栽培は、いくらか下火になったというが、まだいたるところで土塀と夏みかんのある風景が目に着く。そんななか、松陰神社へと向かう。神社は吉田松陰の実家杉家と松下村塾を境内に取り入れて、明治二十三年（一八九〇）に創建された。東萩駅から歩いても二十分程の所だ。

　杉家旧宅の裏手に松陰の幽囚室がある。隣接した松下村塾の講義室には、松陰が使ったといわれる講義机があり、塾生控室の柱には、刀痕が残っている。松陰の逮捕に憤激した塾生がつけたものと伝えられる。

　神社の裏手には伊藤博文旧宅がある。中間《ちゅうげん》の家に生まれた博文が松下村塾に入ったのは十八歳のときだった。松陰は「利助は将来周旋家になるだろう」と、その政治家としての資質を見抜いている。

　伊藤旧宅の近くに松陰の叔父玉木文之進旧宅がある。最初の松下村塾がおかれた家で、少年時代の松陰もここで学んだ。

　玉木家の前の坂を上りつめたところが松陰生誕地の団子岩である。すばらしく見晴らしのよいところで、松陰と金子重輔の銅像が立っている。萩出身の彫刻家長嶺武四郎氏の制作である。その後方から海の方を眺めると、松陰の視線にあわせて萩市街を一望できる。

　杉家一族の墓所である団子岩には松陰の墓があり、松陰の妹と結婚した久坂玄瑞の墓もここにある。

　玉木文之進旧宅に向かって東の方向に歩くと毛利家の菩提所東光寺である。元禄時代、三代藩主吉就が創建した黄檗《おうばく》宗の寺で、建立当時は堂塔二十余、常住の僧侶八十人近くがいたという。何よりも人を驚かすのは、巨大な藩主の墓石とその参道に数百の灯籠を並べた奇観ともいえる豪華なしつらえだ。毛利家墓所の入口付近には元治元年（一八六四）、萩の第一次長州征伐当時、自決・処刑された殉難者十五人の墓もある。なお、初代藩主秀就と二代以後偶数歴代藩主の菩提所・大照院は城下の東郊にある。

　旧城下を流れる松本川を渡り、県道東萩停車場線との交差点を右折してすぐのところが今古萩町である。下五間町に通ずる細い道の両側に向かい合って野山獄と岩倉獄の跡がある。密航に失敗し江戸から送り返されてきた松陰が投じられたのが、この野山獄である。松陰が投獄されたころは、ま

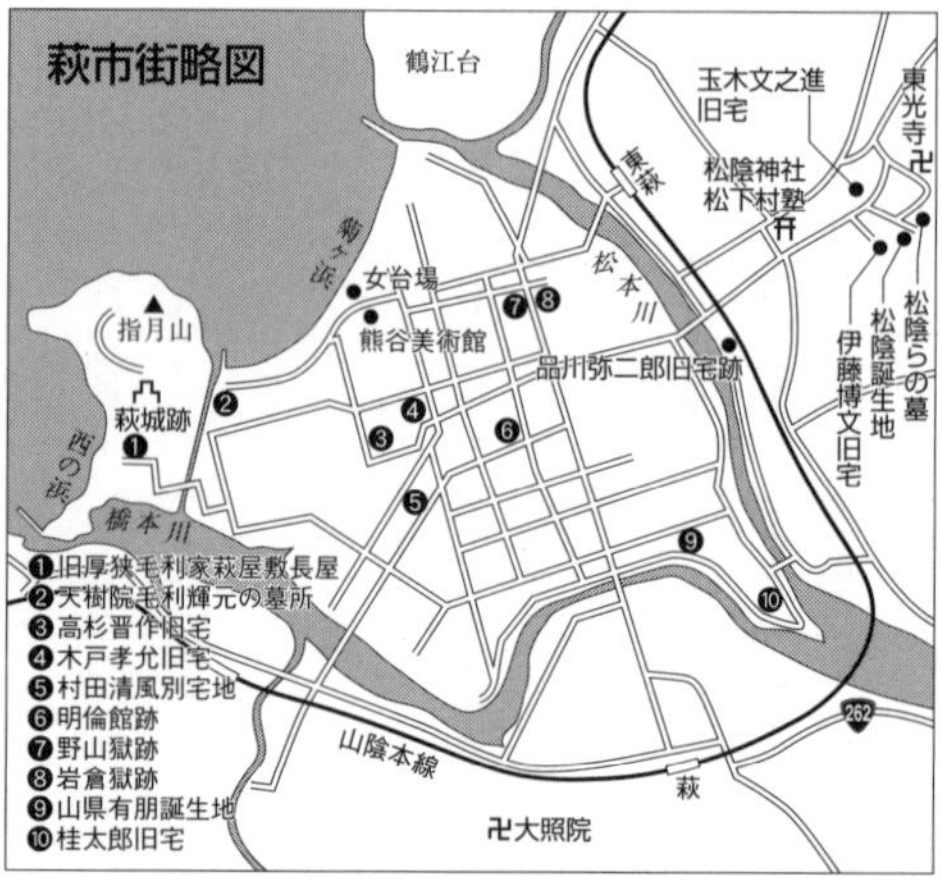

だ藩内の目立つ政争はなかったが、やがて長州藩の激しい変動は、野山獄に出入りする人々の顔ぶれに象徴されるようになった。

野山獄から約一キロ南に下った江向《えむかい》に、国道沿いに向かいあわせて萩市役所と明倫小学校がある。堀内にあった藩校明倫館は、幕末ここに移転し、拡張された。現在は明倫小学校がその敷地を使っており、校内には明倫館碑・有備館《ゆうびかん》・水練池《すいれんのいけ》などの三つの国指定史跡がある。水練場を設けた藩校は全国でも会津藩の日新館と明倫館だけだといわれ、今は明倫館のこれだけが遺っている。

松陰神社境内に建つ松下村塾

武家屋敷と萩城跡

明倫小学校前から五〇〇メートルばかり西に行き、市民球場の角で北に入った突きあたりに駐車場がある。ここから歩いて城下町の武家屋敷が建ち並ぶ路地を行くと、時を百年以上捲き戻したような気持になる。

呉服町の大通りは東西に通ずる昔の御成《おなり》道《みち》で、藩主や貴人が城を出入りする時に通る道だった。この呉服町の通りから、南に三本の路地が一直線に走っている。東から江戸屋横丁・伊勢屋横丁・菊屋横丁と呼ぶ。呉服町の角地を占めた豪商の屋敷にちなんだ名称である。この中でも子孫が屋敷を受け継いでいるのは菊屋家だけで、母屋をはじめ豪華な白壁の土蔵などが人目を惹く。

「萩城下町」として国史跡に指定されたのは、これら三本の路地に囲まれた部分で、中級程度の武家屋敷が路地の両側に並び、著名な人物の生誕地・旧宅が集中している。まず菊屋の土蔵に沿って入ると、左側に萩出身の総理大臣〝おらが大将〟で知られる田中義一の生誕地がある。ここを通り抜けて行くと、右側に維新の英傑とうたわれる高杉晋作の生誕地だ。青木周弼《しゅうすけ》の旧宅も江戸屋横丁にある。

江戸屋横丁角から呉服町の大通りを西に行き、外堀を渡った所に昔は北の総門があった。突きあたりがY字形になって、その公園に田中義一の大きな銅像がある。ここからが堀内で厳密にいえば堀内は城下町ではない。つまり城内三の丸である。現在の堀内地区の大部分はその三の丸で、高級家臣の旧宅が豪華な屋敷構えを遺している。

堀内の主要な史跡を一巡し、外堀を渡ってやはり三の丸にふくまれる厚狭毛利家萩屋敷の長屋門を見てから、いよいよ二の丸に入って行く。内堀に映える石垣は、雄大な城郭を横たえたかつての萩城の偉容をしのばせてくれる。この城跡は指月公園として整備され、広い敷地内には堀内の藩主別邸「花江《はなのえ》御殿」から移築した花江茶亭や梨《なし》羽《ば》家の茶室が置かれている。

清末藩《きよすえ》〈外様〉

陣屋＝山口県下関市清末

長府藩主毛利綱元《つなもと》は承応二年（一六五三）、家督を継ぐ際、祖父秀元《ひでもと》の遺言により叔父元知《もととも》（秀元の次男）に長門国豊浦郡清末村において一万石を分与されて立藩した。支藩から支藩分立という異例の立藩で、万治二年（一六五九）には清末に新しい陣屋を構えた。享保三年（一七一八）、つぎの元平《もとひら》の時、長府藩主元矩《もとのり》が嗣子なく早世したので、元平が長府藩主を継ぎ匡広《まさひろ》と改名し、清末藩と実質的な合併をして、一時廃藩となった。

享保十四年十月、匡広の次男政苗《まさなり》に一万石が再分知され、清末藩を再興した。政苗のあと、匡邦《まさくに》－政明－元世《もとよ》－元承《もとつぐ》－元純《もとずみ》と承継し、元純の治世は幕末の激動期で、萩宗家の毛利敬親《たかちか》・元徳《もとのり》父子を援けて国事に奔走した。元治元年（一八六四）の禁門の変、四国連合艦隊の下関砲撃、第一次征長戦、慶応二年（一八六六）の第二次征長戦には石州口に出陣。明治二年（一八六九）に版籍奉還、同四年に廃藩置県を迎えた。

長府藩《ちょうふ》（豊浦藩《とよら》）〈外様〉

陣屋＝山口県下関市長府

萩藩主毛利輝元《てるもと》は慶長五年（一六〇〇）の関ヶ原の役後、防長二国に移されたので、東境の要として養子秀元《ひでもと》が長門国豊浦一帯において三万六千石を分与され、勝山城に入城して立藩した。秀元は輝元の養嗣子であったが、輝元の嫡男秀就《ひでなり》の出生により別家を立て、宗家が防長移封後は秀就の後見役を勤めた。だが、秀就の成長にともない秀元はこれを辞退し、藩政に専念して長府藩の基礎を築いた。勝山城は元和元年（一六一五）の一国一城令によって破却され、その麓に居館を構えて城下町を造った。

秀元は慶安三年（一六五〇）に没し、光広《みつひろ》が継いだが、在位わずか三年で死去したので、承応二年（一六五三）に綱元《つなもと》が家督を相続する際、叔父元知《もととも》（秀元の次男）に一万石を分与し、清末藩を立藩させた。綱元は英明の誉れ高く、在封五十六年間におよんだ。つぎの元朝《もとあさ》が家督を継いだが、宗家を相続した父吉元《よしもと》（綱元の嫡男）の嫡男として宗家に入り、綱元の四男元矩《もとのり》が長府藩主となった。だが、元矩が享保三年（一七一八）、嗣子なく没したため、藩は断絶の窮地に立たされたが、翌年に分家清末藩主元平《もとひら》が長府藩を相続したので、清末藩を合併し、匡《まさ》広《ひろ》と改名した。その後、つぎの師就《もとなり》が家督相続するに際し、弟政苗《まさなり》に一万石を分与し、清末藩を再興させた。

さらに、つぎの匡敬《まさよし》も萩宗家を継いだので、長府藩は匡敬の嫡男匡満《まさみつ》が相続したが、嗣子なく没したため、今度は宗家から匡敬の五男匡芳《まさよし》を迎え入れた。以後、元義《もとよし》－元《もと》運《ゆき》－元周《もとちか》と継承し、元周の治世は幕末の激動期であり、文久三年（一八六三）から慶応三年（一八六七）にかけては六次にわたる攘夷戦、三条実美らの七卿落ち、高杉晋作の挙兵、第二次征長戦などと維新動乱の舞台となり、藩内に報国隊を結成するなど宗家萩藩と協力して国事に奔走した。慶応四年の戊辰戦争にも出陣、最後の藩主元敏《もととし》に家督を譲り、元敏は翌年六月、藩名を豊浦藩と改名、版籍奉還後は知藩事に任ぜられ、同四年に廃藩置県を迎えた。

四国の諸藩・城下町

阿波国（徳島県）
讃岐国（香川県）
伊予国（愛媛県）
土佐国（高知県）

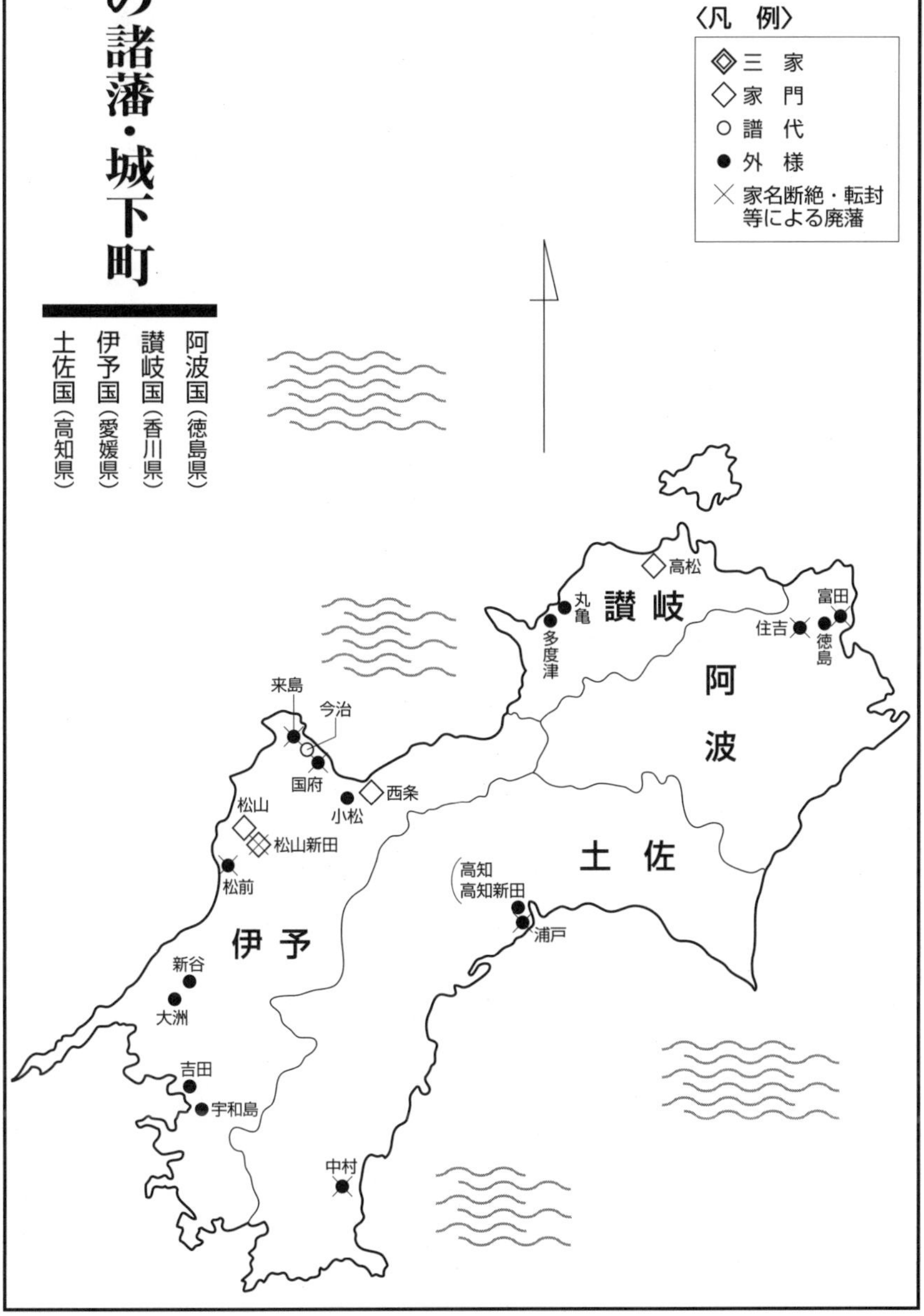

阿波国

徳島《とくしま》藩〈外様〉

居城＝徳島県徳島市城内

蜂須賀家政・至鎮の入封

豊臣秀吉による四国平定直後の天正十三年（一五八五）六月、戦功を樹てた播磨国龍野城主蜂須賀《はちすか》正勝《まさかつ》・家政《いえまさ》父子は、戦後の論功行賞で、阿波一国十七万五千石を与えられた。だが、正勝は高齢を理由に嫡男家政に家督を譲ることを願い出て許され、家政が入封した。家政は初め要害の地に築かれていた一宮城に居を定めたが、渭山《いざん》丘陵を中心に築城を開始し、翌十四年に徳島城が完成した。ちなみに、徳島名物の「阿波踊り」は、徳島城の落成祝いに、町人たちが無礼講で踊ったのが起源ともいわれている。

家政は入封後、領内の太閤検地に取りかかり、また兵農分離によって藩の支配体制を強化する政策を強行した。ところが、祖谷山を初め山間土豪の激しい抵抗が続き、鎮圧に六年を費やした。土豪一揆に苦しんだ家政は、その後島津征伐、小田原の陣、文禄・慶長の役などの軍役の負担に苦しんだ。慶長五年（一六〇〇）、関ヶ原の役に際して、家政は阿波国を豊臣秀頼に返上し、出家して高野山へ入った。家政は表面的には中立の立場をとったが、嫡男至鎮《よししげ》に兵をつけて徳川家康方に参加させた。この策略が成功し、戦後、阿波国は改めて至鎮に与えられ、この時から徳川体制下の徳島藩が立藩した。

至鎮は慶長十九年、大坂冬の陣で活躍し、翌元和元年（一六一五）の夏の陣後、新たに淡路国八万一千石が加増され、阿・淡両国合わせて二十五万六千石を領有する太守となった。同四年、至鎮は藩政の規範とするために「御壁書二十三箇条」を制定し、領国経営に積極的に取り組んだ。この祖法は幕末まで尊重された。また、至鎮は塩業を奨励し、父家政が開発した撫養（鳴門市）塩田を発展させ、大済田・中済田・大黒崎・小黒崎の四組塩田ができた。

海部騒動と歴代藩主の治世

至鎮は元和六年二月二十六日、三十五歳の若さで没し、嫡男忠英《ただてる》がわずか十歳で家督を継ぎ、隠居していた家政が後見となった。寛永四年（一六二七）に「裏書七箇条」が制定され、「御壁書二十三箇条」を補完した。

家政は藩主時代から藩内の要地九ヵ所に支城を置き、家老らを城番に任じて周辺農村に知行地を与えていた。その中の一人益田豊後長行《ながゆき》は海部城番として海部郡内において七千五百石を支配していた。忠英は藩政改革の一環として城番らが領主化することを憂え、城番制を廃して地方《じかた》支配を再編制しようとした。それに反発した長行は寛永七年（一六三〇）、海部川流域にある藩所有の木材を無断で伐採して江戸に送り、その資金を老中に賄賂として贈って、海部郡を分藩して自ら諸侯になろうとした。

このため寛永十年、長行は知行地を没収され、大栗山（名西郡神山町）に幽閉されたが、長行は無実を訴え、そのうえ藩は禁制の大船を建造し、さらにキリシタン宗徒の取調べに怠慢である由の訴状を幕府に提出した。正保三年（一六四六）、幕府の吟味の結果、事実無根であったことが確認され、長行は江戸藩邸で処刑された。国許では嫡子とその孫が処刑され、益田家は断絶した。いわゆる海部騒動である。この事件後、藩政が従来の門閥体制中心から官僚体制に転換する契機となった。

　承応元年（一六五二）五月、忠英の嫡男光《みつ》隆《たか》が襲封した頃は藩体制の確立期であり、経済的基盤の最も安定した時期である。この頃、検地を実施して耕作物の保有権を明確にし、同時に年貢率を四公六民と定めた。だが、小物成などの雑税があり、楮《こうぞ》・桑・漆・茶の四木と、藍・麻・綿の三草にも米に換算して税がかかり、実際には六公四民に近い年貢率であった。寛文六年（一六六六）五月に光隆が没し、あとを継いだ嫡男綱通《つなみち》は家臣の職階制を確立させ、民政組織の機構とするために領国を三分割し、それぞれの地に郡奉行を置いて、地域の行政を委ねた。

　延宝六年（一六七八）十月、綱矩《つなのり》（光隆の弟隆矩の子）が綱通の末期養子となって家督を相続した。この時、綱矩は叔父隆重に富田新田五万石を分与し、支藩富田藩が立藩した。綱矩は延宝八年、下総国佐倉の堀田正信《まさのぶ》が幕政を批判して咎められ、徳島藩にお預けとなったが、四代将軍家綱に殉死したため、その監督不行届によって幕府から閉門四ヵ月の処罰を受けた。

　綱矩の代に人形浄瑠璃「傾城阿波の鳴戸」で知られる阿波十郎兵衛磔刑事件が起こった。十郎兵衛は寛文三年（一六六三）に庄屋になり、「他国米積入川口改裁判」の重職を仰せつけられた。貞享二年（一六八五）、肥後米の密移入をめぐって十郎兵衛配下の船頭彦六との間に紛争が起こり、幕藩体制下、他国米の移入の厳禁が幕府に知られることを恐れて、十郎兵衛を磔刑に処したという。この事件は義人説・海賊説・藩の犠牲説があって史料的にははっきりしない。

　あとを継いだ宗員《むねかず》（正員《まさかず》）は綱矩の四男で、富田藩主蜂須賀隆長《たかなが》の養嗣子となって、富田藩三代藩主になっていたが、宗家の嫡男吉武が没したため、綱矩が享保十三年五月に致仕したので、宗家を継いだ。このため、富田藩は廃藩となった。宗員は享保十八年、特産品の藍の流通機構を改革し、藍方御用場を設置して藩の専売とした。

　宗員は享保二十年六月に没し、宗英《むねひで》（一門蜂須賀隆喜の子）が家督を継いだが、嗣子がなかったので、高松藩主松平頼恒《よりつね》の弟正泰《まさやす》を養嗣子とし、ここに蜂須賀氏の血統は絶えた。正泰は八代将軍吉宗の諱を一字賜り、宗鎮《むねしげ》と改名した。宗鎮は蜂須賀氏一門から二人の養子を迎えたが、一人が二十三歳で没し、もう一人は病弱のため世子となることを辞退した。そこで宗鎮は弟頼央《よりひさ》を養子とし、宝暦四年（一七五四）五月に致仕した。頼央は至央《よしひさ》と名乗って家督を継いだが、七月十二日に在職わずか六十余日で没した。至央の死の直前、出羽国岩崎藩主佐竹義道《よしみち》の四男政胤《まさたね》を養子としたが、これが十代の重喜《しげよし》である。

　徳島藩の産業といえば、藍玉である。重喜の代の宝暦～明和年間（一七五一～七二）、藍の栽培地域は七郡二百三十七ヵ村におよび、面積五千町歩、藍玉出量十五万俵、販売価格三十万両に達した。藍商人は藩の強力な保護によって、全国市場をほぼ独占し、藍商人から上納される運上銀・冥加銀は藩の有力な財源となった。

全国的に知られる「阿波踊り」は藍産業の盛行の影響を受け、今日のように盛況となったともいわれている。

また、重喜は藩政の大改革に着手し、守旧的な譜代門閥層を排除して、藩の中枢に能力中心の人材を登用しようとしたが、重臣たちの総攻撃を受け、これが幕府に知られるところとなり、「養子の身としてことに不慎なり」という理由で隠居を命ぜられた。

多端な幕末徳島藩

重喜の隠居後、明和六年（一七六九）十月、嫡男治昭《はるあき》が家督を継ぎ、父重喜の意志を継承して、貢租増徴をめざす厳しい寛政の改革を断行した。一方、学問を奨励し、寛政三年（一七九一）に寺島学問所といわれる学舎を創設し、教授に柴野栗山《りつざん》（朱子学者・幕府昌平黌教授）を招聘した。屋代弘賢《ひろかた》（国学者『群書類従』の編纂）、小杉榲邨《すぎむら》（『阿波国続風土記』編纂）ら多くの人材を輩出した。

治昭は文化十年（一八一三）に致仕し、嫡男斉昌《なりまさ》が家督を継ぎ、領民らは過酷な改革から解放されたが、その後の約三十年間領内は水害・飢饉や一揆が続発するという新たな災害に苦しめられた。斉昌は天保十四年（一八四三）に致仕し、十一代将軍家斉の二十二男斉裕《なりひろ》が襲封した。斉裕は将軍家から藩主になったので、幕末の困難な政局の中で公武合体の路線を藩是とした。

斉裕は嘉永六年（一八五三）、ペリーが浦賀に来航の際、江戸品川海岸の警固にあたり、十三代将軍家定の継嗣問題では一橋慶喜を推して、福井藩主松平慶永、薩摩藩主島津斉彬らとともに、公武合体・幕政改革派に属した。安政元年（一八五四）十一月、淡路国由良に砲台を築造し大砲六十四門を備え、岩屋にも砲台を築造し、大砲十三門を備えて砲術訓練に尽力した。安政三年九月、江戸八丁堀邸内に長明館を創設し、漢学・蘭学・量地術から剣槍弓馬・洋砲術などを講習して人材の養成につとめた。

文久元年（一八六一）十二月、斉裕は幕府新設の陸・海軍総裁に任ぜられたが、同三年に辞任し、さらに朝廷へ親兵を送り、幕府から砲台築造・砲術訓練を褒賞された。斉裕は朝廷からたびたび国事の周旋を命ぜられたが、自らは上洛せず、世子茂韶《もちあき》が代わってその任にあたった。文久三年八月十八日、京都御所において公武合体派によるクーデターが行われ、長州藩は皇居警衛の任を解かれ、三条実美ら七人の尊攘派公卿が追放された。だが、斉裕は長州藩主毛利敬親・元徳父子と三条ら七卿の処遇について、寛大な処分を主張した。

元治元年（一八六四）、第一次長州征伐には四国勢の先鋒として出陣を命ぜられたが、従軍辞退を申し出たが許されず、家老稲田稙誠《たねまさ》および茂韶が代わって出兵した。斉裕は慶応四年（一八六八）一月十三日、鳥羽伏見の戦い後に急逝し、茂韶が家督を継いだ。斉裕は公武合体路線を譲らなかったが、茂韶は時代の趨勢を見極め、襲封と同時に討幕の旗幟を鮮明にし、戊辰戦争に出兵した。明治二年（一八六九）、茂韶は版籍奉還して知藩事に任ぜられ、翌年、藩領の淡路国洲本城の家老稲田氏家臣団による稲田騒動と呼ばれる分藩独立運動が起こり、多くの処刑者を出したが、同四年に廃藩置県を迎えた。

小江戸紀行　阿波踊りの城下町徳島城下を歩く

徳島城跡と興源寺

阿波徳島は吉野川のデルタ地帯に発達した町で、市内には縦横に河川が流れ、まさに水の都といってよい。市外南西に聳える緑の山は『万葉集』にも詠まれた秀峰・眉《び》山《ざん》で、徳島市のシンボルである。

JR徳島駅の北東一帯の緑の森が徳島城跡で、現在、城跡には再建された鷲の門、青石の石垣と濠、さらには藩主の庭園だった旧徳島城御殿庭園（千秋閣庭園）などがある。

この庭園は桃山様式の池泉回遊式と枯山水を組み合わせた名園である。本丸跡は城山頂上一帯で、護国神社・神社・午砲《ごほう》跡などがある。

城跡の北西、助任《すけとう》川に架かる助任橋を渡った所に建つ興源寺《こうげんじ》は蜂須賀家の菩提寺で、家祖小六正勝《ころくまさかつ》、藩祖家政《いえまさ》から十三代斉《なり》裕《ひろ》まで二十余基の巨大な墓石が並び、往時の栄華を物語っている。

寺町と阿波十郎兵衛屋敷

駅前から眉山へ向かって直線の道を歩くと、新町川となる。かつては徳島の特産品藍《あい》を積んだ船が行き交い、川の両側は白壁の蔵が建ち並んでいたといわれるが、今は昔日の面影はない。水の美しい新町川水際公園は、市民の憩いの場になっている。

道が行き止まる所に、眉山ロープウェイの発着所となっている阿波おどり会館が建っている。このあたり一帯は、徳島の夏祭りで知られる阿波踊りの会場で、毎年八月十二日から十五日までの四日間、百三十万人を越える人々が踊りを楽しむ。

眉山山麓をめぐる小径は風情がある。阿波おどり会館の北側一帯が寺町で、そこには六宗派、二十三ヵ寺が甍を並べている。この中の長善寺には医学・洋学者高畠耕斎《こうさい》、本覚寺には蘭学者高良斎《こうりょうさい》、東光寺には浮世絵師東洲斎写楽（伝）、潮音寺にはポルトガルの文豪モラエスらの墓がある。

徳島市街略図

眉山北麓には三島神社、臨江寺、諏訪神社、清水寺、大安寺などの古寺社が建ち、清水寺から山裾を西へ歩くと鈴江庭園前に出る。この庭園横から裏山へ登ると万年山で、儒礼によって葬られた蜂須賀氏歴代の墓所となっている。

また、阿波おどり会館から南へ山裾を進むと、深い木立に囲まれた瑞巌寺《ずいがんじ》がある。臨済宗妙心寺派の名刹で、境内には江戸初期に造られた池泉回遊式名園がある。参道には眉山からの伏流水が湧き、鳳翔水《ほうじょうすい》と

旧徳島城表御殿庭園（千秋閣庭園）

呼ばれ、特に茶人に好まれている。付近の細い道の一つがモラエス通りで、異邦人モラエスが彷徨した所である。

　徳島は人形浄瑠璃の盛んなところで、男衆は金ができると浄瑠璃を習った。これは教養であり、たしなみでもあった。庄屋板東十郎兵衛は、浄瑠璃作者・近松半二の代表作である「傾城《けいせい》阿波の鳴戸」のモデルだとされる人である。この人の住居が史跡「阿波十郎兵衛屋敷」として保存され、そこでは毎週土・日・祝祭日、人形浄瑠璃が上演されている。

住吉《すみよし》藩〈外様〉
居城＝徳島県板野郡藍住町

　豊臣秀吉は天正十三年（一五八五）、四国平定後、その功により阿波一国十七万三千石を蜂須賀家政に与えた。同時に播磨国置塩城一万石の城主赤松則房《のりふさ》に、阿波国板野郡二十三ヵ村内において一万石が与えられ、板野郡住吉に住吉城を築いて立藩した。だが、則房は慶長三年（一五九八）七月十七日、嗣子なく没したために除封となり、蜂須賀領に編入された。慶長五年、関ヶ原の役が起こると、家政は病気と称して出陣しなかったが、その子至鎮《よししげ》が徳川家康方に属して戦功を樹て、本領を安堵された。

　家政は甥細山主水正《もんどのしょう》（のち加島政慶《まさよし》と改名）を養子に迎え、蜂須賀家の二番家老として住吉城を与えたが、のち政慶は阿波九城の一つ牛岐《うしき》城（阿南市富岡町）に移った。また元和元年（一六一五）、一国一城令によって、住吉城は破却された。政慶は富岡周辺に一万石を領して城下町を形成し、以後、加島氏は明治維新まで続いた。

富田《とみた》藩〈外様〉
陣屋＝徳島県徳島市富田

　阿波国徳島藩二代藩主蜂須賀忠英《ただてる》の次男隆重《たかしげ》は延宝六年（一六七八）、五代藩主綱矩《つなのり》（叔父隆重は後見役）から徳島藩領の富田新田五万石を分与され、名東郡富田に陣屋を構え、徳島藩の支藩として立藩した。

　隆重は宝永二年（一七〇五）に致仕し、ついで隆重の甥隆永《たかなが》が家督を継いだ。隆永が正徳四年（一七一四）に没したので、綱矩の五男正員《まさかず》が家督を相続したが、享保十年（一七二五）五月、兄吉武《よしたけ》が没したため、父綱矩の嗣子となり宗家を継いだので、富田藩領は本藩に還付し、廃藩となった。なお、正員は同年十二月、十七歳で八代将軍吉宗に謁見し、諱の一字を賜わり、宗員《むねかず》と改名、従四位下伯耆守に叙任した。

　享保十三年一月、父綱矩の致仕により、宗員は徳島藩六代藩主となったが、享保二十年六月七日、二十七歳の若さで江戸鍛冶橋内の藩邸に没した。在位はわずか八年間であった。

讃岐国

高松《たかまつ》藩〈家門〉

居城＝香川県高松市玉藻町

生駒氏四代

豊臣秀吉による四国平定後の天正十五年（一五八七）八月、播磨国赤穂城主生駒親正《いこまちかまさ》が讃岐一国十七万三千石に封ぜられ、東讃の引田城に入城した。だが、引田城が狭いのと地の利が悪いので、讃岐国のほぼ中央の香東郡篦原《のはら》の荘に新しい城地を定め、築城の名手とされた伊予国今治城主藤堂高虎、豊前国中津城主黒田孝高《よしたか》（如水）の縄張りで翌十六年から築城に着手し、同十八年に完成して高松城と命名した。高松城は瀬戸内海に面し、海水を濠に引き入れた全国的にも珍しい水城《みずじろ》である。

親正は慶長四年（一五九九）、領内の総検地を行って領国経営に乗り出したが、翌五年、関ヶ原の役の時、親正は西軍に与《くみ》し、嫡男一正《かずまさ》は徳川家康方に属したので、戦後、親正は責任をとり高野山で剃髪して隠居、一正は戦功によって所領を安堵された。

一正は慶長十五年三月に没し、嫡男正俊《まさとし》が家督を継ぎ、大坂両陣で戦功を樹てたが、元和七年（一六二一）六月五日、三十六歳の若さで没した。正俊は死の三ヵ月前、わが子小法師（のちの高俊《たかとし》）に宛て、「公儀大事に仕り、御奉公専一に仕らるべく候、御普請など、いままで一二番をあらそい、我等手まへ何時も出来候、いよいよせいを入れらるべく候事」と書き送り、幕府への忠節を強調している。このことは祖父親正、父一正以来、戦乱に明け暮れた世の中が大坂落城で一応の終結を見せ、これからは平和になろうという時代の藩主の子として何不自由なく育った小法師の心に釘《くぎ》を打ち、生駒家の将来を案じての遺言状であった。

高俊が襲封した時は、まだ十一歳であったので、外祖父にあたる伊勢国津藩主藤堂高虎が後見となった。この時、高虎は治水や土木工事に詳しい家臣の水利家西島八兵《はちべ》衛《え》を送って、生駒家の奉行の一人とした。八兵衛は寛永十四年（一六三七）、木田郡春田新田を開墾し、さらに高松城下を貫流していた郷東川の水路を西に付け替え、水害を除くとともに、城下町としての体裁を整備した。だが、高俊は暗愚な性格なため重臣が藩政の主導権をめぐって江戸派と国許派とに分かれて抗争するのを阻止できず、いわゆる生駒騒動を理由に寛永十七年、出羽国矢島一万石へ左遷された。

水戸藩主徳川頼房の嫡男入封

生駒氏除封後、讃岐国は一時西条藩主一柳直重《ひとつやなぎなおしげ》、大洲藩主加藤泰興《やすおき》、今治藩主松平定房《さだふさ》の預り地に三分割された。寛永十八年、西讃地方には肥後国富岡から山崎家《いえ》治《はる》が五万石で丸亀城に入り、丸亀藩が成立した。そして翌年、東讃地方には常陸国下館から松平頼重《よりしげ》が讃岐国大内・寒川・三木・山田・香東・香西・南条・北条八郡と鵜《う》足《たり》・那珂二郡の一部、二百四十三ヵ村において十二万石を領有して高松城に入り、家門支配による高松藩の立藩となった。

頼重は常陸国水戸藩主徳川頼房《よりふさ》の嫡男であったが、当時頼房の兄義直《よしなお》（尾張藩主）・頼宣《よりのぶ》（和歌山藩主）にまだ子がなく、頼房が兄らに対する遠慮から頼重を家臣に預けて育てられたため、異母弟光圀《みつくに》が水戸徳川家の嗣子となった。頼重は高松移封にあたり、三代将軍家光から四国・中国を監察する役を命ぜられた。高松松平家は一国を領していない大名としては、特別の讃岐守の官職が与えられるなど、格式の高い家柄であった。

頼重は城下町の拡充・整備に着手し、飲料水が乏しかったので、正保元年（一六四四）、上水道が町の東北部二十ヵ町に敷設された。旱害に備えて領内各地には溜池四百六ヵ所を創築し、海岸の埋立てを行って屋島に塩田を造成した。また、京都から織工を招き、保多織《ほたおり》（錦織物、別名讃岐上布《じょうふ》）を創始し、殖産興業をはかった。

延宝元年（一六七三）、頼重は致仕し、光圀の嫡男頼常《よりつね》が家督を継いだ。なお、頼重の嫡男綱方《つなかた》（綱條《つなえだ》）が光圀の嗣子となって水戸藩三代藩主となった。以後、両家間に継嗣の交流が行われた。

藩財政は頼重の代にも逼迫していたが、頼常の時代になって、打ち続く旱害や風水害、あるいは病虫害による不作が続いた。頼常は元禄八年（一六九五）に倹約令を実施し、「御定法御入用積《つもり》」という、以後の藩財政支出削減の方針を示し、開墾による産業開発で財政の建て直しにつとめたため、慶弔金で二十万両を備蓄することができた。また、元禄十五年、家臣と領民のために城下中村の中野天満宮の傍らに講堂を建て、京都から儒者を招聘した。

頼常は宝永元年（一七〇四）に致仕し、頼《より》豊《とよ》（頼重の孫）が家督を相続した。頼豊の代の正徳元年（一七一一）頃から藩財政は次第に悪化が進み、そのうえ享保年間（一七一六～三六）の打ち続く天災・疫病・さらに幕命による普請助役が重なって、財政は窮乏したため享保九年（一七二四）には知行米の支出を抑え、以後三年間にわたって家臣の禄を打ち切った。これを「享保の大浪人」といい、合わせて百二十三人（一説には三百余人）が打ち切られたという。

殖産奨励と藩財政

四代頼桓《よりたけ》（一門松平忠凞の嫡男）を経て、藩財政が深刻な状態になった元文四年（一七三九）九月、頼恭《よりたか》（陸奥国守山藩主松平頼貞の三男）が家督を相続した。頼恭は天下の奇人として知られる平賀源内の才能を認め、城下の栗林荘《りつりん》に薬草を栽培させ、また医者向山周慶に命じて製糖を学ばせた。周慶は薩摩人関良助が四国遍路の途次、高松で病に罹ったのを助け、関の協力によって甘蔗《かんしょ》（砂糖黍《きび》）を高松に植え、寛政六年（一七九四）、白砂糖製造に成功した。さらに宝暦五年（一七五五）、屋島に亥《い》ノ浜《はま》塩田築造後、化政期には坂出地方に百数十町歩の塩田を完成し、東讃の製糖、西讃の木綿とともに〝讃岐三白〟といわれた。頼恭は藩財政の建て直しに成功し、高松藩中興の英主と讃えられた。

頼恭は明和八年（一七七一）八月に没し、嫡男頼真《よりざね》が家督を継ぎ、安定した藩財政のもとに安永九年（一七八〇）、藩校講道館を創設して、儒学・習字・武家礼式・武技など文武の振興をはかった。頼真は病弱で嗣子が幼かったので、弟頼起《よりおき》（頼恭の四男）が安永九年に家督を継いだ。頼起の代は、頼恭以来の経済政策が結実して、二十万両の備蓄ができ、全国的飢饉にもかかわらず幕府に御用金献納を申し出たほどである。

寛政四年（一七九二）、頼起が急逝し、頼儀《よりのり》（頼真の嫡男）が家督を相続した。頼儀は経世家で砲術家の久米栄左衛門（通賢）らによる塩田造成の建言を容れ、坂出塩田事業に力を注ぎ、讃岐地方の製塩が全国の三割を占める生産高を誇る要因をつくった。のちに栄左衛門は「塩田の父」と仰がれた。

頼儀は当初、緊縮財政で余裕を保ったが、次第に放漫財政となり、しかも藩札を乱発して物価高騰と紙幣の価値低下を招いた。そのうえ、他の殖産振興策も失敗に終わり、江戸屋敷の火災や屋島東照宮の造営に大金を費やし、藩財政は完全に破綻して、江戸や大坂の商人からの借財が五十万両に達した。

朝敵として追討

文政四年（一八二一）、頼儀は病気を理由に致仕し、常陸国水戸藩主徳川治紀《はるとし》の次男頼《より》恕《ひろ》（斉昭の兄）が家督を相続した。頼恕は藩主になった当初、十一代将軍家斉の使番として京都に伺候、大旱魃、江戸屋敷の火災など巨額な出費が嵩み、藩財政の再建どころか、藩札の乱発と借財の増加という窮乏に陥った。しかし、文政八年頃から藩政改革に着手し、久米栄左衛門の建白により、当時日本有数の塩田であった坂出大浜を埋立て塩田百十五町歩の造成、砂糖生産の保護奨励と改良、溜池の築造、宝暦期の銀札を廃止して新札に改めたことなどがあり、高松藩の天保改革と呼ばれた。

信用低下の藩札を回収し、天保四年（一八三三）には天保藩札を発行して藩札の額面での通用を実施し、そのうえに立って、同六年に砂糖為替金趣法《かわせきんしゅほう》を実施した。これにより藩財政は回復して借財返済の上、なお余裕ができ、維新政府へ引き継いだ額だけでも百万両を越えたといわれる。

頼恕は殖産育成によって藩財政再建を成功させたばかりでなく、学問面でも功績を残し、天保三年に史館孝信閣《こうしんかく》を設置し、修史事業『歴朝要紀』の編纂を始め、藩校講道館に新たに孔子像を祀る大聖廟を建て、さらに天保六年には崇徳上皇旧跡の雲井御所を整備し、頼恕自ら碑文を撰した。

頼恕は天保十三年（一八四二）に没し、頼《より》胤《たね》（頼儀の四男）が家督を継いだ。財政的に安定した幕末期の頼胤は、正室文姫が十一代将軍家斉の娘であったこともあるが、在任中はほとんど江戸で過ごし、将軍家斉・家慶・家定らに近侍し、深く幕政に関与した。安政四〜五年（一八五七〜五八）、将軍継嗣・条約調印問題では、水戸藩連枝にもかかわらず、大老井伊直弼と組んだ。万延元年（一八六〇）三月、直弼が暗殺されると、文久元年（一八六一）七月、頼胤は蟄居を命ぜられ、頼聡《よりさと》（頼恕の八男）が最後の藩主となった。

慶応四年（一八六八）一月、鳥羽伏見の戦いの際、頼聡は家門の会津・桑名二藩に協力し、京都口で薩長との戦闘に参戦したため、朝敵として追討されることになり、間もなく高松城は追討軍の占領するところとなった。しかし頼聡初め、一門・家臣ことどとく謹慎恭順の態度をとって謝罪したので戦火は起こらなかった。やがて頼聡は朝敵の汚名はそそがれたが、十二万両の戦費の献金を命ぜられた。明治二年（一八六九）六月、頼聡は官位復官を許されて知藩事に任ぜられ、同四年に廃藩置県を迎えた。

小江戸紀行　四国の玄関口にある城下町高松城下を歩く

瀬戸内海に直結する水城

「玉藻《たまも》よし讃岐の国は国柄《くにから》かみれども飽かぬ神柄《かむから》かここだ貴《たふと》き天地《あめつち》日月とともに満《た》りゆかむ……」(巻二―二二〇)と『万葉集』に讃岐の風土のこの世ならぬ美しい風土を賛えた柿本人麻呂の長歌がある。「玉藻よし」とは讃岐の枕詞だが、高松城はこれをいただいて玉藻城という別称を持つ。城跡は公園として整備されて玉藻公園、所在地は高松市玉藻町、と讃岐一国にたてまつられたことばが城をめぐる一帯で独占されているのも、もともとこの城が北側の海にせりだして、内濠も外濠も海水の出入りする、したがって海草の出入りもある「後《うし》ろ堅固」の典型的な水城《みずじろ》であったことに由来するのであろう。

はじめこの地に城を築いたのは、仙石秀久・尾藤知宣のあとを受けて、天正十五年(一五八七)八月、秀吉の命により讃岐十七万石を領することになった生駒親正である。

高松駅からコトデンと呼ばれる高松琴平電気鉄道の高松築港《ちくこう》駅まではわずかな距離だ。駅の背後に見える石垣が玉藻公園となった高松城跡である。入口付近はかつての二の丸跡だ。まず右への道をとると、鞘《さや》橋が堀を渡っている。左手には本丸跡の高い石垣の上に天守閣ならぬ神社ふうの建物が見え、堀の水に影を落としている。松や楠《くすのき》の木々を縫い、急な石段を上って天守台へ達すると、神社ふうの旧玉藻廟が建っている。

天守台からの眺望は広く、高松市街と公園の全景が眼下に見え、公園敷地の向こうには新しい香川県歴史博物館と重厚な県民ホールの建物が聳えている。

ところで、初代生駒親正夫妻の墓が市街中心地に近い弘憲寺(高松市錦町二丁目)にあり、法泉寺(高松市番町一丁目)には二代一正と三代正俊の五輪塔墓二基を安置する生駒家廟がある。

生駒氏改易のあとを受けて高松藩主になったのは常陸国下館藩主であった松平頼重である。頼重は徳川御三家の一つ水戸徳川家の長男として生まれたが、父頼房は尾張義直や紀州頼宣ら兄たちより早く子を得たことに遠慮して、頼重を京に隠し、三男光圀《みつくに》が生まれると、これを世子としたのである。頼重は本来、水戸徳川家を継承できる身でありながら、下館を経て高松藩主になったわけだ。

その松平家の墓所は、市の南部、仏生山

法然寺背後の高台にある。初代頼重をはじめ、すべて塔身の丸い卵塔であるが、禅僧墓のようで一種異様な光景である。

歴代藩主が来遊した栗林公園

高松築港駅から続く中央通りへと出て、南へ歩く。十五分も行くと右に青々とした樹々の茂みが見えるのが中央公園である。通りに面してネクタイに背広姿の紳士の像が立っている。高松出身の作家菊池寛《かん》だ。公園の南側、県庁へ通じる道は菊池寛通りと呼ばれ、香川銀行前には寛の名作戯曲『父帰る』の舞台場面を再現した彫刻群像が立っている。

高松城跡の隅櫓

中央公園からさらに中央通りを南へ歩く。やがてJR高徳線の高架のガードをくぐると、右に栗林《りつりん》公園の樹林が続く。

寛永初年（一六二〇年代）、時の高松藩主生駒氏が優美な紫雲《しうん》山を背景に南湖《なんこ》一帯を造園したのが始まりで、その後入封した松平頼重に引き継がれ、以来五代頼恭《よりたか》まで百余年にわたり歴代藩主が修築を重ね、延享二年（一七四五）になって完成をみた。明治維新まで十一代二百二十八年間にわたって松平家の下屋敷として使用された。

紫雲山を借景にして、奇石・名木の配置の妙あり、目覚めるような紅葉樹林におおわれた石畳道あり、池水の心なごませる雅趣あり、太鼓橋を渡っていく同じ柄の傘の列が見せる一場《いちじょう》の絵画的な華やぎにも出合うことができ、このひとときだけでも高松への訪れ甲斐を感じさせてくれる。

一般に日本三名園と呼ぶ水戸の偕楽園、金沢の兼六園、岡山の後楽園と比べてみても、栗林公園のスケールの大きなたたずまいの良さは、いずれにもまさって、日本一といってよいほどの完成度の高さを示しているのではないかと思う。

ところで、四国は八十八札所の寺をめぐる遍路の道場である。発心《ほっしん》の道場阿波から始めて、土佐は修行《しゅぎょう》の道場、伊予は菩提《ぼだい》の道場、讃岐は涅槃《ねはん》の道場とされる。

涅槃の道場もゴールに近づいて、高松市内には三つの札所がある。

市域の西端、五色台の青峰山中に埋もれるように建つ八十二番根香寺《ねごろじ》（高松市中山町）。香西氏が居城を築いた勝賀山ごし、はるかに屋島を望みながら山を下り、南に向かうと八十三番一宮寺《いちみやじ》（高松市一宮町）。一宮寺に隣接して讃岐一宮田村神社がある。古くは神仏習合の神社を札所としていたが、藩主松平頼重が分離して、一宮寺を滅罪寺として建てたのである。

そして屋島の台地上にある八十四番屋島《やしま》寺《じ》（高松市屋島東町）。春秋のシーズンともなれば、いずれも白装束を身につけた団体のお遍路さんでにぎわっている。

丸亀藩《まるがめ》〈外様〉

居城＝香川県丸亀市一番丁

山崎氏三代

豊臣秀吉の四国平定後、天正十五年（一五八七）八月、武将生駒親正《いこまちかまさ》が讃岐一国十七万三千石を領有して、丸亀城に入城した。慶長五年（一六〇〇）、関ヶ原の役の時、親正は西軍に与《くみ》したが、病気と称して出陣せず、嫡男一正《かずまさ》は徳川家康方に属し、戦後所領を安堵された。一正のあと、正俊《まさとし》―高俊《たかとし》と続いたが、高俊は暗愚な性格のため家臣が二派に分れて抗争し、いわゆる生駒騒動を理由に寛永十七年（一六四〇）、出羽国矢島一万石へ移封された。

生駒氏改易後、讃岐国は二分されて、西讃岐五万石余には肥後国富岡から山崎家治《いえはる》が五万石余で入封し、丸亀城を居城して立藩した。家治のあと、俊家《としいえ》―治頼《はるより》と続くが、治頼は明暦三年（一六五七）三月、わずか八歳で病没し、嗣子なく絶家となった。だが、治頼の後見の叔父豊治は備中国成羽で五千石を分与され、家名は存続した。

京極氏七代の治世

山崎氏除封後、一時幕府領となったが、万治三年（一六六〇）二月、播磨国龍野から京極高和《たかかず》が西讃岐五万石余、旧領播磨国揖《い》保《ぼ》郡三十ヵ村一万石、合わせて六万石余を領有して入封した。高和は入封後、ただちに山崎氏時代からの未完の丸亀城を完成させ、城下町の整備を行うと同時に新田開発にも力を注いだ。高和は寛文二年（一六六二）九月に没して嫡男高豊《たかとよ》が継ぎ、弟高房《たかふさ》に三千石を分与したが、のち高房が没して返還された。同四年、近江国蒲生郡二ヵ村一千四百石が加増され、しかも播磨国所領内の二ヵ村を近江国坂田郡二ヵ村と交換し、京極氏先祖の墓所地を領することになった。

元禄七年（一六九四）、高或《たかもち》が三歳で襲封するが父高豊の遺志により庶兄高通《たかみち》に一万石を分与し、支藩多度津藩が成立した。次の高矩《たかのり》の代の寛延三年（一七五〇）、藩政の苛斂誅求と飢饉のために大規模な農民一揆が起こり、農民の要求を全部容れたが、首謀者数人を斬罪に処した。

次の高中《たかなか》を経て、文化八年（一八一一）に嫡男高朗《たかあきら》が襲封した。高朗は名君と称され、琴峰と号して詩文に長じ、『琴峰詩鈔』を上梓し、当藩の史書『西讃府志』を編纂した。また父高中の創建した藩校正明館を拡充した他、国許に敬止堂《けいしどう》、江戸藩邸内に集義館《しゅうぎかん》を設けた。さらに家臣に団扇製造を奨励したが、現在もその伝統が生きていて、全国一位の生産高という。特に天保三年（一八三二）に築造された新堀湛甫《たんぼ》（船舶碇泊所）は、金毘羅参詣での船の発着所として賑わい、丸亀港は江戸後期には瀬戸内海随一の良港として繁栄した。

弘化二年（一八四五）、江戸町奉行を罷免された鳥居甲斐守耀蔵を預かり、二十五年間幽閉した。高朗は嘉永三年（一八五〇）三月に致仕し、朗徹《あきゆき》（支族京極高周の次男）に家督を譲った。

朗徹の時代にも藩財政は好転しなかったが、慶応四年（一八六八）の戊辰戦争の際、新政府側に従って行動をともにし、翌二年六月に版籍奉還し、朗徹は知藩事に任ぜられ、同四年に廃藩置県を迎えた。

多度津《たどつ》藩〈外様〉

居城＝香川県仲多度郡多度津町家中

丸亀藩の支藩として

丸亀藩二代藩主京極高豊《たかとよ》には二児がいたが夭逝し、元禄四年（一六九一）、側室に高通《たかみち》が生まれ、翌五年に世子高或《たかもち》が誕生した。高豊はこれまで嗣子がなく御家断絶の危機があったのを考慮して、高通に別家を立てさせることを幕府に届け出ていた。高豊は元禄七年五月十八日に没したので、わずか三歳の高或が家督を継いだ時、高通に多度郡内十五ヵ村と三野郡内五ヵ村、合わせて二十ヵ村一万石を分与し、ここに多度津藩が立藩した。

高通は享保十七年（一七三二）、宗家丸亀藩にならって、一匁《もんめ》・三分《ぶ》・二分の銀札《ぎんさつ》を発行した。高通は享保二十年に致仕し、嫡男高慶《たかよし》が家督を継いだ。高慶の代には飢饉が相次ぎ、農民の困窮が極度に達し、寛延年間（一七四八～五一）には農民の願い出を悪徳役人の手によって握り潰されて藩主に達せず、寛延三年（一七五〇）一月、領内の西讃岐一帯で農民一揆が起こり、首謀者らは処刑される事件となった。高慶は宝暦六年（一七五六）に没し、嫡男高文《たかふみ》が襲封したが、明和八年（一七七一）と天明六年（一七八六）にも旱魃と大風雨・洪水などに見舞われ、田畑の損耗は著しかった。

丸亀藩から独立陣屋完成

寛政八年（一七九六）、高文の嫡男高賢《たかかた》が家督を継いだ。多度津藩は、初め藩庁を丸亀城内に置き、家臣は当初三十人位で、そのうち十人位が多度津藩で政務を執った。高賢は多度津に陣屋を構えることを切望し、文政十年（一八二七）三月、陣屋建設を幕府に願い出て許され、翌十一年に完成した。藩主が丸亀城からこの陣屋に入ったのは文政十二年六月であり、多度津藩創設以来百三十数年にして、初めて独立した陣屋を構えることになった。

高賢は天保四年（一八三五）に致仕し、嫡男高琢《たかてる》が家督を継いだ。翌年、家老河口久右衛門を起用して、多度津湛甫《たんぽ》（船舶碇泊所）の大工事を実施させ、多額の資金と難工事を克服し、五年余の歳月と六千二百余両の巨費を投じて完成した。多度津は瀬戸内海屈指の良港となり、金毘羅参詣の船客で賑わい、北前船の中継基地となって諸国の物資の集散地として繁栄した。また、高琢は嘉永六年（一八五三）、ペリー来航後、洋式大砲や小銃を積極的に採用し、安政三年（一八五六）、高島流野戦筒百五十目玉筒の試射を行った。

高琢は安政六年に致仕し、養嗣子高典《たかまさ》（一門京極高宝の嫡男）へ家督を譲った。高典は先代にもまして軍事調練に力を注ぎ、文久二年（一八六二）、家臣にケーベル小銃が装備され、翌年から小銃方・大砲力で洋式調練が始まり、藩の軍事強化は他藩から注目された。

高典は慶応四年（一八六八）一月、鳥羽伏見の戦いには、山崎にいた四条侍従を護衛し、戦後、朝敵となった高松藩を土佐藩らを中心とする追討軍の先鋒をつとめたが、高松藩降伏後は多度津に帰藩した。明治二年（一八六九）、高典は版籍奉還して知藩事に任ぜられ、同四年に廃藩置県を迎えた。

伊予国

松山藩《まつやま》〈家門〉

居城＝愛媛県松山市丸之内

加藤・蒲生氏の入封

豊臣秀吉の四国平定後、毛利元就《もとなり》の子小早川隆景《たかかげ》は伊予国三十五万石を与えられたが、天正十五年（一五八七）六月、九州平定の功により、筑前・筑後・肥後三国に所領替えとなって筑前国名島へ移封された。代わって南予方面に戸田勝隆《かつたか》、東・中予方面に福島正則《まさのり》の二大名が入封した。間もなく正則は国府府中城（今治市）へ移り、文禄四年（一五九五）、尾張国清洲へ転封となると、そのあとに小川祐忠《すけただ》が府中城七万石、賤ヶ嶽七本槍の一人として知られる加藤嘉明《よしあきら》が久米・温泉・野間・伊予四郡内において六万石を領して伊予郡正木へ入封した。

慶長五年（一六〇〇）、嘉明は関ヶ原の役の時、徳川家康方に属して戦功を樹て、二十万石に加増された。そこで嘉明は道後平野の独立丘陵勝山に築城を計画、徳川家康の許可を得て、普請奉行に足立重信を任命して着手し、慶長八年十月、未完成の新城に居を移した。以後、城郭建築工事が進められ、松山城が完成するのは、二十年後の寛永四年（一六二七）頃という。

嘉明は在封二十七年後の寛永四年、陸奥国会津四十万石へ転封となり、出羽国上山から蒲生忠知《ただちか》（会津藩主忠郷《たださと》の弟）が伊予国と近江国日野と合わせて二十四万石で入封したが、寛永十一年八月十八日、参勤交代の途次に京都で病没し、嗣子がなかったため蒲生家は断絶となった。松山領は一時、大洲藩など三藩の在番となった。

家門松平（久松）氏の支配

蒲生家改易後、寛永十二年に伊勢国桑名から松平（久松）定行《さだゆき》が、伊予一国のうち温泉郡三十五ヵ村、久米郡三十一ヵ村、和気郡二十二ヵ村、野間郡二十九ヵ村、浮穴《うけな》郡四十三ヵ村、伊予郡十九ヵ村、風早郡七十九ヵ村、越智郡十七ヵ村、桑村郡十九ヵ村、周布《しゅうふ》郡二十二ヵ村、合わせて十郡三百十六ヵ村で十五万七千余石を領有して入封した。松平家の先祖久松俊勝《としかつ》夫人於大の方（伝通院）は、徳川家康の生母である。定行の父定勝《さだかつ》はお大の子で家康の異父弟であった。このため久松家は徳川一門として松平の姓を賜り、将軍家の引き立てを受け、中国・四国地方の外様大名の監視役として松山に配置されたのだった

定行は松山城天守閣を五重から三重に改築し、領内の殖産興業につとめ、藩の基礎を固めた。定行は万治元年（一六五八）に致仕し、嫡男定頼《さだより》が襲封したが、三年後の寛文元年（一六六一）十二月に没し、定頼の次男定長《さだなが》が家督を継いだ。定長の代の寛文年間（一六六一～七二）、旱魃や洪水が続き、藩財政は窮乏に陥った。

定長は延宝二年（一六七四）二月に没し、今治藩主松平定時《さだとき》の嫡男定直《さだなお》が家督を相続した。定直は難局を打開するため、総奉行に高内親昌《たかないちかまさ》（又七）を登用し、災害の復旧、藩財政の建て直しに着手させた。延宝七年には税制改革を行い、従来、秋の収穫期に決めていた年貢の割合を、収穫前の春に実情調査して割り当てる制度に変え、さらに農民の負担均衡をはかるために地抨制《じならし》を採用して増収となった。また、定直は俳諧に

興味を抱き、元禄蕉風を松山城下に移し、俳都松山の素地を培った。

定直は享保五年（一七二〇）に没し、三男定英《さだひで》が家督を継いだ。定英の代の享保十七年、西日本一帯で春先から天候不順が続き、麦が凶作となり、梅雨から夏にかけて記録的な旱魃で稲が凶作となった。これに追い撃ちをかけて浮塵子《うんか》が大量発生し、田畑の作物はおろか、雑草まで喰い荒らされてしまった。被害のもっとも激しかった松山藩では年貢収入が皆無で、領内の飢饉対策も後手に回り、同年十二月には餓死者が五千七百五人、牛馬の死三千九十七頭という惨状となった。この時の全国の餓死者合計は一万数千人というから、松山藩の被害のほどが想像できる。このため定英は幕府から差控え（譴責）を命ぜられた。

この飢饉の最中、領内筒井村の農民作兵衛が次年度の種麦を入れた袋を枕に餓死した。作兵衛の「種を食糧にすべきでない」という言葉は藩当局を感動させ、作兵衛餓死四十四年後の安永五年（一七七六）、定静《さだきよ》の命で義農碑が建立された。

伊予各藩の年貢は「伊与の七ツ免」といわれるように高率であったが、松山藩は石高比で八割を徴収した。このため、伊予は農民一揆が多かった。次の定喬《さだたか》の代の寛保元年（一七四一）、久万山（浮穴郡）一帯の農民三千人が大挙して隣藩の大洲藩へ逃散するという空前絶後の騒動が起きた。この久万山騒動の原因は、藩が財政再建をめざすために紙専売を強行したためであるが、農民側の本音は年貢軽減を要求しての騒動であった。

中興の英主定通

次の定功《さだなる》（定英の次男）は宝暦十三年（一七六三）、倹約令を発し、大飢饉の教訓から安永四年（一七七五）、貯銀米・備荒貯蓄の法を立て、藩政の建て直しをはかった。明和二年（一七六五）、定功のあとを継いだ定《さだ》静《きよ》（松平定章の嫡男）－定国《さだくに》（田安宗武の六男）と続き、定国の代の天明四年（一七八四）一月一日夜、天守閣・大書院に落雷があり、本丸が焼失した。藩ではただちに天守閣の再建を計画したが、財政難が理由で実現に至らなかった。ようやく天守閣を初め城郭全部が完成したのは嘉永五年（一八五二）、定穀《さだよし》（のち勝善《かつよし》）の時代であった。

文化元年（一八〇四）に家督を相続した定《さだ》則《のり》は叔父松平定信の影響を深く受け、藩校興徳館《こうとくかん》を創設した。文化六年七月、定則の弟定通《さだみち》が六歳で襲封し、成長につれて次第に名君たる資質を発揮した。定通の代になって、藩財政はさらに窮乏したため、俸禄は六割渡しが当たり前とされたばかりか、人数扶持も前後二回で二年八ヵ月余におよんだ。また、郷町に対してはたびたび御用銀米の上納を強制し、それらでやっと財政破綻を切り抜けた。

定通はこうした窮状を打開するため、藩政改革に着手し、まず家中法制、郷町触などの諸法制の布達による倹約を励行させた。さらに士風を刷新するため、文政十一年（一八二八）一月、藩校明教館《めいきょうかん》を創設し、学芸と武芸との二部門に分けて、家臣の子弟をなかば強制的に入学させることにした。

一方、町方や農村の建て直しのためには家屋を担保に金融を行う「家質場所《いえしちじょうしょ》」、不時の災厄に備えるための貯銀たる「社倉銀《しゃそうぎん》」、備荒貯蓄のための「囲籾《かこいもみ》」など、さまざまな施策を行った。さらに殖産興業にも尽力し、紙・蠟・瓦・綿・木綿などの生産が飛躍的に高まった。特に木綿は城下の町人菊屋新助が考案した木綿高機《たかき》ができ、一挙に増産され、松山縞・道後縞などと呼ばれ、全国的にその名を知られるようになった。

定通は「爽粛院殿克倹大居士」の法号から「爽粛院様」と仰がれた中興の英主である。

長州出兵と戊辰戦争

定通は天保六年（一八三五）六月に没し、薩摩藩主島津斉宣《なりのぶ》の十一男定穀《さだよし》（のち勝善《かつよし》）が家督を相続したが、やはり財政難との戦いに明け暮れた。折から天保の大飢饉の後始末の最中であったが、江戸城西の丸や本丸の焼失に際しては「家柄之儀ニ付」という徳川家親藩として、それぞれ三万両ずつの献金を申し出た。また、先述のように、弘化四年（一八四七）十一月から六年の歳月を費やして松山城天守閣を再建した。さらに安政の大地震（安政二年＝一八五四）による松山と江戸の大被害の復旧、そして翌年末には禁裏御所の復旧普請の御用金二万五千両の献上なども重なった。

こうした巨額の出費は藩財政を極度に窮乏させたが、この資金を捻出するためには家臣の俸減や人数扶持を実施、また郷町からは御用銀米を上納させ、さらに大坂商人からの借財にも頼らざるを得なかった。

安政三年九月、高松藩主松平頼恕《よりひろ》の五男勝成《かつなり》が家督を相続した時、藩財政は危機的状態で、人数扶持給与を令して財政の建て直しをはかった。だが、万延元年（一八六〇）、神奈川台場の築造、元治元年（一八六四）には幕命により京都の警備にあたり、ついで第一次長州征伐へ出陣、慶応二年（一八六六）の第二次長征には四国征長軍の先鋒となって出陣したが、宇和島・土佐・高松・徳島諸藩は出兵しなかったため、松山藩だけの出陣であった。この時、松山藩は周防国大島を攻撃して占領したが、ただちに軍備・調練に優れた長州藩兵の反撃に遭い、たちまち敗北して物心の両面に大痛撃を受けた。

慶応三年九月、勝成が隠居し、伊勢国津藩主藤堂高猷《たかゆき》の四男定昭《さだあき》が二十三歳で家督を相続し、才能を買われて多難な幕政の老中首座に就任したが、わずか一ヵ月程で辞任してしまった。

翌慶応四年一月、鳥羽伏見の戦いの際、定昭は藩兵を率いて幕府軍に参戦したという理由で、朝敵として追討され、四国鎮撫官軍の先鋒として、土佐藩兵が藩地占領にあたることを命ぜられた。藩内は徹底抗戦か恭順開城かの意見に分かれたが、やがて藩論は恭順に統一された。このため土佐藩兵は一月二十七日、松山城に無血入城すると、定昭と先代勝成とは城下祝谷《いわいだに》の常信寺で謹慎した。

土佐藩兵は松山城に五ヵ月間にわたって駐留し、定昭は蟄居を命ぜられ、前藩主勝成の襲封が許可された。新政府から勝成に対して、松平の姓を改め旧姓久松に復するように命ぜられ、十五万両の戦費を献上するなどして、松山は親藩を脱却して新政府に接近した。明治二年（一八六九）、勝成は版籍奉還して知藩事となり、同四年一月に隠居したので、定昭が再び家督を継いで、知藩事となり、同四年に廃藩置県を迎えた。

小江戸紀行　家門松平氏の城下町松山城下を歩く

十五万石の城下町

松山市は四国第一の都市である。夏目漱石の小説『坊ちゃん』の舞台となって以来、この街を知らない人はいないくらいだ。また賤《しず》ヶ嶽《たけ》七本槍で名高い加藤嘉明《よしあきら》ゆかりの城下町でもあり、市内のどこからでも山上の三層連立の天守閣が望まれる。逆に天守閣に上れば、街の辻々までも見渡せる。

城を目ざして、松山駅正面の大通りに踏み出す。途中、県庁の手前右側に四国電気通信局、市役所が建ち並んでいる。この通信局の玄関の南、電車通りに面して「漱石ゆかりの松平中学校跡」の碑がある。ここには文政十一年（一八二八）に開校された藩校明教館《めいきょうかん》があったという。現在、県立松山東高校の校内にその一部が移築されているのが、かつての藩校講堂である。

道は県庁前で右に直角に曲がる。地検庁、松山地裁など近代ビルが並ぶ官庁街で、藩政時代は武家屋敷だった所だ。その中でもひときわ目をひくのが、裁判所横のトンガリ屋根が目立つ、優雅な建物だ。愛媛郷土美術館（万翠荘）である。これは旧松山藩主久松伯爵の別邸として、大正十一年に建築された。松山では一番古い鉄筋コンクリート造りの純フランス式の建物である。

天守閣はもう間近だ。城山へのぼるコースは西、南、東側の三つがある。一番多く利用されるのが東コースという。このコースにはロープウェイがあり、利用すれば城のある勝山の中腹にわずか三分で着く。

城の遺構は市街地から眺めるより、はるかに大きい天守閣をはじめ、城の建物がたくさん残っている。それというのも、明治維新に朝敵の汚名をうけながらも、抵抗することなく開城し、戦火をまぬがれたことによる。大手門からは戸無門（重要文化財）、筒井門、隠門（重要文化財）、太鼓門・太鼓櫓、馬具櫓、乾櫓、野原櫓、南隅櫓が建ち並び、小天守・大天守からなる。天守閣は姫路城、和歌山城と並んで日本三大連立式天守閣の称がある。

松山市街略図

街から仰ぎ見た城も美しかったが、ここから眺める街も素晴らしい。東からは道後《どうご》温泉の湯の香を含んだ風が吹く。温泉のホテル街には一遍《いっぺん》上人生誕地に建つ宝厳寺《ほうごんじ》、松平氏の霊廟のある常信寺《じょうしんじ》がある景観だ。すぐ眼下は堀之内で、その昔、城を守る堀として作られ、白鳥や水鳥が遊ぶ。北側はかつての城下町の中心地だったが、今は文教地区に生まれかわった。その先に、古寺

松山城天守閣から望む松山市街

名刹のある寺町が展開している。

近代俳句発祥の地

城からのロープウェイを降り、道を北へ行くと間もなくT字路になり、正面に護国神社が見えてくる。裏は峨々《がが》とした城北のシンボル御幸寺山《みゆきじさん》だ。境内には太平洋戦争中、今治《いまばり》に勤労動員され爆死した女子学生を偲ぶ殉職女子学徒追憶の碑や万葉植物園がある。木の葉を渡る風の音を聞きながらめぐると、一段と開けた所に出る。中央に大きな石碑がある。額田王《ぬかたのおおきみ》の熟田津《にぎたづ》の歌碑だ。

熟田津に船乗りせむと月待てば
　潮もかなひぬ今は漕ぎいでな

熟田津という港はどこにあったか、いまだ不明で、歌碑の建立にさいして区々《まちまち》の説がでたが、結局、現在地に収まった。

神社のすぐ左手は、雲水放浪に生きた托《たく》鉢《はつ》の俳人種田《たねだ》山頭火《さんとうか》終焉の一草庵《いっそうあん》である。

松山といえば近代俳句発祥の地である。山頭火も市内を歩いて正岡子規の埋髪塔、山頭火の師荻原井泉水《せいせんすい》が一時期、師礼をとった河東《かわひがし》碧梧桐《へきごどう》の墓に詣でている。山頭火の折り目正しい一面が感じられる。

一草庵の内部の正面は仏壇で、ありし日の山頭火の遺影が飾られ、「分け入っても分け入っても青い山」と「暮れきらない水音の木かげ雪かげ」の真筆がかかげられている。

一草庵を経て川沿いに西へ向かうと龍泰寺、千秋寺、来迎寺と寺院が続く。これは加藤嘉明が城下町の建設に際し、山越《やまごえ》の一角に寺町を設け、松山城北辺の防備にしたためである。道はやたらと曲がっている。それもそのはずで、進撃する敵に備え、急なカーブを造ったためという。天守閣から眺めて、一つのカーブ内の人数が一目で分かるようにしたらしい。

今は山門しかない黄檗宗千秋寺の前を過ぎると、来迎寺に達する。墓地の急な石段をのぼりつめる。ここは城とほぼ同じ標高で、天守閣は目と鼻の先に感じられる。

天守閣と同じ高みに、真向かいに立つのは足立重信の墓である。松山築城の普請奉行であった重信は、たびたび氾濫を繰り返す伊予川の改修を行ったので、その功績を讃えて、重信川と改称された。また石手川を重信川に合流させる工事を行ったのも重信である。この池に葬られたのは、死んだのちも城を見守りたいという、彼の遺言による。五輪の墓である。

重信の墓の西側にある丸い墓は、青地林《あおちりん》宗《そう》のものだ。林宗は松山藩医の子で、江戸に出て杉田玄白について蘭学を修め、洋学者として世に知られた。著書に日本最初の物理学書『気海観瀾《きかいかんらん》』がある。

大洲《おおず》藩〈外様〉

居城＝愛媛県大洲市大洲

めまぐるしい藩主交代

小早川秀包《ひでかね》は宇和郡内に三万五千石を領して大津城（大洲城）に入城していたが、天正十三年（一五八五）、豊臣秀吉の四国平定後、秀包は筑後国久留米へ移り、戸田勝隆《かつたか》が十六万石で入封した。勝隆没後、藤堂高《たか》虎《とら》の領有するところとなり、養嗣子高吉《たかよし》が在城し、やがて高虎が本拠を宇和郡板島（宇和島）に移した。慶長十三年（一六〇八）、高虎が伊勢国安濃津へ移ると、そのあとに富田信高《のぶたか》が入封するが、同十八年に改易となり、高虎の預かり地となった。

慶長十四年九月、淡路国洲本から脇坂安《やす》治《はる》が五万五千石余で入封し、いわゆる近世諸侯の初代となって大洲藩が立藩した。その子安元《やすもと》は元和三年（一六一七）、信濃国飯田へ転封となった。

加藤氏歴代の治世

脇坂氏転封後、大坂の陣の戦功によって伯耆国米子から加藤貞泰《さだやす》が伊予国喜多《きた》・浮《う》穴《な》・風早《かざはや》・桑村四郡内において六万石を領有して入封した。この時、家臣中江吉長の孫で後年陽明学者となった藤樹《とうじゅ》が大洲に来ている。貞泰は元和九年五月に没し、嫡男泰興《やすおき》が家督を継いだ時、弟直泰《なおやす》に一万石を分与し、新谷藩が立藩した。大洲藩は実質五万石となった。泰興は寛永十二年（一六三五）、幕府の許可を得て、風早・桑村郡の五十七ヵ村と、松山藩領伊予・浮穴郡の三十七ヵ村と替地を行い、大洲藩では新領を「御替地」と呼んだ。

加藤家は代々好学の藩主を輩出した。泰興のあと、安恒《やすつね》－泰統《やすむね》－泰温《やすあつ》と続いたが、泰温は陽明学者三輪執斎《しつさい》に傾倒し、執斎の高弟川田雄琴《ゆうきん》を招いて、大洲伝統の藤樹学により広く領民の社会教化につとめた。泰温の遺命を受けた泰衑《やすみち》は延享四年（一七四七）、伊予国最初の藩校止善書院明倫堂を創設し、また加藤家史『北藤録』の編纂を命じ、十五年の歳月を費やして完成した。また泰衑の治世の寛延三年（一七五〇）、浮穴郡の農民一万八千人が年貢の過重と村役人への反感から蜂起、藩へ強訴し、一部は隣藩の宇和島城下に逃散したので、農民の要求を容れて落着した。

次は泰武《やすたけ》－泰行《やすゆき》－泰候《やすとき》と相続し、その次の泰済《やすずみ》は「文政法令」を公布して、倹約を令し、士風の刷新をはかり、新銀札の発行により藩財政再建につとめ、藩政改革を達成する一方、学殖深く、わが国唯一の『韓魏公集』を校訂刊行した。また、特産品の半紙は専売制により藩の知行総収入の八割にもなったため、役人の取締りの厳しさや商人の暴利を怒って、文化十三年（一八一六）、紙騒動が起こった。

つづく康幹《やすもと》を経て、家督を継いだ安祉《やすとみ》は勤王の決意を全家臣に発したが、元治元年（一八六四）八月に二十一歳で急逝し、弟泰秋《やすあき》が最後の藩主となった。泰秋は前藩主の遺志を継ぎ、慶応四年（一八六八）一月、鳥羽伏見の戦いの際は、明治天皇の身辺護衛にあたり、天皇の大坂親征の際には供奉先駆の役をつとめた。明治二年（一八六九）六月、泰秋は版籍奉還により知藩事に任ぜられ、同四年に廃藩置県を迎えた。

小江戸紀行 肱川の流れる城下町
大洲城下を歩く

大洲城跡

四囲の山垣にかかる朝靄《もや》と、盆地の中央をゆるやかに蛇行する肱《ひじ》川の透明なかがやきとが、みごとな調和をつくる大洲地方の街や邑《むら》はまさに南国の山間に開けた桃源郷のような印象をあたえる。この肱北・肱南の市街地をむすぶ肱川大橋からすぐ下流の左岸に見える緑の小丘が大洲城跡で、平成十六年七月には天守閣が復元された。

大洲城下の古い町並

城は小規模ながら肱川を巧みに利用し要害堅固で、近世の築城様式中最古に属する平山城である。肱南地区の商店街は本町・中町・末広町と、いまなお藩政時代の短冊割りで東西に整然と並んでいる。大正二年（一九一三）の架橋以来、南予最大の交通量が集中するようになった肱川橋通りを西に折れると、やがて柳並木の桝《ます》形通りに出る。かつては兵馬が勢揃いした防火と用兵上の広場で、東側に町会所・船蔵・蔵長屋・藩校明倫堂・稽古場などが立ち並んでいたところだ。桝形から先が外堀を隔てて三ノ丸の武家屋敷にあたっており、いまの大洲郵便局前に大手門があった。武家屋敷はほかにも鉄砲町・浮舟・山根・片原町などにあるが、その外部を仕切っていた内外の堀は、環濠屋敷である中島の南片側などごく一部の片鱗《へんりん》を残すだけである。

市内の史跡

市内の代表的な史跡と言えば、桝形通りを山手のほうへのぼってゆくと、藩主加藤家歴代の菩提寺竜護山曹渓院《そうけいいん》につきあたる。小学校敷地のなかに残る麟鳳閣《りんぽうかく》は遺構の一部である。また、わが国における陽明学創始者中江藤樹旧邸はいまの県立大洲高校構内にある。さらに二代藩主泰興が、槍禅一如の境地を求めふかく帰依していた不生禅の大徳、盤珪《ばんけい》国師を開祖として迎えるために再興した如法寺《にょほうじ》など見るべきものが多い。

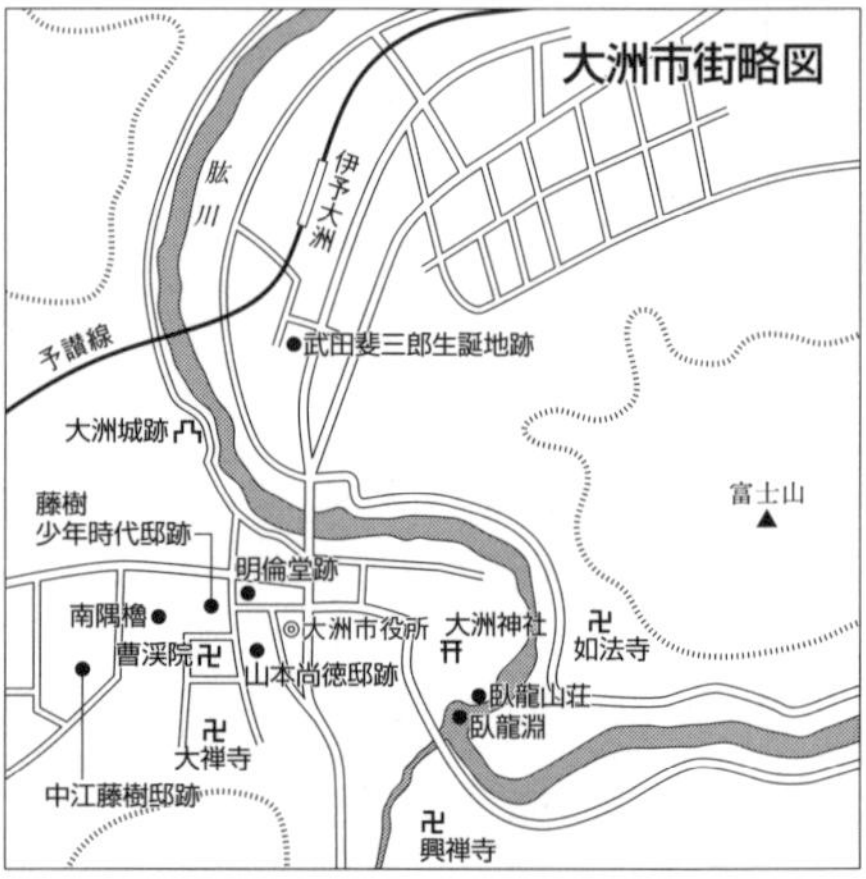

宇和島藩《うわじま》〈外様〉

居城＝愛媛県宇和島市丸之内

戸田・藤堂・富田氏の入封

　豊臣秀吉の四国平定後、毛利元就《もとなり》の子小早川隆景《たかかげ》は伊予国三十五万石を与えられたが、天正十五年（一五八七）六月、筑前・筑後・肥前国に所領換えとなって筑前国名島へ移ると、伊予国宇和郡板島の丸串城へ七万石で戸田勝隆《かつたか》が入城した。勝隆は文禄の役に出陣中に病没し、文禄四年（一五九五）、藤堂高虎《たかとら》が宇和郡内七万石の領主として板島（宇和島）へ入封した。高虎は慶長五年（一六〇〇）、関ヶ原の役の際に徳川家康方に属して戦功を樹てたので、十二万石を加増され、国府（のちの今治）に移った。慶長十三年、伊勢国安濃津から富田信高《のぶたか》が十万石で入封したが、同十八年に改易・除封され、宇和郡は一時幕府領となり、高虎が代官となった。

伊達氏の入封と山家清兵衛事件

　慶長十九年、大坂冬の陣後、陸奥国仙台藩主伊達政宗《まさむね》の庶長子秀宗《ひでむね》が宇和郡十七郷二百七十九ヵ村十万石を領し、翌元和元年（一六一五）三月に入封、板島を宇和島と改めて立藩した。秀宗は幼少の頃に豊臣秀吉の猶子となり、その名の一字を戴いて秀宗と称した。父政宗は徳川家康に対する遠慮から秀宗を却けて、次子忠宗《ただむね》を嗣子と定めた。徳川秀忠は政宗の配慮と大坂の陣の戦功に酬いて、宇和島十万二千余石に封じたのである。

　秀宗は就封の時、莫大な費用がかかったので、父政宗から六万両を借用した。その借金を元和四年から寛永十二年（一六三五）まで、毎年石高十万石の内から三万石ずつ返済することにしたが、これが藩財政に大きな圧迫となった。そのうえ元和六年、大坂城の修築助役を命ぜられて出費が嵩み、財政窮乏に陥った藩は緊縮政策を強行し、政宗が付けた家老山家清兵衛公頼《やんべせいべえきんより》は財政の責任者として家臣の禄を半減することで補おうとした。家臣の中には清兵衛の専断についての反感が高まり、元和六年六月二十九日夜、上意討ちとなって、一族とともに暗殺された。

　その後、暗殺の首謀者と思われる政敵桜田玄蕃《げんば》を初め、事件の関係者といわれる人人の変死が続き、清兵衛の怨霊ではないかと囁かれ、やがて大地震や洪水、飢饉までもその祟りとされるようになったため、承応二年（一六五三）、藩も清兵衛の冤罪を認め、山頼《やまより》和霊《われい》神社が創建され、享保十六年（一七三一）、現在地に移された。

　秀宗は正保四年（一六四七）、最初の検地実施とともに地方《じかた》知行制を廃止し、漁業税として五分一銀《ごぶいちぎん》制を確立、藩政の基礎を固めた。秀宗は明暦三年（一六五七）に致仕し、三男宗利《むねとし》に家督を譲ったが、この時、五男宗《むね》純《ずみ》に伊予国吉田三万石を分与し、吉田藩が立藩した。このため宇和島藩の石高は七万二千余石に減少し、さらに藩財政は窮乏に陥った。この石高の不足を補い、財政難を克服するため、寛文十年（一六七〇）から寛文検地を実施した。内扴《ないかい》検地と称し、鬮持《くじもち》制という割地《わりじ》制によって本百姓制を確立、同時に庄屋制・村政機構・税制を整備した。

　宗利は元禄六年（一六九三）に致仕し、宗

家仙台藩主伊達綱宗《つなむね》の三男宗贇《むねよし》が家督を相続した。同九年、新田改《あらためだし》出の高を加えて十万石高直《たかなお》しを幕府に願い出て認められ、藩領を十組《とくみ》支配として藩体制を確立させた。宗贇は正徳元年（一七一一）二月に没し、嫡男村年《むらとし》が家督を継いだ。村年の代の享保の大飢饉は藩財政を極度に窮乏させ、享保十三年（一七二八）から同十八年にかけて大風雨が続き、特に同十七年には蝗害《こうがい》のため、九万一千石減収の被害を出して、飢餓人は五万六千人に達し、家臣の半知借り上げが行われた。村年は藩財政の再建策を立てたが、享保二十年五月二十八日、参勤交代の途次、播磨国加古川の旅宿で没した。

村候の改革

村年のあとを継いだ嫡男村候《むらとき》は、藩政改革の第一歩に農地制度に取り組み、寛文以来七十余年にわたって実施されていた当藩特有の鬮持制を高持制に復帰させた。鬮持制は土地割替えが農民の勤労意欲を減退させ、耕地を荒廃させ、藩の貢租収入が減少する結果を招いたために、これを廃止したのである。次の施策としては寛保三年（一七四三）、倹約令とともに、家臣に向けて「忠孝を専にし義理を守り礼儀を正しくし、学問を励み武芸を嗜むべき事」を始めとする「二十五ヵ条の定《さだめ》」を発布し、士風の刷新をはかった。

また、施策のうち重要な意味を持つのは殖産興業政策であった。宝暦四年（一七五四）、城下の商人三名に櫨実晒座を許可し、領内の櫨実などの他所売りを禁止、三座に生産統制・独占を許した。製蠟業は以後、藩の重要な産業となった。さらに製紙では泉貨紙《せんかし》（厚手の紙）を藩の専売にした。その他、漁業では宇和海で漁獲される鰯《いわし》を乾燥した干鰯《ほしか》は、有効な金肥《きんぴ》（肥料）として大坂方面に売り出され、大切な藩の財源となった。

村候は学問を愛好し、寛延元年（一七四八）、藩校内徳館《ないとくかん》（のちの敷教館《ふきょうかん》、明倫館）を創設し、領民の入学も許可した。村候は諸改革を実施し、藩政の再建中興にある程度成功したため、「三百諸侯中屈指の良主」とか「宇藩中興の英主」とか称された名君であった。

次の村寿《むらなが》を経て、文政七年（一八二四）に村寿の嫡男宗紀《むねただ》が襲封した。宗紀の時代は連年の凶作のため収入が減少し、藩財政は極端に悪化し、藩債が山積して、償却が不可能な状態になっていた。宗紀は積極的な藩政改革の第一歩として、債権者の大坂商人らと折衝し、藩債全部を無利息二百ヵ年賦償還と定め、棄捐令を出すなどして藩債の整理をした。また、城下商業の繁栄のため融通会所《ゆうずうかいしょ》の設置、青蠟の専売制などによって藩財政の建て直しをはかった。さらに農政学者佐藤信淵《のぶひろ》の経済理論を学ばせるため、天保九年（一八三八）、家臣小池九蔵・若松総兵衛の二人を入門させた。翌年、信淵は宗紀の依頼により、「上宇和島藩世子封事」を書き、世子宗城《むねなり》に殖産興業、物産流通の統制、移出の増大、藩政改革による統制機構の確立などについて説いた。

宗紀の積極的財政経済政策によって、弘化元年（一八四四）、宗紀の致仕の際、六万両の蓄積があった。この経済力を背景として、宇和島藩は幕末雄藩の一つとして活躍する基盤が築かれた。

宗城の治世

宗紀は弘化元年に致仕し、家禄三千石の旗本山口直勝の四男宗城《むねなり》（村候の外曾孫）が家督を相続した。宗城は先代宗紀の藩政改革を受け継ぎ、物産方役所を設置し、藩内諸産業の発達、国産の統制、専売制の強化をはかり、富国政策を推進した。一方、軍制改革を推し進め、洋式砲術を導入し、火薬製造所や大砲鋳造場を造り、宇和島湾両側には樺崎《かばさき》砲台・蛭子山《えびすやま》砲台を築造した。嘉永元年（一八四八）、蛮社の獄で入牢中に脱走した高野長英（伊東端渓と変名）を密かに宇和島城下に保護し、兵学書の翻訳を行わせ、蘭学塾五岳堂《ごがくどう》で家臣に蘭学の指導、久良《ひさよし》砲台の築造にあたらせた。長英の高弟大野昌三郎は安政二年（一八五五）、江戸で中浜万次郎に英語を学び、のちシーボルトの娘イネと宇和島で結婚した。

また嘉永六年には、適塾出身の蘭方医村田蔵六（大村益次郎）を禄高百石で招聘し、艦船の建造や砲台の築造などにあたらせ、洋学・兵学を家臣に講義させた。村田は西洋医学の導入にも熱心で、多くの蘭方医を育成し、種痘も実施した。宇和島出身のシーボルト門下の二宮敬作、甥三瀬周三らの活躍をあわせて考えると、宇和島藩の洋学の開花ぶりがうかがえる。

ペリー来航に際して、宗城は開国反対と海防強化の外交意見書を幕府に提出したが、のちには貿易に注目するようになり、物産会所を設置して専売制度の拡充をはかりながら、紙・蠟・茶・海産物など国産品の輸出を企画した。

宗城は老中で福山藩主阿部正弘、薩摩藩主島津斉彬、土佐藩主山内豊信（容堂）、福井藩主松平慶永（春嶽）、佐賀藩主鍋島直正（閑叟）らと親しく、日米通商航海条約の締結や十三代将軍家定の継嗣問題が政局の争点になると、これらの諸侯とともに開国通商の態度を表明し、将軍継嗣には一橋慶喜を擁立して幕政改革を志す一橋派の有力メンバーであった。

だが、安政五年（一八五八）、彦根藩主井伊直弼が大老となり、日米修好通商条約の調印、将軍家定の後継者を和歌山藩主徳川慶福（のち家茂）に決定するなど、直弼の専権に押し切られ（安政の大獄）、改革派諸侯は隠居・謹慎などの処分を受け、宗城も隠居・謹慎を命ぜられ、家督を宗徳《むねえ》（宗紀の次男）に譲った。

しかし、宗城は隠居後も中央政界においてなお有力な存在であり、文久二年（一八六二）、島津久光を中心とする公武合体運動の際、上洛して活躍したのを初め、慶応元～二年（一八六五～六六）、英公使パークス、アーネスト・サトーらの宇和島訪問の時、宗城は天皇を首長とする雄藩連合政権樹立の構想を明らかにした。

慶応三年十二月、王政復古の大号令後、宗城は議定に任ぜられ、明治元年（一八六八）、外国事務総督を兼ね、ついで外国知官事となり、参議に任ぜられ、翌二年に民部卿兼大蔵卿となった。

宗徳は宗城が国事に奔走したため、藩政面では宗城を援け、殖産興業を推進し、富国強兵策を打ち出した慶応期の藩政改革を断行した。明治二年六月、宗徳は版籍奉還して知藩事に任ぜられ、同四年に廃藩置県を迎えた。

小江戸紀行　著名な民俗芸能のある城下町宇和島城下を歩く

宇和島城と天赦園

宇和島は、怪獣さながらに荒れ狂う奇祭牛鬼《うしおに》、哀調を帯びた調べにのって優雅に舞う八ツ鹿踊り、巨体を揺がせながら角と角がぶつかり合う闘牛《とうぎゅう》など、民俗芸能でよく知られている城下町である。

JR予讃線の終着駅である宇和島駅前にはワシントンヤシの街路樹が続き、アーケードの銀天街を抜けると、標高八〇メートル程の分離丘陵の城山上に宇和島城が聳えている。登山口には宇和島藩家老の桑折《こおり》氏の長屋門があり、ここをくぐって荒削りの石段を登っていくと、本丸跡に宇和島城天守閣が建つ。天守は独立式、三重三階、白壁総塗込造りで、最上部には約一・五メートルの青銅製の鯱が置かれている。

宇和島城は二代藩主伊達宗利《むねとし》により寛文二年（一六六二）から約十年の歳月をかけて大改修が施された。現在の原型はこの寛文期の大改築のもので、石落としや銃眼の施設はなく、式台付きの玄関、内部の長押《なげし》など、すべて平和時の様相を示している。

城山は不等辺五角形で、北と西は海に接し、他の三辺には海水を導入した濠が掘れている。宇和島城を偵察した幕府の隠密も四角の見取図を書いているほどで、一方が死角になる巧妙さである。

本丸跡から南方へ下ると小さな上立門があるが、寛文期の大改修当時の貴重な遺構である。上立門を出ると明治時代の大審院長児島惟謙《これかた》の銅像が立ち、碁盤目状の城下には児島惟謙生誕地の碑、「鉄道唱歌」などの作詞者大和田建樹の生家跡がある。

上立門の南西へ五分程の所に天赦園《てんしゃえん》がある。二代宗利が城郭大改修後の寛文十二年から海を埋め立てて、五年の歳月をかけて浜御殿を完成させたあと、七代宗紀《むねのり》が浜御殿南の一角に隠居所を造り、これを南御殿といったが、その庭園が天赦園で、慶応二年（一八六六）の竣工である。江戸末期の大名庭園を代表する池水回遊式庭園で、園内には南予地方の暖地性植物が植えられているが、特に竹と藤が多い。竹は伊達家の家紋「竹と雀」に因み、藤は伊達家の祖が藤原氏であることによっている。

辰野川沿いの寺々

城下東端、辰野川の細流に沿って、西江《せいごう》寺・明源寺・等覚寺・大隆寺・大超寺などの寺院が建ち並んでいる。各寺院とも庭園が有名。ほぼ中程にある龍華山等覚寺は伊達家の菩提寺で、山門には巨大な「立三引《たてみつひき》」

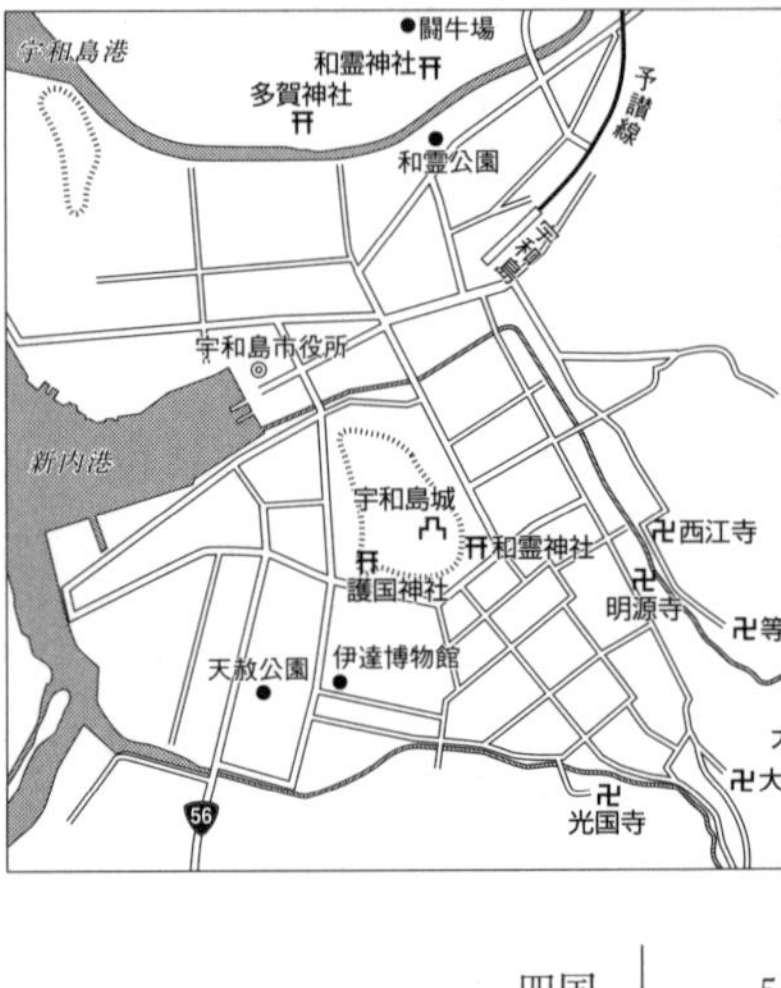

宇和島市街略図

宇和島城天守閣と石垣

の家紋が入っている。この寺と金剛山大隆寺、現在廃寺となった大通寺の三ヵ寺はともに藩主や藩主夫人の法号を寺名としているため、山号で呼ばれている。

　等覚寺は初代秀宗《ひでむね》が元和四年（一六一八）、生母を弔うために創建し、白雲山龍泉寺といったが、秀宗の菩提寺となってからは浄妙山等覚寺と改め、現在は龍華山と呼ばれている。伊達家の墓所は本堂左手奥にある西墓所と、本堂裏側にある東墓所とがある。西墓所にはひときわ壮大な秀宗、四代村年《むらとし》の墓がある。秀宗の墓の左右二基ずつ四基の墓は殉死者のものである。東墓所には幕末の動乱期に中央政界で活躍した八代宗成《むねなり》と夫人の墓を初め、二代宗利《むねとし》・六代村寿《むらなが》・三代宗賛《むねよし》の墓が並んでいる。二代・六代・三代の五輪塔が極端に小さいのは、もと廟《びょう》形式で墓を覆う建物があったからである。山門の右側にある建物は大和田建樹の生家を移築したものである。

　辰野川に沿った小径を進むと、金剛山大隆寺がある。慶長十三年（一六〇八）頃、領主富田信高が亡父知信《とものぶ》を弔うために創建した寺で、金剛山正眼院といった。のち五代村候《むらとき》はこの寺を菩提寺と定めたので、以後、同家の墓所となり、寺名も村候の法号から大隆寺と改められた。墓地の奥には初代秀宗夫人亀の方の墓があり、さらに緑に囲まれた中に、七代宗紀《むねのり》、九代宗徳《むねえ》、五代村候、あるいは各夫人や一族の墓が林立して壮観である。

和霊神社と宇和島祭り

　宇和島駅の北方、須賀川に架かる御幸橋を渡ると和霊神社がある。祭神は山家清兵《やんべせいべ》衛《え》公頼《きんより》である。清兵衛は仙台藩主伊達政宗の家臣であったが、政宗の子秀宗が宇和島藩主になると、惣《そう》奉行として秀宗の家臣となった。

　清兵衛は立藩にあたり、政宗からの借金の返済方法や幕命による大坂城石垣工事などに尽力したが、藩内に対立勢力を生み、元和六年（一六二〇）六月二十九日夜、上意による刺客に一族とともに暗殺された。清兵衛死後、藩内には変事が相次ぎ、清兵衛の怨霊による祟りと言われ始めたので、承応二年（一六五三）、藩も清兵衛の冤罪《えんざい》を認め、山頼和霊神社が創建された。なお、城山下の丸之内にある和霊神社は、清兵衛が殺害された邸跡に建てられたものである。

　和霊大祭は七月二十三～四日の両日で、宇和島祭りと並行して行われ、各地の牛鬼が招かれて共演する。御輿や練り物が一緒に須賀川に入って行われる勇壮な「走り込み」の時は、祭りの最高潮に達する。

西条《さいじょう》藩〈家門〉
陣屋＝愛媛県西条市明屋敷

一柳氏の失政

伊勢国神戸五万石の藩主一柳直盛《ひとつやなぎなおもり》は寛永十三年（一六三六）六月、大坂の陣の論功により一万八千石の加増で、伊予国新居・宇摩《うま》・周布《しゅうふ》、播磨国加東四郡内において六万八千石を領有して入封し、立藩した。だが、直盛は八月十九日、西条へ赴任の途次、大坂で没し、幕命によりその遺領の西条三万石は嫡男直重《なおしげ》が継ぎ、次男直家《なおいえ》に二万八千石（播磨国小野）、三男直頼《なおより》に一万石（伊予国小松）を分与した。

直重は入封すると、陣屋を築き町造りに着手したが、正保二年（一六四五）六月に没し、嫡男直興《なおおき》が遺領を継いだ時、次男直照《なおてる》に五千石を分与して、二万五千石を領した。直興は寛文五年（一六六五）、四年前の禁裡造営助役の時、工事の着工や竣工の時に入洛を命ぜられたが、竣工時しか入洛せず、かつ病気と称して参内しなかったこと、また参勤交代の遅参、藩治の失政など不行跡によって除封となり、加賀国金沢藩主前田綱紀にお預けとなった。

松平西条藩の治世

一柳氏除封後、一時廃藩となったが、寛文十年、紀伊国和歌山藩主徳川頼宣《よりのぶ》の次男松平頼純《よりずみ》が新居郡内四十三ヵ村、宇摩《うま》郡内十五ヵ村、周布《しゅうふ》郡内三ヵ村、合わせて六十一ヵ村で三万石を領有して入封し、松平西条藩が立藩した。松平氏は参勤交代を行わない定府大名であったため、領国は徴税のための土地と考えられていたので、西条勤務の家臣は二百数十人で石高にしてはやや少なかった。

頼純は正徳二年（一七一二）七月に没し、五男頼致《よりよし》が家督を継いだが、享保元年（一七一六）、和歌山藩五代頼方《よりかた》（吉宗）が八代将軍に就任したため、頼致が宗家六代徳川宗直《むねなお》として和歌山藩主となったので、頼純の六男頼渡《よりただ》が十歳で家督を相続した。頼渡は享保八年、多喜浜塩田を築造し、学者山井《やまのい》崑《こん》崙《ろん》を登用して西条藩学問の隆盛の端緒となった。

頼渡は元文三年（一七三八）に没し、嫡男頼邑《よりむら》が家督を継いだが、病弱のため宝暦三年（一七五三）七月に致仕し、宗家和歌山藩主六代宗直の次男頼淳《よりあつ》が家督を相続した。

この年、三万石騒動と呼ばれる税率一割上昇に反対する農民一揆が起こり、藩は農民の要求を認め、税率を元に戻した。頼淳は安永四年（一七七五）、宗家九代を継いで、徳川治貞《はるさだ》と名乗った。代わって和歌山藩主七代徳川宗将《むねまさ》の六男頼謙《よりかた》が家督を相続した。

郡奉行竹内立左衛門を登用し、安永九年から天明二年（一七八二）にかけて、二百数十町歩余の禎瑞《ていずい》新田を開墾した。新田は領主頼謙の私金で開拓され、禎瑞方役所常駐の十五人内外の役人が管理した。

次の頼看《よりみ》は襲封二年後に没し、弟頼啓《よりゆき》が家督を継いだ。頼啓は文化二年（一八〇五）、藩校択善堂《たくぜんどう》を創設し、小松藩儒官近藤篤山《とくざん》の弟三品容斎らが教授をつとめた。また、天明～寛政年間（一七八一～一八〇一）、錦絵《にしきえ》の用紙として、特産の奉書紙（楮《こうぞ》で作った上質の和紙）は「伊予正」といって声価が高かった。

頼啓は天保三年（一八三二）に致仕し、嫡男頼学《よりさと》が襲封すると、藩学教授日野和煦《にこてる》に領内の地誌『西条誌』の編纂を命じ、十年の歳月を費やして天保十三年に完成した。頼学は安政年間（一八五四〜六〇）、宗家和歌山藩十三代徳川慶福《よしとみ》の傅役となり、慶福（家茂）が十四代将軍に就任すると、頼学の六男頼久《よりひさ》（茂承《もちつぐ》）が和歌山藩主を襲封した。このため頼学は将軍家とは親密な関係にあり、幕府主流家の藩主であったが、文久二年（一八六二）十一月に致仕し、嫡男頼英《よりひで》が家督を継いだ。

頼英は和歌山藩主徳川茂承の兄であったが、藩論は勤王で統一され、慶応四年（一八六八）一月、鳥羽伏見の戦いは新政府側に従い、明治四年に廃藩置県を迎えた。

市街の史跡

JR予讃線伊予西条駅の北西十分程の所に、濠に囲まれた西条藩陣屋敷跡がある。陣屋は、二代藩主一柳直重《なおしげ》が築いたものである。陣屋跡正面にある大手門は総欅造りで、現在は西条高校の校門となっており、大手門前の濠の石垣は、石灰岩を鎹積《かすがいづ》みに築いたもので、往時の姿をとどめている。陣屋跡の南東隅には、西条市立博物館と愛媛民芸館がある。

陣屋をめぐる濠は観音水などの湧泉の水を引き、陣屋から北方へ水路（御本陣川）を掘って瀬戸内海へ流している。陣屋の周囲には武家屋敷や武家長屋が配置され、大手門前は四軒町と呼ばれる武家屋敷跡だ。

駅前から西進すると、観音水がある。西条市は加茂川水系の伏流水が豊富で各所に泉が湧き、水の都と呼ばれている。観音水の西方、県道を越えた所に禎祥寺《ていしょうじ》があり、鎌倉期の創建という臨済宗の寺である。西条陣屋の濠の水源となった観音水の名は、禎祥寺観音堂に由来する。

駅南方の国道一一号線を越え、加茂川沿いに南へ進むと武丈《ぶじょう》公園に着く。桜の名所として知られる公園から八堂山《はちどうやま》の山麓を東へ十分程歩くと、金剛院（寺号は光明寺）がある。本堂は三代藩主一柳直興《なおおき》が万治二年（一六五九）に建立したと伝えられ、山門には三代小松藩主一柳頼徳《よりのり》筆の「仏生山」の扁額がある。

小松《こまつ》藩〈外様〉

陣屋＝愛媛県周桑郡小松町新屋敷

伊予国西条藩主一柳直盛《ひとつやなぎなおもり》は寛永十三年（一六三六）、伊勢国神戸から西条へ赴任の途中大坂で病没し、嫡男直重《なおしげ》が遺領のうち三万石を相続した。三男直頼《なおより》は周布・新居両郡内において一万石を分与され、周布郡塚村（のち小松）に陣屋を構えて立藩した。

直頼のあと、直治《なおはる》―頼徳《よりのり》―頼邦《よりくに》―頼寿《よりかず》と継承したが、頼寿は文教政策の一つとして、藩士竹鼻正脩《せいしゅう》を抜擢、正脩はつぎの頼欽《よりよし》―頼親《よりちか》の治世に活躍した。享和二年（一八〇二）、正脩の進言により、藩校養正館を創設し、頼親は伊予聖人と謳われた近藤篤山を招聘して教育内容を充実させたが、天保三年（一八三二）八月に没した。頼紹《よりつぐ》がわずか十一歳で家督を継ぎ、近藤篤山・南海父子の教化補佐を受けて藩政にあたり、慶応四年（一八六八）八月、奥羽征討に出兵して功を樹てた。頼紹は翌年に版籍奉還して知藩事に任ぜられたが翌月に没し、最後の藩主の頼明《よりあきら》が継ぎ同四年に廃藩置県を迎えた。

今治《いまばり》藩〈譜代〉

居城＝愛媛県今治市通町

藤堂高虎の今治築城

伊予国板島《いたじま》（のちの宇和島）七万石を領有していた藤堂高虎《たかとら》は慶長五年（一六〇〇）、関ヶ原の役の戦功によって二十万石に加増され、伊予国国府城へ入城した。だが、この城は唐子山東麓にあり、城下町建設には不便であったので、今張浦《いまばりうら》に本拠を移すことになり、慶長七年から築城に着手し、同八年に今治城が完成した。同十三年八月、高虎は幕命によって伊勢・伊賀両国を領有することとなり、伊勢国安濃津二十二万石へ転封となった。しかし、まだ伊予国越智郡内において二万石を領有していたので、養嗣子高吉《たかよし》に与えて今治城に残した。高吉は今治城にとどまること十八年、寛永十二年（一六三五）、伊賀国名張へ移った。

松平氏歴代の治世

藤堂高吉が転封すると、松平（久松）定《さだ》房《ふさ》が兄定行《さだゆき》の松山藩へ入封と同時に、伊勢国長島から三万石で入封して立藩した。定房は寛文五年（一六六五）、江戸城大留守居役を命ぜられた時、武蔵・下総・常陸国内において一万石を加増され、合わせて四万石となった。定房の治世は約四十年の長期にわたったが、延宝二年（一六七四）に致仕し、次男定時《さだとき》に家督を譲った。しかし、わずか二年後の延宝四年八月に没し、定時の次男定陳《さだのぶ》が襲封し、この時、定時の遺言によって弟定道《さだみち》に関東の地五千石を分与した。

定陳は兵学者江島為信《えしまためのぶ》を登用して家老とし、地拵《じならし》制度の採用によって農民の租税負担の均等化をはかり、越智郡本庄村に幸新田を開拓して塩田三十二町歩余を造成し、元禄五年（一六九二）、甘藷の試作を越智郡大島で行った。さらに法令・軍制を改革して藩政整備に功労があった。元禄十一年、関東の地五千石が収公され、宇摩郡十八ヵ村に移された。

次は定基《さだもと》―定郷《さださと》―定休《さだやす》―定剛《さだよし》と続き、定剛は文化二年（一八〇五）、朱子学者長野泰度《やすのり》を教授に講書場が設けられ、同四年にこの施設が拡充されて藩校克明館と改称された。定剛は領民教育の向上をはかり、松山藩の心学者田中一如を招聘し、領内各村で巡回講話をさせた。のち嘉永二年（一八四九）、心学の講義所「新民舎」が設置された。

藩では塩田とならぶ特産品の白木綿は享保年間（一七一六～三六）、藩の保護のもとに生産が始まり、定芝《さだしげ》―定保《さだもり》（勝道《かつみち》）と続き、定保の時には大坂木綿問屋による独占販売を開始した。

最後の藩主定法《さだのり》は文久二年（一八六二）に襲封し、翌年には家臣の軍事組織を洋式兵制に改め、今治沿岸に砲台を築造して外国艦船の来襲に備えた。さらに、定法は松山藩と歩調を合わせ、第二次長州征討を契機に新政府へ恭順し、慶応四年（一八六八）一月、鳥羽伏見の戦いが起こると、京都に兵を進め、御所の警備にあたった。藩兵の一部は征東軍に従軍し、甲府城警備、江戸・日光から奥州に進撃、会津戦争にも参戦した。この年、松山藩同様に松平を改称して久松姓に復した。明治二年（一八六九）六月、版籍奉還して、定法は知藩事に任ぜられ、同四年に廃藩置県を迎えた。

来島藩《くるしま》〈外様〉
居城＝愛媛県今治市来島

伊予国の海賊大将村上右衛門大夫通康《みちやす》の三男通総《みちふさ》（来島《くるしま》氏と改称）は天正十三年（一五八五）に豊臣秀吉に仕え、四国征伐に活躍し、同十五年の九州征討の時、脇坂安治《やすはる》とともに戦功を樹て、以後、小田原の陣や文禄の役にも功を挙げ、文禄四年（一五九五）二月、従五位下出雲守に叙任、伊予国風早《かざはや》郡内において一万四千石を与えられた。通総は慶長二年（一五九七）の慶長の役にも村上水軍を率いて奮戦したが、九月十六日、朝鮮水軍の大将李舜臣との海戦に敗れ、三十六歳で戦死した。

通総の子康親《やすちか》が家督を継ぎ、慶長五年の関ヶ原の役の時には、初め西軍に与《くみ》していたが、のち東軍に寝返ったので、所領は安堵された。だが、翌年二月、康親（この時から久留島長親《ながちか》と改名）は豊後国森一万四千石へ転封となり、来島藩は廃藩となった。このため来島藩領は、今治藩領に組み入れられた。

国府藩《こくふ》〈外様〉
居城＝愛媛県今治市古国分寺山乙

福島正則は天正十五年（一五八七）、九州征討の功により伊予国宇摩《うま》・新居《にい》・周敷《すふ》・桑原・越智五郡内において十一万三千石を領して湯築《ゆづき》城に入城し、のち府中国分寺山城主となったが、天正十八年の小田原の陣の戦功で、文禄四年（一五九五）七月、四万石を加増され、尾張国清洲城二十四万石城主となった。

正則の転封後、豊臣秀吉の家臣池田秀雄《ひでお》、さらに小川祐忠《すけただ》が七万石で入城し、慶長五年（一六〇〇）、関ヶ原の役が起こると、祐忠は初め西軍に与《くみ》し、のち東軍に寝返って大谷吉継《よしつぐ》の武将平塚為広《ためひろ》を討って功を樹てたが、戦後、賞賜なく改易となった。

そのあとに伊予国板島（宇和島）城主藤堂高虎《たかとら》が関ヶ原の役の戦功で、伊予半国二十万石を領して国分寺山城に居城した。だが、今治城が慶長九年に完成して、今治に移ったので、国府藩は廃藩となった。

松山新田藩《まつやましんでん》〈家門〉
居城＝愛媛県松山市

伊予国松山藩五代藩主松平（久松）定英《さだひで》は享保五年（一七二〇）十二月、四代藩主定《さだ》直《なお》の遺領を相続する際、弟定章《さだあきら》（定直の四男）に桑村・越智両郡内において新墾田一万石を分与したので、松山藩の支藩として立藩した。

定章は従五位下備中守に叙任し、のち主計頭と改め、延享三年（一七四六）十二月に大番頭となったが、翌四年八月三日、四十八歳で没した。

定章のあと、嫡男定静《さだきよ》が家督を相続したが、明和二年（一七六五）二月、宗家七代藩主定功《さだなる》の遺領を相続し、八代藩主として転出したため、新田藩一万石は本藩に還付され、廃藩となった。

なお、定静は明和三年十二月、従四位下隠岐守に叙任し、安永八年（一七七九）七月十四日、五十一歳で没したが、嗣子がなかったため、田安中納言宗武《むねたけ》の六男定国《さだくに》を養嗣子に迎え、本藩九代藩主となった。

松前《まさき》藩〈外様〉
居城＝愛媛県伊予郡松前町

道後温泉にある湯築《ゆづき》城は建武年間（一三三四～三七）に河野通盛《こうのみちもり》が築き、伊予国支配の本拠地とした。天正十三年（一五八五）、河野氏が小早川隆景《たかかげ》に攻められて落城、隆景居城のあと福島正則が一時居城したが、まもなく国府城（今治市）に移り、文禄四年（一五九五）に尾張国清洲城へ転封となった。

淡路国一万石の領主加藤嘉明《よしあきら》は天正十八年（一五九〇）、小田原の陣の戦功で、久米・温泉・野間・伊予四郡内において六万石を領した。その後、嘉明は文禄元年の文禄の役の時には水軍として出陣、さらに慶長の役にも活躍し、伊予国内において三万七千石を加増され、合わせて十万石を領して伊予郡松前城に入城した。さらに慶長五年（一六〇〇）の関ヶ原の役が起こると、嘉明は徳川家康方に属し、戦後、その功によって二十万石を加増され、松山城に移り、松前藩は廃藩となった。松山城を築くため湯築城の木材や石垣が活用された。

新谷《にいや》藩〈外様〉
陣屋＝愛媛県大洲市新谷町

伊予国大洲藩初代藩主加藤貞泰《さだやす》は元和九年（一六二三）五月二十二日、四十四歳で没し、嫡男泰興《やすおき》が遺領を相続する際、弟直康《なおやす》に喜多・浮穴《うけな》・伊予三郡内において一万石が分与され、喜多郡新谷に陣屋を構えて立藩した。この分与について『寛文印知集』によれば、泰興の知行は六万石であるが、実質は五万石で、貞泰には「喜多郡の内十三ヵ村、浮穴郡の内七ヵ村、伊予郡の内四ヵ村、合わせて一万石」とする内分形式で分知したため分知問題は紛糾し、寛永十六年（一六三九）に両者の合意により、新谷藩が成立した。

直康のあと、泰觚《やすかど》―泰貫《やすつら》―康広《やすひろ》と続き、康広の代の寛延三年（一七五〇）、大洲藩の内《うち》ノ子《こ》騒動では農民一万八千人の強訴《ごうそ》を新谷藩の調停と寺門のとりなしで解決し、本藩の危機を救った。その後、泰宦《やすのぶ》―泰賢《やすまさ》―泰《やす》儔《とも》―泰理《やすただ》と継承し、最後の藩主泰令《やすのり》の時、明治四年（一八七一）に廃藩置県を迎えた。

吉田《よしだ》藩〈外様〉
陣屋＝愛媛県北宇和郡吉田町立間尻

宇和島藩初代藩主伊達秀宗《ひでむね》の代の明暦三年（一六五七）、五男宗純《むねずみ》に宇和郡内において三万石が分与され、吉田に陣屋を構えて宇和島藩の支藩として立藩した。この時、秀宗は中風を煩っていたので、彦根藩主井伊直孝《なおたか》、仙台藩の伊達兵部宗勝《むねかつ》らの工作があり、本藩二代藩主宗利《むねとし》が納得しない分知であったため、以後、兄弟の反目が続くが、寛文五年（一六六五）、両藩の間の目黒山境界問題が幕府の裁許を得て解決した。

宗純のあと、宗保《むねやす》―村豊《むらとよ》―村信《むらのぶ》―村賢《むらやす》と続き、つぎの村芳《むらよし》の治世の寛政五年（一七九三）二月、紙の売買をめぐって山奥組農民が武左衛門を頭取に一揆を起こし、宇和島城下に近い八幡河原に出て越訴《おっそ》した。このため家老安藤継明が切腹、宇和島藩の調停があって、農民の勝利で終わった。つぎの宗《むね》翰《もと》を経て、本藩主伊達宗城の弟宗孝《むねたか》が継ぐが、藩政を軽視した佐幕派だったため、宗《むね》敬《ため》を養子とし、廃藩置県を迎えた。

土佐国

高知《こうち》藩（土佐《とさ》藩）〈外様〉

居城＝高知県高知市丸の内

長曾我部氏の除封

戦国期の土佐国は土佐七族と呼ばれる土豪が割拠していたが、その中の傑出した武将長曾我部元親は天正三年（一五七五）、土佐一国を平定し、長岡郡の岡豊《おこう》城に入城した。元親はさらに、阿波・讃岐・伊予三ヵ国をつぎつぎと攻略し、天正十三年に四国を統一したが、同年、豊臣秀吉の四国征伐のため、秀吉の弟羽柴秀長を将とする征討軍に敗れて降伏、阿波・讃岐・伊予を没収され、土佐一国を安堵されて浦戸城へ移った。

元親はその後、秀吉に従って九州征討、文禄・慶長の役に出兵したが、慶長四年（一五九九）五月十九日、京都伏見の屋敷で没した。元親の次男盛親が家督を継ぐが、翌五年の関ヶ原の役には西軍に与《くみ》し、九月十五日の決戦の日、南宮山に布陣したが、小早川秀秋らの裏切りのため西軍は総崩れとなり、十月に所領を没収された。

山内氏の入封と野中兼山の登用

長曾我部氏除封後、遠江国掛川から山内一豊《かずとよ》が封ぜられたが、その頃、長曾我部氏の遺臣（一領具足）が国内に数多く住み、浦戸城受け取りの上使が来た時も、徒党を組んで反対をした。このため、一豊は弟康《やす》豊《とよ》に入国させ、領内の庄屋らを集め、国の仕置《しおき》については長曾我部氏と変わることがない故、山内家に仕えるよう説得した。しかし、長曾我部氏の遺臣らによる一揆が起こり、山内家の討手と戦うような事件が、数多く起こっている。

一豊は慶長六年一月八日に入封し、この時の藩領は安芸郡内五十三ヵ村、香美《かみ》郡内六十六ヵ村、長岡郡内四十八ヵ村、土佐郡内四十八ヵ村、吾川《あがわ》郡内四十一ヵ村、高岡郡内七十五ヵ村、幡多郡内百四十一ヵ村、合わせて七郡四百六十三ヵ村で、幕府の公認石高は二十万二千六百石余であったが、実際は長曾我部氏検地に基づく二十四万石余であった。のち新田の開発が行われ、元禄十三年（一七〇〇）には内高約三十九万二千石、幕末期には四十九万五千石余となっていた。

一豊は慶長八年、浦戸城が狭いために大高坂の地に新しい城を築こうとして、築城家百々《どど》安行《やすゆき》が奉行となり、二年後に高知城が竣工した。高知城が完成すると、一豊は近江・遠江の国から商人を呼び寄せて城下町を造った。慶長十年、一豊は藩政に着手しようとしたが、病を得て九月二十日に没し、嗣子がなかったので、弟康豊の嫡男忠《ただ》義《よし》が家督を相続した。忠義は幼少のため、初めは父康豊が後見をつとめた。

忠義は慶長十七年、長曾我部氏の遺臣が農地を棄てて逃げ出す対策に重点をおいた「定法度条々」七十五ヵ条を制定し、その他、莫大な出費のため藩財政は窮乏し、借銀三千貫におよんだ。そのため忠義は借財整理のため木材を売却し、人事刷新して元和改革を行い、寛永八年（一六三一）、野中兼山《けんざん》を登用した。

兼山は用水路の建設による新田開発、港湾の整備、郷士起用、茶・紙・漆などの国産奨励と専売仕法など殖産興業政策を推進した。特に郷士起用と新田開発は注目すべき事業で、灌漑面積は三千八百七十二町におよび、七万五千石余の新田を開墾した。兼山は新田開発にあたり郷士の取り立てを行った。それは藩の兵農分離策によって長曾我部氏の遺臣で農民となった者が多く、走り者が出て労働力が不足し藩政の障害となっていたため、兼山は遺臣らを郷士に採用して新田を開墾させ、領地として与えることにした。そして身分も下士の筆頭に付けて不満をやわらげ、藩政確立の中心にしようとした。

兼山は大きな業績をあげたが、兼山の強圧的な政策によって領民から怨嗟の声が起こった。そのため領民の不満を利用した反兼山派の重臣らは寛文三年（一六六三）七月、兼山を弾劾し失脚に追い込んだ。兼山は同年十二月十五日、不遇のうちに没したが、さらに反対派は野中家の取り潰しを決め、遺族に流罪を命じて幡多郡宿毛に幽閉した。

「寛文改替」の政治

忠義は明暦二年（一六五六）に致仕し、嫡男忠豊《ただとよ》が襲封したが、この時弟忠直《ただなお》に三万石を分与（中村藩）した。忠豊は兼山失脚後、人事を刷新し、寛文三年七月、家老の月番制を定め、反兼山派の重臣が忠豊親政のもとで合議制の政治を行った。翌八月には大赦令を発布して、課役・租税を減免し、専売制を廃止するなど、「寛文改替《かいたい》」の政治をとった。

寛文九年に忠豊は致仕し、嫡男忠昌《ただまさ》が家督を継ぎ、天和元年（一六八一）九月以降、地《じ》方《かた》知行から蔵米知行へ転換し、平等免《ならしめん》の実施など天和改革を行った。そして、元禄三年（一六九〇）三月には政治・経済・土木・交通・刑罰など、それまでに発布された法令を集大成した四百七十二ヵ条におよぶ「元禄大定目」を公布し、法制的に最も整備された藩となった。

豊昌のあと、分家山内一俊《かずとし》の嫡男豊房《とよふさ》―豊隆《とよたか》（一俊の三男）―豊常《とよつね》と相続したが、この時期は幕府の賦役や、宝永四年（一七〇七）の大地震は藩財政を圧迫した。襲封五年後の享保十年（一七二五）、豊常が没し、家老山内規重《のりしげ》の嫡男豊敷《とよのぶ》が家督を相続した。豊敷が襲封直後、高知城や城下町が大火で焼失し、また領内の不作のため藩財政は窮乏した。宝暦二年（一七五二）、国産改所を設けて、御蔵紙・平紙の製紙業の統制、樟脳の国産を開始して専売制を実施した。そのため津野山一揆が起こり、問屋制度を廃止した。豊敷は藩財政再建に苦労したが、藩校教授館《こうじゅかん》を創設、海南朱子学を中心とする藩の教学が定まった。

豊敷のあとを継いだ豊雍《とよちか》は、下級家臣久徳台八《きゅうとくだいはち》の大胆な藩政改革の意見を採用し、徹底的な経費削減を行い、二十万石の格式を十万石に縮小、藩主自ら紙衣《かみこ》を着て、一汁一菜の食事に切り詰めた。こうして、前年度の半額の費用で藩政が行われ、ようやく藩財政の建て直しに成功した。

豊雍のあと、豊策《とよかず》―豊興《とよおき》―豊資《とよすけ》（豊策の次男）―豊凞《とよてる》と相続し、豊凞は好学の藩主で、天明の改革を模範として藩政改革を行い、有能な新進気鋭の改革派「おこぜ組」を起用した。当時山内家は分家筋が五家に分れて門閥を形成し、その歳費が莫大であったことから、改革派の中心人物馬渕嘉平は経費削減して藩財政の建て直しを行おうとした。ところが、門閥家から反対の火の手が上がり、追手邸の豊栄《とよよし》が他家と組んで、先代豊資に「おこぜ組は徒党を組んで、私曲をはかるものである」と訴えたのである。おこぜ組を信頼していた豊熈は門閥派や先代豊資らの糾弾の声に苦境に立たされ、ついに天保十四年（一八四三）、おこぜ組を処罰し、藩政改革は挫折した。

山内容堂と吉田東洋

豊熈は嘉永元年（一八四八）六月十六日、三十四歳で病没し、弟豊惇《とよあつ》が襲封したが、同年暮に隠居して、翌年、二十六歳で没した。山内家は断絶の危機を迎えたが、薩摩藩主島津氏ら親戚の大名の運動により、幕府の了解を得ることができ、分家の南家から豊《とよ》信《のぶ》（容堂）が襲封した。豊信は豊資の弟豊《とよ》著《あきら》の嫡男で、家禄は千五百石であった。

豊信は嘉永六年、大目付吉田東洋を仕置役（参政）に抜擢し藩政改革に着手するが、翌安政元年（一八五四）六月、幕府旗本松本嘉兵衛と紛争を起こして謹慎となった。その蟄居の間、私塾少林塾を開き、そこからのち「新おこぜ組」のメンバーとなった後藤象二郎・福岡孝弟《たかちか》・岩崎弥太郎・板垣退助・谷干城《たてき》ら有能な人材が輩出した。

東洋は安政四年、再び参政に復職し、開明的な「新おこぜ組」の支持により、無能な保守派の重臣を斥け、また農民の国産品生産の奨励と藩権力による統制強化、さらに鋳砲造船を含む洋式軍備の採用など、典型的な西南雄藩型の改革を実施した。

豊信は十三代将軍家定の継嗣問題が起こると、一橋慶喜擁立派に与《くみ》し、和歌山藩主徳川慶福《よしとみ》（家茂）を擁立する大老井伊直弼に敗れ、安政六年の安政の大獄によって隠居謹慎を命ぜられ、嫡男豊範《とよのり》が襲封した。

これが引き金となって、土佐藩は尊王攘夷運動が高まり、文久元年（一八六一）八月、武市瑞山《ずいざん》を首領とする土佐勤王党が結成された。瑞山は土佐藩を薩摩・長州藩と同様に勤王論に固めようと東洋を説得したが、豊信の意を受けた公武合体路線をとる東洋は応ぜず、ついに瑞山は東洋暗殺を決意し、文久二年四月八日に決行した。やがて復権した豊信が土佐勤王党の弾圧に乗り出し、瑞山を初め多数の勤王党員が投獄され、首領瑞山は切腹を命ぜられた。

東洋の遺策を継承した後藤象二郎は慶応二年（一八六六）、豊信の命を受けて開成館《かいせいかん》を設立し、洋式蒸気船の購入によって蒸気機関学や航海学、海軍砲術などの教育を行った。また、国産品を統制する機関などを設けて殖産興業策を展開、さらに岩崎弥太郎を責任者にして積極的に長崎貿易を実施して富国強兵をはかった。

慶応三年六月、坂本龍馬が起草した「船中八策」構想を象二郎に託し、これが豊信の賛同を得て幕府に提出され、十五代将軍慶喜は十月十四日、大政奉還を上奏した。土佐藩の努力が結実し、無血政権交代が実現した。その直後の十一月十五日、龍馬は陸援隊長中岡慎太郎とともに、刺客の刃に斃れた。

慶応四年一月、鳥羽伏見の戦いに土佐藩は薩摩・長州藩とともに参戦し、板垣退助率いる藩兵は戊辰戦争に奥羽へ転戦、戦後、賞典禄四万石を下賜された。

明治二年（一八六九）六月、豊範は版籍奉還して知藩事に任ぜられ、同四年に廃藩置県を迎えた。

小江戸紀行　坂本龍馬を生んだ城下町高知城下を歩く

十五棟の建物を残す高知城

高知は国主となった山内一豊の妻千代の賢婦ぶりの逸話や、「よさこい節」に〝おかしなことよな　はりまや橋で　坊さんカンザシ買いよった〟と歌われ、お馬・僧純信の恋物語で知られる城下町である。

JR土讃線高知駅前から南へ直進する駅前大通りの両側に、大きな檳榔樹《びろうじゅ》が緑の葉を拡げ、いかにも黒潮に洗われる温暖の地・南国土佐らしい風景である。江ノ口川を渡って、すぐに右折して追手筋を進むと、追手門から正面に高知城天守閣が望まれる。一豊は慶長六年（一六〇一）、遠江国掛川から入封し、戦略的に重要なこの地に築城することを決定、周辺から石材を集め、領内山林の木材を用いて三年後に本丸・二の丸をほぼ完成し、名も高知と改めて入城した。さらに続行された総構えの完成は、その子忠義の時である。往時、百二棟の建物があったが破却され、現在では天守閣・本丸御殿・黒鉄門・東多聞・西多聞・廊下門・詰門・追手門など十五棟が残されている。

追手門を潜り抜けると、左手に自由民権運動指導者板垣退助の銅像があり、つぎの杉の段には〝内助の功〟で有名な一豊の妻の銅像が立つ。正面には「秋風のふくいの里に妹《いも》をおきて安芸の大山越えかてぬかも」と刻記された国学者鹿持雅澄《かもちまさずみ》の愛妻の碑がある。杉の段から杉の巨木を通って、三の丸跡・二の丸跡を過ぎると、天守閣に連なる廊下門前に出る。門は約二〇メートルの奥行があり、左右には武者隠しなどが設けられていて、いかにも藩主の居住する天守閣への最後の守りの門であったことをうかがわせる。その廊下門を潜ると、三層五階の天守閣で、勾欄の付いた最上階からは高知市街が一望に見渡せる。

執政野中兼山旧邸

追手門を出た堀の前に野中兼山邸跡の石碑がある。兼山は二代忠義に登用されて執政となり、二十七年間にわたって藩政の実権を握って、港の開削、殖産振興などに独創的な施策を行い、藩財政の基礎を築いた。だが、開発が性急だったので領民の夫役労働がきびしく、また茶・漆・紙などの専売で資金を作ったので、農民や商人は苦しみ領外へ逃げ出す者が相次いだ。このため兼山の独裁ぶりに反感をもつ重臣らは、忠義没後の寛文三年（一六六三）、執政の職を免じた。兼山は間もなく失意のうちに没したので、藩は屋敷を没収し、遺族を宿毛《すくも》に流し、男子が死に絶えるまで、四十年間そこに幽

閉した。大原富枝の『婉《えん》という女』は兼山の四女婉を主人公にした物語で、婉が建てた兼山の墓が鏡川南の潮江《うしおえ》山にあり、また五台山には兼山神社がある。

　このあたりには、幕末の中央政界で活躍した山内容堂誕生の地跡、藩の役所の北会所跡や藩校の教授館跡、吉田東洋遭難の地跡、武市瑞山殉節の地跡などを示す石碑が立っている。

龍馬誕生地跡とはりまや橋

高知城の追手門と天守閣

土佐電鉄の上町一丁目の電停のすぐ東方の所に、幕末の英傑坂本龍馬誕生地跡の碑がある。坂本家の祖先は明智光秀の一族で、落人となって土佐に土着したと伝えられている。一族の中に江戸初期に高知城下に出て質屋と酒屋を営んだ者がいて、才谷屋《さいたに》と称した（龍馬が使った変名の才谷梅太郎はこの屋号から）。

　才谷屋二代目は藩の御用商人と肩を並べるほどの富商に成長し、町年寄を勤めたという。三代目の時、才谷屋の家業を次男に継がせ、長男には郷士の身分を買って分家させた。これが坂本家の始まりで、龍馬はその四代目にあたる。龍馬は小さな頃は、臆病で泣き虫だったという。十二歳の時に母に死別してからは、四歳年上の〝坂本家の女仁王〟と綽名された乙女姉さんに育てられた。

　国道三三号線を東へ進み、県庁前の並木道を鏡川へ向かって南下すると、鷹匠公園がある。このあたりは容堂の実父山内豊《とよ》著《あきら》が分家した南屋敷跡であり、公園の道を挟んだ東隣、現在ホテル三翠園になっている所に、藩政末期に藩主の別邸下屋敷が造られた。維新後、拡張して山内家本邸に使われ、第二次大戦後ホテルに変身した。往時の遺構として、門・長屋・物見亭（水哉閣）などが残っている。

　三翠園前を南へ坂道を登ると、山内容堂・豊範を祀るために建立された山内神社があり、社殿西隣には山内神社宝物資料館がある。城下町らしい風情は市街にはほとんど残っていないが、このあたり一帯にわずかに往時の面影が残されている。

　国道を東へ進み、駅前大通りとの交差点の北側にはりまや橋がある。江戸初期、藩の御用商人の播磨屋宗徳と櫃屋《ひつや》道清《どうせい》とが堀を挟んでいたが、両家を往来するために設けた私設の仮橋が最初といわれている。江戸末期に「十九文屋」と呼ばれる銭二十文未満の小間物を扱う店もできていた。安政二年（一八五五）、五台山竹林寺の南の坊の僧純信が、いかけ屋の娘お馬に恋し、はりまや橋詰の小間物店で簪《かんざし》を買い与えたのが、いつしか評判となり、「よさこい節」に歌われて浮名を流した。

高知新田藩《こうちしんでん》〈外様〉
陣屋＝高知県高知市

高知藩二代藩主山内忠義《ただよし》の四男一安《かずやす》は慶安二年（一六四九）十一月、三千石を分与されて、高知新田藩の祖となった。その後、之豊《ゆきとよ》―豊清《とよきよ》と続き、つぎの豊産《とよただ》は安永九年（一七八〇）十二月、本藩九代藩主豊雍《とよちか》から高知藩の収納米のうち一万俵を与えられ、合わせて一万三千石高の諸侯に列し、高知藩の支藩として立藩した。山内氏は参勤交代を行わない定府大名であった。

豊雍のあと、豊泰《とよやす》―豊武《とよたけ》―豊賢《とよかた》と継承し、つぎの豊福《とよよし》（秋月藩主黒田長元の次男）は安政三年（一八五六）六月、豊賢の隠居のあとを受けて家督を相続した。豊福は明治元年（一八六八）一月、鳥羽伏見の戦いに敗れた十五代将軍慶喜に従伴して江戸に帰城した時、城内において主戦論に同調したが、帰邸後宗家の情報に接して、その進退・向背に悩み自刃した。そのあと豊誠《とよしげ》が最後の藩主となったが、明治三年九月二十五日、本藩と合併して、廃藩となった。

浦戸藩《うらど》〈外様〉
居城＝高知県高知市浦戸

豊臣秀吉の四国征伐の際に降伏した長宗我部元親《もとちか》は天正十三年（一五八五）、土佐一国九万八千石を与えられ、大高坂城から浦戸城に移って本拠とした。元親は慶長四年（一五九九）五月十九日に没し、次男盛親《もりちか》が家督を継いだが、翌五年の関ヶ原の役の時に西軍に与《くみ》したため、戦後、所領を没収されて、長い浪人生活を送った。

長宗我部氏の除封後、遠江国掛川城主山内一豊《かずとよ》が入封して土佐藩政が始まり、これが高知藩の前身となった。だが、正式な藩名ではなかった。一豊の入封にあたり、一領具足（有力農民からなる下級武士）を中心とする長宗我部氏の遺臣らによる浦戸一揆が起こり、激戦の末に一揆側を排除して慶長六年に浦戸城に入城した。同年九月には大高坂城（高知城）の築城を始め、浦戸城の石垣を取り壊して運び出し、同八年八月には一豊が大高坂城に入城、居所を移したので、浦戸藩は廃藩となった。

中村藩《なかむら》〈外様〉
陣屋＝高知県中村市丸の内

高知藩初代藩主山内一豊《かずとよ》の弟康豊《やすとよ》は慶長六年（一六〇一）、幡多郡内において二万石を分与され、中村に居住した。康豊が寛永二年（一六二五）に没したので、その子政豊《まさとよ》が家督を相続したが、同六年に没し、嗣子なく絶家となった。

その後、明暦二年（一六五六）、宗家三代主忠豊《ただとよ》の弟忠直《ただなお》（忠義の次男）が幡多郡内において三万石を分与され、中村に陣屋を構えて立藩し、中村山内家を創設した。忠直のあと、豊定《とよさだ》が襲封した時、弟豊明《とよあき》に三千石を分与し、二万七千石を領有した。豊定が没した時、嗣子豊次《とよつぐ》が幼少だったため、豊明が家督を相続し、自分の知行を合わせて三万石を領した。元禄二年（一六八九）五月、豊明は若年寄に昇進したが、数日後に病気を理由に辞職を願い出たところ、五代将軍綱吉の怒りに触れ、免職されて逼塞を命ぜられた。同五年に許されたが、所領は本藩に没収されて、廃藩となった。

九州の諸藩・城下町

筑前国（福岡県）
筑後国（福岡県）
肥前国（佐賀県・長崎県）
対馬国（長崎県）
豊前国（福岡県・大分県）
豊後国（大分県）
日向国（宮崎県）
肥後国（熊本県）
薩摩国・大隈国（鹿児島県）
琉　球（沖縄県）

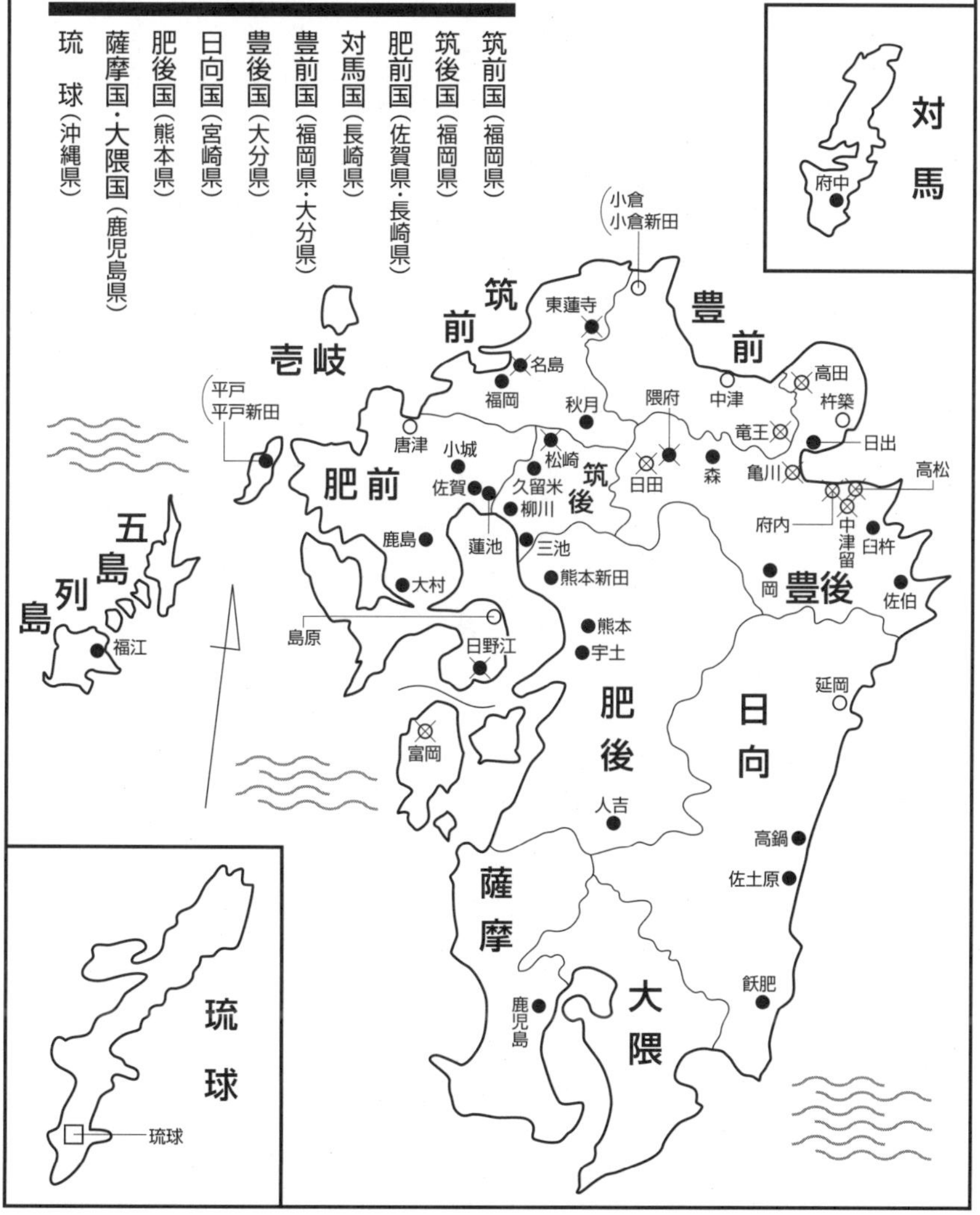

筑前国

福岡《ふくおか》藩（筑前《ちくぜん》藩）〈外様〉

居城＝福岡県福岡市中央区城内

二代忠之が招いた御家騒動

慶長五年（一六〇〇）、関ヶ原の役の戦功によって小早川秀秋が備前国岡山へ移封となった後、豊前国中津城主として豊前国京《みや》都《こ》・中津・築城《ついき》・上毛《こうげ》・下毛《しもげ》・宇佐六郡を領有していた黒田孝高《よしたか》（如水）の嫡男長政《ながまさ》は旧領主小早川氏の領地の筑前一国、肥後・筑後国各二郡において五十万二千四百余石を与えられて、筑前国名島城を居城として立藩した。長政は翌年、博多湾に臨む那珂郡警固村福崎の地に築城を計画し、六年の歳月を費やして完成した。この時、黒田氏発祥の備前国福岡の地に因んで福岡城と名づけた。

この間、長政は慶長七年から国中物検地に着手し、また、国中掟十三ヵ条や家中法度を発布して藩政の基礎を固めた。長政は元和九年（一六二三）八月四日に没し、嫡男忠之《ただゆき》が家督を継ぎ、この時長政の遺言によって弟長興《ながおき》（長政の三男）に五万石（秋月藩）、同高政《たかまさ》（長政の四男）に四万石（東蓮寺藩）を分与し、宗藩の石高は四十三万二千四百余石となった。

長政は藩主権力の確立をはかるため、孝高以来黒田氏に従ってきた大身の改易・減封を実施したが、忠之も大身の改易・減封を積極的に推し進めた。忠之は藩政経営において譜代の大身を抑えたが、新参の寵愛小姓倉八《くらはち》十太夫《だゆう》を一万石の重職に抜擢したため、譜代の大身家臣との関係が険悪化した。寵臣八十太夫の側近政治により藩政は次第に乱れていった。

そこで筆頭家老栗山大膳《だいぜん》は失政を理由とする藩の取り潰しを畏れて謀計を巡らし、寛永九年（一六三二）、忠之に謀叛の意志があると幕府に訴え出たため御家騒動が起こった。このため幕府の調査の結果、忠之に叛意のなかったことが判明し除封を免れ、倉は高野山へ追放、栗山は陸奥国盛岡藩南部家にお預けとなって事件は落着した。世にいう黒田騒動である。

寛永十四年に島原の乱が起こると、忠之は支藩とともに合わせて一万三千余人を鎮圧軍に差し出し、同十八年には長崎警備を命ぜられ、以後、佐賀藩とともに一年交替でつとめた。忠之の晩年には極度に財政不足に陥り、承応元年（一六五二）には家臣の知行一割を借り上げた。

忠之は承応三年二月十二日に没し、嫡男光之《みつゆき》が家督を継いだ。光之はただちに財政再建のため積極的な政策を実施し、家臣の軍制・禄制・職制を改革整備し、その身分秩序を確立して統制を強め、延宝元年（一六七三）には知行地の自分支配を停止し、新高三ツ五歩の物成平均を実施した。

光之は延宝五年、嫡子綱之《つなゆき》を廃嫡にして、三男で東蓮寺藩主となっていた長寛《ながひろ》（のち綱政《つなまさ》）を世子としたため、東蓮寺藩領四万石は光之に還付され、綱之付きの家老小河権兵衛らが改易されるなど、藩政に大きな混乱をもたらした。

光之の代の明暦元年（一六五五）に『養生訓』で有名な儒者貝原益軒が出仕した。益軒は前藩主忠之の時、御納戸召料役（藩主の衣服調度の出納役）となったが、忠之の叱責を受けて浪人となり、数年後、祐筆役の父寛斎のとりなしで光之に出仕し、藩医となった。益軒は藩命により京都に遊学、松永尺五・木下順庵・山崎闇斎・稲生若水らに学び、寛文四年（一六六四）に帰藩し、藩主・世子・重臣らに書を講じた。藩命で『黒田家譜』を編纂し、また領内を巡検し『筑前国続風土記』を編纂した。益軒に学んだ宮崎安貞が『農業全書』を著したのもこの時期のことである。

歴代藩主の治世

光之は天和二年（一六八二）、有田焼の陶工を誘致して窯場を設け、製品を藩によって販売した。光之は元禄元年（一六八八）に致仕し、綱政に家督を譲った。綱政は襲封に際し、弟長清《ながきよ》に新田五万石を分与して直方藩を再興した。

藩財政は困窮の一途をたどりしばしば倹約令を発し、博多商人に借財し、新田・塩浜の開発につとめ、また家臣の上げ米を行ったりして危機を克服しようとした。元禄十六年（一七〇三）には初めて藩札を発行したが、米価が高騰して失敗した。

綱政は正徳元年（一七一一）六月に没し、次男宣政《のぶまさ》が家督を継いだが、生来病弱であったため、長崎警備は叔父で東蓮寺藩主長清に命じられた。また、藩政も長清がしばしば指示を与えた。宣政は享保四年（一七一九）に致仕し、長清の子継高《つぐたか》が宗家を相続した。継高の代も藩財政は窮乏し、豊作・不作にかかわらず一郡または一村を均《なら》して貢納させるゆり米の制を採ったり、家臣の勤休令や倹約令を発布したが、享保十七年の大飢饉に見舞われ、領内人口の三分の一が死亡したという。

この経験から備荒貯蓄を始め、さらに新田開発や堀川工事を行って復興につとめた。農村においては、用心除米制度が設けられ、宝暦六年（一七五六）には増除米を新設した。しかし、これは備荒とはいえ、結局農民の過重負担になるとして、減免越訴が起こった。

継高は明和六年（一七六九）に致仕し、一橋家初代宗尹《むねただ》の子治之《はるゆき》、つぎは讃岐国多度津藩主京極高慶《たかよし》の子治高《はるたか》、そのつぎは一橋家二代治済《はるさだ》の子斉隆《なりたか》と三代にわたって他家からの養子がつづいた。斉隆の時代は領内巡見や武芸調練につとめたり、農村の産子養育仕法を定め、郡溜金・村救銀を活用し、また御手船による穀物移入によって天明の飢饉に対処した。

斉隆は天明四年（一七八四）、藩校東西学問稽古所として、修猷館《しゅうゆうかん》・甘棠館《かんとうかん》を創設した。東学修猷館には朱子学者竹田定直《さだなお》、西学甘棠館には徂徠学派の亀井南冥《なんめい》を登用した。南冥は甘棠館の総受持となり徂徠学を講じ、東学を圧倒した。

斉隆は寛政七年（一七九五）八月に没し、嫡男斉清《なりきよ》が家督を継いだ。斉清は翌年、櫨の専売制を実施したが、やはり藩財政は苦しく、そのうえ長崎砲台の築造を命ぜられて、いよいよ窮乏した。家臣救済のため銀切手を乱発したため物価が暴騰して、農村は荒廃した。文化八年（一八一一）には穂波・上《じょう》座《ざ》・下《げ》座《ざ》三郡の村々で打ち毀しが起こり、翌年には領内各所で一揆の動きがあった。天保五年（一八三四）、天保の財政改革が断行されたが、結果的には惨憺たる失敗に終わり、領内の財政経済に混乱をもたらしている。

幕末多端の長溥・長知

文化八年、斉清に後嗣がなかったので、薩摩藩主島津重豪《しげひで》の九男長溥《ながひろ》を養嗣子に迎え、天保五年に斉清が致仕すると、長溥が家督を相続した。生父重豪、養父斉清はともに洋学へ関心が深く、その影響を受けた長溥もまた蘭癖大名と称されるほど開明的思想を抱き、藩主親政を布いて、積極的に西洋の知識、技術を摂取した。

だが、長溥の政治的立場は開国と公武合体の幕府の基本方針を支持した佐幕派であった。そのため藩内勤王派は万延元年（一八六〇）三月の桜田門外の変を機に尊攘路線への転換を求める建白書を提出したが、翌文久元年（一八六一）、加藤司書・月形洗蔵ら勤王派三十余名に流罪を含む処分を行った（辛酉《しんゆう》の変）。

長溥は公武合体に尽力したが、文久三年の八・一八の政変で挫折した。藩士の急進派平野国臣が京都を追われ、但馬国生野地方で沢宣嘉を擁する挙兵に参加し生野代官所を占拠した。しかし、近隣諸藩の攻撃を受けて敗れ、捕らえられて京都の獄に繋がれたが、元治元年（一八六四）七月、禁門の変の際、獄中の平野は斬殺された。

長州藩征討の議が起こると、長州藩赦免のため長州藩に恭順を説き、この時、勤王派の矢野幸賢を復職させ、加藤司書を中老に抜擢し、征長軍の解兵を幕府に説いた。長州藩に亡命していた三条実美ら五卿を筑前国大宰府に預かることになったが、これを契機に再び勤王派が藩政を占めることとなった。

幕府は福岡藩の動向に疑念をもち、藩論もまた揺れ動いたが、保守派が力を得たので、ついに長溥は一転して勤王急進派の弾圧に乗り出し、慶応元年（一八六五）六月、勤王派全員を捕え、中心人物加藤司書ら七人は切腹、月形洗蔵ら十四人は斬首、野村望東尼ら十五人は流刑、矢野幸賢ら数十人が投獄あるいは解職となった（乙丑《いっちゅう》の変）。

こうして筑前勤王派は壊滅し、尊攘運動は挫折するとともに、福岡藩は佐幕的性格を強めた。だが、間もなく時局は急変し、慶応三年一月、第二次長州征伐は失敗に終わり、十月には大政奉還となって、大宰府にいた三条実美ら五卿は入京と復位が許された。十二月には王政復古の大号令が出され、幕府が瓦解し、幕府の徹底的壊滅をはかる新政府は諸藩に勤王か佐幕か去就を迫ったので、長溥はひたすら帰順の態度をとり、先の乙丑の変を主導した佐幕派三家老浦上信濃、久野将監、野村東馬に切腹を命じた。

慶応四年（一八六八）、戊辰戦争には新政府側として参陣し、二千三百人の藩兵を派遣した。翌二年二月、長溥は伊勢国津藩主藤堂高猷の次男長知《ながとも》に家督を譲って致仕したが、この時、福岡藩は藩債百二十九万七千余両に達していた。同年六月、長知は版籍奉還して知藩事に任ぜられたが、巨額な負債が肩にのしかかった。翌年、負債の処理に困った長知は、政府発行の太政官札を贋造して行使したのが発覚し、明治四年七月二日、長知は閉門・免職処分に処せられた（太政官札贋造事件）。後任の知藩事に有栖川宮熾仁《たるひと》親王が任命され、着任四ヵ月後に廃藩置県を迎えた。

小江戸紀行　黒田家ゆかりの城下町福岡城下を歩く

武士の町福岡

博多商人とはいうが福岡商人とはいわない。福岡城とはいうが博多城とはいわない。博多と福岡は同じ地域に隣接しながら、水と油のように融合しようとしない。

　商業を中心とした自治都市博多の時代が平安から戦国末までつづいたあと、黒田長政が五十二万石で入封、はじめは名島城に入り、そのあと当時「福崎」といった現在の城地に城を築いた。

　地名を福岡と変えたのは、黒田家の発祥が備前国福岡にあったからで、黒田氏が祖先を尊ぶ気持から地名を変更したことが、商人の町博多と武士の町福岡を分立させてしまったといえよう。

　福岡城は天守台だけあって天守閣を造らなかった。壮麗な天守閣などというものは、とかく幕府の疑惑を招くだけである。黒田氏は天守閣を建てないことで福岡藩を守ろうとしたと思われる。

　福岡城の天守台に立ってみると、前面の海域はもとより、西の糸島方面から東の志賀島、立花山方面まで、高いビルがあるにもかかわらずよく見通せる。櫓や城門もわずかしか残っていないが、規模の大きな石垣の連なるさまは、さすが筑前五十二万石の大名の城である。

　中洲と天神を分ける那珂川から西へ今川橋のある樋井川までが武士の町福岡部であるが、今川橋そばの金竜寺（中央区今川二丁目）には貝原益軒夫妻の墓がある。益軒は福岡藩医の家に生まれ、青年時代京都に出て学び、朱子学・医学・本草《ほんぞう》学などの諸学に通じ、多くの名著を残している。代表作品が『益軒十訓』『大和本草』である。境内には端座した益軒の銅像があり、そばに夫婦の墓が並んでいる。

　金竜寺に近接して浄満寺（中央区地行二丁目）には亀井南冥《なんめい》一族の墓がある。南冥は徂徠学を奉じ、藩校西学問所甘棠《かんとう》館（中央区唐人町一丁目）の総受持をつとめた人である。

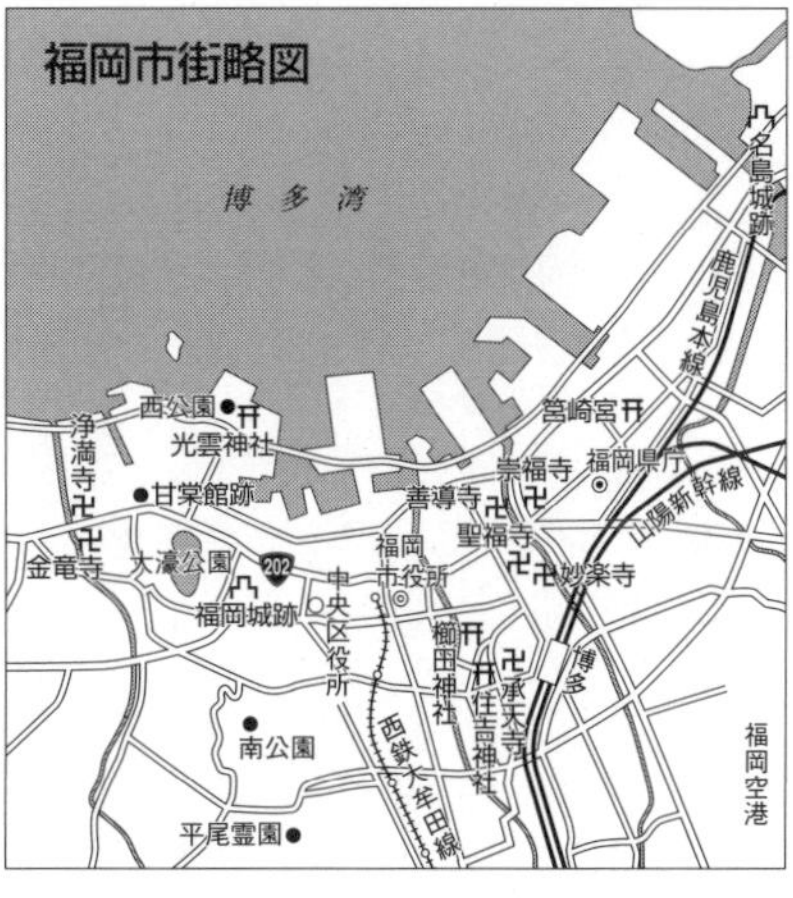

　福岡城北西の方向の博多湾に突き出た丘陵が西公園だ。丘上には黒田孝高《よしたか》（如水）・長政父子を祀る光雲《てるも》神社があり、境内には加藤清正から名槍日本号を飲み取った母里《ぼり》田兵衛《たへえ》像がある。博多駅前にも黒田武士像があるが、黒田節で人口に膾炙したこの人物は黒田家中の超有名人である。

　同じ西公園には幕末の脱藩志士平野国臣の銅像がある。幕末に人材を得なかった福岡人としては、生野の変を起こして志なかばに果てた尊攘志士ながら愛惜の思いをこめて顕彰したいところなのであろう。

福岡城南方の丘陵を平尾山という。丘陵の南麓はいまでこそ閑静な住宅地だが、往時はさびしいところで谷の字のつく地名が多かった。幕末の歌人で勤王の志士たちの母といわれた野村望東尼《のむらぼうとうに》が隠棲し、多くの志士たちが訪ねた平尾山荘は、山荘バス停から北に登った木立のなかにある。茅葺きの疎末な構えの庭内に、望東尼の詠んだ

大濠公園から望む福岡城大手門

「武士《もののふ》の大和心をよりあはせ　末ひとすじの大綱とせよ」の歌碑がある。

商人の町博多

福岡部の東、那賀川と石堂川にはさまれた東西一キロあまりの間が博多部である。今から見れば博多はずいぶん狭い地域だったと思われるが、外国の町をみてもオールド・シティというのは足で歩ける範囲であり、その程度の広さが町として機能するのに最適の広さだったのであろう。

博多五町と呼ばれる博多商人の町屋が建ち並ぶ一帯から南に下ると、今でも広い境内をもつ古刹の多い地区になる。

博多駅前の大路の一つを東側に下ると承《じょう》天寺《てんじ》（博多区博多駅前一丁目）が右側に見える。開山の弁円円爾は有名な博多の夏の祭り〝博多山笠〟を始めたといわれ、博多人と関係の深い寺で、博多織創始者満田弥《みつだや》三右衛門《そうえもん》、新派劇創始者川上音二郎（博多区対馬小路《つましょうじ》で出生）の墓がある。聖一国師がうどん・そば・ようかん・まんじゅうの製法をはじめて日本に伝えたという「饂飩《うどん》蕎麦《そば》発祥之地碑」も境内にある。

日本初の禅寺聖福寺《しょうふくじ》には仙厓《せんがい》和尚の墓がある。仙厓は学徳と奇行と特徴のある墨蹟で知られ、〝博多の仙厓さん〟として庶民にも親しまれた。他にも小早川隆景の石塔、明治の福岡の変に参加した玄洋社社長平岡浩太郎の墓、極東裁判で刑死した広田弘毅の墓などがあるが、関係者以外は墓所に立ち入ることができない。

妙楽寺（博多区御供所町）は博多の興亡とつねに運命を共にしてきた寺といっていい。境内墓所には博多三商傑の一人にあげられる神屋宗湛《かみやそうたん》の墓、海外貿易によって巨万の富を築きながら鎖国のため国禁を犯す者として一族郎党刑場の露と消えた伊藤小左衛門一族の墓などのほか、ういろう伝来之地碑が立つ。

川端町商店街の南端に鎮座する櫛田《くしだ》神社は博多の総鎮守として信仰が篤く、博多山笠のフィナーレの追山笠という山車《だし》をかついで疾走する競技はこの神社からスタートする。境内には常時〝飾り山笠《やま》〟と呼ばれる博多人形で飾られた山車が一基おかれている。

秋月《あきづき》藩〈外様〉

陣屋＝福岡県甘木市野鳥

秋月氏二代

筑前国秋月城主秋月種実は薩摩国の島津義弘と同盟を結び、筑前国六郡、筑後国四郡、豊前国一郡において三十六万石を領していたが、天正十五年（一五八七）、豊臣秀吉の九州征討の時に軍門に降り、剃髪して秀吉に臣従して本領を安堵された。種実は慶長元年（一五九六）九月に没し、その子種長が家督を継いだ。慶長五年の関ヶ原の役の際、西軍に与《くみ》したが、のち弟元種《もとたね》や相良長毎《ながざね》とともに東軍に寝返り、戦後、日向国高鍋三万石へ移された。

福岡藩の支藩として

秋月の地は関ヶ原の役後、福岡藩主黒田長政《ながまさ》の領有となったが、長政が元和九年（一六二三）八月に没し、嫡男忠之《ただゆき》が遺領を相続する時、長政の遺言によって三男長興《ながおき》に筑前国夜須郡内の二万六千二百余石、下座《げざ》郡内の七千八百余石、嘉麻《かま》郡内の一万五千九百余石を分与され、夜須郡秋月に陣屋を構えて、福岡藩の支藩として立藩した。

長興は英邁の素質があって文武に達して、藩体制の確立に尽力し、寛永十四年（一六三七）、島原の乱には家臣二千五百人を率いて出陣し武功があり、以後本藩の羽翼として本藩主の名代をつとめ、時折長崎の警備についた。長興は、よく領内の民政を治めたが、寛文五年（一六六五）に没し、そのあと、長重《ながしげ》—長軌《ながのり》と続いた。つぎの長貞《ながさだ》（野村裕春の子）は定免制を実施し、また地方《じかた》知行を廃止して蔵米知行を採用するなど大胆な藩政改革を断行した。

長邦《ながくに》—長恵《ながよし》のあとを継いだ長堅《ながかた》は、藩校稽古亭（のちに稽古観、さらに稽古館と改める）を創設した。つぎの長舒《ながのぶ》は日向国高鍋藩主秋月種頴《たねひで》（種茂）の次男で長堅のあとを受けて襲封し、本藩主黒田斉隆《なりたか》が幼少であったため、代わって長崎警備を二十余年間にわたってつとめ、また経世治民に心を砕き、嘉摩川水道を黒崎に通し、永世水運をはかるなど治績をあげた。

長韶《ながつぐ》の治世には藩財政の窮乏が激化し、札切手仕組・国産方仕組を実施して金山の開発を行ったが、成果をあげることはできなかった。文化八年（一八一一）には間《あいだ》小四郎を登用し、宮崎織部・渡辺帯刀の両家老の不正を本藩に訴えて解任する政変（織部崩れ）が起き、このため藩政は一時本藩の秋月御用受持が担当して、本藩の本格的な財政援助を受けて再建がはかられた。

つぎの長元《ながもと》は弘化二年（一八四五）、隠然たる勢力を有していた間小四郎を流罪に処し、また嘉永六年（一八五三）には藩領のほぼ中央にあって秋月藩の経済流通を支配する本藩の在郷町甘木に対抗して野町村に小杉新町を建設した。長義《ながよし》を経て、あとを継いだ長徳《ながのり》は新銃隊を組織して洋式調練を行ったが、藩論は一貫して佐幕派であった。だが、明治元年（一八六八）には、それまで藩政の実権を握っていた臼井亘理《わたり》・中島衡平が干《かん》城《じょう》隊隊士に暗殺される事件が起き、家老吉田左近率いる秋月藩兵は筑前国怡土《いど》郡の旧幕領の取締りに出兵した。同二年、長徳は版籍奉還して知藩事に任ぜられ、同四年に廃藩置県を迎えた。

小江戸紀行　武家屋敷と土塀のある城下町秋月城下を歩く

名族秋月氏の面影伝える秋月城跡

三方を山々に囲まれた小盆地の秋月は、自然の緑と幾筋もの澄んだ小川の流れる美しい町である。秋月は西鉄甘木線か甘木鉄道の終点甘木駅から小石原川に沿った秋月街道を北東六キロ程の所にある。城下町の入口には、小石原川の支流野鳥川に架かる目鏡橋がある。この石橋は文化七年（一八一〇）、九代黒田長韶《ながつぐ》の時に造られたものだ。

秋月城跡の石垣

本通りの秋月郷土館前バス停を右折すると、白塀の美しい長屋門の亀陽文庫があり、文庫前の石垣上が藩校稽古館跡である。石垣の先の長屋門が郷土館で、ここはもと家禄三百石馬廻組の戸波半九郎屋敷跡である。さらに桜並木道を進むと、秋月城（秋月中学校）跡で、掘割とツタに覆われた石垣が残されており、掘割に面して秋月城正門跡の瓦坂、裏手陣屋門である長屋門がある。さらに大手門（黒門）が初代長興を祀る垂裕神社の御門で、この黒門は長興が居館築造に際し、秋月氏の居城古処山城の搦手門を移築したものである。

静かな寺町に眠る著名人の墓碑

城跡から下った城下には武家屋敷が建ち並び、そのなかにわが国で最初に種痘を行った藩医緒方春朔《しゅんさく》屋敷跡や藩儒で詩人の原古処《こしょ》屋敷跡がある。本通りに面した石垣は藩の米蔵跡で、その横の小径を進むと、長生寺・大涼寺・浄覚寺・古心寺などの甍が並ぶ寺町である。

まず、長生寺には秋月の乱の首謀者といわれた宮崎三兄弟（宮崎車之助《くるまのすけ》・今村百《ひゃく》八郎《はちろう》・宮崎哲之助）の墓があり、酒豪であった車之助の墓には盃が刻まれている。長生寺から小径を行くと大涼寺、さらに進むと黒田家の菩提寺古心寺がある。本堂左手には黒田家廟所があり、黒田長政の供養墓を初め、初代長興から十二代長徳まで歴代藩主と夫人の墓が並んでいる。また、小さな山門のそばには、日本最後の仇討ちを行った臼井亘理《わたり》・六郎父子の墓もある。

名島《なじま》藩〈外様〉
居城＝福岡県福岡市東区名島一丁目

小早川隆景《たかかげ》（毛利元就《もとなり》の子）は天正十年（一五八二）、備中国高松城で豊臣秀吉と講和し、秀吉に信任されて五大老の一人に加わった。同十三年に四国征討に功を樹て、天正十五年、改めて筑前一国と筑後・肥後両国の一部で三十三万六千石を領し、筑前国糟屋郡名島に築城した。隆景は文禄四年（一五九五）、領国を養嗣子小早川秀秋《ひであき》に譲り、備後国三原に隠居した。

秀秋は慶長三年（一五九七）、慶長の役の時に総大将として朝鮮に出陣して軽挙があり、秀吉の不興を受けて、越前国北ノ庄へ移されるところを徳川家康の助言で免れた。慶長五年の関ヶ原の役の際、秀秋は初め西軍に与《くみ》したが、決戦の最中に寝返り、戦後、備前国岡山五十一万石へ転封となった。黒田長政《ながまさ》は関ヶ原の役の時、小早川秀秋と吉《きっ》川広家《かわひろいえ》を味方に抱き込んだ功績で名島城に入城したが、新たに福岡城を築いて移ったので、名島藩は廃された。

東蓮寺《とうれんじ》藩（直方《のおがた》藩）〈外様〉
陣屋＝福岡県直方市

筑前国福岡藩初代藩主黒田長政《ながまさ》は元和九年（一六二三）八月四日に五十六歳で没し、嫡男忠之《ただゆき》が父の遺領を相続する時、長政の遺言によって三男長興《ながおき》に五万石（秋月藩）、四男高政《たかまさ》には遺領のうち筑前国鞍手《くらて》・遠賀《おんが》両郡内において四万石が分与され、鞍手郡東蓮寺に陣屋を構えて立藩した。

高政は寛永十五年（一六三八）の島原の乱で戦功を樹てたが、翌年十一月に二十八歳で没し、嗣子がなかったので、宗家二代藩主忠之の次男之勝《ゆきかつ》の末期養子が認められ、その遺領を継いだ。

之勝にも実子がなかったため、宗家三代藩主光之《みつゆき》の次男長寛《ながひろ》を養子とした。長寛は延宝三年（一六七五）に陣屋のある東蓮寺の地名を直方《のおがた》と改めたので、藩名も直方藩と改称した。

ところが、延宝五年に宗家の嫡子綱之《つなゆき》（長寛の兄）が廃嫡されたため、長寛が光之（実父）の嫡子となって宗家を相続することとなり（四代藩主綱政《つなまさ》と改名）、直方藩四万石は本藩福岡藩に還付され、廃藩となった。

やがて十余年後、またその名跡が復活した。宗家四代藩主になった綱政の弟長清《ながきよ》（光之の四男）は元禄元年（一六八八）、本藩福岡藩領内の鞍手郡内において新墾田五万石を分与され、現在の御館山《おたてやま》に陣屋を構えて、再度立藩した。

長清は天和二年（一六八二）十二月、五代将軍綱吉に謁見し、貞享元年（一六八四）十二月、従五位下伊勢守に叙任し、元禄元年十二月に直方藩主となった。正徳四年（一七一四）一月、宗家五代藩主宣政《のぶまさ》が病になると、代わって長崎を守備した。長清は享保五年（一七二〇）十二月二十三日、五十六歳で没したが、嫡男長好《ながよし》は宗家宣政（享保四年十一月に致仕）の養嗣子（のちの六代藩主継高《つぐたか》）となっていたので、無嗣絶家となって五万石は本藩に還付し、直方藩は廃藩となった。

なお、継高は明和六年（一七六九）十二月、養子治之《はるゆき》に家督を譲って致仕し、安永四年（一七七五）六月、七十六歳で没した。

久留米藩《くるめ》〈外様〉

居城＝福岡県久留米市篠山町

毛利氏から田中氏へ

豊臣秀吉は天正十五年（一五八七）五月、薩摩国の島津義久を降伏させて九州を平定すると、その功により毛利秀包《ひでかね》に筑後国御《み》井《い》・山本・上妻《こうつま》・三潴《みつま》四郡内において三万五千石を与えて、久留米城主とした。

秀包（初名元綱）は毛利元就《もとなり》の九男で、初め太田英綱の養子となったが、天正十年に秀吉と毛利輝元との和議成立の後、秀吉の人質となった。天正十五年、九州平定の功により久留米を領すると、従四位下侍従、治部大輔に叙任され、久留米侍従と称された。さらに秀包は文禄元年（一五九二）三月の文禄の役に朝鮮に出陣するなどの功績があり、筑後国北部十三万石に加増された。だが、慶長五年（一六〇〇）、関ヶ原の役の時、秀包は西軍に与したため、同じく西軍に属した鍋島直茂《なおしげ》らに攻められて敗れ、その所領は没収された。

代わって、徳川家康方に属して戦功のあった三河国岡崎十万石の田中吉政《よしまさ》が筑後一国三十二万五千石を与えられ、柳川城主となって久留米城は、その支城となった。吉政は慶長十四年二月に没し、あとを継いだ忠政《ただまさ》に嗣子がなく、忠政が元和六年（一六二〇）に病死すると、田中氏は絶家となり除封された。

有馬豊氏の藩政

田中氏のあとを受けて、丹波国福知山八万石の有馬豊氏《とようじ》が十三万石を加増され、筑後国生葉《いくは》郡五十四ヵ村、竹野郡八十九ヵ村、山本郡三十ヵ村、御原《みはら》郡三十五ヵ村、御井郡七十一ヵ村、上妻郡九十三ヵ村、下妻郡二十五ヵ村、三潴郡百二十八ヵ村、合わせて八郡五百二十五ヵ村において二十一万一千八百余石で入封した。

有馬氏は播磨国の名門赤村則村《のりむら》の一族と伝えられ、摂津国有馬荘が発祥の地といわれている。豊氏の父則頼《のりより》は播磨国三木城に居城していたが、豊臣秀吉に攻略された後、秀吉に属してお咄衆に取り立てられ、天正十九年に一万石余の所領を与えられた。慶長五年、則頼・豊氏父子は関ヶ原の役では徳川家康方に与《くみ》し、戦後、則頼は有馬の地に二万石を与えられ、豊氏は福知山六万石（のち父則頼の遺領二万石を加増）を与えられた。豊氏は福知山の領民に慕われ、久留米へ移封の時、「丹波よりお跡を慕ひて来りたる町人若狭屋、竹屋、丹波屋、鍋屋なり」と伝えられている。

豊氏は入封と同時に、久留米城の改修につとめ、濠を深く掘り、城域を広げて城の面目を一新するとともに、城下町を整備した。特に民政に力を注ぎ、前領主田中氏時代の水帳提出を求め、これに作為があったとして五割を増した三十二万石で二年間徴租し、零落した農村の石高四万石を減じて、元和九年（一六二三）、二十八万石を内高に定めたという。寛永十四年（一六三七）、島原の乱の時に幕命を受けて出陣し、戦功を樹てたが、寛永十九年に没して、その子忠頼《ただより》が家督を相続した。

忠頼には初め実子がなかったので、但馬国出石藩主小出吉重《よししげ》の次男豊祐《とよすけ》（生母は忠頼の妹）を養子に迎えたが、のち頼利《よりとし》・頼《より》元《もと》の二子が誕生し、忠頼のあと頼利が家督を相続した。だが、頼利は寛文八年（一六六八）に早世し、そのあとを弟頼元が相続したため、同年豊祐に一万五百余石が分与され、松崎藩を立藩した（元禄十年〈一六九七〉に領地は本藩へ返却）。

頼元は家老の実力者有馬壱岐と有馬豊前との対立確執に苦しみながらも、藩政改革につとめ、倹約令を出して冗費の節約をはかり、治水に力をいれて、五庄屋の出願をもとに、普請奉行丹波頼母《たのも》の指揮によって大石水道を完成させた。頼元は宝永二年（一七〇五）に没し、その子頼旨《よりむね》が家督を相続するが、わずか一年間で没したので、一族の有馬則故《のりふる》の養子となっていた幕臣石野則《のり》員《かず》の次男則維《のりふさ》を養嗣子として家督を相続させた。

則維は藩財政再建のため正徳の改革を断行し、藩庁機構の整備、綱紀の粛正、地方《じかた》知行制の廃止などの行政改革と倹約の励行、家臣からの借上、定免（土免）制から検見取（春《つい》法）に転換する徴租改正などの財政改革との両面からの改革を促進し、床島堰の完成とともに藩庫を潤した。

和算家藩主・頼徸

享保十四年（一七二九）に則維が致仕し、その子頼徸《よりゆき》が家督を継いだ。享保十七年、西日本に虫害の大災害が起こり、米穀は例年の二割程度の収穫しかなく、餓死者二万人を出した。また、宝暦四年（一七五四）、城内に建てた花畑御殿の経費、幕命による東海道諸河川手伝普請の費用捻出のため、領民に人別銀、畝掛銀《せがけ》の税金をかけたので、農民一揆が起こり、六万人にも上った。藩はようやく鎮圧し、首謀の大庄屋らが処罰された。なお、頼徸は関流の和算家としても知られ、参勤交代の駕籠のなかでも和算の問題を解いたという。点竄《てんざん》学（代数）や弧《こ》脊《せき》術（円の研究）の書『拾璣《しゅうき》算法』五巻など、数十種の著述を残した。

頼徸は在封五十五年間におよんだが、天明四年（一七八四）に嫡男頼貴《よりたか》が家督を継ぎ、米札の発行、家臣の上げ米、借財の調達など急場の財政難をしのぐ方法をとらざるをえなかった。また、藩校修道館（のち明善堂）を創設、学問の奨励につとめた。頼貴のあとは孫頼徳《よりのり》（父頼端《よりなお》の早世）が継いだが、頼徳は多芸多趣味で藩財政を一層悪化させた。この治世には碩学樺島石梁らの学者、発明家のカラクリ儀右衛門こと田中久重、久留米絣《かすり》の井上伝らを輩出した。

弘化元年（一八四四）、頼徳の嫡男頼永《よりとう》が家督を継いだが、頼永は水戸の徳川斉昭に私淑して、外国船来航など多難な時局に対処し、大倹約令を発する他、西洋流の火砲の鋳造や調練を奨励した。弘化三年に頼永は急逝し、弟頼咸《よりしげ》が家督を継いだ。頼咸は佐幕的態度をとり、尊攘派の真木和泉らを押えたので、和泉は脱藩した。そして二度にわたる長州征伐には、幕命によって出兵したが、慶応三年（一八六七）十月の大政奉還を迎えると情勢は一変し、翌四年一月、佐幕派の参政不破美作《みまさか》が暗殺されて勤王派水野正名《まさな》が藩論を統一し、戊辰戦争には新政府軍に属して、箱館五稜郭戦まで転戦した。頼咸は明治二年六月、版籍奉還して知藩事に任ぜられたが、同四年三月に長州藩脱隊士大楽源太郎事件に関わって謹慎に処せられ、同年七月に廃藩置県を迎えた。

小江戸紀行 筑後川に面した城下町久留米城下を歩く

石垣の美しい久留米城跡

〝筑紫次郎〟の異名を持つ筑後川がゆったりと流れる久留米は江戸時代二百五十年間、有馬氏二十一万石の城下町として繁栄したが、明治期には軍都に変貌したので、第二次大戦の空襲に遭って、往時の面影はまったく失われてしまった。

JR鹿児島本線久留米駅から北方へしばらく歩くと、筑後川畔の丘陵上に久留米城跡がある。元和七年(一六二一)、田中忠政除封後、丹波国福知山藩主有馬豊氏が入城し、ただちに国中の古城を取り壊して、その石材を利用して久留米城本丸・二の丸の石垣を築いた。筑後川を外濠として、現在の篠山神社境内が本丸跡である。天守閣は置かれなかったが、二層と三層の七つの櫓が築かれ、本丸の東南隅の三層の巽櫓が偉容を誇ったという。

現在残る曲線の美しい石垣や濠は元禄四年(一六九一)、四代頼元の頃に整えられた名残りで、本丸跡には初代豊氏・七代頼徸《よりゆき》・十代頼永《よりとう》・十一代頼咸《よりしげ》・十四代頼寧《よりやす》の五柱を祀った篠山神社、歴代藩主の遺品・遺墨などを展示する有馬記念館、茶室の千松庵、東郷平八郎元帥使用の書斎がある。

梅林寺と水天宮

久留米駅裏側から歩き、筑後川に架かる長門石橋手前の右手に梅林寺がある。筑後川を臨む臨済宗妙心寺派の古刹である梅林寺は、初代豊氏が旧領丹波国福知山の瑞巌寺をこの地に移したもので、豊氏の父則頼《のりより》の法号梅林院を寺号とした。寺域二万八千平方メートルで、南正面には精巧な羅漢彫刻をもつ唐門が威容を見せ、本堂・開山堂・位牌堂・書院などがあり、方丈前には見事な石庭がある。本堂裏には豊氏と夫人の霊廟を初め、二代忠頼《ただより》から十代頼永までの大きな五輪塔の墓が立ち並んでいる。

筑後川に沿って歩くと、諸社殿が古樹に囲まれた水天宮に着く。ここは全国に散在する水天宮の総本宮で、寿永四年(一一八五)、壇ノ浦の合戦後、建礼門院に仕えた女官按察使局《あぜちのつぼね》伊勢が筑後川畔の鷺野原《さぎのはら》に逃れてきて、安徳天皇ら三神を祀ったのが創始という。その後、諸所に移ったが、慶安三年(一六五〇)、二代忠頼が社地と社殿を寄進し、現在地に移した。古くから筑後川の水神様、安産、水難除けの霊験高きをもって知られている。東京都中央区日本橋蛎殻町にある水天宮は、九代頼徳が文政元年(一八一八)に本宮より江戸藩邸に分霊したもの

久留米市街略図

である。

境内には幕末期の尊攘派志士真木《まき》和泉守保臣《やすおみ》の出陣姿の銅像、山崎天王山で真木とともに自刃した同志十六人を合祀した真木神社、真木の寓居「山梔窩《くちなしのや》」がある。

寺町と五穀神社

久留米駅前から東へしばらく進むと、西鉄大牟田線西鉄久留米駅のすこし手前北側に、土塀をめぐらした十七ヵ寺が甍を並べる寺町である。この寺町の墓地には、明治維新の歴史が刻み込まれている。寺町の著名人の墓をあげると、真教寺には儒学者樺《かば》島石梁《しませきりょう》、西方寺には開国論者今井栄、妙正寺には江戸新内創始者冨士松紫朝《しちょう》、本泰寺には藩政改革者不破美作《ふわみまさか》、千栄禅寺には儒学者広津藍渓《かんけい》、善福寺には洋画家古賀春江、徳雲寺には久留米絣の始祖井上伝女らの墓所がある。

久留米水天宮

そして寺町のいちばん奥の遍照院には高山彦九郎の墓がある。蒲生君平《がもうくんぺい》・林子平《しへい》とともに寛政三奇人の一人といわれた彦九郎は九州を歴訪して勤王を提唱していたが、幕府にその行動を監視され、志がならないのを嘆き、寛政五年（一七九三）六月二十七日、東櫛原町の知友森嘉膳《かぜん》宅で屠腹した。墓碑正面には「松陰以白居士」と刻まれ、墓前の灯籠は幕末の尊攘派志士平野国臣が寄進したものだ。遍照院の東北に森嘉膳屋敷跡があり、ここに「高山彦九郎先生終焉之地」と刻んだ碑が立ち、後方に饅頭塚がある。

水天宮境内に立つ真木和泉像

彦九郎の墓の左側の墓地に「耿介四士之墓」というのがある。「耿介」というのは世俗にあわないという意味で、大楽《だいらく》源太郎・山県源吾・小野清太郎・村上要蔵の四人の墓である。大楽らは長州藩の脱藩者であり、明治二年（一八六九）、長州奇兵隊脱隊騒動のなかで、同隊を脱隊して久留米に逃げ込んできた人物である。「耿介四士之墓」に隣接して、「辛未遭難志士之墓」があり、この二つの墓に挟まれて、大楽を暗殺した川島澄之助・村松雄之進・柳瀬三郎の三基の墓が立っている。

西鉄久留米駅から東へ五分程の所に五穀《ごこく》神社がある。境内には久留米絣の井上伝女と、筑後の生んだ発明王田中儀右衛門久重（通称カラクリ儀右衛門）の胸像がある。境内に入る石造りの太鼓橋は伝女や久重が幼少の頃に遊んだ橋といわれている。

柳川藩《やながわ》（柳河藩《やながわ》）〈外様〉

居城＝福岡県柳川市本城町

立花氏から田中氏へ

大友氏の一族立花氏は筑前国立花山城に拠り、宗茂《むねしげ》（高橋鎮種《しげたね》〈紹運《じょううん》〉の子、戸《へ》次鑑連《つぎあきつら》〈道雪〉の養子）の時代の天正十五年（一五八七）、豊臣秀吉の九州平定の時、その戦功によって筑後国山門・三潴《みつま》・下妻《しもつま》・三池四郡内において十三万二千二百石を与えられて柳川城主となったのが、柳川藩の起こりである。

宗茂は天正十五年七月、従四位下侍従となり、羽柴の氏と豊臣の姓を授けられ、羽柴柳川侍従といった。文禄元年（一五九二）に文禄の役が起こると、翌二年一月、小早川隆景を援けて李如松の大軍を碧蹄館に破り、さらに慶長二年（一五九七）一月、慶長の役の時にふたたび出陣し、安骨浦《あんこうら》を防衛する戦功を樹てた。慶長五年、関ヶ原の役の際、宗茂は西軍に与《くみ》して敗れて帰国、十月二十日、同じく西軍に属した鍋島勝茂《かつしげ》らと三潴郡八院で戦い、ついに降伏して改易となった。宗茂は浪々の身になったが、間もなく徳川家康から数千石の扶持を受け、慶長八年に改めて堪忍分として、陸奥国棚倉に一万石を与えられて大名に列し、さらに慶長十五年に二万石を加増された。

立花氏改易後、関ヶ原の役で活躍し、西軍の総大将石田三成を捕らえた三河国岡崎十万石の田中吉政《よしまさ》が戦功により、筑後一国三十二万五千石を与えられ、柳川城に入城した。吉政は入封と同時に、筑後・矢部川流域の改修、諸村の開拓奨励、有明海沿岸三二キロにおよぶ慶長本土居の築堤工事を行ったが、慶長十四年二月十八日、江戸へ東下する途次、山城国伏見の旅籠で没した。吉政のあとを継いだ忠政《ただまさ》は元和六年（一六二〇）八月七日に没したため、無嗣絶家となり除封された。

立花宗茂の再封

田中氏除封のあと、陸奥国棚倉三万石の立花宗茂が旧領山門《やまと》・三池・三潴・上妻《こうつま》・下妻五郡内において十万九千六百石余を与えられて、再度入封した。宗茂は棚倉時代からの家臣の他に、旧家臣を復帰させる藩政機構を整え、柳川城を改修し、城下町を整備した。宗茂は寛永十四年（一六三七）四月に致仕し、一族の直次の四男忠茂《ただしげ》を養嗣子とした。忠茂は同年十一月、島原の乱が起こると、父宗茂とともに出陣し、翌十五年二月二十八日の総攻撃の時、島原城詰の丸を攻め落とした。忠茂は武芸を奨励したが、また朱子学者安東省庵を登用して、侍講とするなど文教にも留意した。万治元年（一六五八）、家臣の知行制を蔵米制に改めた。

忠茂は寛文三年（一六六三）に致仕し、その子鑑虎《あきとら》が家督を相続し、天和元年（一六八一）から貞享四年（一六八七）にかけて領内総検地を行い、新たに二万石を打ち出し、合わせて五万五千石余の石高を算出した。鑑虎は元禄九年（一六九六）に致仕、その子鑑任《あきたか》が家督を継ぎ、翌年に叔父貞晟《さだあきら》に新田五千石を分与した。鑑任は家老立花親長を登用・新田開発・銀札発行・櫨《はぜ》運上金の設立などを行った。享保六年（一七二一）、家老小野春信は三池郡平野山に炭鉱を開いたが、これが三池炭鉱の初めであり、また別業

「集景亭」（現在の御花）を完成した。

鑑任は享保六年に没し、貞晟の子貞俶《さだよし》が養嗣子として家督を継ぎ、そのあと貞則《さだのり》―鑑通（貞俶の三男）―鑑寿《あきひさ》が継承した。鑑寿の治世の寛政元年（一七八九）、家老立花寿らが寛政の改革を実施し、勤倹尚武の風を起こすが、保守派の家老小野勘解由らが巻き返し、立花ら改革派を解職して改革一派数十人を逼塞処分にした。世に「豪傑区崩れ」といわれた。なお、文化十三年（一八一六）八月二十四日、幕府は陸奥国下手渡《しもてど》に左遷後の立花種善《たねよし》の旧三池藩領一万四千八百四十石余を西国筋郡代支配から柳川藩預かりとした。

文政三年（一八二〇）、鑑寿が没すると、つぎは兄鑑一《あきかず》（早世）の遺児鑑賢《あきかた》が養嗣子となって家督を継ぎ、同七年には儒者安東節庵（省庵五世の孫）を招聘し、藩校伝習館を創設した。柳川藩は、従来武芸を重んずる風が強かったが、ここにおいて文教を奨励するようになった。鑑賢が天保元年（一八三〇）に没し、その子鑑広《あきひろ》が家督を継いだが、同四年にわずか十一歳で没した。このため弟鑑備《あきのぶ》が代わって家督を継いだが、弘化三年（一八四六）、二十四歳で没した。

幕末の立花氏の立場

鑑備のあと、一族の立花寿俶《ひさよし》の子鑑寛《あきひろ》が養嗣子となり、弘化三年六月に家督を相続した。立花氏は伝統として武芸尊重の家風を誇っていたが、嘉永六年（一八五三）、ペリー率いる黒船が浦賀に来航した時、江戸警備に出兵した家臣は、藩の軍備の立ち遅れに衝撃を受けた。そこで鑑寛は安政六年（一八五九）、家老立花壱岐《いき》を登用して、安政の改革を行うことにした。

壱岐の改革は物産会所を中心とした産業経済政策であった。この政策は「鼎足運転之法」といい、藩が十万両の藩札を発行して御用商人に渡し、商人はこの資金で産物を買いつけて長崎へ送り、その交易利潤を藩の会所に収める仕組みで、藩札・産物・現金の三者が鼎《かなえ》のように回って、藩財政が潤うというわけである。

なお、壱岐は文久三年（一八六三）に病により退隠したが、明治維新にあたり再び兵制改革を行い、新軍隊を組織して奥羽征討に功を樹てた。壱岐は明治二年（一八六九）、岩倉具視《ともみ》の切望により東上して、上下階級を廃し、四民平等の要を説いたが、岩倉はこれを容れることをしなかった。

壱岐の兵制改革はかなり成果を上げたようで、鑑寛は軍備の充実につとめ、洋式のゲーベル銃百挺などを購入した。だが、鑑寛の正室が御三卿田安家から嫁いでおり、また一族の立花主膳正が大坂城番をつとめていたこともあって、比較的佐幕の傾向が強かった。だが、いわゆる尊王佐幕とは違い、公武合体の方向を目指していたので、他藩のような流血に至るような深刻な対立はなかった。

二次にわたる長州征伐に出兵したが、慶応四年（一八六八）、戊辰戦争では新政府軍に属し、七月には関東鎮撫の令によって、三百余人の藩兵が会津戦争に参戦し、戦後、功によって賞典禄五千石を下賜された。

明治元年九月、支藩三池藩が再度立藩され、柳川藩は預かり地九千八百四十石余を返上し翌二年に、鑑寛は版籍奉還して知藩事に任ぜられ、同四年に廃藩置県を迎えた。

小江戸紀行　水の柳と詩の城下町柳川城下を歩く

デルタ地帯の柳川城跡

筑後川のデルタ地帯にあって、市街全域が塩塚川と沖ノ端川に囲まれた柳川は「水と柳と詩の町」をキャッチフレーズとしているが、詩聖北原白秋にいわせれば、「私の郷里柳河は水郷である。さうして静かな廃市の一つである。自然は如何にも南国的であるが、既に柳河の町を貫流する数知れぬ溝渠のにほひには、日に日に棄《すた》れゆく旧《ふる》い封建時代の白壁が今なほ懐かしい影を映す」（『思ひ出』序文「わが生ひ立ち」）ところである。

　西鉄大牟田線西鉄柳川駅を出ると、白秋の代表的な童謡「からたちの花」の詩碑が立ち、ここから立花通りを進むと、二ッ河に架かる太鼓橋畔に白秋最後の著『水の構図』の碑がある。この橋のたもとが柳川名物の〝川下り〟の乗船場で、ドンコ舟とハッピ姿の船頭さんが長い竹竿を持って待っている。この乗船場の傍らに建つ料亭〝松月〟は、もとは妓楼〝懐月楼〟で、白秋の「立秋」に歌われた遊女屋である。

　ここからが三柱神社の参道で、藩儒安東省庵、国学者西原晁樹、兵学者十時無事《とときむじ》らの碑が立ち、奥には三柱神社の本殿が鎮座している。祭神は藩祖立花宗茂と夫人　千《ぎんち》代《よ》、それに義父立花鑑連（戸次道雪）である。

　立花通りを西へ進み、途中左折してしばらく歩くと柳城中学校があり、校庭奥の小高い丘上に棕櫚《しゅろ》樹が数本植えられている所が、柳川城本丸跡である。柳川城は蒲池《かまち》治久が築いた砦を、永禄年間（一五五八～七〇）、その孫鑑盛が修築して本城としたもので、天正十五年（一五八七）に立花宗茂が入城した。その後、田中吉政が入封して、城塁・櫓を固めて五層の天守閣を築いた。だが、吉政の子忠政が嗣子なく没して断絶、元和六年（一六二〇）、宗茂が再入封し、以後、立花氏が維新まで居城した。この柳川城の特色は、デルタ地帯という水利を生かしたところにあり、いざという時に水門を切れば、縦横にめぐる掘割の水が溢れて、城下は水没する仕掛けになっていたのである。

別邸「お花」と白秋生家

　柳城中学校から南西に歩くと沖端の船着場で、その東方に洋式の門構えの入口があり、門を入ると大蘇鉄《そてつ》の後方に堂々とした西洋館がある。ここが旧柳川藩主立花氏別邸「お花」で、現在は料亭〝御花〟として知られている。西洋館の裏側に松濤園があ

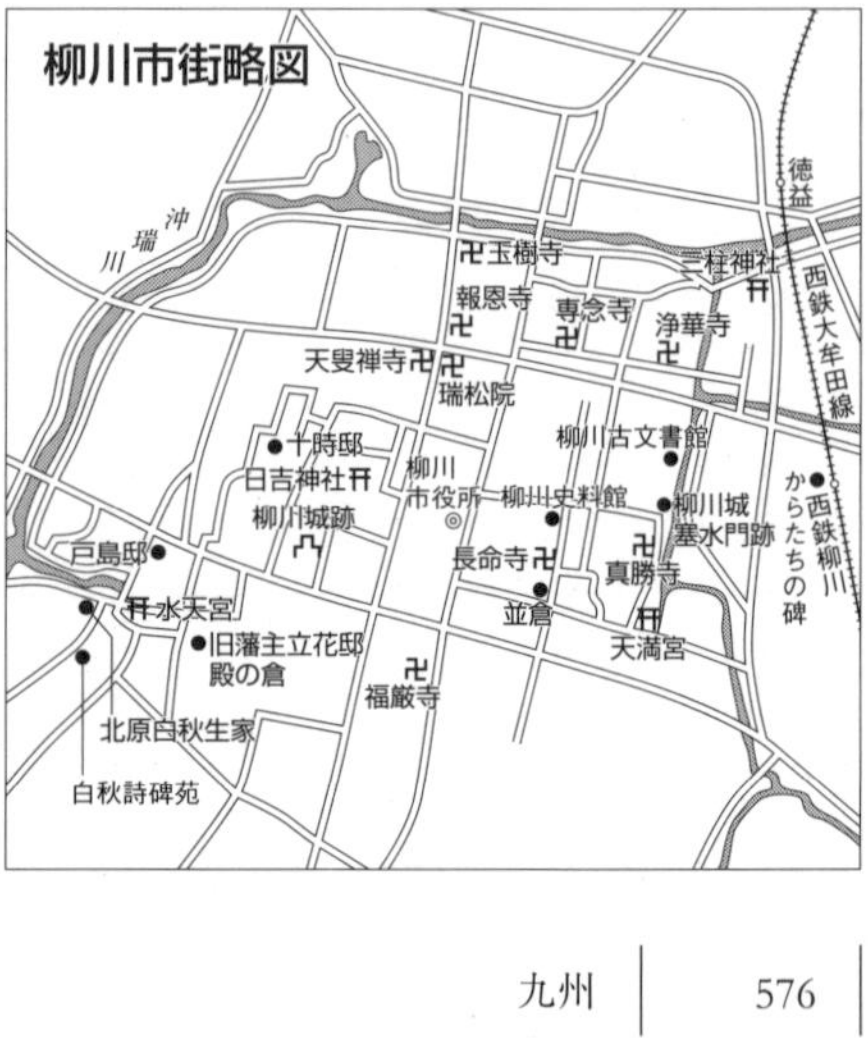

柳川城下の掘割を行くドンコ舟

り、元禄十一年（一六九八）、三代鑑虎《あきとら》が生母の仙台藩主伊達忠宗の娘鍋子の老後のために別邸を造り、池庭を配してお花畑と呼ばれる休養地を設けたのが始まりである。

〝九州の鹿鳴館〟といわれた西洋館とそれに続く和風の大広間は、明治四十一年から三年の歳月を費やして十三代鑑寛《あきとも》、十四代寛治《ともはる》の設計で建てられたもので、明治洋式建築の粋を集めている。邸内には歴代藩主の使用した品々が展示されている。

沖端の船着場から西へ歩くと、掘割の右岸には北原白秋の『思ひ出』に描かれている水天宮があり、掘割が行き止まって左折すると白秋生家がある。

海鼠《なまこ》塀の生家は、明治維新後の建物だろうといわれ、明治三十四年の大火で大半を焼失し、昭和四十四年十一月、わずかに残った母屋が復元されて一般公開されている。広い邸内には白秋のデスマスクを初め、多くの遺品が展示されている。邸内から裏庭に出ると、正面には白壁三階建ての白秋記念館がある。

北原家は代々柳川藩御用達の海産物問屋で、屋号を「古問屋」といい、また「油屋」の屋号が示すように、油製造も手がけた老舗であった。その家のトンカ・ジョン（長男）だった白秋は矢留尋常小学から伝習館中学に進学したが、のち退学して上京した。

城下の史跡

白秋生家の北東すぐの所に、戸島氏邸と庭園がある。寛政九年（一七九七）、柳川藩勘定方吉田舎人《とねり》兼儔《かねとも》が築造し、のち藩主に献上されて、茶室として使用された。藁《わら》葺き平屋造りの茶室から眺める池庭は、掘割の水を引き込んだ瓢箪池を中心に、樹齢二百年を越える松や梅の古樹を配し、苔むした庭石が点在する座観式茶室庭園だ。

戸島邸から幅広の道を東へ進み、途中の柳川城跡を過ぎて、間もなく右手に黄檗宗の福厳寺の大きな本堂の屋根が見える。寛文九年（一六六九）、鉄文《てつぶん》が中興したこの寺は藩主立花家の菩提寺で、歴代藩主や家臣らの墓の他、柳川が生んだ作家檀一雄や長谷健らの墓がある。

福厳寺の北西にある旧柳川城塞水門のそばに浄土真宗の真勝寺があり、慶長十四年（一六〇九）、江戸参勤の途上、京都・伏見の旅宿で急死した田中吉政の遺骸を、子忠政が本堂下に埋葬し、菩提寺とした。

柳川は掘割を利用した〝川下り〟遊船が名物で、ドンコ舟に乗って眺める水路沿いに建ち並ぶ白壁や、海鼠塀の土蔵・家並の風景に、水郷柳川の情緒をたっぷり味わえる。

松崎藩《まつざき》〈外様〉
陣屋＝福岡県小郡市

筑後国久留米藩主有馬忠頼《ただより》には初め実子がなかったので、但馬国出石藩主小出吉重《よししげ》の三男豊祐《とよすけ》（生母は忠頼の妹）を養子に迎えたが、のち頼利《よりとし》・頼元《よりもと》の二子が誕生した。このため頼利が宗家を継いだが、寛文八年（一六六八）六月に早世したので、その弟頼元が家督を相続し、同年八月、豊祐は分家として遺領のうち筑後国御原《みはら》郡内十九ヵ村において一万五百余石を分与され、松崎に陣屋を構えて立藩した。

だが、豊祐は実姉の夫で陸奥国菊多藩主土方雄隆《かつたか》の家督後継者問題によって起こった土方家中の抗争を、親族として仲裁しなかったことを咎められ、貞享元年（一六八四）七月に領地を収公されて、松崎藩は廃藩となった。豊祐は宗家にお預けとなったが、元禄五年（一六九二）五月に赦された。しかし、領地は元禄十年に宗家頼元に還付されてしまい、豊祐は失意のうちに同十三年十二月二十八日、五十五歳で没した。

三池藩《みいけ》〈外様〉
陣屋＝福岡県大牟田市大字新町

大友氏の一族一万田鎮種《しずたね》は大友宗麟に滅ぼされた筑後国の名族高橋氏の名跡を継ぎ、筑前国岩屋城に拠ったが、その子直次（立花宗茂の弟）は天正十五年（一五八七）、豊臣秀吉による九州平定後の六月二十五日、筑後国三池郡江浦一万八千石を安堵され、文禄四年（一五九五）、居所を同郡内山城に移した。直次は慶長五年（一六〇〇）、関ヶ原の役が起こると、西軍に与《くみ》したので失領し、宗卜《そうぼく》と号して浪人となった。

その後、宗卜は徳川家康に仕え、姓を改めて立花氏を称し、慶長十九年に常陸国筑波郡柿岡に五千石を与えられた。その子種《たね》次《つぐ》は元和七年（一六二一）、五千石を加増され、常陸国内の知行地を改め、旧領三池郡内十五ヵ村において一万石を領有して諸侯に列し、三池に陣屋を構えて立藩した。

種次のあと、種長《たねなが》－種明《たねあきら》－貫長《つらなが》と継承し、貫長の治世の元文三年（一七三八）、三池稲荷山《とうかやま》で石炭の掘削が始まり、寛政二年（一七九〇）には石山法度（炭山取締規則）が制定されて、三池炭鉱の基礎ができた。

次の長煕《ながひろ》を経て、家督を継いだ種周《たねちか》は寛政元年に大番役となり、同四年に奏者番兼寺社奉行、さらに翌年若年寄に昇進したが、老中松平信明との政争に巻き込まれ、信明と敵対した一橋派・大奥方に荷担したため、文化二年（一八〇五）十一月十九日に解任、翌月二十七日には蟄居謹慎を命ぜられた。父の隠居により家督を継いだ嫡子順之助（種《たね》善《よし》）は文化三年六月六日、陸奥国下手渡《しもてど》一万石に転封（左遷）となったので、三池藩領は収公され、西国筋郡代支配となり、文化十三年八月、柳川藩預かりとなった。

嘉永四年（一八五一）十二月、下手渡藩一万石のうち三千七十八石を返上し、その代わりに旧領三池五ヵ村（今山・三池新町・稲荷・下里・一部）五千石が種恭《たねゆき》に与えられた。種恭は明治元年（一八六八）九月、居所を下手渡から三池へ移し、ふたたび立藩した。翌明治二年六月、種恭は版籍奉還し知藩事に任ぜられ、同四年七月に廃藩置県を迎えた。

肥前国

佐賀《さが》藩〈外様〉

居城＝佐賀県佐賀市城内二丁目

龍造寺・鍋島氏の葛藤

〝五州（肥前・肥後・筑前・筑後・豊前）二島（隠岐・対馬）の太守〟と称された龍《りゅう》造寺《ぞうじ》隆信《たかのぶ》は天正十二年（一五八四）三月、肥前国島原・沖田畷《おきたなわて》で島津義久・有馬晴信連合軍と戦って敗れ自刃した。同十五年に豊臣秀吉の九州平定後、隆信の嫡男政家《まさいえ》が肥前一国三十五万七千石を安堵されたが、同十八年に政家は病気を理由に重臣鍋島直茂《なおしげ》に譲って隠退した。『寛政重修諸家譜』は「天正十八年、政家病により致仕するにをよびて、其男高房《たかふさ》幼稚たるにより直茂その家を相続し……」と書いている。

領国統治の実権を掌握した直茂は慶長五年（一六〇〇）、関ヶ原の役の時、嫡男勝茂《かつしげ》とともに西軍に与《くみ》したため、危機に見舞われたが、筑後国柳川城主立花宗茂討伐の功により、戦後、肥前国佐嘉《さが》・神崎・小城・杵島・藤津・三根・養父《やぶ》・松浦《まつら》・高来《たかく》・彼杵《そのぎ》十郡七百九十九ヵ村内において三十五万七千石が安堵された。

慶長十二年九月六日、龍造寺隆信の孫藤太郎高房《たかふさ》は所領を奪われた憤怒のため、二十二歳の若さで自刃した。高房の父政家も落胆のあまり同年十月二日に没した。以来、龍造寺氏の遺臣が佐賀城下に出没して治安を乱した。このため直茂も高房の非業の死に心を痛めたのか、城下に天祐寺を建立、その霊を慰めた。これが鍋島猫化け騒動の背景で、幕末になってから劇化された。

勝茂は慶長十五年に襲封し、そして同十八年、二代将軍秀忠は勝茂に対して、三十五万七千石の朱印状を交付、ここに鍋島氏は名実ともに肥前国守たる地位を承認された。この間、勝茂は佐賀城の造営と城下町の整備にあたり、旧龍造寺氏一門に対する統制の強化を進め、慶長十五年に弟忠茂《ただしげ》に鹿島藩二万石、同十九年に嫡男元茂《もとしげ》に小城藩七万三千石、寛永十二年（一六三五）、三男直澄《なおずみ》に蓮池藩五万二千石を分与し、一本藩三支藩の体制をつくった。さらに、鍋島氏一門を上級家臣に登用して御親類四家を創設、領主権の確立につとめた。

寛永十四年十月、島原の乱が起こると、勝茂は乱の鎮圧に活躍し、同十八年から福岡藩と交替で長崎御番を命ぜられた。勝茂は明暦三年（一六五七）に致仕し、嗣子忠直《ただなお》が早世したため、孫光茂《みつしげ》（忠直の嫡男）が家督を継いだ。

光茂は「三家格式」を制定して、三支藩を本藩の完全な統制下に置くとともに世禄制の実施、殉死の禁止、家臣の着座の座位を決めるなどの一連の文治主義的諸政策を実施した。山本常朝《じょうちょう》口述の「葉隠聞書」はこれら文治主義的諸政策に対する反動的所産であり、名高い武士道書『葉隠』は、九歳で光茂の御側付小姓をつとめた山本常朝が光茂の没後、出家隠棲して折り折りに語ったことを、藩士田代陣基《つらもと》が七年がかりで書きとめ、十一巻の聞書にまとめたものである。

歴代藩主の治世

光茂以降は、凡君と名君とが交互に藩主となり、「鍋島の一代がわし」といわれ、名君は偶数代に出ている。光茂は元禄八年

（一六九五）に致仕し、嫡男綱重《つなしげ》が襲封するが、勝茂時代の土木事業、長崎御番、光茂時代の文治主義的諸政策や放漫財政の付けが極度の財政窮乏を招き、借財は銀八千貫、買掛銀三千貫におよんだ。

つぎを継いだ吉茂《よししげ》（光茂の次男）―宗茂《むねしげ》（光茂の十五男）は、藩の借財に対処するために、法治主義・武断主義に基づいて再建につとめた。だが、享保十一年（一七二六）、佐賀城の大火災、同十七年の大飢饉（子年の飢饉）によって困難となり、享保年間（一七一六〜三六）には年間四万石余の不足を来たす程であった。このため佐賀藩最初の藩札を発行し、町方に先納銀、家臣に御馳走米を借り上げ、豪商からの献金、大坂商人からの借金をするなどしたが、根本的な対策には至らなかった。

宗茂は元文三年（一七三八）十二月に致仕し、嫡男宗教《むねのり》が家督を継いだ。だが、藩財政の窮乏が続いたため、農民に対する年貢増徴、そして龍造寺氏の家祖家氏《いえうじ》の領有していた諫早領四千石を没収した。これに対して寛延三年（一七五〇）、若杉春后を首謀者とする農民一万三千人が蜂起した諫早一揆が起こった。

宝暦十年（一七六〇）十一月に襲封した重《しげ》茂《もち》を経て、宝暦十三年十一月に支藩鹿島藩主直郷《なおさと》の養子となっていた治茂《はるしげ》（宗茂の十男）が家督を相続した。治茂は藩主の権威を強化するために藩祖直茂を祭神とする松原神社を建立し、人材の要請を企図して藩校弘道館を創設した。また藩財政の充実のため、安永八年（一七七九）に米筈《こめはず》（一種の藩札）を発行、天明三年（一七八三）、殖産興業として各種の産業を興し小物成の増収を計るために六府方《ろっぷかた》（山方里方・牧方・陶器方・搦方《からみかた》・貸付方・講方）を設置した。このうち搦方は有明海沿岸や伊万里湾の一部を干拓して新田の造成につとめた。陶器方にみられる有田焼は佐賀藩産業の一つで、これは藩祖直茂が文禄の役の際、朝鮮人陶工李参平らを連れて来たことが発端である。これらの陶磁器は伊万里港から諸国に積み出され、嘉永六年（一八五三）以降、佐賀商会を設立して外国との取り引きも行われるようになった。

だが、この改革では大勢を建て直すことはできず、寛政の末年には農業振興のため、大庄屋を廃止、七代官所を設置した。一方では熊本藩主細川重賢《しげかた》の影響を受けて、徒《ず》罪方《ざいかた》を設け、追放刑を懲役刑に改めた。これは罪人を普請場に連行して終日働かせて、三年間無事に勤めれば、赦免されるというものである。治茂は中興の英主といわれた。

治茂は文化二年（一八〇五）一月に没し、嫡男斉直《なりなお》が家督を継いだ。三年後の文化五年八月、英軍艦フェートン号が不法に長崎に侵入、オランダ商館員を捕え、薪水・食糧などを奪って退去するという事件が起こった。このため長崎奉行松平康英《やすひで》は責任をとって自害、当番となっていた斉直も責任を問われて、しばらく逼塞を命ぜられた。

殖産興業に尽力した直正

斉直は天保元年（一八三〇）に致仕し、嫡男直正《なおまさ》（号閑叟）が十七歳で家督を継いだ。佐賀は長崎警備担当の任務を幕府から課せられていたので、直正はしばしば現地を視察し、その重任に耐えるだけの軍事力養成につとめた。そのためにまず疲弊の極に達していた藩財政の建て直しを断行し、殖産興業によって積極的収入増加策を採った。

まず第一に、封建的農村秩序の再編成を企図して小農の確保につとめ、加地子《かじし》（小作料）・諸借財の利子支払い停止を命じ、かつ大地主の土地を没収し、旧地主・小作農に再分配する均田制を実施した。また第二に、殖産興業による財政収入の増加をはかるために、弘化二年（一八四五）、国産方（のちの代品方《かわりじなかた》）を設け、陶器業および高島炭鉱の藩専売による藩外・海外交易からの利潤獲得を積極的に行った。この結果、藩は陶器・石炭・白蠟・小麦・茶などの輸出によって巨利を得た。直正は大坂商人から〝経済大名〟と呼ばれた。さらに第三に、洋式軍事工場の開設・装備の改新に藩収入を注ぎ、銃砲・造船汽罐の製造、火術の研究につとめ、嘉永三年（一八五〇）、築地に反射炉を中心とする大銃《おおづつ》製造方（大砲鋳造所）を建設し、同五年に鉄製三六ポンド砲四門の鋳造に成功した。文久三年（一八六三）、当時世界最新式のイギリス式アームストロング砲の鋳造に成功、さらに安政四年（一八五七）、大銃製造方に小銃製造方が併設され、ドンドル銃の製造が始められた。文久元年（一八六一）には藩士田中久重（通称カラクリ儀右衛門）の指導によって、蒸気船凌風丸が進水した。

佐賀藩を一大工業王国に育て上げ、幕末における佐賀藩は陸海軍ともに最強といわれ、直正は「佐賀藩兵四十名をもって、他藩の兵一千名にあたる」と豪語した。その他、直正は蘭学や医学の振興にも意を注ぎ、種痘を採用して伊東玄朴を世に出させ、藩校弘道館の拡張を行うなど、その改革は多方面にわたった。

佐賀藩は開明的な藩政改革を断行したが、尊攘運動や討幕運動において薩長土各藩に比べ比較的消極的な態度であった。それは直正の最初の妻が十一代将軍家斉の娘盛姫であり、後妻の筆姫は田安斉匡《なりまさ》の娘であったので、徳川家とは閨閥関係にあって佐幕派の立場を取らざるを得なかったことによるが、政治的には終始傍観的な立場を守った。

直正は文久元年に致仕し、嫡男直大《なおひろ》に家督を譲って、閑叟《かんそう》と号した。それ以後は幕府の依頼に応じて、公武合体の周旋につとめ、幕末賢侯の一人としての最低限の義務を果たした。だが、尊攘から討幕へと急旋回する政局には深入りしないようにつとめ、土佐藩主山内容堂の大政奉還建白にも、慶応三年（一八六七）、薩長土芸の討幕密謀にも無縁であった。それにもかかわらず、維新後、薩長土肥として藩閥の一角に数えられるようになったのは、慶応四年の戊辰戦争に際して、佐賀藩の強力な火器が新政府軍の勝利に大きく貢献したからであり、江藤新平・副島種臣・大隈重信ら優秀な人材が輩出、明治政府を支えたからである。

直大は襲封すると、藩政刷新につとめ、慶応三年、フランスの万国大博覧会に有田焼を出品した。戊辰戦争の際、藩兵二千八百余人を派兵し、五月十一日の江戸上野戦争ではアームストロング砲が威力を発揮、彰義隊を敗走させ、以後東北戦争に参戦、戦後賞典禄二万石を下賜された。直大は明治二年（一八六九）に版籍奉還して知藩事に任ぜられ、同四年に廃藩置県を迎えた。

小江戸紀行　樟と掘割のある城下町佐賀城下を歩く

佐賀城鯱の門と続櫓

佐賀は「樟《くす》の都」あるいは「水の都」と呼ばれ、市街の至る所に樟の大樹が枝を広げ、縦横に走る掘割には澄んだ水が流れている。この水面に影を映す樟の老樹や枝垂れ柳の心を癒す風景とともに市街のあちこちに残る武家屋敷や古い商家が佐賀の歴史と伝統を感じさせる。

ＪＲ長崎本線佐賀駅前から中央通りを真南に直行すると、幅八〇メートルの佐賀城北濠に達し、佐賀の象徴的な風景となる。城内に入ると、右手に県立博物館があり、左手には佐賀城天主台の石垣が見え、その石垣の左端に鯱《しゃち》の門と続《つづき》櫓がある。慶長十二年（一六〇七）、初代鍋島勝茂が六年の歳月を費やして、天守閣を初め、本丸・二の丸・三の丸・西の丸を完成させ、以後、鍋島氏歴代の居城となった。ところが明治七年（一八七四）の佐賀の乱の時、城の大半は戦火で焼失し、わずかに書院・藩主の御居の間・鯱の門・続櫓を残すのみとなった。

鯱の門は西方に面して、両側の石垣に櫓を渡したいわゆる渡櫓城門で本瓦葺き、入母屋造り、棟の両端に青銅製の鯱が置かれている。飾り金具の少ない簡素な門扉には、佐賀の乱の激戦を物語る銃弾の穴が残っている。続櫓は幅二五メートル、奥行は鯱の門と同じで、上層に連子《れんじ》窓がある。門の右側の石垣に沿って枡形の入口から上っていくと天主台跡で、現在は協和館が建っている。

佐嘉神社と大隈重信の生家

佐賀城北濠に沿って走る国道二〇七号線の歩道には銀杏並木が続き、並木道を東へ進むと、駐車場の中に藩校弘道館跡碑が立っている。弘道館は天明二年（一七八二）、八代治茂《はるしげ》によって創建され、寛政三博士の一人である古賀精里が初代教授に任ぜられ、以来、ここから幾多の人材を輩出した。

駐車場の東隣が佐嘉《さが》神社で、名君と謳われた十代直正《なおまさ》と十一代直大《なおひろ》が合祀されている。楼門右前に、佐賀の七賢人といわれる鍋島直正・副島種臣・大隈重信・大木喬任・江藤新平・佐野常民・島義勇らの肖像画を焼き込んだ陶板レリーフが嵌め込まれた巨石の記念碑がある。

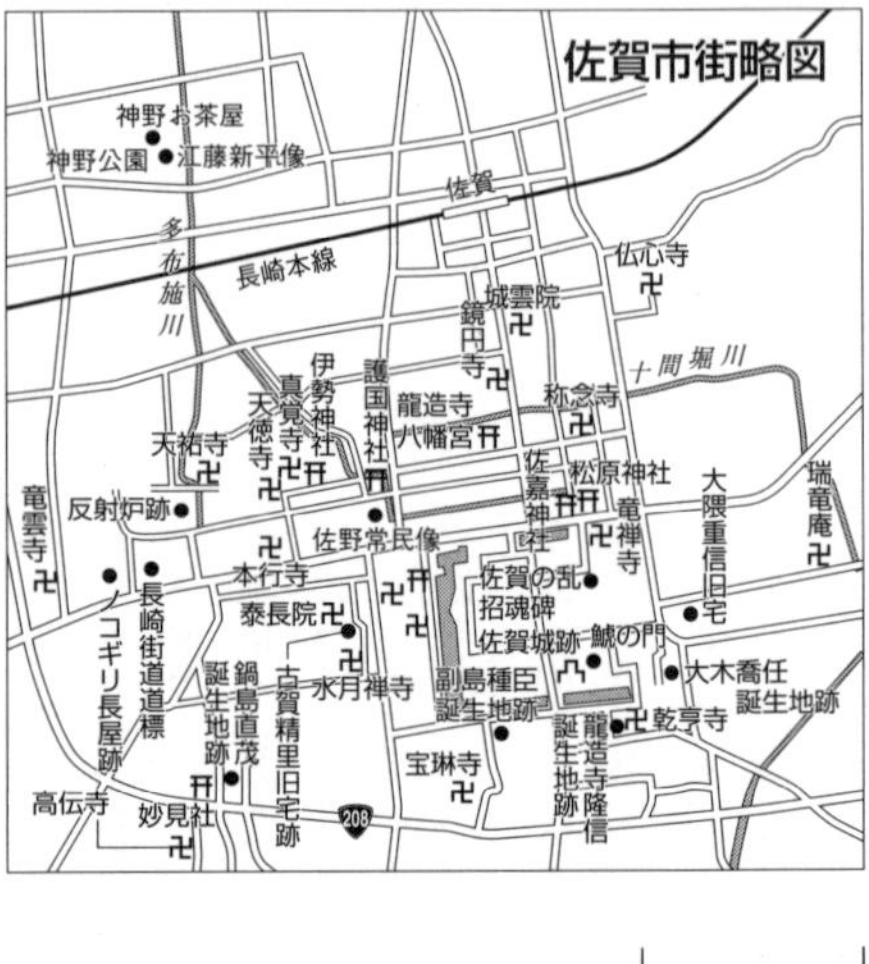

佐嘉神社の境内つづきの東北に松原神社がある。この神社は安永五年（一七七六）、八代治茂が創建したもので、当初は藩祖直茂の法号に因んで〝日峯《にっぽう》大明神〟と称したが、文化十四年（一八一七）、直茂の祖父清久とそ

の夫人石井彦鶴姫を合祀して、社号を松原神社と改称した。

松原神社の南東に、近代の偉大な政治家で東京専門学校（早稲田大学の前身）の創設者大隈重信の生家がある。この生家は佐賀地方に多い「かぎ屋」といわれ、一部が二階造りになっている。二階部分が重信のために増築されたものといわれ、ここで重信は勉学に励んだという。当時の下級武家屋敷の遺構として貴重なものである。

佐賀城の鯱の門と続櫓

我が国最初の反射炉跡

駅前中央通りの途中に、龍造寺氏の始祖季家が建立した龍造寺八幡宮がある。この前を旧長崎街道が通り、細い曲がりくねった旧街道を西へ歩くと、日新小学校に突きあたる。この校庭の一隅に模型の反射炉と大砲が置かれており、日本で最初に反射炉が築かれた跡であることを示している。

鍋島直正は天保元年（一八三〇）に藩主になると、蘭学の導入に踏み切り、蘭学寮を設けて近代的兵器の製造を企て、嘉永三年（一八五〇）、大銃《おおづつ》製造方を設けて反射炉築造を始めた。この時、反射炉建設の技術主任となったのが杉谷雍助《ようすけ》で、苦心惨憺の末にようやく二年後に完成した。これが我が国における反射炉築造の始まりで、雍助の名は一躍有名になり、江川太郎左衛門坦庵が伊豆韮山に反射炉築造の時に指導した他、大砲鋳造を計画する諸藩の応接に暇がなく、佐賀藩精煉方の中枢として活躍した。

築地の反射炉跡にある復元模型

このあたり一帯は白壁の土蔵造りの家が多く、昔の薬屋の看板を掲げた店もあり、旧長崎街道の道標とともに、昔の面影を色濃く残す所である。

龍造寺・鍋島両家の菩提寺高伝寺

佐賀城南西、国道二〇八号線を渡ると見える大きな山門が、鍋島宗家の菩提寺高伝寺である。大きな本堂の左裏手の石畳をたどって進むと、玉垣に囲まれた龍造寺・鍋島両家の墓地がある。十一代直大《なおひろ》が明治四年、諸方の寺に散在していた祖先の墓を集めて造ったものである。東側に並ぶ九基の墓は龍造寺氏、西側の十二基の墓は鍋島氏のもので、墓前には数百基にのぼる石灯籠も並んで壮観である。また、開山堂の裏手にも枝吉神陽《えだよししんよう》・副島種臣・家永恭種《やすたね》ら幕末・明治初期の先賢の墓がある。

唐津《からつ》藩〈譜代〉

居城＝佐賀県唐津市東城内

寺沢・大久保氏から松平氏

豊臣秀吉の九州平定後、唐津は松浦《まつら》党の支族波多信時《はたのぶとき》が領していたが、文禄二年（一五九三）、文禄の役の際に怯懦《きょうだ》の振舞があったことにより改易され、長崎奉行であった寺沢広高《ひろたか》が松浦郡内において六万三千石余を与えられて唐津を居所とした。広高は文禄・慶長の役の軍功で筑前国怡土《いと》郡で二万石を、さらに慶長五年（一六〇〇）、関ヶ原の役の際、徳川家康方に属して、翌年、肥後国天草郡四万石を加増され、合わせて十二万三千石を領有して唐津藩が成立、慶長十三年には唐津城が完成した。

広高は領内の新田開発、松浦川の改修工事、虹の松原の防風林の植樹、そして元和二年（一六一六）には総検地を実施したが、寛永十年（一六三三）四月に没し、次男堅高《かたたか》が襲封した。だが、堅高の代の寛永十四年、天草の農民らによって島原の乱が起こった。これは広高以来の過酷な切支丹弾圧、元和検地による年貢増徴に対する一揆で、乱鎮定後に天草領四万石が没収された。藩の存続は許されたが、正保四年（一六四七）、堅高が自刃し、嗣子がなかったため寺沢氏は断絶となった。

唐津藩は廃藩となり一時幕府領となったが、慶安二年（一六四九）、播磨国明石から譜代の大久保忠職《ただもと》が八万三千石で入封し、以後、唐津藩は鍋島・黒田氏などの外様大名の監視役となった。忠職は従来の地方《じかた》知行を廃止し、蔵米知行（俸禄制）として地方支配を強化した。忠職のあとを継いだ忠朝《ただとも》は大小庄屋の成績による転勤制という特異な制度を採用したが、延宝六年（一六七八）、下総国佐倉へ転封となった。

代わって同地から松平（大給）乗久《のりひさ》が七万石で入封し、次の乗春《のりはる》の代に弟好乗《よしのり》に三千石、乗重《のりしげ》に新墾田二千八百石を分与した。元禄三年（一六九〇）に襲封した乗邑《のりさと》は弟乗《のり》住《ずみ》に三千石、乗興《のりおき》に五千石を分与し、唐津藩は六万石に減少した。翌四年、乗邑が志摩国鳥羽へ移封となり、松平（大給）氏の治世は十四年間で終わった。

土井・水野氏の治世

代わって鳥羽から土井利益《とします》が七万石で入封した。貞享二年（一六八五）、利益が近江国から招いた儒者奥清兵衛（東江《とうこう》）に儒教的理想を実現しようとして文治政治を推挙し、東江の弟子吉武法命《ほうめい》（義質《よしかた》）によって領内各地に民間塾を開き、「奥流の学」を広めて定着させた。この土井氏時代に創設された藩校盈科堂《えいかどう》があり、これは水野氏時代の経誼館・志道館・橘葉医学館へと発展した。

利益のあと、利実《としざね》－利延《としのぶ》（一門土井利清の嫡男）－利里《としさと》（利清の次男）が続き、利里は宝暦十二年（一七六二）、旧領下総国古河へ移封となった。

そのあとへ三河国岡崎から水野忠任《ただとう》が松浦郡内二百二十五ヵ村六万石で入封した。忠任は転封費用に加えて領内の一部が上知となって六万石に減り、内検高では一万七千石も減じたので藩財政は極度に窮迫した。このため忠任は過酷な年貢増徴策を採ったので、明和八年（一七七一）、領内の二万五千人の農漁民を捲き込んだ虹の松原一揆が起こって、藩の全面的敗北で終わった。

忠任のあと、忠鼎《ただかね》（松平宗恒の次男）―忠光《ただみつ》―忠邦《ただくに》と継承し、天保の改革の中心人物である忠邦は文化九年（一八一二）、奏者番に就任すると、以後幕閣昇進への野望を抱き、遠江国浜松への転封工作を始めた。すなわち唐津藩が長崎見廻役を担っているために、幕閣人事から除外されていたことから、老中昇進を遂げるためには浜松藩へ国替えする必要があった。忠邦は文化十四年、念願の浜松へ転封となり、浜松の井上正甫《まさもと》は陸奥国棚倉へ、棚倉の小笠原長昌《ながまさ》が唐津へ入封した。この三方領地替えの裏には、忠邦が転封にあたって唐津領の一万石上知を条件としており、入封した小笠原氏の藩政に大きな痛手となった。

小笠原氏の治世

水野忠邦の浜松転封後、文化十四年に小笠原長昌が入封したが、小笠原氏は棚倉以来の借財が二十三万両、東北から九州への転封費用が尨大にかかり、そのうえ表高は六万石であるが、実際には松浦郡内で四十四ヵ村、一万石が上知され、残りの百八十一ヵ村では藩財政は窮乏せざるを得なかった。そのため領内の豪農商に献金を命じ、御国益方役所を設置し、楮の植樹を奨励して増収をはかった。

文政六年（一八二三）、襲封した長泰《ながやす》（酒井忠徳の子）は人頭税（個人に一律の税金）を課したり、年貢率を引き上げ、楮・干鰯《ほしか》の専売、享保年間（一七一六～三六）に発見された石炭、捕鯨事業を促進し、藩財政の建て直しに尽力したが、借財は減らず、文政九年には三十三万三千余両に達した。また、天保初年の凶作により人口が激減したため、赤子方を設置して赤子養育取締仕法が制定された。貧困者には養育米が支給され、赤子方で審査の上、出産に際して米一俵、百日目に金一分、二～三年目に米一俵ずつが支給された。

次に長会《ながお》（小笠原長恭の嫡男）―長和《ながかず》（松平保泰の九男）―長国《ながくに》（松平光庸の嫡男）が継ぎ、最後の藩主となった長国は安政四年（一八五七）、長昌の嫡男長行《ながみち》を養嗣子とした。長行は長国に代わって藩政に携わり、農兵の制や海防策で名声をあげた。文久元年（一八六一）、長行は部屋住みの身分のままで奏者番・若年寄・老中格に進み、外国御用取扱いを命ぜられ、将軍後見職一橋慶喜を援け、生麦事件の賠償問題で攘夷論者と対立したため、老中格を罷免された。

慶応元年（一八六五）、赦されて老中に再任し、翌年六月の長州再征では九州方面総督をつとめ長州軍に敗れ、長崎に脱して逼塞を命ぜられたが、すぐに老中に帰り咲いた。慶応三年五月、外国事務総裁として兵庫開港にあたり、翌四年二月、老中を辞職して養父長国の養嗣子を自ら廃嫡して、奥羽越列藩同盟成立とともに、江戸を脱して会津に入った。さらに榎本武揚とともに箱根五稜郭に立て籠もって抵抗、降伏後に行方不明となったが、明治五年（一八七二）七月、東京に戻った。

慶応四年一月、鳥羽伏見の戦い後、唐津藩追討の計画もなされたが、長国は新政府へ恭順し、藩の特産である石炭百万斤《きん》を新政府軍艦の燃料に献上した。長国は明治二年（一八六九）六月、版籍奉還して知藩事に任ぜられ、同四年に廃藩置県を迎えた。

小江戸紀行　玄海を望む城下町唐津城下を歩く

鏡山（領布振山）周辺

『肥前風土記』『万葉集』で知られる佐用《さよ》姫《ひめ》伝説の鏡山（領布振山《ひれふりやま》）は、弥生時代から古墳時代にかけての政治・文化の中心地域であり、『魏志倭人伝』にいう末盧《まつら》国に比定される風光にめぐまれた地である。山頂からながめると、北に虹《にじ》の松原と曲線を描く遠浅の浜辺が美しく広がり、松原の手前には江戸初期に開かれた新田がベルト状に連なっている。東には「松浦なる玉島河に年魚《あゆ》釣ると　立たせる子等が家路知らずも」（『万葉集』）と歌われた玉島川がある。

また『肥前風土記』には神功皇后が三韓へ出兵する時、この川のほとりで食事をしたが、皇后は縫針を曲げて釣針をつくり飯粒を餌《えさ》にして、裳《も》の糸を抜いて釣糸とし、川のなかで神意を占って鱗魚《あゆ》（年魚）を釣ったという伝承がある。

この鏡山西麓に恵日寺《えにちじ》と鏡《かがみ》神社が鎮座する。恵日寺（曹洞宗）は、永和元年（一三七五）に創建されたといい朝鮮鐘（国重要文化財）が保存されている。総高八〇センチ、笠形までの高さ六九センチ、口径四七・五センチのもので、跪座《きざ》する飛天が鋳出されている。

鏡神社の一の宮の祭神は神功皇后、二の宮の祭神は天平十二年（七四〇）、玄昉《げんぼう》や吉《き》備真備《びのまきび》に反対をして大宰府で反乱を起こした藤原広嗣《ひろつぐ》。かなりの神領をもつ神社で、草野氏が大宮司となり、地方豪族として長期間勢力を張っていた。

鏡神社の東北隅に、唐津藩祖寺沢志摩守広高の墓がある。唐津地方にはこの他、大久保忠職《ただもと》・土井利延《としのぶ》・水野忠光《ただみつ》ら藩主の巨大な墓碑が散在している。多くの領民の労力によって墓石が運搬され、建立されたが、広高の墓碑を訪れると、特徴のある家紋、陣幕紋を見ることができる。

広高は唐津城の築造や松浦川の改修、新田開発とならんで虹の松原の植林も手がけた人物である。黒松の美林虹の松原（国天然記念物）は、江戸時代の記録に「二里《にり》の松原」と書かれたものがあり、玄海に面して唐津城の眼下、東唐津（満島《みつしま》）から浜崎まで二里（約八キロ）近くの細長い松原の意味だったらしい。また唐津城を舞鶴城と呼称するさい、虹の松原は舞鶴の右翼に比定されている。

この松原は博多と唐津を結ぶ街道の一部でもあり、多くの旅人が往来し、江戸時代には、代々の藩主が入部や参勤交代のさい

駕籠《かご》で通り、幕府の地方行政視察団ともいうべき西国巡見使の一行や長崎奉行が通ったこともあった。白砂のゆるやかな遠浅の海岸線は、今は最適の海水浴場となり、背後の美しい松原は四季を問わず人びとに安らぎを与えている。

唐津の町とおくんち

　唐津城は寺沢広高が慶長七年（一六〇二）に着工し、十三年後に完成した。肥後堀・薩摩堀・長州堀・佐賀堀などの名が残っているように、九州諸藩の大名の助力で築城されたものだ。こんにち天主台跡に桃山様式の天守閣が建てられ美観をいちだんと添えているが、内部は博物館として周辺の弥生・古墳時代の考古学的出土品をはじめ唐津焼その他を展示している。

唐津城の遠望

　ただし本来の天守閣が江戸時代に築かれていたかどうかは疑問が多い。石垣や一部の濠は残っているが、城郭の建物は現存しない。

　唐津藩では城郭の造営とならんで城下町の町割がなされた。西寺町の近松寺《きんしょうじ》は、大手口バスターミナルから五分くらいのところにあり、庭園の織部燈籠（キリシタン燈籠）や近松門左衛門にちなむ寺伝で知られている。寺沢兵庫頭堅高の自然石墓標、小笠原佐渡守長和の墓所などがあり、境内の小笠原記念館には小笠原家関係の資料が展示されている。

　東隣の浄泰寺《じょうたいじ》は寺沢氏ゆかりの寺だ。中町の釜山海《ふざんかい》高徳寺は秀吉の朝鮮出兵のさいの戦死者を朝鮮で弔ったという寺伝を持ち、浄土真宗の朝鮮半島進出をものがたる。愛国婦人会の創設者奥村五百子《いおこ》はこの寺の出身で、兄の奥村円心は布教師として朝鮮での布教につとめた。

　大手口近くの唐津神社は底筒男命《そこつつおのみこと》・中筒男命・表筒男命の住吉三神と、この地方の豪族神田《こうだ》宗次を祭神とする。旧暦の九月二十九日に祭礼が行われていた。いわゆる〝唐津くんち〟だ。いまでは十一月三日を中心に行われる。

　神輿を先頭に文政二年（一八一九）、大町年寄石崎嘉兵衛の発起によって製作された刀町の赤獅子、中町の青獅子、材木町の浦島、呉服町の義経の兜、魚屋町の鯛、大石町の鳳凰丸《ほうおうまる》、新町の飛竜、本町の金獅子、木綿町の信玄の兜、平野町の兼信の兜、米屋町の酒呑童子《しゅてんどうじ》と頼光《らいこう》の兜、京町の珠取《たまとり》獅子、江川町の七宝丸、水主町の鯱《しゃち》と文政から明治初年までの製作年代順に現存する十四台のヤマが「エンヤー、エンヤー」のかけ声とともに市中に引き出され壮観だ。いまではヤマは、唐津神社前の唐津市文化会館に保管されている。

蓮池《はすいけ》藩〈外様〉

居城＝佐賀県佐賀市蓮池町

佐賀藩初代藩主鍋島勝茂《かつしげ》の三男直澄《なおずみ》は寛永十二年（一六三五）、領内の佐嘉《さが》・神崎・杵島《きしま》・松浦《まつら》・藤津五郡内において五万二千六百石を分与され、佐賀城三の丸に居所を構えて立藩し、のち佐嘉郡内の蓮池城に移った。当初、勝茂の次男忠直《ただなお》が嫡子として二代藩主となる予定だったが、病没したために忠直の嫡子光茂《みつしげ》が幼少だったので、直澄に家督を相続させようとしたところ、小城藩主元茂《もとしげ》の反対にあったため、直澄を分家として蓮池藩が成立したのである。

直澄のあと、直之《なおゆき》―直称《なおのり》―直恒《なおつね》―直興《なおおき》―直寛《なおひろ》―直温《なおはる》と継承し、つぎの直与《なおとも》は本藩八代藩主治茂《はるしげ》の四男で、文化十三年（一八一六）、直温のあとを継いだ。直与は古今内外の学に通暁し、特に長崎から高島浅五郎（秋帆の子）を招聘して鎔造所を設け、巨砲数十門を鋳造し、西洋砲術の研究に力を注いで蘭癖大名といわれた。直与を継いだ最後の藩主直紀《なおのり》の時に廃藩となった。

小城《おぎ》藩〈外様〉

陣屋＝佐賀県小城郡小城町

佐賀藩初代藩主鍋島勝茂《かつしげ》の長子元茂《もとしげ》は慶長十九年（一六一四）、祖父である藩祖直茂《なおしげ》の隠居料の小城・佐嘉・伊万里郡内の一部で七万三千石を分与され、佐賀藩の支藩として佐賀城西の丸に居所を構えて立藩した。元茂の生母の家柄が低かったので、勝茂が徳川家康の養女高源院を正室に迎え、その間に生まれた次男忠直《ただなお》が嫡子となった。小城藩鍋島氏は宗家の家臣扱いされていたが、幕府からは大名扱いされ、参勤交代・公役などは他の大名並みに命ぜられた。

元茂のあとを継いだ直能《なおよし》は延宝年間（一六七三〜八一）、小城郡小城に陣屋を構えた。その後は元武《もとたけ》―元延《もとのぶ》―直英《なおひで》―直員《なおかず》―直愈《なおます》―直知《なおとも》―直堯《なおたか》―直亮《なおすけ》と継承した。つぎの最後の藩主となった直虎《なおとら》は宗家直正《なおまさ》の六男で、慶応元年（一八六五）二月に直亮のあとを受けて相続し、明治二年（一八六九）六月、版籍奉還して知藩事に任ぜられ、同四年七月、廃藩置県を迎えた。

鹿島《かしま》藩〈外様〉

居城＝佐賀県鹿島市高津原城内

下総国矢作《やはぎ》五千石を領する鍋島忠茂《ただしげ》（藩祖直茂《なおしげ》の次男）は慶長十五年（一六一〇）、兄の佐賀藩初代藩主勝茂《かつしげ》から肥前国鹿島・藤津両郡の内に二万石を分与され、合わせて二万五千石を領し、翌年鹿島に居所を構えて立藩した。忠茂の後を継いだ嫡男正茂《まさしげ》は寛永十九年（一六四二）、宗家の伯父勝茂と不仲となり、勝茂は正茂の領地を没収し、改めて弟の九男直朝《なおとも》に与えたため、正茂は矢作五千石を知行する旗本となり、以後、鹿島藩の分家となった。

直朝系鍋島氏は以後、直条《なおえだ》―直堅《なおかた》―直郷《なおさと》―直熙《なおひろ》（のち本藩八代藩主治茂《はるしげ》）―直宜《なおよし》―直彝《なおのり》―直永《なおなが》―直春《なおはる》―直賢《なおかた》―直彬《なおよし》（直永の三男）と継承した。最後の藩主となった直彬は文久三年（一八六三）、宗家直正《なおまさ》の代理として国事に奔走し、慶応四年（一八六八）、戊辰戦争の際にも直正の代理として北陸道先鋒をつとめ、翌年六月、版籍奉還して知藩事に任ぜられ、同四年に廃藩置県を迎えた。

大村藩《おおむら》〈外様〉

居城＝長崎県大村市片町

キリシタン大名大村純忠・喜前

肥前国彼杵《そのぎ》地方を領していたキリシタン大名として名高い大村純忠《すみただ》が大村藩の基礎を築いた。純忠は高来領主の有馬晴純《はるずみ》の次男で大村純前《すみあき》の養子となり、一門や家臣団の統制に苦慮しつつも、ポルトガル船との貿易により勢力を強化、一時期龍造寺《りゅうぞうじ》隆《たか》信《のぶ》に属したが、間もなく隆信が没したので、領主の地位を回復した。

純忠の子喜前《よしあき》は天正十五年（一五八七）、豊臣秀吉の島津征討に従軍して本領二万七千九百石を安堵されたが、貿易の拠点であった長崎を公領として没収され、財政面で痛手を受けた。その後、喜前は文禄・慶長の役に出陣し、帰国後の慶長三年（一五九八）に玖島《くしま》城を築き、同五年の関ヶ原の役の時、初め西軍に与《くみ》したが、のち徳川家康方に寝返って、本領を安堵された。だが、長崎は引きつづき公領となったため、同地を通じて確保してきた貿易利潤を完全に失った。

このため喜前とその子純頼《すみより》とは慶長十二年、一族一門十三家の知行地没収をはかり、「御一門払い」を断行、庶家一門を追放して藩主権力を強化する一方、蔵入地を拡大して財政窮乏を克服した。

大村氏歴代の治世

つぎの純信は寛永の検地を行って貢租制度を固め、慶安三年（一六五〇）五月に没したので、幕臣伊丹《いたみ》播磨守勝長《かつなが》の四男純長《すみなが》が家督を相続した。明暦三年（一六五七）、突然隠れキリシタンが発覚する「郡崩《こおりくずれ》」が起こり、藩内をゆるがす事態となった。逮捕者のあまりの多さに藩内だけでは対応できず、長崎・平戸・島原・佐賀の各藩にお預けとした。これだけの信者発覚は藩の存亡に関わる重大事件であった。純長の実父勝長は幕府勘定奉行だったので、その筋を通して自藩の失態に対し、恭順の意を示したため、藩存亡の危機を免れた。これを契機に、藩では徹底したキリシタン探索と予防策を採り、キリシタン一掃をはかった。

純長の在任は三十八年間におよび、そのあとは純尹《すみまさ》－純庸《すみつね》－純富《すみひさ》と続き、純富の治世の享保十七年（一七三二）、大飢饉による被害を受けたが、甘藷《かんしょ》の普及によって大被害を免れた。純保《すみもり》の後を継いだ純鎮《すみやす》の治世は殖産興業策として松島炭鉱の開鉱、陶器業の奨励に尽し、また文教策として寛政二年（一七九〇）、藩校五教館と治振軒を創設、家臣の教育につとめた。

純昌《すみよし》のあとを継いだ純顕《すみあき》は江戸から朝川善庵、豊後国から広瀬淡窓《たんそう》らの儒者を招き、家臣に文武の道を奨励、勤王の藩としての基礎を築いた。純顕は弘化二年（一八四五）二月、病のため家督を弟純煕《すみひろ》に譲った。最後の藩主となった純煕の代の慶応二年（一八六六）、藩内に尊王・佐幕の軋轢があり、勤王党の首領松林飯山が暗殺されると、佐幕派を排除して藩論を統一した。慶応四年（一八六八）の戊辰戦争には、渡辺清率いる新精隊を上京させ、江戸城無血開城に貢献、上野の彰義隊討伐、会津城攻めに功績を残し、戦後賞典禄三万石を下賜され、同二年六月、版籍奉還して知藩事に任ぜられ、同四年七月に廃藩置県を迎えた。

島原藩《しまばら》〈譜代〉

居城＝長崎県島原市城内一丁目

立藩期と岡本大八事件

鎌倉時代から島原半島一帯を領有していた有馬氏は、戦国期には日之江城主に居城し、キリシタン大名として知られる晴信《はるのぶ》が豊臣秀吉から半島一帯と長崎浦上領四万石を安堵された。その後、晴信は文禄・慶長の役に出陣し、慶長五年（一六〇〇）、関ヶ原の役の時、徳川家康方に従って旧領を安堵され、宣教師の布教活動の中心地となり、朱印船貿易も活発であった。

ところが、領内で一つの大事件が起こった。慶長十四年十二月九日、晴信は長崎港外でポルトガル船マドレー＝デ＝デウス号を撃沈して、家康から恩賞を与えられた。この功績を幕府に斡旋したという理由で、家康の謀臣本多正純の家臣岡本大八が晴信から多額の賄賂をとった。しかし、行賞の沙汰がないのを憤った晴信は、正純に書を送って真偽のほどを問い糺したところ、詐欺であったことが判明した。慶長十七年三月、駿府において両者が対決した時、逆に晴信による長崎奉行長谷川権兵衛藤広毒殺の密計が発覚し、大八は駿府で火刑に処せられ、晴信は甲斐国都留郡に配流され、同十七年五月六日に自害した。この事件の顛末は両名の処刑のみにとどまらず、両者がキリシタンであったことから、事態を重視した幕府はキリシタン禁制に踏み切った。

嫡男直純《なおずみ》は父の罪科には関与しなかったとして晴信の遺領を継いだ。家康の養女（本多忠政の娘）を妻にしていたためだろう。直純は自らも棄教し、厳しい禁教令を布いたが、領内の改宗は進まず、逆に教徒の結束を強め、さらに信仰を固める結果となった。このような情勢を見た幕府は慶長十九年、直純は日向国県《あがた》（宮崎県延岡市）へ転封とし、島原における有馬氏の支配は終わった。

松倉氏と島原の乱

直純転封後、島原は一時天領になったが、元和二年（一六一六）、大和国五条から松倉重《しげ》政《まさ》が四万石で入封、旧政を一新する目的で居城を島原城に移し、大規模な城下町を築造して、藩の基礎体制を整えた。だが、幕府からの城普請夫役（軍役）賦課や呂宋《ルソン》（フィリピン）遠征による出費を招き、その財政の拠り所を領内の年貢増徴に求めた。

重政のあとを襲封した勝家《かついえ》は種々の新税を設け、苛斂誅求《かれんちゅうきゅう》による年貢増徴策を強行し、さらに寛永十三〜四年（一六三六〜三七）の大凶作が重なり、ついに圧政と凶作に耐えかねた天草島民ら三万五千人が天草四郎時貞を中心に一揆「島原の乱」を起こした。乱は三ヵ月におよび、翌十五年二月に鎮圧されたが、責任を問われた勝家は除封になった。

その後、島原には西国大名の目付役と長崎警備総役の任務を負った譜代大名高力忠《こうりきただ》房《ふさ》が遠江国浜松から四万石で入封した。忠房は島原の乱による荒廃した農村を復興することに意を注いだが、明暦元年（一六五五）十二月、忠房が没した。嫡男隆長《たかなが》（高長）が家督を継いだが、驕奢で苛斂誅求を行ったために農民の反発を招き、寛文八年（一六六八）、所領を没収され、陸奥国仙台藩にお預けとなった。高力氏改易後、一時天領になったが、翌九年、丹波国福知山から松平（深溝《ふこうず》）忠房《ただふさ》が六万五千九百余石（島原半島の他、豊前国宇佐郡一万三千五百四十石、豊後国国東《くにさき》郡一万四千五十石）で入封した。忠房は文芸を嗜み、領内の農村や町方の統治組織の整備と統一をはかり、検地や宗門改めなどを実施した。忠房のあと、忠雄《ただお》（松平伊行の次男）—忠倪《ただみ》（松平次章の嫡男）—忠刻《ただとき》（松平勘敬の次男）と続き、この間に天災や悪疫が起こって領内は再び疲弊した。忠刻が寛延二年（一七四九）五月に没し、あとを継いだ忠祇《ただまさ》は幼少で病弱であったため、下野国宇都宮へ転封となった。

　代わって宇都宮から戸田忠盈《ただみつ》が七万七千余石で入封し、忠盈が宝暦四年（一七五四）に致仕し、弟忠寛《ただひろ》が襲封した。戸田氏の治世は二十五年、安永三年（一七七四）、忠寛は旧領宇都宮へ再転封となった。

松平氏の治世

　のち松平（深溝）忠祇の嫡男忠恕《ただひろ》が島原に再入封し、表高六万五千九百石を領したが、実高は七万三千三百余石であった。だが、宇都宮以来の藩財政の窮迫に加えて、安永年間（一七七二～八一）以降の天災地変に苦しんだ。そのため忠恕は非常なる決意をもって農民救済、藩札の発行などで藩財政の建て直しに着手したが、その改革実行中の寛政四年（一七九二）、雲仙岳の大噴火（島原大変・肥後迷惑）による甚大な被害を受けた。地震・前山の爆発・津波などによって、島原だけでなく対岸の肥後国宇土・玉名・飽田・天草郡でも壊滅的な打撃を受け、死者は一万人以上といわれた。

　忠恕は寛政四年五月に没し、忠恕の六男忠馮《ただより》が襲封した。忠馮はただちに災害復旧に対処し、藩財政の再建策として倹約令を実施、家臣からの借知、殖産興業策として櫨の栽培、山林の造成、明礬《みょうばん》の生産奨励をはかった。忠馮は譜代藩としての防備のために軍事力を強化し、一方文教策として寛政五年に藩校稽古館を創設した。

　忠馮のあとを襲封した忠侯《ただよし》は文政四年（一八二一）、島原城内に済衆館《さいしゅうかん》を創設した。これは医学校と病院を兼ねたものである。忠侯のあと、忠誠《ただなり》—忠精《ただきよ》—忠淳《ただあつ》—忠愛《ただちか》と継いだが、いずれも幼少で襲封し、治世の期間も短かった。

　忠愛には嗣子がなく文久二年（一八六二）七月に没したので、喪を秘して常陸国水戸藩主徳川斉昭の十六男忠和《ただかず》（徳川慶喜の弟）に襲封させた。忠和が幼少だったため、藩政は重臣の手に委ねられた。だが、軍制を改革して農兵を募り、領内沿岸や茂木（長崎）の海防につとめ、櫨方役所を廃止し、慶応三年（一八六七）、豊後国国東郡の所領を肥前国松浦郡の天領と交換した。

　忠和の実父斉昭の遺志を継ぐ多くの尊攘派家臣を輩出したが、親藩・譜代ごとに十五代将軍慶喜の実弟として、佐幕派の立場をとったため、尊王派の家臣らは天誅組・天狗党に加わって行動した。元治元年（一八六四）八月の第一次長州征伐から慶応四年一月の鳥羽伏見の戦いまでは慎重な行動をとったが、戊辰戦争には新政府の命に従い、奥羽に出兵し、戦後賞典禄五千両を下賜された。忠和は明治二年（一八六九）六月、版籍奉還して知藩事に任ぜられ、同四年に廃藩置県を迎えた。

小江戸紀行 キリシタンの城下町島原城下を歩く

島原城と武家屋敷跡

島原駅に下車すると、正面に島原城の天守閣が見える。島原城に向かって五分ほどのところに市公民館があり、敷地内に〝松平文庫〟という史料館がある。ここは寛文九年（一六六九）、高力氏に代わって当藩主としてやってきた初代松平忠房によって集められた古い能楽・和歌などの書籍が保存され、松平の藩日記など歴史の史料もかなり多く収められており、文学者をはじめ研究者が相次いで訪れる。

西堀端に島原城の入口があり、坂をのぼりつめると正面が天守閣だ。天守閣は資料館となっており、江戸時代の島原城内内外の様子を模型で詳しく知ることができる。また島原の乱ゆかりの地だけに、キリシタン資料が圧倒的に多く、この方面に関心の深い研究者に貴重な資料を提供している。そのほか島原周辺から発掘された考古学上の出土品も陳列されている。

三階には、幕末期、死体解剖を行った市川泰卜《たいぼく》の「解体図」などもあり、屋上からの島原市周辺の眺めは素晴しい。この天守閣は昭和三十九年の復元だが、他に彫刻家の北村西望記念館もあり、西望の力作が観光客を楽しませてくれる。西望は島原市の南にある北有馬町の出身で、長崎の平和記念像の製作者として広く知られた人だ。

島原城から五分ほど歩くと武家屋敷跡に出る。道路の中央を昔ながらの清流が流れ、両側の屋敷は石垣に囲まれ、江戸時代の武家屋敷がそのまま保存されている。ここに住んだ侍の多くは扶持米《ふちまい》取りで、この一帯を総称して鉄砲町と呼んでいた。川の水は飲料水として使っていたという。

島原駅から北へ国道を歩いて十分のところに龍造寺隆信戦死の跡（二本木神社の傍ら）がある。戦国末期、佐賀の龍造寺隆信は肥前一円を支配しようとして、島原半島に侵入したが、北有馬の日之江城主有馬晴信は、島津氏の援けを得て劣勢を撥ね返し、この地で勝利をおさめ、敵将隆信を討ち取った。時に天正十二年（一五八四）。それ以後島津氏の勢力は急速に大きくなったが、三年後、豊臣秀吉の九州平定によって九州諸大名の所領安堵が行われたさい、一土豪にすぎなかった有馬氏が島原半島一円四万石を支配する近世大名となったのだ。

市内の史跡

本光寺（バス焼山線県立農商前下車）は藩主松平氏の菩提寺で、初代松平忠房以降

島原城下の武家屋敷

の史料が保存されている。裏の森や歴代藩主の墓碑群は、歴史の重みを感じさせる。寺の一角に十六羅漢の石像があり、この寺への参詣者は絶えない。寺の南方に国史跡の旧島原藩薬園跡がある。

護国寺と江東《こうとう》寺はともに大手広場より徒歩十分の所にある。護国寺内に法華守護の神として、月の三十日にわりあてられた三十番神の木造彫刻が安置されているが、素晴しいものだ。藩主松平忠俔《ただみ》の献納によるという。

この寺の近くに江東寺がある。島原の乱征討の際、戦死した総帥板倉内膳正重昌の墓碑と、釈迦の涅槃《ねはん》像のあることで知られている。近くに雲仙岳の大爆発（寛政四年＝一七九二）の際にできた白土《しらち》湖があり、同じようにそのとき眉山《まゆやま》の一部が吹き飛ばされてできた九十九島の風景は、島原外港独特の風物詩といえよう。

マダレイナの墓は竜源山西方寺の共同墓地内にある。キリシタン墓碑だ（バス三会線下山寺下車五分）。島原半島にある寝墓・庵型のキリシタン墓と違って自然石の立墓である。

雲仙のキリシタン史跡

島原港よりバス雲仙行終点で下車する。雲仙は、シーボルトやケンペルらの幕末オランダ商館医によって海外に紹介されたので、当時外国にその名が知られ明治中期より外人の避暑地として好まれている。

雲仙に下車すると、すぐそばに一乗院満《まん》明寺《みょうじ》がある。大宝元年（七〇一）、僧行基の開山と伝えられている。宝物殿には、弘法大師直筆心経、宇多法皇尊影、一休禅師直筆掛軸など、由緒ある品々がある。

満明寺をおりてすぐそばに雲仙地獄がある。あちこちに湧出する熱湯には三十余の名称がつけられており、それに仏教的な勧《かん》善懲悪《ぜんちょうあく》を説くための地獄名がつけられているのもおもしろい。なかでも血の池地獄、八幡地獄などにはキリシタン弾圧にまつわる悲話が伝えられている。三代将軍家光からキリシタン絶滅を厳しくいいわたされた藩主松倉重政は、弾圧を強化した。寛永四年（一六二七）、内堀作右衛門以下十六名は、熱湯をかけられ殉死し、翌年は中島修道士ら三人が殉死した。長崎奉行竹中重義は、長崎のキリシタンを引き連れてきて背中に熱湯を注ぎ棄教《ききょう》を迫ったが少しも効果がなく、六十四名のキリシタンは一人も改宗しなかったと伝えられている。

また、この地には地獄地帯シロドウダン群落・原生沼植物群落などがあり、心ある人びとに愛されている。

平戸《ひらど》藩〈外様〉

居城＝長崎県平戸市亀岡

交易の王国

松浦家は『寛政重修諸家譜』によれば、渡辺綱《つな》の八代裔の源太夫久《ひさし》が松浦姓を名乗ったのが始祖であるという。この久から数えて十九代裔の隆信《たかのぶ》（道可《どうか》）は天文十九年（一五五〇）、ポルトガル船の平戸来航の際、盛んにポルトガル船を招いて南蛮貿易により勢力を拡大して北松浦一帯を制圧、壱岐島と合わせて領有し、平戸松浦家の基礎を固めた。この隆信の嫡男鎮信《しげのぶ》（法印《ほういん》）は永禄十一年（一五六八）、家督を継いで初代平戸藩となった。

鎮信は天正十五年（一五八七）、豊臣秀吉の九州平定の際、父隆信とともに秀吉に従って旧領を安堵された。文禄・慶長の役には小西行長の麾下として朝鮮に出兵して戦功を樹て、慶長五年（一六〇〇）、関ヶ原の役の時、石田三成の催促に応じなかったため、戦後、本領を安堵となり、肥後国松浦・彼《その》杵《き》両郡と壱岐島を合わせて六万三千二百石を領した。鎮信は慶長四年から平戸亀岡に居城日ノ獄城の築城にかかったが、同七年八月二十九日、嫡男久信《ひさのぶ》（泰岳）が京都伏見で不慮の死を遂げると、悲しみのあまり城に火をかけ焼き払ってしまい、その後は白狐山に館を建築して隠棲した。

だが、鎮信は隠棲後も藩政を採り、慶長十四年、オランダ船の平戸誘致に成功、オランダ商館、ついでイギリス商館を平戸に建て、外国貿易の最盛を迎えた。慶長十九年五月、鎮信が没すると、久信の嫡男隆信《たかのぶ》（宗陽）は、急ぎ弟信辰《のぶたつ》を人質として江戸に送り、辛うじて襲封を認められた。

隆信の生母は大村純忠の娘マンシャであったため、母の影響で受洗したが、家督を継いだ時、徳川家康の命によって棄教し、領内の諸会堂を破却、以後キリシタン迫害者に転じた。

歴代藩主の治世

隆信は寛永十四年（一六三七）五月に没し、嫡男鎮信《しげのぶ》（天祥）が家督を継いだ。この直後、隆信の寵臣浮橋主水《うきはしもんど》が隆信の死に殉じなかったため、一藩をあげて嘲罵《ちょうば》迫害に遭ったことを恨み、「松浦家はキリシタンに候」と幕府に直訴する事件が起こった。だが結局、主水が逆に罰せられて決着がつき、所領は安泰となった。この事件後の寛永十八年、オランダ商館が閉鎖されて、長崎へ移転となった。跡地は徹底的に破壊されて平戸は急激に精彩を失い、貿易利潤に寄生していた藩財政は大打撃を受けた。

ここで鎮信は藩政の根本改革を余儀なくされ、藩財政の基礎を生産物地代に転換するため、蔵入地の拡大と農民経営数の維持増大、小農民の保護策として、正保四年（一六四七）、農民法令を発布した。さらに家臣に対しては蔵米知行（俸禄制）への転換をはかり、明暦二年（一六五六）には領内の総検地を実施した。この他、鎮信は他国商人の誘致をはかって、領内の商漁業の振興を推進し、十万石体制を確立した。鎮信は茶道を片桐石州の家老藤林宗源に学び、鎮信流一派の開祖となり、また和漢の学にも通じ文天祥を慕い、自ら天祥庵と称した。

元禄二年（一六八九）、鎮信は致仕し、嫡男棟《たかし》（雄香）が家督を継ぎ、弟昌《まさし》に新田一万石を分与し、支藩平戸新田藩が成立した。棟は元禄四年、外様大名でありながら奏者番兼寺社奉行に任ぜられたことや商品経済の進展などにより、臨時支出の増大を招き、早くも借財返済のために上げ米・倹約令を実施した。また、幕閣に抜擢された縁から念願の居城再築願いが許され、宝永四年（一七〇七）、平戸城が完成した。

棟は正徳三年（一七一三）に致仕し、篤信《あつのぶ》（鎮信の四男・松英）―有信《ありのぶ》（等覚）と続くが、享保十三年（一七二八）十二月、家督を継いだ誠信《さねのぶ》（篤信の次男・安靖）は棟以来、深刻化した藩財政の建て直しに尽力し、寛保三年（一七四三）には倹約令を発布、さらに上げ米制によって財政難に対処した。

『甲子夜話』を書いた藩主

誠信は安永四年（一七七五）に致仕し、清《きよし》（一門松浦政の嫡男・静山）が十六歳で襲封したが、最大の懸案はやはり藩政改革であった。そのため平戸藩最大の藩政改革である寛政改革を断行、人事刷新の「訓戒十条」、財政再建の「国用法典」、農漁村再建の「仕置帳」などを発布し、殖産・新田開発を推進した。また、文教においても藩校維新館《いしんかん》を創設し、自らも学を講じ、学問・武芸の普及をはかった。特に武芸に通じ、剣術は心形刀流の達人だったという。引退後の文政四年（一八二一）十一月、甲子《かっし》の夜に起草して以来、天保十二年（一八四一）六月二十九日に没するまで、二十年間、毎日筆を執った随筆集『甲子夜話』二百七十八巻の大著を世に送り、世の中に文人としての名を広めた。

清の致仕によって十三歳で家督を継いだ三男熈《ひろむ》（観中）は父清の政策を踏襲し、文化五年（一八〇八）五月、英軍艦フェートン号が不法に長崎に侵入した事件以後、領内では防備態勢を強化しながら、砲術訓練や女子銃隊を創設し、黒子島などに十六の台場を設置した。熈は櫨の植林、紙漉、シジミの養殖など殖産に意を注ぎ、さらに倹約・緊縮政策を実施したが、天保期になると幕府への手伝普請の負担金や大飢饉によって藩財政は逼迫の極に達した。

熈は天保十二年（一八四一）に致仕し、嫡男曜《てらす》（諦乗）が襲封した。曜はまず安政改革に着手し、外圧に対する防備体制の強化策として大銃隊を編成し、開発新田地を中心に土地制度の改革を実施、農村経営の強化、貢租の徴集の確保につとめた。

だが、この安政改革の最中の安政五年（一八五八）六月、熈が急逝し、一門松浦秋の嫡男詮《あきら》（心月）が最後の藩主となった。詮は防備態勢を一層強化し、異国船警固規則を発布、台場を築造して家臣を長崎に派遣して洋式操砲を訓練させた。文久二年（一八六二）、隣藩大村藩と「大・平同盟」を締結し、活発な藩外活動を行って公武合体策を推進した。だが、慶応元年（一八六五）、三条実美《さねとみ》の使者滝清之助を迎え、公武合体の藩論を次第に尊王論に変えて、討幕への傾斜を強めていった。

慶応四年一月、鳥羽伏見の戦いには洋銃を中心とする銃隊を編成して新政府側に参陣、七月に奥羽征討に従軍、戦後賞典禄三千石を下賜された。詮は明治二年（一八六九）六月、版籍奉還して知藩事に任ぜられ、同四年に廃藩置県を迎えた。

小江戸紀行　歴史ロマンの城下町　平戸城下を歩く

漂う異国情緒

平戸の町並の背後の山腹に白い壁を連ねた石垣が見える。旧平戸藩主松浦家の屋敷跡である。その左にカトリック教会の尖塔が天を刺している。

平戸桟橋のあたりは名産の飛魚《あご》や煮干などが所せましと干してあり、むせかえるような磯の香りがたちこめている。そこから右手に行った港沿いの一帯が国指定の史跡となっているオランダ商館跡にあたる。

慶長五年（一六〇〇）、オランダ船リーフデ号が豊後（大分県）に漂着した。その乗組員の本国送還にあたって、松浦鎮信《しげのぶ》は、船を建造し、一行をオランダ領パタニへ送り返した。この好意にたいしオランダは慶長十四年、二隻の商船を平戸に入港させた。鎮信はただちに徳川家康に通商の許可を求める。家康としてはお膝元の浦賀を貿易港にしたかったらしいが、オランダ側は鎮信の厚遇を重んじて平戸を強く希望した。こうして平戸にオランダ商館が設置されることになった。

オランダ商館の往時の建物はもちろん何一つ残っていないが、オランダ倉庫の壁が一部、いまも壁として利用されている。そこから山ノ手に、崎方公園に上る石畳の坂道がある。右側に高さ二メートルほどの塀がつらなり、オランダ塀と呼ばれている。オランダ塀沿いに上りつめた所に商館長の住居があったという。

イギリスが平戸に貿易船を入れてきたのはオランダ商館ができてから四年後の慶長十八年のことであった。オランダに対抗し、イギリスもリチャード・コックスを商館長として商館を開設したが、この誘致には三浦按針が大いに尽力している。按針はもともとイギリス人で本名はウィリアム・アダムス。豊後に漂着したオランダ船リーフデ号の航海長であった。江戸へ行って家康の信任を得、幕府の外交顧問となった。

平戸のオランダとイギリスの貿易戦争は、永年実績をつんできたオランダの方が有利であった。打開に苦心する按針は元和六年五月、平戸に滞在中、病を得て死んだ。その墓はオランダ塀の坂を登りつめた崎方公園の高台にあって平戸港を見下ろしている。

オランダとの競争に敗れたイギリスはついに商館を閉鎖し、平戸を去った。その商館跡は市役所に近い木引田町、宮ノ町あたりだといわれる。平戸市役所の前に二メートルほどの大理石の英国商館遺跡碑が立ち、日本文と英文で由来が刻まれている。

禁教と藩主たち

ポルトガル船が平戸にもたらしたものがキリスト教である。天文十八年に鹿児島に渡来して布教を行っていたフランシスコ・ザビエルは翌年ポルトガル船の平戸初入港を聞くと、ただちに平戸にやってきた。

昭和二十四年、ザビエルの来訪四百年を記念して崎方公園に記念碑が建てられた。白い大理石の十字架の中央にザビエルの肖像が刻まれている。このザビエルにちなむものにもうひとつ、昭和六年に建てられた聖フランシスコ・ザビエル記念聖堂がある。

平戸港近くにある幸橋

天正十五年、豊臣秀吉は宣教師追放令を発したが、慶長十八年、それに追い討ちをかけるように、家康もまた禁教令を出した。そんな中、「平戸はキリシタン大名だ」と訴え出る者がいた。幕府はただちに実情調査のため品川東海寺の江月和尚を平戸に差し向けた。江月は藩主鎮信に先代隆信の菩提を弔う寺院の建立をすすめ、江戸に帰って平戸はキリシタンに非ずと報告した。このとき建立されたのが興国山正宗寺で、境内の左奥に隆信の大きな墓がある。

オランダ橋を渡って市役所の前を通り抜け亀岡城跡に入る。石段を登って右へ行けば亀岡神社、左へ行けば北虎口門から天守閣である。この城は松浦氏三十世棟《たかし》のときに築かれた。それ以前の二十七世久信、二十八世隆信、二十九世鎮信は勝尾岳北麓に構えた中之館を居城とした。

日中混血の英雄、鄭成功《ていせいこう》が生まれたのは、隆信の治世である寛永元年（一六二四）のことである。その児誕石が千里ヶ浜に残っている。やや離れて鄭成功顕彰碑が潮風にさらされて建っている。

鎮信は平戸藩きっての名君といわれている。学問の上では山鹿素行に師事し、親交が厚かった。素行の嫡男高基に自分の孫娘を嫁がせているほどである。高基の子高道はのちに平戸へ下って松浦氏に仕え、素行の塾であった「積徳堂」を開いた。幕末には吉田松陰もこの門を叩いている。平戸市街から平戸大橋へ通じる道の途中、岩の上町に積徳堂跡があり、文献・資料などは山鹿文庫が所蔵している。

宝永元年（一七〇四）、三十世棟は亀岡に新城を築くにあたって山鹿流の縄張りを採用したが、その陰には父鎮信と素行との生前の指導があったものと思われる。亀山城が一応の完成をみたのは四年後の宝永四年だが、その後も工事は十年間ほどつづけられている。

天守閣へ上ると東方は眼下に平戸瀬戸と黒子島、その向うに茫々と玄海を一望する雄大な景観がひろがる。

日野江藩《ひのえ》（有馬藩《ありま》）〈外様〉
居城＝長崎県南高来郡北有馬町

島原半島で威を張ったキリシタン大名有馬晴信《はるのぶ》は兄義純《よしずみ》の早世により家督を相続し、天正四年（一五七六）、肥前国日野江城主となった。天正七年、晴信はイタリア人のイエズス会宣教師ヴァリニャーノから洗礼を受け、洗礼名をジョアン＝プロタシオと称し、翌年、有馬セミナリヨを創設した。天正十年一月、晴信は大友義鎮《よししげ》・大村純忠《すみただ》とともに少年使節をローマ法皇に派遣した。

晴信は天正十三年三月、薩摩城主島津貴《たか》久《ひさ》と結び、龍造寺隆信《たかのぶ》を滅ぼしたが、天正十四年、豊臣秀吉の九州征伐の時、秀吉に従って、本領四万石を安堵された。慶長五年（一六〇〇）、関ヶ原の役が起こると、晴信は初め西軍に与《くみ》したが、すぐ徳川方に寝返ったので、戦後本領を安堵され、日野江城を居城として立藩した。

慶長十四年十二月九日、晴信は長崎港外でポルトガル船マドレーデ＝デウス号を撃沈して、家康から褒められた。ところが、その行賞を幕府に斡旋したという理由で、家康の老臣本多正純の家臣岡本大八が晴信から多額の賄賂をとった。だが、行賞の沙汰がないのを憤った晴信は、正純に書を送って真偽のほどを問いただしたところ、詐欺であったことがわかった。慶長十三年三月、駿府において両者が対決した時、逆に晴信が長崎奉行長谷川藤広を毒殺しようとした密計が発覚し、大八は駿府で火刑に処された。晴信は甲斐国都留郡に配流され、同年五月六日に自害した。世にいう岡本大八事件である。

この事件により所領四万石は収公されたが、晴信の次男直純《なおずみ》は幼い頃から家康に近侍していたので、父晴信の遺領四万石を与えられた。だが、キリシタンの弾圧を徹底できず、慶長十九年、日向国延岡五万三千石へ転封となり、日野江藩は廃藩となった。

なお、直純はキリシタン大名の子として深く影響を受けていたが、のち仏教に帰依して、日向国宮崎郡柏田村に直純寺を建立し、寛永十五年（一六三八）、島原の乱の際には松平信綱に属して軍功を樹てている。

平戸新田藩《ひらどしんでん》（平戸館山藩《ひらどたてやま》）〈外様〉
陣屋＝長崎県平戸市

肥前国平戸藩四代藩主松浦鎮信《まつらしげのぶ》（天祥）の次男昌《まさし》は元禄二年（一六八九）七月三日、兄棟《たかし》（雄香）が五代藩主を相続する際、領地の肥前国北松浦郡と壱岐国六万三千石のうちから新田一万石を分与され、平戸城下の館山に居所を構えて立藩した。新田藩は藩財政も本藩の財政の中に含まれ、独立藩の機構を備えていなかった。

昌は宝永三年（一七〇六）五月七日に致仕し、邑《さとし》が家督を継ぎ、鄰《ちかし》を経て本藩六代藩主篤信《あつのぶ》の六男致《いたる》が鄰の養嗣子となり、享保十三年（一七二八）に家督を相続した。

致は享保十九年十二月、従五位下大和守に叙任し、明和五年（一七六八）五月に致仕した。

致以降は宝《たかし》－矩《ただし》－良《ちかし》－皓《ひかる》（平戸藩九代藩主清《きよし》〈静山〉の四男）－脩《ながし》と九代、約百八十年にわたり在封したが、明治三年（一八七〇）、宗家平戸藩と合併し、廃藩となった。

福江《ふくえ》藩（五島《ごとう》藩）〈外様〉

居城＝長崎県福江市福江町

五島氏の一氏支配

日本最西端の列島五島列島の領主宇久《うく》純《すみ》玄《はる》は天正十五年（一五八七）、豊臣秀吉の九州征伐の際に臣従し、本領一万五千五百石余を安堵された。純玄は文禄元年（一五九二）に姓を五島氏と改称し、文禄の役に出兵したが、同三年に没した。そのため継嗣が危ぶまれたが、そのあとを叔父大浜玄雅《まさはる》が家督を継ぐことで決着した。玄雅は慶長五年（一六〇〇）の関ヶ原の役後、所領を安堵されて、正式に大名となった。

慶長十七年に玄雅が没すると、玄雅の養子になった盛利《もりとし》（宇久盛長の子）が家督を継いだが、玄雅の子角右衛門の養子大浜主水《もんど》が後継問題と盛利の失政をめぐって、幕府に直訴する事件（大浜主水事件）が起きた。しかし、幕府は盛利の正統性を認めたので、盛利はこの御家騒動を契機に、兵農分離と家臣団の統一を徹底するため、家臣団百七十余家の城下集住制「福江直《なお》り」を断行して、寛永十一年（一六三四）までに完了した。その三年後には、居城石田城を竣工し、また異国船に備え、領内の大瀬崎など七ヵ所に遠見番所を設置して警備にあたったので、参勤交代を免除されることがしばしばあった。

〝福の神〟の盛運

つぎの盛次《もりつぐ》を経て、明暦元年（一六五五）、十一歳の盛勝《もりかつ》が家督を継ぐと、若年のため叔父盛清《もりきよ》（盛利の子）が後見役をつとめた。盛清は後見役の条件に旗本への出仕を幕府に嘆願し、寛文四年（一六六四）、富江領三千石を分与され、一万二千五百石余となった。この分知によって、領内有数の漁場である有川浦《ありかわ》における有川村と魚目村（福江領）との漁場権をめぐる海境争いを引き起こした。この係争はついに幕府の裁決を仰ぎ、その結果、元禄二年（一六八九）、沖は入会《いりあい》にし、イルカの運上は網主からの納付、その他はすべて請負制度となった。

盛勝のあと、盛暢《もりのぶ》—盛佳《もりよし》—盛道《もりみち》と継承し、つぎの盛運《もりゆき》は田尾助左衛門に新地改めをさせるとともに、徹底した緊縮策・上知策・殖産興業につとめて藩財政再建に成功したので、盛運は〝福の神〟と称された。だが、天明以降の飢饉はふたたび農村を荒廃させ、寛政九年（一七九七）、野々切村で最初の一揆が起こった。また、盛運は藩校至善堂（のち育英館）を創設し、文教策にも尽力した。

つぎの盛繁《もりしげ》のあとを継いだ盛成《もりあきら》は、借財一万三千両に対処して家臣の献策を容れ、鯨・塩・酒・綿などを取り扱う有川産物会所を設置して収入増を目指したが、長崎奉行所を巻き込んだ山田蘇作《もとさく》事件が起き、計画は挫折した。嘉永二年（一八四九）、念願の居城再建願いに許可が下され、拝借金を得てようやく着工することができた。

最後の藩主となった盛徳《もりのり》の文久三年（一八六三）、十五年の歳月を費やした石田城が竣工した。これは箱館五稜郭とともに幕府公許の最後の海城となった。大政奉還後の命に基づいた異国船防備費用の捻出と薪水供給の出費のため藩財政は窮迫したが、盛徳は明治二年（一八六九）に版籍奉還して知藩事になり、同四年に廃藩置県を迎えた。

対馬国

府中藩《ふちゅう》（対馬藩《つしま》・厳原藩《いずはら》）〈外様〉

居城＝長崎県下県郡厳原町

宗氏の一氏支配

鎌倉時代以来、対馬島主宗《そう》氏は朝鮮貿易の独占をはかって全島を支配していたが、豊臣秀吉の九州平定後の天正十五年（一五八七）、宗義調《よししげ》・義智《よしとし》父子は秀吉から対馬一国を安堵された。義調は天正十六年十二月に没し、嫡男義智が家督を継ぐが、文禄・慶長の役が起こると、日本と朝鮮との国交は断絶、それまで宗氏が培ってきた日朝貿易も水泡に帰し、最大の収入源を失った。秀吉の没後、朝鮮遠征軍は撤退し、義智は朝鮮との国交回復交渉を始めた。その直後の慶長五年（一六〇〇）、関ヶ原の役の際、義智は西軍に与《くみ》したが、戦後、徳川家康から咎を受けず、所領を安堵され、朝鮮との講和を命ぜられた。

義智は重臣柳川調信《しげのぶ》や僧景轍玄蘇《けいてつげんそ》の協力を得て朝鮮との国交交渉を進めた。慶長十二年に朝鮮からの使節が来日、家康・秀忠と会見して日朝の国交が回復し、同十四年に通交貿易規定「己酉約条《きゆうやくじょう》」を結び、藩と朝鮮との間で貿易が再開された。藩の利益も保有され、宗氏に貿易仲介の利益を見込んで、幕府から十万石格の待遇を受けることになるのだが、実際の土地からの収入は飛び地であった肥前国基肄《きい》・養父《やぶ》二郡において一万石余にすぎなかった。

また、宗氏は朝鮮から来日し、将軍代替りの際に慶賀の意を表わす通信使節団を護衛する責任者となり、貿易の管掌と貿易船派遣の特典を与えられ、朝鮮釜山に置かれた倭館には藩役人が滞在し、江戸時代を通じて日本で唯一の海外居留地であった。

日朝関係の整備

元和元年（一六一五）一月三日、義智は四十八歳で没し、嫡男義成《よしなり》が家督を継いだ。寛永八年（一六三一）、朝鮮通交の実権を握っていた柳川調信の孫調興《しげおき》の外交文書の偽造・改竄（柳川事件）が発覚し、同十二年、三代将軍家光の裁決により調興は陸奥国弘前藩にお預けとなったが、義成は処分を免れた。事件後、朝鮮との外交文書管掌のため城下府中に禅院以酊庵《いていあん》を設け、京都五山の禅僧が輪番制で常駐することになった。国書の作成は林羅山《らざん》があたり、様式も朝鮮側からは「日本国大君殿下」、日本側からは「日本国源某」と記すことに定まった。

義成は明暦二年（一六五六）十月に没し、嫡男義真《よしざね》が襲封した。義真は藩政を一新し、寛文元年（一六六一）からの検地は石高制によらず、間尺《かんじゃく》法をもとにした間高《けんだか》制という特異な方法で実施し、この検地によって蔵米知行（俸禄制）を確立した。大身の家臣を城下に集中させ、城下町府中を整備して藩主の居館を桟原《さじきばら》に新築し、寛文十二年には対馬上・下島を結ぶ大船越瀬戸を開削した。特に佐須銀山の開発がすすめられ、最盛期には領内の田畑収入の三倍で、藩財政の八割を占めていた。

義真は文教策を推進し、五代将軍綱吉の侍講で朱子学者木下順庵の弟子雨森芳洲《あめのもりほうしゅう》が元禄二年（一六八九）、師順庵の推薦で仕え、文教・外交を掌り、藩政に重きをなした。特に藩校小学校での教育とともに、私塾を開いて教授した。また、義真治世の後期に、対馬聖人と称された農政家陶山鈍翁《すやまどんおう》（順庵の弟子）を家老に次ぐ郡《こおり》奉行に登用し、元禄十三年から島民を苦しめた野猪殲滅作戦を全島で実施し、さらに宮崎安貞の『農業全書』に基づいて、旧来の粗放農業を集約農業に転換させた経済的自立をはかり、減少していた人口が漸次増加した。

元禄五年五月、義真が致仕し、嫡男義倫《よしつぐ》が襲封したが、翌六年九月に病没、再び義真が継いだ。このあと義方《よしみち》（義真の四男）—義誠《よしのぶ》（義真の六男）—方熈《みちひろ》（義真の七男）と兄弟が順番に家督を継ぎ、次に義如《よしゆき》（義誠の嫡男）—義蕃《よししげ》（義誠の次男）—義暢《よしなが》（義如の嫡男）と義誠の系統に受け継がれた。この間、朝鮮との貿易は衰退し、以前のような利益を得ることはできず、正徳年間（一七一一〜一五）以降、幕府に補助を求めるのが恒例化した。特に安永五年（一七七六）、江戸詰め家老杉村直記の努力によって、私貿易の断絶を公認され、毎年一万二千両の「永続御手当金」支給が認められた。

多端な幕末治世

次に幼少で襲封した義功《よしかつ》（猪三郎）—義功（富寿）と続くが、藩財政の逼迫がその極に達し、幕府からの借財が十五万二千両にもなった。このため根本的打開策として、寛政三年（一七九一）、幕府は朝鮮通信使の儀式を江戸から対馬に変更すべき旨を朝鮮と交渉することを命じ、寛政十年に「戊午易地行聘条約」が締結された。幕府はその応接費として八万両を下賜し、次の義質《よしかた》の襲封に際し肥前国松浦郡、筑前国怡土郡、下野国都賀・安蘇二郡で二万石を加増された。

次の義章《よしあや》を経て、天保三年（一八三二）八月、弟義和《よしより》が襲封した。文久元年（一八六一）二月、ロシア軍艦ポサドニック号が対馬淺《あ》茅《そう》湾に来航、島民と衝突する事件が起こった。江戸詰め家老佐須伊織《さすいおり》は、独力では海防が不可能と判断して、河内国三十万石へ移封の内願書を幕府に提出した。だが、領内では移封反対の声が強まり、翌二年には尊攘派が伊織を斬殺した。つづいて尊攘派は長州藩志士と攘夷同盟を結んだため、義和は文久二年十二月に隠居し、次男の義達《よしあき》らに家督を譲った。

義達が最後の藩主になると、叔父で家老の勝井五八郎ら佐幕派は尊攘派と激しく対立し、元治元年（一八六四）十月十九日、クーデターを決行して尊攘派の家老大浦教之助に揚《あが》り屋（牢舎）入りを命じ、大浦は四日後に絶命、これに続き尊攘派はことごとく捕えられ、切腹・獄門などに処せられた。これに憤激した京都の家老平田大江は尽義《じんぎ》隊《たい》を結成し、義達に勤王か左幕かの選択を迫ったので、慶応元年（一八六五）五月、勝井を誅殺した。そのうえで、義達は領内の秩序回復をはかるために平田を斬殺して、一連の紛争（勝井騒動）は決着した。

府中藩は幕末の緊迫した状況の中で藩論を統一できないままに、慶応三年十二月、王政復古を迎えたが、この時、府中から厳《いず》原《はら》と藩名を改称した。明治元年（一八六八）十二月、新政府の命により家老樋口鉄四郎を大修大差使として釜山に派遣して王政復古を告げたが、朝鮮側は書式の不備を理由に拒否、後年の征韓論の口実となった。翌年六月、義達は版籍奉還して知藩事に任ぜられ、名を重正《しげまさ》と改名し、同四年に廃藩置県を迎えた。

豊前国

小倉《こくら》藩（香春《かわら》藩・豊津《とよつ》藩）〈譜代〉

居城＝福岡県北九州市小倉北区城内

小笠原氏の〝九州探題〟役

豊臣秀吉の九州平定後の天正十五年（一五八七）、家臣毛利吉成《よしなり》（のち勝信《かつのぶ》）は豊前国企救《きく》・田川二郡において六万石を与えられ、小倉城に入城した。慶長五年（一六〇〇）、関ヶ原の役の時、勝信は西軍に与《くみ》して参戦中に中津城主黒田孝高《よしたか》（如水）に小倉城を奪取され、戦後、勝信・勝永父子は土佐国へ配流となった。如水が筑前国福岡へ移ると、丹後国宮津十八万石から細川忠興《ただおき》が豊前一国と豊後国国東・速見《はやみ》二郡において三十九万九千石を領有する大大名となって中津城に入城したが、慶長七年から五年の歳月を費やし、五層の天守閣をもつ小倉城を築いて居城とした。

忠興は元和五年（一六一九）に致仕して出家（号三斎）し、三男忠利《ただとし》が家督を継いだが、寛永九年（一六三二）十月、肥後国熊本五十四万石へ転封となった。代わって播磨国明石から武功の家柄を誇る譜代大名小笠原忠真《ただざね》が豊前国企救・田川・京都《みやこ》・仲津《なかつ》・築城《ついき》・上毛《こうげ》六郡内において十五万石で入封した。忠真は徳川家康の曾孫で、細川忠利とは義兄弟の関係にあたり、この入封は「西国枢要の地」であった小倉に、忠真を中心とする小笠原氏一門（中津藩主長次、杵築藩主忠知、龍王藩主松平重直＝忠真の弟）を移封し、九州有力外様大名の監視役にするという、幕府の政治・軍事的配慮によるものであった。

忠真の移封に際し、三代将軍家光は「小倉は西海道の咽喉なり、因みて九州鎮護のため卿をして之を扼《おさえ》せしむ。今後異変の事あらば、細大問わず、速やかに通報すべし」と命じ、寛永十年から小倉御城米として五千石を与えた。小倉小笠原氏は、実質的に徳川幕府の〝九州探題〟と称されたのである。

寛永十四年、島原の乱が起こると、忠真は藩兵八百三十余人を率いて出陣し、慶安元年（一六四八）、小倉東部の足立山麓に家康を供養する妙行寺を建て、さらに寛文三年（一六六三）には明《みん》僧即非《そくひ》を招いて、黄檗宗の広寿山福聚寺を建立して菩提寺とした。

唐船の打払いと御家騒動

忠真は寛文七年十月十八日に没し、嫡男忠雄《ただお》が家督を継ぎ、同十一年に弟真方《さねかた》に築城郡内二十二ヵ村一万石（のち上毛郡内に交換）を分与し、支藩千束《ちづか》藩が成立した。

忠雄は延宝六年（一六七八）に家臣の地方《じかた》知行制を廃止して蔵米知行（俸禄制）に替え、宝永三年（一七〇六）には検地帳を改正し、新たに用水ごとに整理した水帳《みずちょう》を作成した。

また、宝永二年以後、享保前半にかけて響灘海域に密貿易の中国船団「唐船」が出没すると、小倉藩では唐船監視のために藍島、ついで門司葛葉にも遠見番所、さらに馬島にも番所を設け、役人を常駐させることになった。

だが、享保元年（一七一六）以降、唐船の数が増え、これを取締る負担が重くなった。このため、八代将軍吉宗は小倉藩に対し、福岡・長州両藩を指図し唐船を追い払うように命じた。ともかく、三藩は享保二年から同五年までの四年間に八百隻もの船を繰り出した。三藩共同で大がかりな撃ち合いをしたことはたびたびで、これらの費用は藩財政を大きく圧迫した。

享保十年、襲封した忠基《ただもと》は幕府改革（享保の改革）に倣い、倹約や知行借り上げを行った。同十三年には火消方の法を制定、同十七年以降は凶作・飢饉・虫害・水害などが相つぎ、藩財政は窮乏を生じ始めた。忠基は宝暦二年（一七五二）二月に没し、嫡男忠総《ただふさ》が家督を継ぎ、翌三年から企救郡の大庄屋石原宗祐に命じて、大里・猿喰《さるばみ》新田を開墾させた。

忠総は学問に関心を持ち、宝暦八年、小倉城三の丸に思永《しえい》斎を創建し、文武教習の場とし、のち天明二年（一七八二）には、これを拡張して藩校思永館とした。

安永六年（一七七七）、家老勝手方に犬甘《いぬかい》兵庫知寛《ともひろ》が就き、製造・商業税として運上金の徴収と新田開拓を推進した。忠総は寛政二年（一七九〇）十二月に没し、養嗣子忠苗《ただみつ》（播磨国安志藩主小笠原長逵《ながみち》の次男）が家督を継いだ。寛政四年、夏の大風雨と秋の虫害によって、十三万石余の大損耗となったが、犬甘の勝手方切り回しにより幕府からの借財もなく対処した。しかし、三年後の寛政七年の大水害では、収封困難を生じたが、犬甘の努力によって寛政十年には貯銀八千余貫、翌年には軍用金十万両を蓄えたという。

ところが、享和二年（一八〇二）、犬甘の政策に対する反動として執務騒動（小笠原騒動）が起こり、犬甘は免職入牢のうえ非命の最期を遂げた。犬甘の処罰時には、自邸内に金五万八千両、銀六百貫を初め、莫大な私財を蓄えていたことが判明した。犬甘の政策は敏腕であったが、所詮、賄賂政治による不健全な執政であった。藩財政対策として、犬甘が大坂・京都の商人からした借財は、その後の藩財政を一層逼迫に追い込んだ。

文化元年（一八〇四）、忠苗が致仕し、播磨国安志藩主小笠原長為《ながため》の子忠固《ただかた》が家督を相続した。忠固は幕府老中に就任することを望み、これを支持画策する執権（古参上席家老）小笠原出雲《いずも》と、出費の増大が家臣や領民の生活を圧迫するとして反対する小宮四郎左衛門・伊東六郎兵衛・大羽内蔵助・小笠原蔵人ら四家老とが対立した。文化十一年、四家老派の家臣三百余名は、親戚筋の熊本藩を頼って出奔したが、筑前国福岡藩領黒崎宿に到着したところで、説得に応じて帰藩した。この事件は小笠原出雲派を白組、四家老の出奔派を黒組といい、白黒騒動と称された。

天保十四年（一八四三）、忠固の嫡男忠徴《ただあき》が家督を継ぎ、家老島村志津摩と郡代河野四郎とが登用されて、農村復興による藩政の建て直しがはかられ、不正役人の更迭などの綱紀粛正に加えて、国産品の流通統制や特産品の小倉織物の増産などを行った。

次の忠嘉《ただひろ》は支藩千束藩主小笠原貞哲《ただとし》の次男で、安政三年（一八五六）八月、養父忠徴の遺領を継いだ。忠嘉の代の家老島村志津摩らは殖産興業・富国強兵を推進したが、藩内の結束が悪く成果をあげることができなかった。

小倉藩と長州征伐

忠嘉は藩主在任四年にして、万延元年（一八六〇）六月二十五日、二十二歳で没し、播磨国安志藩主小笠原棟幹《むねもと》（のち忠幹《ただよし》）が襲封した。藩政は弟啓二郎が担当したが、家老島村と対立し、一時島村は蟄居を命ぜられた。この時代は幕末のあわただしい時期で、関門の要衝に立地する小倉藩では文久三年（一八六三）三月、沿岸防備のために柴川河口の両岸（東浦浜・西浦浜）に砲台築造が始められ、さらに城外木町には大砲・砲弾の鋳造所を建設し、領内の寺院から梵鐘類の徴発を命じ、砲術家門田一郎を主任にして、弾丸の鋳造を行った。

一方、農兵組織も急速に進められ、十月には農兵講武の令が発せられた。この農兵は関門海峡を望む大里《だいり》・田野浦・門司の要塞に配備して有事に備えた。

また、文久三年五月、長州藩が下関海峡を通航する外国船砲撃を行い攘夷の口火を切ると、小倉藩にも共同作戦を強要し、門司田ノ浦を一時占拠したが、小倉藩は幕命を守り攻撃に参加しなかった。

慶応元年（一八六五）九月六日、忠幹は三十九歳の若さで没したが、長州再征の発令中のため喪を秘した。翌二年六月、第二次長州征伐にあたって、同族の唐津藩主小笠原家の世子で老中をつとめる小笠原長行《ながみち》が長州征伐の総督として小倉に進駐したが、佐幕諸藩は消極的であった。

慶応二年六月十七日、七月三日と高杉晋作率いる奇兵隊や山県狂介（有朋《ありとも》）指揮する長州軍が門司に上陸し、幕軍と小倉藩兵を撃破した。七月二十七日、赤坂・延命寺周辺の戦闘では熊本藩兵の協力を得て撃退した。

だが、十四代将軍家茂が七月二十日に大坂城内で没すると、幕軍の総督小笠原長行が密かに小倉を脱出して幕軍は解散し、応援の熊本藩兵も撤兵したため、孤立した小倉藩は長州藩と戦うのが不利と考え、八月一日、小倉城に火を放ち、南方の田川郡香《か》春《わら》に退却し、ここに藩庁を設置して香春藩と称した。忠幹未亡人や五歳の嗣子豊千代丸（忠忱《ただのぶ》）は熊本藩主細川家をたより、家臣ら三万は香春へ移動した。香春に移ったが、藩財政は極端に窮乏し、家臣の給与は禄高に関係なく、一人一日米五合の面扶持《めんぶち》制を採った。

こうした世情不安定な慶応二〜三年にかけて、領内各地に農民一揆が続発した。まず、慶応二年八月一日には京都郡一揆、翌二日には仲津郡、そして築城・上毛郡にも波及し、翌三年六月には三毛門地域に発生、この一揆では周辺の村庄屋・豪商・酒屋など三十二軒を打ち毀すという激しいものであった。これらの一揆は、長州藩との戦いによる社会秩序の乱れによって起こったものである。

慶応三年一月、長州藩との間に小郡会談が行われて、小倉（企救郡）を長州藩に譲渡することで講和が成立した。六月には忠幹の喪を発表し、六歳の忠忱が家督を継ぎ、同四年の戊辰戦争には財政難と闘いながら新政府の命に従って奥羽へ出兵し、戦後、賞典禄五千石を下賜された。

忠忱は明治二年（一八六九）六月、版籍奉還して香春藩知事に任ぜられ、同年十二月、藩庁を豊津《とよつ》に移して豊津藩と改称し、その知藩事となり、藩校育徳館を創設して文教振興をはかったが、同四年七月に廃藩置県を迎えた。

小江戸紀行　南蛮天守聳える城下町小倉城下を歩く

天守閣から望む

小倉の町は、南に連なる山並から北の海に向かって流れ込む紫《むらさき》川を中心にして、西側には城が、東側には城下町があった。

ＪＲ小倉駅前の賑やかなアーケード街をぬけて紫川のほとりに出ると、樹叢の上に市庁舎の高層ビルと五層六階の白亜の天守閣が、新旧の美を競いあうかのように屹立している。天守閣には破風《はふ》がなく、五層目は黒塗りで四層目よりも大きく、南蛮造りといわれる様式である。白と黒の対比のあざやかな天守である。天守閣に登ると、中は歴史資料館となっている。最上階からの眺望は素晴しい。眼下の東側の堀を隔てた緑の一角は、細川藩家老長岡佐渡の屋敷跡で、小笠原氏時代は藩主の下屋敷として使用され、今も当時の庭園が残っている。

北側の樹林の中に鎮座する社は、八坂神社である。元和三年（一六一七）、細川忠興が豊前国総鎮守として祀り、のちに入封した小笠原氏にも崇敬された。

盛夏の七月十日～十二日の三日間の祇園祭は「祇園太鼓」として有名だ。一つの太鼓を打ち手四名が「ヤッサ、ヤレ、ヤレ」のかけ声とともに両面から乱打する独特の撥《ばち》さばきで、それは勇壮なものだ。小倉駅前には祇園太鼓の像が立つが、この祭りを一躍、全国的な祭りに押しあげたのは、地元の作家岩下俊作の小説『富島松五郎伝』を映画化した「無法松の一生」である。

松五郎は古船場《こせんば》町の人。今、城の東南方の古船場町の市営駐車場の一角には「無法松之碑」が立つ。小倉在住の作家故劉寒吉が、「無法松は岩下俊作の詩と愛の世界に生まれた永遠の人間像である」と碑文をよせている。

市街地の東に連なる山並は、右から海の方へ妙見《みょうけん》山、足立《あだち》山、小文字《こもんじ》山とつづく。妙見山の麓には、和気清麻呂が創建した伝承をもつ妙見神社が鎮座する。足立山の麓には、小笠原忠真《ただざね》が寛文五年（一六六五）に創建した黄檗《おうばく》宗の名刹広寿山福聚《ふくじゅ》寺が建っている。開山は中国明の僧即非《そくひ》。小笠原家の菩提寺で、寺の南側の木立のなかは、忠真夫妻をはじめ歴代藩主が眠る静かな墓所となっている。小倉城の野面積《のづらづ》みの石垣の石は、この足立山から切り出したものだ。

鷗外の小倉時代

城跡の石垣の傍らに赤レンガの門柱が立つ。この門柱は小倉の軍都としての歩みを象徴している。

二方を響灘《ひびきなだ》と周防灘《すおうなだ》に面し、九州の入口にあった小倉の地理的重要性は明治政府になってからも変わらず、明治八年には城跡に歩兵第一四連隊が設置された。連隊長代理の乃木希典《まれすけ》はここから西南戦争に出陣、西郷隆盛軍に軍旗を奪われて生涯の痛恨事となったことは有名な話だ。同三十一年に第一二師団司令部が設置され、昭和八年には日本一の規模の陸軍造兵廠が設置された。朝鮮半島とは一衣帯水のこの地は、軍都として変貌していった。

南蛮造りの小倉城天守閣

この門柱は第一二師団司令部のもの。森鷗外は明治三十二年六月から三年間、師団の軍医部長として小倉に赴任した。師団医森林太郎が毎日くぐった門だが、一方で作家鷗外はこの時代にいくつかの作品を残している。『鶏』『二人の友』『独身』などで、それらの作品の一節を刻む五角柱の文学碑は紫川のほとりに立つ。

その碑の前に架かるのは「鷗外橋」という。橋を渡りまっすぐ東へのびる道は「鷗外通り」という。鷗外がこの通りの鍛冶《かじ》町に住居を構えていたからである。

当時の家は、今も鍛冶町一丁目に現存する。軍都化しつつあった小倉の、高級軍人向けの借家で、部屋数は六つ、住人は何度も入れ替わったが、玄関と土間が改造されたほかは当時のままである。生垣で囲まれた庭には、鷗外の胸像が立つ。

鷗外はこの借家に一年半住み、京町に転居した。小倉駅前の広場の一角がその跡地で、そこにも碑が立っている。

到津八幡神社と荒生田神社

上到津《かみいとうづ》一丁目には、到津八幡神社が鎮座する。名の通り、古代はこのあたりまで入江が入りこみ、神功皇后がこの津に船を着けたことから生じた名と神社伝承はいう。そして、社前を流れる川は、現在よりずっと川幅が広く、水量が多かったとも。

奈良時代の天平十二年（七四〇）、この川を挟んで大きな戦いがあった。太宰府の長官藤原広嗣軍と大野東人《あづまんど》を将とする朝廷軍との戦さである。

太宰府にあって中央の政治改革を要求する広嗣は、それが受け入れられないとわかると、叛旗をひるがえした。そしてこの地で両軍は対決。西岸に陣どる広嗣は、筏《いかだ》を造り渡河しようとしたが、東岸の朝廷軍から矢を射かけられて退却した。

その後、広嗣軍の将兵はつぎつぎと投降し、ついに広嗣も捕われ、肥前国で斬罪に処せられた。

到津八幡神社は大野東人が戦勝を祈願した神社だ。川をさかのぼった川淵町にある荒生田《あろうた》神社は、到津社の末社でもとの荒生田村の鎮守様。こちらは広嗣を祀っており、敗軍の将の鎮魂はあくまでも質素である。

中津《なかつ》藩〈譜代〉

居城＝大分県中津市中津市二ノ丁

黒田・細川・小笠原氏の入封

豊臣秀吉の九州平定後、秀吉の智将黒田孝高《よしたか》（如水《じょすい》）が豊前国京都《みやこ》・中津・築城《ついき》・上毛《こうげ》・下毛《しもげ》・宇佐六郡において十二万三千石を領有して中津城に入城した。慶長五年（一六〇〇）、関ヶ原の役後、孝高の子長政《ながまさ》が戦功によって、筑前国五十二万石へ移封した。そのあと、関ヶ原の役の大功によって細川忠興《ただおき》が丹後国宮津から豊前一国と豊後国国東《くにさき》・速見二郡において三十九万九千石を領有して中津城に入城したが、同七年に居城を豊後国小倉城としたので、中津城は細川氏の枝城となった。

その後、寛永九年（一六三二）、忠興の子忠《ただ》利《とし》が肥後国熊本へ転封すると、中津には播磨国龍野から小笠原長次《ながつぐ》が八万石で入封して立藩した。長次のあと、長勝《ながかつ》―長胤《ながたね》と継いだが、長胤は元禄十一年（一六九八）、日頃の不行跡、家中不取締りを理由に所領没収となった。その子長円《ながのぶ》は四万石で家名相続し、長邕《ながさと》の夭逝によって弟長興《ながおき》は享保元年（一七一六）、播磨国安志へ移り、代わって丹後国宮津から奥平昌成《まさなり》が豊前国上毛・下毛・宇佐三郡、筑前国怡土《いと》郡、備後国甲怒《こうぬ》・神《じん》石《せき》・安那《やすな》三郡において十万石を領有して入封した。

奥平氏の治世

昌成は入封直後、小笠原時代に疲弊した領内を再建するために倹約令を発し、飲食を節約、絹布の着用を禁じた。また酒造・綿業・製蠟などの商売を保護育成したが、享保十七年（一七三二）、旱魃や虫害のため大凶作となり、城下では餓死者が絶えなかったという。昌成は延享三年（一七四六）に没し、嫡男昌敦《まさあつ》が襲封した。昌敦の代の寛延三年（一七五〇）、越後国高田の禅海という僧が、独力で鑿《のみ》を振い岩石を刳り貫き耶馬渓に青の洞門を竣工した。

昌敦は宝暦八年（一七五八）九月に没し、家督を継いだ嫡男昌鹿《まさしか》は藩政に力を注ぎ『訟平賦均録』という郡村税法に関する法令集を編纂、儒臣藤田敬所《けいしょ》の意見を藩政に採り入れ、質素倹約を実施した。また、蘭学者前野良沢《りょうたく》を保護し、蘭学研究を奨励した。

次の昌男《まさお》を経て、薩摩藩主島津重豪《しげひで》の次男昌高《まさたか》が襲封し、藩政の刷新をはかり、軍備の充実につとめ蘭学の研究を通じて戦術を学んだ。国学に関心をもち、九州国学の祖渡辺重名に師事して国学や和歌を学び、寛政六年（一七九四）、文武稽古場の進徳館《しんとくかん》を創設した。また、昌高は豪放奢侈の気質で、侍女多く子女は男女合わせて三十三人もあり、藩財政を窮迫させた。

昌高は安政二年（一八五五）六月に没し、次男昌暢《まさのぶ》が襲封し、以後昌猷《まさのり》（昌高の三男）―昌服《まさもと》（昌暢の嫡男）と続き、昌服は元治元年（一八六四）の第一次長州征伐には藩兵を率いて豊前国黒原《くろばる》に出陣、さらに第二次征長では藩兵を国東・宇佐海岸に派遣した。

慶応四年（一八六八）三月、最後の藩主となった昌邁《まさゆき》（宇和島藩主伊達宗城の三男）は徳川慶喜追討の議起こると、津山藩主松平慶倫、越後国高田藩主榊原政敬らとともに、朝廷に哀訴嘆願した。同二年六月、版籍奉還し、同四年に廃藩置県を迎えた。

小倉新田藩《こくらしんでん》（千束《ちづか》藩）〈譜代〉

居城＝福岡県北九州市小倉北区

豊前国小倉藩に小笠原氏を入封させたのは「西国枢要の地」であった旧細川氏領に、忠真《ただざね》を中心とする小笠原一門を移封し、九州有力外様大名の監視役とする幕府の政治的・軍事的配慮によるものであった。

小倉藩初代藩主忠真は寛文七年（一六六七）十月十八日に没し、三男忠雄《ただお》が家督を相続した。

同十一年、忠雄は弟真方《さねかた》に宗家の所領内の豊前国上毛郡内において新田一万石を分与して別家を立て、これを小倉新田藩と称し、小倉城下に居所を定めて立藩した。

真方以降は、貞通《さだみち》―貞顕《さだあき》―貞温《さだあつ》（若年寄）―貞哲《さだとし》―貞謙《さだよし》―貞嘉《さだひろ》（のちの小倉藩八代藩主忠嘉《ただひろ》）―貞寧《つねやす》―貞正《つねまさ》と九代、二百年にわたって在封した。明治二年（一八六九）、最後の藩主になった貞正は、居所を豊前国上毛郡千束《ちづか》（豊前市内）に移転したので、千束藩と改称したが、明治四年七月、廃藩置県を迎えた。

竜王藩《りゅうおう》〈譜代〉

居城＝大分県宇佐郡安心院町

元亀～天正年間（一五七〇～九一）の頃、豊後国臼杵城主大友義鎮《よししげ》の重要な拠点であった竜王は重臣田原氏が治めていた。慶長五年（一六〇〇）、細川忠興《ただおき》が関ヶ原の役の戦功によって豊後一国を与えられると、竜王城には城代を置いていたが、寛永九年（一六三二）、摂津国三田三万石の藩主松平（能見）重直《しげなお》が七千石を加増され、合わせて三万七千石を領有して立藩した。だが『寛政重修諸家譜』によれば、重直は寛永十六年に領内の高田に城を築いて移ったため、竜王藩は廃藩となったという。

別の資料では、重直の子英親《ひでちか》が正保二年（一六四五）、豊後国杵築に移封するまで、竜王に在封したとあり、高田に居城したことはないと記されているが、『徳川実紀』寛永二十年三月二十六日の条に「豊前（後）国高田の城主松平丹後守重直」とあり、居城を高田に移したとする方が正しいと思われるが、事実を確定することはできない。

豊後国

高田藩《たかだ》〈譜代〉

陣屋＝大分県豊後高田市

外様大名竹中重利《しげとし》は豊後国国東《くにさき》郡内において一万石を領有して、この地を支配していたが、重利の入転封の年については明確ではない。だが、『大分の歴史』では、重利は、文禄三年（一五九四）に入封、慶長六年（一六〇一）に一万石を加増され、府内藩主となって転封したという。

竜王三万七千石の藩主松平（能見）重直《しげなお》が寛永十六年（一六三九）、竜王藩領に編入されていた高田に城を築いて移って立藩した。同二十年、その子英親《ひでちか》が家督を相続する際、弟重長《しげなが》に三千石、直政《なおまさ》に二千石を分与し、以後、藩の表高（公称高）は三万二千石となった。

英親は正保二年（一六四五）、豊後国杵築へ転封となり、高田藩は廃藩となった。なお、重直は居城を移さなかったという説、高田からふたたび竜王藩に移った後、杵築藩へ転封したという説もあるが、事実を確定することはできない。

杵築藩《きつき》〈譜代〉

居城＝大分県杵築市城の鼻

めまぐるしい藩主交代

大友宗麟《そうりん》の嫡男吉統《よしむね》は文禄の役の時、怯懦《きょうだ》の振舞があって豊後国を除封され、杵築地方を領有していた家臣木付《きつき》氏が自害して滅んだので、杉原長房《ながふさ》・早川長政《ながまさ》が入封し、慶長四年（一五九九）、早川氏が旧領府内へ移ると、丹後国宮津十二万石の細川忠《ただ》興《おき》の領有するところとなった。忠興は速見郡内に六万石を加増され、杵築城に重臣松井康之《やすゆき》・有吉立行《たつゆき》らが入って城代をつとめたが、翌五年の関ヶ原の役の戦功によって、さらに豊前一国の領有を認められ、速見・杵築六万石を合わせて、三十九万余石を領して中津城主となった。

寛永九年（一六三二）、忠興の子忠利《ただとし》が肥前国熊本へ転封になると、上総・下総国内において五千石を領していた旗本小笠原忠知《ただとも》が四万石を与えられて、杵築城に入城して立藩した。だが、忠知は正保二年（一六四五）、三河国吉田へ転封となり、代わって譜代の松平（能見）英親《ひでちか》が豊前国高田から三万七千石で入封した。

松平氏の治世

英親は入封直後、弟重長《しげなが》に三千石、直政《なおまさ》に二千石を分与し、以後杵築藩は三万二千石となった。英親は領国支配の命令系統を明確にするために「郷中仕置之条々」を発し、寛文二年（一六六二）、領内検地を行い、法制の整備・水利灌漑事業・新田開発（三河新田）などを積極的に進めた。また、畳表の原料七島藺《しちとうい》が開発奨励され、肥後国から良質の苗を取り寄せ、領内に植林された。この青筵《あおむしろ》はのち、藩の主要な産業品となり、文化五年（一八〇八）には専売品となった。

次は重栄《しげよし》（寺社奉行）―重休《しげやす》―親純《ちかずみ》（常陸国麻生藩主新庄直詮《なおのり》の子）―親盈《ちかみつ》―親貞《ちかさだ》（寺社奉行）―親賢《ちかかた》と継承し、親賢は天明六年（一七八六）、領内国東《くにさき》郡富永村出身の哲学者三浦梅園《ばいえん》を藩政に参画させた。梅園は「丙午封事」を書いて親賢に提出、藩政のあり方を進言し、家臣の教育の重要性を考えて創設したのが、藩校学習館である。

次の親明《ちかあきら》を経て、文政八年（一八二五）に親良《ちかよし》が家督を継ぎ、天保七年（一八三六）以降、天候不順による凶作続きであったため、領内から餓死者の出ないように民政に心を砕いた。嘉永三年（一八五〇）、未曽有の大風雨被害に際しては、衣食住の習慣を改めるように厳命している。

文久三年（一八六三）六月、長州藩の下関砲撃のため米国軍艦ワイオミング号が、領内の姫島に碇泊、翌元治元年（一八六四）八月、英国船が寄港、同乗の英国人アーネスト・サトウが姫島に上陸、藩の幕末意識を高めた。親良は譜代という立場から一貫して親幕的態度を堅持し、長州征伐の際には豊前国小倉に出兵している。このため藩内の尊攘派志士は脱藩して討幕側へ参加したが、慶応三年（一八六七）、藩論を勤王に統一し、翌四年一月、世子親貴《ちかたか》とともに上洛、新政府に恭順した。

慶応四年（一八六八）四月、親良が致仕し、親貴が最後の藩主となり、翌二年六月、版籍奉還して知藩事に任ぜられ、同四年に廃藩置県を迎えた。

日《ひ》出《じ》藩〈外様〉

居城＝大分県速見郡日出町

木下氏の一氏支配

播磨国姫路で二万五千石を領有していた木下延俊《のぶとし》は慶長五年（一六〇〇）、関ヶ原の役の時、徳川家康方に属して戦功を樹て、五千石を加増されて速見郡日出に入封し、この年に築いた日出城を居城にして立藩した。延俊の家系はもともと杉原姓であるが、父家定の妹が豊臣秀吉の正室ねね（北政所）であったことから木下姓を許され、備中国足守の木下宗家とともに数少ない豊臣氏親族大名となった。

また、延俊の室が細川忠興《ただおき》の妹であったこともあって、日出藩は廃藩まで一氏世襲であった。

延俊の代の寛永九年（一六三二）、領内で発見された鶴成金山は、そののち長く藩直営金山として経営され、藩財政の主要な財源となった。延俊は寛永十九年一月に没し、嫡男俊治《としはる》が襲封した。この時、俊治は父の遺言に従い、弟延由《のぶよし》に速見郡立石五千石を分与したが、ところが延俊の遺言は一万石であったのを、家老長沢市之亟が一命を賭して五千石に食い止めたのである。そこにはよくよくの事情が潜んでいたに違いなく、これによって延由は秀頼の一子国松ではないかという憶測も出ているわけである。

俊治は万治三年（一六六〇）、薩摩国から藺《い》草《ぐさ》を導入し、「七島藺《しちとうい》」をつくり、のちの国産の基礎となった。次の俊長《としなが》は木下家随一の名君といわれ、多くの溜池を築造して農耕を奨励し、特に学問に尽力し、天下の大儒人見竹洞を招聘した。

俊長のあと、俊量《としかず》―俊在《としあり》―長保《ながやす》（俊長の四男）と続き、長保の代には藩財政が窮乏し、享保七年（一七二二）に倹約令を発して、幕府から三千両を借用、同二十年には藩札を発行して打開をはかった。そのあと長監《ながてる》（俊量の八男）―俊能《としよし》（俊量の九男）―俊《とし》泰《やす》（俊量の十男）―俊胤《としたね》（戸田忠余の嫡男）―俊懋《としまさ》―俊良《としよし》（俊懋の次男）と継ぎ、この時期には比較的藩主が短命で、見るべきものはなかった。

帆足万里の登用

文化十二年（一八一五）、家督を継いだ俊敦《としあつ》（俊懋の三男）は儒者帆足万里《ほあしばんり》を家老に起用し、藩政改革に着手させたが、学者らしい清廉潔白を主眼とする理想論が多く、藩財政再建にはほど遠かった。万里は蘭語を独習し、西洋自然科学に通じ『窮理通《きゅうりつう》』を著した。次の俊方《としかた》を経て、利程《としのり》（俊敦の四男）が家督を継ぎ、当代第一の名君と称された。利程は溜池を築造し、櫨・杉・檜などの植林をすすめ、領内十八ヵ所に救倉を設置して飢饉に備えた。安政五年（一八五八）、藩校致道館《しどうかん》を創設し、ひろく領民の子弟を教育することに全力を注いだ。また、校内に医学局を設けて領内の医師を講習させ、蘭医モニッケに牛痘法を習わせて、領内に実施した。

俊程は慶応三年（一八六七）五月、病気を理由に致仕し、嫡男俊愿《としよし》が家督を継ぐが、藩論は尊王・佐幕に二分して、いずれにも決せず維新を迎えた。明治二年（一八六九）六月、俊愿は版籍奉還して知藩事に任ぜられ、同四年に廃藩置県を迎えた。

府内藩《ふない》（大分藩《おおいた》）〈譜代〉

居城＝大分県大分市荷場町

頻繁な藩主交代

九州六ヵ国の太守大友宗麟《そうりん》は天正六年（一五七八）、薩摩国の島津義久《よしひさ》と日向国耳川《みみかわ》で戦って敗れ、以後次第に衰えて、翌年、嫡男義統《よしむね》に家督を譲った。豊臣秀吉の九州平定後、義統は豊後国国東《くにさき》・速見・玖珠・日田・大分・海部・大野・直入八郡、三十七万八千五百余石を安堵されて府内城を居城としたが、文禄の役に怯懦《きょうだ》の振舞があって、所領を没収された。そのあと秀吉の代官早川長敏《ながとし》・福原直高《なおたか》・早川長政《ながまさ》らが治めたが、慶長五年（一六〇〇）、関ヶ原の役で長政が西軍に与《くみ》したため除封となった。

代わって豊後国国東郡高田から竹中重利《しげとし》が大分郡内に二万石、預かり地一万五千石を領有して入封し、居城・城下町などを完成した。重利は元和元年（一六一五）十月に没し、嫡男重義《しげよし》が襲封した。寛永三年（一六二六）、重義は長崎奉行に任ぜられたが、同十一年、罪を得て刑死した。代わって下野国壬生《みぶ》から日根野吉明《よしあきら》が二万石で入封したが、明暦二年（一六五六）に吉明が没し、無嗣絶家となった。

松平氏の治世

日根野氏除封後、万治元年（一六五八）、豊後国高松から松平（大給）忠昭《ただあき》が二万二千二百石で入封した。忠昭の代の寛文年間（一六六一〜七三）、城下の商人橋本五郎左衛門は薩摩国から藺草《いぐさ》を導入、のち「七島藺《しちとうい》」と呼ばれる畳表の特産品となった。

忠昭は延宝四年（一六七六）に致仕し、嫡男近陳《ちかのぶ》が襲封し、この時、次男近鎮《ちかやす》に一千石と新墾田五百石、三男近良《ちかよし》に新墾田一千石を分与して、以後二万一千二百石となった。近陳は宝永二年（一七〇五）に致仕し、嫡男近禎《ちかよし》が家督を継ぎ、奏者番、寺社奉行など幕府の要職をつとめた。

享保十年（一七二五）に襲封した近貞《ちかさだ》（三河国田原藩主三宅康雄の子）は宝暦二年（一七五二）、倹約令を骨子とする郷村法度を発令、翌年、諸商売問屋・七島穀物仲間計屋を指定して商業振興を図り、同四年、藩札を発行して藩財政の建て直しに尽力した。

次の近形《ちかのり》を経て、近儔《ちかとも》が襲封したが、藩財政逼迫のため、寛政元年（一七八九）、倹約令を発し、国産品として櫨・楮の生産を盛んにして、七島藺を専売品にして統制保護した。また、明和八年（一七七一）には学問所（のちの遊焉館《ゆうえんかん》）を創設した。次の近義《ちかよし》が早逝し、近訓《ちかくに》が襲封したが、幼少のため隠居中の父近儔が後見となった。近訓は天保九年（一八三八）、藩政改革を断行し、日田の掛屋広瀬久兵衛を登用、藩専売制（七島筵・櫨・楮）の実施、新規運上金の徴収などによって、一応の成功をみた。

次の近信《ちかのぶ》を経て、最後の藩主近説《ちかよし》は佐幕派の筆頭・伊勢国桑名藩主松平定永《さだなが》の七男であり、慶応三年（一八六七）七月、若年寄に任ぜられたため、尊王の態度がとれず藩論は二分した。翌四年一月、鳥羽伏見の戦いが起こり、ぎりぎりの選択を迫られたため、薩摩藩主島津忠義《ただよし》を通じて、新政府に恭順の旗幟を鮮明にした。明治二年（一八六九）六月、近説は版籍奉還して知藩事に任ぜられ、同四年に廃藩置県を迎えた。

小江戸紀行　名門大友氏の城下町大分城下を歩く

大分城跡

大分の藩主はめまぐるしく入れ替わった。その最大の理由は、大友旧勢力の復活を恐れたことと、徳川期に入っては、外様大名の勢力を分断するためだった。初め入封した外様大名から譜代大名に入れ替わった歴史的背景があるために、現在でも大分城跡の中央には歴代藩主のそれではなく、戦国の英傑大友宗麟の胸像が立てられている。

府内（大分）城の三の丸跡の濠と隅櫓

大分城の天守台から望むと南、西、北の三方の塀と宗門櫓、人質三番手櫓、大手門ほか四棟の隅櫓が復元されている。

西門から城外へ出ると、その右に堀を隔てて松平氏の氏神を祀る松栄神社がある。ここは旧城内の山里にあたる。拝殿の左側には松平六代藩主近儔《ちかとも》の大墓碑と、八代近《ちか》訓《くに》が立てた「朝露八漿《ごんず》なるらん山さくら」の句碑がある。

南蛮文化を伝える史跡

大分城大手門から南にのびる道路の中央に、ながながと続くのが遊歩公園である。この公園には南蛮文化が栄えた当時を偲ぶ銅像が立ちならんでいる。左手に十字架を持ち、右手を上げたフランシスコ・ザビエルの像は、天文二十年（一五五一）、宗麟に布教を許され、民衆を善導する姿である。

この像の向かい側にはヴィオラ伴奏によって賛美歌を歌う、あどけない少年たちの像がある。西洋音楽発祥記念像である。そして騎馬姿の凛々しい少年像は、天正十年（一五八二）、宗麟によってヨーロッパに少年使節団として派遣された伊東マンショだ。

このほか、西洋医術発祥記念像、西洋劇発祥記念碑なども立ち、キリスト教文化にかかわる諸記念像が一六世紀半ばの大分を偲ばせる。忘れてならないのは、公園南側にある大分が生んだ天才音楽家滝廉太郎像と、その終焉地碑だ。滝家の墓は金池町の豊後の臨済宗普及の中心となった巨利万寿《まんじゅ》寺にある。

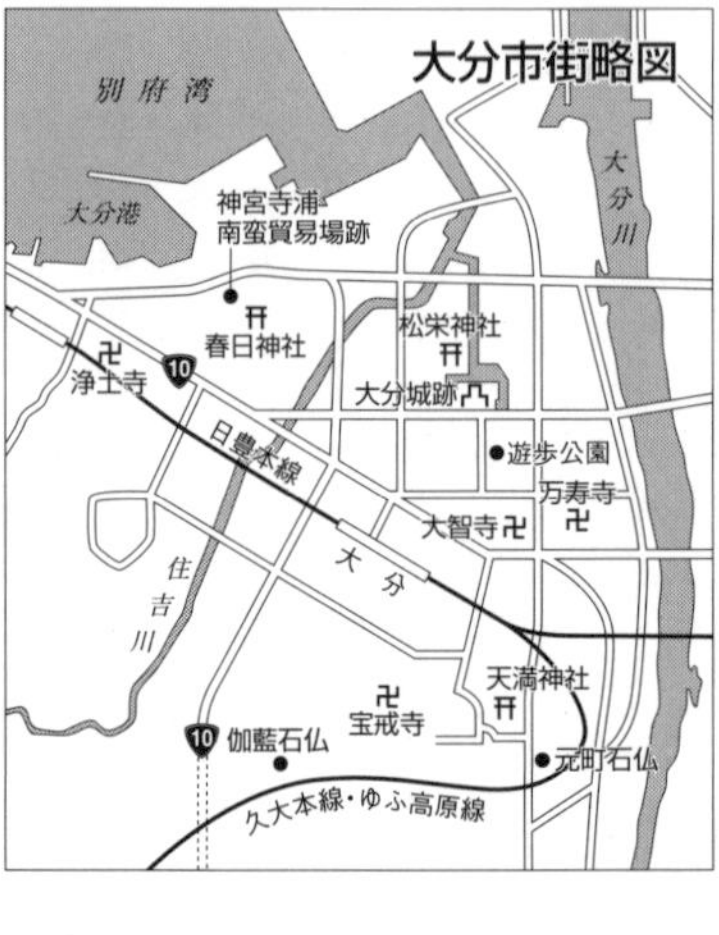

亀川藩《かめがわ》〈譜代〉

陣屋＝大分県別府市亀川

丹波国亀山二万二千石の藩主松平（大給）忠昭《ただあき》は寛永十一年（一六三四）、豊後国直入・玖珠・速見三郡内において二万二千二百石を領有して、速見郡亀川に陣屋を構えて立藩した。

忠昭は丹波国亀山藩主松平成重の次男であり、成重の妹婿日根野吉明《よしあきら》も同年七月、下野国壬生一万五千石から府内二万石へ入封した。

吉明は明暦二年（一六五六）六月二十六日、七十歳で没し、無嗣絶家となって府内城は明城となった。

忠昭は亀川藩を立藩した翌寛永十二年、陣屋を大分郡中津留に移したので、亀川藩はわずか一年で廃藩となった。のち寛永十九年、忠昭は居所を大分郡高松へ移し、さらに万治元年（一六五八）、日根野氏絶家後、明城となっていた府内城を居城とし、以後、松平（大給）家は府内藩主として、約二百十年間にわたって在封した。

中津留藩《なかつる》〈譜代〉

陣屋＝大分県大分市

丹波国亀山の松平（大給）忠昭《ただあき》は寛永十一年（一六三四）七月、豊後国亀川二万二千二百石を領有して亀川藩を立藩したが、翌寛永十二年四月、速見郡亀川から大分郡中津留（現・大分市）へ陣屋を移し、中津留藩を立藩した。入府当初は庄屋平右衛門宅に仮寓し、翌年書院が完成して移った。所領は、亀川時代と同じく、大分・直入・玖珠・速見四郡内九十二ヵ村であった。

忠昭は寛永十四年に起こった島原の乱に出陣した。島原半島と天草島は、元来キリシタン信仰が強く、幕府の禁教政策に対する不満が潜在していた。その頃は、島原藩主となった松倉重政が苛酷な重税とキリシタン弾圧策を断行、その子勝家の時に乱が勃発した。幕府は板倉重昌を派遣して近隣諸藩を指揮させたが戦死、翌年一月に松平信綱が着任し、乱を鎮定した。忠昭は鎮定後に富岡城の城番を勤め、同十九年に大分郡高松に転封し、中津留藩は廃藩となった。

高松藩《たかまつ》〈譜代〉

陣屋 ＝大分県大分市

島原の乱の鎮定後、富岡城の城番を勤めて戦功のあった中津留藩主松平（大給）忠《ただ》昭《あき》は寛永十九年（一六四二）、大分郡中津留から府内城に近い大分郡高松へ陣屋を移し、高松藩を立藩した。その所領は亀川・中津留藩時代と同じく、大分郡内四十五ヵ村・直入郡内十八ヵ村・玖珠郡内二十二ヵ村・速見郡内七ヵ村を合わせて九十二ヵ村において二万二千二百石であった。

忠昭は万治元年（一六五八）、父成重《なりしげ》の妹婿日根野吉明《よしあきら》が明暦二年（一六五六）六月二十六日に七十歳で没し、嗣子なく絶家になったため、明城になっていた府内城に移った。このため高松藩は廃藩となった。中津留・高松在封時代は府内藩の城東時代と呼ばれている。府内藩主となった忠昭は、以後転封することなく、近陳《ちかのぶ》―近禎《ちかよし》（寺社奉行）―近貞《ちかさだ》―近形《ちかのり》―近儔《ちかとも》―近義《ちかよし》―近訓《ちかくに》―近信《ちかのぶ》―近説《ちかよし》（若年寄兼会計奉行）と十代、約二百十年にわたり在封した。

臼杵《うすき》藩〈外様〉

居城＝大分県臼杵市臼杵

稲葉氏の一氏支配

永禄五年（一五六二）、大友宗麟が隠棲した丹生島《にうじま》城が臼杵城の始まりである。

文禄二年（一五九三）、宗麟の子義統《よしむね》が秀吉によって除国されると、翌三年、福原直高が六万石で入封、ついで慶長二年（一五九七）、太田一吉が三万五千石で入ったが、太田氏は同五年の関ヶ原の役に西軍に与《くみ》して除封となった。

同六年、関ヶ原の戦功により稲葉貞通《さだみち》が美濃国八幡《はちまん》から五万石で入封した。貞通は戦国武将稲葉一鉄《いってつ》（良通《よしみち》）の子である。貞通は居城の堀や石垣を改修して大手門を西向きに建て替えた。

藩領は海部郡百八村・一万八千八百十三石、大野郡百六十八村・一万八千百四石、大分郡四十三村・一万三千百四十七石、実高は寛永十一年（一六三四）の時点で五万七千六百四十六石であった。

稲葉氏は藩祖貞通以後十五代つづいて、明治四年の廃藩置県を迎えている。

慶長八年（一六〇三）、貞通のあとを典通《のりみち》が継ぎ、大坂の陣に出陣した。つづいて寛永三年（一六二六）、一通《かずみち》が家督を継ぎ、島原の乱に出陣している。寛永十八年（一六四一）には信通《のぶみち》が家督を継ぎ、府内城や島原城の城番を務めた。

寛文三年（一六六三）、景通《かげみち》が家督を継ぐと江無田新田や浜新地、久所村の大溜池を拓いて一万石余の新墾田を得た。

今も生きる節倹の気風

臼杵の城下町には唐人町・横町・浜町・畳屋町・本町・田町など「町八町」と呼ばれる商人町があり、藩の経済を支える中心地として賑わった。

元禄七年（一六九四）、知通《ともみち》が家督を継ぎ、宝永三年（一七〇六）、恒通《つねみち》が襲封したが、恒通の正徳頃から藩財政の窮乏が始まったため、御用金・運上銀・前借米などの操作が行われた。

享保五年（一七二〇）、董通《まさみち》が家督を継ぎ、元文二年（一七三七）、泰通《やすみち》が襲封した。明和五年（一七六八）、弘通が家督を継ぎ、寛政十二年（一八〇〇）、雍通《てるみち》が襲封したが、文化八年（一八一一）、大野郡三重郷から農民一揆が起こり、全藩的規模に拡大して庄屋・質屋・酒屋などが打ち毀しに遭った。

文政三年（一八二〇）、雍通が隠居して尊通《のりみち》が家督を継いだが、翌年幾通《ちかみち》が襲封し、天保二年（一八三一）、家老村瀬通吉を総元締めとして天保の改革が行われた。厳しい緊縮政策によって藩財政を圧縮し、家臣や農民を厳重に規制して、同七年までに二十六万両の借金を整理した。今日の臼杵市民にみられる節倹の気風はこれに発するという。

同十三年には藩校学古館が設けられ、文武が奨励された。

弘化元年（一八四四）に襲封した観通《あきみち》の代は幕末多難な政局に当たり、川登組漁師を組織して鉄砲組を編成したり、嘉永四年（一八五一）には藩領の海岸に四つの台場を築造した。

文久二年（一八六二）、最後の藩主久通《ひさみち》が家督を継ぎ、大政奉還に藩内は動揺したが、大過なく明治四年の廃藩置県を迎えた。

小江戸紀行 臼杵石仏で知られる城下町臼杵城下を歩く

臼杵城跡

稲葉五万石の夢のあと臼杵城跡は市街東部にあり、臼杵公園になっている。臼杵生協横の鐙坂《あぶみざか》をのぼると畳櫓《たたみやぐら》の遺構があり、石垣のなかが二の丸跡の広場である。明治になって城内の櫓や楼門が破却され、現在の祇園州《ぎおんす》は三の丸跡である。二の丸跡中央の護国神社脇に天保改革を主導した家老村瀬庄兵衛の功績碑がある。庄兵衛はいわゆる「入るを量り出づるを制する」緊縮政策で、藩財政の建て直しに成功したという。空堀から先が本丸で、右手の坂を降りると搦手卯虎口《からめてうとら》門前櫓の遺構が杉木立のあいだに見える。本丸北側の勤王臼杵隊之碑は、西南の戦争で薩摩軍を迎え討ち郷土防衛にあたって戦死した旧藩士を顕彰したもの。

臼杵城二の丸櫓門

城下の史跡と臼杵石仏

市街の城下町は八町からなり、現在も市街地の道路は曲折の多い城下町の特色をとどめ、山手の二王座《におうざ》には武家屋敷が残っている。月桂寺は藩主稲葉貞通《さだみち》が慶長五年(一六〇〇)、湖南を招いて創建したもので、貞通像を所蔵し、歴代藩主の廟所がある。

市街西口の大分方面行平清水《ひらそう》バス停前に竜原寺がある。寺は慶長六年、円誉上人の創建という。享保年間(一七一六〜三六)町内の工匠が聖徳太子像を寄進し、太子を日本の百工の祖として祀り、小堂が建てられた。以後も工匠の太子講は維持されていたが、しだいに堂が朽ちていった。天保十二年(一八四二)、当時の住職蒼誉《そうよ》上人はその荒廃を嘆き、町内の名工高橋団内《だんない》に相談して、その設計に基づき、安政五年(一八五八)に高弟大津屋荘右衛門が三重の太子塔を建立した。

県内には多くの石仏があるが、そのなかで臼杵石仏(国特別史跡・重要文化財)は大規模で数も多く、わが国の代表的石仏としてつとに有名だ。

臼杵市街略図

佐伯《さえき》藩〈外様〉

居城＝大分県佐伯市鶴谷城山

豊後国隈府《わいふ》二万石の領主毛利高政《たかまさ》は慶長五年（一六〇〇）、関ヶ原の役の戦功により、西軍に属して除封となった太田一正のあとを受けて、佐伯城へ入って立藩した。

高政のあと、高成《たかなり》―高尚《たかなお》―高重《たかしげ》―高久《たかひさ》―高慶《たかよし》と続き、高慶は宝永元年（一七〇四）、江戸城半蔵門石垣普請助役を勤め、また領内の民政に意を注いでさまざまな機構を整備し、藩政を不動のものにした。つぎの高丘《たかおか》のあと高標《たかすえ》は安永六年（一七七七）、藩校四教《しこう》堂《どう》を創建し、蔵書八万冊といわれた佐伯文庫を開いて、大いに佐伯藩の文教を進めるとともに農民の副業に製紙事業を導入し、紙の藩専売を実施した。高誠《たかのぶ》―高翰《たかなか》と続き、高翰は文政九年（一八二六）、祖父高標の書冊二万冊を幕府に献上した。高泰《たかやす》につづいて最後の藩主となった高謙《たかかね》は海岸防備に意を注ぎ、火薬の製造、大砲の鋳造を行い、明治二年（一八六九）に版籍奉還、同四年に廃藩置県を迎えた。

森《もり》藩〈外様〉

陣屋＝大分県玖珠郡玖珠町

伊予国来島《くるしま》一万四千石の藩主来島長親《ながちか》は慶長六年（一六〇一）、伊予国内の領地を豊後国日田・玖珠・速見三郡内に移され、玖珠郡森に陣屋を構えて立藩した。来島氏は元和二年（一六一六）に久留島と改姓した。

長親のあと、通春《みちはる》―通清《みちきよ》と続き、通清が家督を継いだ時、弟通貞《みちさだ》に一千石、通迥《みちとう》に五百石を分与し、以後代々一万二千五百石となり、豊後国内での最小藩であった。以降、通政《みちまさ》―光通《てるみち》（伏見奉行）―通祐《みちすけ》（伏見奉行）―通同《みちとも》―通嘉《みちひろ》―通容《みちかた》―通明《みちあき》―通胤《みちたね》―通靖《みちやす》と継承した。藩領の主要部分は筑後川上流域の玖珠郡内だが、速見郡内の鶴見（現別府市）では明礬《みょうばん》が産したため、安政年間（一八五四〜五九）にはこれを専売品とし、重要な財源となった。最後の藩主通靖は明治元年（一八六八）、隣接する天領日田陣屋が無人化すると、いち早く尊王側として守衛に入り、討幕に踏切れない府内藩の説得に成功した。明治四年に廃藩置県を迎えた。

隈府《わいふ》藩〈外様〉

居城＝大分県日田市

羽柴（豊臣）秀吉の家臣で播磨国明石郡松ノ郷において三千石を領有していた森高《たか》政《まさ》は天正十年（一五八二）、備中高松城攻めに従軍したが、六月二日に京都で本能寺の変が起こり、秀吉が毛利輝元と和睦した時、人質として毛利方に抑留された。この縁によって本姓を森から毛利へ改称した。高政は天正十五年（一五八七）、旧領明石から豊後国日田・玖珠二郡内において二万石を領し、日田の隈《くま》城を居城とした。

高政は文禄・慶長の役に従軍し、特に慶長二年（一五九七）十二月二十二日から翌年一月四日まで蔚山《うるさん》城籠城戦に救援に向かい、苦戦の末に明・朝連合軍を撃退した。慶長五年の関ヶ原の役の際、最初は石田三成方に属し、大坂淀橋を警固、丹波国田辺城攻めに参加したが、のち徳川家康方に参陣し、戦後、所領を安堵されて隈府藩を立藩したが、豊後国海辺郡二万石を領して佐伯城に移されて、隈府藩は廃藩となった。

日田藩《ひた》〈譜代〉

陣屋＝大分県日田市丸山町

日田盆地と石川忠総入封

豊後国の北西端に位置する日田郡は、江戸時代までは北に豊前・筑前・筑後国、南に肥後国と四つの国と境を接していた。

日田郡の北部寄りに日田盆地があり、東から流れ込む玖珠川が三隈川（日田川）となって盆地内を通り、西に流れて筑後川となる。この川に向けて、北からは有田川・花月川・大肥川、南からは大山川が流入して、日田は水の豊かな地であった。

平安中期以降、日田は大蔵氏の勢力下にあり、鎌倉時代の文永・弘安の役には大蔵姓の日田氏が活躍、南北朝期には日田氏が北朝方として活動していた。室町期に入ると日田氏は豊後国守護の大友氏の圧迫を受けて、領主としての飛躍を遂げることができなかった。

文禄二年（一五九三）、大友氏が豊臣秀吉により除封されると、宮部継潤が検地を行い、二万石を宮部氏が預かり、毛利高政《たかまさ》が二万石の大名として封じられた。

関ヶ原の役ののち、高政は豊後国佐伯へ転封となったが、日田郡内の領地は慶長末年まで預かり地として保有していた。

豊後国森に入封した久留島康親《くるしまやすちか》が日田郡内二十ヵ村・三千八百二石を領有したり、天領が置かれて代官小川光氏が赴任し、月《つき》隈《くま》城を丸山城と改めて居城とするなど、江戸初期の日田における領有関係は定まらなかったが、元和二年（一六一六）、美濃国大垣から石川忠総《ただふさ》が入封して、日田・玖珠・速見三郡内で六万石を領した。忠総は月隈城（丸山城）を永山城と改めて居城とし、豆田《まめた》を城下町とした。忠総は元和五年（一六一九）に検地を行ったが、寛永十年（一六三三）、下総佐倉へ転封となった。

松平直矩入封と天領支配

日田の藩領地はその後、豊前国中津藩主小笠原長次《ながつぐ》と豊後国杵築藩主小笠原忠俊《ただとし》に分割して預けられ、中津藩からは久野六太夫が番代として永山城に、杵築藩からは竹内猪右衛門が日隈城に赴任した。

寛永十六年（一六三九）、ふたたび日田は天領となり、代官小川藤左衛門・同九左衛門の支配を受けることになった。

当時、日田には天領の両小川氏支配地六十七ヵ村・二万四千二百二十九石のほか、森藩領地二十ヵ村・三千八百二石、佐賀藩主鍋島勝茂夫人の化粧田分十七ヵ村・一千石があった。

天和二年（一六八二）になって、播磨国姫路から家門の松平（越前家）直矩《なおのり》が七万石で入封し、日田はふたたび藩領地に繰り込まれたが、直矩は貞享三年（一六八六）、出羽国山形へ転封となった。

以後、日田は幕末維新まで天領としてつづき、藩が置かれることはなかった。

幕府の領地である天領としての日田には代官陣屋として永山布政所《ながやまふせいじょ》が置かれた。

当初、代官は日田と高松に在陣していたが、享保九年（一七二四）以後は、すべて日田在陣となり、日田の占める地位は高くなった。明和四年（一七六七）には揖斐十太夫が西国筋郡代に昇格したため、日田は九州における天領支配の拠点になった。

岡《おか》藩〈外様〉

居城＝大分県竹田市竹田岡

藩主中川氏の一氏相伝

室町・戦国期の豊後国直入郡一円は大友氏一族の志賀氏が勢力を張り、岡城を居城としていたが、文禄二年（一五九三）、大友義《よし》統《むね》の除国により志賀氏もこの地を去り、翌年、播磨国三木から中川秀成《ひでなり》が入封した。

秀成の父清秀は豊臣秀吉に仕えて賤ケ嶽の合戦に戦死し、あとを継いで三木城主となった兄秀政《ひでまさ》は朝鮮の役に戦傷死して、文禄元年、秀成が兄の封を継いだ。

関ヶ原の役後の幕藩体制移行を無事乗り切った藩祖秀成以後、中川氏は明治四年（一八七一）の廃藩置県まで一氏相伝して十三代二百七十八年間つづいた。

秀成入国当初の領知は六万六千石であったが、慶長三年（一五九八）の領内検地により大野郡三万九千六百六十四石余、直入郡三万四百十八石余、参勤交代の基地として大分郡三百五十六石余、計七万四百四十石が表高となり、以後変更がなかった。

慶長十七年（一六一二）、秀成のあとを二代久盛《ひさもり》が継ぎ、寛永十二年（一六三五）、幕府の銭座が城下古町《ふるまち》に設けられて寛永通宝の鋳造が行われたが、原材料の銅は藩領の尾平《おびら》山《やま》鉱山で産出したものであった。

承応二年（一六五三）、三代久清《ひさきよ》が家督を継ぎ、寛文六年（一六六六）、四代久恒《ひさつね》、元禄八年（一六九五）、五代久通《ひさみち》、宝永七年（一七一〇）、六代久忠《ひさただ》と襲封した。

久忠治世の享保六年（一七二一）における領内の総人口は九万四千八百三十九人であった。

文人と一揆と幕末維新

寛保二年（一七四二）、七代久慶《ひさよし》が、同三年（一七四三）、八代久貞《ひささだ》が家督を継いだ。

藩領が山地のため畑が多く、財政が行き詰まり、久貞治世の安永元年（一七七二）より藩札の発行が行われている。久貞治世の安永五年（一七七六）には藩校由学館が設立されたが、これは享保十一年に関正軒の屋敷内に設けられた輔仁堂を改組したものであった。

寛政二年（一七九〇）、九代久持《ひさもち》が、同十二年（一八〇〇）、十代久貴《ひさたか》が、文政七年（一八二四）、十一代久教《ひさのり》が襲封した。

久持治世の寛政九年（一七九七）、幕命によって侍医唐橋君山《くんざん》（世済）を中心に地誌の編纂が開始され、久貴治世の文化元年（一八〇四）に『豊後国誌』が完成した。君山から教育を受けた田能村竹田《たのむらちくでん》は日本南宋画の始祖として知られている。

久貴治世の文化八年（一八一一）には御勝手方横山甚助の積極的増税を目的とした藩政改革の新法が実施され、これに反対する農民一揆が発生して豊後一円に波及した。

天保十一年（一八四〇）、十二代久昭《ひさあき》が家督を継ぎ、幕末動乱の世を迎える。

岡藩では中川栖山《せいざん》・小河一敏《おごういちびん》ら勤王家による尊王攘夷派の動きが早くから起こり、豊後国における尊攘運動を主導した。小河は討幕の画策に奔走するが、藩論は日和見の姿勢を取っていた。

久昭で明治維新を迎えた岡藩は、最後の藩主久成《ひさなり》のとき廃藩置県を迎え、岡県となり、大分県に合併された。

小江戸紀行　荒城の月の城下町竹田城下を歩く

岡城跡

名曲「荒城の月」の舞台として知られる豊後竹田。JR豊後本線の列車がホームに滑り込むと、ホームにその美しいメロディーが流れる。

岡城跡は駅の東二キロほどの臥牛山と呼ばれる丘陵にあり、北に稲葉山が、南に大野川が曲流して谷の入り組む天然の要害となっている。

岡城二の丸跡北方の石垣

堅城として知られるようになったのは天正十四年（一五八六）十月、島津軍三万に囲まれながら、これを撃退してからである。七年後、大友宗麟が豊臣秀吉によってこの地を追われた後に、播磨国三木から入封したのが中川秀成である。秀成は築城の名手らしく、七年という歳月をかけて石垣を積み城郭を広げ、現在のような規模の城を完成させた。

一画にはこの地の出身である日本近代彫刻の大家朝倉文夫の作った作曲家滝廉太郎の像が遥かな空を仰ぐように目を上げて立っている。

廉太郎は土井晩翠の詩を得て名曲「荒城の月」を作曲したが、岡城跡のイメージがあってのことという。

武家屋敷の残る城下

竹田市殿町の武家屋敷を訪ねる途中には、日露戦争で部下の安否を気遣い砲弾に散った〝軍神〟広瀬武夫中佐を祀る広瀬神社がある。

土塀の続く殿町は、家老職や奉行など上級武士の屋敷のあったところで、城代家老古田重治の屋敷を中心に石垣が修復され、土塀も塗り直されて、〝城下町〟が再生されている。山ぎわの赤松稲荷の裏にはキリシタン洞窟礼拝堂が残っている。山の凝灰岩の壁を掘り抜いて洞窟とし、正面には彩色した祭壇が作られている。

竹田荘は、幕末の南画家田能村竹田のアトリエで、竹田の町が見下ろせる閑寂な屋敷である。その作品は竹田市立歴史資料館に納められている。

日向国

延岡藩《のべおか》（県藩《あがた》）〈譜代〉

居城＝宮崎県延岡市国富

県藩主高橋・有馬氏

延岡の地をそれ以前は県《あがた》といった。天正十五年（一五八七）、豊臣秀吉の九州平定により島津征討に功を樹てた高橋元種《もとたね》が豊前国香春《かわら》から日向国県に移封され、臼杵《うすき》・宮崎《みやき》・児湯《こゆ》・諸県《もろかた》各郡の内で五万三千石を領した。元種は筑前国の秋月種実《たねざね》の子で、高鍋藩の藩祖秋月種長《たねなが》の弟であった。

元種は、初め南方《みなみかた》の松尾城を居城としたが、関ヶ原の役の翌年、土持氏の旧城であった県城の修築にかかり、慶長八年（一六〇三）、完成とともに県城に移った。延岡藩の前身である県藩時代の始まりである。

慶長十八年（一六一三）、元種は公卿猪熊教利の家人であった水間勘兵衛隠匿の罪を幕府より問われ、改易されて常陸国へ配流となった。

同十九年、肥前国日野江から有馬直純《なおずみ》が一万三千石の加増を受けて五万三千石で入封した。直純はキリシタン大名有馬晴信《はるのぶ》の子としてその影響を受けていたが、のち仏教に帰依して宮崎郡柏田村に直純寺を建てており、寛永十五年（一六三八）の島原の陣には幕命を受けて出陣している。

同十八年、直純が没し、二代康純《やすずみ》が襲封した。康純は弟元純に諸県郡本庄三千石を分知したが、元純は正保元年（一六四四）、病により身を引いたため、本庄三千石は天領となった。

明暦元年（一六五五）、康純は居城の本丸を修築し、三層の櫓を建てている。

延宝七年（一六七九）、三代清純《きよずみ》が襲封すると、弟正純に一千八百石、同じく弟純正に一千石、いずれも開拓新田を分与した。

天和元年（一六八一）、元町・紺屋町・博労町が新たに設けられ、明暦元年に設けられた柳沢町、それ以前からある南・中・北の三町を加えて、いわゆる延岡七町が完成した。

元禄三年（一六九〇）、臼杵郡山陰《やまげ》の農民三百戸・一千四百二十二人が高鍋藩領の股野原に逃散するという事件が起こった。年貢の重課と郡代の苛政が原因であったが、農民たちは帰参の命令に応じず、翌年幕府の裁定によって、二十一人が磔刑・打首・遠島処分を受けた。

同時に郡代は追放処分を受け、同五年、藩主有馬清純は政道不行届の廉で無城地の越後国糸魚川へ転封となった。有馬氏によってこの年、県が延岡と改称された。

外様藩より譜代藩へ

元禄五年、下野国壬生から三浦明敬《あきひろ》が三千石を加封されて二万三千石で入封した。

前代までの高橋・有馬氏は外様大名であったが、三浦氏は譜代大名である。藩領は城付地のみで、三浦氏は延岡藩の歴史を通して最も石高の少ない藩主であったが、同藩がこののち譜代藩となる最初の藩主であった。そして延岡藩の縮小によって、日向国の天領が拡大することになる。

三浦氏は一代二十一年在封したのち、正徳二年（一七一二）、三河国刈谷へ転封した。

同年、三河国吉田から牧野成央《なりなが》が入封し、臼杵・宮崎・児湯三郡および豊後国大分・国東・速見三郡の内で八万石を領した。

享保四年（一七一九）、成央が没し、二代前の成貞の子貞通《さだみち》が養子となり入封した。

貞通は寛保二年（一七四二）から七年間、京都所司代に任ぜられ、八万石のうち三万石は河内・近江・丹波・美濃国内に領地を移された。

牧野氏は農政に意を注ぎ、家老藤江監物が十年かけて享保十九年（一七三四）に完成させた岩熊井堰により城下町に隣接する村々は豊かな水田に生まれ変わった。

牧野氏は二代三十六年在封して、延享四年（一七四七）、貞通の京都所司代在職中に常陸国笠間へ転封となった。

内藤氏の藩政

同年、陸奥国磐城平から内藤政樹《まさき》が七万石で入封した。以来、内藤氏は明治廃藩まで八代百二十五年在封した。

初代政樹の寛延元年（一七四八）に宮崎郡富吉村農民騒動、高千穂三ヵ所村騒動が起こり、翌年には宮崎五ヵ村の農民騒動が発生したが、政樹はこれらを鎮めて藩政の確立に務めた。

ちなみに延岡藩に発生した農民一揆は三十一件が記録されており、うち有馬氏の代に二件、牧野氏の代に五件、内藤氏の代に二十四件、地域別では城付地四件、高千穂十三件、宮崎八件、豊後六件であった。

宝暦六年（一七五六）、二代政陽《まさあき》が家督を継ぎ、学問所である学寮、武芸所である武寮を設け、学寮には伊藤仁斎の流れを汲む儒者白瀬道順を招聘して藩学興隆の基礎をつくった。しかし、政陽の代になると藩財政が悪化したため、領内の銅山を発掘させるなど殖産を計ったが財政再建には至らず、節約令を出したり、扶持米の支給を本知六割引の制に改めたりしている。

明和七年（一七七〇）、三代政脩《まさのぶ》が家督を継ぎ、財政再建の方策を家臣に問うたが改善の道は拓けなかった。

寛政二年（一七九〇）、四代政韶《まさつぐ》が家督を継ぎ、役職の整理や禄高の割引を行い、植物方を設けて櫨《はぜ》・楮《こうぞ》など有用植物の植栽に務めたが、費用負担が大きく廃止された。

享和二年（一八〇二）、五代政知《まさとも》が家督を継ぎ、文教に力を入れた。白瀬炎郷《えんごう》やその弟岩切孝哲《こうてつ》を長崎に派遣したり、楢林栄哲《ならばやしえいてつ》にオランダ医術を学ばせたりして、延岡藩蘭方医の先駆けとなった。

文化三年（一八〇六）、六代政順《まさより》が家督を継いだが、藩財政の窮乏は極度に達し、商人資本や営業特権を奪って、製蝋・製紙・菜種など各種品目の専売制を強化し、さらには植物方の再興も図ったが、藩債の解消には遠くおよばなかった。

天保五年（一八三四）、七代政義《まさよし》が家督を継ぐと、武芸講習所を設けたり、学寮を拡充して広業館と改め、安政四年（一八五七）、明道館と名付けた医学所を創設して文武の活性化に務めた。

文久二年（一八六二）に襲封した八代政挙《まさたか》のとき明治維新を迎える。王政復古と討幕に向けて激動する政情の中で、延岡藩は日向国唯一の譜代藩として孤立化を強め、微妙な立場に立たされていった。

慶応四年（一八六八）、政挙は一時朝廷から謹慎を命ぜられたが、薩摩藩の要請により新政府に従うことになった。

政挙は明治二年に知藩事となり、同四年、廃藩置県を迎えた。

高鍋藩《たかなべ》（財部藩《たからべ》）〈外様〉

居城＝宮崎県児湯郡高鍋町上江旧城内

秋月氏の一氏相伝、財部より高鍋へ

天正十五年（一五八七）、豊臣秀吉の九州仕置により、筑前国秋月城主秋月種実《たねざね》の子種《たね》長《なが》は日向国高城《たかじょう》・財部《たからべ》（のち高鍋《たかなべ》）・櫛間《くしま》（のち串間）を与えられた。種長の弟が延岡藩主高橋元種である。

櫛間に入部した種長は関ヶ原の役では、はじめ西軍に与《くみ》したが、のち徳川方に属したことにより本領の財部を安堵され、慶長九年（一六〇四）、居城を櫛間より財部へ移した。

このの ち、秋月氏は一氏相伝して明治廃藩まで十代にわたって在封した。

領地は大きく三ヵ所に分かれ、城付地児湯郡二十七ヵ村・一万二千百七十五石、那珂郡十八ヵ村・一万三千六百三十八石、諸県・宮崎郡九ヵ村・四千百五石、臼杵郡一ヵ村・八十石の合計三万石であった。

藩祖種長には実子がなく、上方下方騒動《うえかたしもかた》と呼ばれる家督争いに揺れたが、同族長野采女の子種春《たねはる》が二代藩主を襲封した。

三代種信《たねのぶ》は家督争いに揺れた藩内の人心収攬につとめ、居城の修築を行うとともに財部を高鍋と改称した。いつ改めたかについては、『見聞年代記』に寛文九年（一六六九）とあり、『日向国史』『日向地誌』には高鍋城改修に着手した延宝元年（一六七三）とある。

名君種茂の弟は上杉鷹山

四代種政《たねまさ》は元禄二年（一六八九）、襲封に際して弟種封《たねくに》に三千石を分与して、以後、高鍋藩の石高は二万七千石となった。種政は領内の統治、とりわけ地方《じかた》支配に心を配り、一揆が多発した飛地の櫛間には二人の代官を派遣して支配の強化を計った。一方で茶・漆《うるし》・櫨《はぜ》などの有用植物の植栽を奨励して財政の確立に務めた。

五代種弘《たねひろ》は宝永七年（一七一〇）に襲封したが、財政事情悪化のため、幕府から三千両を借りて急場をしのぐほどだった。

享保十九年（一七三四）に家督を継いだ六代種美《たねみ》は、農作業監視制度を設けて農業生産の確保に務めるとともに、家中の子弟を選んで江戸・上方に遊学させ、人材の育成を図った。

七代種茂《たねしげ》は宝暦十年（一七六〇）に襲封したが、藩政を最も充実させた名君であった。父種美の整備した財政基盤に乗っ取って法制整備を行い、新田開発や藩営の木材・木炭・紙の生産、朝鮮人参の栽培など殖産につとめた。特に藩営の御牧、農民の経営する百姓牧は藩の重要な財源となったが、今日野性馬で知られる都井岬《みさき》（串間市）の岬馬《うま》はその名残である。種茂の弟が米沢藩主となって藩政改革の手腕を発揮した上杉鷹《よう》山《ざん》である。種茂は安永六年（一七七七）、藩校明倫堂を建てている。

八代種徳《たねのり》は明倫堂の内部拡充に努め、九代種任《たねただ》の代になると、藩財政の窮迫が深刻化する。

十代種殷《たねとみ》は殖産に力を注ぐとともに、幕末の変動期に対応するため兵制改革を推進し、維新に際しては薩摩藩の動向に従った。明治二年の版籍奉還を経て、同四年の廃藩置県により、高鍋県となった。

佐土原藩《さどわら》〈外様〉

居城＝宮崎県宮崎郡佐土原町上田島

薩摩支藩として島津氏一氏支配

天正五年（一五七七）、伊東義祐《よしすけ》を追って日向国を平定した島津義久は弟家久を佐土原に置き、同十五年の豊臣秀吉による九州平定後も安堵された。家久病没後、豊久《とよひさ》が後を継いだが、慶長五年（一六〇〇）の関ヶ原の役に豊久は西軍に与《くみ》して敗走中に戦死し、所領は家康に没収された。

代官支配ののち同八年、義久の従弟である大隅国垂水城主島津以久《ゆきひさ》が佐土原に三万石を与えられ、近世佐土原藩が成立、以後二百七十年にわたり在封した。

薩摩藩の支藩として、佐土原藩は宗藩同様の外城制度を取っていた。

同十五年、家督を継いだ二代忠興《ただおき》の元和三年（一六一七）、検地が行われて三万七十石余の石高が確定し、同九年には藩士の給地の検地が行われた。

寛永十四年（一六三七）、家督を継いだ三代久雄《ひさたか》の明暦元年（一六五五）、土地の品質を定める検地を行い、これにより藩政の基盤が確立された。

寛文三年（一六六三）、四代忠高《ただあきら》が家督を継ぎ、延宝四年（一六七六）、久寿《ひさとし》が襲封した。久寿は忠高の叔父であったが、忠高の病没年に生まれたばかりの一子万吉丸の番代としての襲封であった。このため久寿の父久富や縁戚の家老松木氏らによる御家騒動（松木騒動）が起こり、貞享三年（一六八六）、宗藩薩摩藩の出兵により収拾した。

元禄三年（一六九〇）、万吉丸が五代惟久《ただひさ》として襲封すると、番代を務めた久寿に対して、幕命により三千石が分知され、藩領は二万七千七十石となった。久寿は旗本となり式部少輔と称したため、分知領は式部少輔領と呼ばれて明治維新まで存続した。

同十二年、惟久のとき佐土原がもと城地であったことにより城主に列せられた。

宗藩を援けた討幕運動

享保八年（一七二三）、六代忠雅《ただまさ》が家督を継ぎ、延享二年（一七四五）には給地の検地を行い、寛延二年（一七四九）には御蔵高検地を行った。以上のように佐土原藩の大きな検地は四回実施されている。

宝暦三年（一七五三）、七代久柄《ひさもと》が家督を継ぎ、天明三年（一七八三）には紙の専売制を設けて財政難を補おうとしたが、効を奏しなかった。

同五年、八代忠持《ただもち》が襲封し、財政窮乏のため文化九年（一八一二）、家臣の知行半分を七年にわたり徴発することを命じた。

文化十三年（一八一六）、九代忠徹《ただゆき》が家督を継ぐと、好学だった前藩主忠持の遺志に沿って、文政八年（一八二五）、藩校学習館を設立した。

十代忠寛《ただひろ》は天保十年（一八三九）に襲封したが、逼迫した藩財政再建のため、宗藩薩摩藩の指導を受けて改革に乗り出した。

維新に際しては、薩摩藩の動向に従って先兵の役割を果たした。藩士の意気はあがり、宗藩の討幕運動を援けて功があった。

慶応四年（一八六八）、忠寛に錦旗が授けられ、明治二年（一八六九）には賞典禄三万石が与えられた。同三年、広瀬に藩主の居所を移したが、翌四年、廃藩置県を迎えた。

飫肥《おび》藩〈外様〉
居城＝宮崎県日南市飫肥

伊東氏の一氏支配

藩主伊東氏の祖は鎌倉初期の武将工藤祐《すけ》経《つね》である。その子祐時《すけとき》が建久九年（一一九八）、日向国地頭職に補せられ、建武二年（一三三五）頃、祐持《すけもち》が初めて日向国に下向し、以後都於郡（西都市内）を中心に日向国一円に勢力を張り、島津氏と抗争を繰り返した。天正五年（一五七七）、伊東義祐《よしすけ》・祐兵《すけたけ》父子が島津家久によって日向国を追われたが、同十五年に豊臣秀吉が九州平定の時、祐兵が先導役をつとめ、その功により日向国内において三万六千石を与えられた。祐兵は慶長五年（一六〇〇）、関ヶ原の役の時、徳川家康方に属し、戦後本領を安堵された。

祐兵は慶長五年十月に没し、その子祐慶《すけのり》が家督を相続し、周辺諸藩と和議を結び、つづいて起こった藩内の抗争も、慶長七年に老臣稲津掃部《かもん》を切腹させて安定させた。元和三年（一六一七）には、二代将軍秀忠から五万七千八十石余の朱印を受けたが、相次ぐ軍役・普請役などが以降の藩財政に大きな影響を与えた。寛永四年（一六二七）には薩摩藩との境界争い「牛の峠境界論所」が起こり、同十一年には一応解決した。

祐慶は寛永十三年に没し、その子祐久《すけひさ》が襲封する際、弟祐豊《すけとよ》に三千石を分与し、のち元禄二年（一六八九）、祐豊の孫祐賢《すけかた》の願い出により、三千石は徳川家の廩米《りんまい》で支給されるようになった。つぎの祐由《すけみち》襲封の際、弟祐春《すけはる》に三千石を分与したので、以後、飫肥藩は明治維新まで五万一千石であった。

財源飫肥杉と財政窮迫

飫肥・薩摩両藩の境界をめぐる紛争は一応結着がついていたが、祐実《すけざね》の治世の延宝二年（一六七四）に再燃し、両藩は江戸評定所において対決し、飫肥側の主張が認められて解決した。この争いは中世以来の因縁だけでなく、飫肥の「飫肥杉」の獲得をめぐる利害関係もあったわけである。この杉は別名「伊東杉」ともいわれ、窮迫する藩財政の貴重な財源となった。

祐実のあとは祐永《すけなが》―祐之《すけゆき》―祐隆《すけたか》―祐福《すけよし》―祐鐘《すけあつ》と続いた。祐鐘の時、藩杉方の石那田実右衛門の建議で天明飢饉による領民救済を兼ねて「伊東杉」の増植が行われることになり、山方奉行が新設された。つぎの祐《すけ》民《たみ》は、それを受け継ぎ、飫肥杉植林の大功労者野中金右衛門を植木方役に登用し、山林経営の基礎を固め、以後、林産は藩財政の要となった。

祐丕《すけひろ》を経て、文化十一年（一八一四）十一月、祐民の嫡男祐相《すけとも》がわずか三歳で家督を相続した時は、財政窮迫も深刻になっていたので、家臣の家禄三分一を削減、さらに嘉永四年（一八五一）には家禄七分の一の供出令を発し、この期限が切れると安政三年（一八五六）、再度五ヵ年間家禄に応じて上げ米を命じた。一方では藩学を興隆して、天保二年（一八三一）、藩校振徳堂を創設し、安井滄洲《そうしゅう》・息軒《そっけん》父子らが招聘され、その影響もあって維新を迎えた時、飫肥藩は迷うことなく新政府側についた。祐相は明治二年（一八六九）六月、版籍奉還して知藩事に任ぜられたが、翌七月に致仕して嗣子祐帰《すけより》に譲り、同四年に廃藩置県を迎えた。

小江戸紀行 石垣と武家門のある城下町飫肥城下を歩く

願成就寺と藩校振徳堂

古くから〝九州の小京都〟といわれた飫肥は酒谷川の清流注ぐ飫肥盆地に町割りされ、豊かな水と緑と石の恵みに育まれた清楚で気品のあるある町だ。城下の北西に建つ飫肥城から南東へ扇形にひらける武家屋敷町や町家筋まで、小規模ながら奥行きのある町並が、今も静かに息づいている。

JR日南線飫肥駅南の丘上に桜の名所竹香園があり、飫肥杉の祖野中金右衛門の顕彰碑や明治期の外交官小村寿太郎の銅像が立っている。駅の北側を流れる酒谷川に架かる橋を渡ると、すぐに願成就寺がある。この寺は藩主伊東祐兵が飫肥城の鬼門にあたる板敷の山腹に創建したが、元禄年間（一六八八～一七〇四）、この地に移された。廃仏毀釈まで真言宗智山派智積院の末寺で、日向国の僧侶の学問所として、また藩士の学問所として使われていたので、談議所と称した。

願成就寺から県道バイパスを西へ進むと、刀匠井上真改《しんかい》の生誕地跡で、ここを右折すると伊東伝左衛門屋敷があり、その先に藩校振徳堂が再建されている。享和元年（一八〇一）に田ノ上八幡神社下の家老伊東勘解由屋敷跡に学問所が創建されたが、天保元年（一八三〇）、藩主祐相《ともすけ》の時、この学問所を増改築し、翌年に完成した。振徳堂の名称は『孟子』の「又従而振徳之」の章に由来し、従来の教授陣の他に開校と同時に清武郷出身の碩学安井滄洲・息軒父子を教授・助教に迎えた。開校の趣旨は「聖賢の教えを守り、忠孝に励み、礼節を尊び、長幼の序を重んじ、文武両道を鍛える」ということにあり、いわゆる「振徳精神」として藩校生に浸透し、士風ともなり、動乱の幕末や維新の難局に処してきたのである。

振徳堂のすぐ北側に、豊玉姫命・応神天皇を祀る田ノ上八幡神社があり、地域の鎮守の神として崇められている。

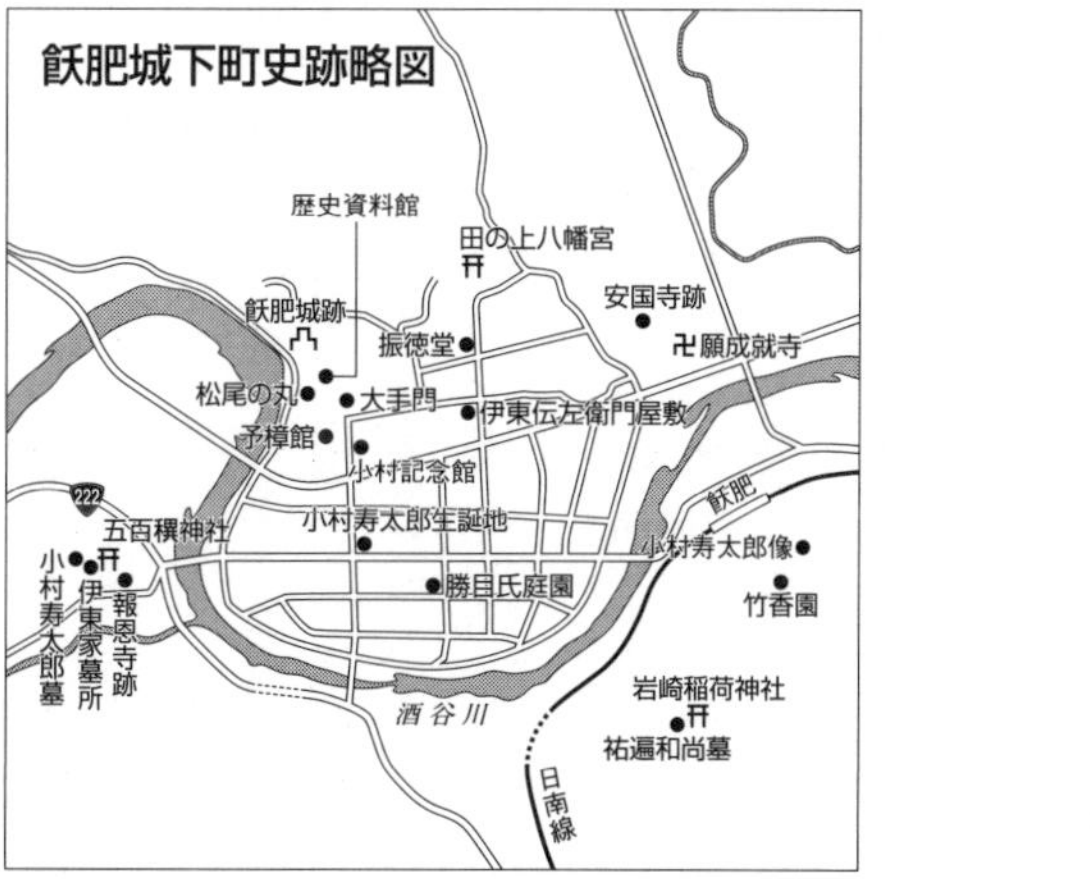

予樟館と飫肥城跡

振徳堂から武家屋敷が建ち並ぶ横馬場通りを西へ進むと、右手に飫肥城の空堀・大手門がある。大手門外正面に堂々と構えた屋敷が予樟館である。明治二年に最後の藩主祐帰は知藩事に任ぜられると、城内からこの屋敷に移った。それまでは飫肥御三家の一つ伊東主水《もんど》屋敷であった。屋敷内にあった数百年の老樟に因んで、予樟館と名づけられた。

外周りの三階梯になった石垣と塀、門の

飫肥城大手門

組み合わせで、屋敷の格式をよく表わしている。石垣に据えられた源氏塀は、腰長押の下は黒板張り、上は白漆喰い壁に瓦屋根付きで、飫肥武家屋敷としては最高の格式を備えている。屋敷内北側は空堀を挟んで城内の鬱蒼とした杉の老木が迫り、南面は酒谷川を隔てて愛宕山に向かって眺望が展けている。南側一帯は武学派の作庭といわれる庭園で、飫肥三庭園の一つである。

飫肥城は明治四年にすべて破却されたが、昭和五十三年に大手門が復元され、同時に和風造りの歴史資料館と松尾の丸の居館が建設された。この門は史実に基づいて復元されたもので、金沢城石川門に似て、高い石垣に乗った櫓の姿は勇壮である。城内は鬱蒼とした飫肥杉に覆われている。西方の台地は本丸跡と松尾の丸跡で、西北隅には石段と石垣塁壁が今も往時のままで残っている。ここには平屋造りの大書院などがあった。

この城は天険の地形を利用しているため高い石垣塁壁は比較的目につかないが、その中にあって大手門口と枡形石垣、それを上がった犬馬場一帯の五・五メートルにもおよぶ横長い塁壁は立派だ。よく揃った大形石の切り込みハギは石面《づら》もよく整い、井《い》桁《げた》組みの隈勾配《すみこうばい》の曲線も美しい。

石垣と武家門のある武家屋敷

大手門から大手門通りを南下すると飫肥城下で、現在でも三十数棟の武家屋敷が古い石垣をめぐらし、武家門や白漆喰塀、生垣など長い伝統の姿を刻んで静かに息づいている。ゆっくりと時間をかけ屋敷町を歩いてみると、西国小藩の長閑《のどか》な佇まいと、折り目正しく生きつづける藩士らの生活の跡を垣間見ることができる。

城下を東西に走る本町通りに沿って、本町歴史資料館・商家資料館・勝目式庭園などがある。本町通りの西端、酒谷川に架かる本町橋を渡ると歴史展望台があり、傍らに西南戦争の時に薩摩軍に参陣して戦死した小倉処平の墓がある。歴史展望台の隣が報恩寺跡でこの寺は飫肥伊東家の初代祐兵のために建立された菩提寺であったが、明治五年に廃寺となった。この跡に伊東家の霊を祀るために建てられた五百禩《いおし》神社がある。境内には山崖を生かした庭園があり、その奥が飫肥藩主伊東家の墓所である。ここに隣接する墓地には、小村寿太郎の墓がある。

飫肥城下の風物詩は石垣である。城跡を初めとする至る所の屋敷町に見られる苔むした石垣は、長年の風雪に耐えて城と屋敷の歴史を物語っている。

肥後国

熊本《くまもと》藩（肥後《ひご》藩）〈外様〉

居城＝熊本県熊本市本丸・二の丸

加藤清正・忠広二代

天正十五年（一五八七）、豊臣秀吉は九州平定によって島津氏を薩摩・大隅両国に押し込めると、天草・球麻（近代以降、球磨）両郡を除く肥後国を佐々《さっさ》成政《なりまさ》に与えた。

しかし秀吉の九州進出を好機として独立を図ろうとしていた国人衆は佐々の肥後支配に抵抗し、翌年、国人一揆が勃発した。

秀吉は諸大名の援助のもとに一揆を鎮圧したが、成政の失政を問うて引責切腹に処し、同時に有力国人衆も切腹させて、中世的な土豪勢力を排除した。

天正十六年（一五八八）、秀吉は肥後を二分して、北半分の玉名・山鹿《やまが》・山本・飽田《あきた》・詫間《たくま》・菊池・合志《ごうし》・阿蘇・芦北の九郡十九万五千石を加藤清正に与え、宇土《うと》・益城《ましき》・八代《やつしろ》の三郡十四万六千石を小西行長《ゆきなが》に与えた。天草郡は豪族五人衆に支配が委ねられたが、のち一揆を起こしたため小西領に組み込まれ、球麻郡のみは従来どおり相良家領とされた。

慶長五年（一六〇〇）の関ヶ原の役で徳川方に与《くみ》した清正は、西軍に属して出征した行長の宇土城を攻略し、戦後小西氏の滅亡とともに、加藤・小西の所領の他に旧国衆充行領および豊臣家蔵入地十三万九千石、天草郡四万二千石を合わせて肥後五十二万二千石の太守となった。球麻郡のみは西軍に味方したのち徳川方に転じた相良氏が従来どおり支配することになった。

同九年の検地により、球麻郡を除く肥後国の表高は五十四万石と確定し、幕末までこの石高は変わらなかったが、草高は元和八年（一六二二）には七十三万石余となっている。

清正は小西以来のキリシタンが多く、米穀生産高の低い離島からなる天草郡支配を嫌い、家康に願って豊後国直入・大分・海部三郡の一部と交換した。このことにより藩領が瀬戸内海につながり、豊後国の鶴崎港は熊本藩の御船手基地として、のちの細川氏時代にも大坂市場への輸送港となった。

慶長十二年（一六〇七）、清正は中世以来の隈本《くまもと》城を近世的な熊本城に建て替えた。武者返しの石垣で知られる居城は築城名人と謳われた清正の面目躍如たる名城の風格を今も偲ばせてくれる。

元和元年（一六一五）、一国一城令が発令されたが、熊本藩では薩摩国の島津氏を抑えるために八代城は破却されなかった。

慶長十六年（一六一一）、清正が没し、嗣子忠広《ただひろ》が十歳であとを継いだ。大坂の陣により豊臣家が滅亡すると藩内は動揺した。

元和四年（一六一八）、馬方牛方の争いと呼ばれる重臣の派閥争いが生じ、二代将軍秀忠の裁断で収まったが、寛永九年（一六三二）、秀忠が没して間もなく、駿河大納言忠長に絡む陰謀の嫌疑により忠広は領地没収のうえ、出羽国庄内へ配流となり、四十五年間におよんだ加藤氏の肥後支配は終わった。

藩祖細川忠利の施政

寛永九年、加藤氏改易のあとを受けて、豊前国小倉三十九万石の細川忠利《ただとし》が入封し、細川氏は五十四万石を領して、幕末維新まで十一代二百四十年にわたり支配した。

細川氏は足利将軍家の支流を汲む管領家の一族である。藤孝《ふじたか》（幽斎）が織田信長に仕えて台頭し、茶道や古今伝授者としての名を高めた。藤孝は丹後国田辺城主として豊臣秀吉・徳川家康の信任を受け、丹後国宮津城主であった子の忠興《ただおき》は関ヶ原の役の軍功により小倉に封じられて、その子忠利《ただとし》があとを継いでいた。

忠利は入封当初、小物成を一年間免除、あるいは加藤時代の半額にするなど宥和政策を取ったので、農民人口の増加を招いて年貢収入で藩庫が潤ったという。

細川氏は加藤時代の郷組制を改め、小倉時代に創設した手永《てなが》制を布いて、独自の農村支配を行った。手永は郡と村の間を組織する行政区域名として用いられ、それぞれに惣庄屋が置かれて寛永のころは藩領に百以上の手永が設けられた。のち次第に簡素化され、一手永が二十ヵ村から三十ヵ村で組織されるようになって、天保の頃には五十一手永になっていた。

町方は五ヵ町として熊本・八代・川尻・高瀬・高橋、准町として宇土・佐敷・鶴崎、ほかに在町があった。

熊本藩の表高五十四万石の軍役は幕府の規定では一万一千七百余人であるが、寛永十四年（一六三七）の島原の陣に際しては、忠利・光尚《みつなお》父子はただちに国許に帰って二万八千六百の兵を出兵させて、幕軍十二万人の中では最大の兵力を誇った。

支藩創設と藩主斬殺

寛永十八年（一六四一）、二代光尚が襲封した。光尚は正保三年（一六四六）、従弟行孝《ゆきたか》に三万石を分与し、宇土《うと》藩を創設した。

慶安二年（一六四九）、三代綱利《つなとし》が七歳で襲封した。このときは嗣子幼少のため宇土支藩との二分案が出されたが、藩老の活躍により小倉藩主小笠原忠真《ただざね》の後見を得て、藩を二分する危機が回避された。綱利は十九歳の寛文元年（一六六一）まで国入りを許されず、藩政は家老による合議制によって運営された。加藤清正が家老を置かず独裁的な政治を行ったのに対し、細川氏の藩政は家老による合議制が取られた。綱利は寛文六年（一六六六）、弟利重《とししげ》に蔵米三万五千石を分与して熊本新田藩を創設した。

綱利は正徳二年（一七一二）に隠居して四代宣紀《のぶなり》に家督を譲るまで六十三年にわたって藩主の座にあった。この間に江戸風の文化が熊本にもたらされ、回遊式庭園水前寺成趣園ができ、相撲の吉田司《つかさ》家が召し抱えられている。綱利の時代はそれまでの安定した財政が次第に底をつき、綱利はしばしば町方・在方に対して上納金を命じた。

宣紀のあと享保十七年（一七三二）には五代宗孝《むねたか》が家督を継いだ。財政悪化のため綱利治世の貞享二年（一六八五）にはすでに藩札（銀札）が発行されたが、逼迫した財政再建のため宗孝治世の享保十八年にも藩札が発行された。しかし元文三年（一七三八）には熊本町で銀札騒動による打ち毀しが起こり、延享三年（一七四六）にも藩札が発行されたが、この年、大坂に送る米がまったくなくなるという事態に陥った。

延享四年（一七四七）八月、江戸城内で宗孝が人違いのため旗本板倉勝該によって斬殺されるという事件が発生した。宗孝には嗣子がなく、急遽あとを継いだのが弟重賢《しげかた》であった。

中興の祖重賢の宝暦の改革

同年、重賢が六代藩主に襲封すると藩政改革に乗り出し、用人堀平太左衛門勝名《かつな》を登用して大奉行とした。

重賢は自ら質素倹約の範を示しつつ、藩政粛正のため行政機構の改革を行い、藩の中枢機能としては家老・中老・大奉行・大目付を置き、中でも大奉行が六人の奉行を指揮してその下の十六局を統括した。

宝暦四年（一七五四）には刑法典『御刑法草書』を作成した。この中で犯罪者の追放刑を廃止し徒刑（懲役刑）を採用したこと、普請・清掃・手仕事の授産教育を行ったことなど、近代刑法の先駆けとなる内容が高く評価されている。

同年、重賢は清廉有為の人材を養成するために、熊本城内二ノ丸に藩校時習館を設けた。さらに医師養成のための再春館、薬園蕃滋園《ばんじえん》を設置した。

藩の収入増加を図るため楮《こうぞ》の領外移出を禁じ、櫨蠟《はぜろう》を藩の専売とし、検地の地引合わせによって隠田畑を摘発し、二十年あまりかけて藩政の建て直しに成功した。

これら一連の改革は幕府の享保の改革に比肩しうる内容を持って宝暦の改革と呼ばれており、改革を推進した重賢は熊本藩中興の祖として名君の名を与えられている。

横井小楠と幕末維新

天明五年（一七八五）、七代治年《はるとし》が家督を継いだが在職二年で没し、同七年には宇土支藩中興の興文《おきのり》の子立礼《たつひろ》が斉茲《なりしげ》を名乗って八代藩主となった。

折しも天明の飢饉に際会した藩の財政は悪化した。重賢が望んだ年貢の定免制は享和三年（一八〇三）に実現したが、宝暦の改革は幕藩体制の矛盾を克服するにはいたらなかった。

文化七年（一八一〇）、斉茲が隠居して九代斉樹《なりたつ》が襲封した。斉樹は地方巧者《じかたこうしゃ》を惣庄屋に登用するなど藩政改革に乗り出し、産業を起こし、土木工事に意を用いた。文政年間（一八一八〜三〇）には八代海や有明海の沿岸に新地の干拓を実施して、藩財政は一時好転したが、文政期を経て、藩政は窮乏に拍車がかかって質的な変貌を来すようになってきた。

文政九年（一八二六）、ふたたび宇土支藩から十代斉護《なりもり》が襲封した。従来、藩政は学校党と呼ばれる時習館出身者によって主導されていたが、天保のころ横井小楠《しょうなん》を先鋒とする実学党が台頭して、朱子学の本流を強調して道理の実践を迫った。しかし藩主の富を否定して士民の利を説くその主張は受け入れられず、小楠は安政五年（一八五八）、松平慶永《よしなが》に招かれて越前国福井藩で持説の実践をしている。

この頃、熊本藩では林桜園《おうえん》による神道の影響を受けた勤王党が台頭したが、極端な精神論は政治的実践を伴うに至らなかった。

斉護はペリー来航を受けて、幕命により江戸湾警備を行い、万延元年（一八六〇）、十一代を襲封したその子韶邦《よしくに》は朝命による京都警護や二度の長州征伐に出兵したが、中途半端な姿勢に終始した。

明治二年の版籍奉還により韶邦は知藩事となったが、翌三年、韶邦は家督を弟護久《もりひさ》に譲り、護久が知藩事となった。護久と弟護美《もりよし》らは最後の藩政改革を行ったが、同四年、廃藩置県を迎えた。

小江戸紀行 名門加藤・細川家の城下町熊本城下を歩く

広大な熊本城跡

〝森の都・熊本〟のシンボルは、姫路・名古屋城とともに日本三大名城の一つに数えられる熊本城である。市街京町台地の先端が熊本平野に突き出すあたりを、古くは茶臼山と呼び、その東側を坪井川・白川が流れ、西側を流れる井芹《いせり》川とともに熊本城を囲む天然の要害である。加藤清正は慶長六年(一六〇一)から六年の歳月を費やして、周囲一二キロにおよぶ広大な熊本城を完成した。築城当時は天守二、櫓四十九、櫓門十八、その他諸門二十九基があったが、現在は天守二(復興)、宇土櫓、その他櫓十、門一、長塀などがある。城主は寛永九年(一六三二)、加藤氏から細川氏に代わって明治に至り、明治十年の西南戦争の際、谷干城が立て籠って薩摩軍の包囲に耐えたことは有名である。

JR鹿児島本線熊本駅から市電健軍《けんぐん》行きに乗り換え、熊本城前で下車し、市民会館手前を右折して坪井川に架かる御幸橋を渡ると熊本城跡である。大手門を入って、曲折する美しい石垣を見ながら数奇屋丸跡に出る。この石垣は清正石垣と呼ばれ、清正の家臣で石垣造りの名人といわれた飯田覚兵衛・三宅角左衛門の造ったものである。天守閣前の大銀杏は築城当時、清正が植えたものといわれ、西南戦争で焼けたがふたたび芽をふいた。高さ三七メートルの大天守閣からは眼下の四方に〝森の都・熊本〟の市街を見下ろすことができ、東に阿蘇の噴煙、西に有明海、南に九州山脈の山々を望むことができる。

本妙寺の加藤清正廟

JR上熊本駅から西方へしばらく歩くと、本妙寺山に本妙寺がある。加藤家の菩提寺であるとともに法華宗の九州総本山でもある。この寺は清正が父清忠の菩提寺として大坂に建立した瑞龍院を、熊本入封後に城内三の丸に移し、その子忠広が清正の墓所と定め、寺名も本妙寺と改め、この地に移した。仁王門をくぐって両側に塔頭が建ち並ぶ桜並木の参道を進むと、右奥に本堂がある。本堂前から石灯籠の並ぶ一名「胸突ガンギ」と呼ばれる数百段の急な石段を登りつめると、清正を葬った朱塗りの浄池《じょうち》廟《びょう》がある。また、境内には清正に殉死した大木土佐守らの墓があり、さらに登ると、蛇の目烏帽子に鎌槍を持った清正像がある。

泰勝寺跡の細川家墓所

熊本大学東側の塀に沿って小径を進み、

小峯墓地公園を抜けると細川家菩提寺跡の泰勝寺跡がある。ここには細川幽斎と夫人光寿院、その子の忠興と夫人ガラシャの四つの廟がある。ガラシャは明智光秀の娘で、忠興に嫁した後、キリシタンに帰依し、忠興が上杉討伐に出陣中、その留守宅を石田三成軍に囲まれた時、夫に負担のかかるのを恐れ、家に火を放ち、家老小笠原小斎に胸元を突かせて殉節した。

庭園内東側には忠興の設計になる茶室を大正末期に復元した仰松軒《こうしょうけん》と苔園《こけえん》・池泉があり、一見の価値がある。また、細川家廟所の奥に、晩年を細川家に寄寓した剣豪宮本武蔵の塚といわれるものがある。

熊本城天守閣と谷干城の像

妙解寺跡の細川家墓所

JR熊本駅の北方二キロ程の所に、北岡自然公園がある。この地は藩政時代には細川家の菩提寺妙解寺《みょうげじ》があったが、維新後は取り壊されて細川邸となり、現在は公園となっている。寛永十八年(一六四一)、初代忠利が没すると、その遺骸を岫雲院《しゅううんいん》で荼毘に付してこの地に葬り、一寺を創設し、忠利の法号から寺名とした。寺跡に忠利夫妻から二代光尚以下、八代重賢までの墓と霊屋がある。忠利廟の前には殉死者十九人の墓碑が並び、その中に森鷗外の名作『阿部一族』の主人公阿部弥一右衛門の墓がある。阿部一族の惨劇の舞台となった阿部屋敷跡は、市内山崎町の現在の熊本放送の地で、屋敷内に木柱が立っている。

名庭水前寺成趣園

JR豊肥本線新水前寺駅の南東に水前寺公園があり、細川氏の別荘だった所で、正式名は成趣園《じょうじゅえん》である。創建は寛永九年、忠利が豊前国耶馬渓の羅漢寺の僧玄宅のために建てた水前寺に始まる。その後、ここが景勝地である所から北隣に移して、その跡にお茶屋を営んだが、寺名をそのままとって水前寺のお茶屋というようになったという。

成趣園は桃山式の池泉式回遊庭園で、園の東南に富士の芝山を配し、その山麓には脚高の土橋もあり、この富士と池辺の景観を東海道五十三次に見立てたという。池辺の楓林が水面に影を映すさまは、四季を通じて風趣に富んでいる。池畔に古今伝授の間という桃山期の建物がある。細川幽斎が後陽成天皇の弟八条宮智仁親王に『古今集』の奥義を伝授した時の茶屋を、京都の長岡天神から移築したという由緒ある建物である。その他、園内には細川氏歴代を祀る出水神社や忠利の銅像がある。

公園東側の旧動物園跡に、熊本洋学校教師館(ジェーンズ邸)と夏目漱石旧邸とが移築されている。漱石旧邸は明治二十九年、三十歳の時に旧制五高の教師として赴任してきて以来、在熊五ヵ年間に住んだ何軒かの邸宅の一つで、市内坪井町にあるもう一軒は、現在漱石記念館となっている。

熊本新田藩《くまもとしんでん》（高瀬藩《たかせ》）〈外様〉

陣屋＝熊本県玉名市高瀬

熊本藩三代藩主細川綱利《つなとし》の弟利重《としげ》は寛文六年（一六六六）、本藩の収納米のうち三万五千石を分与され、新田支藩として立藩した。新田藩は参勤交代を行わない定府大名であった。利重は貞享四年（一六八七）に没し、利昌《としまさ》が家督を相続し、つぎの利恭《としやす》は元文元年（一七三六）、地方《じがた》知行を願い出て、蔵米の一部を領地に改められ、益城郡内百四十ヵ村を与えられたが、翌年にはまた蔵米に復した。

利恭のあと、利寛《としひろ》（利恭の甥）－利致《としゆき》－利庸《としつね》（利致の弟）－利国《としくに》－利愛《としちか》（利国の弟）－利用《としかた》（利国の子）－利永《としなが》（利愛の子）と継承した。文久三年（一八六三）、定府諸藩に御国勝手の令が出され、利永は慶応四年（一八六八）四月、国許肥後国へ移り、七月二十九日に玉名郡高瀬の町奉行役宅を仮藩庁として、高瀬藩と改称した。利永は翌二年六月、版籍奉還し知藩事に任ぜられたが、明治三年九月、本藩と合併し、廃藩となった。

宇土藩《うど》〈外様〉

陣屋＝熊本県宇土市新小路町

豊臣秀吉子飼の大名小西行長《ゆきなが》は肥後国南半二十四万石を領して宇土城主となったが、慶長五年（一六〇〇）、関ヶ原の役の時に西軍に与《くみ》したため、京六条河原において斬首され、除封となった。加藤氏についで肥後国主となった細川氏二代藩主光尚《みつなお》は正保三年（一六四六）、従弟行孝《ゆきたか》（忠利《ただとし》の弟立孝《たつたか》の子）に宇土・益城両郡内のうち三万石を与えて、宇土藩を立藩させた。行孝は水質の悪い宇土に轟水道を築工して飲料水の改善につとめた。

行孝のあと、有孝《ありたか》－興生《おきなり》－興里《おきさと》－興文《おきのり》と続き、興文は櫨《はぜ》・楮《こうぞ》の栽培を奨励し、蠟《ろう》作場を設置して産業振興をはかり、藩校温和館を創設した。また老朽破損が激しかった轟水道を修繕した。興文以後は立礼《たつひろ》（のち本藩主斉茲《なりしげ》）－立之《たつゆき》－立政《たつまさ》（のち本藩主斉《なり》護《もり》）－行芬《ゆきか》（立政の弟）－立則《たつのり》－行真《ゆきざね》と十一代、二百二十五年間、在封したが、明治三年（一八七〇）、本藩と合併し廃藩となった。

富岡藩《とみおか》〈譜代〉

居城　＝熊本県天草郡苓北町

肥後国天草郡富岡一帯四万二千石は唐津城主寺沢広高《ひろたか》の領地となっていたが、その子堅高《かたたか》の時に島原の乱勃発の責任を問われて天草郡は収公された。代わって寛永十五年（一六三八）、備中国成羽から山崎家治《いえはる》が四万石で入封、富岡城を居城として立藩したが、三年後の寛永十八年、家治は讃岐国丸亀へ転封となり、富岡城も破却され、一時廃藩となった。

代官鈴木重成と甥重辰二代は人口の減少した天草島に移民を行い、島原の乱などで破壊された寺社の復興をはかり、再検地の結果、二万一千石とし、農民の負担を軽くした。寛文四年（一六六四）、三河国田原一万石の戸田忠昌《ただまさ》が一万一千石を加増されて入封し再度立藩した。この時、富岡城の再築を命ぜられ、幕府から築城費銀二百貫目を下賜された。七年後の寛文十一年、忠昌は奏者番兼寺社奉行に就き、武蔵国岩槻へ転封したため、廃藩となった。

人吉《ひとよし》藩〈外様〉

居城＝熊本県人吉市麓町

相良氏一氏支配とお下の乱

鎌倉時代、肥後国人吉荘の地頭に任ぜられて以来、相良氏が球麻郡（近代以後、球磨郡）一帯を支配してきた。

天正十五年（一五八七）、長毎《ながつね》のとき、豊臣秀吉の九州平定に際して、球麻一郡を安堵され、慶長五年（一六〇〇）の関ヶ原の役に際しては、長毎ははじめ西軍に与《くみ》したが、のち相良清兵衛の働きにより東軍に転じて徳川家康から旧領を安堵された。藩領は球麻郡一円四十四カ村・二万二千百石で、内高は五万二千九百石であった。

寛永十一年（一六三四）、人吉城が完成した。同十三年二代頼寛《よりひろ》が襲封したが、功を誇る相良清兵衛との確執が大きくなり、同十七年、頼寛の訴えを受けて幕府は清兵衛を津軽国へ流罪とし、清兵衛の屋敷（お下《しも》屋敷）に立て籠もった一族は全員討ち死にし、あるいは自害して果てた。藩政初期のこの御家騒動をお下の乱という。

寛文四年（一六六四）、三代頼喬《よりたか》が襲封した。藩領を貫いて流れる球磨川の急流は船の往来ができなかったが、同年、人吉城下の町人林正盛が水路を開き、参勤交代や物資の流通に大きな利便をもたらした。

元禄十六年（一七〇三）、四代頼福《よりとみ》襲封、正徳二年（一七一二）、五代長興《ながおき》襲封、享保六年（一七二一）、六代長在《ながあり》襲封、このころ打ち続く天災や幕命による負担のため、藩財政は悪化の一途をたどった。

御家騒動と百姓一揆

元文三年（一七三八）に襲封した七代頼峯《よりみね》の時の宝暦六年（一七五六）、御手判銀拝借高に応じて家禄を差し引くという通達に藩主一門と家老一派が対立し、藩主暗殺計画が発覚した御手判銀《おてはんぎん》事件が起こり、一門方が処分された。

同八年、家老方が反対した八代頼央《よりひさ》が日向国高鍋藩秋月氏より迎えられて襲封したが、翌年暗殺された。これは竹鉄砲事件と呼ばれ、高鍋藩への配慮から子供の竹鉄砲による過ちとされて暗殺の実態は隠された。つづいて襲封した九代晃長《あきなが》、同十二年襲封の十代頼完《よりさだ》、明和四年（一七六七）襲封の十一代福将《とみまさ》、同六年襲封の十二代長寛《ながひろ》といずれも他家から迎えられた藩主は長寛以外はいずれも短命であった。

享和二年（一八〇二）、十三代頼徳《よりのり》が襲封したが、増加の一途をたどった借銀は文化三年（一八〇六）には一千百三十六貫目にのぼっていた。

文政元年（一八一八）、十四代頼之《よりゆき》が襲封すると、新たに登用した家老田代政典《まさのり》による改革が行われたが、天保十年（一八三九）、十五代長福《ながとみ》が襲封後、同十二年、茸山《なばやま》騒動と呼ばれる大規模な農民一揆を招き、政典は切腹した。

安政二年（一八五五）、十六代頼基《よりもと》が襲封したが、文久二年（一八六二）に発生した人吉城下の寅助《とらすけ》火事により城内の大半の武器を焼失し、慶応元年（一八六五）の丑歳騒動で洋式の軍制改革を進める家老松本了一郎が惨殺された。勤王派が主導権を握った人吉藩は戊辰戦争で薩摩藩に加わって会津攻撃に参加した。

鹿児島《かごしま》藩（薩摩《さつま》藩）〈外様〉

居城＝鹿児島県鹿児島市城山町

領国安堵と外様大藩

鎌倉時代、薩摩・大隅・日向三ヵ国の守護となって以来、南九州を統治していた島津氏は、戦国時代の貴久《たかひさ》の代にこの三州の領有を果たし、子の義久《よしひさ》の代に龍造寺・大友両氏を圧倒して九州全域を制覇する勢いを示したが、天正十五年（一五八七）、豊臣秀吉の九州平定により旧領の三州領有に戻された。慶長五年（一六〇〇）の関ヶ原の役に際して、義久の弟義弘《よしひろ》の率いる島津軍は西軍に与《くみ》して敗れたが、敗走の軍勢は敵前を突破し追撃を振り切り帰国して、義弘は桜島に蟄居した。

島津氏は強固な軍事体制を布いて徳川家康の来攻に備える一方、義久を前面に押し立てて謝罪外交に徹した。同七年、領国の安堵と義弘の助命を通達する家康の誓書を受け取り、伏見城で忠恒《ただつね》と家康が面謁して、島津氏の旧領薩摩・大隅・日向諸県郡の領国保持が保証された。

忠恒は家康の偏諱《へんき》を許されて家久《いえひさ》と改め、藩政期の初代藩主となった。

家久は城山の麓に屋形造りの鶴丸城を築いて居城とした。領国内は鶴丸城を防衛する中世以来の外城制度により百十三の郷が置かれ、それぞれに麓《ふもと》と呼ばれる武士集落が形成された。鹿児島藩では城下町ばかりでなく郷村にも武士を郷士として配置して兵農一致の政策を取った。これを郷士制度といい、年貢収入を確保するために数戸から数十戸を門《かど》として構成する門割《かどわり》制度によって農民を支配した。

慶長十四年（一六〇九）、島津氏は家康の許しを得て琉球に出兵し戦勝した。これにより奄美諸島は蔵入地となり、沖縄諸島は琉球国司領として、琉球の進貢貿易を利用して中国との貿易をも行った。

鹿児島藩の石高は寛永十一年（一六三四）の判物では薩摩・大隅・日向国六十万五千石余に琉球諸島十二万三千七百石が加わり、合わせて七十二万九千石余が表高として固定した。幕府にとって、鹿児島藩は江戸時代を通して仮想敵国であったが、同時に外様大藩としてその存在は大きく重かった。

体制確立と財政窮乏

寛永十五年（一六一〇）、二代光久《みつひさ》が襲封し、いわゆる「万治内検」と呼ばれる検地によって耕地を整理し、新田開発を行った。さらに金山開発や殖産の拡充に努めて財政基盤の強化を図った。光久の在封期間は七十七年におよび、歴代最長を誇った。

貞享四年（一六八七）、三代綱貴《つなたか》が家督を継いだが、折しも元禄の奢侈や鹿児島大火による鶴丸城焼失、江戸大火による高輪藩邸の類焼、芝藩邸の火災、寛永寺の御手伝普請などによって、財政は窮乏した。元禄十四年（一七〇一）には倹約令を出して緊縮財政を試みたが、藩債の総額が三十四万五千両にも達し、家老以下の役料を半額に減らさなければならなかった。

宝永元年（一七〇四）、四代吉貴《よしたか》が家督を継ぎ、幕府に倣って藩の機構や制度を整備したが、度重なる自然災害や江戸までの長距離の参勤交代など、金沢藩につぐ大藩としての所帯の大きさが負担となって、藩財政は危機的な状況に陥った。

享保六年（一七二一）、五代継豊《つぐとよ》が襲封したが、同十四年、五代将軍綱吉の養女竹姫が輿入れしたため、多大な費用が藩財政をさらに圧迫することになった。

延享三年（一七四六）、六代宗信《むねのぶ》が十八歳で家督を継いだ。宗信は率先して質素倹約を励行したので、家中の行動習慣も藩主に倣って改まったといわれる。

宝暦の木曾三川治水工事

宗信は在封三年で世子がないままに若くして世を去った。寛延二年（一七四九）、加治木家を継いでいた弟久門が重年《しげとし》と名を改めて七代藩主の座に就いた。

宝暦三年（一七五三）十二月、「濃州・勢州・尾州川々御普請御手伝」を仰せ付ける旨の幕命が鹿児島藩に下された。有名な宝暦の木曾三川治水工事である。

鹿児島藩は家老平田靱負《ゆきえ》を総奉行に、藩士・足軽以下およそ千人を派遣して、幕府の設計監督のもとに一藩のみで工事に従事することになった。

翌四年二月に着工した「普請手伝」は三カ国百九十三村にまたがって総延長一〇〇キロを越える大工事となった。幕府の見積もった当初の工事費十万両はたちまち超過し、同五年三月に竣工したときには、総工事費は四十万両におよんでいた。工事の犠牲者は自刃五十五人、病死三十四人の八十九人にものぼった。工事の検分引き渡しを終えた直後の三月二十五日、平田は自刃して総奉行としての責任を自ら取った。

島津重豪の開明政策と近思録崩れ

木曾三川治水工事の完工後間もなく藩主重年も没した。子の重豪《しげひで》が十一歳で八代藩主の座に就き、祖父継豊が後見した。

重豪襲封時、治水工事の負債二十二万両を加えて藩債は八十八万両に達していた。このため重豪は徹底した緊縮政策を取り、倹約の実施に努めたが、政策の実は上がらなかった。

そうした中で重豪は積極的な開化政策を推し進めるようになる。重豪は鹿児島藩が辺境の地にあって他国人を寄せ付けず、行儀作法が武骨一辺倒であることを嫌い、言語や風俗を改めて開明に導こうとした。

藩士の教化のためには、安永二年（一七七三）、藩校造士館と演武館を設立し、翌三年には医学館を設立した。同八年には明時館（天文館）を設立して天文学を学ばせ、薩摩暦を領内に配付した。

重豪の娘茂姫は一橋家斉に嫁いだが、家斉が十代将軍家治の養子となり、六年後の天明七年（一七八七）には十一代将軍に就任した。茂姫は外様大名の娘でありながら将軍家の正室となり、重豪は将軍を婿とすることになった。このため重豪は四十三歳ではあったが、幕府をはばかって隠居し、同年、子の斉宣《なりのぶ》が九代藩主を襲封して、重豪が後見した。

翌八年には幕府から毎年五万両の用金を四年間にわたって命ぜられ、重豪の起こした事業による負債が重なって藩財政は逼迫していった。

このため斉宣は藩政改革を行うべく樺山久言と秩父季保を家老に登用、重豪時代の重臣を追放してその政策を改廃した。

重豪はこれを怒り、樺山・秩父ら十三人を切腹させ、二十五人を遠島、百人以上を逼塞・役免等に処分した。

秩父季保が『近思録』の愛読者であったことから、この事件を「近思録崩れ」あるいは「秩父崩れ」という。

財政再建と斉彬の集成館事業

文化六年（一八〇九）、斉宣の子斉興《なりおき》が十九歳で十代藩主の座に就いたが、藩政は引き続き重豪が後見した。

藩財政は悪化の一途をたどり、文政末年には藩債は五百万両にものぼった。

このため文政十年（一八二七）、重豪・斉興は側用人調所《ずしょ》笑左衛門《しょうざえもん》広郷《ひろさと》に財政再建に当たらせた。調所は大坂・京都・江戸の貸主に二百五十ヵ年賦、無利子償還という踏み倒し同然の借金で藩債を整理し、国許の債権者は士分に取り立てることで借金を帳消しにする一方、琉球貿易の拡大や国産品の専売制によって収奪を強化して二百五十万両の備蓄を確保した。嘉永元年（一八四八）、調所は江戸藩邸で自殺した。密貿易露見の責任を負ったためという。

嘉永四年（一八五一）、十一代斉彬《なりあきら》が襲封した。父斉興は側室お由羅の子久光《ひさみつ》を擁立するため弾圧を加えて切腹十四人をはじめ数十人の犠牲者を出したが、斉興の退隠によって斉彬が藩主の座に就いたのである。この事件を「高崎崩れ」「お由羅騒動」という。

斉彬は長命した曾祖父重豪の影響を色濃く受けて成長したため、開明的な政策を取るようになった。斉彬の起こした集成館事業は反射炉・溶鉱炉・大小銃砲弾薬・洋式造船所などの軍事工業からガラス・ガス灯・電信機あるいは写真撮影・和欧文活字製作など、わが国における近代工業の先駆的役割を担ったものとして注目されている。

久光と討幕への道

斉彬は在封七年で急逝し、安政五年（一八五八）、久光の子忠義《ただよし》が十九歳で十二代藩主の座に就いた。

はじめ祖父斉興が忠義を後見したが、翌年、斉興が没すると久光が藩政を補佐した。

桜田門外の変後、討幕急進派が台頭し、文久二年（一八六二）、伏見寺田屋で義挙を図ったが、これを察知した久光は公武合体の立場からこれを抑えるために寺田屋事件を起こした。過激派を制しての帰途、生麦事件を起こしたことがきっかけで、同三年、薩英戦争が勃発し、攘夷の継続が無益であることを痛感した鹿児島藩には進んで西洋文明を吸収しようという藩論が醸成されて、慶応元年（一八六五）、わが国最初の海外留学生がイギリスに向けて派遣された。

久光の公武合体連合策が破綻して藩論が討幕に傾いたとき、沖永良部島に流されていた西郷隆盛が召喚されて藩の舵取りを委ねられた。

第一次征長戦以後、長州藩と急接近した鹿児島藩は、第二次征長戦には出兵を拒絶し、慶応二年（一八六六）、坂本竜馬の周旋によって薩長同盟が結ばれ、両藩を主力にした討幕が加速された。同三年十月、薩長両藩に討幕の密勅が下され、十二月、王政復古の大号令となった。

討幕を主導した鹿児島藩は、戊辰戦争中、久光により藩政改革に着手したが、維新後の新政府による明治二年（一八六九）の版籍奉還、同四年の廃藩置県の断行によって藩自体は消滅した。

小江戸紀行　薩南の外様最大の城下町鹿児島城下を歩く

甲突川のほとりの群像

JR鹿児島中央駅前に見上げるばかりのモニュメントが立っている。幕末鹿児島藩が国禁を犯してイギリスに留学させた十七人の藩士を、シンボリックに配した記念像である。一行は留学生派遣を先頭切って推進した五代才助（のち友厚）、文久遣欧に参加した体験をもつ洋学者松木弘安（のち寺島宗則）が視察随員として加わり、留学生の中には初代の文部大臣森有礼や海軍創設の功労者松村淳蔵中将、アメリカに永住して実業家として名をなした長沢鼎《かなえ》らの若き日の姿がある。

鹿児島中央駅から歩いて五分ほどで甲突《こうつき》川《がわ》に架かる高見橋に出る。甲突川には上流から玉江橋、新上橋《しんかんばし》、西田橋、高麗橋《こうらいばし》、武《たけ》之橋《のはし》という五脚の石橋がある。中でも弘化三年（一八四六）に完成した西田橋は鹿児島城下の玄関口にあたっていて、基礎工事に数百本の松丸太をしきつめて念入りに築造されたという。

新上橋と西田橋の間に平田橋があるが、この北寄りの平田公園が、鹿児島藩家老平田靱負《ゆきえ》の屋敷跡である。靱負は宝暦の木曽川治水工事の後、「殿様に大金を出費させた」責任から割腹自殺を遂げた人物だ。公園の中にずんぐりした靱負の銅像が立っている。昭和三十年の建立である。

平田公園と道を隔てて調所笑左衛門広郷の屋敷跡を示す碑が遠慮がちに立っているが、自藩の経済を利しただけでは、後世の顕彰エネルギーはなかなか盛りあがらなかったらしい。

高見橋のたもとに大久保利通の銅像が立っている。昭和五十五年に没後百年を記念して建てられたものだが、西郷隆盛像に較べて、この遅さは、鹿児島における大久保評価の悪さを物語っているのであろう。

高見橋を渡って右手下流方面が加治屋町、かつて下加治屋町と呼ばれた下級士族の住居が軒を連ねていた一帯である。このわずか一キロ四方にも満たない一画が維新激動の震源地となって、回天仕掛人や奔走人、日露戦争の名将、そして太平洋戦争の悲将まで輩出した。生誕地碑があるものだけひろってみても、大久保利通・西郷隆盛・西郷従道・伊地知正治・吉井友実・村田新八・篠原国幹・井上良馨・大山巌・黒木為楨・東郷平八郎・山本権兵衛・牧野伸顕・牛島満など、この辺りは「歴史上の特異地」の観がある。

藩主のことと西郷のこと

私学校跡の石垣

貴久の時代にフランシスコ・ザビエルが鹿児島に上陸して、貴久の許可のもと城下で宣教活動を行った。日本におけるキリスト教の最初の洗礼地である鹿児島には、祇園之州公園にザビエル上陸記念碑が立ち、東千石町に滞鹿記念碑が、道を隔てた照国町にザビエル教会が建っている。

鹿児島には、徳川幕府に対するひそかな軽侮の気分がたなびいていたかのようであり、鎖国何するものぞという気概が錦江湾から南海に向かって溢れ出していたかのようだ。そうした典型を二十五代重豪《しげひで》と二十八代斉彬《なりあきら》にみることができるだろう。

現在鹿児島市随一の繁華街になっている千日町の天文館《てんもんかん》通りは、重豪が天文観測と研究のために、別名天文館とも呼ばれた明《めい》時館《じかん》を建てたところであり、藩内の暦（薩摩暦）がすべてここから配布されていた。

重豪は藩士教育のため、文武両道の学校というべき藩校造士館と演武館をつくり、医学院や薬園をつくり、自らオランダ語や中国語を学んだほどの蘭癖大名でもあった。

重豪の強い感化を受けたのが曽孫になる斉彬だった。彼は、蓄えた洋学の知識を活用して洋式の帆船や蒸気船を建造、磯の海岸に反射炉を建設して、のちに薩英戦争で使うことになる大砲を製造、近代工場の先駆ともいうべき集成館を建てて、ガラス、鍋釜をはじめとする数々の製品を開発製造していった。

これら島津氏歴代藩主の墓は、市街地の北端、玉竜高校裏手の福昌寺跡にある。藩政時代、西日本随一の巨刹を謳われたが、明治初年の廃仏棄釈によって、藩内の主要寺院はほとんど破却しつくされ、この藩主の菩提寺においては、わずかに藩主一族の墓のみが残された。

鶴丸城跡の背後に盛りあがる城山から見る桜島は、ひときわ雄大である。

草牟田《そうむた》の陸軍火薬庫を私学校生徒が襲撃したことに始まる明治十年の西南戦争は、八ヵ月間、熊本・宮崎県に戦線を展開して、この城山の北側の岩崎谷で幕を閉じる。維新の功労者から一転して、逆賊の首魁の役回りを演じた西郷隆盛。月照と錦江湾に飛びこんでひとり蘇生した西郷はぶざまであったが、城山の包囲網の中で洞窟を出て間もなく銃弾に倒れ、最後にいう、

「晋《しん》どん、もうここでよか」

という言葉には、彼の死に美学すら感じる。弾痕の今も残る私学校跡の長い石塀を見ながら、日豊本線が城山下のトンネルから突然姿を見せる岩崎谷に入り、終焉の地碑を見、最後に立て籠った洞窟をのぞき、城山に上れば、薩摩の国の幕引きに西郷隆盛という奇跡をもって飾った事実に思い至ることができよう。

琉球国

琉球藩《りゅうきゅう》

居城＝沖縄県那覇市首里

鹿児島藩の琉球王国支配

関ヶ原の合戦後、幕藩体制に繰り込まれて鹿児島藩の領有を安堵された島津氏は、慶長十四年（一六〇九）、家康の許しを得て琉球に出兵し、琉球王尚寧《しょうねい》を鹿児島藩に臣属させた。以来、琉球は日本国内の藩に相当する体制を取ることになった。

入国直後の検地により琉球王国領の石高は八万九千八十六石と定められた。それまで琉球領であった道之島五島（大島・徳之島・喜界島・沖永良部島・与論島）は藩直轄の蔵入地とし、沖縄本島以南を琉球王国領としたが、対幕政策上は道之島五島も琉球王国領としていた。鹿児島藩の判物高は琉球領十二万三千七百石と定められたが、そこには道之島高も含まれていた。

那覇には薩摩仮屋が置かれて琉球在番奉行が駐在し、鹿児島には琉球仮屋が置かれ、在番親方が琉球王の代理として駐在した。

琉球は島津氏の支配に服する以前から明《みん》朝の冊封を受けて進貢貿易を行っていたが、島津氏の支配下に属して藩体制を取るようになってからも「琉球国」として明朝との進貢貿易を続け、琉球は両属の関係を保持しつづけた。明が滅亡して清《しん》が興ったあともその関係は変わらなかった。

鹿児島藩の支配を受けて以来、琉球の国勢は衰微の一途をたどっていたが、一六六六年（寛文六年）摂政に就任した向象賢（羽《はね》地朝秀《じちょうしゅう》）は政治の刷新を計り綱紀を粛正するために一連の世直し政治を断行した。中でも自ら編纂した沖縄最初の歴史書『中山《ちゅうざん》世鑑《せかん》』は歴史を振り返って将来を誤らないようにとの精神を貫くと同時に、日本と沖縄が同一の祖先から出たという日琉同祖論を展開していた。

一七二八年（享保十三年）には蔡温《さいおん》が三司官となって農政・治水・植林・土木などに積極的な改革を施した。象賢の「節用愛人」の政治、蔡温の実学思想に基づく政治によって、琉球は鹿児島藩の収奪支配による疲弊衰微から立ち直ったのである。

琉球藩創設と台湾出兵

明治四年（一八七一）の廃藩置県によって鹿児島藩が鹿児島県に移行したあとも、明治政府は琉球を鹿児島県の管轄下に移しただけで、日清の両属形態に手をつけるまでにはいたらなかった。

同年、宮古から清国王庁に貢租を納付した琉球船が任を終えての帰途、暴風に遭遇して台湾東南岸に漂着したところ、原住民によって五十四人が殺害され、十二人が中国人に助けられ、福州を経て帰島するという事件が起こった。

これがきっかけとなって明治新政府内部で琉球の処置をめぐる論議が本格化し、外務省の建議により明治五年（一八七二）九月十四日、琉球国は琉球藩と改められ、琉球中山王《ちゅうざんおう》は琉球藩王と改称された。同時に、藩王尚泰《しょうたい》は華族に列せられた。

那覇から鹿児島を経て東京に出府した藩王尚泰には「琉球藩王ト為シ叙シテ華族ニ列ス」との詔書が授けられ、藩内に流通する新たな貨幣・紙幣三万円と藩王邸宅が下賜された。「藩王御請《おうけ》」である。

これが琉球藩の正式な発足であり、琉球処分の始まりであった。同六年には太政官は他府県と同様に琉球藩印を下付した。琉球藩の管轄は鹿児島県から外務省に移され、外交権は接収された。那覇には外務省出張所が置かれ、鹿児島藩に納めていた貢租は大蔵省に納められることになった。

琉球の日本への帰属が決定すると、明治政府は同七年台湾出兵を閣議決定した。四月四日、台湾蕃地事務局を設置し、都督西郷従道の率いる長崎での召集兵三千六百、鹿児島の壮兵三百らが五月二十二日、台湾に着いた。六月には台湾蕃地は平定され、漂着者へ危害を加えないことを誓約させるとともに、琉球藩の事務は外務省から内務省に移された。

琉球帰属問題と琉球処分決着

こうした一連の琉球処分・台湾出兵に対して、清国から抗議の声が起こった。

八月、内務卿大久保利通が全権弁理大使として清国に渡り、破局に瀕した談判の中から清国の譲歩を引き出し、英国公使の調停を得て、十月三十一日、日清互換条款の調印が行われた。

これにより清国は日本の出兵が国民を守るための義挙であったことを認め、被害者へ十万両の撫恤銀と日本軍が建造した家屋や道路へ四十万両の補償金を支払うことで台湾問題は解決した。

しかしそのあとも琉球藩は清国への進貢使派遣をやめなかったため、明治政府は明治八年（一八七五）、琉球処分官として内務大丞松田道之《みちゆき》を派遣し、清国進貢の廃止、藩政改革、明治年号の使用、福州琉球館の廃止などを強く求めた。

首里城での藩王代理今帰仁《なきじん》王子（尚泰の弟尚弼）らとの会談において、琉球藩側は朝貢廃止は忘恩行為にあたるとして、進貢使派遣の存続を乞い、その後も琉球藩吏らは明治政府への嘆願、清国へ日本の横暴を泣訴する密使派遣、外国公使への応援依頼などにより抵抗を続けた。

こうして明治十一年（一八七八）以降、琉球帰属問題が日清両国間の外交懸案事項となっていった。

折りも折り、同十一年五月一日、大久保利通が暗殺された。九月、駐日清国大使何如璋は日本が琉球を自国として扱うことは日清修好条規違反であるとして抗議したが、外務卿寺島宗則は琉球の処分は日本の内政問題であるとして取り合わなかった。

大久保に代わって任命された内務卿伊藤博文の命により松田道之が再度琉球に派遣されたのは同十二年一月であった。

松田は今帰仁王子に琉球が日本政府の指示を遵奉しないことを強くとがめ、二月三日までの期限を限って遵奉書の提出を求めたが、期限になっても回答がなかったため、政府はついに処分の発動を決意し、三度目の松田派遣を命じた。

三月二十七日、警察官百六十人、歩兵大隊四百人を率いて首里城に乗り込んだ松田は、琉球藩を廃して琉球県を置き、県庁は首里に置く旨の太政大臣三条実美の書を朗読して藩王代理に手渡した。

こうして明治十二年（一八七九）四月四日、琉球藩は消滅し、琉球県が誕生して琉球処分が決着した。初代県令に任命されたのは鍋島直彬であった。

奉還　431
屋代家〔安房国北条藩〕
除封　179
柳沢家〔武蔵国川越藩〕181
→〔甲斐国府中藩〕262
→〔大和国郡山藩〕
奉還　428
柳沢家〔越後国黒川藩〕
奉還　218
柳沢家〔越後国三日市藩〕
奉還　218
山川家〔下野国山川藩〕
除封　122
山口家〔常陸国牛久藩〕
除封・再封・奉還　105
山崎家〔摂津国三田藩〕421
→〔因幡国若桜藩〕449
→〔備中国成羽藩〕506
→〔肥後国富岡藩〕632
→〔讃岐国丸亀藩〕
除封　536
→〔備中国成羽藩〕
再封・奉還　506
山名家〔但馬国村岡藩〕
奉還　448
山内家〔遠江国掛川藩〕328
→〔土佐国浦戸藩〕560
→〔土佐国高知藩〕
奉還　555
山内家〔土佐国高知新田藩〕
奉還　560
山内家〔土佐国中村藩〕
除封　560

【ゆ】

結城（松平）家〔下総国結城藩〕　159
→〔越前国福井藩〕
除封　242

【よ】

依田家〔上野国藤岡藩〕143
米津家〔武蔵国久喜藩〕194
→〔出羽国長瀞藩〕82
→〔常陸国竜ヶ崎藩〕106
→〔上総国大網藩〕177
→〔常陸国竜ヶ崎藩〕
奉還　106
米倉家〔下野国皆川藩〕120
→〔武蔵国六浦藩〕
奉還　198

【ろ】

六郷家〔出羽国六郷藩〕61
→〔常陸国府中藩〕103
→〔出羽国本荘藩〕
奉還　65

【わ】

脇坂家〔淡路国洲本藩〕488
→〔伊予国大洲藩〕543
→〔信濃国飯田藩〕291
→〔播磨国龍野藩〕
奉還　482
分部家〔伊勢国上野藩〕374
→〔近江国大溝藩〕
奉還　397
渡辺家〔河内国大井藩〕422
→〔武蔵国野本藩〕195
→〔和泉国大庭寺藩〕426
→〔和泉国伯太藩〕
奉還　426

松平（水戸）家〔常陸国宍戸藩〕奉還　97
松平（水戸）家〔常陸国府中藩〕　103
→〔常陸国石岡藩〕改称・奉還　103
松平（水戸）家〔常陸国下館藩〕　98
→〔讃岐国高松藩〕奉還　531
松前家〔蝦夷地松前藩〕12
→〔陸奥国梁川藩〕　59
→〔蝦夷地松前藩〕　12
→〔蝦夷地館藩〕改称・奉還　12
間部家〔越前国鯖江藩〕254
→〔上野国高崎藩〕　127
→〔越後国村上藩〕　206
→〔越前国鯖江藩〕奉還　254

【み】

三浦家〔下総国矢作藩〕166
→〔下野国壬生藩〕　118
→〔日向国延岡藩〕　620
→〔三河国刈谷藩〕　349
→〔三河国西尾藩〕　350
→〔美作国勝山藩〕　494
→〔美作国真島藩〕改称・奉還　494
三浦家〔下総国佐倉藩〕154
水谷家〔常陸国下館藩〕98
→〔備中国成羽藩〕　506
→〔備中国松山藩〕除封　504
水野家〔三河国刈谷藩〕349
→〔大和国郡山藩〕　428
→〔備後国福山藩〕除封　507
水野家〔能登国西谷藩〕235
→〔下総国結城藩〕奉還　159
水野家〔上野国小幡藩〕144
→〔三河国刈谷藩〕　349
→〔三河国吉田藩〕　341
→〔信濃国松本藩〕除封　267
水野家〔三河国大浜藩〕351
→〔駿河国沼津藩〕　319
→〔上総国菊間藩〕奉還　169
水野家〔安房国北条藩〕179
→〔上総国鶴牧藩〕奉還　170
水野家〔下総国山川藩〕160
→〔駿河国田中藩〕　321
→〔三河国吉田藩〕　341
→〔三河国岡崎藩〕　337
⇨〔大坂城代〕
→〔肥前国唐津藩〕　584
→〔遠江国浜松藩〕　323
⇨〔大坂城代〕
→〔出羽国山形藩〕　67
→〔近江国朝日山藩〕奉還　390
水野家〔遠江国浜松藩〕323
→〔紀伊国新宮藩〕奉還　444
水野家〔尾張国小川藩〕360
→〔三河国新城藩〕　344
→〔上野国安中藩〕除封　140
溝口家〔越後国新発田藩〕　210
溝口家〔越後国沢海藩〕除封　218
皆川家〔下野国皆川藩〕120
→〔信濃国飯山藩〕　282
→〔常陸国府中藩〕除封　103
三宅家〔武蔵国瓶尻藩〕193
→〔三河国挙母藩〕　348
→〔伊勢国亀山藩〕　373
→〔三河国挙母藩〕　348
→〔三河国田原藩〕奉還　343

【む】

村上家〔越後国村上藩〕除封　206
村上家　➔　来島家を見よ

【も】

毛利家〔安芸国広島藩〕510
→〔長門国萩藩〕　519
→〔周防国山口藩〕奉還　518
毛利家〔長門国長府藩〕524
→〔長門国豊浦藩〕改称・奉還　524
毛利家〔周防国下松藩〕517
→〔周防国徳山藩〕奉還　517
毛利家〔長門国清末藩〕奉還　524
毛利家〔豊後国隈府藩〕616
→〔豊後国佐伯藩〕奉還　616
森家〔信濃国川中島藩〕284
→〔美作国津山藩〕　489
→〔備中国西江原藩〕502
→〔播磨国赤穂藩〕奉還　478
森家〔美作国津山新田藩〕　493
→〔播磨国三日月藩〕奉還　487
最上家〔出羽国山形藩〕除封　67
→〔近江国大森藩〕再封　393
最上家〔出羽国新庄藩〕除封　81
最上家〔出羽国長瀞藩〕除封　82
森川家〔下総国生実藩〕奉還　164

【や】

柳生家〔大和国柳生藩〕

→〔信濃国松本藩〕
奉還 267
松平（能見）家〔越後国三条藩〕 221
→〔下総国関宿藩〕 162
→〔遠江国横須賀藩〕335
→〔出羽国上山藩〕 84
→〔摂津国三田藩〕 421
→〔豊前国竜王藩〕 608
→〔豊後国高田藩〕 608
→〔豊後国杵築藩〕
奉還 609
松平（能見）家〔上総国百首藩〕 173
→〔下野国皆川藩〕
奉還 120
松平（能見）家〔上総国佐貫藩〕除封 172
松平（久松）家〔下総国山川藩〕 160
→〔常陸国下妻藩〕 100
→〔遠江国掛川藩〕 328
→〔山城国淀藩〕 400
→〔美濃国大垣藩〕 292
→〔伊勢国桑名藩〕 361
→〔越後国高田藩〕 226
→〔陸奥国白河藩〕 48
→〔伊勢国桑名藩〕
奉還 361
松平（久松）家〔下総国関宿藩〕 162
→〔美濃国大垣藩〕 292
→〔信濃国小諸藩〕
除封 285
松平（久松）家〔下総国小南藩〕 167
→〔遠江国掛川藩〕 328
→〔山城国伏見藩〕 399
→〔伊勢国桑名藩〕 361
→〔伊予国松山藩〕
奉還 538
松平（久松）家〔伊予国松山新田藩〕 553
⇨〔伊予国松山藩〕
松平（久松）家〔伊勢国長島藩〕 371
→〔伊予国今治藩〕
奉還 552
松平（久松）家〔伊勢国長島藩〕 371
→〔三河国刈谷藩〕
除封 349
松平（久松）家〔伊勢国長島藩〕除封 371
松平（久松）家〔下総国多古藩〕除封 167
松平（深溝）家〔武蔵国忍藩〕 189
→〔下総国上代藩〕 165
→〔下総国小見川藩〕166
→〔三河国深溝藩〕 345
→〔三河国吉田藩〕 341
→〔三河国刈谷藩〕 349
→〔丹波国福知山藩〕401
→〔肥前国島原藩〕 590
→〔下野国宇都宮藩〕108
→〔肥前国島原藩〕
奉還 590
松平（藤井）家〔駿河国田中藩〕 321
→〔遠江国掛川藩〕 328
→〔丹波国亀山藩〕 408
→〔武蔵国岩槻藩〕 186
→〔但馬国出石藩〕 446
→〔信濃国上田藩〕
奉還 277
松平（藤井）家〔下総国布川藩〕 161
→〔常陸国土浦藩〕 94
→〔上野国高崎藩〕 127
→〔丹波国篠山藩〕 404
→〔播磨国明石藩〕 470
→〔大和国郡山藩〕 428
→〔下総国古河藩〕 150
→〔備中国庭瀬藩〕 500
松平（藤井）家〔大和国興留藩〕 432
→〔備中国庭瀬藩〕 500
→〔出羽国上山藩〕
奉還 84
松平（保科）家〔下総国多古藩〕 167
→〔信濃国高遠藩〕 289
→〔出羽国山形藩〕 67
→〔陸奥国会津藩〕 37
→〔陸奥国斗南藩〕
奉還 22
松平（本庄）家〔下野国足利藩〕 122
→〔常陸国笠間藩〕 91
→〔遠江国浜松藩〕 323
→〔三河国吉田藩〕 341
→〔遠江国浜松藩〕 323
→〔丹後国宮津藩〕
奉還 413
松平（本庄）家〔越前国高森藩〕除封 253
松平（松井）家〔武蔵国私市藩〕 194
→〔常陸国笠間藩〕 91
→〔丹波国篠山藩〕 404
→〔和泉国岸和田藩〕424
→〔播磨国山崎藩〕 486
→〔石見国浜田藩〕 467
→〔下総国古河藩〕 150
→〔三河国岡崎藩〕 337
→〔石見国浜田藩〕 467
→〔陸奥国棚倉藩〕 57
→〔武蔵国川越藩〕
奉還 181
松平（松下）家〔駿河国久能藩〕 322
→〔常陸国小張藩〕 104
→〔下野国烏山藩〕 115
→〔陸奥国二本松藩〕52
→〔陸奥国三春藩〕
除封 55
松平（水戸）家〔常陸国額田藩〕 97
→〔陸奥国守山藩〕 57
→〔常陸国松川藩〕
奉還 97

→〔上野国高崎藩〕
奉還 127
松平（大河内）家〔相模国甘縄藩〕 199
→〔上総国大多喜藩〕
奉還 174
松平（大給）家〔三河国奥殿藩〕 346
→〔信濃国田野口藩〕287
→〔信濃国竜岡藩〕
改称・奉還 287
松平（大給）家〔上野国那波藩〕 147
→〔美濃国岩村藩〕 305
→〔遠江国浜松藩〕 323
→〔上野国館林藩〕 132
→〔下総国佐倉藩〕 154
→〔肥前国唐津藩〕 584
→〔志摩国鳥羽藩〕 382
→〔伊勢国亀山藩〕 373
→〔山城国淀藩〕 400
→〔下総国佐倉藩〕 154
→〔出羽国山形藩〕 67
→〔三河国西尾藩〕
奉還 350
松平（大給）家〔上野国三之倉藩〕 139
→〔下野国板橋藩〕 117
→〔三河国西尾藩〕 350
→〔丹波国亀山藩〕 408
→〔豊後国亀川藩〕 613
→〔豊後国中津留藩〕613
→〔豊後国高松藩〕 613
→〔豊後国府内藩〕
奉還 611
松平（奥平）家〔三河国作手藩〕 344
→〔伊勢国亀山藩〕 373
→〔摂津国大坂藩〕 419
→〔大和国郡山藩〕 428
→〔播磨国姫路藩〕 473
→〔出羽国山形藩〕 67
→〔下野国宇都宮藩〕108
→〔陸奥国白河藩〕 48
→〔出羽国山形藩〕 67
→〔備後国福山藩〕 507
→〔伊勢国桑名藩〕 361
→〔武蔵国忍藩〕
奉還 189
松平（奥平）家〔上野国小幡藩〕 144
→〔美濃国加納藩〕
除封 297
松平（奥平）家〔陸奥国白河新田藩〕 58
→〔陸奥国桑折藩〕 58
→〔上野国篠塚藩〕 148
→〔上野国小幡藩〕
奉還 144
松平（越智）家〔上野国館林藩〕 132
→〔陸奥国棚倉藩〕 57
→〔上野国館林藩〕 132
→〔石見国浜田藩〕 467
→〔美作国鶴田藩〕
奉還 493
松平（尾張）家〔美濃国高須藩〕 309
松平（尾張）家〔陸奥国梁川藩〕 59
⇨〔尾張国名古屋藩〕
松平（形原）家〔三河国形原藩〕 345
→〔摂津国高槻藩〕 417
→〔下総国佐倉藩〕 154
→〔摂津国高槻藩〕 417
→〔丹波国篠山藩〕 404
→〔丹波国亀山藩〕 408
→〔丹波国亀岡藩〕
改称・奉還 408
松平（紀伊）家〔伊予国西条藩〕奉還 550
松平（桜井）家〔武蔵国深谷藩〕 193
→〔上総国佐貫藩〕 172
→〔駿河国田中藩〕 321
→〔遠江国掛川藩〕 328
→〔信濃国飯山藩〕 282
⇨〔大坂城代〕
→〔遠江国掛川藩〕 328
→〔摂津国尼崎藩〕
奉還 420
松平（桜井）家〔武蔵国松山藩〕 195
⇨〔美濃国金山藩〕在番
→〔遠江国浜松藩〕
除封 323
松平（鷹司）家〔上野国吉井藩〕改称・奉還 143
松平（滝脇）家〔駿河国小島藩〕 320
→〔駿河国滝脇藩〕
改称 320
→〔上総国金崎藩〕 172
→〔上総国桜井藩〕
改称・奉還 172
松平（竹谷）家〔武蔵国八幡山藩〕 192
→〔三河国吉田藩〕
除封 341
松平（徳川）家〔武蔵国忍藩〕 189
→〔尾張国清洲藩〕
除封 360
松平（徳川）家〔武蔵国深谷藩〕 193
→〔下総国佐倉藩〕 154
→〔信濃国川中島藩〕284
→〔越後国福嶋藩〕 223
→〔越後国高田藩〕
除封 226
松平（戸田）家〔武蔵国東方藩〕 193
→〔上野国白井藩〕 139
→〔下総国古河藩〕 150
→〔常陸国笠間藩〕 91
→〔上野国高崎藩〕 127
→〔信濃国松本藩〕 267
→〔播磨国明石藩〕 470
→〔美濃国加納藩〕 297
→〔山城国淀藩〕 400
→〔志摩国鳥羽藩〕 382

【ま】

前田家〔加賀国金沢藩〕
奉還 236
前田家〔加賀国大聖寺藩〕
奉還 241
前田家〔加賀国小松藩〕241
⇨〔加賀国金沢藩〕
前田家〔越中国百塚藩〕235
→〔越中国富山藩〕
奉還 230
前田家〔上野国七日市藩〕
奉還 147
蒔田家〔伊勢国雲出藩〕
除封 375
→〔備中国浅尾藩〕
再封・奉還 503
牧野家〔上野国大胡藩〕147
→〔越後国長峯藩〕 224
→〔越後国長岡藩〕
奉還 214
牧野家〔越後国与板藩〕220
→〔信濃国小諸藩〕
奉還 285
牧野家〔越後国三根山藩〕
221
→〔越後国峰岡藩〕
改称・奉還 221
牧野家〔武蔵国石戸藩〕195
→〔下総国関宿藩〕 162
→〔河内国高安藩〕 422
→〔丹後国田辺藩〕 416
→〔丹後国舞鶴藩〕
改称・奉還 416
牧野家〔下総国関宿藩〕162
→〔三河国吉田藩〕 341
→〔日向国延岡藩〕 620
→〔常陸国笠間藩〕
奉還 91
増田家〔大和国郡山藩〕
除封 428
増山家〔三河国西尾藩〕350
→〔常陸国下館藩〕 98
→〔伊勢国長島藩〕
奉還 371
松井家 ➔ 松平（松井）
家を見よ
松浦家〔肥前国平戸藩〕
奉還 594
松浦家〔肥前国平戸新田藩〕
奉還 598
松倉家〔伊賀国梁瀬藩〕381
→〔大和国五条藩〕 438
→〔肥前国島原藩〕
除封 590
松下家 ➔ 松平（松下）
家を見よ
松平（石川）家〔常陸国小
張藩〕 104
→〔信濃国小諸藩〕 285
→〔美濃国岩村藩〕
奉還 305
松平（越前）家〔上総国姉
崎藩〕 170
→〔常陸国下妻藩〕 100
→〔信濃国松代藩〕 272
→〔越後国高田藩〕 226
→〔越前国福井藩〕
除封・再封・奉還 242
松平（越前）家〔越前国吉
江藩〕 252
⇨〔越前国福井藩〕
松平（越前）家〔越前国松
岡藩〕 248
⇨〔越前国福井藩〕
松平（越前）家〔越前国勝
山藩〕 248
→〔越前国大野藩〕 249
→〔出羽国山形藩〕 67
→〔播磨国姫路藩〕 473
→〔越後国村上藩〕 206
→〔播磨国姫路藩〕 473
→〔豊後国日田藩〕 617
→〔出羽国山形藩〕 67
→〔陸奥国白河藩〕 48
→〔播磨国姫路藩〕 473
→〔上野国前橋藩〕 123
→〔武蔵国川越藩〕 181
→〔上野国前橋藩〕 123
松平（越前）家〔越前国木
本藩〕 252
→〔越前国勝山藩〕 248
→〔越前国大野藩〕 249
→〔播磨国明石藩〕
奉還 470
松平（越前）家〔越前国木
本藩〕 252
⇨〔越前国福井藩〕
松平（越前）家〔越後国糸
魚川藩〕奉還 225
松平（越前）家〔越前国福
井藩〕 242
→〔越後国高田藩〕
除封 226
→〔美作国津山藩〕
再封・奉還 489
松平（越前）家〔上総国姉
崎藩〕 170
→〔越前国大野藩〕 249
→〔信濃国松本藩〕 267
→〔出雲国松江藩〕
奉還 458
松平（越前）家〔出雲国母
里藩〕
除封・再封・奉還 463
松平（越前）家〔出雲国広
瀬藩〕奉還 463
松平（大河内）家〔武蔵国
忍藩〕 189
→〔武蔵国川越藩〕 181
→〔下総国古河藩〕 150
→〔三河国吉田藩〕 341
→〔遠江国浜松藩〕 323
→〔三河国吉田藩〕 341
→〔三河国豊橋藩〕
改称・奉還 341
松平（大河内）家〔常陸国
土浦藩〕 94
⇨〔大坂城代〕
→〔下野国壬生藩〕 118
→〔上野国高崎藩〕 127
→〔越後国村上藩〕 206

細川家〔下野国茂木藩〕116
→〔常陸国谷田部藩〕104
→〔下野国茂木藩〕
奉還 116
堀田家〔武蔵国川越藩〕181
→〔信濃国松本藩〕 267
→〔下総国佐倉藩〕
除封 154
堀田家〔上野国安中藩〕140
→〔下総国古河藩〕 150
→〔出羽国山形藩〕 67
→〔陸奥国福島藩〕 50
→〔出羽国山形藩〕 67
→〔下総国佐倉藩〕
奉還 154
堀田家〔下野国大宮藩〕119
⇨〔陸奥国福島藩〕
堀田家〔上野国吉井藩〕143
→〔近江国宮川藩〕
奉還 392
堀田家〔下野国佐野藩〕121
→〔近江国堅田藩〕 397
→〔下野国佐野藩〕
奉還 121
堀家〔越後国蔵王藩〕 222
→〔下野国真岡藩〕 116
→〔下野国烏山藩〕 115
→〔信濃国飯田藩〕
奉還 291
堀家〔越後国坂戸藩〕 223
→〔信濃国飯山藩〕 282
→〔越後国蔵王藩〕 222
→〔越後国長岡藩〕 214
→〔越後国村上藩〕
除封 206
堀家〔越後国春日山藩〕224
→〔越後国福嶋藩〕
除封 223
堀家〔上総国苅谷藩〕 176
→〔上総国八幡藩〕 169
→〔越後国椎谷藩〕
奉還 222
堀家〔越後国三条藩〕
除封 221
堀家〔越後国村松藩〕
奉還 219
堀家〔信濃国須坂藩〕
奉還 284
堀尾家〔遠江国浜松藩〕323
→〔出雲国松江藩〕
除封 458
本郷家〔駿河国川成島藩〕
除封 320
本庄家〔美濃国高富藩〕
奉還 307
本庄家 ➔ 松平（本庄）家を見よ
本多家〔下総国小篠藩〕168
→〔三河国西尾藩〕 350
→〔近江国膳所藩〕 396
→〔三河国西尾藩〕 350
→〔伊勢国亀山藩〕 373
→〔近江国膳所藩〕
奉還 396
本多家〔河内国西代藩〕422
→〔伊勢国神戸藩〕
奉還 372
本多家〔三河国西端藩〕
奉還 351
本多家〔上総国大多喜藩〕
174
→〔伊勢国桑名藩〕 361
→〔播磨国姫路藩〕 473
→〔大和国郡山藩〕 428
→〔陸奥国福島藩〕 50
→〔播磨国姫路藩〕 473
→〔越後国村上藩〕 206
→〔三河国刈谷藩〕 349
→〔下総国古河藩〕 150
→〔石見国浜田藩〕 467
→〔三河国岡崎藩〕
奉還 337
本多家〔上総国大多喜藩〕
174
→〔播磨国龍野藩〕 482
⇨〔播磨国姫路藩〕
本多家〔播磨国明石藩〕470
→〔陸奥国岩瀬藩〕
除封 60
本多家〔遠江国掛川藩〕328
→〔越後国村上藩〕 206
→〔陸奥国白河藩〕 48
→〔下野国宇都宮藩〕108
→〔大和国郡山藩〕
除封 428
本多家〔播磨国山崎藩〕
奉還 486
本多家〔陸奥国石川藩〕 56
→〔三河国挙母藩〕 348
→〔遠江国相良藩〕
除封 332
本多家〔陸奥国浅川藩〕 57
→〔三河国伊保藩〕 347
→〔遠江国相良藩〕 332
→〔陸奥国泉藩〕奉還 55
本多家〔上野国沼田藩〕137
→〔駿河国田中藩〕 321
→〔安房国長尾藩〕
奉還 179
本多家〔上野国白井藩〕139
→〔三河国岡崎藩〕 337
→〔遠江国横須賀藩〕335
→〔出羽国村山藩〕 84
→〔越後国糸魚川藩〕225
→〔信濃国飯山藩〕
奉還 282
本多家〔相模国甘縄藩〕199
→〔下野国小山藩〕 120
→〔下野国宇都宮藩〕
除封 108
本多家〔下野国榎本藩〕
除封 121
本多家〔下総国井野藩〕161
→〔越前国丸岡藩〕
除封 247
本多家〔大和国高取藩〕
除封 436
本多家〔三河国足助藩〕347
本堂家〔常陸国志筑藩〕
奉還 102

成瀬家〔下総国栗原藩〕164
→〔尾張国犬山藩〕
奉還 357
南部家〔陸奥国盛岡藩〕24
→〔陸奥国白石藩〕36
→〔陸奥国盛岡藩〕
奉還 24
南部家〔陸奥国七戸藩〕
奉還 22
南部家〔陸奥国八戸藩〕
奉還 22

【に】

仁賀保家〔出羽国仁賀保藩〕
除封 61
西尾家〔美濃国曾根藩〕310
→〔美濃国揖斐藩〕
除封 311
西尾家〔武蔵国原市藩〕197
→〔上野国白井藩〕139
→〔常陸国土浦藩〕94
→〔駿河国田中藩〕321
→〔信濃国小諸藩〕285
→〔遠江国横須賀藩〕335
→〔安房国花房藩〕
奉還 178
丹羽家〔加賀国小松藩〕
除封 241
→〔常陸国古渡藩〕
再封 106
→〔陸奥国棚倉藩〕57
→〔陸奥国白河藩〕48
→〔陸奥国二本松藩〕
奉還 52
丹羽家〔三河国伊保藩〕347
→〔美濃国岩村藩〕305
→〔越後国高柳藩〕225
⇨〔美作国国内〕
→〔播磨国三草藩〕
奉還 484

【ね】

禰津家〔上野国豊岡藩〕
除封 142

【の】

能見家 ➔ 松平（能見）家を見よ

【は】

蜂須賀家〔阿波国徳島藩〕
奉還 526
蜂須賀家〔阿波国富田藩〕
530
⇨〔阿波国徳島藩〕
林家〔上総国貝淵藩〕171
→〔上総国請西藩〕
除封 171

【ひ】

久松家 ➔ 松平（久松）家を見よ
土方家〔加賀国野々市藩〕
241
→〔陸奥国菊多藩〕
除封 56
土方家〔伊勢国菰野藩〕
奉還 374
一柳家〔尾張国黒田藩〕360
→〔伊勢国神戸藩〕372
→〔伊予国西条藩〕
除封 550
→〔播磨国小野藩〕
再封・奉還 484
一柳家〔伊予国小松藩〕
奉還 551
日根野家〔信濃国高島藩〕
288
→〔下野国壬生藩〕118
→〔豊後国府内藩〕
除封 611
平岩家〔上野国前橋藩〕123
→〔甲斐国府中藩〕262
→〔尾張国犬山藩〕
除封 357
平岡家〔美濃国徳野藩〕
除封 306
平野家〔大和国田原本藩〕
奉還 433

【ふ】

福島家〔尾張国清洲藩〕360
→〔安芸国広島藩〕
除封 510
福島家〔伊勢国長島藩〕371
→〔大和国松山藩〕
除封 435
深溝家 ➔ 松平（深溝）家を見よ
藤井家 ➔ 松平（藤井）家を見よ
藤田家〔下野国西方藩〕
除封 118
古田家〔伊勢国松坂藩〕376
→〔石見国浜田藩〕
除封 467

【ほ】

北条家〔河内国狭山藩〕
奉還 423
北条家〔下総国岩富藩〕165
→〔下野国富田藩〕121
→〔遠江国久野藩〕336
→〔下総国関宿藩〕162
→〔駿河国田中藩〕321
→〔遠江国掛川藩〕
除封 328
保科家〔上総国飯野藩〕
奉還 173
保科家 ➔ 松平（保科）家を見よ
細川家〔丹後国宮津藩〕413
→〔豊前国中津藩〕607
→〔豊前国小倉藩〕602
→〔肥後国熊本藩〕
奉還 627
細川家〔肥後国熊本新田藩〕
632
→〔肥後国高瀬藩〕
改称・奉還 632
細川家〔肥後国宇土藩〕
奉還 632

除封　316
徳川家　➔　松平（徳川）家を見よ
徳永家〔美濃国高松藩〕308
→〔美濃国高須藩〕
除封　309
戸沢家〔出羽国角館藩〕60
→〔常陸国松岡藩〕　96
→〔出羽国新庄藩〕
奉還　81
戸田家〔伊豆国下田藩〕322
→〔三河国田原藩〕　343
→〔肥後国富岡藩〕　632
⇨〔武蔵国・相模国国内〕
⇨〔京都所司代〕
→〔武蔵国岩槻藩〕　186
→〔下総国佐倉藩〕　154
→〔越後国高田藩〕　226
→〔下野国宇都宮藩〕108
→〔肥前国島原藩〕　590
→〔下野国宇都宮藩〕
奉還　108
戸田家〔下野国高徳藩〕117
→〔下総国曾我野藩〕
奉還　164
戸田家〔下野国足利藩〕
奉還　122
戸田家〔伊予国宇和島藩〕
除封　545
戸田家〔武蔵国鯨井藩〕196
→〔近江国大津藩〕　397
→〔近江国膳所藩〕　396
→〔摂津国尼崎藩〕　420
→〔美濃国大垣藩〕
奉還　292
戸田家〔美濃国大垣新田藩〕311
→〔美濃国野村藩〕
改称・奉還　311
戸田家　➔　松平（戸田）家を見よ
富田家〔伊勢国津藩〕　366
→〔伊予国宇和島藩〕
除封　545
豊臣家〔摂津国大坂藩〕
除封　419
鳥居家〔下総国矢作藩〕166
→〔陸奥国磐城平藩〕46
→〔出羽国山形藩〕
除封　67
→〔信濃国高遠藩〕
再封　289
鳥居家〔能登国下村藩〕235
→〔近江国水口藩〕　395
→〔下野国壬生藩〕
奉還　118
鳥居家〔甲斐国谷村藩〕
除封　266

【な】

内藤家〔上総国佐貫藩〕172
→〔陸奥国磐城平藩〕46
→〔日向国延岡藩〕
奉還　620
内藤家〔陸奥国泉藩〕　55
→〔上野国安中藩〕　140
→〔三河国挙母藩〕
奉還　348
内藤家〔陸奥国湯長谷藩〕
奉還　56
内藤家〔安房国勝山藩〕
除封　180
→〔信濃国高遠藩〕
再封・奉還　289
内藤家〔武蔵国赤沼藩〕197
→〔常陸国高森藩〕　99
→〔信濃国岩村田藩〕
奉還　287
内藤家〔伊豆国韮山藩〕322
→〔駿河国府中藩〕　316
→〔近江国長浜藩〕　390
→〔摂津国高槻藩〕　417
⇨〔摂津国国内〕
→〔陸奥国棚倉藩〕　57
→〔駿河国田中藩〕　321
⇨〔大坂城代〕
→〔越後国村上藩〕
奉還　206
内藤家〔志摩国鳥羽藩〕
除封　382
中川家〔豊後国岡藩〕
奉還　618
中村家〔駿河国府中藩〕316
→〔伯耆国米子藩〕
除封　456
中山家〔常陸国松岡藩〕96
→〔常陸国太田藩〕　96
→〔常陸国松岡藩〕　96
→〔常陸国手綱藩〕
改称・奉還　96
永井家〔上野国小幡藩〕144
→〔常陸国笠間藩〕　91
→〔下総国古河藩〕　150
→〔山城国淀藩〕　400
→〔丹後国宮津藩〕　413
→〔大和国櫛羅藩〕
奉還　437
永井家〔上総国潤井戸藩〕169
⇨〔下総国古河藩〕
永井家〔下野国烏山藩〕115
→〔播磨国赤穂藩〕　478
→〔信濃国飯山藩〕　282
→〔武蔵国岩槻藩〕　186
→〔美濃国加納藩〕
奉還　297
永井家〔山城国長岡藩〕399
→〔摂津国高槻藩〕
奉還　417
那須家〔下野国那須藩〕113
→〔下野国烏山藩〕
除封　115
鍋島家〔肥前国佐賀藩〕
奉還　579
鍋島家〔肥前国蓮池藩〕
奉還　588
鍋島家〔肥前国鹿島藩〕
奉還　588
鍋島家〔肥前国小城藩〕
奉還　588
成田家〔下野国烏山藩〕
除封　115

武田家〔下総国佐倉藩〕154
→〔常陸国水戸藩〕
除封 86
竹中家〔豊後国高田藩〕608
→〔豊後国府内藩〕
除封 611
竹谷家 ➔ 松平（竹谷）家を見よ
建部家〔摂津国尼崎藩〕420
→〔播磨国林田藩〕
奉還 485
立花家〔筑後国三池藩〕578
→〔陸奥国下手渡藩〕59
→〔筑後国三池藩〕
奉還 578
立花家〔筑後国柳川藩〕574
→〔陸奥国棚倉藩〕 57
→〔筑後国柳川藩〕
奉還 574
伊達家〔陸奥国仙台藩〕
奉還 30
伊達家〔陸奥国水沢藩〕
除封 23
伊達家〔陸奥国一関藩〕
除封 23
伊達家〔伊予国宇和島藩〕
奉還 545
伊達家〔伊予国吉田藩〕
奉還 554
田中家〔三河国岡崎藩〕337
→〔筑後国久留米藩〕
除封 570
谷家〔丹波国山家藩〕
奉還 412
田沼家〔遠江国相良藩〕332
→〔陸奥国下村藩〕 59
→〔遠江国相良藩〕 332
→〔上総国小久保藩〕
奉還 172
田村家〔陸奥国岩沼藩〕36
→〔陸奥国一関藩〕
奉還 23

【つ】

津軽家〔陸奥国弘前藩〕
奉還 16
津軽家〔陸奥国黒石藩〕
奉還 23
津田家〔山城国三牧藩〕
除封 399
土屋家〔上総国久留里藩〕
除封 173
土屋家〔常陸国土浦藩〕94
→〔駿河国田中藩〕 321
→〔常陸国土浦藩〕
奉還 94
筒井家〔伊賀国上野藩〕
除封 378

【て】

寺沢家〔肥前国唐津藩〕
除封 584

【と】

土井家〔越前国大野藩〕
奉還 249
土井家〔下総国大輪藩〕160
土井家〔三河国西尾藩〕
350
→〔三河国刈谷藩〕
奉還 349
土井家〔下総国小見川藩〕
166
→〔下総国佐倉藩〕 154
→〔下総国古河藩〕 150
→〔志摩国鳥羽藩〕 382
→〔肥前国唐津藩〕 584
→〔下総国古河藩〕
奉還 150
藤堂家〔伊予国宇和島藩〕
545
→〔伊予国国府藩〕 553
→〔伊予国今治藩〕 552
→〔伊勢国津藩〕
奉還 366
藤堂家〔伊予国今治藩〕552
→〔伊賀国名張藩〕
奉還 381
藤堂家〔伊勢国久居藩〕
奉還 375
遠山家〔美濃国苗木藩〕
奉還 304
戸川家〔備中国庭瀬藩〕
除封 500
土岐家〔下総国守谷藩〕160
→〔摂津国高槻藩〕 417
⇨〔下総国国内〕
→〔出羽国上山藩〕 84
⇨〔大坂城代〕
→〔駿河国田中藩〕 321
⇨〔大坂城代〕
→〔上野国沼田藩〕
奉還 137
徳川宗家〔駿河国府中藩〕
316
→〔駿河国静岡藩〕
改称・奉還 316
徳川（尾張）家〔甲斐国府中藩〕 262
→〔尾張国清洲藩〕 360
→〔尾張国尾張藩〕
奉還 352
徳川（紀伊）家〔常陸国水戸藩〕 86
→〔駿河国府中藩〕 316
→〔紀伊国和歌山藩〕
奉還 440
徳川（紀伊）家〔越前国葛野藩〕 252
⇨〔紀伊国和歌山藩〕
徳川（水戸）家〔常陸国下妻藩〕 100
→〔常陸国水戸藩〕
奉還 86
徳川（甲府）家〔甲斐国府中藩〕 262
⇨〔江戸将軍〕
徳川家〔上野国館林藩〕132
⇨〔江戸将軍〕
徳川家〔駿河国府中藩〕

酒井家〔下総国臼井藩〕165
→〔上野国高崎藩〕 127
→〔越後国高田藩〕 226
→〔信濃国松代藩〕 272
→〔出羽国庄内藩〕 72
→〔出羽国大泉藩〕
改称・奉還 72
酒井家〔出羽国松山藩〕82
→〔羽後国松嶺藩〕
改称・奉還 82
酒井家〔出羽国大山藩〕
除封 82
酒井家〔出羽国左沢藩〕
除封 83
酒井家〔信濃国小諸藩〕285
→〔駿河国田中藩〕
除封 321
酒井家〔上野国那波藩〕147
→〔上野国伊勢崎藩〕146
⇨〔上野国前橋藩〕
酒井家〔上野国板鼻藩〕142
⇨〔上野国前橋藩〕
酒井家〔上野国伊勢崎藩〕
奉還 146
榊原家〔上野国館林藩〕132
→〔陸奥国白河藩〕 48
→〔播磨国姫路藩〕 473
→〔越後国村上藩〕 206
→〔播磨国姫路藩〕 473
→〔越後国高田藩〕
奉還 226
榊原家〔駿河国久能藩〕322
坂崎家〔石見国津和野藩〕
除封 464
相良家〔肥後国人吉藩〕
奉還 633
佐久間家〔信濃国長沼藩〕
除封 283
佐久間家〔常陸国北条藩〕
除封 102
佐久間家〔近江国山路藩〕
除封 393
佐久間家〔近江国高島藩〕
398
→〔信濃国飯山藩〕 282
桜井家 ➔ 松平（桜井）家を見よ
佐竹家〔常陸国水戸藩〕86
→〔出羽国久保田藩〕
奉還 62
佐竹家〔出羽国久保田新田藩〕除封 65
佐竹家〔出羽国岩崎藩〕
奉還 66
佐竹家〔常陸国江戸崎藩〕
除封 106
里見家〔上野国板鼻藩〕
除封 142
里見家〔安房国館山藩〕179
→〔伯耆国倉吉藩〕
除封 455
真田家〔上野国沼田藩〕137
→〔信濃国上田藩〕 277
→〔信濃国松代藩〕
奉還 272
真田家〔上野国沼田藩〕137
⇨〔信濃国松代藩〕
佐野家〔下野国佐野藩〕
除封 121

【し】

島津家〔薩摩国鹿児島藩〕
奉還 634
島津家〔日向国佐土原藩〕
奉還 623
尚家〔琉球藩〕 639
新庄家〔摂津国高槻藩〕417
→〔常陸国麻生藩〕
一時除封・奉還 107

【す】

菅沼家〔上野国阿保藩〕148
→〔伊勢国長島藩〕 371
→〔近江国膳所藩〕 396
→〔丹波国亀山藩〕
除封 408
菅沼家〔上野国吉井藩〕143
→〔美濃国加納藩〕
除封 297
杉原家〔但馬国豊岡藩〕
除封 448
諏訪家〔武蔵国奈良梨藩〕
196
→〔上野国総社藩〕 142
→〔信濃国高島藩〕
奉還 288

【せ】

関家〔美濃国多良藩〕 308
→〔伊勢国亀山藩〕 373
→〔伯耆国黒坂藩〕
除封 456
関家〔美作国宮川藩〕 493
→〔備中国新見藩〕
奉還 506
仙石家〔信濃国小諸藩〕285
→〔信濃国上田藩〕 277
→〔但馬国出石藩〕
奉還 446

【そ】

宗家〔対馬国府中藩〕
奉還 600
相馬家〔陸奥国中村藩〕
奉還 43

【た】

高木家〔河内丹南藩〕
奉還 423
鷹司家 ➔ 松平（鷹司）家を見よ
高橋家〔日向国延岡藩〕
奉還 620
多賀谷家〔常陸国下妻藩〕
除封 100
滝川家〔伊勢国神戸藩〕372
→〔常陸国片野藩〕
除封 102
滝脇家 ➔ 松平（滝脇）家を見よ
竹腰家〔美濃国今尾藩〕
奉還 308

【き】

木曾家〔下総国蘆戸藩〕
除封 168
喜多見家〔武蔵国喜多見藩〕
除封 198
喜連川家 ➔ 足利家を見よ
吉川家〔周防国岩国藩〕
奉還 514
木下家〔播磨国姫路藩〕473
→〔備中国足守藩〕
除封 501
→〔備中国足守藩〕
再封・奉還 501
木下家〔豊後国日出藩〕
奉還 610
京極家〔近江国大津藩〕397
→〔若狭国小浜藩〕 257
→〔出雲国松江藩〕 458
→〔播磨国龍野藩〕 482
→〔讃岐国丸亀藩〕
奉還 536
京極家〔讃岐国多度津藩〕
奉還 537
京極家〔信濃国飯田藩〕291
→〔丹後国田辺藩〕 416
京極家〔丹後国宮津藩〕
除封 413
→〔丹後国田辺藩〕 416
→〔但馬国豊岡藩〕
奉還 448
京極家〔丹後国峰山藩〕
奉還 416

【く】

九鬼家〔志摩国鳥羽藩〕382
→〔摂津国三田藩〕
奉還 421
九鬼家〔丹波国綾部藩〕
奉還 411
久世家〔下総国関宿藩〕162
→〔備中国庭瀬藩〕 500
→〔丹波国亀山藩〕 408
→〔三河国吉田藩〕 341
→〔下総国関宿藩〕
奉還 162
朽木家〔近江国朽木藩〕
奉還 398
朽木家〔下野国鹿沼藩〕117
→〔常陸国土浦藩〕 94
→〔丹波国福知山藩〕
奉還 401
久野家〔遠江国久野藩〕336
来島（久留島）家〔伊予国来島藩〕 553
→〔豊後国森藩〕
奉還 616
黒田家〔豊前国中津藩〕607
→〔筑前国名島藩〕 569
→〔筑前国福岡藩〕
奉還 562
黒田家〔筑前国東蓮寺藩〕
569
→〔筑前国直方藩〕
改称 569
⇨〔筑前国福岡藩〕
黒田家〔筑前国秋月藩〕
奉還 567
黒田家〔常陸国下館藩〕98
→〔上野国沼田藩〕 137
→〔上総国久留里藩〕
奉還 173
桑山家〔紀伊国和歌山藩〕
440
→〔大和国布施藩〕 437
→〔大和国新庄藩〕
除封 437
桑山家〔大和国御所藩〕
除封 438
桑山家〔和泉国谷川藩〕
除封 427

【こ】

小出家〔和泉国岸和田藩〕
424
小出家〔但馬国出石藩〕446
⇨〔和泉国岸和田藩〕
小出家〔但馬国出石藩〕446
⇨〔和泉国岸和田藩〕
→〔但馬国出石藩〕
除封 446
小出家〔但馬国出石藩〕446
→〔丹波国園部藩〕
奉還 410
小出家〔和泉国陶器藩〕
除封 426
高力家〔武蔵国岩槻藩〕186
→〔遠江国浜松藩〕 323
→〔肥前国島原藩〕
除封 590
五島家〔肥前国福江藩〕
奉還 599
小早川家〔筑前国名島藩〕
569
→〔備前国岡山藩〕
除封 495
小堀家〔備中国松山藩〕504
→〔近江国小室藩〕
除封 390
近藤家〔上野国青柳藩〕148
→〔遠江国井伊谷藩〕336

【さ】

西郷家〔安房国東条藩〕178
→〔下野国上田藩〕 119
酒井家〔武蔵国川越藩〕181
→〔上野国前橋藩〕 123
→〔播磨国姫路藩〕
奉還 473
酒井家〔武蔵国深谷藩〕193
⇨〔武蔵国川越藩〕
酒井家〔駿河国田中藩〕321
→〔武蔵国川越藩〕 181
→〔若狭国小浜藩〕
奉還 257
酒井家〔越前国敦賀藩〕253
→〔越前国鞠山藩〕
改称・奉還 253
酒井家〔安房国勝山藩〕180
→〔安房国加知山藩〕
改称・奉還 180

→〔信濃国飯田藩〕 291
→〔信濃国松本藩〕 267
→〔播磨国明石藩〕 470
→〔豊前国小倉藩〕 602
→〔豊前国香春藩〕
改称 602
→〔豊前国豊津藩〕
改称・奉還 602
小笠原家〔豊前国小倉新田藩〕 608
→〔豊前国千束藩〕
改称・奉還 608
小笠原家〔豊後国杵築藩〕 609
→〔三河国吉田藩〕 341
→〔武蔵国岩槻藩〕 186
→〔遠江国掛川藩〕 328
→〔陸奥国棚倉藩〕 57
→〔肥前国唐津藩〕
奉還 584
小笠原家〔尾張国犬山藩〕 357
→〔下総国佐倉藩〕 154
→〔常陸国笠間藩〕
除封 91
小笠原家〔播磨国龍野藩〕 482
→〔豊前国中津藩〕
除封 607
→〔播磨国安志藩〕
再封・奉還 486
岡部家〔下総国山崎藩〕161
→〔丹波国亀山藩〕 408
→〔丹波国福知山藩〕401
→〔美濃国大垣藩〕 292
→〔播磨国龍野藩〕 482
→〔摂津国高槻藩〕 417
→〔和泉国岸和田藩〕
奉還 424
岡本家〔伊勢国亀山藩〕
除封 373
大給家 ➔ 松平（大給）家を見よ
奥平家〔下野国宇都宮藩〕 108
→〔下総国古河藩〕 150
→〔下野国宇都宮藩〕108
→〔出羽国山形藩〕 67
→〔下野国宇都宮藩〕108
→〔丹後国宮津藩〕 413
→〔豊前国中津藩〕
奉還 607
奥平家 ➔ 松平（奥平）家を見よ
織田家〔上野国小幡藩〕144
→〔出羽国高畠藩〕 84
→〔出羽国天童藩〕
奉還 83
織田家〔大和国戒重藩〕434
→〔大和国芝村藩〕
改称・奉還 434
織田家〔大和国松山藩〕435
→〔大和国松山藩〕
除封 435
→〔丹波国柏原藩〕
再封 412
→〔丹波国柏原藩〕
奉還 412
織田家〔美濃国野村藩〕
除封 311
織田家〔伊勢国林藩〕
除封 375
織田家〔大和国柳本藩〕
奉還 433
織田家〔摂津国味舌藩〕
除封 418
越智家 ➔ 松平（越智）家を見よ
小野寺家〔出羽国横手藩〕
除封 61

【か】

加々爪家〔武蔵国高坂藩〕
除封 196
片桐家〔摂津国茨木藩〕418
→〔大和国竜田藩〕
除封 432
片桐家〔大和国小泉藩〕
奉還 434
形原家 ➔ 松平（形原）家を見よ
加藤家〔肥後国熊本藩〕
除封 627
加藤家〔伊予国松前藩〕554
→〔伊予国松山藩〕 538
→〔陸奥国会津藩〕
除封 37
加藤家〔陸奥国三春藩〕 55
→〔陸奥国二本松藩〕
除封 52
加藤家〔美濃国黒野藩〕310
→〔伯耆国米子藩〕 456
→〔伊予国大洲藩〕
奉還 543
加藤家〔伊予国新谷藩〕
奉還 554
加藤家〔石見国吉永藩〕468
→〔近江国水口藩〕 395
→〔下野国壬生藩〕 118
→〔近江国水口藩〕
奉還 395
金森家〔飛騨国高山藩〕312
→〔出羽国上山藩〕 84
→〔美濃国郡上藩〕
除封 301
金森家〔飛騨国高山藩〕312
→〔美濃国上有知藩〕
除封 306
加納家〔伊勢国八田藩〕371
→〔上総国一宮藩〕
奉還 176
亀井家〔因幡国鹿野藩〕454
→〔石見国津和野藩〕
奉還 464
蒲生家〔陸奥国会津藩〕 37
→〔下野国宇都宮藩〕108
→〔陸奥国会津藩〕 37
→〔伊予国松山藩〕
除封 538
蒲生家〔出羽国上山藩〕 84
⇨〔陸奥国会津藩〕

→〔豊後国臼杵藩〕
奉還 614
稲葉家〔美濃国清水藩〕
除封 312
稲葉家〔美濃国青野藩〕
除封 310
稲葉家〔伊勢国岩手藩〕376
→〔伊勢国田丸藩〕 376
→〔摂津国中島藩〕 419
→〔丹波国福知山藩〕
除封 401
稲葉家〔安房国館山藩〕
奉還 179
井上家〔遠江国横須賀藩〕
335
→〔常陸国笠間藩〕 91
→〔美濃国郡上藩〕 301
→〔丹波国亀山藩〕 408
→〔常陸国下館藩〕 98
→〔常陸国笠間藩〕 91
→〔陸奥国磐城平藩〕46
⇨〔大坂城代〕
→〔遠江国浜松藩〕 323
→〔陸奥国棚倉藩〕 57
→〔上野国館林藩〕 132
→〔遠江国浜松藩〕 323
→〔上総国鶴舞藩〕
奉還 170
井上家〔下総国高岡藩〕
奉還 166
井上家〔常陸国下妻藩〕
奉還 100
岩城家〔陸奥国磐城平藩〕
46
→〔信濃国川中島藩〕284
→〔出羽国亀田藩〕
奉還 66

【う】

上杉家〔陸奥国会津藩〕37
→〔出羽国米沢藩〕
奉還 76
上杉家〔出羽国米沢新田藩〕
奉還 81
植村家〔大和国高取藩〕
奉還 436
植村家〔上総国勝浦藩〕
奉還 174
宇喜多家〔備前国岡山藩〕
除封 495
氏家家〔伊勢国桑名藩〕
除封 361
内田家〔下野国鹿沼藩〕117
→〔下総国小見川藩〕
奉還 166

【え】

遠藤家〔美濃国小原藩〕304
→〔美濃国郡上藩〕 301
⇨〔常陸国・下野国国内〕
→〔近江国三上藩〕 394
→〔和泉国吉見藩〕
奉還 427

【お】

大岡家〔上総国勝浦藩〕174
→〔武蔵国岩槻藩〕
奉還 186
大岡家〔三河国西大平藩〕
奉還 346
大久保家〔武蔵国私市藩〕
194
→〔美濃国加納藩〕 297
→〔播磨国明石藩〕 470
→〔肥前国唐津藩〕 584
→〔下総国佐倉藩〕 154
→〔相模国小田原藩〕
奉還 200
大久保家〔武蔵国羽生藩〕
除封 194
大久保家〔下野国烏山藩〕
奉還 115
大久保家〔相模国小田原藩〕
除封 200
大久保家〔上総国八幡藩〕
除封 169
大久保家〔相模国荻野山中藩〕奉還 199
大久保家〔上総国茂原藩〕
176
→〔駿河国沼津藩〕
除封 319
大河内家 ➔ 松平（大河内）家を見よ
大沢家〔遠江国堀江藩〕336
大嶋家〔美濃国関藩〕
除封 306
大須賀家〔遠江国横須賀藩〕
335
→〔上総国久留里藩〕173
→〔遠江国横須賀藩〕
奉還 335
大関家〔下野国黒羽藩〕
奉還 114
太田家〔下野国山川藩〕122
→〔三河国西尾藩〕 350
→〔遠江国浜松藩〕 323
⇨〔大坂城代〕
→〔駿河国田中藩〕 321
→〔陸奥国棚倉藩〕 57
→〔上野国館林藩〕 132
⇨〔大坂城代〕
→〔上野国館林藩〕 132
→〔遠江国掛川藩〕 328
→〔上総国柴山藩〕 177
→〔上総国松尾藩〕
奉還 177
大田原家〔下野国大田原藩〕
奉還 113
大村家〔肥前国大村藩〕
奉還 589
岡家〔上野国大戸藩〕
除封 139
小笠原家〔武蔵国本庄藩〕
192
→〔下総国古河藩〕 150
→〔下総国関宿藩〕 162
→〔美濃国高須藩〕 309
→〔越前国勝山藩〕
奉還 248
小笠原家〔下総国古河藩〕
150

【い】

井伊家〔上野国安中藩〕140
→〔三河国西尾藩〕 350
→〔遠江国掛川藩〕 328
→〔越後国与板藩〕
奉還 220
井伊家〔上野国高崎藩〕127
→〔近江国佐和山藩〕393
→〔近江国彦根藩〕
奉還 386
井伊家〔近江国江州新田藩〕 392
⇨〔近江国彦根藩〕
池田家〔三河国吉田藩〕341
→〔播磨国姫路藩〕 473
→〔因幡国鳥取藩〕 450
→〔備前国岡山藩〕
奉還 495
池田家〔淡路国洲本藩〕488
⇨〔備前国岡山藩〕
池田家〔備中国岡山新田藩〕 502
→〔備中国鴨方藩〕
改称・奉還 502
池田家〔備中国岡山新田藩〕 502
→〔備中国生坂藩〕
改称・奉還 502
池田家〔備前国岡山藩〕495
→〔因幡国鳥取藩〕
奉還 450
池田家〔因幡国鳥取藩〕450
→〔備中国松山藩〕
除封 504
池田家〔備前国児島藩〕500
→〔播磨国山崎藩〕
除封 486
→〔因幡国鹿野藩〕
再封 454
→〔播磨国福本藩〕 485
池田家〔因幡国鹿野藩〕454
→〔因幡国東館新田藩〕
改称・奉還 454
池田家〔因幡国西館新田藩〕 449
→〔因幡国若桜藩〕
改称・奉還 449
池田家〔播磨国新宮藩〕
除封 485
池田家〔播磨国佐用藩〕487
→〔播磨国赤穂藩〕
除封 478
生駒家〔讃岐国高松藩〕531
→〔出羽国矢島藩〕
奉還 66
石川家〔伊勢国神戸藩〕372
→〔常陸国下館藩〕
奉還 98
石川家〔遠江国掛川藩〕328
→〔上総国鳴渡藩〕 177
→〔美濃国大垣藩〕 292
→〔豊後国日田藩〕 617
→〔下総国佐倉藩〕 154
→〔近江国膳所藩〕 396
→〔伊勢国亀山藩〕 373
→〔山城国淀藩〕 400
→〔備中国松山藩〕 504
→〔伊勢国亀山藩〕
奉還 373
石川家〔信濃国松本藩〕
除封 267
石川家 ➔ 松平（石川）家を見よ
板倉家〔下総国関宿藩〕162
→〔伊勢国亀山藩〕 373
→〔志摩国鳥羽藩〕 382
→〔伊勢国亀山藩〕 373
→〔備中国松山藩〕
奉還 504
→〔備中国高梁藩〕
改称・奉還 504
板倉家〔上野国安中藩〕140
→〔陸奥国泉藩〕 55
→〔遠江国相良藩〕 332
→〔上野国安中藩〕
奉還 140
板倉家〔三河国深溝藩〕345
→〔三河国中島藩〕 345
→〔下野国烏山藩〕 115
→〔武蔵国岩槻藩〕 186
→〔信濃国坂城藩〕 286
→〔陸奥国福島藩〕 50
→〔三河国重原藩〕
奉還 351
板倉家〔上総国高滝藩〕171
→〔備中国庭瀬藩〕
奉還 500
伊丹家〔甲斐国徳美藩〕
除封 266
市橋家〔美濃国今尾藩〕308
→〔伯耆国矢橋藩〕 456
→〔越後国三条藩〕 221
→〔近江国仁正寺藩〕394
→〔近江国西大路藩〕
改称・奉還 394
伊東家〔備中国岡田藩〕
奉還 503
伊東家〔日向国飫肥藩〕
奉還 624
伊奈家〔武蔵国小室藩〕
除封 197
稲垣家〔上野国伊勢崎藩〕 146
→〔越後国藤井藩〕 222
→〔越後国三条藩〕 221
→〔三河国刈谷藩〕 349
→〔上総国大多喜藩〕174
→〔下野国烏山藩〕 115
→〔志摩国鳥羽藩〕
奉還 382
稲垣家〔近江国山上藩〕
奉還 394
稲葉家〔美濃国本江藩〕307
→〔越後国糸魚川藩〕225
→〔下野国真岡藩〕 116
→〔相模国小田原藩〕200
→〔越後国高田藩〕 226
→〔下総国佐倉藩〕 154
→〔山城国淀藩〕
奉還 400
稲葉家〔美濃国郡上藩〕301

家名索引

除封　改易による家名断絶をあらわす。
奉還　明治４年７月の版籍奉還による廃藩をあらわす。
改称　藩名改称（藩領内の藩主居所移動を含む）
⇨　分家からの宗家継嗣、大坂城代･京都所司代就任による替地等をあらわす。
同一家名内の藩名は移封順序(→)に従って配列した。

【あ】

青木家〔摂津国麻田藩〕
奉還　418
青山家〔遠江国掛川藩〕328
→〔摂津国尼崎藩〕420
→〔信濃国飯山藩〕282
→〔丹後国宮津藩〕413
→〔美濃国郡上藩〕301
青山家〔武蔵国岩槻藩〕186
→〔上総国大多喜藩〕
除封　174
青山家〔信濃国小諸藩〕285
⇨〔大坂城代〕
→〔遠江国浜松藩〕323
→〔丹波国亀山藩〕408
→〔丹波国篠山藩〕
奉還　404
赤松家〔阿波国住吉藩〕
除封　530
秋田家〔出羽国久保田藩〕62
→〔常陸国宍戸藩〕97
→〔陸奥国三春藩〕55
秋月家〔日向国高鍋藩〕622
→〔日向国財部藩〕
改称・奉還　622
秋元家〔上野国総社藩〕142
→〔甲斐国谷村藩〕266
→〔武蔵国川越藩〕181
→〔出羽国山形藩〕67
→〔上野国館林藩〕132
朝倉家〔遠江国掛川藩〕
除封　328
浅野家〔甲斐国府中藩〕262
→〔紀伊国和歌山藩〕440
→〔安芸国広島藩〕
奉還　510
浅野家〔備後国三次藩〕
除封　509
浅野家〔安芸国広島新田藩〕
奉還　512
浅野家〔備中国足守藩〕501
⇨〔紀伊国和歌山藩〕
浅野家〔下野国真岡藩〕116
→〔常陸国真壁藩〕99
→〔常陸国笠間藩〕91
→〔播磨国赤穂藩〕
除封　478
足利（喜連川）家〔下野国喜連川藩〕奉還　116
阿部家〔武蔵国鳩谷藩〕198
→〔上総国大多喜藩〕174
→〔相模国小田原藩〕200
→〔武蔵国岩槻藩〕186
→〔丹後国宮津藩〕413
→〔下野国宇都宮藩〕108
→〔備後国福山藩〕
奉還　507
阿部家〔上総国大多喜藩〕174
→〔三河国刈谷藩〕349
→〔上総国佐貫藩〕
奉還　172
阿部家〔上総国大多喜藩〕174
⇨〔武蔵国忍藩〕
阿部家〔下野国壬生藩〕118
→〔武蔵国忍藩〕189
→〔陸奥国白河藩〕48
→〔陸奥国棚倉藩〕
奉還　57
安部家〔武蔵国岡部藩〕192
→〔三河国半原藩〕
奉還　344
天野家〔下総国大須賀藩〕167
→〔駿河国興国寺藩〕
除封　320
有馬家〔播磨国三木藩〕484
→〔摂津国三田藩〕
除封　421
有馬家〔伊勢国西条藩〕374
→〔上総国五井藩〕168
→〔下野国吹上藩〕
奉還　119
有馬家〔肥前国日野江藩〕598
→〔日向国延岡藩〕620
→〔越後国糸魚川藩〕225
→〔越前国丸岡藩〕
奉還　247
有馬家〔遠江国横須賀藩〕335
→〔丹波国福知山藩〕401
→〔筑後国久留米藩〕
奉還　570
有馬家〔筑後国松崎藩〕
除封　578
安藤家〔下総国小見川藩〕166
→〔上野国高崎藩〕127
→〔備中国松山藩〕504
→〔美濃国加納藩〕297
→〔陸奥国磐城平藩〕
奉還　46
安藤家〔遠江国掛川藩〕328
→〔紀伊国田辺藩〕
奉還　444

【ふ】

【ほ】

【ま】

【み】

【む】

【も】

【ち】

【つ】

【て】

【と】

【な】

【に】

【ぬ】

【の】

【は】

【ひ】

藩名索引

▼印は別称または改称した藩名をあらわす。
同一藩名の場合は、頁数の若い順。

〈主な参考文献〉

『新訂寛政重修諸家譜』（全26巻）続群書類従完成会
『徳川諸家系譜』続群書類従完成会
『徳川実記』『続徳川実記』吉川弘文館
『新編藩翰譜』（全5巻）新人物往来社
『藩制一覧』東京大学出版会
『恩栄録・廃絶録』近藤出版社
『徳川加除封録』近藤出版社
『藩史大事典』（全8巻）雄山閣
『藩史事典』藤井貞文他監修　秋田書店
『藩史総覧』北島正元他監修　新人物往来社
『新編物語藩史』（全12巻）新人物往来社
『幕末維新三百藩総覧』神谷次郎・祖田浩一共著　新人物往来社
『城郭・陣屋・要害台場事典』西ケ谷恭弘編　東京堂出版
『日本歴史大辞典』（全9巻）河出書房新社
『国史大辞典』（全15巻）吉川弘文館
『大日本人名辞典』講談社
『戦国人名辞典』吉川弘文館
『明治維新人名辞典』吉川弘文館
『類聚伝記大日本史—大名編』雄山閣
『武蔵国藩史総覧』須田茂著　聚海書林
『房総諸藩録』須田茂著　崙書房
『大名の日本地図』中嶋繁雄著　文春新書
『角川日本地名大辞典』（全49巻）角川書店
『日本歴史地名大系』（全50巻）平凡社
『全国歴史散歩シリーズ』（全47巻）山川出版社
『別冊歴史読本』「江戸三百藩藩主総覧」新人物往来社
『増刊歴史と旅』「三百諸侯の城下町総覧」秋田書店
『増刊歴史と旅』「新編藩史総覧」秋田書店

編　集　　株式会社丹精社（石村　健）
写　真　　工藤寛正・西ケ谷恭弘・みわ　明
地　図　　小野寺美恵

執筆者紹介

工藤寛正（くどう・ひろまさ） 1941年、神奈川県川崎市生まれ。筆名岩井寛。長い間雑誌編集に携わり、雑誌「歴史と旅」編集長を経て文筆業に。著書に『作家臨終図会』（徳間書店）、『週末計画　作家の墓を訪ねよう』（同文書院）、『作家の臨終・墓碑事典』（東京堂出版）、「別冊太陽――一度はお参りしたい、あの人のお墓」（共著、平凡社）、『図説・東京お墓散歩』（河出書房新社）、『全国七福神めぐり』（共著、東京堂出版）、『江戸の芭蕉を歩く』（河出書房新社）他、歴史関係の著書など。

星野昌三（ほしの・しょうぞう） 1939年、東京都生まれ。立教大学文学部英米文学科卒。秋田書店出版部副編集長、「歴史と旅」編集長を歴任。現在「日本人の姿を語りつぐ会」会長。著書に『東武東上線歴史散歩』。共著に『日本伝奇伝説大事典』『世界人物逸話大事典』（角川書店）、『剣豪名勝負100話』『武将名言100話』（立風書房）など。

藩と城下町の事典

2004年9月20日　初版印刷
2004年9月30日　初版発行

監修者――二木謙一
編　者――工藤寛正
発行者――今泉弘勝
印刷所――株式会社平文社
製本所――渡辺製本株式会社

発行所――株式会社東京堂出版
〒101-0051　東京都千代田区神田神保町1-17
電話　東京03-3233-3741　振替　00130-7-270

ISBN4-490-10651-3 C3521

Printed in Japan